成都传

上

蒋蓝　著

四川人民出版社

图书在版编目（CIP）数据

成都传：上、下 / 蒋蓝著 . — 成都 : 四川人民出版社，2022.10

ISBN 978-7-220-10844-0

Ⅰ . ①成… Ⅱ . ①蒋… Ⅲ . ①城市史—成都 Ⅳ . ① K297.11

中国版本图书馆 CIP 数据核字（2021）第 058484 号

CHENGDU ZHUAN

成 都 传（上、下）

蒋蓝 著

出 版 人	黄立新
选题策划	黄立新 石 云
封面油画	萧继东 陈登木
责任编辑	石 云
封面设计	李其飞
版式设计	戴雨虹
责任印制	祝 健
出版发行	四川人民出版社（成都市三色路 238 号）
网 址	http://www.scpph.com
E-mail	scrmcbs@sina.com
新浪微博	@四川人民出版社
微信公众号	四川人民出版社
发行部业务电话	（028）86361653 86361656
防盗版举报电话	（028）86361661
照 排	四川胜翔数码印务设计有限公司
印 刷	成都东江印务有限公司
成品尺寸	165mm × 230mm
印 张	65.75
字 数	966 千
版 次	2022 年 10 月第 1 版
印 次	2022 年 10 月第 1 次印刷
书 号	ISBN 978-7-220-10844-0
定 价	198.00 元（上、下）

作者简介

蒋蓝，诗人，散文家，思想随笔作家，田野考察者。曾获朱自清散文奖、人民文学奖、中国报人散文奖、西部文学奖、中国新闻奖副刊金奖、四川文学奖、布老虎散文奖、万松浦文学奖，中国作家协会会员，中国作家协会散文委员会委员，四川省作家协会副主席，四川省作家协会散文委员会主任，成都文学院终身特约作家。已出版：天府广记三部曲（《成都笔记》《蜀地笔记》《锦官城笔记》）和《黄虎张献忠》《踪迹史》《豹典》《媚骨之书》《梼杌之书》《霜语》《天路叙事》《蜀人记》等多部文学、文化专著。多本著作入选年度中国好书榜。曾任《青年作家》月刊主笔、主编，现供职于媒体。

名家推荐

城市如人，也有七情六欲。在砖瓦、阡陌、钢铁、植物、山川、田野之间，蒋蓝尽力梳理了成都的肌理，捕捉成都的性情，拾取成都的体温。他像写作人物传记一样，去展示成都的性格。一个作家的文化趣味，决定了他的价值判断和文化倾向。《成都传》是充满历史温情与在场叙事的文学城市传记，发出了明亮而清晰的“成都声音”。

——中国作家协会副主席　阿来

名家推荐

学者型作家蒋蓝躬耕墨畦，综覈文史，勤思于浸远浔佚。驰骛乎兼容并包，盈盈百万言为“成都”这个奇瑰磊落的“非常巨人”立传，从陇蜀孕育到蜀山童年，从神奇浪漫之渊薮，到文雅书香之优越秀冠，生生不息庋藏中华文脉，纚纚相属泠然初心不迁，做非常创造之事，成非常创新之功。其“控引天地”探索宇宙之文明梦想，“错综古今”敢为人先之奋进取向，传承至今。在新时代，读新《成都传》，必将大有助于传承薪火、开拓新路、创新篇章、出新局面。

——著名历史学家、四川省历史学会会长　谭继和

名家推荐

最近一些年，文学家为中国城市频频写传，让我们历史学家颇觉汗颜。在《南京传》和《北京传》之后，现在又有了著名作家蒋蓝的这本《成都传》，我既感到兴奋，又觉得惭愧。兴奋的是，我最情之所系的城市，终于有了一本全面的传记；惭愧的是，虽然过去受到过写成都传的邀请，我都知难而退。多年以前，我甚至和美国历史学家司昆仑与一家著名的欧洲出版社签订了合同，合写一本《成都传》，最后也是无疾而终。给一个城市写传是很难的，而蒋蓝在资料的使用、内容的取舍、谋篇与布局、故事的讲述、严肃和有趣、知识和可读等方面，却把握得当，张弛有度。《成都传》书写得生动活泼，政治一笔带过，对人物、史迹、风物却尽情地描述，几乎就是成都文化的一部“百科全书”。

——澳门大学历史系主任　王笛

目　录 上

自序

成都的拓扑学与斑斓志

城市的历史与历史的城市，就犹如谜面与谜底的关系。

谜面总是安静的，是所指，是待兔之株；而谜底却是暗流潮涌，是能指，是万千种可能最后在与谜面的反复对位过程中，展示出的独一的适应性。反过来说，城市与历史的组合的锁钥，总有其独特的质地与凸凹。

英国18世纪最伟大的诗人威廉·库柏说：“上帝创造了乡村，人类创造了城市。”乡村与城市是两个空间，但彼此互嵌、彼此褒有，是骨与肉的关系。城市的意义不仅仅在于从乡村中独立，更在于营造权力、原野、聚落之间连绵不绝的亲和力。阡陌纵横，河道漫流，街长巷短，楼台亭阁，车船辐辏的聚落在城市与乡村里获得生息，人在砖石之间制造梦想，梦想让人们临水自照在认识自己之余，更会抬眼纵目世界，世界因城市而繁丽，繁丽的文明必然浸染乡村，乡村打开人们的想象，想象极目之余人们霍然回望，回望城市里的人民，人民能够摊开质朴的灵魂，灵魂定会全力守住心灵的城池。

在此意义上，我们才会意识到诗人艾青所言

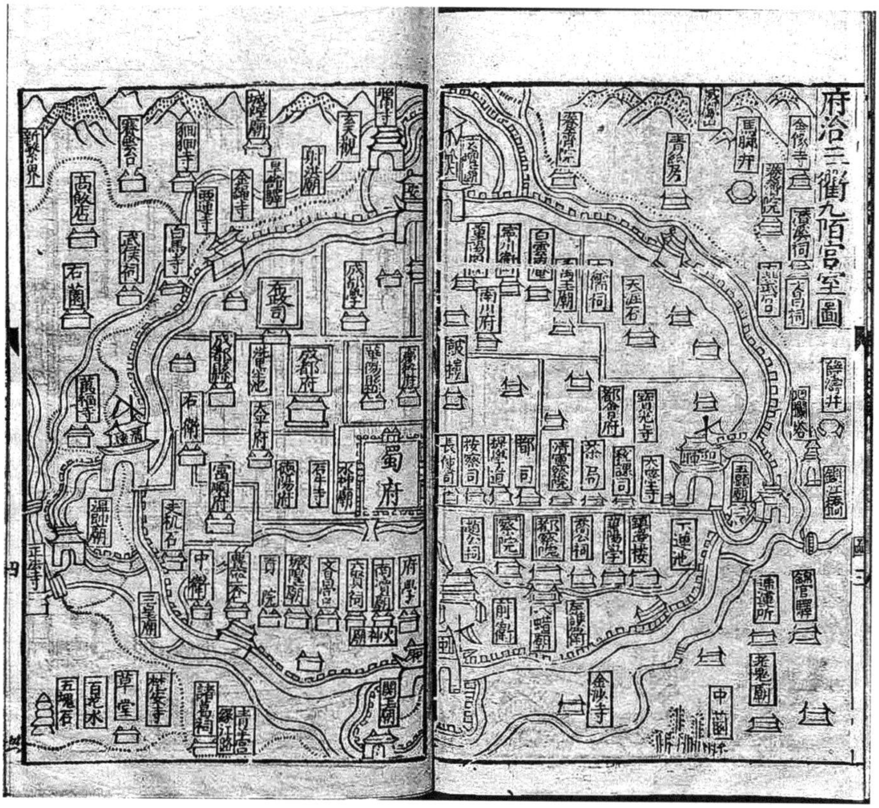

明朝冯任修、张世雍等纂《新修成都府志》（五十八卷）载《府治三衢九陌宫室图》，这是现存时间最早的一份成都地图。明天启元年（1621年）刊本，美国国会图书馆藏

"人创造了城市，城市又创造了城市人"的递进之意。

成都市介于东经102° 54′—104° 53′、北纬30° 05′—31° 26′之间，很接近中国版图南北的中央位置。所以有学者认为，成都是真正位于中国地理中心的城市。四川盆地还有一个神奇之处：这一深处内陆腹地之地，竟是十分靠近海洋性气候。许多滨海的地方却是大陆性气候，比如大连、天津、青岛，甚至上海都不能算作海洋性气候。无论是看年气温变化——年较差，还是看日气温变化——日较差，被青藏高原的连绵群山呵护的四川盆地均是海洋性气候。因为这里不仅年气温变化小，而且一日之中昼夜气温变化也小。气象学家林之光在《四川盆地：远离海洋性气候》

中认为："四川盆地虽深居内陆而确有比较典型的海洋性气候。只不过它不是由于海水调节，而是由于海陆、地形等原因共同形成的罢了。"（《中国科学报》2015年6月19日）因"华西雨屏带"的特殊原因，成都平原及周边动植物种类繁多。据《成都市志·地理志》统计，成都平原共有脊椎动物578种，兽类112种，鸟类384种，两栖类24种，爬行类29种……是许多动植物的"避难所"。由此形成了物华天宝、人杰地灵的格局："水旱从人，不知饥馑，时无荒年，天下谓之天府也。"

成都一直是受到上苍眷顾的城市。2500多年来，成都"城名未改、城址未变、中心未移"，除了深厚的人文积淀之外，其独特的自然地理首先为成都城市形成独特的地理环境和文化创造了先决条件。伴随大地隆起，四川盆地由海盆先是变成了海湾，接着变成了湖盆，这个湖盆比如今的四川盆地面积要大得多，是中国第一大外流盆地，后来地形继续抬升，盆地的边缘隆起一些高山，最后形成26万平方千米陆盆。成都平原冬无严寒，夏无酷暑，雨量充足；地表松散，沉积物巨厚，土壤肥沃；水系发达、河渠交错，地表水、地下水资源丰富，为成都城市的兴起和发展创造了优越条件，城市发展条件真可谓"得天独厚"。这也决定了成都平原生物的多样性与丰富性，要大大高于别的地区。比如，成都是世界海拔落差最大的中心城市，也是全世界唯一能在市区里见到海拔6000米以上雪峰的千万级人口的城市……

成都是长江上游文明的中心，是中华文明的重要组成部分——巴蜀文明的发祥地。作为悠久而独具特色的文化始源地，拥有璀璨而续接的城市发展史，使成都文化具有了鲜明的地域特色，并在历史上创作了诸多世界之最、中国之最：成都是中国唯一的3000年城址不迁、2500年城名不改、城市中心未移的历史文化名城，放之于世界城市史也非常罕有；成都是"中国文化遗产"标志——太阳神鸟金箔的发现地；成都平原是全世界最早人工栽培茶叶、最早拥有茶叶交易市场的地区；成都是伟大的水利枢纽工程、世界文化遗产——都江堰水利工程的所在地，无坝引水、自流灌溉系统哺育了天府之国，运行至今润泽近千万亩沃土，成了世界古代

成都原点。成都原点是指在成都主城区选取的一个有代表性的地理位置设置的城市地标。成都原点建于1956年，是成都城市方位的“零公里”处，在城市规划、建设上具有重要意义。成都原点位于文武路与锣锅巷交叉口西侧。（蒋蓝 摄）

成都原点的地理中心位置坐标为东经104° 04′、北纬30° 40′，以原点作为测量的起始点，建立X轴、Y轴后，成都市任何一个地理空间就都有了确定的坐标位置，而这些坐标点就形成了城市城乡建设坐标控制网。图为成都原点。（蒋蓝 摄）

水利史上道法自然的伟大创举；成都是地方官学的起源地，西汉蜀守文翁在成都石室兴学，成为全国文庙和地方官办学的肇始；成都是中国本土宗教——道教的发祥地，至今仍是全国乃至全世界道教重镇之一；成都是地方志的故乡，西晋崇州人常璩所撰《华阳国志》是中国现存最早、体例完备的地方志，也是历代修志的榜样；成都是世界上第一张纸币——交子的诞生地，在世界货币史上留下了第一道强力的划痕……

对此，巴蜀学者童恩正有一段论述：“四川所处的环境也是很有特点的。就南北方向而言，它恰好位于黄河与长江两大巨流之间，亦即中国古代两大文明发展的地区之间，既是我国西部南北交通的孔道，又成为我国南北文明的汇聚之区。就东西方向而言，它正当青藏高原至长江中下游平原的过渡地带，又是西部畜牧民族和东部农业民族交往融合的地方。这种地理位置的特点，就使四川自古就有众多的民族迁徙栖息，在历史上留下了十分丰富的内容。”①

一言以蔽之，“龟城走向、二江抱城、三城相套”，就是成都的城市布局的个性和特征。

在人们的印象里，古蜀世界浪漫而神秘。如历史学家谭继和所言，它具有下列文化特征：“仙源在蜀”“道源在蜀”“文宗在蜀”“才女在蜀”“易学在蜀”。而巴与蜀的对撞生成，方可以创造一个互补共荣的共同体。

从古蜀王国到天府之国的发展史也可以反证：一味强调敞开门户、走出封闭的“扩张论”与“出走论”，并不是华夏民族固有的民族习性。身居中国腹地的成都，更多地生发出了一种中道的正见，那是在两极或多极世界中寻求和睦相处的身位与路径：必须有能力去实现一个极端到另一个极端的跋涉，才可能获得一种冰炭相遇所构成的蒸腾与消融，直至恬然。这是上升与下陷、飞翔与坠落、盛开与凋谢的峰回路转。苍茫世界的中道，就如同牛头上的一对犄角！

正如学者何怀宏在其箴言录《随感》中说：“我赞美达于两极的中道，并使这两极如大鹏之双翼。”灿烂的内爆火光已然照亮身处周遭的黑夜，在这一通透之中，已经不可能去着意蜀天与蜀地的差异了。成都必须说出的是，从巫山神女的云鬓到维纳斯出浴时流淌着黄金光芒的披发之间的共性与异性；从三星堆的肃穆神鸟到庄周蝴蝶翩飞的梦境与落地性；从登天之树撒落的缤纷天花到村落林盘的无垠桑麻的转换之能……成都拥有一种于极度纷乱的无序中寻找阶段性有序的能力，并在极度自由中寻找有律的自在：于中道回眸自性。恰如《入中论》所云：“净戒沃田中，能生诸功德。享用众果实，相继无断时。”

天府田园的中道，就如同牛头上的一对犄角。

2014年仲春，我在采访巴蜀史学者林向教授时，他重述了自己的观点：四川盆地由于特殊的人文地理条件，在中华文化历史长河中犹如一座

---

① 童恩正：《古代的巴蜀》，四川人民出版社1979年版，第3页。

"水库"，对中国历代政治、经济、文化、人口等起着流动、储存、调节、融合、扩散的"水库效应"。

在古代中原的眼界里，蜀地属于坤地。但元朝的蜀人就以为："易以西南为坤位，而吾蜀重厚不浮，此坤之性也。"[①]这是指一切土、一切地，以及与土地具有共性的一切事物生发的气韵走向，不是单独某一事功！这一看法肯定不全面，但也暗示了蜀地重厚、绵扎、柔韧、博物、文采勃发的厚土气质。

1944年，著名作家朱自清在成都锦江之滨生活一年后，写下了散文名篇《外东消夏录》，其中指出："成都是中国第四大城。城太大了，要指出它的特色倒不易……"

这个说法，渊源有自。

史学界普遍认为，城墙、宫殿以及武器的出现，既是国家政权出现的标志，也是文明起源的标志，当然，也可以把城市、文字、冶金作为文明的三大要素。作为古蜀文明的起源地，成都平原在秦代初期已经崛起了具有相当规模的三座都市，出现了成都最早的城市规划和城市设计，加之发达的青铜铸造技术和高超的玉器手工业，无疑已处于灿烂的文明时期。但是，此一阶段的文明远不是巴蜀文明的源头。进入20世纪以来，随着考古发掘和研究成果证明，在成都平原广阔的地域内，石器时代孕生的巴蜀文化，不但在华夏历史上占有举足轻重的地位，而且在世界历史中也有它不可忽略的重量。

成都的城市文明史长达4500年以上。按照著名历史学家李学勤的观点，古蜀文明的起源甚至可以上溯到"蜀之为国，肇于人皇"的时代。概略而论，三星堆文化是从蚕丛、柏灌、鱼凫到杜宇、开明等历代蜀王世系所代表的不同的都邑文化的最早根据地，体现了鲜明的古蜀城邦文化特征，填补了巴蜀城市文明早期起源和发展史上的空白。如果说宝墩文化所含的6座古城代表着成都平原城市文明的起源，证实成都早在中华文明的

① ［元］费着：《笺纸谱》，《巴蜀丛书》第1辑，巴蜀书社1988年版，第159页。

天回山山顶的银杏广场上，镌刻有如下标示：海拔583.23米。这是成都市五城区（金牛、成华、青羊、武侯、锦江）的海拔最高点。（蒋蓝 摄）

起源阶段就已成为长江上游文明的中心，那么位于平原腹地的三星堆古城址，则代表了古蜀城邦国家完成建构的辉煌阶段。这对于后人了解古蜀城市建筑、城市功能和城市结构，都是弥足珍贵的“岁华纪丽谱”。

一个城市别称越多，就越发昭示了它跌宕的多面性。很多人清楚历史上成都一地有几个充满诗意的别称，天子之城、梦郭、陆海、龟城、天府之国、蜀都、芙蓉城、锦城、锦官城等等，均与城市兴盛、地望有关。但纵观成都2500余年的城市发展史，其布局特点是“龟城走向、二江环抱、三城相套”，并历经三个发展阶段：汉代至唐代的“二江珥市”格局；晚唐至清末的“二江抱城”格局；现在的“江环城中”的公园城市格局。

易中天先生《读城记》里有一组感性对比：北京是“城”，广州是“市”，上海是“滩”，厦门是“岛”，武汉是“镇”，成都是“府”。“也许，这就是成都了：朴野而又儒雅。这就是成都人了：悠闲而又洒脱。因为成都是‘府’，是古老富庶、物产丰盈、积累厚重的‘天府’。远在祖国大西南群山环抱之中，躲避了中原的兵荒马乱，却又享受着华夏的文化福泽。那崇山，那峻岭，那‘难于上青天’的蜀道，并没有阻隔它与全国各地的联系，也没有使它变得褊狭怪异，只不过护卫着它，使它少受了许多磨难少吃了许多苦头。那清泉，那沃土，那一年四季温柔滋润的气候，则养育了一群美滋滋乐呵呵的成都人。老天爷之于成都，实在是厚爱有加。于是，成都便成了一个标本，一个在农业社会中生成的田园都市的标本。”

在我看来，这一切特征的根性，在于成都彰显出越来越清晰的“城市韧性”。

要详细梳理古蜀文明的演变以及成都的城市、风俗变迁，自然不是这本城市传记所能胜任的，因此，我只能把目光集中在城市的沧桑屋檐下，投射在它的砖石与阡陌之间，寄托于对碧水、城堞和往事的感叹中。城市是有性格的，城市同样有传承，而成都所蕴含的骨中之钙、血中之盐，不但反映在闲适的生活节奏与建筑中，更彰显在人们的生活欲望的深处。

城市如迷宫。一座历史从未中断、从短暂衰落中可以奋然崛起的超级城市，恰如法国作家罗伯－格里耶笔下城市所具有的“拓扑学结构”。拓扑学是研究几何图形或空间在连续改变形状后还能保持不变的一些性质的学科，它只关注物体之间的位置关系而不考虑它们的形状和大小。如果以此观察成都，可以发现2500多年来，无论成都遭受了怎样的战争洗礼与移民入川，城市的诗意底蕴从未改变。

我认为，城市的最高境界是“诗意城市”，而韧性城市与诗意城市并不矛盾。所谓的诗意城市，用通俗的语言讲就是：这个城市谁看了都愿意去品味它，因为它与众不同，它有独特的魅力，有独特的美感与诗意，有让人羡慕的地方，这是我认为的诗意城市。具有诗的想象与诗的生活。诗歌并不是非要写在纸上，诗更多是一种持续的生活方式。唯有将纸上之诗与生活之诗彻底交融，方为成都独有的城市魅力。

如今四川境内主要有三大汉语方言：一是属于官话的四川话；二是属于客家方言的广东话；三是属于湘方言的永州腔。人们所指的四川方言主要着眼于狭义，指四川官话，即西南官话的一个分支。四川方言是如何形成今天这一格局的？那就要追源溯流。上古时期，四川区域有巴蜀二国。蜀与中原不同族。战国末年秦统一巴蜀，置巴郡和蜀郡。汉代成为益州，晋代分梁、益二州。关于先秦时期的巴蜀语言情况，徐中舒指出："在意识形态方面，《蜀王本纪》说'蜀左言，无文字'；《世本》又说'蜀无姓'，寥寥几句话，充分说明了蜀的言语文字和社会组织和中原地区都不大相同。"[①]秦汉建立蜀郡、益州之后，"蜀人始通中国，言语颇与华同"。这里的"华"，指的是秦地方言。而明末清初大规模移民入川，如今的四川方言就是在湖北官话基础上形成的，使四川方言具有了海纳百川的包容性和源远流长的继承性。

而四川最为流行的两个方言词是：安逸与巴适。

通过史料分析，可以发现"安逸"一词最早出现在《庄子·至乐》中："所苦者，身不得安逸，口不得厚味，形不得美服，口不得好色，耳不得音声。"这其中的"安逸"即为：安闲、舒适之意，在之后的文献中也表相似意义。蜀人具有幽默的天性，其口语里的"安逸"，含有褒义、贬义、中性等色彩。也就是说，这是源自北方最后落地的蜀方言。

而"巴适"明显是巴地方言。"巴食"，有斜靠着身体吃东西的本意。逐渐发展为：一是指很好、舒服、合适；二是指正宗、地道。通常表字为"巴适"，也有表"巴食"。

所以，认识巴蜀，认识成都，尤其需要眼光、眼力、眼界。

在后工业化的氛围中，我们开始考虑一种人文的追问——人到底应该生活在什么样的城市？或者说什么样的城市更适合于人生存？丰厚的历史对城市未来格局是否具有积极影响？虽然我们只是看到了一些城市在经

① 徐中舒：《论巴蜀文化》，四川人民出版社1982年版，第6页。

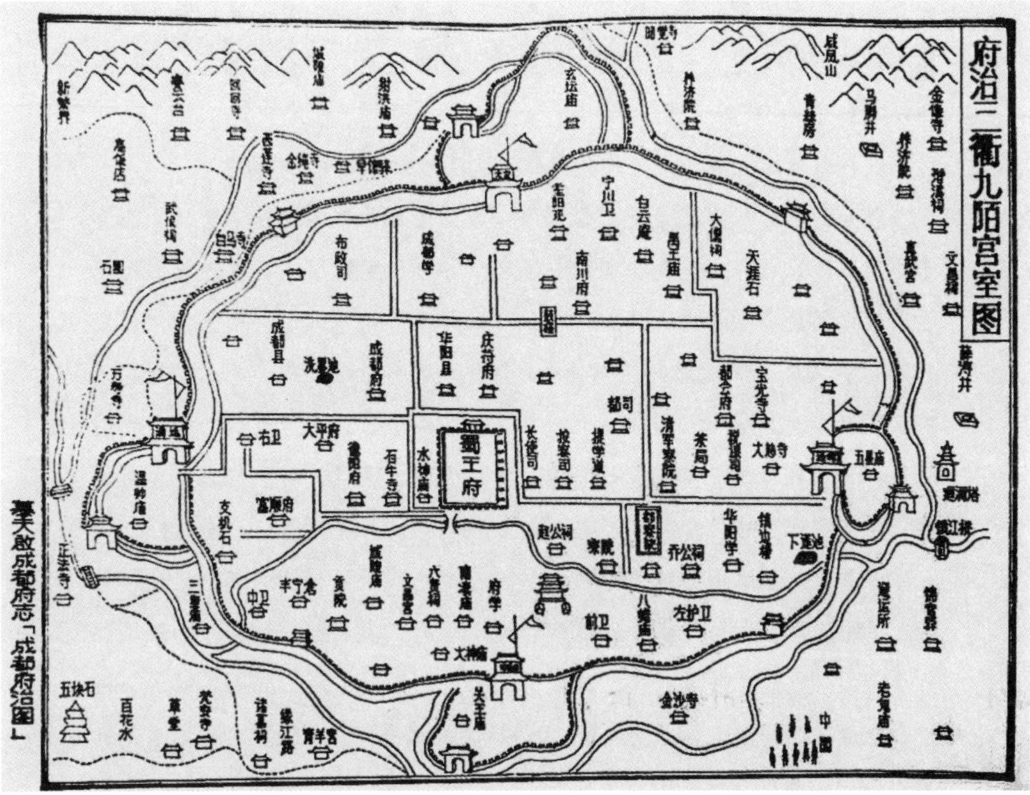

鉴于明初成都城原有的土墙和城门已倒塌焚毁，于是明太祖朱元璋下令在宋元城墙的基础上重新修筑砖制新城，砖城基础宽约8米，高约11米，城门4座，均建有瓮城。从图中可以看出，明代成都城内密布各类宫殿和官署，城内东西各有成都、华阳两县，两县共治省城成都。其中最显眼的莫过于城中心的蜀王府，也就是成都老百姓口中的“皇城”。蜀王府规模庞大，是明代多座藩王府中最富丽宏伟的一座，北起东西御河，南到红照壁，东至东华门，西达西华门，周长2500多米，面积38公顷多，约有北京故宫的二分之一

济潮汐中不断变换的姿态，但需要铭记的是——昨天，是蜀文化的辉煌史程；今天，也是这一历史进程的发展。实际上，具有人文情怀的人们，面对悠远历史所表现出来的谦逊之感，来源于一种更深层、更强有力的感受。正如朱自清先生所感受到的那样：“成都春天常有毛毛雨，而成都花多，爱花的人家也多，毛毛雨的春天倒正是养花天气。那时节真所谓‘天街小雨润如酥’，路相当好，有点泥滑滑，却不至于‘行不得也哥哥’。缓

缓地走着，呼吸着新鲜而润泽的空气，叫人闲到心里，骨头里。若是在庭园中踱着，时而看见一些落花，静静地飘在微尘里，贴在软地上，那更闲得没有影儿……”

这样舒缓的市井气象，尤其需要“纵目”者才能完成穿越！

原始的“蜀”字，是一个象形字。它的上部为皿，就是“竖目”的意思。所谓“纵目”，并非眼球高高鼓起，仿佛重度的甲亢病古眼球。而是在两眼之间的额头正中，还有一个纵立的眼睛。诗意地说，张开了“第三只眼睛”。《荀子·赋篇》:“以能合从。”合从，又称合纵。“纵，竖也。”所谓竖目，就是纵目。蜀字上为人首，而中纵一目，下身为蛇。那么我们可以打量蜀的结构三部曲：蛇（龙）身、人首、纵目，由此构成了古蜀族的宗祖神图腾。有学者认为，这一图腾所指，恰是颛顼之孙——火神祝融。

置身于三星堆遗址低缓而宽大的祭祀土台上，“有时白云起，天地自卷舒”。我想起当地民间对这一带的称呼：宽山。“纵目郊原乱絮飞，好风娇叶弄天机。”我们纵目古今，成都街道的主角不是房屋、公园、绿道、植被和车流，而是生生不息的人民。所以，《成都传》并非仅仅勾勒城市建筑的演变史，其重点恰在于“因人兴城”——读城之余，才能读人心、读天地、读兴亡，找到城市可持续发展的天机：宽山、宽水、宽城、宽世界。我以为，这才是纵目的奥义所在，也是时代赋予人们需要用“第三只眼睛”去打量历史的在场新意。

从纵目成都到纵目天下，人们可以感觉到远古，也感觉到现在，而且感觉到远古和现在是同时存在的。所以，在面对历史以及意识到自我在历史中所处位置的时候，唯有具备历史感的人才会表现出真正的虔恪！如果这本《成都传》能够为读者带来一点这样的感受，我们就应该以更多的温情与敬意，来回报成都。

有人问我，成都为华夏大地带来了什么？

我认为，蕴含中道精神的成都有四大贡献：

第一，根植于黄河和长江两大流域之间的对撞生成之力；

第二，托物生发的想象力和随物赋形的执行力；

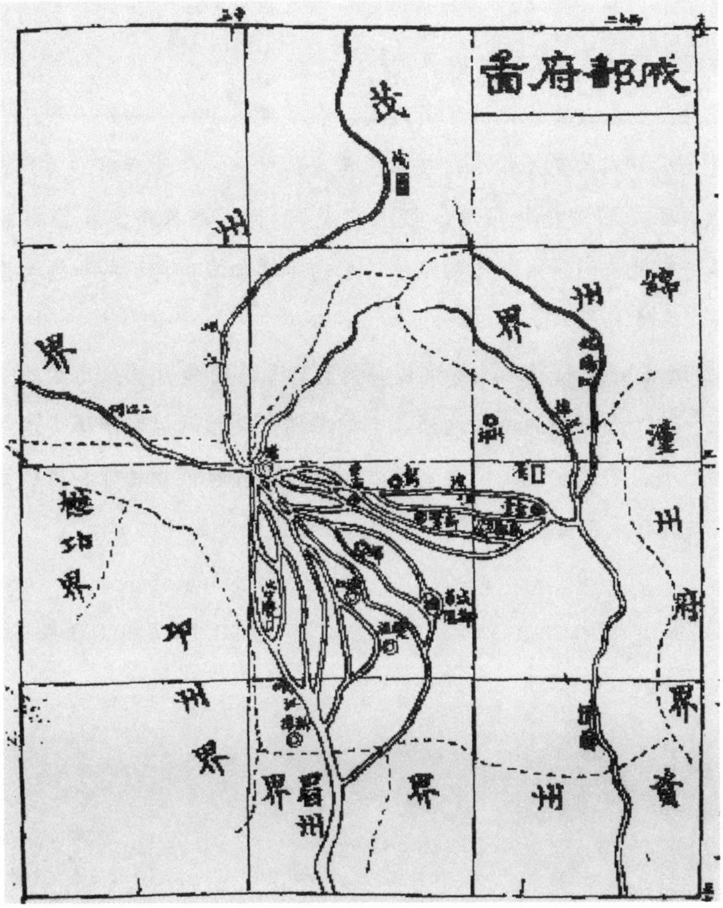

成都府图。绘制于清宣统元年。原载《蜀藏·巴蜀珍稀舆地文献会刊》第21册第404页

第三，临难勃兴的复能、韧性之力；

第四，顺势而为的纵目、决断之力。

这样的力量，分别对位于成都平原在中国地理中的第一二级阶梯间的特殊位置以及内陆海洋性气候；续接了古蜀以来吸纳不同种族文化的“混血”活力；顺应了天人合一、道法自然的思想；彰显了“最中国”的城市自信。

《成都传》着力呈现一座大城首领西南的城市气质与诗性空间结构。

而重要历史人物的情感踪迹与物理踪迹两条线路，是《成都传》的复线构成，也成为贯穿《成都传》的两大经纬之线。

可以发现，人物传记的可贵之处，在于通过记叙、描写、议论、抒情等多种表达方式的交互作用，展示出传主的神韵，使读者有“神明殊胜”的感觉，正所谓“传神阿堵，颊上三毫”。而《成都传》在城市的叙事里，尽可能地采撷了人物传的笔法，目的是增加城市传记的生活温度、可信度与可感度。

“踏遍青山人未老，风景这边独好。”回顾成都历史，其实就是在读一部天与地、人与物的命运之书。它的基调是展示辉煌城市历史连绵谱系的造物之书，它的意旨是凸显韧性城市精神与独特风物相辅相成的博物之书，它的伟大人迹绘就了一部薪尽火传、互嵌共荣的“斑斓志”。

2021年8月30日于成都锦江畔

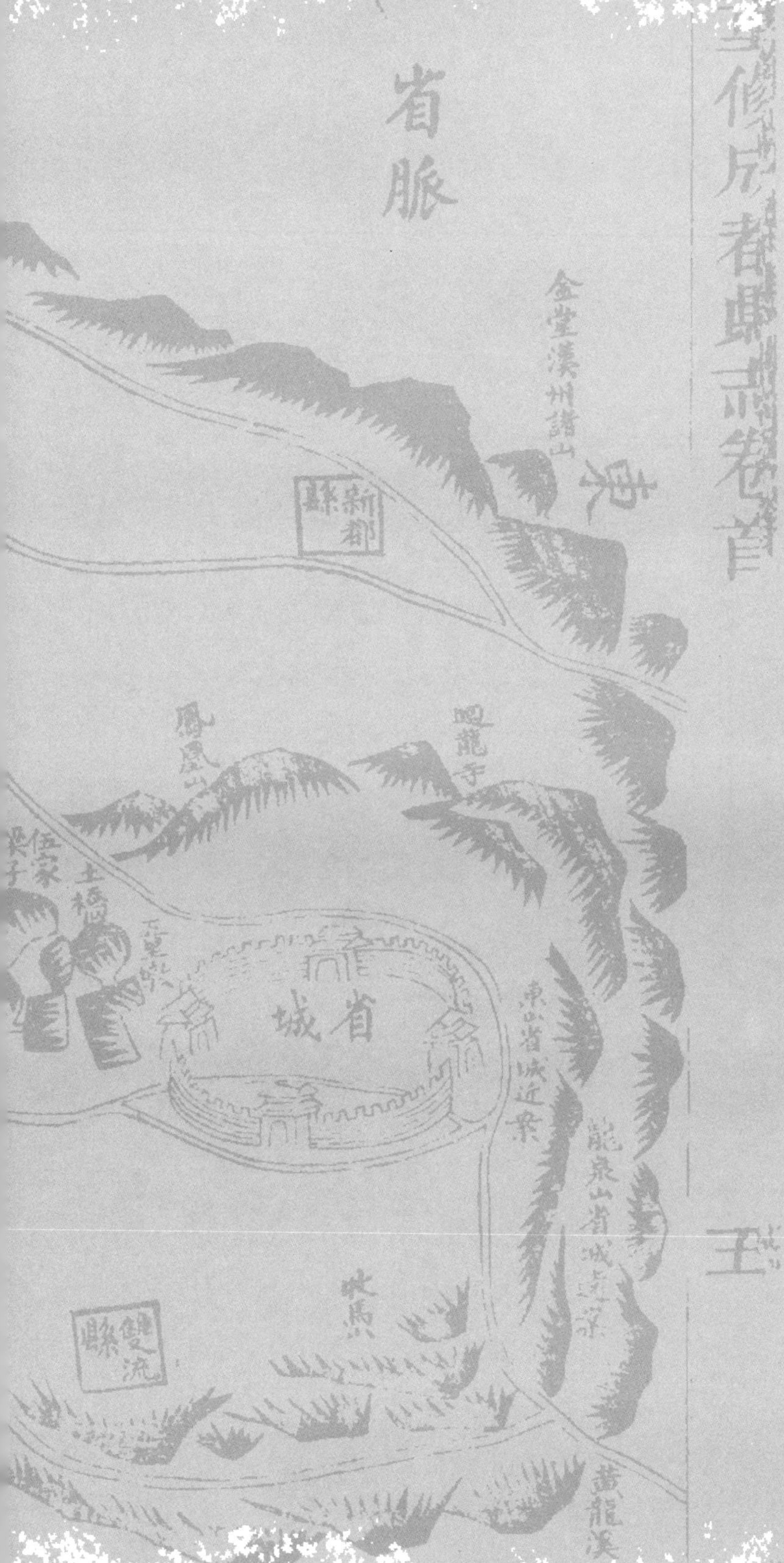

第一编

古蜀鸿蒙记

噫吁嚱，危乎高哉！

蜀道之难，难于上青天！

蚕丛及鱼凫，开国何茫然！

尔来四万八千岁，不与秦塞通人烟。

西当太白有鸟道，可以横绝峨眉巅……

——【唐】李白《蜀道难》

第1章

苍茫蜀山以及蜀山氏

李白在《蜀道难》中曾描述古蜀王朝:“蚕丛及鱼凫，开国何茫然!尔来四万八千岁，不与秦塞通人烟……”所谓“四万八千岁”，自然是诗人的夸张。距此27年之后，罢了官的诗人岑参，窘迫加上老病，东归无望，他被迫流寓在成都的客栈里，预感到大限将至，于是仿屈原《招魂》体制，作《招北客文》自悼。岑参赋文分方位申述蜀地之各方可往与不可往，以寄托自己浓烈的思归之情:“蜀之先曰蚕丛兮，纵其目（一作号）以称王。当周室陵颓兮，乱无纪纲。洎乎杜宇从天而降，鳖灵溯江而上，相禅而帝……蜀之北兮可以往，北客归去来兮！”不是岑参在模仿李白，而是他们都读到了如今已经失传的四弦曲《蜀国弦》，对烟雨苍茫的古蜀地望和历史予以了深度想象。

我总以为，唯有在一个细雨绵绵的时节，才是回忆古蜀的最佳机缘。

适当的雨，落在额头上，落在脸颊上，我们会由此发现，让自己最能感怀的记忆，一般而言均是湿润的。成都的雨淋在身上，还有一股旷野的暗香。在一个汁液四溅、四季花木扶疏的城市，置身于杜鹃的叫喊声里，在白鹭的蓑羽与白翅搅动的气流之间，总有四起的蒙蒙雾气自历史深处滚滚吹来……

考古资料表明，早在更新世的晚期，四川盆地就有人类活动。公元前6000年后，四川盆地及周边地区进入新石器时代，形成了早期的农耕聚落；公元前2000年前后，古人开始沿着下趋的河谷与山间谷地形成的向心状地理分布的冲积平原逐渐拓进，以成都平原为中心的古蜀王朝终于迈进了文明的大门，进入青铜时代，诞生了三星堆文明。

而在建立城邦的一切因素之上，食盐是聚民之力、立国之本、强国之基。而成都平原在殷商至周代，并不生产大宗食盐，仅有一些硝盐可供分解、食用。巴蜀史学者屈小强就指出："但是由这里崛起并震烁西南乃至南方的古蜀文明却能够发展、兴旺并延续达一两千年，其间的一个重大秘密，就是仰仗于巫盐和巴盐，特别是三峡地区巫载族的泉盐的支撑。"①

成都无疑是古蜀文明的中心，它牵动、吸纳了散布在成都平原周边的文明聚落。在这个文明中心的基础之上，耸立起一个金字塔般的足以与中原夏商文明相媲美的古蜀王国。它初创于夏商之际，灭国于战国晚期（公元前316年），前后相续1500—1600年之久。综合古史和传说，这个王朝经历了蚕丛、柏灌、鱼凫、杜宇、开明等更替。如《华阳国志》所言："蜀之为国，肇于人皇，至黄帝，为其子昌意娶蜀山氏之女，生子帝喾，对其支庶于蜀，世为侯伯，历夏、商、周，武王伐纣，蜀与焉。"

透过历史烟云，综合文献记载，巴蜀种族脉络逐渐清晰。

巴地：土著板楯蛮（大巴山地区）、廪君蛮（鄂西、峡江一带）；东夷太昊族群、中原姬姓巴王等。

蜀地：土著西陵氏、蜀山氏（川西高原）、蚕丛氏、柏灌氏（岷江上游）；杜宇氏（云贵高原），鱼凫氏、鳖灵氏（长江的中游荆楚区域），青阳氏、昌意氏（黄土高原）。

作为汉字的"蜀"字，最早见于商代的甲骨文。"蜀"名称的来历，史书记载有两种说法：一说蜀就是蚕，是因古蜀王蚕丛教民栽桑养蚕，使

① 屈小强：《三星堆文明时期的食盐贸易》，《盐业史研究》1994年第1期，第11—15页。

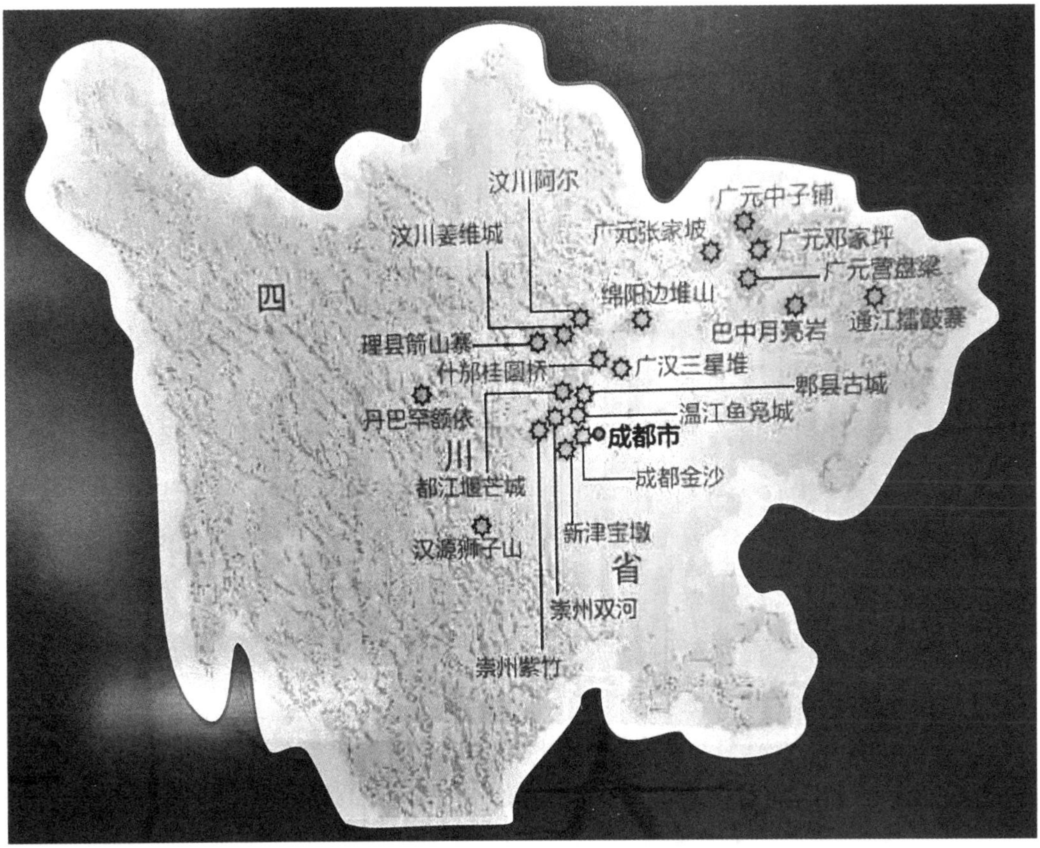

四川新石器遗址分布图。（四川省博物院提供）

四川成为中国最早养蚕的地方；另一种说法，在于蜀是一种形态类似桑蚕的毒虫，因此有专家认为“蜀”极可能是商朝统治者对蜀地人的蔑视性称呼。学者们推断是商朝人最先发明使用“蜀”字，并且有多达二十多种写法。每一种写法上，都有一个大大的“目”字，意思是“纵目”。最早，“蜀”字下面没有“虫”，“虫”是后来加上去的，金文将它固定下来，直到汉隶流行，才固定为现在的“蜀”字。

氐羌族群绝不是单一的民族，他们有不同的语言、服饰、习俗等，唯一的共同点可能只是“逐水草而居”的游牧生活。蜀族来源于氐羌。“氐”与“氏”两字近似。在巴蜀江河沿线，先民居住在水流洗淘出来的山洞里，四川人现在叫作“洼岩腔”，山上经常飞石滚落下来，坠入江河，这就叫“氐”，意思是大石头滚落下来了，提醒族人注意安全，这说明汉字的“氐”字是古蜀文字，冯广宏认为对于蜀人是表意字，而不是汉字的表音字。《说文解字》：“氐崩，声闻数百里。”《汉书》注：“应劭曰，天水有大坂曰陇坻，其山旁箸，崩落作声，闻数百里，故曰坻隤。”陇坻即是甘肃省的陇山。

“氐的名称，既与川陕的地形有关，氐与蜀当是一个音的变异读法，因为蜀字的古读，正如今音的‘独’一般。氐与蜀同归于端母，同与后人译作‘图伯特’的西藏语tbt有关。不过氐为梯形盆地的意义，蜀则为蚕桑的意义，语义不同。”①

古蜀先民的故事就像雾霭一样，一直在四川盆地盘桓。蜀的祖先是生活在黄河中上游地区的古羌人的一支，他们沿岷江流域南迁进入四川盆地，在成都平原建立了自己的国家，传说中最早称王的是蚕丛和鱼凫，继后者为柏灌。他们捕鱼、农耕并作，对成都平原进行了早期垦殖。到了杜宇王朝以及开明王朝，分别对应于中原的西周时期和春秋战国时期。

人们熟悉的“三代蜀王”，也就是在这个时期登台亮相。一种说法是，“蜀”向家蚕的转变过程，恰恰就是蜀山氏向蚕丛氏过渡的过程，蜀山氏部落最早以“蜀”为号，蜀变蚕后，他们便以“蚕”为号，改称蚕丛氏。证据是：一是蚕丛氏的“蚕”就是蜀进化而来的；二是蚕丛氏从蜀山南迁成都平原立国后，虽保持了“蚕丛氏”的名号，但仍然以“蜀”为国名，以后历代蜀王也因袭“蜀”名而不改。中原文献称历代蜀王均为“蜀”，原因也在于此。

却顾所来径，苍苍横翠微。在古蜀人心目中，蜀山是直达天界的神山，位于成都平原以西，所以也泛称西山。蜀山氏究竟来自哪里？据南宋学者罗泌《路史·前纪》引《益州记》云：“岷山禹庙西有姜维城，又有蜀山氏女居，昌意妃也。”这是说蜀山氏原居于岷江上游即今天的汶川县威

① 李思纯：《李思纯文集·已刊论著卷》，巴蜀书社2002年版，第212页。

州镇岷江东岸山梁上的姜维城一带。宋朝乐史的《太平寰宇记》也采此说，在茂州石泉县下指明："蜀山,《史记》黄帝子昌意娶蜀山氏女，盖此山地。"这是把岷江上游一带的大片群山，都统称为蜀山。这里距雅砻江不远，为蜀山氏及其后的蜀人所居之处。

所以说，蚕丛的族群来自蜀山。

2016年，笔者（左）在阿坝州汶川县威州镇岷江东岸姜维城遗址考察。姜维城遗址包含了新石器、汉代和宋代等时期的遗存

古蜀王朝起始于人皇时代，横向对比，它经历了中原王朝的夏商周时代。黄帝不但自己娶了蜀山氏的女子为妻，他们的儿子同样也娶了蜀山氏的女子为妻，双方通过氏族联姻，形成了蜀地与中原的血缘共同体。随着黄帝氏族与蜀山氏族的通婚，就逐渐繁衍出了蜀山族，构成了早期古蜀王朝的主要族群。

《路史》还记载："蜀之为国，肇自人皇，其始蚕丛、柏濩、鱼凫，各数百岁。号蜀山氏。盖作于蜀。蚕丛纵目，王瞿上。"意思是说，古蜀经历了蚕丛、柏灌和鱼凫三代蜀王，各统治了数百年。当然了，一个人不可能活数百岁。蚕丛、柏灌和鱼凫，不是单指独立的帝王，而是不同时代的蜀地统治者的总称，相当于：蚕丛一系、柏灌一系和鱼凫一系。

望帝治水患有功，后禅位给治水能力更在自己之上的鳖灵，自己退隐西山，可惜情缘未了，精魂化为杜鹃鸟，啼声凄切，疾飞于蜀地，似乎在寻找那个让自己魂牵梦萦之人。这里的西山，就是其祖居地岷山。

扬雄《蜀王本纪》指出："蚕丛始居岷山石室中。"

颛顼的后代被帝喾分封在蜀地以后，其中居于岷山的一支，把祖先嫘祖的养蚕本领予以了发扬光大。他们把野蚕驯化成为家蚕，蚕桑的养殖业得到了极大提高。他们以蚕丝和丝织成品和其他部落交换，换取生活用品，影响力越来越大，蚕丝也成了这支蜀山氏的标志，后来他们就被其他部落称为蚕丛氏，部落的头领就被称为蚕丛。

英国作家埃利亚斯·卡内蒂指出："对中国人来说，蚕是一种比文字更深刻的表达。"春蚕到死丝方尽，蚕丝不但是时间留下的证词，也成为神灵的语言。

2021年初，在三星堆遗址三、四、六、七、八号祭祀坑里的几十件青铜器上，均发现了距今3000多年前的推测为祭祀用途的丝类织品。经中国丝绸博物馆鉴定，一种是绢，一种是绮，还有一种是编织物。考古学者指出，这一重大发现，在精神层面印证了在古蜀时期丝绸有沟通天地人神的独特用途；在物质层面，也反映当时古蜀国的丝绸生产就已广泛存在。这或许可以说明，最早的丝绸并非用于穿着而是敬事鬼神。这一实物为蜀身毒道、西南丝路的产品外销提供了最有力的考古学实证。

到鱼凫氏时期，蜀民过着平原农业兼渔猎经济为主的生活。杜宇氏时期，蜀民已进入农耕为主的农业社会。杜宇雄才大略，渴望建立比蚕丛、柏灌、鱼凫王朝更大的功业。因此他积极开疆拓土，使得国土领域向东可达嘉陵江；向西可至今四川雅安芦山、天全县一带；向北可到汉中地区；向南可抵今天的眉山市青神县。

农耕社会的民众，需要定居生活，密集的居住区渐渐形成了都邑。相传，古蜀就有三大都——广都、成都、新都。学者段渝认为："流传久远的三代蜀王传说，包含了经营高地农业群体迁徙到成都平原定居，以及推动成都平原经济文化进步的全部含义。"①

三代蜀王中，第一位叫蚕丛。蚕丛氏是氐族的一支，兴起于岷江上游河谷，起初居住在岷山"石室"中，其地望，在今天四川阿坝藏族羌族自治州茂县北境的叠溪。蚕丛是中国华夏第一个把山上野蚕养成家蚕的人，

---

① 段渝，邹一清：《三星堆文明》，四川人民出版社2006年版，第19页。

嫘祖西陵氏像。元朝王祯《农书》载

主要的功绩是“教民蚕桑”。氏族兴旺强盛之时，蚕丛带领族人顺岷江而下，时间相当于中原的虞及夏王朝时期，开始进入成都平原。他们在成都平原生存繁衍，蚕丛统治着大片蜀地，蚕丛氏是早期蜀族的一大重要组成部分。在岷江南拐弯进入成都平原，自古就有蚕崖关、蚕崖市、蚕崖石等地名，这是蚕丛族群经由岷江河谷之南出灌口进入成都平原的地名学证据。

回溯古蜀文明的源头，历史变成了传说，传说变成了神话，但历史总归是历史。古老的蜀山氏，被认为是蜀人的始源；蜀山，是今日岷江上游的岷山，其名早见于《史记》《汉书》，而蜀山氏所居住之地，称为叠溪，据称其址在今日茂县以北。据考证，“叠”字由先前金文“嫘祖”二字合并而成。

蚕丛之后的蜀王继任者是柏灌，在有的历史文献中又称之为柏濩。柏灌族就是以鹳鸟（鸡）为图腾，或者说以鹳鸡为神鸟崇拜的部族，柏灌族

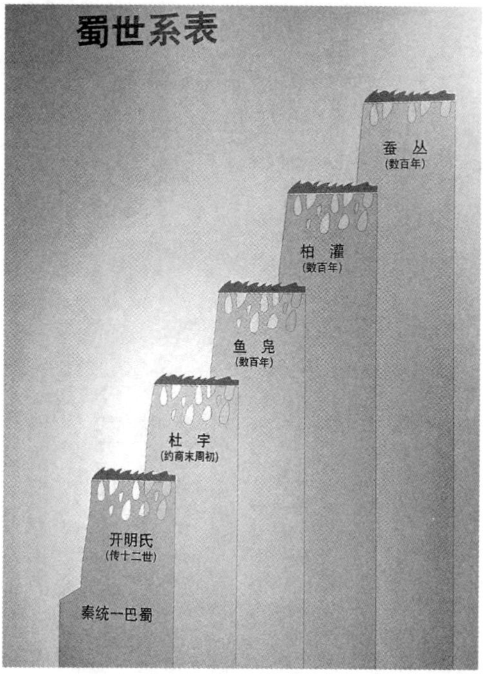

古蜀世袭简表

生活在现在都江堰市灌口、观坂一带，氏族兴旺之时，建立了强大的酋邦，尔后进入成都平原统治蜀地数百年之久。在今都江堰市周围还可找到一些柏灌族的遗迹。在迁徙过程中他们也留下了自己族类标志的地名，如“和夷”“灌口”“瞿上”等等。

鱼凫是“三代蜀王”的最后一代，也是早期蜀国的统一者。鱼凫氏也是氏族的一支，兴起于岷江上游。在中原夏商之际，鱼凫王带领本族进入成都平原周边区域，逐渐与蚕丛、柏灌两族相融合，形成了早期的蜀族，并在此基础上逐步建立起强大的早期蜀王国，这相当于公元前16世纪至前11世纪的中原商朝。古书记载今成都市温江区城北7.5公里有“古鱼凫城”，由此意味着成都平原海拔略高的西沿区域崇州、温江、郫都一带，恰是鱼凫氏的活动中心。

鱼凫，在蜀地有三层意思：

一、传说中古蜀国帝王名。鱼凫王在蜀地民间称为“柳城国主”。

二、鱼凫即鱼老鸹，一种捕鱼的水鸟。

三、地名。指鱼凫城，又名柳城。

位于温江区万春镇的鱼凫村，杉木、银杏、慈竹、柳树参天，曲径通幽，有一种阴翳之气。此地俗称“古城埂”，相传为鱼凫王都，也称为“古柳城”，史载宋时古城尚“遗半存”。2021年秋季，鱼凫村一位郭姓老太太对我讲，1950年，幼年的她经常爬到四五米高的城墙上去玩。她家的房子，就位于古城埂边。那时在宽达三四米的古城埂下，形成了一条幽深的巷子。附近还发现有古井……老太太回家拿出一块自己收藏的“城墙砖”给我看，明显是宋代以后的造型，说明这一带土地肥沃，从古至今均是人们生息繁衍之地。随着时间推移，如今古城埂仅剩一米多高了。我的手指拂过古城埂，虽表面已风化，但经过夯筑的城墙依然坚硬无比。远远望去，好似大地的脊梁。

宝墩古城出土的石斧

鱼凫王的邦国应比蚕丛的范围更为广大。1996年经过考古发掘，鱼凫村有4000多年前的古城遗址，城墙采用泥土夯筑，又宽又大，边坡非常平缓，好像一道防洪大堤。整个城墙将城区包围成一个巨大的六边形，结构类似于蜂巢。后来考古人士还在岷江两岸发现了6座古城，而鱼凫城算是形状最为奇特的一处。

该遗址呈六边形，面积约40万平方米，距今4500年左右，为宝墩文化时期遗存的中心聚落，以保存较为完整的一段城垣为显著特征。遗址有干栏式、木骨或竹骨泥墙式房址、竖穴土坑墓和灰坑等遗迹。出土文物有石斧、锛、凿子、陶喇叭口高领罐、绳纹花迦罐、尊等，遗址对研究长江流域文化与中原地区之间的密切关系具有突出地位，为确立中华古代文明起源多元一体学说，提供了重要佐证。与此同时，其出土中丰富的遗迹种类和文物填补了巴蜀文化研究空白，对于全面揭示四川盆地新石器及青铜器时期考古学文化面貌，具有承上启下的极其重要的作用。2001年，经国务院批准该遗址被列为第五批全国重点文物保护单位。

宋朝郫县人孙松寿，字岩老，号牧斋，高宗绍兴五年（1135年）进士，曾知嘉州，他在《观古鱼凫城》一诗中咏道：“野寺依修竹，鱼凫迹半

“蜀”的造型。（蒋蓝摄于成都望丛祠博物馆）

存。高城归断垄，故国霭荒村。”这说明古鱼凫城实实在在存在的；诗中第二、三句，则是说因为时代久远，无人保护，鱼凫城只“半存”了，过去的“高城”如今变成“断垄”；诗的第四句则是哀叹古蜀“故国”已成为雾气茫茫的“荒村”。

清乾隆时期，温江县人车酉，曾任河南光州通判、知县等。他为人廉洁有傲骨，不趋事上司，任满放归，旅居开封，喜读书，参与编纂嘉庆二十年《温江县志》，著有《五柘山房文集》。他在《鱼凫城怀古》一诗中写道：“混沌留残土，兵戈剩劫灰。古皇千版筑，今我万春来。狐兔巢荆棘，鱼凫国草莱。”第四句点明鱼凫城的地理位置是在“万春”；第五、六两句则是极言鱼凫古城的颓废之状，曾经辉煌显赫的古鱼凫国已变成荆棘丛生、狐兔巢居的荒芜之地了。

三代蜀王族群有别，来源非一，先后入主被称为蜀地的成都平原，形成蜀族，建立酋邦，创造了早期的蜀文化。传说蚕丛氏长着一双“纵目”，生前居住在山边的石室中，死后用石棺石椁埋葬；柏灌氏善于经营低地农业；鱼凫氏“人面而鱼身，无足”，这暗示其善于治水。

蜀王蚕丛，传说建都于瞿上。瞿上的具体地望历来有争论，冯广宏先生认为，宋代《路史》记载的“瞿上”，位于成都双流县牧马山台地，这在于远古先民畏惧洪水，聚落往往会选择在半山或丘陵台地之上。双流的古名正是“广都”——它应该是古蜀国最早建立的都城。广都到隋朝因避讳炀帝杨广的名字才改为双流，宋朝以后才恢复了广都的称呼。

杜宇王朝的都城叫作“郫邑”，比现在的郫都区更靠近北部山区，随后逐渐向成都平原迁移，到达现今郫都区的古城村，这与平原逐渐排水、陆地出现密切相关。1996年考古工作中，发现了4000年前的古城遗址，那座城略呈长方形，面积比鱼凫城略小。

彭州、新都和新繁镇都位于湔江冲积扇上。新都城，从名称上分析是古蜀王朝建立广都、成都之后，最后建立的城市（或大型聚落），所以称“新”。但是《华阳国志》并没有称“新都”“广都”为“都城”的说法。作为“古蜀三城”之一，从2800年前开明王朝在此建立了“中心城市体系”，数千年也是“城名未改，城址未变”。20世纪80年代以来，在新都大丰镇方营村陆续发现商周遗址、斑竹园镇忠义社区新石器时代遗址、红光电子管厂的商代遗址、朱王村遗址等等，可以佐证新都一地的人文历史。

这样，到了春秋中晚期，开明王朝成功移都成都，以成都为都城的古蜀城市文明体系得以最终确立，大大推动了古蜀文明的进一步蓬勃发展。

山巅总是首先触摸到黎明。但山坳却是黑夜的收纳箱，它总是比天光更早地打开了盖子。那的确是一幅可以供我们想象的图景：在古蜀的肥沃旷野上，老虎用蔷薇花想象食物。犀牛用弯角度量着抵达水草肥美的泽国与天堂的距离。白鹭的双翅打开了蜀王的领地……古蜀人面对无边的漫流，想象着水泽里的大海，所托举起来的风暴、雷电与爱情。

第2章

成都平原最早的古城

人们通常所说的蜀地，有两个含义。

其一，是指古蜀王朝的统治区。此由蜀族人鱼凫氏建立第一个政权开始，经历望帝杜宇建立的杜宇王朝，再到蜀王杜芦（开明氏）为秦国所灭，共13位君王在位，延续七八百年，后人称为古蜀王朝。其活动范围主要包括成都平原、川中丘陵、汉中盆地等。

其二，是泛指蜀文化影响的范围。旧石器时代是以使用打制石器为标志的人类文化发展阶段，是石器时代的早期阶段。当时成都平原已有人类活动痕迹，伴随自然气候变暖，使采集和渔猎经济有了较大的发展。新的发明、创造继续出现，给后人留下了丰富的历史文化遗构。

古蜀先民从山地进入平原的过程，一直就是不断选择、不断适应、不断迁徙的过程。正所谓向水学习后出现了“人往低处走”，不失为智者的选择。他们是被迫的，但可以选择自己的道路，他们又是自由的。世界将会在人们面前退掉伪装，生存的法则就像迎风而长的桤木，在视线里飘然扭动。

大约6000年前，人皇之族开始越秦岭南下，到达华山之阳的广大区域生活繁衍。在成都平原以西的岷江流域，则有来自岷江中上游的蚕丛氏建立蜀国；后来称雄的鱼凫王，活动空间逐渐延伸到沱江流域和平原腹地；接着是杜宇王朝，伴随治水的推进，水泽退去、可以耕种的陆地逐步出现，其势力范围已扩充到平原大部，经济生产已经进入农耕社会，那时已到了西周时期……这些被扬雄《蜀王本纪》保留下来的吉光片羽，近几十年由羊子山、宝墩遗址、三星堆、金沙等考古发现并证实。

鉴于殷墟卜辞与周原卜辞里均是有蜀无巴，故可泛称为古蜀文明。其地域范围是：殷墟卜辞中蜀的中心地区在成都平原，蜀文化圈的范围大体上和后来《汉书·地理志》所载与巴蜀同俗的地域相当。从某些方面来

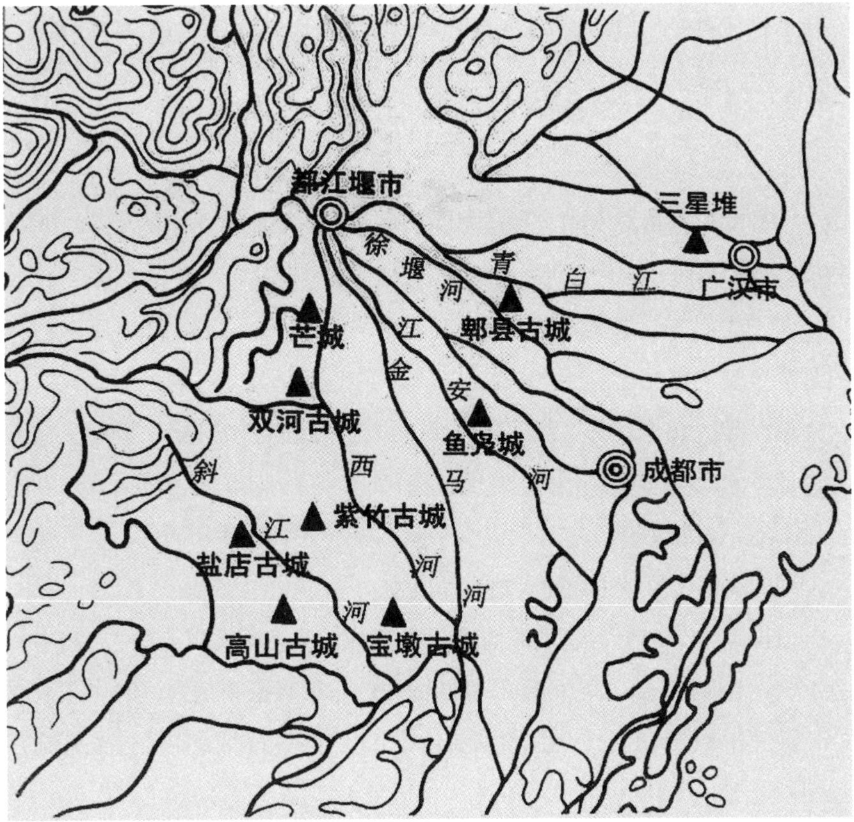

成都平原史前文化遗址分布略图。（图片由四川博物院提供）

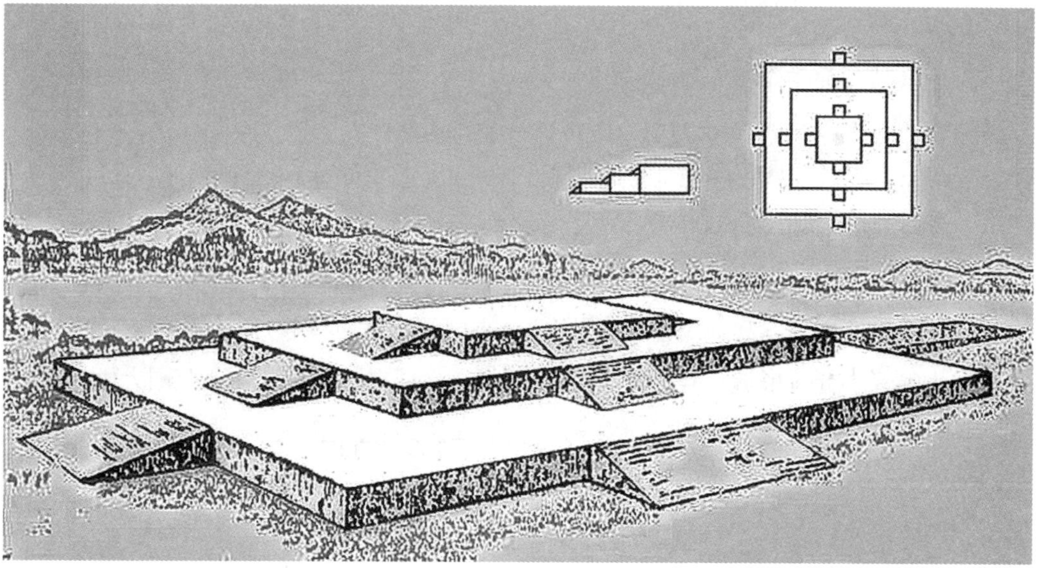

1953年成都羊子山土台遗址复原图及结构图。这座土台是古蜀杜宇时期用于集会、祭祀之地，是杜宇王朝兴旺的象征。羊子山祭台遗址的出土为研究川西第一个奴隶制王国提供了宝贵资料。（图片由宝墩遗址考古工作站提供）

说，古蜀文化与黄河文明、长江文明、红山文化等都是古老的华夏文明中璀璨夺目的星辰。

位于成都市北郊驷马桥以北1千米的羊子山，是成都平原地区考古材料最为丰富的古文化遗址之一。1956年，在这里清理了一座西周时代的土台遗址，高达10米，分三级四层，属于供祭祀用的四方土台。同时又在土台基址下的地层进行了试掘，发现有5件距今约1万年的旧石器时代晚期的打制石器，表明了在远古时期成都平原上就有人类生活和居住，这是迄今所发现的成都平原最古老的人类活动遗物。

根据《羊子山土台遗址的清理报告》分析：在所发现的5件石器中，有4件是由细粒石英岩质的砾石打制而成的，形状很不规则，制作还很原始，而其中3件有明显使用过的崩口。因此，这些石器是确经人类打制并且使用过的。

1995年，在三星堆遗址西南约60公里成都市郊的新津县宝墩遗址，找

旧时成都人在此处人工山上放羊，故被称为“羊子山”。高大的祭台是古蜀人用130余万块50厘米左右的泥砖垒砌而成，至少分三层垒砌，高出地面10余米，似小高山，面积约1万平方米。如今山早已经削平，成了羊子山公园。图为双水碾街道羊子山古蜀祭坛遗址的现状。（蒋蓝 摄）

到了存在时间早于三星堆遗址的宝墩古城，距今约4500—3700年。这证实了20世纪60年代相继发现的成都平原史前古城址群：新津宝墩遗址、温江鱼凫村遗址、郫都古城遗址、都江堰芒城、崇州双河以及紫竹等6处古城遗址，都属于同期而略有先后的城市遗存。

现在位于成都市新津区的宝墩古城遗址，以其在同类遗址中位置居中、面积最大、文化内涵最为丰富的特点，成为这一系列史前古城址群中的典型文化遗存。研究者遂取其名，将这片史前古城址群所代表的新石器时代考古学文化命名为“宝墩文化”。宝墩古城坐落在新津的龙马乡宝墩村。遗址南北长1000米，东西宽600米，面积达60万平方米。宝墩遗址具有罕见的内外双层城墙，外城墙周长达3200米、宽处25米、高处5米以上，初步估算土方量大大超过30万立方米，需要成千上万的劳力经年累月

宝墩古城遗址。（蒋蓝 摄）

地劳作。宝墩文化遗址无疑是蜀文明孕育时期的代表，是迄今所知西南地区发现的年代最早、规模最大、分布最密集的史前古城址群，因为有明显功能标志的聚落形态——“城邑”建筑开始出现，毫无疑问这是成都平原最早的古城。由于城墙建筑都是采用“双向堆土、斜向拍夯”的办法，与后起的三星堆古城的建筑法有明显的承袭关系。它是成都平原上最早、最大的一座城池，这说明宝墩文化时期的居住者已经进入农业定居的生活模式，其原始氏族组织社会结构已被更为复杂的社会制度予以取代。

在宝墩城建立不久之后，蜀人又在如今都江堰市另建了芒城村古城，史称芒城遗址。这是1996年发现的史前城址，面积达10万平方米，由内外两个城圈组成的城垣造型，在同类史前城址中极为罕见。出土的距今4000年以前的众多陶器和石器，在国内外引起轰动，被评为“1996年全国十大考古新发现”。

芒城位置处在岷江上游南出的灌口，是进出成都平原的锁钥之地，这表明芒城的建立主要是控扼通道、加强防御。学术界的推论是，芒城是从宝墩古城分化而来，与宝墩古城存在垂直的等级关系。

芒城遗址是当时古蜀先民为保护自己的土地、财富，防御敌人的进攻而建。其内外城垣系同期修筑，均为夯筑而成。两道相距20余米的城垣之间形成一道深4米多的壕沟环绕整个遗址。壕沟内的淤泥充分证明当时壕内长期蓄满了水，以水御敌，证实了当时生活在成都平原上的古蜀先民具有的防御技巧。

宝墩遗址的发掘过程图。（图片由宝墩遗址考古工作站提供）

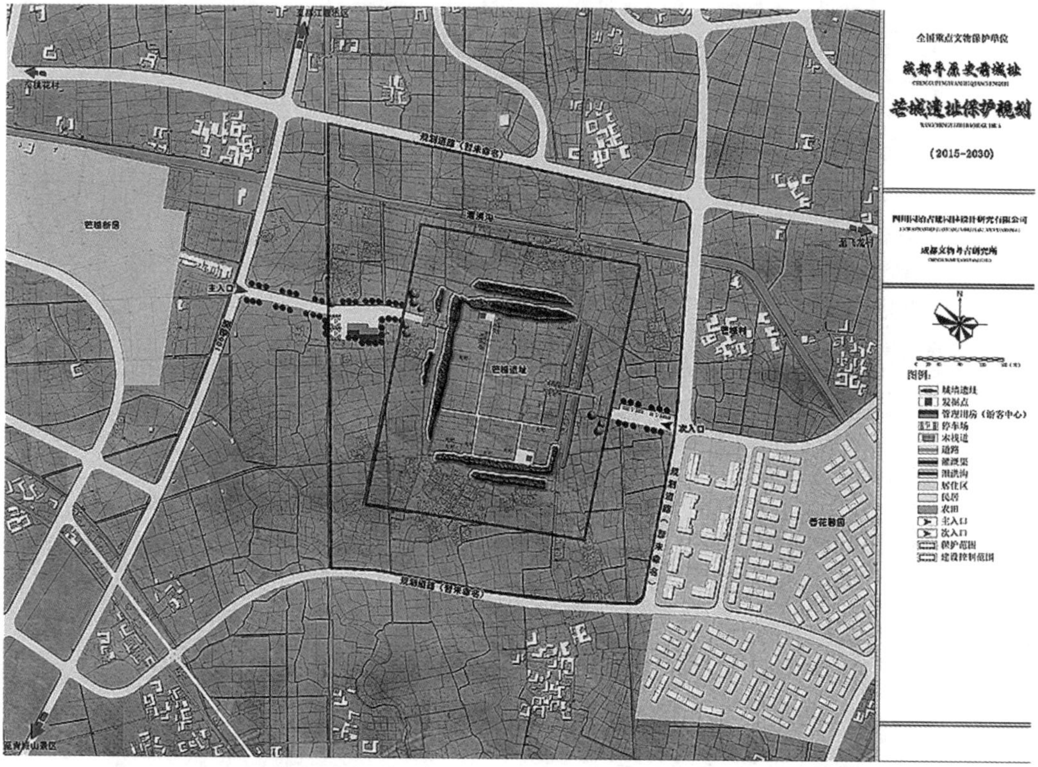

芒城遗址保护规划图。（图片由宝墩遗址考古工作站提供）

最让人感到惊喜的是，在这座具有防御功能的芒城遗址上，发现了一座迄今为止在成都平原上时间最早、保存最为完好的小型房址。房屋为地面长方形的双间套房，面积约50平方米，居住面积四周的墙体基础部分保存完好，墙体的修筑技术，是首先挖墙基槽，在基槽内下埋密集圆竹，形成竹笆墙，再内外抹草拌泥，并经火烘烤，房顶盖草，实为传统川西农家建筑的雏形。据考古专家介绍，房屋的建筑形式是古蜀先民为适应其所处的环境创造出来的，可能意味着4000多年前生活在芒城的原始聚落趋于解体，出现了以单独家庭作为社会的单元。因此，芒城遗址的这一建筑被学者赞为“成都平原第一房”，对研究当时的婚姻、家庭及社会性质具有示范价值。

宛如神秘的“纵目”一样，宝墩古城以及芒城古城使用的时间都不太长久，难以理解的恰在于，古蜀人为什么放弃了两座辛辛苦苦建立起来的聚落？或许是因为洪灾？总之，他们再次踏上了迁徙之路。

宝墩古城就这样湮没于历史层垒的地表之下。

但神奇的事实是，紧接着又有三座古城在成都平原渐次崛起：崇州双河村古城、郫都古城村古城以及温江鱼凫村古城。根据出土的大量文物以及筑城方法，学者们大体判断是：“这三座古城，从文化的角度看，它们是宝墩文化的继续发展；从族体的角度看，它们是宝墩族体的迁徙；从古城的角度看，它们是宝墩古城的转移、分化和扩张。宝墩古城衰落后，从中分化出的族体分别迁移到古城村、鱼凫村和双河村等遗址所在地，在当地原有农业开发的基础上，分别形成了聚落并相继建立了古城。”[①]

位于温江区万春镇的鱼凫村遗址。（蒋蓝 摄）

鱼凫村遗址中夯筑城墙。如今仅剩一米多高，长约100米。（蒋蓝 摄）

古城村、鱼凫村和双河村等古城遗址继承了宝墩文化的精华，但是没有发现垂直的隶属关系。学者认为，可以看出这些古城的社会权力形态都是酋邦制度，已经产生地位极高的宗教崇拜，其经济仍然是以农业为主导，城市建设初具规模，出现了夯筑城墙、祭祀广

① 段渝，邹一清：《三星堆文明》，四川人民出版社2006年版，第26—27页。

场、宗庙性质的建筑。

如果说，以成都平原龙山时代至夏代遗址群为代表的古蜀一期文化，是以宝墩文化为代表，拥有以商朝时代的三星堆规模宏大的城市格局和高度发达的青铜文明，则无疑是古蜀二期文化的佼佼者。

在什邡市博物馆，有一件出土于什邡桂圆桥遗址的侈口深腹罐。它是成都平原发现最早、最完整的陶器。尤其值得一提的是，它所属的年代以及文化面貌，为古蜀先民的迁徙提供了珍贵的研究材料。成都文物考古研究院副院长江章华由此推测："成都平原的古代人群从岷江上游逐步迁徙至平原，他们最初主要活动在平原北部、西部至西南靠近山地相对较高的边缘地带，种植小米是传统农业；到距今4500年前后的宝墩文化初期，长江中游的水稻种植技术传入成都平原，他们对成都平原多水环境也不断适应，才向平原腹心移动。"[①]

侈口深腹罐。这是成都平原发现最早、最为完整的陶器。现藏什邡市博物馆

人们至今无法梳理出一个自洽的理由，来解释为什么古蜀人要放弃宝墩古城。

我认为，巴蜀学者冯广宏关于古蜀各时期时间推断颇为合理[②]。这一推论过程是：

从"蚕丛国破"，到后裔向川西南迁徙，有三四百年的时间。蚕丛到鱼凫，《蜀王本纪》云："此三代各数百年。"学者冯广宏推断为700年。那

① 吴晓玲：《这个陶罐背后暗藏古蜀人迁徙路线》，《四川日报》2009年3月11日。
② 冯广宏：《古蜀历史有空白区新说》，《文史杂志》1999年第3期。

么距今4500年左右的宝墩、三星堆文化时期就应是蚕丛时期。冯广宏假设柏灌王历时约300年，鱼凫王为700年。开明氏历时，南宋罗泌《路史·余论》谓为350年。开明氏历12世，平均每世30年左右，较为合理。《蜀王本纪》称“望帝积百余岁”。冯广宏设为150年。开明蜀国被秦灭是公元前316年，上推350年为望帝禅位时；再上推150年，为杜宇开国时。再上推700年，即公元前1516年，为鱼凫王开国时期。再加上柏灌王的300年和蚕丛氏的700年，即上推1000年，为公元前2516年，即距今4516年，为蚕丛氏开国之时。那么鱼凫王的时期，当为距今3516年到2816年。

以上观点，是历经三代的历史学者们薪尽火传获得的学术结果，依据目前的考古成果，只能大体获得这样的认识。但我个人还是认为，宝墩遗址等为代表的古蜀第一期文化，与三星堆为代表的古蜀第二期文化之间，差距太过明显了，飞跃动能太过惊人，很难想象前者怎么会突然性拥有后者那样“旱地拔葱”一般的神力与青铜文明！古蜀集团是如何进化到仪轨繁复、神权合一、工艺异军突起、祭祀与生产等协作细密到令人叹为观止的程度……这些成为留给未来的无尽谜语！

在此，有一句中世纪的拉丁格言闪现在我眼前：“我拥抱活人，哭泣死者，折断闪电。”[①] 也许古蜀人恰是这般楔入历史的。

① 席勒：《钟之歌》。

第3章

蜀道以及“蜀身毒道”

现存文献中，最早确切记载“蜀道”一词的是《后汉书·张霸传》。

张霸字伯饶，蜀郡成都人。几岁时就懂得孝敬与谦让，即使进退饮食这类事，也是合乎礼仪，乡里人都叫他“张曾子”。后来张霸患病去世，享年七十。他留给儿子们的遗嘱是：“从前公子季札出使齐国，他的儿子死在嬴、博二县之间，就安葬在坑洼路旁。如今蜀地道路阻隔遥远，不应归葬，可就在此地掩埋我，只要能掩盖我的身体就行了。只求尸首迅速朽败，这才符合我的本意。人活一辈子，只当被人敬畏，如果不善于爱护自己，便只能接受不被人敬畏的状况。”儿子们听从他的吩咐，将他安葬在河南郡的梁县，因而就在那里安家。身为将作大匠的翟酺等人与儒生弟子们追记他一生的行事，他获得一个谥号叫“宪文”。

也许，作为蜀人的张霸临终提及的“蜀道”，不过是随口一说。但这才让人们洞悉了蜀人渴望走出（或者是回到）封闭空间的急迫心情。故乡对于时代而言，只是一轮皎洁的月亮。由于看不见月亮的背面，所以关于故乡的忧愁总是藏在树梢之巅与路途的雾气之后。

蜀道，顾名思义，就是进出蜀地的道路。古蜀道历史悠久，至今已有逾3000年的历史，比古罗马大道的历史更为悠久。

位于汉源县的邛笮古道。（蒋蓝 摄）

在四川盆地以北方向，关中与四川盆地相隔着秦岭以及汉中盆地、大巴山，蜀道也因此分为两段：关中—秦岭—汉中；汉中—大巴山—四川盆地。而通往在盆地以南方向的道路，则被连绵的云贵高原、乌蒙山系所阻挡。

所以，蜀道也有广义、狭义之分。

谭继和《蜀道遗产与区域文化》指出，作为非物质文化遗产的“蜀道”，指的是其狭义，即川陕金牛道为主体的陇蜀古道的统称。蜀道的起点是成都，它的山川著名地标是剑门关和秦岭；它的古城古镇的结晶是利州、昭化、巴中、剑南、雍邑（凤翔）、汉中、城固，直到关中长安，包括剑门道、石牛道，翻越秦岭的褒斜道、陈仓道、傥骆道、子午道等众多线路。它的最显著建筑特色是“千里栈道”，或如司马迁所言“栈道千里通于蜀汉”。[①]

翻越秦岭的四条古道中最早的一条是褒斜道，而蜀道上栈道的建设也是从褒斜道开始的。在古代人力物力欠发达的时期，修筑数百公里的栈道是一项极为艰难的工程，但由此也可推测古蜀雄厚的国力。

先秦时期，蜀王与秦惠文王因游猎而相会于褒谷之中，两种势力相睨良久。接着北音南调，高唱联袂情义，由此拉开了拓辟石牛道的序幕，翻秦岭，过剑门，留下了石牛便金、金堆铺、石窝金、金牛驿、烈金坝、金

① 《地方文化研究辑刊》编辑部：《地方文化研究辑刊（第五辑）》，四川大学出版社2012年版。

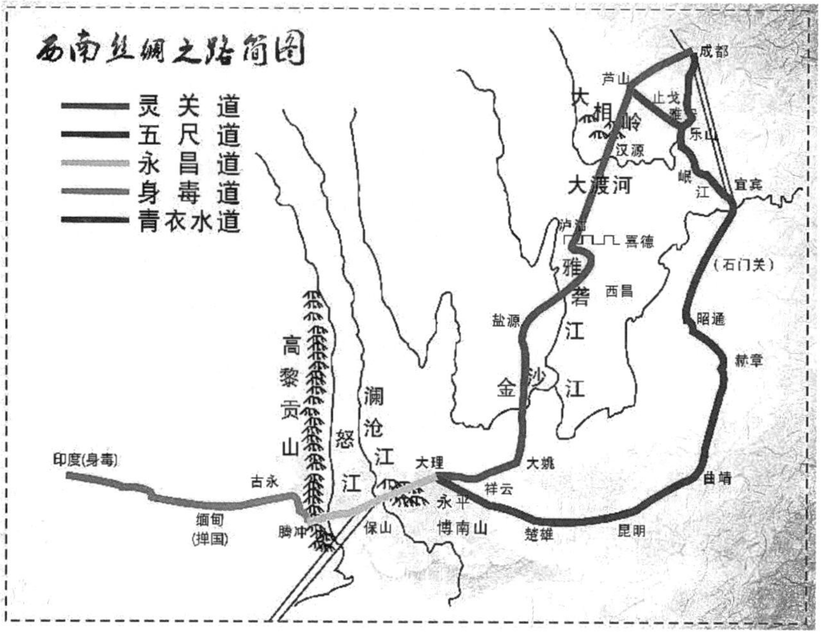

西南丝路简图

牛峡、五丁力士开山、秦五妇望夫石等地名学典故以及优美凄婉的故事。《读史方舆纪要》记载：“自勉县而西南至四川剑州大剑口，皆谓之石牛道（或金牛道亦名栈道）。”开辟这条路非常艰辛，经过了“地崩山摧壮士死”的大地震，创造了“天梯（木栈）石栈相钩连”的栈道奇迹。这条道路成为历史上最早的唯一的连接秦陇与巴蜀的通道。

广义的蜀道，即进出四川盆地古道的统称。从唐代到明清之际，随着出川道路的进一步开拓，蜀道的概念也随之扩大，延伸为四川盆地四出交通线路的泛称。特别是宋代茶马互市的发展，茶马道、盐茶道也成为蜀道概念的重要构成。

从川藏古道的肇始和汉藏官道的变化里，可以看到青藏古道主要缘于政治军事原因而开拓官道，逐渐才演变为商道。而川藏道主要是由茶叶贸易开拓的商道而同时成为官道的。

蜀地在汉代就有牦牛道，唐代有和川路和灵关路通往甘孜高原。但这些道路山峦纵横、河流湍急、行路甚难。随着政治军事的此消彼长，道路时常荒芜闭塞。到了宋代，这一带属于黎州、雅州的羁縻州统治区。除当地部族进贡使臣出入之外，几乎没有宋朝官员进入这一地区。宋代在黎雅开设茶马互市，碉门发展成为番汉贸易集市。商业贸易使原有道路不致全部闭塞。元代把茶马互市推至碉门，使四川内地通往康区的交通更有所发展。明朝在雅州、碉门设置茶马司，每年数百万斤茶叶输往康区并转至乌思藏，从而使茶道从康区延伸至西藏。而乌思藏贡使的往来，又促进了茶道的畅通。清朝进一步加强了对康区和西藏的经营，设置台站，放宽茶叶输藏，打箭炉成为南路边茶总汇之地，更使川藏茶道进一步繁荣。这样，在明清时期形成了由雅安、天全越马鞍山、泸定到康定的“小路茶道”和由雅安、荥经翻越大相岭、飞越岭、泸定至康定的“大路茶道”，再由康定经雅江、里塘、巴塘、江卡、察雅、昌都至拉萨的南路茶道，以及由康定经乾宁、道孚、炉霍、甘孜、德格渡过金沙江至昌都与南路会合至拉萨的北路茶道。这条由雅安至康定，康定至拉萨的茶道，既是明清时期的川藏道，也是今天的川藏道。①

川藏道崎岖难行，开拓十分艰巨。由雅安至康定运输茶叶，少部分靠骡马驮运，大部分靠人力搬运，称为“背背子”。他们手持“木打杵”背负着超过自己体重二到三倍的重量，一日蜗行仅二三十华里。加上高原天寒地冷，空气稀薄，气候变化莫测，真实展现了“人生贵贱无终始，倏忽须臾难久恃”的程度。雅安一带民谚说：“正二三，雪封山；四五六，淋得哭；七八九，稍好走；十冬腊，学狗爬。”高度形象地描述了行路难。川茶就在这种艰苦的条件下运至康藏地区，川藏茶道就是汉藏人民在异常艰苦条件下开拓而成。恰如藏族史诗《格萨尔》所言：“由汉族运来了许多货物……把汉藏两地人民的心连接在一起。”

毫无疑问，在世界交通史上具有重要地位的栈道和笮桥都起源于巴蜀，且有多种类型。

① 贾大泉：《贾大泉自选文集》，四川人民出版社2013年版，第394页。

“西蜀的‘笮人’的名称，就是因有‘笮（竹绳）桥’制作特技而来。巴蜀物质文化具有五大特色：栈道、笮桥、巢居（干栏、吊脚楼）、林盘、梯田。这包含有交通、人居和农耕三大文化。而‘栈道千里，无所不通’和‘度索寻橦’（《后汉书·西域传》），‘其名为笮，人悬半空，度彼绝壑’（唐·独孤及《招北客辞笮》）这两大巴蜀的交通特色，正是巴蜀文化的重要的物质文明特征，这在世界上也具有首创的意义。”[1]

（元狩元年）公元前122年，张骞终于从西域归来了。他向汉武帝禀报他在大夏（今阿富汗北部）的一系列发现时，汉武帝才得知：西南之地早在北方“丝绸之路”开通之前，就已经有了一条通往大夏（西域之地）的贸易通道。“居大夏时见蜀布、邛竹杖，问所从来，曰东南身毒国（今印度）。”这条神秘的西南之路，历代帝王的官方记载上从未有过通商记录的西域国土上，张骞居然发现了大量独产于蜀地的蜀布和邛杖，这不得不让汉朝廷感到十分惊讶。张骞的发现揭开了神秘的“蜀身毒道”的面纱。这条路，如今被视作著名的“南方丝绸之路”。

位于汉源县境内清溪古道中的廊桥，蜀身毒道即西南丝绸之路必须从此经过。（蒋蓝 摄）

① 贾玲编辑《蜀道遗产与区域文化》，四川省社会科学院郭光哲学研究所科研成果，发表时间：2012年2月17日。

“身毒”（yuān dú）是中国对印度的最早译名，始见于《史记》。学术界认为，这个词的原文系梵文Sindhu，进入古波斯语后就变成了Hinthuka，到了古希腊语里则讹转为Indus。中国古文献中亦作申毒、辛头、信度、身度、天竺、贤豆、印度等，均系同音异译。

对于“身毒”一词的发音一直存在歧义，即使《辞海》《辞源》等权威辞书的注音也不尽相同。有的念作“卷juan（绢）du”，有的念作“yuan（渊）du”。但究竟哪种读法更为靠谱呢？如今学术界一般读作“卷juan（绢）du”。

在汉代被称为“蜀身毒道”即古蜀通往身毒（印度）的道路，其东起古蜀都，西至印度，是郡县相连、驿路相接的西南丝绸之路。据史学家考证“蜀身毒道”分为南、西两道，南道分为岷江道、五尺道。

岷江道自成都沿岷江南下至宜宾，是李冰烧崖劈山所筑；五尺道是秦将常頞所修筑，由宜宾至下关（大理），因所经地域山峦险隘，驿道不同于秦朝常制，仅宽五尺，故称为五尺道。五尺道在史料中的解释就是：“横阔一步，斜亘30余里，半壁架空，奇危虚险的阁道。”

南道由成都—宜宾—昭通—曲靖—昆明—楚雄—大理—保山（永昌）—腾冲—古永—缅甸（掸国）—印度（身毒）。西道又称牦牛道，是司马相如沿古牦牛羌部南下故道修筑而成，即由成都—邛崃—芦山—泸沽—西昌—盐源—大姚—祥云—大理与南路汇合。

在我看来，无论是大禹治水还是对于蜀道的开拓，彰显的恰是：水的出路与人的出路。

从无路到小路，从小路到大路，从大路通达天际……但到达宽广的天际之处，一个拓荒者可能会洗去一身征尘，再寻找一条回到宁静的秘径。而拓荒者和一般人的人生，很可能是朝着相反的方向！

因为只有抵达大路天际的拓荒者，才会从路中择路，渴望回到自己的生活当中。而从一条小道秘径出发的普通人，总是渴望人生越走越宽广，他们只能用宏大叙事方式思考问题，那种宏大到了使路失去方向。他们的确不喜欢过于遥远、缥缈的事。

其实，一开始谁也不知道，自己选择的是大路抑或窄门。就像诗人弗罗斯特的《林中路》一样。

这是对人间不同的选择而言，强调在大光导引下独立摸索和独立施为。我以为，像大禹、张骞、唐蒙、司马相如那样的拓荒者，用自己的坎坷、清廉、摩顶接踵的一生，昭示了另外一种存在。

寻找水的出路与探寻人的出路，成为他们留给后世的无尽思考。无论是开路还是生活与人生，一般人的出发都是从小径走向宽广，走向博大，然后蓦然回首，找到自己出发的那条路。但只有那些拓荒者，超然于大路与窄门之外！他们才是决然的立世者。

第4章

古蜀王朝的文明之光

国际学术界对于古代文明形成的认识，是从考古和文字材料来加以分析与甄别。一般而言，认为古代文明形成的标志有物质文化和政治组织两类。从物质文化标志上说，一般认为具有城市、文字、金属器三大硬性指标，至少也需要其中两项再加上大型的礼仪建筑。在某一个古代社会里如果同时具备了这些物质文化要素，那么就基本可以认定这一社会已经步入文明社会；从政治组织方面而言，唯一的标志，就是国家的出现。如果在这一古代社会当中诞生了国家权力形态，那么就可以确定这一社会是文明社会。

距离广汉市约三四公里之处，有三座突兀在成都平原上的巨大黄土堆，三星堆因此而得名；而在以前当地人却称之为“宽山城”。此即清嘉庆《汉州志》记载的“三星伴月堆”，它位于成都平原北部，曾是古蜀时期成都平原的中心城邑。1929年春天，雨季来临之际，当地农民燕道诚和儿子燕青保在住房旁边疏通排水沟时，发现了一窖精美的玉石器，总量有400余件，由此拉开三星堆文明的神秘帷幕。

燕道诚一锄头下去，不料竟发现了一个辉煌无俦的远古时代！

三星堆就仿佛是古蜀人奋力向未来抛出的一个绣球！那个绣球在三千

多年的空寂旷野里无人问津。孤零零的秘密，犹如一颗沉默的炸雷。

“蜀”是什么?

“蜀”就是“心中有虫，纵目世界”。

鱼凫王与蜀都

《左传·成公十三年》指出:“国之大事，在祀与戎。”意思是说，一个国家里的所谓重大事务，就是祭祀祖宗神灵与战争。考古研究证明，山川阻隔、相对封闭的古蜀早期和中期，成都平原几乎没有发生过大规模的战乱，因此，祭祀成为古蜀人活着的最高事务。

1986年三星堆遗址出土的鸟头勺把，是三星堆最具特色的陶器。因为勺体很不容易保存，因而大多仅存勺把。遗址出土了数以千计的鸟头形勺把，鸟头形象颇似鱼凫（鱼鹰），明显与古蜀传说中以鱼凫为族名、族徽的鱼凫王朝有关。有学者认为，鸟头勺把不仅仅是生活用品，而且是古蜀人在祭祀礼仪活动中使用的一种祭祀用品。可以推论的是，以三星堆为都城的古蜀王国，应该处于鱼凫王时代。

只是，温江鱼凫村出土的文物，多为粗糙的石器与瓦器，实在难以与三星堆出土的精美器物产生视觉联系。那么我们只能这样认为：鱼凫村等区域是农耕、生活区，而三星堆才是一心向天的祭祀之台。

鱼与鸟，尤其是对猛禽嘴喙、利爪、眼睛神力的无限赋予，从蜀水到蜀天，挥写了古蜀人的璀璨想象。

经过对三星堆青铜器合金成分的科学分析，发现出土的青铜器有铜锡、铜铅、铅青铜、锡青铜等4种类型。前二类为二元合金，后二类为三元合金。合金成分与同时代殷墟青铜器比较后，发现有这样一些本土化的显著特点：

第一，礼器含锡量较低，实用器含锡量较高。这与殷墟的情形恰好相反。

《诗经》开篇，“关关雎鸠，在河之洲”，雎鸠是求偶的象征，而雎鸠就是指鱼鹰。此为位于温江区寿安乡火星村的鱼凫王墓。清乾隆《温江县志》、嘉庆《温江县志》和民国《温江县志》均载：“大墓山，城北二十五里，相传为鱼凫王陵。”该墓坐南向北，单冢墓，土冢，呈长方形，长85米，宽62米，占地3000多平方米，墓高5米。1950年后，由于开荒生产，墓周已成田地，在鱼凫王墓北约1公里处，原有鱼凫王妃墓，现已成平地，但较周围略高，遗址可辨。1985年7月，经成都市人民政府批准为成都市第二批文物保护单位。（温江区文联周萍供图）

第二，礼器大多具有较高的含铅量，实用器的含铅量则很低，甚至完全不含铅。这也与殷墟的情形恰好相反。

第三，不论礼器还是实用器，均不含锌。而殷墟出土的青铜器往往含有微量锌。

第四，三元合金中多数含有微量磷元素。冶金学知识告诉我们，在青铜合金冶炼中，微量磷元素的掺入，可增加锡青铜的流动性，提高其强度、硬度和弹性。而殷墟出土的青铜器均未发现有磷元素的存在。

这些特点表明，蜀国的青铜合金术，不论在合金类别的用途、选料还是熔炼技术方面，都自成体系，具有鲜明的地域特色。这些特色使蜀国青铜合金术显示出相当的独立发展性质，意味着古代巴蜀是中华青铜冶金术的起源地之一。①

无论从金属成分还是造型构图上，三星堆出土的青铜器足以表明，古蜀冶炼技术的形成时代要远远早于三星堆青铜器埋藏的时代。也就是说，在距今4000年之前，古蜀人的青铜冶炼技术已经臻于高度发达水平。

仰观天文、俯察地理、近取诸身、远取诸物，应是早期文明典型的创造方式。但三星堆文明从发展到灿烂时期，青铜器不再局限于对大自然的一味模仿，而是更倾向于表达抽象的理念，崇尚万物有灵的泛神信仰，明显是古蜀人的崇神基石；诸如大型青铜立人、青铜面具、青铜神树、青铜太阳轮器等等，工艺复杂，鬼斧神工，更是全然脱离了生活实用的目的，这恰恰是祭祀礼器异军突起成为青铜时代高级阶段的明显标志。

除了出土的大量造型奇特的青铜器、金器、玉器以及亚洲象牙、海贝、珍珠等祭祀礼器震惊世界外，三星堆出土的不少陶器让建筑学家惊喜莫名。一些器物属西南首次发现（可能是下水道或供水设施），包括形体极大的镂空圈足陶豆、喇叭口深腹罐、高圈足镂孔陶器座等等。其中陶质建筑构件，出土区域在三星堆遗址北部的月亮湾台地，在一定程度上印证了专家的推测——月亮湾台地一带，极可能是蜀都宫殿建筑的所在区域。建筑构件出土年代距今4800年左右，属于新石器晚期，这无疑是中国建筑史上的重要发现。因为大型建筑聚落的出现，对一个文明形态的稳定和支撑，有着举足轻重的意义。

1988年，四川省文物考古研究院对三星堆遗址进行了较为系统的调查，对东面、西面、南面的土埂进行了试掘，获得重大成果，终于发现了三星堆古城墙，这为佐证三星堆是古蜀都城提供了坚实的考古证据。

三星堆古城城墙高耸、坚固、厚实，城墙外掘有深深的壕沟。城墙横断面为梯形，墙基宽40余米，顶部宽20余米。墙体由主城墙、内侧墙和外

---

① 段渝，邹一清：《三星堆文明》，四川人民出版社2006年版，第38—41页。

侧墙三部分组成。在主城墙局部，使用土坯砖，这是中国城墙建筑史上发现的使用年代最早的土坯筑垒城墙的实物。城墙无转角，不封闭，北面以鸭子河为天然屏障。

三星堆遗址出土的青铜大立人（局部）

三星堆被城墙所围的城圈范围，东西长1600—2100米，南北宽1400米，现有总面积3.5—3.6平方公里。段渝认为："其面积超过了当时中原商王朝的都城——郑州商城，也超过了世界上最早形成城市的美索不达米亚早期大城市乌鲁克乌尔等城。"①

墙，障也。汉朝王充《论衡·须颂》指出："城墙之土，平地之壤也，人加筑蹈之力，树立临池。国之功德崇于城墙，文人之笔劲于筑蹈。"三星堆城墙不仅仅采用筑蹈之法，更采用了土坯砖，这已上升为一种砖文化了。《左传·昭公元年》："人之有墙，以蔽恶也。"这里的"蔽恶"可以理解为不可调和性。墙外的"恶"不准进入，但墙内的未必都是善啊！所以，墙内的"恶"也不准逸出。

尤其值得注意的是，学术界通常把修筑城墙认为是建立古代城市的标志。那么，三星堆城墙的修筑是在什么时候呢？

考古人员在城墙夯土内发现了一些碎陶片，这被称为三星堆遗址第一期文化。经研究和探测可以知道，这一城墙属于宝墩文化的影响范畴，表明了三星堆遗址曾经吸纳了宝墩文化在此落地、发展。在东城墙和南城墙

① 段渝，邹一清：《三星堆文明》，四川人民出版社2006年版，第33页。

内侧，发现在三星堆一期文化之上，又叠压着三星堆二期文化，结合地层分析可知：在距今近4000年之前，即在夏代的时候，三星堆城墙就已经出现，三星堆古城——蜀都就已建立了。

在12平方公里的三星堆遗址区域，密集分布着十几处古遗址群落，城墙成为一道富有深意的建筑规制：城墙之外是林盘连缀的乡村，城墙之内是祭祀的高台与统治的中枢。城墙之内与城墙之外的建筑、功能分野明显，这意味着古蜀时代的乡村拱卫城市、城市统领乡村的城乡连续体已经基本形成。

还可以发现，当时的古蜀人采用了城市中轴线的规划与布局，与现在发现的中原城市格局具有相似之处。但是否受其影响，尚无法予以确定。三星堆遗址之内，清晰地分布有古蜀王国的宫殿区域、宗教祭祀区域、青铜玉器加工区域、民众生活区域，由此构成了作为三星堆蜀都的城市四大核心要素。

三星堆对于四川乃至中国城市研究的重要意义，更在于它是迄今发现的唯一延续了2000年的先秦古城古国古都遗址，是研究中华文明多元一体

三星堆遗址中出土的青铜器线描图

起源的重要个案。而要支撑、维持一个至少拥有12平方公里的帝国运行上千年之久，可以推测当时古蜀王朝麾下的人口数量是相当庞大的，远非一个区区酋邦所能支撑！

三星堆的横空出世，证明了成都平原存在过一个从原始社会到古帝国形成阶段的古文明中心。而这一古代文明的一个重要标志，就是创造出高度发达的宗教祭祀文化和城市文明，表明当时已经形成了别具一格、自成体系的复杂宗教体系。所以，成都平原上的古城遗址，不仅有力地证明成都已经拥有4500余年的城市文明，而且进一步佐证了一个事实：成都平原不但是长江上游古文明的起源地，而且也是中华上古文明的策源地之一。

纵观散落在成都平原周边这些远古城市遗址，这些城址布局的特点基本属于“顺山理水”的态势，南北城墙的方位一般顺着河流从西北向东南延伸，这与后来黄河流域的城市讲求坐南朝北的“正位”不同，成都的古城基本是“维位”布局（城市轴线呈东北—西南走向），城墙的构筑呈斜坡状，房屋建筑多为干栏式建筑，都体现了这一地缘防御洪水的蜀人智慧。

古蜀文字与巴蜀图语

三星堆、金沙遗址出土的玉器原料，产自岷江两岸汶川、茂县的岷山、茶坪山一带。在《华阳国志》里，茶坪山古名就叫玉垒山——古人早就发现这里产美玉，也早就开始了采玉和琢玉。由青铜文化、蜀玉文化可以推知，先民之祭祀文化和政权体制的高度发达与成熟，具有如此文明程度的先民，怎么会没有与之相匹配的文字记载呢？当然，这样的提问，也许就是出于一种“文字缺失的焦虑症”。

晋人刘逵在为左思《蜀都赋》作注时，援引了扬雄《蜀王本纪》里的话，使得学术界对古蜀人产生了严重矮化，以为这群人是“不晓文字，未有礼乐”的西南夷文盲。但东晋常璩的《华阳国志》对此提出疑问。他认为产生了殷太史彭祖的蜀国怎么会没有文字？但后代学者多对《蜀王本纪》的说法深信不疑，蜀无文字之说几成定论。

20世纪20年代，成都西北郊白马寺、坛君庙一带，出土近千件古蜀铜器，上面刻有古怪难辨的文字，才使一些学者受到震撼。当时有些资深学人，认为那是甲骨文以前的“夏文”，还有些人指之为“巴文”。著名考古学家卫聚贤坚信，那可能就是已经失传的巴蜀文字。20世纪40年代，卫聚贤在《说文月刊》三卷七期上撰文认为，“战国巴蜀图符青铜錞于”等青铜器是春秋战国时期的巴蜀文物，据此提出“巴蜀文化”概念，并一直沿用至今。究其原因，李学勤先生指出那是因为在中原人看来“文字就是指汉字”，并说随着出土的刻画符号的不断增多，“巴蜀图语”是一种文字的可能性越来越大。

其实，在三星堆、金沙器物之外，巴蜀地区出土的陶器、石牙璋、青铜器、漆器、印章、玉器等器物上，也发现了古蜀文字的遗迹。到20世纪80年代，巴蜀学者李复华、王家佑把这些图案、铭文、印章统称为“巴蜀图语”，认为巴蜀符号具有看图传语的功能，并提出巴蜀方块字与夏有关，是夏人先祖母家西陵氏的文化。

常识告诉我们，城市、青铜器、文字三大要素，构成了三星堆文明的主要物质文化标志，是三星堆文明最典型的具体表现。尽管古蜀文字出土的数量很不完整，后来发现的文字与三星堆的文字遗迹可能不属于一个体系，但也可以发现古蜀文明的独特性。

巴蜀图语，又称巴蜀符号或巴蜀图形文字，是在四川盆地巴蜀地区出土的纹章、兵器、漆器等文物上发现的一些图形符号。其繁衍的年代，大致在公元前9世纪到公元前1世纪，前后延续长达800年之久。

“巴蜀图语”是揭示古代巴蜀创立的有别于中原文明的一种特殊地域文明的关键所在。由于这一古代文字的破释难度极大，至今仍是未解之谜。历史学家李学勤认为这不仅仅是图形，而且是一种文字，曾撰文指出：“21世纪对于中国历史学家和考古学家的最大挑战，就是如何成功地破释‘巴蜀文字’。”[1]

① 汪兰：《巴蜀图语：古蜀文明到底有没有文字？》，《成都日报》2019年5月30日。

另外一些考古专家则不这么认为，他们认为“巴蜀符号”并不是一种文字。有的认为这是一种看图像以解其语意的图画语意符号，是不用文字解说的“连环画”。

中国现在发现了8种神秘的、有待破解的原始文字或符号，但学术界确认属于文字系统的只有1种，即古巴蜀文字。巴蜀图语流行于开明王朝，包括印章、文字两个体系。它在中华民族文字起源中具有举足轻重的地位，它的解读对廓清古巴蜀迷雾，揭开三星堆、金沙之谜具有锁钥作用。目前关于巴蜀图语大致有3种说法：巴蜀古族用来记录语言的工具、族徽、图腾或宗教符号。学者冯广宏认为：巴蜀图语就是巴蜀文字雏形，岣嵝碑文可能是巴蜀文字的遗存。也有一些民间学者认为“巴蜀图语”是古彝文。

20世纪70年代，学者童恩正认为，巴蜀地区发现的古文字可分为两种：一种是图像性的符号，即手掌、花蒂、水波、房屋、人头和虎、鸟蝉等；另外一种是文字性的符号，少数与中原文字一致，多数迄今未能释读。巴蜀符号即是指前者，而巴蜀文字则是在巴蜀符号的基础上发展而成的，所以，巴蜀符号比巴蜀文字更加古老。童恩正的这一划分，为以后研究巴蜀文字的绝大多数学者所认可与继承。

根据分析研究，在战国时期巴蜀地区拥有3种文字或图语混用体系，巴蜀印章、巴蜀文字与中原的甲骨文均在同一时期使用，某种程度上体现了巴蜀开放、包容情怀，又对自己的文化有所坚持，也体现了巴蜀文化的传承规律。

目前在三星堆以及古蜀玉石器上发现的文字，虽然刚刚揭橥于世，根据民间所掌握的文字数量，应该在2000字以上，但个别学者认为远不止于此数。钟鸣和一些专家均同意，三星堆玉石文字应该是甲骨文之后，所发现的最具规模的上古文字系统，也最具进行序列研究的可能，而且和目前越来越盛行的中国文化史上独有“玉器时代”之说不谋而合。

玉石器作为生产工具，巫筮礼仪用具和文字载体，肯定早于青铜，所以嵌在石器、青铜时代之间的“玉时代”之说，势必会建立在这个基础之

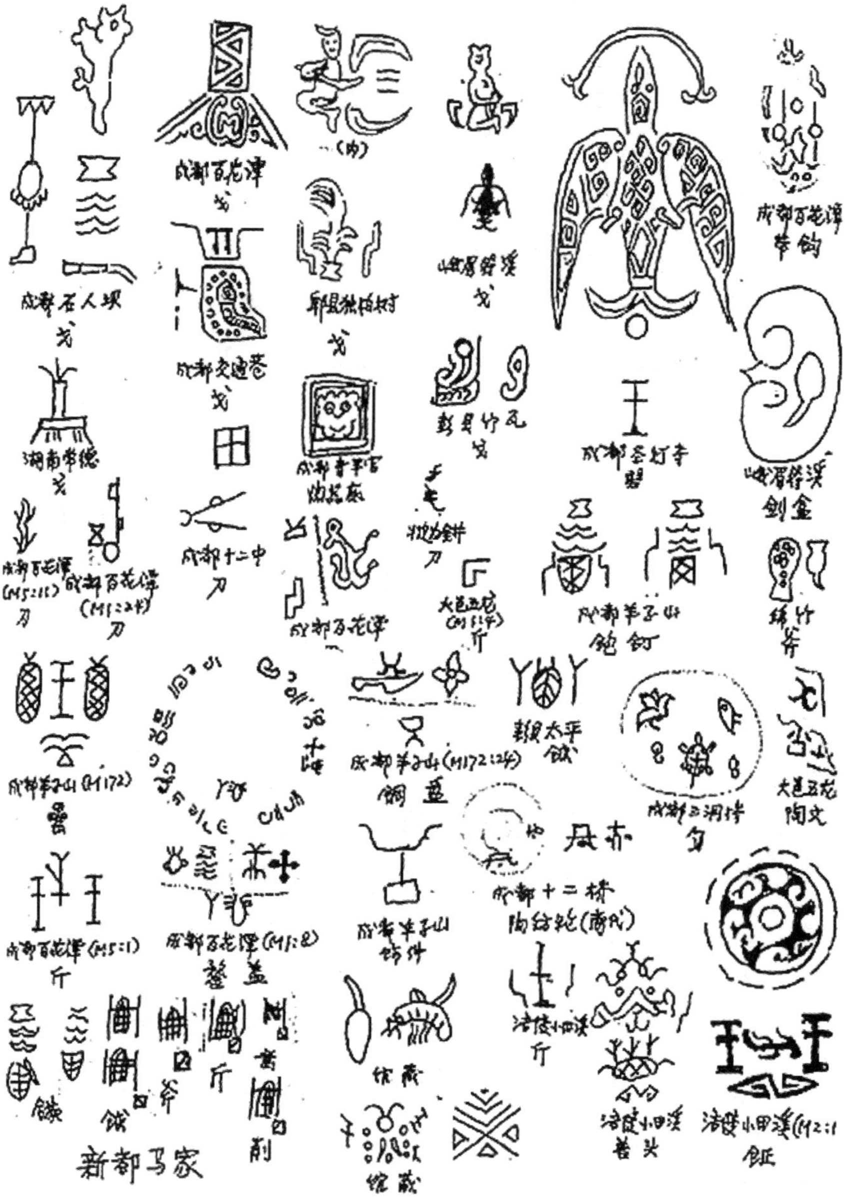

图 8

巴蜀印章以及青铜器上的“巴蜀图语”。（钱玉趾提供）

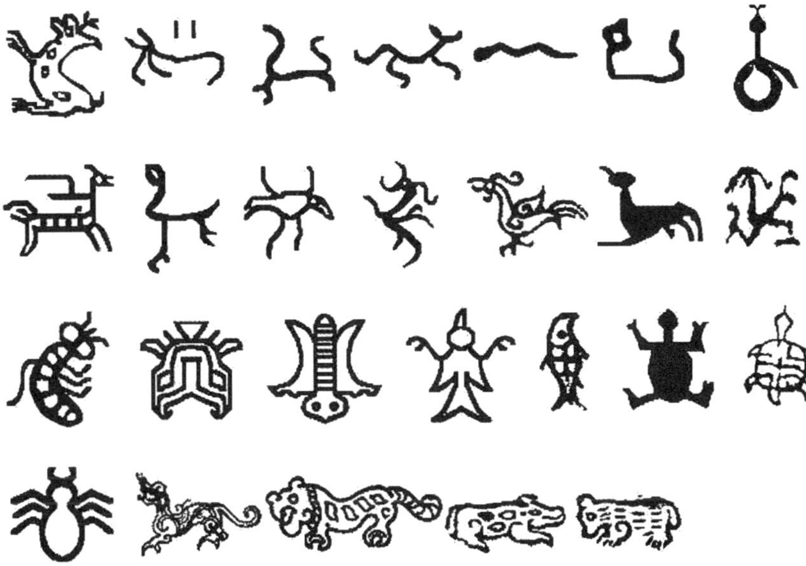

“巴蜀图语”中的动物造像

上。按照学者杨伯达的划分，迄今万年的中国玉文化可以分为三个阶段：距今1万—4000年前是巫玉阶段；夏商周至清代是王玉阶段；剩下的自然就是民玉阶段。“玉器时代”或广义的玉石文化，最重要的考量范畴则是其作为文字载体。这一点，许多人反倒忘了，在远古社会，从孤立的刻符到少量的铭文，从古籍中频频闪现的瑶牒、金简玉字、玉板、玉册、玉玺到短章长文，除了陶符，都不免以玉石为先河。

钟鸣曾经认为，在三星堆二号坑青铜C型人首额头上，有一个醒目的H符号。这个符号其实就是“风”姓氏的异体字，也就是“尧教化及雕题蜀越”中之雕题人的文字。所谓“雕题”，就是额头上刻字者。

令人感兴趣的是，巴蜀文字具备读音吗？

徐中舒先生在分析纳西族一组图像文字之后认为，这些图像，既不能读出音来，而形象亦并不固定，除了少数巫师能讲明它们表示的意义外，许多人看后均不知所云。巴蜀图语中的图像或符号，许多均属与此类似的事物。也就是说，巴蜀文字进化水平高于结绳记事，但不具备读音。但是古文字学者钱玉趾先生并不这样认为，他甚至认为这些图符可能是2400多年前的一种拼音文字。既然是拼音文字，就肯定具备读音。[①]

地下的文字，犹如地中煤。也许各种类型的煤，尤其是那种黑到深处、黑到纯粹的煤，总是要黑到发亮!

梼杌、三星堆青铜人像族与成汉俑

伟人的遗传基因并不总是稳定的，杂交水稻也可能出现变异，高粱秆儿也会变成矮冬瓜。比如，黄帝正妃西陵氏女嫘祖，生玄嚣、昌意二子。玄嚣之子蟜极，之孙为五帝之一的帝喾；昌意又娶蜀山氏女为妻，生高阳，继承天下，这就是五帝之一的颛顼，他被封为“北方天帝”。这几个女性，均出自蜀地区域。根据冯广宏先生考证，这是公元前23世纪前后的事情。颛顼固然是人中之龙，但颛顼的儿子梼杌却剑走偏锋，成为“人子”的反词。《山海经》说，梼杌为一种人面虎身、凶狠狂暴的猛兽，也被称为“难训”或“傲狠”，还说梼杌喜好在荒野中拔足狂奔，发泄其汹涌的力比多。他是从里到外的极端无政府主义，没有人能够使其归顺于制度和伦理的麾下。颛顼徒为神仙大帝，据说，他的四个儿子均为邪神，前三个出生后不久就夭折了。第一个死后住在江水中，变作“虐鬼”，散布瘟疫疾病；第二个死后住于若水，叫“魍魉”，以使人生疮害病或者惊吓小孩为使命；第三个死在正月三十，最喜穿破衣喝稀粥，人称“送穷鬼”。只是他们恶的级别不够，比不上恶兽梼杌的名头。

在我看来，这些口口相传的历史具有某种阴谋论和血统论性质。颛顼为黄帝后裔、昌意之子，生于若水（今雅砻江流经四川境内的雅安一带），有学者指出，“蜀”在古羌语呼复辅音“颛顼”，其义言鱼，高阳氏之鱼王，即蜀王，也就是禹王；颛顼是禹的羌语名。颛顼二字看起来很怪，字书上解释有愚昧、谨貌等义项。颛顼二字均从“页”。《说文解字》

① 钱玉趾：《在古蜀文化中游弋寄情》，《成都日报》2012年2月8日。

云："页，头也。"足见颛顼与头有关。《说文解字》言颛顼是"谨貌"，就是"木头木脑"，川语"木脑壳"是也。所以，它被引申为"愚昧"。如果我们把颛顼与三星堆青铜人头像相联系，那些青铜头像就有些"木脑壳"意味了。这幽暗地昭示后人：有其父，必有其子。

中国古代有所谓四大凶兽——贪得无厌的饕餮、穷凶极恶的混沌、背信弃义的穷奇和好斗不已的梼杌。梼杌的长相是十足凶恶的，《神异经·西荒经》中有云："西方荒中有兽焉，其状如虎而大，毛长两尺，人面虎足，猪口牙，尾长一丈八尺，扰乱荒中，名梼杌。"我估计这样的造型比起玛丽·雪莱笔下的佛兰肯斯坦，后者难望其项背也。后来梼杌被用来比喻顽固不化态度凶恶之人，《左传·文公十八年》有云："颛顼氏有不才子，不可教训，不知话言，天下谓之梼杌。"

梼杌另有一说是神名，《国语·周语上》："商之兴也，梼杌次于丕山。"另外有一部战国时的书简名叫《梼杌》，是专门记载楚史的史书。我估计写作者是着眼于断木的木纹，取其年轮与史记的吻合。所谓"纪恶以为戒"，这至少说明，那个时代的梼杌恶名并未广泛传播，不然，又何必以此来命名煌煌史书？否则，史书则是记恶之书了。

有学者推测，梼杌可能是指某一支好战的强悍部落。但这个与人伦格格不入的怪兽为什么从木呢？我的推测是，在冶炼青铜尚未出现之前，木器不但是最常见的工具，也应该是武器。《说文解字》："梼，断木也，从木，寿声。"在《汉语大字典》当中，"杌"字有一个义项是："砍树剩余的桩子。"因此，"梼"和"杌"放在一起，意思就是：树木横断之后剩下的树桩。焦循（1763—1820年）在《孟子正义》中解释说："惟梼杌皆从木，纵破为析，横断为梼杌。断而未折其头则名顽。是梼杌则顽之名，因其顽，假断木之名，以名之为梼杌，亦戒恶之意也。"

四川与梼杌有关的，在神与人之外，还有一本书。《蜀梼杌》亦名《外史梼杌》，是北宋蜀州新津人张唐英早年的著述。《四库全书总目·史部·载记类》称："其书本《前蜀开国记》《后蜀实录》，仿荀悦《汉纪》体，编年排次，于王建、孟知祥据蜀事迹，颇为详备。"由于来源于西蜀官方史籍，其立场与北宋官方史籍有异乃至对立。陕西师范大学历史文化学院的王晖先生指出，古蜀人用表示圆木桩的“梼杌（梼梼）”来称呼先辈祖先。“梼杌（梼梼）”应是中性词，是没有褒贬之义的。所谓的恶名应是中原对于诸侯方国强加给的。这就像“混沌（浑沌、浑敦）”一词，最初也是中性词，所以《庄子·应帝王》中用来称呼“中央之帝”——黄帝及其后人的，显然是褒义性的。因此，《梼杌春秋》其义实际上就是“先祖们的历史”。[①]

据汉代的纬书《龙鱼河图》记载：蚩尤有兄弟81人。可能喻指蚩尤部落有81个胞族。结合传说中蚩尤为“九黎”族首领，大概指蚩尤部落有九个氏族，每个氏族又有九个胞族。古代“九”往往是一个虚数，数字极多的意思，暗示蚩尤部落人多势众的事实。

也有可能，三星堆遗址是远古蚩尤部落的遗存。夸张的面具乃是为了纪念无头的蚩尤，他的头被战胜者砍下当作球来踢，这是否也暗示了“足球”的一种起源？三星堆的玉器是“玉时代”最有力的依据，并完全可能为华夏五千年文明直接提供序列性的研究。比如学者、诗人钟鸣就认为，三星堆民间藏品的玉石器，无论从造型学还是雕塑史来看，其成熟度，都远远超过了红山文化、齐家文化和良渚文化，打破了传统的中原文化一统天下格局。

言归正传。在城墙、王都、金属冶炼、文字等问题之外，如今面临的最大问题也许是，三星堆的主人是什么人？或者说，除了祭祀神灵，那些青铜人像的“榜样”是什么人？

三星堆文化来源有一个很完整的考古学文化序列：三星堆文化←宝墩文化←岷江上游新石器时代文化←甘青地区新石器时代文化。索德浩博士在《成汉俑与三星堆器物坑青铜人像》里就提出了这样的观点：“完全可以认为甘青地区文化是三星堆文明的一个重要源头。甚至有研究者认为‘成都平原的三星堆一期文化是已本土化的西北人群……通过四五百年的发

① 见《史学史研究》2007年第4期。

展，最后成为成都平原上具有主导力量的大族群。’”①

图像证据是，成汉俑与三星堆青铜人像族属极可能同源。

成汉俑出土于成汉时期的成都墓葬中，造型独特，流行时间短，以成都出土最多，德阳、西昌等地也有发现。索德浩博士2011年在双流县华阳镇广福村清理了一座成汉崖墓，就有不少发现。多数学者认为成汉俑为賨人，学者刘弘则认为所有史料均未说明賨人体质异于其他民族，除了三星堆器物坑中的青铜人像外，再也找不到与之相似的形象。他从宗教信仰角度来讨论，认为汉晋时期蜀地还完全笼罩在浓厚的古蜀文化氛围中，天师道吸收了古蜀巫觋文化，而成汉政权深受天师道影响，因此两者形象才会相似。这一论证角度新颖，但刘弘需面对两个问题：既然古蜀的巫觋文化一直从三星堆文化延续到成汉，那么为何仅有三星堆文化和成汉政权才有这种造型的人像呢？春秋、战国、秦汉为何都没有见到呢？东汉蜀地发现了巨量的陶俑，皆无此类形象，这就无法解决二者1000多年间物质遗存和文化上的缺环；他论证的基础是这类成汉俑反映了賨人的宗教信仰，镇墓俑确实与巫觋有关，但这类俑还有吹笛、侍从等形象，与精神信仰关系不大。

索德浩发现，成汉俑与三星堆青铜人像具有以下共同的特征：1.长方形脸。三星堆青铜人像面部虽然长、宽有差别，但总体都呈长方形；成汉陶俑面部呈长方形，表情刚毅，一改东汉以来四川陶俑面部圆润的特点。2.眼睛外凸。为成汉俑和三星堆青铜人像所特有，中国其他地域极少发现类似人像。3.大耳。4.扁阔嘴。5.粗眉弓。6.双手习惯置于腹前。7.由面貌和形体反映出来的体质特征相近。如此高的相似度绝非历史偶然性可以解释，二者应该存在着密切联系。历史学者李绍明和蓝勇对二者种族的分析结果表明，成汉俑和三星堆青铜人像的族属很有可能同源。

如果将来在考古中能发现甘青、岷江上游地区氐、羌以及蜀地三星堆

① 王煜主编：《文物、文献与文化——历史考古青年论集（第一辑）》，上海古籍出版社2017年10月版，第175页。

遗址、成汉的人骨材料，对四者进行DNA分析、比较，将会得出最为直接的结论。

古蜀文化与其相邻的中原文化和氐羌文化相互渗透和融合，与距离遥远但有文化交往的东南亚文明、南亚文明、西亚文明，同样有着千丝万缕的联系。通过三星堆、金沙古蜀文化的研究，人们可以发现外来文明的影响力。所以，开放性、兼容性是三星堆古蜀文化立于世界文化之林的重要文明特征。而这些特征，加上古蜀先民"崇鸟敬日"的精神信仰，逐渐形成了一种人文精神，天长日久，会聚为一个城市的文化底蕴。古蜀文明与众多文化的相互交流和发展，充分表明古蜀先民具有渴望开放、吸纳经验的民族特征。古蜀先民创造的灿烂文化，不可避免地具有强烈开放性。

相比中原文化，巴蜀文化有何特点呢?

蒙文通先生指出："蜀人有自己的传统文化，未能笃信儒家的学说，仍然酷好文学。西汉一代，司马相如、王褒长于辞赋，严君平、李宏、扬子云是道家，……阆中的落下闳、任文公，都长于律历灾异。……在《华阳国志》著录的杨厚、任安等一派，自西汉末年直到晋代，师承不绝，都是以黄老灾异见长，共有三十余人，这在两汉最为突出。其余如杨宣、赵翘以天文推步知名的还很多，张道陵更是显著事例……辞赋、黄老和卜筮、历数，这才是巴蜀古文化的特点。"①

巴蜀文化无疑是揭开华夏文明起源的一把至关重要的钥匙。李学勤先生在《略论巴蜀考古新发现及其学术地位》中回溯了古文明的源头，他指出："可以断言，如果没有对巴蜀文化的深入研究，便不能构成中国文明起源和发展的完整图景。考虑到巴蜀文化本身的特色及其与中原、西部、南方各古代文化间具有的种种关系，中国文明研究中的不少问题，恐怕必须由巴蜀文化求得解决。"

① 蒙文通：《巴蜀古史论述》，四川人民出版社1981年版，第97—98页。

“太阳神鸟”与想象中的火烈鸟

2001年，距广汉三星堆约50公里外的成都市金沙村的一处工地在施工过程中，无意间发现了一处古墓。工地的管理者在第一时间通知了当地的公安机关，公安民警对现场进行保护后，考古部门也在收到通知以后赶到。经现场勘测，确定金沙遗址是一处商周时代的遗址。这一发现让考古专家深感兴奋。在此发现了绵延于成都十二桥文化的一个中心聚落，时间约为三星堆文化的最后一期，遗址出土了大量与三星堆文化类似的器物，见证了古蜀王朝最后的中心转移到了成都平原腹地，这就是金沙遗址。

成都金沙遗址是21世纪初期中国第一个重大考古发现。文化积层厚度达4米，出土珍贵文物6000余件，用金器、铜人像、玉器、石雕像、象牙、獠牙和鹿角等来进行频繁的祭祀活动，表现出浓厚宗教色彩，具有强烈的地域性特色等。同时，金沙遗址是世界上同时期出土古代象牙最集中的遗址，这些象牙都属亚洲象，一部分是外地输入（不排除一部分来自本土），中国古代有用象牙魔力殴杀水神之法。另外，金沙遗址是中国同时期出土金器最多的遗址，已出土金器200余件，以金箔和金片为主，如太阳神鸟金箔形器、盒形器等，金器是尊贵的象征，地位甚至超过青铜器。金器造型生动、栩栩如生，表现出高超的工艺技术和非凡的艺术想象力，同时也包含着丰富的古代历史信息。金面具等人物形象的金器相当罕见，是古蜀金属文明的一个特质。金沙文化又明显具有黄河文化的青铜冶炼影响，出土玉器也与良渚文化的玉器高度近似，还有西亚文化迁徙而来的明显痕迹，所以说，金沙文化是一种吸纳了黄河文明、长江文明与西亚文明的复合性文化。

在金沙遗址内“三合花园”，发现大量房屋建筑，其中开口于5A层下的5座房址，均为大型排房建筑，长度在20米以上；最大的一座F6宽近8米，长度在54.8米以上，至少有5个开间，面积在430平方米以上。房屋的修建相当考究，墙体是挖基槽埋柱础的木骨泥墙式结构；基槽宽0.5米，槽

金沙神鸟金箔图

内大小柱洞排列规整；小柱洞较为密集，大柱洞间相距1.4至1.5米。“五座房址的布局有规律，可能为一组建筑。”这种成组的大型排房建筑显然不是一般平民所能拥有的，只有蜀国最高统治阶层才有能力调动人力、物力和专门机构设计和进行大规模施工。因此，这一带的大型建筑是金沙遗址的宫殿区域。考古学家认定金沙遗址主体文化遗存的时代约当商代晚期至西周时期，可能是商周时期蜀国又一处都邑所在。[①]

晚于三星堆的金沙，金属制形更小，体现出更为圆融、更为平衡、更为温润的特点，地理的特殊性创造了金沙的生活美学，这是金沙之于成都的3000年“金玉良缘”。

金沙文化和三星堆文化的文物有相似性，又有不同，这里没有发现城墙，但这不等于它就没有自成一体的国家行政制度与宗教文化制度，而有学者早就提到了“大都无城”“大国无墙”的观点。金沙文明具有的封闭性、兼容性、世界性、神秘性特征，彼此似乎矛盾，但最终形成了这块土地的巨大张力。

金沙遗址对于成都城市的意义更为深远。

① 朱章义，张擎，王方：《成都金沙遗址的发现、发掘与意义》，《四川文物》2002年第2期。

如果说，成都城市具有4500年以上的以宝墩文化作为成都城市文明起源标志的城市文明发展史，那么拥有3000年以上的以金沙遗址为代表的十二桥文化，强力佐证了作为城市不迁地址的城市地理发展史。在拥有2500年以上城名不变、2300年以上的以少城城建规制为标志的成都城市规划发展史当中，从金沙到少城，这就是成都城市文明生长的完整经脉。

"太阳神鸟"金饰就是从金沙遗址出土的国宝重器。

四川省文物考古研究院研究员黄剑华告诉我，当时建筑工地已经运走了上百吨泥土倾倒在城郊，成都市文物考古队立即安排将倾倒泥土运回来，进行筛选。一个揉搓成团的东西，突然在筛土过程里跳入眼帘：这就是打开平摊后的太阳神鸟金箔！

太阳神鸟金箔重量为20克，外径12.5厘米，内径5.29厘米，厚0.02厘米，含金量高达94.2%。被定为中国文化遗产标志，同时被列入《第三批禁止出国（境）展览文物目录》。2005年10月12日，太阳神鸟图案的蜀绣作品搭乘"神舟六号"遨游太空5天。

金沙遗址出土的"太阳神鸟"为商代晚期作品，整个金饰呈一圆环形状，金饰上有复杂的镂空图案，分内外两层，内层为周围等距分布有12条旋转的齿状光芒；外层图案围绕着内层图案，由4只相同的朝逆时针飞行的鸟组成。4只鸟首足前后相接，朝同一方向飞行，与内层的漩涡旋转方向相反。鉴于黄河文化往往把太阳鸟视作三足乌（乌鸦），所以也有人认为金沙"太阳神鸟"是乌鸦。这一判断明显不妥！这在于早期的蜀地文化与中原交流极少，金沙出土的这些制品，绝大多数反映的是蜀地先民对于本土天象、地理、动植物的认知。"神鸟"的意象可能是对白鹭一类水鸟的反映……恰在于，蜀王柏灌极可能是"柏鹳"的讹音，古人的动物分类不可能十分严密，瞿、鹭、鹳均与鸟有关，它应该是成都平原一种常见的水鸟，进而成为部族的图腾。由此可见，古蜀时期，成都平原上城市与乡村林盘的发展，环境生态与动物、植物种类的繁衍，都与地理、气候、水系密不可分。

还可以补充的是，古蜀时期的鱼凫部族，便以鱼鹰为图腾。但我们

金沙遗址出土的石雕人像之一。（黄剑华提供）

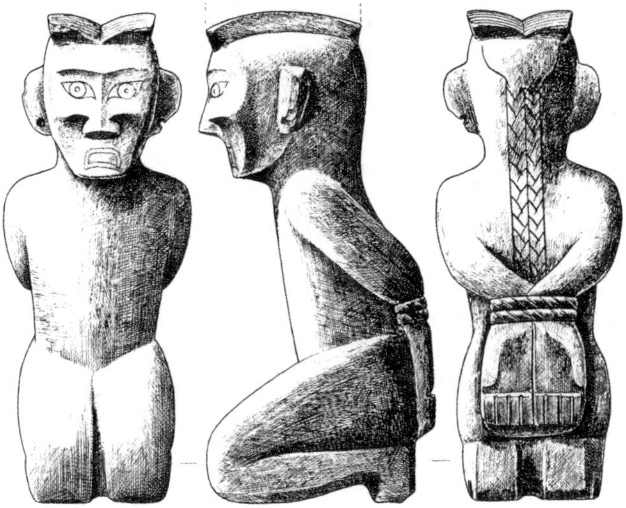

金沙遗址石雕人像之一线描图。（黄剑华提供）

对“凫”字之意无须理解过于狭窄，凫在先秦时乃是包括了野鸭在内的水鸟名称，为“凫属”，可知凫也包括了鸳鸯等在内。而且凫在先秦时又是凤凰别名。可见，凫鹭不仅是蜀地的典型水鸟，也是神鸟之别称。广德二年（764年）秋天，遥想杜甫泛舟摩诃池，就写下《晚秋陪严郑公摩诃池泛舟》：“湍驶风醒酒，船回雾起堤。高城秋自落，杂树晚相迷。坐触鸳鸯起，巢倾翡翠低。莫须惊白鹭，为伴宿青溪。”诗音低徊，犹如自己对自己的影子喃喃自语。

我多次站在金沙博物馆展厅里，想象着那只3000年前的大鸟的种种姿态。

空中的鸟儿，迟早是要羽化的。那种不把影子留给大地的精灵，我估计它的影子是反射在凹陷的云朵底部的，就像一道云的金边。

2020年5月30日，我在望江楼公园采访成都观鸟会理事长沈尤先生，他谈到了著名的金沙“太阳神鸟”，他认为：“很多学者以为神鸟可能是金乌或者白鹭，想想就不可能——白鹭、乌鸦太过寻常了，怎么会出现在近

火烈鸟图

乎图腾的金箔上？根据我多年的田野观察，我认为‘金沙神鸟’的生物学来源，应该是火烈鸟。”

可以说，对于内陆成都而言，对火烈鸟既熟悉也不熟悉。

沈尤指出：“出现在成都平原的火烈鸟，往往具有一个明显的物候学特征，那就是火烈鸟出现的时机，是在冬季强烈的寒流袭击平原之后。气温巨降，太阳终于出现了，温度开始回升。来自哈萨克斯坦方向的火烈鸟显然是‘飘鸟’，它们浑身火红，神灵一般出现在成都平原寒冷的十一月份之后，最多停留一个月。自然会给古人留下它才是‘光明使者’的强烈印象。我一次在广汉鸭子河畔见过一只；一次是在金堂沱江边见过六只。另外，从‘太阳神鸟’金箔来看，神鸟的三爪造型非常清晰，这完全不同于乌鸦或者白鹭。而在金沙遗址博物馆里，还有一件出土的铜璧上，同样有火烈鸟一模一样的造型。也就是说，古人把神鸟的‘三爪’误会为‘三足’，可能是缺乏近距离观察造成的。”

鸟类崇拜在古蜀与楚文化当中，都得到了极大的彰显。古蜀诸王族中，柏灌、鱼凫与蒲卑均以某种鸟而予以命名，极可能是以鸟为图腾。鸟图腾信仰在古蜀族群文化的整合中曾发挥重要作用。成周之会，蜀人以其所崇之鸟文翰（一种锦鸡）进献，与周王室构建了政治联盟关系，周人亦借此实现了权力的整合。古蜀鸟图腾与鸟崇拜兼有族群文化整合与族际文化交流的双重功能，体现着古蜀先民对不同人群间关系的认知和处理，也是当时历史条件下构建命运共同体的一种方式。而把野生鸟类的生存环境与作为贡品的历史起来，就可以进一步发现天人合一、道法自然的天府文化，野生鸟类恰是其生态环境的晴雨表。

火烈鸟激烈的、光焰一般跃动的鸟影，成为在大地与太阳之间摆渡者。

“金沙神鸟”透露出来的神秘性，这对于成都人、对于成都的未来都十分重要，我们需要这样对神秘事物的想象力，激发出巨大的创造力。这样的创造力还有一个来源——大成都范围内一方面山峰林立，一方面一马平川；一方面盆地封闭，一方面江河纵横……由此形成了城市的巨大张力。地缘的反差性形成的创造力，与神秘性激发的创造力合二为一，这就是天造成都！

可以说，透过“金沙神鸟”，让我们直接看到了古蜀3000年文明的硬核！

青铜神树寓意通天之树

无可否认，三星堆的器物、仪轨与《山海经》具有深刻关系。三星堆之名，疑即“三成、三重、三层”之讹传，亦即此“昆仑”。蒙文通先生认为，海内昆仑当在黄河之南，而且在若水上源之东。所谓若水就是现在的雅砻江，而雅砻江上游的大山就是岷山。而昆仑一词本有“混沌”大山之意，本为一词双声叠韵的清浊对转。岷江岸边则为连绵起伏的山区，推延至茫茫西北群山，均称为岷山，这个区域非常广大，远非仅仅是如今的岷山范围。

而古蜀人崇拜居于岷山的西王母族，蚕丛属于西王母族的男性先祖。因为西王母所居之“昆仑”（岷山）为“三成丘形”，即三星堆遗址模仿了昆仑形状。三星堆女神像饰件座之下正是三座神山形，完全可证“三成为丘”之说。三星堆青铜、玉器有力地证明了中华文明起源的多元性，被誉为“长江文明之源”。

铜鸟纹带柄壁形器。商代晚期至西周早期。其鸟形构图与“金沙神鸟”非常相似。在金沙遗址出土。现藏成都市博物院。（蒋蓝 摄）

广汉三星堆遗址二号祭祀坑出土了8株大、小型残缺的青铜树，命名为“青铜爬龙柱形器”。大型青铜树高396厘米，上端残损，估计应在5厘米以上。作为古蜀文明的重要代表，青铜神树是当时青铜铸造工艺的集大成者，同时也是古蜀先民们对于美好生活的憧憬，真实展示了古蜀人的思想逶迤凌空的状态。

基本可以断定，这种青铜树就是古蜀王朝用于国家祭祀的神树，包含9鸟、12果，1条龙。有人认为可能还有天文测量之用——树枝上之鸟，即坐标之准星。《山海经》中有“建木”“若木”“扶桑”“穷桑”“寻木”等。把它与三星堆出土的8株青铜树实物作一比较，与其相近的便有若木、建木。

《山海经·海内南经》中这样描写建木：“有木，其状如牛。引之有皮，若璎，黄蛇。其叶如罗，其实如栾，其木若蓲。”意思是说，有一种树木，形状像牛，一拉就会剥落下树皮，树皮像冠帽上的缨带，有黄色的蛇盘绕。它的叶子像罗网，果实像栾树结的果实，树干像刺榆，名字叫建木。这种建木生长在窫窳所在地之西的弱水边上。

青铜树上的龙，考古学家称之为“马面龙”，十分近似于《山海经》里提到的盘踞于建木上的“黄蛇”。

在我看来，蜀人铸此青铜树，上敬天神，下祈吉祥——成为蜀王朝大巫师进行国家祭祀时，与神交流的通天神树。

那么，通天神树的现实来源是什么？

我以为很可能是遍及蜀地的马桑树。

马桑树的别称多达几十种，比如千年红、马鞍子、空桑、扶桑、毒空木、水马桑、鸭食木、鸡瘟柴等等，如此之多的名称暗示了历史的隐喻与秘密。而且在西南地区，含有马桑的地名也很多，昭示了马桑树旺盛、峭拔的孑遗，成都平原周边、雅安、安宁河谷一带一直有马桑树分布，比如西昌市荞地乡有马桑村，攀枝花市仁和区总发乡有马桑岩，米易县白马镇威龙村即有一个马桑湾，当地人说旧时有大片马桑林分布。

学者黄权生指出：

以三星堆为代表的巴蜀地区有许多古老传说，其中笔者就收录了两个关于马桑树的传说。其一，传说玉皇大帝在天上撒下了三把土，落在了广汉的湔江边，成为突兀在大平原上的三座黄土堆，犹如条直线上分布的三颗金星，故称三星堆。与三星堆隔河相望，为一处风吹草动出周围的弧形台地月亮湾，月亮湾曾有一棵高大的马桑树，虬枝怒放，玉树临风被称为娑罗树，月夜此地别有一种清幽神秘，形成闻名遐迩的汉州八景之一的“三星伴月”。其二，很久以前，蜀民的祖先，将其部落迁到川西平原，在三星堆这个地方建都邑，河边有一个姑娘叫星宿妹，月亮湾有个小伙子叫月亮哥，二人相爱，但月亮哥被侯爷杀害，星宿妹投河殉情。乡亲埋葬星宿妹，她左边埋着好友小鹿，右边埋着好友锦鲤。三座坟越长越高，后成三座大土堆，与月亮湾相望不久，月亮湾长出一株特别高大的马桑树，俯视对岸与三星堆遥相呼应，留下三星伴月的震撼天地的千古爱情传说。这两个故事本质上是一致的，都说明了三星堆的来历，也隐含了某些三星堆文明的远古信息，神木（树）传说与日月传说伴生，而就在传说的三星堆发现了青铜神树，本来三星堆（土台）就被考古学家认为是古蜀人祭祀的神殿，再看古蜀人祭祀引导祖先或神灵降临的天梯青铜神树，这不就是现实中神树原型马桑树在四川古代的实物体现吗？[①]

---

① 黄权生：《马桑树传说建木考》，《湖北民族学院学报》（哲学社会科学版）2005年第4期。

三星堆青铜神树与马桑树传说，可以视为古蜀地区马桑树传说的神话演绎，传说地点与发现青铜神树地点高度重合，马桑树传说在蜀地一直盛行至今。

青铜神树。商代晚期。通高396厘米。三星堆遗址2号祭祀坑出土。现藏于三星堆博物馆

如今的马桑树属落叶灌木，多枝丛生，一簇一簇，枝条易脆但树干绵扎，弯弯曲曲，也长不高大。熬过冬季的马桑树，沐浴春风，满山的马桑树就吐翠滴绿，显示出强劲的生命力。在西南地区和华中的湘西鄂北（广义的西南），却广泛流传着马桑树过去是高大乔木的民间传说，只是近两三百年才变成又矮又弯的簇生灌木。西南地区至今还有很多采用马桑树建古建筑的寺院、古寨、祠堂，时间一般在明代中叶之前。在西南地区马桑树取代了其他“桑”与神树，而专一司职于通天神树，是吸纳太阳神树扶桑及桑材（社树）的结果。萧兵先生在《楚辞与神话》中，认为古桑林是扶桑、空桑、穷桑三桑的“群化”构成的圣林，也是圣地，扶桑、建木、若木等神树都是太阳神树，同时兼为“世界树”或“宇宙树”。

2018年夏季，蒋蓝在西蜀龙门山考察，身后就是马桑树

马桑树是连接天地的“天梯”，威力在蜀地民俗里得到了空前放大。

蜀地民俗里，马桑树如何变矮的呢？

成都民间的传说附会到三国时的张飞身上：说是张飞途经一处马桑林困乏极了，便把马拴在树干上，自己在树下睡了一觉。醒来一看傻眼了：马桑树已长得老高，马儿在树干上吊死了！气得张飞用马鞭子狠抽树干，骂树长得太快太高，活活吊死了他的马……从此马桑树就被罚变成了又矮又小的灌木了。后来又有民间传说，马桑与黄虎张献忠扯上了关系……蜀地谚语“马桑树长得高，长不到三尺要勾腰”“马桑树长得快，一年发个嫩苔苔”，便是明证。

我请教过成都市植物园研究员刘晓莉：“马桑树有无可能因为虫害、季候变化等原因而发生基因变异的可能？”她慎重答复我说，研究显示马桑全株有毒，尤以嫩叶及未成熟的果实毒性较大。但植物学中尚未有马桑树由高变小、成为另外一个种属的学术证据。中国历代文献中《艺文类聚·木部》《本草纲目》《救荒本草》《植物名实图考》等经典，均无马桑树变异记载，亦无马桑树是乔木之说。

我在洪雅林场、瓦屋山林场、龙泉山森林公园等地考察期间，林场职工告诉我，山巅至今还有高大的马桑树。那为什么山下的马桑树如此矮小？他们也无从回答。

我认为，马桑树仍然有发生基因变异的极大可能性。比如菰米，曾与稻、黍、稷、麦、菽并称“六谷”，是古人不可或缺的主食。在偶然的机会中，有人发现这种植物能够变异，当它感染黑粉菌，会失去抽穗开花结果的能力，而茎部膨大，变成另一种美食——茭白。这种可能性是存在的，不然的话，我们就根本无法理解汗牛充栋的马桑树传闻，何以会在西南地区聚焦的历史层累?！再比如，共工与颛顼争天下，怒撞“天柱”不周山，说不定“天柱”与“天梯”均有内在逻辑关联。

学者黄权生的结论是：“近几千年的植物与今天相似，变化不大。可能有马桑树一科由乔木突变灌木的特例。”[①]这一见解，甚为惊人，但符合事实。

就让我想到，一个人因为不了解事情的真相而感到不安，但是当他了解到真相后也许会进一步不安：在那些面具的背后，还有多少沉默的谜团等待时间去逐一解谜。而历史的渊薮从来就是如此具有魅力！

① 黄权生：《马桑树传说建木考》，《湖北民族学院学报》（哲学社会科学版）2005年第4期。

第5章

望帝春心托杜鹃

杜宇飞去旧城荒

成都以西的郫县（今为郫都区），是天府之国历来的富庶膏腴之地。这一线土地肥沃，水系发达，人口密集，物产富饶，自古就有“银郫县”的美称。

郫县城北2里的崇兴乡境内，平畴缘野，竹木葱茏。此地曾有一座蜀国古都和帝王故宫兴起于此。据清代同治《郫县志》记载：“望帝故宫，在县北五十步古郫城，昔杜宇都此，宫址俱废。”白云苍狗，昔日王城的庄严与繁华早已灰飞烟灭，唯有掩映在林盘深处的农家院落，还残留有这座繁华古都的孑遗。据考古证实，古王城东西长约2000米，南北宽约750米，现在只剩下一段450米的残颓城垣。残存墙基最高处约4米，最宽处约8米，仍可看出明显的泥土夯筑痕迹，其间杂有古蜀时代的陶器碎片。经考察，这座古城的建筑具有古蜀时期城垣的建筑特点。城垣外还残留着2米多宽的护城河遗迹。杜宇入住杜鹃城，后来杜鹃城就成为郫县的别称。约在距今2800年，一场洪水荡涤鱼凫古都之后，这里就是古蜀王朝第四代

位于成都市郫都区的古望丛祠。（蒋蓝 摄）

王杜宇的国都建立之地。

记得2019年的夏天，我独自在空无一人的望丛祠散步。一个人适当与社会保持距离是非常必要的。借此可以通过静默的时光，来过滤诸多噪声，直到什么也听不见，只能听到时间的流淌，然后被杜鹃声声唤醒……

杜宇号称望帝。“望”在远古为一种登山远眺的巫术，通过眺望之力来控制异族，削弱其力量，最终达到消灭的目的。暗含对凌空触控目光的崇拜。

望帝和丛帝之间，既有君臣际遇之恩，又有家国得失之怨。但蜀国的历史总是将二人连在一起，连他们的陵墓、神祠也是紧紧相依的。汉代之时，蜀人便分别建祠祭祀望、丛二帝，望帝祠在今灌县二王庙旧址之上；丛帝祠则在郫县丛帝陵之侧。到南朝齐明帝时，益州刺史刘季连将望帝祠迁至郫县与丛帝祠相邻，形成了二祠对峙的格局，开初还各有仪轨，到北宋时形成了二帝合祀的局面。历经后世培修或重建，到清代环以围墙后，融为一体的望丛祠格局就得到了确定。

古望丛祠内望帝、丛帝塑像。（蒋蓝 摄）

望丛祠全称望帝丛帝祠，既是祭祀古蜀国望帝、丛帝的祠堂，也是成都地区历史最悠久、规模最大的帝王陵墓，规模宏大。望丛祠的建筑风格与四川其余祠庙建筑风格不同，基本是按会稽的禹陵规制而建。全祠为红墙环绕，显得古朴威严。

对远古历史的演义，总是在真实与神话的反复挪移中，更多地又靠近神话。不然，不容易凸显出王者的超常过人之能。对于杜宇，《蜀王本纪》和《华阳国志》有这样的记载：鱼凫王朝之后，有一名叫杜宇的男子从天而降，坠落在朱提郡之地（今云南省昭通一带）。后来杜宇率领族人辗转来到蜀中，一天他在江边，看到一位从江源（今崇州市一带）文井江边出生的名叫利的女子，一见美女就喜不自胜，遂娶为妻。于是杜宇

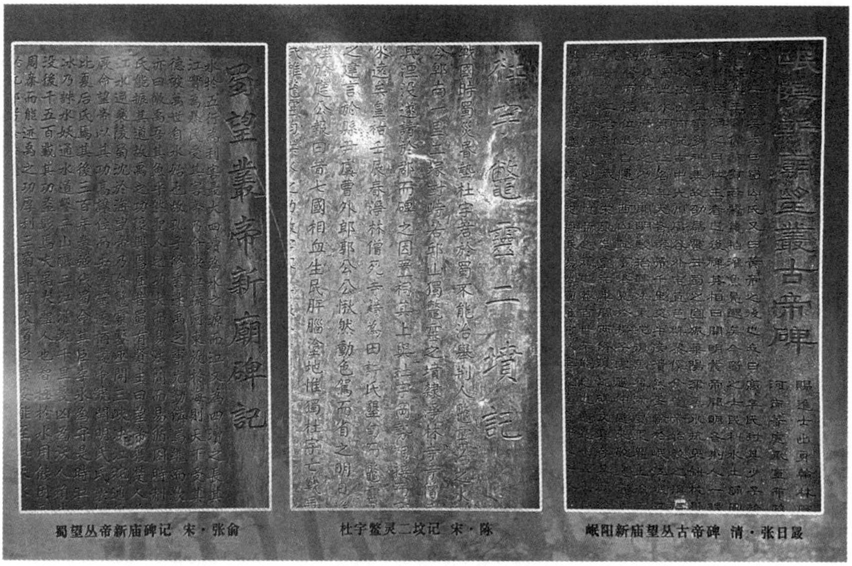

望丛祠三块著名的碑记

自立为蜀王，建都于汶山（岷山）脚下的郫邑。杜宇“教民务农”，又称杜主，号望帝，后又改名为“蒲卑”。

望丛祠内古望帝之陵。（蒋蓝 摄）

根据这一传说，我们推测杜宇是从滇东北昭通一带向北迁徙最终到达成都平原。昭通古时为濮人所居，杜宇可能是其中一部首领，所以他又名“蒲卑”，是鉴于蒲、濮二字古音相通。杜宇到达成都平原后，与江源一部落女首领相结合，共同建立了杜宇王国，定都于郫，即今郫都区。别都瞿上，可能为今双流县牧马山一带。杜宇把都城建立在这里，显然与农业密切相关。

古濮人是一个以农耕为主的民族，杜宇自然承袭了这一传统，因而能“教民务农”。杜宇又名“杜主”，即“土主”，就是土地神的意思，这也正好说明杜宇王国的经济形态是以定居的农业耕作为主，畜牧已成为副业。

先进的农业经济使杜宇王国较之前三代蜀王的国力更为富强。成书于周代的《山海经·海内经》记载：“都广之野，后稷葬焉。其城方三百里……爰有膏菽、膏稻、膏黍、膏稷，百谷自生，冬夏播琴（播种）。”学者们认为“都广”即汉之“广都”（今成都双流区），也就是杜宇的别都——瞿上。上述农业生产的繁茂景象，可能正是杜宇时期成都平原农业发展的实况。

生产的发展、国家的富强使杜宇王国的势力逐渐扩大，疆域不断得到扩展。《华阳国志·蜀志》指出：“……七国称王，杜宇称帝，号曰望帝，更名蒲卑，自以为功德高诸王。乃以褒斜为前门，熊耳、灵关为后户，玉垒、峨眉为城郭，江、潜、绵、洛为池泽，以汶山为畜牧，南中为园苑。”

褒斜在今陕西省汉中市，熊耳山位于现在眉山市青神县，灵关位于今芦山县……这一空间是古蜀国最为强盛时期的疆域。我们推断，蜀国当时应有10万以上人口，才能支撑这样的国度。它东界巴国，据有今四川西部（包括西昌、大小凉山）、甘肃南部以及陕西南部。这一地区，也是上古烛龙鬼族世代居住之地。

从杜宇时代开始，古蜀的政治、经济、文化中心由岷江山地转移到成都平原。由于平畴千里，土地肥沃，蜀国的农业有了很大的发展。2021年初，在三星堆遗址6号坑里，考古人员发现了碳化的大米种子，经过对比发现，它从外观上与今天的大米没有区别。这一发现把古蜀先民开始种植稻谷、食用大米的时间向前推到距今4500年。这也足以证明，《山海经·海内经》对于古蜀地区物产的记载是属实的。发展到杜宇时期，成都平原的农业耕种水平已经相当发达了。

在杜宇统治的时代，蜀地与中原的关系较以前更加密切。随着文化的交流以及经济的发展，结束了蜀族历史上的蒙昧阶段，开启了蜀国崭新的文明史。

蜀国天青，眼见形势一派大好！为什么杜宇要抛弃王位？

说得好听一点，“禅让”是不得已发生的。

鳖灵是古蜀治水第一功臣

到杜宇时代晚期，相当于中原战国时，蜀国历史发生了一次重大变故。扬雄《蜀王本纪》叙述道：

> 望帝积百余岁。荆有一人名鳖灵，其尸亡去，荆人求之不得。鳖灵尸随江水上至郫，遂活，与望帝相见。望帝以鳖灵为相。时玉山出水，若尧之洪水，望帝不能治，使鳖灵决玉山，民得安处。鳖灵治水去后，望帝与其妻通，惭愧，自以为德薄不如鳖灵，乃委国受之而去，如尧之禅让。鳖灵即位，号曰开明。

这个故事相当离奇。透过传说的层层迷雾，我们大致可以推测：在杜宇之世，四川盆地曾发生一次特大洪水。一筹莫展之际，一支来自成都平原以东的巴人族群，在治理蜀地洪水的过程中逐渐取代了杜宇的统治，成为蜀国故地新的统治者，即开明氏。

一般来说，帝王主动禅位，应该都是禅让给贤德之人，就像上古之君尧舜一样。但是杜宇禅位，其实是因为他做了一件事，感到十分羞愧，觉得自己德不配位，这才禅让王位。

自古以来，蜀地先民均来自平原的西北岷山，而唯一一支来自东方的族群，会为蜀地带来怎样迥异的文化？

重庆师范大学教授鲜于煌认为，夏商时期，巴人族群当中，大体上有活跃在江汉平原与洞庭湖滨北部的“龙蛇之巴”、发祥于今重庆奉节一带后又西迁到四川盆地的“鱼凫部落”、从巫巴山地向西南迁徙到达涪陵后进而顺乌江南行进入到今贵州遵义地区的“鳖灵巴人”（以上三支部落统称为“鱼鳖之巴”）；再就是最早跟随廪君巴务相从清江流域、武陵山地走向江州（今重庆市区）一带的“白虎之巴”。影响最大并在较长时期踞巴国统治地位的应该是“白虎之巴”。

鳖灵，亦作鳖令，或者鳖泠，也就是灵鳖、灵龟之喻。他来自川东的巴地而非荆楚，从这一名字可以推测，他十分精通水性，以至于这一特点成为他的名号。在杜宇晚年时，蜀地、巴地均发生了严重的洪灾，淹死了很多人，鳖灵所在的生息地也被洪水淹没，但是他的尸体逆流而上漂流到了蜀地岷山脚下，竟然活了过来，这让杜宇大为惊奇，觉得他非常人，于是就任命他为相，委派他去治理洪水。

应该说，鳖灵是一个真实的历史人物。关于鳖灵尸体逆流而上，可以理解为他由巴国沿江迁徙到蜀中。他来自水灾频繁的川东水泽，早已积累了防洪排涝的丰富经验。蜀地风雨飘摇，洪水肆虐，他正好大展神威，建立奇功。由于他治理洪水，造福蜀中百姓，受到后世的敬仰和崇拜，因而关于他的传说便加上了神话色彩。

值得一说的是，鳖灵开玉垒山以东水势，引岷江水东入沱江以分洪，

蜀相鳖灵塑像。（蒋蓝摄于达州市博物馆）

古蜀丛帝鳖灵像。（蒋蓝 摄）

又火烧水激的办法，用凿金堂峡（两岸风光旖旎，成都人称之为“小三峡”）使沱江畅流，通过一系列的治水工程，成都平原的洪水方得平息，蜀人得以安处，鳖灵可谓蜀中治水先驱。

在《水经注》《太平寰宇记》和汉朝蜀人李膺《益州记》中，明确记载：当时巫山恶龙相斗，致使山陵崩塌，长江壅塞不流，蜀中成为泽国。这时望帝杜宇令鳖灵“凿巫山，开三峡”方使“蜀得陆处”。他所开凿的巫山三峡水道就是举世闻名的长江三峡。

长江三峡西起四川奉节白帝城，东至湖北宜昌的南津关，全长近200千米。沿途山势雄峻，风景秀丽，由瞿塘峡、巫峡、西陵峡构成。这当然不可能是鳖灵一人之功，但三峡沿线均有鳖灵治水传说与古人开山裂石的遗迹，留下了大量赞美鳖灵功德的诗文。

鳖灵一去就是很多年，就好像奋不顾身的大禹一样。但是在他治水的同时，他的夫人却跟杜宇产生奇情别恋，似乎“浓得化不开”。对此，扬雄《蜀王本纪》的说法是：“望帝与其妻通，惭愧，自以德薄不如鳖灵，乃委国受之而去，如尧之禅让。鳖灵即位，号曰开明。”由此，鳖灵成为开明帝，是开明王朝始祖。

古蜀丛帝之陵。（蒋蓝 摄）

可见，杜宇的道德感相当强。因为鳖灵奔波在外，十分辛劳，他自己一时兴起做出了这样的事来，觉得自己的德行不够。禅让王位，既保全了各自的面子，又得到了别人的称赞。但从心理分析，这件事恐怕没有这么简单，或许这是集团内部势力之间的一场权力斗争，比如一场突发的兵变，却掩盖在一桩所谓的风化事件之后。

一条鱼，从一个女人的腰身游弋而过，鱼荡起的波纹让她浑身放电，女人立即年轻了十岁。如果是一只杜鹃从女人的耳鬓飞临，这个女人则会韶华怒放。

杜鹃鸟从花叶间惊飞，细碎的李子花一直在承受这一场关于春天的震颤。花朵就像半熔化的银子，犹疑不定于坚守，抑或归去……

闪电照耀的时辰毕竟短暂。总之，最后杜宇在与巴人的较量中失败了。后人为了尊者的面子，才演绎出一个关于爱情与伦理的故事。

如果是这样的话，杜鹃岂能甘心？！岂能不长歌当哭？！又岂能不“恨别鸟惊心”？

蜀地第一神鸟：杜鹃

杜鹃，是蜀地第一神鸟。

北宋英宗治平年间，某天易学大师邵雍与客人散步到洛阳的天津桥上，突闻杜鹃声在天空飘坠，邵雍立刻面现惨然之色。客问其故，邵雍曰：“洛阳旧无杜鹃，今始有之，不二年，上用南士为相，多引南人，专务变更，天下自此多事矣。”客人感到十分奇怪，邵雍说：“天下将治，地气自北而南。将乱，自南而北。今南方地气至矣，禽鸟飞类，得气之先者也。《春秋》书‘六鹢退飞’、‘鸲鹆来巢’，气使之也。自此南方草木皆可移，瘴虐之病，北人皆苦之矣。”这就是邵雍利用“梅花占”预言王安石变法的著名案例。其中自然有附会的成分，但杜鹃与季候的密切关系，显然引起了大师的注意。

杜鹃有个奇怪的名字叫谢豹，这是古代吴地对子规鸟的别称。但这到底蕴涵着什么玄机?《太平广记》转引段成式《酉阳杂俎》里的记载予以解释：说是虢州有种虫名叫谢豹，常住在深深的土中。司马裴沆的儿子曾挖地洞得到了它，看样子小得像蛤蟆，而且像一个圆球。见了人，就用两只前爪交叉盖着脑袋，一副不胜娇羞的模样。它能像鼢鼠那样在地中打洞，不一会儿就能掘好几尺深。有时爬到地面上，一旦听到杜鹃鸟的叫声，恍若被惊雷劈中一般，就会脑袋裂开死去，人们因此给杜鹃鸟命名为谢豹。

这显然是一个充满了诗意和危险的命名，使杜鹃叫春的威力，得到了狮子吼一般的放大。有意思的是，连杜鹃花在有的地方也被称作谢豹了。因此，在鸟与花之间，是否存在着一种魂魄一体、花鸟为相的变异呢?当然了，这只是我的推测。

青铜鸟。商代晚期，高21.4厘米。三星堆遗址2号祭祀坑出土。现藏三星堆博物馆

元代伊士珍《琅嬛记》卷上引《成都旧事》云：“昔人有饮于锦城谢氏，其女窥而悦之。其人闻子规啼，心动，即谢去，女恨甚。后闻子规啼，

则怔忡若豹鸣。使侍女以竹枝驱之，曰：‘豹，汝尚敢至此啼乎？’故名‘子规’为‘谢豹’。”

这一段文字，第一次将杜鹃鸟与成都的关系联系：曾有一位书生到锦城（成都）谢家做客，谢家闺女偷偷观察书生，一悟即菩提，便喜欢上了。没料到书生因听到窗外子规鸟声声催归的呼唤，便立即向谢家告辞而匆忙返乡。情何以堪？谢家女万分遗憾。后来她再听到子规鸟啼叫，就如听到山中野豹的嘶吼声一般，心神不宁，便叫侍女用竹枝去驱逐，侍女还骂道：“你这只声如野豹、让人听了心神不宁的杜鹃啊，上一次已破坏了我家小姐的美好良缘，怎敢再到这儿来啼叫？”因为受到这一则传说的影响，后来成都人开始以“谢豹”之名来称杜鹃。这一记载不但展示了蜀女的耿直，而且清楚模拟了豹的叫声：没有长啸，没有壮怀激烈，而是具有嘤咛而悠长的哀伤。

在中国的南方，常见的杜鹃有两种，大杜鹃是“布谷—布谷”的发言者，而四声杜鹃则是以“割谷割谷—割谷割谷”的叫嚷来显示话语权的。体型类似鸽子，羽以灰色为主，腹羽白色，上面布满黑褐色的横纹。大杜鹃翅膀长而尖，飞行迅捷。这种体色和体型使它们很像小型鹰类。杜鹃的足趾两趾朝前，两趾朝后，适应于在树林里栖息和攀缘，所以也可称之为攀禽。

人与飞禽走兽的亲缘关系，在农业文明时期一直是体现经验的主语，动物的一招一式引导着人们的思想走向，希望从中探知形而上的秘密。现在从郭店竹简及马王堆帛书《五行》中，都可以看到引用《曹风·鸤鸠》“鸤鸠在桑，其子七兮。淑人君人，其仪一兮”的诗句。鸤鸠，即杜鹃，又称桑鸠、布谷、杜宇，性情以“独”著称。杜鹃的后代由麻雀、灰喜鹊等寄主孵化出来并喂养长大，也不可能改变它们的本性！或曰“鸤鸠有均一之德，饲其子旦从上而下，暮从上而下，平均如一”（陆玑：《毛诗草木鸟兽鱼虫疏》卷下）。显然，“均一”与“专一”有重大区别，甚至是根本对立的。因此，杜鹃的“独”，既有顽强的本性，也昭示了另一种决绝之力。

望帝杜宇称王于蜀，开启蜀国新局面。杜鹃在殷周时期的读音是瞿。

《说文解字》释为“瞿，鹰隼之视也”。“杜”与“瞿”相通，“瞿”指的是鹰隼，故而杜宇族以鸟为图腾崇拜。三星堆祭祀坑中有大量青铜鸟和其他鸟形图可证，尤其值得注意的是，三星堆出土的青铜鸟，一般都是猛禽。《华阳国志·蜀志》指出，杜宇“移治郫邑，或治瞿上”，瞿上地望，日籍学者徐朝龙认为：蚕丛、柏灌、鱼凫之都城为“瞿上”，也许就是三星堆。“代鱼凫王蜀”的杜宇族的治所为“郫”，即成都城之西，但出于威慑鱼凫旧蜀“化民”的政策，他们时而也可能巡视“瞿上”，故产生了“或治瞿上”之说。

望帝归隐西山，鳖灵执掌权力。在这之后，精魂越过天彭阙的望帝，登高回望成都，万千愁绪何处说！他化为杜鹃鸟，至春则啼，滴血落在枝叶上，则化为杜鹃花。这声声啼叫是杜宇对那个媚惑面具的呼唤么？

这个故事蕴含了人类率真纯朴的情感欲望之外，还存在着森严的人伦道德，连帝王也无法突破。爱情只能化作悲剧中的一只鸟，在泪水编织的两季里飞来飞去。杜鹃之名自然来自杜宇，在蜀地则有狂鸟、拄梦鸟之称，进一步展示了它激烈的鸟性。于是，美女缺席于相思，呼唤只好以血的形式归于歌与诗。红颜没有化为白骨，红颜以恒定的娇艳使得古井乱波。看来，所谓的修道，也是可以专修相思一途的。这种怨鸟所展示的相思，在汉诗里风雨飘摇，谱写了凄美的发声史。由此，蜀人的祖先，从“教民养蚕”的蚕丛到“教民捕鱼”的鱼凫，到“教民务农”的杜宇，都和农业生产有关。农业发达，妇女地位较高，男女之事也就颇多，于是“蜀王好色”，蜀王杜宇背上好色的声誉就不奇怪了。

而《说郛》辑录的《太平寰宇记》里，泄露了所谓望帝“禅让”事件的真相：杜宇因为鳖灵威逼而被迫逃亡，想要复位而不能成功，这才化身为哀怨的杜鹃鸟。这段话向人们暗示鳖灵乃是篡位者和诬陷者。据《华阳国志·蜀志》指出，杜宇的妻子名叫梁利。一则传说指出，杜宇死后，梁利因誓死不从鳖灵而遭到了幽囚，最后也化为了杜鹃鸟，与杜宇一起双双飞走。

而诗人李商隐利用这个典故，把自己和女道士宋华阳的浓情蜜意，悄然藏匿在杜鹃的叫嚷声里。莫非他渴望自己成为不幸的望帝？或者说，他的绝望处境，与望帝有些类似？

杜鹃作为爱欲的使者，更露骨地出现在宙斯的欲望史当中。赫拉的孪生兄弟宙斯在驱逐了父亲克洛诺斯以后，到达克里特的诺塞斯山（一说是阿尔戈利斯的索那克斯山，现称杜鹃山），找到了赫拉，并向她求爱。宙斯隐身为一只羽毛披乱的杜鹃鸟，赫拉这才可怜他，温柔疼护地把他放在怀里取暖。宙斯立刻现出原形并占有了她。她在羞惭无奈下便嫁给了他。由于杜鹃鸟具有这一层欲火面具，在行使"雀巢鹃占"的过程中，它被用以喻奸夫，但其后cuckold（指有不贞妻子的男人）显然是由cuckoo化出，却用作奸妇的原配的代名词。杜鹃的鸣声即为cuckoo，不啻骂人为"乌龟"，这种借喻在莎士比亚的戏剧里已经频频出现。

杜鹃具有的复杂鸟性，足可以成为阴暗、凶险、欲望炽烈的人性的飞行具象，它在时间的高处打开翅膀后，受到多方面的仰视，是毫不奇怪的。但奇怪的是，杜鹃在西语里除了在希腊神话中物尽其用以外，长时间来一直是隐蔽的，尽管亚里士多德在《动物志》中就对杜鹃的寄巢习性做过描述，但这并没有引起后人重视。亚氏说，相传杜鹃为一种鹰所变，产卵而不筑巢，把卵产在别的较小的鸟的巢中，把巢中原有的卵吃掉，让那鸟为其孵卵，并为之哺育长大。还说，杜鹃喜欢把卵下到苇莺的巢中。苇莺我见过，比麻雀还小，常筑巢于树梢或苇梢，以便让巢在风中荡来荡去。真想象不出，喜鹊般大小的杜鹃是如何把自己的卵产到这样小巧的巢内的。《动物志》中有一段读来颇令人解气的文字："杜鹃在群鸟中是以卑怯著名的，小鸟们聚起来啄它时，它就逃去。"杜鹃之所以逃去，自然是明白自己的所作所为跟不义有关。

但人们把这一记述当作亚氏的想当然。直到19世纪初，英国发明种牛痘法的天才琴纳证实了杜鹃的这一特性。琴纳是在故乡格洛斯特郡的乡村里，偶然对杜鹃的生活状况发生兴趣，一直到1787年发表震动学术界的《关于杜鹃的报告》。他发现，杜鹃把自己的卵偷偷地生在雀类的巢穴里，甚至可以适应各种不同的雀类，而使它的卵色变化。到小杜鹃由它义母孵成之后，它又天生了一对特别有力的翅膀，孵化后一两天，眼睛还没有睁开，它就会把雀雏背在自己翼上，把它的义姊妹们摔死在巢外！当义母回来看见巢中只剩下唯一的幼雏，还会把这个凶手当宠儿来疼爱，更加精心地哺育小杜鹃。这种颠覆生命的能力是如此强悍，对于此种特殊残忍性格的揭发，在当时英国学术界引起了各种嗤笑。因为英国人特别留意这种聒噪的鸟儿，“每个人都要留心倾听杜鹃的第一声啼鸣”，它作为春天的信使一直在英国人心目中占有特殊的地位。

诗人华兹华斯却并不因为杜鹃不佳的名声而厌恶它，他发自心底喜欢这种鸟儿。其名作《致杜鹃》就写道——

这快活的鸟呀！
你初来乍到，
听到你唱我就高兴。
杜鹃哪！我该把你叫作鸟
或只叫飘荡的歌声
……
为了寻找你，我常游荡在
树林中或者草原上；
而你呀却是希望、却是爱——
看不见，但被人渴望。

现在我又把你的歌细听；
又仰卧在这平原上
听着你在唱，直到我的心
回到黄金般的时光。

很显然，杜鹃俨然已经成为诗人心目中集爱与美为一身的精灵，并逐步脱离了事物的本相，这也体现了诗人“扭曲”事物面貌的职业化技能。

我想，面对春之骄子的激烈叫喊，人们难免会启动各自的心事。

在西语赋予杜鹃“不信任”的文化含义以外，杜鹃不以为意，继续从事其颠覆本性的行为。根据生物学家调查，杜鹃所产的蛋跟母鸟体重相比，小得不相称，这正好适于在小型鸟类的巢内鱼目混珠。杜鹃不像一般的鸟那样在清晨产蛋，而是在下午，趁巢主外出觅食的时候，雌杜鹃能在15秒内用自己的蛋换走其他鸟儿的蛋，或者用嘴把蛋叼进巢穴，这就进一步展示了杜鹃的危险智慧。因为它还可能具备偷走人们首饰的繁复技术。不仅如此，人文视野里的杜鹃简直就是盗魂的高手。

看看英国作家萨默塞特·毛姆如何描述的：“杜鹃。它只叫三个音符，只缺一个就是一段和弦了，竖起耳朵也等不来第四个，真是叫人发狂。”[①]杜鹃在空中陡转身体，把它背光的一面向语言展开时，那些被它们干燥而执着的叫声所触及的秘密，也开始为之苏醒。每年秋天，亚欧两洲高纬度地区的杜鹃，都要南迁到非洲或澳洲越冬，旅途长达千里。每到这时，小杜鹃便断然脱离义亲，独身长途跋涉，漂洋过海，到它生身父母越冬的地方去。因此我们似乎可以推测，那只杜鹃与易学大师邵雍在洛阳桥头上空的偶然相遇，就像他被神谶命中一般，未来被叫声提前铺开，在空中写出字，但说出即失，说出皆错，看来天机真是不可泄露啊。

毫无疑问，成都平原是杜鹃最多和杜鹃最早传说的发祥地，只是到21世纪的如今，则是难以耳闻了。我们偶尔在成都平原东沿的龙泉山森林公园一带，在那些“农家乐”的周围，听到过杜鹃叫春的刺激声。叫得那般激烈，像是苦闷者的口技功夫。《酉阳杂俎》“卷十六·广动植之一”还说到杜鹃的特性，始阳相催而鸣，先鸣者吐血死。尝有人山行，见一群寂然，聊学其声，即死。初鸣先听其声者，主离别。厕上听其声，不祥。厌之法，当为大声应之。所以李时珍在《本草纲目》里总结道：“杜鹃初鸣，先闻者主离别。学其声令人吐血。”看起来，“谁先说话谁先死”的游戏规则已经深入地表，但在没有忌讳的年代，人们以鸟语尽兴打开情与色，不

---

① ［英］威廉·萨默塞特·毛姆：《作家笔记》，南京大学出版社2011年1月版，第221页。

一定是叫人归去，怕是在自己收割爱情吧。

还是听听杜甫怎么说《杜鹃》的吧：

西川有杜鹃，东川无杜鹃。
涪万无杜鹃，云安有杜鹃。
我昔游锦城，结庐锦水边。
有竹一顷余，乔木上参天。
杜鹃暮春至，哀哀叫其间。
我见常再拜，重是古帝魂。
生子百鸟巢，百鸟不敢嗔。
仍为喂其子，礼若奉至尊。
鸿雁及羔羊，有礼太古前。
行飞与跪乳，识序如知恩。
圣贤古法则，付与后世传。
君看禽鸟情，犹解事杜鹃。
今忽暮春间，值我病经年。
身病不能拜，泪下如迸泉。

诗人就是诗人，他与思念的精魂猝然相遇，他只用泪水来抒写自己的感动，并不说出秘密的一个字。

第6章

蜀地马头娘的荒史

巴蜀历史学者段渝指出："印度最早知道的中国，梵语名称Cina，中译为'支那'，或'脂那'、'至那'等，就是古代'成都'的对音或转生语，出现年代至迟在公元前4世纪，或更早。"[①]

他后来进一步论述道："印度学者Haraprasad Ray教授曾在《从中国至印度的南方丝绸之路——一篇来自印度的探讨》一文中写到，早在公元前4世纪至公元前3世纪，中国纺织品已在印度出现。由于当时印度人对其织质地并不清楚，因此称其为Cinapatta Patta，便是指由蚕茧制成的丝绸。"段渝认为，Cinapatta，应该就是四川丝绸从印度阿萨姆传播到印度广大地区后，阿萨姆语言对丝绸的称呼。这种说法，印度考古专家M.C.Joshi也予以了印证。M.C.Joshi曾指出，古梵文文献中曾记载，印度教大神都喜欢穿中国丝绸，湿婆神尤其喜欢黄色蚕茧的丝织品。与此同时，公元前4世纪印度古文献中还曾提到"出产在支那的成捆的丝"。段渝认为，在北方丝绸之路尚未开通之时，这些丝及丝织品，极可能就是通过从成都至缅甸、

① 段渝，邹一清：《三星堆文明》，四川人民出版社2006年版，第82页。

清道光十年（1830年）冬，曾逢吉升任松潘府同知。离职前他精心绘出这组《蚕桑十二事图》，令人刻碑立于先蚕祠内。民国时，石刻移陈于广元南门蚕桑局内，1974年移于广元市皇泽寺陈列

再到印度的南方丝绸之路运达南亚、中亚地区的。春秋战国时蜀地丝绸业的发达，从国内的考古也早已得到证实：湖南长沙和湖北江陵出土战国织锦和刺绣，有的就是古代蜀国的产品。①

由此，大大加深了人们对于古蜀身毒道的关注，并把蜀地的丝绸文化，放置于一个广阔的国际视域当中。

中国是最早发明种桑饲蚕的国家。在古代男耕女织的农业经济结构中，蚕桑占有极其重要地位。蚕神在中国民间有蚕女、马头娘、马明王、马明菩萨等称呼，为古代传说中的司蚕桑之神。汉朝以前，蚕已被神化，称其神曰“先蚕”，意指始为蚕桑之人神。东汉称“菀窳妇人，寓氏公主”，出处是《后汉书·礼仪志》注引《汉旧仪》。到北齐改祀黄帝，北周又改祀黄帝元妃西陵氏（嫘祖），均见《隋书·礼仪志》。这都是官方祀典中所记的蚕神，但并未被民间所接受。

马头娘事件，按照记载来看，应该发生在黄帝的曾孙高辛氏（帝喾）统领时期，在黄帝之后一百年左右。这个时代距今4000多年，蜀地尚处于

① 吴晓铃：《千载丝路上 桃花开蜀锦》，《四川日报》2021年4月25日。

新石器时代。蜀地的很大面积当时远未解除水患威胁，即便先民来到平原周边山地居住、生产，使用苎麻的蜀布纺织应该才开始形成，自然不可能突然升级到工艺更为复杂的丝织品纺织。可见流风之下，人们都追求一种“越古越好”的先声心理。

蜀地自古为蚕桑肇始之地，乡间早有奉祀蚕神习俗。《太平广记》引唐人孙颜的《原化传拾遗》记载说：“蚕女旧迹，今在（蜀）广汉。……今家（其冢）在什邡、绵竹、德阳三县界，每岁祈蚕者，四方云集。……宫观诸化，塑女子之像，披马皮，谓之马头娘，以祈蚕桑焉。”这马头娘便是蚕神。

最早记录这一事件的，为三国吴张俨所作《太古蚕马记》，但一般学者疑是魏晋人所伪托。晋干宝《搜神记》卷十四的《太古蚕马记》载：

> 太古之时，有大人远征，家无余人，唯有一女。牡马一匹，女亲养之。穷居幽处，思念其父，乃戏马曰：“尔能为我迎得父还，吾将嫁汝。”马既承此言，乃绝缰而去，径至父所。父见马惊喜因取而乘之。马望所自来，悲鸣不已。父曰：“此马无事如此，我家得无有故乎？”亟乘以归。为畜生有非常之情，故厚加刍养。马不肯食，每见女出入，辄喜怒奋击，如此非一。父怪之，密以问女。女具以告父，必为是故。父曰：“勿言，恐辱家门。且莫出入。”于是伏弩射杀之，暴皮于庭。父行，女与邻女与皮所戏，以足蹙（同蹴）之曰：“汝是畜生，而欲娶人为妇耶？招此屠剥，如何自苦？”言及未竟，马皮蹶然而起，卷女以行。……父还，求索，已出失之。后经数日，得于大树枝间，女及马皮，尽化为蚕，而绩于树上。其茧纶理厚大，异于常蚕。邻妇取而养之，其收数倍。因名其树曰桑。桑者，丧也。由斯百姓种之，今世所养是也。

历史学家任乃强先生《蚕丛考》认为，“马头娘故事者，唐人所造”。他进一步认为《太平广记》所记故事，系隋唐时之马明王为蚕神的传说与蜀人蚕丛故事的结合，它源于春秋战国时“蚕马同气”，到明清时蚕神与青衣神传说结合故又称之为青衣神。任乃强先生认定此乃青衣羌的祖说。甲骨文里有羌字，表示“卖丝的羌人”，是居于岷江河谷最早生产和经营蚕丝的人。[①]

美女与马皮，变成了青衣神的一大出处，就是古蜀蚕丛时代“衣青衣”流传下来的神话，“蚕丛都蜀，衣青衣，教民蚕桑，则蜀可蚕”。历史学家谭继和在《古蜀文明与天府丝绸的起源》一文里指出：“蚕丛部族的兴起，充分说明西蜀是中华丝绸文明起源的摇篮之一。从历史文献看，黄帝部族与蜀山氏部族有密切的关系，两者均以养蚕治丝著称。黄帝嫘祖族后裔昌意、高阳氏颛顼集团与蜀山氏从昌僕淖子开始即世为婚姻联盟。”[②]

此后，民间据此为之塑像，奉为蚕神。宋朝戴埴《鼠璞》卷下“蚕马同本”条指出：“唐《乘异集》载，蜀中寺观多塑女人披马皮，谓马头娘，以祈蚕。……俗谓蚕神为马明菩萨。”

这一故事的来源，似乎在《山海经·海外北经》中已可见蛛丝马迹：“欧丝之野，在大（支）踵东，一女子跪据树欧丝。”后在荀子的《蚕赋》中又有“身女好而头马首”的描绘，以至于有了女子与马同体成蚕的传说流传开来，后世又把这位马头娘尊奉为蚕神，成为养蚕业的大神。

“欧丝之野，大踵东”，是说欧丝之野位于大踵以东。大踵是《山海经》里的国名，又名跂踵国，“跂踵国在拘缨东，其为人大，两足亦大。一曰大踵”。而欧丝的欧，我以为就是呕吐之意。比如马王堆汉墓帛书《阴阳十一脉灸经甲本》提到：“太阴脉……是动则病。上当走心，使腹胀，善噫，食欲欧……”所谓“食欲欧”，即吃了想吐。欧丝之野和一女子跪据树欧丝，西晋郭璞的注解是一清二楚的：“言啖桑而吐丝。”

张华《博物志》指出：“呕丝之野，有女子方跪，据树而呕丝，北海外也。”就是说，这个发生地已经距离蜀地较远，在“北海外也”。但故事的本源为什么在西北绕了一圈又回到了蜀地的广汉呢？这自然是一个“推

① 任乃强：《蚕丛考》。载任乃强校注《华阳国志校补图注》，上海古籍出版社1987年版，第222—223页。

② 《中华文化论坛》2017年第4期，第29页。

原神话”，按照神话学大师袁珂之解，推原一词“就是推寻事物本源的意思”。我以为，鉴于蜀地先民为颛顼之后，其地望显得很重要。

《山海经·海内经》指出：“黄帝妻嫘祖，生昌意。昌意降处若水，生韩流。韩流擢首（头发很密），谨耳（耳朵贴头，显得小心而机敏），人面，豕喙（猪嘴），麟身，渠股，豚趾。取淖子曰阿女，生帝颛顼。”这一段文字，大概是说，颛顼长相怪异的父亲，被贬去管理猪场，这个地方就在若水一带，当时叫司彘国，与朝云国相邻。韩流娶了湖边之女，叫阿女，遂生下颛顼。

在《山海经》中，出现丝字的地方应该只有这一处。暗示这一地方已会从蚕茧抽取丝，利用丝做衣物，那就是西陵女嫘祖所在地岷山一带。那么，马头娘也混合了当时现实对嫘祖的崇拜。

至于古人认为蚕身柔婉而头似马，《周礼·注疏》卷三十《夏官·马质》郑玄引《蚕书》解释：“蚕为龙精，月直大火，则浴其种，是蚕与马同气。”贾公彦注疏谓：“蚕与马同气者，以其俱取大火，是同气也。”这些解释，不过是根据结果反推原因。

位于洪雅县瓦屋山鸳鸯池旁的传说中的蚕丛墓。洪雅县旧有炳灵祠（亦称炳灵寺），即现瓦屋山镇前身炳灵乡所在地

反观古时，在蜀中地界，尤其是川北、川南寺庙中，多塑有马头娘像，谈不上漂亮，至多端庄而已。在绵竹、德阳、什邡三县交界处还有马头娘墓。民国年间成书的《绵竹县志》卷十六“古迹”当中，提及绵竹城南四十八里，在观鱼场下石亭江东岸赵家嘴，有蚕女墓和蚕姑庙。虽然早已毁于战火，但遗址尚存，老人仍能回忆起当年蚕姑庙香火鼎盛时的状况。

那么问题就来了：蚕女与蚕姑，是两个神吗？

广元皇泽寺里，至今仍可见到清代遗存的马头娘石刻造像，图中一少女倚马沉思，似欲化而为蚕。即便到了清末民国时期，四川每临蚕季，远近善男信女，焚香许愿，顶礼膜拜，以祈蚕业安全，蚕茧丰收，至少要茧厚丝长。乡人虔诚，蚕女深情，十拜九叩，其祭祀场面感人至深。

在我看来，在王谟著《汉唐地理书抄》以及《蜀图经》等史料大同小异的记载里，引起我注意的是《太平广记》里的这一记载：“古蚕丛时，章洛之墟，有女独居。其父远出，久不归家。畜一马，女慕父不已，一日对马戏言曰：‘汝寻父归，便嫁汝。’马遂疾驰去，久之，驮其父归。自是马每见女咆哮，扑向其父，数挞之，女以前言告。父怒杀马，晒其皮于石上。女过言曰：‘汝畜也！欲人为妇，其死应然。’忽风作，皮遂裹其女，飞树间，一夜化为蚕，遍及邻树，食叶吐茧丝，俱异寻常。”

清嘉庆年间王道和、纪大奎编撰《什邡县志》，也全文收录了这一记载。章洛之墟，就是指什邡县境内的章山、洛水之意，“章洛大地”后成为什邡县的代称。

也许后人觉得故事不是很合情理，他们特意进行了一点改动。民国年间成书的《绵竹县志》中，记载的情节就日趋合理：“昔帝高辛时，蜀无君长。有人为邻境所掠者，其妻誓曰：‘能还吾夫，即以妻女。’……”看起来，无论是在什邡、广汉还是绵竹，这个“人兽之恋”的铺排仪式俨然已准备充分。

应该注意，这个故事包含了两个连环套的情爱叙事。起因是家里的男人走失之后，“其妻誓曰：‘能还吾夫，即以妻女。’”在万马齐喑究可哀的时刻，家里的马挺身而出成为“勇夫”，努力完成了这一桩“寻夫”事件。从逻辑上着眼，马并没有错，但女儿事后戏弄马的那一番话就厉害了：“汝畜也！欲人为妇，其死应然。”这固然提升到伦理的高度来俯视畜界妄念，在人伦立场上看，女儿也是对的。但更有一种“言必信，行必果”的人间正义，那就是一种顶天立地的承诺，峭拔这一切之上。很显然，无论是被救者，还是发誓者、旁观者，不但没有遵守最为基本的道义，他们食言之后，进而操起了灭口的屠刀。

中国古代的蚕女形象。选自《绘图三教源流搜神大全》

可见，道理是跟随处境而变化的，道理是见异思迁的，道理可以如面条般百计柔软。那些自说自话的道理，往往成为大众的堂皇遁词。司马迁推崇孔子语境里那种“言必信，行必果”的侠义之士，聂政、荆轲、高渐离之辈，自然就成为后世语境里的傻帽。

毕竟孟子也说过：“大人者，言不必信，行不必果，惟义所在。”（《孟子·离娄下》）这就逐渐成为钱谦益之类的“士”，支撑自己活下去的脊梁骨。

要注意，我没有说女子就应该嫁给马！我的意思是说，不该出口的誓言，一个字也不能乱吐。万不能像蚕一样！

反过来看，在桑蚕的发展史里绞缠着这样的一段情欲史，为什么竟然有如此奇妙的典故，充作天虫的美丽肇始呢？真是剪不断、理还乱，值得深思。

第7章

开明氏迁居成都

“开明”即“启明”

我几乎每天都要去锦江边夜跑。经常可以在夜色深处，见到几只白鹭飞到了夜空的高处，羽毛反射着倒映于水的五彩亮光，鸟儿看上去像一朵朵暗花。鹭鸟会大叫，像一把刀将流水断成一截一截……

让人感兴趣的是，从帝鳖灵，一手创立的王朝为什么叫“开明”？

一言以蔽之，开明是“启明”的意思。

历史记载，公元前316年，开明王朝在被秦国灭掉过程当中，王族的一支由王子蜀王泮率领数万人仓皇南下，抵达现在越南北部建立了瓯雒国，蜀王泮于是号为安阳王。蒙文通先生指出：“开、安二字音近字通。明、阳二字古音皆在阳部，本常通用。则开明之与安阳，本一词之同音异写，后世不谙其故，遂若为二。”[1]这样一来，情况就变得清晰起来：开明、启明、朱明、昭明等词组的中心义是明，也就是阳，开明即是太阳。

① 蒙文通：《越史丛考》，人民出版社1983年版，第66页。

这与降生于江水的颛顼孙子火神祝融（大明）明显有关，也符合古蜀人一直崇尚太阳、光明的泛神崇拜。

郭沫若和闻一多均认为，烛龙为祝融的别称，烛龙的神话传说衍生自祝融。《说文解字》认为："烛"字的象形意义是"点燃一束茅草"，而"祝"字的意思是"巫祝"。这两个字都与上古时期的祭祀活动有关。从烛龙和祝融的名称意义来看，这两个人都是负责火祭的巫师，或者原来就是同一人。

而三星堆遗址出土的"青铜五辐太阳轮"，直径85厘米，中部呈半球状突起，周围有5条辐呈放射状，外侧有一圆圈和条辐相连接，这个造型与先民所作崖画中的太阳形状相似，在太阳器上残留着彩绘的痕迹，其用于祭祀的功能是明显的。需要注意，五辐的5个焦点处，均有一个漏光的小孔，这是用于对着太阳，漏光在地面或法器上。可见蜀族拜光的历史，由来已久。我们不妨把青铜太阳轮，理解为火神祝融的"方向盘"。

开明王朝，仍然是一个崇尚光与火的族群。

常璩《华阳国志·蜀志》提到，古蜀时期，"每王薨，辄立大石，长三丈，重千钧，为墓志，今石笥是也，号曰笥里。未有谥列，但以五色为主，故其庙称青、赤、黑、黄、白帝也。开明王自梦郭移，乃徙治成都……"，以石笋为代表的大石文化成为古蜀的标志与地望。联系前文所述"九世有开明帝，始立宗庙，以酒曰醴，乐曰荆，人尚赤，帝称王"，这应是开明王朝第九代国王时发生的事情。这一时间，大约在公元前410年前后。

蜀尚王杜尚，杜姓，名尚，也称开明尚，是蜀圣帝的长子。周朝时期古蜀国第十位国君，开明氏蜀国第九代国君。

南宋罗泌的《路史·余论》卷一也认为："开明子孙八代都郫，九世至开明尚，始去帝号称王，治成都。"但也有一些学者认为"徙治成都"是五世开明尚时的事，扬雄《蜀王本纪》就明确认为"开明帝下至五代有开明尚，始去帝号，复称王也"，"本治广都樊乡，徙居成都"。究竟是开明五世还是九世移治成都？就成为一个难以解释的谜。

其实呢，首先为什么徙治成都，也是一个很大的谜团。

而且，迁居成都到底是哪一位开明氏呢？

近年成都商业街发掘的“蜀陵”提供了强有力的实证，可以分析出开明尚究竟是九世还是五世。

2000年在商业街58号院“蜀陵”发掘过程里，如果开明九世是真实的，那么“应该安排8具大型船棺，方告圆满。由此可见陵墓原葬有8代蜀王，那第八代开明八世的葬具，应当就是这位置特殊、棺木特别的13号特大船棺，亦即‘今王’开明九世的直接上辈，也许即其生父，故规格远胜前代。正因为此棺过分豪华，随葬品一定格外丰富，所以盗墓贼格外垂涎，反而破坏得最为彻底。照此看来，迁都的蜀王可确定为九世”①。

这就说明，不但是开明王朝的民众集体迁居了，而且连蜀族祖坟也一并迁到了成都。迁都者应是九世开明尚。

更奇怪的还在于，“广都”“瞿上”“樊乡”“梦郭”是什么意思呢？

在古蜀王朝的广都区域，有两座历史久远的古城，一座史称瞿上，另一座史称樊乡。广都与瞿上、樊乡，都在古蜀文明发展演进的历史进程中起到了重要作用。广都最早见于《山海经·海内经》：“西南黑水之间，有都广之野，后稷葬焉。”《后汉书·张衡传》校注作“广都之野，后稷葬焉”。明朝杨慎《山海经补注》云：“黑水广都，今之成都也。”清朝郝懿行《山海经笺疏》在“海内西经”条下注“在广都之野”，并加按语：“广都，《海内经》作都广是。”据此可知《山海经》中所提到的“都广”就是“广都”。历史学家童恩正的《古代巴蜀》、袁珂的《山海经校译》均同此说，认为“或作都广，或作广都，其实一也”。

《山海经》提到了一种水鸟——瞿如，外形像野鸭子，叫声仿佛是在呼喊自己的名字，所以有人认为瞿如即鸨。瞿字从双目从隹，隹为短尾之鸟，双目则是突出鸟的眼睛。瞿上，应该是大眼睛水鸟麇集的高坡坝子。

任乃强先生提出瞿上城在彭州海窝子，是基于对郫的考证。他还曾给

---

① 冯广宏：《论成都商业街开明氏陵》，见《成都文物》2008年第2期。

开明王朝世系大事表
THE MAIN EVENTS DURING THE KAIMING DYNASTY

开明一世	荆人鳖灵决玉山，民得陆处。望帝授国鳖灵，号开明帝，建立开明王朝，时间在春秋中期。
开明二世	开明帝生卢帝，卢帝攻秦至雍，雍乃秦国都城，秦乃春秋五霸之一，显示蜀之强大。
开明三世	卢帝生保子帝，帝攻青衣，青衣在今雅安地区，此举防止落后民族向成都平原拓展。
开明四世至开明七世	周肃王四年（公元前377年），蜀伐楚，取兹方，兹方在今湖北。
开明二世至开明八世	开明王朝一系列军事胜利，显示了蜀国的强盛。
开明九世	立宗庙，建礼乐，帝称王，尚青、赤、黑、黄、白五色，从郫县徙成都，此时国家机器完备、吸收中原先进文化，成都建都历史最早源于此。
开明十世至开明十一世	未有史籍记载。
开明十二世	蜀王纳五都山精为妃，遣五丁迎秦五女，修路迎石牛。周慎王五年（公元前316年），秦张仪、司马错等从石牛道伐蜀，蜀王在武阳为秦军所害。

开明王朝系年。（望丛祠博物馆提供）

现在的郫县取过名字叫“小郫”。但更多的学者认为瞿上是在成都以南。如《路史前纪》卷四云：“蚕丛纵目，王瞿上。”宋人罗苹注：“瞿上城在今双流县南十八里，县北有瞿上乡。”清朝《四川通志》卷四十九云：“瞿上城在双流县南十八里。”《读史方舆纪要》及《双流县志》诸版本均有同样的记载。民国时期双流县学者李澄波（著有未刊本《牧马山志》）实地考察后认为：“瞿上城在今新津县与双流县交界之牧马山蚕丛祠九倒拐一带。这正是花源与胜利乡交界处。”蚕丛祠内蚕丛塑像雄伟，其目纵。乡人至今尤称蚕丛为“蚕丛太子”。

蚕丛为什么定都瞿上？推测起来，那时尚无都江堰，岷江流至川西平原后一无约束，泛滥成灾已是常态。因此治水成了杜宇最为棘手的事情，首先就得选择一个安全的都城。成都平原上牧马山为浅丘，却是平原的腹心地带，定居正是上选。

西汉时期，益州刺史任安，曾经在瞿上城遗址上再筑城，名曰“宜城”，山也因此得名“宜城山”，意思是先人在此筑过王城，后人再来筑城无疑是适宜的。宜城山之名至明代方为“牧马山”所取代。

1941年冬季，历史学家顾颉刚沿成都南路而下至双流，对瞿上城古遗址进行实地考察。其云："《华阳国志》说杜宇'或治瞿上'，是因为古人建国必凭险阻，方好自守。牧马山是成都平原西（南）部第一座山，仿佛城垣一般，防守极便，立国在这里，可以控制平原。山上又好耕种，足以自给。假使我是当时的王者，走到这个形胜所在，也不肯把它放弃的。我敢臆断，牧马山定是一块好地方，蚕丛和杜宇的都城遗址有寻得的可能。"

原郫县发现的隋唐水井，现存于望丛祠博物馆

而这样的推论，必须建立在"华阳"的历史地望基础之上。

"华阳"一词，最早来源于唐尧时代的州域划分。华山是华夏民族重要的文化高地，据清代大学者章太炎先生考证，"中华""华夏"皆因华山而得名。《华阳国志》所指的"华阳"乃"华山之阳"，"华阳之壤，梁岷之域"，"地称天府，原曰华阳"，相当于今秦岭以南、四川和云南、贵州这一广阔地区。古人认为华夏大地乃世界中心，秦岭横亘在华夏大地的中部，按照古人的对应天上的参宿，山之北谓之阴，山之南谓之阳，故盛唐时在秦岭北部设有华阴县（今华山附近）。南朝刘宋时期（420—479年），在今陕西省勉县西北、四川剑阁南设置过华阳县，但分别在北魏、隋代废弃。

唐乾元元年（758年），因安史之乱，唐玄宗幸蜀，驻跸成都，蜀县更名为华阳县。成都区域便分为成都县、华阳两县。据《舆地广记》记载：

“昔人论蜀之繁富，曰地称天府，原号华阳。县之得名实本诸此。”当时成都县的范围局限在成都的西北边，但主要的工商业均在成都县；华阳县的范围，是位于东边和南边的大片田野，华阳县管辖面积比成都县大得多。

开明即是太阳之意。这其中应该有华阳词义的支撑。土地富饶，耕种相对便利，牧马山自然成为华阳畛域里的一个高地。

进一步说，何为樊乡？

成都平原曾是一片水泽连缀而成的汪洋，古蜀人从岷山迁徙而来，先在成都平原周边高地寻找适合居住、生产之地，这从新津宝墩村、都江堰芒城村、崇州双河村和紫竹村、郫县古城村、温江鱼村等6座史前遗址群可得到证明。经过不断治水，成都平原逐渐从汪洋泽国变成了陆海。随着治水成效的显现，蜀人从成都平原周边逐渐向中心迁移，居住方式也不断进步。历史学家谭继和认为：“在这个过程中，古蜀人经历了巢居（在树上筑巢）——干栏式民居（在木桩或竹桩底架上建筑高出地面的房屋）——楼居的发展历程。”

“为了防止野兽侵袭，蜀人用竹子在干栏式民居外面筑起篱笆，后来，蜀人的居所进阶到更高级别后，就把樊篱围起来的故乡称为樊乡。据专家考证，樊乡的所在地为今天华阳街道所在处，‘本治广都樊乡，徙居成都’。后来，蜀人的居住方式发展成家家户户竹林茅舍、小桥流水，形成了成都平原独有的生态文化——林盘文化。”[①]

这一解释，实为洞见。

可以说，林盘是成都平原独有的词语。

川西林盘是指成都平原及丘陵地区农家院落和周边高大乔木、竹林、河流及外围耕地等自然环境有机融合，形成的农村居住环境形态。川西林盘内，竹类、灌木、稻田构成了垂直空间梯度的复合植物群结构，不同形式的灌溉渠和不同规模的蓄水池构成了涵养土壤和植物的水网体系。林盘

① 胡静：《从古蜀都城到天府新区纵横谈——专访著名历史学家谭继和》，《中国西部》2016年第9期。

成为成都平原特有的、全国具有独特性的川西田园风光，具有经济、生态与美学等价值，被誉为“虽由人作，宛自天开”。

在9000平方千米的成都平原上，镶嵌在农田周围的林盘与村镇，是传承千年的天府文明的生态居住聚落，可谓是成都平原乡村生活的活化石。相关学者指出，川西林盘发源于古蜀文明时期，成型于漫长的移民时期，延续至今已有几千年历史。林盘广泛分布于中国西南地区，尤以川西冲积平原的林盘为典型代表。川西林盘大体可以分为：小林盘、大林盘、林盘聚落、林盘村等形态。

乾隆前期郫县知县李馨在《郫县志书》卷一提到：“平畴如砥，乡民散居，或三四户，或五六户，棋布星罗，竹树蔽之，俗呼为林盘。”（乾隆十六年刻本，见故宫博物院“故宫珍本丛刊”第205册。）这说明了郫县乡野的布局。康熙五十一年（1712年），绵竹县令陆箕永《绵州竹枝词十二首》里提到：“村墟零落旧遗民，课雨占晴半楚人。几处青林茅作屋，相离一坝即比邻。”该诗注指出：“川地多楚民，绵邑为最。地少村市，每一家即傍林盘一座，相隔或半里或里许，谓之一坝。”需要注意，在此“林盘”一词终于出现了！这首诗并不复杂，清初绵竹当地的村落较为稀疏，里面住着一些兵燹战乱劫后余生的老百姓。在当地务农者里，一半是来自湖南和湖北的移民。当地的聚落景观，通常是茅草屋及其背后的一片树林，每所茅草屋之间相隔半里或者是一里。可见，清初时节的四川绵州一带，还是地广人稀的灾后情况，吸引了更多的外来移民落户。

到乾隆年间编纂的《大邑县志》中，村落的列名中就有“碾盘林，县南二十里”的记载，并有“林盘相望，苍翠交辉”的风光描写。

川西林盘在清初移民入川的过程里得到了空前发展，逐渐发展为以水田为主、以旱地为辅、树林竹林围绕农舍而成为的一个个既有联系又具一定空间间隔的乡村聚落。开放而包容的建筑空间，成为林盘文化突出的亲和力。

林盘这个词，也不局限于成都平原。

比如，阿坝藏族羌族自治州茂县南新乡尚存一块立于清光绪十二年十月初一的“封山护林碑”，碑文内容为：“……想我村地处林，只准捞叶积肥，不准采伐树林，其家林盘，……四至分明，以遗后世子孙永远禁惜。”茂县《棉簇封山护林碑》规定：“禁惜山林，只准捞叶积肥，不准采伐树林……罗姓公议：自禁之后，所惜林盘，无论谁再偷砍，罚钱四千贰百文。”当时茂县人的“林盘”一词在含义上与成都平原略有区别，更侧重于指林地、树林。也就是说，“林盘”一词，就像成都的蜀锦、茶叶、漆器一样，开始向四面八方辐射，成为一种文化输出。

如今，城市人以为林盘只是乡村景观，是城里人游玩的“农家乐”，这是一大误解。林盘与村落不仅仅是一种景观，还包含了异常丰富的历史密码与蜀人的生活方式、生产方式，也是成都平原地区传统的田园农耕生活方式的标本，两者共同组成了成都平原的林盘家园！林盘无疑也是蜀人的精神原乡。在统筹城乡的发展规划和建设进程中，这些林盘式村落的演变必然面临存留抉择。

四川大学牟江教授指出，四川的道教继承与发展了古蜀神仙观念，重视天人合一，主张人与自然和谐统一。受此影响，林盘在中国快速城镇化的背景下，传统地域文化遵循“道法自然”原则，因地制宜。林盘是川西地区特有的地域文化为移民大省兼容了多地民俗文化，与本土文化构成了和谐景观，具有独特的文化价值。将林盘文化要素作为共融一体，丰富了林盘文化内涵。所以，林盘承载了各地乡民研究对象，评价林盘文化内涵与价值，何为林盘文化，它是在长期的演进过程中形成的乡情浓郁、和谐包容的地缘文化，我们在保护、传承与利用，就必须着眼于林盘的历史与自然格局。孤立地去保护林盘建筑，其实是只见树木不见森林。

据2014年统计，成都有林盘约12.11万个、总面积54185.37公顷。在丰富多样化的生态物种方面，川西林盘包含的动物、植物、微生物及其环境构成的生态复合体维持着群落和物种形成的稳定性。据郫都区政府统计报告，单是郫都区就有约8000处规模不一的林盘。成都市以传统林盘综合整治和依托林盘建设美丽新村两种方式开展林盘保护和利用。一批传统林盘综合整治利用项目，一批依托林盘实施土地整理建设的组团化、院落式、林盘型新农村综合体均做出了示范。①

川西林盘不是一个空壳，它应该容纳的，是富有时代气息又没有断绝根脉的川西田园生活。文化就像是滋养天府大地的岷江之水，是流动的历史，让古代的精粹进入今天的生活，让今人的道路去续接先民的生活，我们才能从容前行。

所谓“梦郭”，一种说法为“樊乡”两字之误，在于两者字形相似。另一说“梦”为楚地口语，是水泽之地的意思，“郭”通“廓”。“梦郭”就是位置较低、容易为洪水淹没的地方。当成都平原的积水逐渐排出去以后，大片陆地出现，因此开明王决定迁至地势略高的成都。有人认为按照“梦郭”字面意思可能是“梦见城郭”迁移，也有学者认为“梦郭”可能是开明王朝原先都城的名字，譬如将“樊乡”误读成了“梦郭”二字。

应该注意的是，鳖灵就是来自蜀地以东的巴地，他在杜宇时代带领族人入蜀，因治水有功逐渐取代杜宇建立了开明王朝，其家族仍保持巴楚风俗也是情理中事，所以后来的开明王称水泽为梦也就不足为奇了。由此可见《华阳国志》“自梦郭移”是由于原来都城的周围变成了大泽，因而迁都是大水灾造成的必然结果。此说虽然也是一种推测，但却非常合理。所以可以判断，将“樊乡”误读成“梦郭”的可能性极小。

进一步说，丛帝之“丛”，也极可能是“连片的林盘”的一个指称。

而在我看来，水泽遍布、雾气弥漫的成都平原，自古以来就是一个“造梦”的工厂，是一个诗意盎然的地方。

水泽固然可以造梦，但也潜藏着跌宕的灾祸。

历史学家任乃强的解释是：“或是先有此愿而成梦，或是托言梦其当移邑以推动其臣民。”但也有人认为“因梦而迁都之说”是一个令人怀疑的原因，迁徙都城要耗费大量的人力物力，无论是对一个王朝或一个部族来说，都是一件至关重要的大事，当然不会如此简单，很可能还有更深刻的原因。

开明朝自九世开明尚定都于成都凤凰山之南，那里刚好是山地过渡到

---

① 蒋蓝：《刘弘涛：林盘是蜀人的精神原乡》，《成都日报》2018年8月15日。

平原的接合部，开始修筑都城，即今学者所称之为成都的“北少城”。该王城周长9里（当时1里约合现在442.5米），四面环以夯筑的城墙。北墙约在今王家塘街一线，东墙约在今白丝街以东一线，南墙约在今骡马市一线，西墙约在今青龙巷口至青龙街西口之间一线。同时，开明王朝在今成都北校场武担山一带修筑了宫殿，以作为统治中心，但建筑今已不存。

开明朝建立了都城，自然会有街道。

《华阳国志》称，开明王所迁的目的地为“赤里街”，旧说街在今成都城南一带，就是北接红照壁的南大街。理由在于，古人按照五行学说推测，火色赤，位于南方，所以赤里街应该在城南一带。而要害在于，山川相对封闭、自成文化体系的开明时期，何来黄河地区的五行文化影响到蜀地呢？这明显是采用现成的文化标签来“倒贴”古人。

这一推论，四川大学任乃强教授并不赞成。他认为赤里当在秦成都城以北，在昭觉寺与四川磨床厂之间的赤土埂，或者平阳山附近的浅丘之间，那一带泥土颜色为赭红，叫作“赤里”，才名副其实。古蜀先民喜欢在台地上生活，因为可以避免洪水侵袭。所以，那里很快形成一条街道，比较热闹。蜀王宫室也在这里修建，显然看重这里的安全条件和深厚基础，自然不会选择水泽满地的城南。

也就是说，最初的赤里街，位于开明都城内的东北方向。“赤里街”由此成为成都有史记载以来的第一大街。

我的判断是，赤里街首先在城东北。秦朝以后才重新确定在现在南大街一带修建，并把成都县官衙建立于此。这里与文翁石室相近。街道呈斜西南方向布局，也成为秦汉时期成都主城街道布局的肇始。

结合文献记载和考古发现来看，古蜀时代曾多次发生洪灾，水灾确实给古代蜀人造成诸多的不便。如《太平御览》卷八八八引《蜀王本纪》说，杜宇时大洪水，直到鳖灵开凿了玉垒山以除水害后，才使“民得陆处”。考古揭示，三星堆古城的湮没就与突发的山洪有着绝大的关系。成都平原上早期城址的遗弃，也大都与水灾有关。还有成都十二桥商周遗址，也因水灾而导致了古建筑群的淹没。显而易见，开明王朝很可能由于

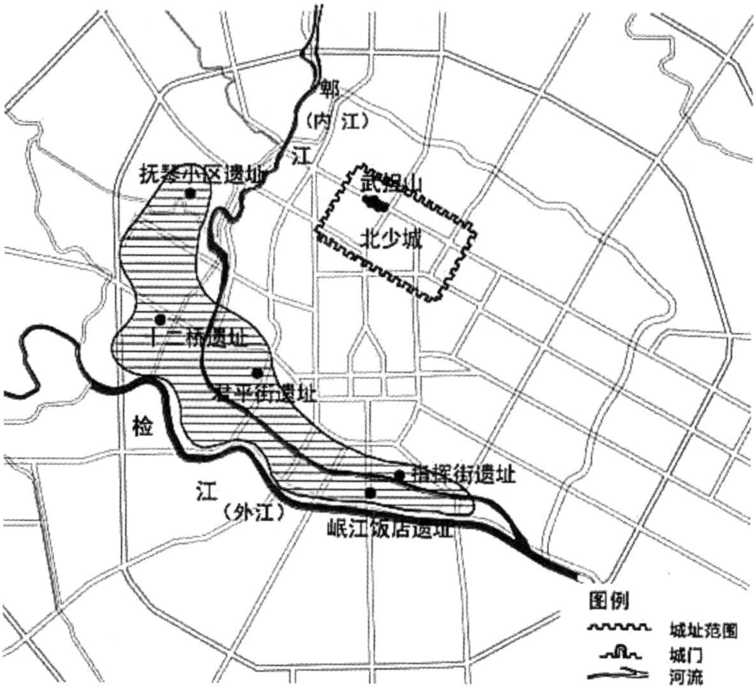

图中的北少城，就是开明进入成都最早建立的王城

大水灾对原先的都城与环境造成了极大破坏，才决定在成都建立新的都城。

开明九世对内开展各项改革，也与其逐渐增强的经济实力有关。一是效仿中原礼制，建立宗庙礼乐。二是开明王朝积极对外扩展、对内改革，建立蜀地农业发展制度。开明王朝政治上对外开疆拓土、对内进行礼仪恢复，纷立宗庙，以酒曰醴，乐曰荆，人尚赤，帝称王……这一系列改革促进了农业文明的高度繁荣。农业文明的繁荣，又为开明王朝开疆拓土提供了持久的人力和物力保证。

用发展的眼光来看，迁徙成都开始建城，开明尚做出了一个因势利导的伟大决定。成都则由此而兴盛，随着都城的建立而成了开明王朝的政治经济文化枢纽，成都从此成为长江上游最大的文明中心。

“成都”的词源学

作为语言学的一个分支，词源学是指依据史实资料，对一个词的历史来源、音形义演变过程及同源词等所作的研究。我们会面临一个似是而非的问题：“成都”到底是什么意思？

对成都得名由来，历史上首次予以解释的是《太平寰宇记》的作者宋朝人乐史，他指出：“成都县，汉旧县也。周太王逾梁山之岐下，一年成邑，二年成都，因名之曰‘成都’。”但是乐史的说法有两个明显的硬伤：第一，“成都”并非汉旧县；第二，《史记·周本纪》记载周太王“逾梁山”，但并无“一年成邑，二年成都”之句。

这就怪了！

宋人祝穆《方舆胜览》“成都府路郡名”条也指出：“盖取《史记》所谓三年成都之义。”这种说法流传甚广，影响较大。历史学者王文才先生赞同此说。他在《成都城坊考》中认为“史称：舜耕历山，一年而所居成聚，二年成邑，三年成都”。

现在有学者认为，“成都”得名是在公元前316年秦灭巴蜀之前。“成都”本不是对成都这个城市名称的“发明”，因为远在有成都这个城市之前，就存在“成都”这两个字，或者说有这个词了。有人指出，“成都”二字是西南民族语“高原人居住的地区”的意思。这些阐释至少表明，开明王朝来此定居之前，此地已经叫“成都”了。

雅安市荥经县是蜀身毒道、南方丝绸之路的重要驿站之一。1985年出土于荥经县古城村的战国时期的青铜“成都矛”，其蛟部錾刻有“成都”二字，它印证了至少在战国晚期成都的地域称谓就已存在了。这柄成都矛长20厘米左右，其上精心雕刻有虎目、獠牙。

同样处于南方丝绸之路上的成都市蒲江县船棺墓葬群，2017年再次发现了镌刻有“成都”铭文的青铜矛。这柄青铜矛与荥经县出土的成都矛外形上颇为相似，而“成都”二字均为阴刻铭文。蒲江县“成都矛”的出土，填补了成都市文物历史的这一空白，完善和补充了“成都造”的历史。

雅安市荥经县出土的战国青铜矛。上有“成都”两字，因此称之为“成都矛”。现藏雅安市博物馆。（蒋蓝 摄）

秦汉开始，官府在成都设立大型官营作坊，“成都造”的产品不限于兵器，大量的生活漆器、生产铁器，经蜀身毒道、南方丝绸之路与长江水道，远销到四川之外的云南、湖北等地，乃至日本、朝鲜。1975年12月在湖北省云梦县睡虎地秦墓中出土的大量竹简，其中一片有“成都”二字。1936年，云南昭通石门坎汉墓出土三件铁锸，铸有“蜀郡”篆文，1954年云南鲁甸一汉墓封土发现一件铁锸，其上有“蜀郡”“成都”铭文。1972年长沙马王堆一号汉墓与1973年江陵凤凰山八号汉墓，均出土印有“成都”铭文的漆器。

巴蜀学者李殿元认为，“成都”得名，不是在秦灭蜀之前而是在秦灭蜀之后，这个名称是由征服者所取，它的意义更主要的是体现在军事上和征服者的心理上。《史记》说：秦惠王“卒起兵伐蜀，十月，取之，遂定蜀，贬蜀王更号为侯，而使陈庄相蜀”。即是说，在公元前316年的秋天，秦军只用了一两个月的时间，就荡平了古蜀国。之后置郡县，设郡守，大量移秦民入蜀，推行秦文化，结束了割据状态。“成都”这个名称就是在这样的背景下产生的。

但“成都”两字，最早的记载文字首见于《山海经》：“成都载天之山。”此山是由古蜀“成侯”的关系而得名。

如果说巢居、笮桥和栈道，是古蜀人生活文化的三大发明的话，那么，先秦的成都恰恰是这三大物质文化的中心。历史学家徐中舒就认为：

“干栏”式木结构巢居的象形，就是“像依树构屋以居之形”。[1]

20世纪80年代后，考古学家在成都十二桥遗址发掘出面积约1200平方米、相当于殷周时期的木结构“干兰”（干栏）式房屋建筑遗址。在中国发现的多处“干兰”建筑遗址中，在木头桩柱以上建筑结构件和房屋形状保存最完整的遗构，当属十二桥遗址。其建筑规模宏大，已出现宫殿式格局。显然，这是目前发现的成都区域最早的城邑遗址。这种“干兰”（干栏）式建筑来源于树上的巢居。古史传说的“有巢氏”就是蜀人，远古时期的成都人就来源于古巴蜀这种巢居民族。蜀中此种巢居和“干兰”（干栏）式建筑源远流长，直到秦汉时期，成都瓦房的栈居式样，甚至今日竹木结构的“楼居”和“吊脚楼”，都具有巢居遗风。

简单点说，“成”的雏形应该是古巴蜀文字，有“邛笼”含义，“成”就是二三层重叠的笼，为上屋下仓，类似干栏式建筑。因重叠反复义衍生为旧，如成俗即为旧俗，成语即是旧语；成即为笼，又有盛人、盛物之义。汉语之“成”是戊与丁的合体字，戊为斧钺之形……“成侯”是以这个字来作为部族权力象征。

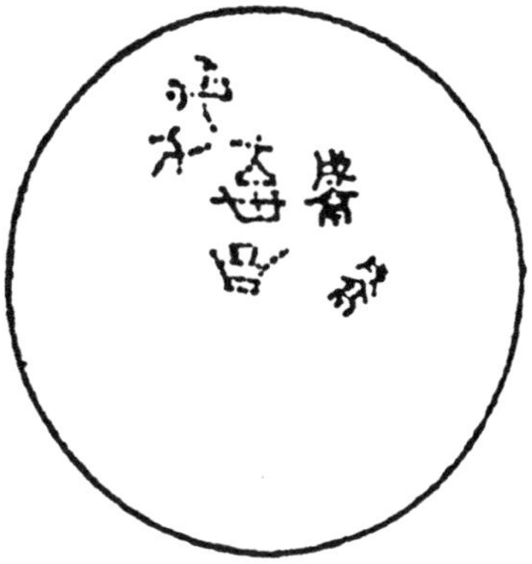

青川县出土的漆器底部的巴蜀文字描摹图。钱玉趾先生认为有“成都”二字，应是“成都旗亭”。（钱玉趾提供）

“都”字在汉语中多指王城，而古蜀语、藏语中指两条河交汇所在。最早的“成都”是在川、青、甘边境两条大河交汇所在，那里是成侯部族聚居之处，后来逐渐东移至成都平原。而一个政权在水泽漫流的平原定居，就叫“都”。所以，“成都”也可以理解为：在两条大水汇聚之地的干栏式建筑聚落。

大约在公元前5世纪中叶，古蜀国开明王朝九世时，将都城从广都樊

① 徐中舒：《巴蜀文化初论》，《四川大学学报》1962年第2期。

乡（今属成都市双流区）迁往成都，开始构筑城池。

我们可以说，“成都”的最初含义，不是“建成的都邑”，而是“终了的都邑”。古蜀人的发音大体是“独独”dudu。

羊子山土台、十二桥遗址与三星堆第四期文化在年代上大致处于同一时期，都反映出当时古蜀国人的先进文化状况。成都作为具有国家意义的“城”的历史，已然开始。

伴随成都城的建立，《华阳国志》其实道出了蜀中风化的特色：“其卦值坤，故多斑彩文章；其辰值未，故尚滋味；德在少昊，故好辛香；星应舆鬼，故君子精敏，小人鬼黠；与秦同分，故多悍勇。在《诗》，文化之化，被乎江汉之域。秦豳同咏，故有夏声也。其山林泽渔，园囿瓜果，四节代熟，靡不有焉。”

无论是工艺还是心智，蜀人一味尚“巧”，似乎没有中原文化里那种对于追求大巧者而必须有所限制的理性认识。但这一段话，尤其是“其卦值坤，故多斑彩文章；其辰值未，故尚滋味”，对于充分认识古代川菜的烹饪特点，掌握古蜀时期的饮食习俗和文化意义深远。

羽化升天的开明兽

2017年玉兰花盛开时节，“丝路之魂：敦煌艺术大展暨天府之国与丝绸之路文物特展”在成都博物馆开幕。尽管是临摹作品，但其规模和完整程度，甚至超过了敦煌莫高窟实地原作。2月21日，我参加四川省作协主席团会议后，会议组通知每位作家当天傍晚去成都博物馆看敦煌壁画“专场”，闻之大喜。我们无不被壁画那种飞动的气势与神秘的造像所震撼。我看得最为细致的是壁画中的动植物，尤其是开明兽。

“开明”一词，最早见于《山海经》。《山海经·海内西经》指出：西方有昆仑城，方圆八百里，高万仞；城上有大树，五个人才能抱住；还有九口井，都是用玉石做成的栏杆；共有九座城门，其中东门由开明兽把守。开明兽又名启明兽，样子是人的面孔、虎的身躯，神话学者王红旗指出，这是“类似埃及金字塔前的狮身人面像”。《山海经·海内西经》说巨大的昆仑山有九道门，守门的就是开明兽，身体仿佛大老虎，有九个头并且长着人脸，表情肃穆，始终瞪大眼睛环视昆仑下界，不让任何异物进入神圣区域，保护昆仑的和平与静谧。在昆仑之上还有一个天神叫陆吾，见《山海经·西次三经》：“西南四百里曰昆仑之丘，神陆吾司之。其神，状虎身而九尾，人面而虎爪。是神也，司天之九部及帝之囿时。”陆吾和开明兽相貌接近，职务是为天帝管理园囿。《山海经》里人面虎身的动物有三种：陆吾、开明兽、人面虎身神。实际上为同一种神，均是古昆仑山的守护者。

我向来自敦煌博物院的解说员求证开明兽，她显得有些惊讶：“展出这么久了，你是第一个问开明兽的。”参观结束后，她特意带我回到285号窟，逐一指证。

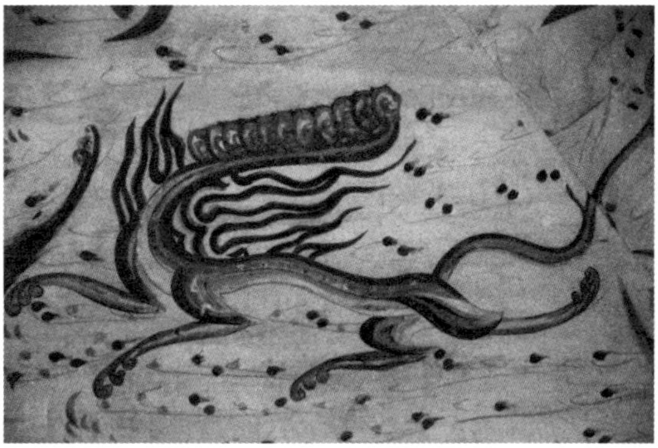

敦煌石窟285窟壁画，有11个头颅的开明兽造像。（蒋蓝 摄）

莫高窟三清宫正殿、249窟、285窟三处出现了开明兽不同造像。这次来成都展出的恰有285窟，我恍如步入了历史的甬道。

敦煌石窟285窟壁画，有14个头颅的开明兽局部。（蒋蓝 摄）

道教题材进入佛窟的历史，敦煌早在南北朝时即已粉墨登场。东王公、西王母的故事在西魏249窟已出现。另外在清修洞窟中，大量的道教尊像已进入佛窟，可见当时人们对佛教与道教的区别并不十分清楚，神与佛的互嵌，裙带与道观相缠，反而出现了一种缭绕的秘密与丰满。

285窟并不大，顶部除了莲花藻井，东西两面画阿修罗与摩尼珠，南北两面画东王公、西王母驾龙车、凤车出行。车上重盖层叠，车后旗袂飘飘，前有持节扬幡的方士开路，后有人首龙身的开明神兽随行。朱雀、玄武、青龙、白虎分布各壁。285窟的人物体形消瘦而精悍，脸颊较长，脖子较细，衣纹弧线不是柔和的，而是力道十足，就像一把腰带剑，吃满了力道。同时，里面又有来自天国的风，让它们微微飘逸，那是一种神采饱满、怡然自得的气场。似乎是忘记了人间烟火，一种与天地一同老去的时间形象，烂柯美学驯化了泥土与石头，形成了中国这一时期彩塑艺术的最高理想。

这其中最为神奇的，恰是对开明兽的摆布方式。

无论是山东嘉祥、山东滕州或江苏徐州出土的画像石（砖）上的开明兽，还是历代《山海经》绘图里的开明兽，均作九头兽处理。这明显是西汉以降道家神话对上古神话的“规训”结果。

285号窟顶部壁画，一共有3幅开明兽造像。一个为9首，一个为11首，一个为惊人的14首。但在敦煌249窟的开明兽，竟有13个脑袋，且头颅的安顿方式，可谓绝无仅有。

清光绪三十四年（1908年），道士王圆箓在敦煌莫高窟三层楼的对面，主持修建了道观“三清宫”，俗称“下寺”，也就是现在的“敦煌藏经洞陈列馆”。在这座道观正殿前廊抱头梁和前屋檐上，绘制了14处奇怪的动物和人物，恰是晚清《山海经》流行的图像见证。三清宫正殿的开明兽为典型的虎躯，脑袋为3—3—3的式样排列。

但早期的开明兽脑袋安排方式并非如此。285号窟的开明兽脑袋一律是侧列并排，非常像是打开的羽翼。到了清代，画家们笔下的开明兽造像，才与敦煌三清宫彩画最为接近。两者在头式与姿态上较为一致，只是前者对虎毛还有表现，而三清宫彩画只表现了虎皮纹。285号窟的老虎身体，已经高度抽象化，更接近于刚猛汉风里的龙形造像了。

学者金爱秀指出："开明兽九首皆为人首，这是汉代人对人类自身能力肯定的必然产物。"[①]九头兽的头部使用了人的形象来逐步取代传统形象中的虎头或者龙头，这一做法带有明显儒学色彩，可以理解为是汉朝人对人的能力的一种肯定，也昭示了某种"人定胜天"的理念。从而使得黄河流域在文化交融的背景下，形成了以"儒"为特色的主流文化，同时也兼具了楚文化的浪漫主义情调与神话传奇色彩。

开明兽的身体造型，一方面来源于虎形，另外一方面也很接近于龙形之舟。

我认为，开明兽后来出现的俱为九首，显然是汉儒们的努力。早期开明兽的九个以及十几个首，不但体现了原始宗教较为粗犷的痕迹，而且还体现了一种绘画特征。北魏前后，尽管已经有一些绘图的"粉本"供画师使用，但罕见的开明兽却没有"粉本"，这就为绘画者提供了极大的想象和创作空间。与镇守天门的"畏兽"一样，西南内地开明兽的凶悍、令人恐惧的造像在壁画里不见了踪影，13个头颅做侧面处理，颇有立体主义意味，所有眼睛以留白的技法，凝视灵魂，就像是一串追忆的蒙太奇镜头。开明兽的力道是通过刚猛的线条得以展露，墨线看似单纯，实则涵纳画家的修养和生命骨感；笔法充满韵律，流畅遒劲，于顿挫转折之间，开明兽的威严呼之欲出。

古蜀人来源于生活于河湟秦陇古羌人，历经蚕丛、柏灌、鱼凫、杜宇、开明五代蜀王部族，前三代都"得仙道"，鱼凫王畋猎湔山变成飞鸟神仙，杜宇"从天坠"，紧接着再有"望帝春心托杜鹃""声哀而吻有血"的种种不甘，精魂化为杜鹃，明显是"仙化"。而开明氏上天，成为守昆仑之虚天门的虎形开明兽，同样是"仙化"的结果。由此，岷山成了道教昆仑真官仙灵的中心。

开明兽与古蜀开明王朝是否有关呢？

---

① 金爱秀：《汉画中的九头兽探微》，《贵州大学学报》（人文社科版），2009年第1期。

开明兽令人首先联想到古蜀王朝开明氏。蒙文通先生曾指出："《海内西经》还六次提到'开明'……这不会不和蜀国传说中的古帝王——十二世开明没有关系。因此，我认为《海内经》这部分可能是出于古蜀国的作品。"[①]有学者认为，在神话中蜀王开明的形象变成神物完全可以理解。出于古蜀的作品记载的古蜀王的传说，似属可信。

而在蜀地错综复杂的神话传说里，开明兽是为祸彭国（彭州等地均有类似传说）的一大怪兽，后来被鳖灵降服，悔过立功，鳖灵有感其功绩，遂在建国后自称开明氏。也有另一说：开明氏乃古蜀国贤王，死后"羽化"才化为开明兽。

前面提及，"开明"一词指通达事理。开明兽的神职是守护。看似矛盾，其实是调和。固然没有绝对抱残守缺，只有站稳立场，明晓事理，才能体现坚持立场的价值。开明兽以18只眼睛观察世界，18只耳朵聆听世界，以9个头脑思考世界，9张嘴述说世界，这就是一种最大的启示。

杜鹃城遗址。（望丛祠博物馆供图）

① 蒙文通：《略论〈山海经〉的写作时代及其产生地域》，《巴蜀古史论述》，四川人民出版社1981年版。

开明主司的地点是天国的“囿时”。按郭璞的注解，“囿时”即“天帝苑圃之时节”。苑，所以养禽兽，“树果为园，种菜为圃”，黄帝的园林就叫“苑圃”，园中生长着各种神兽珍禽与奇花瑞草，需要开明来掌管时令节气，以便它们生长繁育不息。可见，蜀王开明是掌管“苑圃”的行家，据此推断蜀王开明就是巴蜀园林第一人。

另据《竹书纪年》称，开明兽是服侍西王母的灵兽，拥有洞察万物预卜未来之能，西王母和东王公出巡之际，开明兽在前方引导，有点鸣锣开道的意思，甚至亲自驱动花车，因此深得西王母宠爱。蒙文通先生巨眼卓识，独标新义，认为昆仑就是岷山。《蜀王本纪》中还有如下记载：“李冰以秦时为蜀守，谓汶山为天彭阙，号曰天彭门，云亡者悉过其中，鬼神精灵数见。”任乃强先生指出：“瞿上，今彭县北，海窝子‘关口’是也。……相对望，如阙，《元和志》谓之天彭门（一称天彭阙），自阙下瞰成都平原，有如鹰隼翔视。故古称海窝子为‘瞿上’。”由此可见，距离彭州丹景山牡丹生息地甚近的天彭阙，乃是蜀之神山——岷山的大门，牡丹或幻或化，总是蜀地的精魂。那么开明兽，当是镇守于此的。

如果这个推断成立的话，那么问题来了：为什么在古蜀地域没有发现开明兽造像？无论是公元前316年秦灭巴蜀之后迅速消灭了本地文字以及文化，但造像总该有一些流传啊。

可见，开明兽是蜀地神话与北方上古神话复合而成的产物。“开明”与“陆吾”极可能是混合了来自西亚的有翼兽形象。比如，芦山县巴郡太守樊敏墓地，墓前有几尊虎形石兽。这些用于镇墓的虎形石兽身上长有一对展开的翅膀，这在中原地区很少见，而这种造型风格的神兽与西域的雕塑非常相像。

开明部族存在时间约在夏朝（约前21世纪—约前16世纪），活动地域在以岷山、九顶山为中心的地方。而开明王朝已使用“巴蜀文字”，迄今发现表示族徽的图像文字中并没有九头兽。开明王朝启用开明兽镇守天彭阙，既有远古蜀地古族的渊源，又表明开明蜀国接纳了西域文化。我认为，开明兽证明了西域文化、中原文化对巴蜀地区的相互影响和交融。

第8章

成都武担山“石头记”

权力的相思学

自贡市盐业历史博物馆中的开明帝塑像。（蒋蓝 摄）

自古以来，成都城区内只有两座小山：煤山、武担山，均为人工堆土形成。煤山位于成都市皇城（今四川科技馆）后子门一带，由垃圾、煤灰构成，一度是民国四川军阀“成都大战”中争夺的要点，1950年后被平掉。现在还能够见到的，就是武担山。

武担山位于成都市区西北，北校场东南角，现属西部战区管辖空间。春秋时期，古蜀王朝的开明帝移居成都后，国运处于盛世时期。蜀王多情好美色，听说武都有一位美貌如花的妙女，便派人招来。扬雄《蜀王本纪》说：“武都人又善知蜀王者，将其妻女适蜀。居蜀之后，不习水土，欲归。蜀王心

远眺武担山。（蒋蓝 摄）

爱其女，留之，乃作《伊鸣》之声六曲以乐之。”《蜀王本纪》笔锋一转：“武都有丈夫化为女子，颜色美好，盖山精也。”这一记载，标明了这个妃子的复杂来历与身份，除了蜀族人，这对妻女无疑是最早入蜀的移民。看来，既然是尤物，出身就定然非凡。

男变女、女化男的移形换位之术，历代史不绝书。比如清人王士祯《池北偶谈·卷二十五·谈异六》里，收有“女化男”条：“山东济宁有妇人，年四十余，寡数年矣，忽生阳道，日与其子妇狎。久之，其子鸣于官，以事属怪异，律无明文，乃令闭置空室中，给其饮食。戊午年事也。”如此乱伦之举，胜于“扒灰”了。

清代黄奭辑录的《潜潭巴》指出：“男化女，贤人去位；女化男，贱人为王。”[1]这暗示了某种不正常的王朝季候。

《蜀王本纪》和《蜀纪》，是记录古蜀中历史、掌故之书，对于钩稽巴蜀上古史具有非常重要的价值。该书最早见诸史志者为《隋书·经籍

① ［清］刘澍编，王斌，邓幫雲校注：《〈蜀典〉校注》，西南交通大学出版社2021年版，第151页。

志》。《唐志》相沿《隋书》，但是《宋史》以后不再见诸史志了，推断至迟到宋末已经亡佚。

最早涉及变性人的记载，可以追溯到司马迁的《史记》，魏襄王十三年（前306年），“魏有女子化为丈夫”。作为正史来记录的这几个字，却是中国历史上最早的变性人的记载。

开明王朝的存在时间大约在前666年—前316年。蜀国开明王十世杜悦受秦王所骗，接受所谓可以粪金的石牛，以后才有开明王娶武都美艳女子之盛举，估计应发生在开明朝的晚期，有学者认为是开明九世[①]，但族群刚刚迁居而来，建城、安置祖坟、生计等一系列事务非常烦琐，仪式化的谈情说爱估计不可行。我以为，开明十一世杜后与开明十二世杜芦，两者的可能性最大，最可能是杜芦。单就发生事件而论，时间早于“魏有女子化为丈夫”。也可以说，古蜀的武都美女事件是中土最早的变性人事件记录。

民国四年和十五年商务印书馆出版的《辞海》记载，“武都”有三个：一是甘肃省武都县；一是四川省的一个武都：“山名。在四川省绵竹县北。”还有一个武都见“武澹”条：“山名。在四川省成都县城内西北隅。武都有大夫化为女子。蜀王纳以为妃。未攒物故，乃遣五丁至武都澹土，葬于成都廓中。曰‘武澹’，见《蜀王本纪》。蜀汉昭烈帝即位于武澹之南。”

民国成立前后的武担山。（成都市图书馆提供）

这些记载之外，还有一个武都，出自《史记》。南越国被攻破之后，汉王朝杀了且兰君、邛君，还杀了笮侯、冉駹等方国的头领，当地人对这件事情都感到害

① 张学君，张莉红：《成都城市史》，四川人民出版社2020年版，第9页。

怕，于是主动向汉朝俯首称臣，请求朝廷在他们那里设置官吏。于是汉朝廷下令将邛都设置为越巂郡，笮都改为沈犁郡，冉駹改为汶山郡，广汉西边的白马（氐羌）则改为武都郡。

而位于绵竹县之北30华里的武都山（又名绵竹山、紫岩山），屹立龙门山脉山踝，西北面高山天作，群峰叠翠，那里的山石、泥土与成都平原有明显区别。那里的武都山间有一条玉妃溪，所以武妃在绵竹民间也称作玉妃。《方舆胜览》卷五十四汉州：武都山“在绵竹县。即蜀王妃所生之地”。明曹学佺《蜀中名胜记》卷九绵竹县引《高僧传》：“县北三十里紫岩山，极高大，亦谓之绵竹山，亦谓之武都山。”《成都耆老传》载：“妃与五丁同生，父母弃之溪中，后闻呱呱之声，就视乃一女、五男，女即蜀文併妃，男即五丁。”后人以为《华阳国志·蜀志》所载蜀王妃所生之地为武都山，其实此地与甘肃的武都的确有关系。

这一道理在于：南朝宋寄置武都郡，含有武都县，齐时裁撤，后复置南武都县，后又废，故治在今四川绵竹县西北。寄置、侨置，侨流而立者，以东晋及刘宋时期为多，且以侨郡、侨县为主。可以看出，位于甘肃陇南的武都要早于四川绵竹的武都建制、得名。武都美女的来世今生，我估计是一个美女在两个武都的不同演义，很难甄别孰轻孰重。

能够抵达蜀王床榻的武都美女，就是来自武都山的绮色佳丽。看来，出类拔萃、身负异能的人，只能以“山精”来命名。

武都山精“步容之术”出类拔萃，荣任蜀王的王妃，蜀王对之宠爱有加，还写了《龙归》《东平》之歌取悦她，但她到异国他乡后水土不服，又思乡心切，忧郁成疾，一病不起，不久就香消玉殒。蜀王悲痛不已，三日不食，焚香烧烛，祷告上苍，大呼“还我妃来！”

对此，明朝大才子杨升庵是敏感的。他在为广汉周受庵诗集所作序言里指出：“吾蜀诗始萌芽蚕丛，有《日》《月》二章；蜀著《龙归》三曲。盖开塞未通……”这就是说，开明王是蜀地有记载的第一艺人。

蜀王还下令士兵担回王妃家乡的泥土，为其建墓。

我以为，这个丽人，应该还是来自陇南的武都。那里是数千年来西域混血人种顺着漫长的河西走廊进入蜀地的锁钥，一在于姿色出众；二在于容易出现“水土不服”的症状；第三呢，还有“左担道”的历史遗存。

我去过甘肃省陇南市武都县的碧口古镇考察。三千多年前，碧口已有人迹，出土过石斧和化石。据《汉书》记载，碧口“有麻田，出名马、牛、羊、漆、蜜”。近年又在碧口镇响浪行政村发掘了大量汉代墓群，出土了成批的古铜器等。三国时期，白龙江、白水江流域和阴平、阳平都是曹魏与蜀汉政权反复拉锯争战之地。阴平太守廖化，守将郭淮屯兵据守于此。《三国演义》中的“邓艾偷渡阴平”就在这一带，姜维、邓艾争战于斯，邓艾涉险征战，行七百里无人之地，翻越摩天岭灭蜀的历史事件，成为“邓艾伐蜀”历史典故，如今有邓艾城、姜维城、郭淮城等遗存。战乱割据的南北朝时期，县民流散，氐人政权陇南五国之武都国、阴平国也占据这些地域。因地势平江水缓一说，在碧口（含青川景谷）曾设置平兴郡，治所碧口[①]。

但陇南的武都距离成都何其遥远！会不会是美女流落到了绵竹紫岩山，被蜀王耳闻后所幸，再从这里抵达成都呢？这样，两个武都的关于美女的繁复演义均可以解释了。

当然，最直接的方式，可以把成都武担山、绵竹武都山、陇南武都的土壤进行化验，从而得出结论。

左担道又名阴平道，为甘肃入蜀的重要交通道路。自今甘肃文县东南行，至四川平武县东。据传挑担的人只能用左肩挑担，栈道过于狭窄，不能换肩，故又称“左担道”。五个大力士将武都泥土挑回成都，建成王妃大墓，占地数亩，高7丈，上覆一面石镜。墓葬之地因而名武担山。这又派生出另外一个典故“五丁担”——据《华阳国志·蜀志》记载，“五丁担”为五丁担土使用的扁担。巨石是五丁担土折断形成的，一头遗留在武担山，另一头遗留在城北的毗桥（大概为今天的三河场），据说此石毁于公孙述据蜀之时。另外据民间传说，毗桥石北宋时尚存。五丁担（石）虽

① 蒲孝荣：《四川政区沿革与治地今释》，四川人民出版社1986年版，第36页。

已损坏，但民国时期四川省博物馆藏有从武担山收集的残石一块，石质为石灰石，长80厘米，周围140厘米，上有后人书写的8个字："如弦之直，如称（秤）之平。"由此可以想象，这面石镜弧线光滑，宛如吃满力道的弯弓；另外，打磨精细，天平一般。但开明王朝的朝运，似乎远没有石镜这般稳如磐石。

当时，蜀王思念症发作，便到王妃墓前流连忘返。他思之念之过切，后来又在王宫内修了一座高敞的、据说以珍珠为帘（那时何来大量珍珠？是否从蜀身毒道而来的西亚产品？）的望妃楼。宋代赵抃的《成都古今记》记载："……望妃楼亦名西楼，闻明妃墓在武担山，为此楼以望之。"望妃楼在成都子城西北隅，秦时的成都子城西北隅当在今成都市青羊区王家塘街一带。建筑华丽，足以显示出身在高位的帝王对于思念的不可或缺。我们甚至可以说，蜀王理直气壮地开启了一种权力的相思学。

武担独苍然

古蜀帝王宠妃本为山精所"化"，可谓生于"石"，这是石头所具有的生殖繁衍功能的实例印证。在其死亡之后，理应回归于石，回到石头的内部。这是否暗合了、开启了古蜀盛行的"大石崇拜"现象呢？而且，这一感情事件纯粹、执拗，并不存在西施献身吴王阖闾而悄然执行的"国家阴谋"，在我看来，这分明是华夏语境里最早的"石头记"。

关于武担山的诗词文章，车载斗量，其中唐代文学家苏颋（670—727年）的五律《武担山寺》，峭拔而起：

武担独苍然，坟山下玉泉。
鳖灵时共尽，龙女事同迁。
松柏衔哀处，幡花种福田。
讵知留镜石，长与法轮圆。

这首诗的创作时间应于开元九年（721年）到开元十二年（724年），是苏颋两度入蜀为官期间。古蜀王和那个风流时代宛如松柏，沉入往事之水，早成过眼云烟。自然，那些美女的艳情叙事也一起消逝了，只有见证古蜀王和王妃爱情的武担山依然存在，一如夕光之下的乌木。可见，爱情的生命力要长于权力。而“松柏衔哀处，幡花种福田”，进一步阐释了爱情的永恒。石镜也与武担山一道，成为古蜀爱情的明证。

据曹学佺《蜀中名胜记》载：武担山曾被“武陵王萧纪掘之，得玉石（棺），棺中美女，容貌如生，体如冰。掩之而寺其上”。这是说武都妃坟墓在南梁武陵王萧纪（508—553年）时期被盗掘过。存于石棺里的武都山精——一代美女又被葬于墓穴里，落得一个全尸，也属万幸了。

20世纪30年代，黄埔军校在武担山所在地北校场建立成都分校，曾在那里受训的张孝宣学员回忆说，他曾经好奇地刨过武担山的土质仔细打量，那里的黄土确与成都本地土色、土质不一样。[①]这是否就能说明，“武都土”不属于西蜀平原，而是来自陇南的武都呢？

近几年，我去绵竹的武都山两次，很注意当地的土壤。发现一种为紫红色土壤，一种为黄沙土，而后一种类似黄土高原的土质。

《太平御览》卷八八八引《蜀王本纪》明确记载“以石作镜表其墓，径一丈，高五尺”。又据罗泌《路史》记载：“梁武陵萧纪曾发掘得玉棺，中有美女如生，体如冰，掩之而建寺其上”，其寺名武担山寺，亦名兜土寺、武担寺。武担山因其为长形，东西走向，中凹而东西凸出，亦名东台、西台。宋代陆游写有“东台西台雪正晴”的诗句。东台有一塔，名芙蓉塔，六角七级，这也是用“芙蓉”一词在成都命名的首个具体建筑，在唐朝时登塔可俯瞰成都之郫、检二江及成都城全景。

丽人之于芙蓉，这一点古人早就予以了重视。元朝杨士弘编《唐音》，对于卢照邻《石镜寺·古墓芙蓉塔》诗里提到的芙蓉塔，张震注释为：“妃言芙蓉塔，未详。或云芙蓉以言妃之美，如芙蓉。故以名塔也。神

---

① 刘孝强：《成都北校场武担山隐藏的那些秘密》，网络稿。

铭墓塔上之铭石也，鸾沈花没，皆言妃之死。”

石镜位于西台“雪轩”之中，又名蜀镜。《太平寰宇记》说，石镜“厚五寸，径五尺，莹澈可鉴”。看起来，石头的尺寸比起以往记载明显缩小了，显然不大符合古蜀大石文化的遗风。

素来以严谨著称的冯至先生，在名作《杜甫传》里自然要写到杜甫与石镜的相遇，他说：“在成都西北武担山上（今此山已夷平）……杜甫前往观览，见镜感怀，以缠绵的笔触作《石镜》一诗，抒写美人沉沦之慨。作者对‘山精’云云则未予顾及，更无‘讥古人之好色’的意旨。”可惜的是，武担山从未被夷平过。杜甫《石镜》一诗写道：“蜀王将此镜，送死置空山。冥寞怜香骨，提携近玉颜。众妃无复叹，千骑亦虚还。独有伤心石，埋轮月宇间。”描述其平坦圆滑，比喻成皎皎月轮；薛涛则把它比喻成妆镜。镜子就是人心的折射，藏匿在石镜中的万千情愫，历历可见。

陆游《剑南诗稿》卷七《行武担西南村落有感》诗云：“骑马悠然欲断魂，春愁满眼与谁论。市朝迁变归芜没，涧谷谽谺互吐吞。一径松楠遥见寺，数家鸡犬自成村。最怜高冢临官道，细细烟莎遍烧痕。”放翁自注：“有大冢高数丈，旁又有一冢差小，莫知何代人也，俗号太子墓。”按：明朝曹学佺《蜀中名胜记》将此诗列入成都的“北门之胜”述之，盖因提及“武担”。今人亦引此诗以考成都城坊。如王文才先生引此，认为：“实见武担山为蜀国从葬墓地，王及太子并在，非独一妃冢也。”另外四川省文史馆《成都城坊古迹考·城垣篇》在有关章节之“异说”中，亦引此诗以证“罗城西北隅未能大量延伸，故武担山未能包入城内。”

王妃墓的墓顶之处，还有五丁塔。唐玄宗幸蜀，在武担山登塔一览西蜀风光，帝王寓目，看见东方有山紫云缭绕，问是何处，随从告知是一百余里之外的金堂县石城山，于是在唐天宝六载（747年）改为“紫云山”或“云顶山”。此塔高约与十层楼房相齐，到20世纪80年代以前，一直是成都市区最高之巅，登塔远眺，平原景色尽收眼底。

我查阅《湘绮楼日记》，王闿运利用担任成都尊经书院山长期间，闲暇考察过成都众多古迹，“与绥廷及岳生同步穿少城，至武担山看石镜，便至芮园小酌，看墨池书院。主人芮少海招余及督府诸客夜饮，会者十一人……督府诸客艳言瑞华班之难得，因议召至唐宅（唐友耕）演之”（1879年10月6日）。从王氏日记里可知，武担山的石镜当时宛然尚存。

距离王闿运游蜀二十几年后，日本人山川早水在1905—1906年漫游中国，他在《巴蜀旧影》一书里详细记录了成都古迹与风物，其《武担山》记录道：

> 石镜今尚在。昔时可能建在山上，今已弃之于山腹，被土埋没一半，露其一半。其大小与昔日之传说相符。对于是否是开明氏所建，虽然有所怀疑，但好像是有一定来历的古物。可能有石镜之地必有墓，即妃之坟墓。又传，山下有开明之坟墓。因爱慕妃，遗命埋葬于此。又闻，其旁有一墓比开明的墓稍小，不知何代之人，俗称太子墓。我观此山，确系人工筑成无疑。而且如果从有石镜存在，以及有开明夫妻墓、太子墓等传说来考虑，可能是古贵族的坟墓。[①]

向来自以为最求细致的日本人，可是其场景描述明显缺乏细节，何来求真探原精神？

巴伯与庄士敦笔下的武担山

我偶然查阅到大名鼎鼎的英国勋爵庄士敦（1874—1938年，另外一种汉译把他的名字译为雷金纳德·弗莱明·约翰斯顿），他是来过成都的。他于1908年出版了游记《北京至曼德勒——四川藏区及云南纪行》，记录了他1906年上半年进入西南地区的情况。该书第四章《走陆路至成都》里，详细描述了一个成都的古代坟茔。从记录来看，我可以判定这指的是武担山以及石镜：

---

① ［日］山川早水：《巴蜀旧影》，四川人民出版社2005年版，第117—118页。

巴伯对四川和云南的描述现在常常被人们忽略，其实那是无与伦比的。熟悉巴伯那动人叙述的人都会记得，他在成都一座人工小丘（或土墩）旁发现了一块奇异的圆形整料石碑，并对此产生了浓厚兴趣。坟墩呈椭圆形，中间凹陷，正如巴伯所描述的，像个一半埋入土中的哑铃。坟墩是为古代某个著名王子或统治者而构筑的说法，不是不可能的，其年代也许在成都还被所谓“蛮子”占领时期。我到墓址参观过，那块独石仍躺在巴伯看见时的位置，露出土表的部分有点像巨大石桶翘起的一端，有一个角已被严重损毁。圆形的表面（仅能看见一面）直径约有17英尺。桶身可见部分最长处约有2英尺3英寸，埋在地下部分究竟有多长说不清楚。如对坟墩的巨石所在处进行挖掘，可能会看到有趣的结果；但人们向巴伯郑重宣告，任何挖掘尝试都会导致天昏地暗，魔鬼就会出现，他只好不动它，我也只能照办。①

庄士敦提及的巴伯其人，国际知名度很高。《烟台条约》签订后，清政府谕令各地对持有护照的外国游历者予以全面保护。这期间较为重要的探险家是爱德华·科尔伯恩·巴伯（Baber，Edward Colborne，一般翻译为贝德禄，1843—1890年）。他一度担任英国驻重庆领事馆领事，贝德禄持护照由成都到西昌、昌都等地游历。他的第一本游记是光绪二年（1876年）英国“国会蓝皮书”中的《巴伯先生关于格维纳使远大理至腾越之行的报告》；另一本更重要的游记是翌年出版的《华西旅行考察记》。庄士敦引述的巴伯著作，显然指的是名著《华西旅行考察记》。令我惊喜的是，这部著作到2019年终于出版了汉译本。

巴伯于1877年7月20日由重庆抵达成都。他立即访问了武担山——

① ［英］约翰斯顿著，黄立思译：《北京至曼德勒——四川藏区及云南纪行》，云南人民出版社2015年6月版，第17页。

由于时间有限，我只访问了一处名不见经传但却十分有趣的工事。它位于市区的西北部，就在北门不远处。这处土木工事由两个土堆组成，一个土堆高约40英尺，顶部宽约50英尺，两堆之间相距120英尺，并由一道70英尺宽的低台在半腰把它们连接了起来，整座工事的形状就像是一个半埋进土里的哑铃，朝向大致是从西北到东南。我来这里是为了参观一件奇异的物品，按照当地人的描述，它是一块又大又圆的白色石头，虽然这说法不甚清晰，我还是在东南一方的堆顶上发现了本尊。这块石盘（抑或是石柱）是用极硬的石灰石做成的，尺寸极大，直径长达18英尺，它看起来是从堆顶上朝下滑动了几英尺，有一大半都埋在土里，所以我不能确定它是否还完整。同时由于它露在外面的部分只有25英尺厚，我也估量不出它的整体厚度。这块巨石的表面已是饱经风霜，但我一眼就能看出它是一个规则的圆柱形。若是真要动手挖，只消一两个小时就能把这东西挖出来，然而围观的当地人告诉我说那样会导致日月无光、鬼哭狼嚎，所以我决定还是不要太过依照好奇心行事。我在西北方的那个土堆上没有发现相似的东西，虽然考虑到对称的原则，或许另一块石头只不过也是被埋在土里。当地人将这块墓碑（我几乎可以肯定它是块墓碑）称为磨盘石（Mo-p'an-shih），说它来自陕西（Shensi）汉中府（Hamn-hung Fu）。这两个土堆叫作武台山（Wu-t' ai Shan），据说是某个皇帝儿子的陵墓，不过我没打听出是哪一位皇帝，我向当地的道台询问了此事，他曾参与过四川地方志的编撰，但从未听说过磨盘石。他赠给我一张成都城市平面图，上面标记出了这两个土堆，但他全然不知它们是由何人所造，又是有何种用途。不管它源自何处，这块石头应该是走水路运到这里来的——全省没有一条道路可以载得下那么大的东西。[①]

① ［英］爱德华·科尔伯恩·巴伯著，黄田译：《华西旅行考察记》，重庆出版社2019年版，第30页。

巴伯弄错的几个记音地名，情有可原。但本书翻译者黄田显然也不熟悉成都风物，在注释里，竟不知道武担山，只知道中国的五台山。

尤其需要注意的是，巴伯已经告诉了我们石镜的具体尺寸。

尤其需要注意的是，在庄士敦眼里，石镜经人挖掘出来过，“系一像腰鼓形之大石，因仅露顶部于地面，呈圆形，故被称为‘镜’”[①]。“像腰鼓形之大石”与巴伯描述的“像个一半埋入土中的哑铃”，腰鼓与哑铃，造型完全一致，这才是石镜的“石眼”，一如山精的腰眼，这一锁钥也是我判断庄士敦所见之地是武担山的重要原因。

庄士敦照片

探险家巴伯画像

《蜀王本纪》明确记载石镜直径1丈，高5尺，汉代一尺为23.1厘米，石镜直径约合现在2.3米，高1.15米。按照庄士敦提供的测量数据，17英尺约合现在5米，厚度约为70厘米，这与历史上的记载存在差距。

这就意味着，传说就像天外来客，它们化作飞碟石镜楔入了现实。二十多年后，到了20世纪30年代左右，饱经沧桑的石镜已彻底陷入泥土中了，不可复见。根据原黄埔军校成都分校营缮科科长廖列夫回忆，他也确曾见过武担山那一块十分光滑的圆形石头，但那时候都不重视古物，在筑修军事工事的时候竟胡乱将其埋在地下了，现在回想起来还很遗憾……

① 蒙默，黎明春点校整理：《益州记辑注及校勘》，巴蜀书社2015年1月版，第114页。

这让我想起了博尔赫斯在《另一次死亡》里的著名比喻:“死了，就像水消失在水中。”

冯梦龙在《情史》里引述了这一典故后，议论道:“山精化女，宜寿而反夭，何也?岂蜀道应通，天故假女灵以借力于五丁耶?诡言:‘牛粪金，蜀王使五丁开道以迎牛。’疑相传之误也。”冯梦龙慧眼如炬，击中要害。

我们必须拷问的是，石镜的隐喻。

博尔赫斯说过:“我想我有三个基本的噩梦:迷宫、写作和镜子。”博尔赫斯恐惧于镜中人的追逐，他必须往书籍的迷宫里藏匿起来。博尔赫斯的镜子经常让人费解，它在对称性上的呈现常常对常规稍有越出。比如，“有”与“无”固然是对称的，而要体会“拥有”与“虚无”也是一种对称，则显得相对困难。

但这也可以适合于开明王。

石镜折射的，恰恰是“死亡”的镜像乃是“永生”。覆盖在山精身上的石镜，是一个将她的魂灵送入天庭的法器。所以，石镜绝非中土传统意义上的墓上镇石具有“永世不得翻身”的寄义。

与古蜀大石文化里的石笋、天涯石、支矶石、石犀等等象征意义不同，开明王设立的武担山以及招魂之镜，非常近似于明末董说小说《西游补》中“万镜楼台”效应。情郎通过山上的石镜，既可以遁入“古人世界”，也可以随意进入“未来世界”而与天地同游。石镜一旦托体山阿，它将照映着古蜀的阳光，折射周遭五光十色的灵魂。臣民看不见石镜里的“西洋镜”，更无法洞悉一丝不挂的帝王在那里坦腹龙床，精骛八级，继而哀痛倒地。开明王在镜子里看到已经升天的绝色山精，或作桃花旋转明灭，或作细雨飞入花蕊——在我看来，这才是古蜀仙道文化的滥觞。开明王可以化为虞美人，也可以让时光倒流，回溯到与山精云雨的销魂时分……石镜是他的招魂道具，也是他的望情台，也可能是他渴望坐地升天、旱地拔葱的飞来飞去器。

中国古代最早的“镜子叙事”，可以追溯至前1620年。商朝开国君主商汤对伊尹说："人视水见形，视民知治不。"[①]这句话中的"不（fǒu）"，同"否"。意思是说，一个人只要用水作镜子，就可以看见自己的形象；一个国家只要用老百姓作镜子，就能知道治理的状况。以水为镜，而开明王磨石为镜，将镜子具体化，进而情欲化、仙道化，这可能才是"镜子叙事"的肇始。

武担寺是眺望成都的高台

南宋罗泌《路史》记载："开明妃墓，今武担山也，有二石阙，石镜，梁武陵萧纪曾发掘得玉棺，中有美女如生，体如冰，掩之而建寺其上。"

请注意，"寺"其上。坟茔上建立了一座寺庙，这就是武担寺，后来也叫兜土寺、石镜寺。南梁武陵王萧纪（508—553年）时期，尽管佛教在东汉、三国时期已进入巴蜀，但这可能是成都最早出现的有记载的寺庙之一。当然，寺，也不一定是佛寺，也可能是类似古鳖灵祠、碧鸡祠一类的祭祀所在。但从卢照邻的诗《石镜寺》当中"钵衣千古佛，宝月两重悬。隐隐香台夜，钟声彻九天"诗句来看，可以判定，至迟在唐朝，武担寺已经明显是佛教寺院了。

唐代第一个登上武担山的著名诗人是王勃。咸亨元年（670年），20岁的王勃来到成都，一路上蜀道奇观使王勃眼界大开，诗意大发，相继写下了30首诗记录行程，后来合编为《入蜀记行诗30首》一集。此集久佚，留存下来的仅为序文。他写过一篇《益州夫子庙碑》，被认为"宏伟绝人，稀代为宝"。这年晚秋，王勃与益州大都督府众官共游武担山，作《晚秋游武担山寺序》，极写武担山之秀丽景象："广岫长林，终成胜境。"王勃从武担山上眺望成都城，重楼叠阁，具有"龙镳翠辖，骈阗上路之游；列榭崇闉，磊落名都之气"，成都是"三蜀之奇观"。

长庆元年（821年），段文昌出任西川节度使。据何光远《鉴诫录·卷

① 司马迁：《史记·殷本纪》。

武担山上的圆门。（蒋蓝 摄）

八·衣锦归》载，在此期间段文昌的辖区内出现了羞辱段文昌的打油诗："段相国，本广都县人。父以油榨为业。……乡里笑之。历三十年间，衣锦还蜀。蜀人有诗赠曰：'昔日骑驴学忍饥，今朝忽著锦衣归……'"虽没有署名，但段文昌心中已有所认定，似乎出自女诗人薛涛。

段文昌登临武担山，写《题武担寺西台》：

秋天如镜空，楼阁尽玲珑。
水暗余霞外，山明落照中。
鸟行看渐远，松韵听难穷。
今日登临意，多欢语笑同。

说明到唐代，武担山之上，武担寺建置俨然已成规模，飞鸟横断，松涛阵阵。段文昌意犹未尽，命姚向、温会、李徽伯、姚康、杨汝士等五人和诗，预示着一场官场的盛大游历，以及薛涛托病不去的清高……

老年的薛涛特作《段相国游武担寺病不能从题寄》一诗，借以解释不去的原因：

消瘦翻堪见令公，落花无那恨东风。
依心犹道青春在，羞看飞蓬石镜中。

诗歌仍然是心思灵动的，尤其是最后一句，活脱脱是女诗人气质。

燥热不容易被人理解。置身秋天的年龄，必须重新理解秋天。无人的武担山上，宽敞或者空洞，很容易与自己的青春撞个满怀。长空下有一种静默之远，草木与石镜的另一张脸，看上去世界是如此陌生。

20世纪60年代，武担山古迹遭到暴力毁坏，山上乱石成堆，树木凋残，四周杂草丛生。后经过成都军区第一招待所大力维护，武担山花木扶疏，飞鸟云集。那个男变女的尤物，似可安息了。

我好几次在新华宾馆入住，推开窗就看到宾馆一侧的武担山。她的灵魂与获得仙道启示录秘籍的开明王一样，在空中纠结缠绵，一如古蜀上空恒久的低云。

第9章

古蜀时期的大象与犀牛

蜀地的古亚洲象

2012年春夏之季，我为完成长篇非虚构散文《一个晚清提督的踪迹史——唐友耕与石达开、骆秉章、丁宝桢、王闿运交错的历史》，分别从宜宾逆朱提江、泸州逆赤水河而上，踏探滇北、黔西北一线的人文历史。一次来到川西南的犍为县，明朝时所建立的县文庙里正好在举行犍为老图片展览，细细看完，不禁疑窦丛生。

“犍为”一词历史久远。汉武帝建元六年（前135年）大开西南夷时，就分巴、蜀两郡，在今宜宾市偏西南另置犍为郡，治所之地在今贵州省遵义境内，称之“鳖县”（音biē，同鳖）。犍为郡管辖今贵州北部、四川南部、重庆南部的大部分地区。牂牁郡管辖今贵州南部及周边地区。牂牁郡治兰且（今贵州贵定、凯里、安顺附近）。西汉中晚期，贵州北部大部分地区划入牂牁郡管辖。据说当时郡内有山，名字就叫“犍”，盛产野牛与猴子，而“为”的古转体像母猴，所以就在“犍”字后面加了“为”字来作为新设立的郡名。隋开皇三年（583年），改武阳县为犍为县，此为“犍为”作为县名之始。自此沿用，即为后来的犍为县。

这是一般四川历史地理典籍里常见的解释。但对“为”字的解释，显然被《说文解字》误导了。

爲字上部是爪，归于“爪部”。《说文解字·爪部》解释说：“爲，母猴也。其為禽好爪。爪，母猴象也。下腹為母猴形。”许慎到底见过猴子没有呢？我深表怀疑。

爲是会意字，甲骨文、金文、篆文写出的字形大体近似。初文只是在左上画了一只手，正在驱使或者指挥一头大象。从甲骨文里可以看出，大象生动、造型比较明显。再看爲字书写的演变——甲骨文、金文、篆文多有变化，但上为爪（手也）、下作象之形，就连象的鼻子、四足也明晰可辨。即使写作楷书正体，也十分象形，只是后来依照草书形状搞出来的简体字“为”，才让字形与真相毫无关系。爲本来的意思，就是役使大象有所“作爲”，爲人服务。罗振玉《殷墟书契考释》据金文和石鼓文的爲，训为：“从爪从象，意古者役象以助劳，其事或在服牛乘马之前。”并认为古人驯服大象在驯服牛马之前，才将大象役之于土木、耕作等工程。这一点上，他比许慎高明多多。

关于爲字，也可从大舜姓妫的资料里得到进一步佐证。先秦之姓多带女旁，如姒、姬、姜、嬴等，妫去掉女旁为“爲”，这个爲字，上端像一只人手抚摸，下半则是大象的象形。合起来看，“妫”的释义应是驯象员。大舜的祖辈应是掌管大象的训练人员。

秦并巴蜀之后，广开“西南夷”，有点像现在的城市摊大饼运动。在森林覆盖密度极大、人口稀少的西南地区推行“文明”，无数生存着的植被、动物遭到了前所未有的浩劫。我在雅安、乐山、成都金沙博物馆等地，见识过直径达三米、长四五十米的巨型硅化木与乌木，它们至少生长了两三千年。早在开明王朝时代，蜀地的大象，渐被人们所驯服而役使。本地特有的“巴蜀图语”为表意文字，一度“反哺”中原文化。比如，巴蜀文字学者冯广宏先生就对我指出：《说文解字》里的“氏”字，许慎的解释是，蜀人用“氏”字形容山上的石头将要裂开但还没有坠落的状态——

古蜀人与大象想象图

而蒙文通先生早年率先发表了这一洞见。而在蜀字的二三十种解释当中，其中一种是：蜀字象征大象的头颅和弯曲的长鼻子。而在巴蜀图语里早就有“蜀”的写法（钱玉趾先生有相关考据）。因此，我怀疑甲骨文中“象”字、“爲”字，就是从“巴蜀图语”演变而来。

蜀州人常璩的《华阳国志》记述很多蜀地物产，特别提到了在蜀地岷山等地有大象。记载固然简净，却并非语焉不详，古蜀有大象分布是确凿无疑的。

春秋战国时期，大象、犀牛在成都尚有分布。古蜀王朝曾经向中原输送过犀牛、大象等动物。日本汉学泰斗白川静在《字统》里就明确指出：“公元前五六世纪前后，长江北岸一带还生息有大象。”这个说法可能有些保守了，因为到了蜀汉三国时代，尚有著名的“曹冲称象”。尽管陈寅恪认为曹冲称象的本事出于印度佛典，他认为地处中原的曹魏境内无大象，所以不得不与孙权进献之事混为一谈。这应该是典型的“智人失察”。因为后来的历史地理学者曾总结过大量正史中出现野象的记载，南北朝时期在今安徽、湖南、江苏，直至北宋时期现在湖北等地，都出现过野象闯入

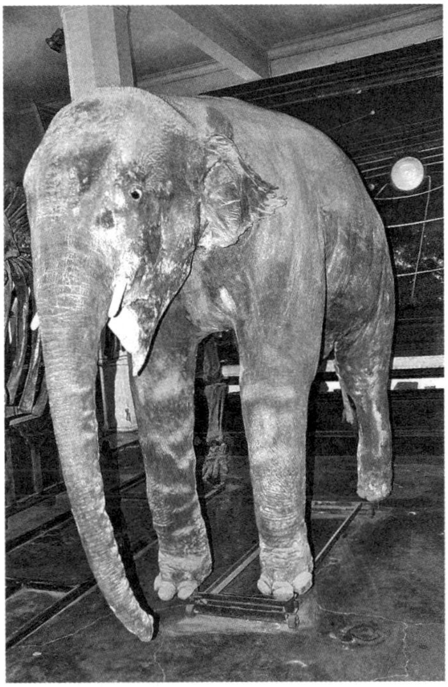

成都理工大学博物馆的亚洲象模型

居民区被猎杀的记载。

商周时期长江流域和四川盆地气候温润，土壤肥沃，林木茂盛，河流纵横，湖泊众多，比黄河流域更适宜动物繁衍，曾是亚洲象重要栖息之地。《山海经·中山经》说：“岷山，江水出焉……其兽多犀、象。”《山海经·海内南经》有“巴蛇食象”之说。《国语·楚语》中也有“巴浦之犀、犛、兕、象，其可尽乎”的记述，著名历史学家徐中舒据此认为：“此皆益州产象之征。”三星堆和金沙遗址考古发现，便强力地印证了“中次九经”中记述岷山、大巴山地区多象的记载。三星堆2号坑出土有67根象牙，金沙遗址出土的象牙数量，竟然有数吨之多。这些亚洲象的象牙就是从古蜀境内的象群中获取的，并非外来品。

巴蜀历史学者黄剑华指出，考古发现还揭示了古代蜀人对大象具有一种特殊的敬崇之心，在古蜀时代的各种祭祀活动中，通常都将象牙作为敬献给神灵的最重要祭品。譬如三星堆出土的玉璋图案中，就刻画了古代蜀人将象牙与玉璋一起用于祭祀神山的场景。金沙遗址出土的一件玉璋残件上，也刻画了一人侧跪肩扛象牙，生动地描绘了祭献象牙的情形。还有三星堆出土的大型青铜立人像，双手环抱于胸前做虚握状，执握的很可能也是弯曲的象牙，表达的也是将象牙祭献神灵之意。[①]

写到这里，可能出现的学理漏洞在于：为何成都平原没有发现野生大

① 黄剑华：《华阳国志故事新解》，四川人民出版社2014年2月版，第21页。

象骨骼或化石呢？

2005年，双流县三星镇鹿溪河的一条支流流经双堰村，村里有座桥叫牛头寺桥，村民便把这条河叫作牛头寺河。双流县文物管理所工作人员确认，在河的拐弯处打捞出一块长约1米、足有5千克重的动物肱骨化石。村民说，河里还有很多类似的动物骨头，也都跟这块肱骨差不多。经考古鉴定，这是大象的一块腿骨。这是一头年龄在20岁左右的年轻象，大约有3米高，体重约400公斤，属于新生代第三纪（距今6500万年—160万年）的生物。考察三星镇双堰村的地质构造之后，有学者认为，大象一般生活在海拔1300米以下，因此这里极有可能就是大象生存的地方。不仅如此，除了恐龙不可能在这里出没外，其他很多动物都有可能在这里生存过，而且呈现出生物多样性的特点。

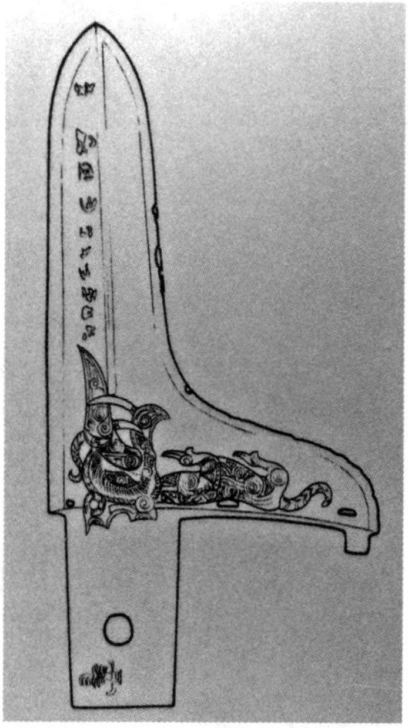

古蜀时期的青铜戈上的花纹里，可见大象的造像。现藏达州市博物馆

如今这块大象化石就保存在双流文物展览馆里，它的发现佐证了古蜀有象的不争事实。三星镇位于四川省成都市南端，地处山清水秀的龙泉山脉中段，毗邻仁寿县、简阳市，就是说，龙泉山脉一带均是亚洲象分布地带。不仅如此，遂宁市安居镇琼江陶家滩河段也发现了多个距今4万年成吨的野生象化石。

我们再回到现实里扑朔迷离的“犍为”。

郡名“犍为”一直保留下来，至今已有1422年。徐中舒先生认为：“凡地名之以象、鼻等为名者，疑皆象曾经栖息之地。”古蜀地多象，古蜀族崇象，所以“蜀”字表达了古蜀先民与象的亲和力。西汉广开“西南夷”以后，因为气候环境的变化，人为的大量垦殖，象群逐渐南迁。谭继和指出：“四川话中有‘想像’一词，正是因为象已南迁，在中国仅存于西双版纳，四川早已不见象了，思变起来就叫做‘想像’，后用作假设之词，已是其转义。”[①]黄剑华也认为，由于象群的远去，蜀人产生了怀念，因而有了“想象”，这个词的初意就是表达对象的想念，也由此可见蜀人与象的情感。[②]

这一解释，是为洞见。我以为，在广阔的“犍为”境内，是野牛、大象的栖居之地，尽管未必是“诗意”的。这进一步暗合了学者朱大可的观点：古蜀地乃是中国的“想象”之地，至少是当时逸出黄河文明一块“想象”的飞地。蜀人自古好文，辞赋、诗歌异常发达，远离他们南迁而去的大象，在“想象”之中上天入地。

2013年7月2日，在温江区一处工地内的考古发掘现场，考古人员发现一支“距今4000多年宝墩时期的象牙杖”，长1.04米。成都市文物考古研究所专家表示，虽然“象牙杖”的材质和性质都尚需进一步确认，但这是同时期首次发现这种物品

① 谭继和：《巴蜀文化辨思集》，四川人民出版社2004年6月版，第46页。
② 黄剑华：《华阳国志故事新解》，四川人民出版社2014年版，第21页。

“想象”一词，用“象”而不用“像”的最佳剖析术，是来自战国末年韩非子的观点：“人希见生象也，而得死象之骨，案其图以想其生也，故诸人之所以意想者，皆谓之象也。今道虽不得闻见，圣人执其见功以处见其形。”[①]就是说，正是由于很少有人见到活象，古人只好通过获得的象骨、象牙来想象复原活着的大象。我们闭眼再想象一下吧，人们没有去怀想狗、怀想牛、怀想犀（尽管远古成都平原也有野生犀牛）、怀想老虎，道理在于这些动物或过于寻常，或难以驯服，无法与人产生依恋之情。想象出来的“虚象”，就是意象。此时的象，不再受具体形式的左右，意思有点接近“盲人摸象”，成了本地消失的大象留给人们的灵魂造影。

毫无疑问，古蜀地区，是华夏大地最早的“想象”之地。

人的记忆是我们走过之后留下的痕迹。而城市的记忆是不断重建、不断改写的过程。河南大学刘恪教授认为，记忆引向前看，它是人类的后视镜，反思因此而产生。记忆除了所有的复写功能之外，最重要的是具备想象的能力。在记忆的中心，想象便把它扩送到更远的边际，飞翔得以开始。记忆和想象密不可分。记忆是一个动力系统，具有强大的推进力，它除了推进铺展过程，最可待的是强烈的内心火花。而城市记记的能量，需要我们在现实里寻找一个支点。

王羲之的《兰亭集序》所言：“向之所欣，俯仰之间，已为陈迹。犹不能不以之兴怀。”尽管王弼在《周易略例》“明象”篇指出：“意以象尽，象以言著。故言者所以明象，得象而忘言。象者所以存意，得意而忘象。”言语与象，仅仅是认识事物的载体或媒介吗？也许，个中还有一个地缘的根，深犁于我们的语境。所以，蜀地诗人辈出，自古以来想象力发达，真要感谢我们故国的大象，尽管诗歌鱼龙曼衍，罔象而嘤咛，万不可“得意忘象”！

① 《韩非子·解老》。

天府广场石犀

杜甫有名诗《石犀行》：“君不见秦时蜀太守，刻石立作三犀牛。自古虽有厌胜法，天生江水向东流……”不止是3头犀牛，而是5头。让我们发现，古人的咏叹总是有依据的。犀牛在古蜀文化中长期被视为神兽，很早就有神犀、神牛的种种传说，并且“神犀”与“神牛”相互交织。

成都天府广场石犀是迄今为止西南地区发现的形制最大、时间最早的石犀，也填补了战国至秦石刻犀牛艺术的空白。天府广场石犀的出土，进一步证明了这一带为汉代蜀郡郡府以及蜀汉宫城的治所。学术界确认，石犀出土附近的“东华门遗址”是古代成都城的政治、权力中心。该遗址的考古发掘，开辟了一扇了解汉代至清代成都中心历史演变的窗口。唐代摩诃池、建筑遗迹和明代蜀王府水道遗迹等，可以确认成都在汉唐时期已经有皇家园林，为认识古代成都作为休闲都市的起源提供了地理坐标，是研究古代成都中心区的历史依据，也是成都作为历史文化名城的重要文物支撑。

天府广场出土的石犀。（蒋蓝 摄）

天府广场出土石犀牛的反面，有破坏痕迹，应该是明末张献忠撤离成都时所为。（蒋蓝 摄）

20世纪70年代初期，成都市的中轴线之上还没有大广场。当时有一条70米宽的人民中路贯穿南北。路的两侧，是鳞次栉比的开有老虎窗的临街铺面，青瓦，木板扇门。而在东西方向的人民东路和人民西路，这已逐步建起一些现代化建筑。

1973年11月，成都电信大楼在人民东路开建，承建方为四川省第三建筑公司。公司委派技术员车凡英来“蹲工地”查勘。一天，正在地基打桩作业的工程人员，发现大楼附楼东北方位有一个地方“冥顽不化”，基桩打不下去。也许是遇到了“孤石”。工人挖开一看，的确是一块大“石头”。足足挖开一个直径2米的大坑，才看到一只肚子朝外翻的神秘动物。“啥子怪物哟！”施工方报请上级，请文物专家现场勘查。主持勘查工作的专家是当年成都市文物管理处的苟治平先生。待他赶到现场时，地基已经进一步挖开，坑有好几米深，只能趴在坑边上勘查。石兽露出背腹部，能观测出兽形，有棱角，保留了石头的本色，形制“比牛还大”，有点像犀牛。尽管文物部门非常希望能把石兽挖出来，但建设单位表示“埋得太深，东西太重”，当时没有大型吊车，依靠人工挖掘太难了。更关键在于文物部门“没钱没机器，只有埋回去”，又考虑到钟楼修建工期紧，文物部门主张依照《文物保护法》就地回埋，这头石兽也因此再次沉睡，它的悠悠大梦，没有被打扰。

37年后的2010年10月7日，屹立在天府广场东侧的电信大楼，上面那个被成都人引以为傲的“成都第一钟”，连同大楼被彻底拆除了。有些“老成都”开始醒悟了：大楼下面不是还有一尊埋藏多年的石兽吗？

四川省文史研究馆主编的《成都城坊古迹考》第二章第七节《摩诃池和宣华苑》里，也记录了修建电信大楼时，确曾挖掘到一头石兽：“解放后修建电讯大楼时，掘得一石狮，则苑之瑞兽门当在斯。因石兽甚重未能移出，而施工又甚迫促，乃留于原处，其上即为大楼基脚。”我的忘年交、成都文史学者王大炜在2010年10月20日的《成都晚报》上发表《钟楼基脚下“石狮子”》一文，希望引起有关方面重视。由于钟楼废墟清理工作耗时较长，原址新建的四川大剧院开工之前，文物考古部门才会进场勘探。此后的两年多时间里，神秘的石兽依然安睡在土地里。

这尊石犀是以四脚朝天的姿势掩埋在土中的，冯广宏推测是明末张献

三星堆遗址中的“鸟兽尊”线描图。从图案可以发现，明显是犀牛造型

忠仓皇退出成都时，毁坏皇宫里的一切物件，匆匆推倒石犀而掩埋的。

2012年底，四川大剧院即将在钟楼原址开建。针对千年石兽的传说，成都市文物考古队正式进场勘查。作为考古现场领队，易立也是最早亲历石兽重见天日的考古队员之一。12月16日，考古的范围缩小到最后发现石兽的区域，历史的机遇，出现在对一个探方进行扩方的过程中。考古队员先将电信大楼基础桩进行破碎，接着发现了比较完整的地层。在距地面约4米的一个坑里，石兽终于露出了尊容。它重见天日了。

石犀大梦被惊醒。真应了一句西谚：凡是石头都要说话；凡是有耳的，都应聆听。

已退休的成都原考古队的苟治平先生，承认当年没能一睹石犀面目，是他几十年考古生涯中的最大憾事。已经90高龄的苟治平听说了考古发掘进展，宽慰地说：“挖出来了？它终于翻身了！”

这头石犀的初步数据如下：身长：3.3米；身宽：1.2米；身高：1.7米；体重：约8.5吨；年龄：2000多岁……这件大型圆雕石兽的保存非常完整，成都文物考古研究所所长王毅认为：“天府广场石犀是中国雕塑艺术史的重大考古发现。”

2014年12月5日，我采访易立时，他说，幸好当年没有强行开挖，鉴于当时的考古手段与文物保护水平，一旦强行出土，说不定这尊石犀上的文化密码就将遭到难以挽回的损失！

我问："石犀还有什么秘密？"

易立说："秘密还有很多……"

天府广场石犀的石料为成都平原周边常见的浅红色粗质砂岩。由于粗质砂岩不耐风化，如果不是密封于地下，石犀估计早就化作尘土了。经过仔细辨认，考古人员在天府广场石犀的臀部左侧，发现有文字，由于漫漶太烈，暂时无法完全确定，但推测应该是雕刻石犀时候的时间落款。易立认为，大体可以肯定，天府广场石犀的雕刻年代应该在战国晚期至秦。依据是它的雕刻风格古朴、粗犷，线条简练生动，显然不是东汉时期巴蜀地区的石刻风格，反而更接近秦文化流行影响下的主流圆雕艺术，这在霍去病墓前的石雕作品中可以发现端倪。也就是说，天府广场石犀与古蜀王朝的"大石文化"无关，它与李冰治水的时代风俗密切相连。李思纯教授认为，雕刻石牛、石犀的风俗，也可能是秦国传入蜀地的。可以进一步肯定，天府广场石犀是迄今为止西南地区发现的形制最大、时间最古老的石犀。李冰约生于公元前302年，卒于公元前235年，这就意味着，石犀的"年龄"至少有2200多岁。

当年雕刻石兽的时候，肯定是参照了某种动物的原型，而犀牛最接近这一原型。但是现在依然将它定为"石兽"。有可能当时雕刻匠在塑造它时，添加了一些想象。在秦汉时期，长江流域和珠江流域，都有大量的犀牛。成都属于长江上游区域，由于岷江上游堰塞湖层垒而上，形成热带雨林气候，由此推测，当年在成都平原一带的犀牛可能也不少。因为战国时期，大象、犀牛在成都尚有分布，古蜀王朝曾经向中原输送过犀牛、大象等动物。也就是说，犀牛为不折不扣的"本土化动物"，由此成为雕刻匠人的造型模特。至于为何从来没有在成都平原大量挖掘到犀牛、大象的骨骼或遗迹，他指出，目前在金沙遗址已出土中就有犀牛骨骼。总之，我们可以得出一个结论，成都平原自古以来，至少出现过两次"野生动物园"的景观，一次是在开明王朝覆没之前的漫长时期，一次是在张献忠屠川之后。

据文献记载，李冰造了5头石犀，搬运了2头放置到成都城内的郡守府；另外的1头置于市桥（桥在石牛门外郫江上，与笮桥相对）之下，2头沉于二江的深渊。这些均与治水有关，应该是厌（压）水精的瑞兽。当时在成都少城西南城之外，开凿了一条水道，用来沟通二江，名为“石犀道”，石犀直到唐朝尚存3头。诗人杜甫和岑参的诗篇歌咏其事。宋代成都西南有著名的圣寿寺，即石犀寺，又名石牛寺，庙阶之前尚有1头石犀，但久历风雨剥蚀，已不成形。1950年之初，巨石风化严重，已剥落不成形了，这样一块蕴藏着古蜀信息的宝贵石犀，后来被石工凿成石条使用。这座石犀的位置，在现在成都的西胜街，此处正是当年郫江故道。

有一个有心人，用诗歌记录了这头石犀的真实情状。这就是四川大学教授李思纯写于1954年的《纪西胜街李冰石犀》：

李冰石犀今一存，右司井巷西城根。
我曾摩挲拂苔藓，庞然角尾如雄蹲。
高骈徙江不临水，平芜没尽桑田痕。
王羽舍宅为梵刹，杨秀万竹森名园。
龙渊圣寿各异号，墙隅古井凝春温。
笮桥跨江七星旧，石牛名并城西门。
晚明志乘载如昔，清画厥址为旗屯。
南迁寺额出城外，此地废作牙兵垣。
三十年前建学校，犀身磨损犹堪扪。
去年剖犀成石础，千载遗迹谁重论。
粪金喘月付冥渺，临阶万感当黄昏。

由此可见，剖开西胜街石犀寺犀牛的时间，为1953年。李思纯特别题注：“成都新夷灭二古迹以诗纪之。”往事！真让人不胜唏嘘。

位于成都西北的犀浦镇，史称“古晋兴城”。秦灭蜀后，作为成都郡第四任郡守的李冰，改造郫江，可是水患仍然隔三岔五发生，为镇住兴妖作乱的河神，才有常璩《华阳国志·蜀志》“外做石犀五头以厌（压）水精”的由来。李冰造5头石犀牛，沉于郫江与检江。沉石犀之浦，犀浦之名由此而来。

“浦”是岸边的意思。看来现在成都的市中心，天府广场附近，地势低洼，远古时期应该是湖泊或者海子，而犀浦就是岸边；地势较高，郫县是都城所在地，所以古蜀的两位开国之君望、从二帝的墓地“望丛祠”会建在那里。

……

秦代的龟城和少城，连遗迹也很难寻到。李冰开凿的二江，也无复昔时面目。但人们至今仍崇仰和缅怀着这位蜀郡太守的伟大功绩，唐代诗人岑参的《石犀》诗所言：

江水初荡谲，蜀人几为鱼。
向无尔石犀，安得有邑居？
始知蜀太守，伯禹亦不如。

新近发现的这头石犀，是否就是李冰所建造的五头石犀之一，尚需进一步的考证。巴蜀历史学家罗开玉指出，出土的石犀应即《蜀王本纪》所载李冰“作石犀五头”“二枚在府中”之一，位于成都大城中的蜀郡府衙存在遭遇洪灾的可能性[①]。易立认为，“目前可肯定，石兽被人为掩埋，但原因有待考证，可能是朝代更替”。当然，也不排除当时供奉的是一对石犀，但另外一只尚未发现。石犀更重要的意义，在于佐证了汉代蜀郡郡府位置以及成都的城市分布格局，已经是大汉帝国第一流的城市。石犀出土于编号H99的灰坑内，灰坑叠压于第7层（即“蜀汉层”）下，直接打破生土，填土为青灰色，除石兽外，还夹杂有少量的陶器残片、绳纹瓦和模印

① 罗开玉：《成都天府广场出土石犀、汉碑为秦汉三国蜀郡府衙遗珍说》，《四川文物》2013年第3期。

有花纹的铺地砖。根据层位关系和坑内共存遗物的时代特征，考古人员能初步判断石兽的埋藏时间约在蜀汉末至西晋，故石兽的制作年代下限应不晚于蜀汉，由于这类石雕会使用、保存相当长的时间，“诞生”在战国晚期完全可能。2013年10月，成都文物考古研究所进驻成都体育中心南侧工地进行考古发掘。两年过去了，这里被命名为“东华门遗址”，随着考古发掘工地上不断传来的最新消息，可以认定，在汉朝时，成都已经是一座具有皇家园林的大型休闲城市了。

巴蜀地区的野生犀牛与大象，是何时彻底消失的？

历史学者郭声波指出：

> 川西南地区更从汉晋起就以特产犀牛闻名，至唐宋时犹屡贡犀牛、犀角、文犀、象齿、羱羊（即大岩羊）之类，但像犀、象这类大型南亚热带动物，唐宋时仅能在川西南及盆南的溱、黔、南平率猎获了，成都西部山区及岷江上游，虽自汉晋以来“务习农事，工予猎射”，却也再无猎取熊、罴、虎、豹、犀、象等大型动物的记闻，而只见有麋鹿、鹿、麝、羚羊、狐狸等中小型森林动物的皮毛、角、香之类产品，应当反映出那时离成都平原较近地区的大型森林动物已由于长期猎取而减少了。而至于犀、象之类在北纬29°线以北地区的绝迹，则当又是气候转冷的缘故。[①]

另一个亚洲象残存区，则位于嘉陵江上游的秦巴山区。《太平广记》卷四四一“阆州莫徭”条引《广异记》：

> 阆州莫徭，以采樵为事，常于江边刈芦。有大象奄至，卷之上背，行百余里，深入泽中。泽中有老象，卧而喘息，痛声甚苦……

① 郭声波：《四川历史农业地理》，四川人民出版社1993年9月版，第383页。

道光二十三年（1847年）《重庆府志·物产》引宋代《太平寰宇记》的记载：“象牙。”《寰宇记》：“南州、溱州贡。”还有一条是“犀角”。《寰宇记》：“南州贡。《本草》：出益州。”

南州、溱州即是重庆市以南到綦江县一线。《新唐书·地理志》：“黔州贡犀角。《宋史》云‘雍熙四年（987年），有犀自黔南入涪州，民捕杀之。’”

这暗示了犀牛逐渐南迁的线路：从成都平原—重庆—綦江—黔地的过程。在宋太宗雍熙四年之后，就再没有关于犀牛在四川出没的记载了。

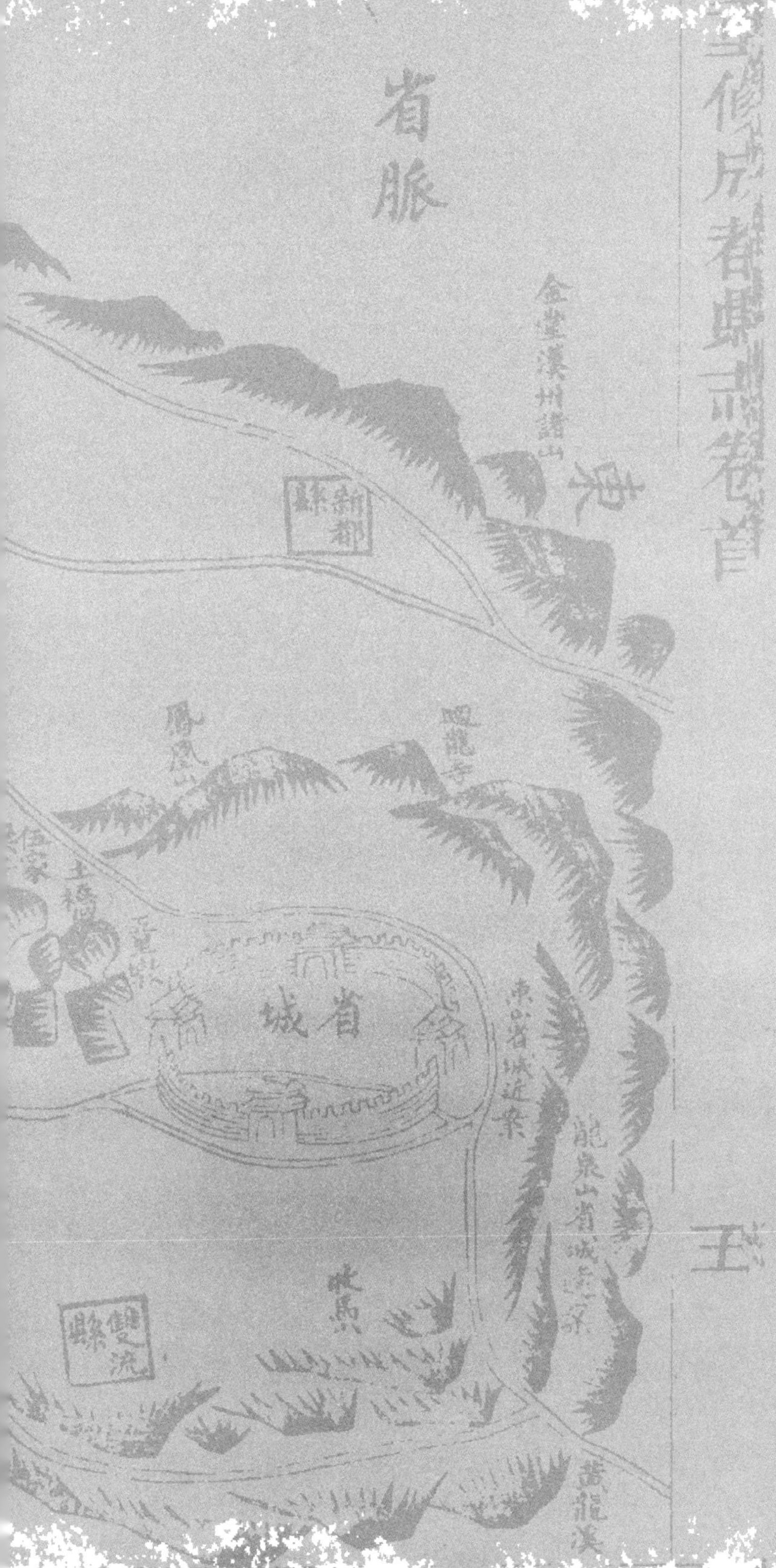

第二编 秦汉名都记

九天开出一成都，万户千门入画图。
草树云山如锦绣，秦川得及此间无。
华阳春树号新丰，行入新都若旧宫。
……

——【唐】李白《上皇西巡南京歌》

第10章

“秦城”的创立

龟化之城

历史上第一个开发西南夷的人，无疑是秦始皇。秦始皇一度为回到楚国的3000楚兵而夜不能寐，于是决定修一条窄道，准备打通滇池。这条道从蜀国的僰道（今宜宾）开始，经过西南夷地的黔（贵州）到朱提（昭通）、夜郎（曲靖），宽五尺的道还没有修到庄蹻所在的滇池（晋城），短命的秦朝就戛然终结。

明朝曹学佺编撰《蜀中广记》，引述了《九州要记》里的一个故事：西汉时节，夜郎国王及众夷王，一方面贪图汉国缯帛华美，又自以为可以凭险固守，当时无路可以通达夜郎，汉朝廷对此的确鞭长莫及。唐蒙洞察诸王意图后，于是上书汉武帝，请开夜郎道，以广巴蜀之地。武帝深以为是，敕令唐蒙为主管，司马相如为副职，征发巴蜀士卒民夫数万人修筑夜郎道。唐蒙命令僰道令监督施工，以军兴之法部勒，限时完工。从秦时常頞所筑僰地青衣道开始，山道长达逾千里，直指牂牁江。由此可见，唐蒙大力征调人力，滥杀地方首领，一度引起“巴蜀民大惊恐”，但他无疑是西南丝绸之路居功至伟的开拓者、拓荒者。

僰道令岂敢怠慢，他早出晚归，尽力施为。但山石坚硬，加之瘴毒遍地，以至于误了工期。为此唐蒙大怒，决定杀无赦。临刑之前，僰道令感叹：“恨不见成都市而死！”为满足僰道令这一最大心愿，唐蒙在泸州的和义郡（唐朝天宝后归属荣州）立即造了一座成都城，现在想来就是一座成都城的微缩景观，僰道令终于看到了成都，死而无憾也。由此可见，繁华的成都在当时人的心目中，宛若人间仙境。

秦灭巴蜀后建设的成都城，它的魅力何在？

纵观古今中外筑城历史，一般筑城的规律是：依山据隘以利防守，或者傍水以利交通。成都一地，上古时代水泽遍布并无城垣。自从夏殷时期逐渐形成聚落以来，在如今的成都市区位置，实际筑城时间约在公元前400年，由当时的蜀王开明九世（约战国时期）所筑，以此为开明都城。当时开明九世下令在靠近凤凰山南麓一带，比较集中的民房周围打下木头桩子，两边垒土夯筑为城墙。

在今天看来，罕见的是，蜀王没有采用当时西周营国制度——城市正南北中轴线的要求，而是因地制宜、依势傍路地采用了一条北偏东约30度的轴线来定位建城。这条偏移中心的中轴线，以及后来沿这条轴线在秦大城、唐罗城当中发展出的城市方格路网结构，一直沿袭至明朝，总共近1700年，成都城市结构没有大的改变。

公元前316年，即秦惠文王后元九年，秦惠文王采纳了司马错伐蜀的方案，便派张仪、司马错以及都尉墨等率兵从石牛道入蜀，与蜀军大战于葭萌（今广元市昭化古城），秦军大胜，蜀王被杀，大军势如破竹，进入一马平川的成都平原。

在秦国眼里，“得蜀则得楚，楚亡则天下并矣”。

一开始秦国还是希望“以夷制夷”，安抚蜀地民众。在周赧王三十年（秦昭襄王二十二年，前285年），末代的蜀侯绾也因被疑谋反，最后被秦人诛杀，此后蜀地不再置侯，归于秦国所委派的蜀侯及其官员系统统治之下。但蜀侯绾还不是史见其名的最后一位开明氏王族，最后一位开明氏的

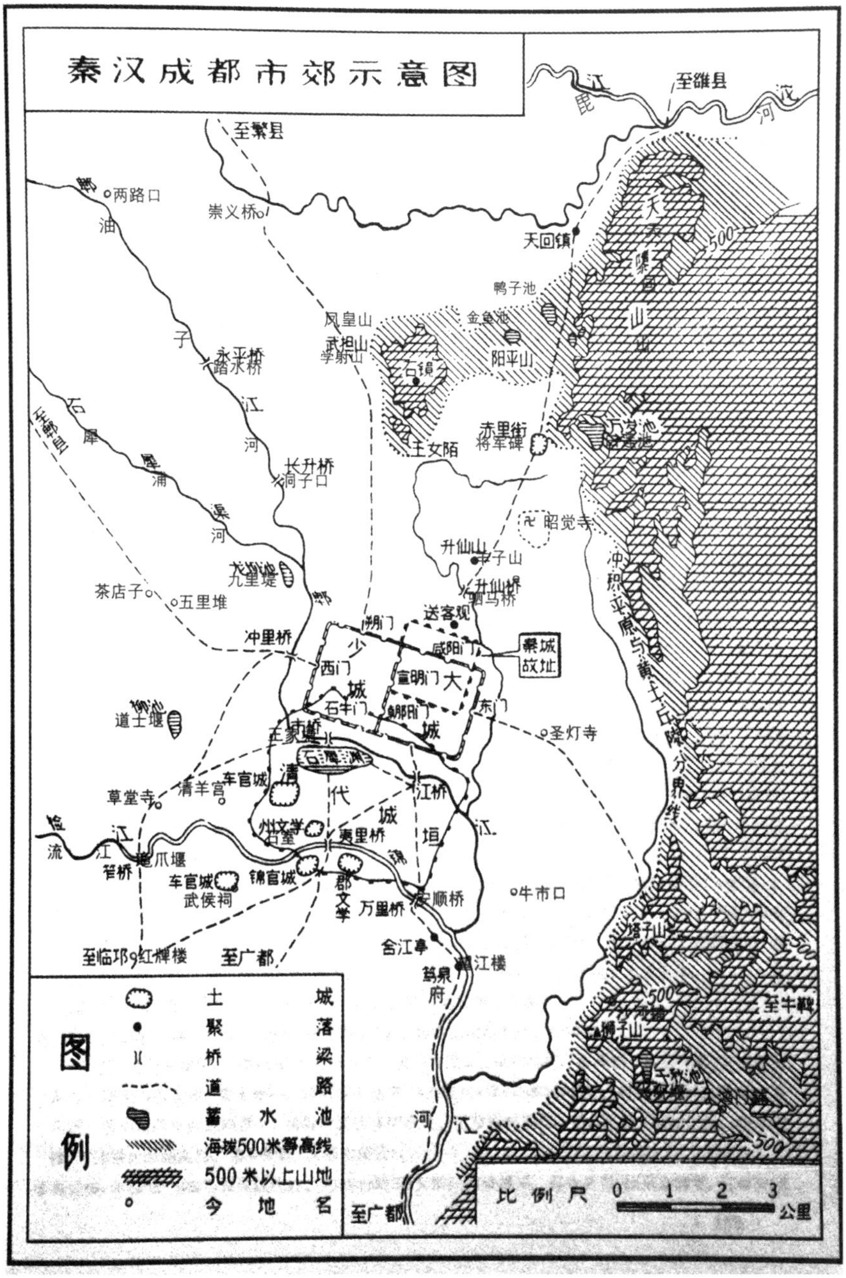

秦汉成都市郊示意图。原载任乃强校注《华阳国志校补图注》

后裔是开明泮安阳王，他率领蜀地数千子民南下逃亡到滇地，再沿着红河继续南下，最终到了今天越南河内附近的红河平原地区，消灭了当地的土著小国文郎国，建立了“瓯雒国”政权。

秦军继续灭掉剑门附近的苴国及东部的古巴国，于是秦岭以南的广大地区就归秦国所有。秦惠文王派遣自己的儿子公子通为蜀侯，命陈壮（庄）为蜀相，又派张若为郡守。当时的背景是，周赧王四年、秦惠文王更元十四年（前311年）由于蜀相陈壮与蜀侯通国不和，于是杀死通国为乱，司马错便同张仪和庶长甘茂再次伐蜀，平定叛乱，作乱的陈壮也被甘茂诛杀。

秦国根据古蜀国的已有建制，改置蜀郡成都县署从赤里街徙置于少城内城（即开明王城）。5年以后，开始修筑成都城，前后历时9年之久。历史说法是，成都城最初的具体规划者就是张仪，但其实张仪并没有来过成都。可以说，张仪与蜀郡守张若共同规划，并由后者领导修筑了成都城。这座新修筑的作为蜀郡治所的成都城，在历史上称之为“秦城”。鉴于张仪地位高于张若，所以成都筑城的历史，一般都附会张仪的名头。

成都筑城故事值得细说。

公元前311年，根据秦王命令，蜀守张若按咸阳古城的格局而动土兴筑成都城。当时修筑城垣十分艰难，因为成都平原低平而潮湿，土质松软，需要大量取土填埋，结果屡筑屡颓。后来发现硬搬北方筑城的方式行不通，转而因地而宜，开始立基础于高亢之处，形成了成都“大城”形状与布局：南北长，东西窄，呈不规则长方形；城墙南北不正，非方非圆，团缩如一只龟，故民间称成都为“龟城”。

李昊在《创筑羊马城记》中就指出：“张仪之经营版筑，役满九年。”成都新城筑城墙之艰辛，由此可见一斑。

乌龟历来是吉祥之物，后人们便杜撰了“神龟示迹”的传说。

《搜神记》中说，秦惠王二十七年（前311年）使张仪筑成都城墙，屡筑屡颓。也许是精诚感动了上天，有一只大乌龟浮出锦江水面而上岸，它弯弯曲曲爬行至城区的东南角，就无疾而终了。神龟死的地方后来叫龟化桥，这就是青石桥。

纵横家张仪知道这是天地感应之事，于是询问巫者。巫师说："依龟的样子建筑城墙。"如此终于造好城垣，所以成都又叫"龟化城"，也称"龟画城"。

这只神龟，就是从青石桥下的渊中爬出来的。宋祁的《蜀事补亡》，有《龟化》诗云："君不见秦时张仪筑少城，土恶易败还颠倾。力疲智竭筑未就，神龟为尔开其灵。龟行所至城不圮，版凿之功从此已。"前蜀王建《徐妃》诗云："所恨风光看不足，尽驱金翠入龟城。"这些记载坐实了成都夙传龟化筑城之名。宋代彭乘《修玉局观记》云："益州玉局化者，二十四化之一也。"那么，"龟化"应该是"二十四化"之一，龟化桥当为神龟化出之地，由此得名。

根据华南理工大学吴庆洲教授的研究，中国有超过20座城市的诞生与龟有关。他认为这些风水传说并非完全是牵强附会。他发现这些"龟城"有一些共同点，比如它们都是临水筑城，龟形可减少洪水冲击，也利于排洪排涝。模仿灵兽或动物形象，也体现出古代中国匠人效法自然，与自然共处的观念。①

张若又在郫城和临邛另建新城，郫城方圆7里，临邛方圆6里，三城合为一体，拱卫蜀中的安全。《华阳国志》载："成都城周回十二里，高七丈，郫城周回七里，高六丈，临邛城周回六里，高五丈。造作下仓，上皆有屋，而置观楼射阑……"丝织、冶铁和煮盐是蜀地的经济命脉，张若设立了专管丝织的机构"锦官"，后来的锦里之名就是由此而来。

成都秦城北抵武担山，南至秦人新建的赤里街。在大城未筑之前，蜀侯国治及郡治、成都县治就在赤里一带。大城未筑之前，赤里有可能就是一座简单的较小的城池。大城修筑之后，赤里成为官署区，后经过张若筑小城迁县治、蜀侯失国等一系列事件，赤里的官署仅剩下郡治。大城北有

① 吴庆洲：《中国古代城市规划设计哲理研究——以龟形城市格局为例》，《中国名城》2010年第8期。

龙坝池，西有柳池，西北有天井池，其间津流径通。诸池均为筑城时取土掘成，成为秦城东、西、北三面的屏障。

学者潘明娟指出，秦朝成都城的格局既然“与咸阳同制”，也应该有相应的功能分区，即官署区在北部，市场在南部，分为两部分。北区为官署区，大兴土木，营造府舍。南部为商业区。“市张列肆，与咸阳同制。”其中，“里”为有墙垣的居民区，可见秦成都少城已经开辟有居民区和商业市场，开放商店和市场，有专官管理，有条不紊。《说文解字》说“市，买卖之所也。市皆有垣”。据此推测，应有墙垣把少城的南北隔开。由此可见当时成都城市的格局秩序井然。

此时的成都已经实行闾里制，共有四百多闾。但闾的形状多无定制，有正方形、长方形，也有不规则形状，均随街道布设。

有关龟城的说法逐渐深入民间，也见于李吉甫《元和郡县志·剑南道上》等典籍，可见该传说流传之广。旧时成都“龟化城”和“龟城”的美誉，由此可见其渊源。唐朝诗人戎昱在《成都暮雨秋》一诗中吟咏“九月龟城暮，愁人闭草堂”；宋朝诗人薛季宣《张村》一诗也有“青城足跻攀，那染龟城尘”等名句。

成都平原水泽纵横，龟鳖众多，附会的神话也是不绝如缕。鲧治水不力被杀后尸体三年不腐烂，后来被大神用吴刀剖开他的尸体，大禹就横空出世了，而鲧的尸体则化为黄龙飞走。一种说法是黄能（准确说是能字下面加三点），所谓黄能即是三足鳖，在《山海经》中有记载。这一神话，也与鳖灵尸浮三年逆水而上，到蜀地为相治水相通。

段渝在《成都通史》第一卷里认为，这次修筑成都城的具体领导者，应该是蜀相陈壮，而非张仪和张若。理由是，当时张仪还在燕国劝说燕王归顺秦国。在他回国途中，秦惠王去世，秦武王继位。秦武王历来对张仪的为人看不顺眼，张仪为此不敢回国，转而投奔魏国，第二年死在魏国。

时间上也是清楚的：张若是在秦昭王二十二年（前285年）才担任蜀郡太守，怎么可能参与26年前修筑成都城的工作呢？

所以，《成都通史》认为是陈壮修筑的成都城。只是陈壮后来因“谋

曾经放置在宽巷子社区的大石文化遗存支矶石，后移到成都市文化公园

反秦国”被诛杀，成了负面人物，所以把他的政绩挪到了代表“正朔”的张仪和张若头上。这，似乎也是一场蜀地早期的一举粉碎“叛乱集团”的冤案。

关于“龟城”之说，扬雄和常璩都没有提及，很可能是当时流传颇广的传说，干宝锐意穷搜，将其写进《搜神记》。该说法对后世很多文献记载都产生了影响，如《寰宇记》引《周地图记》云：“仪筑城，城屡坏不能立，忽有大龟周行旋步，巫言依龟行处筑之，城乃得立。”后来《类林杂说》卷十四也说：“秦遣张仪收蜀，仪至蜀，筑成都，屡筑屡坏，仪患之。忽有大龟行于野，其迹周围数十里。仪使役夫以龟所行围就筑之，遂不坏。城既成，龟辄死，仪使人藏龟所遗壳于武库后。”明代曹学佺《蜀中名胜记》中也转引了这一说法。

其实，到了清代，成都武成门和通惠门的兴修，“龟城”之龟，终于有了头和尾，民间万千附会，众口喧哗。可惜并不“藏头纳气”，形胜家总认为易招兵灾。

任乃强先生也认为："故知大城为张仪所筑，即所谓龟城也"，"城盖微狭长，六门如龟之有首、尾、四脚，故有'龟城'之称"。因而"龟城"便成了成都一个历史悠久的别称。

那么，"仪使人藏龟所遗壳于武库后"，是否确实？

北宋钱易（968—1026年，字希白，浙江钱塘人）的《南部新书》，记录了多条与唐朝李德裕有关的逸闻，其中有一则记录说："蜀中传张仪筑成都城，依龟行路筑之。李德裕镇西川，闻龟壳犹在军资库，判官于文遇言：'比常在库中。元和初，节度使高崇文命工人截为腰带胯具。'"这就是说，元和是唐宪宗时期，节度使高崇文命工匠将龟甲截下来制作为腰带上的胯具。

大龟死于何年，不见记载，说明神龟的龟甲在唐时仍藏于成都军资库，直到川西节度使高崇文（746—810年）官成都，才化公为私。这样的人，神龟会佑护他吗？军资库司即为管理军资库的机构，负责财赋的征纳与日常经费的支出，是唐宋地方财政体系中最为重要的部门。

高崇文文武双全，为人正直，廉洁奉公。在蜀地治理了一年多时间。某天他对监军说："我不过是河朔地区的一介军士，侥幸有功，才有今天的职位。西川本来是宰相这样的朝廷重臣大显身手的地方，我在这里待了这么长时间，哪里敢有心安理得的非分之想！"他多次上书皇帝，如今西川平安无事，自己是武人，愿朝廷另委新职，给自己战死疆场的机会。宪宗也有召高崇文回京的想法，但难以找到可以替代的人选。丁卯，任命门下侍郎武元衡同平章事、充西川节度使。十二月丙寅，拜高崇文同平章事、充邠宁节度使、京西诸军都统。元和五年（810年）高崇文在任上去世，享年64岁。

关于高崇文在蜀地的逸闻里，还有一则与龟有关。

明朝曹学佺的《蜀中广记》早有记载；到了清朝，在蜀为官的陈祥裔进一步记载：

龟胜山在德阳，乃高崇文破刘辟处。初，辟据鹿头关，高与之对垒屯营。有神龟由壁门来，蹲于牙旗之下。公命投之远涧，翌日复至。议谓龟乃介虫之长，介胄斯服。蜀有龟，城其城，是师果为受降之兆。乃以龟胜名山，立道场焉。①

当时刘辟命人在鹿头山（今四川德阳市东北）筑城，联结8座栅垒，屯聚一万多兵力，力阻高崇文。可见，神龟一直是站在高崇文一边的。神龟不但没有怪罪高崇文夺走了它的龟甲，反而是一再佑护，也是奇事一桩。

后来这个神龟，还在历史的水面几次现身。

有两次比较出名，一次是成都爆发大洪水，成都差一点变为废墟；还有一次是明末张献忠入川之时，成都变成了三十里城郭无一人。这两次大灾变之前，有人看到了神龟在哭泣……这些传闻，反映了民间对神物的敬畏之心。

当初建立成都取土筑城时，所留下的土坑也形成了一个人工湖，幸运的是这个人工湖至今仍存留，1956年时，成都市渔场就迁建到这一500余亩水面的池塘。这个池现在名叫白莲池，位于北三环外磨盘山麓。《华阳国志·蜀志》中记载了白莲池的历史："秦惠王二十七年（张）仪与（张）若城成都，周回十二里，高七丈。""其筑城取土，去城十里，因以养鱼，今万岁池是也。"

成都筑城取土而遗留下来的水池，与万岁池有着相同经历的，还有城东的千秋池、西北的天井池、城西的柳池和城北的龙坝池，这些城池犹如众星拱月般环绕在古成都城池外。其中千秋池和万岁池经常被一同提及，因此成都又有了"东千秋，北万岁"的说法。直到清代，顾祖禹的《读史方舆纪要》还曾记载："万岁池，在府治北十里。张仪筑城，取土于此，因以成池……又千秋池，在华阳县治东五里，相传亦为张仪所凿。谚曰：

① ［清］陈祥裔著，王斌，靳雅婷校注：《蜀都碎事校注》，西南交通大学出版社2017年版，第108页。

‘东千秋，北万岁’，谓此。”

宋代大诗人范成大镇成都时，有《上巳日万岁池坐上呈提刑程咏之》诗云：

降春酒暖绛烟霏，涨水天平雪浪迟。
绿岸翻鸥如北渚，红尘跃马似西池。
麦苗剪剪尝新面，梅子双双带折枝。
试比长安水边景，只无饥客为题诗。

据《成都街巷志》载，青龙街一带早期有一方秦国张若主持修筑成都城墙时取土形成的龙堤池，汉代扬雄年幼时在这方池塘洗砚洗笔，龙堤池因此改称洗墨池，又唐玄宗年间对成都地区水利建设有过重大贡献的章仇兼琼因梦见龙女遂在洗墨池边建一龙女祠，至宋仁宗当政，龙女祠加以扩建后改名龙女堂，并在龙女堂左边小溪上修建了一道桥，按星宿四象“左青龙”的传统命名为青龙桥，后桥边形成的街道就叫了青龙街，这一道路名即延续至今。

据《史记》《华阳国志》等记载，古蜀虽亡，其地广阔，秦开始移民万家予以了填充。成都筑城的时间，在秦惠文王二十七年（前311年），当时城址为成都县治地。至公元前285年，置蜀郡守，成都城成为郡、县治地。因此，成都作为四川的政治中心地位得以正式确立。

这样，秦国先后筑成都、郫（郫县）、临邛（邛崃）三城，互为犄角，但均位于平川之上，并无天险可依靠，这也完全是当时的形势所决定的。

据《华阳国志·蜀志》载：周赧王元年（前314年）“以张若为蜀国守，戎伯尚强”。“戎伯”即指当时蜀地各部落酋长，于是用兵分据今之郫、灌、温、邛、双一带。秦国为巩固蜀地，首先建设了“大城”作为蜀侯、蜀相、蜀守治所。继而又在“大城”的西面，以“大城”的西墉为东垣，建设了一座“少城”（古代少、小二字通用，即小城）。这个说法出自千年以后的宋人祝穆，以至流行。根据北京大学孙华教授等人的考证，应该是在修筑大城前，就利用了原来的城垣而扩建为“少城”。在中国先秦时代，修筑大型都城的时候，往往首先修筑宫殿、宗庙所在的小城，小城修筑完毕后才修筑普通国民居住和手工业作坊所在的大城。东周时期列国两个城圈或多个城圈的城邑，往往也是先修筑其中一个城，随着迁居城内的人口的增加和防卫的需要，然后才在旁边修筑另一个城。无怪乎现在的老成都人讲，“先有少城，后有大城”。

清康熙五十七年（1718年），四川提督年羹尧按清制于大城西垣内新筑一城，专驻满蒙八旗官兵，名曰“满城”，因城址大体沿秦少城以西一带，也称少城。由于城内分大小城两座，小城是官府商肆集中之处，大城为民宅集中之地。据考证，大城与少城并不是同时期建筑，而是先筑大城，再修小城。这一史实与秦代修筑成都的“大城”与“少城”，一般人容易混淆。

由于人烟稀少，移秦民万家实之，由此带来了中原地区的先进文化和冶铁技术。秦昭王（前276—前251年左右）时，李冰为蜀守，修筑了都江堰水利工程，《华阳国志》描述说：“灌溉三郡，开稻田，于是蜀沃野千里，号为陆海，旱则引水浸润，雨则杜塞水门，水旱从人，不知饥馑，时无荒年，天下谓之天府也。”秦统一六国后，分天下为36郡，成都属蜀郡，辖12县。

张若从公元前316年任蜀郡守，直到公元前277年调任黔中守为止，在蜀郡守任内共四十年。《史记》评价说：“巴蜀素蛮烈地，秦初有巴蜀，张若能顺而主之，治而使其理之，修三城，迁入秦民，变异其风，兴其华夏文明礼仪，使其地逐渐繁荣，成为秦并天下之坚强后盾，其功尚不可不知记矣。”这样的评价较为公允。

百尺张仪楼

历代文人如杜甫等对秦汉成都的盛况多有题咏赞誉，杜甫《石犀行》

有“蜀人矜夸一千载，泛溢不近张仪楼”名句，意思是说被蜀人夸耀千载的张仪楼，威力无俦，顶天立地，连洪水也不敢靠近和冒犯。这是指位于成都少城西南城门的城楼之上，有张仪楼，传为张仪所建，估计为纪念他而建。张仪楼又名百尺楼、白菟楼（白菟，相传为秦始皇的骏马之名），近代以后改名为宣明门。

唐朝之前，张仪楼一直是成都城最佳观赏点位。仔细勘察其位置，应该在现在成都市老城区的西南临江之处。张仪楼遭到毁坏后，后又予以重修，东晋时期遭到焚毁，隋朝时蜀王杨秀又予以重修。到唐代高骈修建成都蜀城，又将此楼建于罗城之上。宋末元初战乱的硝烟四起之时，曾经盛极一时的张仪楼也被夷为平地，彻底从成都消失了。

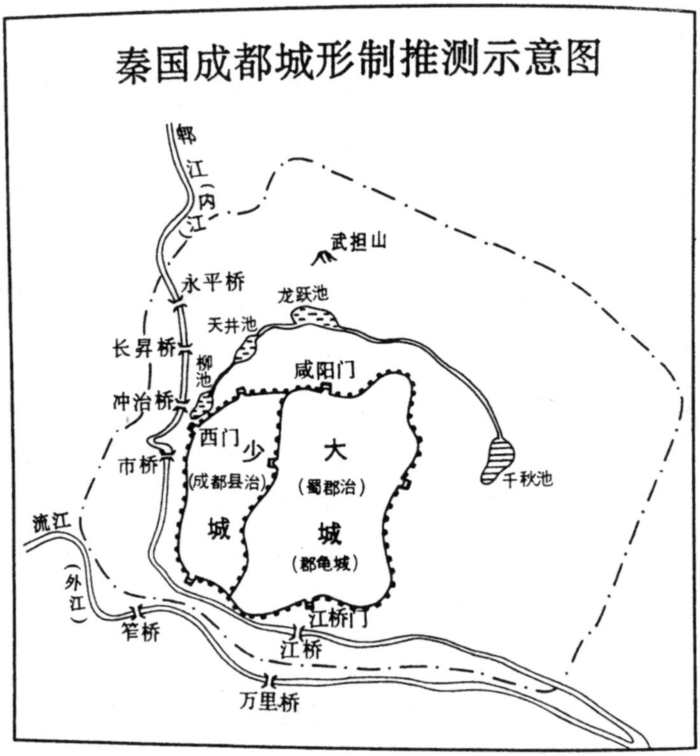

秦国成都城形制推测示意图（选自冯举，谭继和，冯广宏主编《成都府南两河实话》）

这一百尺高楼，建筑宏大，气势非凡，无疑是秦汉至宋朝以来成都的最高建筑。

《元和志》卷三十一“成都县”：“州城，秦惠王二十七年张仪所筑。……城西南楼百有余尺，名张仪楼，临山瞰江，蜀中近望之佳处也。”《寰宇记》卷七十二“华阳县”：“阳城门，李膺记：少城有九门，南面三门，最东曰阳城门，次西曰宣明门，蜀时张仪楼即宣明门楼也。重阁复道，跨阳城门，故左思赋云：‘结阳城之延阁，飞观榭乎云中。’”《南史·始兴简王鉴传》：“齐武帝时为益州刺史……与记室参军蔡仲熊登张仪楼，商略先言往行及蜀土人物。”

太康六年（285年）初夏，安平（今河北省衡水市安平县）人、一代才子张载从洛阳出发，探望在成都任蜀都太守的父亲张收。张载与其弟张协、张亢，都以文学著称，时称“三张”。来到成都，他听闻张仪楼是成都最有名的建筑，便登楼一望。

这一看不得了！他为西蜀诗意风光和厚重历史所感动，回到寓所后写出五言长诗《登成都白菟楼》：沿着弯曲盘旋的楼梯盘旋而上，感觉到每一层楼阁的飞檐都暗含生命与飞翔的律动。那些繁复的木雕和精美的绘画无一不显示出工匠的良苦用心。来到楼顶，蜀天辽远，腋下生风，有飘飘欲仙之势，洁白的云朵好似流水从低处滑过……张载朝西眺望，二百华里之外的西岭雪山宛若一群天外的白马，在沉默伫立中与城市对视。不远处开垦的耕地和村庄农舍，宛若荷叶上的水滴。脚下繁华而生生不息的城市里，各式典雅的建筑连成一片。仔细观察城中，还大致可以认出扬雄和司马相如的故居，虽然现在他们的故居已衰败了。“程卓累千金”以下12句，铺叙了蜀地权豪的骄侈生活——汉初西蜀两大工商业主程郑与卓王孙（才女卓文君之父）累积了巨额财富，骄纵奢侈直逼汉元帝之舅王谭、王逢时、王根、王立、王商兄弟“五侯”；程、卓的门前有很多骑马的客人，腰佩翠带吴钩；鼎食随进，百味调和；拨开丛林采摘秋橘，逼近岷江垂钓春鱼；黑子鱼肉堪比龙肉之浆，果品食物胜过蟹酱佳肴；芬芳的茶茗冠盖水、浆、醴、醇、医、酏等6种饮料，漫溢的香味流播九州……诗人采用略带夸张的以实写虚的笔调，蕴涵有揭露和讽刺。结句说："人生苟安乐，兹土聊可娱"，言外之意似乎是说，立志且有所作为的人，不能沉迷于安富尊荣的享乐！

文采飞扬的张载沐浴着成都平原秋日的暖风和阳光，换了一个角度观察，又看见田野上的农夫拨开浓密的树叶采摘橘子，江边的渔夫静静地坐在柳树下垂钓。他发出感叹，成都真不愧为温柔富贵之乡啊。

特别需要注意，张载的五言长诗《登成都白菟楼》，提及"芳荼冠六清，溢味播九区"，荼即是茶，"芳荼"指的就是成都平原所出产的茶叶，以其味醇而畅销各地，证明了巴蜀地区是中国茶文化的摇篮这一事实。这一诗句，也是中国历史上最早的茶事诗句。

"江环城中"的城市格局

就仿佛是上苍对水情有独钟，在成都平原上，用它的掌纹，构成了漫流的水系。成都因水而成，成都缘水而兴。自李冰开凿都江堰、"穿二江成都之中"以来，经过演变，汉代扬雄《蜀都赋》写道"二江珥其市，九桥带其流"，穿城而过的两条江就像一对美丽的耳环，水流环绕成都的中心区。

成都格局的形成发展，与"两水（府河与锦江）一河（沙河）"密不可分。在开明九世迁都成都前后，城址是漂移不定的。因为当时岷江流入成都平原，没有稳定的河道，大致呈扇形在平原漫流，古蜀人只能在扇形河流之间的高地生活，限制了居住、活动空间。在张仪、司马错筑城之后，秦廷又派李冰筑堰，管制岷江，使岷江分成内江、外江，外江保灌溉，内江保成都，逐步形成府河与南河（锦江）环抱古城垣的独特格局，正得益于二江流泻、不惧水患的特殊地形。虽然如今的成都大幅扩展，但"江环城中"的格局一直得到承袭和发展。

都江堰是一项伟大的兴城富民的工程，渠首枢纽与成都二江是一个有机整体。没有渠首枢纽，都江堰无法化害为利；而没有成都二江，都江堰就无法滋养天府。尽管学术界尚有不同看法，但现在比较普遍的看法是：流江（检江）即流经成都的南河，其上游为走马河；郫江即流经成都的府河的上游河段。也就是说，成都二江即指府河、南河。

城市水利以二江为先导，分出两条较小的河流，横贯市区。一条是解玉溪，系唐德宗贞元元年（785年）剑南西川节度使韦皋所开。解玉溪为唐朝“罗城四江”之一，自城西北角引郫江水入城，经大慈寺流至城东又汇入郫江。解玉溪得名，是在于“有细沙可解玉”，这反映了成都秦汉以来的玉器加工的情况，这一方法可能来自三星堆、金沙繁盛时期对玉石的切割工艺。到清代解玉溪已经逐渐湮没，城内东北尚存玉沙街，是故解玉溪水道的一段。另一条是金河，一名禁河，系唐宣宗大中七年至十三年（853—859年）节度使白敏中所开，自城西引江水入城，汇入摩诃池后接解玉溪，至城东汇入油子河（即府河）。金河入城后派别为“二渠四脉”及许多小沟，交织成密布的水网。逐步形成府河、南河环抱城垣，金河水系支纬城中，池塘水井遍布城区的布局。

唐僖宗乾符三年（876年），成都府尹高骈做了一件甚有功德的大事，改原来流经城内的郫江绕道城北、城东，形成了成都府城为二江环抱之势。后又于成都城西、南面增筑罗城，西北起于今九里堤，南经今百花潭以南，再向东跨锦江之南最后接于老东门。清嘉庆《四川通志》引《旧志》称：“自高骈筑罗城，堰縻枣，分江水为二道，环城东而出，唯余一脉，自城西北铁窗潜流入城。”“唯余一脉”就指金河，而解玉溪因府河改道北流，水源被截断，逐渐荒废。至此，成都二江由“双过郡下”变成环抱城垣。

城内家家临水，户户垂杨，拱桥涟漪，街衢通幽，舟楫往来，穿梭其间，宛如苏杭水乡之景。这些城市水利设施，发挥了供水、排水、泄洪、蓄洪、水运、水产、动力、娱乐、消防、防御等诸多功能，是城市生存与发展的命脉。当时，城内共有街坊120条，城周长25里。成都府城加上罗城周长超过40华里。

值得一提的是，历史上的二江，其规模要远比现代的府河、南河为

蜀汉时期的成都，“南市”想象复原图。（四川大学周波教授提供）

大，以至于一些人在一段相当长的历史时期内，竟视二江为岷江正流。所以，这二江环抱，宛如二条巨龙捧珠，成都才可能发出它水盈盈的光泽。

成都在王建的治理下继续发展，城市的繁荣达到鼎盛，成为当时中国首屈一指的繁华都市。王建于成都西南扩建城垣，所建得贤门巍峨壮丽、门楼金碧辉煌，宋代称为“当代之盛”。《马可·波罗游记》里关于成都二江的描写是：流经成都的江很大，河面宽可达半英里（约合800米），河中船舶舟楫如蚁，运载着大宗商品，往来于这座城市……

20世纪“大跃进”和60年代中后期，“江环城中”格局曾遭到破坏，随着80年代以来成都十二桥遗址、金沙遗址的横空出世，尤其是通过对府南河、沙河的大力整治，改善了城市的水系结构，成就为国内外所瞩目。1998年、2000年两度荣获联合国颁发的“联合国人居奖”“优秀水岸最高奖”“环境地域设计奖”“国际地方首创奖”“联合国最佳范例奖”，“江环城中”的生态环境得到了全面发展。伫立锦江垂柳下，荡漾的清流带走了“逝水如斯”的感叹，那灯火阑珊的梦影正从水里升起……

水利专家熊达成教授把成都的历史精辟概括为16字：因水而兴，因水而荣，因水而困，因水而为。水也决定了成都的城市空间定位。历史的成都“既丽且崇”，“亚以少城，接乎其西”，其“龟城走向、二江环抱、三城相套”的城市格局，尤其使东为大城、西为少城、中为皇城的亮丽“三城”，不但对今天成都的城市骨架具有决定性的意义，而且在世界城市史中，具有罕见的“套城”建筑价值。日本学者五井直弘就认为，如此多城并列的格局，独异于当时的秦汉城制。清代流传下来的一首《竹枝词》，以民间的声音予以了佐证：“本是芙蓉城一座，蓉城以内请分明。满城又与皇城共，三座城共一座城。”

移民之城

诗人李白的《蜀道难》里描写道，“蚕丛及鱼凫，开国何茫然！尔来四万八千岁，不与秦塞通人烟”，就是古蜀国的部分写照。

秦灭蜀国之后，原蜀民在安阳王率领下大批向南逃亡。为加强对蜀地的控制，自秦惠文王开始，“移秦民万家实之”。作用有三个：一是充实蜀地人口；二是也让秦国麾下的势力过大的望族因为移民得以瓦解；三是蜀地接纳了自发的逃难者。这一移民“实蜀”政策，一直延续到西汉晚期，长达300余年，为中国历史上最早、持续时间最长、规模最大的一场移民运动。而成都成了这一移民运动的中心。

秦国不但在灭蜀之初大量移民入蜀，即使在灭掉六国后，仍继续实行移民措施，将六国的富豪大户大量迁往蜀地。他们带来了中原地区较为发达的农业耕种、种植业、冶炼技术，这也无疑是最早一批入川的“技术移民”。

秦国的第一次移民四川，规模颇大，一共迁来了一万户，按照一家四五丁口计算，也当有四五万人之多，这是四川历史上第一次大移民，很快让蜀地成了农业生产、手工制作的西南基地。

西汉时定居临邛（今成都邛崃市）的卓王孙，便是秦汉之际从河北邯郸迁到蜀地的技术移民代表。《史记·货殖列传》说：“蜀卓氏之先，赵人也，用铁冶富。秦破赵，迁卓氏……致之临邛，大喜，即铁山鼓铸，运筹策，倾滇蜀之民，富至僮千人。田池射猎之乐，拟于人君。”又说：“程郑，山东迁虏也，亦冶铸，贾椎髻之民，富埒卓氏，俱居临邛。”看起来，卓氏与程郑都是利用临邛一带丰富的铁矿、天然气、卤水资源，开采冶炼，铸造生产各种铁器，远销各地，获得了丰厚的利润，成了蜀中的第一批富户。

自秦开始向四川强制性迁徙移民以来，还有另一类移民，那就是众多逃亡者和流民携妻带子因避难而来到四川。据《汉书·扬雄传》记载，扬雄家族也是典型的逃亡奔蜀的后人。汉之前，商鞅的老师尸佼和扬雄的祖上因避难而入蜀。

据《汉书·高帝纪》注引如淳曰：“秦法，有罪迁徙之于蜀汉。”现在无法知道这一法令是否从秦惠文王开始，但自秦惠文王“移秦民万家实”蜀地以后，他的继任者就理所当然地把这种做法延续下来。于是在秦国统一中国的过程中，长达一个世纪的迁徙，数以万计的各地移民，就构成了四川历史上第一次大规模的移民浪潮。

无论哪一类入川移民，开始与古老的巴蜀文化“对撞生成”出一种崭新的文化。特别是蜀地姓氏伴随移民运动的出现。

一个人姓什么，并非亘古就有，蜀山氏仅是一部落的名称而已。夏、商、西周的中原地区，只有贵族才有氏。贵族中，一般男子有氏无姓，女子无氏只称姓。氏用来“明贵贱”，姓用来“别婚姻”，姓氏在先民中起到了优化繁衍的重要作用。随着战国时代小家庭经济兴起，人们开始以氏为姓，姓氏合一，这样的过程一直持续到了进入西汉之后。秦灭巴蜀对蜀移民后，姓氏文化随之输入到蜀地，蜀国有氏无姓的情况开始迅速改变。这一次移民，是巴蜀姓氏发展史上的肇始。这一时期形成的巴蜀土著姓氏有涂姓。巴蜀如今仍然是涂姓最为集中的地区，而在国内其他地区，这个姓氏相对较少。

第11章

李冰与都江堰

都江堰李冰石像：遥看江源文明

任何一个人，只要置身都江堰岷江之畔，无一不被浩荡汹涌的江流气势所震撼，不但能切身感受孔夫子“逝者如斯夫！不舍昼夜”的生命喟叹，而且还能憬悟李冰治水福泽天下的伟业。从二王庙的望秦楼俯瞰都江堰，澄碧之水裹挟岷山的神韵滚滚而来。在巨鲸脊背一般的鱼嘴处，江水被鱼脊劈开，一分为二，在闸口下方消力池的作用下，迅猛激流很快安静下来，渐渐化作一匹风中的绿绸。下游便是岷江水所哺育的沃野千里大平原，古人治水的智慧至今让人折服。

关于都江堰的创建过程与创建者，其传说就像岷江一样绵长，跌宕多姿。1974年人们在江流中发现了李冰巨型石像，算是找到了一桩无可争议的证据。距离李冰石像出水整整40年之后，又一个惊人发现，再次将岷江激起了举世关注的波澜。

2014年4月24日上午，位于都江堰外江下游的防汛河道正在举行清淤挖淘。一台挖掘机的斗铲在江底触及了“坚硬物体”，司机油门一轰，一

李冰（约公元前302—235年），图为李冰像及题铭

尊高约2米的断头石人像被举出水面！这是继1974年都江堰岁修挖出李冰石像以来，当地第4次挖出巨型石人造像。经专家初步认定，这尊无头石像高2.1米，肩宽66厘米，袖口和底座宽度各为88厘米。石像着秦汉官服，左开襟，有腰带，服饰上纹路清晰。

在战国时期，成都平原水患成灾，一片泽国。秦国消灭古蜀王朝之后，蜀郡太守李冰在修建都江堰水利工程中，派人在岷江岩壁上雕刻了3个大石人，以测量水位，后称“三神石人”。都江堰曾在1974年、1975年先后发现了两尊石像，对“三神石人”的说法给予了某种印证。一尊是水利工程修建者李冰，另一尊是堰工石像。这些石人像，到底是庙宇垮塌到江中的，还是古人刻意把它们沉入水中镇住江神以辟邪？石像的陆续出土，不但佐证了《史记》中蜀郡守李冰“凿离堆，避沫水之害”的史实，而且也说明，饮水思源人，当地百姓、官府为治水功臣立碑塑像的历史渊源与故事，渐渐浮出水面……

李冰石像出土记

历史总是充满了机遇的排列组合。“意外”总是在改写历史。

1958年3月，中共中央在四川召开“成都会议”。会议期间的3月21日，毛泽东豪情万丈，视察了都江堰。他站在二王庙后山上指点江山。他突然指着对岸的安澜索桥说：“在那里修个水闸不好吗？”1973年11月，四川省枢纽指挥部开始拆除安澜索桥的外江闸。因要迁建安澜索桥，涉及文物如何保护问题，灌县文管所和二王庙得知后，对迁建索桥和文物保护提出意见，后因二王庙当家陈兴全出面阻拦，并上书四川省和中央。不久经国务院同意，“安澜索桥可以下移百余米，保护索桥原貌和民族风格”。1974年3月，都江堰渠首进行安澜索桥的迁建工作。整个工程由都江堰枢纽指挥部设计修建，灌县文管所负责索桥外貌的协调和桥头堡装饰修建。

1974年3月3日下午，施工工人挖到坑下4米左右，渐渐露出一个古石像的头与背，面部下伏，头顶西方，全身埋在砂石堆。第二天人们使用大号起重机将石像吊上岸。石像翻过来，胸前有铭文，清楚看到“故蜀郡李府君讳冰”一行大字。

灌县安澜索桥侧影，1929年东亚同文书院四川西康经济调查旅行班摄。（成都图书馆供图）

经过四川省博物馆文物专家的勘察，李冰石像出土地点北距外江闸130米，东距金刚堤40米，深埋河床下4.5米。石像头向西，脊背朝天，横卧江心，除背部稍有冲蚀之外，衣物线条都非常清晰。像高2.9米，肩宽0.96米，厚0.46米，重约4.5吨，造型简洁朴素，神态自若，平视而立，眼角唇边微露笑容，身着汉代官服，手置胸前。两袖和衣襟上有浅刻隶书题记3行，计38字，字迹清晰，字内朱砂痕迹犹存。中行为“故蜀郡守李府君讳冰”，左袖为“建宁元年闰月戊申朔廿五日都水掾”，右袖为“尹龙长陈壹造三神石

灌县城外安澜索桥一景。选自日本神田正雄著《四川省综览》（1936年版）。（成都图书馆供图）

1972年，斯诺夫人参观二王庙山脚下的安澜索桥

人珍（镇）水万世焉”。据文字推断，此像应是李冰石像，该造像时间为东汉灵帝建宁元年，即168年。

至于李冰时期修造的石人和石马，并且放置在岷江当中的原因，考古学家罗开玉认为，以牛马为神，本是蜀文化及其原始宗教的一大特征。李冰利用蜀神石马来调动蜀人参与岁修的积极性，同时它又兼具标尺与镇水石神的功能。这表明李冰时期已有了严格的、科学的岁修制度。①

李冰石像的发掘，为研究都江堰的历史以及水文、河道和古代美术史，提供了强有力的证据。1974年4月4日，四川省人民政府将“东汉李冰石像”列入四川省重点文物保护单位。1975年8月18日，灌县文管所将李冰石像加石座立于伏龙观一殿右侧，供人们参观。

李冰石像是一根划时代的标杆

2014年11月6日上午，我到武侯祠博物馆走访了著名的巴蜀学者罗开

① 罗开玉：《秦汉三国时期巴蜀的水利管理》，《成都大学学报》（社科版）2009年第6期。

玉。谈到都江堰的几座石像，罗开玉显得有些激动，回忆起1974年石像出土时的很多细节。

罗开玉说："首先澄清几个问题：曾有人以为1974年出土的李冰石像是古蜀王鳖灵，但他与李冰应该是完全不同的两个人。三石人又称'三神石人'，应是土著蜀人所崇信的治水有功的三位神人，很可能是大禹、杜宇、鳖灵。李冰所刻的三石人，与后来出土的东汉祭祀用的李冰石像不同。出土的东汉李冰石像，虽是模仿李冰的做法，但他所刻的石像主要是作为水神，不具有'水则'的功能；另外，就是二郎神的演变问题。"[①]

李冰是秦国派到蜀国的郡守，他的服饰发型、使用的语言与他身份是统一的。我们从都江堰出土的这尊东汉的石像可以看得非常清楚。东汉的石像，它的服饰，是秦汉时期出现的，称"神衣"，这叫"汉承秦制"。李冰着"神衣"，宽襟重袖，两手相交于胸前，这与秦汉记载的资料完全一致，是典型的汉代圆雕石刻造像。秦汉时代的特征和鳖灵时代完全不同。鳖灵的事迹，在历史上虽然不是有很明确的记载，且带有传说成分。但是他的时代是很清楚的，他的去向也很清楚，属于四川的土著民族。他的服饰发型，他的语言，他使用的文字都带有土著民族的特征。

修复后的李冰石像

而与李冰紧密相关的人物是大名鼎鼎的二郎神。二郎神是四川历史上土生土长的神仙。都江堰历史上早有传说，李冰为郡

① 罗开玉：《秦汉三国时期巴蜀的水利管理》，《成都大学学报》（社科版）2009年第6期。

李冰石像胸前铭拓片

守，是负责指挥调度，辅佐李冰修都江堰的人，最早认为是杨磨。东晋常璩《华阳国志》曾记载杨磨应该是当地人，部落巫师兼首领，修都江堰过程中氐人巫师杨磨协助过李冰治水。这是“二郎神”雏形，从南北朝到唐朝是“赵二郎”，宋至明朝是“杨二郎”，到清朝演变成了“李二郎”。三位二郎，你中有我，我中有你，互相重合，这种情形，在古代蜀地神话中是一个有趣的现象。

宋朝赵抃《成都古今集记》：“李冰使其子二郎作三石人云云。”《元一统志》认为：“蜀人称雒口为大郎，灌口为二郎，棚口为三郎。”（棚字疑是崩字之误）。崩口的位置在彭县，《太平寰宇记》：“九陇县崩口镇西，有蜀守李冰祠存。”

1989年新编《彭县志·古迹》：“毛郎镇即废殷家场，江矶有毛郎庙尚存，俗呼三郎，以古算马三字负数有作毛者，因是致误。”《崇庆县志·宗教》：“毛郎殿在毛郎镇，明刹，祀李冰子大郎、二郎、毛郎。”

一般而言，认为灌口二郎神为李冰之子，唐代尚无此说。但赵抃所云，与作者所引曾敏行《独醒杂志》，亦有李冰父子灌口二郎之说，知李冰确实有儿子。赵抃虽是宋人，所说当自唐代传来，而非臆造。

《乐山县志》卷一的说法较为公允：“冰凿离堆，避沫水害，遣其子二郎董其事，故今人祀川主，有祀冰者，亦有祀二郎者。”

1974年出土的李冰石像是四川地区发现最早的大型圆雕，也是全国发现的最大东汉人像石雕之一，代表了东汉石雕的最高艺术水平，在中国的石刻艺术史的研究上有着至关重要的地位。也可以说，代表中国东汉石雕艺术最高境界的石像，均出自都江堰。后来考古界判定某地石像是否是东汉的，就以这尊李冰石像为标杆。罗开玉指出，他曾经应达州方面邀请，去当地鉴定一尊出土的石雕，鉴于李冰石像的每一个细节他都烂熟于心，因而他一眼就看出，这尊石像同样是东汉制型。而这些浸泡在激流里的石像还能保存至今，因为采用的是硬度较高、不易风化的青色细质砂岩。

考古人员进一步发现，从比例角度而言，李冰石像头部偏大，原有制型应该更高，此符合比例。在石像底部正中有一凹槽，是接榫的地方。如果加上1米多高的基座，这尊石像的比例才符合美学原则。

李冰石像反映了都江堰历史的变迁。需要注意的是，都江堰江中"三神石人"和李公祠内"三神石人"有区别，但目前出土的石人，应该是庙宇内的一种。

秦统一六国后，朝廷、郡一级的行政领导，对都江堰主要是抓大事。如东汉应劭《风俗通》指出，李冰开成都两江，"始皇得其利以并天下，立其祠"。秦始皇亲自下令祭祀李冰，表明了朝廷对都江堰的高度重视。郡县自然会紧密跟进。朝廷下令在都江堰渠首修建专门祭祀李冰的庙宇，祭祀与每年的岁修和放水时节相联系。值得注意的是，在都江堰出土的5尊石像中，除李冰像有头，其他4尊石像都无头。目前学术界对此没有定论。有专家认为这是因为庙宇在江边，容易被洪水冲毁，但屡毁屡建——庙宇、石像倒入江中，造成头颅折断；另外有专家认为，石像无头是人为所致。石像都是用于祭祀，为祭拜水神，人们将石像的头切断……"祭祀江水之神绝不会有石像作为祭品。"考古学者蒋永志明确指出，古代祭江会投入玉璧到江河中，这就是"珪璧沉濆"，不可能有人像投入江水中，更不可能把没有头的人像投入水中进行祭祀。

事实是，李冰设立石人是为测量水位，这不但是中国水利史的伟大创造，而且也是世界水利史上的先声。《水经注·江水》说，李冰于玉女房下，在白沙邮作三石人，立水中，刻要江神，水竭不至足，盛不没肩。是则蜀人旱则籍以为溉，雨则不遏其流……唐朝时期隐居在青城山的道士杜光庭在《贺江神移堰笺》中写道："李冰创堰，分白浪于龟城。导彼灵津，资乎民用。而涸胫滑肩之誓，表则有常。"这说明石人到了唐代还存在。而东汉建宁元年李公祠的修建者，则在祠内再建"三神石人"以镇水，使能万世安流顺轨。直到唐代以后，石人才逐渐演化为有尺划的"水则"，并沿袭至今。

都江堰是成都平原最重大的水利工程，从创建之日始，在行政管理方面，都是由驻扎在成都的郡府最高长官亲自负责，并形成了一套科学制度。秦代的亭、邮是地方上的治安机构，从李冰时代开始，在都江堰渠首设置"白沙邮"，具体管理渠首地区的安全。"白沙邮"是秦汉时期的大邮，李冰将白沙邮建在大堰渠首正上方，又将作为"水则"的石人立于邮下，皆非偶然，一方面当是出于大堰安全的需要，另一方面在邮中还设有专人，负责大堰的一些日常管理事务，如观察、记录水文等。从当时的实际情况看，白沙邮还存在驻军护堰的可能。

宋嘉祐期间（1056—1063年）已改在宝瓶口右侧离堆石壁上刻画"水则"共十则（一则合今31.6厘米），要求侍郎堰底以四则为度，堰顶高以六则为准。则数既用来控制堰体修筑高度，又作为河道疏浚标准，从而达到调节控制宝瓶口进水量的目的。

明清以来仍以水则作为宝瓶口的水位计，只是按水位来调节控制引水量和作为维修工程的标准越来越较前精密，致使都江堰工程两千余年至今不衰，成为中国古代运用岷江水文特性兴建水利工程和巧妙地利用水位控制工程运用的创举。

2005年3月4日都江堰渠首外江索桥加固一号桥墩时，从河床下四五米处挖出一块残缺的汉碑，不仅具有弥足珍贵的艺术价值，更关键在于记述了在李冰之后，东汉都江堰堰官郭择和赵汜，在冬天组织老百姓疏通河道，避免来年洪水冲毁河堤的事。河堤的修筑往往是编好竹笼，做好马杈，再往里填入石头，碰到凶猛的洪水时，很容易被摧毁，岁修因此周而复始。治水功德无量，郭择、赵汜只是一介小小堰官，也能够被树碑纪念。

成都平原治水技术泽被中原

冯广宏进一步认为，大禹治水前期，蜀地就有三个治水技术手段：

第一步，用土填高积水的道路，沿着高地砍伐密林，同时建立标志，恢复交通。

第二步，解决交通工具。

第三步，测量地形，为山川命名。

这些前期步骤，为古今治水工作所必需，应该是实践经验的记录，既科学，又合理。也为李冰治水奠定了坚实的技术储备。

成都方池街曾发掘出战国早期的竹笼卵石堤遗迹。这种治水堤埂是用竹篾编成的圆柱形长笼，里边填满了卵石。竹笼有好几米长，然后再把多条笼石拼搭在一起，就成了一个个横截面成“品字形”的堤坝，古蜀人把它们用竹篾串联在一起，就更为牢固。用这种低成本、高效率的土办法，可以堆砌成一堵挡水的堤坝，它具有的引水、防洪等各种功能就能得以发挥。可见，蜀地治水早在4500年前就开始了。

在《华阳国志》里，提到“犍为资中人”王延世，誉之为“王延河平，纂禹之功”。由于黄河泛滥成灾，王延世两次治水成功，其方法与李冰治理都江堰惊人的相似。

说起这汉成帝的河平年号，倒是应该引起注意的一件事情，年号是汉成帝专门为褒奖治黄河有功的王延世而特别设立的。河平元年（前28年），中原32县连续遭遇了特大暴雨洪水灾害，有的地区中的积水已经达3丈深，大量农田被淹没，民不聊生。

自幼就仰慕乡贤的王延世，于危难之间担此治理黄患的重任。他吸取了前任御史的教训，亲临现场勘察，找出问题，决定在馆陶、金堤垒石塞流。他使用了蜀郡都江堰中的传统治水方法，制成长4丈、大9围的竹笼，中盛小石，由两船夹载沉下，再以泥石为障。王延世带领军民昼夜操劳，奋战36天，河堤始成，终于在河平元年三月初堵住了决口。为纪念治黄成功，汉成帝改“建始”五年为“河平”元年。

河平三年（前26年），黄河又在平原决口了，汉成帝派王延世与丞相杨焉、将作大匠许高、谏大夫乘马延年共同治理黄河决口。王延世经过精确测量计算，仅用了半年时间，又修复河堤，恢复了正常的生产，使黄河两岸百姓安居乐业。

在黄河岸边以竹笼圆石为堤坝，稳固河岸，这无疑是蜀人治水经验的验证和推广。王延世创造治黄奇迹，不过是蜀中自大禹、李冰以来“竹笼络石”的传统技术的再现，并在中原地区再次显示了这些经验的低成本、高效率。可见，从大禹治水以来，中国形成了源远流长、逐步完善的治水核心理念：“道法自然，综合治理。”在理念的产生、形成过程中，蜀地作为大禹故乡，因地制宜的治水经验，为这一科学理念的形成完善做出了独特而突出的贡献，王延世治理黄河，恰是蜀地对中华文化的积极贡献。

江源文明滋润华夏文明

除了治水，李冰更有人格的感召力量在激励后人，并成为江源文明的血脉。

史籍称李冰“能知天文地理”，是旷世奇才。李冰治蜀事迹甚多，涉及经济建设诸如水利、交通、盐业等许多领域，都有非凡的建树。传说李冰修建都江堰时曾与江神进行了殊死搏斗。《水经注》卷三十三引《风俗通》对此有一段精彩的记述：“李冰为蜀守，开成都两江，溉田万顷。江神岁取童女二人为妇，冰以其女与神为婚，径至神祠，劝神酒，酒杯恒澹澹，冰厉声以责之，因忽不见。良久，有两牛斗于江岸傍，有间冰还，流汗谓官属曰：‘吾斗疲极，当相助也，南向腰中正白者，我绶也。’主簿刺杀北面者，江神遂死。蜀人慕其气决，凡壮健者，因名冰儿也。”[①]《华阳国志·蜀志》还记述，李冰率领军民凿平漏崖时，“水神怒，冰乃操刀入水中

① 郦道元撰，王国维校：《水经注笺》，上海人民出版社1984年版，第1039—1040页。

与神斗，迄今蒙福”。李冰的文治武功，早已经成为蜀地的一个精神大纛，尊其为“川主”，在难以计数的川主庙里，千秋奉祀享香火。

“深淘滩，低作堰”这六字真言，为嘉庆二十三年（1818年）立于二王庙台阶处的石刻，是都江堰千年不倒的秘密

让人感兴趣的是，除了测量水位的石人外，都江堰还埋藏着无数秘密与宝贝。铁牛和铁龟就备受世人关注。元代治水专家曾用6万斤铁铸成了两只头部相并、尾部分开的牛用作鱼嘴，明代还用1万多斤铁铸了一只乌龟用作鱼嘴。后来铁牛和铁乌龟都被江水冲走了……学者蒋永志认为：铁牛和铁龟并不在鱼嘴下游，而是在鱼嘴上游。铁牛和铁龟非常重，按照重物在水流中活动的规律，越重的东西可能往上游移而不是往下游移。因此，这几件宝物不可能在下游，而是在鱼嘴上游。应该说这一推断具有相当说服力。这些历史遗迹，只等等待它们重见天日那一天！这进一步增加了都江堰作为世界文化遗产的魅力。

林向教授曾经指出：地质学家证明，公元前1万年到3000年之间，岷江上游有至少5个地震堰塞湖，水路一直可以通到青海。堰塞湖使岷江上游气候湿润、土地肥沃、物产丰富，堰塞湖四五千年左右坍塌一次，洪水冲向平原，三星堆古城遭受洪灾，就此才转移到金沙。岷江也因为地震而发生改道，我们后来发现，宝墩文化遗址恰恰就位于洪流道当中……[①]

人类在大自然面前不是被动的，而是因势利导。正如学者彭邦本总结的那样：“大禹时期疏导治理、人水亲谐的水利模式，反映了道法自然、天人合一的深邃道理，影响深远。都江堰无坝引水的独特工程模式，其理念

① 施劲松：《林向：童心求真论巴蜀》，《成都日报》2014年9月13日。

就与大禹时代一脉相通。”因为大禹治水的核心是“疏导”，不但导水还要导山，就是凿山分流。后来李冰在都江堰凿离堆治水就体现了“岷山导江”的伟大精神。大禹导江治水与李冰的智慧不仅涵育了巴蜀大地，而且江源文明也滋润了华夏文明。

《华阳国志》作者常璩盛赞李冰伟绩，称其修建都江堰之后，让川西平原“水旱从人，不知饥馑，时无荒年，天下谓之天府也”。都江堰在水利管理、工程管理、水工技术管理诸方面，皆独具匠心，成为中国古代水利工程的表率。罗开玉强调，其中一个突出的表现，便是用“六字诀”“八字格言”“三字经”来总结、归纳都江堰的治水法则。这些治水法则是古代都江堰工程管理、水工技术管理的最高准则，从某种意义上说，也是最重要的规章制度。这些法则皆刻石立在二王庙内，皆朗朗上口，言简意赅，又是与汉字文化高度结合的一种独特的艺术形式，是我国传统文化、都江堰水文化的一株奇葩。

分水治沙技术为都江堰水工技术中最重要的一项技术。都江堰的治沙总是和治水结合在一起的，治沙技术与水工技术形成一体。这也是都江堰作为天、地、人相协作，环境保护、生态建堰与可持续发展相结合的最佳典范的根本原因之一。千百年来，都江堰的治沙技术一直是水利施工者高度关注的焦点，历代许多水利家、各种各样的学者都进行过探索与总结。总的说来，都江堰的治沙技术诀窍是因地制宜，辨证施治。

1945年1月22日，李约瑟博士偕夫人李大斐站在都江堰的离堆之上，他不能不惊叹于两千多年前的都江堰选址之精确，设计之完美，效益之久远。他掌握了最重要的数据：仅400英里长的岷江从1200英尺高的源头飞流直下，它以大约每英里下降30英尺的平均梯度泄下。就河流而言，他认为是一个“特别危险的数据”。

李约瑟喜欢古罗马工程师萨莱乌斯·弗朗提努在公元1世纪写下的名言：“他造的水渠是不可或缺的。在‘无价值的金字塔或华而不实的希腊人的工程’消失后很长时间里，它仍然被铭记在人们的心中。”但是，他被都江堰彻底震撼了，他见证了奇迹。他在《中国科学》里写道：“（都江堰）将超自然、实用、理性和浪漫因素结合起来，在这方面，任何民族都不曾超过中国人。”

李冰建堰初期，都江堰名称叫“湔堋”，这是由于都江堰一旁的玉垒山，秦汉以前叫“湔山”，而那时都江堰一带的居住者主要是氐羌人，他们把堰叫“堋”，所以都江堰就叫“湔堋”。

到三国蜀汉时期，都江堰设置都安县。因县得名，都江堰称“都安堰”。同时又叫“金堤”，这是突出鱼嘴分水堤的作用，用堤代堰作名称。

到了唐代，都江堰改称为“楗尾堰”。因为当时用以筑堤的材料和办法，主要是“破竹为笼，圆径三尺，以石实中，累而壅水”，即用竹笼装石，称为“楗尾”。

在《宋史》当中，历史上才第一次出现都江堰：“永康军岁治都江堰，笼石蛇决江遏水，以灌数郡田。”

为什么叫都江堰？“都江”是哪一条江呢？

清朝陈登龙的地理著作《蜀水考》说：“府河，一名成都江，有二源，即郫江，流江也。”流江是检江的另一种称呼，成都平原上的府河即郫江，南河即检江，它们的上游，就是都江堰内江分流的柏条河和走马河。《括地志》说：“都江即成都江。”也就是从宋代开始，把整个都江堰水利系统工程概括起来，称为都江堰。

李冰与广都盐井

大凡有盐出产之地，历来是古文明的中心。古蜀一地所需之盐，均来自巴地。不断寻找“盐泉”，也是古蜀人最初在成都平原及其周边地区不断迁徙的重要原因。因此，前316年秦并巴蜀后，十分重视食盐的流通与管理，秦惠王二十七年（前311年）就在成都设置“盐铁市官并长丞”，以控制食盐的流通，解决民众需求。

李冰任蜀守后，利用蜀地先民长期食用自然盐泉（自流井）和含盐岩层积累的盐矿物的常识，穿凿了中国历史上第一口盐井——广都盐井（在

汉代开凿盐井图。（自贡市盐业历史博物馆供图）

今仁寿、双流境内），开创了凿井、采卤、制盐的历史。因此，蜀地从此“盛有养生之饶焉”。李冰这一伟大业绩，完全不亚于他对都江堰的贡献。李冰成功开凿广都盐井，揭开了四川盆地井盐生产的序幕。

20世纪50年代成都、邛崃等地出土的汉代画像砖进一步证实了蜀地井盐的生产实况。有关秦蜀守李冰开凿广都盐井的史实，虽然见于历史文献较晚，直到东晋时常璩在《华阳国志》卷三《蜀志》中才有记载，但史料的可靠性却是学者们公认的。它追述了李冰开凿广都盐井的史实：“（李冰）又识齐水脉，穿广都盐井、诸陂池。蜀于是有养生之饶焉。”

“广都”在先秦时曾经是古蜀时期的别都。《蜀王本纪》记载：“蜀王据有巴、蜀之地，本治广都樊乡，徙居成都。”广都樊乡在今双流县境内，于西汉“武帝元朔二年置县”（前127年）。据学者考证，县治所在地为今双流区中和场，辖今双流区仁寿县之北部及简阳市西部之一角。[①]

广都盐井位于广都县的龙泉山脉

① 刘琳：《华阳国志校注》，巴蜀书社1995年版，第24—25页。

（成都人谓之“东山”），本来为一个稳定的储盐结构。关于广都盐井的盐卤资源，及其与陵井的关系，史学家任乃强先生作了精当的阐述：

> 自仁寿县治以北，至籍田铺、秦皇寺、贵平寺一带，地层上部积有盐水。李冰识之，故最先掘井于此。其最旺一井，后世称为“陵井”。自汉迄唐，屡经深凿，至达数十丈。①

李冰塑像。（自贡市盐业历史博物馆供图）

任先生分析，广都地下浅层盐卤资源丰富，因而李冰首先在此地开凿盐井。广都盐井是当地若干盐井的合称，“陵井”是其中卤水最旺之井，汉朝以后仍在生产，经过不断淘井，“陵井”已经深达“数十丈”。

李冰任蜀守应在张若之后，任职时间较长，大约在秦昭襄王三十年（前276年）到秦王政九年（前238年）。在30余年的任职期内，李冰创建了举世闻名的都江堰水利工程，并且开凿了广都盐井。如今流行的一句话是“四川人是天下的盐”，分析其源头，就应该回到广都盐井的祖地。

正是伴随都江堰水利的勃兴与盐井的开凿，“水旱从人，不知饥馑，时无荒年，天下谓之天府也”。而巴蜀地区的世风也为之一改。常璩就认为，秦在大规模开发巴蜀经济、改革巴蜀习俗的同时，其奢靡浮华风气，也给蜀地带来了消极影响。这一切变化的发生，“原其由来，染秦化故也”。

① 任乃强：《华阳国志校补图注》，上海古籍出版社1987年版，第141页。

第12章

汉代成都与天府之国

不同时空的益州

益州，是成都使用时间较长的一个别称。所谓“扬一益二”，达到了“益州”知名度的顶点。“益州之于成都”，有点像“金陵之于南京”。

大禹疏通江河，华夏大地始安。于是制九鼎、分九州，包括如今四川在内的区域称梁州，这在《史记·夏本纪》里有记载：“华阳黑水惟梁州。”梁州的取名，主要在于：上古时期秦岭称为梁山，故梁山之阳（南）称梁。这一区域，后称益州。

益州的称谓第一次出现在西汉。西汉元封五年（前106年），汉武帝在全国设13刺史部，四川地区为益州部。汉武帝为什么称四川为益州？

对此，东汉刘熙《释名》卷二：“益，阨也，所在之地险阨也。”东汉应劭《地理风俗记》指出：“疆壤益广，故名益州。”这说明，益州的得名有两个原因：一在于地理险要，二在于广阔益善。其辖境相当现在四川省折多山、云南省怒山、哀牢山以东，甘肃省武都、两当，陕西省秦岭以南，湖北省郧县、保康县西北，贵州省除东边以外的广大地区。

石牛堰。在望江楼处南河道分出石牛堰河。（蒋蓝 摄）

王莽新政时期，改为庸部。公孙述据蜀时期，将庸部还名益州。东汉复为益州，治所在雒县（今德阳广汉市北）。中平中移治绵竹（今德阳市东北黄许镇）；初平中复移治雒县；兴平中移治成都。到东汉以后辖境逐渐缩小。隋大业三年（607年）改为蜀郡。唐武德元年（618年）复为益州。天宝元年（742年）改为蜀郡，至德二载（757年）升为成都府，北宋太平兴国六年（981年）降为益州。端拱元年（988年）复为成都府，淳化五年（994年）又降为益州，到嘉祐四年（1059年）改益州路为成都府。

至此，历史上沉浮反复的“益州”，终于退出了作为行政区域的系列。

益是一个会意字，下为皿（盆），上为水，是水流出盆外之意（溢之

本字），引为富饶之意。以此字命名宛如一盆水的四川盆地，高度形象。

其实《山海经·海内经》对“都广之野”的描述就非常清晰了：西南黑水流经的地区，有都广之野，后稷埋葬在这里。它方圆三百里，是天和地的中心，有名的神女素女便出现在这里。这里有膏菽、膏稻、膏黍、膏稷，各种谷物都自然生长，不论冬夏都可以播种。鸾鸟自由自在地歌唱，凤鸟自由自在地跳舞，灵寿木到时开花，草和树成堆地生长。各种各样的鸟兽，成群结队地在这里栖息。这里的草啊，不论冬夏都不会枯死。

这样的膏腴之地，怪不得太史公要说四川是“天府之国”。益州一词，就成为天府之国的通假。汉武帝命名四川为益州，最恰当不过了。

这里需要注意一个生僻字“蠲”（juān），古代通“捐”（税收），原是免除的意义。

“蠲”为什么从蜀字呢？

《华阳国志》指出，周武王伐纣，巴与蜀均兵。说明巴蜀在先秦时期与中原关系比较密切，所以常常参加重要的政治军事行动。灭商之战胜利后，周武王还把公主下嫁给巴国；刘邦定三秦的时候，同样效法周武王，战后免除了賨人（古巴国区域的一个部族）的税收，賨人后来是以布匹代替银子交税。但周王是否免除了巴蜀的税收，史料无载。但“蠲”字在春秋时期已经出现，特指免除“捐”（税收）。

陈子庄先生手拓汉砖拓片《亭长》。40厘米×18.5厘米。选自任启华著《巴蜀过客》西南交通大学出版社

从这两件史事分析，唯独巴蜀享有免税特权，此“蠲”字算巴蜀专有。汉武帝要拆分“蠲”称巴蜀为益州，其初衷应该是指“蜀之益州”吧。

另外，大禹时代蜀地出了一个通天彻地的人物伯益，为五帝中颛顼的后代。传说他能领悟飞禽语言，被尊称为“百虫将军”。他也深谙水性，辅佐大禹治水。蜀地还有传说，认为伯益是岷江上游的土著氐人。伯益辅佐大禹治理水患，汉武帝有理由把四川盆地称为“伯益之都”或“伯益之野”，这也许是“益州”的词源学来历。

分析起来，益州得名，应该兼有“蜀之益州”和“伯益之野”的含义。

“天府之国”出自诸葛亮的《隆中对》

四川盆地的地形为成都城市形成独特的地理环境和文化创造了条件。伴随大地隆起，四川盆地由海盆先是变成了海湾，接着变成了湖盆，这个湖盆比如今的四川盆地面积要大得多，是当时的世界第一大湖，后来这里的地形继续抬升，盆地的边缘隆起一些高山，最后形成陆盆。作为中国腹地十分罕见的内陆海洋性气候城市，成都平原冬无严寒，夏无酷暑，雨量充足；地表松散，沉积物巨厚，土壤肥沃；水系发达、河渠交错，地表水、地下水资源丰富，为成都城市的兴起和发展创造了优越条件，城市发展条件真可谓“得天独厚”。这也决定了成都平原生物的多样性与丰富性，要大大高于四川别的地区。

中国历史上，有7个地方先后被称为“天府之国”。

从学理上讲，“天府”一词最早见于《周礼》，是指保管国家珍宝、库藏的官吏。后来“天府”逐渐泛化，成为比喻自然条件优越、物产富饶的地方。最早见于文字记载的是《战国策·秦策》：“大王之国，田肥美，民殷富，战车万乘，奋击百万，沃野千里，蓄积饶多，地势形变，此所谓天府，天下之雄国也。”历史上最早称蜀地为“天府”是诸葛亮的《隆中对》：“益州险塞，沃野千里，天府之土，高祖因之以成帝业。”在历史上他首次把以成都城为中心的益州（即今天四川的大部分）称为“天府”。“天府之国”在历代文人笔下逐渐成了成都平原的代名词，而成为家喻户晓的地理常识。

但历史上所说的“天府之国”主要是指成都平原区域，并不包括川西高原和川西南丘陵。成都平原土地肥沃，气候温和、雨量充沛，特别是李冰父子修建都江堰水利工程之后，成都平原成了“水旱从人，不知饥馑”的天府之土，成都平原迅速成为农业和手工业兴旺发达之地，是中央政府的主要粮食供给基地和赋税的主要来源。

尽管拥有天府之国的地利与人和，蜀汉政权也采用了一系列振兴农业、经济的措施，取得了很大效果。但毕竟人口稀少，成为制约当时蜀汉政权长治久安的最大短板。

根据《文献通考》记载："蜀亡时，户二十八万，口九十四万，带甲将士十万二千，吏四万。""吴亡时，户五十三万，吏三万二千，兵二十三万，男女口二百三十万，后宫五千余人。""魏氏户六十六万三千四百二十三，口四百四十三万二千八百八十。"由此可见，蜀汉由于人口少且过于分散，其生产力水平也就大打折扣。因为在人口与生产力呈正比例的农耕时代，人口的数量显然也决定了军事实力。因此这就不难理解为何诸葛亮后来在《出师表》中说"益州疲弊"，其实疲弊的不是益州，而是当时蜀国的未来。

蜀汉三国时期，成都平原的农业、商业、制造业等均取得了长足进步。第一，恢复农业生产不是采取大规模屯田，而是大力扶植和发展本地农业经济。史载，曾有人向刘备建议，将成都城内屋舍和城外园地桑田分赐将士，但赵云反对："益州人民，初罹兵革，田宅皆可归还，令安居复业，然后可役调，得其欢心。"刘备接受了这个意见，让民众"安居复业"，然后征其赋役，就成为蜀汉发展农业的基本政策，并得以延续。小农经济是蜀汉立国的基础，诸葛亮深谙足兵足食才是"富国安家"根本，也是匡复汉室的前提。因此他高度重视"务农殖谷"这一立国之根。史书上多有他"务农殖谷，闭关息民"；"闭境劝农，育养民物"，"休士劝农"等记载；因此他反对"妨害农事"，认为"使民心不乱"，才能安心地从事生产。第二，为保证农业丰收，诸葛亮倾心水利灌溉。蜀守李冰创立都江堰以来，它一直维系着西蜀农业的给养，诸葛亮继续维护这里的水利设施。据《水经注·江水》记载："诸葛亮北征，以此堰为农本，国之所资，以征丁千二百人主护之。有堰官。"用"征丁千二百人"保护一个水利工程，充分表明了他对农业生产的命脉——水利设施的重视。由于有都江堰灌溉，水旱由人，成都平原"沟洫脉散，疆理绮错，黍稷油油，粳稻莫莫"，出现一片繁荣景象。蜀地本来就"土地肥美"，有江水沃野之饶，加上诸葛亮的精心治理，农业产量很高。处于都江堰灌区的绵竹（今德阳市）、广汉一带的水田，保持着亩产三十斛以上的纪录。

在蜀汉农业深度发展的同时，工商业也大有起色，尤以煮盐、炼铁、织锦业最为发达。刘备初据益州，以蜀锦赏赐诸葛亮、法正、张飞、关羽“各千端”（每端6丈），单是这一赏赐就让人大开眼界。为了织锦，诸葛亮以身作则，自家就种了800棵桑树。织造业的丰厚收入一直也成为蜀汉政权军费开支的大宗来源。以至蜀亡之时，库存锦、绮、彩、绢尚“各二十万匹”。

当时的成都市井，到了“列隧百重，罗肆巨千。贿货山积，纤丽星繁”的程度。商业发达，店铺林立，各种奇珍异品均穷极于时，呈现出空前繁荣。

实事求是地说，东汉末年的混战，益州社会经济没有受到大破坏。刘备控制益州之初，蜀中经济仍处于稳定发展的过程。其后虽连年北伐，经济发展受到一些影响，但天府之国拥有雄厚的自然资源与经济基础，加上治理者的悉心经营，所以直至蜀汉灭亡，社会经济仍算正常。

梁章钜《浪迹丛谈》提及的《诸葛砖》，通过这一案例，似可以窥见蜀汉治理天府之国的水平：

> 四川成都贡院，相传是蜀汉宫基，至公堂上屋瓦，尚多旧物，质坚而细，与铜雀瓦相似，可以为砚，每方纵横约皆尺余，旁有小字云：“臣诸葛亮造。”素禁窃匿，故士子出场，亦必搜检，后因防范匪易，于乾隆三十年尽行拆卸解京。此《一斑录》所据蜀人之言，并云伊家现有瓦一片，不知确否，姑志之，亦不知解京现存何所，何以无一人得见者。[①]

蜀汉宫之砖，与铜雀台的瓦（也可制为砚）可以媲美。这样的制造工艺，反映出当时蜀工的精湛技艺。

---

① 梁章钜：《浪迹丛谈》，中华书局1981年版，第159页。

所以，历史上的战略家，如张良、诸葛亮等都把四川一地视为可以开山立国的福地。比如唐朝中期和晚期，关中发生叛乱，唐玄宗和唐僖宗都是选四川成都为避乱之所，当时的成都，在皇家眼里也是一片笙歌燕舞之地。

从城市地位而言，唐时的成都既是益州（后改称蜀郡、成都府）、成都县和华阳县政府所在地，又是剑南西川节度使驻地。城市建筑格局方面虽然没有京都长安的气派和威仪，主要在于蜀汉以仁义治天下，秉承不扰民的统治之术，但民间生活却是繁华而富足的。当时全城大约有10万户人家，50万人，街道、小巷达到三四百条，酒楼、茶肆、店铺林立，各地商人云集于此，街道上摩肩接踵，人声鼎沸，好一派成都版的“清明上河图”的兴旺之景。

置身于2007年初落成的新天府广场，强烈醇厚的文化气息与时代气象扑面而来。我看到花丛里的喷泉将天空洗蓝，水雾濡湿了我的眼帘。没有都江堰水利枢纽，就不可能有一座大城的繁荣。李冰父子“深淘滩、低作堰”的治水思想难道不让今人汗颜吗？2260多年历久常新的都江堰，目前还发挥着当初的功能。在历史面前，还有什么样的堂皇理由，敢与自然、和谐相抗？水文明史是人类古代文明水平的重要标志，刺骨的江水也许可以使高热的脑袋获得一些清醒。“能建低坝不建高坝，能不建坝就不建坝，因势利导才是正确的自然观、水利观。”这个观点并不神秘——但人们用惨重的代价换来的结论竟然如此平凡，如此简单！

应该意识到，诸如地震、洪灾、瘟疫等灾难已不再是单纯的“自然灾害”，还包含有人为因素。正如德国社会学家乌尔里希·贝克在《风险社会》一书中所指出的那样，人类凭借现代治理机制和手段应对风险的能力确有提高，与此同时也产生出一些人为造成的新风险。这一点在城市社会中表现得尤为明显，城市面临的传统风险的压力在减小，但未知的、不确定的风险却在增加。但“天府之国”的崛起，让人们看到了成都作为一个“韧性城市”的底蕴。

“重城”格局的形成

到汉武帝时，成都人口日增，必须扩建城池。于是在原少城基础上，新筑“南小城”，由此三城连接，成为数城相抱的格局。新建的大城，称“新城”，并又分别建成学宫城、锦官城和车官城。当时成都的大城和少城各开城门9道，城内有通行车辆的大街。

蜀汉三国时期，刘备进行了大规模城市建设，以现在青龙街为中心、穿城九里三的轮廓，城市格局大体确定，并一直沿袭到1949年之前。

由秦至清，两千多年来，成都城形制多数时期为："三城相接"（秦至东汉）或"六城相望"（汉末至西晋）或"二城相包"（唐至宋末）或"三城相包"（明朝到清朝）。一言以蔽之，"数城相接"与"数城相包"，历来是成都城市形制的特点。

汉代成都城较之秦城变化不算太大，但成都的工商业及交通，却远较秦代发达。

蜀地向来物产富饶，加之李冰、文翁相继兴修水利，经济及商业更臻发达。秦庄襄王时（前249—前247年），李冰凿检江、郫江，双双通过成都，皆可行舟，成都的交通状况大为改观。2009年3月3日，四川省成都市文物考古研究院称，在成都市中心人民商场二期工地发现了1座汉代木桥、1座房址、9口宋代至明清时期的水井，井内出土了北宋的白色围棋子、四耳瓷罐、双耳瓷罐、铁釜、铁剑、铁刀、铜带钩、骨簪和陶珠等大量文物。木桥结构与2001年在金沙遗址发现的一座汉代木桥完全相同，应是一座廊桥建筑。从木桥的结构和古河道内出土的遗物推测，这座木桥的时代应在汉代。古河道现在清理的宽度约11米，从现场情况看，古河道的宽度在30米以上，木桥的长度至少应该与之相当。这座木桥的发现对于研究汉代成都具有极为重要的历史价值。

汉武帝奋力开辟西南空间，筑路通使，以扬大汉之威。建元六年（前135年），以唐蒙为中郎将，征调了数万名巴蜀民夫修路凿通夜郎。鉴于

高颐墓阙及石刻位于四川省雅安市城东7公里的许姚桥，阙坐北朝南，建于东汉建安十四年（209年）。主阙十三层，子阙七层，是用多块大小不同的红色长石英砂岩堆砌的有扶壁重檐五脊式仿木建筑，由基、身、楼、顶四部组成。高颐墓阙及石刻是中国已知的汉代石结构建筑中保存最完好、雕刻最精美的。1961年，高颐墓阙及石刻被中华人民共和国国务院公布为第一批全国重点文物保护单位。（蒋蓝 摄）

西南地区边远发生骚乱，汉武帝就授权司马相如以中郎将身份（秩千石，相当于正司级）出使巴蜀。由于唐蒙滥杀地方首领，引起民众恐慌，不少人自残，或者逃往山林躲避。司马相如抵达成都后，临危不乱，写了一篇《谕巴蜀檄》来传达朝廷旨意，稳定民心，一面说唐蒙“发军兴制，惊惧子弟，忧患长老，郡又擅为转粟运输，皆非陛下之意也”，另外又说“当行者或亡逃自贼杀，亦非人臣之节也”，可谓恩威并施，社会效果良好。

这样，随着人心安定，成都一跃而为西南经济重心和交通枢纽以及商贸集中地。汉代成都的成都城市地标，就是“市肆”汉画像砖上刻画的建筑。

在成都曾家包、羊子山汉墓出土的“市肆”画像砖上：画面中央是一座高高的市楼，楼上悬有一大鼓。东西、南北各有一条道路，道路上人们熙熙攘攘，有正在行走的，也有推着独轮车的人，还有相互交谈的市民。道路的两旁是排列整齐的商铺，还有列肆为三四排不等的长廊式建筑，里

东汉击鼓说唱陶俑是东汉明器，于1957年在四川省成都市天回山东汉崖墓出土，属国家一级文物，藏于中国国家博物馆，被称为“汉代第一俑”。它是一件富有浓厚民间气息和蜀地风貌的优秀雕塑作品

1941年，“石男女拥抱像”出土于眉山市彭山区江口汉崖古墓群。郭沫若见到出自故土的这座“秘戏”石雕后，命名了一个浪漫之名：“天下第一吻”

四川合江县草山出土的东汉相抱俑。俑高10厘米，质为红陶。左女右男，并排而坐。男俑高冠长服，头偏微笑，左手搭女俑右肩，右手抚摸女俑面颊。女俑身着广袖长裙，绾发髻于脑后，右手弯曲于前胸，左手下垂于膝，头右侧，面带笑容与男俑相亲吻

弋射收获画像砖。1972年在四川大邑县安仁出土，是四川汉代画像砖中具有代表性的精品，高39.6厘米，宽46.6厘米。现藏四川省博物院

面的商贩和顾客正在忙着交易。砖的四周有围墙和大门，西南靠墙处还有两间堆积货物的房舍。

如果说曾家包、羊子山“市肆”画像砖是对汉代商业市肆的全面反映，新都、广汉、彭州出土的“市肆”画像砖则更加注重市肆的局部刻画：新都出土的“市肆”砖：中央市楼前有两人，一人手持一条状物正在朝市门走去，身后有一犬相随，另一人手提购买的物品也准备出门。画面左侧有一小商铺，一顾客似乎正在向店主询价。市楼下面一个管理员似的人物，手持一槌正欲上楼击鼓，看样子闭市的时间快到了。

成都城南两江之间，发展为“南市”，与外江之锦官城（纺织基地以

及织锦工匠住地）、车官城（车辆制造地、造作工匠住地）隔江相望，即今天的西校场、青羊宫一带。大城与少城的城门有18门之多。据《成都城坊古迹考》记载，秦大城南至今上南大街一带，北至今后子门附近，西至东城根街一带，东至今青石桥、鼓楼街一带。少城东垣即大城西墙，西垣在如今长顺街一带，南至文庙西街，北至长发街。

秦汉成都古城建筑规模宏大，是依据秦国咸阳的规制而营建。《华阳国志》说："营广府舍，置盐铁市官，并长丞，皆与咸阳同制。"

根据推算，秦汉成都城周长大约12里，土垒城墙高7丈，全城共7座城门。与人们通常想象中的城池不同，成都作为蜀国的都城，居然没有护城河和罗城，也没有宽大的护城壕沟，但从战争角度来看，成都可以说存在先天不足。但这一格局承续了两千多年，成为中国古代两江环抱的城市格局定式的一种类型。此后两千多年，成都的城名从没变过，虽城市重心略有挪动，但城址没有迁移，这在中国城市史上是绝无仅有的个案。

第13章

汉朝成都的城中之城

"蜀郡西工"与"广汉郡工官"

城市化是经济和社会发展的集中形态，城市与工业化似乎是一对孪生子，就像两个车轮，承载着人类社会滚滚向前。

张仪筑成都城后，在内城、外城和城南分设有"市官"，管理盐、铁和纺织等重要手工业生产和经营，以往自生自灭的手工业，由此得到了长足发展。

从考古发现，战国晚期的成都制造的兵器在四川地区广为使用。1987年，广元市青川县出土了"吕不韦戟"，其刻铭："九年相邦吕不韦造，蜀守宣，东工守文、丞武、工极。成都。"

《汉书·地理志》载，成都与广汉郡雒城都设立"有工官"。工官，是木工、金工、水工、土工、陶工都要经营的，故又称为"五官"。《百官志》有"五官中郎将"，就是管五官工匠。常璩的《华阳国志》就有锦官与车官的区分了。其分出这两种专业的时间没有记载。任乃强先生推测："可能是汉武帝收五官工巧归国营时就已有锦官。车官当要迟点，可能是诸葛亮时，或其以前。”①

到西汉时期，官府在成都继续设立大型官营作坊，“成都造”在全国闻名遐迩，除刀具之外，产品已经不限于兵器，大量的生活漆器、生产性铁器，经五尺道、南方丝绸之路与长江水道，远销到四川之外的云南、湖北等地，乃至东瀛、高丽。1975年12月在湖北省云梦县睡虎地秦墓中出土的大量竹简，其中一片有“成都”二字。1936年，云南昭通石门坎汉墓出土三件铁锸，铸有“蜀郡”篆文；1954年，云南鲁甸一汉墓封土发现一件铁锸，其上有“蜀郡”“成都”铭文。1972年长沙马王堆一号汉墓与1973年江陵凤凰山八号汉墓，均出土写有“成市”（即成都）铭文的漆器……

仔细分析可以发现，当时秦国在成都设立的官方生产作坊——蜀工官，名叫“蜀郡西工”；汉工官，名为“广汉郡工官”。

《汉书·贡禹传》：“蜀、广汉主金银器，岁各用五百万。三工官，官费五千万。”如淳曰：“《地理志》：河内怀、蜀郡成都、广汉，皆有工官，主作漆器物者也。”师古曰：“如说非也。‘三工官’谓少府之属官，考工室也，右工室也，东园匠也。上已言‘蜀、汉主金银器’，是不入三工之数也。”②

由此可见，蜀地“三工官”中，工室、右工、东园的匠人，显然是一支国家集约化的由能工巧匠组成的专业队伍。

金马书刀是东汉蔡伦改进造纸术以前常用的一种文具，除了刮削书简的功能以外还可削割别的东西，因此也称为“削刀”。由于制作精美，书刀从最初的实用目的，逐渐发展为随身装饰佩带之物。蔡伦的造纸术推广以后，竹木简逐渐退出书写历史，书刀亦因之逐渐衰落。

《汉书·文翁传》：“文翁为蜀郡守，见蜀地僻陋，乃选郡县小吏开敏有才者十余人，造诣京师，受业博士，或学律令，减省少府用度，买刀布蜀物赍计吏，以遗博士。如淳曰：‘金马书刀，今赐计吏是也。作金马于刀

① 《成都城址变迁考》，《成都文物》1984年第4期，第8页。

② ［清］张澍编，王斌，邓幫雲校注：《〈蜀典〉校注》，西南交通大学出版社2021年版，第143页。

汉代蜀地出产的“金马书刀”。辽宁省博物馆藏。唐代孔颖达在为《考工记·筑氏》作疏时写道：“古者未有纸笔，则以削刻字，至汉虽有纸笔，仍有书刃，是古之遗法也。”清末孙诒让也认为：“古作书，以削刻简札，故谓之书刀。”但是他们都误以为书刀是用来在竹简上刻字的

蜀地出产的鎏金书刀刀首

环内，以金镂之。’晋灼曰：‘旧时蜀郡工官作金马书刀，似佩刀形。金错其跗。’案，李尤有《金马书刀铭》云：‘巧冶炼刚，金马托形。淬以清流，砺以越砥。’”①

这说明金马书刀上镌刻有金错马形的纹饰。金错是汉代常用的一种金属装饰工艺，是以镶嵌或涂画方式把黄金装饰于青铜或铁器的表面，使得纹饰和文字更加精美和突出。东汉文史学家李尤得到一把金马书刀，是以钢铁冶炼而成，其上有金错的马形纹饰，并刻有制作者的名字。

在未发明纸以前，是用竹木简来写字，因而需要一种修治简牍的小刀，汉代称为“书刀”，开始是用青铜制，后来改用铁制，汉朝即用铁制。东汉时文人尤其看重书刀，书刀已成为随身携带物品，有点像以前的文人喜欢在中山服口袋上插一支钢笔。汉朝的书刀常与笔砚简牍等文房用具同时出土，其环形把手也正是为了满足当时人们随身携带悬挂在腰上的需求。东汉时，蜀地生产的“金马书刀”驰名远近，为四川“广汉郡工官”所特制，刀身用金丝嵌出马形，并兼刻工名。李尤在《金马书刀铭》中用“巧冶炼刚，金马托形。黄文错镂，兼勒工名”的句子来赞美它。此书刀为光和七年（184年）广汉工官所制，是已发现的较完整的东汉

① ［清］张澍编，王斌，邓幫雲校注：《〈蜀典〉校注》，西南交通大学出版社2021年版，第219页。

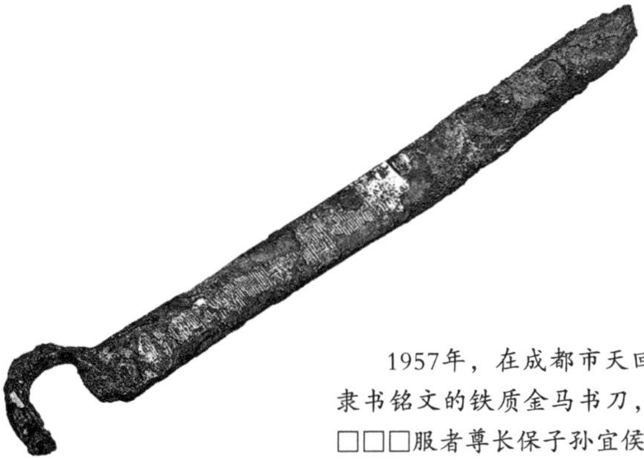

1957年，在成都市天回山出土了一口装饰金错凤鸟纹和隶书铭文的铁质金马书刀，24字铭文为“光和七年广汉工官□□□服者尊长保子孙宜侯王□宜□”，图案非常精美，现藏国家博物馆。从实物资料来看，“金马书刀”均为广汉郡工官所造，所用原料均为“三十炼”（即铭文中的“卅湅”）的钢材。锻炼的数量反映出一定的工艺标准，汉代蜀地工匠对钢反复折叠锻打，减少夹杂物并使成分分布得更加均匀，从而得到不同炼数的优质钢材，最顶级者即“百炼钢”。作为文具“三十炼”的钢明显属于大材小用，更兼用高超的金错工艺施加纹饰，因此金马书刀能够获得社会上层的青睐

书刀，差别在于书刀上的金错图像已不局限于马的图像，还有鸟儿造像。

蜀汉工官最为著名的制品，当是漆器。所谓“漆从西蜀来”，可以看出蜀地漆器的知名度和影响力。漆器是中国传统手工业技艺的典型代表，自战国以来声名鹊起，到两汉时期一跃成为皇室“乘舆”器物，并在汉代贵族生活中大行其道，风靡一时。漆器器型多样，纹饰精美，质量上乘，其中最好的产品就产自汉代蜀郡与广汉郡。西汉时蜀人扬雄在名篇《蜀都赋》中，对于家乡成都的特产漆器发出“雕镂器，百伎千工”的赞誉。从出土的实物资料来比对，“百伎千工”的评语毫不过誉。

根据出土材料判断，战国时期秦国已在蜀郡设置了西工类似的工官机构，这和秦在雍、栎阳、咸阳等地设置的工官机构是一致的。至于其设置的具体时间，据蜀郡设置的时间和长沙楚墓出土的一柄“蜀西工”的铜戈铭文上“廿六年东师戈”来看，“蜀郡西工最早的设置应该就在秦惠王二十七年（前311年）至始皇二十六年（前221年）之间”。[①]

① 高杰：《汉代地方工官研究》，凤凰出版社2020年版，第32页。

成都“工官”的漆器作坊规模庞大，分工精细，产品遍及国内外。20世纪中叶以后，在国内湖南、湖北、贵州乃至朝鲜、蒙古等地都发现了大量印有“成亭成市”“蜀郡西工”“成都郡工官”等烙印或戳记的漆器，品种有盒、奁、盘、耳杯、壶、案等。这些漆器的年代最早为西汉昭帝始元二年（前85年），最晚为东汉和帝永元十四年（102年）。

朝鲜乐浪郡（前108年—313年），是西汉汉武帝于公元前108年攻灭卫氏朝鲜后在朝鲜半岛设置的汉四郡之一，治所在朝鲜县（今平壤大同江南岸），有大量墓葬，出土的漆器大都明确标明为蜀郡和广汉郡工官产品，部分还注明了漆器生产者的姓名。这说明早在2000年前，四川的漆器就远布朝鲜半岛了。著名的东汉王旴墓所出之漆画，其笔致之优丽遒劲，正足以代表汉代绘画。王旴墓出土玳瑁小盒，玳瑁上画羽人，最能代表东汉后期漆绘人物的工艺水平。王旴墓出土、四川佚名画家所绘《观舞图》堪称中国水墨画的始祖。

蜀汉时期成都人绘制的名画《贵族生活图》意义更是非凡。

原名叫《贵族生活图漆盘》，1984年出土于安徽马鞍山雨山1700年前的三国时期的东吴大将军朱然墓。在朱然墓出土的60多件漆器中，部分漆盘背后，如《季札挂剑漆盘》《童子对棍漆盘》，有朱漆篆书题款“蜀郡造作牢”“蜀郡作牢”。蜀郡作牢，意思是蜀郡制作的经久耐用的漆器。由此可知这批漆器（画）产自当时的蜀郡（今成都市），是三国时蜀国的产品。而这批蜀郡漆器之所以出土于朱然墓，可能是他从蜀国带回家乡的战利品，或者是吴国与蜀间交往的馈赠品或两国贸易往来的商品。《贵族生活图》尤为引人注目，《贵族生活图》描绘的内容十分丰富，有《宴宾图》《出游图》《驯鹰图》《对弈图》《梳妆图》五幅小图。12人，分上中下3层。描绘贵族宴饮、出游、娱乐、梳妆等情景，整体画面人物形象生动，生活气息浓郁。这种平行排列的、带有连环故事式的装饰形式，早在春秋战国时代的青铜器纹饰中就有表现，至汉代更为风行，如四川东汉塔梁子崖墓壁画、宜宾南溪连环数式的图像石棺和简阳有榜题画像的石棺等，从这个意义上讲，三国漆器上的这类装饰是对传统的良好继承，被誉为三国时期漆器彩画的代表作品。如今成为安徽马鞍山市博物馆的镇馆之宝。

除了“蜀郡西工”与“广汉郡工官”，成都城西还设置有三大功能性城区：锦官城、车官城、学宫城。

锦官城与车官城

自张仪筑城以来，成都城市在多数时期内均是“数城相接”或者“数城相包”的格局，所以古人称之为“重城”。除此之外，还有三个十分重要的城中之城：学宫城、锦官城、车官城，进一步翼张了城市的专业性功能。

锦官城是西汉年间成都设置的官方织锦机构，位置在今成都市西南郊的南河（锦江）南岸。唐朝徐坚《初学记》卷二十七引任豫《益州记》：“锦城在益州南笮桥东，流江南岸，蜀时故锦官也。其处号锦里，城墉犹存。”当时在成都南门夷里桥南岸，建筑了锦官城，把织锦工人集中起来由“锦官”进行管理。锦工织成锦缎后，就在流经锦官城附近的“流江”里洗濯。由于在这段江水中洗濯后的锦缎，色泽更加鲜明艳丽，远胜于在

秦汉时期，成都锦官城想象复原图。（四川大学周波教授提供）

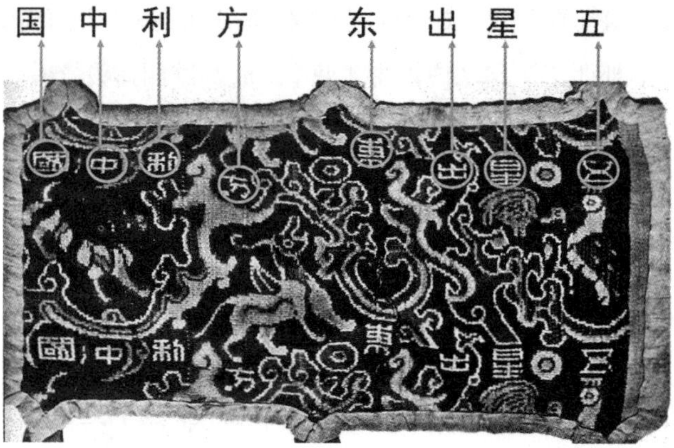

“五星出东方利中国”锦护膊（局部）。制造时间汉晋（前202—420年）。1995年新疆民丰县尼雅遗址1号墓地M8出土。新疆文物考古研究所藏

其他河水中洗濯的锦缎，因此这段江流被称为“锦江”。北宋学者乐史撰《太平寰宇记》进一步认为：“锦江，一名粉水。以此水作粉，鲜洁异于他水。”鉴于蜀地有3个“粉水”，这也暗示了近世俗语“粉子”的来历。

任乃强先生指出：“锦官城，为就濯锦之便，修在检江之南，并不在大城少城之内。其遗址，在今南校场（今文庙西街右侧）。”①

在锦官城及其附近，还有织锦工人集中居住的“锦里”，进行锦缎等丝织品贸易的“锦市”，这样城南一带便被称为“锦城”。久而久之，“锦城”成为成都最动人、最持久的别称。

“五星出东方利中国”锦，是1995年10月中日尼雅遗址学术考察队成员在新疆和田地区民丰县尼雅遗址一处古墓中发现的，被誉为20世纪中国考古学最伟大的发现之一。是汉代成都织造的蜀锦护臂，长18.5厘米，宽12.5厘米，系带长21厘米、宽1.5厘米，每平方厘米共计220根经线、48根纬线。织锦总共运用了蓝、绿、白、红、黄5种颜色，图案包括祥云、白虎、瑞兽等复杂的吉祥生物，这般复杂的工艺作品，就决定着它自身的价

① 四川省文史研究馆：《成都城址变迁考》，《成都文物》1984年第4期，第7页。

值定然不菲，为中国首批禁止出国（境）展览的国家一级文物。在调查的过程中，意外在墓穴之中发现其余的织锦碎片，经过不断的努力将其成功地拼在了一起，最后竟然发现这8个字之后，还有13个字，字体属于汉代的“缪篆体”，也就是一种介于隶书与篆书之间的字体，曾一度在两汉魏晋时期广为流传。意思是“讨南羌，四夷服，单于降，与天无极”。

蜀郡生产的“五星锦”出现在新疆沙漠里，充分说明当年西北丝绸之路的畅通。但是，为什么说“五星锦”是成都生产的呢？

依据有四：第一，“五星锦”的织物结构和工艺是采用彩条绿线显花的复式平纹经锦，这是汉代流行的早期蜀锦的基本特征，而织造这种经锦的织机及其上机工艺，只在成都双流的华阳被发现并传承至今。换句话说“五星锦”经线提花的织造方法是蜀锦所独有的制造方式。第二，在我国染织史上，唯有蜀锦是经历了“经锦”和“纬锦”两个发展阶段的传统工艺织锦，在我国三大名锦中仅有蜀锦的历史可以追溯到汉代。第三，东汉时期，成都有全国规模最大、最著名的官办织锦工场，从政治与技术角度分析，具备条件生产这种专供宫廷与官府使用的、高难度的经锦。第四，尼雅古墓出土的织锦具有东汉织锦风格，与尼雅遗址出土文物标本的C14测定年代距今1921±60年也相符，其产地即在蜀地。

蜀汉时期，对外贸易相当发达。政府组织作坊生产漆器、蜀锦等高档商品，由于供不应求，也从民间大量收购这些奢侈品，主要用于外贸。曹操在战事倥偬之余，曾亲自派人到蜀中购买蜀锦。魏文帝曹丕尤其喜欢收藏蜀锦，一次得到新锦时，不禁赞叹道：“前后每得蜀锦，殊不相似！”

在锦官城之西的位置，还设立有一座鲜为人知的军事机械制造机构——车官城。

西汉初年，汉武帝采纳了唐蒙、司马相如建议，广开“西南夷”。在此基础上，以成都为中心，先后在西南设犍为、益州、巴郡、牂牁、越嶲、沈黎、武都7郡。为了满足商贾、百姓往来贸易需求，西汉政府在成都设立车官城，缓解交通工具的急需。

车官城的设置比锦官城要晚，大约在汉末至蜀汉时期。车官城是车官管理机构和造车、修车的所在地。根据常璩《华阳国志》的记载，车官城东、南、西、北四个方向皆设有军营，将它团团围住，暗示了车官城的重要性。如果仅仅是造车、修车，似乎没有必要如此大动干戈。

设置车官及修建车官城，主要是由于成都当时的经济发展在全国举足轻重，是全国五大都会之一。成都虽地处西南，但又是中国最早打通外域交通（西南丝绸之路）的起始地。成都当时以盐铁、蜀锦以及绚丽的漆器闻名于世，货运通天下，物流繁荣，不仅成为西南地区物资集散中心，也是全国最为重要的交通枢纽之一。

古时车辆一般为木制，辅以铁钉。铁器在蜀地本是稀罕货，秦灭蜀后，赵国卓氏、鲁国程郑移民临邛（今邛崃），占据山中铁矿，招揽滇、蜀百姓采矿冶铁，其商业投机客观上却促进了铁器在蜀地的传播，汉代的蜀地百姓，人人都已是铁器在手，充沛的铁产量是大规模造车的前提。此外，汉代成都附近的龙门山脉、岷山山脉森林繁茂，加之荥经、犍为一带还有铜矿、铁矿，蜀地有金有木，车官城落户成都应该是顺理成章。

当时物流的主要工具为水上船运和陆上车运，因此设立车官就是为了统一管理车辆的制造、修理以及调配等，以官营方式对以成都为中心辐射全国乃至世界的物流进行合理制控。车官城当是成都最早的军事工业区，这里造出的战车占了当时全国战争所需的相当大比例。“闭门造车”这个成语，成了车官城生动的写照。

这里应提及著名的“四望蜀车”。

《魏书·高允传》指出，高允，字伯恭，渤海蓨县人，生于390年，40岁才做了小官，历经四帝，出三省衙，为官五十八载，始终没有受到过责罚。由于为官清廉，家无余财，高允让儿子上山砍柴维持生计。献文帝下令说：高允年龄太大，已到危境之年，但他家里贫困，养给供应很微薄，可以让乐部派一乐队，每五天到高允那里去演奏，使高允心情愉快。献文帝还赏赐高允蜀牛一头，四望蜀车一辆，素几、杖各一，蜀刀一口。每到春秋季节，都送到他家里面。不久又命令朝廷负责膳食的职官，每逢初一、十五都送去牛肉美酒、衣服绵绢，按月拨付。高允接受后，转眼却将

汉代的锦官城、车官城，大致位于现在成都市百花潭公园一带。（蒋蓝 摄）

这些财物分给亲朋好友。

所谓“四望蜀车”，就是蜀地所产的四面有窗户可供观望的车子。《清通志·器服略二》云：“四望车：齐四望车，通幰，油幢，络班，漆轮毂，亦曰‘皂轮车’，以加贵臣。隋制同犊车，黄金饰，青油，紫幢，朱里，紫通帱，紫丝网，驾一牛，拜陵、临吊则乘之。唐之制，以金饰，驾四马，拜陵、临吊则乘之，大驾出，在安车后。”可见早期的四望车，乃是以牛拉，行走缓慢，四面开窗，便于观赏景物。

显然，“四望蜀车”无疑是当时的豪车了，也是成都车官城的产品之一。

汉代使用的战车一般由马驱拉，战车一般由4马拉乘，车坐2—3人。1人驾车，左右各有一名持戈武士，全身披挂甲胄，头戴盔甲。在冷兵器时代，战车显然已是古人能想到的具有最强冲击力与最佳防御能力的作战工具。成都博物馆卢升弟认为，诸如战车等军事产业，是车官城的主要职责。而正因为跟军事有关，车官城才成为汉代成都特殊的“城中城”。

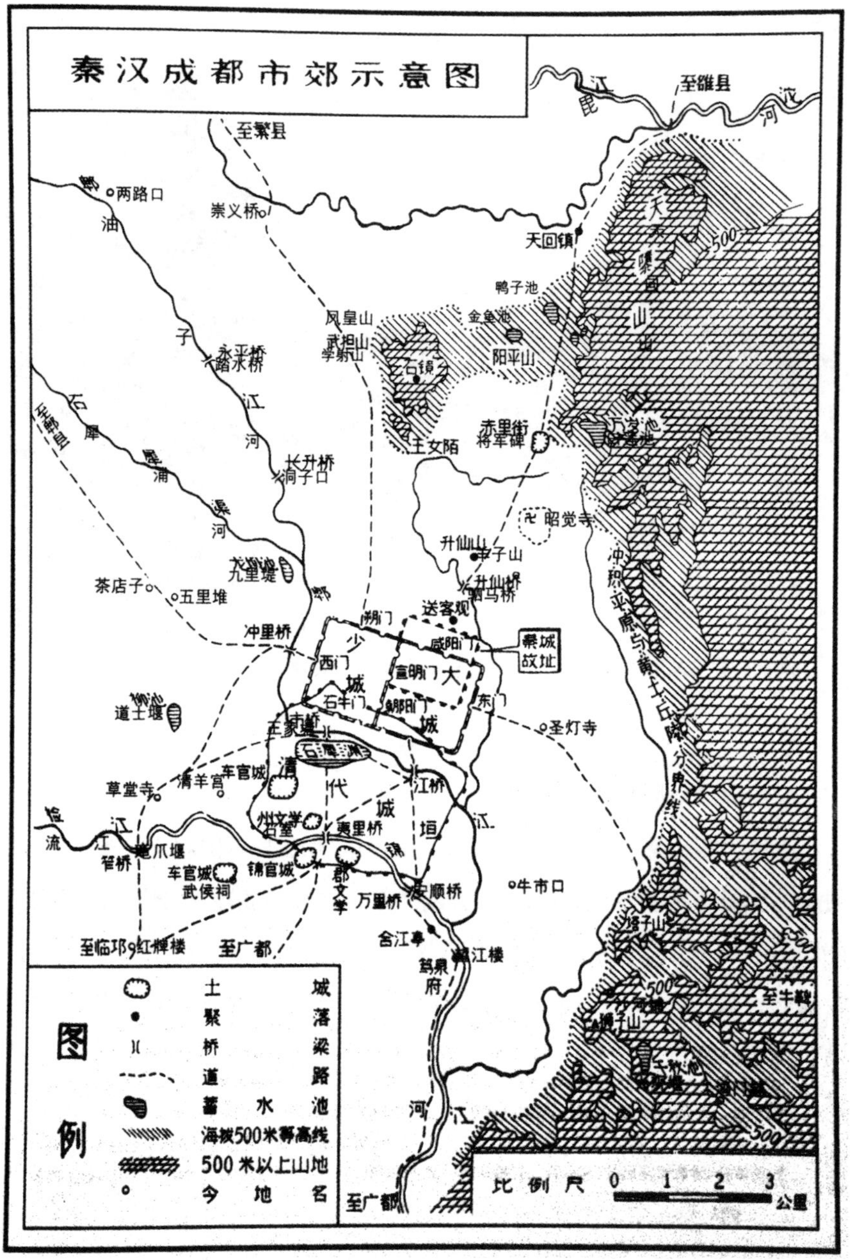
秦汉成都市郊示意图
至雒县
至繁县
两路口
崇义桥
天回镇
鸭子池
凤凰山
金鱼池
武担山
学射山
阳平山
永平桥
踏水桥
石镜
赤里街
将军碑
长升桥
洞子口
昭觉寺
升仙山
驷马桥
送客观
九里堤
茶店子
五里堆
冲里桥
咸阳门
秦城故址
西门
少城
宣明门
大城
石牛门
东门
圣灯寺
道士堰
市桥
车官城
草堂寺
青羊宫
清代城垣
江桥
州文学
石室
夷里桥
锦官城
武侯祠
都文学
万里桥
安顺桥
牛市口
合江亭
至临邛
红牌楼
至广都
塔子山
至牛鞞
冲积平原与黄土丘陵分界线
500
图例
土城
聚落
桥梁
道路
蓄水池
海拔500米等高线
500米以上山地
今地名
比例尺 0 1 2 3 公里

秦汉成都市郊示意图

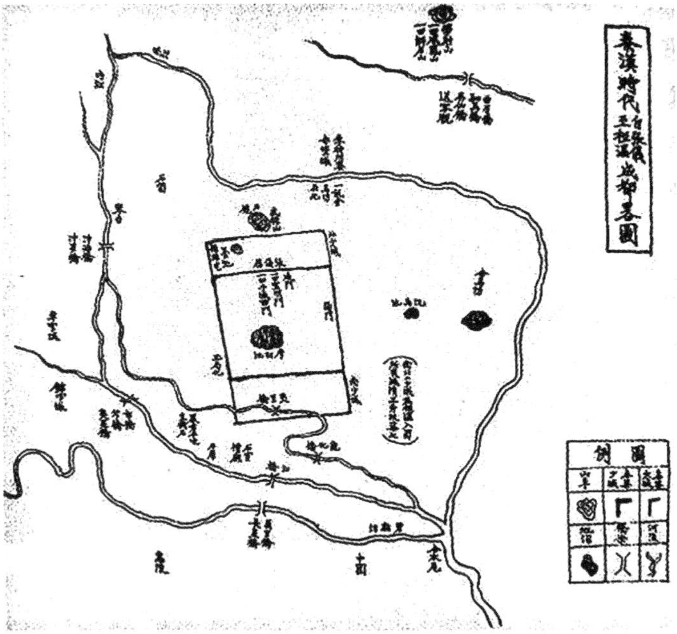

秦汉时代成都略图。四川大学李思纯绘制

宋人高承在《事物纪原》中说："木牛即今小车之有前辕者，流马即今独推者是。"有学者据此认为，所谓"木牛流马"，其实就是鹿车，模样类似今天的鸡公车，并无什么神秘之处。除战车外，辒辌车、容车、轺车或许也是车官城出产。

根据东晋李膺在《益州记》中的记载，锦官城建在笮桥以东、锦江南岸，相当于现在锦江南岸从百花潭到南河桥一带；而车官城则建在锦官城的西南面。两城相望，构成汉代成都的专业工业区。

任乃强据此推断，"车官城仍应在运进车材（坚硬木材）便利的锦江南北岸。按《华阳国志》说，在锦官城西，则当是今百花潭的南北。"

汉代"官"之含义为"机关"，皆有围墙，故古文献中或写作"宫"。[①]"锦官、车官、学官三城都不仅面积小，而且城垣也较低较薄，所以

① 四川省文史研究馆：《成都城坊古迹考》，成都时代出版社2006年版，第26页。

《华阳国志》叫作‘女墙’，以别于大城的城墙。这三座小城都在秦汉成都城的远郊。又还有在大城东西南北四郊各有驻军的营垒城形成四方星座，拱卫大城。这七座卫星城排列形象也似北斗，这是汉晋人多有天文与地理是相对应的思想支配下的建筑布局。”①

成都汉代的锦官城和车官城，在文化史上具有其独特意义：一文一武，一个优美一个壮烈，它们构成一道别具象征的都市景观。

文翁学宫与周公礼殿

任乃强先生也认为，东汉末年至西晋末年，成都在紧靠锦官城、城关城的以东位置，建立了学官城②。这无疑是对文翁石室学宫的大力提升。

文翁兴学，创办了中国历史上最早的官办学府——石室学宫。但现在的石室中学，就是当年文翁石室所在地吗？不少考古学者认为，石室旧址应在今成都市东御街街口附近。

2010年11月5日下午1时，天府广场东御街口人防工程施工现场像往常一样，正在有条不紊地施工。伴随挖掘机、搅拌机巨大的轰鸣声，突然有一个工人大呼：“快停下来！下面挖出了好大的石碑哦……”众人循声望去，在地表下5米处果然看到，两块石碑一大一小。“巍巍大汉，佁皇承度，昌光耀轸，享伊余赏……”石碑虽然由泥土包裹，但刨开泥土，碑上面苍劲有力的篆刻字迹，依稀可辨。两块石碑各保存有完整的碑帽以及碑座。

“那个石碑确实很大，而且上面还刻着字，我们下去看到时，也感到很震惊。”第一时间赶往现场的市文物考古研究所相关负责人谢涛，回忆起当时看到石碑时的情景，眼中也闪露着兴奋。经过考古专家一周的仔细清理，两块石碑终于重见天日。它们一大一小，呈长方形，大的一块石碑高

① 四川省文史研究馆：《成都城址变迁考》，《成都文物》1984年第4期，第8页。

② 温少锋，林延年：《名城成都的历史文化特征》，见《名城成都的保护与发展》，成都市城市科学研究会1987年编印，第24页。

2.61米、长1.24米；小的一块石碑高2.37米、长1.1米，两块石碑厚度均达40—50厘米，每块石碑均重达4吨左右。石碑出土时保存状况完好，碑文铭刻字迹较为清晰，两碑竖放在汉代地层之下的生土沙石层，因此两碑的埋藏应在汉代立碑后不久。由于它们分别记录了汉代裴君和李君的事迹，故它们分别被命名为《裴君碑》和《李君碑》。其中较大的一块是《裴君碑》，其碑阳及碑阴（即正反两面）共1400多字。除碑阳铭文外，《裴君碑》碑阴还刻有联袂捐碑的人名，共104个名字；《李君碑》亦有800多字。

《裴君碑》《李君碑》记载的主角是谁？裴君和李君两人又有什么关系？两块碑是德政碑，他们两人的德政碑为何会被掩埋在一起？由于碑体正面向下掩埋，碑文保存得近乎完好。专家们可以从碑文中寻找到揭开这些疑团的蛛丝马迹。

“讚命俊臣，移苻（符）于蜀。同心齐鲁，诱进儒墨。远近辑熙，荒学复植……”两块碑的内容都是叙述了碑主人——蜀郡太守任内的事迹，以振兴入学，为国家培养人才为目的，兴办学校教育的内容特别突出。这说明碑与学校教育有直接联系，应该安置在学校园区之内。有专家根据史料推断，碑文中的李君是东汉顺帝年间蜀郡太守李膺。而两块石碑安置的学校，正是当年的文翁石室所在地。

时光回溯到1900多年前：东汉安帝永初年间（107—113年），成都发生了一场大火灾。这场火灾就正是《华阳国志》所说：“永初后，堂遇火。”这场大火让成都城遭到了严重破坏，整座城市几乎毁灭殆尽，只有西汉文翁修建的一间石结构的建筑因为抗火性强，才得以保存。133年前后，颍川（今河南省襄城）人李膺（110—169年）在成都教育处于最低谷时，被任命为蜀郡太守。李膺饱读诗书，满腹经纶。他是带着恢复、振兴蜀郡学校教育的明确任务和理想而来。李膺在任时，以当年的文翁石室为基础，大力推进教育。

133年之后，李膺调离蜀郡。范晔《后汉书·李膺传》中唐李贤注引三国谢承《后汉书》材料：“（李膺）出补蜀郡太守，修庠序，设条教，明法令，威恩并行。……益州纪其政化。”在李膺离任3个月后，蜀郡当地人为李膺立下了碑文。这石碑便是我们现在看到的《李君碑》。这通碑在146年被洪水冲倒。后来又由另一位裴姓蜀郡太守在组织修缮学校建筑设施的工程中，安排有关官吏人员再度将它竖立起来。《李君碑》上有人在正面碑文结束后刻下一道横线隔断，另外加刻了一段“旁题”说明，讲述了《李君碑》被洪水冲倒后，再次竖立的过程。

西汉时期的文翁在蜀兴学，以石头修建教室，振兴教育。200多年后，东汉的一场大火几乎摧毁了成都这座城市，却毁灭不了文翁种下的教育火种。石室在，火种不灭，兴教之道，薪火相传。东汉蜀郡太守李膺重教，他离任后，蜀地百姓及其下属为其立碑纪功。当《李君碑》被洪水冲倒后，又由同样重视教育的裴姓蜀郡太守再度将它竖立起来。两座汉碑赞颂了两位蜀郡太守为振兴蜀地教育而做出的努力，将李膺与裴君这两任太守在冥冥之中联系在了一起，也证明了文翁兴学精神的延续。也许，在李膺与裴君的心中也有这同样一座丰碑，那便是文翁。李膺与裴君这是在以实际行动践行文翁的兴学精神。两座汉碑见证了文翁兴学传统的延续与发扬。

西汉初年的蜀郡守文翁到底是个什么人？

《西汉野史》上说，文翁本名党，字仲翁，庐江郡舒县（今安徽省六安市舒城县一带）人。后因“文翁”之名太盛，本名反而知者寥寥。又说文翁居乡时自幼好学，有神异之事。他开垦坡地，需要一口水塘，数百头野猪鼻子插树枝，竟然一夜为之拱犁出了水塘。文翁家甚贫，曾经与人入山采木，行至深林之中，文翁忽对同伴道：“吾欲远出求学，得二千石（汉制，郡守的俸禄是二千石粮食，于是就借用二千石表示郡守），未知能否成就，今试投吾斧于高树之上。如果所志得遂，斧当挂住不坠。”说完就将手中之斧尽力向上一掷，果然挂在树上。文翁大喜，于是径往长安，从师求学……虽是传说，但也可见他是平民子弟，早有不飞则已、一飞冲天之志。

文翁可能自己也不曾想到，他人生的巅峰会在他最初认为“有蛮夷风”的蜀地发生。文翁的家乡庐江郡舒县，是春秋时的舒国，深受中原文化熏陶，尤其受到儒家文化的浸淫。他曾到京城长安读书，通晓史书《春秋》。对于德才兼备，又有声望的人才皇帝自然乐意征召，并授以爵禄。文翁秉性宽厚仁慈，爱护百姓和部下，又喜好以德才教化庶民，故而政绩颇佳，口碑甚好。西汉景帝末年，文翁被任命为蜀郡太守，担负起了治理蜀地的重任。

成都市石室中学校史馆珍藏的文翁石像。（石室中学提供）

文翁赴任之前，对巴蜀充满憧憬，觉得这里也应该是教育昌盛之地。然而当他跋山涉水，越剑门过栈道，历尽千难万险方到达蜀郡时，看到的景象却是一幅夷狄之境、化外之民的景象。在“好仁爱教化”的儒学传人文翁眼中，“蜀地辟陋，有蛮夷风”。

文翁初到成都，迎接的官吏和民众看到随从们从船上搬下十几个沉甸甸的大箱子，都以为新来的郡守一定是个大富豪，但打开一看大失所望，箱子里装的全是书籍（应该是竹简）。

为了彻底改变民风“蛮夷辟陋”的习俗，文翁走马上任之后，就开始实施教育大计。《汉书·循吏传·文翁传》记载：“乃选郡县小吏开敏有才者张叔等十余人，亲自饬厉，遣诣京师，受业博士……”文翁首先通过类似察举的程序，从自己的属吏中选定张叔等优秀学员18名，亲自担任教师，在短时间内加以突击性的强化训练，然后送往京城长安，让他们跟随博士，学习儒家经典、律令等。为减省政府费用，他还买来刮竹青所用的蜀工之刀、蜀布等地方名特产赏赐给学员们转赠博士，并作为他们的培训学习经费。数年之后，部分学员学成归来，他又根据各人学绩安排相应的官职，让这批精英在重要工作岗位上迅速成长起来。另外一些学员，则被孝武帝征入，张叔为博士，官至侍中、扬州刺史。

“文翁立文学精舍、讲堂，作石室，一曰玉室，在城南。”这两项措施，被胡适先生称为“省费派遣留学的政策”和“郡国自兴学校的政策”。[①]

在兴学的道路上，文翁并没有止步不前。培养起一批地方政治文化精英之后，他又精心谋划了一个更为详尽的人才资源可持续发展战略。文翁决定把自己最初的经验进行“克隆”，办中国第一个地方官办学校。这是他一生中做出的最重要，也是让他留名千古的决定。

文翁既是“仁爱好教化”的蜀郡太守，又是“少好学，通春秋”的饱学之士。对于这样一件头一回“吃螃蟹”的事情，他迎难而上。当时要办学，朝廷不可能拨给特别经费，蜀郡也没有这项经费预算。巧妇难为无米之炊，文翁力排众议，坚持优先发展教育，从蜀郡拨出专款经费，并亲自兼任学校首任校长。学校办起来了，校舍如何建设？这一点也没有难倒文翁，他因陋就简，因地制宜，在成都用当地最多的最常见的石头垒起石屋，名之曰“文学精舍”，因为讲堂全用石头建筑，花费自然不大，故又简称“石室”，后人称作“文翁石室”，也有人称作“玉堂”“讲堂”。文翁当校长，并不是挂职，而是亲力亲为，为学生授课。汉画像砖《成都西汉文翁石室授经讲学图》生动描绘了西汉时期讲学情景：图中，西面一人坐在一长方形的台上，似盘膝危坐，着长裳，双手交置于前，头戴冕。其余三面，东一人，南三人，北两人，均坐在毯席之上，头戴冠，双手捧简。西坐者为老师，其余六人为毕恭毕敬的学生。画像砖虽不是描绘文翁授课，但人们可以通过这块画像砖遥想当时讲学时的场景。

文翁石室建立后，文翁的人才库从此开始产生滚雪球效应。为此他还启动了深思熟虑的配套工程和激励机制，政策向教育倾斜，支持兴学重教，教育中心任务之外的开支尽量节省。学员均享受各方面的优惠，学绩优异者委以要职。即便稍逊，也视为察举人才，享受免除徭役或赏赐等待遇。若干学员还被选入备用人才库。他每次出行巡视所辖郡县，都让品学

① 胡适：《中国中古思想史长编》，华东师范大学出版社，1996年版，第269页。

汉代巴蜀画像砖上所刻的《成都西汉文翁石室授经讲学图》。一位教师端坐讲堂之上，六位学生手持书简恭敬凝听，展现了汉代“文翁化蜀”的兴旺文化图景

兼优的学员同行，一方面让他们有机会“见习”接触现实，处理事务，培养实际才干；另一方面让他们沿途挨家挨户现身说法宣讲教育新政。此类出行总是十分吸引人，令民间艳羡不已，纷纷希望有机会也到成都受学官教育，于是争相报名。“文翁石室”一创立就是“公立”学校，政府办学，且面向平民招生，这在中国教育发展史上是一个里程碑。

据《华阳国志》记载，文翁为蜀守之后，办了两件大事，一是修水利，“穿湔江口，溉灌繁田千七百顷”；二是办学校，是时世平道治，民物阜康，承秦之后，学校陵夷，俗好文刻，翁乃立学。

据《都江堰水利述要》记载：文翁在任职期间，带领民众“穿湔江口，溉灌繁田一千七百顷”，是第一个扩大都江堰灌区的官员。由于注重兴修水利，发展农业，蜀郡出现了“世平道治，民物阜康”的局面。

文中的“繁”其实是古代地名，“繁田”就是指的彭州一带。公元前285年，秦国推行郡县制，在今彭州境内设立繁县，此为彭州建制的开端。在彭州，民间至今还流传文翁治水、泽及万代的故事：

位于石室中学内的文翁塑像。（蒋蓝 摄）

汉初蜀郡虽经秦李冰父子开凿都江堰，成都平原终于成为天府之国，但由于彭州和都江堰没有在一个流域，而发源于龙门山的湔江，每遇山洪暴发，泥沙俱下，淤积河床，河水常常泛滥成灾。

文翁上任，看到成都街头有很多灾民，他才知道繁县良田裂缝寸余，湔氐县一片汪洋，二县颗粒无收，百姓外出逃荒。文翁见此，立刻回到郡府，召集州官议事。认为当务之急须立即打通皂角岩，以排上游水患，解下游旱情。文翁当即上书朝廷，争取治水资金，同时开始在地方的绅士中募集钱款。

据说当时有一富绅，闻听太守将大兴土木治理，便希望大发横财，他带了大笔银两往求文翁。文翁将计就计，赐富绅美差，以集治水之资。

眼看计策将成，朝廷下令："治水钱款有限，若官吏有贪贿之举，就地立斩不赦。"富绅不敢造次，后因经办差务有误，不但分毫无获，还不得不再拿银两充填，总算逃过一劫。

文翁到繁县和湔氐县实地考察灾情。驻足天彭门，只见皂角岩垮塌，阻断湔江，致使断流成灾，上游水淹良田，下游久旱无收。

秋后，文翁亲自坐镇，效秦李冰之法，大力治理湔江。首先他疏浚了山内的九条河流，使之顺畅汇入湔江；在关口下游，开通九条河，把湔江之水分流到下游各州县；并在平坝建立了自流灌溉水系，涝灾旱情因此得以控制……

文翁在蜀地也有不少治水的事迹，但记录者一心想标举其伟业，记载就难免有些怪力乱神。比如《抱朴子》里有“文翁破水灵庙”一条：“文翁破水灵之庙，而身吉民安。”《水经注》指出：“蜀有回复水，江神常溺杀人。文翁为守，祠之，劝酒不尽。拔剑击之，遂不为害。”这与李冰入水与水神搏斗的传闻，大同小异。

文翁与蜀地板栗还有一段逸闻。

有一次文翁到一乡绅家，吃饭时见饭桌上有一盘肉烧板栗，仅有的几颗板栗其他的人都不吃，却一个劲地请文翁品尝。文翁就问你们为什么不吃板栗啊，陪同的人告诉他，在蜀地，板栗是很稀罕的东西，是从数千里外运过来的，只有尊贵的客人到家才舍得拿出来！文翁大笑说：在我们家乡，漫山遍野都是板栗树，哪有什么稀罕的啊！后来他就设法让家乡的人把板栗树苗带到四川，从此四川也有了板栗。

一次文翁到乡下视察，看到人们在树上摘一种他从未见过的果子，他就问：这果子也能吃吗？摘果子的人回答说：这果子叫油茶果，不能吃，但可以榨油。文翁到农户家亲尝茶油，果然香美可口，后来他又把油茶苗托人带回老家，从此江淮一带也有了油茶。

文翁最后死在蜀守任上，去世时只有五十几岁。他有三个儿子后来均成为学问大家，除大儿子和母亲一道护送文翁的灵柩回归故里外，另外两个儿子留居于蜀。蜀人立祠追念他，后人更是感念不已。北宋著名文学家、史学家宋祁在《成都府新建汉文翁祠堂碑》中开篇写道：“蜀之庙食千五百年不绝者，秦李公冰、汉文公党两祠而已。蜀有儒自文翁始。”

“文翁石室有仪形，庠序千秋播德馨。古柏尚留今日翠，高岷犹蔼旧时青。人心未肯抛膻蚁，弟子依前学聚萤。更叹沱江无限水，争流只愿到沧溟。”唐代裴铏在《题石室》的七律诗作中对文翁兴学对后世的影响做了高度评价。的确，在文翁有意识的提倡、奖励下，当时儒学在蜀地以星火燎原之势迅速传播，蜀人旧有习俗随之大变。这样，几年下来，文翁治下，崇学尊儒，蔚然成风。文翁兴学在巴蜀地区也掀起一股空前的办学热，求学热，使兴办教育不仅成为一种时尚，而且形成优良传统，薪火相传。据《华阳国志》卷三《蜀志》记载，东汉时，“州夺郡文学为州学，郡更于夷里桥南岸道东边起文学”。广汉冯颢为成都县令，“立文学，学徒八百人”。仅在成都一地，便建立了州、郡、县三级官办学校，这在全国实属罕见。除蜀郡外，巴郡、广汉郡亦建有官办学校。

巴蜀学者谭继和指出，文翁兴学使蜀地精神文化发生了质的飞跃，恰在于中原文化对蜀本土文化的改造，这并没有窒息本土文化，而是使本土的优秀文化得到了一次空前的发展。

秦并入巴蜀以后，由于执行商鞅燔诗书而明法令政策，古蜀祖先的历史事迹被扫荡殆尽，典册散失，留在后人记忆中的只是一鳞半爪的传说。随着文翁将中原文化在本土的大力传播，人才蜂起，促进了四川以及西南地区经济、文化的繁荣。班固在《汉书》中说：“至今巴蜀好文雅，文翁之化也。”“繇是大化，蜀地学于京师者比齐鲁焉。”《华阳国志》卷三《蜀志》云：“学徒鳞萃，蜀学比于齐鲁。巴、汉亦立文学。”宋代田况在《进士题名记》中说：“蜀自西汉，教化流而文雅盛。相如追肩屈、宋，扬雄参驾孟、荀，其辞其道，皆为天下之所宗式。故学者相继，谓与齐鲁同俗。”蜀地人文蔚起，除当时频繁活动于长安与蜀中两地的辞赋高手司马相如（前179—前117年）外，王褒（约前92—前52年）、严遵（约前78—12年）、扬雄（前53—18年）等具有全国一流影响的文人相继崭露头角，并引得蜀人“慕寻其迹”，争相仿效。

究其原因，历史学家谭继和指出，他们不是走传统经学道德的老路，而是“以文辞显于世”，“文章冠天下”。他们达到汉文学的代表体裁——汉赋成就的顶峰。这不能不说是因为蜀文化独特性的影响的缘故。可以发现，他们的赋善于虚构夸张，语言富丽，用字新奇，不循老路。司马相如的艺术构思主张“赋家之心，包括宇宙，总览人物，斯乃之于内，不可得而传”，这正是古蜀人“发散式”思维方式的生动体现，他也开启了后世巴蜀文人浪漫主义的传统。

文化教育的发展促进了经济的繁荣。汉代，成都是当时西南最大的经济中心，人口最多时有7万多户，仅次于京都长安，居全国第二。成都的纺织业、井盐业发达，位居全国前列。

由于文翁学堂是全国首次兴建的地方政府官办学校，它的演变发展也见证了成都一直延续了两千年的崇文重教传统。文翁石室从古代的“文学精舍讲堂”（前141年）、“文翁石室”（历代大多这样称谓），到近代的“锦江书院”（1701年）、“成都府师范学堂”（1902年）及“成都府中学堂”（1904年），直至现在的“石室中学”。随着行政区划建制的改变，文翁石室弦歌不辍、文脉不断，先后作为蜀郡郡学、益州州学和成都府学等地方最高级别的官办学校，一脉相承发展下来。文翁石室连续办学已达2100多年，成为世界教育史上的奇迹。

文翁轰轰烈烈的兴学，很快就得到了汉武帝的注意。《汉书·文翁传》

石室中学内的文翁教化造像。（蒋蓝 摄）

之后："至武帝时，乃令天下郡国皆立学校官，自文翁为之始云。"汉武帝此举，其实质是以文翁兴学为模板，在全国范围内正式推广新型教育模式。自此我国最早由地方官府开办的学校从文翁石室开始，就逐步推广到全国。文翁所完成的，不仅仅是地方官学的创建，他同时也提供了中国历史上第一块官学模板。

文翁不仅推动了整个巴蜀地区的办学热潮，而且也带动了全国教育文化事业的蓬勃发展，到东汉时，终于出现了"四海之内，学校如林，庠序盈门""其服儒衣，称先王，游库序，聚横塾者，盖布之于邦域矣"的教育局面。经过学校培养的官吏均成为儒者、学者，通过他们的努力及其表率作用，儒学得以渗透、贯彻于社会政治生活中的各个层面。文翁对地方官学的形成与发展、对中国古代的教育制度等均有较大的影响，这对儒学在全国范围内的传播起到了极大的推动作用。

胡适先生在提到文翁兴学、汉武帝"令天下郡国皆立学校官"之后指出："从此中央有太学，州郡有学官，又有以通经取士之法，中国的教育制度的规模才算成立。因为创制之人都是儒生，故教材与考试内容都限于儒学的经籍，故儒家便包办了中国教育与科举制度二千年之久。"[①]

石室学宫，无疑是世界上地方官学的诞生、发扬之地。

经历风雨沧桑的学宫，到宋代范成大镇蜀时，已经破败不堪。范成大满怀历史之情，又对这座城南的宏大古老建筑予以修葺。杨甲《修学记》载："成都学宫自汉至今千余岁，祠殿、讲室岿然独存。其西属延三百楹，壮丽廓大，是为崇宁新学。而岁久弊漏污甚。"范成大上任后，首先视察学宫，"谒先圣，率诸生列拜庭下，览古叹息"。范成大发现学宫年久失修，"屋室移剥，木老石腐"，决定"皆彻新之，盖逾年而役休，沉沉翼翼，严靓宏固，为西南冠"。竣工之后，他"来新学，延见多士，与耆儒宿师，考难疑义，训诲熟复"[②]。

① 胡适：《中国中古思想史长编》，华东师范大学出版社1996年版，第269—270页。
② 《全蜀艺文志》卷三十六《记丁修学记（杨甲）》，中册，第1006页。

另根据《西汉文翁：第一个入川的文姓人》一文记载，在魏晋南北朝时期，中原士族大量南迁，文姓人也在这南迁队伍中。这次南迁，奠定了后来南方文姓比北方文姓兴旺的基础。南朝陈武帝时，文翁后裔住在成都朝阳门兴庆坊的文球，到江西吉州（今江西吉安）出任教谕（相当于教育局局长）。文球在那里结婚生子，安家立业，形成了著名的江右（古代特指江西）文氏大家族，这是四川文姓向外发展结成的一大成果。文球是文姓人最早迁入江西的人，文姓老家谱都称文球是文姓蜀派的一世祖。[①]

在文翁石室，最值得称道的就是宋代吕陶、席益所举“冠天下”的“周公礼殿”和“石壁九经”。吕陶在《任史阁记》中指出：“蜀学之盛冠天下而垂无穷者，其具有三：一曰文翁之石室，二曰高公之礼殿，三曰石壁之九经。”

这才是真正的“蜀中三宝”。

礼殿，本来是祭祀遂古以来历代圣君贤相和学术人物，因为汉代崇尚周公与孔子，而周公又为孔子所推尊。直到晚年时候，孔子还感慨“甚矣，吾衰也；久矣，吾不复梦见周公”，可见周公、孔子的思想，一脉相承，源远流长。这也是后人尊崇“周公仲尼之道”的缘故。因而，这座礼殿才被称为“周公礼殿”。到唐代取消周公之祀，礼殿成为孔子专祠，是为成都孔庙最早起源。

最早明确用礼殿名称的是欧阳修的《集古录跋尾》：

> 右文翁石柱记云：汉初平五年仓龙甲戌旻天季月，修旧筑周公礼殿，始自文翁开建泮宫。据成都县令颜有意《益州学馆庙堂记》。按，《华阳国志》，文翁为蜀郡守，造讲堂，作石室，一名玉堂。安帝永初间，烈火为灾，堂及寺舍并皆焚燎，惟石室独存。至献帝兴平元年太守高眹于玉堂东复造一石室，为周公礼殿。有意又谓献帝无初平五年，当是兴平元年。盖时天下丧乱，

① 《华西都市报》2015年8月30日。

西蜀僻远，年号不通，故仍旧号也。今检范晔汉书本纪，初平五年正月改为兴平，颜说是也。

治平元年六月十三日

欧阳修明确指出，文翁开建泮宫，但造礼殿者乃是东汉末年的蜀守高眣。

巴蜀学者舒大刚指出：“关于高眣其人和他兴建礼殿的事，不见正史。其人名字，或作朕，或作胜，或作眹、联、朕，或又疑为高躬，俱不确，当以作肤者为得。《华阳国志》卷三《蜀志·蜀郡》有记，亦作‘高眣’，事迹与《通志》大致相同，雍正《四川通志》卷六《名宦》据此撰高氏小传。高眣除了上述事迹，更无其他显迹可考，正史也绝无他的记录。关于他建礼殿的最早记录，有残存于宋代的《殿柱记》。这段文字，分别著录于欧阳修《集古录》、赵明诚《金石录》、洪适《隶释》等金石文献，是当时不可多见的汉代石刻（其书者则有蔡邕、钟会等说法）。从而坐实了继文翁后，第一个增修石室的太守为文参（有人甚至怀疑他就是文翁留在蜀中的后人）。不过，此刻最为珍贵的还是有关重修石室、复兴礼乐的记载。”[①]

巍巍“周公礼殿”，是祭祀先贤大儒之处，蜀郡太守高眣于东汉兴平元年（194年）重建，比北魏和平十三年（489年）在京师建立的孔子庙要早295年，是当时蜀学对先圣先贤进行缅怀和祭祀的场地。在礼殿中“画三皇五帝、七十二子，及三代、两汉君臣像于壁”，以供人们凭吊。这些图像和文字，历经了高眣、蔡邕、钟会、刘瑱、张收、丘文播、黄筌、王素、席益等官员、文人画家的维护和增饰，直到明末才为张献忠大西军所毁。到康熙时，四川按察使刘德芳予以恢复重建。

为礼殿绘制的造像图，赵抃另外辑有《成都古今集记》三十卷，又摹绘“周公礼殿图像”一共8轴。

① 舒大刚：《“庙学合一”的创举——成都汉文翁石室“周公礼殿”考》，《长江流域文化的交融与发展——第二届巴蜀·湖湘文化论坛论文集》，四川大学出版社2014年版。

礼殿所绘的图像人物，大体有三类：

第一类为传说时代到周代的圣君贤臣，比如盘古、伏羲、神农、尧、舜等。

第二类为孔子以及著名弟子。

第三类是秦以来名君贤臣及名儒，若李冰、萧何、张良、杜预等。

“周公礼殿图像”成书为《文翁孔庙图》，即是《隋书·经籍志》杂传类中著录的二卷本《蜀文翁学堂像题记》。此书在新旧《唐书》中均有著录，称作《益州文翁学堂图》，且卷数也由二卷改为一卷。该书在《宋史·艺文志》中已无著录，估计在宋末亡佚。不过宋人笔记中却有很多关于石室孔庙的记载，如蜀人范镇的《东斋记事》：“成都府学有周公礼殿，及孔子像在其中。其上壁画三皇、五帝及三代以来君臣，即晋王右军与蜀守帖，求三皇、五帝画像是也。”

舒大刚进一步认为，周公礼殿既是历代贤君名臣（政统）的荟萃，也是历代学术文化精英（道统、学统）以及地方文化（文脉）之代表人物的遴选，无疑是蜀学的精神家园，也是中国古代学校“庙学合一”的最早标本。这一体系的建立，较之唐代贞观二十一年（647年）形成的陪祀制度及人选，要早453年。①

到乾隆年间，周公礼殿已经倾颓。乾隆三十七年（1772年）岁末，吴省钦（1729—1803年）出任四川学政，他写有五言长诗《访石室故址》，开头就说“礼殿迹已销，讲堂址犹在”。这就是说，那时周公礼殿业已无迹可寻了。②

但富有深意的是，关于这座周公庙的图像资料，并非来自教育体系的搜集，而是因为周公庙一度成为校办厂用地，才拍摄了一些工作照片。无意之间，校办厂为我们保留了这一珍贵的历史遗照。

从周公到孔子大约500年的思想演变历程，表明中国古代也有人本主

---

① 舒大刚：《巴蜀学术源流史述略》，《湖南大学学报》（社会科学版），2013年第1期。

② 徐敦忠：《文翁石室诗词选》，四川人民出版社2019年版，第95页。

义产生、发展与成熟的过程，中国是具有人本主义思想传统的伟大国家。文翁石室里，能够将周公殿的名头保留到20世纪六七十年代，尽管里面祭祀的是孔子，也是很不容易的。个中的演变，深刻体现了古文经学与今文经学的价值分野，其实也是中国早期教育从树德树人到后来强调学以致用、经世致用的分化。文翁在成都所创立的自下而上的教育体系，成了当时最为成熟的教育模板，才开始得到了自上而下的教化普及。这个教育模板是如何练成的？至今值得深刻反思。

利玛窦认为，科举制与其他相关因素一道，决定了“中国政府的整个性质”。我们不得不佩服利玛窦对古代中国文明的深邃洞察。正如一位当代学者所指出的：科举不仅是中国（传统）社会政治的核心，也是中国（传统）文化的核心……科举使政治变成文化，文化也变成政治。世界上没有任何一个前现代的国家实践了知识官僚体制，将政治文化“化”。

四川省社会科学院林和生教授指出：最初到中国的西方人，都将中华帝国当作柏拉图理想的哲人政治的楷模；世界上也没有任何一个前现代的国家，在世俗理性基础上，将文化彻底政治化。儒家的文官政治化与文官政治的儒家化通过科举制度相互渗透相互生成，创造了一种独特的政治文化与文化政治，所谓以人文化成天下。从某种意义上说，中华文明传统最重要的特征，就是科举，而不是西方历史范畴中的封建或东方专制主义……利玛窦不仅认识到科举制度具有政治和文化两方面的重大意义，而且看到它在制度上的优越性：自由报名、公开考试、平等竞争、择优选才。在这个问题上，他可算作西方第一人。利玛窦时代的欧洲，大学和各类学校包括教会学校（如耶稣会学校）如雨后春笋先后诞生。中国科举形式首先被利玛窦所属的耶稣会所借鉴，作为耶稣会学校选拔优秀耶稣会士的依据。此后数百年间，这一来自东方的新生事物渐渐渗透、整合进入欧洲文化的深层机理，最终导致西方文官制度的形成。

时至今日，西方文官制度起源于中国科举制度，已成为学界和社会各界的共识。正如一位法国文官所说：“法国的公务员制度最初是从中国学来的。”可见，成都这座号称“东方巴黎”的古城，与巴黎之间的确存在着微妙而深远的历史渊源。①

……

后蜀时期在石室所镌刻的13部石经，一般称为“蜀石经”，又称“孟蜀石经”，又称“石壁九经”“石本九经”“蜀刻十经”“蜀刻十一经”“蜀刻十二经”和“石室十三经”等。从这些称呼里，可见历代对“蜀石经”的面貌特别是所刻经数的不同认识。一言以蔽之，“蜀石经”无疑是石室学宫所创造的中国文化奇迹。

需要注意，“蜀石经”一名含有二义，一是指五代孟蜀所刻石经；二是始于孟蜀、成于北宋在蜀地所刻的石经。“蜀”字既代表时代又代表地域，故“蜀石经”不仅含有孟蜀石经，而且也包括北宋后续在成都所刻的石经。

这13部石经于五代十国时期刻成于成都府学的文翁石室，所以也被称为“广政石经”，它是对“儒家十三经”的首次结集，对儒家经典文献典范的形成起到了至关重要的推动作用，由此成为古代文人价值观中“蜀学之盛冠天下”的最佳代表。

可以发现，中国历史上只刊刻了7部儒家石经，分别是熹平石经、正始石经、开成石经、孟蜀石经、嘉祐石经、御书石经、乾隆石经。孟蜀石经是这些石经中字数最多、刊时最长、规模最大的一种，也因此被学者誉为“冠天下而垂无穷”的壮举。

如此辉煌的巨著，为何诞生在后蜀时期的成都？

石经之所以诞生于成都，除了当时蜀地统治者一心好文之外，还有深厚的历史渊源。“小学”在蜀起源甚古，西汉有司马相如撰《凡将》，《尔雅》文献记载中最古老的注本——犍为文学撰注的《尔雅注》，汉代林闾翁孺传“蝤轩语”，扬雄撰《训纂》与《方言》，这些经典业已奠定了“小学在蜀”的基础。

“石经”对于统一文字、经典汇集、推广教育、流传后世具有深远意义。石经往往需要在局部环境相对稳定、经济条件相对富庶的环境下，才能

① 蒋蓝：《林和生：永不熄灭的文翁精神》，《成都日报》2019年6月30日。

被大规模刊刻。五代是唐宋之交的混乱时期，当时藩镇割据互相撕扯，兵变篡权频频发生。被重峦叠嶂呵护的蜀地却偏安一隅，十几年国泰民安，巷陌间笙歌不断，芙蓉花满城飘艳。这固然要归于前后蜀统治者并不过分残酷的“驭术”，但四川盆地易守难攻的地理条件，让后蜀有了可以稳定发展的外部环境；同时，成都平原水土丰饶，为发展生产和耕作提供了极好的自然条件。天时地利人和之下，让成都成为五代十国时期经济发达地区。

孟昶继承父亲皇位时年仅16岁。一开始他励精图治，整顿吏治，兴修水利，颇有作为。他设置“匦（guǐ）函”，就是接受官员和百姓投书的意见箱，广开言路，了解民情。为了铭记前蜀贪逸奢靡的教训，他下令惩治了先帝任用的贪官污吏，颁布《颁令箴》，告诫诸郡县官吏要铭记历史教训。《颁令箴》四字一句，全文共96字。其中有“尔俸尔禄，民膏民脂。下民易虐，上天难欺”四句，后为宋太祖摘录出来作为“戒石铭”，颁行天下，以此警告各级官吏从政务必谨慎。

历史就是如此吊诡！出自奢靡者之口的“尔俸尔禄，民膏民脂。下民易虐，上天难欺”箴言，竟然成为后世官员的良心规诫。但平心而论，当时后蜀国势昌盛，百姓安乐，成为当时天下最为繁荣、富裕、稳定的地区之一。

更关键还在于，后蜀皇帝孟昶自幼打下了极深的学养根基，不愧为学富五车。

据任臣《十国春秋》记载，后蜀广政七年（944年）三月，后蜀孟昶授意下，丞相毋昭裔取“雍都（唐长安国学）旧本九经”加以校订，命当时蜀地著名书法家张德钊、孙逢吉等人分别书写，由高超刻工镌刻于石片，陈列在成都学宫即文翁石室的礼殿两庑。

毋昭裔，是河中龙门（今山西省河津市）人，生卒年不详，是后蜀时一位有远见、有学识的谋臣，也是当时颇负盛名的刻书家。毋昭裔自幼家贫，在艰难的条件下求学苦读，深有所感，立志要发展教育事业。他随孟知祥入蜀后，自己好学不辍，同时兴办教育。当时，蜀中经唐末大乱之后，学校皆已荒废，毋昭裔自己出资营造学宫、建校舍，使困顿蜀地的教育再度繁盛。毋昭裔撰有《尔雅音略》三卷（已佚），可以推测他也是一

残存“蜀石经”拓片。（四川省博物院提供）

个“小学”专家。而在成都刊印大批精美古籍，是毋昭裔的首功。他“又令门人句中正、孙逢吉书《文选》《初学记》《白氏六帖》《九经》，刻版行之”，蜀地文学大盛。

《蜀石经》始刻于五代孟蜀广政初（938年），前后镌刻8年，到广政十五年（952年）才基本竣工，只余《左传》少量经文尚未刻完。其后续工程卒刻于北宋皇祐元年（1049年），前后延续112年。至徽宗宣和五年（1123年），席贡（也记为席旦）补刻《孟子》入石，最终形成“十三经”的典范。

在《宋史》中，席旦有传：席旦，字晋仲，河南人，是席益的父亲，曾经3次知成都府。

根据赵抃《成都古今记》和曾宏父《石刻补叙》所载，孟蜀石经刻石有《孝经》《论语》《尔雅》《周易》《毛诗》《尚书》《仪礼》《礼记》《周礼》《春秋左氏传》共十经，后来通称为“孟蜀九经”。这显然没有把《尔雅》计算在内，估计是把《尔雅》看作训诂工具书，所以具体字数也未标明。除去《尔雅》，其他九经的正经和注释，加上《孝经》《论语》《左传》的序文等，共计1414585字。

《成都古今记》称蜀经使用“石凡千数”，这样浩大的工程用14年时间竣工，可以想见人力财力的巨大投入。

到宋代又补刻《公羊传》《穀梁传》和《孟子》，使之成为完整的儒家十三经，前后历时一百多年。中国儒学经典体系的基本格局，完全可以说由蜀石经确定。

经过宋元之际的战火，石室十三经的上千经石，几乎毁坏殆尽。据明代曹学佺《蜀中广记》载，到明代只见到“石经《礼记》有数段流落在合州（今重庆市合川区）宾馆中”。到清代后期成都还发现有石经十余块，存放在“藩库”内，可惜的是经石又于光绪二十年（1894年）被四川总督刘秉璋运到了庐江，至今下落不明，而安徽庐江，恰是文翁的故里。

难道冥冥之中，皆是定数？！

如今四川博物院所藏的几块石经残片，历经沧桑，碎石残片上的秀美正楷，石经以实物的形式，佐证了《蜀石经》的辉煌。

第14章

司马相如的琴与剑

“美风姿”的男人

据《史记·西南夷列传》记载，秦汉时代的临邛（今成都市邛崃市）曾是西南铁器生产的重镇，而且可能是最重要的产地，除向南亚诸国销售之外，同时也向西南夷区域广为销售。据历史学家童恩正研究，约当战国至秦这一时期，铁器已经出现于越南红河三角洲和泰国的东北部，这些铁器很可能便是从临邛向外输出的，因为与中南半岛相接壤的广西、云南，其时仍不产铁。汉代实行盐铁专卖，但邻近的合浦、郁林、牂牁、僰诸郡均未设铁官，证明其并不产铁，所以其来源只能向北追溯到西南境内的临邛。西汉时期，临邛一带来自中原的汉族大商贾，也将向西南夷倾销铁器作为重要的商贸手段。

秦始皇灭六国迁徙豪富入蜀，以冶铁致富的卓氏从赵国迁居临邛，“即铁山鼓铸，运筹策，倾滇蜀之民，富至僮千人”。卓氏家族是将中原先进的冶铁技术引入蜀地的第一人，他也是充分利用了邛崃的天然气、火井、盐卤等资源，而使这里成为古代重要钢铁、食盐生产基地之一的大功臣。

卓王孙冶铁不仅富甲一方，其工艺和规模都在历史上值得大书一笔。

据近代考古证实，现在的邛崃市铁花村，即是卓王孙麾下的一个铁工场，那些“铁屎”或者铁花，就是当时炼铁遗留下来的炉渣。考古报告说，铁渣面积有500000平方米，铁渣厚度约30厘米。这相当于70个足球场大小。这是令人非常震撼的数据，由此可以想象当时炼铁工厂的规模。铁花村的这个炼铁场，极有可能是卓王孙的最大的主要工场。从位置上看，这个工场与卓王孙的住宅——现在邛崃市瓮亭公园比邻，方便卓王孙进行生产管理。从西汉开始，家庭与工场结合在一处，或者离得比较近，成为后世“前店后家”式的结构。

但一个人富甲天下，并非构成泽被后世的原因。卓王孙留名于史，除了冶铁与钻取天然气的事功之外，应说与卓文君、司马相如的爱情密不可分。

蜀地多才子，川中出奇人，至少在宋朝之前，蜀地很难出现绵延的家学与学派。这一现象，可以从扬雄《法言》《太虚》对后世的影响力找到部分原因。

蜀人呼“一”为“蜀”，扬雄的《方言》指出：“一，蜀也，南雄谓之独。”所谓“一者，道也”，标举其峭拔其上、独立于世的雄奇，这样的人一旦出世必将一鸣惊人，旁人无法学习。如果以此看待蜀地的才俊，司马相如无疑是确凿的第一人。

司马相如（约前179—前118年），字长卿，小名曰小犬。汉族人，出生在巴郡安汉县（今四川省南充市蓬安县相如镇），后随父在成都长大，因此说他有两个故乡。司马相如是成都人的说法，源自司马相如的《自叙》，所以司马迁在《史记》中就援用了这种说

位于成都市图书馆园区内的司马相如塑像。（蒋蓝 摄）

位于成都市琴台路南端路口的司马相如、卓文君雕塑。（蒋蓝 摄）

法。司马相如将自己的成长地作为籍贯，这在汉代法律上是可行的，也为历代史家所接受。

作为西汉顶级的辞赋大家，司马相如是中国文化史文学史上杰出的代表，是西汉盛世汉武帝时期伟大的文学家、杰出的政治家。景帝时为武骑常侍，因病免。工辞赋，其代表作品为《子虚赋》《长门赋》《凤求凰》等。作品辞藻富丽，结构宏大，使他成为汉赋的代表作家，后人称之为赋圣和“辞宗”。他与卓文君的爱情故事也广为流传。鲁迅先生的《汉文学史纲要》中，还把二人放在一个专节里加以评述，指出：“武帝时文人，赋莫若司马相如，文莫若司马迁，而一则寂寥，一则被刑。盖雄于文者，常桀骜不欲迎雄主之意，故遇合常不及凡文人。”[①]恰恰因为这个世界充斥着太多善于“遇合”的文人，由此可见，鲁迅先生对于司马相如人格的高度认同。

相传司马相如好学击剑之术。剑术不是什么人都可以驾驭的，相如自幼身手敏捷，所以他的父亲替他取了小名叫“小犬”（取其便捷之意），这固然是学习驭剑的先决条件，但他的剑术到底如何，不得而知，因为历史

① 《鲁迅全集》第10卷，人民文学出版社1981年版，第416页。

上未见他有过一展身手的记载。西汉时期，蜀地冶铁工艺独步天下，“蜀刀”奇货可居，已是京城的上等礼品，铁剑甚至钢剑已经渐次出现。骨骼清奇、肌肤雪白的司马相如佩剑在身，挺胸收腹，腰力十足，就显示出一番磊落气象了。他早年很是仰慕古人蔺相如，蔺相如完璧归赵，首先得益于蔺相如的机智雄辩，也就是说舌剑的锋利度大大高于佩剑。于是长卿改名为“相如”，这暗示了这个口吃者，具有渴望一展“心剑”的宏大抱负。

起初，父亲用金钱在京城为司马相如谋了一个职位，职位是武骑常侍，入京侍奉景帝刘启。这本不是他的兴趣，况且景帝也并不风雅，并不喜好弹琴辞赋者。此时正值梁孝王刘武（汉高祖儿子刘恒的后代）入京，带着许多口才甚好的游说之士：如山东的邹阳、江苏的枚乘、浙江的庄忌（夫子）等。司马相如见了梁孝王以后，他心生一计，借生病为缘由辞了官，投奔到梁（开封）地为客，梁孝王就让他和书生们同住，彼此切磋，使他得到了增进学问的机会，由此眼界大开。在梁孝王府的几年里，相如勤奋攻读诗书，写出才华澎湃的《子虚赋》。只可惜梁孝王徒有爱才之名，不知相如的惊世才华，所以相如在梁孝王府内时日虽久，一直未得到重用。毕竟梁孝王还是慷慨的，将一把珍藏多年的古琴——“绿绮”赠给司马相如。相传“绿绮”通体黑色，隐隐泛起幽绿，有如绿色藤蔓缠绕于古木之上，因而名为“绿绮”。但其真正的模样，人们早已无幸目睹。梁孝王还给他配了专车（马车）和秘书（书童）。相如如获珍宝，倍感荣焉。他精湛的琴艺配上“绿绮”绝妙之音色，使得“绿绮”名噪一时。后来“绿绮”就成为古琴的别称，李白名句“蜀僧抱绿绮，西下峨眉峰”，如今一读，大有枯石覆苔的一派静意。

这段委身如尘的、遇人不淑的官场奋斗史，司马相如名篇《美人赋》说得很清楚，我翻译如下：

司马相如美丽文雅，到梁国游说，梁王心情大悦。但谋士邹阳向梁王诽谤说：“相如英俊，然而衣服姿色艳冶，妩媚美丽不忠实，他要用甜言蜜语讨得大王喜欢，到大王后院去和后妃姬妾游玩，大王没有丝毫察觉？”

梁王于是问相如：“你贪恋女色？”相如说：“我不贪恋女色。”梁王说：“你既不贪恋女色，同孔子墨子相比，如何？”相如答：“古代回避女人的人中，孔丘听说齐国赠送美女到鲁国就躲得远远的；墨翟望见商代曾经淫乐的朝歌城就倒车回转。这犹如防火躲到水里，避水淹跑到山上，是未能见到能引起欲望的，凭什么说他们不喜爱女色？哪像我，年轻时在西南夷生活，一人独住，房屋宽大，无人和我玩乐。我东边隔壁有女，美发如云，双眉如蛾，牙齿洁白，颜面丰盈，浓妆艳抹，容光焕发。经常高高翘首向西顾盼，想留我一起住宿；甚至爬上墙望我，到现在已经三载，我弃之而不顾。”

“我仰慕大王的高尚胸襟，所以驱车东来，路过郑国、卫国和桑中等淫乐成风之地。一早从郑国的溱洧河出发，晚上住在卫国的上宫。上宫空着房间，寂寞到空有云雾，白天也紧闭门窗，幽暗不明，一派神仙居所。我推开房门，造访室内，香气浓郁，帏幔高挂。发现有美女独身居住，她不胜娇羞地斜卧在床，奇花一般安娴而静美；性情贤淑，容光艳丽。看到我后她恋恋不舍，微笑着说：‘贵客是哪国公子，是从遥远之地而来吧？’于是摆出美酒，进献鸣琴。我就弹琴，弹《幽兰白雪》之曲。美女唱歌：‘独住空房啊无人相依，思念佳人啊心情伤悲！有美人啊来得太迟，时间流逝啊红颜衰老，肆意托身啊永远相思。’她身上的美玉首饰挂住我的帽子，丝绸衣袖飘拂在我的身体。时已向晚，冬气昏暗，寒风凛冽，白雪飘洒，空房寂静，听不到人声。当时，床上用品已铺陈停当，服饰稀奇，金香炉燃起了香篆；床帐已放下，被褥层层铺着，精美的枕头横放床上。美女脱去外衣，露出内衣，身体雪白裸露，显出苗条的骨骼，丰满的肌肉，时时贴身亲近，我感到她柔滑如凝脂。我却心情平静，思想纯正，誓言真诚，守志不移。远走高飞，与她长别。”

王安石的七言长律《张良》劈头就是一句“留侯美好如妇人”，用《史记》之语把张良的形貌与功业做了某种对立，以妇人形象衬托丈夫伟业，这其实是古人的反讽笔法。再以“谷城黄石非吾师”“捕取项羽如婴儿”“洛阳贾谊才能薄”连贬黄石公、项羽和贾谊，反衬张良的伟岸。观张良奋斗行迹，功成，名遂，身退，俨然范蠡第二。王安石虽然夸张，但并非全谬。就具体事功而论，同样“美好如妇人”的司马相如也许不如描绘出来的张良那般柔美，但文学名气却是直追屈子！

汉代蜀人司马相如、邓通之辈，均是“美风姿”的男人。邓通铸钱，更成为财神化身，所谓“须是片时称子建，不可一日无邓通”。但男人“服色容冶”讲求打扮，未必就一定“妖丽不忠”啊！进一步说，司马相如是否像自己所言那般目不斜视坐怀不乱，只有天知道！从这篇文章里，足以显示出司马相如处变不惊、巧舌如簧的诡异之才。

依靠一篇面临诱惑而“风雨不动安如山”的自述文章，让司马相如在权威面前化险为夷。

一日不见兮，思之如狂

但好景不长，沉溺声色犬马的梁孝王用力过猛突然脱力死去，相如只好携带“绿绮”乘坐专车回到了老家益州。此时，相如父母已亡，家道衰微，一度窘迫到生活难以为继……但司马相如是何等人?！他沉稳如一。四川话叫“稳得起”。

但毕竟是京官出身，相如与临邛县令王吉关系密切。相如于是受邀住进了临邛县城廓下的一处官亭。西汉时节的“亭”，不仅仅是亭子，汉代低级官爵序排列一般是县侯、乡侯、亭侯，一亭不过十里，亭不算大，设有招待所。临邛县令王吉是司马相如的老朋友，朋友处境不佳，王吉于是每天去招待所拜访他，嘘寒问暖，好酒好菜不断奉上。起初，相如还见上一面，后来又见王吉一个人来，焦干啊！他便干脆称病拒见，可是王吉却表现更谨肃而有礼，大有“门前立雪”之势。他知道，高人总是有脾气的，况且大才子不可冒犯！

成都市锦江边“雅文化园”内的司马相如雕像。（蒋蓝 摄）

当时临邛一带是益州冶铁业中心，加上天然气井、盐井的成功开发，这里富豪云集，比如卓王孙就拥有家僮达800人之多。另外一个大商人程郑也拥有数百名奴仆，其财势大大高于成都城里的商人。

值得一说的是“陶铸”一词，初为专属名词，由司马迁发明，特指卓王孙将“铜官山麓买为陶、铸之所”之后，在如今的邛窑遗址“十方堂”一带烧制陶器，同时又铸造铁器。卓王孙在“铜官山麓”烧制的“卓氏钱瓮”，不仅“大可容五石”，而且“色如漆”，还“脚有籀文”。

常璩《华阳国志》提到：“临邛有铁祖庙祠。汉文帝以铁铜赐侍郎邓通，通假民卓王孙岁取千匹，故王孙货累巨万亿。”这就是说，卓氏之富，借资于邓通。用现在眼光看，不排除邓通利用卓王孙的冶炼技术而大肆“洗钱”的可能。

有一天，这两位土豪也风雅起来，商议说：“听说县令请来了一位贵客，我们也备酒席把他请来一见，如何？”

当临邛县令王吉来到卓王孙的府邸，客人已到了百数十人，高朋满座。等到正午，便派人前往恭请司马相如上座！相如摆谱啊，称有病，予以回绝。相如没有想到的是，因为自己缺席，临邛县令居然不敢进食，可能感觉面子过不去，县令于是亲自前往迎接。相如不得已，觉得拿捏分寸差不多了，就病恹恹地答应，那就走一趟吧！

当瘦削而高挑的相如出现在宾客面前，宽袍大袖，迎风飘举，一派玉树临风，在商家、掮客、美女、苦力们狼奔豕突的临邛街头，聚集在卓府内院里的土豪们被京官的翩然风采完全折服了。

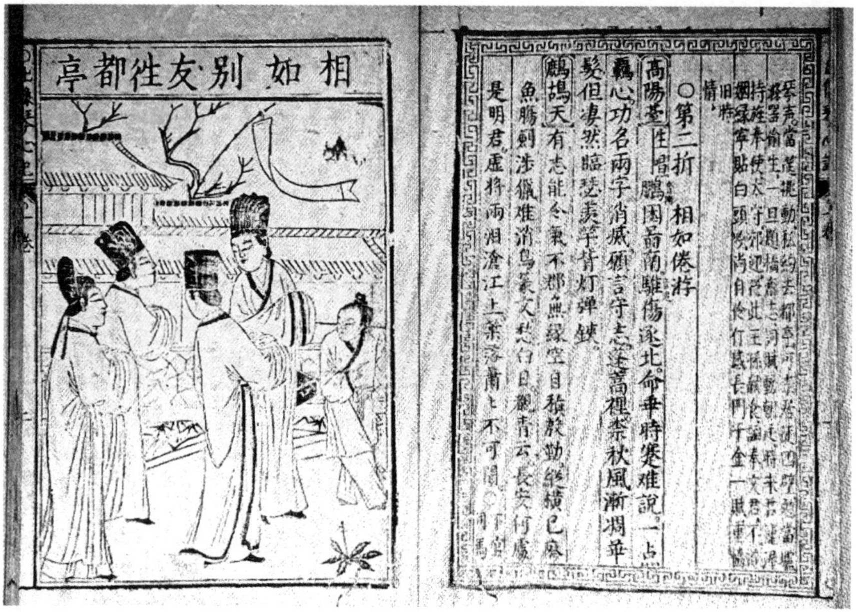

《司马相如琴心记》四卷，明朝孙柚撰。金陵唐氏富春堂刻本

由此可见司马相如的城府修炼，不亚于琴道。

酒酣耳热之际，临邛县令王吉觉得，相如该露一手了。

午后，仍有被金蝉撕破的云朵在头顶环绕。蛰伏之念在燥热中制造自我的高潮。

过于遥远的晚境且不必管了，不朽之梦一次次临空君临静寂的时光。阴云重又布置灰暗的琴境，人们的眼睛无法出走，西蜀的田畴宛如得到了琴声的开光。那些慵懒日常中的买卖，蝇营狗苟，自惭形秽，高耸的盐井天车只配有狭窄的剧情。

临邛县令亲自把“绿绮”托举到了相如面前，请求道：“听说长卿先生精于此道，愿闻一曲以助兴，如何？”

司马相如嘴上辞谢，但技痒难耐，于是弹奏了一二首曲子。曲声悠扬，一如临邛南河汤汤浩渺，似乎被相如妙手横空搬来了一座烟雨弥漫的山林。

满座惊绝。懂不懂琴不重要。重要的是听众们大声说，弹得好！弹得很好！

脑后有眼的司马相如，突然顿挫，开始弹奏《凤求凰》，琴声曲折，宛如岷江跌宕之白浪，浪遏飞舟之际，他随口唱道：“有一美人兮，见之不忘。一日不见兮，思之如狂……凤兮凤兮归故乡，遨游四海求其凰。”

位于邛崃市翁亭公园中的卓王孙塑像。（蒋蓝 摄）

最后一句，相如以“啸”的方式喊出，振聋发聩。远古之时，“啸”多与悲有关，同时也和歌相连。啸歌而起说的并不是大放悲歌，而是吟出来的悲伤之曲。没有字词，但有旋律，而这一旋律有可能是啸者临时自创，也有可能是直抒胸臆。《诗经》《庄子》中均有记载，“啸”多跟悲伤和鬼神有关。其实，“啸”也就是用嘴吹出声音，有点类似吹口哨，但其实又并不完全是，而是一种独特的古代发声术，所以称为口哨是不敬的。

热泪盈眶，呼天天不应！全场静默着……

当街市也打开了困倦的午后之眼，鸟鸣从树枝上惊飞而起。下午的斜光照亮照彻了楼角，仿佛迟到于某种幸福，悄悄地暗自断肠，重温往事。而花有思索的面容，沿着那琴弦的指引，水波秋横，杏花怒放。

所谓隔墙有耳。少妇卓文君丧夫不久，听到这撞击心扉的琴声与歌声，怦然心动，宛若激流中的礁石。她已经看到了司马相如俯仰的侧影，心中一动，不能自持，于是便抚琴相和。

在前庭的相如，听到相和的悠悠琴声，大为惊奇。其实，他已经从琴声里知道了答案。于是，他明知故问：“后院琴音绝妙，高人可否一见？”

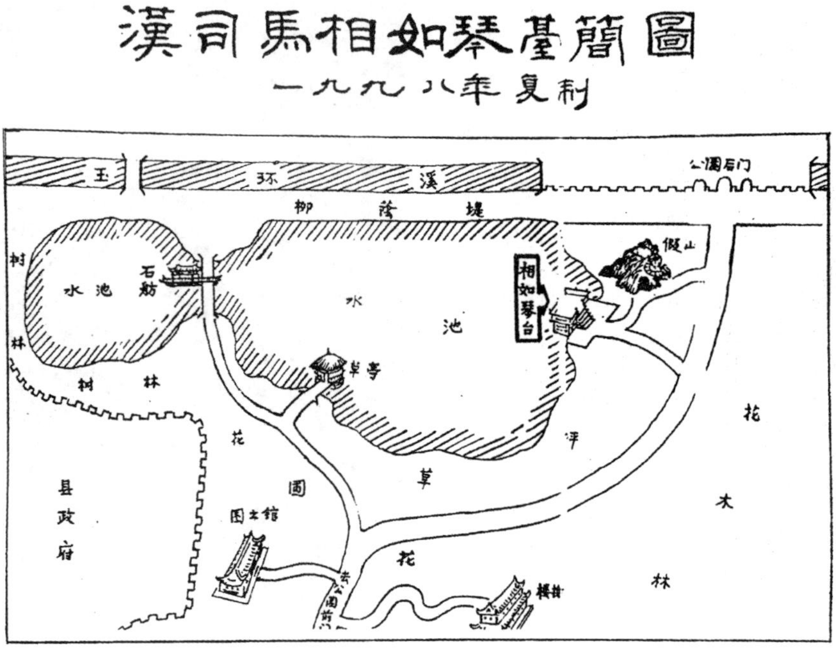

南充市蓬安县的司马相如琴台

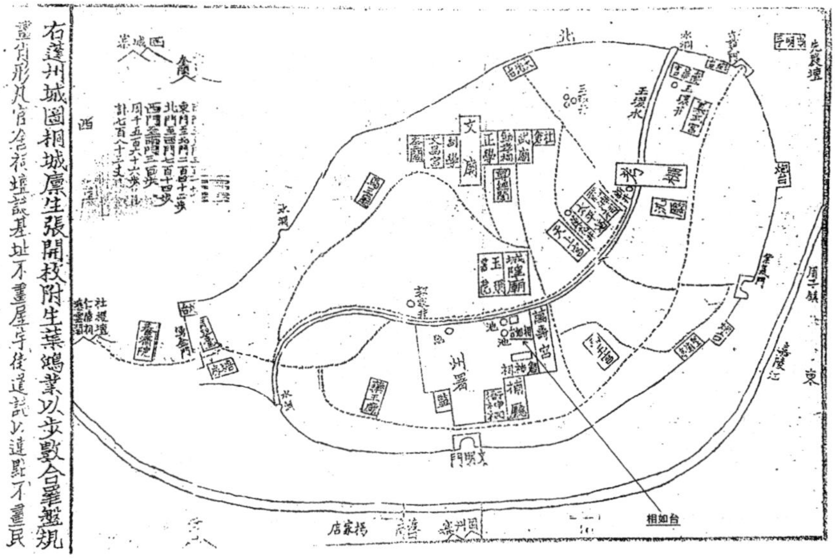

蓬州城图中的“相如台”

卓王孙如梦初醒，起身以实相告："此小女文君也。"

相如素闻文君貌美有才，今日琴声，果然不同凡响，于是，请求相见。卓王孙传话于后宅，吩咐文君出庭见客。文君袅娜而出，一见文君国色天香，众人不觉为之倾倒。文君见相如气态雍容娴雅，容仪俊美，不觉面红耳热。

由于相如处境不佳，知道当面求亲难以成功，他也丢不起这个面子。相如城府极深，眼观六路，重金买通了文君的侍者，传达心意。文君知道相如的心思后，决定趁夜私奔。

在此，司马迁《史记》里使用了一句堪称经典的春秋笔法："相如缪与令相重，而以琴心挑之。""缪"通"谬"，就是"佯装"的意思。佯狂与佯装，看来都是后来魏晋风度的先声啊！

千古流传的"琴挑"一词，成为司马相如"身体政治"的符码。

这改变命运的奔走方式，让古人一再置喙不已，他们均认为司马相如娶卓文君意图"窃妻"与"窃财"。

而第一个对司马相如和卓文君私奔质疑的是历来崇拜司马相如的扬雄。他在《解嘲》里说："窃赀于卓氏。"意思是司马相如觊觎卓文君的钱财。持有相同观点的人，还有中国"家训之祖"的魏晋南北朝的颜之推，其《颜氏家训》中披露得更加赤裸："司马长卿窃赀无操。"——跑到卓文君家偷窃了一笔钱，毫无士人的道德操守了。扬雄与颜之推提出了"窃赀"，也就是劫财亦劫色的观点。

刘勰和蜀人苏东坡则关注淑女的命运，先后提出了"窃妻"之论。刘勰《文心雕龙·陈器》"相如窃妻而受金"；苏东坡在《东坡志林》卷四里说"相如遂窃妻以逃……"

"窃妻"也罢，"窃财"也罢，这叫一个愿打一个愿挨。再说了，估计长卿先生会幽幽地说：羡慕嫉妒恨，空虚寂寞冷。列位看官，我的爱情干卿何事？！

一个人决定出走，在于"他处"的诱引。

卓文君就是财富与美丽的影子。一个影子的出走，注定是分裂；是魂不守舍的、自发式的淫奔。我不由得想起埃利亚斯·卡内蒂的话："学会把自己当成两个人，对自己的失败幸灾乐祸。"但作为影子的卓文君，并未认输。

私奔总是诗意的，邛崃抵达成都的乡径不再颠簸，而且时间总是比马蹄更急。美人如花解语，才俊一骑红尘。但是，司马相如的马车在200华里的泥泞道路上因疾驰而即将散架，车轮晃动，大幅摇摆，即将飞离。

我想啊，卓文君、红拂，与天上的司马相如、李靖之间，间隔了一个黑夜。她们停止了桐花凤一般的窃窃私语。她们举起杯，把倒映在杯中的烛光与远山，一小口一小口抿尽。当她们的手点燃暗中的花，它们就成为谵妄而旋舞的蜀葵。

转眼就到了位于成都城西南的相如家宅，卓文君才发现相如处所家徒四壁，灌满了劲吹的河风，满目萧然，富家女浑身颤抖着从云端坠到地面，不禁痛哭起来……司马相如心雄万夫，口吐珠玑，但现在只能垂手而立。他早年口吃的毛病，达到了前所未有的程度。

马蹄嘚嘚嘚、嘚嘚嘚、嘚嘚嘚……

司马相如故居。（1910年拍摄。出自商务印书馆摄影集《中国名胜》）

邛崃文君井

卓王孙得知女儿私奔后大为震怒：“小女实在太不成才，我虽然不忍伤害她，可是一分家产也不会给她。”

相如和文君逃奔日久，盘缠用完。相如文君二人万不得已把仅有的车与骑都统统卖了，就在锦江边的相如家附近买下一家小酒店，自力更生。由于失去了行走上流社会的身份与道具，两人反而放手一搏：文君在酒垆前酌酒；昔日京官相如则穿了一条下人的工作服“犊鼻裈”，默默打杂，洗涤碗盘……四处寻找爱女的卓王孙知道情况，觉得女儿的举动给他丢尽了面子，于是闭门不出。

这与其说是自谋职业，不如说是一个计划周密的逼迫之计，应该是出自司马相如的谋划。这就是为后世津津乐道的“美女经济”。

相如一展琴技、俯仰身姿的地点，就是如今的邛崃市中心的瓮亭公园。那是一个可供时代去想象汉朝生活的飞地！公园坐落在五彩广场之旁，占地面积2792平方米。为什么说它的前身是西汉全国首富卓王孙的府邸呢？因为在明代时候，人们在此处挖出了两个装满五铢钱的大瓮，“古瓮亭”遂得以成立。而卓王孙还是以全世界水作动力鼓风冶炼技术——“水鞲鞴法”的发明人。班固在《后汉书》中指出：“此法唯蜀中用之。”这一发明对后世中国冶金工业影响甚巨，活塞工作原理还被国外应用于蒸汽机。临邛人发明的深井提炼盐卤技术，恰是采用了卓王孙的“水鞲鞴法”原理，故称为：卓筒井。这只是将水动力改为人畜动力。在我看来，在这些成就之外，卓王孙最大的历史贡献，在于成就了女儿、女婿的金玉良缘。

记得2020年夏季，一个周末我来到瓮亭公园，见到不少人在中国唯一的卓王孙塑像前叩头如捣蒜。奇妙的是卓王孙塑像面露诡谲之笑，所谓“掌上千秋史，胸中百万兵”，不妨改为“掌上千秋账，胸中百万钱”更符合事实。那分明是渴望发横财者的心中偶像；但女人们满面春风，笑望卓文君塑像，并不下拜。一个美女妈妈带着一个六七岁的男孩，站在英气满满的司马相如塑像跟前苦口婆心：“你要好好学习，娃儿！要向司马相如叔叔学习。他一手弹琴，一手抱得富婆归。你不学好，哪来美事！”

我一惊！突然发现，这个艳丽的美女侧面还有点像卓文君的塑像——毕竟，那是邛崃人的美学想象。

琴台的奥妙

卓王孙虽恨文君私奔，视为门庭的大耻，但文君毕竟是自己的亲生骨肉，无可奈何花落去，于是便分给了文君一百余个僮仆，以及上百万的钱财。起初，相如坚辞不受，文君规劝他：“吾父诚意相授，为何不取？否则，倒显得你我心胸狭窄了！”于是相如和文君接受了礼物，结伴再次回到成都，置买田宅，琴台也应该建筑于这一时期。

明清时节，在成都的永陵未被发掘前，此地有一耸立的小山丘，曾有各种传说，引起历代许多人的好奇和猜疑。有人错误地认为它就是司马相如的琴台，或者说是蜀汉诸葛亮的抚琴台。清代以后，人们称此荒丘为“抚琴台”，其一侧的小巷，也命名为“抚琴台街”。直到1940年秋天，为躲日本飞机空袭人们在此开挖防空洞，才发现下面是地宫陵墓，后由四川大学冯汉骥教授主持完成前蜀皇帝王建墓的发掘工作。

汉代王褒《益州记》指出：“司马相如宅在州西笮桥北百步许。李膺曰：‘市桥西二百步，得相如旧宅。今梅安寺南有琴台故墟。’”相如宅与琴台显然是合二为一的。而流经城南的是郫江，别称为市桥江，诗圣杜甫曾有《琴台》一诗记载。也就是说，最早的琴台址历来没有什么争议。明朝嘉靖时，四川提学佥事陈鎏在城外建立了琴台坊，但建坊之处并非琴台故地。现在的“琴台故径”位于成都市通惠门，后来成都市政部门才将“琴台故径”延伸成为琴台路。

其实，琴台并非简单的土堆，下面大有奥妙。

《成都记》：“琴台院，以相如琴台得名，而非其旧。旧台，在城外浣花溪之海安寺南，今为金花寺。元魏伐蜀，下营于此，掘堑得大瓮二十余口，盖所以响琴也。隋蜀王秀更增五台，并旧为六。”也就是说，成都历史上曾一共出现

位于成都琴台故径的汉代青铜龙形灯雕塑

位于成都市的“琴台故径”古琴台。（蒋蓝 摄）

过6座琴台。

宋祁《蜀事补亡》有《琴台》诗："君不见成都郭西有琴台，长卿遗迹埋黄埃。千年免为狐兔穴，北口佛庙空崔巍。黄须老人犹记得，昔时荒破樵苏入。锄犁畏践牛足匀，古瓮耕。开数逾十。乃知昔人用意深，瓮下取声元为琴。人琴不见瓮已掘，惟有乌雀来悲吟。"这就说明，琴台在北宋时，其上建有佛庙，在其土堆之下，人们发现埋有二十几个大瓮。这些瓮的设置，明显具有增音、扩音的作用，这可以看出司马相如对于琴音的特殊美学要求，以期达到出神入化的境界。宋代时，琴台已经荒芜，人迹罕至，土阜高约2丈余，耕锄侵削，阜日益萎缩，汉朝的琴艺高台，历经千年风雨，终于要回到尘埃之中了。琴台周围阡陌井连，田畴一片，空留琴台一个名字而已。李思纯指出："民国二十九年庚辰，中日剧战，于琴台土阜，掘防空壕，其中垒石甚坚，疑为古墓，然则此土阜固非琴台，或古琴台在此阜之附近耳。"①

到清代，金堂县籍诗人陈一沺（字竺山），乾隆五十九年（1794年）举人，写有一首《琴台》，气象阔大，诗艺独步古今：

琴台秋老木芙蓉，落落铜官第一峰。
偏有女儿识名仕，人生那不到临邛。

诗中的第一峰，应该是指邛崃火井镇南第一峰崇嘏山。五代时，相传女状元黄崇嘏隐居山中。

话说回来，得到卓王孙的大力资助后，社会境遇大大改善了，但心高气傲的司马相如岂能是低三下四"吃软饭"之辈！他苦苦等待机会，眼明手快，霍然起身一搏。"学成文武艺，货与帝王家"虽是后人总结的，但他也只有进入京城才能博取功名。

司马相如一生最大的转机，来自一个老乡：杨得意。

---

① 李思纯：《李思纯文集·未刊论著卷》，巴蜀书社2002年版，第563页。

《史记·司马相如列传》当中，介绍杨得意的文字极为简洁。别看他的职务只是皇帝身边的一个“狗监”，却是一句顶万句的角色。

一天，刘彻闲暇读《子虚赋》，一边读一边感叹：“写得好！只恨与作者生不相逢。”恰在一旁的杨得意接了话：“巧了，这作者是小的同乡司马相如。”

刘彻大惊，传令立即召见。

这样，当帝王御旨抵达成都时，置身于杯盘狼藉的酒店、身穿“犊鼻裈”的司马相如立即把这些行头一脱。他知道，大事来了！

驷马桥原名升仙桥，因桥下的升仙水而名。此河即现在的沙河。《华阳国志》说：“城北十里有升仙桥，有送客桥，汉代司马相如初入长安，题其门曰：‘不乘高车驷马，不过汝下也。’”于是后人便取司马相如题字之意，将此桥更名“驷马桥”。驷马桥由此成为怀才不遇者留恋徘徊之地，题诗极多。在我看来，这次司马相如进京，应是第二次。为何呢？因为他受了来自临邛土豪的窝囊气，才激发了“等着瞧”的狂傲之气。现场的听众，自然有娇妻卓文君。

成都驷马古桥。1939年日本人岛崎役治摄。（成都市图书馆提供）

我想，那个在桥头题字的司马相如，利剑终于出鞘，刺杀空气，他那指天发誓身姿，真有剑客之暌气。

相如登车，头也不回，绝尘而去。

纵横西南天地间

古时书生，均喜欢在书房里挂一把剑。书读得太累，就有拔剑的冲动。自幼击剑的司马相如也仅仅只能把剑抽出一会儿，刺杀一番空气，再怏怏地插回剑鞘。投笔从戎的书生，或一手抓笔一手拔剑的文人，摇身一变成为纵横家，总让他感动不已。书生剑气，一直提供着他置身红尘的勇气。

而在《庄子·说剑》中，“庄子三剑”看来均已击中了赵文王的要害。天子剑，长；诸侯剑，中；庶民剑，短。但庄周和赵文王都不是理想的剑客，以庄周的书生眼光，谈论的自然是用心杀人的诛心之剑。这就是形而上之剑与形而下之剑的纸上谈兵了。当一个人已经锋利如一柄剑时，大概就不会去着意剑的长短了。心智的锋芒，如果没有实际经历剑光的洗礼和磨砺，又怎么会获得王者之剑的驾驭快感呢？那些金属的钝响，是任何音响也无从模拟并让人感之教化的。那就不妨学学司马相如。因此在人生关键的机遇抉择中，其实都是剑在手中，以最具现实性和威胁性的搏杀，割舍命运。这样，司马相如之剑，琴剑合一，反而成为逸出“庄子三剑”的人生之剑。

再次进京必须要混个脸熟，相如之剑已非昔日，臻于摧枯拉朽之利。几年之后，司马相如被任命为中郎将，两次出使西南夷，成为他仕途上的辉煌之旅。回到成都岂止是高车驷马啊，而且是“令蜀太守郊迎，县令负弩矢先驱”。卓王孙呢，忙得团团转，置酒肉相迎，暗自庆幸当年没有把事情做绝。

为此，唐代诗人岑参写了《升仙桥》诗：“长桥题柱去，犹是未达时。及乘驷马车，却从桥上归。”这是何等春风得意马蹄疾。

位于成都市的“琴台故径”牌坊。（蒋蓝 摄）

明朝曹学佺编撰《蜀中广记》，引述了《九州要记》里的一个故事：西汉时节，夜郎国王及众夷王，一方面贪图汉国缯帛华美，又自以为可以凭险固守，当时无路可以通达夜郎，汉朝廷对此的确鞭长莫及。唐蒙洞察诸王意图后，于是上书汉武帝，请开夜郎道，以广巴蜀之地。武帝深以为是，敕令唐蒙为主管，司马相如为副职，征发巴蜀士卒民夫数万人修筑夜郎道。唐蒙命令僰道令监督施工，以军兴之法部勒，限时完工。从秦时常頞所筑僰地青衣道开始，山道长达逾千里，直指牂牁江。由此可见，唐蒙因为过于心切大肆征调人力，滥杀地方首领，一度引起“巴蜀民大惊恐”，但他无疑是西南丝绸之路居功至伟的开拓者、拓荒者。

荥县自古有通达成都的“铁山古道”，是从成都出发，翻越二峨山进入荥县西部铁山山脉。僰道令的故事，应该发生于开凿铁山道路之际。

唐蒙和司马相如合力出使西南，以及汉朝先后通过“厚赐”“置郡”等措施，打通西南交通，打破了其与汉王朝之间隔绝的状态，对汉族与西南少数民族之间的经济文化交流具有重要意义。

司马相如做了一系列针对西南夷地区的生存情况、西南夷与内地的关系等的调查，向武帝做出汇报，指出西南夷很愿意同内地和睦相处，加强联系。他建议，邛、筰等少数民族区域和蜀邻近，道路也容易打通，秦时曾在此“置吏”，到汉兴才罢。现在应该在南夷臣服的基础上，再于西夷设置郡县。汉武帝采纳了司马相如的意见，以他为中郎将，持汉节，作为朝廷的全权代表，以王然于、壶充国、吕越人为副使，乘驷马车，到巴蜀郡府取钱币货物，“以赂西夷”。

司马相如一行奉诏先后进入邛、筰、冉、駹、斯榆等蜀郡西边、西南的少数民族部落，与其首领谈判、协商，进行广泛的交往，宣谕汉王朝的威德。许多部落的首领在司马相如的奔走解释下，都愿意做汉王朝的内臣（愿意做汉朝国内的臣属，不做外藩），于是纷纷撤除关塞路障，敞开道路，接受郡县的设置。汉王朝的统治范围因此扩大。汉武帝时，西南地区一共设置了7郡，朝廷开始向这些郡县大量移民、普及汉文化以及礼仪，至此西南的绝大部分地区归于汉朝统治之下。

出使西南，司马相如远非“走一遭”那么简单。他是走一程、修一路，过一地、修一城的方式，宛如文化的播种机，一步一步向西南群山推进。比如，西昌自古便是西南边陲的一个重镇，自秦汉始，历代政权均在此建立过郡、州、司府，委派过官吏。如汉元鼎六年（前111年），司马相如抵达安宁河谷，于是建邛都（今西昌），设越嶲郡，辖15县，属益州。以后所辖区域虽然不断发生变化，但是郡、州、司府的治所依然在西昌，而流传在当地的司马相如的逸闻数不胜数，只有蜀汉三国诸葛亮南征的影响力，可以与之相比。

尤其值得注意的是，司马相如两次出使西南，宣传汉王朝的旨意，作《谕巴蜀檄》《难蜀父老》等文章。他也耐心教学，传播赋体，这对汉朝与西南夷地区的文化联系有着重要意义。正如邵远平在《续宏简录》所说：“司马相如入西南夷，土人盛览从学，归以授其乡，文教始开。”汉武帝经略“西南夷”的政策，不仅促进了西南地区的经济文化发展，而且对各民族团结和融合具有重大贡献。

2020年夏季，我考察完汉源县清溪古道之后，来到零关古道继续探访，这些均为邛笮道的一段。绵延百里的崎岖古道，贯穿凉山州越西县南北，故越西县曾有“一线通南北”之称。司马相如必须经过此地，史书所载“通灵关，桥孙水，以通邛都”即指此处。火成岩上的马蹄印装满了雨水，就像石头的眼泪，倒映着纯蓝天光。如今马帮蹄声随风碎裂，挑夫身影不再，古道部分路段、驿站已湮没在岁月的风尘深处，但丁山桥、保安城门、零关摩崖石刻、小相岭古道等遗迹依旧伫立，述说着曾经的繁华。

我想，司马相如在此估计也会施一番“长啸”气功，一吐胸臆。

后来在京城生活期间，司马相如目迷五色、心思旁逸，他看中了一个茂陵女子，于是产生了纳妾的非分之想。文人们加工后的说法是，司马相如给妻子送去了一封只有13字的信：“一二三四五六七八九十百千万。”卓文君一读，泪流满面。一行数字中少了一个“亿”，“无亿”岂不是夫君对自己“无意”的暗示？她陷入了悲痛之境，这样回了一封信：“一别之后，二地相悬。虽说是三四月，谁又知五六年。七弦琴无心弹，八行书无可传，九连环从中折断，十里长亭望眼欲穿。百相思，千系念，万般无奈把郎怨。万语千言道不完，百无聊赖十凭栏。重九登高看孤雁，八月中秋月圆人不圆。七月半秉烛烧香问苍天，六月伏天摇扇我心寒。五月石榴红如火，偏遇阵阵冷雨浇花端。四月枇杷未黄，我欲对镜心意乱。忽匆匆，三月桃花随水转，飘零零，二月风筝线儿断。噫，郎呀郎，巴不得下一世，你为女来，我做男。”在卓文君这篇《怨郎诗》的影响下，他幡然醒悟，心境平息，与卓文君共度白首。

《西京杂记》里有“相如死渴”一条，说“相如素有消渴疾（糖尿病），悦文君之色，遂以发痼疾……”最后一句，有点触目惊心！是否如此，不得而知。后来司马相如写《美人赋》以此来反省君子面对美色的关系。而一个才子对于美女，欲使其彻底超然于情色之外，就似乎过于苛求了。

《成都旧事》以及《修真录》等古籍，记载了一桩逸闻，再次提到了“红娘”王吉：西汉临邛县令“王吉夜梦一蟛蜞，在都亭作人语曰：‘我翌日当舍此。’吉异之，明使人候于都亭，而长卿至。吉曰：‘此人文章当横行一世。’天下因呼蟛蜞为长卿。卓文君一生不食蟛蜞。”

文章开始，是说明了王吉如此尊敬司马相如的原因。由此可见，王吉也是蜀地伯乐啊！而蟛蜞是淡水产的一种小型蟹类，又称磨蜞、螃蜞，注意它的学名，就叫“相手蟹”。以蟛蜞的“横行一时”，来比喻司马相如不羁的才华，而且蟛蜞竟然也叫长卿，可谓是历史的奇喻。《搜神记》言：“此物尝通人梦，自称‘长卿’，今临海人多以长卿呼之。”

……

据《邛州直隶州志》和《邛崃县志》记载：邛崃的天台山古称蒙山，乃蒙山五岳之首，曰东蒙，自汉时名天台，从唐代开始就有宗教逸事记载。两宋时期成为儒、道、佛三教圣地，“三教合流”使天台山在当时成为一座庞大的宗教山城。到明末清初，被张献忠的大西军尽毁。大量道观寺庙遗迹散落于天台山的莽莽林海与茶树当中……司马相如《凡将篇》里，把茶（荈诧）列为药物：“乌啄、桔梗、芫华、款冬、贝母、木檗、黄芩、甘草、芍药、丹桂、漏芦、蜚廉、雚菌、荈诧、白敛、白芷、菖蒲、芒硝、莞椒、茱萸。”这是古籍里提及茶叶的较早记载之一。天台山留住了古临邛的茶韵，留住了司马相如、卓文君的乡愁，司马相如“金屋无人萤火流”的名句，就是对天台山生态最好的注脚。

值得一说的还有：在文学作品里提及大熊猫的第一人，也是司马相如。

作为天府文化风物最大代表的大熊猫，也是世界上最负盛名的濒危动物。史载远在4000年前，黄帝攻打炎帝时，就曾训练了一支“猛兽大军”，其中就有大熊猫，并大战于阪泉（今河北涿鹿县）。中国古籍中主要把大熊猫称为“貘”，两千多年前，汉朝初年成书的《尔雅》中，便有“貘体色黑驳，食竹”的记载。司马相如在《上林赋》中，描写天子打猎，列举了当时咸阳“上林苑”饲养的近40种珍奇异兽，大熊猫名列首位。其中有“椎蜚廉，弄獬豸；格蝦蛤，铤猛氏；羂騕褭，射封豕……”，猛氏即猛豹、貘豹，就是大熊猫。

毫无疑问上林苑是世界上最早具有一定规模的野生动物园。1975年，在西安市灞桥区白鹿原上汉文帝母后汉薄太后南陵附近，狄寨公社张李大队（今西安市灞桥区狄寨社区鲍旗寨）修水库的时候，发现了南陵的从葬坑，有马、羊、狗以及一些动物的骨头，其中就首次发现了大熊猫头骨。足以证明，司马相如所言上林苑的动物分布情况完全不虚。

相如之墓何处寻

后来司马相如病重，迁居于咸阳的茂陵。相如病入膏肓，刘彻派一个叫所忠的谏议大夫，火速赶往茂陵，再三叮咛道：司马郎如今病得不行。你去把他的全部著作收集一下，都取回来。

所忠赶到茂陵，还是迟了一步。司马相如已去世，家里什么著作都没有。所忠问司马相如的妻子（这个妻子是谁？历来有争议。我认为是卓文君）：司马郎的著作呢？妻说：家里从来没有长卿（司马相如的字）的著作。

“汉中郎将文苑令司马相如墓道”，1958年由灌县文物管理所收藏。（王国平提供）

所忠很感诧异，文人如何没有留下文章呢？

其妻说：长卿的确不时写著作，但每次刚写完就被人取走，所以家里未留片简。末了，她似乎想起了，说：长卿临终时，写过一卷简，跟我交代说，若是有朝廷使者来要，就给他吧。

所忠将这卷遗作呈给刘彻。刘彻连忙翻开，原来是司马相如劝自己的封禅书，内心十分感动。司马相如死后5年，刘彻开始了后土、中岳、泰山、梁父的封禅之旅……

这是公元前118年的事情，司马相如享年62岁。这在一般人平均寿命仅有三四十岁的汉代，不算低了。延宕3年，前121年，卓文君去世。司马相如墓与卓文君墓一样，由于年代久远现在已湮没无考，但学者们一般认为是在成都，应该是衣冠冢。唐代《元和郡县志》载：“司马相如葬于（导江）县东二十里。”宋乐史《太平寰宇记》“导江县下”的记载是：“司马相如葬于县东二十里。”清乾隆《灌县志》载：“司马相如墓，在治东十二里。”光绪《增修灌县志》在“舆地志”的“金石”章节中记载：“汉中郎将拜文苑令司马相如墓道碑，在治东十五里羊子桥侧。”

根据《都江堰市金石录》记录，清嘉庆四年（1799年）灌县知事徐鼎特立碑：“汉中郎将文苑令司马相如墓道”，此碑于1958年被灌县文物管理所收藏。光绪《增修灌县志》（1886年）成书之际，对司马相如墓有进一步考证，采纳乾隆《灌县志》所记方位和徐鼎立碑的位置，但里程有所变更。清乾隆《灌县志》和光绪《增修灌县志》的记载最值得重视。在清代，不仅县志有记载，还有当时人的考证，并在考证的基础上立“司马相如墓道碑”，所塑神兽、石羊以及地名“羊子桥”等保存下来。羊子桥位于现都江堰市聚源镇，应该予以恢复。叶大锵等修，罗骏声纂于民国二十三年印行的《灌县志》载：“汉中郎将文苑令司马相如墓。”民国时期，灌县著名学者余定夫在其遗著《蛾术山房文集》中留下《谒司马相如墓》诗句。

俱往矣，相如意密有谁传？

古人几上置琴，不一定会弹，那是昭示出尘的道具。大才子袁枚说：“我不知音偏好古，七条弦上拂灰尘。”甚至，陶渊明的那张琴根本就没有弦。《晋书·陶潜传》指出，他“性不解音，而蓄素琴一张，弦徽不具。每朋酒之会，则抚而和之，曰：‘但识琴中趣，何劳弦上声。’”这一故事所暗示，陶诗人并不是一般庸众所谓的附庸风雅，而是极高的智慧，指心见性，拨动心弦。入其彀中的诗人何其芳在《〈燕泥集〉后话》里写过这样一段话：“我准备写一篇《无弦琴》，准备开头便说那位不为五斗米折腰的古人，说他的墙壁上挂有一张无弦琴，每当春秋佳日，兴会所至，辄取下来抚弄一番。”但比起司马相如，相如还是要具体实践的，而且玉指翻飞，技术一流。至于他的剑，早已化作漫天的才气。

入其彀中的大才子张潮说：“胸中小不平，可以酒消之；世间大不平，非剑不能消也。”——这，不过是小道罢了。

对此，我写过一首诗《锈剑》，大意是说：

高人之剑从不出鞘。红锈爬上剑身时，成都的红杏正将火烧云举高。当锈的裂纹漫过剑脊，死去的父亲从空中俯照，把相如的骨头照成蜡。剑挂在墙头，任铁锈将它全身染红。夤梦而动的剑，从午夜的深水里伸出头来，大口地呛血。不知道，剑何时溜出房门，干了一桩路见不平的事？还是某个动机暧昧的事体，把自己钉在剑尖——吃痛，渴望成为受难者，或者，剑在熔化。

钟摆停在往昔的暴力中，铁的怀疑气息，与狂奔的红杏在室内游走。让墙壁上的影子比朋友还多，结构比爱情更稳定。我想弄清楚，在花的掩护下，锈如何安然走过锋口的独木桥？

今夜，我肋骨剧痛，一股大力让我浑身是冰。莫不是，那蛰伏的宿敌，已在花窗下恭候多时？

……

这样，我经常路过如今车水马龙、火锅牛油味弥漫的“琴台故径”时，也是一幅手挥五弦、目送白鹭的造型。我看到司马相如与卓文君的巨大青铜雕塑，不禁想起清代黄图珌《看山阁集闲笔》里的一个故事：

> 琴德最为高远不俗。有一善弹者，正弹之间，适村人担肥而至，闻声则肃然改容。弹者曰：“莫非知音者乎？”村人答曰：“某虽非知音，亦颇得趣耳”。

相如琴心，幺弦弹凤。也许在司马相如眼里，人生天地间，均是匆匆过客！摇舌鼓唇的衮衮诸公，如我，甚至不及一个担粪的村夫啊。

谈及命运，谈及荣华，也许剑胆琴心的相如会悠然道：

诸位，看剑！

第15章

西道孔子扬雄

百科全书式的奇才谱系

唐朝人魏颢在为李白《李翰林集》作序时指出："剑门上断，横江下绝，岷、峨之曲，别为锦川。蜀之人无闻则已，闻则杰出。"

这一蜀地人才的现象，明朝李贽在《续焚书》中进一步发现："升庵先生固是才学卓越，人品俊伟，然得弟读之，益光彩焕发，流光百世也。岷江不出人则已，一出人则为李谪仙、苏坡仙、杨戍仙，为唐代、宋代并我朝特出，可怪也哉！"李贽恨不得"余是以窃附景仰之私……俨然如游其门，蹑而从之"（《读升庵集》）。

相比于黄河文化带的人才谱系，逐渐具有渐悟、渐进、渐行的扎实学风，一个巨子的出现，犹如山峰连臂推举而起的东岳泰山；而处于长江文化带的巴蜀自古出奇才，学子们在亦步亦趋之余，更有一种追求顿悟、灵动、突发而至甚至剑走偏锋的峻急特征。这缘于地缘、季候、物产的不同，更缘于通达南亚的"蜀身毒道"的异域文化的不绝输送与传递，以及自秦朝就开始的移民入川，这些因素与本土文化"对撞生成"而出的巴蜀文明。

近几十年来一直有一个流传的说法："长江上游出鬼才，长江中游出天才，长江下游出人才。"天才就是那些解决问题时，按照常理来解决，但是能够比所有人解决得都好的人。鬼才就是在解决问题时，能够找到非常理的解决方法，且效果比所有人解决得都好的人。另外，鬼才更体现了他们具有窥视天机、洞察幽冥的特点。两千多年来，蜀地"鬼才"辈出。比如西汉时期的天文学家、太初历的主要创立者、春节的确立者、阆中人落下闳；三国时期的"千古一相"诸葛亮；冶铁大师临邛人蒲元；隋末唐初玄学家、天文学家、数学家，益州成都人袁天罡；乃至汉代文学家王褒、唐朝诗人薛涛、唐求等等，均属于鬼才系列。

因此，在鬼才、奇才之上，更有一种伟力无俦的百科全书式的人物渐次崛起，他们"仰观天文、俯察地理、中知人事"，在三五百年为一个时间单元的节奏里，接力完成了对中华文化的突破式贡献，成了开一代风气之先的枢纽式人物。

如果说司马相如是蜀地第一位进入华夏格局而实现了一己抱负与才华的奇人，那么，扬雄、李白、苏轼、杨慎、李调元、刘咸炘、郭沫若、巴金、李劼人等大匠，联袂而起，激扬文字，他们像峨眉金顶一样，异峰突起，没有旁系，成就了蜀地百科全书式人物的辉煌谱系。

这样的异才，敢于去思考他们不懂的世界，敢于去书写他们甚至只懂得一半的事物，其文字与学理散发出尖锐、执拗的香气。但他们在写作过程中，与这些陌生的事体耳鬓厮磨，最终与之达成某种默契与相知。对于外人而言，这其中的情怀与情致，的确已经超越了学理本身。尽管如此，这样的异才在其作品里，并没有一清二白地表现他们的思想底牌。或者说，他们把一半的思想藏匿于激情的洪流中，我们需要考量文体负载激情的汹涌与漫流，才能抵达其窥见并建造的渊薮与堂奥。

西汉时，严君平、落下闳一心问天，穷窥天象，达到前无古人的高度；司马相如、扬雄宛如峨眉、瓦屋两大并起之峰，成就了蜀地峭拔华夏文化的两大奇人，至此，蜀地璀璨的文采与孤绝的文思，开始居高临下，漫延到长江大河。有意思的是，司马相如、扬雄两位均是口吃者。口吃俗称结巴、磕巴，雅称“重言”“双声”，医学上称为“语阻”。尽管众多口吃者自卑、无法胜任“巨谈”，但个中却有赫然巨臂，振臂一呼，可以发出狮子吼，一改喑哑局面，成为口吃者的光辉榜样。司马相如、扬雄因为口吃，他们放弃了结结巴巴的口头叙述，承接楚辞之风，继而精雕细刻出一种文体，雄阔的巴山蜀水化为了笔下的滔滔雪浪与无垠森林，铺排了、厘定了西汉大赋的任督二脉。

史载扬雄长相普通，身材不高，自幼师从大隐士严君平学《周易》，从成都人李弘学《周礼》，从临邛人林闾翁儒学“古文奇字”。扬雄在学术研究及文学创作上取得了辉煌成就，《太玄》和《法言》奠定了扬雄在中国哲学史和儒学发展史上的崇高地位；《甘泉赋》《羽猎赋》《长扬赋》《河东赋》《蜀都赋》《逐贫赋》《反离骚》等使其与司马相如齐名而并称“扬马”，被《中国文学史》称为“西汉末年最著名的辞赋家”；《方言》使其被后世称为“世界上研究方言第一人”。扬雄还在天文学、数学、历史、音乐等方面有重大贡献，无愧于“百科全书式的奇才”。

扬雄之师严君平

扬雄（前53—18年），字子云，古籍里一度亦写作“杨熊”，西汉蜀郡成都（现为成都郫都区友爱镇）人，西汉官吏、学者、哲学家、文学家、语言学家。

扬雄的先祖，系姬周支庶，因食采于晋地之杨邑，而以杨为氏。据说扬雄目空一切，自改“杨”为“扬”，惊世骇俗，是为了以别于蜀地杨姓，这并没有实据。其实，“扬雄”在古本里一律作“杨雄”，明朝之前没有俗字“扬”字蜂起，明朝以后各印本写成“扬雄”，约定俗成，逐渐成为定律。

后来，扬雄先祖为逃避战乱，迁往巫山，再沿江而上，在今重庆住过一个时期。到祖先扬季时，方来到四川郫县落户，当时家有百余亩土地，在广种薄收的西汉，有百亩之地的家庭，应说是很不富裕的。

到扬雄时，“家产不过十金，乏无儋石之储”。西汉时期，金的单位是斤，十金指金十斤，看起来家境并不很阔绰。

扬雄像

自汉武帝立五经博士之后，通经成为读书人追求仕途的主要手段。学通一经，扬名立万，就可成为博士或弟子员，许多读书人都为功名利禄而穷研经籍。扬雄在这样的风气下，没有成为循循书生，这在很大程度上是受他的老师严君平的影响。

扬雄绣像图

《汉书·王贡两龚鲍传》载，严君平在成都市井以卜筮为业，“有邪恶非正之间，则依蓍龟为言利害。与人子言依于孝，与入弟依于顺，与人臣言依于忠，各因势利导之以善……裁日阅数人，得百钱足自养，则闭肆下帘而授《老子》，博览而亡不通，依老子，严周之指，著书十余万言。扬雄少时从游学，以而仕京师显名，数为朝廷在位贤者称君平德”。

这一段记载里，我们可以发现，成都自古历来拥有一种坚韧的民间性，利与害、孝与顺、忠与善，鉴事而判，标举正义，在严君平身上算是找到了源头，他身上其实具有司马迁笔下“游侠”的部分精神特征。他不依靠官府为生，绝不厕身游走官场、乞食公门，而是设肆卜卦，以智慧养活自己。论及糊口的能力，杜甫似乎就不及严君平。很显然，老师赚足了一天的饭钱，才开始对弟子讲授《老子》奥义。根据扬雄的家境来看，严君平显然不是为了学费而教学，这只能是出于“孺子可教”也。

位于绵阳市的扬雄塑像

严君平本是亦人亦仙之辈，神化他事迹的传闻极多，可以瞬间遁迹，可以倏忽出现在百里之外。据说，严君平91岁去世后葬于郫县平乐山。他在平乐山生活了四十多年，在山上写出了“王莽服诛，光武中兴”的预言，提前20多年预测了“王莽篡权”和“光武中兴”两个重要历史事件。当然了，这其中不乏附会。

这一段交往经历对于扬雄弥足珍贵。多年以后，他在《法言·问明》里称颂严君平师：“蜀庄沈冥，蜀庄之才之珍也，不作苟见，不治苟得，久幽而不改其操，虽隋和何以加诸？举兹以旃，不亦宝（据《音义》，当作‘珍’）乎？吾珍庄也。”可见老师的思想和操守，给扬雄毕生以重要的影响。

正因如此，少年扬雄可以“不为章句，训诂通而已，博览无所不见。”“口吃不能剧谈，默而好深湛之思，清静亡为，少耆欲，不汲汲于富贵，不戚戚于贫贱。”（《汉书·扬雄传》）与其说严君平的学识卓绝，不如说严君平言传身教的民间性，成为扬雄的圭臬，由此表现出与众不同的独立精神。读书自然不再是追求名利的敲门砖，而是遍涉各家学说，不以富贵、贫贱为念。历史上称赞扬雄是第一位将巴蜀人文、古蜀仙道思想与中原文化予以融会的大家，恰如其分。

“扬雄一跃”的危机

扬雄早年极其崇拜司马相如，“每作赋，常拟之以为式”（《汉书·扬雄传》）。他的《甘泉》《羽猎》诸赋，就是模拟司马相如《子虚》《上林》而写的，其内容为铺写天子祭祀之隆、苑囿之大、田猎之盛，结尾兼寓讽谏之意，这也开启了一种献策、献表的文章结构模式。其用辞构思亦华丽壮阔，与司马相如赋相类，后世有“扬马”之称。

西汉时人的寿命短促，一个人四十多岁已算是老人，似不应远游。扬雄四十余岁了，竟然离开四川，他来到可以一展才华、兼济天下的京城长安。42岁的扬雄被当时的大司马王音召为门下史。其时，扬雄有一位老乡杨庄在汉成帝身边担任郎官，他向汉成帝推荐了扬雄的《绵竹赋》，汉成帝评价说，这很像司马相如的文章。由此扬雄得到汉成帝的召见，并在很短的时间里连接写了《甘泉赋》《河东赋》《羽猎赋》等献给汉成帝。43岁时，扬雄任“黄门侍郎”（是在皇帝身边写写文章、传传诏令之类的文职官员）。

《汉书·扬雄传》记载：“孝成帝时，客有荐雄文似相如者，上方郊祀甘泉泰畤、汾阴后土，以求继嗣，召雄待诏承明之庭。正月，从上甘泉。还奏《甘泉赋》以风。……其三月，将祭后土，上乃帅群臣横大河，凑汾阴……上《河东赋》以劝。……其十二月羽猎，雄从……故聊因《校猎赋》以风。”据扬雄被荐“岁余，奏《羽猎赋》，除为郎”来分析，扬雄被荐是在元延元年（前12年），时年他已42岁了。

扬雄入仕时，正面临刘氏王朝同王氏外戚集团的斗争。扬雄既无力维护刘氏王朝，又不敢得罪外戚势力，文弱书生只得埋头著述，意图超越于现实的政治斗争之外，在写作中获得自由。可惜，自己早年的民间性价值观已经严重不适应官场生态，扬雄不得不以夸大、蹈虚、华丽之辞来大肆“美新”，歌功颂德，百兽率舞，山河感应，这显然是为了避祸的违心之作。

最为严重的在于，他竟然歌颂王莽：“周公以来，未有汉公之懿也，勤劳则过于阿衡。”汉公指的是王莽，阿衡为伊尹，历代文人认为这段话是他向王莽奋力献媚的铁证。伊尹、周公为商、周二代人所称道的贤相，扬雄将王莽与之相比，似乎是称颂，实际上则是慑于王莽的威势，对王莽的一种婉转箴劝。只是，这种“箴劝”对于气势如虹的王莽而言，何其微弱！

天禄阁位于未央宫北部，南距前殿一里之遥。天禄阁主要存放国家文史档案和重要图书典籍，扬雄、刘向、刘歆等都曾在天禄阁校对书籍。这一批笃学之士，政治和学术倾向各异。在刘歆授意下，扬雄开始教授刘歆之子刘棻辨识古文奇字。刘棻后来擅自造作“符命”，这是上天预示帝王受命的符兆，其实王莽自己也未必真正相信所谓的“符命”，但“符命”是独裁者的禁脔，王莽问鼎权力后，如果有旁人敢于擅自制作“符命”，则必须逮捕下狱。而在王莽夺取权力的时候，“符命”被一而再再而三地利用。刘棻与刘泳、丁隆、甄寻皆被王莽杀害，扬雄被当作与刘棻等有牵连的同党。在治狱使者来搜捕他时，他惊慌失措，从天禄阁上跳楼而下，几乎丧命。后遂用“扬雄投阁”谓文人无端受牵连坐罪，喻走投无路。

这一年，他已经67岁了。

粉碎了篡党夺权的小集团后，王莽听到扬雄跳楼，认为：“扬雄一向不参与其事，为什么在此案中？”暗中查问其原因，查明扬雄的确不知情，下诏不予追究。然而京师为此评道：“因寂寞，自投合；因清静，作符命。”

“投阁事件”后，扬雄因病被免职，不久又恢复了大夫的职务。扬雄一生贫困，晚年“人希至其门，时有好事者载酒肴从游学，而巨鹿人侯芭（辅子）常从雄居。”（《扬雄传》）一个致力于学术的人，家门口自然是清冷异常的，这也是中土学人的一种常态。经历一惊一乍，扬雄委顿于波诡云谲的宫阙，最后在清贫寂寞中结束了半路入仕的一生，时年71岁。

扬雄好友桓谭主持葬礼，其学生巨鹿人侯芭常跟扬雄一起居住问学，扬雄传授他《太玄》与《法言》，侯芭四处宣扬其学术。侯芭负土为他建坟，号“玄冢”，坟地位于汉惠帝安陵园内（安陵阪上，今咸阳市以东），并守丧三年。

桓谭的《新论》除了记载扬雄一生大事之外，提到了贫病交加的扬雄一家，到了“病卒无以办丧事”的地步，而造成扬雄贫困的最大原因，是他两个儿子先后病逝后，送灵柩归蜀的巨大花费。而扬雄的“妻子弃其坟墓而归于蜀”，也足以看出这个女人的绝望与决绝。

经历“投阁事件”的劫难，也成为扬雄写作与学术研究的分水岭。扬雄认为辞赋为“雕虫篆刻”，“壮夫不为”，转而研究哲学。仿《论语》作《法言》，模仿《易经》作《太玄》。提出以“玄”作为宇宙万物根源之学说。有人嘲笑他，于是他写了一篇《解嘲》；为了宽慰自己，又写了别具一格的《逐贫赋》，写他惆怅失志，“呼贫与语”，他质问贫困何以老是跟着他？这篇赋发泄了他在贫困生活中的愤怒。多用四字句，构思新颖，笔调诙谐，却蕴含着一股深沉不平之气。

看起来，蜀人的幽默、自嘲的精神，又回到了晚年扬雄身上。

“韩非知说之难，而以说诛。扬雄知白之不可守，而以玄死。”按照王夫之的理解，一个人在这个世界为什么会遭受韩非、扬雄那样的痛苦下场呢？就是因为他们在这个世界上做人处世，总是夹杂着“世故机心”。而这样的举证，对于扬雄并非公允。

而这样的“世故机心”，对于一个口吃者来说，根本不重要了；历史无须口吃，历史根本就无须言说。

“载酒”与“问字”

《说文解字》上说杜康是酒的发明者，毕竟杜康是云里雾里的传说人物。但在三星堆新近出土的文物中，不仅有炊具、餐具，也有大量陶制酒具。酒具和大米的同时发现，表明古蜀先人极可能已开始用大米酿酒，并且有了饮酒的习惯，这至迟在殷商时期已经形成。

比如出土的陶盉，肯定早于曾经出土的青铜酒器，这被认为是一种温酒器。陶盉固然是二里头文化的典型器物，但三星堆出土的大量陶盉，时代与二里头相仿，但限于古蜀文化的自成体系，未必是受到二里头文化的影响。三星堆早期的陶盉形制较修长，足较粗；晚期陶体矮胖，足较红，且有实心足尖。

根据分析，三星堆遗址发现的酒器特别丰富，暗示了古蜀人对酒的嗜好，给神灵敬酒也成为应有之义。陶器有杯、尖底盏、觚、壶等；青铜器有壶、尊、方彝等。其中仅瓶形杯数量就达几百件。这种杯的制形如瓶或筒，具体式样又有差异，比较典型的器形为：侈口似喇叭形，束颈，腹壁向上斜收，平底，全器的最大径在底部。有的在颈部加一圈附加堆纹。器形细长，高低从几厘米到十几厘米不等，最高的约有13厘米，容量约为100毫升，酷似现在烫酒使用的小瓶。

蜀人对于酒，早有形而上的总结。

王莽始建国元年（9年），年逾六旬的扬雄，大概于此年作《酒箴》。这是蜀人第一篇深刻论述酒文化的力作，一定程度上也开启了魏晋时代远离权力、独抒性灵的酒文化。

蜀人饮酒，不但有温酒器，更有“滑稽”。

西汉蜀人扬雄在《酒箴》里说：“鸱夷滑稽，腹大如壶，尽日盛酒，人复借酤。”“鸱夷”典故来自越国历史。《越绝书》记载说，吴国被越国复仇之后，越王竟然把美女功臣西施“鸱夷”沉江，就是把西施装在皮口袋里投水溺杀。《吴越春秋·逸篇》沿袭墨子的说法：“越浮西施于江，令随鸱夷而终。”《东周列国志》赞同墨子沉江说，细节化令人心悸，把国家希望获得的一种暴力化整洁，妖魔化成了女人之间争风吃醋的谋杀：“勾践班师回越，携西施以归。越夫人潜使人引出，负以大石，沉于江中。”后来范蠡泛舟五湖，自号“鸱夷子皮”，为什么呢？这恰恰体现了他对西施的无尽缅怀。

鸱夷可以装人，其实它本就是巨大的皮制酒囊，移动起来就很不方便，所以在人们反复取酒时，要用一个“滑稽”来取酒。

北魏崔浩在《汉记音义》中指出："滑稽，酒器也。转注吐酒，终日不已，若今之阳燧樽。"《儿女英雄传》讲得更通俗："这'滑稽'是件东西，就是掣酒的那个酒掣子，俗名叫'过山龙'，又叫'倒流儿'。因这件东西从那头儿把酒掣出来，绕个弯儿注到这头儿去。"

看起来，这是利用虹吸原理取酒的一种器物。把酒滑引出来的"酒掣子"，还有限制的稽留功能。掌控弯曲的"滑稽"一端或起或降，就是"稽首"的形象；控制一定的量，就是"稽查"，由此不但可见古蜀酒文化的源远流长，而且也可以坐实滑稽、稽查等这些词语的词源，均与蜀地生活明显有关。

从词语历史上看，尽管滑稽一词，最早的出处可能是《楚辞·卜居》："将突梯滑稽，如脂如韦，以洁楹乎？"王逸注："转随俗已。"这明显告诉我们，此意已经是词语转义，而非本义了。当然，扬雄在《法言·渊骞》中再次使用了"滑稽"来批评一些饱食终日的"滑头"："饱食安坐，以仕易农，依隐玩世，诡时不逢，其滑稽之雄乎！"这里的"滑稽"，则是圆滑的意思了。司马迁《史记·滑稽列传》中，已引申为能言善辩、言辞流利之人。

宋代秦观《〈精骑集〉序》里说："予少时读书，一见辄能诵。暗疏之，亦不甚失。然负此自放，喜从滑稽饮酒者游……"所以，经常听老成都人说，喝醉了是一件很滑稽的事。

看到三星堆的纵目面具，很多人会觉得神奇，进而滑稽。一当端起酒杯，滑稽就滑稽吧。

扬雄在《酒箴》中，比喻喝酒的人好像井口边上的瓶子，很容易被打碎。后以"观瓶居井眉"喻那些喝酒过量之人，有如井边瓶，极易破碎。《苏轼诗集》卷二十八，苏轼有《偶与客饮孔常父见访方设席延请忽上马驰去而已而有诗戏用其韵答之》，他有些苛刻地认为："扬雄他文皆不奇，独称观瓶居井眉。"其实不管别人的瓶子是否打烂，反正扬雄这个酒瓶子，的确快碎裂了。

扬雄一度罢官，他素来无积蓄，非常贫困。可是蜀人爱酒，天性使然，对酒一往情深，这如何是好？

由于家里贫困，他不能再喝酒了，那么文思如何打发呢？有人知道了实情，索性用车载着酒和菜来登门向他求教。扬雄一见酒菜来了，文思大进，思想精骛八极，玄言奥义，连绵不绝，据说送酒的人因此大为受益……事情一传开，京城的有钱人于是经常向他求教。作为求教的礼物，都拉着酒菜来上门请益……这就是“载酒”一词的由来。

其实扬雄并非高阳酒徒，他喝酒，渐渐悟出了酒的启示录，比如他的《法言》写到，只有喝酒的实际内容而不讲究礼仪的形式，就会显得粗野；而讲究礼仪的形式而没有喝酒的实际内容，就会显得虚伪。形式与内容相符合才是真正的礼仪。扬雄其实拿捏到了一种分寸：适度，这本是蜀人的生活价值观。

那么，“问字”与扬雄又有什么关系？

扬雄对古文字学术有精湛研究，加上博闻强记，阅书无数，简直就是一部滔滔“字海”，诸如甲骨文、金文、篆书之类。名声在外，有人就专门向他学古文字学，这就是“问字”典故的由来。

“载酒”“问字”这两件雅事，就这么合到一起，成了一条品格极高的成语。也可以说，扬雄是一时学问的象征。

扬雄有两个儿子，少子童乌，生而颖异。据说他9岁时，见父亲挥写《太玄经》初稿，童乌就敢参与讨论。姚振宗《汉书·艺文志·条理》卷二之上记载：“《刘向别传》曰，雄竿（算）《玄经》不会，子乌令作九数而得之。雄又擬《易》羝羊触藩，弥日不就，子乌曰：‘大人何不云荷戈入榛？’后早逝。”扬雄于《法言·问神》中痛惜这个天才之子，写道：“育而不苗者，吾家之童乌乎！九龄而与我玄文。”李轨解释说：“童乌，子云之子也。仲尼悼颜渊苗而不秀，子云伤童乌育而不苗；颜渊弱冠而与仲尼言易，童乌九龄而与扬子云论玄。”由此可见，天才的早夭，似乎成了一种命定的结局。

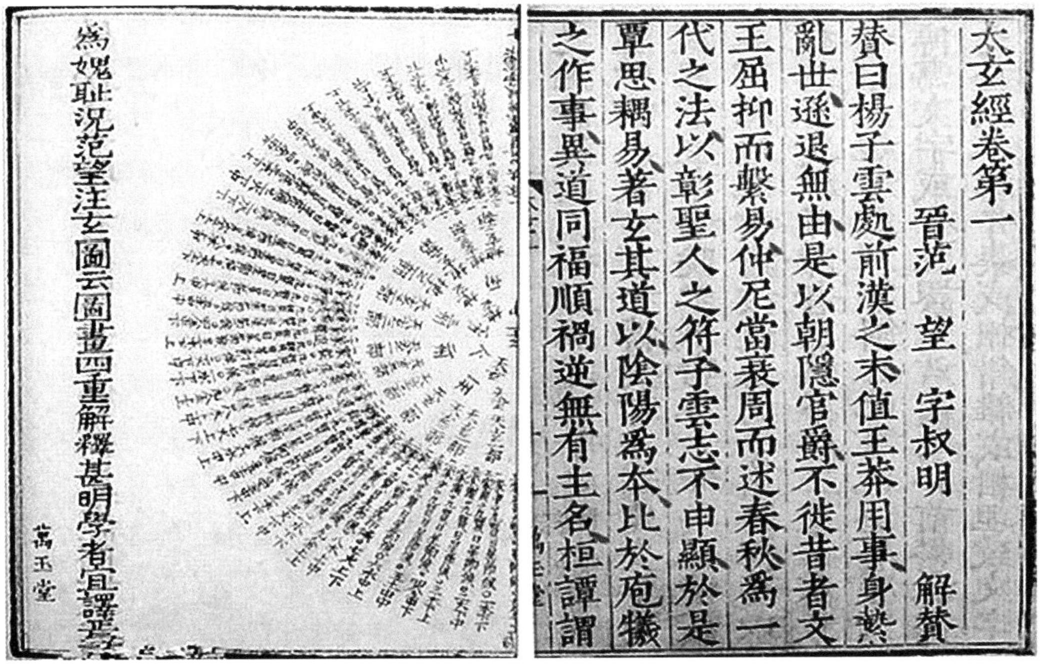
太玄經卷第一　晉范望　字叔明　解贊

贊曰楊子雲處前漢之末值王莽用事身褻亂世遜退無由是以朝隱官爵不徙昔者文王屈抑而繫易仲尼當衰周而述春秋爲一代之法以彰聖人之符子雲志不申顯於是覃思耦易著玄其道以陰陽爲本比於庖犧之作事異道同福順禍逆無有主名桓譚謂

爲娓耻況范望注玄圖云圖畫四重解釋甚明學者宜譯

萬玉堂

扬雄《太玄》书影

扬雄琴道与《琴清英》

汉代董仲舒倡导“罢黜百家，独尊儒术”，成为两千多年来儒学正统之滥觞。随着以孔子为代表的儒家学说的社会地位上升，琴学自然获得正统地位，一方面使得先秦各种活跃的琴学思想逐渐凝固为儒学教条，另一方面也使两汉时期古琴艺术在理论的总结上，取得了较大的成就。比如东汉琴家桓谭所著《新论》中有《琴道篇》，蔡邕所著《琴操》等。

蜀地司马相如善鼓琴，其所用琴名为“绿绮”。一直崇拜司马相如的扬雄，于古琴之道岂能不问不知？

毫无疑问，扬雄也是蜀地琴艺名家。吴中复是北宋仁宗、神宗两朝名臣、诗人，他曾经知成都府，在七律《游琴台墨池》一诗中，有“寻春景物乍晴暄，连月余寒花未繁。夫子琴台余古寺，扬雄墨沼但空园”的描写，证明扬雄抚琴台在一个称作“墨池”的池边，相传是扬雄当年清洗笔砚之池，早已面目全非，但扬雄琴台一度尚存，并有一座古寺倚立。从这里可佐证扬雄在此台抚琴及从事琴艺活动。

精通乐理的桓谭说“扬子云大才而不晓音”。扬雄五十多岁时，他的学生刘歆曾经调侃老师，说你虽然博学多才但却不通音韵。扬雄听后不但不生气，转而向学生请教音韵知识，通过学习和实践，于元始四年（4年）写出了音韵专著《琴清英》等音乐著作四篇，王莽得知后，上奏平帝，依据扬雄所撰，制定为朝廷的“乐经”，立于学官。

《琴清英》原书已佚，幸好《全汉文》辑有佚文。在《琴清英》里，扬雄云：“昔者神农造琴，以定神，齐僻，去邪欲，反其天真者也。”这里所言琴可反其天真，其实就是老子之“朴”。扬雄崇尚雅颂，提出了“中正则雅，多哇则郑”的古琴音乐审美标准，“雅正”固然为乐之大美，但也敢于抛开了那种以政治、社会、道德功利为音乐美的标准化见解，认为音乐之美就在于音质美、形式美，这些观点对后世古琴发展有极其深刻的影响。同时他提出的“大音必希”“声之眇者不可同于众人之耳”等观点，既是扬雄对音乐美学的重要贡献，似乎又是他自己历史命运的真实写照。《琴清英》还讲述了他得到一张古琴并命名为“清英”及其他一些琴坊逸事，比如“夫妻偕隐”题材的滥觞、“双双化鸟”结尾的设置以及“主动性死亡”叙事等，使其具有重要的文学价值，完全可以纳入文学研究视野，为研究琴史、研究古琴与汉代文化的关系、研究古琴与文学的关系，乃至揭示诸多文学现象产生的原因提供崭新的视角。

《琴清英》是传世文献中第一部专门的琴学著作，标志着琴曲歌词文本化的伟大开端，也标志着汉代古琴文化发展的新阶段。这一古琴谱系是，扬雄《琴清英》肇其始，桓谭《琴道》（亡佚，未能流传）、蔡邕《琴操》继其后。值得注意的是蔡邕的《琴操》，在当时于琴曲收录与题解批评方面，有可能均参考了扬雄的《琴清英》，因此在各方面乃皆较扬雄《琴清英》为优，但扬雄源头性的地位，则无法撼动。在巴蜀地区，这部书对后来蜀派古琴确立与发展产生了巨大影响，称扬雄为蜀派古琴大家并不过誉。

遥望“西蜀子云亭”

扬雄生长于郫县，扬雄的衣冠冢在郫县城西南11公里三元场友爱乡。墓为圆形，高数米，直径10米，封土若小丘。墓地开旷，东西有农舍竹林环抱。墓前里许竹林环抱，为子云亭旧址。

明代四川按察使郭子章入郫县凭吊子云先生，见其墓已荒芜，乡人随意放牧采樵，遂明令严禁樵牧，又于墓地遍植柏树，并立碑作记。清道光元年（1821年），知县黄初又命人在墓周围栽植柏树。20世纪50年代墓地尚存古柏80余株，墓周有石栏、石柱、石碑。石柱上镌刻楹联：“文高西汉唯玄草；学继东山是法言。”“文革”期间，墓地古柏及石栏、石柱、石碑遭毁坏。1985年，扬雄墓被列为成都市重点文物保护单位。2007年，扬雄墓被列为四川省重点文物保护单位。

扬雄一生坎坷，经历了汉成帝、汉哀帝、汉平帝及新朝王莽时期。他文采焕然，学问渊博；道德纯粹，妙极儒道。王充说他有“鸿茂参圣之才”；韩愈赞他是具有“大纯而小疵”的“圣人之徒”；司马光更推尊他为孔子之后、超荀越孟的巍然“大儒”。连《三字经》也把他列为“五子”之一：“五子者，有荀扬，文中子，及老庄。”有人又把孔子、扬子、朱子三人作为影响了中国两千多年的文明进程的著名人物，与扬雄同时代的西汉哲学家桓谭认为，扬雄一定会被后世传颂，他提出扬雄乃是“西道孔子”，这是非常富有学术远见的。获得如此隆誉的蜀人，殊然一人耳。

扬雄在“理学”产生之前，被奉为“亚圣”。按理说，扬雄获此隆誉，理应与孔子、朱子一道在神庙里享受香火与三牲。把他排除在外的人，是来自南宋的朱熹。朱熹大力反对扬雄而标举孟子。由于朱熹的影响，扬雄学说被挤出了儒学门墙。朱熹认为，扬雄仕王莽是“卖汉”，在学术上又不儒不道，倾向黄老，因而不值得推崇。这一举措，颇有些“正人君子”的意味，他说一套做一套的事情不少啊。但后世所谓庄子之学，又确以庄周、严君平、扬雄三人学术思想的融会呈现。

洪迈在《容斋随笔》里对扬雄的分析可谓入木三分："扬雄仕汉，亲蹈王莽之变，退托其身于列大夫中，不与高位者同其死，抱道没齿，与晏子同科。世儒或以《剧秦美新》贬之；是不然，此雄不得已而作也。夫诵述新莽之德，止能美于暴秦，其深意固可知矣。序所言配五帝冠三王，开辟以来未之闻，直以戏莽尔。使雄善为谀佞，撰符命，称功德，以邀爵位，当与国师公同列，岂固穷如是哉？"洪迈最后的结论多么明晰，如果扬雄善于逢迎讨好，杜撰符命，称颂功德，以此求取高官厚禄，本应与国师公等同地位，怎会一直穷困如此呢？

痛诋扬雄的朱熹，在这一番见识面前应该惭愧，他尤其缺乏钱穆所言的那一份对古人的同情之心。

扬雄出身贫寒，成就极高，唐代刘禹锡在《陋室铭》中论证茅屋、草亭同样能孕育出公卿贤人，体现孔子的"君子居之，何陋之有"的思想，列举了诸葛亮、扬雄二人，写下了"南阳诸葛庐，西蜀子云亭"这一千古名句。

位于成都市郫都区的扬雄衣冠冢

《汉书·扬雄传》只言子云住宅“处于岷山之阳”，时人称为“子云宅”，因向他求学、问字者极多，故时人又称其居为“问字宅”。“宅”与“亭”含义显然并不一样，而且古代的“亭”是一种地方行政建制。“子云宅”何时被变为“子云亭”的呢?

著名语言学家王力先生认为：刘禹锡所说的“子云亭”，其实就是“子云宅”，就是指扬雄的故宅。刘禹锡是为了让《陋室铭》中的句子押韵，有意将“宅”改为“亭”的。

自刘禹锡《陋室铭》一出，流传海内外，“子云亭”也不胫而走。郫县人因地处扬雄故里而自雄，也将“问字宅”改为“问字亭”。又因扬雄曾作过《太玄》，影响很大，故又有人称其宅为“草玄亭”。清朝，为避“圣祖”玄烨讳，改“玄”为“元”，又称为“草元亭”。

鉴于《陋室铭》名声太大，蜀中“子云亭”四处林立，凡是扬雄曾涉足过的地方，纷纷修建“子云亭”，其中较有名的有成都、犍为、剑阁、绵阳、郫都等地之亭。

哪里才是真正的“西蜀子云亭”呢?

据《直隶绵州志》记载，扬雄在前往京师长安（今陕西省西安市）之前，曾寓居涪县，即今绵阳。在西山和钟阳镇（今涪城区新皂镇）两处留有读书台和洗墨池等遗迹。《四川历史人物名胜词典》认为绵阳西山“子云亭”为真，它也是目前仅存的一座“子云亭”，郫都区重建了一座“子云亭”，算是为成都人设置了一个缅怀之所。子云亭始建于隋，屡圮屡建。据《绵阳县志》载，清末重建的子云亭是木结构的长方形亭台，1976年在暴风雨中倒塌。后在原址又重建子云亭，仿木结构，至今犹存，称原址子云亭，以区别后来新建的子云亭。

巴蜀学者李殿元指出，《少城文史资料》认为“子云亭”当在成都，就在青龙街的原成都第十三中学之内，依据是宋人乐史《太平寰宇记》及何涉《读易堂记》等。晚唐人郑暐撰《蜀记》即说扬雄宅邸是在秦大城内唐节度署西北二里二百八十步，其方位即在现在的青龙街附近。

据学者分析，扬雄在成都的洗墨池，从来源推测是修筑城墙挖土所致，后来命名为洗墨池，当然是扬雄住在这里之后。何涉《读易堂记》里指出：“扬雄子云有宅一区，在锦官西郭隘巷，著书墨池在焉。”“郭隘巷”为旧地名，“洗墨池”后来居上渐渐取代了它。洗墨池衬托得亭堂老宅分外清润雅致，而成都人对水最为钟情。据说，曾有青龙从天而降，正巧落入洗墨池中，变为美女，此地又被叫作“青龙街”。

现在修葺一新的扬雄墓地

墨池书院与芙蓉书院一墙之隔，两院同在成都市青龙街，共享扬雄洗墨池。墨池书院比芙蓉书院历史悠久，是成都人纪念扬雄而建。晚唐之后，人们传扬雄故宅在龙堤池畔，扬雄曾在此池洗笔，故称之为墨池。到宋朝，人们怀着对扬雄的敬仰在此兴建书院。

对此《成都城坊古迹考》记载，到明朝时，成都著名的子云、少陵、大益、浣花、墨池等几大书院毁于战火，墨池书院故址改为了民宅。清朝康熙年间，在此恢复为锦江书院（后来迁走）。道光年间，学政聂铣敏捐俸一万两白银购买墨池故址以及郑氏私宅三院及空地数亩，重建墨池书院。书院有三大院房舍200余间，中为书院，左为东园，右为廉泉精舍。墨池书院历经元、明、清兵火匪患，书院名称几百年不变。

清咸丰三年（1853年），墨池书院一分为二，墙左为墨池，墙右为芙蓉书院。清光绪三十一年（1905年），两院合并改制为成都县立高等小学，清光绪三十三年（1907年）改名为成都县立中学，1952年易名为成都第七中学校。1953年，成都第七中学搬迁，墨池书院原址上建立起了成都市第十三中学。2000年后，第十三中学搬迁，中学内“墨池”遗址遭遇没顶之灾，辟为了繁华的大商场……

四川大学李思纯教授在1954年写有《纪青龙街扬雄墨池》一诗：

武担之南少城西，一泓清浅杂淖泥。
菰蒲埋没集荒稗，柳枝衰朽崩危堤。
子云旧宅自前汉，草玄亭榭犹能稽。
三唐两宋历桑海，龙女堂殿留招提。
王蜀仓庾拓余址，元明区画为芳畦。
后来墨池建书院，异代一水存琉璃。
近年摧夷不复惜，倾积尘滓填高低。
壬辰秋冬遂平陆，广场数亩如新犁。
角牴拔河较体力，那复怀古思幽栖。
我来凭吊怆未已，但虑遗迹终成谜。
不能碑志只一叹，黄埃漠漠风凄凄。

诗歌沉郁，但以杜诗笔法，真实记录了墨池的消失过程。“近年摧夷不复惜”，呵呵，写得真好。

遗迹俱往矣，但不会忘记的恰是王安石对扬雄的评骘：“儒者陵夷此道穷，千秋止有一扬雄。”

第16章

王褒归去来兮记

赋文治病的奇迹

著名巴蜀学者谭继和新近提出了“茶文明”概念，认为茶文明与农耕文明、丝绸文明构成了中华文明的起源和形成的三大特色[1]。这可能是对于一种植物敬仰的最高表述了。

中国是世界茶叶栽培的起源地，四川则是现在所知中国茶叶的最早栽培地与茶叶交易场所。提及茶叶的最早集市“武阳”（现彭山区江口镇），出自汉朝大才子王褒的一篇奇文《僮约》。但出于先入为主的习惯性效应，司马相如、扬雄似乎囊括了汉朝蜀地的天空与绮丽，但王褒宛如出岫的一片孤云，并不会被他们所遮蔽。王褒与西道孔子扬雄被后世并称为“渊云”，单是王褒一篇《僮约》就足以灿烂千古。

王褒（约前90—约前51年），字子渊，资阳县（现四川省资阳市雁江区昆仑乡墨池村）人。自幼家贫，他常用竹简、树皮和枯叶练字，家门外

① 谭继和：《川茶振兴与茶健康美学》，《文史杂志》2020年第1期，第20页。

有大小二水池，是他常年洗笔涤砚的地方，日积月累，池水尽墨，人称“墨池”。少年时期的王褒显示出善于写诗、工于作赋的才华，对音乐也有较高的修为。汉宣帝时编修武帝故事，讲论六艺群书，提倡歌诗音律，广征茂材。丞相魏相上奏说，知音善鼓雅琴者，有渤海赵定、梁国龚德，其他郡国亦有以茂材进者。当时蜀地属益州，益州刺史王襄听说资州人王褒有俊才，遂请为诗，等于验证一下耳闻。王褒于是写了《中和》《乐职》《宣布》等诗（此为歌颂政治平和、百官各司其职、风化远布的诗作），刺史一见，十分高兴，命人配以《鹿鸣》歌之。《鹿鸣》为《诗经》古乐仅存的四曲之一，是一种宴请嘉宾时所用的乐歌。用这样的曲调演唱王褒的颂诗，古意盎然。王褒接着又为刺史作传，故深得其赏识，王襄于是上奏，推荐王褒的过人之才。这样，王褒作为特别优异的征士，与文学家刘向、张子侨，音乐家赵定、龚德等人一起待诏朝廷金马门。

王褒画像

汉廷在长安城未央宫北阙处的鲁班门外立了一尊铜马。《后汉书》载：“孝武皇帝时，善相马者东门京铸作铜马法献之，有诏立马于鲁班门外，则更名鲁班门曰金马门。”

是谁命名的金马门？不知道，这显然是方士的大力举荐的一个乌托邦，恰与帝王的想象力合拍，金马门于是成了国家才俊的麇集所在。

汉宣帝雄姿英发，很快召见王褒。鉴于滥竽充数者日众，必须当场考试，要他作《圣主得贤臣颂》。这篇命题作文必须歌功颂德，王褒不敢浪费这唯一的机会，颇费周折。构思时他想到了马，所以文中便出现了骏马奔驰情景：“纵驰骋骛，忽如景靡。过都越国，蹶如历块。追奔电，逐遗风，周流八极，万里壹息。何其辽哉，人马相得也！”这真是，善御者六辔在手，操纵自如！善御、骏马的比附，似乎比伯乐相马，用意方面要技高一筹。

不是走马，不是走狗，而是国家得到神骏，权力与速度的颂歌！汉宣帝看得出，此人不同凡品，还可以进一步御用。

《汉书·王褒传》记载了一桩奇事：赋文治病。当时太子身体欠安，吃药太多了，身体愈发淤堵。汉宣帝“诏使褒等皆之太子宫虞侍太子，朝夕诵读奇文及所自造作。疾平复，乃归。太子喜褒所为《甘泉》及《洞箫赋》，令后宫贵人左右皆诵读之”。这一事件，涉嫌怪力乱神，但似足以证明王褒之赋骈偶整齐、音韵谐美所别具的艺术感染力。诗词歌赋，反复诵读，竟然可以打通高位者的任督二脉，这是不是开拓出历代泣血进表献诗的一条捷径，我们难以定论，但是王褒之作在当时宫廷中已然广为传诵，并对东汉骈偶渐行起到了强有力推助。诵读王褒之赋可以治病，这极大地鼓舞了后世舞文弄墨者再接再厉，于是他们骈四俪六，奋力揣摩圣意，从外表看上去都是正气浩然，锦心绣口。

王褒随后跟随汉宣帝四处游猎，眼目大开。他在赋的道路上发力狂奔。连续写作的《甘泉赋》《甘泉宫颂》，完成了从散体大赋向抒情咏物小赋的转变。宣帝是一流的读者，评论说：小赋骄丽可喜，好比女红绣出的美艳花纹，好比郑卫音乐丽声迭起。辞赋有讽谏，蕴含鸟兽、草木以及多种见闻，而且合乎礼仪经术，这比歌伎、棋手高明多了！

很快王褒被任命为谏议大夫，这是秦代开始设置的官职，专掌议论，其实也掌控帝王耳边的话语。但谏议之道，在衮衮诸公眼里，还是颂圣啊。批评也是表扬。而表扬，就成为超级表扬。

从安志里到湔上

元康五年（前61年）三月，汉宣帝改元神爵，以纪念“神爵翔集”的祥瑞。所谓神爵，就是神雀联袂而飞，这显然是一种盛世瑞兆。《汉书·宣帝纪》记载：“前年夏，神爵集雍。”神爵之后，接着又是金马碧鸡。当时有方士诡称，益州出现了金马、碧鸡之神，只要诚心祭祀就能获得！沉迷此道的汉宣帝异常兴奋，他马上联想起益州人王褒，派他前去迎请金马碧鸡神，应该是最佳人选。

位于成都“雅文化园”的王褒塑像

王褒奉汉宣帝命，来到蜀地，迎请其实谁也没有见过的金马与碧鸡神。这是一道绝对无法完成的使命，王褒于神爵三年（前59年）正月十五日来到成都以西安志里的杨惠家盘桓。

这里出现的寡妇杨惠，不要小看哟。战国时代大工商业主、中国乃至世界上最早的女企业家——巴郡的寡妇清，出现在《史记·货殖列传》当中。寡妇清叫什么？不知道。与寡妇杨惠比较起来，显示出到汉宣帝时代，蜀地女子已然有名有姓了。总之，她们两人无疑是巴与蜀的女双子星座，遥遥辉映互耀。

1941年，“石男女拥抱像”出土于眉山市彭山区江口汉崖古墓群，郭沫若见到这座惊世骇俗的汉代浮雕，誉之为“天下第一吻”；而被称为“中国第一俑”的“击鼓说唱俑”，1957年出土于成都天回山崖墓。在这些五官挪位的兴奋表情背后，暗示了经历春秋战国“礼崩乐坏”之后的东汉，蜀人在日常生活或是在艺术创作中，都呈现出了更为世俗化的享乐倾向。

王褒呢，似乎就是这种倾向的实践者。

古人云“疾风暴雨，不入寡妇之门”。为什么王褒去寡妇杨惠家投宿？在我看来，一是在于杨惠的丈夫是王褒朋友，去了，才发现老友病故了。二来，汉朝时蜀地封闭，民风淳朴，未受到中原世风彻底同化，因而不存在什么非议。

与口吃的司马相如、也是口吃最后只能寡言的扬雄不同，王褒风神潇洒，口吻也是戏谑的。

东汉渔猎图。成都出土画像砖

从流传下来的王褒两幅肖像画来推测，刚过了而立之年的王大人应该是中等体格，微微偏胖，官员的生活质量大大提高，虽然不至于到达刘备那种髀肉复生的程度，但酒色财气，均不可少。但我估计，他最大的出众之能应该集中在面部，那就是表情丰富，不是沐猴而冠之徒那般，死死端着一个摇摇欲坠的架子。鉴于他具备戏谑的性情，更加之拥有朝廷官员的背景，挺胸收腹，腰力十足，这样的人游走天地间，可谓是嬉笑怒骂皆成文章。

见到朝廷官员王褒来访，杨惠立即安排家僮去买酒。这个奴仆本来叫什么已经不重要了，反正这个倔强的奴仆被王褒现场命名为“便了”，这明显是一个王褒式的戏谑性命名：意思是一了百了，随主就便了，干事“方便了当”。后世遂以“便了”作为奴仆的代称。

男主人亡故之后，安静且和谐的主仆关系，因为朝廷官员的到来而濒临土崩瓦解。

便了不但是孝子，而且还有一双明察秋毫的眼睛。他精光缕缕，扫视着花枝乱颤的女主人，以及高坐对面的那个谈笑风生的大人物。

俗话说，酒是色媒人！一听他们要喝酒，便了怒火中烧，完全不能自已。他提着一根大木杖出门，冲到了主人的坟前大哭。

手持大木棒，便了显然准备对来人予以图穷匕首般的凌厉一击。

他就对女主人和王褒大嚷起来：“大夫买便了，曾经买我的契约上写明我只是守冢，没说为来他家的男子买酒喝！”

王褒一听就明白了。酒，的确是个好东西！一个区区奴仆，竟然不准朝廷命官与玉人杨惠对酌，猖狂啊！王褒不禁勃然大怒。

他问杨惠："这奴仆肯卖吗？"

杨惠答："家奴历来顶撞得很，没人肯要哇。"

便了一见，竟然还插嘴道："大人要买便了，必须得一一写明我要做啥子。不写上的，我便了就不能做！"

于是，王褒倚马可待，用当时流行的口语写了一篇戏谑性的赋体文《僮约》，600多字，规定了上百个工序。有人说，《僮约》首创了三个历史话题的先河，一是契约话题；二是茶文献话题；三是俗文学话题。在我看来，王褒的《僮约》，抢救性地记录了汉朝蜀地百工的全部情状以及工作细则、职业道德规范。为了加深对《僮约》的学习领会，我翻译如下：

蜀郡王子渊，因事到彭州一带的湔山，在寡妇杨惠家里歇息。杨惠的夫君曾有一个僮仆名叫便了，子渊请这个奴仆便了去买酒，便了却提了一根粗木棍冲着大喊："大夫买便了时，契约只要求看家，没有约定给别家的男人买酒呀！"王子渊一听大怒道："这僮仆想要卖吗？"杨惠答："僮仆长大后经常顶撞人，没人愿意买。"子渊当即决定买下来，立约管束。僮仆又叫道："要使唤便了，都应该写上券约。不上券的话，我便了就不做的！"子渊说："好！"

券文说：

神爵三年正月十五日，资中男子王子渊，向成都安志里女子杨惠，买她亡夫在世时门下的络腮胡奴仆便了，价钱一万五千文钱。家奴应当听从各种驱使，不能有二话。早晨起床，洒水扫地；吃饭以后，洗净餐具。平时在家凿石做碓窝，积杆捆扫帚；削木造水盂，凿成酒斗。疏通水渠，拴牢篱落。锄去菜园杂草，平整田头阡陌。堵塞歧路，填平凹地。刻木条捆牛皮，制造成连枷。烧弯竹竿做柴把，削光木头制辘轳。进出不能骑马乘车，不能像簸箕样坐着喧哗。起身离座就要快跑，捶打镰刀去割青草，编苇作篝，绩麻织布。汲水炼乳酪，调制美味的饮料。织造鞋子，设网粘捕麻雀、捕捉乌鸦。结网捕鱼，射飞雁弹击野鸭。上山射鹿，下水捕龟。后园的池子要放养上百只鱼雁鸭鹜。驱赶猫头鹰和鹞子，手拿着竹竿去放猪。种养生姜和芋头，喂养小猪小驹。打扫干净堂屋和厢房，饲养饥饿的马牛。敲四更的时候就要起身坐候，半夜添加饲料。二月春分，打牢田埂，堵塞田界。修剪桑树的枯枝冗条，将棕榈皮搓成绳索。种上瓠瓜好做葫芦瓢，再分类种好茄子和葱苗。将麦茬杂草就地烧灰作，将垄畴整齐翻松泥土，中午好趁早晒太阳。每天鸡叫的时候就起来舂米，制作水幕拦鱼栅，要编三层以防漏鱼。家中有客人，就要去提壶买酒，打水做晚饭。洗净杯盏，整理桌案。到菜园拔蒜，砍紫苏叶，将腊肉切成肉片，要用碎肉蒸芋头，精脍鲜鱼、烹炖团鱼。烧水煮药，分杯陈列，吃完盖好敛藏。到晚上关好门窗，喂猪遛狗，不要与邻居打架骂仗。僮奴只能吃豆饭、喝清水，更不能好酒贪杯。要想饮美酒，也只能触嘴沾唇，不得一饮而尽、酒斗翻转。不能早晨偷跑出去直到夜晚才归，更不能在外滥交朋友。房屋后种的树木，应当砍来造船，以便我下行去江州、上溯到湔上当官挣钱。要织纺出白色的布料，去售卖用棕榈皮编的绳索。要到绵亭镇上去买席，往返新都和雒水之间，还要选购妇女用的脂膏，到小集市上买卖。返回成都，要担荷臬麻转山小路贩到旁磋。要牵着狗将鹅卖掉，再到武阳去买茶叶。要从杨氏开凿的池中掘得藕担着去卖，往来集市，还要谨防被盗。到集市不能东蹲西卧，粗话骂人撒泼。要多做刀具铁矛，带到益州，换回羊牛。僮奴啊，你要自己学会精打细算，不能愚笨。要敢于拿着斧头上山，取材作车辋车轭，如有剩余的材料，可选做俎几、木屐和猪儿的食槽。把剩下的劈柴烧作木炭，要以竹笼将石头垒砌保护堤岸。修理房舍翻盖房屋，砍削竹片作书简。傍晚该回家了，还要带回两三捆干柴。四月要松土撒种，五月要收割小麦。十月收打豆子，播撒麦种、窖藏芋头。要去南安县收购采买板栗、黄橘，车载转卖取利。要多找些蒲叶苎麻，尽量多地搓成绳索。大雨如注泄在盆瓮，要披蓑衣，戴斗笠。无事可做，就用菰蒲草编席子织蚕箔。种植桃树、李树、柿树和柘桑树，三丈一树，八尺一行。按相同的果类种在一起，横竖距离要适当。果树成熟收获时，不得随意品尝。狗叫的时候应当起床，叫醒四邻防火防盗，要先拴牢门和窗，上楼去击鼓，手执着盾牌，奋力挥舞戈矛，围着栅栏巡逻三周。要殷勤劳作，不要到处乱跑。到奴仆老迈无力气时，就种莞草编织草席。做完一件事想要休息，应当先舂好一石米。半夜没事的时候就去洗衣裳，跟白天一样去做。如需收租讨债，掌管供给宾客。奴仆不能有奸私之事，一切事情都必须向我禀告。奴仆一旦不服教管，必须鞭笞一百。

便了读完券文，理屈词穷无可狡辩。他磕头如捣蒜，双手交互自抽耳光。泪如雨下，鼻涕一尺："如果真像王大夫所说的这样，那我还不如早点进黄土，任凭蚯蚓钻进脑袋里！早知这样，真该替王大夫打酒去，实在不敢胡说八道恶作剧了。"

成都西北方向的湔江，历来有两种说法，但主要是指白草河与青片河流经北川原县城西汇流后，流经漩坪、曲山、邓家、通口到江油青莲汇入涪江的北川县境内最大的河流。湔水所经行之地，故名湔上，这就犹如古蜀时期成都区域里的另一著名地名"瞿上"。

这一地望的出现，也意味着王褒最早寻访金马碧鸡的方位。很明显，他是希望朝向北川、汶川的方向。可是为什么后来又掉头向南而寻？不得而知。

但必须指出，王褒《僮约》所记的时间肯定有误。宋代章樵注《古文苑》时，就认为不可能是神爵三年发生的事，因为那时王褒应该还处于未闻达之际。

正月十五日，是汉朝一个奇特而隆重的时日。因为历史对于汉宣帝刘

陈子庄先生手拓汉砖拓片《车马》。9厘米×26厘米。（选自任启华著《巴蜀过客》。西南交通大学出版社出版）

询最大的肯定，是在东汉建武十九年（43年）的正月十五日，汉光武帝刘秀追尊他庙号为“中宗”之事。而汉宣帝时代已有“三元日”，来源于“三元”，上元、中元、下元。“三元”其实就是道家的“三官”。所以，选择在上元正月十五日王褒赴安志里看望杨惠，是吉日也。

正月十五日，元宵节真正作为民俗节日是在汉魏之后了。

可以发现，《僮约》第一段与最后一段，分明是后人添加上去的，原文里应该没有这么戏剧性的起承转合。其中“奴仆不能有奸私之事”一句，才是富有深意的耳提面命！这篇文章不但摧毁便了对于杨惠“吴妈式”幻想的利器，还是一篇展示美好愿景的雄文，“要”字当头，“要”字密布，很像是大人物双手叉腰在讲述发展规划。

对此，杨惠的态度呢？她“要”还是“不要”呢？这才是最为关键的地方。

阅读至此，正月十五的成都平原，来自岷山山脉的劲风无法将寒意灌注于安志里，室内烛影摇红，春意盎然。那是一个酒不醉人人自醉的缠绵时刻。

便了呢？他已经成为王褒的人，在拼命干活。没有了希望，便了的日子，够苦的。

梁启超《中国历史研究法》第四章《说史料》提及：“而在汉人文中，蔡邕极有名之十余篇碑诔其价值乃不敌王褒之一篇游戏滑稽的《僮约》……《僮约》乃描述当时社会一部分之实况，而求诸并时之著作，竟无一篇足与为偶也。”

文史大家郑振铎说：“王褒在无意中流传下来一篇很有风趣的俗文学作品——《僮约》，这篇东西恐怕是汉代留下的唯一的白话的游戏文章了。”

游戏文章内外，更有深意。不经意间，王褒成为历史上不可或缺的茶之见证者，更是中外历史上第一位茶文献的撰著者。

王褒《僮约》所言“脍鱼包（炮）鳖，烹茶尽具”，后来明朝人考据此处所指的是一种苦菜；而另外一句“牵犬贩鹅，武阳买茶”才指的是真正的茗茶。有人问了，为什么去卖鹅非要牵犬而行？在我看来，这主要是

王褒《僮约》

为了四字格文章的对仗气势而配置的。根据常识而言，茶的发现来自荆楚、巴蜀原始巢居人采摘茶树叶来嚼食，用以调和腥膻野生动物食品残留于口腔之味，并有替代盐的功用。王褒这一记载，足以彪炳世界茶史。

王褒并非腰缠万贯之辈，而豪掷一万五千钱，从杨惠那里购买便了作为自己的奴婢，显然有官人的意气成分！甚至，还有情义成分。这是一笔多大的开支？像便了这样的奴仆，“但到了东汉早期，则要花两万钱，这是《风俗通》上所记，价格开始涨了。等到东汉晚期，价格就大涨了，一万五千钱只能买到一头牛。据1966年在四川郫县犀浦一座东汉砖室残墓中出土的一块残碑所记，时奴婢价每名四万钱”①。钱剑夫在《秦汉货币史稿》中提到，汉宣帝时的粮价接近秦初的粮价。而汉代郡守的年俸为二千石，谏议大夫的秩俸为六百石。柏杨《皇后之死》中《小女孩成为政治斗争工具》里有一段话：“大事既已确定，紧跟着是订婚，一切仍是古礼，计聘金黄金二万斤（二万斤者，即三十二万两，这个数目能把人吓死），钱币二亿贯（一贯是一千个钱），依当时的购买力，二百个钱可供五口之家三个月的伙食，二亿贯就是二百亿。”按照这个价格换算，一万五千钱似乎太高了，像王褒这样的文职人员应该拿不出。

我们必须正视：王褒去彭州湔上的途中，下榻的“安志里”到底在哪里？遥想才子精骛八级，旁有玉人杨惠幽幽伫立，红袖添香，就像巫山云雨与武担丽春可以对峙为巴蜀的两大情欲高台一般，“安志里”显然与司马相如、卓文君的“琴台路”，构成了一种文学爱情地理学的互嵌与对望。

“安志里”在西汉时属于成都县辖。明朝曹学佺《蜀中广记》卷五十一指出，该地在温江县东八里。曹学佺又在《蜀中名胜记》里指出：“《汉文范》：‘资中王子渊以宣帝神爵三年有事湔上，作《僮约》文。’即此县也。”他的踪迹和金马、碧鸡的传说在当时的温江广为流传，显然温江才是金马与碧鸡之名的滥觞。也有人认为：王褒是在杨惠家逗留时，写成了

① 倪方六：《中国古代是如何稳定物价的？》，《百科知识》2013年第2期（下），第53页。

《移金马碧鸡文》，并于新津县三渡水江畔遥祭金马、碧鸡之神。但王褒在西蜀祭祀金马碧鸡之神的事迹确曾在川西地区广为流传，如嘉庆版《崇宁县志》便有（王褒）“曾到唐昌招告蜀人来归，并作祭金马碧鸡文”的记载。

位于资阳市雁江区的王褒墓

后来的碧鸡村及武显寺，“地点和如今郫都区战旗村一江之隔，方位与温江、都江堰相临接，与《蜀中广记》所记安志里位于‘温江东八里’基本相符，想来杨惠当年所居的安志里便是今日彭州市丽春镇碧鸡村所在区域，而武显寺则是当年的古碧鸡神祠无疑”[①]。

看起来，奴仆买卖既成。热炒热卖，便了开始履行新的契约使命，立即出门践行沽酒而归。于是，王褒与杨惠对酌，谈笑间灰飞烟灭。而后烛影再次摇红，直到东方既白……

2017年盛夏时节，应小说家李永康邀请，我到温江区举办文学讲座后，来到金马河、温江永盛镇连二里市的金马河西岸古渡口游历，那里有碧鸡台，此地为王褒在杨惠家逗留期间的文化遗留，不禁徘徊良久。看起来，王褒、杨惠之韵，早成为芭茅草巅上的残花……

不远处的天马镇位于都江堰市东南角，素有“灌县粮仓”之称，拥柏条河、柏木河、右支渠灌溉之利，盛产粮经作物。柏条河水一路向东，灌溉有一大片田园，这便是天马镇了，老灌县人习惯称之为“金马”。这一带有许多地名，如童子山、七条山、碧鸡桥等。

① 庞惊涛：《金马碧鸡之谜》，载《看历史》2018年第11期。

“望气”语境里的归来者

便了是一个大胡子，而且是络腮胡，何以见得?

四川大学教授杨明照《增订〈文心雕龙〉校注》云:“《僮约》有‘髯奴便了’语，故称《僮约》为《髯奴》。”可见，络腮胡俨然成为文章的一大标记。

在我看来，作为仆人的大胡子便了，不可能是“昆仑奴”，因为“昆仑奴”是隋唐时期来自南洋区域的皮肤黝黑的猛男。而便了，极可能是“僰僮”。

“僰僮”是秦末汉初流行于巴蜀地区的僮奴。僰为当时西南夷地区的少数民族，而巴蜀百姓至滇南贸易，往往将当地人拐卖至内地为奴，故名。这就可以发现，“僰僮”主要是指那些被作为奴隶贩卖的僰人，但其中也有少量内地人。

西汉时节，临邛卓文君之父卓王孙麾下的许多冶铁工人，就是招收来自西南夷的僰僮。卓王孙拥有家僮800人，另一个富豪程郑亦拥有数百奴仆。

作为僰人，便了应对于跟随主人的滇地之行，不但不会感到畏惧，而且他还应该熟悉那里的地望。

反正，王褒酒醉饭饱后，带着大胡子便了上路，走邛笮古道越过大相岭、清溪峡，渡过金沙江后进入滇南的不毛之地，继续寻找永远找不到的金马碧鸡。

主仆继续上路。但故事没有停止。

路上的王褒某天技痒起来，再写《责须髯奴辞》一文，这可以看作是《僮约》的姊妹篇。文章继续峭拔而起，艺术手法颇为奇特，然而历代选家多不寓目。

怪了。

而且我基本可以判定，文章提到的须髯奴，正是彪炳史册的便了。

标题《责须髯奴辞》，不要误以为是此奴犯下了无可饶恕的罪过，只是因为奴仆髭须长得颇不雅观，所以要笑骂一通。这很符合王褒的性格。

有道是骂就是赞美！文章开场，先是一番对他人之“须”的罗列与夸赞！王褒的用语也幽默得出奇：“离离若缘坡之竹，郁郁若春田之苗。”说他人的须髯啊，都生在丰腴的颊边，有弯弯蛾眉的映衬、洁白脸盘的辉照，再束以丝绳、润以“芳脂”，胡须便黑得贼亮！髯奴听到这里，肯定是张口结舌面红耳赤！这美髯的修饰开头之后，随之而来的却如一声棒喝，把奴仆从遐想中突然吓醒。有了他人之须的美好对比，再瞧髯奴的那髭须，便显得格外刺眼，是一大段超级现实主义的不堪入目的描写……

前扬后抑的行文和调侃嘲戏的语气，王褒摇唇鼓舌，就把髯奴一步一步逼入绝境。当王褒终于发出“为子须，不亦难乎”的判断时，我们几乎能听到髯奴那脸如死灰的呻吟了。

《责须髯奴辞》一文对贵者之髯极尽赞美之辞，而把髯奴骂得一无是处，其褒贬似已明白无疑。但从内在的情感倾向看，王褒对富贵者大肆调侃，实已透露了浓浓的嘲讽；而在“薄命为髭，正著子颐”的喟然叹息中，又流露了对“劬劳辛苦”形而下者的深切同情！

这叫指东打西，歪打正着。与《僮约》笔法一样，反映出王褒的戏谑性格，这恰是他为文的超人之处。

王褒也许中了瘴气，最后死于云南寻找金马碧鸡途中。应是须髯奴把王褒遗体运回资州墨池坝安葬，而且从无衣冠冢的说法，其墓冢至今犹存。汉宣帝闻奏痛惜……

王褒墓以及王褒墨池位于资阳市雁江区墨池坝。王褒墓外形是一个小山丘，种有庄稼与果树。据当地人介绍，墓穴里很宽大，但历年多次被盗，里面没什么东西了。山丘旁立着一块石碑，上书：“资阳市重点文物保护单位。西汉谏议大夫王褒墓。资阳市人民政府2001年5月16日公布雁江区人民政府立”。不远处有王褒墨池，为一大一小两个水池。水池不远立着石碑：“资阳市重点文物保护单位。西汉王褒大小墨池。资阳市人民政府2002年3月26日公布。”

让人无限向往的是，金马碧鸡到底是什么？

《汉书·郊祀志下》：“或言益州有金马碧鸡之神，可醮祭而致。”颜师古注引如淳曰：“金形似马，碧形似鸡。”

我私下以为，多半不是岚烟，不是金子，不是碧玉或矿藏，而是汉代流行的望气风水术所言的形而上云气。方士们缩颈耸肩，声称手搭凉棚，打望到“益州有金马、碧鸡之神”，皇帝闻之大悦，才派王褒去寻访，“可醮祭而致”。

彭州市武显寺成为一个事件焦点，那里最早就叫碧鸡寺。此寺位于彭州市与郫都区接壤处，属彭州市管辖的丽春镇庆兴乡碧鸡村。武显寺最早可追溯到明朝万历年间，距今500多年的历史。晚清四川总督丁宝桢主持下还进行过一次大修。

蜀地史学家邓少琴先生在《巴蜀史迹探索》一书中，谈到“或以金马碧鸡之神灵自天竺，同传说事或然欤？”邓少琴的说法，只是一种推论。扬雄《解嘲》里有“今子幸得遭明圣之世，处不讳之朝，与群贤同行。历金马，上玉堂。”玉堂：汉代殿名；金马：汉代宫门名，也称金门。是说汉朝廷里，早有此设置。《方舆纪要》卷六十七崇宁县：金马山在“县北二十里。相传山似云南之金马，因名。”金马山上有金马碧鸡祠。嘉庆版《崇宁县志》上载：“西汉时，益州有金马碧鸡之神，帝遣谏议大夫王褒，驰节醮祭而致之。”其文一见于《舆地纪胜》，一见于《升庵集》。左思《蜀都赋》云：“金马骋先而绝影，碧鸡倏忽而曜仪。”考《崇宁县》旧志，北有金马祠、南有金鸡祠（即武显寺）尚存。王褒文称的南岩，在现在成都彭州北四十里，所谓“云图”是也。这些构成了“望气”所需的自然地理与人文地理。

王褒《祭金马碧鸡文》（或作《移金马碧鸡文》），如下：

持节使者，敬移南崖，金精神马，縹縹碧鸡。处南之荒，深溪回谷，非土之乡。归来归来！汉德无疆，广于唐虞，泽配三皇。黄龙见兮白虎仁。归来归来！可以为伦。归兮翔兮！何事南荒也。

我翻译如下：

持节使臣王褒，本人恭敬地来到南方山崖之上，拜谒金色精灵神马和飘飘欲飞的碧色鸡神。您二位大神居住于南方荒远之地，山谷曲回，深溪湍激，真不是凡人居住的地方啊。回来吧，回来吧！汉朝功德无边，它廉洁等同于唐尧虞舜时代，恩泽相当于夏禹、商汤、周王一样绵延无穷。黄龙也出现了，白虎也仁慈了，回来吧，回来吧！回来可以和他们做伴。回来啊，回来啊！在这荒凉的南方干什么呀！

乍一听起来，归来吧，归来哟，有点像费翔在唱《故乡的云》。

王褒文是祭告金马碧鸡之神，归来啊，归来哟！金马碧鸡神应该是蜀开明氏的后裔。这，会不会与有着老虎身体和九个人脑壳的开明兽同属开明时代的想象之神？秦灭蜀后，开明氏后裔即退居西山。

彭州武显寺初名碧鸡祠，显然与蜀人开明氏有关。《舆地纪胜》一书云："金马碧鸡祠，宋赐为昭应庙，封其神为灵光侯。"故宋时也曾名昭应庙，其盛时，众僧百十。庙有塔，其塔高十七，青砖砌垒，塔体方形，四十八角。檐牙高悬铜铃，风动清越之声则与梵唱相映。天光夜塔，溪水晨流。明末清初，战乱频起。庙与塔皆毁于兵火。清代乾隆三十五年（1771年），由本寺住持上普下泰培建。清翰林蔡时田曾有诗咏武显寺，后贵东道罗应旒也有诗咏及。

2021年初春，我来到现属彭州市丽春镇的碧鸡村一带考察。学者赵仁春先生指出，嘉庆《崇宁县志》外纪云："治北城外碧鸡祠，旧有上中下三寺，上碧鸡祠前有土阜屹立如山，竹木繁茂。春夏鸟语蝉声与钟磬之音相和。登山望则江流北下，雉堞南横，沃野平畴，错落纷陈，如列画图。"民国《崇宁县志》之《古迹志》有云："碧鸡祠在县北七里，即汉时祀金马碧鸡之神处，今为五显庙。光绪中昭觉寺方丈欲驻锡于此，大兴庙宇，复署曰：古碧鸡祠，以志王子渊先生遗迹。"同书《寺观志》云："五显庙，即碧鸡祠，在治西北七里内有古柏二株。”光绪初年，崇宁县人昭觉寺方丈明照通朗禅师，当时在四川威望极高。四川总督丁宝桢极佩服他，还把儿子拜在其门下。大约通朗衣锦还乡，发愿重修已经变为“五显庙”的碧鸡祠，更名“古碧鸡祠”。今尚存一重大殿，梁上还有明照禅师和丁宝桢捐修题名。最近些年主持僧人可能以为“古碧鸡祠”不像佛寺名称而“五显庙”又像乡土神祠，故更名“武显寺”。

武显寺内的碑记。（蒋蓝 摄）

看起来，所谓金马碧鸡，是神在四川，身在云南。

据《汉书》《华阳国志》等史书记载，越嶲郡蜻蛉县（今云南省大姚县）禺同山上有露天矿石，形状奇异，在阳光下闪烁发光，远望犹似碧鸡金马，当地人见之尊为山神。但王褒与便了，未到禺山便卒于道途了。看起来，是便了把王褒的灵柩送回原籍资阳的，因为资阳至今从无王褒墓是衣冠冢的说法。

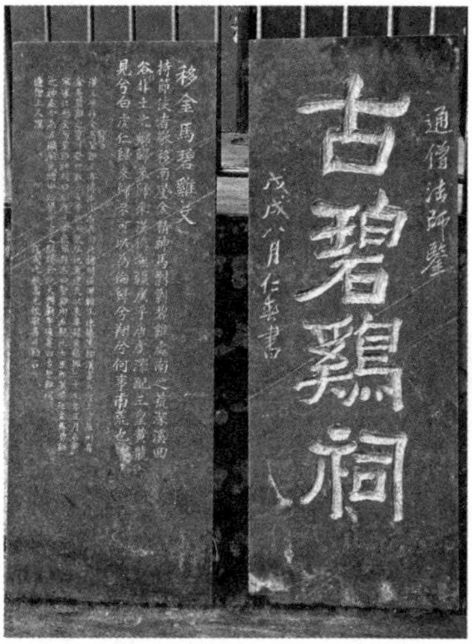

武显寺内，镌刻有赵仁春先生书写的关于古碧鸡祠以及《移金马碧鸡文》

跟随王褒与便了的金马碧鸡南行踪迹史，于是在云南昆明东有金马山，西有碧鸡山，两山相对，山上都有神祠，相传是汉代祭金马、碧鸡神之地。据《汉书·艺文志》的记载，王褒有赋16篇。今存《洞箫赋》《九怀》等，载《文选》和《楚辞章句》。《隋书·经籍志》著录有集5卷，已散佚。明代人辑有《王谏议集》。发配到云南的明代状元杨慎，不仅在他编辑的《全蜀艺文志》里选有王褒的作品，而且他自己还有《王子渊祠》的诗："玮晔灵芝发秀翘，子渊摛藻揆天朝。汉皇不赏《贤臣颂》，只教官人咏《洞箫》。"通过比喻的手法，赞誉了王褒的才华：文采秀发，擅长辞赋，揆耀一代。全诗对王褒表示惋惜，对帝王予以讽刺，这是借王褒的酒杯，浇心头的块垒。

宋代资州诗人陈逸赏有感于此，发出"死却王褒五百春，资中不见有词臣"的喟叹。

清代吴祖修读了《王褒传》之后，抒写自己的感慨："金马祠神事已遥，子渊才擅汉宣朝。非无圣主贤臣颂，只教宫人记洞箫。"

而死在瘴气密布的滇南的王褒，在哪里呢？

我们是隔着两千多年的山水，高喊王褒之魂："归来吧，归来哟。"

可是，王褒归来了，又该干什么呢？

俱往矣。

丽人杨惠，在哪里呢？

那些"望气"的人，又在哪里呢？

关于成都的金马、碧鸡建筑

因为有了王褒祭拜、追寻金马碧鸡神，蜀地才出现了纪念性建筑。

左思《蜀都赋》指出："金马骋光而绝影，碧鸡倏忽而耀仪。"在成都的文殊坊金马街北段，原有一座金马坊而得名，不但成都城北修建了金马坊，也同时在城南修建了碧鸡坊和金马碧鸡祠，由此成都又添几处胜地。

根据一些书籍记载，碧鸡坊、金马坊和金马碧鸡祠三处建筑相隔不远。宋代祝穆《方舆胜揽》"成都府下"记载："金马碧鸡祠，在金马坊前。汉宣帝闻益州有金马碧鸡之神，遣谏议大夫持节醮祭而致之。本朝赐为昭应庙，封其神为灵光侯。"此昭应庙到民国时犹存，在现在的金马街南端以西，由此可见金马坊当时位于金马街北段。鉴于金马碧鸡坊地理的变化，著名历史学者沈伯俊《薛涛：扫眉才子冠蜀中》一文指出："唐时碧鸡祠、碧鸡坊在成都西南，后因碧鸡祠废，碧鸡坊名隐没不彰；五代时合祀碧鸡于城北金马祠内，于是碧鸡坊名亦移于城北。”但这只是一家之言。恰是鉴于不同时期碧鸡坊的不同地望，冯广宏先生特写《捉摸不透的“碧鸡坊”》①，指出了历史上碧鸡坊或城北或城南的情况。

位于彭州市丽春镇的武显寺，应该是最早的碧鸡祠原址。（蒋蓝 摄）

一般认为，成都城北与城南，到20世纪二三十年代还有红石柱遗址，于民国三十六年（1947年）被毁。城北金马街的红石柱与金马坊有关；而城东南的水东门附近，现在红石柱正街与红石柱横街，应是宋朝之后碧鸡坊遗址。那里的红石柱，是一根六菱形红色砂岩石柱，顶端雕有一尊石狮。

有道是地因人显，晚年的诗人薛涛曾住碧鸡坊，独建“吟诗楼”，逐日栖居其上，位置就在汉代辞赋家扬雄住宅之侧。其地所种海棠特别富艳，莫非也染上了诗人的风韵?

风情已硬化如纸，不甘委尘入泥，在风中蝶翅翻飞。但是，风情已不是风情了，美人都是一样。从长安到成都，已清晰地写在皱纹里，只要秋日午后的炎热还在河面升腾，就会点燃碧鸡坊的灯笼。

唐元和七年（812年）初冬一天，在平定张伯靖之乱后，诗人王建来到成都，慕名来碧鸡坊拜访薛涛，写《寄薛涛校书》：“万里桥边女校书，枇杷花里闭门居。扫眉才子知多少，管领春风总不如。”十月的成都，名贵的海棠花从女墙里伸出了枝条，红得让身穿大红蜀锦的美人黯然失色，

① 冯广宏：《捉摸不透的“碧鸡坊”》，《文史杂志》2014年第6期。

因而美人的颈部之上苍白如厚厚的垩粉。也许为了避免这样的尴尬，薛涛在菖蒲花丛之外，又种了很多枇杷。菖蒲开花是吉祥之兆，能给人带来喜庆。菖蒲花谢后，枇杷会完成一场开花的接力赛，一树一树白色的小花，宛若黄昏深处忽明忽暗的萤火虫。只有在这个时候，美人才会走出书斋，来到碧鸡坊的碎石庭院里，兀自张望，萤火明明灭灭。人在迟暮，萤火虫反而撑起了十万个灯笼……

谈论什么，或者被什么吸引，都不再重要。既然经历了11个节度使，那些或声振屋瓦或耳鬓厮磨的情话可能都是虚构，就像生活正生着高山流水的腰身，日渐迟缓和臃肿。

当然了，昔日成都的旁观者，削背绿腰，现在已成为城市里一片善于吟诵的树叶，她在秋景中埋头于一次深刻的自我体察。不禁仰望西蜀的雪山，那是天庭撒落的一把碎银，她又一次沉醉于韶华时节的裙裾飘飞的游历……

蜀道苍茫，蜀途上散落着古人的足迹，马蹄印里盛满了怅然的雨水，恍然间在于芳香不被伟岸的山水相识与相知。在擦肩而过的深秋黄昏，碧鸡坊的一树光影是倒叙的现实，她要委顿为泥。

宋绍兴十五年（1145年）冬至十六年（1146年）秋季，遂宁人王灼“客寄成都之碧鸡坊妙胜院，自夏涉秋，与王和先、张齐望所居甚近，皆有声妓，日置酒相乐，予亦往来两家不厌也。尝作诗云：‘王家二琼芙蕖妖，张家阿倩海棠魄。露香亭前占秋光，红云岛边弄春色。满城钱痴买娉婷，风卷画楼丝竹声。谁似两家喜看客，新翻歌舞劝飞觥。君不见东州钝汉发半缟，日日醉踏碧鸡三井道。’予每饮归，不敢径卧，客舍无与语，因旁录是日歌曲，出所闻见，仍考历世习俗，追思平时论说，信笔以记……”既能够在美人堆里觥筹交错，在露香亭、红云岛之间一如蝴蝶穿花，又还能独居一室安心写作，王灼的控制力显然不低。

在成都碧鸡坊，王灼完成了5卷词曲评论笔记《碧鸡漫志》初稿。王喟叹：“古今所尚，治体风俗，各因其所重，不独歌乐也。古人岂无度数？今人岂无性情？用之各有轻重，但今不及古耳。今所行曲拍，使古人复生，恐未能易。”如今，当我们置身空有地名的碧鸡坊之时，这样的感慨也许都会从心头涌起！

王灼还写有《王氏碧鸡园六咏》，提及“层兰”“凉榭”“鉴泉”“清室”“露香亭”“钟庵”6个碧鸡坊当中的点位，可以想象曲径通幽的碧鸡坊，明显是唐宋的富人区。《六咏》中的《清室》写道：

碧鸡古名坊，奔腾车马尘。
那知小洞天，清绝欲无邻。
一室对林樾，四时禽语新。
焚香读周易，意得气自伸。
明月落杯酒，冷风弄衣巾。
寄言朝市客，声利恐汙人。

也许，王灼窗外的那个女王，孔雀一样回头。此时月光从低云漫溢而下。她像是从西厢花墙里，探出半个身体的古人。她的身段比桂花树更为丰腴，又仿佛锦江两岸的柳枝一般迎风乱摆。她眼光凝为琉璃从碧鸡坊的建筑墙面和树冠缓缓扫过，事物一如开光，全部熠熠生辉。窗外的花叶如同时光簌簌落下，奇妙的是在地面铺出了一层月华，豁然之间香气扑鼻……

车马川流不息的碧鸡坊，却是别有洞天，闹中取静，树木葱绿，鸟语花香，好一派出尘之景。一个碧鸡坊，承载了薛涛和王灼，太值了。

第17章

“白帝”公孙述据蜀史

在崇州市三江镇牂舸村的田野之间，曾有一座无名无姓的大坟茔，当地村民称之为“代王坟”或“竹王坟”。坟茔高达3丈，周回二三十步。人们根据读音，误以为是汉卓文君之父卓王孙之墓。在离墓地50米之外有千年古寺牂舸寺，这是因为公孙述曾官治位于甘肃的牂舸郡，后人感念其为官之德，故以郡名为寺名①。到20世纪70年代末期，墓冢被平为农田，一支渠横穿墓地，潺潺流水带走了一切，包括躺平于地下的“王者”之梦……

可以发现，历史上据蜀且有雄心大志者，有两人显得特别突出：一是公孙述，另一位是蜀汉刘备。而另外的据蜀者，比如后世的李雄、王建、孟知祥孟昶父子、明玉珍、张献忠等等，都是竭力自保，温柔之乡难育吞并天下之雄心。

但公孙述与刘备又有些不同。公孙述建立了历史上第一个割据蜀地而称帝的政权。

公孙述，字子阳，人称茂陵公。扶风茂陵（今陕西兴平市东南）人。

---

① 奉友湘，李后强：《蜀王全传·公孙述：喜欢占卦的蜀王》，四川人民出版社2020年版。

大约出生在公元前20年，自幼家庭富裕。西汉哀帝时（前6—前1年），父亲公孙仁时任朝廷郎官，后出任河南都尉，进而补为清水（在今甘肃省清水县）长。

公孙仁喜欢这个儿子，各地宦游也把公孙述带在身边。当时西汉朝廷有父亲为官，其子可以因此出仕的“任子”制度，所以在公孙述年纪轻轻时，父亲就对他镇守一方的各种能力予以培养，但又怕他把持不住，就派遣自己的属官随他到任。结果才过了一个月，属官就辞归了，回来向公孙仁报告：“您的儿子用不着我去教导。”公孙述禀赋特异，于是官员得出了“非待教者也”的结论，从此公孙述有“能名”。这是什么样的出众之能呢？首先似乎是预知以及预言能力，接着是具备明察秋毫的决断之能。

《后汉书》指出：“太守以其能，使兼摄（代理、兼任、兼管）五县，政事修理，奸盗不发。郡中谓有鬼神。”年轻的公孙述把5个县治理得井井有条，百姓安居，奸盗不生，郡中百姓传得神乎其神，说是公孙述有鬼神相助。这些记载，真实体现了西汉末年，谶纬之学以及符箓文化深入人心的社会状况。

学者一般认为，谶纬成型于西汉中后期并开始流行。谶是用诡秘的隐语、预言作为神的启示向人们昭告吉凶祸福、治乱兴衰；纬是用迷信的观点来解释儒家经典。王莽当政时，刘歆、甄丰皆为上公，王莽既以符命自立，即位之后，准备绝其原以神前事，而丰子寻、歆子棻在此献上天命之符，到新朝甄丰、甄寻父子搞符命谶纬事件爆发，进而将扬雄卷入……王莽以符命自立，公孙述显然从中获得了启示。

到西汉末年，公孙述为朝廷的中散大夫，专备皇帝咨询，俸禄六百石。王莽篡汉后，公孙述不但没有受到挫折，反而因祸得福。约在天凤年间（14—19年），他被王莽封为导江卒正，这一职位相当于原来的蜀郡太守，公孙述一跃成为俸禄二千石的高官了。治所在临邛（今成都市邛崃市）。所以，蜀人后来将临邛城称为公孙述城。

这样，蜀地治所也从成都搬到了临邛。据《元一统志》记载：“公孙述故城在新津县西三十里，高三丈，周九里。”公孙述大展拳脚，把蜀乡当故乡，大力治理，结果是路不拾遗、夜不闭户。他善治的名声不胫而走。

地皇四年（23年）王莽被反王莽的军队杀死。公孙述见王莽政权轰塌，他决定割据蜀中。但此时有商人出身的王岑，拥兵自重，称“定汉将军”，拥立刘辟。南阳人宗成自称“虎牙将军”，拥立刘玄，刘玄在南阳自称更始帝。

公孙述本为汉臣，成为新莽一朝官员也是不得已而为之。他听说宗成是为兴汉而来，十分高兴，就派遣使者前往迎接宗成。哪知宗成军队进入到繁华的成都城，便露出了锋利的爪牙，他们抢掠财物，欺压民众，一时闹得天怒人怨。公孙述后悔了，便召集蜀中豪杰说：“我们都痛恨王莽新朝，怀念大汉，因此一听到汉将军来到，就派人恭迎。哪晓得引狼入室，搞得生灵涂炭、民不聊生。他们分明是强盗，哪里是什么‘义兵’呢？！我想保郡自守，以待真主。现在愿意跟我一起干的请留下，不愿意的请自便。”

大家一听，纷纷发誓叩头，愿意赴汤蹈火。公孙述城府极深，他派人对外宣称：更始帝派使者从东方来了，命令我公孙述代理辅汉将军、蜀郡太守兼益州牧，还带来了信物——印绶。众豪杰信以为真，更是衷心拥戴。一不做二不休，公孙述率精兵千余人，向东攻击成都城中的宗成。没料到，公孙述的军队一路到达成都时，不断有沿途豪杰、勇者加入，部队已发展到数千人之众。事不宜迟，公孙述对宗成发起突袭，正在温柔乡里吃喝享乐的宗成军队一触即溃，四散而逃。见大势已去，宗成手下将领垣副诛杀宗成后，率众向公孙述投降。但流传在蜀地民间的传闻是，公孙述煽动蜀中豪强，并指使亭长垣副杀掉宗成。

更始二年（24年），公孙述“遂据成都，威有巴、汉。政治严刻，民不为非”。

当年秋天，更始帝渴望恢复失地，派出官柱功侯李宝、益州刺史张忠，率兵一万余人杀向蜀地。《蜀王全传》分析指出，如果更始帝顺水推舟，封公孙述为益州牧，也许公孙述会向更始帝俯首称臣，但要用刀剑来硬夺，公孙述岂肯把坐拥的锦绣江山拱手相让呢？

公孙述审时度势，派弟弟公孙恢带领精锐之师，在绵竹县伏下奇兵，大败李宝、张忠，并将他们驱逐出蜀。公孙述威震益州，周围的人都来依附。公孙述手下有一个功曹名叫李熊，此人颇有纵横家遗风。他深知要想当大官，就必须让公孙述称王。于是李熊对公孙述进言："今天下动荡不已，民心思安。将军拥有蜀地，沃野千里，富甲四方，比当年的商汤、周武王的地盘不知大了多少！为何不顺应天时，成就霸王之业？将军应该称王立号，以安定百姓。"公孙述听罢大喜，自立蜀王，把成都定为国都。

不久后，公孙述的劲敌更始帝也被杀了。到东汉建武元年（25年），汉光武帝刘秀称帝，大有统一全国之势，成都一时人心惶惶。为鼓舞士气，守住成都，某天早晨，公孙述对夫人说，自己做了一个梦，梦中人对他说："八厶子系，十二为期。"

"八厶"即"公"，"子系"即"孙"，这说明他能当12年皇帝。

夫人一听，竟引用了一句孔子的名言："古人云，'朝闻道，夕死可矣。'何况可当12年皇帝！"听夫人也这样一说，公孙述决定当皇帝。公孙述走出大殿，时值初夏四月，发现大殿之前的水井中有白气冒出，大喜。他借此造舆论说，有"龙出府殿前"，分明是飞龙在天的"瑞应"。他立即找人，在自己手掌上刺出"公孙述"三个字，以此成为"感应"的标志。

当月，不断向人高举手掌的公孙述，即在成都自立为帝，国号"成家"，也叫"大成"或"成"。成家政权的统治地区，包括今四川、重庆的大部分和陕西、云南、贵州三省的一部分。

所以有人说，公孙述是历史上最会利用手相的人。他想出了刻掌借符瑞的策略，将文字刻在手掌上，以求通过改变自己的手相来改变命运。

此时天下称帝者有四家，其一是占有河北河南的刘秀，刘秀的战略是"先关东、后陇蜀"，暂时无暇西顾，留下了权力真空。公孙述的成家政权，相对赤眉军建立的建世政权而言，他的气势、方略明显在其之上。

他认为白色是他的幸运之色。

按照五行之说，汉为火德，土当代火（王莽称有土德）。要代土，只有金。而西方属金（成都为西方），与金相配的颜色为白，故公孙述自称“白帝”，并将位于成都城外秦朝时的一个粮仓更名为“白帝仓”，川东的鱼复城遂改名“白帝城”。

成都有一地方史料记载，建武八年（32年），光武帝刘秀率军击败了隗嚣，蜀地居民风闻后，人心惶惶。当时成都城外有一座秦时的旧粮仓，从王莽以来一直是空着的，公孙述把它改名为“白帝仓”。为安抚民心，公孙述派人散布谣言说：白帝仓里突然冒出了粮食，堆得像山一样高。老百姓感到奇怪，纷纷跑去观看。公孙述趁机召集群臣说：“谣言不可信，隗嚣被打败同样也是谣言啊。”从这一件事情中，可见公孙述的心机，所谓谶纬昭示的“天机”，不过是根据一己的需求来呈现的。

公孙述大肆分封属下：不断进言的“功臣”李熊当上了大司徒，公孙述的弟弟公孙光为大司马，另一个弟弟公孙恢为大司空。他把益州改为司隶州，设司隶校尉，成都为京师，建治为尹。

川西的越嶲土著任贵杀死王莽时所任命的大尹枚根而占据其郡，随后降公孙述。公孙述就派将军侯丹开白水关，北守南郑；将军任满从阆中下江州，东据扞关。于是益州、巴郡之地尽归公孙述所有。

公孙述占据蜀地，也碰到了一个硬钉子——文齐。文齐是广汉人，字子奇。汉平帝时为益州太守，群夷畏服。公孙述据蜀，文齐全力拒之。公孙述拘捕他的妻子，许以封侯，仍是不降。文齐后来闻光武帝即位，乃间道遣使沟通。蜀平之后，拜镇远将军，封“成义侯”。

建武初年，豪强隗嚣遣马援出使蜀中，希望说服公孙述，合力对付刘秀。马援本来为公孙述同乡，少时与公孙述为友。马援以为公孙述会热情接待他，殊不知公孙述却已经是皇帝了，盛气凌人，居高临下。马援大怒，回去对隗嚣说：“公孙子阳，井底蛙耳。”几年后马援拜见刘秀，刘秀礼贤下士，让马援十分感动，后来马援归附刘秀，南征北战，官至伏波将军。明代四川巡抚林俊改川东白帝庙为“三功祠”，其祭祀者之一就是“伏波将军马援”。可见大名鼎鼎的白帝城作为县名，存在时间只是在公孙述时期。但从此后，白帝城就成了鱼复县的别称了。特别是《三国志·蜀志》载刘备“托孤白帝城”后，白帝城更是蜚声海内外。

一个人的雄心，总是与欲望成正比的。随着实力的不断增加，公孙述预先刻好天下牧守的印章，预设公卿百官，以备得天下之后大封群臣，这说明公孙述觊觎的绝不是区区西南了，而是整个中土。他一方面大建城堡，制造战车，训练骑兵，练习阵形，举行实战演习，步骑总兵力达到数十万人。另一方面，公孙述在汉中积聚粮食，在南郑修筑宫殿，大有进窥三秦，再图天下之势。为了耀武扬威，又造十层楼船，将船楼涂成红色，用丝帛缠裹栏杆，可谓备尽豪华。《后汉书》云，又造十层赤楼、帛兰船。章怀注：“盖以帛饰其兰槛也。”

公孙述曾大兴土木营造宫室，这一座“十层赤楼”，著名的《东观汉记》也曾提及，应该是“成家”宫中的最高建筑，给当时人留下了深刻的印象。从当时蜀地的富饶和公孙述本人讲究排场气派的性格来看，这座宫城的规模和结构应是相当壮观和富丽的。

公孙述派将军李育、程乌，率领数万蜀军出陈仓，会合吕鲔进攻三秦之地。建武三年（27年），东汉征西大将军冯异攻击吕鲔、李育于陈仓，吕鲔与李育大败，逃奔汉中。建武五年（29年），南阳人延岑、汝南人田戎被东汉兵打败，逃亡入蜀，投奔公孙述。公孙述大喜，封延岑为大司马、汝宁王，封田戎为翼江王。

公孙述称帝后，为了表示与汉决裂，于是废除铜钱，改铸铁钱，百姓手中原来的货币不能流通，怨声载道。蜀中流传的童谣说：“黄牛白腹，五铢当复。”好事的人私下传言，这童谣是说天下当归还刘氏。机警的公孙述立即封杀言论，他引经据典，为自己取代汉刘天下大造声势。进一步举证：自己的手纹有奇，得以建元龙兴之瑞。公孙述还广泛传播自己受命于天的言论，多次将这些东西移书中原，以此惑动众心。

建武八年（32年），光武帝决定发兵剪除公孙述的割据势力。两边互有胜负，形成两年的拉锯战态势。两年后，光武帝的两路大军进攻蜀地：一支人马由汉征南大将军岑彭于建武十一年（35年）春发起进攻，公孙述麾下的任满等将领大败。任满手下王政突然斩任满，携首级向岑彭投降。

田戎见势不妙，退走保江州（今重庆市）……岑彭大军追至江州，兵锋直指成都。另外一支人马，为汉中郎将来歙，他急攻王元、环安……公孙述感到了前所未有的不安。

闪耀在春秋战国缝隙里的刀光剑影，一下提醒了梦中人：公孙述想到了刺客。

对于劲敌来歙、岑彭，公孙述是知道来头的。来歙脾气暴躁，胆略过人。相传来歙与隗嚣谈话，因为话不投机，他竟然敢在众人之前举刀刺杀隗嚣，气得隗嚣不知所措。岑彭号称“万人敌”，据守宛城，刘演以全军围攻也不能取胜。直到昆阳大战结束，王莽四十二万大军溃散净尽了，他才出城投降，可见他意志十分坚定。来歙横扫陇右，攻破河池、下辩，全蜀震动。岑彭横扫天下，跟着平定荆楚，率水军奇袭江州，摧枯拉朽。直到岑彭兵锋直逼广都了，让公孙述用拐杖戳地，大喝道：“是何神也？”

对于这样的劲敌，加之军队还有层层守卫，公孙述选派刺客的时间匆忙，而且必须是身怀一击必中绝技者。

奇袭发动了。

公孙述的刺客，大获成功。

来歙被杀的时候，居然不知谁动的手，他的胸口上还插着刀，自知大限将至，他赶紧招虎牙大将军盖延来到床前交代后事。盖延见他胸口插刀，万分悲痛，不能自持。来歙大怒，说：虎牙何敢乃尔？我虽然胸口有刀，不能勒兵杀你吗？叫你来是交代军国大事，何必效儿女子哭泣……交代完毕，拔出利刃，血如泉涌，大叫一声而亡。

岑彭被刺就更为诡异了。因为他当时的驻地叫“彭亡聚”，《水经·江水注》：“江水自武阳东至彭亡聚，昔岑彭与吴汉溯江水入蜀，军次是地。”具体地点在今眉山市彭山区东北10里的江口镇。当时岑彭驻扎此地，一听名字就感到了一股杀气，他想移营，但还没有来得及，晚上就被刺杀了。关键的是，偌大一个军营，竟然不知刺客的行踪。

纵观古史，刺客的成功率是非常低的。

聂政、专诸、要离虽然成功了，但都死得很惨。荆轲、高渐离死了，刺杀的任务没有完成。三国蜀汉的费祎、元朝的察罕贴木尔也被刺客所杀，但刺客都没跑掉。为什么独独杀了两个统军元帅的刺客，不知名姓也就罢了，竟然还可以像鸟一样飞纵，全身而退？！

由此，可以发现公孙述的过人之处。看来在预言、预知以及审时度势之外，他还有“善养士”的胸襟。事实证明，他手下云集一帮知恩图报的亡命之徒，如延岑、王元、环安等人，都是了不起的人。王元好大谋略，而延岑好斗。公孙述在败亡之际，最后以五千余死士大破吴汉，几乎扭转战局。让吴汉心惊胆战，有的史料说吴汉竟然上书刘秀，说公孙述死士彪悍，贾复勇冠三军，请贾复来助战，被刘秀拒绝。公孙述后来灭亡，吴汉为了泄恨，竟然灭了公孙述和延岑的全家，残暴之举受到了光武帝的谴责。

在成都著名的“市桥”，东汉建武十二年（36年），割据蜀地的公孙述与东汉军队曾在这里发生过一次战斗。也是他毕生最后一战。

当年光武帝又派大司马吴汉、辅威将军臧宫入蜀督战。公孙述的弟弟公孙恢和女婿史兴所属军队都被汉军攻破，双双惨烈战死。但公孙述心高气傲，根本不屑于投降。危在旦夕之际，公孙述临时抱佛脚向延岑问计。延岑愤然说：“英雄好汉应当在死中求生，怎能坐着等死？俗话说人为财死，鸟为食亡，应该打开金库，重赏勇夫，不要吝惜。”公孙述点头称善，遂将金帛全数拿出来，募得敢死队五千多人。

公孙述派延岑与汉军下战书，约定时间交战。届时，蜀军以部分人马擂鼓吹角，手举各种旗帜出“市桥”，宛若演戏。接着蜀军又以大队奇兵轮番出击，汉军一时大乱。吴汉在混战之中也掉进水里，依靠拖住战马的马尾，从盎底探（成都西门外郫江的渡口）逃走。

从《后汉书》对此次战役的描述，可以得知，当时的“市桥”应该比较宽阔：吴汉掉进江水里，抓着马尾巴才出水逃生，说明“市桥”之下的江水应该比较深。

公孙述拼死一搏，竟然再获成功。这也许是置之死地而后生的奇迹。

公孙述于是光复成都，与汉军形成相持。十一月，臧宫之军又逼近成都城。崇尚天道的公孙述占了一卦，说是“虏死城下”。公孙述狂喜，认为吴汉等当死城下。

于是他大开城门，亲自率领数万人狂攻吴汉，使延岑挑战臧宫。这是一场生死攸关之战，声震成都，烽火遮天蔽日。延岑奋起神威，三战三胜。大成军从清晨战至日中，没吃一顿饭，三鼓而竭，精疲力竭。东汉军吴汉见机命令精兵突击，公孙述麾下兵士大乱。

汉军中的护军高午趁乱直冲入阵，一枪将公孙述挑落马下。公孙述胸部中枪，血流如注。左右用车将公孙述救入城内。

当晚，公孙述把兵权交给延岑，不治身亡。一代枭雄，就此灰飞烟灭。次日早晨，延岑向吴汉投降。东汉大军通过23个月的艰苦征战，终于进入成都城。汉军入城后，即开始屠城，屠杀城内外“孩儿老母，口以万数”。[1]吴汉为雪前耻，狂怒地杀了公孙述的皇后等人，还把公孙氏尽行诛灭，延岑一族也遭灭门……吴汉纵兵大掠，将公孙述宫室付之一炬。整个成都城大火熊熊，哀号遍地。一个富庶美丽的大成王国，匆匆12年便烟消云散。

得知成都遭到屠城，光武帝刘秀大怒，骂吴汉副将刘尚：“城降三日，吏人从服，孩儿老母，口以万数，一旦放兵纵火，闻之可为酸鼻！尚宗室子孙，尝更吏职，何忍行此？仰视天，俯视地，观放麑啜羹，二者孰仁？良失斩将吊人之义也！”[2]

公孙述“成家”朝所建皇宫随即被汉军焚毁，其位置约在今成都市中心的四川省科技馆一带，处在汉代成都大城之中。从秦朝直至民国，这一地区一直是各代政权的官署和宫城所在地，这是由成都城所特有的大城、少城并肩而峙，各司其职的“层城”结构决定的。

历史上诸如张纮、范晔、杜甫、王夫之等人，均对公孙述评价不高。常璩在《华阳国志》里如此评价公孙述：“公孙述藉导江之资，值王莽之虐，民莫援者，得跨巴、蜀；而欺天罔物，自取灭亡者也。然妖梦告终，

---

① 《后汉书》卷四十八《臧宫传》。
② 《后汉书》卷十三《公孙述传》。

期数有极，奉身归顺，犹可以免；而矜愚遂非，何其顽哉！”简单点说，公孙述的愚蠢而冥顽，似乎已经铁板钉钉。

但当代有学者认为：“公孙述作为一位‘皇帝’，其结局可以说是保持了自己的‘晚节’的。中国传统的儒家道德讲究人死得其所，为臣者，最有价值的归宿莫过于文官死于谏，武官死于战。为君者，应与江山社稷共存亡，即所谓‘人君死社稷’。但中国历史上的亡国之君却很少有人能做到这一点，当强敌兵临城下，或权臣威逼让位时，不是‘衔璧舆榇’（口衔玉璧，自缚其臂再带上一口棺材）出城投降，便是禅让帝位，北面称臣。虽然能偷生一时，但受尽屈辱欺凌，过着终日以泪洗面的日子，大多数最终还是被害身亡，不得善终。公孙述，在东汉大军压境强弱悬殊的局面之下，敢于亲自披挂上阵率兵背城一战，虽然身死阵前，其勇气和‘知其不可而为之’的精神在历朝末代皇帝之中是少见的。”[①]

我以为，这一评价甚为公允。

① 阳正太主编：《天府蜀都》，中国人民大学出版社1993年版，第56页。

第18章

蜀汉三国英雄谱

秦更元九年（前316年）之前，巴蜀一直处于世袭王位的天下，孤悬于中原的激烈战火之外，直到221年，四百多年为巴蜀相对和平的时期。对此，史学家有进一步的认识：这是蜀文化历史中最为清晰的一部分，也是蜀文化对中国文化影响甚为深远的部分。而这种静水似的平和，被三国鼎立的连绵战火彻底打破了。在蜀汉的平畴和山野间，那些从历史的腰肋上飞驰而去的马蹄，在石板上刨出的串串火星，映照着蜀汉英雄的命运：活得慷慨，死得壮烈。

蜀汉灭亡后，西晋人左思来到成都，他为蜀汉皇城的繁华与皇宫的辉煌壮丽所惊叹。经过长时期的经心构思后，左思完成了《蜀都赋》，描写了四川的物产、菜肴、筵宴、食俗，由此可见魏晋之时四川烹饪已初具规模。这篇文章不仅在当时轰动一时，人们纷纷传抄，致使洛阳纸贵，而且还流传后世，成为千古名篇。《蜀都赋》的前半部分，左思集中描写了原来作为蜀汉皇城的成都大城以及大城中的蜀汉皇宫：

于是乎金城石郭，兼匝中区，既丽且崇，实号成都。辟二九之通门、画方轨之广涂。营新宫于爽垲，拟承明而起庐。结阳城之延阁，飞观榭乎云中。开高轩以临山，列绮窗而瞰江。内则议殿爵堂，武义虎威，宣化之闼，崇礼之闱。华阙双邈，重门洞开，金铺交映，玉题相辉。外则轨躅八达，里闬对出，比屋连甍，千庑万屋。

实际上，左思所看到的宏伟、壮丽的蜀汉皇城是真实的：金碧辉煌的城楼，以及市区被坚固的城垣环绕，皇城门洞众多，道路笔直宽阔，四通八达；闾巷整齐，华屋层层叠叠，密集排列。

当时的蜀汉皇宫是新营造的，范围扩展得已紧邻少城。学者认为，“蜀汉皇宫也有前‘朝’后‘寝’之分。皇宫前面广场开阔，两座华丽的门楼遥遥相对。在重重宫门之后，是气势恢宏威严的议政殿堂，是为前‘朝’。皇宫的后寝豪华非同寻常，台榭高耸，临绮窗而观，远山在望，抱城之二江双流尽收眼底。宫中陈色，金玉交辉”[①]。

不过值得指出的是，左思看到的蜀汉皇城以及皇宫，应该是后主刘禅亲政后营建的。当初诸葛亮整治官府，力主清廉从政，全部资金投入到备战当中。刘禅贪图享乐，才有如此奢华的宫室营造。富丽堂皇的宫阙与街衢，红男绿女，足以消磨斗志，这些就暗示其衰败的必然。所以说在价值向度上，应有两个“蜀汉”：一是励精图治的“早期蜀汉”，二是贪图享乐消磨意志的“后期蜀汉”。

学者们一致认为，以蜀汉文化为主体的三国文化之所以备受中外的注目，最根本的原因首先就在于它是中华民族精神品格的集中体现；蜀汉君臣上信下忠、和为至贵、患难同当、福禄共享，它是民族内聚力的象征；面对强敌危局，蜀国上下同心、君臣一气，以弱小之国独抗魏、吴，敢为鼎足，不畏强权，它是民族自强自立精神品格的体现，其施政方略、文化意义、军事方阵、人才观念等等，润物细无声，成为人类的宝贵财富。

---

① 阳正太主编：《天府蜀都》，中国人民大学出版社1993年版，第127页。

成都武侯祠内刘备塑像

成都武侯祠关羽塑像

成都武侯祠张飞塑像

三国之中，唯一不嗜杀、不屠城、不虐待臣子的君主，只能是刘备，也只有刘备“高举仁义，英雄乐业”，才开辟了蜀汉的江山。这些受儒家文化影响至巨的“和合”待人、御人之术，在巴蜀落地开花，不但深刻影响了本土的风化，而且对中国儒家文化的延续，其作用不可低估。

关帝爷的忠勇，不但为其赢得了“武圣”之誉，还阴差阳错地获得了财神的头衔。心细如发的猛张飞，不时在桓侯宫里发出那一声喝断长板桥的威武；赵云之勇、黄忠之血、姜维之悲……这些在历史长河里俯仰痛饮的蜀汉英雄，不但活在剑门雄关、活在落凤坡、活在阆中、活在雒城，更活在一代又一代人心里。他们从文化的深水中浮出水面，是他们用自己的血性和智慧，续接了断流的传统之河！

最不能忽略的全才，自然是诸葛亮先生。诸葛亮不但对星象学、风水学、阴阳八卦、命相、解梦有很高造诣，而且对军事、谋略、天文、气象、历史有很深研究，他的出现，几乎是把一个国家稳稳扛在肩膀上。在一个权力集中的时代，他把一个人臣的作用发挥到了极致，成为无限忠诚、运筹帷幄形象的标本。空城计绝不是一个谨慎之人所为，而是一种文化思想的体现。正如有论者指出的那样，“他的大智慧，不是个人品行的标志，而是儒道思想给他开启的智慧天眼”。

清嘉庆《四川通志·舆地志》记载，全四川有三国遗迹200余处，分布在77个市、县，其中祠庙54座，祀诸葛亮、刘备、关羽、张飞、马超、赵云、庞统、姜维、马忠、严颜、谯周、陈寿、关索等人；墓葬36座，为刘备、关羽、张飞、蒋琬、费祎、庞统、许靖、赵云、董允、姜维、马岱、马超、甘宁、邓芝、邓艾、甘夫人、鲍三娘、王平、诸葛瞻、诸葛尚、谯周、陈寿等人的墓冢或衣冠墓。此外的遗迹，或因三国人物的事迹得名，或与这些人物的故事有关。如：牧马山、学射山、武侯城、武侯山、武侯坡、武侯桥、武侯池、武侯塔、诸葛洞、诸葛寨、卧龙山、七擒桥、孟获沟、姜维屯、关索城、怀葛楼等。如检阅全省各县方志，那将会得出一个更为庞大的三国遗迹纪念地的数字。四川省地方志资料显示：四川历史上有过30多座武侯祠，而成都历史上就先后有过8座武侯祠，这是其他地区不可企及的。

武侯祠里话忠贞

在北纬30度—32度区域里，除了炒作热闹的“北纬30度未解之谜”之外，还有一个蜀文化的胜迹——三国蜀汉文化圈。它承载着厚重的历史，在十几万平方公里的广大区域内，自然景观与人文传统互为彰显，正史与传说密不可分，正如历史与现实血肉相连。蜀汉文化圈不但成了古蜀文明的传承者，而且，它向现实昭示了三国时代的文化密码——无论是八阵图的迷宫，还是剑门关下那锈蚀的箭镞，无论是阆中桓侯的威仪，还是白帝城悲壮的托孤，在这博大而迷人的文化圈之内，就像时间种植在火焰中的玫瑰，向世人、向世界传递着渐渐远去的蹄声，以及刚猛高远的猎猎汉风……构成了蜀汉绝境版图的“山水之眼”。

四川、重庆三国胜迹的分布大体成“一点两线”的格局。一点即成都。第一线是自成都起，向北经德阳、绵阳、剑阁，再向东北至汉中；第二线是自剑阁起，向东南，沿嘉陵江，经阆中、南充（古名安汉）、渠县、重庆、云阳，至奉节。这就像一把剑的双刃，在巴山蜀水之间展开了蜀汉三国的冷锋……

蜀汉三国人物里，诸葛亮的影响是超越时空的。诸葛亮一直被看作古代士人的典范，甚至被认作“千古一相”，到清代以后更被看作一代完人。除了文治武功，人们更崇敬他的忠贞无私。

诸葛亮是山东人，幼年时父母相继亡故。汉献帝兴平元年（194年），叔父诸葛玄被袁术任为豫章太守，为了躲避战乱，14岁的诸葛亮和弟弟诸葛均随叔父去了豫章（今江西南昌）。由于诸葛玄与荆州牧刘表有关系，诸葛亮被送去荆州投奔了刘表。建安二年（197年），诸葛玄被乱兵所杀，诸葛亮便到隆中（今湖北襄阳城西），开始了耕读自食的生活，后来才有了刘备三顾茅庐、卧龙出山所开创的惊世伟业。

武侯祠诸葛亮塑像

成都最引人瞩目的名胜，无疑是“锦官城外柏森森”的武侯祠。柏树苍劲吐翠，林间总是吹起阵阵清风，就像逶迤而来的诸葛遗韵，润物无声。细心人会发现，武侯祠区域的大柏树大都向西南倾斜。老成都人会告诉你，天地感应的柏树，都向着武侯、惠陵而拱卫。

清同治十一年（1872年）3月11日，德国地理学家李希霍芬一行自成都南门出城路过武侯祠，他观察细致，也颇为戏谑地描述了成都人的自然美学：

下午2点，我们出发了，到南门有大约4里路，这里的街道也跟城市北半边的一样。在南门附近可见许多丝织活计，纺织的，编绳的，生产各种各样装饰品的，等等。门本身恰与北门一样，但南门外的郊城较之北门外的逊色许多。再往外些有一座庙，叫武侯祠（Wu ho sz'），有红色的高大围墙和许多参天大树。这座庙很不一般，因为里面埋葬着皇帝刘备，也是成都府的上流社会盛大出游的目的地。这里有所有令中国人心向往之的东西——大庙小庙、流水、小桥、小夏屋、生满莲与龟的水塘，塘边有家一流的茶馆和餐厅。在一个宽阔的石台——开放的柱厅上放着抛光的桌椅。从这里眺望污浊的绿色水塘就是中国人所要求的所有自然享受。这里聚了许多人，都是坐着轿子来的，穿着绸衣。店伙（计）非常忙碌，将做得十分精美的菜肴运来运去。平台上悬挂着一幅由耶稣会教士制作的地球两半球的中文地图，还有许多美丽的画。庙旁没什么可看的。刘备的墓是一座堆起8米高的土丘，长满了树，周围有一道围墙，门都锁着。①

可见150年之前，武侯祠、惠陵一带俨然是熙熙攘攘的游历胜地，而且出自西方人的中文版地图已高挂于祭坛，西洋文化已经深入内地民间，于此可证。

成都最早的武侯祠，始建于章武元年（223年），是纪念诸葛亮而建。而武侯祠的东侧，正是刘备的陵墓惠陵及祠庙。唐宋时代，武侯祠、昭烈庙与惠陵三者，分立并存而又彼此毗邻。

到了明初，蜀献王见惠陵终日冷冷清清，而与之遥遥相对的武侯祠却游人如织，于是心生醋意，刻意恢复“正朔”，决定以“君臣宜一体”为由，将武侯祠废掉，把诸葛亮的塑像搬进昭烈庙。明末张献忠的一场战火将昭烈庙夷为平地。清康熙十年（1671年）重建时，主持者顺从民意，在庙中修筑了前后两殿，前殿祀刘备，后殿祀诸葛亮，由此，这座由刘备、

① ［德］费迪南德·冯·李希霍芬：《李希霍芬中国旅行日记》（下册），商务印书馆2016年版，第669—670页。

诸葛亮合祀祠宇及“惠陵”组成的武侯祠，就成为中国历史上唯一的君臣合祀祠庙。在名称上，官方悬匾曰昭烈庙，民间呼为武侯祠。作为中国唯一的君臣合祀建筑，反而用臣子之名代替帝王，这非常令人深思。

塑像是成都武侯祠文物中的一个重要组成部分。祠内现有塑像47尊，如果加上后来迁入的“三义庙”，共50尊。其中40尊塑的是见诸史载的蜀汉历史人物，与我国其他寺庙祠观中的塑像相比，如此大量的历史人物塑像堪称特色。建于昭烈庙旁的武侯祠，约始建于南北朝后期，庙、祠既建，当有塑像，但有诗文记述而确切可据的，始自唐代。需要注意的是，武侯祠里的泥塑采用的是中国传统泥塑法，即木架泥塑之法，而不是西洋雕塑的比例，它们展现的是历史人物而非宗教人物。在这当中，除了诸葛亮的塑像造像艺术十分杰出之外，有一个塑像不能不提。

刘备塑像右侧后方，有一尊英姿勃勃的少年塑像，这便是刘备之孙、北地王刘谌，他是刘禅的第五子。在刘谌塑像前有一副近代双流人刘咸荥撰写的楹联，概括说明了刘谌陪祀于此的原因：

生不视强寇西来，天意茫茫，伤心恸洒河山泪；
死好见先皇地下，英姿凛凛，放眼早空南北人。

刘谌性格刚烈，当邓艾兵临城下之际，刘谌坚持抵抗，他力谏刘禅：国家到了穷途末路之地步，自然会有亡国之灾，更是父子群臣一起做最后努力，为蜀汉江山而死，这样也可以一同去见先帝。但刘禅不听刘谌的建议，而是采取了光禄大夫谯周的建议，投降了邓艾。而不愿投降的刘谌，不堪忍受亡国耻辱，首先把自己的妻儿杀死，然后跑到刘备的庙中自杀殉国。罗贯中在《三国演义》中赞赏刘谌曰“君臣甘屈膝，一子独悲伤。去矣西川事，雄哉北地王。捐身酬烈祖，搔首泣穹苍。凛凛人如在，谁云汉已亡”。这可以看出，为什么刘禅反而在昭烈庙里没有一席之地。

昭烈庙乃蜀人英魂所在，非藏污纳垢之地！

用现代的观点来看，一个人的贡献和一个人的职位是两码事，金杯银

成都市南郊公园三义庙。（蒋蓝 摄）

杯不如老百姓的口碑！诸葛亮受人尊敬不是凭借他丞相的地位，而是他为老百姓和国家做的事情和留下的业绩，赢得了广大百姓的民心、民意，也正是凭此，诸葛亮才受到历朝历代的尊敬，也正是凭此，诸葛亮精神仍然闪现着当代价值。尽管诸葛亮殿的规模比不上刘备殿宏伟，但殿前庭院颇有南国园林风貌。殿堂内，供奉着诸葛亮祖孙三代的贴金泥塑坐像。诸葛亮居中，羽扇纶巾、凝目沉思，神态怡然自得，给人以智慧、恬静的感觉。当年丞相运筹帷幄，治理蜀汉的情景宛若眼前。诸葛亮的形象也有较大变化，尤以明清之际发生过一次明显变化。就是说，现在我们看到的塑像，体现出来的更多是忠臣贤相之气，而非道教化、世俗化的形象。

可以说，诸葛亮丝毫没有刻意打造一个诸葛家族的权力谱系。从诸葛亮到儿子诸葛瞻，没有父与子的权力传承。诸葛亮去世时，诸葛瞻才8岁。诸葛瞻后来走上政坛，已不是诸葛亮权力的自然延伸。

看看他的老对手司马懿，一直在用心经营自身的势力范围，他要做的不是效力于曹魏集团，而是实现自身家族针对曹魏集团的替换。他为曹魏集团做的一切，其实是为自己家族权力“谋福利”。

诸葛先生的家庭财产，在《又与李严书》中有所表露。诸葛亮说：“吾受赐八十万斛，今蓄财无余，妾无副服。”这是说，他家里没有存款，妻子连多余的衣服也没有。

在《自表后主》中，诸葛亮写道：“臣初奉先帝，资仰于官，不自治生。成都有桑八百株，薄田十五顷，子弟衣食，自有余饶。臣身在外，无别调度，随时衣食，悉仰于官。不别治生，以长尺寸。臣死之日，不使内有余帛，外有盈财，以负陛下也。”这份家庭财产清单，表明了诸葛先生的清廉。

诸葛亮曾在双流建立宅邸，位于现双流区东升街道的“葛陌”。在民国重刊《双流县志》中提及：“蜀丞相诸葛武侯旧迹仅存于今者也。旧居在双流县东北八里，谓之‘葛陌’……”如今遗迹全无，仅剩地名供人凭吊……

陈寿《三国志》中记载他：“身长八尺，容貌其伟，时人异焉。”也就是说，诸葛亮身高有八尺，伟人气质，风度翩翩。但诸葛亮没有三妻四妾，一生只娶一个女人，而且一生忠贞于她。

晚清或民国时期，成都每每出现贻害百姓的贪官污吏，就有冤屈者在武侯祠痛哭朝拜，人们是多么希望武侯之灵来廓清天地、扶助正气啊。

诸葛亮作为儒家文化与兵家文化结合的典范，廉政的楷模，民族智慧的化身，他的南征是一生伟业中武功文治最为成功、最为辉煌的一页，也是历代中央政府开发西南民族地区中最成功、最辉煌的典型代表。诸葛亮在南中的影响远远超过了关圣人和孔圣人，可以说是千古一人，早已成为中华民族的民族凝聚力在南中多民族地区的典型代表。

章武三年（223年）四月刘备病逝，南中越嶲的土著民族、云南的大姓豪族、牂牁的部分官员，先后叛乱，杀害驱赶郡县官吏，投靠东吴。建兴三年（225年），诸葛亮经过充分准备后，率大军南征平叛。南征大军分为三路，西路军由诸葛亮亲自率领，中路军由庲降都督李恢率领，东路军为新任牂牁太守马忠率领，三军大体于年底之前完成征讨任务。庲降都督辖区占蜀汉国土一半以上，但拥有的地方军仅占蜀汉军队总数五十万兵马中的13.4%，符合诸葛亮南征后，在南中少留兵的大原则。

西南边陲地区流行的诸葛亮崇拜绝非偶然。从地理文化看，它是该地为中华国土的反映之一；从民族文化看，它是该民族为中华民族大家庭一员的反映。可以说中原文化崇孔子、拜关羽，南中地区的百姓，尊诸葛亮为千古一人。比如沧源佤人中的诸葛亮崇拜，以及西双版纳式的孔明兴茶传说、傣族房顶造型仿诸葛帽的传说等等，数不胜数。

古书上有诸葛亮在“成都作匕首五百枚，以给骑士”的说法，犍为铁山、新津等地，均有诸葛亮曾在那里建炉炼铁的传闻。二十几年前，有学者撰文探讨诸葛亮发明的木牛流马，认为是一种已经失传的机械装置，神乎其神，引起更多热议。我读到曾多年担任武侯祠博物馆副馆长的谭良啸先生的好几篇相关文章，比如在《消除误区求解木牛流马——兼评木牛流马研制现状》一文里，他认为木牛流马制作于汉中勉县的黄沙。木牛流马由诸葛亮创意、构思，匠作大师蒲元参与研制，可能还有其他人参与了制作。民间有传说诸葛亮从其妻处获得木牛流马的设计。《南史》和宋人对木牛流马的记载对后世的影响极大，造成的误解也大……木牛流马运行的道路不是蜀道。用木牛运粮走的是“出祁山”的道路，用流马运粮走的是褒斜道，都不是蜀中的金牛道、剑阁道。木牛运行道路是诸葛亮北伐“出祁山”的路线以西北方向迂回道路为主，道路相对平坦。流马运粮所走的是褒斜栈道，比较宽阔、平缓，有一定起伏。人们对小说《三国演义》中描述的木牛流马存在误解。

谭良啸先生首次提出木牛流马是四轮车、与独轮车毫无关系的观点，似乎可以商榷。其实，汉代就有鹿车，为木制独轮车。鹿车就是鸡公车，出现的时间要早于木牛流马。在西晋元康六年（296年），“益州遣牙门马玄、尹方救援之，以鹿车运成都米给军粮”就用到鹿车。一来它证实了在山路上运粮，还是鹿车更有绝对的优势；同时，三国之后，同时代、同地区运粮还是在用鹿车。毕竟独轮车更为适合四川的地理环境，它后来逐渐取代了木牛流马，至今在四川的一些山区尚可见到鸡公车的踪影……木牛流马是在鹿车基础上改进而成，类似如今仍在崇州市山区使用的“高车”。

诸葛亮在成都的武侯府，位置在哪里呢？

晚清时节，宦游四川的江苏南通人徐心余《蜀游闻见录》第一条就记载说：“清成都府署，在城中玉带桥西，形势最为宏敞，汉武乡侯相府旧址也。自头门逶迤而入，越仪门而至大堂，中间甬道，较他署约长数倍。大堂下之月台，结构最古。东西桂树各一株，相传为武侯手植。老干纷披，叶作浓绿色，而不甚著花，或数年著花一次，不必定在秋间，而不拘定春夏，即寒冬亦许著花。著花不甚多，非若寻常秋桂，满树皆花。”由诸葛丞相府改造而成的成都府署，传为有诸葛亮手植的桂树，可见，诸葛亮深入人心，到了处处都要附会其身的程度。

贵州麻江人周询《蜀海丛谈》卷一《制度类上》“各府直隶厅州”条，对此的记录就更为细腻：“府署在正府街，相传即蜀汉时诸葛忠武故第之基址。大门外，中有‘古天府’三字横匾。左右两方，向外者，一书‘开诚心’，一书‘布公道’；向内者，一书‘集众思’，一书‘广忠益’。皆用武乡侯语也。署内有石狮二，相传亦汉物。”

那两头神奇的石狮，还有一个有趣的传说，见载于晚清时在蜀为官的蔡愚道人（汪堃）《寄蜗残赘》卷七：“成都府署二堂内有石狮二，制作浑朴，高三尺许。人摸其头，则头痛；摸其身，则身痛。四旁以木围之，恐人不知而误近之也。月明之夕，时见滚跃庭中，然不为人害。相传为蜀汉时物。”

蜀汉文化的“铁三角”空间

清道光二十三年（1843年）盛夏时节，曾国藩入川，写有《初入四川境喜晴》七律一首，其中有“楚客初来询物俗，蜀人从古足英雄”名句，昭示了两种迥然不同的文化氛围：楚地的生意经与蜀地高蹈的英雄气场。这个话所指的源头，自然是蜀汉三国。

西汉至东汉，以成都平原为核心的天府之国已基本形成；三国时期，成都作为蜀汉政权的中心，虽然从刘备建都到后主投降才短短42年，但成都在三国文化里面的核心地位当仁不让，而且是三国文化的“首府”。既言“首府”，其凝聚的核心在哪里？

成都历史上一共出现过四座帝陵。一是惠陵；二是成汉李雄的安都陵（位于成都市武侯区。封土呈驼峰形，高度约为5米，陵墓周长约60米，地面早无建筑）；三是前蜀王建的永陵；四是后蜀孟知祥的和陵（位于成都市北郊约7公里的磨盘山南麓）。其中所建年代最早、影响最大、又是首批公布为全国重点文物保护单位的，便是刘备的惠陵。毫无疑问，惠陵不但是西南地区最具影响力的帝陵，而且是唯一保存至今的、毋庸置疑的三国时期帝陵。

武侯祠内“喜神方”。（蒋蓝 摄）

惠陵还是一座合葬墓，除刘备外，还葬有甘夫人和吴夫人。历代修葺，均有史志书、舆地书等详细记载。在旧时坟堆甚大，异峰突起，成为回望城内皇城的一个瞭望台。有了惠陵，后来在旁边修建刘备庙，南北朝时候在刘备庙旁再建武侯祠。惠陵边那棵盛传为诸葛亮手植的古柏，俨然已经成为他鞠躬尽瘁的象征。“密叶四时同一色，高枝千岁对孤峰。此中疑有精灵在，为见盘根似卧龙。”这便是唐朝诗人雍陶对其气场的描绘。据《昭烈忠武陵庙志》卷二引《陆游记》记载，有一位唐代节度使曾来武侯祠从该古柏上取下一小树枝，制成手板，以书写记事，被记入后来的一种《图志》，遭到了批评。可见在蜀人心目中，即使是土皇帝节度使，也不能擅取武侯祠的一草一木。

既是帝王之墓，故盗墓者频频造访。唐人段成式的《酉阳杂俎·尸穸》（卷十三）：

近有盗，发蜀先主墓。墓穴，盗数人齐见两人张灯对棋，侍卫十余。盗惊惧拜谢，一人顾曰：“尔饮乎？”乃各饮以一杯，兼乞与玉腰带数条，命速出。盗至外，口已漆矣。带乃巨蛇也。视其穴，已如旧矣。

主人问盗墓贼，您喝酒吗？盗墓贼稀里糊涂，竟真的喝了主人递上的酒。酒一下肚，盗墓贼也清醒过来，便向那人讨宝，主人给了他几条玉腰带，叫盗墓贼赶紧出去。盗墓贼刚到墓外，盗洞口就合上了。正在骇怪时，带出来的玉腰带竟然是一条大蛇。

到了清朝，刘备墓又有被盗的传闻。此说见于宦游四川的文人徐心余《衣冠陵》，收录在《蜀游闻见录》当中。徐心余提到，在清朝年间，有一位老农在惠陵田地里劳作，突然挖到了一块砖头，他十分好奇又继续往下挖，结果越挖砖头越多，后来竟然挖出一个古墓。随后很多人都认为史书上记载的是真的，这座古墓就是刘备的墓地。但是在古墓内根本没有发现尸体。

这固然是传说，学者以为，刘备墓没有被盗的原因大概有以下几点：

其一，当时刘备下葬时倡导简葬、薄葬，可能确实没什么陪葬品。

其二，当时刘备墓外面设有护陵官，戒备森严。

其三，刘备墓称为“惠陵”，惠是说刘备仁义施恩惠的意思。刘备在人们心目中的地位还是很高的，人们敬重他。

其四，刘备二弟乃关羽，义薄云天，重信义！盗贼也不敢动。

即便是张献忠屠川，毁了武侯祠，但也没有捣毁刘备墓。

……

在成都城内就存在一个蜀汉文化的“铁三角”。如果以浆洗街为南北纵向柱，偏西方向是刘备墓惠陵，东北方向四五华里是关羽的衣冠庙，西南方向四五华里是张飞的衣冠冢（成都民间把位于如今华西医院高干病房区之内的小土坡认为是“张飞墓”，实为“成汉贵族墓”，在1985年成都市考古队就发掘过，出土有上百件文物。但这一误会深切体现出成都百姓对张飞的缅怀之情）。成都市考古队蒋成曾经表达过自己的猜测：“三国和四川渊源甚深，离此墓不远的武侯祠有刘备的惠陵，洗面桥旁有祭祀关羽的衣冠冢。此三处如三角形三个顶点掎角而立，恰如桃园结义之三兄弟。”本土民俗史学者帅培业进一步阐明了这一“铁三角”的意义，这个三角区域，应该是成都地域文化最为重要的所在之一，更是蜀汉历史地理的精华所在。因为围绕这个三角区域，惠陵、武侯祠成为核心，黄忠墓、赵云墓地以及洗马池、万里桥、诸葛井、九里堤、向宠墓、庞统墓、马超墓、张飞营、牧马山等等蜀汉历史文化点位层列其外，构成了蜀汉三国英雄文化的一个有序分布。

马超墓旧貌。（图片由成都武侯祠博物馆提供）

其实，这一“铁三角”布局早已形成。南宋祝穆编撰的《方舆胜览》记载：“关、张祠……俱在府西七里惠陵左右。”宋朝新津县人任渊《重修先主庙记》将分布说得很清楚了，刘备庙在东，惠陵在西，武侯祠在庙的西偏稍南，君臣紧紧相依。《明一统志》中更有“铁三角”详细地理分布记录，并说到了洪武初年，才把诸葛庙与惠陵“合庙祀之”。由此，武侯祠成了全国唯一的君臣合祀祠庙。

著名巴蜀文化学者王家祐主撰的《汉晋夕阳——三国旅游寻踪》即认为：“刘备的惠陵与关羽衣冠庙、张飞桓侯祠，呈三角排列，这绝非偶然，而是民间刘、关、张桃园三结义的表现形式。遗憾的是今天仅存刘备的惠陵，而他两位兄弟的祭祀遗迹却荡然无存了。”

古蜀文明的起源是岷山河谷，包括成都平原、临邛（今邛崃）、江原（今崇州）、南安（今乐山）这一“三角地带”。蒙文通先生《巴蜀史的问题》指出：“中国农业在古代是从三个地区独立发展起来的，一个是关中，一个是黄河下游，在长江流域则是从蜀开始的。”他主张“农业是从江源入成都平原的，江源、临邛，正是岷山河谷，蜀的文化可能从这里开始”。如果说古蜀文明是从一个“三角地带”开始的，那么，蜀汉文化遗址的“铁三角”，应该引起人们的高度重视。

衣冠庙、洗面桥和桓侯巷

衣冠庙、洗面桥、桓侯巷这三个地点，说的就是桃园结义的刘、关、张三兄弟。巧的是其中有两个都是衣冠冢。

衣冠庙位于成都南门外神仙树街附近。当年关羽败走麦城被害后，因为尸首取不回来，蜀国百姓只得堆土为衣冠冢。冢前有庙，则称衣冠庙。《四川通志》说，这是刘备用衣冠招兄弟的魂，再葬于此。从这一记载分析，衣冠庙应该在蜀汉时就存在了。唐朝以后，尤其是自宋徽宗以来，关羽就被历代统治者尊崇、不断加封，衣冠庙也得到修葺，但到明朝末期基本上已经毁坏殆尽。到清初予以重建，进入民国后，逐渐残破不堪。在1950年之前，墓、祠全部毁灭，这里成为仅留其名的历史陈迹。

与衣冠庙相连的是洗面桥街。

相传刘备每次来祭奠关羽时，走到附近桥下，都要捧一把河水洗脸，以示虔心：他是渴望通过滔滔东去的锦江水，带去对死于临沮（今湖北省南漳县）的二弟的思念。洗罢，再到庙里拜祭，所以那桥又叫洗面桥，后来更衍生出洗面桥上街、下街、横街等地名。而在玉泉街和小关庙街，都有奉祀关羽的祠庙。

另一个衣冠冢是三弟张飞的。

张飞谥“桓侯”，后人在万里桥与衣冠庙之间择地建立了纪念祠堂和衣冠冢，那条巷子即因此而得名。但该祠早已湮没。张飞祠在巷子的东南方向，冢旁立有石碑，上书“汉大将军张桓侯之墓”以及“汉张夫子衣冠墓”，格局与他二哥关羽的相类，都是前庙后冢。巷道也因此得名“桓侯巷”。

需要指出的是，成都历史上传闻桓侯巷里的一座大坟，肯定不是张飞的。20世纪80年代中期进行发掘，判断为成汉时期的贵族墓地，出土大量赍人文物，一度引起考古学界轰动。被安葬者极可能是成汉废帝李期（314—338年）。

刘关张三弟兄，当初结拜创业，情深义重，可谓感天动地，所以近两千年以来，他们在成都的地望上还密切相关，彼此拱卫。

旧时，成都提督街有清初修建的三义庙（1997年因城建需要整体迁建于武侯祠内），四进五殿，里面曾有一副佳联：“在三在，亡三亡，而今享祀犹同伴；合义合，战义战，自昔铭勋匪异人。”称赞刘备、关羽、张飞结义，共图大业的情义，说他们三个人生死与共，肝胆相照，以至于千秋共同享受祭祀。

但彪炳千秋的，还是“义”。

赵云墓与子龙塘

赵云墓位于四川省大邑县东郊1公里的锦屏山。冢大如丘，依山而建，气势雄伟，四周有石砌女墙，古柏森森。墓前有清幽雅静的木结构四合院建筑，正中竖有高2.5米、宽1米的康熙年间镌刻的墓碑，上刻“汉顺平侯赵公子龙墓”几个篆体大字，两侧刻有填金对联：“赤胆永佑江原父

清光绪三十一年（1905年），为纪念四川总督骆秉章特意在子龙塘建设“骆公祠”。民国初开始成为日本人在四川的会所。（日本人山川早水摄影）

老，忠魂犹壮蜀国山河。”匾文：“永烈千秋。”当时在墓前另建有子龙庙，为明朝兴建的三重殿宇，塑有赵云以及儿子赵广像。由于赵云广受乡民爱戴，墓地保护较好。阳春三月，乡民就在子龙庙举行庙会，歌舞杂耍，茶棚酒肆，异常热闹。

成都市内和平街原名子龙塘，俗称“子龙洗马池”，相传是赵云故宅遗址。有占地6600平方米的池塘，可以泛舟，塘坎上立碑“汉赵顺平侯洗马处”八个大字。晚清，成都将军完颜崇实写有对联：“两字勋名高北岳，千秋大义谏东征。”从大节出发评论蜀汉英雄，赞美赵云名望和功绩高于北岳的大将军，无愧于“顺平”（省文史馆张少成先生特意指出，柔贤慈惠曰“顺”，执事有班曰“平”，克定祸乱曰“平”）二字谥号。清嘉庆时期（1815年前后）为周氏世居，同治时期房子易主，建为芙蓉池馆，楼台亭榭皆依地缘而构造。池上有亭馆假山，种梅树百株，为当时士大夫宴集之地。

晚清四川总督骆秉章死后，为纪念“德政既不胜书、武节亦非所短”的川督骆秉章，清廷在“子龙

赵云墓。（大邑县文管所提供）

赵云墓墓碑。《大邑县志》载，赵云墓，位于大邑县城锦屏山麓。该墓冢依山而建，状如圆形土丘。墓前原有子龙庙，还有山门、大殿、正殿三重建筑，但于20世纪60年代末大部被毁。1985年，在距锦屏山1公里的静惠山新建子龙祠，塑有一尊赵云的贴金坐像。（大邑县文管所提供）

塘”边为骆秉章修建了骆公祠，此街即改名为骆公祠街。后来四川提督周达武购此屋。清末改祠为迎宾馆，民国时改建为小学；池畔的祠堂短期作为成都市参议会会址。20世纪50年代以后池子被填平，1954年改为和平街。历史就在这条一百多米的街道上重叠，当然最为驰名的还是“贲园”——系晚清知名藏书家严雁峰、严谷声父子所建的“贲园书库”。

赵云塑像。（大邑县文管所提供）

民国时期，侨居四川的洋人尤其是日本人，祝贺、迎送亲朋或者举行宴会，一般都在城内的骆公祠、西来寺、满城内的关帝庙，以及东南方向的望江楼举行。并非为了纪念蜀汉英雄，而是那时这些点位，逐渐具备“公园”的交际功能。

黄忠墓

刘备在221年称帝时，封黄忠为“关内侯”，位列五虎上将。黄忠于223年病逝并葬于定军山下，谥号“刚侯”。《三国志》里并未有过黄忠辅佐刘备功绩最高的评价，但为何成都的黄忠墓颇有些不一般？

清道光五年（1825年），被授为湖北天门县县令的学者刘沅，在成都西郊化成桥侧鸡矢树村的自家农田内，相继出土发现了“黄刚侯汉升之墓”墓碑和人的骨架、剑、玉等文物，他认为尽管黄忠死在定军山，但依礼制，大凡忠戚勋臣、封疆大吏出守边陲，一旦病逝，也会扶柩回朝安葬，或在原郡建立生祠衣冠冢，所以不能排除黄忠先葬定军山，后迁葬于鸡矢树村，既有墓碑，那就理应修复。

刘沅主持修墓建祠，墓地侧立有黄忠像，命其子刘桂文撰写楹联：“北伐数中原，溯汉中王业所基，惟公绩最；西城留墓道，与昭烈庙堂相望，有此祠高。”对联肯定了黄忠在北伐中原的多次征战中，攻城略地，为刘备称汉中王奠定基业所立下赫赫战功。然后，又再介绍祠墓与南郊汉昭烈庙遥遥相望，老英雄的功业与祀祠同高。另据民国初年隐沪山人的《拍案惊异记》记载：清朝道光年间，有人在成都东门外掘得一座古墓，谓之黄忠墓。华阳县知县郭志赢亲往查验，看见一方刻有汉隶的石碑，古意盎然，字径方寸，笔法古朴：“汉赠大将军黄忠之墓。”此聊备一说。此地后称为“黄忠坟”，一度为黄忠大队，今为黄忠小区。

从地望而言，蜀汉五虎上将层列，拱卫其外，先主刘备依托先进代表诸葛亮，他那“惟贤惟德，能服于人”的政治理念，成为后世敬仰的施政品德。

……

蜀汉文化不但感染了国人，而且很大程度上影响了巴蜀后人，逐渐使川人形成了聪明、机智、幽默、勇敢、血性、任劳任怨的群体性格。也可以说，蜀汉文化是继早期蜀王朝之后，第二次为中国文化造血。徜徉在巴山蜀水之间，漫游在蜀汉三国的故径上，金牛道上的青石板，翠云廊的张飞柏，武侯祠里的桢楠和银杏，无一不在述说，置身其间，就像与历史撞了一个满怀。

透过《三国演义》乃至《三国志》中文字演绎出来的沉静而斑驳的面庞，目睹这些影子在深厚而古老的大地上“落地还原”。蓦然回首，我们实际上可以察觉到，无论是灿烂的荣光，还是灭国的耻辱，蜀汉文化最动人之处，在于人与自然之间神秘而敞开的亲密交流，以及这种交流所形成的生活和文化氛围。对国人来说，灵魂的拯救不是来自上界的神，而是来自脚下的大地。正所谓：“云烟影里见真身，始悟形骸为桎梏；禽鸟声中体自性，方知情识是戈矛。”

石头必然要说话，印证事物的无误和正确性；白帝城的柏树也不甘落后，存留下来的针叶逐一印证了历史话语的正确。所以，凡有耳可听的，都要仔细倾听！聆听时间的辚辚车轴从蜀水驶向巴山，聆听那刚猛凛冽的汉风，正从历史深处滚滚吹来……

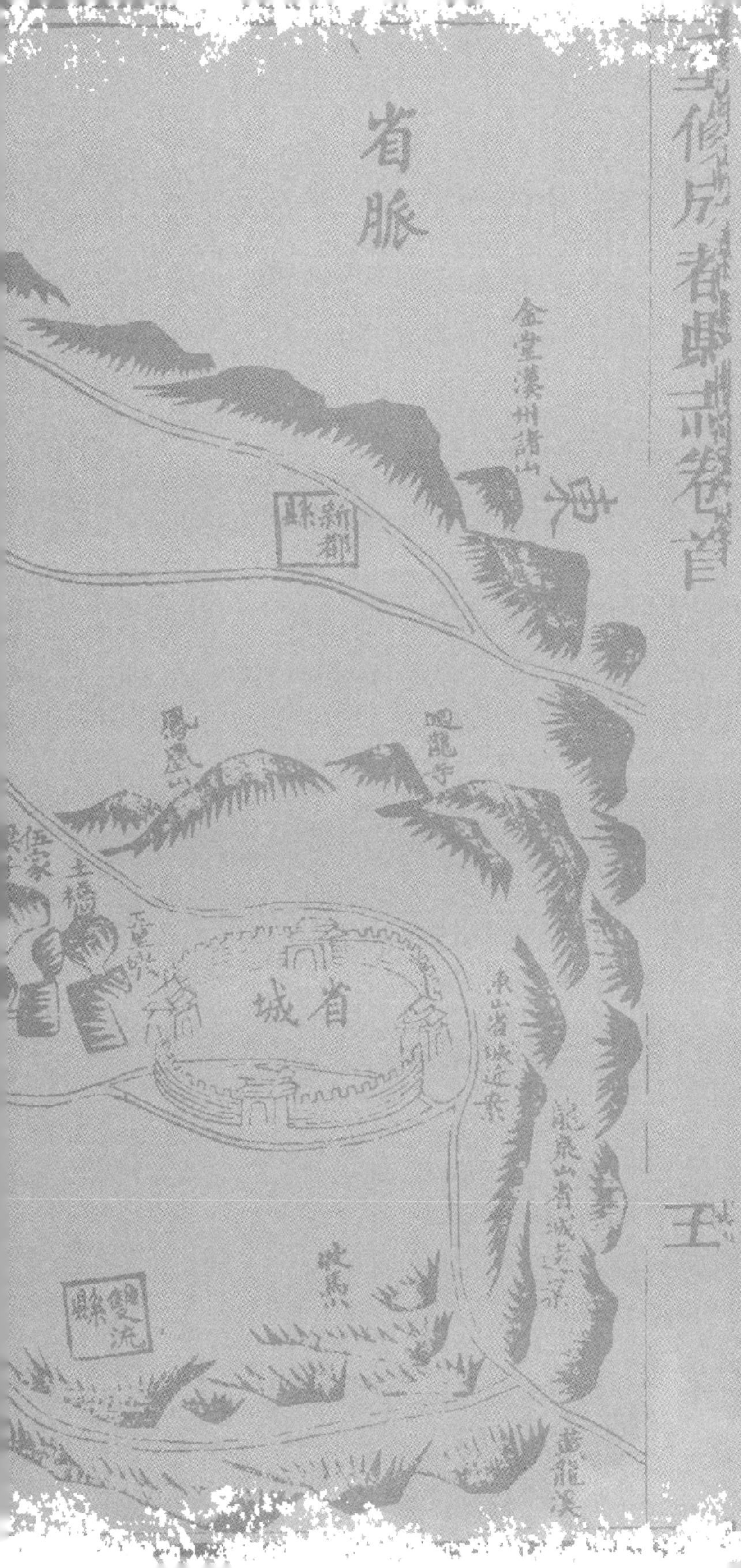

第三编
唐宋繁华记

锦江近西烟水绿，
新雨山头荔枝熟。
万里桥边多酒家，
游人爱向谁家宿。

——【唐】张籍《成都曲》

第19章

“扬一益二”名不虚传

在《全唐诗》中，最早直接写到成都的作品，是出自唐太宗李世民之手的《秋日二首》，诗为五言古体，最后一联是“还似成都望，直见峨眉前”。尽管李世民并没有到过成都，置身终南山翠微宫的他，透过秋日层林尽染的风光，他向往那座蜀地的繁华之城。

“扬一益二”之说，最早见于北宋司马光的《资治通鉴》第二百五十九卷唐纪七十五：“先是，扬州富庶甲天下，时人称扬一益二，及经秦、毕、孙、杨兵火之余，江、淮之间，东西千里扫地尽矣。”

这一说法同时也见于宋代洪迈《容斋随笔·唐扬州之盛》：“唐世盐铁转运使在扬州，尽斡利权，判官多至数十人，商贾如织，故谚称‘扬一益二’，谓天下之盛，扬为一而蜀次之也。”需要注意的是，此话的前提主要围绕的是“盐铁”。而司马光的论述，才是对于城市实力的全面概括。

“扬一益二”是“时人”所称。这个“时人”，应该不是初唐人。再比如，晚唐诗人杜荀鹤（846—907年）在《送蜀客游维扬》一诗中写道：“见说西川景物繁，维扬景物胜西川。”似乎不应争谁是老大老二了，于是卢求在《成都记序》中来了一个“调和”：“大凡今之报名镇，为天下策一者，曰扬、益。以扬为首，盖声势也。”①

成都和扬州两座城市分据长江的首尾，相隔数千里，也许是因为共饮长江水的缘故，两座城市的渊源颇深。扬州不但享有“扬一益二”之称，还有一地税赋“动关国计”的美誉；唐朝时节的扬州与成都，都是拥有子城和罗城的城市，它们同样数度毁于战火，甚至沦为“芜城”。但每每繁盛之时，都能正德厚生、兼济天下；而往往遭到毁废之后，扬州、成都又都能凤凰涅槃，浴火重生。比如扬州有著名的“蜀冈”，“蜀冈”本来是“独立山冈”的意思，但扬州的民间传说是，这里有一口井，因为通达遥远的蜀地而得名。扬州的子城位于蜀冈上，而罗城则在蜀冈下。子城是官府衙门机构的所在地，罗城是历代工商业与居民区的聚集地。

2016年阳春三月，我和著名作家阿来同时获得第四届“朱自清散文奖”，在扬州颁奖后，我们游历了这座花草遍地、玲珑剔透的城市，所谓“扬一益二”的说法，在我记忆深处宛若游鱼一般破水而出……

秦国时期，在蜀守李冰主持下，川西平原兴修了举世闻名的都江堰等一系列水利工程，成都“沃野千里，号为陆海”，从此天府之国“水旱从人，不知饥馑”，是全国农业最为发达的地区之一。由于成都平原农业和手工业的高速发展，成都的人口也随之快速增加。西汉末年，成都的人口达七万六千多户，仅次于首都长安。如果按照人口计算，成都就是全国第二大城市。随着冶铁业的发展，成都的其他手工业如纺织业、金银业、铜器业、漆器业、木器业等行业也都有较大的发展。闻名遐迩的蜀锦生产也已达到较大规模，在郫江两岸分布有若干织锦作坊，生产规模也较大。

在经济上，成都也同样居于全国首要城市之列。到东汉永和五年（140年），成都所在的蜀郡户口又增加到三十万余户，巴蜀区域内大约有62个城市。而当时长江中游地区的经济和文化，还处于较为落后的地位。

东汉班固在《汉书·食货志》中，对西汉时期的重要都会地位进行了明确记载，将西汉至新莽时期的五大重要城市称为“五都”（长安除外），

① ［宋］袁说等编：《成都文类》（下册），中华书局，2011年版，第475页。

这五大城市是：洛阳、邯郸、临淄、成都、宛。即：以长安东市为京市，西市为徽市，洛阳为中市，邯郸为北市，临淄为东市，宛为南市，成都为西市。并且设立了专门管理工商业的“交易丞”和管理金融机构的“司市钱府”。简单点说，就是商务、工商管理、银行等经济部门在五个大城市设置了分支机构。

这是成都首次跻身于国家的一线城市。记载中设立“五市”的年代背景为王莽始建国元年，距今已经2013年了。

随着京杭大运河的开通，地处大运河和长江交会处的扬州，一跃而成为南北水陆交通的枢纽，无疑是扬州城市发展史上的转折点，尤其是隋炀帝对于扬州十分重视，曾三次巡幸江都，所以扬州得到了迅速发展。隋大业五年（609年），江都有11.5万户，而同时的蜀郡有10.5万余户，这是历史上扬州地区的人口第一次超过成都。

但这一时期，中国的经济重心仍在黄河流域。按《隋书·地理志》所载，全国户数超过十万的郡一共有34个，除蜀郡和江都郡外，都位于黄河中下游地区。其中户口最多的京兆尹（长安）达30.08万户，而蜀郡和江都郡仅分别居于第33位和第27位。可见在隋代，成都和扬州的经济地位在全国比较靠后，自然不可能产生“扬一益二”的说法。①

继隋末农民战争之后，唐初期黄河中下游地区在战乱中遭受了没顶之灾。而地处西南的成都，却躲过了这场浩劫，经济得到持续发展。唐中期的元和年间（806—820年）人口为4.6万余户，到贞观十三年（639年），成都人口达到11.7万余户，天宝元年（742年）16万余户，仅次于户口最多的都城长安20.7万余户。如果按杜正胜“唐型家庭”每户平均7口人来计算，那么贞观十三年、天宝元年的成都人口分别是82万、112万。而当时，作为世界第一大城市的长安人口，则已经达到196万。成都一举跃居全国第二位。反观扬州，由于战争频仍，此时仅有2.3万余户，居于全国各

---

① 谢元鲁：《论“扬一益二”》，史念海主编《唐史论丛》第3辑，陕西人民出版社1987年版，第231页。

府州的第29位。从户口的数量和在全国的区域地位而言，远远落后于成都。

经过一百多年的社会安定和经济发展，到唐中期的开元天宝年间，黄河中下游地区再次焕发了活力，经济繁荣，重新成为全国最重要的经济区。开元年间裴耀卿主持漕运，三年中运粮七百万石供应关中，所运的粮食就是来自黄河中下游地区的“晋、绛、魏、濮、邢、贝、济、博之租”。[①]农业的发展反映了人口的增长，仅河北、河南二道的人口就占了当时全国总数的五分之二。成都在这一历史时期中也继续发展，首领西南。天宝元年（742年），成都有16万余户，较唐初约增1.4倍，次于长安和洛阳，以户数计仍为全国第三大城市[②]。同时，随着东南地区经济的迅速发展，天宝时，扬州有7.7万余户，较唐初增加3倍以上。

唐代是我国历史上经济、文化高度繁荣的时代，在农业、手工业兴盛的基础上，商业得到迅速发展，形成了许多繁荣的经济中心，而扬州和成都无疑是它们之中的两个最重要的代表性城市。

可以举一个具有进一步说服力的例子：

在经商逐利之风日益加剧的中晚唐时期，王公贵族高官也争相立肆开店。唐高宗与武则天的女儿太平公主竟将生意做到了蜀地；唐肃宗的女儿政和公主经商赢利逾万缗钱；唐代宗朝的一些节度使、观察使公然在扬州街头倒卖军需物资……这在当时，乃是制度大忌。朝廷屡屡下令禁止，却终究奈何不得。如果从社会演进的角度看，这应该是对“重本抑末”“贵义贱利”传统观念的一次强烈冲击，虽则有些矫枉过正。[③]

我们可以说，唐朝开始，“扬益”并称之说已经逐渐形成了。经过宋代人的概括和提炼以后，“扬益”之说又演变为“扬一益二”之说，最终在南宋时为时人所普遍接受。也就是说，“扬一益二”的说法是宋朝人在唐代扬州、成都发展和地位提升的基础上概括出来的。

唐贞观元年（627年）设置剑南道，玄宗以后以益州（今成都市）为治

---

① 《新唐书》卷五十三《食货志》。

② 《新唐书·地理志》。

③ 屈小强：《天汉雄风与盛唐气象》，济南出版社2004年版，第178页。

李思训唐代《明皇幸蜀图》

所，辖境大约相当今四川省大部及周边省市一部。为防止割据，尤其是据蜀叛乱的刘辟给了唐朝廷沉重一击，必须引起朝廷高度重视。那么，对偌大的蜀地分而治之，成了折中之策。至德二年（757年）剑南道分置剑南东川（治所在梓州，现三台县）、剑南西川（治所在今成都市）节度使。唐中叶以后，以剑南东川、剑南西川及山南西道（大约为今四川、陕西及重庆部分地区，治所梁州，后改兴元府，即今陕西省汉中市）三镇，合称“三川”。

隋唐时期，益州一带没有大规模的战乱，经济、文化发展到一个极盛时期，自然会超越既定制度约束。此时益州经济和扬州经济同为唐王朝财赋的两大支柱。诚如武元衡《奉酬淮南中书相公见寄序》中写道：“时号扬、益，俱为重藩，左右皇都。”从安史之乱唐玄宗入蜀避祸开始，唐朝君主在关中不能立足时，多南避入蜀，利用蜀地财力、物力再作恢复……

历史上，剑南道的地理、民族意义确定了其政治地理意义要高于经济地理层面，这是唐人西部政治地理思想的一个重要倾向。学者马强指出："有唐一代，剑南道的政治地理意义可以这样概括：一方面它是唐朝皇家的政治后院，每当关中地区出现政治动荡、京师安全受到威胁时，皇帝的逃亡方向总是首选山南、剑南，最终落脚成都；另一方面剑南道又是唐代政治躁动不安、容易形成政治割据之地，正如政治家兼史家的杜佑所说：益州'土肥沃，无凶岁，山重复，四塞险固，王政微缺，跋扈先起，故一方之寄，非亲贤勿居'。为什么唐朝皇帝要选择剑南道成都为逃难之地？当然还是首先考虑到其'内外险固'的地理环境，当安史叛军逼近长安、唐玄宗惊慌失措、不知所适之时，高力士对皇帝说：'剑南虽窄，土富人繁，表里江山，内外险固，以臣所料，蜀道可行。'于是玄宗一行匆匆西行入蜀，演出'千乘万骑西南行'的皇家大逃亡仓皇一幕。"①

高力士所说道出了唐皇帝奔蜀的基本原因，以后德宗、僖宗西逃奔蜀大致皆基于如此考虑。不过剑南道通行困难、四塞险固的地形特点，又容易形成地方势力坐险割据、与中央分庭抗礼局面的出现，这也是唐朝的忠唐之人士最不愿看到的情形。

也正是这个缘故，唐王朝多以重臣、贵戚出任益州大都督府长史、剑南节度使等以镇蜀，如中书侍郎、同平章事陆象先，礼部尚书苏颋，宰相杨国忠、杜鸿渐、武元衡等。与此相应，在唐后期，朝廷的宰相也主要从剑南三川节度使及淮南节度使中遴选。

据统计自宪宗元和元年（806年）至僖宗乾符六年（879年），在担任三川节度使的93人中，先后有40人入朝为相。剑南三川因此被视为是"宰相回翔之地"。

---

① 马强：《唐宋时期中国西部地理认识研究》，人民出版社2009年版，第317页。

成都一百十二坊

桓温消灭成汉政权的战争，在晋永和二年（346年）十一月拉开序幕。次年三月，成汉政权覆没，成都城也遭到大破坏。

也许东晋朝廷感到，成都的大小二城相连，互为屏障，易守难攻，容易形成割据之势。有鉴于此，他们雷厉风行，马上改变了成都的“层城”格局。

晋军在进攻成都时，首先就纵火焚烧了少城的房舍；随后桓温又下令将少城夷为平地。除了东面城垣是大城的西墉予以保留之外，其余西、南、北三面城垣及城内屋宇尽数拆毁。至此，张仪、张若当年苦心经营创筑的成都城，在经历650余年之后，仅剩下了一座孤立的大城。当年少城之上巍峨壮丽的楼观、重阁复道，城中繁华的商肆作坊，全部变为一片瓦砾与残垣……数百年来，成都两江上百舸争流、商船云集的繁丽之景，也仅余两条凄清的江流……供人怀古叹息。

从桓温灭汉，到隋开皇元年（581年）隋朝建立，在230余年岁月里，可谓是巴蜀的“破碎时光”：先后经历了东晋、前秦、西蜀，南朝的宋、齐、梁，北朝的西魏、北周等8个政权的更迭统治，有的长达几十年，短的仅几年。由于政权更迭频繁，政局动荡，战争连绵不断，成都的社会经济更为凋敝，成都城也始终无法恢复昔日的繁华。

隋朝建立之后，国家统一，社会经济开始恢复繁荣，成都城也迎来一个新的发展阶段。隋开皇十二年（592年）至仁寿二年（602年），隋文帝派第四子蜀王杨秀再次出镇成都，成都迎来了一个短暂的光明期。

在这段时期内，杨秀大兴土木工程，修筑系列宫室，同时也扩展了成都城市的规模，从而形成了一座新的少城，这就是隋代子城。

隋代子城也称少城，在它的西南面与秦少城大致相同，但北面范围却较秦少城更为广大，城垣已距离武担山不远，像一弯明月半抱着大城。当年秦少城的废墟之上，一座新的城垣重新巍然屹立，成都城又恢复了昔日

“重城”的庞大规模。

进一步可以发现，成都地势西北高，东南稍低，水网密布，圃池交错，坊里市集，多因地势而异，呈现星罗棋布之势。唐代都城长安系中央政府统一规划，严格按照规制建成，宛如朝廷文牍一般规整。但成都城垣以内，府寺宫室、神祠佛庙、道里亭馆、门闾巷市、楼观学室、圃游池沼，纵横交错；官署、书院、寺庙、工商、古迹、住宅区等等，皆附于坊里之中。

唐朝成都的坊里市集，随着城池的扩张、人口的增长和经济的发展，出现了鳞次栉比的发展格局。

距今一千多年前，李膺的《益州记》记载，成都市坊百有十二，六朝、唐、五代、宋代以来，可考者约有五十余处，这些坊里的名称及主要功能，既展现了当时成都的城市风貌，又反映了成都城市的发展进程。直到清代，汉州（今广汉市）文人张邦伸有诗赞曰：

> 成都名坊一百二，碧鸡当时列第四。
> 西郊曾入杜陵诗，金马并载华阳志。

城南有四川第一大街赤里和锦里、夷里、锦官坊、忠义坊、五门街、上四里、井口庄、忠义坊、花行、文翁坊等。汉蜀守文翁首创石室讲堂，使蜀中名士显达中原。因此蜀人怀念和崇敬文翁，将其所在之坊命名为文翁坊；锦官坊因与城外锦官城相望而得名；五门街则是以前蜀王建所起凤楼五门为名称。

城西有青羊肆、观街、浣花里、花林坊、果园坊、玉垒坊、夹街等。青羊肆乃道教圣地，传说老君当年嘱尹喜，尔后将相见于成都青羊肆，至此，青羊肆遂闻名遐迩；浣花里是诗人杜甫所居的“万里桥西宅，百花潭北庄”，在今成都西门浣花溪一带，因杜甫草堂和浣花溪名重一时而得名；花林坊是陈敬瑄的住宅区，王建攻入成都后，陈敬瑄归住于此，这一坊显系官宦居住之地。

位于中同仁路的成都唐代城墙遗址。（蒋蓝 摄）

城北有王女陌、石镜坊、扬子巷、金马坊、碧鸡坊、木行街等。其中，王女陌为蜀王之女埋葬之地；石镜坊是以开明王武担妃墓上所立石镜而得名；扬雄故宅名为扬子巷；城北木材市场称木行街；金鸡坊和碧鸡坊，皆因与汉朝大夫王褒拜谒金马、碧鸡神的传说而得名。

城东有富春坊、锦江里、马务街等。富春坊乃大圣慈寺之前坊，是商贾云集之处，也是戏场小吃、行医卖卜、杂耍玩具售卖之所，极为繁盛。

但著名的富春坊到底在哪里呢？

近年在成都春熙路附近的城守街旁，距离江南馆街唐宋街坊遗址大约数百米处，又发现一处重要唐宋街坊遗址。遗址存在房屋、道路、排水沟遗迹，与江南馆遗址有许多相似之处。经考古专家分析，这里应就是繁华酒肆——富春坊。

从城市功能而言，“坊”与“市”用围墙予以隔断，这种安排并不利于商业活动的开展，也为市民生活带来不便。富有商业精神的成都人逐步冲破了里坊制的桎梏。这种改变从唐代的中后期就开始出现了。

元代费著《岁华纪丽谱》记“上元节放灯”指出：“旧《记》称，唐明皇上元京师放灯，灯甚盛。叶法善奏曰：‘成都灯亦盛’，遂引帝至成都，市酒于富春坊。”这段记载说明当时成都灯会已经闻名遐迩；富春坊即为酒市，而且晚上还在营业。

由于唐玄宗“幸蜀”，以及后来唐僖宗也因黄巢起义避难于蜀地，众多文人墨客也相继追随而至，聚集成都。他们之中有不少是闻名全国的画师。据史料统计，大慈寺中留下了他们一千多幅精彩作品，是全国藏有唐画最多的地方。宋代人李之纯在《大圣慈寺画记》中感慨地说：“举天下之言唐画者，莫如成都之多；就成都较之，莫如大圣慈寺之盛。……昔之画手，或待诏行在，或禄仕两蜀，皆一时绝艺，格入神妙。”大量入蜀的文人居住在富春坊一带，这也可以合理解释，文人与酒，以及富春坊繁华的缘由。

当然除了吃喝玩乐，成都之坊里，还有横空出世的文化发明。

龙池坊

1944年4月的一天，成都锦江畔的四川大学，正在修筑校内荷花池至锦江边的道路。在抵达江边50—60米处，那一带原为水稻田，工人突然挖掘到了几块古墓的方砖，立即报告学校，惊动了川大考古专家冯汉骥等人。就在前一年，冯先生主持前蜀王建墓的发掘工作才刚刚告一段落，这种规模较大的地下基室的发掘，不但在西南是首次，就是全国范围以内也无先例。他和杨有润闻讯立即赶到现场，清理发现小型墓葬4座，其中3座相连，为小型南宋墓；另一座为唐墓。发掘初期，考古人员整理出一些较为平常的陪葬物品。他们从唐墓里的女性尸骨的右臂上，取下了一只银镯，在研究室的强灯照射之下，意外发现里面中空，镯的破损处，微微露出一点纸页！他们取出对角卷成筒状的丝绢纸，冯汉骥形容为“有如橡皮”一般，细致打开，上面有字！当时，谁也没有注意到其中的奥秘，直待整理文物时，才发现这件藏在镯内但却不知比银镯要重要多少万倍的绝世珍品:《不空羂索秘密陀罗尼经咒》终于横空出世。

《不空羂索秘密陀罗尼咒》简称《陀罗尼经咒》，用唐代著名的茧纸印制。印本质地薄且半透明，异常柔韧。长34厘米，宽31厘米，中央为一个小方栏，栏中有六臂菩萨刻印1尊，手持各种法器。栏外围刻有一种梵文，并且刻有经咒17圈，四角及每边都有菩萨和供品刻像。学者们从梵文本身及构图着眼，认为是佛教密宗之物，与藏传佛教颇有关系。

《陀罗尼经咒》首行竖镌汉文一行："成都府成都县龙池坊×近卞家印卖咒本。"因为成都原称"蜀郡"，称"成都府"是在唐肃宗至德二年（757年）十月以后的事情，此见《新唐书·地理志》，由此可知《陀罗尼经咒》印制的上限时代。其下限时代虽难确定，但从墓葬形制、随葬器物以及印本典型的唐朝书写风格等诸多方面综合分析，当在800年前后。考古界比较一致的看法是：《陀罗尼经咒》系晚唐成都印本，但它与在我国敦煌石室发现的"咸通九年"（868年）的《金刚经》相比，孰早孰晚，学术界还尚无定论，只待进一步的考证和鉴定。但无论如何，《陀罗尼经咒》都堪称世界范围内现存最早的印刷品之一。因为《金刚经》在光绪三十三年（1907年）被斯坦因盗往英国，所以成都出土的《陀罗尼经咒》就是目前发现的国内保存最早的印刷品。

何为"陀罗尼"呢？这是梵文的音译词，意即咒语。这是佛教流布最广的重要经文之一。

这件珍品之所以能够保存下来，应该说是带有很大的偶然性。南方地区潮湿多雨，特别是处于四川盆地中心的成都，"二江珥市"的城市布局加上时节多雨，挖地三尺即有水出，以往墓葬中的木质物品，尤其是丝织品、纸本文物都难以留存。《陀罗尼经咒》得以保存，一是因墓坑挖得不太深；二是它装塞在狭小的银镯之内，密闭情况非常好；三则是印本的质料精良，这一文物也证明了唐朝成都造纸业不仅发达，而且为唐朝川纸已经成为贡品的典籍说法，寻找到了最为有力的实物证据。

冯汉骥后来在论文《记唐印本〈陀罗尼经咒〉的发现》（首次发表于文物出版社《文物参考资料》1957年第5期）里总结认为："敦煌所发现的最早的雕版印本，均无刊刻的地名，此印本中详记有雕版及印卖的地方，在研究中国印刷史的掌故上，自是一种很珍贵的资料了。"但是他坦言：

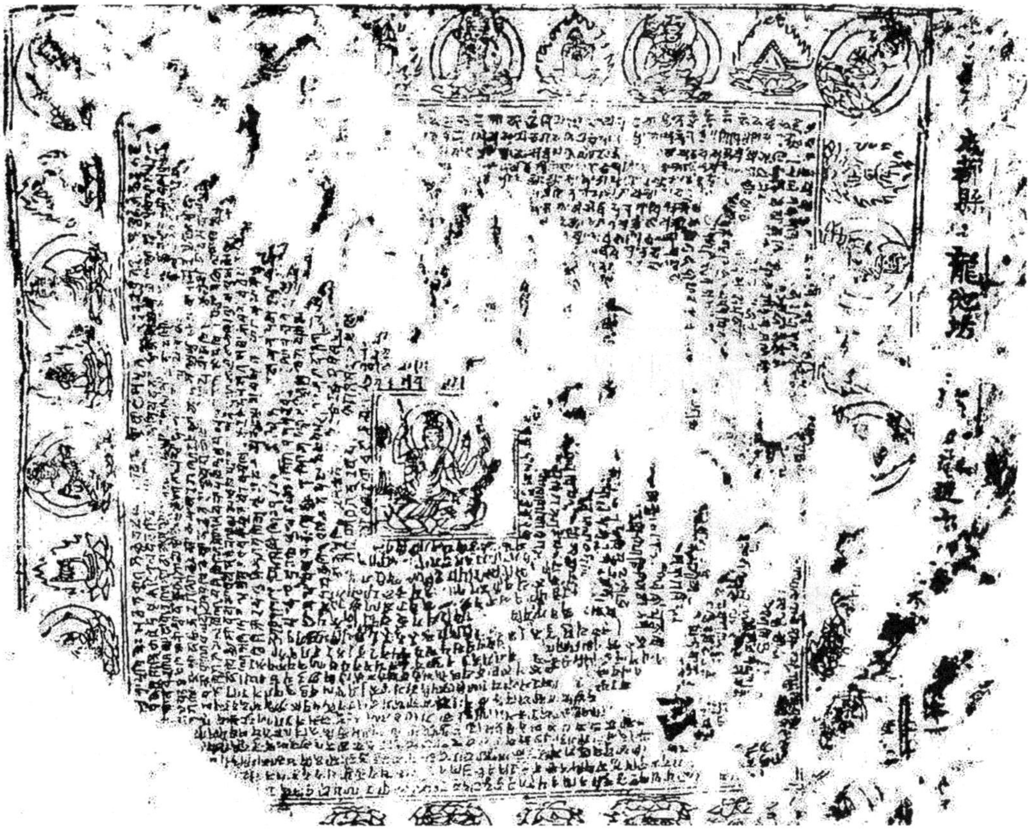

出土于四川大学望江楼一侧的唐代成都龙池坊刻印梵文《不空羂索秘密陀罗尼经咒》。（四川省图书馆王嘉陵提供）

“龙池坊今不可考，大概在今成都城的东北部。据《新唐书·地理志》记载，贞观十七年（643年）分成都县置蜀县，在州郭下，与成都分理。乾元元年（758年）二月改为华阳。自是之后，成都县在西北，华阳县在东南，同城而治。龙池坊既在成都县，自当在现成都城的东北部，因为在唐以前成都城内的诸个大池多在东北，而以‘龙’名者不其一处。”这个对于成都文化至关重要的“龙池书坊”之谜，到了20世纪80年代，其位置之谜终于得到了破解。

1992年，日本京都大学从事文献史研究的和泉新教授来成都考察唐朝成都印刷遗迹，他对“龙池书坊”产生了极大兴趣，可惜无人能够确认地点。四川省图书馆资深研究馆员田宜超有感于此，以两月之力，完成了《一九四四年成都东郊出土梵文〈不空羂索秘密陀罗尼经咒〉木刻印本跋》一文，约4000字。这是田宜超的封笔之作，文章回答了两个悬而未决的问题：《陀罗尼经咒》的年代和龙池书坊的地点。

田宜超认为，其印制年代当在唐至德二年—会昌五年（757—845年）之间，字迹为8世纪时印度流行的早期的婆罗陀体，据推测装入手镯是在墓主生前信仰佛教的一个较长的时期（而不是死后），以及中国汉地密宗之确立，自8世纪印度僧人善无畏（Subhakara-simba）、金刚智与不空金刚入唐结坛灌顶始，等等，可作为此经刻印于这一时期的佐证材料。

昔时龙池坊，若因龙池而得名，必然距龙池不远，当在位于今日天府广场至后子门的四川科技馆附近。

从唐代遗存下来的雕版印刷品实物中，可考的专门刻家就有“成都府樊赏家”“龙池坊卞家”“西川过家”“京中李家”等多家，这实际上反映了唐代私营雕版印刷业的快速发展。

唐朝日本入大唐的八大僧人之一宗睿和尚，在其《新书写请求法门目录》里称：“都利聿斯经一部五卷……七曜二十八宿历一卷、七曜历日一卷……西川印子《唐韵》一部五卷，同印子《玉篇》一部三十卷。”这次他带回日本的经卷，有历书、字书、韵书共一百三十四部。印子即印版书。“西川印子”即成都雕版印制的《唐韵》和《玉篇》。四川雕版印书不仅在四川各地流通，还发售到都城长安等地。当时图书内容从经文、佛像、日历、小学等书发展到音韵专著等类别。

唐僖宗中和三年（883年），随僖宗入蜀的中书舍人柳玭，在其《柳氏家训》序中称：“中和三年癸卯夏，銮舆在蜀之三年也，余为中书舍人。旬休，阅书于重城之东南，其书多阴阳杂记、占梦相宅、九宫五纬之流；又有字书、小学率雕版印纸，浸染不可尽晓。”对于“浸染不可尽晓”，有人解释为刻印粗糙、纸墨不良；有人解释为占梦相宅、九宫五纬之类经多次印刷的雕版，字已磨损，俗称“烂版”。当然，也有调函佳、印工好的本子，比如唐中和二年（882年）成都樊赏家所用的《剑南西川成都府樊赏家历》，现在留下的虽然是残页，但雕刻刀法流畅，楷体带颜字韵味，显得浑厚古朴。

前后蜀一共存在58年，蜀地偏安一隅，置身中原战火之外，政治、经济、文化得到持续平稳发展，成都平原由此成为整个西南地区的首善之区。值得一说的是前蜀武成二年至永平三年（909—913年）期间，任知玄自出俸钱，雇赁良工，开雕杜光庭的《道德真经广圣义》三十卷。5年之内雕成460余版，藏版在龙兴寺印造流行，可见这一印制规模非常惊人。可惜这些书籍只闻其名不见其书，已没有传本了。

孟蜀宰相毋昭裔，举个人私财而版刻《九经》（即蜀大字本《九经》）、《史记》《汉书》《后汉书》诸史、《文选》《初学记》和《白氏六帖》等书。后世学者认为，这也是私人刻印整部大书，亦即“家刻本”的滥觞。今人藏书家苦求宋版，都以蜀本为上。

而雕版印制个人作品，相当于我们现在的作品集，是天复三年（903年）由浙江入蜀的僧人贯休（832—912年）的《禅月集》开始的。贯休入蜀10年，讴歌王建麾下的成都市井，并游历巴山蜀水，写作了大量诗作，最后在蜀中仙逝，王建哀痛不已，厚葬于成都北门附近。也就是说，中国有史以来出版个人作品集，首倡于成都。贯休《禅月集》25卷，王衍乾德五年（923年）其门徒昙域后序云：“遂检寻稿草及暗记忆者，约一千首，雕刻版部。……时大蜀乾德五年癸未岁十二月十五日序。”后来有宋嘉熙四年（1240年）兰溪兜率寺僧可灿的重刻本，流传至今。

唐代刻书，就地区而言，四川刻书最多，江苏、浙江等地次之；就出资刻书的机构而言，坊刻最多，家刻次之；就内容而言，佛经最多，历书、字书、韵书、占梦、相宅等民间常用之书次之。由此可见，成都在唐朝时期，无论在造纸、雕版、印制等方面，赫然跻身全国前列，“扬一益二”的名声实至名归。

第20章

“震旦第一丛林”大慈寺

进入内陆成都的佛教传播途径有两条：一是从蜀身毒道即后来的西南丝绸之路，自天竺经缅甸、云南而入蜀；二是张骞通西域之后，佛教才经敦煌直接输入，或是由洛阳经长安再翻越秦岭传入四川。而从乐山麻浩崖佛教造像、芦山县汉代佛教石刻、新都宝光寺、新津九莲山等文物可以大体判断，在东汉之际，佛教已经通过川滇道而进入蜀地了。

四川大学李思纯教授认为：“唐初既继承北周宇文氏与杨隋的政治系统，因而在一切事物上，如政治集团、氏族门阀、府兵与租庸调制度、宗教信仰、社会风俗习惯等，唐初皆沿袭周隋之旧。北周武帝宇文邕（574—579年），虽曾一度废除佛教，但为时不过五六年，便又恢复了。四川自萧梁以来下接周隋，佛教盛行，并广建佛寺，遍布蜀土。则唐初四川佛寺，自多继承萧梁周隋之旧有基础，加以改建或扩建，而更以新的命名，自为应有之事。”

唐代尤其是中唐以后，寺院已被逐步嵌入世俗社会生活之中，分身为芸芸俗众的文化娱乐中心，不仅普遍兼有交易市场、画苑、杂耍戏场、公园等多种功能，而且普遍成为士庶游冶、交友、消闲的场所。大慈寺毫不

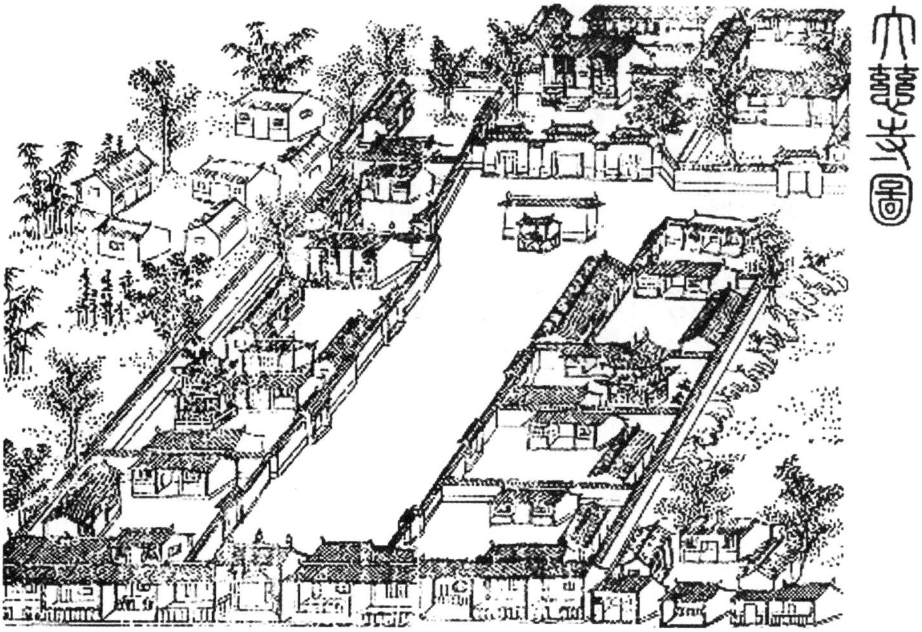

嘉庆《华阳县志》载嘉庆二十一年（1816年）大慈寺图

例外地曾是唐宋成都的文化艺术中心，建筑、壁画、碑刻以及宝藏，都名震西南。

成都大慈寺，也叫古大圣慈寺，始建于魏、晋，极盛于唐、宋，文化深厚、规模宏大、高僧辈出，世传为“震旦第一丛林”。此寺的始建年代，据宋代普济《五灯会元》所载印度僧人宝掌“魏、晋间东游此土，入蜀礼普贤，留大慈”来推算，当为3世纪至4世纪之间，距今已有1600多年。

唐武德元年（618年），三藏法师玄奘与兄长一道从长安到达成都，随宝暹、道基、志振等法师学习佛教经论。武德五年（622年）春天，玄奘在成都福感寺（应是大慈寺得名之前的老名称）律院受戒并坐坛学律。玄奘在成都四五年时间，究通诸部，常在大慈寺、空慧寺（即后来的圣寿寺、石犀寺）等处登坛说法。但玄奘不以此为满足，心怀远大，乃泛舟出三峡，取道荆州抵达长安，以实现他赴西天取经之壮举。

玄奘译经图。明代木版刻印大藏经《洪武南藏》之《大乘百法明门论疏》卷首。中间为玄奘三藏，左右分别为他的弟子窥基法师、慧沼法师。画面中的玄奘法师，右手执笔在砚台边沿，拭墨欲书，左手附于纸端，表情稳重大方，神采俊逸

唐天宝十五载（756年），安禄山攻陷长安，唐玄宗避难成都。内侍高力士奏：城南市有僧英干，于街头施粥以救贫困百姓，并为国家祈福，希望国运再清，克复疆土，准备于府东立寺为国崇福。唐玄宗深受感动，于是为僧人英干敕书“大圣慈寺”匾额，并赐田1000亩。钦点云游至蜀的原新罗国（朝鲜半岛古国）三太子无相禅师亲自督建，成都的王公大臣、富绅百姓纷纷解囊捐助，到至德二年（757年）初步建成，完成96院8542间、规模宏大的皇家寺院，当时大慈寺的面积相当于唐代成都城近三分之一。后来唐肃宗（李亨）亲书“大圣慈寺”，大

玄奘负笈西行取经图

日本镰仓国宝馆的宋代成都大慈寺高僧兰溪道隆像。（白郎提供）

慈寺名声日隆。至今，一些老成都人仍然称大慈寺为“太子寺”，即缘于新罗太子无相。

贞元十七年（801年）韦皋镇蜀，长达二十一载，仅是重修大慈寺就功不可没。他扩修大慈寺普贤阁，铸造了一尊高达二丈五尺的普贤铜像。韦皋《再修成都府大圣慈寺金铜普贤菩萨记》指出了重修的由来：“真如常寂，色相假名，法本无缘，诚感必应。大慈寺普贤像，盖大照和尚传教沙门体源之所造也。彼时造像：‘仪合天表，制侔神工、莲开慈颜，月满毫相……’”然而随着岁月的流逝，未能及时修缮以至于出现“危栋泄雨，颓墉生榛，狐狸枭鹜，号啸昏昼”的状况。这距离大慈寺之修建尚不足半个世纪，可见大慈寺的破败荒凉已到如此地步了。韦皋发出喟叹：“明可以照幽晦，教可以达群迷，何废兴之变阴骘于冥数！昔大历初，有高行僧不知何许人也，曰：斯像后十年而废，二十年而复兴……”于是韦皋决定再修此庙，重塑菩萨慈容。

韦皋是将菩萨和殿堂“南迁百余步，度宏规，开正殿，因诏诣，谕群心。千夫唱，万夫和，畚赖员，岑穹崇，横绳运，巨力拔”。经过一番努力，大圣慈寺再现辉煌雄姿：

> 观其左压华阳之胜，中据雄都之盛，岷江灌其前趾，玉垒秀其西偏，足以彩会昌之福地，宏一方之善诱。安得不大其栋宇，规正神居哉！

韦皋又开凿解玉溪自北而南流经寺前，活水汩汩，树木葱茏，使得大慈寺内外环境更趋完美、肃穆，成为唐代颇具声望的佛教圣地。段义宗有

《题大慈寺芍药》一诗可见一斑：“浮花不与众花同，为感高僧护法功。繁影夜铺方丈月，异香朝散讲筵风。寻真自得心源静，观色非贪眼界空。好是芳馨堪供养，天教生在释门中。”在寺观中广植花木，是唐宋寺观的传统之一，并各形成了自己的观赏特色。有人推测，大慈寺之特色花木可能是芍药。

唐穆宗长庆二年（822年），高僧知玄（悟达国师）讲经于普贤阁下，听众日逾万人，盛况空前。

唐会昌五年（845年），武宗灭佛，大慈寺因有唐玄宗题额，故“不在除毁之列”，是当时成都唯一保存下来的佛寺，也是当时蜀中规模最大的佛寺。

宋初，大慈寺遭到兵灾，毁坏了一部分建筑。宋政和二年（1112年），大慈寺再遭火灾，附近的小院落大半毁坏。成都知府席旦上奏，朝廷拨款建超悟、宣梵、严净三院，符合北宋中期以后开始的禅、律分治节奏。

由于唐玄宗、唐僖宗先后幸蜀，许多著名画师也随之聚集成都，使成都的绘画艺术在极短时间内成为集大成之地。在大慈寺中，就有壁画一千余堵，留下作品的全国知名画师多达六七十人，名家壁画数达到莫高窟的三分之二，后世遂有“南大慈寺，北莫高窟”之称。当时寺内有画像15500壁以上，其中神佛画像及经变等14000多壁，山水、花鸟、猛兽、亭台楼阁等1500多壁，数量之多，展示了唐宋壁画之精华，具有很高的艺术价值。据宋代成都府尹李之纯《大圣慈寺画记》载：所有画像“皆一时绝艺”，“举天下之言唐画者，莫如成都之多；就成都较之，莫如大圣慈寺之盛”。宋代范成大《成都古寺名笔记》、黄休复《益州名画录》等书，对大慈寺壁画作者及内容也多有记载。宋嘉祐元年（1056年），苏轼与其弟苏辙游大慈寺，对唐代佛画大师卢楞伽的作品倍加赞赏，题赞大慈寺壁画“精妙冠世”。

除了被誉为“佛陀五宝”之一的佛掌骨和精美壁画，大慈寺还有著名的铜佛。大慈寺中有前蜀后主王衍的高大铜像，后被熔化来铸造佛像。

宋人就认为，第455尊为罗汉转世，是净众、保唐禅派的创始人——宋代道隆禅师。他13岁于大慈寺出家，在寺学成之后，淳祐六年（1246年）率徒东渡日本，首传禅法，后嵯峨天皇特召谒见，并敕迁建仁寺。道隆在日本弘佛32年，弟子众多，其名望可与唐代鉴真和尚相比。道隆示寂后敕赠“大觉禅师”，为日本有禅师谥号之始。

明万历十六年（1588年），人文地理学家王士性（1547—1598年）到成都监考，顺便游览了成都，后写《入蜀记》提到大慈寺：“戊午，与元承至大慈寺。寺阁高数丈，望城中尽。僧出佛牙一具，大于拳，色莹黄，如余家所藏佛顶。”这时的大慈寺，中间有一座高阁，能纵观全城……

明朝入蜀为官3年的何宇度是理性的，他认为这些巨大的佛牙大有问题：“诸寺间藏有佛牙，甚至重七斤余者，锦袱朱匣，珍袭严祀，余颇疑之。偶捡《本草》，豹之齿骨极坚，人得之，诈为佛牙以诳俗，为之爽然自失。此可以一洗蜀僧之陋。”[1]这里说的“豹”，其实就是“貘”，即大熊猫。南宋类书《古今合璧事类备要·别集》卷七七“走兽”门“诳俚俗”条：“貘齿骨极坚，以刀斧椎锻，铁皆碎落，火亦不能烧。人得之，诈为佛牙、佛骨，以诳俚俗。”

由此可见，大熊猫首先得到世人崇敬的，竟然是牙齿！

大慈寺门旧有高阁雪锦楼。登楼高望，是唐宋时成都士庶常有的大慈寺游乐项目。宋代诗人李薰《十五日同登大慈寺楼得远字》：“重楼得云气深隐，户牖谁能发关键。楼下轮蹄涣散驰，行人一顾不容返。好游独是我辈闲，褰衣直上相推挽。层轩危槛倚欲偏，更假胡床同息偃。西南繁会惟此都，昔号富饶今已损。填城华屋故依然，孰为君王爱基本。茫茫八表聊纵目，情知日近长安远。白云浩荡飞鸟没，玉笙凄凉红粉晚。梁王吹台得李杜，黄公酒垆醉嵇阮。高峰千载凛莫攀，与世相浊徒混混。荷衣蕙带芙蓉裳，野服犹堪敌华衮。去梯孰复共君谋，杀马毁车从此遁。”而在七夕前后登大慈寺楼看锦江夜市，更是唐宋成都士庶一年一度的必有游乐项目。

① 崔凯，王斌：《〈益部谈资〉校注》，西南交通大学出版社2020年版，第47页。

民国时的大慈寺大殿。（郑光路提供）

关于唐宋大慈寺市场的热闹情形，李之纯《大圣慈寺画记》有一段简要描述：“四方之人至于此者，徒见游手末技于憧憧凑集，珍货奇巧，罗陈如市，只以为嬉戏衙鬻之所，而不知释子隶学诵持，演说化导，亦无虚日。”这一段话，虽有揭示寺庙兼作为市民市场的功用目的，但大慈寺市场之热闹状况也已昭然眼前。

毫无疑问，大慈寺是唐宋时期成都最大的市场与闹市区，三教九流混迹其中，不乏高人。大慈寺俨然成了一个信息、知识、文化的汇聚之地，唐宋时人们常于其中访求异闻。

大文人文同就常在大慈寺访学。王辟之《渑水燕谈录》卷七记载：“成都谯开，博极群书，而不求荣利，简静冲退，好修身之术。日游大慈寺，博访异闻，以广所学，久为蜀中士大夫所称。文同与可尤重之，目曰‘大慈仙’。”还有一个非常著名的传闻即是程颐、程颢兄弟于大慈寺中获授易学。度正《性善堂稿》卷十：“余闻伊川在成都，一日游大慈寺廊下，有治篾者读《易》书。伊川疑异人，就问，俯而不答。祈之再三，乃得其未济三阳失位之义。”对此，曹学佺《蜀中广记》卷九一的记载略有不同：“程颐兄弟侍父游成都，至大慈寺，见治篾箍桶者挟一册，就视之则《易》也。篾者曰：‘若尝学此乎？’因指‘未济，男之穷’以发问，二程逊谢。

箴者曰：‘三阳皆失位也。’兄弟怃然有省。翌日再过之，则去矣。后闽人袁滋问《易》，颐曰：‘《易》学在蜀，盍往求之。’”这恰恰说明，智慧就在市井间！

成都最古老的“茶馆”，恰是大慈寺禅茶堂，早在1200年前的唐代就已经出现了。成都的禅和茶是由一位叫无相禅师的“洋和尚”普及开的。据说他嗜茶如命，将茶叶视为灵芝、仙草，还写了一首《茶偈》：“幽谷生灵草，堪为入道媒。樵人采其叶，美味入流杯。静虑澄虚识，明心照会台。不劳人气力，直耸法门开。”

大慈寺的规模在宋代以后一次次由于战争和火灾而减小，现在的大慈寺可能只相当于唐代大慈寺的几十分之一。

而大慈寺遭遇的最大劫难，还是在明末张献忠建立大西国的短暂时期。《蜀乱》记载：张献忠“调各学生员听考，到，即禁之大慈寺”。这一特科事件发生的时间，有不同说法。如道光八年《新津县志》卷三三《忠节》记该县生员蓝炜奉调参加特科，大西大顺二年（1645年）“十一月初十日，同多士死于东门外”。康熙年间西充县人李昭治《西充凤凰山诛张献忠记》则记载：“乙酉十二月十五日，收杀绅士，自进士以至生员二万二千三百有零，积尸成都大慈寺。”刘景佑《蜀龟鉴》记载清顺治三年（1646年）：“献复勒绅士入省。远近乡绅、各学生监，调拘大慈寺……”

令人痛惜的是，大慈寺所有的壁画均毁于战乱，现今无一幅存于世。

大圣慈寺与风花雪月

大圣慈寺香火鼎盛、僧侣众多（北糠市街右端就有一条街叫和尚街）。晚唐诗人张宾曾在大慈寺借景抒情题过一首颇有名气的诗《夏日题老将林亭》：“百战功成翻爱静，侯门渐欲似仙家。墙头细雨垂纤草，水面风回聚落花。井放辘轳闲浸酒，笼开鹦鹉报煎茶。几人图在凌烟阁，曾不交锋向塞沙？”勾勒出墙头细草、水面落花以及浸酒、煎茶等生活画面，足见当时大慈寺的闲情怡趣及风光美景。

明人曹学佺《蜀中名胜记》描述，到宋明时期，大慈寺香火仍然还非常旺盛，附近街区也相当繁华，遇有庙会、节日更是分外热闹。大慈寺附近商业繁荣，寺前形成季节性市场，如夜市、灯市、花市、蚕市、药市、麻市、七宝市（七宝市虽然来自佛教，但在成都应与孟昶有关）等。白天的市场延续到晚上，也照样人头攒动。成都夜市的习俗，一直沿袭到近现代。

关于大慈寺的逸闻车载斗量，这里讲一个真实故事——

风送花香。风送初凉。风送落叶。风，也可以送来阵阵鹤唳。

风送幽魂。风，也可以送来抓不住的爱情。

前蜀时期的成都大圣慈寺，银杏崛立。儒者侯继图，出身书香门第，仰天俯地，却是稀松平庸。中秋节这天，侯继图独游大慈寺，欲赋新辞强说愁，挺身于大慈寺高楼凭栏观景。一阵风起，送来一片巴掌大的木叶，飘到了他的脚下。叶上有诗："拭翠敛蛾眉，郁郁心中事。搦管下庭除，书成相思字。此字为书石，此字不书纸。书在桐叶上，愿逐秋风起。天下有心人，尽解相思死。天下负心人，不识相思意。有心与负心，不知落何地。"

大圣慈寺大小96院，雪景楼是观赏季节里的登临远眺之地。说不定侯继图就是在此酒酣耳热，目迷五色。

银杏叶小，梧桐叶脆，桑叶太弱，桤木叶不着墨。剑南节度使段文昌之子段成式在成都生活过，其《酉阳杂俎》"广动植物之三"中有记载说，"贝多树出摩伽陀国，长六七丈，经冬不凋。此树有三种，……西域经书，用此三种皮叶"。说不定，题诗的"木叶"即是此物。

题诗有点长，情丝比叶脉更清晰。字体清秀，寓意浓厚。

历史上的幽怨之诗，一般是顺着宫墙御河而漂，那才是怨女们发表情诗的主要渠道，民间的浩渺野水不易负载这样的猩红之物。流水有情与无情，全在拾取之人的命定。

侯继图十分珍爱，把树叶带回家珍藏。

五六年之后，侯继图与成都一大家闺秀任氏结为夫妻。任氏容貌姣好，且通诗文。侯继图不过是个默默无闻的小官，常有罩不住的慌乱。一次，任氏偶然发现了侯继图收藏的那片桐叶题诗，万分惊讶，这正是她几

1939年6月11日，遭遇日本飞机轰炸后的大慈寺片区

年前游大慈寺所题，随手放飞。落叶因为文字的加持而骤然抬升，风送渺冥，等于目送飞鸿。

任氏问侯继图，这片桐叶怎会在此？侯继图承认，风送。他并不知道眼前的妻子就是这片桐叶的题诗人。自此，任氏对侯继图倾心相待。侯继图也一路青云，后来官至尚书，深得王建赏识。

蜀地写作人频频引用此典，均说出自宋代《玉溪论事》。可是我查不到这本书。查《太平广记》卷一百六十之定数十五，收录“侯继图”条，出处为五代时蜀国佚名者（有人认为作者是前蜀的金利用）之作《玉溪编事》。后来徐渭采用这个故事编为《四声猿》里的《女状元》杂剧，遂广为人知。

“红叶题诗”历来是国粹。唐朝诗人孟启《本事诗》里早有大同小异的记载。但最早应该出自唐僖宗时江苏吴县人范摅的笔记小说《云溪友议》。可见，这则本应为诗人孟启根据《云溪友议》改编而来。至于宋代《玉溪论事》是否是根据此的再创作，那是另外一回事了。既然落红不是无情物，作者能够把木叶从水里提到风中，予以隔空传送，这个想象自然是蜀地的想象。不低。

蒲含中先生曾经为大慈寺撰写一联，把侯继图的故事写入其中：

三藏建法筵，饱飧高僧满座；
侯生蒙佛泽，结缘黄叶飘诗。

大慈寺另外还有一个逸闻，主人翁就没有侯继图的好运了。

《益州名画录》记载，元和年间（806—820年），相国武元衡尝请著名画师、成都人李洪度在大圣慈寺绘制帝释、梵王两堵，笙竽吹鼓，天人姿态，笔踪妍丽。观者如堵，时称之为“妙手”。

那么，妙到毫巅的李洪度所画之像，呼之欲出，让人惊叹不已！

黄休复《茅亭客话》卷四“勾生条”记载，某年中元节，勾公子约两位友人同游大慈寺。三人精通音律，走到维摩堂中画师李洪度的画前，从画中乐女的手势上，他们一致推断所奏的乐曲是“霓裳羽衣曲第二叠头第一拍”。这简直不得了啊！

勾公子反复端详，为画中乐女栩栩如生的造像所沉醉，开玩笑地说：“我的确不爱音乐，但只愿能够娶到像这样的美女为妻。”一边说一边还动手，他掐下墙面美女脖子上的一小粒土把玩不已，念兹在兹，最后干脆吞咽进肚。

各自尽兴而返，当晚，勾公子顺利入梦。很快就梦到在维摩堂画作里的那个玉女，她“明丽绝代，光彩溢目”，“引生於牕下狎昵”，两人相见彼此心心相悦……此后，勾公子每夜就会在梦中与该女子约会。而且无论勾公子到哪里，玉女总会夤夜而来，甚至在寺宇中缱绻。这一记载，也可看出成都唐宋之际的风化。

大约过了一个月，勾公子的舅舅觉得他与往常有异，怀疑勾公子被妖精缠住了，最终通过勾公子父母说服勾公子，同意服符药并找道人作法来驱妖。

该夜，女子对勾公子很感伤地说：“我本来是天神‘帝释’身边的侍女，被你曾许下娶我做妻子的玩笑所感动，为此经天神同意，来到这里，帮助你实现你的愿望。可是你现在却怀疑我。我得走了，你也不必服什么药。以后我会永远记住你，也请你多珍重，从此永别。”她边说边取下衣带上的装饰物：一对玉琴爪交给勾公子，留作信物。勾公子捧着玉琴爪无言以答，两人只是相对流泪。

芳踪一逝，勾公子相思成病，日渐消瘦，不到一个月就去世了。他也许追随“帝释”侍女而去了。祝他好运。

黄休复在文中，称勾公子的家人将天女的玉琴爪一直保存到王小波、李顺起义之时，因战乱才丢失。而大慈寺壁画中乐女脖子上的指甲痕，在宋代仍然尚存。

这些人、神相恋的逸闻，自古不绝如缕。从这一记载分析，既然有实物可证，有人认为勾公子是与成都民间少女产生的恋情，可能是因为最终未能结合在一起，引发了后人的感慨，而将成都少女附会成天上的仙女，并流传成另一个版本的“天仙配”。

大慈寺的盂兰盆会

唐宋以来，大慈寺周围就是成都最大的集市，比如闻名遐迩的药市，大慈寺也成为成都最大的文化场所。历史记载，大慈寺一带每月都要办集市。更重要的是还有夜市。有人说到成都的庙会，最早的庙会自然是大慈寺庙会。

大慈寺更少不了举行佛教节日，如浴佛节、放生会、盂兰盆会、观音会等等，其中以盂兰盆会和观音会最为热闹而隆重。黄休复《茅亭客话》卷四“勾生条”提及人们中元节游大慈寺，这本来就是成都的一大民俗。而成都的中元节之所以隆重，还在于据张唐英《蜀梼杌》第二卷《前蜀后主》及吴任臣《十国春秋》卷三七《前蜀后主纪》所载指出：“中元节乃王建之子王衍之生日”，由此我判断，鉴于恰逢前蜀后主的生日，虽然他仅仅在位7年，但毕竟赋予了成都中元节以别样的色彩。

盂兰盆会在每年农历七月十五日中元节举行。“盂兰盆”系梵文的译音，意为“解救倒悬”，也就是通过念经来解除人们苦难。这一节日出自《盂兰盆经》。该经中有如下记载：佛祖释迦牟尼的弟子目连，见其死去的母亲在地狱中受苦，如处倒悬，恳求佛祖超度解救。释迦牟尼令其在七月十五日僧众安居终了之日，备百味果实供养僧众，方可使母解脱。目连照办了，将母救出。从南朝梁武帝时起，佛教徒据此举办盂兰盆会。在每年

清代重建大慈寺多宝寺的经、文记

七月十五日当天，各大寺庙便念《血盆经》等经文，以超度亡魂。清代之时，四川官署还集资请僧道念经，超度狱中的犯人。民间的善男信女积极参加这一佛教节日，还要请僧人赴家中诵经，为死亡的亲人超度苦难。

值得一提的是每年七月十八日，大慈寺散盂兰盆，宴于寺中的方餐厅。宴席一过，就在华严阁下散盆。人头攒动，香火鼎盛。

这涉及“盆草”。

黄休复《茅亭客话》也提及“蜀人每中元节，多用盆盎生五谷，俗谓之盆草，盛以供佛。初至时，介意禁触，谓当有雷护之。既中元节后，即弃之粪壤”。可见在宋代开始，用盆钵栽种五谷类供养神佛，并称之为盆草。出现于宋代的盆养石营浦类也属于盆草一类。盆草是为了表现山野草木景观，在盆盅中艺术地种植各种花草、竹子等小木类的盆栽。该类盆栽山野草，在日本又称“下草”。

成都平原上民间烧纸，从七月初十开始，一直持续到十五，以七月十二日烧纸的人为最多。但为啥成都的中元节在七月十二日呢？

老成都口口相传，以前川西坝子烧袱纸也是在七月十五的，到了明朝末年，张献忠剿四川后，天府之国变成了赤地千里……清朝重振城乡建设，推行“湖广填四川”。此后四川居民绝大多数为外来移民，考虑到故亲先祖庐墓都在湖广或其他省，来往路途遥远，如果十五当天烧纸祭祖，怕不能在晚上十二点地府关门前赶回来。有人就想到了提前三天烧纸迎接，让祖先从容方便，这一做法很快流传开去……川西坝子的中元节的时间，就变成了“七月十二日”。

第21章

浣花洗剑录

高骈重筑成都城后，加上前后蜀帝王的进一步施为，成都环城二江与解玉溪、金水河合称“罗城四江”。解玉溪、金水河与城内的千秋池、摩诃池等水体构成交错纵横的池湖河网体系，既解决了城内市民的用水，又沟通了市内的交通。由于成都特殊的地理和气候，一年四季清水幽幽，绿树成荫，花团锦簇。

很多人想不到，柔媚滑腻的浣花溪，却有一位武功高强的丽人，在此演绎了一曲跌宕多姿的“浣花洗剑录”。因为女人一只手可以浣花，另外一只手可以洗剑！

1200多年前的唐代中期，浣花溪诞生了一位受人敬仰的巾帼英杰。她姓任，居住在浣花溪畔的浣花村，人们便称她“任氏女”或“浣花女”。因为她后来成为了成都尹、剑南西川节度使崔旰的夫人，所以又被尊称为“浣花夫人”。

浣花夫人的故里浣花村，历来是风景优美之地。浣花溪，一名百花潭。这条溪水的下游直通流绕成都城西南方向的锦江。其上游的龙爪堰，就是古百花潭的部分遗址。历史上的浣花溪与锦江，一同享有盛名。沿溪

笼竹如烟、燕语莺莺。“浣花溪水水西头，主人为卜林塘幽。”图为浣花溪公园的合流处。（蒋蓝 摄）

水上下十里，是唐代蜀郡的造纸作坊区，驰名远近的笺纸（松花笺或浣花笺、薛涛笺等）也产于此地。相传，浣花溪以西的百花潭，有一段神话传说故事却与浣花夫人的名字紧紧联系在一起。

从蜀身毒道逶迤而来的佛教早已在成都落地生根，所以任氏自幼就笃信佛教。据说，任氏早年在浣花溪附近“以四月十九日见一僧坠污渠，为濯其衣，顷刻百花满潭，因名百花潭”。[①]具体地说，在四月十九日这一天，一个僧人经过任家门口，由于身上长满了气味难闻的疥疮，一身袈裟肮脏不堪，别人讨厌他，纷纷关门。但任氏女对他十分敬重，和尚吃饱了任氏送来的饭，竟然拿着袈裟来请她浣洗，她欣然应允，便拿到浣花溪畔

① 南宋祝穆编撰《方舆胜览》。

的水潭去洗。随着她的手在潭里每漂一次，“莲花辄应手而出”，顷刻间，“百花满潭”。一时间，村里人感到十分惊异，忙去寻找和尚，但已不知去向了。从此，这儿就有了美丽的名字——百花潭。后来成都坊间称任氏浣衣之处为“百花潭”，称小河为“浣衣溪”。

位于百花潭公园与琴台路交汇口的散花楼。（蒋蓝 摄）

其实百花潭的得名，要早于此，应在高骈重筑成都城之后。唐上元元年（760年），杜甫寓居草堂时写《狂夫》一诗，就有“百花潭水即沧浪”之句。虽然如此，百花潭却反映了古代成都人民对浣花夫人的缅怀和爱戴。

从大的时局而言，浣花夫人生活的年代，是安史之乱后，各边地藩镇割据势力日趋严重。当时藩镇成为割据一方的土皇帝，骄兵悍将，鱼肉百姓。土皇帝之间不是各自为政，而是彼此觊觎，于是争夺地盘，互相攻伐，进一步加剧了社会的动荡。作为膏腴之地的四川又岂能例外！

位于杜甫草堂内的浣花夫人塑像。（杜甫草堂博物馆陈涛提供）

有鉴于此，诗人杜甫就写诗揭露了这一残酷的社会民生。他在《严氏溪放歌行》诗中慨叹道：“天下甲马未尽销，岂免沟壑常漂漂；剑南岁月不可度，边头公卿仍独骄……”又在《三绝句》诗中愤怒控诉军阀的征战造成了“群盗相随剧虎狼，食人更肯留妻子”的灾难。还在《昼梦》诗中喊出了民众的呼声：“安得务农息战斗，普天无吏横索钱！”人民渴望结束混乱，但土皇帝们却忘情地继续酣战……

当时的成都平原成为割据势力竞相争夺之地。唐代宗永泰元年（765年），镇守蜀中的成都尹、剑南西川节度使严武，在盛年之际突然暴毙于成都。朝廷于是委派尚书右仆射郭英乂兼任其职。郭英乂习武出身，自然不是等闲之辈。颜真卿之《与郭英乂论座位帖》，就展示了他在笔墨方面也有造诣。郭英乂来成都上任后，本性难移，军政苛酷，骄奢淫逸，挥霍无度，不恤士卒，引起群愤。恰在这时，驻守西山（今邛崃山）的都知兵马使崔旰义气深重，广受兵士拥护。为此郭英乂忌恨在心，甚至不惜用兵攻打，歼灭潜在对手。博弈的结果是，郭英乂即被崔旰的军队击败。

一不做二不休，崔旰利用蜀人对郭英乂的怨恨，率五千兵马突袭成

浣花祠。（杜甫草堂博物馆陈涛提供）

都，又命令降将统兵与他一同转战，将郭英乂撵出了成都。郭英乂仓皇逃往简州，普州刺史韩澄斩郭英乂，把首级送给了崔旰，并屠郭英乂妻子。不久，邛州牙将柏茂琳（一作柏贞节）、泸州牙将杨子琳和剑州（今剑阁县）牙将李昌夔等人，心怀叵测，企图争夺成都，他们借口兴兵讨伐崔旰，于是蜀中干戈满地，绵延数年。

永泰二年（766年）二月，朝廷为平定蜀中内乱，即派宰相杜鸿渐来川镇守，兼任山南西道、剑南东川、西川、邛南等道副元帅、剑南西川节度使，可谓天降大任于斯人也。杜鸿渐魄力十足，他的到任暂时缓和了蜀地紧张的局面。

大历二年（767年），朝廷根据杜鸿渐多次上表的荐举，任命崔旰为成都尹、剑南西川节度使。大约就在这一时期，崔旰微服私访，偶然在浣花溪畔见到了任氏女，顿生爱慕之心。于是他纳任氏女为妾，外面称之为"如夫人"。这一幕，让人联想起范蠡在越国苎萝村见到浣纱女西施的场景。

不久崔旰的妻子病故，任氏女于是继为正夫人。据史料记载，任氏女平时喜欢弓马，善骑射，是一个"魁伟果干"的女丈夫。

代宗大历三年（768年）四月，崔旰奉命去京城长安公干，由弟崔宽暂代其职。恰在这一期间，素来与崔旰有仇怨的泸州刺史杨子琳率精锐骑兵数千人乘虚攻入成都。乱军到处烧掠，给全城百姓带来了深重的灾难。崔宽举兵反击，但数战不利。叛军攻占了成都子城（秦大城），崔宽无力，只好龟缩在少城内。情况万分危急。

到同年盛夏七月流火时节，浣花夫人决定挺身而出。她的出手是惊人的，散尽家财数十万，立即招募一千勇士，组成了一支卫城保家的精悍部队。她顶盔披甲，跃马横刀，率领这支大军直向子城冲杀而去。按理说，这是一场毫无把握的战斗。也许是刚刚获胜后丧失警觉，叛军毫无戒备，他们料想不到，已成瓮中捉鳖势的少城之内，竟然会冲杀出一支劲旅，顿时土崩瓦解，伤亡惨重；杨子琳大感畏惧，又因大城内粮尽，无力抵挡，于是就带领少数亲兵，趁着黑夜滂沱大雨，乘船逃回泸州。

史料可证：杨子琳原是一个横行于山南西道、山南东道、江南西道，连皇帝都难以奈何、不可一世的枭雄。可他竟在成都之战中成了“女流之辈”的败军之将，这是十分耐人寻味的。任氏能在这场以寡击众、以弱胜强的战斗中取得胜利，分析获胜原因大概是：第一，杨子琳过于骄狂，攻占城池伤害百姓不得人心。第二，任氏队伍虽是仓促聚合之众，但同仇敌忾，深得百姓拥护。第三，最主要在于任氏的远见、雄才、果敢、骁勇，身先士卒，方取得战斗的胜利。在这场保卫成都的战斗之后，任氏便成为人民心目中一位了不起的真正女中豪杰。

唐代宗大历三年（768年）的成都保卫之战，深远的意义不仅在于使黎民百姓免遭一次大屠城、大掠夺的浩劫，保障了成都的平安，更重要的还是巴蜀之地因之得到相对的安宁，减少了唐王朝因内部动乱乃至引起外患的种种忧虑。

浣花夫人在这一保卫家园的激战中，表现出了智勇双全的将才。她倾财募兵，率兵击败了来犯之敌，捍卫了成都。捷报传到京城，朝廷震惊。皇帝为了褒奖她破贼之功，就封赠她为“冀国夫人”。丈夫崔旰也加封“冀国公”，任检校工部尚书，御赐名“宁”，因此又叫“崔宁”。这成了历史上“妻贵夫荣”的个案。崔宁后来几经挫折，被朝廷力士勒死。他的小弟弟崔密以及崔密的儿子崔绘，都以文章名世。

关于任氏受封“冀国夫人”一事，在新、旧《唐书》里均不见记载，但诗人闻一多从敦煌卷子里发现的唐代诗人岑参的佚诗《冀国夫人歌词七首》，则有较为详尽的描述。由于任氏受封时，岑参正在蜀中，事迹闻名遐迩，因而岑参的记载颇为可信。

《冀国夫人歌词七首》其六云：

甲士千群若阵云，一身能出定三军。
仍将玉指调金镞，汉北巴东谁不闻。

成都百姓为了纪念这位女英雄，在她出生的浣花溪畔浣花村附近的梵安寺（即今杜甫草堂）的东庑，为她建“冀国夫人祠”，也称“浣花夫人祠”或“浣花祠”，刻像祭祀。农历四月十九日为她的诞辰日。每到这天，素来喜爱游历的成都人于是倾城出游，锦绣夹道，泛舟浣花溪上。元朝华阳人费著在《岁华纪丽谱》里说：“四月十九日，浣花佑圣夫人诞日也。太守出笮桥门（市桥），至梵安寺，谒夫人祠，就宴于寺之设厅。既宴，登舟观诸军骑射，倡乐导前，溯流至百花潭，观水嬉竞渡。官舫民船，乘流上下，或幕帘水滨，以事游赏，最为出郊之胜。”这段记载，说明成都人民为了表示要继承她的卫城保家的事业，并向她致敬，而在她的故居设宴，还要举行登楼船、骑射和阅兵的活动。这种游宴浣花溪并举行阅兵的习俗，就叫“浣花遨头”或称“浣花日”。

宋之后，冀国夫人祠几经兴废，延至清光绪十二年（1886年）九月，时任成都知府的湖北人黄云鹄在《重建冀国夫人任氏祠碑记》里指出：“若非任氏募士自将击之，贼安能退，朝廷之符印，阖城百姓之身家安能保……而任氏以一女子，临危不惧，一战却贼，所全实大，蜀民世世祀之，宜矣。其他所称梦珠诞降，浣衣莲出及舍宅为寺诸轶事，皆可勿论。即力保危城一节，允堪庙食兹土，为后来民牧之妻若妾能相夫子，以护国保民者劝。”这是对浣花夫人的功绩较为公允的评价。而崔瑛在《浣花草堂怀古》诗中，竟把这位巾帼英雄与诗人杜甫相并举①。这样的比较法，就颇为奇异了。

宋朝任正一《游浣花记》指出：成都四月十九日游历浣花溪，其习俗“其来久矣，非谓其为此邦之人及尝自为僧漂衣之异也。而或者因百花潭之名附会其说，务为夸诞，盖不足凭”。另外四川文史馆编印的《杜甫草堂史略》（1965年编印本）也认为：“吴中复碑记所述，自《寰宇通志》起，《明一统志》《嘉靖四川总志》，至《康熙成都府志》，以及后来的志乘，皆相沿转载，承认其说。八百年来，神话流传，文人又故为渲染，以迎合世人好奇心理，而百花潭浣花溪由古代劳动人民制造彩笺而得名的历史遗迹，反为所掩，应予辨证，以正视听。”

---

① 李有明，陈红涛主编：《四川古代名人》，四川省社会科学院出版社1984年版，第73页。

在史实基础上附丽传说，历史恰是这样生成的。

台湾作家柏杨写过这个故事，提出的观点是：一个小妾都能拿出几十万私房钱来供养一支军队，可想而知当时的贪污有多厉害，朝廷应该从这件事入手，清查崔宁的腐败。这样的历史观，何曾有半丝温情与敬意？！

浣花溪畔不仅有诗圣，有红袖胭脂，更有飒爽女杰！英丽之气，赋予了成都另外一种刚硬的底蕴。

浣花溪畔薛涛笺

唐代诗人李白和杜甫，一见水灵灵的成都，感到十分惊叹。李白在著名的《上皇西巡南京歌十首》中，用“草树云山如锦绣，秦川得及此间无”“柳色未饶秦地绿，花光不减上林红”“水绿天青不起尘，风光和暖胜三秦”等诗句，毫不吝啬地夸赞成都。认为即使以唐朝皇家园囿“上林苑”与成都相比，也是黯然失色的。

张大千《薛涛制笺图》。吉林省博物院藏

水上娱乐，成为唐代成都的一大快事。《蜀梼杌》记载了前蜀主王衍在乘船游历浣花溪的场面，达到龙舟彩舫、十里绵亘的程度。《岁华纪丽谱》记载：宋代在成都南门万里桥一带，有数十艘彩船畅游锦江，这叫“小游江”；而在浣花溪一带的游船更为密集，这叫“大游江”。

唐宋以来，鉴于此地碧水芳草、工部草堂遗韵流布，加之距离内城甚近，逐渐成为成都最为著名的宴游胜地。陆游《老学庵笔记》：“四月十九日，成都谓之浣花，遨头宴于杜子美草堂沧浪亭。倾城皆出，锦绣夹道。自开岁宴游，至是而止，故最盛于他时。”这一万人空巷之场面，与诗人田况的表述完全一致：“浣花溪上春风后，节物正宜行乐时。十里绮罗青盖密，万家歌吹绿杨垂……”

所谓“浣花遨头”，是当年成都颇为时尚的游乐活动，太守出游，士女纵观，称太守为“遨头”。时间从正月初十起始，到四月十九终结，长达百天。这也极可能是中国城市里遨游持续时间最长的民俗游历。直到20世纪60年代中期，这一延续了上千年的民俗活动才终止。

宋代任正一《游浣花记》记载说，农历四月十九日这一天，彩船从浣花溪顺流而下至望江楼，数里之长，往来如织。锦江中“架舟如屋，饰彩绘，连樯衔尾，荡漾波间，箫鼓弦歌，喧闹而作。其不能具舟者，依岸结棚，上下数里，以阅舟之往来。成都之人，于他游观或不能皆出，至浣花则倾城而往，里巷阒然”。

万历三十九年（1611年），文学家钟惺以奉节使臣出使成都，他的《浣花溪记》堪称一篇山水杰作：

那是明万历三十九年（1611年）十月十七日清晨，成都秋风飒飒，空气中夹杂着雨意，广阔的成都坝子正要迎来迟暮的秋雨。风过后，阴霾的蜀天露出了一派霞光。这一日，自称“楚人”的钟惺悄然独访了成都最著名的景区——浣花溪。我择要翻译如下：

出成都城南门，左边是万里桥。溪水到此转向西流，涓涓细流，宛转曲折。看上去像连环、像玉玦、像衣带、像圆规、像弯钩；水色如明镜、如美玉、如绿色的瓜，那些幽深碧绿，萦绕城边的流水，都是浣花溪的支流。然而，只是在杜甫定居草堂之后，才有了浣花溪的美名，这自然是因为杜甫把浣花居建在溪畔的缘故。

步行三四里，就到了青羊宫。一路上，溪流忽远忽近。青竹翠柏郁郁葱葱，隔岸望去浓荫连绵，一直延伸到溪流尽头，远远望去像一片荠菜。水光树色，清幽而绚丽，使人表里澄澈，神清

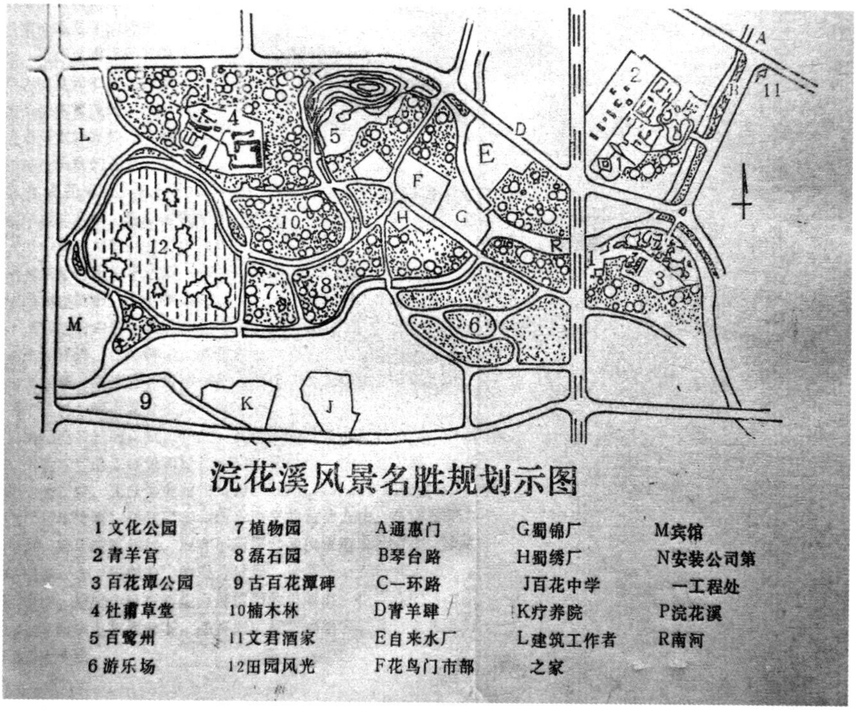

成都浣花溪景区略图。原载成都市城市科学研究会编《名城成都的保护与发展》1987年内部印制

气爽。从青羊宫以西走，众流汇集，上面建有三座桥，彼此相隔都不到半里路，轿夫说上游通向灌县，有人说“锦江从灌口流来”，指的就是这条浣花溪。

浣花溪之东住有人家，这一段溪身便被屋舍遮住，不能常常看见；稍有空缺，溪水重又展现在眼前。像这样的情形有好几处。溪岸人家用树枝、竹条编扎成门户和篱墙，很是齐整。走尽了桥，路旁边立着一座亭子，题写着“缘江路”几个字。过了此处就到了武侯祠。祠前有一座木板桥跨越溪身，桥上有临水的栏杆覆围着，到此才看见题有“浣花溪”字样的匾额。过桥后，有一片小空地，宛若梭子那样横斜插入水中，溪水四面环绕着它，无桥便没法通行。小洲之上建有一座亭子，题字为“百花潭水”。从这座亭子折回原路，走过桥经过梵安寺，这才到了杜工部祠。杜甫之像画得清朗而古朴，不见得非要强求惟妙惟肖，但想来杜甫应当是这个模样。还有一块刻在碑上的肖像，附有杜甫的传记，是通判何仁仲在代理华阳县令时刻意制作的。可惜碑文漫漶，无法卒读。

我不由得感慨：杜甫的两处居所，在成都浣花溪的，环境幽远，在夔州东屯的，地方险僻，两者互不相同。假如严武不死，杜甫就可以在浣花溪畔安然度过晚年，患难时是太需要朋友了！然而是天意要派定这位老诗人添加出夔州的一段非凡表现罢了：在艰难潦倒中流离奔波，却仍能选择胜地处身；胸襟安闲从容，可以应付世事，这同孔子变换服装、客居在司城贞子家里避难时的情形一样。

今天为万历三十九年十月十七日。出城时仿佛欲雨，但不一会儿便云开天晴。大凡朝廷使臣出来游玩的，大多由按察使或州县长官邀请参加饮宴，官场中人稠杂而浑浊，如石磬那般弯曲着身子四处打躬作揖，喧闹声充满四方。将近黄昏时分急急回家。这天清晨，我却偶然独自前往。楚人钟惺作记。

独往浣花溪游历的钟惺，不但领略了一湾碧水，更在水里读到了清廉、正直与无尽沧桑。一座城市的诗意，就像花香融入空气。就是喝茶也可以大醉，就是旱地拔葱式的不期而遇，就是可以因为一盏花窗里摇曳的灯笼而陷入独自狂欢。

到元朝时，百花潭到浣花溪之间，有两座小桥，一座叫玉溪，一座叫薛涛，这足以证明薛涛的影响力。所以有人把薛涛比作是“大唐孔雀”；在我心里，居住于浣花溪的薛涛风韵犹存，更接近于一只穿梭于锦江之畔的五彩桐花凤。诗歌固然是彰显人生美学的大纛，但为了生计，她还得筹措一番。

成都平原气候温和而潮湿，植物生长茂盛，秋冬时节落叶的也不多。唐朝诗人薛涛久居成都西郊浣花溪，因浣花溪一带多数人从业造纸，耳濡目染之下，她对造纸有了较深印象。

北宋乐史（930—1007年）编著的《太平寰宇记》记载："浣花溪在成都西郭外，属犀浦县，大历（唐朝代宗年号）中，崔宁镇蜀，其夫人任氏本浣花溪人。后薛涛家其旁，以潭水造纸为十色笺。"造化使然，薛涛竟然成为任氏的邻居，一文一武，也是成都的一大幸运。

据《东坡志林》载："浣花（溪）溪水清滑异常，以沤麻楮作原料，洁白可爱。故造纸者多沿溪而作。"说明成都浣花溪在唐朝时，不但是著名的蜀锦产区，也是生产蜀纸的集中之地。薛涛常写诗、用纸墨，且惜其纸幅较大，书写所作小诗多有不便，起初由外购大纸、改制小幅纸，并在形制、设色、图画和质量上都下了一番心思，例如笺纸尺寸要适合写诗，或许也使用过"沤麻楮作笺"之法，她后来改用木芙蓉，证明成效颇佳。

具体而言，她用浣花溪的水、木芙蓉的皮、芙蓉花的汁，将纸染成桃红色，裁成精巧苗条的窄笺，人称"薛涛笺"。木芙蓉皮质纤维细长，木素含量低，适合制造书画纸。一般而言，枝条采回后，立即进行剥皮、脱胶。将剥下的鲜木芙蓉皮，去其外边的粗皮，束成小捆，放入水中浸泡，直至纤维变软、容易分开时为止。一般约需时七八天，然后取出，洗净，备用。浸泡时应尽量少沾污泥，必要时可搭架，束捆不宜过紧，以防浸泡不透。这种造纸染色，从处理植物原料开始，经过蒸煮、洗浆、漂白、打浆、调制色、捞纸、晾干、裁纸等，工艺繁复。

明朝宋应星《天工开物》中总结道："四川'薛涛笺'以芙蓉皮（即木芙蓉）为料，煮糜，入芙蓉花末汁，或当时薛涛所指，遂留名至今。其美在色，不在质料也。"

造纸行业专家分析指出，薛涛根据前人用黄薜叶染纸的原理，也因地制宜，一度也采用过蜀地峨眉山胭脂木作为纸的染料。几经厘定，薛涛笺有十种颜色：深红、粉红、杏红、明黄、鹅黄、深青、浅青、深绿、铜绿和浅云。薛涛还用涂刷加工方法制作色纸。她在红花中取染料，再加入胶料配制成涂料涂在纸上。这种涂刷加工与传统的浸渍染色方法相比，节约了染料，降低了成本。所以也可以说，薛涛也被认为是涂布加工纸的创始人。但其真实的工艺步骤，目前逐渐得到了恢复。

与费著同时代的文坛著名人物袁桷的《薛涛笺》诗云："十样蛮笺起薛涛，黄荃禽鸟赵昌桃。浣花旧事何人记？万劫春风磷火高。""蛮笺"一词，堪可玩味。但十样彩笺发明权应归薛涛所有。所以，明朝何宇度在《益部谈资》公允地指出："蜀笺古已有名，至唐而后盛，至薛涛而后精。"

上好之笺，固然需要精熟的制作工艺，但巧妇难为无米之炊，首先必须要有好纸。唐时，"益府之大小黄白麻纸"同样是进贡的名纸。成都所出产的麻纸闻名遐迩，当时宫廷的文书、诏敕乃至书籍，都用麻纸书写。晚唐人李肇《唐国史补》说："纸则有越之剡藤苔笺，蜀之麻面、屑末、滑石、金花、长麻、鱼子、十色笺……"这清楚地说明，十色彩笺肇始于唐代，且为蜀人始创。

丽人与诗笺，相互彰显，宛若人面桃花。朦胧的薛涛笺，使薛涛成了中国文坛上第一个发明专用诗笺的人。但如果没有浣花溪之水与芙蓉汁，更在于拥有那个再难以复制的唐朝文化氛围，恐怕也是巧妇难为无米之炊。一页薄薄的诗笺，承载着多么厚重的历史的机缘！

薛涛笺甫一问世，就已经"成都纸贵"了。

薛涛笺不胫而走，自然与女诗人觥筹交错的交际圈密不可分。这个圈子里不仅有将相王侯、文人骚客，而且还有众多地方官吏、幕府僚佐、贵胄公子、禅师道徒及江湖异人。薛涛长袖善舞，自然需要诗歌应酬。但她的诗作均为小制，《南部新书》上说："元和初，薛涛好制小诗，惜其幅大，不欲长剩，乃狭小之。蜀中才子即以为便，后减诸笺亦如是，特名薛涛笺。"加上她的书法无女子气，笔力峻激，行书妙处，还颇得王羲之法，因而诗因书法而光彩倍增，笺因玉手诗心而大红大紫，一时成为"追星族"渔猎的目标。诗人韦庄《乞彩笺歌》吟道："浣花溪上如花客，绿暗红藏人不识。……人间无处买烟霞，须知得自神仙手。也知价重连城璧，一纸万金犹不惜。薛涛昨夜梦中来，殷勤劝向君边觅。"薛涛笺名重一时，可见一斑。

我得到过"诗婢家"仿制的一套水印"薛涛笺"，说实话，面对散发清香的精美纸页，我从不敢落笔……

望江楼与薛涛墓

成都因水而成，缘水而兴。二江珥其市，九桥带其流，府河与南河宛如人体任督二脉，吐故纳新，使“江环城中”格局一直得到承袭和发展。

数千年以降，成都码头镌刻着深纵的城市记忆。三国之时，诸葛亮送费祎出使东吴，因有“万里之行，始于此桥”的感叹，万里桥就此成为锦江文化的地标。进入民国，成都尚有12座码头，其中6座分布于锦江沿岸。无论是人头攒动的水东门货运码头，还是运送盐糖、布匹为主的合江亭码头，抑或因木柴而兴的九眼桥码头，浪涌人聚，千帆竞流，逐渐形成上起新南门、下达望江楼的庞大码头聚落。成都人名之：锦江码头。

马可·波罗、威廉·盖洛、大卫·妮尔、山川早水等旅行家进出成都均在锦江码头。清光绪五年（1879年），一代大儒王闿运入主成都尊经书院，凡十几次进出锦江。20世纪初叶，青年巴金正是从这里出发，远渡重洋，负笈法国；郭沫若的“东渡”、艾芜的“南行”也是以此为起点……

在锦江码头的东头南岸，有峭拔古今的望江楼。

望江楼又名崇丽阁，建于清光绪十五年（1889年），共4层，因楼身位于锦江之畔，故名“望江楼”。崇丽阁之名则取自晋人左思《蜀都赋》中的名句“既丽且崇，实号成都”。望江楼公园竹子种类很多，多达近300种，是中国最大的竹类公园。

在望江楼水边，有一对明代的巨大石牛，静卧于草丛中。这涉及一个明末张献忠藏银的歌谣：“石牛对石鼓，银子万万五。有人识得破，买尽成都府。”

据《华阳县志》记载，“光绪初，县人马长卿以回澜塔就圮，而县中科第衰歇，乃创议于井旁前造崇丽阁”，所以望江楼是成都“科第衰歇”为“压江流以扶地脉”而建立，至今望江楼上也供奉着文曲星。

清末时节的一年重阳节，有“伍翰林”之称的巴蜀名儒伍嵩生来到九眼桥，沿着锦江闲游，来到了纪念唐代女诗人薛涛的望江楼旁，但见江楼废旧，遍地断瓦残垣，荒草丛生，满目衰败凄凉。他深有感触地沉吟道：“如今古井冷斜阳，何处是校书门巷。”随后又写下《九日登江楼》，以“风送雁”“露为霜”，吟出秋日之满目萧瑟，也道出了他心中面对残败古迹而感发的悲凉。回家后，伍嵩生写了一份奏章并递呈朝廷，请求修复望江楼。清宣统二年（1910年），奏章获得批准，由四川总督府拨款，伍嵩生领衔修复望江楼。修复完成后的望江楼雄浑壮丽，楼高27.9米，共分4层，下两层为四方，上两层为八角攒尖，角尖为鎏金顶，宝顶直刺苍穹，角檐高啄凌空，富有气势。望江楼及其附近一带还被辟为公园，园中除望江楼外还有濯锦楼、吟诗楼、浣笺亭、五云馆等建筑，伍嵩生对这些古建筑均有题咏。

薛涛生前并不居于望江楼一带。明代初年蜀藩王已凿薛涛井于玉女津，取井水制纸以为贡品，同时制薛涛笺；在井旁建有堂室，设有纸房室。薛涛故居早已杳不可寻，人们也错将蜀藩王制笺之地“薛涛井”误以为是薛涛本人制笺之地，薛涛井从此便成为文人雅士纪念这位杰出女诗人之所。

薛涛坟茔杳不可寻，但薛涛的衣冠冢就在望江楼附近。

2005年11月，四川的一家媒体曾经报道过薛涛墓地位于四川大学老校区的新闻，惜乎并未引起相关部门的重视，这个已有数百年历史的衣冠冢，还被摧枯拉朽的建设大潮所平掉了。是如何平掉的呢？2010年冬季一天，我特意到望江楼公园管理处探访，办公室主任舒泽宏对此十分感慨，因为他见证了一个景观的消失。

四川大学教授陶道恕在《望江楼楹联选读》的《访薛涛坟故迹》诗记载：薛涛坟前原有“浙西沈寿榕兴光绪九年（1883年）十二月重修时所立碣，碑阴题记乃其子端两年后补书镌石”。薛涛坟毁于1970年，其后继兴学生宿舍，仍保留一椭圆形土堆，并围以一个水泥圈，其上杂草丛生，虽面目全非，尚可供游人凭吊。不管怎么说，这是一处已有上百年历史的人文景观，据说一度还引起过“薛涛墓之争”。大学校园据理力争，言之凿凿。但是，这一人文景观竟然到2006年以后才被平掉，就让人有些匪夷所思了。

薛涛墓地的具体位置，如果进行空间对位，位于四川大学的教职工宿舍农林村附近的原劳动路小学进出通道的道路中央。1995年下半年劳动路

1999年，在薛涛衣冠冢之下，艺术学院的招牌隐约可见。（图片由望江楼公园管理处提供）

小学搬迁后，此处成为四川大学艺术学院的通道。2005年四川大学在薛涛墓周围撤除旧房，新建研究生宿舍楼。当时薛涛墓的具体位置是位于新建的学生东园14号楼（研究生宿舍）西侧附近，同时该墓的另一侧为大片的空旷待建工地。2006年2月6日下午，望江楼公园管理处舒泽宏、王道云、熊泽平等人曾对薛涛墓进行了考察，并拍摄了一组照片。

当时整座薛涛墓呈椭圆形状，高1.9米（墓基高1米）、长8.8米、宽7.8米，墓基一周用砖堆砌，水泥抹面，墓上长满杂树、衰草，一派荒芜。这就是薛涛墓留给这个世界的最后痕迹。

我来到农林村教师宿舍下的自行车棚边，一位刘姓太婆告诉我，自己曾在劳动路小学就读，“读书时经常从薛涛墓经过，也在坟地上扯官司草来玩，那时还有一个大石碑，坟堆至少有好几米高。很多东西，都是毁灭了才感到可惜啊。一些人说那个土包是砖厂堆泥巴后形成的，如果是那样的话，又怎么解释我亲眼看到的石碑呢？”

曾经在艺术学院读了几年书的张女士对此印象深刻，有一次，她听几个女同学说衣冠冢夜里磷火莹莹，发生过几起所谓的“灵异事件”，对此不少人深信不疑。我估计还是女诗人薛涛的名头太响，余韵蹁跹，很容易入梦。

薛涛生前如落水桃花，四处飘零，死后竟然连一座衣冠冢也难以存世。不禁让人想起赵熙题白居易写薛涛的诗，现悬挂成都望江楼公园清婉室的那一份感伤："独坐黄昏谁作伴，怎教红粉不成灰。"

晚清四川才子李调元第一次来薛涛墓前凭吊，是芳华正茂的少年。那是清明时节，很多人扫墓，冷清的墓区人头涌动。李调元来祭扫薛涛墓时，已是黄昏。他经过人迹杂沓、飞灰扬舞的墓地来到清冷的薛涛墓。墓前只有一朵野花。李调元写成一首七绝收入《成都杂诗》里："乌鸦啄肉纸飞灰，城里家家祭扫回。日落烟村人不见，薛涛坟上一花开。"李调元诗中写到的"薛涛坟上一花开"，是生长在坟上的野花，还是凭吊者留下的祭献，无从得知了。

李调元第二次写薛涛墓，是在50年之后，他已是66岁的老人了。他与一批文友结伴来访。这一次他重访薛涛墓得诗二首。他在诗题中这样记载："墓久芜没，华阳徐明府始为剪除，观叹久之。"两首诗写得平静淡泊，但很生动地记录了当时的情景——

第一首："才人万古总黄泉，我歇原由乏暂眠。不识东庵有何愤，竟思哭倒拜坟前。"李调元说他在薛涛墓前停留是因为疲乏而歇坐在墓前休息而已，而同行的一位名叫潘东庵的诗人却拜倒在墓前失声痛哭……

第二首："人间正色夺胭脂，独有峨眉世鲜知。家在薛涛村里住，枇杷依旧向门垂。"

女诗人生活于锦水之上，她或是置身宽亭或是漫步修篁间。总有一天，她渴望登高。塔尖之针将排天而来的云气，藏在草籽和蝉鸣中灌浆。她那竹叶似的身体，从布满马蹄声声的云间飘坠，江湖的水把望江楼影，在水面写成了枯笔。大王在雪峰下带刀前行，女诗人从林间走上西楼，那是一个青丝染雪的过程。她让飞雪临江，遇风成梅，断念的竹子，摇完一千种俯仰，在夤夜而至的细雨中，想起干燥的故乡。一步一步拾阶而下，那些越来越密实的竹节，发出陀螺一般旋转的笑声。星空下的人生，不过是竹上的一层灰。

第22章

高骈与唐宋罗城

高骈入蜀

唐朝诗人胡曾（约840—？年），因为曾经担任高骈的幕僚，于是来到成都，写有《咏史诗·成都》：

杜宇曾为蜀帝王，化禽飞去旧城荒。
年年来叫桃花月，似向春风诉国亡。

诗人耳濡目染，既展示了蜀地风物里最为重要的杜宇精魂化作杜鹃的传说，又透过杜鹃翅膀打开的蜀地桃花，让我们似乎还能看到那时的成都城，虽然是一派草长莺飞的野趣，但城池颓圮，毫不惹眼。

张仪、张若所筑成都城即为秦城，分为大城、少城。汉代及蜀汉时期，大城与少城都没有什么扩展，一直到唐朝。晋永和二年（346年），桓温伐蜀，灭掉成汉，并一举荡平了秦少城。按照当时少城方位，其北部应在现在的长发街以南、将军衙门以及金河街以北一带。这座六百余年的古城，遂成为历史陈迹。此后蜀中迭经战乱，成都城邑十分残破。据说桓温见到了孔明庙的一个老迈的小吏，桓温傲然地问：“诸葛丞相今谁与比？”这是明摆着一副“舍我其谁”的架势。但小吏回答：“诸葛在时，不觉得有异。自他死后，无人可以与他相比。”桓温于是道：“夷少城，犹存孔明庙。”由此可见，借助诸葛孔明的名头，总算保住了孔明庙。

隋朝时，隋文帝杨坚封儿子杨秀为蜀王。鉴于成都成为杨秀的封地，加上杨秀早有夺嫡之心，所以用心将成都治理得井井有条，以求获得隋文帝杨坚的青睐。这个时期，也是四川佛教的大发展时期，成都理所当然地成为蜀地佛教中心。581—602年，杨秀在“秦大城”西侧，原少城的基础上重建隋城，称为子城，面积比桓温拆掉的少城还大。诗人杜甫诗“东望少城花满烟，百花高楼更可怜”，可以说明当时少城的宽阔以及花木扶疏的景象。

其间隋蜀王杨秀曾扩展构筑成都城垣。秦汉城围在大城之中，成为子城。唐中叶以后，四川经济逐步恢复，人口渐增，旧城湫隘，不能展拓；加之南诏、吐蕃诸部数度扰蜀，旧城城垣不固，遇警则百姓争竞入城，窘困万状。唐太和三年（829年）十一月，南诏军攻破成都西郭，并留驻城郭内十余日，成都真是危在旦夕。退兵之际大肆劫掠近万名美女、工匠同往南诏，这是巴蜀自隋朝以来最为残酷的战争。869年南诏又两次进逼成都……

鉴于南诏多次侵入内地，唐乾符二年（875年），朝廷授高骈为成都尹、剑南西川节度使。

高骈（821—887年），字千里，幽州（今北京西南）人。祖籍渤海蓨县（今河北景县）。唐朝后期的名将、著名诗人，《全唐诗》编诗一卷，宋代临邛县人计有功在《唐诗纪事》里称之为“雅有奇藻”。他身为武臣，而好文学，所以又被称为“落雕侍御”。高骈作为唐宪宗时平定西川刘辟之乱的名将高崇文之孙，高崇文因功封为南平郡王，祖上号称渤海望族高氏后裔，堪称世代名门。高骈少年时为人严谨，虽曾学习兵法骑射，但兴趣方面更喜欢文学，经常结交文士，后来获得高官显爵，却也有诗歌流传，与一般人们印象中的军功世家子弟不大一样。后来清末学者丁仪的《诗学渊源》还称“（骈）诗情挺拔，善为壮语”。

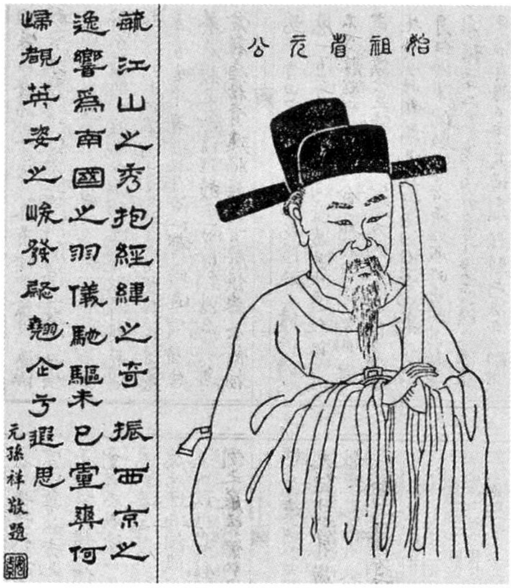

高骈像

初入仕途，似乎都是春风得意马蹄疾。高骈为左右神策军宦官所器重。最初在朱叔明（曾任右武卫大将军）属下担任司马，后累官为神策军都虞候。唐懿宗初年，西北党项族叛乱，高骈率领一万禁军戍守长武城（今陕西长武县）。当时诸将均未有功，唯独高骈多次发动奇袭，斩获甚多，懿宗十分赏识他。后吐蕃犯边，懿宗命高骈镇守秦州，即委任他为秦州刺史兼防御使。高骈诱降吐蕃将领尚延心及浑末部一万多帐落，收复了河州、渭州。随后又出兵平定了凤林关。

总之，高骈先后历任天平、西川、荆南、镇海、淮南等五镇节度使，他一生辉煌之起点为咸通七年（866年）率军收复交趾，大破蛮兵20余万。所以，司马光认为高骈是唐朝最后的名将。

明朝史学家张燧指出：“唐安禄山既犯东京，眷留不去。李泌、郭子仪皆请先取范阳，以覆其巢穴。肃宗急于收复，不从其策，由是遂失河北，终唐之世，不能复。黄巢横行入广，高骈请分兵守郴、循、梧、昭、桂、永数州之险，自将由大庾度岭击之。使从其言，直罝中兔尔。而当国者曾莫之省，巢果复出为恶，遂致滔天。此数公者，真所谓识形势者也，而唐两失之，其取败宜哉。”[1]张燧对高骈的评价相当中肯。

高骈相貌俊朗，气质不凡，俨然文武全才。在《新唐书》中有一个故

① 张燧：《千百年眼》（下卷），中国华侨出版社2015年版，第522页。

事，展露了高骈超群的武艺：“有二雕并飞，骈曰：‘我且贵，当中之。’一发贯二雕焉，众大惊，号‘落雕侍御’。”

高骈入蜀刚行至剑门关，他就已经了解到，数十万逃避战乱的百姓聚集成都城，饮水、食物极度困难不说，还很容易滋生疾疫。

张咏《乖崖集》卷八《益州重修公署记》特别提及：“……高骈即时驱逐，以为居人围困，多罹肿疾，始筑罗城……”当时成都市民因食物严重短缺而发生水肿病，这是我们看到的历史文献里，第一次提及水肿病。

当时高骈不顾属下反对，派使者大开成都的诸道城门，放百姓出城复业，士卒也下城解甲，军民大悦。当时南诏正在围攻雅州（今四川雅安），听说高骈赴任，威名之下，便遣使求和，解去雅州之围。高骈至成都的次日，急命步骑五千追击南诏军，在大渡河大破南诏，擒杀其酋长数十人。

高骈的雷厉风行，由此可见一斑。

置身一个混乱的时代，人总是愈发相信神授的天意，因而总会做出特异的事情，高骈也不例外，甚至过之无不及。在与南诏军队交战时，高骈神神道道地对着将士们焚烧纸人纸马，撒小豆，说“蜀兵怯懦，请玄女神兵替他们打头阵”，这让将士们气愤不已。

熟悉高骈的人都逐渐知道，弥漫在蜀地的修仙炼道的气场，已经深入其脏腑，仙道成了他的精神寄托。高骈疑神疑鬼，脾气变得有些不可理喻。

诗人胡曾是高骈在剑南、荆南的“掌书记”，他在科场屡试不第后入剑南路岩幕府，高骈继任后留任。这时南诏骠信（唐代南诏王称号，意为“君主”）酋龙，驰书蜀帅，自夸兵革强劲，甚至狂言：欲到锦江“饮马濯足”。高骈怒不可遏，让胡曾作长书予以驳斥，附诗有“亲受虎符安宇宙，誓将龙剑定英雄”之句，并警告：“为报南蛮须屏迹，不同蜀将武侯公。”意思是别来惹我，我肯定不是诸葛亮，仅会安抚，你若不收敛，当心我的霹雳手段。前人以为，其书、其诗是胡为路岩而作，但为高骈代作的可能性更大。

高骈巡视成都，深为城防薄弱而忧虑。一是城市狭小；二是有城无壕，不利于防御外敌；三是一旦遇有敌袭，城外的老百姓又都挤进城区……

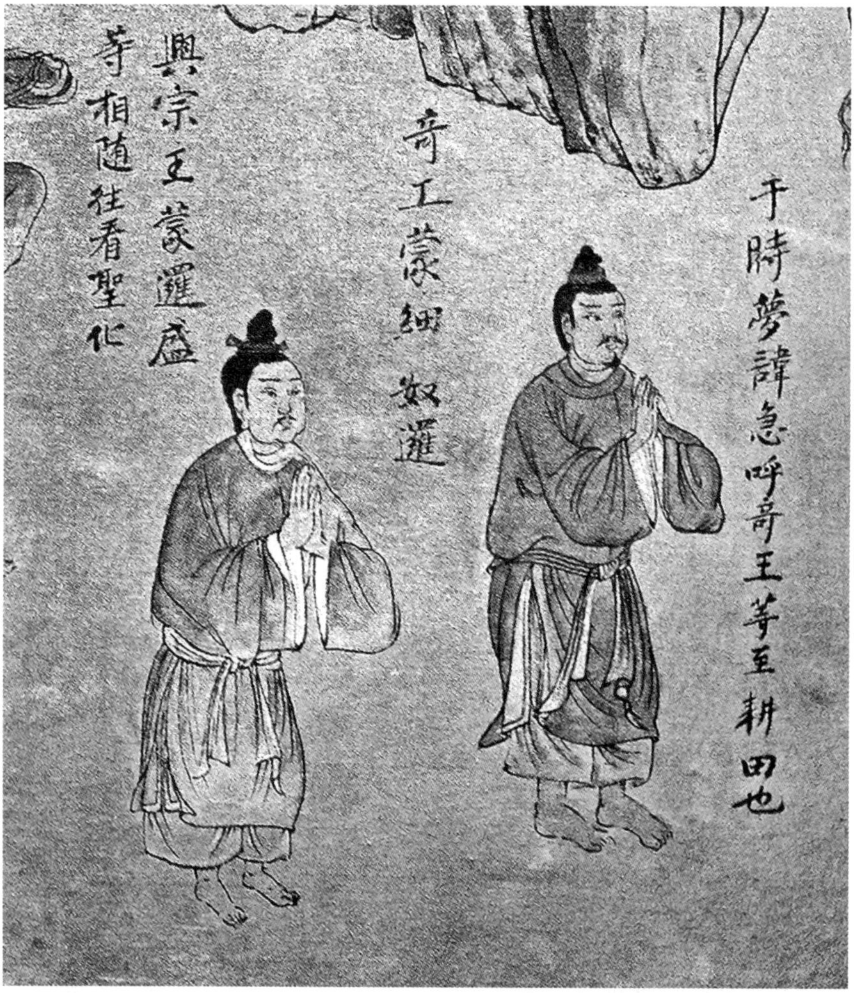

盛唐之时的云南一带，处于定都于今大理的南诏国统治之下。（此图选自云南历史上最早的绘画《南诏图传》）

《资治通鉴》记载了几年前的一桩严重事件：“懿宗咸通十一年（870年）正月，西川之民闻蛮寇将至，争走入成都。时成都有子城，亦无壕。人所占地各不过一席许。雨则戴箕盎以自庇。又乏水，取摩诃池泥汁，澄而饮之。”

由此可见民生情况的严重。

广筑成都罗城

乾符三年（876年）高骈上书请求广筑成都罗城（外城），他指出：“臣今欲与民防患，为国远图，广筑罗城以示雄阃。将谋永逸，岂惮暂劳。”唐僖宗批准了高骈所请。

我们可以说，改变成都城市河流水系“二江并流”格局之人，不是水利专家，而是唐末名将高骈。他一生辉煌的起点是率军收复交趾，破敌20余万；而对成都城防卫的布置，却影响了成都千年。

高骈为了应对民族之间的战争，保卫成都人民，在了解实际情况后，兴工建造成都罗城。他的做法有几点很值得肯定：一是予以城市规划；二是终于找到成都城墙屡建屡垮的原因，铸造坚固的大砖；三是限定完工时间，非常有利于巩固城防。

工程于乾符三年（876年）十月正式动工。高骈以“秦大城”为中心，呈同心圆状向“秦大城”外扩出一圈新城，名为“唐罗城”，这是成都城首次改用砖石建造。城内有大街坊120个，原内部城市“秦大城”被改建为了“子城”。

高骈深迷道教，对宗教深处的高人也是敬仰膜拜的，他以为这些高人都有仙道的指引，于是他命令僧人景仙规划广筑罗城工程。所谓“景仙”，就是一个出自景教的僧人，因为当时僧人“景”字“基本上是景教僧人法名的独享”。整个工程包括扩城池、筑城墙、堰縻枣、改郫江四大步骤。当年八月动工，十一月功竣，耗时96天。但工程浩大，参加筑城的有西川8个州的军队将士，周围10县每户出1个丁壮，成都城内的县令僧徒、士农工商，人人有责，每日用工达到10万人，10天轮换一批，划分地界，授以城基，分段包干。

整个工程费钱150万贯，这也成为秦朝以来成都最大规模的筑城工程。

据王徽《创筑罗城记》记载，成都城周二十五里，高广各二丈六尺，上广一尺，陴高四尺，建楼橹廊庑五千六百零八间，开十门，门上有楼，

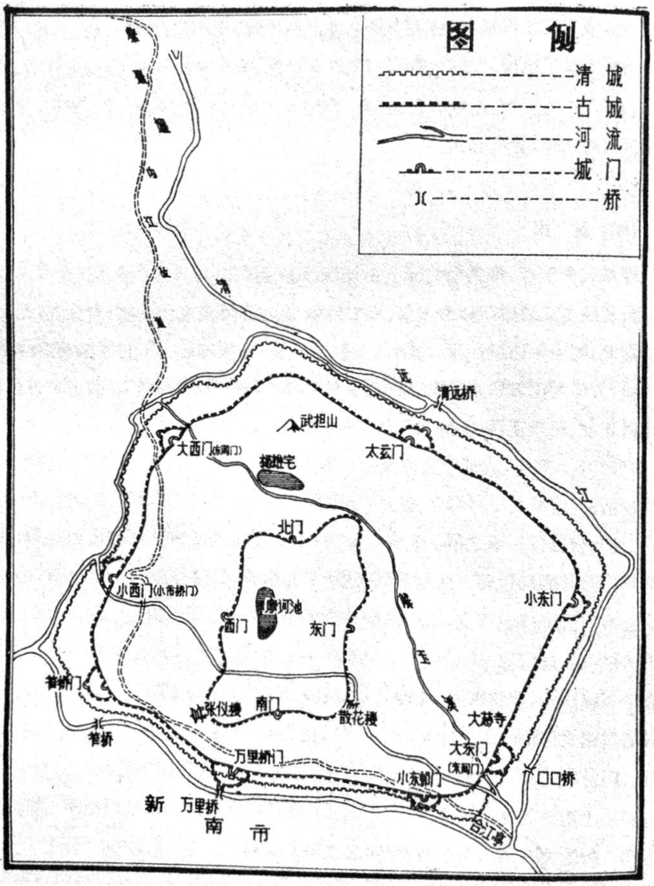

唐季扩筑罗城图。（选自四川省文史研究馆著《成都城坊古迹考》）

城门外还有瓮城。在大城外砌以砖甓，建拥门（月城）、曲角等防御工事，成都有砖城的历史自此开始。高骈接着又改内江（秦郫江，今府河）绕北、东两面为城壕。自此成都城为内、外二城。此后各代，成都城垣虽经多次新筑，但规模终无大变。

高骈筑城期间，还发生了一件灵异事件。

曾有学者认为，鉴于成都水系丰富，成都北面饮马河之外有一口龙女池，唐代的蜀人一直就有捧酒击鼓祭祀龙女的习俗。据宋代文献记载，高骈建罗城时（也有附会到章仇兼琼身上的说法），一个深夜，龙女曾向高骈托梦：请求他把城墙往内挪动，以便龙女入水归家。高骈一梦醒来，甚为惊异。后来他果然依龙女所言，调整了此处城墙，那就是将成都西北角城墙走势略微调整。

但是，这一位置判断有误。

宋朝何涉的《墨池准易堂记》云：“扬子云有宅一区，在锦官西郭隘巷，著书墨池存焉。王建进攘蜀土，宅与墨池，垣入官界，为仓庾地，至知祥、昶世及皇朝，仍而弗革。淳化甲午，李顺放兵烧掠，积廪化为灰阜。贼平，因其地改建营坞。庆历丁亥，集贤文公，命更寻遗址，划疆以还其旧。然屋已名龙女堂，池复淹塞。”

说明扬雄的草玄、墨池旧址，已经成为龙女祭祀之地，也叫龙缇池。黄休复《茅亭客话》指出：“益州城西北隅有龙女祠……祠在少城旧迹，近扬雄故宅。乾符中，忠国公高骈筑罗城，收龙祠在城内……至此骤有风雨，朝成夕败。以闻于高公，公亦梦龙女云，某是西山龙母池龙君，今筑城郭将某祠置于城外，所冀便于往来。公梦中许之。及觉，遂令隔其祠于外，风雨乃止，城不复坏。”

青龙街的这口水池周围，柳树婆娑，风致楚楚，距今70年前还烟波荡漾，沧海桑田，如今已无处可寻了。

白云苍狗，一晃千年过去了。2019年5月20日，成都文物考古研究院宣布，继同仁路、天仙桥南街等地之外，在成都的西北角通锦桥附近，再度发现了唐代城墙。这段古城墙分为夯土和包砖部分，为东西走向，略呈弧形，其中西侧城墙保存较好。此处恰为传说中龙女托梦给高骈之处。

目前残存城墙长度170米，宽8.9米至12米。整个墙体内为夯土，外砌包砖。晚唐时期城墙两侧均为砖墙，残高1.5米，用砖规格不一，有汉六朝时期花纹砖和唐代素面砖。外墙一侧有散水。宽约1米，铺法规整。

由于成都雨水丰沛，加之土质松软，不利于城墙稳固。因此古城墙在夯土后又从内外两侧进行了包砖。而用砖也体现出工期紧迫、战事危急的局势。包砖有汉六朝时期花纹砖和唐代素面砖，而花纹砖大多取自汉六朝的墓室。由于其修筑城墙时间紧张，估计还采用了邻近的净众寺的塔砖、

唐代成都城墙外砖铺有“散水”。右侧为唐城墙外的包砖，左侧为清代城墙遗址。（原载《四川日报》2019年5月21日）

旧砖等作为材料，这些均有文献资料可以佐证。在城墙外墙一侧有散水。江滔解释，散水修筑于城墙外侧，对从墙体流下的雨水等起缓冲作用。其宽约1米，铺法规整，分斜铺、平铺两种构建方式，散水外侧以丁砖固定。

如今，站在唐代的城墙夯土之上，仍然可看到城墙被分为了西、中、东三段。中段因为现代房屋的修建已基本损毁，唯有西段保存最为完好。透过城墙的剖面，可以看到城墙修筑是先挖基槽，槽内筑一层夯土，再铺卵石和泥土层层夯筑。城墙两侧的小基槽，就用于堆砌城墙包砖。在唐代城墙之外，还可以看到清代城墙巨大的压脚石。它由三合土上再垒砌红砂石条铺成，可见唐代以后，成都的城墙基本上就是在唐代城墙的基础上修建的。

高骈的造城理念

罗城建成之后，高骈神采飞荡，下令纵民游观，但一件小事引起了高骈注意。

一位孕妇在北门城楼上突然分娩，生下一女。高骈由此断言，日后成都将代代以客为主。奇妙的是，以后成都牧守等高级地方官员，均为中央政府任命的外籍官吏担任。成都是西南首府，自秦汉以来，每当中央王权衰落时成都便成为西南地方割据政权的统治中心，如新莽朝的公孙述、三国中的蜀汉、十六国的李成政权。唐以后，中央政权对成都地方长官的任免极为重视，历代皆以皇帝极为信任的高级官吏坐镇成都，为防止与本地地方势力过于亲近，皆任用有才能的外籍官僚充任成都高级地方官。这既反映了中央政权对西南边陲的某种疑虑，又体现出对成都的重视。高骈的预言也许是一个巧合，但他的眼光的确不可小觑。

《古今集记》特别记载：高骈认为成都的土质太差，所以造成城墙每年都坍塌毁坏，就换用烧制的砖头。所有靠近城墙的郊外丘陵完全铲平，便利农田生产。铲平成都城外的一切丘陵，不仅有利于农田生产，而且可以保证城周平坦，进犯者无法掩蔽，有利于城防。可谓军事与农事兼顾。

高骈当时的通盘考虑是，通过縻枣堰，郫江北流东行，在城东又折向南行，沿城东向南流，变成了现在的府河，之后与外江也就是今天的南河在城东南角相交，流入岷江。郫江自縻枣堰改道后，成都城北、城东、城南三面临水，而城西郫江故道因水量逐渐减少，渐至枯涸。

后来高骈在西城垣前开凿了另一个关键性工程——西濠，大致为今天的饮马河、西郊河。饮马河即由沱江分出的瓦官河及马河汇集而成，后来因清代满蒙旗兵常到这里饮马而得名；西郊河原为洗脚河，是犀牛河一段。新郫江（府河）经縻枣堰，保护北、东两面，西濠和流江（南河）连通则保护西南两边，河流环卫成都城坊四周，既筑起了一道城防线，又增添了一道“两江抱城”的新景观。李思纯认为，“九里堤即为縻枣堰矣”①。縻枣堰也成为成都城西北最为重要的水利设施，其功能既在于阻止郫江改道，更在于“堙洪源，折逆流”。②

为防止南诏再度入侵，高骈还在南诏入蜀的要道增修关隘城寨，各派数千兵力守卫，如：邛崃关（今四川汉源北）、大渡河清溪关、戎州马湖镇（今四川宜宾东）平夷军、沐源川（今四川沐川）诸城栅等等。此后南诏同意和好，不敢再犯，那几年蜀地较为安定。

经过高骈改建后的成都，总体上比秦汉时代大了两倍还要多，就此奠定了成都千年以降的城市格局。可以说，正因为高骈对成都和西川的军事防御做了一系列系统工作，唐僖宗才会在出现政权危机以后，毫不犹豫前往成都避难。

在长安时，唐僖宗已赐《奖高骈筑成都罗城诏》予以褒扬，并封高骈为燕国公，加大司徒。意犹未尽，唐僖宗再命翰林学士王徽为作《创筑罗城记》。在唐僖宗避难成都时又诏令于城内信相院立《西川筑城碑》，刻王徽文于其上。

但嫉妒者总是有的。

宋代孙光宪《北梦琐言》卷七记载，高骈在蜀，筑罗城四十里。朝廷虽加恩赏，亦疑其固护，即有长居割据之意。到唐僖宗幸蜀，得罗城固守，方思及高骈之先见，亟加表彰。有鉴于此，高骈当时已经感到朝廷的猜忌威胁了。某天，他作《风筝》一诗寄托心绪：

> 夜静弦声响碧空，宫商信任往来风。
> 依稀似曲才堪听，又被移将别调中。

他感到自己如同放飞的纸鸢，似乎光鲜无比，且有悠扬的弦哨伴随左

① 李思纯：《李思纯文集·未刊论著卷》，巴蜀书社2009年版，第607页。
② 方志金牛：《縻枣堰之修缮——宋代名臣复活縻枣堰、展现文治武功》。

右，但风筝无法把握命运，只是伴随东风压倒西风的过程里，无端起舞，可在为谁起舞呢？后两句的意思更为特别，放风筝时，他听闻乐声曲折悠扬地传入耳际，似乎刚刚可以听出味道来，可惜一阵风来，又转入别的曲调。他似乎陷入无物之阵当中。感到非常的无奈，更感到与权力沟通理解的困难，那真是言语道断，心行处灭。这首诗后来多为历代选家所青睐，也多被禅家引作公案。

高骈还写有七绝《蜀路感怀》：

蜀山苍翠陇云愁，銮驾西巡陷几州？
唯有萦回深涧水，潺湲不改旧时流。

此诗展示了他对西巡的皇帝担心，后二句更寄寓朝政必然回归正道的信念。僖宗在蜀期间，为表彰高骈在成都增修罗城的业绩，敕立《西川筑城碑》，并在大慈寺写真随驾群臣时，为高骈图真，御制真赞加以颂扬。

武成元年（908年），王建于成都称帝，史称前蜀，他把唐朝的西川节度使署改造为皇城。次年，改“子城”为皇城，改其中“蜀府”为宫殿。永平五年（915年）因皇城失火而尽毁，王建于是在皇城之北另建夹城新宫，与罗城（外郭）、子城（旧皇城）、牙城（节度使署）构成内外4城。宋朝平蜀之后，宋将王全斌曾杀蜀降卒3万余人于夹城中，可见历史的血腥。

前蜀咸康元年（925年），前蜀为后唐所灭。两年后，成都尹孟知祥在“唐罗城”外再次加建“羊马城”。后蜀明德元年（934年）孟知祥正式在成都称帝，国号蜀（史称后蜀）。至这时，成都已形成一个单中心、多重城池相套的局面。

令人不解的是，后来高骈在黄巢起义过程里一再延宕，按兵不动，知道起义被平定后他又感到羞愧，“部下多叛去”，逐渐走向众叛亲离的地步。于是，他开始寻求学习长生不老之术，把大权交给了吕用之。吕用之专断而无能，惹怒诸将，招致部将毕师铎造反，两年后毕攻陷扬州。在赴援的杨行密到来前，67岁的高骈被毕师铎等缢杀。高骈声名扫地，受到了历代诟病，《新唐书》甚至将其列入了《叛臣传》，与叛藩李忠臣等同列。正如《旧唐书》编者所评："高骈起家禁旅，颇立功名，玩寇崇妖，致兹狼藉。后来勋德，可诫前军。"

光启三年（887年）四月初二，毕师铎举兵，众骁将直扑扬州，高骈却在炼丹密室里狂热地修炼，无心恋战。光启三年（887年）九月初四（9月24日），当敌人的刀刃刺入脖子，他"仰首如有所伺"……据说高骈的一生最后的一首诗，是在他遇害当年三月写的《与诸从事》，其中有"人间无限伤心事，不得尊前折一枝"之句，可见其悲凉、无力的心迹，与早年的雄姿英发，判若两人。

罗城形成的名胜景观

唐代成都罗城的范围，即北至府河、南至南河，东至东校场，西至中同仁路一线。

宋淳化间，来自青城山的农民起义军李顺与宋军争夺成都，前蜀宫城毁于战火。后唐天成二年（927年），后蜀皇帝孟知祥发民夫20万，于罗城外增筑羊马城为外郭，周回达四十里。其子孟昶于城上遍种木芙蓉。"每至深秋，四十里如锦，高下相照，因名锦城。"又称"芙蓉城"，这两个美丽的城名沿用至今。可惜到了南宋末年，元兵3次攻掠成都，繁华千年的古城惨遭毁败。

唐宋罗城的修筑，形成了一批名胜景观，成为蜀中游览胜地。最著名的有隋蜀王杨秀于隋文帝开皇年间（581—600年）在秦龟城上增筑的散花楼；唐贞观元年（785年），西川节度使韦皋在成都开凿了从西往东流的解玉溪，此水给城市运输、市民饮水、工农业用水都带来了很大便利，而水中的沙质细腻而坚硬，可用于解玉，也促进了成都玉石工艺的发展。在韦皋开凿解玉溪的同一年，他在郫江（今府河）与流江（今南河）交汇处兴建了合江亭。李白有《登锦城散花楼》诗："日照锦城头，朝光散花楼。

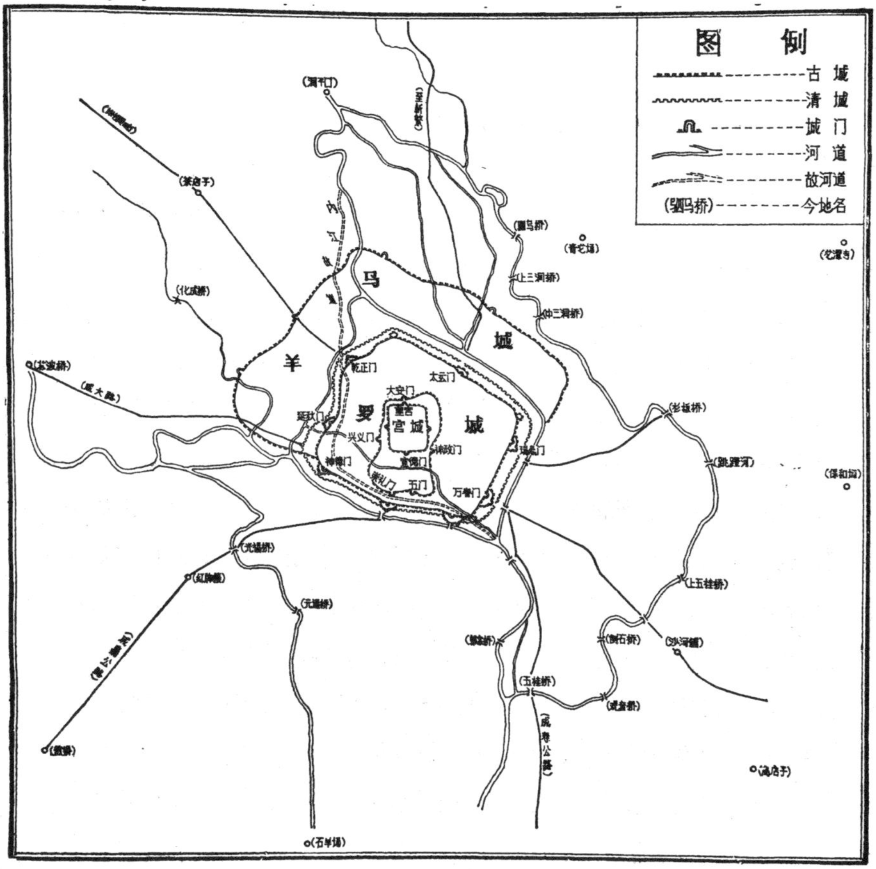

前后蜀宫城与羊马城。(图片来自四川省文史研究馆著《成都城坊古迹考》)

金窗夹绣户，珠箔悬银钩。飞梯缘云中，极目散我忧。暮雨向三峡，春江绕双流。今来一登望，如上九霄游。”合江亭位于郫江与流江汇合处，旧址在今安顺桥稍东，锦江北岸。后来韦皋在合江亭旁又新建芳华楼，并在楼的周围植下许多奇花异草，种植最多的是梅花。加上一些配套的阁楼台榭，这就成了唐代合江亭的最终格局，当时称为“合江园”，成为“一郡之胜地”。“合江园”也就成为成都历史上最早的“市政公园”。

二江拱亭，游人如织。至宋代则更盛，成为万里桥东又一饯别之地。唐宋名士，多有题咏。白麟《合江探梅》诗：“艇子飘摇唤不回，半溪清影漾疏梅。有人隔岸频招手，和月和霜剪取来。”可惜二楼胜景在南宋末年俱毁于战火。

高骈晚年在淮南所写的《锦城写望》，通过他的诗歌回忆录，让我们在此目睹了唐朝成都的风月：

蜀江波影碧悠悠，四望烟花匝郡楼。
不会人家多少锦，春来尽挂树梢头。

第23章

筹边楼的历史镜像

唐代的筹边楼

唐时矗立于成都府之西的筹边楼，建于唐代李德裕任剑南西川节度使期间。李德裕（787—850年），字文饶，赵郡赞皇（今河北省石家庄市赞皇县）人，是历经四朝的唐朝宰相，历史上著名的政治家和文学家，与其父李吉甫均为一代名相。诗人李商隐如此赞美李德裕：“成万古之良相，为一代之高士。”应是中国最早的筹边楼。筹边堂、筹边阁、筹边亭等建筑在各地渐次崛起，壮大了筹边的谱系。

自此以后，“筹边”一词，成为“筹划国家边境事务”的专称。宋代刘过《八声甘州·送湖北招抚吴猎》词：“共记玉堂对策，欲先明大义，次第筹边。”《明史·吴执御传》：“故曰筹边不在增兵饷，而在择人。”清代侯方域《南省试策四》：“请更以筹边进，从来筹边者三策：曰和，曰守，曰战。”甚至在北洋政府体系里，“筹边使”是节制两省以上、性质与巡阅使相似的一个官职，于民国八年（1919年）六月十三日曾特派徐树铮为“西北筹边使”。

生活在柔波、美酒与鲜花之中的薛涛，晚年所做《筹边楼》诗，28字傲岸沉雄，峭拔古今。

安史之乱以后，北方经济地位下降，长江流域地位迅速上升。扬州、成都成为全国最繁华的工商业大城市，经济地位超过了长安、洛阳。故有“天下之盛扬为首”的说法，成都物产富饶，所以当时谚语称“扬一益二”。唐代元和、太和年间，西南吐蕃、南诏等民族经常入侵富庶的四川内陆。唐文宗太和三年（829年），南诏国权臣王嵯颠（也作蒙嵯颠），借口西川节度使杜元颖与南诏不睦，于是率兵汹涌内犯，连陷巂、戎、邛三州（今四川西昌、宜宾、邛崃），兵临成都城下，接着再犯梓州（今三台县）。西川节度使郭钊立即修书切责，后者感到理屈，乃退兵。但既来之，又岂能空手而归！王嵯颠大军撤离成都时，将成都平原的财宝、美女、艺人、技术工匠抢掠一空，掳掠的人口多达一万。当大队人马行至山谷纵切的大渡河边，被掠众人望乡恸哭，绝望之际，赴水死者以千计。唐宣宗大中末年，王嵯颠于南诏国王丰祐死后摄政，不久为南诏臣段宗榜所杀。

李德裕在所撰《论故循州司马杜元颖追赠》中，述及南诏进攻成都时驱掠人口之事时，还说了一件事：“成都、华阳两县，被驱掠80人，其中有杂剧丈夫两人。”请注意，这也是“杂剧”之名见于记载之始。

李德裕像

有鉴于此，唐文宗太和四年（830年），李德裕以检校兵部尚书兼成都尹充剑南西川节度使主持蜀中军政事务。此刻摆在李德裕面前的是令人头痛的烂摊子，急需他去尽快解除不断遭受南诏、吐蕃蹂躏的蜀中腹地所受的威胁。李德裕一改以往唐王朝剑南西川节度使所惯用的怀柔之策，着力加强军备，锋芒相对，认为必须用军事手段打击来犯之敌。一方面，李德裕下令在大渡河沿岸险要之地和蜀与南诏、吐蕃交界之处，修建大批军事要塞，设重兵防守。“筑杖义城（今汉源县南），以制大度（渡）、青溪关之阻；作御侮城，以控荥经掎角势；作柔远城，以厄西山吐蕃；复邛崃关，徙诲州治台登，以夺蛮险巩。”另外一方面，他倡建的筹边楼，成了边地战役的指挥部。

《大清一统志》说：“筹边楼在府治西[①]，李德裕建，四壁图蛮夷险要，日与习边事者筹划其上。”据《新唐书·李德裕传》载，李德裕到蜀中之后：“乃建筹边楼，按南道山川险要与蛮相入者图之左，西道与吐蕃接者图之右。其部落众寡，馈运远迩，曲折威具。乃召习边事者与之指画商订，凡虏之情伪尽知之。”

《新唐书·李德裕传》说：

> 乃建筹边楼，按南道山川与蛮相出入者图之左，西道与吐蕃接者图之右。其部落众寡，馈运远迩、曲折威具。筑杖义城以制大渡青溪关之阻……于是二道寝惧，南诏请还所俘四千人，吐蕃维州将恒悉谋以城降。维距又成都四百里，因山为固，西北由索丛岭而下二百里，地无险，走长川，不三千里直吐蕃之牙。

需要注意，蜀汉三国时，不但已出现丹青绘制的四川地图，而且出现了赵夫人刺绣而成的四川地图，后者出土于马王堆。“李德裕在筹边楼所绘南道与西道地图固然已无存，但《拾遗记》与马王堆出土文物结合看来，他所绘的图，应该是整套，即地形图、驻军图、城邑图三种，本着这一原则就可推测其图之概略，按《唐书·李德裕传》说：‘清溪关前大路三条，小径无数。’这是指地形图而言的。又《唐书·地理志》说：黎州有‘和孤、飞越、定蕃三镇兵’。这指的当是驻军图。而嶲州所辖的台登县，则

① 在今天府广场四川省科技馆东侧，20世纪90年代的钟楼位置，正是唐时成都城的中心位置。

是唐室与吐蕃、南诏争夺之处，因而必须对嶲州、台登做出详细的图解，自应绘有城邑图。南道如此绘，绘西道也应同样如此……”①

所以，李德裕在筹边楼绘制、悬挂的地形图、驻军图、城邑图，可以说是唐代四川最为全面的军事地图。

从这些记录来看，李德裕修建的筹边楼相当于边地军事指挥部，巴蜀周遭边地的山川河谷分布尽收眼底，并招募了大量熟悉边地的人员予以细化地图要津方略，李德裕经常登楼在地形图前与将士商讨细节……此楼也成为向外昭示剑南西川军备力量的一个高台。可惜的是，与成都的西楼（望妃楼）、张仪楼、散花楼等名楼命运一样，筹边楼也毁于唐末的兵燹。

学者认为，李德裕是古代“政文一体”的悲剧性英雄。明朝开始，就把李德裕的文章与“文起八代之衰”的韩愈相提并论。李德裕著述颇丰，惜散佚太多。明代袁州刻本《李文饶文集》包括正集20卷，别集10卷、外集4卷；四部丛刊本另有补遗1卷。李德裕尤以《正集》中的政论文和《外集》中的论说文为突出，蕴含“政文一体”的生命体验。清朝内阁中书陈鸿墀认为：“德裕所上诏意敕书意至多，为唐人文集所仅见，其筹边之策，经世之文，俱略备于此矣。”

李德裕在蜀地期间，还大力整顿当地祠庙，保存供奉前代名臣贤后的祠庙，他甚至将眼光放开，将成都、汶川、松潘一带上千座“淫祠”全部拆毁，同时拆毁1400多座私邑山房，以肃清盗贼，整饬治安。

李德裕应该是最早执行大唐茶马互市政令的唐朝大员。

李德裕主政一方，经常往来成都、松潘等地巡视，并扶持康藏高原的茶马互市。唐太和六年（832年）初，李德裕还斥资修缮了从松潘到丹巴一带的茶马互市石板路，率先在康藏高原实行“贡马折银”新制，规定一匹马折银8两，每户征银8分，对茶叶改征“茶封税”，提高了康藏马帮、背夫的劳作待遇。

李德裕离川前，还专门设立了商务机构——茶马司，并在与吐蕃交界

① 四川省文史馆：《巴蜀科技史研究》，四川大学出版社1995年版，第91页。

的各州地设立“市马”场所，使吐蕃用马、牛等畜产品和土特产，来交换成都、雅安、邛崃、汶川的茶叶、丝绸、粮食、瓷器、皮革等物品。

唐太和七年（833年）夏，也就是李德裕在西川任职3年后，他被调离蜀地。

李德裕两次出将入相，为了维护朝廷正义与社稷大局，他始终与朋党佞臣不懈斗争，以致遭受政敌诬陷迫害，4次被挤出京城，两度罢免宰相。唐宣宗继位后将李德裕流放，段文昌之子段成式一直保持和他通信，没有因为李德裕失势而断绝来往。最终李德裕在今天的海南省三亚市悲愤而死。其命运就像被人投入了巨量的蒙汗药，比起贬谪到海南岛的苏东坡，悲惨多了。

李德裕虽然治理西川时间不长，但为恢复生计、安定百姓做了许多好事，四川老百姓一直铭记于心，如今新都区和阿坝州松潘都把李德裕的事功予以挖掘，加以弘扬。

宋代筹边楼与石笋街、铜壶阁

诺贝尔文学奖获得者卡内蒂说：“十层的天堂，那里的天使一层比一层更能言善辩。”语含讽喻，但我们似乎也可以这样说，在筹边楼的每一层楼上，映入眼底的壮丽雪山、天际飞云、翩翩白鹭，在它们构成的天际线最深处，似乎总有烽火狼烟会突然暴起，打破平原宁静的格局，挺身登楼，呈现出每高一层就更为逼人的清晰态势。

对于这一点，范成大似乎比李德裕更了然于胸。这也源于宋代筹边楼比唐朝的更高，所谓更上层楼的境界，湛然无碍。

阎苍舒，字才元，四川崇庆县人。淳熙年间（1174—1189年）他以加署官衔为幕僚多年，后迁吏部侍郎、荆州安抚使等职。他工于正（楷）书，雄健而有楷则，尤其长于匾榜。淳熙五年（1178年）七月，他以右司员外郎兼国史院编修官；是月为左司员外郎。六年二月为宗正少卿，并兼国史院编修官。

宋淳熙十二年（1185年），阎苍舒再次到汉中，出任利州东路安抚使兼兴元知府。范成大闻讯，写了两首题为《寄题汉中新作南楼二首》的绝句相赠。诗曰：

其一：
我作筹边倚半霄，西山云雪照弓刀。
如今且说南楼胜，应共汉坛相对高。
其二：
甲子周天事好还，关河响动剑光寒。
秦川草木多如荠，时倚楼阑直北看。

第一首绝句的前一句，说的是范成大在成都修缮筹边楼之事及筹边楼的作用。诗人难免有夸张的修辞，说在成都新建的筹边楼高耸无俦，达到“倚半霄”，形容筹边楼巍峨高大、直插云霄。范成大登上筹边楼远眺，西岭雪山宛若钢锯一般与天光融为一体，千里田畴尽收眼底。筹边楼下，将士们日夜操练，剑光闪闪，与西岭雪山的雪光交相辉映。

范成大在展示自己重建成都筹边楼的意义之余，还夸赞汉中的南楼。这座位于汉中的南楼，是范成大离开四川制置使后，阎苍舒主持汉中政务时修建的类似于成都筹边楼的景观建筑，这也反映出唐朝筹边楼的影响力。范成大在《用汉中帅阎才元侍郎韵，送樊子南西归，兼呈郎侍》一诗自注中说：“子南尝自岷山西游，穷探胜境，多见异人。南楼，侍郎新作。”此处所说的侍郎正是阎苍舒。说明阎苍舒游历过岷江上游的边地区域，见到了很多异人与奇境，得到了启示。范成大虽然没有到过汉中，他想象中的南楼，是一根历史的钢刺，是完全可以与成都筹边楼相媲美的高挺建筑。此楼之所以称南楼，可能是位于宋人所说的南山（秦岭）之南，站立于南楼之上，北可望逶迤秦岭，南可眺苍茫巴山。其最重要的功能范成大在第二首诗中说得一清二楚，此楼无关风月，还是为了向北眺望，观察蛰伏的兵情，“时倚楼阑直北看”，关注秦岭防线，完全类似于成都筹边楼俯瞰西北的功用。就像诗人陆游一样，南宋士大夫们心中始终有收复中原的情结，梦里都想着收复沦陷土地、恢复故国山河，成为一个时代压倒一切的话题。于是，在兴元的南宋文人们常常登南楼远眺，遥望苍莽秦岭，缅怀故乡田园。

位于苏州的范成大石刻像

话，要从头说起。

距离范成大写作此诗之前的9年，即宋孝宗淳熙三年（1176年），48岁的范成大出任四川制置使兼成都知府。他是深谙蜀地历史的，于是在成都城的西南隅重修了筹边楼以及内城中的铜壶阁、城南的学宫和有“西门之胜”之称的石笋街等。

段成式《酉阳杂俎》其《贬误》篇云：“蜀石笋街，夏中大雨，往往得杂色小珠，俗谓地当‘海眼’，莫知其故。蜀僧惠嶷曰：‘前史说蜀少城饰以金璧珠翠，桓温恶其大侈，焚之，合在此。’今拾得小珠，时有孔者，得非是乎？”

现在看来，杂色小珠就是彩色琉璃珠或珍珠，宫殿珠帘即串联此珠而制成。

古蜀石笋，雨过必有小珠，或青黄如粟出现。历史学家童恩正指出，石笋周边地陷与埋藏在这一区域的远古大墓有关，而石笋雨后冲出的杜甫所言的“瑟瑟”，应是此墓的陪葬品。

经西域东传的物产和手工制品，比如美玉、宝石、珠玑、海贝、珊瑚、琥珀、玳瑁、犀角、象牙、金银制品等等，分别来自阗、罽宾、安息、天竺、大秦等地。还有犍陀罗的火齐屏风，罗马的火浣布，天竺的琉璃马鞍以及七宝床、切玉刀等等，都是内地罕见的奇珍异物。“最具特色的是由中亚和西亚等地传入我国的琉璃珠，在我国丝路沿线屡有出土实物。罗马帝国是最早出产琉璃的国家之一。据考证，早在汉代之前琉璃已作为豪华装饰品传入中国。到三国时代，中国人已有关于罗马出产十色琉璃的记载。大约5世纪时，琉璃的制造方法由大月氏商人传入了中国。北魏世祖（424—452年）在位时，通过大月氏商人传授而掌握了制作工艺的洛阳人已开始制造琉璃，制出的成品完全可以与西方舶来品媲美。此后，琉璃在中国便广为采用，为重要建筑装饰材料。”①

冯汉骥在《前蜀王建墓发掘报告》中认为，成都琉璃厂（场）窑从中唐到北宋都以烧日用陶器为主，同时也烧琉璃器。这说明成都能够烧制琉璃器，其技术到了明蜀王镇蜀时期，才取得迅猛发展。

石笋街位于成都西门内，素来有“西门之胜”之称。当时成都乃至全国大多数地区均无砖砌之街，只有泥土路。范謩《砌街记》称：“天下郡国，惟江浙甓其道，虽中原无有也。”所谓“甓”即是方砖，而甓即用砖砌。成都历来不使用方砖砌街，人们出行诸多不便，尤其是雨季：“地苦沮洳，夏秋霖潦，人行泥淖中，如履胶漆；既啫则路道辙迹，隐然纵横，颇为往来之患。”为解决这个通行之难，绍兴十三年（1143年），知成都府张焘“始命甓之，仅二千余丈”。

但方砖砌街，虽然面积不大，但总比没有好。三十多年后，范成大帅蜀，予以了大力推广：“为竟其役，鸠工命徒，分职受任，程督有方，尺寸有度。费出于官，而不及于民；日廪以食，而人竞力作。未几，告成。”街道的砌砖工程规模是空前的：“以丈计者三千三百有六十，用甓一百余万，为钱二千万赢。率一街之首尾，立两石以识广狭，凡十有四街。”在方便行人之余：“然后所至侧布如江浙间，雨不乘橇，骑不旋泞，徐行疾驱，俱从坦夷。”②街道还有遮风挡雨之功，这无疑是一项惠民工程，深受

① 黄剑华：《丝路上的文明古国》，四川人民出版社2002年版，第62页。
② 杨慎：《全蜀艺文志》卷十四《记辛·砌街记》，中册，第1238页。

成都民众的称颂。

对此，范成大用诗记录了石笋街的可喜变化：

岭梅蜀柳笑人忙，岁岁椒盘各异方。
耳畔逢人无鲁语，鬓边随我是吴霜。
新年后饮屠苏酒，故事先然窣堵香。
石笋新街好行乐，与民同处且逢场。

他颇为自豪地写下注文：“余新甃石笋街。”①

对范成大在成都创立的诸种功绩，陆游一再予以歌咏，比如：

石笋街头日落时，铜壶阁上角声悲。
不辞与世终难合，唯恨无人粗见知。
宝马俊游春浩荡，江楼豪饮夜淋漓。
醉来剩欲吟梁父，千古隆中可与期。

又如：

石笋街西风景幽，醉眠万事付悠悠。
倦游我已七年客，促驾春无三日留。

可以这样说，范成大采用方砖大规模的铺设街道路面，为成都开辟了街道使用方砖的新纪元。

近年，在成都市中心陆续发现了大规模的唐宋重要遗存街道，江南馆街唐宋街坊遗址出土了大量铺砖道路，已经类似现在铺设着彩砖的步行街广场。负责遗址发掘的成都考古研究院学者认为，中国古时城市道路，

① 《范石湖集》卷十七《丙申元日安福寺礼塔》，上海古籍出版社1981年版，第232页。

在南宋以前全是土路，这4条铺砖古街的建造时期就是南宋，可见当时成都的城市经济实力。这些主次街道、房屋、排水渠（城市下水道）规划科学，布局合理，充分反映了唐宋时期成都已具有很高的城市规划和建设管理水平。唐代末期高骈扩筑罗城，使成都城从原来东西（大城、少城）并列的“日”字形向内城外郭的“回”字形转变，江南馆街遗址唐代晚期街坊正是这一时期规划设计的体现，纵横交错、长达数十余米的铺砖街道在中国城市考古史上十分罕见，为研究中国古代建筑、城市规划等方面提供了宝贵材料，江南馆遗址填补了成都城市建筑考古的一大空白。一言以蔽之，江南馆街唐宋街坊是目前全国发现的唯一保存完好的砖铺古街，堪称世所罕见、独一无二。

江南馆街东起中纱帽街，西止红星路三段（正对大科甲巷），北侧跨兴业里，虽然现在仅长二百多米，但它的故事却多之又多。昔日多为平房建筑，有不少汽车配件商店，成都市服装鞋帽工业用品公司及北糠市街小学也在此。到清代，江苏、江西、安徽等省长江以南旅居成都的人士联合在此修建江南会馆，街以此得名。

清中叶以后，成都的会馆逐渐林立。紧邻浙江馆之外，有江西、安徽、江苏三省合建的“江南会馆”，位于大慈寺西侧，里面神位极多，戏台多达7座，随时都在办神会——演戏。名谓“乐神”实为乐人，因而冠盖云集，在成都堪称人文荟萃之地。光绪年间，江苏盱眙人吴棠出任四川总督，后署成都将军，他特意从江苏昆山训练一批唱昆曲的科生，来成都供官场宴乐，号“舒颐班”，取开口而笑之义。这个戏班后来留在了成都，蜀有昆曲自此始。“舒颐班”的演唱又与川剧融合，对川剧的发展起到积极作用。

王闿运尊经书院弟子、大作家费行简颇看不起吴棠，他后来说吴任四川总督时“托言与民休息，百度尽废。蓄梨园，日演昆剧，其宠婢为伶人盗之去，不问也……”连自己的小老婆被戏子拐走了也不闻不问，足见吴棠的“心宽体胖”了。

周询《蜀海丛谈》卷三写道：咸丰年间（1851—1861年），四川总督吴棠“妙解音律，尤精昆曲，以川省无习此者，乃在苏州招昆班佳伶十余人来蜀”以充实“舒颐班”。还有书记载：“舒颐班”在成都除入署演戏外，曾开办科班，“选垂髫童子廿余人，日夜教习歌舞……游燕之娱，一时倾成都”。“舒颐班”巨擘周浩然传子辅臣，两代名净，擅演《闹朝》《扑犬》《达摩渡江》《醉打山门》《单刀赴会》《饭店认子》《祭坟》《北饯》《北诈》《闻铃》《龟年弹词》《冥判》以及《醉打》《醉隶》《坠马》等传统昆曲剧目。报界名士冬心看了周辅臣演唱《闻铃》，曾以诗赞曰：“一曲霓裳老泪横，开元遗事记华清。伤时颇有新亭感，肠断淋铃夜雨声。”

王闿运在成都的娱乐，主要就是看戏。如光绪九年（1883年）7月26日他的日记：“申正至江南馆，顾家山设饮，朱小舟、幼耕、凤苇堂同集，甚热，亥散。”可见那个时候成都官场的饮酒、听戏的公共活动空间，会馆已经峭拔其上，构成了达官贵人“出尘”的高台。

考古专家称现在发现的江南馆古街是“成都第一街”，与旁边的“成都第一路”春熙路相映成趣，两者皆为繁荣商业区，同处城市中心路段。古有千年唐宋街，今成驰名春熙路，成都自古繁华。我们可以说，张焘、范成大居功至伟。

位于成都以西的铜壶阁又称“郡楼”，郡楼汉朝以来已渐倾废，经范成大修葺，成为宋代成都的地标性建筑。铜壶就是成都的计时钟，“铜壶阁”是成都最早的钟楼。

有人认为，铜壶阁是益州太守蒋堂（980—1054年）推行的“政绩工程”。按照当初设计，位于西城的铜壶阁规模宏大。由于没有充分考虑自身物力就匆匆上马，结果铜壶阁修建到中途，建筑所需的材料就告罄了。看到“政绩工程”停工了，蒋堂寝食不安。他站在官邸里，就可以看到西南方向通往惠陵、武侯祠方向郁郁葱葱的树林，由此想到了一个折中之策……史书无载，但成都民间传闻是，蒋堂下令砍伐了大量树木用以建筑铜壶阁。竣工之际，蒋堂题写了两个大字“铜壶”。

铜壶阁整体建筑于庆历四年（1044年）九月动工，十一月告成。吴拭《铜壶阁记》载：“通阁一十有四间，其高一丈六尺有五寸，广十丈，深五丈有六尺，审曲面势，丹垩是饰，瓴覆甓甃，厥有彝度，中设关键，阖辟惟谨。”无论铜壶阁在府内或府外，位置靠近府尹官舍，则是无疑的。

铜壶阁之上，放置有一尊硕大的计时器，为铜铸刻漏壶。铜壶阁上陈放的铜壶叫“莲花漏”，制作于北宋天圣年间，即1023—1032年，它比国外最早出现的齿轮钟和自鸣钟，还早300年。据《宋史》记载，这座“莲花漏”的制作者名叫燕肃，他除了研究铜壶滴漏，对天文、潮汐等方面都有研究。

铜壶刻漏以水为动力，转动齿轮拨杆升箭计时。这种计时器分一昼夜为十二时辰，每个时辰相当于今天的2个小时，由于它是用“测午之晷为升箭之初”（起点）的方法来确定一天的开始，所以它以每天的中午红日当顶之时，即中午12时为一天的起点，称为午时，这与今天的时钟以每天24小时即零时为起点，称为零时正好相反。铜壶的外部结构情况是“匮一、壶一、泉一”；内部的运转情况是“铜乌通水而下，金莲浮水而上。气十四，候七十二，百刻十二辰，率是箭而定”。“这种自动计时、报时的铜壶，不仅可以计时、报时，还可以自动表示一年之中的24个季节、72个天候的变换交替，其功能的全面、效用的多样，就是在世界钟表史上，也是少见的。”①

对于铜壶阁的具体位置，四川大学李思纯教授指出：“……今鼓楼所在，即宋铜壶阁地，亦为宋代太守驻地。余按铜壶阁虽在子城外，而实在子城附郭。今鼓楼之制如城门，余疑其即为子城东北面郭门之一。《蜀梼杌》所记王建改子城诸门之名，中有云：‘鼓角为大定门。’《益州记》云：‘益州十八门，国曰阳门’……”②

陆游《铜壶阁记》指出：“阁南直西川门，西北距府五十步，乃蒋堂知益州，伐江渎庙材所创。”秦汉时成都的阳门，前蜀王建时期的大定门，南宋陆游时的成都西川门，皆是此门的异名。成都鼓楼为土石修筑，其下

① 四川省文史研究馆：《巴蜀科技史研究》，四川大学出版社1995年版，第378页。
② 李思纯：《李思纯文集·未刊论著卷》，巴蜀书社2009年版，第599页。

的城门以通车马，其上则构材为屋，如城门敌楼之形制。李思纯教授认为“当为子城旧郭之一部”。宋代成都太守的官舍，即近此楼西北，其地与位于正府街的府署虽为两地，然相距不越数千步，其间官舍或相连属，无民居市里。

悉知历史的范成大，自然会增修铜壶阁，以此壮丽成都。

淳熙二年（1175年），范成大写《冬至日铜壶阁落成》：“走遍人间行路难，异乡风物杂悲欢。三年北户梅边暖，万里西楼雪外寒。已办鬓霜供岁龠，仍拼髀肉了征鞍。故园云物知何似？试上东楼直看北。”看看，冬至当天铜壶阁落成之日，即使置身风景的深处，时间的滴漏之声，促使他猝然醒悟，不能忘记“看北”——欲展士大夫爱国情怀。

陆游的“遵命文学”《铜壶阁记》记录说：“方阁之成也，公大合乐，与宾佐落之。客或举觞寿公曰‘天子神圣英武，荡清中原。公且以廊庙之重，出抚成师，北举燕赵，西略司并，挽天河之水，以洗五六十年腥膻之污；登高大会，燕劳将士，勒铭奏凯，传示无极’。则今日之事，盖未足道……”

古人喜欢以微言大义方式表达胸臆。陆游说“未足道”，说明他对于建铜壶阁颇有腹诽。而“挽天河之水，以洗五六十年腥膻之污”，也许才是陆游的所求。但歌颂范成大，似乎也到了一个高度。

宋京镗有《惜阴亭记》里，记载了一桩张咏在铜壶阁的逸闻：“余闻乖崖张公镇蜀时，通夕宴坐郡楼上，鼓番漏水，历历分明，一刻左误，必诘之。余至成都，首访遗事，所谓‘郡楼’，即今之铜壶阁也，楼屹然自若，铜壶则亡其实矣。”

这是说张咏镇蜀时，通夕坐在铜壶阁上，以确察时刻有无讹误，铜壶阁与府署距离相近。京镗记中所云“鼓角为中军号令，不可不谨”，阁上置铜壶滴漏，以定时刻，每时至，则鸣鼓角以告军民。我们说这是官方的报时钟楼，名实相副。

《蜀梼杌》云：“王建改鼓角为大定门。”铜壶阁在宋代亦鸣鼓角以报时刻，李思纯进一步认为，“此地在五代时，即为鸣鼓吹角之所。到了宋代，乃于其地新建一阁，以铜壶二字之名。张咏终夕宴坐其上，则阁仍近府也”[1]。如果是这样，就可以认为，早在五代时期，铜壶阁就是蜀地最早的报时机构了。

陆游《湖村月夕》诗之二：“最忆铜壶门外路，满街歌吹月如霜”，咏叹的恰是以铜壶阁为地标的成都岁月……

铜壶阁大体毁于李顺攻占成都期间的战火。

……

在尽力恢复成都城内的建筑期间，范成大体现出来的“以笔记为诗”的创作倾向，不但自己身体力行（他在成都期间写有笔记《成都古今丙记》，可惜散佚了），而且对周边朋友也有熏染。

宋代筹边楼的位置在子城西南，与唐朝时的位置不同。筹边楼落成之时，范成大邀请在成都路府安抚司任参议官的老友陆游撰写了《筹边楼记》。目的就是要记录这一史实。

陆游遵命，在《筹边楼记》中写道：“淳熙三年八月既望，成都子城之西，新作筹边楼。四川制置使知府事范公，举酒属其客山阴陆游曰：‘君为我记。’按史及地志，唐李卫公节度剑南，实始作筹边楼。废久，无能识其处者……”[2]这说明到了南宋，唐朝筹边楼地址已不可考。陆游在文中并没有记载新建这座筹边楼的具体制形与建筑规模，而是大肆讴歌范成大睿智，说范成大在筹边楼四壁上按唐代李德裕的边地地形图惯例，重新绘制了西南边防图，将西南边防要地和西南夷出入的道路全部都予以标注。成都之西是西岭雪山，杜甫有诗曰“窗含西岭千秋雪”之句，说的正是这种景象。而西岭雪山以西恰恰是羌（吐蕃）人聚居区；成都南面通往南诏国。范成大倒还谦逊，将削平灾祸的功劳归之于宋代的朝政清明与路途的便捷，他对陆游坦承：“君之言过矣！予何敢望卫公？然窃有幸焉。卫公守蜀，牛奇章方居中，每排沮之，维州之功既成而败。今予适遭清明宽大之

---

① 《李思纯文集·未刊论著卷》，巴蜀书社2009年版，第599页。

② 陈祥裔原著，王斌，靳雅婷校注：《蜀都碎事校注》，西南交通大学出版社2017年版，第281页。

朝，论事荐吏，奏朝入而夕报可。使卫公在蜀，适得此时，其功烈壮伟，讵止取一维州而已哉？”[①]

文中提到牛奇章（牛僧孺）与李德裕的矛盾，所以陆游的诗里有“君不见牛奇章与李卫公，一生冰炭不相容”之句。

置身高处，一种人会一心向天。另外一种人，因为不能安宁，必须不断从高处探出身体，环顾四野。

筹边楼修好之后，范成大常常登楼极目远眺，登临赋诗，力压蜀地脂粉的诗章《水调歌头·万里筹边处》就此横空出世。“人语半霄碧，惊倒路傍儿”，置身高楼云端，恍若与神仙交谈。但他耳听八方，还写有《秋老，四境雨已沛然，晚坐筹边楼，方议祈晴，楼下忽有东界农民数十人，诉山田却要雨，须长吏致祷，感之作诗》。很显然，干旱祈雨的民间呼声，置身高楼的他，闻声而起，他也参与了本地举行的祭天、祈雨仪式。可以想见，范成大之于蜀地的重要性：“范公以文名，其毫端之珠玉、纸上之云烟，蜀士大夫争宝之……”他与陆游“主宾唱酬，短章大篇，人争传诵之”。

自然，筹边楼建立了不可能一劳永逸。对于边关只是象征意义，更多的还是要把防卫落到实处。《宋史》卷三八六《范成大传》指出：范成大知成都时，受命之时上书孝宗皇帝说：“四川边境的藏族和羌族两次进犯汉源县，其首领甚为轻视中国。臣去蜀中当检阅将兵，修筑堡垒要塞，同时加强军队的教练，使每个兵士都善战；这三件事都须财力支持不可。”孝宗赐给了度牒钱40万缗以充军费。范成大认为西南边境，汉源县为军事略要之地，增加兵士5000人，设置各路分都监。藏族入川之路有18处，全部建筑栅寨，驻军防守。藏族首领侵扰安静寨，范成大命令飞山军千名前往救援，料定藏军3天内一定逃遁，果不出所料。白水寨守将王文才私娶少数民族女子，常引导藏族侵扰边寨；范成大对藏族诸部重赏并离间，他们

① 陈祥裔原著，王斌，靳雅婷校注：《蜀都碎事校注》，西南交通大学出版社2017年版，第281页。

擒住叛将王文才献于官府，立被斩首。四川北边原有民兵3万，地方政府及将领经常令他们服杂役和守卫；范成大表示反对，得到朝廷批准后，免除了民兵的杂役。蜀中名士孙松寿和樊汉广已年届花甲辞去官职；范成大上表言他们的气节，朝廷下诏复仕，他们皆不应诏。然而蜀中之士都崇敬范成大。凡是人才而可用的，他都请到为幕僚，发挥他们的优长，不拘泥他们的小节，对其中的杰出人才则向朝廷推荐，这些人后来有的成为国家重臣……

这一系列筹边举措，取得的效果是明显的。

特别是范成大《闻威州诸羌退听，边事已宁，少城筹边楼开槛修葺已毕工，作诗寄权制帅高子长》一诗，点出了诗人恰好遇到的两大喜事，他热情称赞了高袆。高袆，字子长，和州历阳（今安徽和县历阳镇）人，为陆游的表亲，曾与陆游一起在王炎幕供职。范成大帅蜀时高袆任威州（州治在今四川汶川威州镇）军事长官，对安抚西羌人颇有功绩。[1]范成大在诗中生动地描写了高袆的形象："筹边楼上美髯翁，赤白囊飞笑语中。"还不吝夸赞高袆的才华："踏筵舞罢平阑月，横槊诗成满袖风。"很显然，横刀跃马的英雄，与筹边楼立竿见影的功效，犹如一双手的正反面。

依据赵抃、王刚中的例题，范成大还编成《成都古今丙记》10卷，"虽不至如前、续《记》之多，然二书之所不及者，则加详矣"。在《成都文类》里，收录范成大的48首诗歌，其中详细地展示了成都地区的风俗和市民的游赏活动，至今成为展示宋朝成都的以诗证史的一部诗歌地理学。

淳熙四年（1177年）五月二十九日，范成大离开成都还朝。范成大为成都所办实事，并不比他为桂林所做的少。离开成都之际，颇为依依不舍，他"单骑转城，过东、北两门，又转而西"，盛赞成都平原"绿野平林，烟水清远，极似江南"。[2]范成大《浣溪沙·烛下海棠》写到"绛霞浓淡月微明，梦中重到锦官城"的深情。西蜀成都，始终是他魂牵梦绕的

① 李青石：《范成大吟咏汉中的几首诗》。
② 《吴船录》卷上，第187页。

地方。

范成大在成都的短短两年，政绩卓著，震动朝野。陆游赞其："及公之至（成都）也，定规模，信命令，施利惠农，选将治兵，未数月，声震四境。"陆游深情，一路相送范成大到达青神县的中岩镇，依依惜别。双星相耀，从此蜀地内外流传着"家剑南而户石湖"的美谈。

在筹边楼落成的第二年中秋之际，陆游写《八月十四夜三叉市对月》，追忆了在成都筹边楼登楼赏月的一段心事："去年看月筹边楼，云罅微光如玉钩。主人不乐客叹息，清歌空送黄金舟……"为什么范成大"不乐"呢？一是在于范成大到成都期间身体欠佳，二是范成大的诗回答了这个问题，主要还是在于他必须直面当时成都的旱涝情况："西堰颇闻江涨急，东山犹说雨来迟。锦城乐事知多少，忧旱忧霖蹙尽眉。"尽管置身高楼与置身高位，他仍然倾听着来自大地的呼号，而且要筹措方案。

陆游此诗于淳熙四年（1177年）八月作于三叉市。那时，范成大已经返京了。邛州知州宇文绍奔邀请老朋友陆游到邛州做客。三叉市，当是邛州的一个市镇之名。"黄金舟"指的是酒觥。①

有道是"筹边堂上兵无数"。从我看到的好几首宋代诗词判断，宋代的成都，尚有一座筹边堂。是否就建在筹边楼附近，或者是附属建筑，目前暂不能确定。

梁介，字子辅，华阳（今成都双流县）人。南宋高宗绍兴二十七年（1157年）丁丑科王十朋榜进士第三人。曾官秘书省正字、校书郎、彭州知州、直秘阁、权利州路转运判官、四川宣抚司参议官、泸州知州、泸南安抚使等。他流传至今的诗作不多，有《筹边堂》诗：

筹边无它长，幸此岁有秋。
吏无打门宣，民无失业忧。
史君来此邦，不但肉食谋。

---

① 钱仲联，马亚中主编：《陆游全集校注2》，浙江教育出版社2011年版，第104页。

有言天命之，为汝消穷愁。

夷蜑及生齿，各异风马牛。

一醉堂上樽，莫运机与筹。

从梁介一生情况来看，其任职空间主要在四川境内。他的这首诗，看来是为某个入蜀官员（史君）的一番建言，但其筹边的思路，显然过于狭隘了，无论如何也不能说“夷蜑及生齿，各异风马牛”这样的话啊。至于说到喝酒，倒是不值得运筹帷幄的。

宋时曾在四川重庆为官的诗人项安世（1153—1208年），也写有《寄题四川总饷陈郎中筹边堂》，这足以看出：当时的蜀地筹边堂俨然为重镇，似乎已有取代筹边楼之势，抑或范成大的筹边楼业已式微？他在另外一首诗里认为：“只道成都路八千，谁知从此便西川。行人一见成深省，大道多歧稳著鞭。”在我看来，这才是“著鞭”（筹边）者应该具备的眼光。

明清时期的筹边楼

很显然，成都唐朝、宋朝筹边楼体现出来的军事、民族、文化、景观意义，得到了不同时代、不同区域官员的尊崇与效仿，俨然成了成都城内的城市地标。清初彭遵泗《蜀碧》即指出，明末蜀地古迹尽数被张献忠毁去，只有李卫公（唐相李德裕）所建的筹边楼在保宁县（阆中）城中，流贼没有入城，所以现在还得以留存。但阆中城里从没有筹边楼一说，明显是保县之误。但彭遵泗在另一文里也明确指出：“（筹边楼）后范成大改建子城西南隅，今圮。”[①]这是说，屹立了800年的宋代筹边楼，到明末时期，终于湮没消匿了。

但筹边楼的边地效应，继续在扩展当中。

王士禛《陇蜀余闻》指出：“李卫公筹边楼，在保县城市中。楼凡二

① 倪亮校注：《蜀故校注》，西南交通大学出版社2020年5月版，第73页。

层，每层高二丈许。其梁柱皆当时故物，保与松维相连。唐广德三年，吐蕃陷松维保三城，即其地，地界雪山。明末，逆献乱蜀，不至其处，楼故不毁。门人知保县事高崇岩①，说成都亦有筹边楼。”从这一记载来看，即使到明末时节，距离成都并不遥远的保县（阿坝州理县）官员只是风闻成都有一座筹边楼。这也暗示成都筹边楼，并未像它无俦的历史高度那样名声远播。

晚清民国时，成都民间流传有一曲道琴《渔鼓词》，唱出老成都名胜和街名，其中有“油篓糠市红布街，筹边楼挨广东馆”之句，清末广东会馆位于现在成都市中心远洋太古里西南角，袁庭栋先生即认为：“以大慈寺的山门为中轴线，广东会馆在西边。那边有四条街，呈十字架排列在大慈寺山门前，分别是东、南、西、北糠市街，广东会馆就建在西糠市街，所以老成都人都叫西糠市街为‘广东会馆街’。”由此可以看出，这一民俗里的清代筹边楼位置，又与宋代、明代所言位置不同。

北糠市街，南接南糠市街，北至大慈寺街，东抵和尚街，长160米，旧名大慈寺街，在街西处有詹天庙，而筹边楼位于街东。这在《光绪五年（1879年）成都府地图》上可以得到印证。

对此，明代曹学佺《蜀中广记》指出了变址的原因：“今筹边楼在都院之东掖，随使节而迁者。”大致靠近大慈寺。明朝天启《成都府志府治三衢九陌宫室图》记载为“镇边楼”，绘于督察院东，下莲池一带。成都市文化广电新闻出版局、成都市民政局2016年12月编订《成都中心城区历史地名保护名录》里，“地名—历史建筑类”有“筹边楼”一条，指出：“明、清时代的筹边楼，据今人考证，分别在大慈寺前和北糠市街东侧。宋、明、清之筹边楼均系袭旧名而重建者。”

民国《华阳县志》卷二八《古迹》二：“筹边楼，李卫公德裕节度西川时所建也。在治城西，属于成都（县）。其上四壁图画蛮夷险要，日与习边事者筹划其上，故名。经唐末乱毁。宋淳熙中，范成大又重建于子城西

① 《四川通志》载，高崇岩为奉天监生，于康熙三十年（1691年）任保县知县。

南者，则华阳治内也。陆游作记时，言卫公楼基已无人能识某故处矣。而宋楼亦不知以何时圮废。明代又重建于督察院东，则在今大慈寺前。”

四川大才子李调元的《成都杂诗》里，筹边楼宛如启动愁绪的锁钥，但显然筹边楼已经无力牵制边关了，展示了他对四川波诡云谲的看法：

纷纷割据竟何存，
天府休言控剑门。
试向筹边楼上望，
暮云低处李雄坟。

正所谓：世事纷纭从君理，“城头变幻大王旗”。这说明在清代，诗人登临筹边楼，可以看到位于西南方向高大的成汉墓（不一定是李雄墓）。成汉（304—349年）也是中国历史上五胡十六国时期之“十六国”之一，由賨人巴国姬姓李氏后人所建。1985年经过考古发掘，位于成都市武侯区桓侯巷华西医院内的世传“张飞墓”，其实是成汉墓。成汉在四川立国43年，曾经营建有帝陵两座，所以判断李调元提及的是另外一座。

位于成都华西医院大院内的成汉墓。（蒋蓝 摄）

清代四川资中县籍诗人廖光（1854—1893年）著有诗集《蜀樵诗钞》，其中有《筹边楼·筹边楼上望龟城》，更清楚地展示了清代筹边楼的高敞无蔽，可以从容打量成都城：

筹边楼上望龟城，
照耀千秋两地名。
今日屯田半荒废，
暮云空听鼓鼙声。

很显然，清代重建的筹边楼已不是成都的最高建筑了，当时最高的人工建筑应该还是武担山。诗歌里提及“屯田”，应是指大慈寺广袤的庙产田地分租出去了，筹边楼的东、南方向应是田畴，因而对筹边楼周边一体化景观造成了分割。

鉴于王闿运写日记有事无巨细均有案可查的习惯，他的入蜀笔记里并无筹边楼的任何记载，推测起来，至迟在晚清时节，位于北糠市街东侧的筹边楼已颓塌过半，或荡然无存了。但也有资料指出：此楼到“民国时才因扩修马路而拆除”。[①]

如今，在打造一新的北糠市街上，尚可以见到一座字库塔，修建于清朝年间，坐东南向西北，高7.6米，占地面积4.39平方米，为双层六角砖式结构，采用青砖砌成，透过雕琢精美的文人墨迹图案，我们似乎可以想象那座筹边楼的丽影。宛如康熙年间巫山县籍诗人傅作楫《筹边楼》结尾流露的心绪：“不堪憔悴西征日，人在筹边第几楼？”

所以，无论是百尺高楼，还是离地仅两丈的小楼，只要遭遇到你死我活的征战，都足以令世间憔悴。

薛涛与保县筹边楼

平临云鸟八窗秋，壮压西川四十州。
诸将莫贪羌族马，最高层处见边头。

① “成都发布”，载《天府早报》2012年12月28日。

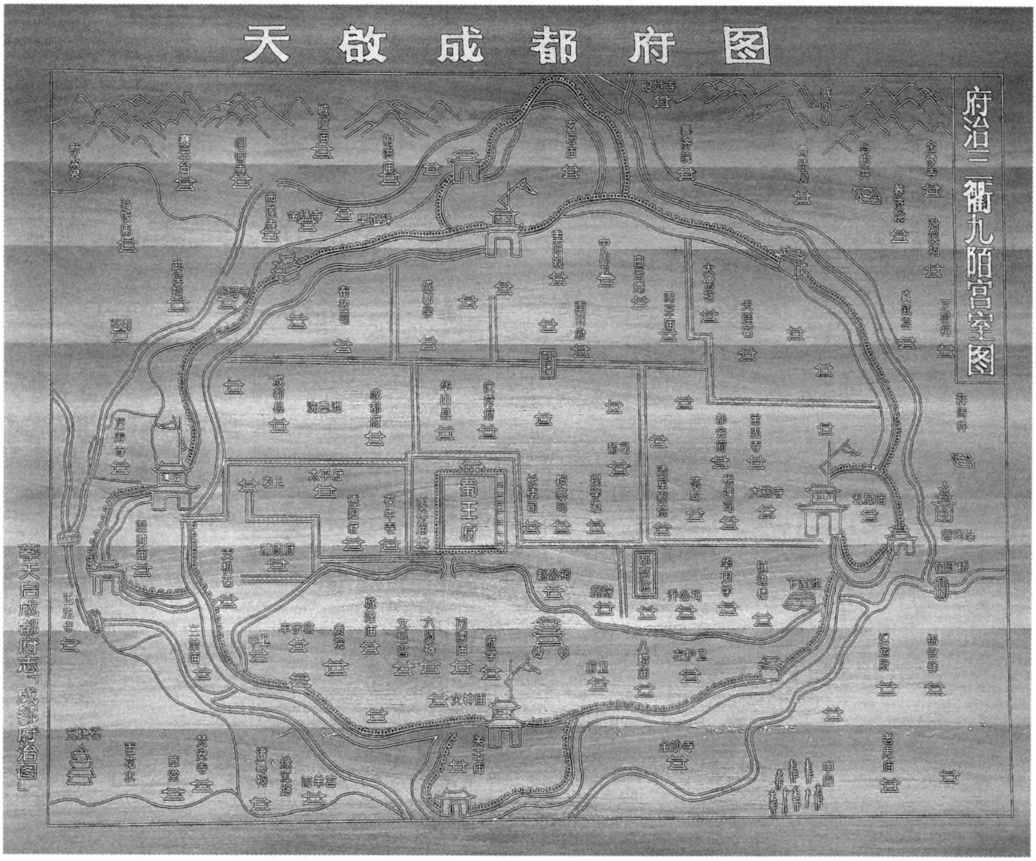

在地图中，大慈寺旁边有“镇边楼”，此即筹边楼，也许明代四川人觉得“镇边”一词更为直接。（图片由成都市图书馆彭卫锋提供）

单凭“壮压西川四十州”一句，晚年薛涛的胸襟气象就已然峭拔于汉诗之上。明代钟惺指出：“教戒诸将，何等心眼，洪度岂直女子哉，固一代之雄也！”大才子纪昀曰：“如《筹边楼》诗云云，托意深远，有鲁嫠不恤纬、漆室女坐啸之思，非寻常裙屐所及。”[①]岂止是“裙屐”，又有几个男儿可以如此气吞万里如虎！

云鸟吞吐大荒，八窗深秋竞爽，西蜀平畴千里如画，一座筹边楼就像

① 《四库全书总目》。

一块巨大的“镇纸”，让风景与局势得到了平稳。值得说一下“羌族马”，这里指的是古蕃人的战马，薛涛诗歌里称为“羌族”，这是平仄所致的原因。古羌人是游牧民族，坐骑以蒙古马为主，后来为躲避战争迁徙到达川西大峡谷，逐渐转为定居农牧，所带入岷江上游的马也发展成蒙古马的中亚种，耐粗饲，善于攀缘，比如名闻遐迩的河曲马。河曲马与内蒙古三河马、新疆伊犁马被誉为中国三大名马。河曲马史称“南番马”，据史料记载，河曲马已有1300多年的悠久历史，以青、甘、川三省交界处的青海河南蒙古族自治县、甘肃玛曲县、四川若尔盖草原为主产地。因其分布区处在黄河拐入四川北部的河曲地带，1954年由西北军政委员会正式定名为“河曲马”。松州在唐时已从茶马互市扩展到其他产品贸易，成为历史上川、甘、青三地边境最大的贸易中心。

从中唐以后，到宋神宗时期内地尤其匮乏马匹，而北方的契丹等则禁止马匹输入。王安石变法兴马，为拥有足够的战马，便从藏族地区以茶大量换取马匹。宋朝廷为了进行茶马贸易，专门设立茶马司，将松潘辟为茶马市场，并规定川陕民茶“尽卖与官”的专卖制度。通过茶马司掌握“茶之利以佐邦用、凡市马于四夷、率以茶易之”。

薛涛诗的最后一句硬语盘空，虚实均有：实写的是，诗人登楼眺望，成都西北方向恰是以西岭雪山为地标的逶迤岷山，已然能望见烽火，这是多么严重的事态；虚写的是，“边头”已是悬在成都头上的达摩克利斯之剑。前后对照，西川地区今昔形势犬牙交错，历史的得与失都暗示出来，寓严正谴责于沉痛慨叹之中。

学者彭芸荪《望江楼志》认为：“涛之年在太和六年秋也。”又说：“筹边楼之筑建，当在五年春夏间，至秋始落成，故涛《筹边楼》诗有‘平临云鸟八窗秋’之句，时涛尚存。”张篷舟先生《薛涛诗笺》也指出：“李德裕为剑南西川节度使，乃太和四年（830年）十月命，当年自不能建成筹边楼。况涛诗有‘八窗秋’句，楼成应在太和五年（831年）秋。太和六年（832年）夏，涛卒。冬，李德裕亦入相矣。”

四川省文史研究馆《成都城坊古迹考》指出，唐朝成都西川节度使府署在今四川科技馆东一带。[①]这就是说，薛涛所咏赞的筹边楼其实就是成都西川节度使府署附近的这座“筹边楼”。

由此可见，成都的筹边楼，与今天阿坝州理县薛城古镇的“筹边楼”在修建时间、地点和规模上都不相同。尽管薛涛本人，的确被剑南西川节度使韦皋发配去过松州，但那时的松州哪有筹边楼呢？

资料显示：清康熙四十七年（1708年），杂谷脑河、孟屯河洪水泛滥，二力相摧，一举冲毁了保县的薛城。直到乾隆四年（1739年），当时的保县（现汶川县）知县陈克绳才重修了整个古镇及周边建筑。南沟边这座“筹边楼”，极有可能就在此时托名仿建。筹边楼屹立于两河交汇的河谷边，为木框架抬梁穿榫结构、有典型的汉民族殿堂风格（重檐歇山式）的二层阁楼，通高18.5米。时逢波罗和尚来薛城讲经说法，以此楼为传教基地，并塑观音圣像供于楼内，因而筹边楼亦称“观音阁”。清代李元所著《蜀水经》记：“李卫公筹边楼在保县城市中，楼凡二层，每层高二丈许。梁柱皆当时物。”这一记载，就让事情进一步复杂化了。

有清一代，四川终于从明末持续的大混战之后开始恢复重建。为了地方经济的持续繁荣，祈求文风普化昌盛，往往托名仿建古迹，祈求历史泽被后世。当时的地方官场，乡绅、大户们相互炫耀、攀比，成为一时的风尚。比如在川贵滇地区，托名诸葛孔明的山名、地名、桥名、村名、器物就不可胜数。而薛涛为一代风流人物，早在太和六年（832年）段文昌再镇成都时，就在望江楼以南的薛涛墓地撰写了墓志。光绪十五年（1889年），在成都锦江之畔的玉女津起造高楼“崇丽阁”（俗呼“望江楼”）以及“玉女津”，目的也是通过营造风景名胜，很自然地与诗人薛涛建立起了“跨时代”关系。

显然，薛城的筹边楼是当地民众仰慕前贤、尊重文化和历史的产物。在我看来，在藏、羌、汉多民族杂居的薛城能够托唐代之名重建筹边楼，一是在于知县陈克绳等人具备宽阔的历史眼光，二是反映出这一多民族杂

① 四川省文史研究馆编：《成都城坊古迹考》，成都时代出版社2006年版，第291页。

居地区的民众对和平、安宁与幸福生活的向往。薛城的筹边楼建造距今已有近300年，虽历经岁月的洗礼，仍旧巍然屹立于一块巨大耸立的孤石之上，孤石立高楼，就像冷兵器时代的一根分水峨眉刺。2005年，当地文保部门按照“修旧如旧”原则，进行过一次保护性维修。现在的筹边楼上，悬挂有“红四方面军临时指挥部旧址”牌匾。红四方面军是从四川苍溪出发长征、经茂县到达理县的。由此，理县筹边楼成为涵盖多民族历史以及红色文化的高地。

晚清的理县薛城筹边楼。（英国探险家伊莎贝拉·伯德 摄）

英国皇家地理协会会员伊莎贝拉·伯德于1898年途经薛城镇，拍摄了系列照片。如今我们看到的其考察记《长江流域旅行记》一书，封面照片就是这座峭拔的筹边楼。

对此，清人李锡书的诗《题卫公筹边楼》，把地望表现得较为清晰。

李锡书（1756—1830年），字洪九，号见庵。清乾隆二十一年（1756年）出生于山西省静乐县西河沟村之书香门第。李锡书自幼好学，尝诵读“对偶声律之文”，12岁应童子试。因其文采斐然、成绩卓异，时任静乐知县，浙江海宁进士。嘉庆三年（1798年），李锡书奉命赴四川，先后任汶川县令、蒲江县令、蓬州知府、大邑县令等职。他以“居蜀二十年之积”完成的《锦官录》，弥足珍贵。

节度西川历几年，精思广运在全川。
七星桥跨三江水，百尺楼撑一线天。
此地划疆称扼要，当年图阁亟筹边。
八关俱在公先出，记取丹扆列圣筵。

诗歌里提到的七星桥、三江水、一线天等，均为松潘薛城周边的地望，恰是古人所谓“三堛九坪十八关，一锣一鼓到松潘”的写照。

我去过薛城筹边楼二三次了，每一次登楼，均有不同的心境。记得是2017年秋季，我再次登楼，乱石密布的杂谷脑河呼啸着从楼脚下蜿蜒而去，楼的左面是熊耳山，山顶上一块突兀的锥形大石头，很像黑熊的耳朵；右面是笔架山，像朝天耸立的一支巨大的毛笔。这就是著名的薛城十景之一的“笔架献奇”，似乎要用一支无俦之笔，蘸杂谷脑河奔腾的雪水，把这饱经劫难的筹边之史在天空一字排开……看到有几只盘旋的大鹰在熊耳山巅起落，将难以排遣的情绪提往更高处，迅即被一阵撕裂云层的大风所摧折。史事与风景相互叠压，风暴正在深秋的时间里酝酿，让人感触到一种居高而思危、一展云间志的态势。

远山勾勒出的天际线，就像一个女人的腰线。而且是银灰色的腰线，渐渐在岚烟中融化。

近代肖崇素所写《过筹边楼诗》一诗，昭示了另外一种祸起萧墙的启示：

节使日夕苦筹边，韬略何不向中原。
岂知朝廷风雨日，祸在萧墙不在边。

诗人的感叹固然有理，但在一个天高皇帝远的时代，边关从来就是遭受反复蹂躏之地。但历史上的无数灾祸，似乎远不是一句祸起萧墙就能道明的，更有无数的欲望、暴力、贪婪充斥其间。

除了嘉峪关筹边楼、广西马山县的思恩筹边楼之外，清代锺登甲撰《蜀景汇考》一书还记载，四川马边厅尚有一座筹边楼。这样，蜀地历史上一共出现过6座筹边楼，唯薛城的筹边楼巍然屹立。筹边楼的兴衰史人们细细品读，这让不少人产生“懒向筹边楼上望，赞皇心事已全灰”的心情。

出生于西川蜀地的段成式有笔记巨著《酉阳杂组》行世，其中提到了“塔影”逸闻。对此，陆游《老学庵笔记》指出：“段成式《酉阳杂俎》，言扬州东市塔影忽倒，老人言海影翻倒如此。沈存中以谓大抵塔有影必倒。予在福州见万寿塔，成都见正法塔，蜀州见天目塔，皆有影，亦皆倒也。然塔之高如是，而影止二尺，纤悉皆具，或自天窗中下，或在廊庑间，亦未易以理推也。”

对此沈括评论道：“《酉阳杂俎》谓海翻则塔影倒，此妄说也。影入窗隙则倒，乃其常理。”

在此不去执着是否在于小孔成像的原理。看起来，无论塔楼是否有影子，最后摧毁它们的宿命，绝非源自影子的昭示。而塔楼之影，倒是深耕现实的犁铧。

第24章

摩诃池上醉青春

成都历代筑城一般在城内外大量取土，由此形成新的人工池沼。这些池沼面积往往较大，著名的有：张仪筑秦城所形成的城西的柳池以及西北的天井池，城北的龙堤池、万岁池和城东的千岁池等，其中最著名的是城北的万岁池。摩诃池是成都另一处面积最大、存在时间最长的人工湖泊。如果说墨池散发的是传统士大夫的墨香，那么摩诃池折射的就是皇家林苑的堂皇富丽。

摩诃池又名摩珂池、汙池、龙跃池、宣华池。故址在今成都市人民南路北端四川科技馆一带。摩诃池究竟有多大呢？水利专家陈渭忠在《摩诃池的兴与废》一书中称："摩诃池修成之初，面积达500亩。"但近年考古发掘的面积为3200平方米，发现了汉代、六朝、隋唐五代、宋、元、明各时期的文化遗存，出土了陶器、瓷器、铁器、铜器、钱币、建筑材料等遗物，透着古蜀人的"生活气息"，从中也可窥得摩诃池的风姿。

摩诃池始建于隋开皇二年（582年），文帝第四子杨秀被封为"蜀王"驻守成都，杨秀胆气豪壮，容貌雄伟，美须髯，多武艺，朝廷百官对他非常敬畏。这样的人气势总是气象阔大的，他见旧城规模过小，决定扩建子

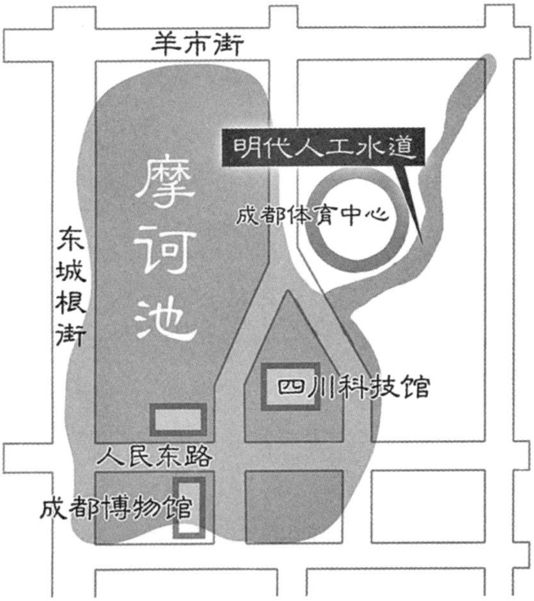

摩诃池鼎盛时期的大体范围。（图片来自《四川政协报》2019年12月26日）

城，于是取土建城，取土之地雨水汇聚便逐渐形成了一个人工湖。

唐朝人卢求的《成都记》记载，有西域僧人看到这一泓水面后大发感叹："摩诃宫毗罗！"这是梵语，摩诃为大，宫毗罗为龙，意思是说这里广大而有龙，于是便以"摩诃池"命名。杨秀还命人在摩诃池周围广植奇花异草，修建一系列亭台楼阁，这其中最为著名的当属散花楼，用以登高游宴。散花楼直到唐代宛在屹立，21岁的李白到达成都写下著名的《登锦城散花楼》。明清时期的《成都府志》和《成都县志》，都说散花楼在明藩王城，而这些都是在皇城坝一带，明显是在成都的城中心，但没有指明具体位置。

散花楼并不仅仅是登高眺望塔，它的名字起源于佛教的"天女散花"。散花者，天女也。

散花楼得名源自"天女散花"之说。据《维摩经·观众生品》记载："时维摩诘室有一天女，见诸大人闻所说说法，便现其身，即以天华（花）散诸菩萨、大弟子上，华（花）至诸菩萨即皆堕落，至大弟子便著不堕。

一切弟子神力去华（花），不能令去。”说的是如来佛在西天莲花宝座讲经解法，遥知弟子维摩诘机宣经释典，便派天女前去检验众弟子学习情况。天女手提花篮飘逸而至，低头下望尘世，见维摩诘果然正与众人讲学。随即将满篮鲜花散往讲学诸人。那些花落到菩萨身上时便都会坠落，但是落在那些弟子们身上的花，却不掉下来，即使弟子用力也不能将花拂去。天女示曰：“修行还没有完成，所以花还会着落在他们身上。等到修行彻底完成时，那些花也就不会附着在他们身上。”

这是借天女散花，测验佛门弟子的典故，暗喻楼房高大而绮丽，可谓天人合一，奇妙无比。

作为皇家园林摩诃池畔的散花楼，与张仪楼、得贤楼、西楼合称“成都四大名楼”，而散花楼位居四楼之首，为隋朝初年蜀王杨秀所建。

散花楼的大致位置，根据清代王琦校注《李太白全集》及复旦大学编注《李白诗选》本，应在著名的“摩诃池”上。《方舆胜览》指出，在散花楼上可以“前瞰大江，西眺雪岭，东望长松（即今龙泉驿区柏合镇境内的长松山），二江合流”。按照此说，散花楼应位于今东门大桥附近。

高骈筑罗城，曾在万里桥西重建散花楼，这说明摩诃池畔的散花楼已毁。到宋末，元军入蜀，万里桥西的散花楼又毁于兵灾。明初重建成都城垣之后，时人称东门“迎晖门”城楼为散花楼。明代曹学佺《蜀中广记》记载：“东城楼即散花楼也。”散花楼在历史上几经迁徙，至1993年终于在百花潭公园对岸的琴台路口重建，选择此地重建的意义在于：百花潭公园的前身是成都动物园，1971年动物园搬出市区，旧址才改建成百花潭公园。散花楼矗立于西郊河汇入锦江河口，与遇仙桥紧临。楼共有四层，八角翘檐，红色花窗，秀丽挺拔。二层有转角平台，可登临眺望百花潭和锦江风光。楼门挂有黑底金字匾，上刻荣轩书写的“散花楼”草书字。

在成都人心目中，散花楼的知名度仅次于望江楼。

建筑与文学是中国建筑文化不可分割的整体，自有文字以来，就结下了不解之缘。在唐朝时期，旅居成都的文人学士常聚会于此。诗人李白于开元八年（720年）登临散花楼，写有《登锦城散花楼》诗，为人们了解该建筑提供了文学佐证：

> 日照锦城头，朝光散花楼。
> 金窗夹绣户，珠箔悬银钩。
> 飞梯绿云中，极目散我忧。
> 暮雨向山峡，春江绕双流。
> 今来一登望，如上九天游。

事隔三十多年之后，李白仍然没有忘记散花楼。他在《上皇西巡南京歌十首》中，还有“北地虽夸上林苑，南京（即唐时之成都）还有散花楼”的名句。李白出入唐王朝宫廷禁苑，深知京城的繁华，居然把成都散花楼与长安的“上林苑”相提并论，可见散花楼确实气度非凡。

除了李白的诗，唐代诗人张祜的《散花楼》很值得注意，因为诗歌把蜀地历史与散花楼予以了深刻联系：

> 锦江城外锦城头，回望秦川上轸忧。
> 正值血魂来梦里，杜鹃声在散花楼。

这让人不禁想起当代诗人王尔碑写的散文诗《散花楼》：“散花楼古。散花楼寂寞。远远看去，一个窈窕神秘的黑衣女子，凝情独立于锦城暮色中……”

……

清朝李元《蜀水经》记载，流江“又东为金水河，入成都县城，汇为摩诃池，又东酾为解玉溪，又东穿华阳县城而出，入油子河”。引自城西流江的“源头活水”，由此构筑了成都城市内部完整的河湖水系，也为摩诃池注入了不绝活水与生机。

近年天府广场石犀的出土，进一步证明了这一带为汉代蜀郡郡府以及蜀汉宫城的治所。学术界确认，石犀出土附近的“东华门遗址”，恰是古代成都城的政治、权力中心。该遗址的考古发掘，开辟了一扇了解汉代至清代成都中心历史演变的窗口。唐代摩诃池、建筑遗迹和明代蜀王府水道遗迹等，可以确认成都在汉唐时期已经有皇家园林，为认识古代成都作为休闲都市的起源提供了地理坐标，是研究古代成都中心区的历史依据，也是成都作为历史文化名城的重要文物支撑。

成都东华门遗址发现大面积古代城市遗存。这是摩诃池一带出土的唐代邛窑青釉褐彩注壶

虽然一开始摩诃池还只是闭塞的池塘，到唐代中期成都大兴水利，摩诃池也开始连通玉溪、金水河和油子河，从一潭死水变成了活泉滚滚的一泓碧波，声名鹊起，成了无数达官贵人的向往之地。人们或在春光灿烂时泛舟游湖，或在盛夏夜晚来此纳凉赏月。到前后蜀和明代，摩诃池修建得更为精美，一度成为皇家园林。唐朝西川节度使高骈在《残春遣兴》中写道：“画舸轻桡柳色新，摩诃池上醉青春。”杜甫《晚秋陪严郑公摩诃池泛舟得溪字》：“坐触鸳鸯起，巢倾翡翠低。”武元衡《摩诃池宴》有“摩诃池上春光早，爱水看花日日来”的名句。诗人陆游更是赞其“摩诃古池苑，一过一销魂”。

在历代文人对摩诃池记载描述中，最动人的应该是苏东坡的《洞仙歌》：

仆七岁时，见眉州老尼，姓朱，忘其名，年九十岁。

自言尝随其师入蜀主孟昶宫中，一日大热，蜀主与花蕊夫人夜纳凉摩诃池上，作一词，朱具能记之。

今四十年，朱已死久矣，人无知此词者，但记其首两句，暇日寻味，岂《洞仙歌》令乎？

乃为足之云。

冰肌玉骨，自清凉无汗。
水殿风来暗香满。
绣帘开，一点明月窥人；
人未寝，攲枕钗横鬓乱。
起来携素手，庭户无声。
时见疏星渡河汉。
试问夜如何？
夜已三更，金波淡，玉绳低转。
但屈指西风几时来，又不道流年暗中偷换。

这首词作于元丰五年（1082年），当时苏轼正谪居黄州。在他的记忆里，孟昶（有人认为作者是花蕊夫人）曾经在摩诃池所写的《玉楼春》已漫漶模糊了，于是他索性根据碎片化的记忆创作出《洞仙歌》词。但孟昶的《玉楼春》词，也被文人一再咏叹：

冰肌玉骨清无汗，水殿风来暗香满。
绣帘一点月窥人，攲枕钗横云鬓乱。
起来琼户启无声，时见疏星渡河汉。
屈指西风几时来，只恐流年暗中换。

两相比较，两首词牌不同，却有惊人相似之处。不仅故事写照相似，而且意境和韵律几乎完全一致，但孟昶作词与苏东坡作词的时间相隔一百多年，可谓历史巧合，也是关于摩诃池传说的一段佳话。苏东坡在一场春梦一般的蜀地回忆里，感叹时间就像一把利刀，把每个人都裁剪成不同的模样。当然了，还包括命运、故乡、城池……

通过近年考古发掘，摩诃池的位置、走向得以确认。成都文物考古研究院副研究员易立认为：“按照史料上记载摩诃池占地达数百余亩地的面积测算，以成都体育中心南侧为坐标，以西至现在的西华门街，以北至骡马市，这个范围均属于摩诃池。”我们可以说，摩诃池以及周围的皇家休闲园林建筑，尽显皇家园林风华，成都由此成为中国最早的休闲园林城市。

近期考古中，在紧邻摩诃池遗址的探方中发现一口五代时期的水井，考古专家表示，它曾是前后蜀皇家园林的遗迹。水井位于摩诃池遗址南侧，地势低，水井的口径1米左右，边沿由灰白色的方砖砌成，方砖呈放射状排列，样式和先前已经发现的唐代、宋代水井皆不相同。专家认为：“这口水井的年代介于唐宋之间，是五代十国时期，所以很有可能是前后蜀的遗迹。前后蜀时，作为皇家禁苑的摩诃池周边修筑有很多宫殿、亭台，关于这些建筑我们只能从史料上进行猜测，而一直没能找到确切的物证。这口水井的年代正好吻合，所以我们推测它很有可能是皇家园林中的遗址。”

张大千绘《花蕊夫人像》

朝代更迭中，摩诃池既迎来过李白、杜甫、范成大、陆游，也见证过后蜀孟昶与花蕊夫人的爱情，摩诃池甚至成了一个植物大观园。

五代十国时，四川先后建立了前蜀、后蜀，但青史留名，广为传诵的不一定是皇帝，也不是文臣武将，而是花蕊夫人。这个命名具有一名多义，我以为更多的富含了古蜀国望帝到开明王以来固有的热爱美女之风。花蕊夫人得名于前蜀开国皇帝王建的妃子徐氏（约883—926年），成都人。宫号为花蕊夫人，后封顺圣太后。当时她们两姐妹都得到王建的宠爱。大徐妃为王建生下儿子王衍，后被立为皇太子。王建当上皇帝后突然驾崩，王衍继位后荒嬉无度，对吃喝玩乐十分在行。而大、小徐妃更是结交宦官卖官鬻爵，弄得不成体统，后唐庄宗乘机灭掉前蜀。这就让我们发现，在成都，也出现过西施、郑旦类似的尤物；而且前后几个小皇帝均是风流雅人。也许正因如此，才有《花间集》与《花蕊夫人宫词》的流传。

另一位花蕊夫人，是后蜀后主孟昶的费贵妃，一个歌伎出身的贵妃。费贵妃，青城（今都江堰市东南）人，也号花蕊夫人。在现存花蕊夫人的101首《宫词》当中，主要篇幅多是描绘以摩诃池环绕的后蜀宫殿、亭榭、廊道、花园的四季景色。我比较关注她作品里涉及的各种植物，这不但可以看到晚唐、后蜀时期成都的风尚，更可以发现宫廷选择这些植物进一步成为景观花卉的历史。其实，这也是陈寅恪先生创立的诗中有史、以诗证史研究法的一种尝试。

人工湖摩诃池到唐代中期已成泛舟游览胜地；到了孟昶即位，摩诃池的面积再次扩展，摩诃池成为前后蜀的宫苑。据考古发现的摩诃池西北角和南角判断，后蜀时期的摩诃池有1000余亩，达至鼎盛，成都也迎来历史上一段碧波涌城的美妙时期。

孟昶在摩诃池上建起一座奢华的水晶宫殿，用楠木作柱，以沉香为梁，拿珊瑚雕刻成窗花，以碧绿玉作窗户。四周墙壁不用砖石，而是用长达数丈开阔的琉璃镶嵌砌成，烛影摇红，内外通明。在盛夏夜，他们别出心裁，用水车将摩诃池中的水抽到宫殿的顶上，再洒落下来，用于降温。“水车踏水上宫城，寝殿檐头滴滴鸣。助得圣人高枕兴，夜凉长作远滩声。”花蕊夫人所写的这首《宫词》中描写使用人工脚踏龙骨车提水，实施人工降雨。可见无论其当时的建筑技艺还是制造工艺，后蜀宫廷不说是独步天下，起码也是独出机杼，目前还没有在中国其他地方发现比摩诃池龙骨水车更早的人工降雨的记载。

陆游《春晚即景》：“龙骨车鸣水入塘，雨来犹可望丰穰。”这是如今所能找到的关于龙骨水车的最早出典。水车又称龙骨水车、孔明车，相传汉灵帝时发明家毕岚造出雏形，经三国孔明改造完善后在蜀地推广使用，隋唐时广泛用于农业灌溉。但把龙骨水车用来降温纳凉，看来只有生活富庶的人才想得出来。

花蕊夫人《宫词》有“三面宫城尽夹墙，苑中池水白茫茫”。“日午殿头宣索鲙，隔花催唤打鱼人。”“嫩荷花里摇船去，一阵香风逐水来……”，说的就是环摩诃湖宫城两岸的花木扶疏之中，有渔船穿行其间。好一派湖光山色！

孟昶像。据说，孟昶的画像之所以画成这样，是缘于花蕊夫人被俘后为了在宋宫中祭拜，把孟昶画成了“送子神仙”的模样

曹学佺《蜀中名胜记》记载说，王衍即位便修治宣华苑，乾德三年（921年）落成，宽十余里。有重光、太清、延昌、会真之殿，清和、迎仙之官，降真、蓬莱、丹霞之亭。土木精工，穷极奢巧。王衍在其中长夜饮宴，嫔御杂坐，舄履交错。后蜀沿袭其习。孟昶于广政初年令国内选送良家女子入宫，年龄为15岁至20岁。其中被特别恩宠的升为“修仪”，奉令移住于龙跃池畔的院中。后蜀时期，龙跃池东、西、南三面皆是宫殿建筑，故朝罢接驾时，宫女都站立在堤上，形成了“满堤红艳女，伫立绿杨风”的盛况。花蕊夫人描写了桃树、杨柳、竹、梅、牡丹、荷花、白藤花、红豆、海棠花、海石榴、梧桐、樱桃、栀子花、芍药、荇藻等等，尽管没有写到脍炙人口的蜀葵（俗称一丈红），推测起来，应该那时的蜀葵尚未被慧眼相中，只是艳在民间，因而无法侧身宫廷。

比如《宫词》十九首：“梨园子弟簇池头，小乐携来候宴游。旋炙银笙先按拍，海棠花下合梁州。”海棠为蜀地名花，也是蜀宫名卉。唐代蜀地已有重瓣海棠为人珍视。蜀地的古嘉州、昌州（荣昌）都有散发香气的海棠，皆为其他之地所无的品种。最早宋朝人沈立著有《海棠记》、宋祁的《益州方物赞》等书列有香气四溢的重瓣海棠，都记载了这一蜀中名花。记得2011年我到荣昌县参加川渝笔会，当地人说香海棠已失传近百年了，目前正四处寻找这历史的孑遗。

《宫词》二十六首："内人追逐采莲时，惊起沙鸥两岸飞。兰棹把来齐拍水，并船相斗湿罗衣。"这一首点明了一个蜀地古俗——观荷节。时间是每年六月二十四日为莲花生，名"观荷节"。采莲的盛况，在花蕊夫人的描写里甚多，由此可见成都与莲荷的深切关系。就像成都的地名荷花池、上莲池、下莲池一样，一座水文化孕育的城市，荷花恰是城市的风仪。

《宫词》四十二首："山月樱桃乍熟时，内人相引看红枝。回头索取黄金弹，绕树藏身打雀儿。"《花镜》指出："樱桃一名楔，又名荆桃，含桃，岩蜜，腊樱，朱英，麦英。""春初开白花，繁英如雪，其香如蜜。叶圆有尖，边如细齿，结子一枝数十颗，有朱、紫、腊三色。"朱樱、紫樱味道最美。其正黄者为腊樱。所谓"黄金弹"，即黄铜铸就的弹子，偏安一隅的皇帝孟昶就爱用这种豪华的弓弹来打麻雀。玩物是否丧志暂且不论，奢靡如此，令人咋舌。

这让人联想起清代宣鼎《夜雨秋灯录》卷四中"谷慧儿"一条记载：一位杂技少女，在戏场上瞥见一位文武全才的青年，对他产生好感。"瞥见生杂人丛中，如鸡群鹤立，凝睇不忍去。生亦受其美，溜眼波焉。少时，生渴思饮，女子百步外遽掷樱桃入生口，屡掷屡中，如弹无虚发。"这是对"飞吻"意向的身体化，而且目标极为明确，不像飞吻之看来似乎漫无目的。散场之后，"生茕茕步芳郊，女突于身后牵衣，问姓名居址，详告之。又以绣帕裹樱桃百颗赠生"。比"樱桃青衣"的爱情意味就更明显了。樱桃与爱欲的暗喻，孟昶、花蕊夫人已经近水楼台先得月，延宕而下，余波尚传，且有愈演愈烈之势。

《宫词》五十一首里有"漫梳鬟髻着轻红，春早争来芍药丛"的诗句，古代称牡丹为"花王"，芍药为"花相"。据《本草纲目》记载："芍药犹绰约也，美好貌。此草花容绰约，故以为名。”芍药位列草本之首，被人们称为六大名花之一，自古以来就是中国传统节日七夕节的代表花卉，象征美好的爱情。花蕊夫人眼中的芍药，显然已经构成一种象征。成都民间传说中，坚信花蕊夫人最爱牡丹和红栀子，孟昶命官民广种牡丹，并说：洛阳牡丹甲天下，今后必使成都牡丹甲洛阳，还派人前往各地选购优良品种，在宫中开辟“牡丹苑”。牡丹繁盛之下，孟昶除与花蕊夫人盘桓花下之外，人与花互嵌，构成了蜀国一段绮丽史。孟昶更召集群臣，开筵大赏牡丹。那红栀子花据说是道士申天师所献，只有种子两粒，它开起花来，其色斑红，其瓣六出，清香袭人……

至于花蕊夫人《宫词》里提到的牡丹，显然是来自天彭山（丹景山）。蜀王后苑的牡丹，在前后蜀时多是从天彭县等边远地区进贡入宫，故花蕊夫人称作由“藩方”进献。其实，所谓的“藩方”，如今距离成都市区不过区区几十公里而已。

孟昶之后，摩诃池逐渐失去了皇家池苑的地位，在于战争更替，再无力予以管理，但仍是成都人的游乐之地。摩诃池曾经历3次人工回填。清康熙四年（1665年），蜀王府在摩诃池废墟上又兴建起贡院，只有西北隅仍残留一小块水面；到民国三年（1914年），摩诃池被填平成为演武场；再后来成为市民堆积炭灰、垃圾的一座“煤山”……

湖在城中、湖在城边、城在湖边的3种湖泊与城市的空间结构里，摩诃池演绎了“湖在城中”的七彩华章，并吸纳了千年天府人文的精华，成为成都水文化的渊薮。

湖面如镜，可以衡量出人的本性的深度。

湖面干涸，可以打量时态的沧桑与功利。

有人说：“干涸的湖泊倒影不出人影，却倒影出了人心。”经历1300多年的荡漾时光，不输于西湖的摩诃池最终消失了。分析其原因，一半是城内人多争夺土地回填湖泊，一半是水源的枯竭。主要是随着其他水系水资源的分流，直接导致摩诃池的来水越来越少，人们为了农业灌溉，只好断了摩诃池的水源。

第25章

自古诗人皆入蜀

骑驴入蜀的文人

如果说，唐朝京城之外的灞桥与风雪、驴子共同催生了诗思，那么首功应该归于毛驴。有了毛驴，诗坛就有了“苦吟派”，从此苦吟诗人更有了禅意与归途。想当大诗人，开始骑驴上路吧。

还可以发现，骑驴而行的诗人，与纵马飞驰的官员，在尘烟四起的历史旷野上，昭示了不同的路数。

按照顾炎武的说法，毛驴进入中土，是战国后期的事情。“然其种大抵出于塞外，自赵武灵王骑射之后，渐资中原之用。”（《日知录》卷二九）而“驴”字的产生，清代学者段玉裁认为是秦人所造（参见《说文解字注》），这等于解释了肇始于东汉的“十二生肖”当中，自然没有毛驴的位置了。

驴背一直是文人们悠然的回忆平台。相传张果老与鲁班打赌，后来输了，从此以后倒骑毛驴。“倒骑”的人生美学体现的玄机还在于，即使一个人输了，也可以采取一种另类、边缘、去中心的方式展示自己的智力。事物在自己之后依次盛开，墙内开花墙外香，并暗含“后发而先至”的时间追溯功能。

杜甫名诗《饮中八仙歌》，对唐朝8位嗜酒如命的名人作了生动的描述：“知章骑马似乘船，眼花落井水中眠”，这是写初唐“诗狂”贺知章（659—744年），自号“四明狂客”，武则天证圣元年（695年）进士，历任礼部侍郎、集贤殿学士和秘书监等官职。有这等身份的诗人，自然可以纵马，即便是醉得人事不省，马是照骑不误的。为何呢？马就是官员们天然的代步工具啊。晚清画家吴友如据此绘制了8幅作品，自然是以贺知章、汝阳王李琎开头，我以为，这个酒仙的次序未必是偶然的。

尽管写有十几首咏马的古诗和律诗，杜甫却不大骑马，所谓“骑驴三十载，旅食京华春”（《奉赠韦左丞丈二十二韵》），反而成为颠沛生涯的真实写照。一次他在夔州府参加过宴会后，借着酒劲跨上了马背，“骑马忽忆少年时”，青春在马背上颠簸，那时候的杜甫“性豪业嗜酒，嫉恶怀刚肠；脱略小时辈，结交皆老苍；饮酣视八极，俗物皆茫茫”。甚至“放荡齐赵间，裘马颇清狂……呼鹰皂枥林，逐兽云雪岗。射飞曾纵鞚，引臂落鹙鸧。”但毕竟年龄不饶人，“走马踏花，快意山水，痛快诗酒，豪杰之风，英雄豪气。不虞一蹶终损伤”，骑在马上的杜甫没走多远就从马背摔了下来，这让诗圣得出了“人生快意多所辱”的深刻结论。值得注意的是，杜甫众多咏马佳作里只此一首是写“马上”，而且还是遥忆当年。

他在《放船》一诗里说“直愁骑马滑，故作泛舟回”，这固然解释了自己的年龄已不容许他纵马奔驰的原因，但也暗示了一种民间身份的困境。

在诗歌里反复咏叹神骏的李白，其实也是骑驴的主。《唐才子传》记载：李白云游四方，某日，他想去登临华山，便醉醺醺地骑着毛驴向华山赶去，经过华阴县的衙门口，他没有按规定从驴背上下来，县令大怒，派衙役把李白抓来，怒问：“你是什么人？竟敢这般无礼！”拿出笔墨纸张，让李白写供词。李白在供状上没有写自己的姓名，只写道：“曾令龙巾拭吐，御手调羹，贵妃捧砚，力士脱靴。天子门前，尚容走马，华阴县里，不得骑驴？”这番出自体制认可的功勋，足以证明骑驴者比那些骑马者强。所谓“肉食者鄙，未能远谋”，在此不妨改为“骑马者鄙，未能远谋”。宋代御府藏有《李白骑驴图》，在毛文岐《李太白骑驴处》、元好问《李白骑驴图》等诗里，明朝礼部尚书邵宝（1460—1527年）的《太白像》一诗，将诗人与驴子同时予以了合理性放大：“仙人骑驴如骑鲸，睥睨尘海思东瀛”，这不是美化驴子，而是驴因人贵。

位于四川美术馆门前的李白、杜甫青铜塑像《唐诗仙圣》。叶毓山作。（蒋蓝 摄）

《全唐诗》中一共有2200多位诗人，诗人兼官员的不少，但更多的则是布衣。这些诗人生活贫寒，当然买不起高头大马。美国著名汉学家薛爱华，援引《新唐书》的资料指出：“在8世纪后期的几十年中，一匹回鹘马的普通价格为44匹绢，这对于唐朝来说是一笔令人触目惊心的支出。9世纪初年，衰落疲弊的唐朝政权一年支付上百万匹绢来交换北方边境地区淘汰下来的老弱不堪的驽马，已经成了一件稀松平常的事情。”①

陈寅恪先生说：“唐代实际交易，往往使用丝织品。”根据《贞观政要》的记载，由贞观之初的“率土霜俭，一匹绢才得粟一斗”一变而为“频岁丰稔，一匹绢得十余石粟”，可以推测出当时一匹绢的实际价值。初唐的均田制度，规定了相应的租庸调制，据统计：天宝年中，全国的赋

① 薛爱华：《撒马尔罕的金桃——唐代舶来品研究》，社会科学文献出版社2016年版，第74页。

税收入，包括租庸调、地税、户税，根据卢华语女士的研究：折合绢共计4146万余匹[①]。由此可推知，一匹西域马的价格实在高得离谱！

因此，结论很清楚，一是在于诗人买不起好马；但更关键还在于，马往往是宫阙中人的坐骑，嘚嘚的蹄声是“公家人”身份的名片。从低处而言，驴比较皮实，容易伺候，不易生病；马就娇气了，饲料不好都不行。古典戏剧里，那些回娘家的小媳妇就是毛驴背上铺一床被子，由老公牵着，慢悠悠展开了摇摇晃晃的生活，成为一曲经典的田园牧歌。

有道是“射虎临秦塞，骑驴入蜀关”。从杭州骑驴到黔、再由黔入蜀的诗僧贯休，到骑驴入蜀的刘禹锡，吟唱着“敲驴吟雪月，谪出国门西”的贾岛，骑驴入蜀时已经58岁了，再到“细雨骑驴入剑门”的大诗人陆游……诗人是沉默的，比诗人更沉默的是驴子。唯有驴子细碎的蹄声，唤醒剑门蜀道的森森古柏与嶙峋乱石……

驴子是民间化的坐骑，体现了一种悠然慢性之美，尽管它看上去缺乏飞荡扬厉的意象。所以，白居易的《钱塘湖春行》，描写诗人骑马（骑驴？）所见到西湖早春的旖旎风光，展现了世间万物的蓬勃生机，将闲适自得的情感表露无遗。如果把“乱花渐欲迷人眼，浅草才能没马蹄”改为“驴蹄”，真实倒是真实，诗歌的构图感就低级了。

可见，驴蹄一直带领诗人深入事体，并不时被马蹄冒领了功名，驴子不过偶尔发出几声不满的驴鸣。

诗人李贺也是终日骑驴游走，《新唐书》说：李贺每天早上太阳一出，就骑上毛驴到山野间转悠，背着破锦囊，东瞧西望，有了灵感就在驴背上记下来，装进锦囊，晚上回家整理成篇。《唐诗纪事》引《古今诗话》中的一条记载——

有人问晚唐丞相、诗人郑綮近期有无什么诗作，郑綮回答说：“诗思在灞桥风雪中驴子上，此处何以得之？”作为诗人的郑綮已很少有人提及了，但这个回答却是妙论，诗思只有在驴背上才能产生，离开了驴背，

① 卢华语：《唐代蚕桑丝绸研究》，首都师范大学出版社1995年版，第68页。

哪还会有诗情？细想起来，他这话的确深谙事理。法国诗人雅姆在一首诗里，借用其女友的话揭破了谜底：“驴子就像诗人！”事实倒是事实，但估计中国诗人要集体驴鸣抗议。

唐朝诗人固然写了很多纵马仗剑闯荡江湖的豪迈诗篇，在我看来，这多半是他们骑在毛驴背上雄视古今的结果。诗人踏上致仕之途或屡遭碰壁后，慢镜头一般在落寞中颠簸，脑壳却在拼命壮怀激烈，遥望已然渺远的怒马鲜衣岁月，甚至臆想“十步杀一人，千里不留行”，不妨就叫“驴上沉思录”。而在西方，自我神话的堂吉诃德，再怎么不济也要骑上驽马，由此可以俯视众生以及他的助手，桑丘·潘沙注定就是驴子的伴生物。

天下诗人皆入蜀，入蜀必定入成都

古代文人强调脚力与眼力，于是他们总是忘情行走，总是觉得涉足不够。在《游褒禅山记》中，王安石总结出古人游历名山大川而有所得的原因：“古人之观于天地、山川、草木、虫鱼、鸟兽，往往有得，以其求思之深，而无不在也。夫夷以近，则游者众；险以远，则至者少。而世之奇伟、瑰怪、非常之观，常在于险远，而人之所罕至焉。故非有志者不能至也。”所以，渴望涉足名山大川者遇到困顿挫折在所不惜。这不过是神灵在提示自己——在远方的山巅上，有尚未被命名的人与事在等待自己。问题在于，这些人与事与你可能完全无关！

“支离东北风尘际，漂泊西南天地间。”唐朝时期迷离、瑰丽的巴山蜀水，为那个时代提供了横空出世一般的“西南想象”。

“自古诗人皆入蜀”这一说法由来已久，但最终成型是在晚清李调元和赵熙这两位蜀地大才子的诗文当中。尽管晚清诗坛领军人物宝廷在《偶斋诗草》里也提及“从古诗人多入蜀，前有杜高后黄陆”、陈衍（1856—1937年）在《石遗室诗集》指出“古来诗人每入蜀，少陵玉溪及放翁”，均可以看作“诗人入蜀”历来是古代文学史的一个特殊现象。

从性质上说，“自古诗人皆入蜀”也是移民文化与巴蜀文化对撞生成的结果。

可以发现，入蜀者大体有4种类型：

一是官宦入蜀。

二是游历入蜀。

三是随父为官入蜀，自己终老此地。

四是避祸、罢官入蜀，而最终客死蜀地。

永嘉之乱、安史之乱和靖康之难，无疑是中国历史上的三次影响最为深刻的转折期。尤其是安史之乱，不仅成为唐朝由盛而衰的转折，而且伴随大量皇室成员、江南富庶之家、文艺百工进入巴蜀，全国的文化中心开始由北向西南迁移。入蜀者里最为重要的是官宦，他们往往身兼作家，大致有避乱、入幕、流贬、出镇、奉使等几类。所谓唐代诗人皆入蜀，多少有些夸张，但唐代最为重要的诗人都有入蜀的经历，而且往往在蜀地生活期间的诗歌创作登峰造极，却是不争的事实，所以韩愈有“蜀雄李杜拔”的说法。

“初唐四杰”卢照邻、骆宾王、王勃、杨炯，以及杜甫的祖父杜审言、刘希夷等著名诗人都有入蜀的曲折经历。“四杰”居蜀之时，行踪遍及广元、阆中、绵阳、三台、德阳、成都等地，随处与人唱和，广泛结交本土文士，这对寂寞萧条了数百年的巴蜀文坛产生了巨大影响。他们的诗作迅速传播，在前无汉诗传统的巴蜀地区，第一次播下了诗歌的种子。而画家吴道子和书法家薛稷入蜀，不但对他们后来的创作产生了深远影响，而且也润化了蜀地美术、书法的勃然兴盛。

咸亨元年（670年），20岁的才子王勃入蜀，他霍然发现了一个“采江山之俊势，观天下之奇作”的巴蜀！赞叹巴蜀山水乃“宇宙之绝观”。后人遂用“雄、险、幽、秀”四字来品评巴蜀的自然地理有如神品。他在四川云游了两年，到咸亨二年（671年）秋天离开川北之时，写下了“长江悲已滞，万里念将归。况复高风晚，山山红叶飞”的诗句来抒发漫游蜀地的心境。

王勃满眼是“宇宙之绝观”，他听到过蜀地杜鹃的呼叫吗？

至少，还有很多诗人是在杜鹃的叫声里恨别鸟惊心。

元代伊士珍《瑯嬛记》卷上引《成都日事》说，从前曾有一位异乡的书生来到锦城谢氏家，谢氏的女儿偷偷观察了这位书生后，学习卓文君，开始喜欢上他。没想到这位书生听到子规声声催归的呼唤，便赶忙向谢家告退，匆忙返乡去，谢氏女感到很是遗憾。

后来再听到子规鸟啼叫的时候，她就像听到野豹的鸣叫声一样心井乱波，于是叫侍女用竹枝去驱赶，侍女一边赶一边骂："你这声如野豹、让人心神不宁的杜鹃，上回已破坏了我家小姐的美好姻缘，现在怎么还敢到这儿来乱叫呢？"受到这则传说的影响，所以后来人们又以"谢豹"之名来称呼杜鹃。看看成都的姑娘，风化如此，敢爱敢恨，入蜀的诗人们岂能自持，岂能装聋作哑？！

祖籍幽州范阳（今北京市）的卢照邻（约635—约685年）为望族出身，于唐高宗龙朔二年（662年）入蜀，到咸亨二年（671年）出蜀，他在蜀地生活了近6年时光。

隋文帝开皇十八年（598年），新都县城由今新都区军屯镇附近迁到了现址，筑城墙取土，沿城墙内侧形成凹地，遂建湖池园林，并设接待来往官员的驿馆于此。因地处县城之南，故命名"南亭"。"南亭"逐渐发展成为一处衙署园林，作为后来桂湖的一池春水更是碧波荡漾。新都本地传说，在总章二年（669年）初秋，金风送爽，时任益州新都县县尉（掌一县军事，逐捕盗贼）的卢照邻，往桂湖里投了一枚莲子，成就了一湖风动情溢的荷塘。

卢照龄风流倜傥，与当地一位郭氏女子相爱，并生下一个孩子。后来离任之际，他指天发誓：不日后，定来接走郭氏。结果出川大约两年后他也有了新欢，不料又患病瘫痪，郭氏女子以为他背信弃誓，伤心绝望了一生……

在卢照龄离开新都后，他并没有离开益州。"后为益州新都尉，秩满，婆娑于蜀中，放旷诗酒。"（《朝野佥载·卷六》）继续"婆娑于蜀中"的卢照邻，想来目迷五色，忙得不可开交。

第二年，与他齐名的才子骆宾王路过成都北郊的新都县，终于见到了那位痴痴等待的郭氏女。听完郭氏女的一番讲述与控诉，而那个孩子也夭折了，骆宾王与卢照邻虽是朋友，但他是任侠之人，少年好英侠，不屈节权贵，不迎合流俗，很早就显示出游侠浪漫不羁、独立不群的自由意识。闻一多先生曾评价说："他天生一副侠骨，专喜欢管闲事、打抱不平、杀人报仇、革命、帮痴心女子打负心汉。"（《宫体诗的自赎》）他为此怒不可遏，感慨万端，奋笔疾书写就一篇64句的长诗：《艳情代郭氏答卢照邻》。诗情滔滔，卷起千堆雪。他以郭氏女的口吻质问卢照邻："妾向双流窥石镜，君住三川守玉人……绿珠犹得石崇怜，飞燕曾经汉皇宠。良人何处醉纵横？直如循默守空名。"

长篇七言歌行《艳情代郭氏答卢照邻》，此诗的价值并不在于深情与"声讨"，而是它为唐诗的发展做出了巨大贡献，是唐代诗坛长篇七言歌行的奠基作之一，开拓了唐人七言歌行的道路。可见，具有深远价值的文学经典，往往不是刻意为之的。

真实情况是，卢照邻在离开蜀地后患了风痹，居住在长安附近的太白山中，因服丹药中毒，导致手足致残。病情日益严重，他迁徙到阳翟的具茨山下，买园数十亩，欲筑坟墓，偃卧其中。这时，他作绝笔《释疾文》《五悲文》以自伤和自悼，后终因不堪忍受病痛折磨，投颍水而死。在遗作《五悲文》中，卢照邻提道："昔时人物都应谢，闻道城隍今可怜。忽忆扬州扬子津，遥思蜀道蜀桥人。"其中的"蜀桥人"，就是他在回光返照之际，新都美女郭氏突然涌现于眼前的明眸皓齿……

边塞诗人高适原籍渤海（今河北景县），安史之乱后入蜀出任彭州、蜀州刺史，之后转升天府地区尹、剑南西川节度使，为蜀中局势的稳定做出了一定贡献。诗人李商隐也曾两度入蜀，为历史留下了不少描绘巴蜀胜境的诗篇……

天宝十四年（755年）冬季，安史之乱爆发，唐玄宗避难入蜀。一波动万波随，由此造成了空前的入蜀移民潮，在有意无意间，这次移民为蜀地输入了大量一流的文化大才。文人们游宴的地点，在浣花溪、摩诃池、散花楼、合江亭、西园、北池、武担山、青城山等地。这一时期入蜀的文人墨客当中，伟大者首推杜甫、黄庭坚。

随父亲入蜀的女诗人薛涛，自入乐籍起直至卒于成都碧鸡坊的五十余年时间，正是西川幕府游宴唱和最为兴盛的50年，也是唐代成都文场最为热闹的50年，这对于晚唐五代以至两宋时期巴蜀地区文化的繁荣意义深远。纵观整个唐朝士人入蜀的历程，僖宗在蜀时期，算是一个山登绝顶的最高峰。（张仲裁《唐五代文人入蜀考论》）

除了出生在蜀地的诗人陈子昂、李白、唐求等，纵观三百年唐代文学，巴蜀之外的诗人群体，几乎都与巴蜀产生过某种关系。例如“边塞诗派”的代表人物高适做过四川地区最高行政长官；岑参做过蜀中嘉州（今乐山市）最高行政长官，其诗集被命名为《岑嘉州集》；“元白诗派”的元稹任监察御史，奉使“按察两川”并在通州（今达州市）做过司马；白居易在忠州（今重庆市忠县）做过最高长官；“郊寒岛瘦”的苦吟诗人贾岛，以“二句三年得，一吟双泪流”驰名诗坛，他于唐文宗开成二年（837年）入蜀，出任长江县（今四川省蓬溪县）主簿，后调任普州（今四川省安岳县）司仓参军，并病老普州。蜀地人民一直怀念这位潦倒一生的异乡人，贾岛之墓至今还静卧在安岳县城南的安泉山。

天下诗人皆入蜀，入蜀必定入成都。唐代诗人入蜀者，目前统计的总数约有73人。

陈寅恪《金明馆丛稿二编》中就有论及这一现象：“唐代中晚以后，地方官吏除法定俸料之外，其他不载于法令，而可以认为正当之收人者，为数远在中央官吏之上。”天府之国的安定繁荣，自然会吸引来更多的诗人。

“亘古男儿一放翁”的宋朝陆游在四川的吟咏与游踪，与范成大一样，成为宋代入蜀诗人的高标，他们续接了唐朝入蜀文人的辉煌历史。从《全宋诗》的记载来看，在北宋人蜀的就有200多人，其中较为著名的有黄庭坚、宋白、张泳、宋祁、石介、丁谓、蒋堂、张方平、赵抃、范纯仁等。南宋入蜀的文人则有100多人，其中著名的有王十朋、陆游、范成大等。他们以诗性之光烛照文学，以发现之眼洞见人生。入蜀者的诗文不仅仅在于文学成就，更为重要的还在于，包含了那时蜀地人情与生活百态，成为宏大历史叙事里弥足珍贵的细节和踪迹。

物华天宝、地灵人杰的巴山蜀水，入蜀诗人置身其间，眼界大开，文学创作更上层楼，成为一个入蜀的群体性结果。正如清乾隆五十五年状元、大学者石韫玉《独学庐稿》所言：“古之诗人盖有得江山之助者。江山之胜，世无有过于巴蜀者矣。杜少陵为李唐一代诗人冠冕，读其诗者谓入蜀后尤奇。”蜀中特色鲜明的地域文化、山川风土、宗教思想等各方面都影响着入蜀诗人的创作，为他们带来创作灵感，提供创作素材，进而改变其创作心境，影响其创作风格。清朝诗人爱新觉罗·永瑆在《诒晋斋集》中，称这一现象是“诗人入蜀总能工”。

明代何宇度在《益部谈资》中进一步总结道：“蜀之文人才士每出，皆表仪一代，领袖百家。”晚清曾任四川学政的张之洞也说过：“蜀中人士聪明解悟，向善好胜，不胶己见，易于鼓动，远胜他省。”

巴山蜀水是独一的。苏氏兄弟用一副对联，展示了其内涵：“何叶能如荷叶圆”，“何水能如河水清”。

可以发现，无论是“自古诗人皆入蜀”，还是“自古文人例入蜀”等说法，正是唐宋时代蜀人特殊的地域意识以及巴蜀文学繁盛的突出表现；反过来也可以说，中原和江南地区等人文发达地区却没有类似说法的流行，这一定程度上反映了这些地区文学群体在战争等影响下的低潮与弱化。而宋代眉山“三苏”轰然崛起于中国文坛，南宋朝廷衡文取士，多以苏文为范式，以至于陆游《老学庵笔记》记载了当时的谚语：“苏文熟，吃羊肉；苏文生，吃菜羹”，意思是三苏的文章读熟了，就能考中，可以做官吃肉（做官与吃肉，在民间从来就是如此融为一体）；三苏的文章背得生疏，只能名落孙山喝菜汤。三苏之外，蜀地善文章者，尚有苏舜卿、文同、唐庚、韩驹、李焘、李石等，皆名重一时，或为欧阳修所识，或为陆游所赏。

历代入蜀文人的伟大贡献，不禁让我想起北宋思想家、教育家、理学创始人之一的张载，他提出的“为天地立心，为生民立命，为往圣继绝学，为万世开太平”的名言，被当代哲学家冯友兰称作“横渠四句”，移之于历代入蜀的文人，毫不过誉。

基于这样的深厚积淀，晚清四川诗人李调元《送朱子颖孝纯之蜀作宰》诗云：

> 猿啼万树褒斜月，马踏千峰剑阁霜。
> 自古诗人例到蜀，好将新句贮行囊。

毫无疑问，历代出蜀后的诗人墨客，为后世奉献出来的，真是一派璀璨夺目的锦绣山河。

韦皋入蜀方知非

必须提到与诗人薛涛具有密切关系的入蜀官员、诗人韦皋。因为他在蜀地，还有一段奇缘。

位于成都市西、温江区以东永宁镇古峰村，那里有一个大坟坝，这里就是西川节度使韦皋之墓。清乾隆《温江县志》载："邑东北十里，地名'大坟坝'，相传白马将军墓。或云：白马将军即唐节度使韦皋也。"韦皋的文治武功在中唐尤其是蜀地彪炳史册，而温江人所知的大概也就是关于"办九大碗"的民俗，头一天到大坟坝前焚香祷告，求借一定数量的方桌板凳、碗碟，然后第二天一早相应的桌椅板凳等就放在坟前供你使用……在民国时期，韦皋墓封土高达十数米，在周围两三百米的封土圈上，砌有各种图案的画像砖，柏树森森。后来农民造房奠基在此取土，并随意取墓地的方砖用来铺猪圈……

韦皋（746—805年），字城武（一作武子），京兆府万年县（今陕西西安）人。唐朝中期名臣、著名诗人。韦皋出身于"东眷韦氏鹛城公房"，排行第二十三。清朝王谟辑本韦氏《三秦记》，有"城南韦杜，去天尺五"之说，是指唐代京城的韦、杜两大家族世代为望族，势力颇大。韦氏所居名韦曲，杜氏所居名杜曲，位于长安的城南。所以当时有歌谣曰：

“城南韦杜，去天尺五。”据说，韦皋出生三日，家中宴请宾客，有胡僧不请自到，与韦皋打招呼说“别来无恙”，婴儿韦皋微笑作答。面对家人的绝大疑问，胡僧解释，此小儿乃诸葛武侯之后身。武侯生当东汉末年，做了西蜀丞相，蜀人长久受他恩惠。如今他又降生在世上，将来要成为蜀之统帅，而且也会受到蜀人祝福。我往年在剑门，与这个小儿交好。如今听说他降生在韦家，我才不远千里而来……后来韦皋在蜀治蜀若干年，果然应了这僧人的话。

韦皋塑像

这些记载怪力乱神，都是为了凸显韦皋的种种不凡。

唐代宗时，韦皋以“挽郎入仕”（皇帝驾崩以后征召的出殡时象征性牵拉挽绳、哭丧的官员，要求品行与相貌端正），后来升为监察御史，知陇州行营留后事（管屯田的官员）。于其任上，恰逢凤翔节度使朱泚叛乱，韦皋用计诛杀朱泚部将牛云光并所部士卒，并召集义兵稳定地方，宣誓讨贼，因功诏为左金吾卫将军、迁升大将军。贞元元年（785年）韦皋拜检校户部尚书，兼成都府尹、御史大夫、剑南西川节度使。

顾炎武在《天下郡国利病书》引用于慎行《穀山笔麈》中观点：“唐都长安，每有寇盗，辄为出奔之举，恃有蜀也。所以再奔再北，而未至亡国，亦幸有蜀也。长安之地，天府四塞，譬如堂之有室；蜀以膏沃之土，处其闉阁，譬如室之有奥也，风雨晦明，有所依而避焉。自秦汉以来，巴蜀为外府，而唐卒赖以不亡，斯其效也。”因此，唐王朝把秦陇视为关中的屏障，把蜀川视为京师“外府”。如此，也正如卢求《成都记》序所说“非上将贤相殊勋的人物，不能为剑南节度使”。

韦皋到蜀之前，自唐代宗开始，剑南西川历经了韦伦、严武、郭英义、崔宁、张延赏力道各异的治理。在756年玄宗南行之时，韦伦时任剑南节度、行军司马，以自身清俭相约束，蜀川咸赖兴治，而韦伦则因爱民而遭到宦官的流言蜚语攻击，最后遭到贬官。其后是严武，肃宗宝应元年（762年）为西川节度使。严武孔武有力，肆志逞欲，恣行猛政，名声不佳。

据传，据说韦皋在到达成都赴任时，考虑到了一直看不起自己的老丈人张延赏的感受，女婿就是来接你班的！于是他化名为韩翱。直到离成都府还有30里的天回驿，才有人向张延赏报告："来接替你的是金吾将军韦皋，而不是韩翱。"丈母娘苗夫人在一旁听了，就说："若是韦皋，那一定就是我家的女婿了。"张延赏不以为然，说："天下同名同姓的人多了，你那个女婿恐怕早已死在山沟里了，怎么可能来接替我的位置？真是妇人之见！"第二天一早，张延赏得到消息，韦皋已从天回驿启程，往成都而来，他立刻亲率城中大小官员出城相迎。当他发现新任节度使果真是3年前被自己赶走的女婿时，顿觉羞愧难当，头也不敢抬，自言自语："我真是无知人之明啊！"

为此，唐朝诗人郭圆有这样一首《咏韦皋》诗：

宣父从周又适秦，昔贤谁少出风尘。
当时甚讶张延赏，不识韦皋是贵人。

韦皋首先对蜀地百姓重加赋敛，大量上贡以固皇帝之宠信，大方赏赐以安抚士卒。每逢士卒家里办红白喜事，韦皋都提供资费，因此士卒均乐意为他效劳卖命。他的幕僚积年升迁品级较高的，就上奏保举他们为属下州郡的刺史，或者干脆调回自己身边，反正不让他们还朝，以免泄露了他的这些手段。等到府库充实之后，他再减轻赋敛，三年一交。

鉴于蜀地交通不便，广修道路是韦皋为政的一个特点。"韦皋在四川开清溪道，以通群蛮，使由蜀入贡。"为袁滋出使南诏，贞元十年，韦皋乃遣巡官监察御史马益开石门路，置行馆。这样一来，由唐朝入云南也就有了两条主要的通道——清溪路和石门路。清溪路经雅州、清溪关、台登、菁州、会川、弄栋、安宁至南诏都督所在地通海。石门路由戎州（宜宾）、石门、威宁、宣威、石城（沾益）、曲靖、安宁去达通海。这两条道路开通加强了唐室与南诏的联系，有利于对边区少数民族的管理，方便各地商旅往来，同时，在抚南诏、抗吐蕃这一过程中起了重要作用。

韦皋坐镇成都21年，时中原丧乱，蜀中安定，“兵休边陲，人获富庶”，为中唐以后唐朝西南边陲的巩固稳定、为成都的发展，建立了不朽功勋。韦皋坐镇西南，对于那些边地风起云涌的觊觎者，在十数年的时间他与南诏赢得和平相处之余，同时出兵连败吐蕃，《新唐书》与《旧唐书》述其为：“数出师，凡破吐蕃四十八万，擒杀节度、都督、城主，笼官千五百，斩首五万余级，获牛羊二十五万，收器械六百三十万，其功烈为西南剧。”韦皋镇蜀虽有一方“坐大”之嫌，却从无背叛朝廷之念。毫无疑问，他是中唐朝廷倚重的封疆能吏，亦并非溢美。

韦皋能诗，《全唐诗》收有韦皋诗歌数首；他谙音乐，由韦皋改编的《南诏奉圣乐》为唐代宫廷十四部乐之一。

韦皋到成都任节度使时，薛涛也就略大于“及笄”之年。

对于薛涛才艺，韦皋惊为天人。为此，他大致做了几件事：

第一，入乐籍：韦皋召薛涛赋诗侑酒之后，令其入乐籍，也就是官府的乐伎。薛涛入乐籍以后，官场的唱酬往来、与文人们的交往无疑为其文学修养、知名度的提高、视野的扩大起了决定性作用。

第二，韦皋准备奏请朝廷授予薛涛“校书郎”之职。这是唐朝的九品官职，掌管图书、校勘文献、典籍资料的官员。何光远《鉴诫录》与叶廷珪《海录碎事》记载：韦皋因薛涛过人的才华和对她的喜爱，欲奏请朝廷封授薛涛“校书郎”之职，因部下护军从事等的劝阻而作罢，由此而薛涛有“校书”之名。后来王建有诗《寄蜀中薛涛校书》：“万里桥边女校书，枇杷巷里闭门居，扫眉才子知多少，管领春风总不如。”如此播散四野，“女校书”名满天下，似乎成了“确有其事”。

第三，韦皋罚薛涛赴边。薛涛入乐籍之后，得到韦皋的宠爱大约有5

年时光，后因事触犯韦皋而被罚赴边。此事有两种说法。何光远《鉴诫录》谓之“薛涛每承连帅宠爱，或相唱和，出入车舆，诗达四方。唐衔命使臣每到蜀，求见涛者甚众。而涛性也狂逸，遗金帛往往受之”。这是说，薛涛因韦皋的宠爱而变得“狂逸”起来，她飞红流翠，与官员、文人们的交往中往往有令韦皋嫉恨的地方，官员文人们送她的大量金帛又私下“收纳之”。因此，受到了韦皋的处罚。《全唐诗》编者注薛涛《犬离主》诗说：“涛因醉争令掷注子，误伤相公犹子去幕，故云。”

第四，在我看来，二者都应该是事实。从《十离诗》来看，薛涛在诗中分别把自己比作犬、笔、马、鹦鹉、燕、珠、鱼、鹰、竹、镜，把韦皋比作犬的主人、握笔之手、养马之厩、鹦鹉栖息之笼、燕子之巢、玩珠之掌、养鱼之池、鹰停之臂、竹旁之亭、置镜之台，皆因自己的一连串不是而被主人遗弃。

也许，一个女人的风韵是从投射在历史天幕上的背影中散发出来的。她的背影与逆向的光线、空气、树枝、屏风达成了和解，并熏染到人与事的价值判断。她的背影让自然与历史为之添彩生辉，因而丝毫没有显露出突兀之处。

历史就是一面哈哈镜，史书对于韦皋的评价出现了南辕北辙的情况。《新唐书》记载：“始，果务其民，列州互除租，凡三岁一复。皋没，蜀人德之，见其遗像必拜。凡刻石著皋名者，皆镶其文尊讳之。”《新唐书》又载：“始，天宝时，李白为《蜀道难》斥严武，（陆）畅更为《蜀道易》（‘蜀道易，易于履平地’）以美皋焉。”在我看来，韦皋善于抚众，在于他厚待蜀人，应属可信。

唐顺宗即位后，下诏任命韦皋为检校太尉。适值王叔文等人干扰朝政，韦皋派刘辟到京师拜见王叔文陈情：“太尉派我私下与你交好，请求兼统整个剑南地区，这样肯定会报答你。不这样的话，自然也会怨恨于你的。”王叔文感到了一股凌厉的威胁，他准备杀掉刘辟，刘辟立刻逃跑了。韦皋知道王叔文树敌很多，又认为自己是大臣可以参议国家大政，就上表请皇太子监国，又给皇太子递上一份秘密笺书，揭露王叔文的奸恶，并劝太子即位。正赶上朝中大臣也相继请求皇太子监国，太子于是接受禅代，就流放处置了奸党。眼见一派大好，不料韦皋在61岁之际暴亡于成都！这一情形与前任节度使严武何其相似！这其中必有曲折，死于仇敌暗算也极有可能，似可以推测他之所以没有回原籍安葬的原因。

朝廷闻讯，追赠太师，谥号“忠武”。韦皋得到后世四川百姓的颂扬、祭祀，由此成为蜀地的“土神”。

韦皋并非职业诗人，在《全唐诗》卷三百一十四中，收录韦皋诗3首，最末一首乃一首绝句《忆玉箫》，隐含了一段悱恻而缠绵的真人真事：

> 黄雀衔来已敖春，别时留解赠佳人。
> 长江不见鱼书至，为遣相思梦入秦。

这是少年韦皋在江夏（今湖北省武汉）两三年，与姜刺史的儿子姜荆宝相伴读书期间发生的一段情事。唐代范摅《云溪友议》记载此诗的背景颇为详细：“西川韦相公皋游江夏，止于姜使君之馆，姜氏孺子曰荆宝……有小青衣曰玉箫，年才十岁，常令只候侍于韦兄……玉箫年渐长，因而有情。时廉使陈常侍得韦君季父书，……发遣归觐……”这样，韦皋依依不舍地与玉箫别离，“遂与言约，少则五载，多则七载，取玉箫。因留玉指环一枚，并诗一首……”

事情没有结束，还有进一步发展。

贞元元年（785年），韦皋镇守成都。到任第三天，他重新审讯狱中囚犯，为含冤者平反昭雪。有囚犯身负重枷，上堂一见韦皋大人，高声喊道：“韦兄，我是荆宝啊！”韦皋大惊，问他犯了什么罪，他说：“我做青城县令时，家人误将公署房舍、仓库等烧毁，我也受了牵连。”韦皋当即为他免罪，并下令交还县令官印，还为他奏请眉州刺史之缺。韦皋自然要问起玉箫，荆宝如实相告。当年分别之后，到第8年，美女玉箫“郁念成疾死”。韦皋听罢痛悔不已，此后在蜀地捐资抄经书、造佛像，以报玉箫的一片痴情。此可见韦皋情感世界的一个侧影。正因为具有痛失玉箫的经历，他才能够在薛涛那里，发现往事的留痕与内卷的暗香……

但是，玉箫的故事还没有结束。

范摅《云溪友议》继续写道：每当韦皋想念起玉箫，就没有娶妻的念头了。当时有个叫祖山的人，能通阴阳法术，能使人与死去的人相会。但是必须让韦皋斋戒7天。如此到了半夜，玉箫就亭亭玉立于韦皋眼前。她对韦皋说："感谢您凭借着佛法的力量，不久我就会投胎了。等到12年后，我再嫁给您，来报答您对我的大恩。"

韦皋说："是我自己薄情寡义，所以才让人生死两隔啊。"后来，韦皋治理的功劳很大，百姓也安居乐业。过了很多年后，韦皋屡次升迁，当上了中书令平章事。当时很多人都归附于韦皋。当他做生日庆典的时候，很多官吏都送来了贵重的礼物。唯独东川的卢八座给他送来了一名歌姬，年龄未满16岁，也是叫"玉箫"的名字。韦皋仔细打量，不得了！这确实就是姜家的玉箫啊，因为她的中指确实有肉形环隐隐的显现出来，与自己留给玉箫的玉戒指一模一样。

韦皋仰天叹气："我终究知道生死之际，一来一往。天理昭彰，报应不爽；玉箫的誓言，终究实现了！"

很难说，这样的笔记是否真实。但恰恰是私人笔记，才让我们洞悉了一桩撼动心肺的蜀地往事。

《新唐书·宪宗纪》载："永贞元年（805年）八月癸丑（十七日），剑南西川节度使韦皋卒……"韦皋是因急病而逝的，享年61岁。

总体而言，历代的入蜀诗人，不仅将身心浸润于巴山蜀水的环境，而且在入蜀者的心灵深处也同样造成了多重文化的碰撞。自司马相如、扬雄、王褒以来，他们的才学赋予了巴蜀层层谜一样的晕光，如今置身其间，他们终于获得了更为细腻、深刻的体验：司马相如的绮丽、扬雄的渊博、王褒的诙谐，宛如雾中的山水与植物，似乎伸手可及。巴蜀赋予了他们奇山丽水的滋养，似乎缺乏更深刻的感情维系。因此，作为他者，作为过客，他们在巴蜀文化里更多的是一种若即若离的漫游者身份，毕竟卢照邻、韦皋是个案，他们少了一些撼动骨髓的真情归附与体认。

第26章

杜甫的雪山：严武与杜甫的交际史

唐乾元二年（759年），杜甫辞去了华州司功参军这一鸡肋似的官职，开始了后半生的漂泊。一路向西。他首先投靠成纪（今甘肃省天水市）的亲戚，后在同谷县（今甘肃省陇南市成县）短暂停留。第二年的十月，杜甫携家带口，经木皮岭、白沙渡、飞仙阁、五盘、龙门阁、石柜阁、桔柏渡、剑门雄关、鹿头山，于岁末寒冬抵达成都。面对碧绿的大平原，他的感受是十分新奇的，“我行山川异，忽在天一方”。

回望远方，蜀山苍茫。山脊线一再切断了杜甫的眺望。驴背之上的摇晃，有多少被秋风荡开的记忆，正在如落叶一般返回。

高天仍被山峰与灰云占有，想象蜀地的丰腴在田畴翻滚。雨水是秋天信札的内容，雨被飞鸟扰乱，斜斜地打湿了城市的万盏灯火。风的阴凉之语，成都的街市在蹄声中轻轻颤抖。槐树、桢楠不再寻找蝴蝶翩跹，只有秋蝉的叫嚷灌满了杜甫的耳朵。他知道，有多少人没有自己幸运，尚置身于生活的断崖，盲目地迈出了奔向希望的步履……

桃色的锦江之波，静美辽阔，趋于织工弯腰濯锦的弧线。有一些思考如云间漏下的异光，明亮、感人而又温暖。他相信奇迹，为着太多的失去而重构茅屋的春天。在怅望中，也许一生就是一瞥，就与成都结缘。身外是落木萧萧，体内流淌着宇宙的星河。

一个人向着心中的目标迈进，一步一步前行，必然不会徒劳而返。即使未能达到终极地，他也经历了壮阔的风景。唯有那些独自前行者，才会将种种可以解释或者不可解释的经历，归于神灵。这让人想起思想家施勒格尔在《雅典娜神殿》里的话：“真正的神秘主义，就是最高的道德。”我不禁想起杜甫《游修觉寺》的名句“诗应有神助，吾得及春游”。在琥珀一般的成都黄昏深处，成都之于杜甫，杜甫之于成都，是相互赠予、相互保管、相互辉耀的关系。

既然如此，杜甫之于严武呢？

如果不是研究唐代史的专门学者，大概没人去注意严武。而知道严武的人，多半是杜诗的爱好者。一个出任太子宾客兼御史中丞的高官，而且一直充当杜甫的强力支持者、保护者，身后竟“附丽”于诗人而留名青史，不能不让人感叹历史的吊诡。这也不禁让人想起清代赵翼《题遗山诗》中的诗句：“国家不幸诗家幸，赋到沧桑句便工。”

出于报恩的角度，杜甫在《八哀诗·赠左仆射郑国公严公武》里深情怀念了郑国公严武，他大笔一挥，就把严武的军事、文才，提高到诸葛亮、西汉文翁开启巴蜀勋业的高度：

> 诸葛蜀人爱，文翁儒化成。
> 公来雪山重，公去雪山轻。

实事求是地说，严武三次入川治蜀，武功彪炳巴蜀，文治则有些轻描淡写。由此可见，杜夫子溢美之词明显，但也体现了他的深情。

明朝诗坛领袖李东阳在《麓堂诗话》里就认为：“唐士大夫举世为诗，而传者可数。其不能者弗论，虽能者亦未必尽传。高适、严武、韦迢、郭受之诗附诸《杜集》，皆有可观。子美所称与，殆非溢美……”可谓一语中的！但这里，也稍稍有点“矮化”高适，虽然是官员，但高适之作不是依靠杜甫才得以存在。

出身名门，施行猛政

严武（726—765年），字季鹰，陕西华州华阴人。严武出身名门，虽是武将，却亦能诗，《全唐诗》中录存6首。从李德裕开始，到韦皋、裴迪、严武等，唐代镇蜀的高级领导一般都可称诗人，从这一现象也可推知唐朝时节诗歌的空前繁荣。

从《旧唐书》里，我们可以发现严武的文治武功，都是彪炳史册的。

严武的父亲是中书侍郎严挺之。他英俊豪爽，机敏聪慧，在幼年时便有成人的风范，举止一派沉稳。

据《新唐书·严武传》所载：严武自幼豪爽。他父亲严挺之并不喜欢自己的妻子（严武的母亲裴氏），却特别宠爱小妾英娘。严武见母亲整天愁眉苦脸的，问明了缘故后，便趁英娘熟睡时，拿把铁锤进入其卧室，砸碎了她的脑袋。那时候严武才8岁啊。婢仆大惊失色，禀白严挺之："小郎戏杀了英娘。"所谓"戏杀"，就是在玩耍中不小心误杀了，大家怎会料到一个乳臭未干的8岁孩童会成为凶手呢？可是这个8岁的孩童不但挺身而出，而且理直气壮地责备父亲："哪有身为国家大臣却厚妾而薄妻的呢？孩儿是故意杀掉她的，并非戏杀。"父亲惊骇异常，转念却赞许说："这才是我严挺之的儿子啊！"

在这样的家庭氛围里成长，可以想象，他以后会变成梼杌一类的凶兽。据说他读书时不求精辟义理，多为浏览。到20岁时，因门荫而出仕。陇右节度使哥舒翰奏请任他出任判官，后来他又升任侍御史，可谓一路春风。

至德元年（756年），唐肃宗起兵平定叛乱，急于罗织人才。严武持旄节赶赴肃宗的行营。宰相房琯认为严武乃名臣之子，向来器重他。此时认为他有才略大可施展拳脚，因而第一个举荐了他。经过几次升迁后，他出任给事中，属门下省，给事中的职责是"掌侍左右，分判省事，察弘文馆缮写雠校之课”。等到收复长安，严武任京兆少尹，兼御史中丞，此时他才32岁。但由于史思明兵马的阻隔，他无法前往任职，于是在京师悠闲自得，据说他平时腰力十足，态度倨傲。乾元元年（758年），他第一次入川，任绵州刺史，升任剑南东川节度使。入朝后，任太子宾客，兼御史中丞。

皇上诏诰将剑南两川合为一道，授严武成都尹（上元二年十二月至宝应元年七月，即761—762年）、兼御史大夫，充任剑南节度使（广德二年二月至永泰元年四月，即764—765年）。他入朝后，任太子宾客，升任京兆尹、兼御史大夫。主要工作是监修玄宗、肃宗陵墓，严武任桥道使。不久，朝廷罢御史大夫，改任吏部侍郎，后升任黄门侍郎。严武与宰相元载结交深厚，希望元载能引荐他处于同一官列。但事情没有如愿，于是他请求出任地方官。

就在严武于京城监工期间，蜀中出现大乱：剑南兵马使徐知道占据西川，扼守剑阁，切断巴蜀通往长安的通道。吐蕃趁机内犯，相继攻陷了蜀地松、维、保三州，情势于成都极为不利。由于严武的继任者高适力弱，回天无力。于是严武临危受命，第三次以成都尹和剑南节度使身份入蜀平乱。

广德二年（764年）七月，严武率部西征。两月后，他率兵一路西进。九月便在当狗城（当狗城，当白狗羌之路，故以名城。在今四川理县西南）消灭7万吐蕃军队，继而收复位于当狗城西北的盐川城（今甘肃省漳县西北），并拓地数百里，彻底粉碎了吐蕃的大举进犯，使四川附近的少数民族“不敢犯境”。为此，朝廷授他检校吏部尚书，加封“郑国公”，这成为严武一生最为辉煌的时刻。

征战途中，严武写有《军城早秋》一诗：

昨夜秋风入汉关，朔云边月满西山。
更催飞将追骄虏，莫遣沙场匹马还。

诗歌展示了他率领大军与吐蕃军队进行激烈战斗的情景。身为将帅，一闻秋风之声就提高了警惕，巧借飞将军李广之典故，表现了唐军刚毅果敢的性格和大无畏气概。此诗格调高昂，读来使人振奋。杜甫称严武有“出群”之才，据此看来并未过誉。

严武先后治蜀多年，为所欲为，雷厉风行，大肆施行猛政。梓州刺史章彝当初是严武的判官，因为一些小事，不符合严武意愿，他一到成都就被严武杖杀，呜呜哀哉，由此严武威震一方。蜀地珍稀物品很多，严武极其奢靡，赏赐无度，有时因一句话而赏赐达百万。蜀地因大肆征敛，财物匮乏，将一个天府之国折腾得“闾里为空”。

作为土皇帝，他专横跋扈、恣行无忌，由于名声在外，吐蕃不敢进犯。严武生性放荡不羁，办事情多是根据一己的判断，即使他母亲劝说也不闻不顾。当初，严武任剑南节度使时，旧相房琯出任管内刺史，房琯毕竟对严武有荐举之恩，但严武从没有改历来傲慢之态，见到房琯一点也不讲尊长礼节，所以当时舆论对他很是贬斥。

李白《蜀道难》中有一段：“一夫当关，万夫莫开。所守或匪亲，化为狼与豺。朝避猛虎，夕避长蛇，磨牙吮血，杀人如麻。锦城虽云乐，不如早还家。”据《新唐书》所云，李白这是在指斥严武，同时也为房琯与杜甫的生命安全担忧，并劝他们早日离开蜀中这块是非之地。如果此论属实，那么李白笔下的严武，就不仅仅是四川的土皇帝，而且成了毒蛇猛兽。尽管有专家认为这一记载不确，但也提供不出过硬的否决证据。

严武与杜甫是世交

有一种人，会在与事物的绞缠中变成一把越发锋利的刀，而在语言中却变得越发无能。杜甫，似乎刚刚相反。

严武与杜甫不但是好友，而且是世旧之交，因为杜甫的祖父杜审言与严武的父亲严挺之都是名臣，他们有过交往。而他们还有一个共同的朋友，叫房琯，一度官居宰相，与杜甫曾是“布衣交”，而严武的官职也有赖于房琯的举荐。

“安史之乱”爆发后，房琯率唐军反击叛军，在陈陶泽（陕西省咸阳市以东）一战，大败而归，4万唐军全军覆没。杜甫的七律《悲陈陶》与五律《对雪》，记载的就是这场战斗。如此大败，房琯罢相是明摆着的事，可是官居右拾遗的杜甫却要上疏辩护，还说房琯“罪细，不宜免大臣”。唐肃宗大怒，要严厉惩治杜甫。幸好有人劝阻：“杜甫如若因言获罪，只怕要断绝了言路。”肃宗皇帝这才罢手。可是不知趣的杜甫在向皇帝谢罪时，仍喋喋不休地诉说房琯品德的高尚，以及对皇帝的忠心，希望“陛下弃细录大”，继续重用房琯。肃宗算是有气度的，没有再理睬他，只是将杜甫贬为华州司户参军，房琯则被贬为邠州刺史。

与兵荒马乱的黄河流域比，而蜀地相对平静。杜甫遂弃官入蜀，唐隶宗上元元年（760年）春天，在友人资助下筑草堂于成都西郊，杜甫在成都初期的生活相对平静。上元二年（761年）春天，杜甫心情不错，想要找南邻酒友斛斯融一块喝两杯。不巧这位隐居的高人出门十多天没有回家。于是他独自在浣花溪畔漫步，遇花看花，遇水看水。触景生情，诗兴大发，一口气做了七首绝句。正如王嗣奭所指出的，属于“竹枝词”的变调，一以贯之的风格是“癫狂”。第六首“黄四娘家花满蹊”，其实黄四娘并不老，应是妙龄女子，真是写活了浣花溪无限跌宕春光……

杜拾遗像。（选自《晚笑堂画传》）

不久，老朋友严武再次担任剑南节度使，他便将杜甫收揽幕下，上奏朝廷，推荐杜甫为“节度参谋、检校尚书工部员外郎”。后人称其为“杜工部”，即缘于此。工部属从六品上。唐制五品以上赐绯衣、鱼袋。故对杜甫赐绯、鱼袋属于恩上加恩。严武为杜甫奏请官职，一方面是出于私交愿意提携杜甫，另一方面也是当时幕府风气——各节度使为笼络人才，竞相为属下加官。朝廷不耗费资费，授予一个空职，也算顺水人情。

杜甫草堂内的茅亭。（1913年日本人中野孤山 摄）

杜甫在严武幕中，协助严武处理公务，参加一些军事训练之外，还与严武诗酒唱和。但是，幕府生活与文人气息极浓的杜甫很不合拍，不过半年光景，即于永泰元年（765年）初获准辞职，又回到草堂去闲适疏放的生活，与严武依然保持着良好的关系。

杜甫是多病体弱之人，久病成医，他深谙药理，采药、制药、卖药的技能一直是他维生的重要手段。他在草堂空地开辟了一片药圃，“柚树色冥冥，江边一盖青。近根开药圃，接叶制茅亭”，美其名曰“药圃”。栽种的药品毕竟有限，杜甫夫妻一起四处采药，在清澈的溪水中清洗，“水槛温江口，茅堂石笋西。移船先主庙，洗药浣花溪”，浣花溪属于岷江水系，水出灌口，后由温江经苏坡桥至成都。唐时江阔水宽，能行大船，两岸草药甚多。趁着天气好晾晒“晒药安垂老”，晒干后再分门别类，贴上标签“看题检药囊”。

他进而认为，种药本能济世，故许人来采摘；藏书以教儿，故任子翻阅。

在杜甫诗歌中，还可发现他的药物知识很丰富。如《驱竖子摘苍耳》的诗句，其中有“放筐亭午际，洗剥相蒙幂”之论，后一句的意思是，把采回的苍耳洗清泥土，剥其毛，并以巾覆盖。中药以苍耳果实入药，果实表面有毛刺，制药时必须除去。另一诗中有“乌麻蒸续晒，丹橘露应尝”，中医认为乌麻当九蒸九晒，熬捣充饵，以乌者为良并称为“乌麻”。如果杜甫不熟悉中药的炮制方法，就不可能呈现这样的观点。

杜甫40岁在长安写的《三大礼赋》中提到他“卖药都市，寄食朋友”。这是真言，杜甫在山野采药或在阶前培植，随时呈献给朋友，以表从朋友那里得来的财物，不是白白得来的。

在浣花草堂里，这样利用草堂雅集而卖药的方式，也是有的，且价不菲。

卖药固然是自食其力，但对于一大家人而言，却是杯水车薪。

人性总是复杂而多面的。严武厚待杜甫，使杜甫一家境况有了很大改观。然而严武性情暴虐，喜怒无常，真有伴君如伴虎的危机。

反过来看，作为诗人的杜甫，性格也颇有特点。《新唐书》说他“性褊躁傲诞”“旷放不自检”;《旧唐书》更说他“性褊躁，无器度，恃恩放恣”。依据有两个：一是说杜甫在成都草堂种花植树，纵酒啸咏，与当地的庄稼汉、农夫混在一起，“相狎荡，无拘检”，大概是指责他身为朝廷命官——工部员外郎，竟然混迹于群氓之中，这不成体统啊！而且，蜀中最高长官严武念及朋友之情，携带美酒佳肴，亲自到他家拜访时，杜甫见了，依然蓬头散发，一副无组织无纪律的架势。这明显是轻视、怠慢于己有恩的贵客。二是严武邀请杜甫到自己官署中热情款待，杜甫喝得醺然大醉，竟然登上严武之床，两眼直瞪瞪地盯着严武说：“想不到严挺之竟然有这样一个儿子！”《旧唐书》说：“（严）武虽急暴，不以为忤。”

口头虽不说什么，但严武的性格，就决定了他是睚眦必报的之人。《新唐书》指出“（严）武亦暴猛，外若不为忤，中衔之”。刚硬之人往往气量小，他内心已恨恨地为杜老夫子记下了一笔账。

但稗官野史没有放过一个令人触目惊心的细节：酒醉的杜甫竟然跳上了严武的床头！

对于“老夫聊发少年狂”，《唐语林》则说，严武“恚目久之，曰：‘杜审言孙子拟捋虎须耶？’合坐皆笑以弥缝之”。

一来一往，似乎扯平了。

这话说得已经很清楚了：严武威胁了杜甫，直呼杜甫爷爷杜审言名字，说明严武已近乎恼羞成怒了。鉴于自己有求于严武，而又要竭力保持知识分子的独立人格，杜甫无疑陷入了一种极度困难的境地。

喜怒无常的严武，远非一笑泯恩仇之士，他是一直记仇的。

虽然严武“最厚杜甫”，却又“欲杀甫数矣”。据《新唐书》载：一天，严武突然怒火冲天，决定把杜甫与章彝都砍了，他已命令手下都来听令。不料，就在严武快要走到中堂落座，下达杀人令时，他的巍巍官帽却一连三次被挂在帘钩之上——这分明是上天的一种警示。严武的一个侍从急忙禀白其母裴氏，裴氏急奔而至，这才救下了杜甫；唯独章彝晦气，无人相救，不幸遇难。

南宋朱翌在笔记《猗觉寮杂记》中感叹说：如果严武的帽子不被挂在帘钩上，他的母亲来得再迟一点，杜甫就被杀掉了。黄祖的儿子救祢衡迟了一步，祢衡遇难而死；严武的母亲救杜甫来得快，杜甫侥幸活下来了。两事虽相似，结果大不同，这就是命运啊！

人固然有“天命”的加持，但“天命”更需要骨气去捍卫。

杜甫尽量用诗歌来赞美严武，而严武也会用诗来暗示其嚣张的戾气。

在《全唐诗》中所收严武的6首诗中，其中3首是赠酬杜甫的作品。严武写给杜甫的一首七律《寄题杜拾遗锦江野亭》堪可玩味：

漫向江头把钓竿，懒眠沙草爱风湍。
莫倚善题《鹦鹉赋》，何须不著鵔鸃冠。
腹中书籍幽时晒，肘后医方静处看。
兴发会能驰骏马，应须直到使君滩。

表面上看，是由于杜甫罢官左拾遗之后，对仕途早已心灰意冷，而严武却放下大臣的尊严，劝说杜甫入仕做官。看似平和，但多处暗藏杀机。如果说“何须不著鵔鸃冠”，还只是委婉地责备杜甫不整冠见客是不知礼节的话，那么“莫倚善题《鹦鹉赋》”，却是直截了当地警告杜甫了，这用的是东汉末年祢衡的典故：文士祢衡刚强傲慢，不为权贵所容。曹操欲召见，他也称病不往，后被曹操罚做鼓吏，权当羞辱。祢衡当众裸身击鼓，羞辱曹操。曹操将他遣送到刘表那里，刘表又将他转送江夏太守黄祖。黄祖之子黄射当时是章陵太守，尤其敬重祢衡。一次黄射大宴宾客，有人献上一只鹦鹉，黄射举起酒杯对祢衡说：“愿先生赋之，以娱嘉宾。”祢衡提起笔，文不加点写下了《鹦鹉赋》，令举座大惊。不久后祢衡冒犯了黄祖，黄祖要杀他。黄射闻讯，急得来不及穿鞋，光着脚板赶来相救，可惜还是迟了一步。可怜祢衡遇害时年仅26岁。严武的意思再明白不过：别倚仗着你能写几首诗，有点名气，你看那才华横溢的祢衡，纵然能写出名满天下的《鹦鹉赋》，不照样成了一个小小江夏太守的刀下鬼！“使君滩”为四川江滩名，据《水经注》载：杨亮被授职为益州刺史，至此舟覆，溺水而亡。蜀人苦于该处波澜险恶，称之为“使君滩”。如此看来，“应须直到使君滩”，不正是赤裸裸地以死相胁么！①

但杜甫并没有被严武的“惩罚与规训”所吓破胆，他回复了一首七律《奉酬严公寄题野亭之作》：

拾遗曾奏数行书，懒性从来水竹居。
奉引滥骑沙苑马，幽栖真钓锦江鱼。
谢安不倦登临费，阮籍焉知礼法疏。
枉沐旌麾出城府，草茅无径欲教锄。

此诗大意是：昔日我官居拾遗之时，面对至高无上的帝王也敢犯颜进谏，不为所屈。如今我栖居蜀中，疏懒是我的天性，骑马、垂钓是我的生活常态。看看魏晋时的名士，比如阮籍，比如谢安——阮籍蔑视礼法，纵酒佯狂以避世；谢安乐山乐水，风波险恶何曾惧！到了今天，我虽然白白

① 沈淦：《兵荒马乱的年月，当一个穷官也不容易》，《文史天地》总第219期。

承受着你节度使大人的各种恩惠，可是我存身于本来就没有路径的草莽之间，你却叫我要开辟一条循规蹈矩的道路，这叫我如何是好啊！

杜甫此诗，暗含有儒家的正义：三军可以夺帅，匹夫不可夺志；民不畏死，奈何以死惧之！就是说，杜甫虽无权无势，却宁愿像祢衡那样轰然死去，也绝不会向任何权势者屈服！

杜甫在另一首《严中丞枉驾见过》里，提到“少微星”，这是太微星西边的四星，历来象征士大夫之位。意思是，在寂寞江天的云雾之中，是看不见少微星的。言下之意，散放浣花草堂的野夫，已无心于仕途了。

严武对杜甫可谓关怀备至，在杜甫成都生活期间，可以读到很多作品，情意绵绵交错于严府与草堂之间，宛如一匹斑斓的蜀锦：《谢严中丞送青城山道士乳酒瓶》《奉和严中丞西城晚眺十韵》《严公厅宴同咏蜀道画图》《中丞严公雨中垂寄见忆一绝，奉答二绝》等。其中，最后一首云：“雨映行宫辱赠诗，元戎肯赴野人期。江边老病虽无力，强拟晴天理钓丝。”可见二人过从甚密，诗酒唱和。

渴望下雨的人，不过是渴望观看下雨天低飞浮荡的诗意，而并不希望置身于雨中。但杜甫在雨天读到严武的书信，就犹如钓鱼钩反射阳光。

严武几次返京，杜甫至少有两次都一路相送到数百里开外的绵州。宝应元年（762年）四月，唐肃宗驾崩，唐代宗即位。六月，朝廷召严武入朝，杜甫一路相送，到达川北绵州剑南蜀道了，杜甫写别赠诗，因为之前已写过《送严侍郎到绵州同登杜使君江楼宴》，此诗故为“重送”。《奉济驿重送严公四韵》双句押韵，八句诗有四个韵脚，故称“四韵”：

远送从此别，青山空复情。
几时杯重把，昨夜月同行。
列郡讴歌惜，三朝出入荣。
江村独归处，寂寞养残生。

碧树连天，江天云垂，让严武大动感情，也回赠一首诗《酬别杜

《奏请赐巴州南龛寺题名表》，雕刻于唐宝应元年（762年）四月十三日，布局工整，字迹清晰。全文通过260余字，详细记录了巴州刺史严武修葺寺庙、奏请皇帝为寺庙赐名的原因和经过，为研究巴中南龛石窟摩崖造像的重要文字资料

二》："……峰树还相伴，江云更对垂。试回沧海棹，莫妒敬亭诗。只是书应寄，无忘酒共持。但令心事在，未肯鬓毛衰。最怅巴山里，清猿醒梦思。"此诗无疑是严武作品里的精华之作，依依惜别之情呼之欲出。

奉济驿在距离绵州城30华里之外，即今绵阳市以东的仙海区沉香铺，为汉唐以来金牛道梁州南郑县（今陕西省汉中市）西南通往成都的重要驿馆，也成为进出四川的第一接待站。在古蜀道108铺中，仙海独占4铺：抗香铺（杭香铺）、蔡家桥铺、沉香铺、铜瓦铺，是闻名古今的剑南蜀道中的一段。当地有沉香仙子变为的沉香神树，就是现在神仙梁上的神仙树。《宝莲灯》里劈山救母的那个大孝子刘沉香，应为当地人。

严武中年暴亡

一个人吃亏多了，就变得越来越善于迎合。作为常人，无可厚非。问题在于，杜甫有很多与常人的不同之处，所以他会变得越发痛苦。因为他怕变成一个庸俗之徒。

唐代宗宝应元年（762年），蜀中发生动乱，杜甫一度避往梓州（治今四川三台）。及乱平，于广德二年（764年）春回到成都草堂。慵懒的时光，宛如透过竹林缝隙而逝的浣花溪水。

在浣花溪深处，刚刚出水的小鹭鸟白得发亮，蜷一足，栖立于泥滩上，所谓“独钓江涛”，就显示了它们的狡黠。游鱼与白鹭，在沉默中成为一组吊诡的命题，白鹭与游鱼就仿佛彼此守望的银锭。在夏季，白鹭的体羽几乎是白云凝聚而成，双翅却带一点微黄，如同从一团白铁里抽出来的利刃。大多数水鸟的尾脂腺能分泌油脂，它们把油脂涂在羽毛上来防水。鸬鹚缺少尾脂腺，它们的羽毛防水性差，身体很容易被水浸湿，不能长时间地潜水。白鹭翼极狭长，脚上长蹼，后弓明显，翼面在腕处折屈，善鼓翼欲飞，喜欢在水域低空短距离滑翔。在每次入水被浸透以后，它们要站在岸边晒太阳，待羽毛晾干之后，才回到水下。

蜀天多云，蜀犬吠日。每到隆冬时节，成都的白鹭并不南迁，它们仍然在逆风里打开精瘦的身体，仿佛凌风似雪飞。经常看到它们飞上几十个来回也一无所获，也许饥饿刺激了它们斗争到底的欲望，就像一架架韧性十足的反潜机，终于在力竭之际命中了水下的猎物。

更多的时候，白鹭往往都无精打采弯着脖子，金鸡独立，仿佛一把把休息的弯刀，这种策略拯救了它们的性命。周围是自由的风，流动的水，高敞的天空，无边落木萧萧下，它们被某种大限系住了脖子。白鹭懒得抬头，梦在水里融化，宛如破水的刀。但刀在水里，就像被水折断了一般。白鹭不但构成了一个人的田园之梦，更让人们发现，自由与自在，均在振翮与收翅之间明灭。杜甫挥笔写下了《绝句三首》。其三写道：“漫道春来好，狂风太狂颠。吹花随水去，翻却钓鱼船。”

杜甫在西郊草堂又过上闲散疏放生活之时，再次返回成都履职的严武，不久突然染上暴病，于永泰元年（765年）四月戊寅日病故于成都，年不满四十。这一突然变故，让人不免滋生出诸如投毒、谋杀之类的联想。这对于杜甫来说，真是意外而又沉重的猛击。他不仅因此断绝了持续的物质援助，而且精神上的打击更为严重！晚景当中，死讯常常出现在眼前，远的，近的，构成了一条日常的灰线，但很快就会被正午的光融化。当死者被追着不断涌现生前的片段，诗句里的一举一动，都化作了诀别。

杜甫扛不住这沉重不已的悲痛。那是一个诗人的死讯，促使他去重新也是再次认识无常之常，也许就是这个世界的真相！

奇特的是，杜甫没有立即作诗悼念严武。分析起来，是由于他被突发之痛所控制，无法平息情绪，也无心写诗。几个月后，他举家离开成都，经嘉州、戎州（宜宾）、渝州（重庆）、忠州（忠县），恰在忠州，终于看到严武的灵柩之船经长江水运回故里，逝者如斯夫！他立即写了悼亡诗《哭严仆射归榇》：

素幔随流水，归舟返旧京。老亲如宿昔，部曲异平生。
风送蛟龙雨，天长骠骑营。一哀三峡暮，遗后见君情。

三峡风高，早把诗人的哀思带往云端。

严武死后，因朝廷追赠“尚书左仆射”，因而杜甫诗里称之为“仆射”。作为忘年之交，杜甫比严武大14岁。杜甫入蜀投靠亲朋故旧，严武是他最深挚、最有力的感情依托。更重要的是严武对杜甫推心置腹，不仅为他谋得幕府中的官位，生活上周到照应，更重要的是严武是杜甫的诗友、上司、世交。打开《杜甫诗集》，严武称得上是与杜甫诗酒唱和、文字之交最为密切的挚友。

根据严家后裔近年走访、考证，郑国公严武之墓的位置，在湖北荆州江陵县普济镇砖井村的多福寺旁的一块菜地。现在无碑，也无坟茔。

仇兆鳌在《杜诗详注》里如此评价严武："考严武生平所为多不法，其在蜀中，用度无艺，峻掊亟敛（剥削很重），闾里为之一空。唯破吐蕃、收盐川，为当时第一功。祷云'公来雪山重，公去雪山轻'，诚实录也。至比之为诸葛、文翁，不免誉浮其实。噫，唐世人物，如严武者何可胜数？而后人至今传述，公之有功于武多矣。"这样的评价，是公允的。

严武病死于成都时，母亲裴氏尚健在。母亲痛哭一番后，又轻轻地舒了口气，说："而今以后，吾知免为官婢矣。"这一真情流露，反映了这样一个客观现实：鉴于儿子的暴虐与官场的险恶，母亲日日夜夜提心吊胆，一旦儿子受到"王法"制裁或失足于宦海，她也必然会受到株连，大概有没入官府、进而做婢女的命运。如今儿子已死，这个威胁总算解除了，自己也不会于垂暮之年蒙受羞辱。严武死时，杜甫已经54岁了。由于失去了严武这个靠山，杜甫不得不东下夔州（今重庆市奉节县），又辗转漂泊于湖北、湖南，在凄苦漂泊的小船上，去接近生命的大限……

桤木、笼竹环绕的浣花草堂

唐肃宗乾元二年（759年）冬季，杜甫为避安史之乱，携家带口由陇右（今甘肃省南部）入蜀辗转来到成都，这是杜甫的幸运，也是成都的幸运。

唐肃宗上元元年（760年）春，在友人的帮助下，杜甫在成都西郊风景如画的浣花溪畔修建茅屋居住。上元二年（761年）春天，茅屋落成，称"成都草堂"。他的诗"万里桥西一草堂，百花潭水即沧浪"（《狂夫》）中提到的便是成都草堂。他在这里先后居住了将近4年，创作诗歌240余首。

记录唐代逸闻趣事的《云仙散录》说，到了蚕熟之际，杜甫与妻儿对农人躬行而乞："如或相怜，惠我一丝两丝。"尽管较为文学化，但身无长物的杜甫行此，并非咄咄怪事。

杜甫妻杨氏是司农少卿杨怡之女，成婚于开元二十九年（741年），当时的杜甫29岁，杨氏19岁。婚后感情融洽，琴瑟和谐，30年来相濡以沫，不离不弃。唐人冯贽的《云仙杂记》卷四记载了一桩逸闻："杜甫每朋友至，引见妻子。韦侍御见而退，使其妇送‘夜飞蝉’，以助妆。”三品大员韦陟素来穷奢极欲，善书法，他曾经把“陟”字写得像五朵云。时人慕之，当时流传有“郇公五云体”，后人遂用“韦陟朵云”美称别人的书信。当他知道杜甫“朝回典衣”的困顿，又见到杨氏衣裙破旧，于是派夫人送去“夜飞蝉”，表示对二人的关怀和敬重。四川大学周啸天教授认为：“‘夜飞蝉’为妇女饰物，不见他书，想应是以蝉（或蝉蜕）为图案的衣饰。”问题在于，区区装饰品对于杜甫的家境而言，根本无法臻于锦上添花，送上一餐鱼肉，也许更为实际。可惜的是，杜甫未能用他的生花妙笔为妻子立传，而史料中的信息又有颇多歧义，我们甚至连她的名字和生卒年月也无法知晓。但杜甫诗集中述及妻子的诗歌有20余首，最著名和感人的当属《月夜》。从饱含深情的笔墨中，一位“诗圣”的妻子形象呼之欲出。为诗人杜甫奉献了毕生精力的杨氏夫人没有失望，最终夫妻合葬于故土。

永泰元年（765年）严武病逝，失去唯一依靠的杜甫只得携家带口告别成都，两年后经三峡流落荆、湘等地。杜甫离开成都后，草堂便倾毁不存。

唐朝大历年间（766—779年），草堂的大部分被时任西川节度使崔宁的小妾（浣花夫人）任氏家族据为私宅。

五代前蜀时，诗人韦庄寻得草堂遗址，重结茅屋，意在“思其人而成其处”，使之得以保存。

宋代又予以重建，并绘杜甫像于壁间，始成祠宇。

此后草堂屡兴屡废，其中最大的两次重修，明弘治十三年（1500年）和清嘉庆十六年（1811年），基本上奠定了现在草堂的规模和布局。

1200多年来，历代曾多次修复、重建草堂。唐昭宗光化四年（901年）诗人韦庄作《西蜀奏记》，记在浣花溪畔寻得杜甫草堂旧址，“柱砥犹存”，命人芟夷结茅，重建草堂茅屋。以后历代维修扩建达13次。

光绪二年（1876年）5月2日，日本外交官竹添进一郎（1842—1917年）等人，从北京出发，历河北、河南、陕西进四川。竹添进一郎于7月2日抵达新都的弥牟镇，3日入成都市区，在成都逗留了八九日，由此成为

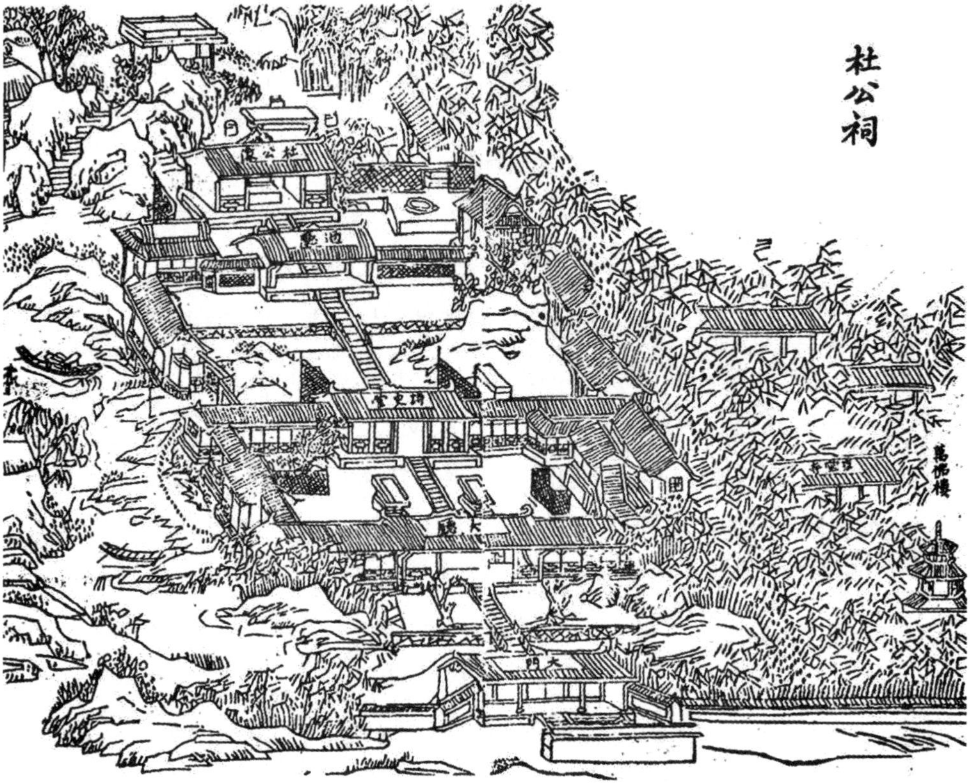

成都杜甫草堂。出自《同治重修成都县志》。清同治十二年（1873年）版

最早来成都城内游历的日本人。

游历浣花溪后，他偶然来到了杜甫草堂：

……乃出庙门，西北行五里，得浣花桥，萧然一小桥耳。过桥数十步，入草堂寺。殿阁巍奂，像设庄严。自殿西逶迤而左，慈竹夹路，翠彻眉宇。愈进愈邃，清流屈曲，修廊相属，而杜工部祠在焉。像崇三尺许，衣冠而坐。其左边刻像石面付祀者为陆放翁。祠西引渠成池，有鳖数十，浮出水面，见人无畏避之状。[1]

① ［日］竹添进一郎：《栈云峡雨日记》，中华书局2007年版，第59页。

这就可以发现，清末的杜甫草堂，修葺一新，修篁密布，环境清幽，其中的池塘，显然已是放生池。

进入民国后，草堂年久失修，加之川军混战多年，草堂常常成为军队驻地，这对草堂景观构成了致命性毁坏。曾任四川省文化厅副厅长的彭长登回忆道：“1949年底，成都解放，我们元旦入城。当时我是十八兵团后勤政治部主任。我到驻扎在杜甫草堂后面的一个炮兵部队去视察工作，驻地与杜甫草堂仅一墙之隔，因此我就到杜甫草堂去看看。一看，就是这个样——被胡宗南的部队糟蹋得不成样子。”“那时候草堂破败不堪，因为解放之前胡宗南的部队把杜甫草堂作了马棚喂马了，还包括草堂寺。我们去的时候，里面架起很多马槽，到处都是。走廊柱子上横起绑着一根根的木头，用来拴马。到处都是马屎。房子、走廊都破坏了。”草堂沦为了兵营马厩。当年草堂的惨状，彭长登是一位历史见证人。另外，许多史料多有记载：草堂内的珍稀树木被锯被砍，到处留下树桩，门窗匾额劈柴，楹联仅存何绍基的“锦水春风公占却，草堂人日我归来”一副，扔在垃圾堆中……

杜甫草堂示意图。（赵蕴玉 绘）

成都草堂工部祠旧影。选自《河北第一博物院半月刊》1935年第80期

蒋蓝在杜甫草堂。（葛筱强 摄）

当年杜甫草堂博物馆工作人员林延年回忆指出，时任成都市副市长的李劼人先生，在恢复草堂的规划和决策中发挥的重要作用：“对草堂进行大规模全面整修。在整修开始时，劼人先生特地到草堂，察看现场。他根据杜甫草堂遗存的清乾隆、嘉庆石刻少陵草堂图，提出：既要力求恢复原来建筑面貌，又要考虑今天实用需要。因此，他决定保留影壁、草堂正门、大廨、诗史堂、工部祠轴线建筑及祠左右的‘恰受航轩’‘晨光阁’等建筑体系。至于立在大廨与诗史堂之间左右的‘露梢枫叶之轩’‘独立楼’两座不伦不类的建筑，他大胆而果断地主张拆除。同时将大廨与诗史堂两侧以及拆除后的东西面空地，以回廊绕之（据石刻草堂图），形成四方游廊，互相衔接，成为整体。如此既保持原状，又增添新景。他的这一决定，实在高明（在当时也曾有人反对），时至今日，仍获得建筑专家和广大群众交相称赞。”①

草堂的园林是由建筑物、园林和景点有机组成的，其建筑和园林自有特色，也遵循了保持旧观，朴实无华的原则。结合杜甫生前的爱好，继续

① 蒋蓝：《周维扬：鲜为人知的草堂往事》，《成都日报》2020年11月20日。

栽培布置有关林木，浣花溪边遍植桤木，营造杜甫当年“饱闻桤木三年大，与致溪边十亩阴”风情。

晚清时节，江苏南通人徐心余（1866—1934年）先后在光绪十九年（1893年）和民国三年（1914年）两次入川，在他晚年写就的笔记《蜀游闻见录》里记录了大量巴蜀珍闻与风俗，十分珍贵。他提到了杜甫草堂的青蛙：“成都名胜，多盛于春，惟草堂寺林木清幽，池塘修洁，亭台位置，亦极萧疏错落之观，夏秋徙倚其间，较他处尤饶佳趣。清旗下某公督川时，每遇溽暑炎蒸，即移节该寺暂驻。惟蛙声震耳欲聋，夜难安枕，公甚憾之。遂传令督标兵士，捕蛙以献，不准伤其生；献后，公以笔硃其首，仍令纵之去，不数日而蛙声寂矣。迄今百余年来，蛙之首硃点依然，且不发声，人亦以硃首故，认为草堂之蛙，无有敢捕之而食之者。”①

这个故事，有人将之推到唐朝，自然要与杜甫沾边。出生在四川省威远县的著名文学翻译家罗念生，1927年在北京主编《朝报》文艺副刊时，发表了散文《芙蓉城》，这是他最早发表的作品。文中提道：“一个暮春晚

少陵草堂图。此为清乾隆时期的碑刻。系一通建筑图碑，绘制者以清乾隆五十八年（1793年）时草堂的建筑和园林为蓝本，描绘了当时建筑的营造式样，及建筑和园林的位置分布。（图片由成都杜甫草堂博物馆提供）

① 徐心余：《蜀游闻见录》，四川人民出版社1985年5月第1版，第11页。

上，杜公在池畔吟诗未成，忽觉青蛙叫得烦腻，他用朱笔在蛙的头上点了一点，封它到十里外去唤‘哥哥’，所以如今草堂寺的青蛙头上有一点红痣。”

位于三台县杜甫草堂公园内的杜甫石像。赵树同设计。（蒋蓝 摄）

在成都平原，蛙声、蝉声、蛩声、蝈蝈声不但是天籁，简直就是蜀籁。极尽风雅的成都官员，看来依然是韩愈《祭鳄鱼文》的函授学生，他们一厢情愿，可惜青蛙并不听命。草堂寺的青蛙如今吼声震天，街边餐馆的“水煮青蛙”食客云集，这一现象，也是时令风化喝破古代政令的一个证据。

杜甫草堂博物馆老馆长周维扬告诉我：20世纪80年代，自己在草堂工作期间，草堂里有两棵明朝的银杏，老鹰竟然在银杏上筑巢。有一天，他看到老鹰袭击附近的鸟窝，就看见两只夫妻鸟为保护鸟巢中的小鸟奋力与老鹰搏斗，那种不顾一切、上下翻飞、鸟毛乱飞的场景，至今历历难忘。20世纪90年代，草堂引入了浣花溪的活水后，建成了长达1200米的水渠，草堂里的大树得以恢复生机，如今蓊蓊郁郁，鸟语花香，百鸟起落，只是再没有老鹰飞来了。

而近代成都最好的两口水井，一口是位于望江楼公园的薛涛井，另一口井就在草堂内，具体位置在“少陵草堂”碑的旁边。

第27章

诗人岑参笔下的成都

一个才子，优点在于可以迅速忙中选定道路，大步向前。但唯有大格局者，方能从群峰乱叠的世界中，找到自己可以抵达的那个高地——而这，并非绝顶。在我心目中，岑参恰是后者。

在唐朝入蜀的诗人里，岑参与高适并称“高岑”，岑参和高适都曾在巴蜀生活过，而且他们都是杜甫的朋友，甚至杜甫能够来成都栖身，其中一个原因就是高适在此做官。而岑参这样一位著名的边塞诗人最终死于成都，则显得较为突出。

岑参，开元三年（715年）生于江陵（湖北省荆州市沙市区岑河镇木垸村。一说为河南仙州，今许昌市附近），他在《感旧赋》中自豪地说：“国家六叶，吾门三相。”意思是说，在他出生之前的近百年间，岑氏家族先后出过3位宰相，曾祖、伯祖、伯父都因文章不凡而名动朝野，他父亲也两任州刺史，家世自然显赫。但岑参曾祖父岑文本被诬谋反，5个孩子全部被杀；他的伯父岑羲被后来上位的唐玄宗灭了族，自此岑家一落千丈。

尽管家道中落，岑参从小展露了异于凡人的天资。他从5岁开始就跟着兄长读书，9岁就能够达到赋诗写文的境界。岑参中进士后担任朝官，两赴边塞充当幕僚，在苦寒的安西、武威等地，辗转奔波，他仍然豪情满怀："纷纷暮雪下辕门，风掣红旗冻不翻。"他在《初过陇山途中呈宇文判官》里写道："万里奉王事，一身无所求。也知塞垣苦，岂为妻子谋。"又在《北庭西郊候封大夫受降回军献上》中说："侧身佐戎幕，敛任事边陲。自随定远侯，亦着短后衣。近来能走马，不弱幽并儿。"足见他出塞之际满怀凌云壮志，渴望一展抱负。

湖北省荆州市沙市区岑河镇木垸村岑参故园里的岑参塑像

回朝之后，岑参在长安城遇到杜甫，岑参小杜甫3岁，两人很快成了莫逆之交。唐肃宗至德二年（757年），杜甫被任命为左拾遗（从八品官），他与裴休等人推荐岑参，如今有《为补遗荐岑参状》为证。

这个时期，岑参和杜甫都算是谏官，主要是负责记录皇帝言行和国家大事。后来由于岑参"频上封章，指述权佞"，并在朝廷公开指责佞臣权贵的不作为和贪赃枉法，得罪了不少同僚，加之他性情耿介，惹得皇帝不大高兴。

乾元二年（759年）二月，岑参被降职，改任起居舍人。按《唐会要》卷六八《刺史上》的律法："京职之不称者，乃左为外任；大邑之负累者，乃降为小邑，近官之不能者，乃迁为远官。"永泰元年（765年），岑参被任命为嘉州刺史。由此可见，岑参步入了一条诡异的仕途之路。由于战乱，加上山路阻隔，岑参未能成行。延宕到大历元年（766年），岑参才随剑南西川节度使杜鸿渐幕府入川，这也是他第五次进入幕府。

大历二年（767年），杜鸿渐罢职回朝，幕府解散。岑参前往嘉州任刺史，前后任职不到两年，但他励精图治，声望颇高，后被人称为"岑嘉州"，而杜甫是称"岑嘉州"的第一人。按理说，嘉州山清水秀，风景甚佳，但岑参发现这里却是其理想幻灭的地方，因此岑参在任内所创作的大量写景诗中，并无快意人生的激越，只有老去的哀叹和挂冠东归的期待。如《上嘉州青衣山中峰》诗序“今者幽躅胜概”，诗句“胜赏欲与俱，引领遥相望”。又如《过王判官西津居所》“胜迹不在远，爱君池馆幽。素怀岩中诺，宛得尘外游”等，这明显展示了川西“林盘”的诗情画意。

大历三年（768年）七月，任氏保卫成都之战告捷，岑参正准备从嘉州（今乐山市）刺史任上罢秩东归。但因杨子琳败还泸州，江路断绝，岑参东归不成，遂改为北行。他自南溪县（唐时属戎州，今属宜宾市）陆行赴赵化镇（唐时属泸州富义县，今属自贡市富顺县）登船，溯沱江北上，来到成都，下榻于少城北的一家旅舍。据后世学者考证，推测当时岑参寓居在今成都市城北青龙场一带，可能是希望病好以后即沿金牛道陆路返回长安。

岑参在蜀地度过了4年时光，他与好友杜甫两次在四川失之交臂，未能见面。陆游曾称赞岑参的诗：“以为太白、子美之后，一人而已。”他把岑参放在与李白、杜甫之后，足以看出他的重要位置。

作为唐代边塞诗人的翘楚，岑参出塞，经历过大风大浪，他的诗作在星汉灿烂的唐诗里，因为奇崛、奇雄、奇逸、奇丽的诗风，也显得较为特殊。陆放翁大为激赏：“公诗信豪伟，笔力追李杜。常想从军时，气无玉关路。至今蠹简传，多昔横槊赋。零落财百篇，崔嵬多杰句。工夫刮造化，音节配韶濩。”在为岑氏诗集写跋时，陆游还回忆说：“予自少时，绝好岑嘉州诗。往在山中，每醉归，倚胡床睡，辄令儿曹诵之，至酒醒，或睡熟，乃已。尝以为太白、子美之后，一人而已。”

《岑嘉州诗集》辑录271首诗歌，其中在成都创作的就达30首。除了《招北客文》涉及成都，最著名的应该是《先主武侯庙》《文公讲堂》《扬雄草玄台》《司马相如琴台》《严君平卜肆》《张仪楼》《升仙桥》《万里桥》《石犀》《龙女祠》等十几首诗，围绕成都古迹，咏史怀古，兼及民俗，这些诗歌表现了感时和隐逸的思想，无疑是诗人留给后世的一个多面的成都镜像。

作为道教发祥地重镇的青城山，自然风光怡人，人文气氛浓郁。李

岑参当时就居住在青龙场一带。图为成都北郊的青龙场街区坝子，摆满了各种新鲜蔬菜，市井热闹。（美国人路得·那爱德1910年冬季 摄）

白、杜光庭等曾于此隐居，传为后世佳话。唐代文人大多有道教情结，隐逸之风使当时的诗歌具有仙风道骨的艺术特色。岑参与青城龙溪奂道人多有交往，并有书信往来，他的《寄青城龙溪奂道人》："五岳之丈人，西望青瞢瞢。云开露崖峤，百里见石棱。龙溪盘中峰，上有莲华僧。绝顶小兰若，四时岚气凝。"诗中充满了对青城山美景的描绘，"崖峤""石棱""龙溪""莲华寺"等，成为青城山美景的艺术写照。

唐时文人尤其崇尚"汉风"，眼界开阔的岑参尤其如此，他自然特别关注于成都的汉代古迹。汉代成都是十分重要的政治、文化中心，积淀了丰富的汉代文化。岑参诗歌当中，涉历的汉代古迹主要有琴台、升迁桥、文公讲堂、扬雄草玄台及先主武侯庙等。

过往的历史，必然也只能附丽于建筑才可能得到存立的空间。所以一见古迹，如晤古人。

升迁桥、琴台与司马相如有关。当年司马相如由此北上长安，不坠青云之志，激动地题门发誓“不乘高车驷马，不过汝下也”。岑参在升迁桥盘桓，写有诗歌：“长桥题注去，犹是未达时。及乘驷马车，却从桥上归。名共东流水，滔滔无尽期。”

《太平寰宇记》卷七十二《成都县》云：“司马相如的旧宅在益州西四里。”岑参对司马相如故宅及琴台流露出无尽感慨，其《司马相如台》：“相如琴台古，人去台亦空。台上寒萧条，至今多悲风。荒台汉时月，色与旧时同。”这说明，初唐时节卢照邻眼中的琴台，还是一派“园院风烟古，池台松槚春”之景，而到了中唐，琴台已经严重衰败了。

文翁讲堂是西汉文翁讲学之地。汉景帝末年文翁为蜀郡太守，教化百姓，“修起学官于成都市中，招下县子弟以为学官弟子，为除更徭，高者以补郡县吏，次为孝弟力田”。岑参于此游历，竭力捕捉历史的蛛丝马迹，写有《文公讲堂》：“文公不可见，空使蜀人传。讲席何时散，高堂岂复全。丰碑文漫灭，冥漠不知年。”他对前贤文翁的事迹深感怀念，虽历史漫灭，石碑不存，却令人感叹和怀念。

草玄台是西汉扬雄在成都的宅邸，当年扬雄曾在此起草《太玄经》，故名。又何谓“子云亭”呢？据《太平寰宇记》载：“子云宅在少城西南，一名草玄堂。”也有人说，扬雄一生清贫，自甘淡泊，潜心撰写《太玄经》——因此扬雄在成都的故宅又称为“草玄堂”。晚唐之后，相传扬雄故宅在龙堤池畔，扬雄曾在此池洗笔，故称之为墨池。

面对草玄堂的满目萧瑟荒凉，岑参不禁感叹历史的沧桑：“吾悲子云居，寂寞人已去。娟娟西江月，犹照草玄处。精怪喜无人，睢盱藏老树。”（《扬雄草玄台》）这说明，唐朝时的草玄台一带，古树还较多，成为鸱鸮之类的栖身所在。

岑参提到的武侯庙，即后来的武侯祠。岑参的《先主武侯庙》云：“先主与武侯，相逢云雷际。感通君臣分，义激鱼水契。遗庙空萧然，英灵贯千岁。”他歌颂刘备和诸葛亮深厚的君臣情谊，如同鱼和水的关系，虽然只剩庙宇，但深厚的情谊却流传千古，令人敬仰。

唐朝的成都河流众多，有府河、南河、沙河、江安河四大水系，上百条小河纵横交错分流其间。岷江流域经济文化发达，是西蜀各类商品的集散地。唐初王勃的名句“城阙辅三秦，风烟望五津”，后一句即是描写唐代成都的岷江渡口。岑参作为成都的旁观者，岷江两岸风物也触发了他对故乡江陵的无尽思念。

蜀汉三国时，诸葛亮在万里桥设宴送费祎出使东吴，费祎叹曰：“万里之行，始于此桥。”这座桥和这句话都名垂青史。岑参赋诗：“成都与维扬，相去万里地。沧江东流疾，帆去如鸟翅。楚客过此桥，东看尽垂泪。”在岑参眼里，锦江之水乃是蜀汉之水。他的诗饱含深情。

岑参还来到了平原尽头的都江堰西北，察看水利设施。他的《酬崔十三侍御登玉垒山思故园见寄》：

玉垒天晴望，诸峰尽觉低。
故园江树北，斜日岭云西。
旷野看人小，长空共鸟齐。
高山徒仰止，不得日攀跻。

刘琳《华阳国志校注》中，认为湔水为今白沙河，玉垒山即湔水发源地以北的九顶山。玉垒山逶迤而南直趋今都江堰市西北。历史上岷江上游洪水泛滥就是由此冲向成都平原的，而首当其冲者就是杜宇的国都郫城。学术界基本认同杜宇委派鳖灵治水之地，为岷江上游的玉垒山。来到这一历史的高台，晃动于云烟深处的故园，似乎伸手可及。

初春时节，涌动在成都平原上的阵阵暖意，让岑参心情为之一宽。他的《江上春叹》艺术特色十分突出：

腊月江上暖，南桥新柳枝。
春风触处到，忆得故园时。
终日不如意，出门何所之。
从人觅颜色，自笑弱男儿。

这首诗作于唐大历元年（766年）十二月。成都春早，虽在腊月，却已蕴含春天的气息。诗中所提“南桥”即位于岷江内江。玉垒山也处于岷江流域，游人罕至，山林清幽。当时岑参已被罢嘉州刺史之职，感时伤乱，渐趋消沉，“弱男儿”进而思及故乡江陵，思乡之情与成都的山川景物相应，成为一个时代的历史记忆。

岑参的《石犀》还写到了都江堰水利工程的壮阔：“江水初荡潏，蜀人几为鱼。向无尔石犀，安得有邑居。始知李太守，伯禹亦不如。”也就是说，他认为连治水的大禹都比不上李冰的功劳。诗人的这一判断，烛照古今，符合历史事实。

与往昔春风得意之际不同，此时的岑参既有对国家内乱的深重伤感，也有对自己每况愈下的身体状况的烦忧。某一天，他与友人来到了著名的成都府西楼。高楼飞檐翘角，他们登楼俯瞰千里沃野，渴望一解心忧。《陪狄员外早秋登府西楼因呈院中诸公》：

常爱张仪楼，西山正相当。
千峰带积雪，百里临城墙。
烟氛扫晴空，草树映朝光。
车马隘百井，里闬盘二江。
亚相自登坛，时危安此方。
威声振蛮貊，惠化钟华阳。
旌节罗广庭，戈铤凛秋霜。
阶下貔虎士，幕中鵷鹭行。
今我忽登临，顾恩不望乡。
知己犹未报，鬓毛飒已苍。
时命难自知，功业岂暂忘。
蝉鸣秋城夕，鸟去江天长。
兵马休战争，风尘尚苍茫。
谁当共携手，赖有冬官郎。

成都府西楼的位置，在成都府治内的“西园”当中，故又称为“西园西楼”，大致位于现在的盐道街。从唐到宋，一直是成都城内最为著名的游历场所。岑参刻意描绘的成都诗意风光，与蜀地戍边将士的付出，两相对比，让他非常感慨，以至于“今我忽登临，顾恩不望乡”。

《陪狄员外早秋登府西楼因呈院中诸公》里，有“车马隘百井，里闬盘二江”之句，堪称重要的城市文献。诗前句反映了城市车水马龙的繁华和街道的“井”字形布局，体现了成都城市的基本肌理。诗后句的“里闬”是指城门，轨躅八达，里闬对出，比屋连甍，千庑万室，展现了唐代成都城市的基本格局，即依山傍水，依水而建，城内道路纵横，民居相连，建筑鳞次栉比，一派生机。

也许是意犹未尽，岑参还写有一首《张仪楼》：

传是秦时楼，巍巍至今在。
楼南两江水，千古长不改。
曾闻昔时人，岁月不相待。

杜甫《石犀行》说“蜀人矜夸一千载，泛溢不近张仪楼”，已经暗示了张仪楼的威仪。张仪楼又名百尺楼、宣明楼、白菟楼。战国晚期建，为成都城少城西门楼。位置在今成都市旧城的西南角。《元和志》卷三十一成都县：“州城，秦惠王二十七年张仪所筑。……城西南楼百有余尺，名张仪楼，临山瞰江，蜀中近望之佳处也。”《寰宇记》卷七十二华阳县：“阳城门，李膺记：少城有九门，南面三门，最东曰阳城门，次西曰宣明门，蜀时张仪楼即宣明门楼也。重阁复道，跨阳城门，故左思赋云：结阳城之延阁，飞观榭乎云中。”元朝初年开始，成都置身于蒙古大军的数次铁蹄践踏之下，张仪楼、合江亭、散花楼等古迹，毁于战火之中。

唐代成都城市建筑营造的杰出水准还体现于人文居住环境的打造，高档住宅已体现建筑与自然环境的水乳交融：“胜迹不在远，爱君池馆幽。素怀岩中诺，宛得尘外游。何必到清溪，忽来见沧洲。潜移岷山石，暗引巴江流。树密昼先夜，竹深夏已秋。沙鸟上笔床，溪花彗帘钩。夫子贱簪冕，注心向林丘。落日出公堂，垂纶乘钓舟。赋诗忆楚老，载酒随江鸥。翛然一傲吏，独在西津头。”（岑参《过王判官西津所居》）

可见，王判官的宅居周围树木茂密，竹林幽静，鸟鸣声声，似乎是最理想的“城中隐居”所在。诗歌首先写到建筑与自然环境的关系，居所建于山林之中，环境清幽，可吸取自然之气；其次点出建筑的规划理念，不管是阴“池”还是阳“馆”，都体现了幽之特点，且注重建筑与其周围环境的阴阳和谐，注重山水相宜的整体布局。而幽静并非一味消磨意志，结尾处“翛然一傲吏，独在西津头”，方才是画龙点睛的所在。

岑参的这些诗歌记载了他晚年时节在成都的生活，成都无疑成为他一生里极其重要的精神载体。他所具有的强烈的家国情怀，代表了那个时代慷慨为国、死而后已的士子情怀。而在成都与同僚出游，让岑参暂时忘却了忧愁和痛苦。

大历二年（767年），岑参与崔宁同为杜鸿渐幕僚，两人共往著名的浣花溪宴饮：“旌节临溪口，寒郊陡觉暄。红亭移酒席，画舸逗江村。云带歌声扬，风飘舞袖翻。花间催秉烛，川上欲黄昏。”（《早春陪崔中丞泛浣花溪宴》）诗作中对浣花溪适合文人宴饮聚会的场所特征作了整体性描绘，此处有红亭、画舸、舞女、花间……地处江村，幽静偏远，一茎悠悠红烛，顶起了花丛之间一个浪漫的黄昏。

从岷山刮来的冷风，劲吹窗棂。但有时会突然将绝顶铁豹岭的几道尖锐之光，也顺带着捎进窗户，岑参不禁老泪纵横。

老之将至，徒生太多感伤。晚年的岑参，更多的诗作里流露出对故乡江陵的浓浓思念。同僚离开成都进京了，他借此赋诗，一展自己对国家和故乡的双重思念和感怀：“颜子人叹屈，宦游今未迟。伫闻明主用，岂负青云姿。江柳秋吐叶，山花寒满枝。知君客愁处，月满巴川时。”（《送颜评事入京》）虽是写颜评事的仕途不济，也从侧面流露了自己壮志未酬的无限愁绪。这种借他人酒杯浇自己块垒的寄托，比比皆是。

无论多么封闭的生活，伤怀就是铁板上的锈。锈迹一定可以让表面光鲜的城市生活变得凸凹不平。

在与好友杨炎聚谈时，岑参写下“雨滴芭蕉赤，霜催橘子黄。逢君开口笑，何处有他乡”（《寻阳七郎中宅即事》）。对故乡的思念，在岑参罢官东归未成以后，成了一大咏叹主题。一个人努力回到记忆的深处，总会碰到忧伤，甚至绝望的事情。似乎在无尽的记忆旷野上，全是平静的陷阱。这些来自乡愁的产物，继续着自己的惯性生产与生成，所以他每每与望乡的事情相遇时，忧伤就会发出奇妙的清香，甚至还伴有一丝甜味……岑参一当进入成都特有的深秋，冷风四起、落叶漫天的时刻，他岂能不满眼惆怅：“三度为郎便白头，一从出守五经秋。莫言圣主长不用，其那苍生应未休。人间岁月如流水，客舍秋风今又起。不知心事向谁论，江上蝉鸣空满耳。”这一首《客舍悲秋，有怀两省旧游，呈幕中诸公》，宛若蝉鸣，成了岑参最后的吟唱。

有道是“回首锦江烟一色”，鉴于心事无人能诉，他的种种相思、感怀都寄托在送别的诗行之中：“相思江楼夕，愁见月澄霁”（《送狄员外巡按西山军》），“惜别津亭暮，挥戈忆鲁阳”（《送裴侍御赴岁入京（得阳字）》），“凭将两行泪，为访邵平园”（《送崔员外入秦因访故园》）……旅居成都，是岑参仕途生涯的结束，也是他渴望落叶归根的最后时光。分析起来，应该是他极度拮据、无力筹措到一笔路费，加上沉疴复发……延宕之下，到大历五年（770年）正月，诗坛圣手岑参病逝于成都北面的一所旅舍里，在凄苦中结束了他多厄也多彩的一生，终年56岁。

兰州大学中文系王勋成在《岑参去世年月辨考》一文里认为，岑参最终还是设法离开了成都买舟东归，“疑岑参于大历四年十月左右即病逝于东归途中之船上，其地可能在嘉（州）、成（都）一带，而非成都之旅舍。岑参与杜甫可以说是相继漂泊旅卒于舟中的两位唐代大诗人”[①]。

上元二年（761年）正月初七，时任蜀州刺史的高适，当天题诗《人日寄杜二拾遗》，寄赠杜甫以表思念，但不知什么原因，杜甫一直没有仔细

---

① 王勋成：《岑参去世年月辨考》，《兰州大学学报》（社会科学版）1990年第4期。

阅读，或者把这段感情如同一坛酒存封起来。最终在5年之后（高适死于永泰元年（765年）正月），杜甫终于看到了这一场关于情义的档案。“一卧东山三十春，岂知书剑老风尘”的诗句，宛如一片冬日的暖阳，给杜甫带来极大安慰。而此时飘荡在一叶扁舟中的杜甫，贫病交加，睹物思人，直言：“泪洒行间，读终篇末，自枉诗已十余年，莫记存没又六七年矣。”这时，又得知岑参病故的消息，杜甫，怎一个悲字了得！当年岑参漂游至成都，特地前往杜甫草堂拜访。杜甫与岑参意外相逢，吩咐家人设宴招待。杜甫的妻子翻遍了所有柜子，仅仅找出了两个鸡蛋、一棵葱，充当下酒菜……

不管怎么说，一个人过了50岁还能与友人痛饮，这至少说明，上苍待之不薄。

这是大历五年（770年）的正月二十一日。潭州（今湖南省长沙市）的浩大水面上寒风呼啸。杜甫的扁舟在水岸飘摇，那坛封存的老酒打开了，杜甫大醉。他提笔，在《追酬故高蜀州（适）人日见寄》的序文中说：“今海内忘形故人，独汉王瑀与昭州敬使君超先在。爱而不见，情见乎辞……”意思是说，昔日故人中，尚在人间的已经没有几个了……

杜甫的心情，可谓悲欣交集，不可名状。

欧洲人把勇气当成一种感官上的享乐。这是法国作家加缪说的。

而古代中国人的快乐，似乎均与勇气无关，而是关乎风骨。杜甫与同行的诗歌唱和，他们在成都草堂的甬道上、水塘边、花草上获得的温情与欢娱，已付之浣花流水，万幸纸页留住了他们的眼泪。后人隔着诗，窥视着这一场只有男性的欢娱，他们罕见地急于去参加这一因诗歌而起的冷清雅聚。红男绿女、扶老携幼、摩肩擦背。风骨也罢，相知也罢，后世人山人海的草堂“人日”，成了一个渴望靠近诗歌取暖的市民大会，且历久不衰。

大历五年（770年）夏季，杜甫在湖南耒阳的一叶扁舟上，因几日未进食，就着一包冷牛肉而痛饮，一醉成谶，终年59岁。

俱往矣。诗人一叶扁舟的命运。我写过一首缅怀岑参的诗：

可以辛苦获得，

也可以随手放弃，

再去辛苦获得。

但若果再也获取不了什么，

那就搓搓手，

走在回家的路上。

可是迎面一阵风，

发甜，

就可以把自己带走。

岑参的一生，总让人推测一些懔坎的往事。因为活得不容易，才子们才倚马可待地写作。不然的话，半辈子写本小书，就可以交差了。

每读岑参诗，我会想起岑参的恨与爱，都像一把匕首那样，一头扎入，直没手柄。他可以怒发冲冠，也可以纵目为神，甚至可以折断自己——成为两把刀。但由于无柄，所以总是割伤自己……

第28章

“一瓢诗人”唐求

对后世很有影响的唐代诗人传记是元朝辛文房的《唐才子传》，此书录有唐、五代诗人398人，其中有传者278人，附传120人，但仅仅录有蜀地诗人7人。这7人为：陈子昂、李颀、雍裕之、李远、雍陶、薛涛和唐求。这一数字，可能低估了蜀地诗人和入蜀定居的诗人的成就，人们不必过于鼓吹“乡愿”，《唐才子传》也在一定程度上反映出所谓“诗歌之都”的整体实力。

但幸好，唐求在焉。

松风为友、白鹤为朋

唐求（约820—907年），一作唐俅或唐球，蜀州（今成都市崇州市味江镇）人。崇州市学者认为，其住宅位于味江翠微山下俗名灯盏窝的山村，这里山清水秀，林木苍苍。他饱读诗书，能辞善赋。唐僖宗李儇乾符中（875年），唐求任蜀州青城县（今都江堰市西南）县令。五代后梁开平元年（907年），王建在成都自立称皇帝，国号“蜀”，史称“前蜀”。唐

崇州市街子古镇一景。（蒋蓝 摄）

求对这新建立的割据政权，感受如何，我们不得而知，但是他的性情比往日更恬淡寡欲，喜欢山林僧道间的安静环境，不愿再去追求官场中那种混浊的生活。当时王建曾派遣刺史李行简去劝说，要他出山投效，并延请他为参谋，参赞军机，他予以婉言拒绝。随后他毅然弃官而去，回归幽静青城，以松风为友、白鹤为朋。

具体分析唐求何时归隐山林，值得玩味。《唐才子传》卷十言唐求“值三灵改卜，绝念鼎钟”。“三灵改卜”意为“改朝换代”。哀帝天祐四年（907年），朱温称帝，唐亡。结合《邛州水亭夜宴送顾非熊之官》一诗，若把唐求的生年定于穆宗长庆年间（821—824年）或者敬宗、文宗宝历年间（825—826年），则此时唐求至少已逾80岁了。如果这一记载无误的话，如此高龄才彻底打消功名之念，怎么不值得玩味？！

后来，他干脆住在风景秀丽、盛产茶叶的味江山麓，过着隐士的闲适生活。因此，他自称为“味江山人”，神龙见首不见尾，所以又被人们称为“唐山人”或“唐隐居”。

百余年前，恩斯特·柏斯曼拍摄的古塔，恰是街子古镇的字库塔

味江山麓的那条古道，也是一条进入阿坝藏区茶叶贸易的近路，串联着古蜀时代以来的城镇。郫邑位于成都西北，青城山又在郫邑西北，刚好连成一条从西北到东南的路线，也正好是如今青城山经都江堰、郫都至成都市区的公路。古蜀人的活动，从岷山来到青城山一线，顺地理走势而迁居，随着水利事业的发展，依次向郫邑、彭州、成都迁徙，最终形成了今天的格局。因此，味江山麓并不孤僻，它既成为青城山与城市尘嚣的接合部，也是红尘中人挺身出尘的一块飞地。

唐求性纯忠厚，好风流雅致，放旷疏逸，俨如一介方士。但他交友十分谨慎，与自己志趣不合的人，一般不来往。他的友人大多是诗人、隐士，还有青城山中袍袖里装满烟霞的僧道。

值得注意的，是北宋时期临邛县安仁镇计有功（字敏夫）所辑录的李洞《赠山人》诗：

长须长我发，七十色如黛。
醉眼青天小，吟情太华低。
千年松绕屋，半夜雨连溪。
邛蜀路无限，往来琴自携。

晚唐诗人李洞乃唐王朝宗室后裔，他堪称苦吟诗人贾岛的第一崇拜者。据辛文房的《唐才子传》卷九记载，李洞“酷慕贾长江，遂铜写岛像，载之巾中，尝持数珠念‘贾岛佛’，一日千遍。人有喜岛诗者，洞必手录岛诗赠之，叮咛再曰：‘此无异佛经。’归，焚香拜之。然洞诗逼真于岛，新奇或过之”。李洞人生失意，蹶路者屡，最后寓居蜀中而卒。

20世纪90年代街子古镇的唐求塑像。（古明清 摄）

拥有这样的经历，他自然与唐求多所过从，诗歌唱酬。诗歌里的“唐山人”，就是隐居于味江山中的唐求。李洞为我们留下唐求的飘逸形象：须长发黑、纵情诗酒、琴书相随。这至少说明，长期吞云吐雾，唐求还深谙养生保养之道。

唐求隐居青城味江山林，每次去赶市集时，总是骑一头青牛，背着一张古琴，去邛州看望朋友李洞、顾非熊等人。他也经常在酒肆狂饮酣醉……临到黄昏时候，喝得醉醺醺的他由牛驮着，好一幅“老牛识途”的田园图景！

青城山上产葫芦，嫩时可作菜食，葫芦老时去瓤风干，可作盛酒盛油的器具。而诗人却把它作为藏诗的工具，这一举动也是仿效古代隐士巢父，用来存放诗稿。他还喜欢登山临水，常到深山采药，有时去游览胜迹，或饱赏绮丽的自然风光，有时为寻找诗兴，又行吟在味江河畔。他每有所得，就捋笔书录，然后将诗稿捻作一团放入大葫芦当中。这个大葫芦瓢就是唐求的“诗囊”。因此，他又被后人称为“一瓢诗人”。

二十多年的岁月倏忽而过，唐求在寂寞中写下了大量诗篇。而他所写的赠送、酬答、寄别友人的诗作，颇受人们喜爱，大多不胫而走，在民间广为传诵。

唐代是佛教的鼎盛时期，一般民众和士大夫普遍奉佛，佛刹精舍在蜀地比比皆是。唐求与佛教有着极深的联系。在他现存的诗中，与禅有直接关系、并在诗题上明确标示的，就有11首。他与山林僧人频繁交往，说禅论空、栖心释梵，成为他隐居生活的重要内容。比如《夜上隐居寺》：

寻师拟学空，空住虎溪东。
千里照山月，一枝惊鹤风。
年如流去水，山似转来蓬。
尽日都无事，安禅石窟中。

唯有真正的孤独者，那种体验到石头、青苔与流水命运的人，才可能创造出这般冷寂的诗意。一个人置身清幽之境里灵魂展翅如蝴蝶，固然高妙，但多读几首，就发现似乎缺少了陶渊明那种天然的情趣。

与此同时，道教在唐朝也被抬高到国教的尊位，四川是道教的发源地，民间有着极为深厚的道教信仰。出身于射洪县的初唐诗人陈子昂年轻时就倾心仙道，他在《答洛阳主人》一诗中公开宣称“平生白云志，早爱赤松游”。而自幼在江油长大的盛唐诗人李白受道教影响极深，他在《感兴八首》其五中，自称“十五游神仙，仙游未曾歇”……张道陵创立天师道的鹤鸣山（今属成都市大邑县）距离唐求居住的味江山甚近，被道教誉为“第

街子古镇味江畔唐求骑牛塑像

五洞天”的青城山更是俯仰可见，置身于浓厚道教氛围中，唐求自然不可能超然其外。他常常往返于味江山与青城山之间，求道问药，乐在其中。

从唐求的诗中，可以看出他是一个孤傲清高、愤世嫉俗、落拓不羁、放旷疏逸的诗人。他的寄情山林，隐身僧道，实际上是对当时社会现实生活的不满和反抗。这种思想反映在他的《马嵬感事》《巫山下作》《和舒上人山居即事》等诗作中。比如《马嵬感事》诗说：“冷气生深殿，狼星渡远关。九城鼙鼓内，千骑道途间。凤蓍随秋草，銮舆入暮山。恨多留不得，悲泪满龙颜。”这首“感事”之作，不只是写“安史之乱”中李隆基对杨贵妃的哀悼之情，更是寄寓了他对风雨飘摇、行将灭亡的李唐王朝的满腔哀伤。这首诗，也让后世附会出青城山深处的洪都山与杨贵妃未死的诸种传说……

唐求这种思想感情在《巫山下作》诗中表现得更为强烈：“细腰宫尽旧城摧，神女归山更不来。唯有楚江斜日里，至今犹自绕阳台。”这首怀古之作，托名怀古，实为伤今，诗人是借哀悼战国时的楚人，来哀悼大势已去的李唐王朝。

他虽隐居山林，一只眼睛倾情山野，另外一只眼睛，也偶尔斜睨红尘。他对现实不满，也不表示全然妥协。他在《和舒上人山居即事》诗中怒斥：“不多上山去，人世尽羶腥。”他还在《庭前》诗中称赞青竹不怕雪霜的品格：“月笼翠叶秋承露，风亚繁梢暝扫烟。知道雪霜终不变，永留寒色在庭前。”这样的诗句也可以看作是诗人的自白和写照。

经过咋咋呼呼的一夜大风后，地上的枯叶似乎回到了天上。窗棂上的白露，逼迫那些深匿的人与事，逐一现身。味江里的五彩冷却下来，天空喜怒无常，连秋蝉的鸣叫也在半空戛然而止。人间有的是寂寥时辰，你只要一碰酒杯，就能闻到寂寞的香味。

中国诗歌里最早的“漂流瓶”

有一天，唐求突然卧病不起。他知道，那个大限来了！他强打精神，由亲人扶着他走到味江河畔，于是，他便把大瓢放到滔滔的江流中，无限感慨地说：“这个放着我诗稿的瓢，倘若不沉落于水中，得着它的人就可以了解我作诗的一番苦心！”这个大瓢顺味江而下，一直漂到了靠近新渠镇的味江阙山口。有认识它的人说：“这就是唐山人的诗瓢！它漂流到这里，恐怕是他已不在人间了吧！”他们立即划着小船，把大瓢打捞起来，发现有不少的诗稿已遭到江水浸润而损坏了，从中仅得到十分之二三了。这大概就是《全唐诗》所收集唐求诗35首半的由来。

就是那“半首”也是气象非凡：“恰似有龙深处卧，被人惊起黑云生。”唐求未必是用诗漂流渴望流芳，而是他把得自青城山、味江的诗性还诸江山了。俯仰之间，天已荒，地已老。他抛入味江的“诗瓢”，成为中国文学史上最早的“诗歌漂流瓶”。“诗瓢”一词，由此进入中国文学史。

“四川人是天下的盐”早成为共识，那么，什么才是“四川的味”？！

宋代孙光宪《北梦琐言》认为，唐求的诗作涉及领域不超过200华里。诗里多用古寺、败叶、残阳、秋草、秋烟、寒草、寒江、寒塘、寒钟、寒色等词，那是心境与山野互染之色：近，则沦肌浃髓；远，则诗心明月。

其实，在唐求旅途所作的诗里，有《舟行夜泊夔州》：

维舟镜面中，迴对白盐峰。
夜静沙堤月，天寒水寺中。
故园何日到，旧友几时逢。
欲作还家梦，青山一万重。

诗歌抒发了羁旅漂泊的寂寥，孙光宪称唐求“诗思游历不出二百里”，肯定不妥！夔州距唐求故乡崇州何止千里？夔州乃川东门户，长江出川之水路要冲，唐求维舟江介，泊船夔府，面临一去不复返的江水，牵动故园之思，思念旧友故人之情溢于言表……

宋人严羽在《沧浪诗话·诗评》中所说：“唐人好诗，多是征戍、迁谪、行旅、离别之作，往往能感动激发人意……”唐求的羁旅、赠友、离别之作，如《晓发客行》及《题郑处士隐居》《和舒上人山居即事》《途次偶作》等，恰是严羽这一诗学见解的落地。

“唐诗人唐求故里”碑。清光绪六年。（图片由古明清提供）

味江之冽，可以造梦；味江之流，足以比酒；味江之水，才是古蜀的魂脉所在，绵延至今，也是“四川的味”。

唐求诗曰：“缭绕城边山是蜀，弯环门外水名巴。”《说文解字》曰：“山，宣也。”力则下压，而气莫不上宣。《说文》曰“水，准也”，虽黄河从天而下，其流百曲，其势亦莫不准于平。但只有经人的生活和人的情感点染的山水，才是灵山活水的真命。这一点，我以为才是街子古镇千年不衰的根性。

宋朝人十分喜爱唐求的诗，把他的诗集《唐求集》印得极其精美，清朝嘉庆时著名藏书家黄丕烈就说，南宋临安棚大书屋的版本“精美绝伦”。

如果说街子古镇是味江文化的集大成者，那么唐求无疑是古镇的名片。

记得是20年前的盛夏时节，我首次来到位于青城外山的街子镇。那时的古镇淳朴未凿，莽水奔流的泊江河与味江所构成的丁字型布局，从北面的笔架山与左侧的天国山俯冲而来的山风，在此形成一道剪力，刈去了青石板积聚的溽热。站在御龙桥边，我打量着古镇的小青瓦世界，像一条从青城山盘桓而下的大鲵。街子镇曾为横渠镇以及永康县所在地，距离街子场半里许的明刹——万寿宫有一方碑，上有“明万历四十二年于斑巷上村维新轩设立街子场”等语。据此，街子场之称距今已有400多年历史。

凤栖山上藏古寺，因留下明代皇帝出家踪迹，曾拥有旷世珍宝《洪武南藏》而享“西川第一天”之誉。

1908年，德国建筑师恩斯特·柏石曼（1873—1949年）来到街子场，拍摄了诸多民俗场景以及一座矗立的斑驳字库塔。可惜他犯了一个“美丽的错误”，他的笔记里误记为“邛州的一个村庄”。这座通高20米的六角五级攒尖楼阁式字库塔，建于清咸丰二年（1852年），也成为百年之前最早一批被西方眼光所关注的四川古建筑。

味江里有一种鱼，长仅三四寸，浑身无鳞，极像桂鱼，这叫“巨婆鱼”，仅生活在味江街子至元通镇这一段山溪之中。看来古人说“水至清则无鱼”并不尽然。这样的鱼，宛如水中的隐者，是石头的姐妹，成就了味江的静谧。

如果说古镇是因茶而兴、缘茶而鸣、由茶而盛成为西南丝路上一个重镇的话，那么，回荡在此地的文心与诗性，则是他处无法比拟的。

旧时街子镇上有一座唐公祠，有瓦房十余间。正殿内原有唐求塑像一尊，素衣葛巾，神态悠然。有匾额，上书“修到梅花骨亦香”，为里人罗元黼题。罗元黼是清代光绪甲午年优贡生，街子场人。他长于诗文，很敬重这位同乡先贤。另有一对联：“大雅名千古；伊人水一方。”系灌县清末秀才高鹤谦题。书法飘洒俊逸，受人称道。1958年唐公祠被改造为镇木材站，祠堂里的建筑毁于一旦。街子场口原有一块“唐诗人唐求故里”碑，建于清道光年间。

在几十棵大黄葛树的合围下，单檐青瓦的清代民居被石板甬道连缀而起，在一个拐弯处就容易与往事撞个满怀……

在群星灿烂的唐代诗坛上，唐求算不得大家，写诗乃是他的第二生命，却有他不能替代的人性特点与诗歌美学趣旨。清朝时期，街子古镇附近的味江山麓古道处，原有一座纪念晚唐诗人唐求的祠庙，叫“隐居祠”。清末民初，四川著名学者吴之英曾写了一篇《重修唐隐居祠碑记》。这一祠庙早已不存，但不知毁于何时。

清代道光、光绪年间镌刻的一块“唐诗人唐求故里”碑，原竖立在街子镇场口，后移存于崇州县文化馆内。

唐求银杏

瑞龙桥下，江水湍急，落日溶金，江边的茶楼酒肆把倒影写在水上。穿过一片兰花畦，正面就是银杏广场，几棵孑遗的古银杏树仰之弥高，为诗人唐求所栽。证据是：字库塔面向银杏这一面的石碑，有“唐之诗人唐求其产”碑刻。据说十几年前的一个深夜，右侧一株银杏竟然被闪电纵向劈开。闪电在寻找什么?

上苍总是在选择担当重任者。广场周边共十几株大树，最后闪电选择了其中特别壮硕的一棵。这棵银杏20米高，胸径1米。第一次，闪电像粗木匠，用斧子剃去了一大块树皮，树干上留下了闪电的齿痕。第二次，闪电熟门熟路，直奔而来。大树的头发被风向上抛起来。闪电抽出利斧，在树的背面狠砍下去。从此，这棵银杏上再没有鸟巢，拦腰折断的伤痕上连蚂蚁也不来了，像一面煺毛的豹皮。如今银杏顶部的树皮已经脱落，显露出乌木一般的质地；另一侧的枝丫上却长满了绿油油的银杏叶，早已成片。这棵银杏像一个领受了大力棒喝的默者，顿悟了无上的奥义。

就像人，不能被加冕两次。但人们不太相信，这样的两次闪电加身，是出于偶然，还是刻意。在这棵树上，我估计闪电找到了它需要的东西。我站在银杏树下，不禁想起了菩提树。证道即为菩提，树木留下了闪电的踪迹，在无意中获得了濒死，但树活着，它把全部的精力用在伤痕外侧，蓝天白云，生命依旧。雌雄相望，一千年时光已经让群峰变矮，树干却越发挺拔，它们在无蔽的对望里，浑身长满了蜀地时光的褶皱。

这是唐求之树的一种际遇。

我仰望右侧那一棵雷击之树，树被我的凝望一点点抬高，树叶在凝望里簌簌而下。金风四起，藏匿在落叶熔金的缝隙里，树叶颤动，露出了唐诗的眼睛……

第29章

青城岁月：从杜光庭到张大千、徐悲鸿

幽壑与松阴

青城山古称丈人山。在都江堰市南约20公里的青城山镇附近，遥看山势，因“山形似仙翁”而得名。山间千岩吞吐，万石峥嵘，云蒸雾绕，缥缈幽深，自古便有“丈人仙峰隐白云”之说。白云深处道观林立，建观的时间比峨眉山建寺还略早。道教正一派之祖沛国丰县人张天师道陵（34—156年）乃青城山开山祖师。两千年来，圣地青城山香火不绝，历代都有仙道、武林高手隐居于此，他们的道学、道术、武学对巴蜀气道、武功的丰满与圆成起到了枢纽之功。唐时豹隐于此的“伏波将军”杜光庭，吞云吐雾，精炼丹霞，其《青城山记》指出：“青城山高三千六百丈，周回五千里，有甘露芝草，天池醴泉……灵仙所宅，祥异甚多。”道教在四川影响极大，作为佛教圣山的峨眉山在建寺以前，是道教的第七小洞天——“虚陵洞天”。峨眉山的九老洞，相传是峨眉山请来道士居住或交流武学之地，僧道之间武功的交流与渗透，促进了峨眉功夫的蔚为大观。民国时节，张大千居士客居青城山，蓄豹戏熊，点染山林；海灯法师在青城山寻

李代远绘制《青城洞天胜景全图》。选自王纯五主编《青城山志》（1998年版）

访高人，更有伏虎杀豹的不凡经历传扬于世。

我数十次进出青城山，总能感受到那种雪刃劈柴、大锤碎骨的开悟，青城山特殊的“幽壑”与“松阴”气象，明月穿雾霭，松涛遏行云，人与大自然在对望中的渐趋合一，令人流连忘返。从而烘云托月，水滴石穿，让人们在松涛之外，渐次了悟“青城绝学，如松之劲，如风之迅”的奥义。

民国时期，武汉大学教授袁昌英来到青城山，她有一番东方山水与西方风景的对比：“青城山远不及峨眉之大之高之峻拔之雄奇。然而秀色如长虹般泛滥于半空，清幽迎面而来，大有引人直入琼瑶胜境之概。至于寺宇的经营，林园之布置，其清雅则又非一般寺院可比。小小亭榭，以剥去粗皮的小树造成，四角系以短木，象征灯笼，顶上插以树根象征鸟止，完全表现东方艺术的特色。我们在这里觉得造物已经画好一条生气蓬勃的龙，有趣的诗人恰好点上了睛，就是一条蜿蜒活跃的龙，飞入游人的性灵深处，使他浑然与之同乐了。东方的园林艺术是与自然界合作的，是用种种极简单而又极相称的方法，来烘托出宇宙的美，山林的诗意，水泽的微情的。西方的山水常有令人感觉天然与人意格格不相入，人意硬夺天工的毛病。西方的山水，很是受‘征服自然’的学说的影响，因而吃亏不少。”①

东方山水的会心者，只能是那些具有跌宕经历而能够反观自己的人。隐逸者并非商场、情场的失意者。其实，绝大多数隐逸者只是想过一种安静、自然、淳朴的生活。日出而作，日落而息，他们在与大自然的和谐相处当中，逐渐感知天道的魅力。人在这种环境里，感觉会逐渐敏锐，深夜可以听见喜鹊、金蝉的鸣叫……

“伏波将军”杜光庭

200平方公里的青城山，最高峰老君阁海拔1260米。全山分为青城前山（前山多为道观，为问道之旅）、青城后山（后山主要是自然风光，适宜修炼），近年又增加了青城外山（适合居住），便于游人访古寻幽。

2010年10月一个傍晚，我在青城外山的青峰书院采访美国著名汉学家比尔·波特，他特意指出：“隐士文化不是绝对消极的，也非一成不变，隐士并不只生活在遥远的古代。中国人现在很忙碌，生存压力大。其实只要你抽出一点时间来静处，在一个清净的地方休息默想几天，而不是非要利用仅有的几天假期跑到风景区去受罪，那么，你就能逐渐获得一种清净中的觉悟。”也许正因如此，在这个泛起滚滚红绿之色的尘世里，隐逸文化以如水的澄澈，昭示着一种人性的觉悟。

阵阵古琴之声，与青峰书院四周涌起的山涛相互震荡，让大家心旷神怡。青峰书院山长何洁回忆了自己人生中几次重大转折，她强调“烟雨终南山，悟道楼观台”的楼观道义对自己的深刻印象，并从中悟出“我命在

---

① 蒋蓝主编：《散文成都》，中国旅游出版社2016年版，第116页。

我，不由天地”的人生观，水到渠成，逐渐形成了她所谓“寻常日闲不离道；到处无心即是禅”的世界观。

因为自古以来佛道各有讲究，佛家言名不言姓，道家言姓不言寿，故有“佛不言姓，道不言寿”之说，比尔·波特也谈到了唐朝隐居在青城山的杜光庭……

杜光庭（850—933年），字圣宾（一说宾圣），处州缙云（今属浙江）人。懿宗咸通年间（860—874年），举进士不第，入天台山修道，为南朝齐梁时期道教思想家、医学家，陶弘景之七传弟子，上清派著名道士。乾符年间（874—879年），经翰林学士郑畋推荐，得到唐僖宗召见，充麟德殿文章应制，为内供奉，出入禁中。广明元年（880年），僖宗避难入蜀，于中和元年（881年）正月抵达成都，战事紧迫，同年初黄巢起义军即攻占长安。杜光庭随僖宗入蜀，于中和元年七月奉诏与将士郎袁易简等到青城山致祭，并在山中修灵宝道场，周天大醮。这不但因为“青城山

杜光庭画像

乃神仙窟宅，丈人即天关紫府，镇于蜀之青城，方外之昆丘，状海边之蓬岛”，同时他深感大唐王朝已如夕阳，如学者朱绍侯所言“唐王朝只剩下一个空壳”，于是决心以青城山为根据地重振道教罡风。

光启元年（885年）初，僖宗返京，杜光庭即恳请辞去官职，隐居于“气象盘礴”的白云溪，潜心研究道学，相传这里是薛昌真人的飞升之地。昭宗大顺二年（891年），壁州（今四川通江）刺史王建攻取成都，并陆续扩大地盘。昭宗天复三年（903年），封王建为蜀王，天祐四年（907年）王建在成都称帝，史称前蜀，特邀杜光庭为皇子师，封谏议大夫、户部侍郎，赐“广成先生”。到王衍即位时的乾德三年（921年），杜光庭特为王衍授道箓，王衍又封杜光庭为“传真天师”“崇真馆大学士”。蜀相徐光涛向杜执弟子礼，遇事则来山中请教，难怪后来人们称杜光庭为“山中宰相”。

杜光庭长住青城山的白云溪，筑“云溪山居”，潜心研究，著述不绝。现在白云溪畔尚有“杜光庭读书台”供人凭吊。杜光庭曾赋诗一首：“山中犹有读书台，风扫晴岚画障开。华月冰壶依旧在，青莲居士几时来。”可见他非常钟意于此地气场。但是他不得不在前后蜀宫阙间奔走，以完成“传真天师”的职责。经历过大富大贵，杜光庭的心境自然不是腐儒冬烘之辈所能企及的。他有一首《富贵曲》：

美人梳洗时，满头间珠翠。
岂知两片云，戴却数乡税。

可以看出他没有纯然一心向天，而是心系民间疾苦的。

前蜀灭亡之后，杜光庭回到青城山，重新过起了隐居生活。此时他已近暮年，只能偶尔向门人口授经典，他将最后的时光留在了青城山。唐长兴四年（933年），杜光庭在青城山天隆堂坐化。《道藏》中《历世真仙体道通鉴》曰：杜光庭“一日忽谓门人曰：‘青城方创真宫未毕，昨梦朝上帝，以吾作岷峨主司，恐不久于世。’门人皆沾襟，及真宫成时，后唐长兴四年癸巳十一月，光庭八十四岁。一旦披法服作礼辞，天隆堂扶坐而化……”[①]最后杜光庭被葬于青城山青都观之后。遗憾的是，其墓的确切地址至今仍未发现。

青城山里异人、奇事极多。段成式《酉阳杂俎》续集卷三云：“朱道士者，太和八年（834年），尝游庐山，憩于涧石，忽见蟠蛇如堆缯锦，俄变为巨龟。访之山叟，云是玄武。朱道士又曾游青城山丈人观，至龙桥，见岩下有枯骨，背石平坐，按手膝上，状如钩锁，附苔络蔓，色白如雪。云祖父已尝见，不知年代，其或炼形濯魄之士乎？”道家炼形之法，“总有六门：玉液炼形，金液炼形，太阴炼形，太阳炼形，内观炼形，真空炼形”。这样的修炼者，物我两忘，烂柯棋枰，介于生死之间，从“水解”到“兵解”，早已圆成了自我。

在杜光庭隐居青城山长达48年时间里，他在松风入怀、耳濡目染之余，对道教教义、斋醮科范、修道方术等多方面做了研究和整理，对后世影响深巨。他主张“仙道非一”，不拘一途，有利于道教的传播和发展。圆融各派分歧，成为一代宗师，后人称“扶宗立教海内一人”。杜光庭平生著述甚多，据说有30部250多卷，在道教典籍史上占有重要地位。其著述大致可分为几类：教理研究的论著。如《道德真理广圣义》《太上老君常说清净经注》等；搜集整理因战乱而散佚的道经三千卷，编成《三洞藏》；对道教斋醮仪注和音乐进行规范整理，特编《道门科范大全》87卷；致力名山方志，编成《青城山记》《武夷山记》等；创作或改编的仙话及传奇，如《城集仙录》《王氏神仙传》《虬髯客传》等；尚有科技杂著如《玉函经》《治水记》《录异记》等。杜光庭的大部分著述均在青城山完成。在青城山的建福宫里，杜光庭的塑像肃穆而巍然，这也算是一种永世的追怀吧。

杜光庭汗牛充栋的道教著作，唯有“杜撰”（现代汉语中的“杜撰”一词，也源自于此）的传奇《虬髯客》（初名《虬髯客》）深入人心，历

---

① 转引尤信《杜光庭与青城山》，《乐山师范学院学报》2004年第19卷第11期，第104页。

久弥新。如果说汉代的《燕丹子》是中国武侠小说之祖、古今小说杂传之祖、历史小说之祖的话，那么，捍卫其“七实三虚、虽本史实并含异闻”写作风格的续作，却非《虬髯客》莫属。在此意义上说，杜光庭对中国侠义小说的贡献非同寻常。

杜光庭在撰写《道教灵验记》《神仙感遇传》《墉城集仙录》《录异记》等书时，搜奇述异，目的在于塑造一系列颇具魅力的求道者形象。《墉城集仙录》一书大力张扬女性神仙的长生久视、至美至寿至善，借此鼓励人们以此为榜样，大胆追求个人的完美、完善以及生命的永存。杜光庭塑造的道教女性神仙系列，被赋予了纯洁无瑕的意义，成为真善美的化身，对她们的信仰，也彰显了民间追求真善美的需要，寄托了扬善驱恶、为善去恶的愿望。

特别值得一提的是《神仙感遇传》卷四的《虬须客》。学术界的初步看法是，后来流传很广的《虬髯客传》与杜光庭所作的《虬须客》无疑是两个不同的版本。《虬髯客传》的故事最早出现于杜光庭的《神仙感遇传》卷四中，文字简略，标题也正好与《宋史·艺文志》所记的“杜光庭《虬须客传》一卷”相同，后来经文人加工润色，情节才逐渐丰满起来。

唐人传奇建立了一种人格范式——豪侠义士。集中刻画“风尘三侠”的《虬髯客传》中，“女侠”形象地出现在文学史上具有空前意义。中国的女性生活圈子大抵限于闺房，她们在历史的宏大叙事中不但面目不清，就连身影也是模糊的。尽管《吴越春秋》中记载了“越女论剑”的飘逸故事，但篇幅短小，人物过于仙道化，很难“坐实”现实中的女侠。但红拂以私奔主义的方式在江湖上横空出世后，使得坚硬而刻板的汉语叙述出现了松软迹象，民间的巷道里丽影幢幢，她的形象犁开了男权叙事的幕布，闪现出了一抹大红灯笼一般的亮色。

杜光庭的另一贡献，是对道教音乐重新进行整理和规范，并由此而形成在道教历史上极其重要的音乐流派，即“广成韵”，又称“南韵”，以细腻、丰富为特色。

杜光庭是继天师道祖师张道陵以后又一位伟大的道教领袖，他推动和丰富了道教理论的发展，至今在青城山建福宫塑有他的神像。

对于青城山，“不唾青城地”是远远不够的，从杜光庭咏诵道教圣地青城山的一首七言绝句中可以发现，他于大自然中获取了真谛：

花拥石坛何寂寞，草平辙迹自分明。
鹿裘高士如相遇，不待丈人霜峰青。

张大千的巨豹与乌鸦

青城山上清宫，是张大千先生1940年在青城山居住作画之地。

记得一次我去上清宫参观，抬头朝山上四望，发现一只白色的鸟朝上清宫的方向飞来。在青城山，一直有白色乌鸦出没，但很不容易现身。当年，一位樵夫就曾把自己捕捉的白乌鸦敬送给了张大千。张大千认为白乌乃特别珍稀的祥瑞之鸟，为表感激，当场赠其亲笔画《秋牡丹图》。此后，张大千以这只白乌鸦为模特，往往是吃过午饭，张大千在画室门口，给白乌鸦添食，看着它往瓷罐里啄水，梳理羽毛，反复观摩，他先后绘制了姿态各异的《白乌图》《红叶白乌图》等多幅佳作。当然，张大千在青城山还蓄养了一头黑熊和一头金钱豹，这是后话了。

而根据张大千女儿张心庆回忆，情况全然是另外一回事。

1944年春季，张大千一家住在成都骆公祠（原为蜀汉赵云洗马池旧址，晚清时节建有纪念四川总督骆秉章的祠堂），收到朋友从青城山送来的一只雪鸦。这只雪鸦极为罕见，除了尾部有些许黑羽外，周身雪白，与杜甫诗《哀王孙》中写过的白头乌不同。张大千非常珍爱，叫人给老友、蜀地国画名师张采芹送信，请他前来一睹神鸟。张采芹又邀约了林君墨和杨孝慈两个朋友一道来观赏。他们一面品茶，一面逗鸟。言谈中谈及花鸟技法，张采芹技痒，见大千画桌上刚好有一斗方宣纸，就展开画纸写生。张大千一见连声称赞，又提笔为雪鸦添了一茎树枝，枝梢还生出两片嫩叶。一幅《雪鸦图》就这样玉成了。张大千欣然题记：“甲申三月二十六日。友人从青城携来雪鸦见赠。君默、采芹、道慈诸公来赏，采芹道兄对影写生，命余补老枝新绿，并为记。大千张爰。”写完盖了大千印章，采芹也补印于下。四人欢聚了一整天才告别。可见，《雪鸦图》是张采芹、张大千合作完成。

张大千《崇州味江风帆图》

《张大千谈艺录》里记录了他的观鸟心得：“一种鸟有一种姿态，燕子与鸽子是不站在树枝上的，鹤与鹭是蜷一足而睡的，等等。倘若只了解鹤与鹭，就拿它的姿态，来画其他的鸟，这岂不是笑话。乌鸦与喜鹊，动态是绝不相同的，若将黑皮袍脱下来穿在喜鹊身上，就说它是乌鸦，那是绝对不可以的。所以必须观察种种微妙的动态：啼晴、调音、踏枝、欲升、将飞、欲坠、欲下、反争、飞翔、欲啄等等。以上各种姿态，胸中都明白了，画时自然会得心应手。”由此可见大千先生观察细致入微之能，以及技法超拔众人的原因。

有学者指出，大千题画时曾写道：“青城山中樟枏漆树，未秋先红，璀璨如锦。”指的就是《红叶玉鸦》等画作中的这种红叶，是他在青城山居时秋冬之间庭院中的实物。

这就是说，张大千至少在蜀地有两次与雪鸦相遇的经历。

晚清魏源《赠谢默卿明》诗之二：“徒闻牛戴角，不见乌白头。”但在我看来，即使不是处于神异的时代，所谓不可能的事情，却总能在想象的视野中渐渐落地。

雪鸦、白乌是非常珍稀的鸟类变异现象。山里人说要百年才会出一只，能够看见的人都是有福气的人。我想，那天在青城山出现在我视线里的，是不是一只白乌鸦呢？

难道白乌已经从密室的宣纸上飞离，飞回到自己魂牵梦绕的故乡？！

法国作家雨果换了一个角度，说：“经过这一场乱斗，我们都不改本色，他们白得像乌鸦，我呢，黑得像天鹅。”

20世纪30年代，张善子、张大千兄弟在苏州网师园居住5年，养了一头老虎，赐名“虎儿”，既充任模特儿，又是宠物。1935年，在上海出版了画册《张善子张大千兄弟合作山君真相》上下集。后来虎儿病死于木渎灵岩山。几十年后，张大千题“先仲兄所豢虎儿之墓”移送苏州，留下一段艺坛佳话……1970年，成都著名国画家钟知一自大凉山彝区买回小熊一头，后来体格大到无法收拾，就放到成都市人民电影院去看门，最后送至动物园，算是找到了最后的归宿。历史上喂养猛兽的名流并不少，近代名儒、山西省图书馆的创办人柯璜（1876—1963年），早年在太原位于文源巷的文庙办公时饲养过一只金钱豹，豹子对他最为亲近，他还能带着它在文庙里走来走去；那只豹子一看到主人过来，马上在地上打滚耍玩，好像很会讨好的样子。柯璜对子女说，这就是无机心的妙处，豹子知道你不会伤害它。人也同此理，柯璜的四个子女在性格上都多少有些质朴忠厚。

其实，张善孖、张大千兄弟一直深具“虎豹情结”，1938年冬季，张大千携家人绕道香港、重庆，在青城山上清宫居住，因为虎不易获得，但豹迹遍及青城山野。传记《画坛巨匠张大千》记载，一个傍晚，青城山上已是夜色朦胧，张大千偕夫人及心智、心瑞、保罗到上清宫前面的旗杆附近散步，突然从不远的一条深沟里传来了豹子锯木头似的吼叫声，其他人都被吓得慌了神，只有张大千镇定自若。他让大家都回去，那时他目力尚好，要留下看个究竟。夫人拗不过，只好领着孩子们先回家。到家后，每个人都提心吊胆，大约过了半个时辰，张大千才面带笑容返回。他说躲在一棵大树后面想等豹子出沟，但总是只听吼声不见豹子的踪影，后来吼声越来越远，只好回来了……

张大千先后在青城山寓居4年多时间，青城山的古迹与美景激发了张大千的诗情画意，他曾在此作画1000余幅。根据《都江堰文史资料选集》记载，张大千的确在青城山饲养了一头金钱豹。这位“青城客”不仅种有数百棵梅树，还饲养鸟雀和幼猿，飞禽与走兽伴其艺术生涯。庭院枝上栖息的白羽鸟，大千名之为“玉鸦”，有时也称作“雪鸦”，是大千在青城及成都所蓄养的一种异鸟。有朋友送他一只小豹，作画时，小豹就伏卧在画案下，夜里则睡在他的床边。他登山振衣长啸雄视古今，豹子服服帖帖地跟着他。张大千由名人到大家，与他在青城山“搜尽奇峰打草稿”大有渊源。1939年的一天，他对次子张心智讲了一番人与动物论：

> 人们都很怕老虎和豹子，认为它们会伤人吃人。其实这些动物是可以在家里养的，就像养猫、养狗一样。还有人说养这些虎、豹必须从小把它们的门牙敲掉，才不致有危险，可是事实证明我过去和你们阿爸（指二伯父张善孖）养的老虎和这头豹子，都没有敲掉它们的牙齿，也没有关在铁笼里。你们看，这豹子不是和我们生活得很好吗？
>
> 但是，我绝不养狼。人们在吵架时，常骂对方是狼心狗肺。事实上，狼也确实是最残忍、最忘恩负义的动物。你辛辛苦苦把它养大，到头来，它会毫不客气地反咬你一口！[①]

① 张心慧夫人苑仲淑：《南望何时拜梅丘》，载宁夏政协文史资料研究会编《张大千生平和艺术》，中国文史出版社1988年3月版，第312页。

张心智补充回忆说："爸爸不仅在苏州网师园与我二伯父养过虎，还在青城山养过一头豹子，记得是一位朋友送的。开始只是个十来斤重的小豹子，后来经我们喂养，长成了一头约二米长、重五六十斤的大豹子，毛光色美。爸爸和我们在青城山散步时，它总是跟在后面。爸爸作画时它就卧在画案下，夜里则睡在爸爸的床底下。开始，我们弟兄姊妹怕它咬人，总是望而生畏。"

杜光庭在《录异记》里，提到五代以前的修道者知果时说："知果居圌山（江油），与虎豹同处，驯如家犬。鸦数集其肩臂上鸣戏为常。又有巨蛇时出，知果叱而遣之，蜿蜒而去。虎三头于庭中，月夜交搏踏腾既甚，知果怒持白梃击之，遂散去。其狎异类也如此，一旦失所之。"动物不仅具有灵性，有时比人更具道德，甚至就是道德化身。看起来，张大千是按照古人的天道观来处理兽道。

从人的豹隐到豹子的豹隐，从山林氤氲凝聚的精气，到艺境的廓然无圣、唯我独尊，人与物各自在丹道静穆之中走向澄明，张大千隐居青城山，临摹宋元名画，达到了他艺术的第一个高峰。青城山历来盛行炼丹，晋代青城山道士皇甫士安着有《养丹诀》一卷。历代青城山道士都有炼丹之书，收集常用药物名称及丹药的制作和用法一百余种，这种炼丹术和丹药，丹道称为外丹术。但外丹显然是根据内丹而来。道教称气功为内丹术，身体为鼎炉，精气为药物，元神为火候，精、气、神在体内凝聚不散。

对于豹子而言，丹药乃精神的芳香剂，那是将无限的寂静与雾霭收纳于皮囊，豹成为一架翻滚的山岳，豹突然绽露出花斑的硫黄与山硝。丹药是什么？那是将卑小的个人与眸子让鸟翅带往茫茫四野，艺术家百手千眼，在岷山刚劲的高风里稀薄而趋于解体；他终于悬腕停笔，那些足以让时间与空间无从磨灭的丹青，铺天盖地的大波浪，是白鹤打开的莽野、松露、白泉和彤云，犹如一张他亲手剥下的皮。细看张大千的山水，我总有一种脑浆迸裂汇为灿烂的奇怪之感。

这头豹子结局如何呢？以往无任何回忆资料披露点滴。在张大千的意识里，虎豹之神已随哥哥张善孖而去，所以我们无缘目睹张大千笔下的虎豹。既然如此，他只能是“神猿转世一大千”。

2016年10月下旬，时年89岁的张心瑞女士回到阔别多年的青城山，我托都江堰作家王国平询问她这头豹子的下落，她回忆说，平时，这头金钱豹和黑熊是我和心智在饲养，身体很好。一天他们下山买了一大块猪板油回来准备熬制，晚上豹子偷吃了猪板油后拉肚子，非常厉害，几天之后死去了。这让张家人很伤心。黑熊呢，一天突然逃跑了，为防止它伤害游人，张家只好请青城山道士出面雇请山里猎人，把黑熊打死……

徐悲鸿的青城山画缘

两千年以来，涉足青城山的画家每个时代都有，在唐、五代、宋代以及近代相对集中，而元、明、清三代典籍记载却很少。青城山以其独特的景观和宗教魅力让登临者络绎不绝，画家们也接踵而至。在以青城山为绘画题材的近代画家中，尤以黄宾虹、张大千、徐悲鸿、周抡园十分知名。

一代宗师徐悲鸿笔下的马不可方物，其实他绘制的狮子也是古今独步，借物言志是他的风格和手段。他以写实主义为艺术特征的精神脉络下，更以其超逸脱俗、超然物外、动中寓静、笔墨简洁的特征，表现出了艺术的真精神，展示了“气韵生动”“天人合一”“物我合一”的中国最高美学和文化精神。强调了其艺术的民族思维、民族文化之本源，并且以其火焰般的热情和“法无定相，气概成章”的艺术追求，呈现出超逸脱俗、静籁简洁但又充满激情的精神风貌。

徐悲鸿的作品涵盖面极广，他还创作了很多表现人与自然、充满灵性以及昭示天道和谐的作品，比如《庭院》（1942年）、《灵鹫》（1942年）、《漓江春雨》（1937年）、《鹅闹》（1924年）等国画，情义满纸，感人至深。

《灵鹫》，纸本设色，121厘米×92厘米，也叫《喜马拉雅灵鹫》，是悲鸿大师的巨制。徐悲鸿之子、中国人民大学徐悲鸿艺术学院院长徐庆平教授指出，《灵鹫》的独特性更在于，先父打破了传统山水画当中皴法的通常用法。皴法是使用细小的线条描绘山石，以造成一种空间的质感。但是徐悲鸿一反常态，是对灵鹫采用皴法，而对下面的石头采用了泼墨之笔，具有独具慧眼的创新意识。

徐悲鸿作于青城山的《山鬼》

世人皆知徐悲鸿家挂着一副对联：“独持偏见，一意孤行。”横额也是他的斋名：“应毋庸议。”他还有一句座右铭：“人不可有傲气，但不可无傲骨。”1943年在重庆展出时，引起轰动，美国将军陈纳德为此念念不忘。抗战胜利后，陈纳德将军即将回国，蒋介石要送礼物，此人说什么都不想要，只要徐悲鸿那幅《灵鹫》。党国大员出面请徐悲鸿开价，要买下这幅画，但被他拒绝，他们一次次前来，并表示无论出多高价钱都可以接受，他就是不肯。为了防止总统再派人来纠缠，徐悲鸿就在画的右下角题上了“静文妻保存”五个字。后来，徐悲鸿听说了想要《灵鹫》图的人是陈纳德，颇感不安：陈纳德不远万里来到中国，为了支持中国人民的抗战事业而出生入死，岂能毁了他的一番心肠？但是画上已经题了字，不能再送。为了表达自己对陈纳德的敬意，徐悲鸿决定画一张《八骏图》相赠。徐悲鸿特别声明：这幅画送给陈纳德，是自己个人，也是中国人民的一片心意，分文不收。值得一提的是，2011年11月13日，中国嘉德秋拍夜场《大观——中国书画珍品之夜》在北京国际饭店开拍。备受关注的徐悲鸿《灵鹫》从1500万元起拍，拍卖时间超过了10分钟，最终以3220万元的价格成交。

就在《灵鹫》图引起轰动的这一期间，徐悲鸿的命运再次发生转折。他爱过的女人，一个已经缘分到头，一个已经出嫁他人。在《蒋碧薇回忆录》里，她以白描技法，刻画了徐悲鸿的移情别恋。1943年，徐悲鸿在桂林招考中国美术院图书管理员，只收女性。五十多人报考，录取了一名19岁湘潭女生，徐悲鸿亲自赐名：廖静文。“先生亲自带着图书管理员回重庆，在桂林上车，买的是卧铺票。送行的朋友，亲见他们同一卧车，而且在上车的时候，管理员的行李，是徐先生帮她提着的。”在即将启程到青城山写生时，他们的关系已经公开化了。

1943年7月，徐悲鸿带领中国美术学院的全体正副研究员，一起去青城山写生。女秘书廖静文也一起去，因此蒋碧薇十分不甘，于是托人带话给徐悲鸿，要他将两个孩子也带去。他们的儿子徐伯阳回忆说：“到了山上，我和妹妹，跟着父亲还有廖小姐住在天师洞，其他人住在上清宫和其他的洞中。那些正副研究员们安排好住处后，即各人背了画箱、画架、画布到山上去写生，父亲就留在洞中画画，我和妹妹就到山上去玩……”

徐悲鸿来青城山小住一月有余，才思喷发，不可遏制。他们饱览青城山色，来到位于主峰老霄顶岩脚的著名的朝阳洞，深广数丈，可容百人，传为宁封丈人栖息处。清人黄云鹄曾在此结茅而居，并撰联曰：“天遥红日近，地厌绛宫宽。”徐悲鸿在此撰联：“空洞亲迎光照耀，苍崖时有凤来仪。”在青城山的天师洞道观，徐悲鸿的居室布满了他的画，外人几乎难以插足。他激情难抑，《国殇》《山鬼》《湘夫人》《云中君》《孔子讲学》等国画与《大银杏树》《青城道中》等油画，就是在这古木参天的幽静之山中诞生的，并作《紫气东来》《奔马图》《如见道心》等画送给热情接待的青城山道士易心莹等人。

尤其值得一提的是徐悲鸿在青城山的两幅气氛截然不同的人物画，都取材于屈原的《九歌》。一幅是幽静山谷之中孤独的山鬼，另一幅是短兵相接、在激战中为国捐躯的战士。不论是《山鬼》还是《国殇》，画家的悲愤之情皆溢于画外，同祖国的脉搏息息相通。《山鬼》画作，徐悲鸿主要突出对山林女神外在优美形象和内在心理活动的描绘，表现山鬼的幽怨情态。画面清新、明朗、亮丽。山鬼骑着赤豹出现，披着薜荔，戴着女罗，隐约透视出心中的失落和幽怨。可以说，这也是现代画家第一次绘制“骑豹”意象图，而主角山鬼的造像，我们有理由认为，那就是廖静文。

2014年4月26日上午，武侯祠美术馆人头攒动，由成都市文化局、武侯祠美术馆及成都道田文化传播有限公司等多家机构主办的《神骏踏春又归来——徐悲鸿在四川》绘画精品展，包括油画、国画、素描在内的34幅徐悲鸿精品力作，不仅仅在于其市值7.9亿元人民币，更鉴于其中部分又是在成都青城山创作的，强烈吸引了成都的爱好者慕名而来。除了国画《奔马》《山河百战归民主》《巴人汲水》等经典代表作外，徐悲鸿在青城山创作的两幅取材于屈原《九歌》的国画作品《山鬼》和《国殇》，油画《青城山道中》以及与张大千合作的国画《老杜诗意》，更是吸引了众多观众驻足留恋。

我得到精美的画册《神骏踏春又归来——徐悲鸿在四川》，收有廖静文先生为展览特写的亲笔贺信，信中她谈及了她与徐悲鸿的“成都故事”：“1943年夏天，我随徐悲鸿来成都，当时徐悲鸿与画家们在青城山写生创作，我则在成都投考华西坝的金陵女子大学：悲鸿为我画过许多画。这次在成都展出的油画《读》，还有一幅素描头像，都是他以我为模特画的。也是我们在四川生活时，他精心创作的……那些美丽的夜晚至今仍留在我心中，永远闪着亮光。那是我一生最幸福的时候，所以至今我还怀念成都，怀念青城山。”

成都不仅仅是徐悲鸿、廖静文的爱情稳固发展之地，也是画家深切体认巴蜀文化精神的空间。比如，徐悲鸿创作的尺幅最大的一幅单马图，就在成都宝光寺内。有一次徐悲鸿和廖静文在成都坐马车，他发现马车夫是一个和善爱马的老人，马养得很好，马也很通人性。徐悲鸿爱马，自然喜欢爱马之人。下车之后，就从手提包里取出一幅《奔马图》，交给马车夫，车夫不解，廖静文从旁解释说：“这画是送给你的。”马车夫眼角潮湿了，一边双手接过画作一边自言自语地说：“我碰到好人了。”……这样的知遇之事，让人想起杜甫“始知神龙别有种，不比凡马空多肉”的诗句。

徐庆平对记者表示：“回成都办父亲的展览是母亲最大的心愿。”徐庆平颇为感慨，成都的风土人情、历史底蕴对父亲影响很大，父亲一生中艺术创作的重要时期便是在成都。“正是在成都生活期间，父亲将中国艺术与西方艺术交融的独特风格开始成熟。”

值得一提的是，在武侯祠西区荐馨殿东厢房的第二展厅内，还特别展出了《八十七神仙卷》复本。《八十七神仙卷》的艺术价值被徐悲鸿视为“足可颉颃欧洲最高贵名作”，也是北京徐悲鸿纪念馆里的“重器”，真迹不对外展出，可供展出的复本也仅此一件。这次之所以将复本带来成都展出，是缘于一个更深的“成都情结”：1942年徐悲鸿收藏的《八十七神仙卷》的真迹在昆明被盗，时隔两年后恰恰又在成都浮出水面，他被迫以20万元现金再追加自己10幅画作的巨大代价换回。这幅令他朝思暮想的《八十七神仙卷》终于回到了徐悲鸿手中。徐悲鸿抑制不住自己激动而兴奋的心情，当即挥毫赋诗一首：

得见神仙一面难，况与伴侣尽情看。
人生总是葑菲味，换到金丹凡骨安。

后来，徐悲鸿特意镌刻了“悲鸿生命”印章，盖在画上作为特殊纪念。1944年至今过去了70多年，这幅宝卷的展出，对于巴蜀画派而言，对于成都来说意义非凡。

第30章

成都的十二月市

自然地理的相对封闭，高山大川构成的屏障，有时会形成一个地区发展的阻碍，但有时候又呵护着一个地区社会、经济的发展。这一现象，总是在成都的城市史进程里起落沉浮。

唐时，成都的经济、文化发展迅猛，使得“扬一益二”的说法闻名遐迩。繁荣的经济使唐代成都的人口持续增加。唐贞观十三年（639年），成都有近12万户、74万余人，仅次于都城长安，为全国人口数量第二的大都会。经过100多年的发展，据《新唐书·地理志》记载，天宝元年（742年），成都有16万余户，以户数计，仍为全国第三大城市。伴随人口的增加，英豪辈出，进一步激发了成都的城市活力。杜甫旅居成都，耳濡目染间，由衷赞叹成都是“曾城填华屋，季冬树木苍。喧然名都会，吹箫间笙簧”。

当时的成都世情是怎样的呢？

其人敏慧轻急，貌多蕞陋，颇慕文学，时有斐然。多溺于逸乐，少从宦之士，或至耆年白首，不离乡邑。人多工巧，绫锦雕镂之妙，殆侔于上国。贫家不务储蓄，富室专于趋利。其处家室，则女勤作业，而士多自闲。聚会宴饮，尤足意钱之戏。小人薄于情礼，父子率多异居。[1]

从这一段叙事里，可见到了隋唐时期，长安文化除了因国都带来的俗具五方、华夷杂处的多元文化特点之外，民间风俗是崇尚不事生产，去农从商，争利于市。在此波及之下，成都市井则不喜离乡为官，且“人多工巧”，有“绫锦雕镂之妙”的著名产业，喜欢休闲、宴饮。

成都具有这样的世风，必然会在集市上得到欲望的全部映射。

唐代的成都市场大体分为两种，一种是经常性的交易市场，一种是定期集市。前者主要分布在市区内，分为东市、西市、南市、北市。韦庄诗里说“酒市多逋客，渔家足夜航”，记录的是卖酒的酒市里，消费者多为外地人。张籍“万里桥边多酒家，游人爱向谁家宿”，这是对万里桥一带酒幌林立的壮写。前蜀李珣《南乡子》里说“鱼市散，渡船稀”，说的是成都的鱼市。此外，还有米市、炭市、麻子市等与市民生活息息相关的各种市场，甚至还有每天清晨开市的专门交易花木虫鱼的专业市场。

而在村落之间还有大小不等的市场，被称为“亥市”，这指隔日交易一次的集市。《康熙字典》：“亥市……言如痎疟，间日一发也，讳痎，故称亥市。”宋代吴处厚《青箱杂记》卷三记载：“蜀有痎市而间日一集。”

这种从州府到边远乡村形成的两天一逢场的市场体系，已经构成了较为完备的商品流通网络了。

在当时，成都主要流行的是定期的市场。

宋熙宁七年（1074年），北宋名臣赵抃遍访成都乡土历史，主持编纂了记录成都历史、地理、风俗等百科全书式的地方志《成都记古今》[2]，其中记载了“成都十二月市”：“正月灯市，二月花市，三月蚕市，四月锦

① 魏徵，令狐德棻：《隋书》卷二十九《地理志》，中华书局1973年版，第830页。
② 后人不断补《成都古今记》，作乙记、丙记、丁记，后增订为《成都古今集记》。

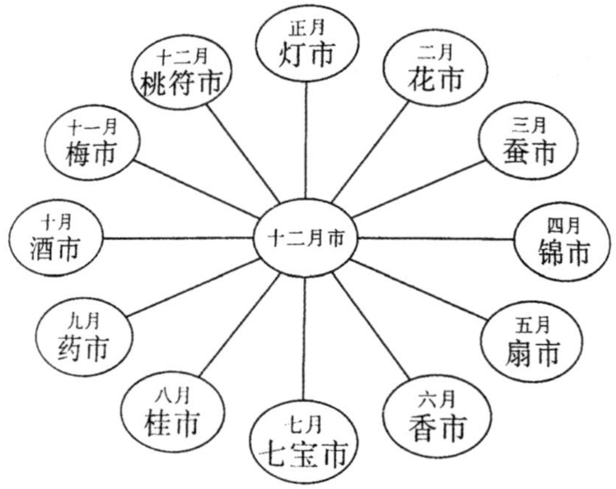

宋代成都十二月市示意图。（四川大学王小红 制图）

市，五月扇市，六月香市，七月七宝市，八月桂市，九月药市，十月酒市，十一月梅市，十二月桃符市。”元代费著所撰地方风俗志《岁华纪丽谱》更是对“成都十二月市”予以了详细罗列，可谓月月有集市，花样各不同。

这恰恰说明，宋代时成都的经济发展已经取得非常明显的实效。据蒙文通先生考证，唐代时农作物平均每亩产量约1.5石，而宋代平均每亩产量约2石，比唐代高约30%。经济作物无论种茶、种棉、种植甘蔗、栽桑养蚕产量均高于唐，生产分工也很仔细。而农产品种类也有明显增多的迹象。正因为如此，农产品的极大丰富，促进了市场的空前繁荣，才催生出了“成都十二月市”。

要感谢宋代的诗人们，为我们记录了他们穿行于人头攒动的“花市”里的感受，一个活色生香的成都跃然纸上。

“蜀地名花擅古今，一枝气可压千林。”一见西蜀名花，倚马可待的陆游，写下了这句赞美蜀地名花的名诗。在蜀地宦游数年，陆游又写出“我游西川醉千场，万花成围柳着行”“轻裘骏马成都花，冰瓯雪碗建溪茶”等诗句，对成都花开遍野的繁盛之景可谓念兹在兹。

唐宋之时，成都是远近闻名的花城，四季名花不断。城中所种植的花卉，以梅花、木芙蓉、海棠为主。

蜀人爱花，不得不说到有“中国十大名花之魁”之称的梅花。梅花为“花中四君子”，在中国传统文化中历来被视为坚强、高洁品性的象征。

宋代成都广植花卉，梅花极负盛名，每到冬月，香气满城，已经提前宣布了“梅市”的到来。

《成都古今集记》中，虽清楚地记载有十一月的梅市，但梅市的具体地点和交易内容，却没有提及，此后的诸多文献也是如此。有人经过考证，基本可以认为，梅市主要集中地应在青羊宫一带。

古时成都梅花甚为有名，在文人墨客的笔下皆有体现。西汉时，扬雄《蜀都赋》云：“被以樱、梅，树以木兰。”可见西汉时节梅花在蜀地已大面积种植了。

以往多是白梅花，一直到唐朝才出现红梅。尤袤撰《全唐诗话》载：“蜀州郡阁有红梅数株。”这是有关“红梅”在蜀地的最早文字记载。而《永乐大典》卷二八零九收录有笔记小说《红梅传》：

> 蜀州（今成都崇州市）有红梅数本，消香赭艳，花之殊品也。郡侯构阁环堵以固之，梅盛侯开宴赏之，他时则扃钥，游人得见之。一日梅已芳，都将未至，有两妇人高髻大袖，凭栏语笑。守梅吏仰视，因验扃钥如故，而上有人何耶，乃走报郡侯，侯遣人往验，既启钥不见人，惟于东有诗一首，其词曰：南枝向暖北枝寒，一种春风有两般。凭仗高楼莫吹笛，大家留取依栏杆。诗意清美，字体神秀，岂神仙中人乎。

这则笔记，对于蜀地红梅文化意义重大。

木质部淡暗红色、花紫红色是朱砂品种两个主要特点。方惟深的《红梅诗》云：“清香皓质世称奇，谩作轻红也自宜。紫府与丹来换骨，春风吹酒上凝脂。”说明在宋朝人们对朱砂梅的特征已非常了解。

蜀人对梅花的持续喜爱，使得梅花成为花市、花会中的主角。

宋代成都曾大面积种植梅花，从青羊宫到浣花溪一带，梅树成林，香溢数里。

“当年走马锦城西，曾为梅花醉似泥。二十里中香不断，青羊宫到浣花溪。”这是陆游的名篇《梅花绝句》，描写了当时梅花飘香满城的景象。陆游写了不少咏叹蜀地花卉的诗篇，吟咏最多的是梅花。

陆游在蜀中宦游数年，当时成都“锦城梅花海”，所以他到成都的第二首诗就是《梅花》，接着还有《西郊寻梅》，连续写了7首赋梅诗。

值得一提的是，陆游到达成都时正值岁暮，梅花盛开，如此美景让他心醉不已。

虽然文献史籍中对成都“梅市”的记载寥寥无几，但在陆游的诗中，能够找到不少梅花的繁盛之地。

根据陆游的诗歌可知，成都以其西、南、东门郊外的梅花，最为繁盛。

西郊以浣花溪、青羊宫为两大景观聚集区，“西郊梅花矜绝艳，走马独来看不厌”。所谓“青羊宫里春来早，初见梅花第一枝”。这也佐证了宋代对梅花特别推崇，致使梅花成为花市、花会中的名角。

南门外有许多梅花园囿，比如万里桥南的刘氏小园，“佳园寂无人，满地梅花香”。而在城南的王氏庄里，“可怜庭中梅，开尽无人知”。

由此可见，南宋时的成都花香浮动，几乎遍地皆梅花。

由梅市、花市逐步发展而来的青羊宫花会，流传至今。这是十二月市里影响至今不衰的余韵。

按成都民俗，农历二月十五日是道教始祖李老君的生日，故自唐代以来，民间就在此期间举办一年一度的庙会。又因成都的农历二月正值天气晴和、春意宜人、百花盛开的季节，故又传农历二月十五日是百花的生日，这天人们要举办盛大的花市花会，借此朝贺百花仙子的生日，称为“花朝”。

成都花市便在“花朝”前后举行，以“花朝”为花市的正期。四川大学古籍研究所、历史地理研究所研究员王小红指出，古时成都花市主要集中在青羊宫一带，渐渐到花市赏花的人也到青羊宫中拜祭老子，进香祈

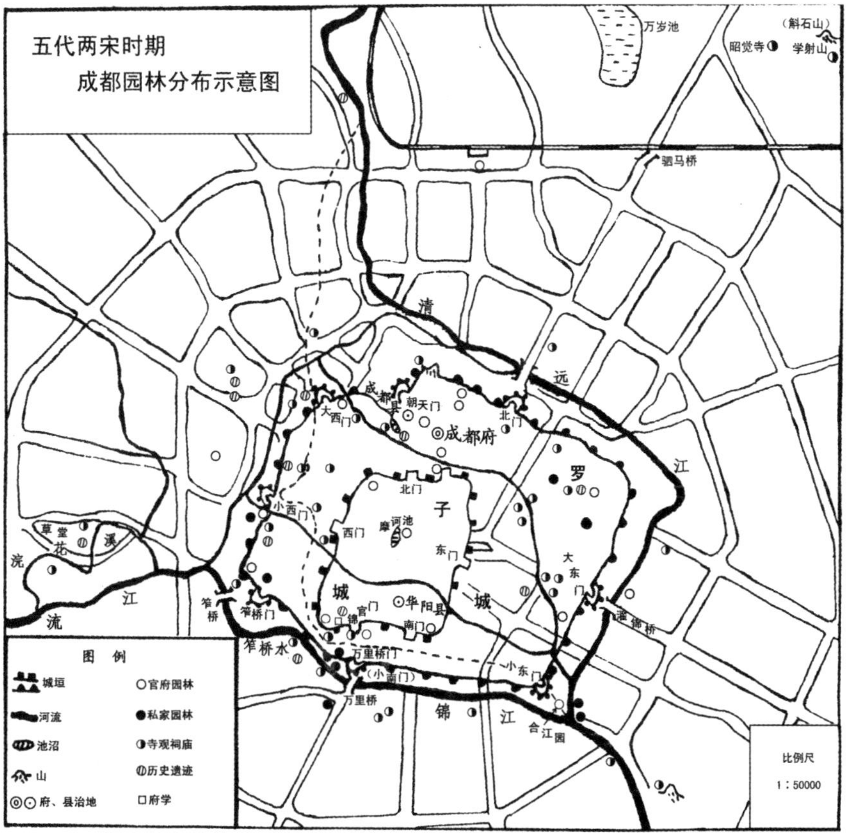

五代两宋时期成都园林分布示意图。（四川大学王小红 提供）

福。到青羊宫参加法事活动的善男信女游于花市，故“庙会”“花会”合一，成为成都一年一度最为盛大的春日盛会。[①]

宋代状元冯时行在巴蜀官场供职多年，最后客死雅安。他的《梅林分韵诗序》，便记载了与友人冬日游赏成都梅苑时观览古老梅树、大家乘兴作诗的情景：“绍兴庚辰（1160年）十二月既望，缙云冯时行从诸朋旧，凡十有五人，携酒具出西梅林。林本王建梅苑，树老，其大可庇一亩。中间风雨剥裂，仆地上，屈盘如龙，孙枝丛生直上，光怪古者凡三四。酒行，

① 王小红：《古代成都的美丽生态》，《成都日报》2019年6月17日。

以‘旧时爱酒陶彭泽，今作梅花树下僧’为韵，分题赋诗。客既占韵，立者倚树，行者环绕，仰者承艿，俯者拾英，吟态不一，皆可图画。”[①]诗酒过从，梅花吐艳，红袖添香，逸趣横生。

作为宋代成都物质文明登峰造极下的产物，成都十二月市当中七月举行的七宝市，又是十二月市中商品种类最为繁多的集市，主要以古玩珠宝玉器为主，堪称宋代成都的“购物狂欢节”。需要注意，“七宝”一词来自佛家之书《俱舍论》，所指的是一切器用，称为“轮王七宝”。

当时的“七宝市”，还售卖家具、炊具、灯具等杂货。宋人吴自牧所著《梦粱录》记载，宋人常用的杂货有桌、凳、凉床、交椅、兀子、长挑（床板）、绳床、竹椅、裙厨、衣架、棋盘、面桶、项桶、脚桶、浴桶、大小提桶、马子、桶架、木杓、研槌、食托、竹夫人、懒架、木梳、篦子、刷子、刷牙子等。这些形形色色的家具，每一样都有特别的用途，共同组成了颇具规模的民间百货市场。

而珠宝等器物，售卖者一般是使用口袋装盛，以鸡公车运输。这一细节，却暗含了后蜀孟知祥的不祥“国运”——宋代陶岳《五代史补》有记：“孟知祥之入蜀，视其险固，阴有割据之志。洎抵成都，值晚，且憩于郊外，有推小车子过者，其物皆以袋盛，知祥见问曰：‘汝车所盛几袋？’答曰：‘尽力不过两袋。’知祥恶之，其后果两世而国灭。”

这就是说，“两袋”谐音“两代”也！

唐朝中期，一些巴蜀城市市场严格的时间管理制度逐渐松懈，成都民间突破了“日中为市”的传统，夜间商业活动以及与之相关的早市相继出现。这时的成都夜市（成都人称为“鬼市”），南宋祝穆《方舆胜览》卷五十一引《成都志》记载：“锦江夜市连三鼓，石宝书斋彻五更。”这时的夜市，多为地摊形式，货物交易十分丰富，甚至达到彻夜达旦的程度。

淳熙三年（1176年）中秋节之前的一天夜晚，诗人陆游与友人到大慈寺游玩，对大慈寺外灯火辉煌、人流如织的夜市留下了深刻的印象，他的

---

① 冯时行：《缙云文集》。

《天中节前三日大圣慈寺华严阁燃灯甚盛游人过》："万瓦如鳞百尺梯，遥看突兀与云齐。宝帘风定灯相射，绮陌尘香马不嘶。"

陆游的诗词也谈到成都这些不同集市的特点："何事又作南来？看重阳药市，元夕灯山。花时万人乐处，欹帽垂鞭。"诗中谈到了药市、灯市、花市这三大市的盛况。这些定期的集会，不但是成都及附近人们交换商品的场所，更吸引着全国各地商人来做生意。十二月市的兴盛直接反映了唐宋时期成都经济的发达，手工业和商贸的繁盛，反映了成都的城市地位在全国来说都非常高。

早在西汉开始，成都已是丝绸、锦缎等手工业品的重要交易市场，因而成为川西地区丰富的农副产品资源的集散地和对外出口贸易重要城市。巴蜀茶叶集中于成都，再运到甘肃武都等地，转卖到西北各游牧部落。"两都"——成都和武都，成为中国最早形成的大宗茶叶市场。据《盐铁论》记载，蜀郡的货物已运输到南海一带交换珠玑、犀角等珍品。蜀布和邛杖也到了印度等地。汉代成都市场的繁荣，从商业资本的大量积累也可见一斑。《汉书·货殖传》叙述了一个叫罗裒（póu）的成都商人，有钱数十万或至百万，在长安和成都经营商业和放债，数年间得钱上千余万，已经出现了金融资本，可见当时成都商业的繁荣程度。

唐朝开始，蜀地是全国七大重要的产茶区之一，成都的茶叶交易十分活跃。灌县、临邛等著名茶叶，汇聚成都市场，畅销各地。

值得注意的是，十二月市上贩卖的很多商品都是"成都造"，如锦市和蚕市上出售的蜀锦，花市也是本地的；药市上虽然也有外地的药卖，但还是以四川本地的为主。各个月份的市场其实都是百货交易。能进行百货交易，说明物产丰富，很多主打产品都是外销产品。

黄休复《茅亭客话》指出：

"蜀有蚕市，每年正月至三月，州城及属县循环一十五处。耆旧相传：古蚕丛氏为蜀主，民无定居，随蚕丛所在致市居。此其遗风也。""少卿章岵尝官于蜀，持吴绫、湖罗至官，与川帛同染红。后还京师，经徽润，吴、湖帛色皆渝变，惟蜀产者如旧。后询蜀人之由。云：‘蜀地畜蚕，与他邦异。当其眠将起时，以桑灰煨之，故帛成宜色。’然世之重川红，以为染之良，盖不知由蚕所致也。”①

由此可以发现，蚕市与蚕丛氏的曲折关系，以及蜀锦“川红”的具有传奇性的来历。

五代时前蜀皇帝王建割据蜀地，他也十分重视成都蚕市，“至时货易毕集，阛阓（音环会，意思是‘市区’）填委”。“蜀人称其繁盛。而（王）建尝登楼望之，见其鬻桑者不一，乃顾左右曰：‘条桑甚多，傥税之，必获厚利。’”②可见，王建从登楼观蚕市的繁盛之况，由此悟出可以大肆收税，“必获厚利”。

这叫滚滚利润，入我彀中！

蜀地的蚕市至迟在唐代中叶已出现。主要是交易蚕桑、蚕具之类，故其举行时，都在每年正月至三月春蚕将兴之日，而这种集市贸易也就由此而以“蚕”为名称之。以后，交易的范围随着商品经济的发展而日益扩大，就变成了一种交易百货的集市。当时蚕市最繁盛的地方，首推成都府。蚕市的时间，“每年正月至三月”；集市的区域，“州城及属县循境一十五处。”③仅在成都，蚕市循环的时间和地点就有明确规定，即：正月五日在五门；正月十五日在州南门；正月二十二、二十三日在圣寿寺；二月八日、三月九日在大慈寺；三月三日在北门学射山（今凤凰山）；三月二十七日在大西门睿圣夫人庙前。此外各州县也有蚕市，如眉州“二月十五蚕市”，彭州唐昌县、绵州龙安县等均有蚕市。就连在较为偏僻的彭州葛仙山一带亦有蚕市。《云笈七签》卷一二二指出：“每年三月三日蚕市

① 张澍著，王斌，邓幫雲校注：《〈蜀典〉校注》，西南交通大学出版社2021年版，第159页。

② 鲍士恭：《五国故事》卷上。

③ 黄休复：《茅亭客话》。

成都博物馆宋朝蚕市复原微缩模型

之辰，众逾万人，宿止山内，饮食之内，水常有余。”可见当时蚕市的市景是十分繁荣和壮观的。每当蚕市之际，人们从各地纷至沓来，百货辐辏，万人拥道，红男绿女，摩肩擦背。唐末彭州唐昌县蚕市，《文苑英华》卷八〇指出：“每及上春，以蚕为名，因定日而有知其往。公亦约之期而候之。其日商旅辇货而至者数万，珍纤之玩悉有，受用之具毕陈。想人之心，岂待询问而知其欢悦也。”

每年农历二月十五日在成都拉开帷幕的蚕市，不但是交易，而且成为蜀中乡民的隆重典礼。苏轼《和子由蚕市》记录了生动的童趣：

蜀人衣食常苦艰，蜀人游乐不知还。
千人耕种万人食，一年辛苦一春闲。
闲时尚以蚕为市，共忘辛苦逐欣欢。
去年霜降斫秋荻，今年箔积如连山。

破瓢为轮土为釜，争买不翅金与纨。
忆昔与子皆童丱，年年废书走市观。
市人争夸斗巧智，野人喑哑遭欺谩。
诗来使我感旧事，不悲去国悲流年。

这当是苏轼、苏辙两兄弟共同的眉州童年记忆。每当蚕市拉开帷幕，蜀中乡民“共忘辛苦逐欣欢”，投身于浩大的民众狂欢，吸引包括儿童，竟然“废书走市观”，可见蚕市的吸引力、影响力、震撼力之强烈程度。但同时，“市人争夸斗巧智，野人喑哑遭欺谩”，又反映充斥于蚕市的社会矛盾，体现了苏轼体恤社会底层民众疾苦的善意与爱心。这与日后成长为敢爱敢恨的清官良吏的苏轼形象，一脉相承、渊源有自。

正月二十三日，“圣寿寺前蚕市。张公咏始即寺为会，使民鬻农器。太守先诣寺之都安王祠奠献，然后就宴。旧出万里桥，登乐俗园亭，今则早宴祥符寺，晚宴信相院”。这是一年当中继“五门蚕市”后的第二个蚕市。

《古今图书集成·成都府部》载“圣寿寺”情况：“在府治西南，汉建。在唐为空慧寺，后改龙渊；孟蜀时，宰相王处回舍宅以广其基，规制壮丽；至宋大中祥符间，移圣寿寺额于此。中有秦太守所凿石犀，今在殿前，俗呼为石牛寺。”这个寺庙，就是玄奘之兄长捷住锡之所，而且玄奘也很有可能在该寺受具足戒，并一住3年。据宋人侯溥撰《圣寿寺重装灵感观音记》记载，玄奘在空慧寺，“院有观音塐（同‘塑’）像，则唐奘三藏蚤岁行道乞灵之地，久历年所，像以坋潡肯，此春始议完饰，向佛之人相与施助，今兹观音大士与奘公侍立之像，熠然以新”。而且，玄奘礼该寺观音菩萨也是相当虔诚：“师夙宵行道，环绕防肃凡三年，其地为之没踝。”另据《益州名画录》，圣寿寺先后有武元衡、杨嗣复、夏孜，以及王继之模写的吕余庆等官员写真像。僧人楚安，妙绘山水，绘制一幅画需要一旬时间。人们收拾他使用过的画笔，称之为“笔宝”。

开放的城市格局，加上经济的快速增长，使作为西蜀重镇的成都充满了活力。成都的蚕桑丝绸业发展迅猛，成都以织造中心的效应带动蜀地很多州县成为绢帛产地。据《大唐六典》卷二十“太府寺”记载，四川的绢产地有28个州，约占当时全国87个产绢州的三分之一[①]，由此可知四川是唐代最重要的绢产地。精美的蜀锦，代表着我国古代丝织技艺的最高水平，不仅是唐宋时期四川的骄傲，亦为中世纪的成都带来了极大的繁荣。

四川省文史研究馆《成都城坊古迹考》记载，唐代凿解玉溪，流经大慈寺前。五代时大慈寺南为市集所在，五代以后，成为游乐胜地，后蜀孟昶宴请百官便是在寺院举行。

十二月市的蚕市、扇市、香市、七宝市、药市等多种专门集市，都曾在大慈寺附近举行。成都自古被称为“药福”之地，很多人还特意去逛药市，为的是去“闻药气”，有点像现在人们去空气清新之地呼吸负氧离子。

成都的集市具有极大的凝聚力和影响力，尽管中国“药市”的最早起源并不在成都，而是在东川治所梓州（今四川省绵阳市三台县）。农历九月初九是重阳节，蜀人颇具仪式感地插茱萸、喝菊花酒、登高望远，以治病防疾养生，祈求平安吉祥。宋人高承撰《事物纪原》记载了当地“药市”的起源，该书卷八《药市》记载：“唐王昌遇，梓州人，得道，号易玄子，大中祥符十三年九月九日上升……”这一天，蜀地民间还有一项非常重要的民俗活动：药市。重阳节开办药市，就是为了纪念药市行之祖王昌

唐慎微是北宋医学家，字审元。蜀州晋原人。他把前人研究过的一千多种药物和二百多家单方综合起来，凭自己的实践经验做了详细的考订，写成《经史证类备急本草》，这部书受到后世医药学家的重视。图为唐慎微塑像。（蒋蓝 摄）

① 唐玄宗时官修《大唐六典》，三秦出版社1991年版，第383页。

遇。当时龙图阁待制燕肃（961—1040年）知梓州，遇药市盛况，又延展3日，所以称之为“展药市”。

宋朝蔡絛《铁围山丛谈》卷六记载：当时川蜀俗喜“行毒”，于是在大慈寺其间号名“药市”者，于是有于窗隙间呼“货药”的叫卖声，人识其意，亟投以千钱，乃从窗隙间度药一粒，号“解毒丸”一粒可救一人命。奇人迹既叵测，故时多疑出神仙。蔡絛《铁围山丛谈》里感叹：解毒丹家世惧怕自已为行毒者仇害，故匿其迹，并不是有所谓的“神仙”。

这一记载，让我们看到了“药市”之所以麇集于大慈寺的原因，也补充说明了大慈寺之所以成为蜀地第一大药市的原因。

蜀地自古盛产木材、竹子，原材料供给丰富，这为扇子的生产提供了极大之处，川扇得以大量面世，产量极大。

扇子的创始首见于崔豹《古今注》:“舜作五明扇。”《世本》云:“周武王始作箑。”扬雄《方言》云:“自关而东谓之篷，自关而西谓之扇。”在汉魏六朝时，都是羽扇与团扇摇动的世界。诸葛孔明手持一把白鹤羽毛做成的白羽扇，谈笑间指挥三军，自此，羽毛扇成为智慧的象征。唐代四川已是中国制扇的主要地区，四川最早的工艺扇，就是在唐代诞生的“桐花凤扇”，也是川扇的代表性作品。班婕妤《怨歌行》:“新裂齐纨素，皎洁如霜雪，裁为合欢扇，团团似明月。”可证其时羽扇与团扇是并行的。晋代有六角竹扇，《晋书·王羲之传》云:“一老姥持六角竹扇卖之，羲之书其扇。”到了唐代，仍然是羽扇、团扇并行，而且团扇十分流行于坊间妇女，因而唐宋时期成都扇市，主要还是团扇的天下。唐人王昌龄诗云:“奉帚平明金殿开，且将团扇共徘徊。”王建词云:“团扇团扇，美人并来遮面。”到五代时期，川扇又以轻罗团扇驰名天下。杜牧诗《秋夕》写道:“银烛秋光冷画屏，轻罗小扇扑流萤。天阶夜色凉如水，卧看牛郎织女星。”指的就是这种轻罗团扇。除了羽扇、六角竹扇、团扇之外，开始出现了折叠聚头扇，成为宋代扇市的时髦产品。到了明代，折扇开始流行。当时出产的扇子，唯有苏杭和川扇出名。明朝陈三岛的《川扇》诗说:“险离蚕丛地，要来宫扇传。大都白帝竹，出匣风初转。”而明人王士性《广志绎》也指出："蜀锦、蜀扇、蜀杉，古今以为奇产。"

清嘉庆版《华阳县志》详细记载："蜀民每岁五月，于大慈寺前街中卖扇，名扇市。"可见成都的扇市，多在大慈寺的庙门前举行。

唐代的彭州唐昌县建德草市，是乡村市场的代表之一。当时有文人记录建草市之前的情况："贸易者星往而烛归。深沟雨涨，古陌桥摧，跬步难逾，艰苦宁署……"草市建起来后，乡村市场的面貌焕然一新。在彭州、青城山均有大小不一的草市。这些市场所销售的多是当地土特产和日常生活资料。宋代朱熹曾在《温江道中》写道："温江离省近，民俗倘称饶。处处是流水，时时当渡桥。沤麻成白雪，酿酒比红蕉。底事归心发，惊闻估客桡。"这里的"估客"，即行商，极有可能是地摊经营者。"处处是流水"则说明当时的温江水系发达，行商多是划着小舟来往贩卖交易货物的。在成都周边的乡镇，像这样的商业往来，应该不在少数。

尤其值得一说的是桃符市。

桃符是古人悬挂在大门两旁的长方形桃木板，对联起源于五代时后蜀主孟昶的桃符题词："新年纳余庆，佳节号长春。"这就确定了成都是春联的起源地，这对成都桃符市的兴起无疑具有开启之功。后人认为，孟昶春联预示着宋将灭蜀。孟昶作此联的时间是964年春节，次年宋灭后蜀，委派吕余庆做成都知府。更为巧合的是，宋太祖赵匡胤已于建隆元年（960年）将每年的二月二十六日自己的生日定为"长春节"。孟昶降宋时，正是长春节这天。

《成都古今集记》虽然记载了成都十二月为桃符市，但该市的具体日期与交易地点却没有明确记载。分析起来，十二月逼近年关，交易的桃符又是民俗之物，所以学者们推测，当时桃符市也许就是年画市场，不仅售卖桃符、春牌，也有来自成都周边的年画。

为何会在唐宋时期出现十二月市？

四川大学古籍所、历史地理研究所王小红研究员指出，这就与巴蜀盛行的游乐风气关系密切。从五代到宋代，成都城市社会经济面貌发生了显著变化，居民文化生活更加丰富多彩，游乐风气更是盛极一时。宋代成都的城市规模也非常大，是西南地区的第一大都会。《宋高僧传》说："蜀士尤尚二月八日及四月八日。每到二时，四方大集，驰骋游遨。"这里指的是，早在宋代就已有了锦江"小游江"和浣花"大游江"的风习，特点是太守带头游遨。"带二江之流，为一都之会，四民州处，万商成渊。"宋代成都人烟辐辏，坊市间商贸繁荣，大小市集密布，繁荣空前。东市和大东市、西市、南市和新南市、北市和新北市等是按方位形成的固定市场，米市、炭市、麻市、鱼市等，则是因货品种类形成的固定集市。

杜甫曾在《水槛遣心二首》诗中写道："城中十万户，此地两三家。"唐代一户人家大约有5口人，由此推测当时成都大概有50万人口，这在古代是一个相当大的数量。

实事求是，明代成都商业虽然得到恢复，却远不及宋时成都的繁华，在成都的城区依然延续宋时的各种专业市场。《成都通史·元明时期卷》对当时的城区市场交易做了记录，大体的品种有：

蚕市：蚕种、蚕茧、蚕箔、蚕丝、桑叶……

花市：兰草、栀子、牡丹、桂花、红花、蓝靛、茶花、木芙蓉、月季……

扇市：竹篾扇、棕叶扇、蒲葵扇、团扇、折扇、檀扇……

草市：稻草、麦草、秸秆，草编物、草帽、草席、草垫……

成都传

下

蒋蓝　著

四川人民出版社

图书在版编目（CIP）数据

成都传：上、下 / 蒋蓝著 . — 成都：四川人民出版社，2022.10

ISBN 978-7-220-10844-0

Ⅰ . ①成… Ⅱ . ①蒋… Ⅲ . ①城市史—成都 Ⅳ . ① K297.11

中国版本图书馆 CIP 数据核字（2021）第 058484 号

CHENGDU ZHUAN

成　都　传（上、下）

蒋蓝　著

出 版 人	黄立新
选题策划	黄立新　石　云
封面油画	萧继东　陈登木
责任编辑	石　云
封面设计	李其飞
版式设计	戴雨虹
责任印制	祝　健
出版发行	四川人民出版社（成都市三色路 238 号）
网　　址	http://www.scpph.com
E-mail	scrmcbs@sina.com
新浪微博	@四川人民出版社
微信公众号	四川人民出版社
发行部业务电话	（028）86361653　86361656
防盗版举报电话	（028）86361661
照　　排	四川胜翔数码印务设计有限公司
印　　刷	成都东江印务有限公司
成品尺寸	165mm × 230mm
印　　张	65.75
字　　数	966 千
版　　次	2022 年 10 月第 1 版
印　　次	2022 年 10 月第 1 次印刷
书　　号	ISBN 978-7-220-10844-0
定　　价	198.00 元（上、下）

目　录 下

第31章

唐宋时期成都园林

唐宋时期70座城市园林

说到成都隋唐时期的园林，最著名的当然是浣花溪与摩诃池，以及新近在通锦路考古发现的万佛寺园林等，它们已经具备公园的官民同游性质。此后数百年间，摩诃池成为成都城中重要的游览胜地，亦是无数文人墨客吟诵过的古代园林，杜甫等众多文豪曾泛舟其中，在“摩诃池上醉青春”。

唐代园林按性质可分为皇家园林、寺观园林和私家园林。前两者数量有限，但私家园林的繁盛，根本无法准确统计。私家园林有史可考的便有浣花溪草堂、徐卿草堂、朱山人水亭以及卢照邻山庄等。

唐太常徐卿的草堂，则“居少城北”，这里“曲池荫高树，小径穿丛篁。江鸟飞入帘，山云来对床”，一派典雅清幽。在杜甫草堂一旁，还有一座朱山人的水亭。杜甫曾如此描写水亭之貌：“相近竹参差，相过人不知。幽花欹满树，小水细通池。”而另一位诗人卢照邻，也在新都任职时，建有著名的春晚山庄。

唐宋时成都的很多园林，栽花种草是人们对闲适生活的表达，官家园林和私家园林竞相秀色，著名的官家园林有东园、西园、中园、合江园、施家园、瑶林庄和房季可园等，近70座。

唐代韦皋文治武功并举，他在东门两江汇合处开出合江园，遍种花树，建起芳华楼。秋高气爽，人们在江里泛舟，登岸游园，摆上酒菜宴饮，园内繁花似锦，满江透香。诗人陆游还记载，梅花初开时，监苑官每天要向官家报告，观察这里梅花开的进度。报到花开五分，官家就组织来游玩赏花，在苑中设宴，边饮边看，殊为一景。因此，梅花应该是合江亭的标志性植物。另外，像位于华西坝的“梅苑”也十分著名。

西园是官民同乐的场所，又称“运司园”，景点有十几处，是后蜀官员的私园，宋代在原有的基础上加以扩展改造，成为当时成都最大的官府园林。吴师孟《重修西楼记》说：“成都总府，政体雄伟，为天下蕃镇之冠。兹楼之名，实闻四方。”西楼又是西园里最有名的地方，是最高地方官的住所，也是大员休闲的地方。中秋和九九重阳节，官家都在西楼宴饮游乐，后来百姓也参与其中，十分热闹。

成都合江亭。（蒋蓝 摄）

东园为宋代益州路兵马司钤辖厅内种植园的一部分，馆舍茅亭星罗棋布，廊台楼榭错落相映，名花佳木环绕。喷泉清泉池是东园的一大胜景，因为有两眼泉，又叫双泉。李良臣在《钤辖厅东园记》说：“偶以新皋破地而出，从而导之，则故泉继发……”

郭沫若题于新都区的“桂湖”字

值得一提的是，李德裕（787—850年）以检校兵部尚书兼成都尹充剑南西川节度使，兼任新繁县令，在他主持蜀中军政事务期间，建立了一座唐代园林。

中国的造园肇始于魏晋，唐代园林是中国古典园林发展全盛期的杰出代表，可以用8个字予以概括：恢宏、壮美、质朴、赋文。这不但体现在唐长安城里最具代表性的曲江园林群落里，也在成都留下了鲜明的时代痕迹。崇州市的罨画池是全国仅存的唐代衙署园林，而在成都通锦路某建筑工地发现的精美唐代园林遗址，应是千年古刹万佛寺的园林一角，可见唐代成都都市园林的阔达、精美气质。而位于新都的东湖，则因为李德裕，无疑更具人文印痕。

李德裕在成都大力平定“南乱”之时，一度驻扎于成都新繁镇。李公诗礼传家，公务之暇，亲手将宅园培植成一座典雅园林，命名为“东湖”。

东湖始建于公元832年，因为湖位于原县署之东，故称东湖。东湖历经沧桑保留至今，是我国保存完好且有遗迹可考的唐代古典人文园林之一，自古就有“西蜀名园”的美誉。1985年，新繁东湖被列为成都市文物保护单位，1990年被列为四川省文物保护单位。

东湖至今已有一千余年的历史，是我国目前仅存有迹可考的两座最早古典人文园林之一，另一处为山西省新绛县绛守居，建园时间早于苏州园林。东湖园林面积大约35亩，水面就占了三分之一，经历代营建培修，现在凿湖垒成的山石，移步换景，气势宏大之余，不乏幽然。湖水如镜，时有鱼儿摆尾游弋，怡然自得。一排排虬枝盘结的小榕树叶子，在阳光的照射下闪烁出金色光斑，回映水面。时至今天，成群的鹭鸟集于参天古木之上，白翅闪耀如同银锭，成为城市园林中一道特殊的景观。

据史书记载，李公亲手培植的柏树，到清代同治年间尚在，并建有“古柏亭”专记其事。从园林研究的角度看，此园自李德裕手植树始，其园址、园名都未改变，虽经千余年沧桑，至今仍郁郁葱葱。园内建筑虽为清代重建，名人撰写的楹联众多，具有川西园林轻快飘逸的布局，但其总体风貌仍不失大唐气象。故现在仍以“唐李卫公东湖”之名，立碑保护。

东湖内有纪念唐宋先贤李德裕、王益、梅挚的“三贤堂”，纪念明末清初“费密一门四世六乡贤”的“四费祠”，专祀李卫公的“怀李堂”，还有专祀宋代“铁面御史”赵抃的“清白江楼”等。

建筑学家指出，东湖在空间结构上大体经历了完善、破坏、重建和分离4个阶段，使得东湖从以酬唱游宴为主的衙署园林变为以纪念为主的公共园林。东湖水系的空间格局也由单一水体类型的基本格局，变为湖、渠、溪纵贯全境的丰富格局，由此成为公园城市的先声。

《蜀中广记》曾经提及，诗歌创作之外，李德裕还习画，曾经画的峡中异蝶，翅阔四寸余，深褐色，角翅上有二个“金眼”。这是李德裕为西川节度使期间，渡过川峡有见而作。

这样一个为蜀地做出诸多贡献的人，奇怪的是赞美李德裕的蜀地名人乏善可陈。除诗人李商隐如此赞美李德裕：“成万古之良相，为一代之高士”之外，近代梁启超甚至将他与管仲、商鞅、诸葛亮、王安石、张居正并列，称之为中国六大政治家之一。

李德裕被贬官之后特别注重经营别墅和园林。李德裕在洛阳出生，也想在这里终老，除了在城中有宅邸，他在宝历元年（825年）买下洛阳龙门西南伊川涧谷中的一处别业地块（今洛阳伊川县梁村沟附近），修建了自己的庄园，因为此处平地上有山泉涌出，所以他就命名自己的别业为“平泉山庄”。平泉山庄所在的这个沟涧中还分布着崔群、李绛、令狐楚、韦楚、卢贞等高官、世族的别墅。

李德裕两次出将入相，又两度被罢免宰相。唐宣宗继位后将李德裕流放，段文昌之子段成式一直保持和他通信，没有因为李德裕失势而断绝来往。最终李德裕在今天的海南岛三亚悲愤而死。比起贬谪到海南岛最终返回江南的苏东坡，悲惨多了。

李德裕虽然治理西川时间不长，但为恢复生计、安定百姓做了许多好事，四川老百姓一直铭记于心，如今新都区和阿坝州的松潘等地都把李德裕的事功予以挖掘，大力加以弘扬。

成都的西楼与西园

在中国历史上，西楼乃相思之地。

西楼、西窗、西厢、西宫、西阁、西亭……一直是古人诗文中的地望，作为表达相思、哀怨的一系列凄美意象，成为古人寄托情欲的欲望建筑。相思俨然是古人的“第一推动力”，依此而来的观望与对视、畅想与出神，反哺了西月、西岭、西梅、西江、西山、西风、西园等自然景观，使之峭拔而起，氤氲四散，虚与实的卯榫严丝合缝，矗立起巍然的中土相思建筑学的逶迤空间。

“西楼”一词最早见于六朝诗歌。南朝宋诗人鲍照的《玩月城西门廨中》一诗中有“始出西南楼，纤纤如玉钩”之语，稍后于鲍照的梁朝诗人庾肩吾《奉和春夜应令》诗中有“天禽下北阁，织女入西楼”的诗句。西楼一立，随之而来的，是“西楼”鳞次栉比，在宋词里铺排蜿蜒，成为密集建筑群落。如晏几道的《蝶恋花》：“醉别西楼醒不记。春梦秋云，聚散真容易……”李清照的《一剪梅》尤为著名：“红藕香残玉簟秋，轻解罗裳，独上兰舟。云中谁寄锦书来？雁字回时，月满西楼。”场景的布局是：月圆时分人未圆，雁已归时人未归，独自一人空守西楼，百结愁肠，眼前清辉满楼如银，银的光辉加剧了凄清，真是让人黯然而涕下啊！

问题是，怎么个“月满西楼”法呢？

在中国古代天文学中，把天上的星相分为五宫，即“东西南北中”。仰观天象、俯察地理的古人自觉对家居房间的布局分配予以对应，以南为尊，则尊长居住面南之屋即北屋。“日归于西，起明于东。”因为东为阳、为大，也为贵，东边的屋子是子孙们住的地方，比如“东宫”成了太子的代名词，“东床”成了乘龙快婿的别称。

西边属阴，为次，也为“卑下”。

蜀地远古为泽地，就是《华阳国志》所言的“陆海”，曾经有一个诗意的称呼，叫作“梦郭”。开明王自梦郭移，就是把梦郭泽地整理出来，成为农耕文明最为发展的区域。就成都而言，城之西边为郫。《资治通鉴·音注》记载：“郫，即卑邑也。”根据此说，古时郫县地处卑洼之地，蒲草丛生，故称卑邑，合写为“郫”。西方地界照应的人物主体是望郎人、思春少女、哀婉的侍女、感伤韶华流逝的美妾一类人，西楼也就成了女子的居所与性别指向，显然具有一种幽微的美学气质。

而这些地望与堪舆的知识，基本上是汉朝以及汉朝之后兴起的，是作为中土的文化主脉——黄河文化向南覆盖的结果。而早在中原文化尚未进入封闭的、自成体系的古蜀时期，蜀地的西楼，已然崛立。而且，成都名为“西楼”的建筑不绝如缕。

陈光表先生作《成都西楼考辨》[①]一文，指出成都历史上称作西楼的地方计有四处。其一，即在武担山的望妃楼。其二，张仪楼。位于成都城西门城楼，“约在今多子巷以北至商业街以南之间一带”，楼高百尺，又名百尺楼。上述二楼大约在南宋乾道年间（1165—1173年）已完全消亡了。其三，成都府西楼。位置在成都府治内的西园，故又称为西园西楼。“府西楼在五代蜀宫宣华苑，北临摩诃池，与众熙亭、竹洞、方物亭、圆通庵、琴坛、流杯池、乔柚亭、锦亭等十处构成豪华的景观系列。其中又以府西楼为中心。”此处即汪应辰延集名工巧匠镌刻《西楼苏帖》的西楼，其址约

① 载《成都文物》1986年第1期。

在现在成都实验小学附近。其四，爽西楼即宋朝赵抃所建，赵抃于北宋治平元年（1064年）以龙图阁学士知成都府，后迁，至熙宁五年（1072年）复知成都府3年，爽西楼即赵抃复知成都府次年（1073年）时所建，可惜遗迹湮没无从追寻了。

其实呢，望妃楼在成都城以西，并非武担山本身。

春秋时期，蜀地开明王朝正处盛世。自杜宇以降，蜀王似乎具有多情的地缘传统，听说武都有一位美貌如花的丽人，便去招来一观。武都远离蜀地千里，丽人跋山涉水朝觐开明王，龙心大悦，武都妃顺理成章成为蜀王宠爱有加之人，蜀王还命臣下写了一首《东平之歌》取悦于美人，但她到成都后水土不服，加之思乡心切，忧郁成疾，一病不起，不久就香消玉殒。

丽人过于妖冶，容易遭人诟病。中国古代四位美人妺喜、妲己、褒姒、骊姬，来历总与邪道有关。尤物非凡品，来历自然需要一番曲折演绎。《华阳国志·蜀志》记载："武都有一丈夫，化为女子，美而艳，盖山精也。蜀王纳为妃。"清朝文人查礼（1716—1783年）历官庆远同知、太平知府、四川宁远知府、四川按察使、布政使等，其在《铜鼓书堂遗稿》里收录了他的纪诗《游武担山》后注释道："天生妖孽，由人致美，男化女事，颇异。血虫之蛊，盖山精……"这已彻底落入男权窠臼。丈夫、山精、女子、尤物得到了演义的合理转化，也就是说，文人们对此进行了"去性别""去来历""赋予妖冶性力"等一系列妖魔化描述行动。

先秦蜀地人无姓，所以将美女命名为武都妃。这一记载的时间背景，约在周显王在位年间（前368—前321年）。

相传武都妃水土不服，决定离开，开明王怜香惜玉，于是作《东平之歌》让对方高兴，予以挽留。一来二去，武都妃一病不起去世之后，开明王置巴蜀阆苑仙境于不顾，一味伤悼不已，为之谱写了《臾邪之歌》与《龙归之曲》（歌词皆亡佚。学者李金彝认为是"陇归"，暗示武都妃来自陇属之地），这两首歌曲都说明开明王对宠妃的深切思恋。蜀王吟唱不已，三日不食不饮，大声祷告上苍，大呼"还我妃来！"决定使用王妃家乡的泥土为其建墓，如同她的灵魂返归了故乡，让魂魄得到安息，归乡之路在权力的干预下变得十分便捷。他派出5个大力士，千里迢迢去武都妃故乡挑土。

要去武都挑土，无论武都是指现在甘肃陇南的仇池山武都，还是绵竹的伏虎坪武都镇，另有学者考据“武都”应是用汉字对古白马氐族语言的记音，指的是居住于仇池山一带氐人的自称，这些点位往来成都均道路艰险，力士走的是小道或架设的栈道。挑担的人只能用左肩挑担，不能换肩，故又称“左担道”，这暗示了由北向南、向西进入蜀地都城的行走方位。大力士费尽千辛万苦将泥土挑回成都，建成七丈高的王妃墓。王妃墓高大如山，由在墓葬之地加盖一面巨大的澄澈石镜，两侧加立石阙，名武担山。《太平寰宇记》指出，武担山在府城西北一百二十步，一名武都山。近世考古证明，墓上土质与成都本地土质明显不同。

武担山为长圆形，宛如蜀王的一滴眼泪，中凹而东西凸出，因而二个凸出之处，又名东台、西台。宋朝诗人陆游就有“东台西台雪正晴”诗句。由于成都少城的中轴线是由北往南向的长顺上街，“龙脉”当在武担山。宋朝开始，成都城堪舆学蜂起，以武担山为“靠山”，以红照壁为“案山”，将山川风水格局形表于大城内，延续至今。

南宋罗泌《路史》里提到了武担山的石阙与石镜，后来《蜀中名胜记》基本予以了转录，指出开明王在建造了占地数亩、高七丈的坟茔之外，还为之建造了“二石阙，石镜”，石镜“厚五寸，径五尺，莹沏”，“镜周三丈五尺”。其重要性在于，这是我们见到的蜀地出现石阙、石镜的最早记录。

汉代扬雄《蜀王本纪》对蜀地开明王朝在成都城内建立有七宝楼、望妃楼以及鹦鹉舟的记载，说明在秦灭巴蜀之前，蜀国都城里已有宫殿建筑和蜀地第一街赤里街等通道，但开明王所筑蜀王城范围太过狭小。另据《华阳国志》载，“惠王二十七年（前311年），仪与若城成都，周回十二里，高七丈”，后世称为“大城”，又叫“子城”。大城北近武担山，南至赤里，是蜀侯、蜀相和蜀郡守治所所在地，为成都的政治中心；少城在大城之西，是成都县治所在和铁官、盐官、市官等商业机构所在地，为成都的经济中心。“二城并列”的格局，古人称为“层城”或“重城”。成都的城垣格局承续了两千多年，到明清时期再出现“三城相套”，成为中国古代城市格局的一种重要类型。

蜀王思念王妃时便到王妃墓前徘徊，后来干脆在蜀王宫修了一座望妃楼。宋代赵抃曾在成都为官，熟悉成都历史与风物，他的《成都古今记》记载：“……望妃楼亦名西楼，闻明妃墓在武担山，为此楼以望之。”这是第一次文字记录成都“西楼”的出典，口口相传，西楼一说在民间应流传了很长时间。我估计，它落成时的名字应该就叫西楼。望妃楼的命名是旁观者着眼于其功用性质，开明王如果命名它叫望妃楼的话，就相当于一个体面之人公开发布情书。

望妃楼在成都子城西北之隅，秦汉时的成都子城西北隅，相当于现在成都市青羊区骡马市以北的王家塘街一带。此地距离武担山直线距离不到一公里，开明王登楼，属于典型的“北望”。开明王登高运目，目光如炬，穿云破雾，仰天俯地，感情的根须横斜，倒也条缕纷呈。西楼建筑华丽，采用珍珠为帘，足以显示出身在高位的帝王对于思念之道的不可或缺。我们甚至可以说，蜀王理直气壮地开启了一种隔空相望的权力相思学。这也体现出高位人群扑下身子俯身基层的意象，开明王率先垂范，爱情就是平等的。

明朝曹学佺《蜀中名胜记》记载：武担山曾被“武陵王萧妃掘之，得玉石（棺），棺中美女，容貌如生，体如冰，掩之而寺其上”。这是说武都妃坟墓（武担山）被盗掘，发掘出武都妃的尸体，是大美女一个，容貌如活人一般，身体冰清玉洁。盗贼取宝后便把丽人再次掩埋，并在墓地上建立了一座寺。这也提示了蜀地佛教寺院的最早本土化。在我看来，神话学者叶舒宪说过：诗，乃言之寺，所建并非一定是佛教之寺，这也暗合了蜀地的诗脉流传。

武担山落成后，一直是成都的重要人文景点。唐朝诗人王勃从武担山上向成都城中望去，只见重楼叠阁，具有“磊落名都之气”，成都不愧为

"三蜀之奇观"。到宋代，成都士庶最喜欢游玩的山有学射山、海云山和武担山，可供赏玩之水则主要有摩诃池、浣花溪、锦江、江渎池、万岁池等。

西汉设立蜀郡以后，成都的园林也呈蔚然之势。到宋代时，成都几乎成为典型的园林之都。当时有西园、合江园、东园、中园、赵园、刘园、房季可园、王氏庄、瑶林庄等等，都是当时著名的官家或私家园林，其中尤以成都府西园为最，游乐铺排，盛极一时。

府西园是宋代成都府路转运司在后蜀权臣故宅基础上营建的规模最大的园林，也是成都最著名的官府园林。吴中复《西园十咏并序》指出："成都西园楼、榭、亭、池、庵洞最胜者凡十所。"[①]其中尤以西楼名声远播，不愧为"为成都台榭之冠"。充分体现出宋代成都园林空间里，上流社会与大众可以在娱情的桌面上一碗水端平；同时凸显出园林与绘画、艺术演出、酒宴纵情紧密结合的地缘特点。宋代眉州彭山人吕陶在《重修成都西楼记》就指出："此而不葺，殆非修旧起废，悦民便俗之理。"

吴师孟《重修西楼记》也说："成都楼观之盛，登览殆遍。独西楼直府寝之北，谨严邃静，非参僚宾客不得辄上。每春月花时，大帅置酒高会于其下，五日纵民游观，宴嬉西园，以为岁事。"自天禧三年（1019年）赵抃知益州开西园接纳民众游观以来，这里成为成都士庶游乐的理想去处。

成都人即使面对寒食节，也有独特的饮食风俗。

宋代养生家温革在《琐碎录》里指出："蜀人遇寒食日，采杨桐叶染饭，色青而有光，食之资阳气，谓之'杨桐饭'。道家谓'青精饭'。"[②]青精饭是一种民间食品，早在唐代的时候就已经流行了。陆游的《小憩长生观饭已遂行》一诗中写道："道士青精饭，先生乌角巾。"可见道家养生文化，在蜀地唐宋时节已经深入人心。

费著《岁华纪丽谱》特意指出，宋代成都的寒食节，官府"辟园张乐，酒垆、花市、茶房、食肆，过于蚕市。士女纵观，太守会宾僚凡浃

① 李勇先主编：《成都旧志丛书》第3册，成都时代出版社2007年版。

② ［清］张澍编，王斌，邓幫雲校注：《〈蜀典〉校注》，西南交通大学出版社2021年版，第172页。

旬，此最府廷游宴之盛。近岁自二月即开园，踰月而后罢。”甚至出现了“酒人利于酒息，或请于府展其日，府尹亦许之”的宽容情况，官府竟然为了商家的“酒息”而延缓关门时间，反映了宋代成都城市居民休闲娱乐观念的进一步松弛。

也就是说，官府中人也有七情六欲，眼见市井安宁，似乎一切皆可随俗。

还有更为精彩的在于，西园还有杂戏和木偶戏演出。杂戏于唐代在成都已落地开花，到了宋代，成都杂戏公开演出的规模空前，并首次出现由民间酒商出资、在官府园林举办长达数月的杂戏演出活动。宋代学者庄绰《鸡肋编》卷上说：北宋“成都自上元至四月十八日，游赏几无虚辰。使宅后圃名西园，春时纵人行乐。初开园日，酒坊两户各求优人之善者，较艺于府会。以骰子置于合子中撼之，视数多者得先，谓之‘撼雷’。自旦至暮，惟杂戏一色。坐于演武场，环庭皆府宅看棚。棚外始作高凳，庶民男左女右，立于其上如山。每诨一笑，须筵中哄堂，众庶皆噱者，始以青红小旗各插于垫上为记。至晚，较旗多者为胜。若上下不同笑者，不以为数也”。摇动的骰子发出“雷声”，多么生动而形象！从中可见成都西园戏剧演出期间官员与民同乐的盛况。

成都的西园，无疑把西楼所具有的全部功能，予以了现实主义的落地与铺排。由此可见蜀地人特有的因地制宜情结。

成都府西园的位置，即在盐道街的盐茶道衙门。雍正年间在西园故址上修建，名盐茶道署，后焚于火；乾隆七年（1742年）时重建，茶盐道署银子多，官衙特别考究，高屋重阁，气象阔达。学者指出，具体的地理空间，就位于现在的盐道街中学和小学的位置。

成都城的西面朝向，历来是蜀地人文血脉的来源之地。成都的西楼，地望既在成都城之西，又是开明王怀念王妃的大本营，又是官人、民众娱情的所在，这就等于把传统意义的“西楼”窄逼空间予以了多向度拓展。所以，作为成都的第一座西楼，自然是开明王建立的望妃楼，建立时间至少在战国时期或战国之前，这应该是中土建立西楼的肇始，所谓中土最早的相思楼台，无疑正在于此。其意义还在于：成都的西楼，是帝王怀念一位“山精”，这也是由男变女的最早记载。西楼的首创，确为寄托男人对女人的思念，而非相反。

古蜀国的望帝、丛帝有坟茔，但柏灌[①]等都没有证据确凿的坟茔，十世开明王自已也没有留下坟茔，古蜀王朝的王后都没有坟墓。沧海桑田，唯独武都妃留下了坟墓并且保存至今。

尤物化险为夷，武担山自有非凡的意义。

① 相传其墓地位于温江区寿安镇长青村。民国《温江县志》载：此地“历代相传为蜀王柏灌之墓”。（鱼凫）相传在双流区瞿上王城有墓，另外鱼凫墓在温江区寿安镇也有传说。

第32章

西南丝路上的地标

蒲江县飞仙阁

佛教从天竺沿着古老的丝绸之路传入中国，一路上留下了诸多精美绝伦的石窟造像，从新疆克孜尔石窟，到敦煌莫高窟、天梯山石窟、榆林石窟、云冈石窟、龙门石窟。安史之乱中，中原大型石窟相继衰落，盛唐以后，中原再无大规模石窟造像。

接过中国石窟艺术接力棒的，则是四川。这其中，成都佛教造像年代最早，大多是南朝作品，而中国的南朝造像在成都以外还少有发现。清代末年，成都曾出土了大量南朝造像，目前国内出土的阿育王造像仅发现于成都地区，能够出现诸多阿育王造像，当首推梁武帝的影响力，成都西安路和万佛寺出土的阿育王像就向世界揭示了这一造像的神秘。

任继愈先生在《中国佛教史》中，就认为四川佛教很可能是通过云南输入的。又有学者认为，乐山、彭山的佛像当由滇、缅传入。陶座、崖墓这些佛像的承载物，也佐证了四川佛像普及于民间，是通过此道传来。西汉张骞出使大月氏，发现四川所出蜀布、邛竹杖等可以经过印度再运往大夏，他向汉武帝建议开辟这条中印国际通道。直至东汉，蜀中经缅甸至印度的道路终于全线畅通。官方开辟的道路振奋了人心，殊不知民间的交往更早于此。阮荣春先生在1990年初论述“南传佛教造像系统”的时候，已提出南方秣菟罗造像系统是从这条古道进入的。根据贺云翱先生的研究，滇缅古道的开发以及通过这条古道而进行的文器时代便已开始[①]。

安史之乱后，中国经济中心南移。石窟艺术循着著名的金牛道进入四川，在涪江、嘉陵江、沱江、岷江流域的岩壁上，星星点点出现了诸多石窟。四川几乎每个县城都有石窟分布，而又以唐代存世最多，以一种充满生命力的状态发散。中国宋代石窟存世最少，以致清代学者提出“唐盛宋衰”之说，认为宋代石窟早已衰落，不值一提。四川大足、安岳石窟的相继发现修正了这种观点，也当之无愧地成为中国晚期石窟艺术的代表作。

巴蜀地区出土了很多画像石，其中有明显的胡人造像，他们以戴“尖顶帽”“深目高鼻”为特征，深刻反映了西域与巴蜀的经济、文化往来。

比如重庆市境内出土了3件“胡人吹笛俑”，造型生动，一望便知是胡人。这也暗示了笛子（应该是羌笛）很早就响彻了西域的天空，逐渐进入到内地以及巴蜀。

乐山柿子湾等崖墓中所出土的“武士”和“击兽”图像，表现为较明显的“深目高鼻”人种特征，武士项髻或者头戴一种平顶帽，反映出胡人与斗兽的密切关联。另外，在乐山南安崖墓出土的陶俑中，“施无畏印”俑右手作施无畏印，佛教手印明显，是具有佛教文化影响的美术作品。可以发现，胡人俑深目高鼻、左衽，当是西域胡人，展现了通过丝绸之路的这一中外文化纽带，他们俨然是西域文化进入巴蜀的早期使者；另外还有袒胸裸腹的陶俑、表现昆仑世界崇拜的西王母俑、为保护死者安宁的镇墓神俑等等，均是乐山崖墓中价值极高的文物。有意思的是，这些陶俑多是面目舒展，且面带笑容，体现了东汉社会宽松和谐愉悦的时代风尚，正是具备了这样的包容环境，异域文化才可能在当时封闭的巴蜀扎根。而胡人造

① 阮荣春，罗二虎：《古代巴蜀文化探秘》，辽宁美术出版社2014年5月版，第241页。

像，更可体现出成都地区在南方丝绸之路中的集大成作用。

如果说北方、中原的石窟写下了中国上半部石窟史，四川显然就浓墨重彩地挥写了下半阕。

成都蒲江县蒲江河和临溪河岸岩壁上，雕有14处唐宋摩崖石刻造像，以飞仙阁数目最多，武则天永昌元年（689年）造92龛777尊摩崖造像。第60号龛是四川最早的菩提像；飞仙大佛，则包含了对莫公飞仙的艳羡，只不过他们把这样的寄托放到了佛祖释迦牟尼身上；石狮与漏米婆婆的造像与传说，蕴含了大地之母的哺育之情，暗示了民间纳宗教入世俗生活的倾向。

2010年“三伏”收尾出伏之日，我进入蒲江县霖雨乡境内，以往碧绿如带的二郎滩流水裹挟着赭红色的山洪滔滔而下。这时大雨突降，把本来不多的游人赶了个一干二净。唯有香案上的缕缕青烟，在空中盘曲，翻若虬龙……

来到标有“飞仙阁”的牌坊前，此地是成都通往朝阳湖的必经之地，更是西南丝绸之路成都通往雅安的古道。站在小桥上，可以看见石窟群分别位于右侧不高的飞仙阁和左侧公路的崖壁上，主要包括飞仙阁摩崖造像、龙拖湾摩崖造像。

飞仙阁是蒲江沿蒲江河和临溪河岸14处两汉至唐宋摩崖石刻造像群中规模最大、保存最完整的一处。不但是四川省至今仍保存有盛唐时期佛教摩崖造像的地方之一，而且存有不少道教、西域文化的痕迹。1961年被批准为四川省省级文物保护单位，2006年5月公布为第六批全国重点文物保护单位。

此地为何叫二郎滩？宋代最流行的道教人物除星官外就是玄武和二郎了，玄武源自于原始星辰崇拜，后被人格化，成为北方大神。二郎来历很复杂，目前有李冰二子、赵昱、杨戬等多种说法。当时的老百姓也说不清究竟是谁，逐渐成为一个复合传说的地名。

据《蒲江县志》及出土碑文记载：汉有河南人莫公将军，南征凯旋至此，见“龙蟠凤翼，水固山环”而流连不去，弃官结庐潜修，后人建阁祀

蒲江县飞仙阁最为集中的摩崖造像区域，集中在西南丝路古道一侧。（蒋蓝 摄）

之。飞仙阁依山傍水而建，此阁自唐至明代先后称莫公堂、莫佛院、信相院、观音阁。清代称飞仙阁，亦名碧云峰。

当“飞仙”囊括一切而成为地名，其实暗示了无论佛教的影响多么深巨，本土宗教却以润物细无声的方式，成就了老百姓“飞仙”的身后寄托。蒲江曾是“五斗米道”二十四治主簿山治所在地，飞仙阁的道教造像宣示了信众们为长生、常乐而祈求改变命运的追求和愿望。也正如美术史家巫鸿所言，四川的美术造像在东汉晚期一直被道家的“五斗米道”所占据。

飞仙阁的造像依一座小山而凿，二郎滩的流水将小山包夹为岛，如武林高人“旱地拔葱”。造像则刻于山体两面的酸性红砂石上。红砂石极易风化，但由于一方面古人挖岩成窟顶形成了一个保护层，同时由于众多的黄桷树、山藤盘根错节，从造像上方蟠曲而下，不但形成了天然的窟顶，还抓牢了岩石，故而历经千年其风貌仍不改当初，很多神龛里还依稀可见原来的色彩。汶川特大地震时，尽管蒲江一带震感强烈，但飞仙阁并无石块坠落，更见古人匠心。

四川的摩崖造像多为唐及两宋时期的造像，尤以两宋时期的造像最具特色。五代时期的造像相对较少，但飞仙阁五代后蜀就有17龛256尊造像，还有后蜀造像题记的4龛。雕刻精细，比例匀称，多用圆雕、高浮雕，从早期的肉髻到后期的细螺髻，衣饰具有印度式或犍陀罗式，两者均不同程度“汉化”了。

值得大书特书的是第60号龛，共有造像10尊，总高1.28米，宽1.85米。毗卢佛戴宝冠，身着偏衫，袒露右肩，右臂戴宝钏。左右为二弟子二菩萨，龛内外左右各有一位供养人。右边供养人为妇女，头绾双髻，身着小袖衫，长裙曳地，脚穿大头鞋。题刻为：“永昌元年（689年）五月，为天皇（唐高宗）天后（武则天）敬造瑞像一龛。”第60号龛的瑞像是唐代专门派人到印度临摹回来的，该瑞像龛是四川省年代最早的菩提像，对于研究瑞像的流传有着重要的作用。

据说佛座背屏上浮雕“六拏具”奇禽怪兽，与之类似的造像还有广元千佛崖菩提瑞像窟。武则天崇佛道，重瑞应。沙门怀义、法朗等造《大云经疏》，言武则天是弥勒下生，于是造弥勒佛之风盛行。可以说，飞仙阁摩崖为历史留下了确凿的证据。

美国学者安吉娜·福可·霍华德在《蒲江飞仙阁造像》一文中指出：“蒲江的宝冠佛及其宝座源自波罗模式。印度造像到达四川，通过缅甸和云南……四川工匠用自己的理解来处理外国模式，以便适应本地的口味，四川艺术在接受外来影响方面，从未成为被动的镜子。”

明代曹学佺《蜀中名胜记》卷十三《上川南道》“蒲江县”记载：“《纪胜》云：‘南十五里，莫佛镇。相传汉文帝时有莫将军征西南夷，归而学佛于此。其佛台前，石羊、虎尚在，居民往往于其处得金银。’杜光庭《题莫公台》诗：‘奇绝巍台峙浊流，古来人号小瀛洲。路通霄汉云迷晚，洞隐鱼龙月浸秋。举首摘星河有浪，自天图画笔无钩。将军悟却希夷诀，赢得清名万古留。’”

这个有关金银的传说，老百姓深信不疑。在整个飞仙阁摩崖造像中，位于公路旁的第8号龛内，是一尊5米高的弥勒佛坐式全身像，低平磨光肉髻，右手抚膝，左手横放在趺坐于半圆形石台的腿上。造像庄严，比例匀称。这里是很多人许愿、还愿所在，自然成为本地香火最旺的地方。大佛造像在四川摩崖石窟中极为常见，造像为各自石窟的空间焦点，大佛代表一种空间逻辑，更代表一种必须仰视的威严。

时年67岁的村民叶秀全告诉我，旧时本村一带男人干得最多的职业是石匠和挑夫，其余多是茶农，据说有几个挑夫挑茶叶去雅安，在飞仙大佛前过夜。晚上下起了大雨，一个挑夫梦到了飞仙大佛托梦之言："千担担，万担担，当不到我下肢窝下一罐罐。"什么意思？天一亮，这个挑夫爬上飞仙大佛，竟然用东西去戳大佛的腋下。他戳了一个洞，一只金鸭子钻出来，扑腾着展翅飞走了。

但大佛腋下空着一个洞也不是办法，一个人得了病，说是大佛托梦了：要他修好大佛，并打整干净周围的一切。他做到后，病自然好了。这样的传说，影响着一代又一代人，据说"文革"中，造反派破坏了一些小佛像，但是谁也没有胆子去动飞仙大佛。我觉得，村民称之为飞仙大佛，同样包含了对莫公飞仙的艳羡与敬仰，只不过他们把这样的寄托也放到了释迦牟尼身上。

如今，一根碗口粗的树根在飞仙大佛的胸前蜿蜒，成为善男信女"挂红"的天然所在。佛像两侧以两根巨大的木柱撑住山崖，反而加深了径深，洞顶光线很暗，很难看清佛祖的目光投向何处……

公路旁一尊巨大的石狮引起了我的注意。这尊唐代石狮以前在公路上，而道路是顺二郎滩贴飞仙阁山势而行，后来改造公路，道路将整个飞仙阁摩崖雕塑区从中劈开，石狮也向碧云峰玉皇观方向挪动了几米。

石狮高2.5米，长3.7米，宽2.7米，重逾万斤，背刻火焰般的卷云纹，造型威武雄壮，状若对天发出"天问"。唐代石狮高度均在3米以上，多呈蹲坐式，外形呈三角形构图。形象鲜明而强烈，体魄雄伟，气势非凡，寓写实于装饰，有很强的建筑感和重量感，不像宋代以后的石狮造型趋于写实，更为精细。这尊硕大强力的石狮不但为川内所罕见，而且可以算是川

飞仙阁区域里，一尊气象雄浑的唐代石狮。（蒋蓝 摄）

内现存最大的石狮！由于长期为雨水浸透，青苔遍布，几乎成为一头真正的“青狮”。

据《蒲江县志》和现存清咸丰九年（1859年）碑文载，蜀汉将军严颜随诸葛武侯南征，凯旋，慕石象湖风光珍奇，仿效西汉莫公将军卸甲飞仙阁遗风，“挂弓汗马泉边，结庐紫燕岩后”。并命工匠凿石狮、石象以壮大观，终至功成骑石象飞升。那么，飞仙阁的石狮是否是仿此而刻呢？老百姓说，这狮子原先是一对，有一头跑到东门去偷吃麦子，被人逮住了，所以只剩下一只在对空怒吼，呼唤同伴。

石狮之上的玉皇观半山腰，是飞仙阁八景之一的漏米婆婆半身造像。婆婆无手，高绾发髻，但脸型依然具有菩萨逐渐中土民间化的特征，温存而悲悯。

《中国民间文学集成——四川卷成都市蒲江县卷》记载，漏米婆婆的丈夫叫陈斗户，人称漏米公公。他们家境不好，在米市上打斗为生。后来漏米公公死了。有一天她出门割猪草，不知道什么原因屋里失了火，结果房屋和箱笼被盖、锅瓢碗盏全烧成了灰。没办法，她就外出讨口要饭。

蒲江县二郎庙有叫梁安泰的人，在一次重病中许了愿，如果自己的病能好，就要“买个妈”来尽孝，正好碰上要饭的漏米婆婆，就把她接回家，很是孝敬。漏米婆婆本是个会过日子的人，遇到梁安泰又会存财，所以日子过得越来越好。不久，漏米婆婆又给梁安泰娶了亲，添了四个孙儿。有一次大孙儿病了，她到后山给孙子扯草药，天黑也没有回来。第二天一早，梁安泰上山去找，发现漏米婆婆已经死了。

梁安泰很伤心，就请了几个石匠，在玉皇观下的崖上造一尊漏米婆婆的石像来纪念她。

开头几天还好，过了一段时间石匠们就没吃的了。就在这个时候，他们正钻到石像的肚脐眼，没想到肚脐眼里漏出米来，每天有几个石匠，漏的米就刚好够几个人吃，一升不多，半升不少。漏米婆婆的石像造好这天，有个石匠起了贪心，想多漏点米出来卖了去换大烟，就把肚脐眼凿大点。哪晓得，这一凿反而不漏米了。

这个雕像的隐喻十分深远。肚脐乃人的精气丹田所在，其所漏之米，恰恰是生命之力的隐喻。中国民间有关漏米的传说各地皆有，不但反映出饥馑年代人们的担忧，更蕴含了大地之母的哺育之情。这与偷吃麦子的狮子一样，这些雕塑暗示了民间纳宗教入世俗生活的倾向。

飞仙阁摩崖造像中，还有几尊胡人雕塑，体现出胡人在南丝绸之路的经济、文化交流上的作用，对研究古代中外文化和艺术交流来说十分重要。

在第9号龛的“西方三圣”造于武周时期。平顶正方形，窟高、宽、深皆为2.70米，共造像38尊。窟外两力士侧就有两尊胡人造像。一尊高1.25米，肩宽0.3米，其目深高鼻，络腮胡卷发，眼圆大而目光炯炯，穿西亚式短袍，右臂肩部衣服还有兽头装饰，右手好像还抓着一本书。另外一个胡人手托一长瓶作觐俸状，面带友善的微笑，赫然是典型的波斯人形象。

据文史专家介绍，此像为唐代来华经商的波斯商人捐资塑造。美国纽约大学安吉拉·F. 霍伍德教授在20世纪80年代末来飞仙阁考察后，在他所著《四川蒲江佛教塑像》中，把胡人塑像称作“西方来的波斯商人”。并解释道：“聪明的蒲江雕刻技师在仿造外国人模式时，融入了本地人的审美情趣，不顾雕刻肖像规则，而做出像外国商人模样的天神。”大唐盛世政治、文化较为开明，对各派宗教的并存发展宽松包容，从而形成各种宗教、教派间相互交融、共同互补。如此设像布局包含了深厚的历史文化渊源，成为那个时代兼容并包文化的佐证。李商隐《杂纂集》里，有“不相称”条，“不相称：先生不甚识字。贫斥使人。穷波斯。不解饮弟子。瘦人相扑。社长乘凉轿。瘦杂职。病医人。老翁入娼家。屠家念经。肥大新妇。”《杂纂集》列举“瘦人相扑”“屠家念经”“先生不识字”等其人与其行事不相合的现象，“穷波斯”为其中一项，因波斯商人多富有，如果波斯人又穷，则实为不相称。从飞仙阁摩崖造像中胡人造像来看，完全佐证了波斯人的财大气粗。

同样，第9号龛的释迦牟尼宝座为金翅鸟、童子骑兽像，壁上高浮雕印度佛教护法神天龙八部，也充分表现了古代中国与印度文化、艺术的融汇，此龛全图载入了《中国美术全集》和美国《亚洲艺术档案》，具有很高的历史、艺术、科学价值。

南方丝绸之路在西汉时称为“蜀身（yuán）毒道”，它起于成都，止于天竺。其线路由灵关道、五尺道和永昌道组合而成。其中灵关道的线路为：成都—邛崃（古临邛）—雅安—荥经—汉源—西昌—云南大姚—大理。蒲江至今仍保存着一段完好的古道，这条古道恰与南方丝绸之路部分重合。

位于成都蒲江县的飞仙阁摩崖造像群之中，这几尊胡人雕塑十分突出，体现出胡人在西南丝绸之路经济、文化交流方面的作用，对研究古代中外文化和艺术交流来说十分重要。

崇州上古寺与善无思禅师

根据记载，古代来到巴蜀的外国人，最早在刘宋时候。《南史·裴松之传》说：“时西北远边，有白题及滑国使，由岷山道入贡。此二国，历代弗宾，莫知所出。（裴）子野（松之）云：汉靳阳侯斩胡白题将一人。服虔注曰：白题，胡名也。定远侯击虏，八滑从之，此其后也。”据此资料，就可知唐代的白国，即刘宋时的白题，在新疆西部及乌兹别克斯坦一带，滑国与之邻近，故两国使者同行，到南朝来朝贡，辗转进入巴蜀。

在这一外来入蜀者的谱系里，还有一位国王来到了成都。

善无思禅师，出生于东印度乌茶国（在今印度奥里萨邦北部一带）。本名婆揭罗僧诃，略作输波迦罗（637—735年），原籍中印度摩揭陀国（Magadha，在今比哈尔南部）。为刹帝利种姓，相传为释迦牟尼佛季父甘露饭王第五十五代孙（一说五十二代孙）。13岁嗣王位，18岁舍位出家，到中印度受具足戒，遍学三藏，并拜那烂陀寺“掌定门之秘钥，佩如来之密印”之达磨鞠多为师，专学密藏，究习事行二部，得到胎藏密法的真传。后来游学各国，破斥外道，于是“名震五天，尊为称首”。

上古寺多次被毁，也多次重建，直到唐懿宗咸通五年（846年）才由善思和尚组织重建

也就是说，善无思曾经是中印度乌茶国的国王。显庆元年（656年），他的哥哥善无畏自东印度乌茶国至中印度摩揭陀国受具足戒出家，不久拜那烂陀寺达摩鞠多为师，登坛灌顶，受学《大日经》及其胎藏密法，并广学显密经论，“发三乘之藏，究诸部之宗”。公元716年，善无思随兄善无畏来到大唐长安。他们至北印度境内，名声已传到长安，唐中宗派使者到玉门关迎接，奉诏于长安西明寺菩提院译经。因善无思博学多才，精通梵、汉两种语言，唐玄宗封其为“国师”。

天宝十四年（755年）发生安禄山之乱，善无思随唐玄宗入川避祸，后来到凤栖山长乐寺修行并任住持。数年后，在善无思的主持下重修了常乐寺。大历四年（769年），善无思在长乐寺圆寂，其灵塔至今保存完好。

善无畏除译著及《大日经供养次第法》之外，另有其弟子整理的《无畏禅要》一卷。善无畏在唐以传胎藏界密法为主，兼授禅法。其传法弟子主要有一行、玄超、义林、不可思议、智俨、温古、道慈、宝思、明思等，俗弟子有李华等。其中一行著《大日经疏》，智俨、温古整理修改《大日经义释》，不可思议著《大日经供养次第法疏》，将善无畏所传之法付之笔端，留之千古。

崇州市上古寺

东晋以来，由于战火频仍，致使道路阻绝，域外同国内高僧多以蜀地为通道，因此四川成为佛教的一大中转站。“刘宋时，有长乐沙门道汪，由庐山经梁州入蜀。南齐延兴元年（494年），有高、何二僧自明州象山入蜀，止于临邛四明山，建鹤林寺。梁武帝时，建康僧人慧韶入蜀，止于成都龙渊寺，讲论开导如川流。”魏晋南北朝时期，西北地区以凉州为中心，佛教盛行。因此，凉州、敦煌乃至西域的僧人，亦相继入蜀。

学者文术丽在《成都佛教文化旅游发展研究》当中指出，南朝宋文帝元嘉十四年（437年），从天竺学成归来的智猛，由凉州入蜀。元嘉末年，卒于成都。其后，又有敦煌僧人道法来到成都，先后担任兴乐、香积二寺主。宋后废帝元徽二年（474年），卒于成都。外来的僧人在虔诚的宗教信仰的支撑下，不辞辛劳、不远万里来到巴蜀地区弘扬佛法，从而使佛教在四川的影响不断地扩大。自晋以来，已有不少四川人出家为僧侣。东晋时，四川郫县的释道生，年少出家，以苦行著称，后为三贤寺主。尼释昙辉，成都女子，宋文帝元嘉十一年（434年），从外国禅师要良耶舍之劝，出家为尼，是四川地区最早见诸记载的女尼。

古代生活在成都的日本人

金刚三昧是古代唯一到过天竺的日本僧人，并于元和十三年（818年）来到蜀地峨眉山。段成式《酉阳杂俎》前集三曰：“国初僧玄奘，住五印取经，西域敬之。成式见倭国僧金刚三昧，言尝至中天，寺中多画玄奘麻屩及匙筯，以彩云乘之。盖西域所无者，每至斋日辄膜拜焉。”同续二，有元和十三年金刚三昧游蜀的记事。

卍元师蛮（1626—1710年）所著《本朝高僧传》卷十九《蜀国碧鸡坊沙门能光传》赞曰：

> 李唐之代，自此方截海求法者，大率法相、三论、天台、真言而已。独瓦屋师传洞山古佛之禅，而振玄风于支那。以长龄之高终于西蜀。展如之人兮，吾邦之媛也矣。

有唐一代，很多日本僧人进入中土求法，当时入唐僧大抵求学于法相、三论二宗，又或是拜于天台、密教二宗。当时禅在日本佛教界并不受关注。大概由于中国的禅思想与既成佛教诸宗相去甚远，因此不容易为日本佛教界所接受。但并非没有传承中国禅灯法之人。众所周知，大和元兴寺道昭传承达摩—慧可—僧那—慧满一系，成为日本禅的初传者……以上都不过是单方面传入日本的，最终都没有成为独立的宗派。[①]

在曹洞宗初祖洞山良价门下学法的日本僧人瓦屋能光，行迹与其他入唐僧完全不同，他在巴蜀的活动值得特别关注。

瓦屋能光（？—933年）的事迹，记载在《延保传灯录》卷一，《本朝高僧传》卷十九，《重续日域洞上诸祖传》卷一，《日本洞上联灯录》卷十二等江户时期的僧传和灯史当中。

---

① 任禾：《入唐僧瓦屋能光小考》，《青年文学家》2016年第12期。

北宋黄休复所著《茅亭客话》卷三《勾居士》：

勾居士，名令玄。蜀都人也。宗嗣张平云。有学人问答，随机应变，著火莲集、无相宝山论、法印传、况道杂言百余篇。有敬礼瓦屋和尚塔偈曰："大空无尽劫成尘，玄步孤高物外人。日本国来寻彼岸，洞山林下过迷津。流流法乳谁无分，了了教知我最亲。一百六十三岁后，方于此塔葬全身。"瓦屋和尚名能光，日本国人也。嗣洞山悟本禅师，天复年初入蜀，伪永泰军节度使禄虔扆，舍碧鸡坊宅为禅院居之，至孟蜀长兴年末迁化。时齿一百六十三，故有是句。

天复元年（901年），能光游化入蜀地。瓦屋能光竟然活到了163岁，这似乎不大可能。

在他之后，雪村友梅（1290—1347年）在蜀地居住了10年。他还创作了诗文集《岷峨集》，并于天历三年（1329年）携带返回日本。作家白朗指出，雪村友梅18岁时来访元朝，朝拜祖庭，访遍高僧大德，精通佛法和汉学。雪村友梅在四川期间到过一个寺院，该处跟日本僧人无初德始有关。

无初德始，是日本长野人，洪武七年（1374年）来到中国南京求法。寓居四川将近17年，曾为彭县大隋寺和青城山飞赴寺住持。他是明初最神秘、最低调，也是最受皇家敬重的日本僧人。

第33章

唐宋海棠与“放翁花”

海棠的词源来历

海棠神姿潇洒，花繁似锦，自古就成雅俗共赏名花，素有“花中神仙”“花尊贵”之称，在皇家园林中常与玉兰、牡丹、桂花相配植，形成“玉棠富贵”的意境。另外海棠花又称“断肠花”“思乡草”，有象征游子思乡、表达离愁别绪之意，又因其妩媚动人，雨后清香犹存，花艳难以描绘，又用之喻美人，所谓花命妇、花戚里、花贵妃等等，不一而足。

唐代李德裕的《花木记》说：“凡花木名海者，皆从海外来，如‘海棠’之类是也。”诗人李白也说：“海红乃花名，出新罗国甚多。”明朝李时珍根据李德裕、李白之说，在《本草纲目》里得出结论：“则海棠之自海外有据矣。”

汉语里的“海”，往往立足于中原，一是含有“海外”之意，比如“海榴”“海椒”“海莲”“马海毛”（安哥拉山羊毛）等等，另外有“蛮荒”“遥远”的意指，比如“海味”“海马”（九品武官的官服为海马补服，来自西域的海马出现在南宋笔记《夷坚志》中）等。但海棠却是本土造，并非来自海外。《诗经》里的“甘棠”“棠棣”，不是现在所说的海棠，而是棠梨、杜梨。汉代辞赋中出现了一个冷僻的称呼“柰（nài），与杏、李、枇杷等果树相并列，尽管有人认为是“绵苹果”，但它属于蔷薇科苹果属植物，应就是海棠。

“海棠”一词确实在唐朝才进入文人眼目的。算起来，“甘棠”早在《诗经》中亮相，海棠的出场足足晚了一千多年。贞元年间（785—805年），地理学家贾耽（730—805年）为相，著《百花谱》，其中出现了“海棠”的最早记载：“海棠为花中神仙，色甚丽……”书中还提及“海棠无香，惟蜀中嘉州者有香，其木合抱”，“独靖南者有香，故昌州号海棠香国”。此后海棠作为观赏植物的地位与声望日益凸显。唐代诗人贾岛《海棠》诗有“昔闻游客话芳菲，濯锦江头几万枝”的佳句，称道成都锦江两岸的海棠花。

在贾耽《百花谱》之前，海棠多用“柰”称呼，之后陆续出现研究海棠的专著《海棠记》和宋朝陈思撰的《海棠谱》（三卷）。《海棠谱》特意指出：“又杜子美《海棕行》云，‘移栽北辰不可得，惟有西域胡僧识’。若然，则赞皇之言不诬矣。海棠虽盛称于蜀，而蜀人不甚重，今京师江淮尤竞植之，每一本价不下数十金，胜地名园目为佳致，而出江南者，复称之曰南海棠，大抵相类而花差小，色尤深耳。”恰是当时蜀人不太重视，所以北宋沈立的《海棠记》记载：“尝闻真宗皇帝御制后苑杂花十题，以海棠为首章，赐近臣唱和，则知海棠足与牡丹抗衡而独步于西州矣。”

宋朝诗人释惠洪《冷斋夜话》里，提到唐明皇李隆基（685—762年）对海棠的喜爱：“（明皇）登香亭，召太真妃，于时卯醉未醒，命高力士使侍儿扶掖而至。妃子醉颜残妆，鬓乱钗横，不能再拜。明皇笑曰：‘岂妃子醉。直海棠睡未足耳。’”

可见唐朝廷帝王对于海棠是十分喜爱的，于是广为种植。这一植物栽培逐渐普及于西蜀和江南，到元明清三代，海棠已经成为文人常用的意象，歌咏海棠的诗词数不胜数。

“花重锦官城”说的正是海棠

杜甫从乾元二年（759年）到四川，寓居五年多，写有大量涉及四川的田园风物诗，有人认为，可独独没有一个字涉及海棠花。盛唐时节，不但杜甫未写过海棠花，而且李白、白居易、韩愈、元稹、柳宗元等大诗人也都没有写过。

苏东坡后来分析：“少陵而尔牵诗兴，可是无心赋海棠。”另外的一个理由涉及杜甫的出身。《古今诗话》记载：“杜子美母名海棠，子美讳之，故《杜集》中绝无海棠诗。”这就是问题的关键吗？古代子女不能直称父母的名字，否则便是不孝。杜甫避母讳，所以才不吟海棠。如同他避父名闲之讳，诗中全无“闲”字。

杜甫、苏学专家张志烈教授，对此问题，他对以往的解答不以为然。他以为，这主要是当时成都的社会生态等原因，“一是杜甫写过海棠，失传了；二是那时成都的海棠花并不像木芙蓉、桤木、笼竹、槐树、柏树、荷花等植物那样寻常可见。可以说，海棠在唐代的成都逐渐落地、盛开，才有了宋代海棠的满城辉煌”。

对于这个历史谜案，“失传”说最为著名。陆游在《剑南诗稿》卷三就说过：“老杜不应无海棠诗，意其失传尔。”[①]成都的东城历来盛丽，指的就是“范希元园”，园中有晚开的海棠花，恰是陆游说“繁丽一城所无”。杜甫写了近三千首诗，流传下来的仅有1400多首，另外1000多首诗应是失传了。

但杜甫的确是写过海棠诗的。最为重要的证据，来自蜀地名儒、有“巴蜀文宗”“晚清第一词人”之称的荣州人赵熙（香宋）。

赵熙《香宋词》主要写作于1916年到1918年这三年间，除极少数在重庆、成都所作外，绝大部分是在故乡荣县所写，丁巳（1917年）刊行于成

① 见《海棠·范希元园》诗自注。

都。他的《忆旧游·海棠花落》：

> 竟胭脂作雪，蛱蝶飘香，春老芳卿。如此风流样，奈多生薄幸。短梦清明。茫茫绿章封事，催送步虚声。但天上人间，烟消弄玉，月落飞琼。仙屏。睡初定。记艳烛更阑，曾照华清。又晴妆午醉，化红云一桁。浓裹金莺。日日雨丝风片，人望锦官城。似厄闰黄杨，空念二月花又生。（案：宋坝乡宅有海棠十数株，花开极盛。论诗者谓杜甫无海棠诗，香宋以为杜甫《春夜喜雨》："晓看红湿处，花重锦官城"即咏海棠之作，故云人望锦官城。）①

杜甫《春夜喜雨》写于上元二年（761年）春季。作此诗时，他已在成都草堂定居两年。赵熙的解说，虽然没有提供进一步证据，但这也成为一个十分重要的佐证成都物候学的观点：成都的初春时节，哪里有什么芙蓉花呢？而梅花、梨花、李子花之类，远远达不到"花重"的缤纷繁盛之景象啊。所以，陆游《驿舍见故屏风画海棠有感》指出："成都二月海棠开，锦乡裹城迷巷陌"的繁盛，才应是成都二月海棠的最好写照。

研究者进一步发现，苹果属的海棠大多都可以"违时开放"，也就是说开花时节可能提前，"花开二度"甚至"花开三度"都是真实存在的。古人所谓"海棠花妖"，当是指"违时开放"的特异事件。

有学者认为，杜甫写过海棠还有一个证据，其《江畔独步寻花七绝句》之六的："黄四娘家花满蹊，千朵万朵压枝低。留连戏蝶时时舞，自在娇莺恰恰啼。"即是他咏西府海棠的诗②。

---

① 《赵熙集》，巴蜀书社1996年5月第1版，第1073—1074页。

② 赵红娟：《杜甫没有写过海棠诗吗》，《光明日报》2003年5月28日。

费丹旭（1802—1850年）绘制的《放翁先生像》，以白描法绘南宋诗人陆游，戴笠着屐，双手笼袖，右足立，左足微起，欲行而未行。钉头鼠尾作衣纹，面部以淡墨出之，耳廓修长，目色慈清，髭髯眉鬓，渐露稀疏态，所取乃放翁晚年隐居山阴“眼明身健何妨老，饭白茶甘不觉贫”的形象。陆游此笠屐形象广泛流传于晚清，任渭长所作《陆公游像》、道光十年（1830年）长洲顾沅辑《古圣贤像传略》中所取放翁形象皆出于同稿

横空出世“放翁花”

苏轼著名的《海棠》七绝，宋元丰三年（1080年）写于黄州。《王直方诗话》指出：“东坡谪黄州，居定惠院之东，杂花满山，而独有海棠一株，土人不知贵。”这说明，那时黄州人还不知道海棠的文化与风韵。

晚清赵熙也是海棠的爱家，赵熙《下里词送杨使君入蜀》描述了晚清的成都市井：

青羊一带野人家，稚子茅檐学煮茶。
笼竹绿于诸葛庙，海棠红绝放翁花。

从此以后，“放翁花”一词从蜀地俏丽而起。

陆游中年到蜀地为官，度过了一生中的重要时期。乾道六年（1170年），陆游由山阴赴任夔州（今重庆奉节一带）通判。乾道八年（1172年），陆游转四川宣抚使王炎幕下任幕僚，正月，陆游前往宣抚使地兴元（今陕西省汉中市），二月途经果州（今四川省南充市）、阆中等地会友、游玩、赏景……乾道九年（1173年）春，陆游被任命为蜀州（今四川省成都市崇州市）通判（副州官），不久即被调往嘉州（今四川省乐山市）。年底，又被再度调回到蜀州。从54岁始奉诏离蜀东归，其间除半年多时间在陕南作四川宣抚使王炎幕任职外，绝大部分时间都在蜀中度过。

陆游一生酷爱海棠，写下很多描写海棠的诗词，因大写海棠诗，外号“海棠癫”。他的《剑南诗稿》，为蜀中风物留下1100多首诗，专咏或者兼有海棠的就有40余首。陆游《海棠歌》里有“碧鸡海棠天下绝，枝枝似染猩猩血”“若使海棠根可移，扬州芍药应羞死”之句，其《成都行》里更有“成都海棠十万株，繁华盛丽天下无”的描写，海棠成为与成都“浓得化不开”的意象。

看来宋朝成都的“市花”，无疑是海棠了。

陆游这首《海棠歌》写于嘉定元年（1208年），倏忽30多年，时已84岁的他，为追思在蜀中观赏海棠往事而写。陆游46岁入蜀，前后8年的“蜀栈秦关”官宦生涯，留给诗人的记忆是永不磨灭的。海棠成为他与蜀地联系的纽带。

开头实写，追忆自己对海棠的“发现”。陆游在乾道六年（1170年）入蜀，时年46岁。“鬓未霜”一句即指此而言。沿江而上来到南充樊亭，诗人初次领略了西蜀海棠之盛，已有“叹为观止”之感。岂知南充樊亭的海棠比起成都碧鸡坊的海棠来，又不过是小巫见大巫。沿着诗人挺进蜀地的踪迹，由果州到成都，我们已随同诗人一起探幽访胜。于是逼近这首诗主要描写的对象——天下独绝的碧鸡海棠。

诗歌中间部分采用对比手法，对碧鸡海棠作了集中描绘。可分两层：第一层（前四句）以海棠和蜀姬相比。碧鸡海棠之妙在于它“枝枝似染猩猩血”。在这种艳姿丽容面前，那些浓妆艳抹、娇媚无比的蜀姬也不免相形见绌。第二层（后四句）以海棠和桃花、李花、芍药等相比。沿江东下，无边大地上盛开着桃花、李花，远远望去，灿若明霞，可谓美矣，然而在海棠面前，却只有当奴仆的资格，如果能够把海棠移植到扬州，素负盛名的扬州芍药恐怕要羞愧得无地自容！诗人的这番有声有色的渲染，给读者留下异常鲜明的印象。这样，艳赛蜀姬、灿压群芳的西蜀海棠就被格外突出了。

结尾之处，核心在“忆”字。春残时分，杜鹃的声声啼叫，勾起了诗人对蜀地的无比怀念，对海棠的怀念。在风雨凄清的寒夜，诗人魂牵梦萦，念念不忘的是四川海棠。他甚至发愿：希望能得到长生不老的妙方，不为别的，只为能永远相伴可爱的海棠，看到鲜艳的海棠。“何从乞得不死方，更看千年未为足”，从这些诗句中，我们不难体味到诗人对海棠的热爱之情。

时隔30多年，陆游依然记得蜀中的海棠，惦念着蜀中的美景。“我初入蜀鬓未霜，南充樊亭看海棠。”在《海棠歌》的前两句，陆游直接点出了当年北上汉中在南充樊亭欣赏到的海棠花。“当时已谓目未睹”，陆游在诗中表示，南充的海棠花令他惊叹不已。

《海棠歌》这首诗通过细腻的描写和形象的刻画，表达了陆游对蜀地以及蜀地海棠花的留恋，由花及人，怀念海棠花，实际上是在怀念蜀地的生活。

陆游还在另外一首诗中写道：“石卫尉家锦步障，移在樊家园馆中。醉到花残呼马去，聊将侠气压春风。”正与“我初入蜀鬓未霜，南充樊亭看海棠”在情感上遥相呼应。

碧鸡坊位于今成都市老城区西南。与此不同，而今南充的樊家园馆，则已无从知晓了。

1912年，创设四川图书馆，学者林山腴任第一任馆长，种松数十株，号“八十松风馆”。

1916年夏秋时节，赵熙应邀到成都，在图书馆与社友诗词唱和，轰动一时。赵熙有《惜秋华·白秋海棠》《薄幸·八十松风馆海棠最胜，吟者多尚白，盖标其好之清也，余有讥焉。补红秋海棠词》二首，足以看出，那时成都的海棠之艳，让老先生不禁为之动了深情。

“海棠香国”今何在

张爱玲在《红楼梦魇》开篇就说：“人生有三大恨事，一恨鲥鱼多刺，二恨海棠无香，三恨红楼梦未完。”这个说法，渊源有自。

宋人彭乘在《墨客挥犀》中收录了其堂弟彭渊材的逸闻：“彭渊材闻李丹辞昌州，议者吐饭，往询弃之之故。李惊问之，彭曰：‘昌州海棠独香。’闻者传笑。”彭渊材博通群书，尤工乐律，曾献书于朝廷，而征为“协律郎”。他曾说，平生无所恨，所恨者仅五事：一恨鲥鱼多骨、二恨金橘带酸、三恨莼菜性冷、四恨海棠无香、五恨曾子固不能诗。后来得知昌州海棠独香，他一生憾事少了一件，喜不自禁。

清代才子李渔是希望海棠有香味的，他搬出唐人郑谷的诗来做佐证，“则蜂蝶过门而不入矣，何以郑谷《咏海棠》诗云：‘朝醉暮吟看不足，羡他蝴蝶宿深枝？’”李渔说“有香无香，当以蝶之去留为证”，物候学的证据，似乎并不能彻底代替人的嗅觉。

朱自清在1930年4月完成的《看花》里，有一段描述：“我爱繁花老干的杏，临风婀娜的小红桃，贴梗累累如珠的紫荆；但最恋恋的是西府海棠。海棠的花繁得好，也淡得好；艳极了，却没有一丝荡意。疏疏的高干子，英气隐约逼人。惋惜没有趁着月色看过；王鹏运有两句词道：只愁淡月朦胧影，难验微波上下潮。我想月下的海棠花，大约就是这种光景吧。为了海棠，前两天在城里特地冒了劲风到中山公园去，看花的人倒也不少；但不知怎的，却忘了畿辅先哲祠。Y告我那里的一株，遮住了大半个宅院；别处的都向上长，这一株却是横里蔓延的。花的繁没有法说；海棠本无香，昔人常以为恨，这儿花太繁了，却酝酿出一种淡淡的香气，使人久闻不倦。”[1]

朱自清是敏锐的，他提到的北京中山公园里的西府海棠具有香味，不是文学的夸张。

成都植物园的专家认为，西府海棠和一些北美海棠的确有香味，不过也不是任何状态都会播散香气。一般来讲，开得好的状态下在将近黄昏时分，会有明显的清香。

看起来，海棠之香，犹如峨眉的佛光。

古人称贴梗海棠、垂丝海棠、木瓜海棠、西府海棠为“海棠四品”。而西府海棠却是既香且艳，是海棠中的上品。但海棠虽艳无俗姿，具有独特魅力。清朝苏灵在《盆玩偶录》里，把西府海棠列为“十八学士”之一。西府海棠相传因古代生长在西府（今陕西宝鸡一带）而得名，2009年4月14日被选为宝鸡的市花。

海棠一般有艳无香，其香只在“隐约之间”，只有少数地方的海棠带浓香，如《广群芳谱》载：“蜀嘉定州海棠有香，独异他处。”可惜的是，乐山境内早已无处可寻其芳踪了。

还是回到唐朝的贾耽《百花谱》。

他指出：“海棠为花中神仙，色甚丽，但花无香无实。西蜀昌州产者，有香有实，土人珍为佳果。”说的是昌州海棠不但独具异香，还有美味“佳果”。至祥光二年（1279年），重庆大足一直是昌州治所。时至今日，大足的海棠花仍然散发着淡淡的香气，这只能归结为独特的水土与气候。

① 原载1930年5月4日《清华周刊》第33卷第9期“文艺专号”。

第34章

侠之大者的心性与剑气

——张咏与“交子”诞生记

交子街今昔

在成都锦江支流府河外侧的东风大桥的东桥头侧，有一条南北走向的普通街道——交子街，一度也称为椒子街。几十年之前，昔日街市两旁树荫蔽日，商铺鳞次栉比；店与店之间多有古色古香的门楼相隔，门楼里则是一座座建于清末民初甚至更加久远的老式院落。可惜的是，它的名字已经被均隆街的名头覆盖了。1997年，府南河工程改造完毕后，交子街名被取消，与均隆街合二为一。这显然是如今街道命名者的巨大失误！因为不要小看了，这里恰是宋代印制世界上第一种纸币——交子的所在地。

由于交子街是我上下班的必经之地，我偶尔会看到一些西服革履的外国人，在这条小街上来回徘徊。我估计他们是银行家或商人，渴望在此寻觅历史的信息……

《成都城坊古迹考》对成都东门“椒子街”有这样的解释：“一说街名曰‘交子’，以宋代尝设交子务于此。”可知街道的命名是因为在此设置过交子务。

《全蜀艺文志》中提及：“元丰元年（1078年）增一员；掌典十人……所用之纸，初自置场，以交子务官兼领，后虑其有弊，以他官董其事。隆兴元年（1163年），使特置官一员莅之，移寓城西净众寺。”可知在隆兴元年（1163年）朝廷设置专门官员在城西净众寺[①]印刷交子，这两则材料分别体现了街道名称的命制和在寺庙里出现印刷交子的情况，这体现了平民的社会生活受到金融的影响。

世界上最早的纸币——交子。藏于辽宁省博物馆。上面印有“除四川外许于诸路州县公私从便主管并同见钱七百七十陌流转行使”，一共29个字

宋代开始，成都就流传有“五子登科”一说：票子、印子、绸子、粉子、车子。“票子”说的就是纸币。正是由于成都商业发达、贸易繁盛，中国最早的纸币“交子”才得以在成都出现。

四川使用铁钱，始于孟蜀广政（938—965年）中，估计是贵金属缺乏形成的。北宋初年，成都的商品经济发展迅猛，对货币的需求量大大增加。但成都流通的钱币却是笨重的铁钱。比如，当时购买一匹绫罗需要的铁钱重达130斤。当时1枚铜钱抵铁钱10个，每1000个铁钱的重量，大钱25斤，中钱13斤。买一匹布需铁钱2万，重约500斤，一个商人往往需要

① 净众寺元末明初更名为万佛寺，明末毁于战火，于康熙初年重建，仍名为万佛寺。位于成都市西门通锦桥。

驱赶几头骡马来驮运铁钱。

在市场的倒逼之下，成都的街头催生出专门为携带巨款的商人经营现金保管的金融服务机构，名为“交子铺户”。存款人将现金（银锭、铜钱、铁钱）交给铺户，铺户把数额填写在用楮纸制作的票据上，再交还存款人，收取一定的保管费。这种临时填写存款金额的用楮纸印制的特殊券，就是“交子”，也叫“楮币”。

成都产的麻纸享誉巴蜀内外，但为什么一定要使用“楮纸”？楮树，成都人称为构树，在平原分布广泛，双流县制造的构树皮纸尤为知名。费著《笺纸谱》指出：“凡公私簿书、契券、图籍、文牒”，皆用楮纸书写。尤其是在宋代，成都产的高质量楮纸，后来还被朝廷指定为印制纸币的专用纸。凡用于印制纸币的楮纸，均由官方监制，抄纸工人也全都纳入政府编制。

费著《笺纸谱》记载：“广都（成都双流）纸有四色，一曰假山南、二曰假荣、三曰冉村、四曰竹丝，皆以楮皮为之。”《笺纸谱》还详细记述了四大品牌楮纸名的由来：广幅而不用白粉者，叫作假山南；狭幅而用白粉以浆涂纸面，再研光（用石磨纸面），使纸质白净者，叫假荣；造于冉村，用村边溪流的清水洗涤纸浆，纸质洁白者，称作冉村；造于龙溪乡，轻细柔韧者，叫竹丝。“而竹丝之轻细……视上三色价稍贵。”

可以说，交子之所以能够推广普及，最大的原因在于：经济高度发展；商业诚信；具有良好的管理机制；成都具有一流的印制条件。

这一便利之道迅速推广，交子应用广泛，许多商人联合成立了发行和兑换交子的交子铺，并在各地设立分铺。由于铺户恪守信用，随到随取，交子赢得了信誉。商人之间的大额交易，为了避免铸币搬运的劳苦与风险，也越来越多地直接用交子来支付货款。后来交子铺户在经营中发现，动用部分存款，并不会危及交子信誉，他们遂开始印刷有统一面额和格式的交子，作为一种新的流通手段在市面上发行。这一步一步的发展，使得交子逐渐具备、完善了信用货币的特性，真正成为纸币。

由于民间交子发行时间刚好发生在王小波、李顺为首的农民起义期

间，而起义就于北宋淳化四年（993年）二月发动，由此可以推定，民间交子最早出现的时间在993—994年之间。

研究可以发现，“交子”一词属明显的成都方言。中国钱币学会张季琦先生认为：“所谓‘交子’，可能并不一定是纸币产生后才起的名称，而是与那时四川的方言、习俗有关，是人们对当时出现的盐茶钞引和其他商业性票据的一种习惯性称呼。所谓相交、相会、相关，都是对照票据而取钱的意思。”①

① 张季琦：《宋代纸币及其现存印版》，载《中国印刷史学术研讨会文集》，印刷工业出版社1996年版。

写实主义巨幅油画《成都交子·汇通天下》。萧继东、陈登木作。从神态和表情看，塑造的是货币的改革设计者和推动者——王昌懿。他是成都当时的富商，亦是十六户交子铺的突出代表和领头人。在他的交子铺里，我们看到身着蜀锦绸缎和华丽服饰的三组人物正在热火朝天地进行兑换。兴高采烈的藏族、彝族客商和已经完成交换离去的羌族客商与门外正在下车，前来兑换“交子”的富商夫妇构成了热闹的场面……

“救火”者张咏

张咏两次知益州，他是交子推进的枢纽式人物。

群星璀璨的宋朝英才群体，让人最为敬佩的毫无疑问是苏东坡；可是要说让人最为神往者，张咏应该是不二人选！张咏自号乖崖，对于这一怪异的称谓，他自释“乖则违众，崖不利物，乖崖之名，聊以表德”。乖张而不合群，一个人就像笔立的悬崖一般，与周围事物比较起来显得峭拔突兀，但也磊落跌宕。一个可以教训宰相寇准读书少的人，是何等孤傲，何等“乖崖”！根据史料记载，张咏至少亲手诛杀过5个恶人！所谓剑胆琴心，他是配得上的。

張復之像

张咏像。原载明代王圻辑《三才图绘》

张咏（946—1015年），字复之，濮州鄄城（今山东省菏泽市鄄城县）人。太平兴国间进士，累擢枢密直学士，真宗时官至礼部尚书，诗文俱佳。张咏自幼习武，剑术高超，性格直爽豪迈，处事果断，颇有远见，时常行侠仗义，这样的性格及经历在当时的士大夫中非常罕见，又加之其显著的政绩，宋人对他的相关事迹多有记载，在宋人笔记《涑水纪闻》《青箱杂记》《湘野录》《东都事略》《苕溪渔隐丛话》等中，都能找到张咏的身影。

《宋史》记载他“少负气，不拘小节”，自幼“学剑颇得妙术，无敌于两河间；好弈棋，精射法，饮酒数斗不乱”。可见这还是一位心怀奇气的少年英雄。有人说张咏“布衣之时，任侠自喜，破产以奉宾客，而借躯报仇，往往过直”。他直追春秋大侠的风范，看来记载并非过分赞誉。张咏的行事风格，体现出性格中的豪侠之气。而其侠士之风并非在于豪掷千金或大碗喝酒，在朱子纂集的《宋名臣言行录》里，记载他智斩恶仆事件中可见一斑。

张咏自幼学剑，见义勇为，多有记载。曾有一位士人游宦远郡期间，仆人知道了主人的不法之事，主人为此十分惊恐。因为步步紧逼的仆人一再要挟，必须娶士人之女为妻，作为“封口”的代价。时间一长，仆人有恃无恐，恣横而不可制。张咏偶访士人，见朋友愁眉不展，知其事后，霍然起身。

他转身对那位仆人说：“请跟随我外出办点事！”他带着仆人单骑出

城，来到一座林麓之中，突然拔剑立斩恶仆，悄然而还，与朋友继续饮酒。

而在宋人刘斧撰辑的《青琐高议》里，张咏性如烈火的侠义手段，简直是武林高人的直写：

张乖崖未第时，尝过汤阴县，县令赐束帛万钱，张即时负之于驴，与小童驱而归。或谓曰“此去遇夜道店，陂泽深奥，人烟疏远，可俟伴偕行。”张曰：“秋冷矣，亲老未授衣，安能少留耶？”但淬一短剑而去。

行三十余里，日已暮，止一孤店，惟一翁洎二子，见张甚喜，密相谓曰：“今夜好个经纪。”张窃闻之，亦心动，因断柳枝若合拱者为一培，置室中。店翁问曰：“待此何用？”张曰：“明日早行，聊为之备耳。”夜始分，翁命其子呼曰：“鸡已鸣，秀才可行矣。”张不答，即来推户。张先以坐床拒左扉，以手拒右扉，店夫既呼不应，即再三排门。张忽退立，其人闪身踉跄而入，张摘其首，毙之，曳入闼。少时，次子又至，如前复杀之。张持剑往视翁，方燎火爬痒，即断其首。老幼数人，并命于室。呼童牵驴出门，乃纵火焚店，行二十里始晓。后来者曰：“前店人失火。”①

这完全是行者武松直闯“人肉包子店”一幕的现实翻版！足以展示张咏的胆识与凌厉手段。

而在南宋何薳笔记《春渚纪闻》里，对于张咏的“乖崖剑术”的状写，就完全是隐逸高手的笔法：

祝舜俞察院言：其伯祖隐居，君与张乖崖公居处相近，交游最密。公集首编《寄祝》《隐居》二诗是也。隐居东垣有枣合拱

① 王友怀，王晓勇注：《青琐高议》，三秦出版社2004年版，第158—159页。

矣，挺直可爱。张忽指枣谓隐居曰："子匄（gài，同丐，给予的意思）我勿惜也。"隐居许之，徐探手袖间，飞一短剑，约平人肩，断枣为二。隐居惊愕问之，曰："我往受此术于陈希夷，而未尝为人言也。"

又一日，自濮水还家，平野间，遥见一举子乘驴径前，意甚轻扬，心忽生怒。未至百步而举子驴避道。张因就揖，询其姓氏，盖王元之也。问其引避之由，曰："我视君昂然飞步，神韵轻举，知必非常人，故愿加礼焉。"张亦语之曰："我初视子轻扬之意，忿起于衷，实将不利于君。今当回宿村舍，取酒尽怀。"遂握手俱行，共话通夕，结交而去。①

第一条笔记，写出了张乖崖的精湛剑术，身怀绝技却不"为人言"。深藏若虚的品格，实在可敬可爱。第二件事情值得细说。从记载可以看出，张咏身负轻功之术。他看到举子的"轻扬"狂态，他心怀怒意，后又见这位举子谦恭有礼地给他让路，这使张乖崖转怒为喜，客气地向举子作揖。这个举子，就是著名文学家王禹偁（954—1001年）。富有戏剧性的相识，促使他们成为亲密朋友，最后王禹偁还和张咏成了儿女亲家。

太平兴国五年（980年），张咏与寇准、王禹偁一起赴开封参加科考，张咏殿试中进士乙科，由此开启了30多年的仕宦生涯。

这样一位剑侠，能够在山野间"昂然飞步、神韵轻举"，在他35岁步入官场后仍然如此。据史籍记载："张咏时知益州，虑远夷乘隙为变，因取盗贼之尤无状者，磔死于市，境内以安。""磔死"蜀中盗贼的罪魁祸首，杀鸡给猴看，正是张咏刚猛果决性格的表现。

张咏在湖北崇阳做县令的时候，有一天，他发现一个管钱的小吏从库房里出来，鬓旁巾下挟了一枚钱，张咏就诘问他钱从哪里来，小吏隐瞒不住，只得承认是拿库中的钱。于是张咏下令对他杖责。谁知小吏竟悻悻然

---

① 张明华点校：《春渚纪闻》，中华书局1983年版，第35页。

道："一钱何足道，乃杖我耶？尔能杖我，不能斩我也！"意思是，不就拿了一枚钱嘛，有什么大不了的，你怎么能棒打我呢？就算你能棒打我，你也不敢杀了我！可他没料到，他牛，张咏更牛！张咏拿起笔判道："一日一钱，千日千钱，绳锯木断，水滴石穿！"说罢，利剑出鞘，结束了他的性命。

"侠之大者，谓之刺客。"这句话具体出处是《史记·刺客列传》。此处的"刺客"，才是司马迁语境里的真正大侠。"侠"为象形字，是一个"大人"，肋下夹着两个"小人"，本有"劫持""担当"之义。董仲舒训"仁义"，有"以仁安人，以义正我"之结论，这种理解也正是西方道德一词的肇始之意。而中国"侠之大者，为国为民；侠之小者，为乡为邻"之说，也为平民道德提供了一根血性的脊梁。

大风起于青萍之末，厚积而薄发，大浪起于微澜之间，久伏而高飞。张咏刚猛正直，平素酷爱读书，他的性格和思想，对刚刚经历社会震荡蜀地的社会风尚起到了极大的矫正作用。

以廉治蜀的清流，则如锦江之水，绵远流长，从未断绝。如果说成都历史上第一位有明文记载的廉吏是东汉时期的蜀郡太守张堪（科学家张衡的爷爷）的话，那么，北宋担任益州知州的张咏，更有一段围绕"钱"与"色"的佳话。

刘斧编撰《青琐高议》还记载，经历王小波、李顺起义之后，成都一带的社会民间仍是不平静，稍有风吹草动，就会再次激发一场祸乱。当时朝廷规定，凡是到四川去做官的，都不许携带家眷。

张咏做益州知州，是在太宗淳化五年（994年）九月，他千里单骑赴任。部属畏惧他执法、为人过于严厉，自然都不敢娶侍妾、买婢女。张咏倒是很体贴下属，他明察秋毫，不想绝人情，入乡就随俗，于是先买了几名侍姬，这样一来下属们也就不会为难。这样，他与"礼仪夫人"出入于成都街巷，自此官属一见，态度稍稍松弛了一些。

张咏在蜀四年后被召还京，离开时将侍姬的父母叫来，自己出钱为众侍姬择配嫁人。后来这些侍姬的丈夫都大为感激，因为所娶到的都是处女。所以《青琐高议》这一节的题目是“张乖崖，出嫁侍姬皆处女”，不得不说张咏立身持正。

值得一提的是，张咏初戍守成都的时候，战乱刚刚平定，人常有反叛之心。地方上处处设法“验证”他的能力，甚至鼓噪他割据“称帝”。某一天举行军队校阅时，张咏刚刚出现在操场，军士们立即大声鼓噪，山呼“万岁”，张咏一听，神色大变！这还得了！他立即下马面向东北高呼“皇上万岁”，然后神色严峻，上马继续校阅。军士们见此举动，不敢再继续喧哗。

这其实是一场预谋好的阴谋，等待他入其彀中。张咏由此逃脱了“谋反大罪”，由此可见他的应变之能。

张咏第二次守蜀，是在咸平六年（1003年）四月，蜀地民心易变，可谓是一波未平一波又起。因为几年前的咸平三年（1000年），王均乱蜀，一度占领成都，直到第二年才为宋军讨平之。王均之乱虽然平息了，但民情起伏不定。宋真宗认为张咏前在蜀治绩优异，决定复以张咏知益州，使蜀郡从战乱的衰敝中尽快恢复生产、生活。

附会在能人身上的传闻自然很多：

> 乖崖公太平兴国三年（978年）科场试《不阵成功赋》，盖太宗明年将有河东之幸，公赋有“包戈卧鼓，岂烦师旅之威；雷动风行，举顺乾坤之德”。自谓擅场，欲夺大魁。夫何有司以对耦显失，因黜之，选胡旦为状元。公愤然毁裂儒服，欲学道于陈希夷抟，趋豹林谷，以弟子事之，决无仕志。希夷有风鉴，一见之谓曰：“子当为贵公卿，一生辛苦。譬犹人家张宴，方笙歌鼎沸，忽中庖火起，座客无奈，惟赖子灭之。然禄在后年，此地非栖憩之所。”乖崖坚乞入道。陈曰：“子性度明躁，安可学道？”果后二年，及第于易简榜中。希夷以诗遗之云：“征吴入蜀是寻常，鼎沸笙歌救火忙。乞得江南佳丽地，却应多谢脑边疮。”初不甚晓。后果两入蜀定王均、李顺之乱，又急移余杭翦左道僧绍伦妖

蛊之叛，至则平定，此征吴入蜀之验也。累乞闲地，朝廷终不允，因脑疮名金陵养疾，方许之。[①]

这个勇于为朝廷“救火”的人，不但要“救火”，还面临屋漏又逢连夜雨的遭际。

景德元年（1004年）蜀地的益州、雅州、黎州接连发生大地震，社会动荡，民生堪忧。这对成都经营交子的铺户来说是一大打击，必然影响到顺利兑换，造成诉讼不断。

张咏上任后，除了平定混乱，他认为救治蜀乱的方法就是“移风复俭约”，改变蜀地奢靡的风俗，以“淳化”宣导蜀地民情。张咏在益州实施多种举措，安抚民心。比如，他释放了很多被王继恩抓来的所谓的乱党，收拢了部分人心。同时，他为了让百姓得以维持生计，还默许了百姓贩卖私盐。在张咏的励精图治下，四川地区老百姓都生活安定，对张咏也是爱戴有加。张咏断案如神，从断案的能力和数量来说，他远比狄仁杰和包拯要厉害得多，就拿最著名的案例汇编《折狱龟鉴》来说，记载了从先秦两汉开始，至北宋末年的395个精彩案例，其中，记载张咏侦破的案例就达到二十多起，堪称历代之最。

而成都的交易市场情况，引起了他的高度关注。

据《续资治通鉴》记载：“先是益、邛、嘉、眉等州岁铸钱五十余万贯，自李顺作乱遂罢铸，民间钱益少，私以交子为市。”

在民间交子铺里，浑水摸鱼者不可避免。有一些唯利是图、贪得无厌的铺户，恶意欺诈，在滥发交子之后闭门不出，停止营业使所发出的交子无法兑现。这样，当存款者取钱而不能时，便往往激起事端，引发诉讼。于是益州知州张咏对交子铺户进行整顿，剔除不法之徒。

大中祥符元年（1008年），张咏对原分散的交子铺户进行整顿，挑选出以王昌懿为首的具相当实力的16富商连保发行交子，共同承担兑换责

① 文莹：《湘山野录》，中华书局1984年版，第4页。

任，其余交子铺户资格被取消。至此交子的发行正式取得了政府认可。

费著《楮币谱》等文献记载，在16富商连保发行交子时只提到王昌懿一人，他即是16户之首，属最早的私交子铺户之一，在交子运行中发挥作用最大，所以才被文献记录了名字。

到宋仁宗天圣元年（1023年），政府在成都设立“益州交子务”，地点大约位于锦江北岸的锦官驿一带，以本钱36万贯为储备金，为正式发行“官交子”筹措了126万贯，准备金率为28%。

李攸在《宋朝事实》卷一五《财用》中有比较详细的记载：“益州豪民十余户，连保作交子，每年与岁之夏秋盘仓量人夫，及出修糜枣堰丁夫物料，诸豪以时聚首，同用一色纸印造。印文用屋木人物，铺户押字，各自隐密题号，朱墨间错，以为私记。书填贯不限多少，收入人户现钱，便给交子。无远近行用，动及百万贯，街市交易。如将交子要取现钱，每贯割落三十文为利。每岁丝蚕米麦将熟，又印交子一两番，捷如铸钱。”从这些史料可以发现从“私交子”到成都16户富豪主统一发行“官交子”的逐一落地过程。

值得铭记的是，天圣二年二月十日（1024年4月1日），首届“官交子”正式发行。这也意味着，世界上第一种由官方发行的信用纸币正式诞生。从此，交子成为宋朝川峡四路的法定货币，与铁钱具有同等信用。

可以说，张咏不是交子真正的第一发明人，但他扮演了让交子合法化的角色，而且为交子的规范运作做出了贡献。后世称之为“交子之父”，并不为过。

成都收藏家杜先生买到的“交子印版”。铜块上的文字从左到右为“拾柒日终，丙午歲，第贰界”。（图片来自《成都商报》2009年3月25日）

交子是一个汇聚了政治、经济、民生、交通、金融、造纸、印刷以及跨国度、多民族参与的聚合体，是展现“一带一路”的历史具象，也是一个海纳百川的大江湖。

由此可以总结四点：

其一，交子的发行由无组织进展到16户有组织、有计划地进行，无疑是官员张咏与16户之首王昌懿的功劳；

其二，交子上的图案已用同一“屋木人物”，且采用“同一色”的纸页；

其三，统一使用“朱墨间错”的两色印刷格式；

其四，采取了统一的发行办法。这是中国纸币印刷、发行肇始之初的情况。

宽而见畏，严而见爱

让人感兴趣的是，交子还有实物么？

《中国钱币大辞典》记载：“北宋交子，20世纪30年代，仅存国内的一张实物被日本人买走。”另外，成都收藏界目前藏有半块交子印版。在日本那张长12.8厘米，宽7.6厘米，纸质介于皮棉纸与宣纸之间，显浅黄色，分正反两面印刷，正面上方印有两排10个铜钱纹，中间印有隶书字体：“除四川外，许于诸路州县公私从便主管并同见钱七百七十陌流转行使。”从中间到下方印有房舍、人物、袋堆、货运车辆等图样。反面四周印有28枚铜钱纹为花边，上书“大宋通中部印”6个篆体字；有手书粗黑宋体字：“户部奏准印造大宋城通行宝钞”，“使用伪造者斩告捕者赏钱十贯天圣元年”。我们知道，世界上最早的著作版权保护也出现在成都，加上这一货币保护条例，成都创造了很多“世界第一”。

从商业信用凭证到官方法定货币，交子在数十年间发生了本质性的变化，具备了现代纸币的各种基本要素，远远走在世界各国之前。

宋徽宗大观元年（1107年），宋朝廷改“交子”为“钱引”。两者的最大区别，在于“钱引”是以“缗”为单位，其纸张、印刷、图画和印鉴都十分精良。这样，“交子务”也改为“钱引务”，这一年的发行数“较天圣一界逾二十倍，而价愈损”。也就是说，发行量由一百二十万缗增加到二千多万缗。而且没有准备金，“不蓄本钱而增造无艺，至引一缗当钱十数。”可见，价值一千钱的缗只能当钱十多个，纸币贬值是多么严重。

《宋史》卷一八一《食货下三·会子》记载：淳熙五年（1178年），以蜀引增至四千五百余万，立额不合再增。但由于巴蜀财政庞大的支出，“钱引”发行量一再猛增，增发钱引成为南宋政府应付财政危机的主要手段。尽管一再订立发行限额，又一再被突破。到绍兴末年，四川“钱引”的准备金仅有铁钱七十万贯，只及纸币发行额的不到百分之二，同时每年铸钱数量仅十万贯，远不足以缓解“钱引”与铁钱比价的急剧下跌。

北宋交子的兴衰历程，朝廷毁坏了原有的金融法制，滥用货币信用，其结局必然导致通货膨胀以及货币体系的分崩析离，自此交子退出历史舞台。

总体而言，交子的出现是利大于弊的，它不仅为北宋时期的百姓的日常生活提供了方便，还为以后南宋“会子”的出现奠定了基础。

为纪念世界经济史上交子诞生这一重要事件，在英国伦敦英格兰银行的天井里，种有一棵在英国很少见的中国桑树（英国人错误理解了构树，错种为桑树了。奉友湘在《华西都市报》2019年4月1日特撰文予以指出）。在成都发行交子600年后，英格兰银行才印制英镑纸币。

关于张咏离开成都后，历史上还有神妙的传闻：

> 张乖崖成都还日，临行封一纸轴付僧文鉴大师者，上题云：“请于乙卯岁五月二十一日开。”后至祥符八年（1015年），当其岁也。时凌侍郎策知成都，文鉴至是日，持见凌公曰：“先尚书向以此嘱某，已若干年，不知何物也。乞公开之。”洎开，乃所画野服携筇，黄短褐，一小真也。凌公奇之，于大慈寺阁龛以祠焉。盖公祥符七年甲寅五月二十一日薨，开真之日，当小祥也。

公以剑外铁缗辎重，设质剂之法，一交一缗以三年一界换之。始祥符辛亥，今熙宁丙辰，六十六年，计已二十二界矣，虽极智者不可改。①

“徒劳丹青，绘写凡质，欲明此心……”他在游仙阁上自画的这幅置身山林的肖像，其实是他“出尘”的精神造像，也成为他留给成都后来者的一张神契。

侠之大者，已经不再着意于剑拔弩张。《文选》收录刘琨《重赠卢谌》诗曰“何意百炼钢，化为绕指柔”，吕延济注：“百炼之铁坚刚，而今可绕指。自喻经破败而至柔弱也。”而到了张咏那里，具体的剑已然不见，举手投足间，焕然是一团剑气的氤氲，托举的是一个赤子的涌荡胸臆。

大中祥符八年（1015年），张咏听说贤臣寇准被流放到雷州，并被迫害致死，他伏案大哭，大骂奸臣丁谓。他在奏朝廷派员探视的“谢表”中说了锥心刺骨的话：我年老体衰，病入膏肓，春天里头疮发作越发厉害，疼痛难忍，流血不止，吃饭都很艰难，且面容枯槁，行走很艰难，拖着病体，张咏最后谏诤皇帝：“不当造宫观，竭天下之财，伤生民之命。此皆贼臣丁谓诳惑陛下。乞斩谓头，置国门以谢天下。然后斩咏之头，置于丁氏之门以谢谓。”这是一个看到生命终点的人，依然展示了拔剑一怒、斩妖除魔的刚直血性。

10天之后，身心俱惫的张咏卒于陈州府署官舍。张咏葬于宛丘县，在今天淮阳县城西12公里的柳林集。

总之，张咏两次抚定“从来称难制”的巴蜀之地，缓释宋朝西顾之忧，保证了朝廷的后方安全，宋真宗嘉谕说：“（张）咏在蜀，吾无西顾之忧。”

北宋初年，张咏是与赵普、寇准齐名的三大名臣。尤以治蜀著称，巴蜀地区后来将他与文翁、诸葛亮、赵抃并称四大“治蜀名臣”。张咏将治

① 文莹：《湘山野录》，中华书局1984年版，第4—5页。

蜀经验总结为四条：信及于民、言及于义、动而有礼、静而无私。而“行斯四者，在乎先率其身”，这才是张咏成功治蜀的关键。

苏东坡对张咏的治蜀之道深为称许：“以宽得爱，爱止于一时。以严得畏，畏止于力之所及。故宽而见畏，严而见爱，皆圣贤之难事而所及者远矣。”

第35章

“铁面御史”赵抃的人格魅力

“雷琴”的清音

赵抃（1008—1084年），字阅道，号知非子，衢州西安（今浙江省衢州市柯城区）人。他以清廉正直的形象，为国为民鞠躬尽瘁，为后世所尊崇，进而有“全人”“完人”之誉。宋仁宗、宋神宗以及韩琦、司马光、欧阳修、苏轼等均对他有极高的赞誉。他一生宦游河北、中州、江南、四川等地，所到之处都留下清廉政声。他不仅平生不置产业，两袖清风，并且弹劾不法权贵，无论宰相陈执中、宣徽北院使王拱辰，还是枢密使王德用、参知政事刘沆等等，都被他论罢官职，因而有“铁面御史”之誉；另外一方面，他力荐人才，不遗余力维护正义，无论官卑职微，还是草泽野民，均在他的举护之列，吴充、鞠直卿、欧阳修、苏洵、张中理等都由其力荐，或留任于朝，或征辟入仕，大都成为能臣良吏。韩琦感叹道：“世人标表，真不可及。”[1]苏东坡说他有“东郭顺子之清；孟献子之贤；郑子产

① 《宋史·赵抃传》。

之政，晋叔向之言，兼而有之，不几于全乎！”[①]他去世以后，谥号“清献”。

赵抃是北宋时期与包拯齐名的廉吏，一生四次入蜀。在任成都府知府等职时，他清廉自守，严惩欺压百姓的衙役、重视教育，整治官场馈赠和酒礼之风，深受爱戴，被称为“赵青天”。

赵抃画像。（选自清代顾沅辑《古圣贤像传略》）

“清献堤下清献河，清献河上清献桥。清献桥顶清献亭，清献亭旁清献祠。清献祠里清献梅，清献梅边清献碑……”在福建省内的武夷山一带，这首民谣至今还广为传唱，诉说赵抃的清廉。而他还与成都的一条河，发生过关系。

据史料记载，赵抃入蜀，路过成都的青白江区境内，目睹一江澄碧、清流潋滟，曾喟然浩叹：“吾志如此江清白，虽万类混淆其中，不少浊也。”后人因此以“清白”二字命名江河（后来写作“青白”），后来更以此命名成都市的一个行政区，是为青白江区。

人过留名，雁过留声。赵抃留下的“清白”，传承千年。这是老百姓对官员廉洁品质的肯定和赞誉，也包含着一种深深的期许。从赵抃千古不朽的清廉事迹中，折射出中华民族源远流长的清白之风，“做清白人，行清白事”的“清白文化”，赋予了青白江直逼骨髓的清澈之力。

一个人与不同区域的两条河产生“清白如许”的关系，这在历史上独

① 《苏东坡全集》卷八六《赵清献公神道碑》。

一无二。

虽是“铁面御史”，但人之常情总是有的，似乎也有普通人的弱点。清人潘永因辑录的史料笔记《宋稗类钞》中，载着这样一件事——

赵抃任成都知府时，一次外出巡访，无意中在城内看见一个姿色非常、颇有气质的美妓，一枝杏花在女人头上俏立而颤抖。他不由得忘记了自己的身份，几步凑上前去，指着她头上的杏花头饰说：“髻上杏花真有幸。”不曾想美女也读过诗书，她见有官人这样说，便有些不悦，定神一看，眼前这个人谈吐风雅，气度不凡，遂转嗔为喜，接口应道：

“枝头梅子岂无媒！”言罢回眸一笑，飘然而去。

“髻上杏花真有幸”与“枝头梅子岂无媒”，构成了绝妙对联！

赵抃之心似乎被拨动了，一派古井乱波。晚饭之后，他急忙叫了一个老兵去请这个美女来面晤。可是派出的老兵久久不回，他忙又派出一名老兵去催。这时，夜已深了。赵抃在房中来回踱步，烦躁不安。突然他如遭锤击，不禁大叫一声：“赵抃不得无礼！”

他话音刚落，派出去的第一个老兵从帐后走出来。原来他们深知这个知府老爷，平生自律甚严，现在只不过是一时心猿意马，日后定会后悔的。因此他们压根儿就没去找美女。他们为什么会这样有把握呢？只是因为他们吃透了赵抃的生活规律：白天处理完公务后，每到晚上必做的功课——虔诚地焚香向天，不断祷告，由此完成“自省”！

赵抃有一龟一鹤，还有“雷琴”一张，他以“雷琴”的清音和雅韵来陶冶自己，琴声就是铜镜，龟鹤就是知己。

赵抃与崇州罨画池

赵抃在蜀地的事迹很多。尤其是他在四川知江源县（今崇州市江源镇）的两年多期间，离任几年后又再次经过江源县，至今有很多令人缅怀之迹。

《宋史·赵抃传》记载：“赵抃，字阅道，衢州西安（今浙江衢州市）人。进士及第，为武安军节度推官……知崇安、海陵、江源三县，通判泗州……”照此推算，赵抃考中进士为官后，历三任才来到江源县，没有言及具体时间。苏东坡的《赵清献公神道碑》云：“景祐元年（1034年）进士乙科，为武安军节度推官……阅岁举监潭之粮科，岁满改著作佐郎知建州崇安，徙通判宜州……未几以越国[①]丧，庐于墓三年。终丧，起知泰州海陵，复知蜀州江源。还通判泗州。”这一叙述比《宋史》更为详细。崇州文史学者施权新先生认为，若以中进士以后立即得官，再在武安军节度阅岁，则已是景祐二年或三年。潭州监粮科又岁满，则为景祐三年或四年。宋朝制度，知县任期一般是二到三年，以在建州崇安三年计，其时应在宝元、庆历年间，即1040年后了。到宜州不久（姑且以一年计）就丁母忧守孝三年，服除知海陵县再历三年，徙任蜀州时已是皇祐初的事了。

张方平《乐全集》卷三十三《蜀州修天目寺记》有“尚书郎王君略领州，曲台杨君瑜为之倅……越皇祐初年季春”之语，记述了蜀州诸官重修天目寺的过程。“倅”即副职，亦即通判，此即赵抃诗《蜀倅杨瑜邀罨画池》（《清献集》卷一）里的杨瑜，后来赵送他调任外地时也有赠诗《送蜀倅杨瑜东归》。《蜀倅杨瑜邀罨画池》全诗如下——

占胜芳菲地，标名罨画池。
水光菱在鉴，岸色锦舒帷。
风碎花千动，烟团柳四垂。
巧才吟不尽，精笔写徒为。
照影摇歌榭，分香上酒卮。
主人邀客赏，和气与春期。

罨画池畔有“罨画池”碑。在碑的背面，镌刻着赵抃的这首于北宋嘉祐二年（1057年）写就的《蜀倅杨瑜邀罨画池》诗。正是这首诗作，明确

① 蒋蓝按：赵抃之继母徐氏封“越国太夫人”。四川大学王小红教授指出，赵抃生母是魏国太夫人；越国夫人是其继母。二人是姐妹，都称徐氏。

提到“罨画池”三字，证实罨画池水域，早已经存在。“罨画”二字颇有文采内涵。罨画池始建于唐朝，初名“东亭”“东阁”，是一座衙署园林，但“罨画”明显高于“东亭”“东阁”之义。值得一说的是，赵抃在江源县兴修水利以引水灌溉农田时，顺便将水引入郡圃并开凿湖池蓄水，作起居观游之用，进一步扩大了后来被誉为“南宋名园”的整体面积。

北宋政和年间，苏元老监崇州郡事，予以重修园池。《元一统志》记载：“竹蔓之间，暗泉入焉，为渠为流，其行错综如线，又其落时，则鸣如佩环，其止也澄澈如鉴。又有东湖六咏，曰岁寒亭、涵空亭、扶疏亭、碧鲜亭、壁台、九峰亭。”此时的罨画池山水形态丰富、园林建筑亦颇具规模，加之题咏，使园林具有了浓厚的文人气息，已经从单纯具有游赏性的园林发展成为远近闻名的文人园林。

赵抃的诗歌描写了在一个春暖花开时节游历罨画池，耳濡目染，心情伴随满园春光而随波荡漾的愉快心情，因而，此诗几乎没有引用复杂典故，反而是直抒胸臆，触景抒情。也许，天地间的大美均是朴素而直观的，于无声处楚楚动人，洗骨伐髓。紧扣“罨画池”得名于园中的缤纷花木。景致犹如蜀锦一般在缓缓展开之际，“风碎花千动，烟团柳四垂”是全诗的妙句，水面蒸腾而起的水雾与低空的柳枝，相互拥抱，形成了一种奇妙的“雾中柳”奇观。其实，恰恰也只有在湿度较大的西蜀平原，才能在微寒的春季早晨，见到这样的景色。

赵抃在感叹自已无力描绘如此美景之余，由视觉描写转换到了味觉描写“照影摇歌榭，分香上酒卮”，满园花香已经悄然潜入了酒中，所以举起酒杯，犹如举起罨画池的香，恨不得一饮而尽……

整首诗以几个特写场景渐次组合，由近及远，人与景色合一，一气呵成，展示了赵抃少有的愉悦情怀。

崇州是拥有“诗歌之湖”的城市

古崇州曾是蜀国经济、政治、文化中心，也是蜀王杜宇的建都之地。

从常璩《华阳国志》“朱堤梁氏女利游江原”这一记载可知，当时的崇阳（古称江原）是吸引游人的胜地。到唐宋时，逐渐形成了著名的“蜀州八景”，又称“江原八景”“唐安八景”“州治八景”“崇庆八景”。后来的几种崇州县志均有记载，仅录载的吟咏州“八景”的诗就达上百首。但真正口耳相授、流传至今的还是清代文人晏补之的诗：

惟爱东湖夜月圆，前村牧笛响悠然。
市桥官柳依依绿，东阁红梅朵朵鲜。
天目晓钟声八百，西江晚渡客三千。
岷山晴雪无今古，白塔斜阳照九川。

八景之中至少六处与诗人陆游有关，多姿多彩、跌山宕绿的水景更是“蜀州八景”中的关键词。

“东湖”之名来自陆游《剑南诗稿》。诗人高适曾来到罨画池赏月，特意写有《与薛三韩四东亭玩月》一诗。罨画池赏月，不愧为人生一大快事，但那时叫“东亭”而不是“东湖”。乾道九年（1173年）陆游调摄嘉州，他一直怀念蜀州的生活与风物，写《秋日怀东湖》二首，首句即说罨画池，得知东湖即罨画池。他有诗句云：“赖有东湖堪吏隐，春来日日在东湖。”他在东湖的生活是惬意愉快的，尤其在明晃晃的月夜，微醺漫步湖中，荷叶摇曳，莲藕的倩影引人遐想，疏影暗香，令陆游心旷神怡。这样的东湖、这样的月夜，美得令人神驰。此后，无论杨高鹏的“月缺月园亏更益，分明造化碧波中”，还是“天上冰轮仍皎洁，人间图画竟虚空”等诗句，都有蹈袭陆游“冰轮了无辙”“岂复计园缺”之嫌。

两任蜀州通判的陆游居住在罨画池，他的诗里多次出现“罨画池”“东湖”“池上”“湖上”以及罨画池畔的众多建筑。

罨画池中有琴鹤堂、瞑琴待鹤之轩等与赵抃相关的建筑之名。江源有杜赵祠、琴鹤桥等纪念赵抃的建筑和《双土地》《白鹤仙子》等赞誉赵抃的民俗传说，可见赵抃在江源一带具有根深蒂固的影响。且都以琴、鹤来譬喻赵抃的清廉以及自律。蜀地人士为了纪念曾在此地为官的陆游和赵抃，在罨画池畔修建了赵陆二贤祠，祠门悬“琴鹤梅花”四字匾额，其中“梅花”代表陆游的风骨气节，“琴鹤”代表赵抃的清正廉洁。从此之后罨画池园林便以陆游、赵抃两人为立意，建筑与景点多用陆赵两人的典故或诗文命名，逐步演变成为公共性纪念园林。

崇州市“琴鹤广场”上的赵抃塑像

关于赵抃的琴鹤逸闻，源于北宋沈括《梦溪笔谈》卷十：“赵阅道为成都转运使，唯携一琴一鹤一龟，坐则看龟鼓琴。尝过青城山，遇雪，舍于逆旅。逆旅主人不知其使者也，或慢狎之，公颓然鼓琴不顾。”沈括随父亲在四川生活过，他对蜀地这样的逸闻非常留意，因此其笔记具有较高的可信度。

宋朝在四川做官的彭乘在其《墨客挥犀》中也有相同的记载。元人脱脱等人修撰《宋史·赵抃传》记载：“神宗立，召为谏院……及谢，帝曰：闻卿匹马入蜀，以一琴一鹤自随，为政简易，亦称是乎？”与《梦溪笔谈》不同的是，这里并未说为益州路转运使时，只言入蜀带琴鹤，没有说龟。

江源有杜赵祠，原址为大庙村大庙（又称土主祠）所在地，明朝史乘认为是赵抃所建。明代嘉靖中崇庆知州谭纯在《土主祠碑记》中说：“后人以清献公并祀焉。”[1]1987年文物普查在大庙遗址拾得唐砖及宋瓦残片，证

① 民国《崇庆县志·宗教》。

明该祠在唐代就有，赵抃为重修或扩修。并祀赵抃在宋代而非明代。

宋代百姓为有影响的地方官筑生祠，屡见不鲜，何况声誉如此卓著的赵抃！江源有如此多的琴鹤地名和故事并非偶然。赵抃《清献集》卷三有“诗题”《新定获龟，继得梓潼，携之赴官》，记录自己养龟是在第二次入蜀，赴梓潼中途改益州路转运使时，赵抃赴梓潼在任江源职之后，《赵清献公神道碑》记载很清楚。

对此，北宋末年叶梦得的《石林诗话》就说得非常明白：“赵清献以清德服一世，平生蓄雷氏琴一张，鹤与白龟各一，所向与之俱。”

特别应该注意此处提到的“雷氏琴”。成都的雷琴始于唐代，影响了中国后续的制琴工艺和古琴文化。因为现在能看到的古琴就源于唐代。唐代的琴目前仅存十几张，全部产于成都。成都雷氏家族尤其是雷威将制琴工艺予以改革。他在选材上，由以往的桐木、梓木改成了发音效果更佳的“峨眉松”（一说是冷杉木）。制琴师雷威选用木料的方式令人称奇：在风雪交加之夜，一酒一人，立于树下，听风过树叶之声，听大雪压枝丫发出嘎嘎欲裂之声，如此辨识良材。同时，他改变琴眼大小，让琴声更为悦耳；改进雷琴推广的模式，让蜀派雷琴之声流传在广袤的大地。赵抃选取“雷琴”为钟爱之物，足以看出他对蜀地的喜爱。

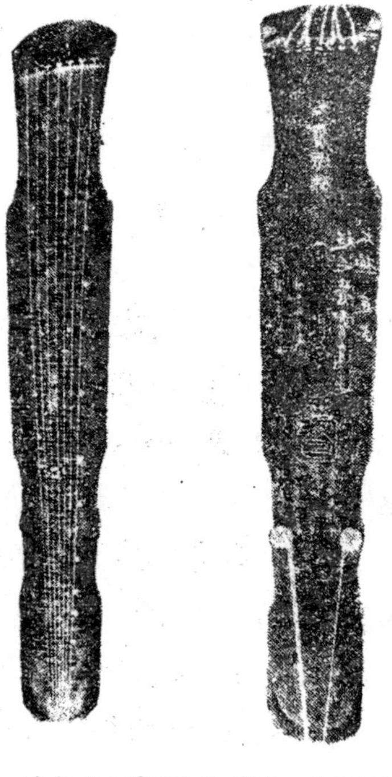

唐朝“九霄环佩”雷琴。北京故宫博物院藏

文史学者施权新先生指出，文中提到的“弹琴旧治俄三政”，显然是语意双关，既用《吕氏春秋·察贤》中“宓子贱治单父，弹鸣琴，身不下堂，而单父治”的典故，又是弹琴这个具体行动的记录，在江源弹琴而治。至于为什么《梦溪笔谈》单单在其帅蜀时提到，是因为“蜀风素侈，公单车就道，以琴鹤自随，蜀人安其政，治声甚藉”。（《梦溪笔谈·人事一》）这时琴与鹤已不单是清德的象征，还在向历来奢侈的一部分蜀人宣示简朴的作用，有特殊的意义，沈括在这时写琴鹤是有深意的，并非此时赵抃才携琴鹤来。后来他任杭州知州后，再移知成都时，年纪已老，途经淮水时，决定放鹤投龟，有“马寻旧路知归去，龟送长淮不再来”[①]的句子，赵抃最后一次入蜀，已经没有龟、鹤相随了。

李象昺题写的罨画池碑

今天崇州文庙所在之地，至迟从唐代开始就是蜀州官署，北宋时期在州衙左侧修建了判官厅，从明代开始州衙迁至今天市政府所在地，判官厅改为崇庆州学署。罨画池自古就是州衙、判官厅、学署等官方机构的后园。民国以前，罨画池正门在州衙、判官厅或学署之后，向南开在今天瞑琴待鹤之轩的三合院正中，以此轩为候厅，以假山为屏风，以琴鹤堂为正堂，三进两院层层掩映。在崇州先后担任刺史、知州、通判、学正等职务的历代官员，大多居住在罨画池琴鹤堂院落内。白天他们在官署内处理公务，办完公务后就徜徉在罨画池园林的山水之间……

明隆庆年间，在纪念赵抃的告天台殿阁的柱联上，明孝宗御题以琴鹤两字为首：“琴声寒日月，永留清白在人间。鹤唳彻遥天，常使丹心通帝座。”

① 转引自叶梦得《石林燕语》。

第36章

计有功与《唐诗纪事》

一门三进士

2021年夏季，我到大邑县新场古镇河边，与当地作家杨刚祥等人喝茶，面对一条静静流动的大河，我问：叫什么名字？黄文灿说：“这个字只有《康熙字典》里有：左边一个耒字，中间一个昔字，右边是一个包耳旁。简而言之，读作出江。”此江之水来自西岭雪山，经头堰河穿新场镇而过。新场镇原名清源市，清代雍正年间逐渐取代了明嘉靖以来新场镇头堰村的扇子街集市，故称“新场”。新场镇是临近农产品的集散地。至今在新场镇的民间还保留有古时“一新、二唐、三灌口”的说法，意思是在大邑的场镇中规模最大、经济最繁荣的当数新场镇。同时还有“石人对石虎，银子万万五”的民谣，意为新场的石虎与邛崃市茶园乡西禅寺前的石人之间的某处有宝藏，藏有大量金银，这明显是对明末张献忠宝藏传闻的易地附会……

我们谈到了计有功。

声名卓著的《唐诗纪事》八十一卷，采摭丰富，于唐一代诗人，或录名作，或纪本事，凡一千一百五十人，收录于《四库全书总目提要》卷一九五。作者计有功是哪里人曾有争论，在江西、湖南、四川三地，均有“安仁”。但史料辨析可以清楚证明，计有功出生在蜀地临邛县，即现在的大邑县安仁镇。

计姓为古临邛的望族。安仁为邛州所属6县之一，直到到元朝才并入大邑县。

计有功，字敏夫，号灌园居士。《大邑县志·续编》中有如下记载：“计有功……生于元祐年间（1086—1093年）”，但未见卒年。他出身于北宋书香家庭，祖父计用章、父亲计良辅均为进士。祖父计用章曾出任延安府通判、户部秘书丞、户部随从侍郎、振武军节度襄理等文武之职。家境优渥，计有功饱读诗书，特别喜爱诗赋文史。

民国《大邑县志·进士》记载：“计用章，天禧三年（1019年）已未科进士，时年18岁；计良辅，绍兴元年（1131年）辛亥科进士；计有功，宣和三年（1121年）辛丑科进士。”一门三进士，显示出深厚的家学。

祖父计用章，字寿卿，在民国版《大邑县志·人物志》里有传。官累擢秘书丞。范雍知延州（今陕西省延安市）时辟为通判。处于风雨飘摇之际，他力主范雍修城练兵，以备不测，可惜没有被采纳。西夏兵围城时，范雍向他询问对策，他说时已如此，只有以死报国。当天夜里，天降大雪，西夏兵见势不利就主动撤退了。范雍为了推脱责任，反诬他以罪，结果被流放到雷州（今广东省雷州市），直到范仲淹经略延州了解真相之后，才得以平反……他后来以“都官员外郎”之职告老还乡。

大约北宋宣和六年（1124年），计有功进入官场。近年新版《大邑县志》记载：北宋年间，官府税赋颇重，农民生活清苦。一年春日，担任唐安（今成都崇州市）县令的计有功，按惯例赴崇州怀远乡间体察民情，了解小春的生产状况。他来到田间，见到有老翁冒雨在田里用指尖掏扣田缝中的麦粒，遂上前询问何故大雨天气还出来捡麦粒。老翁向计有功倾倒民生的艰难：“一颗麦粒，也是粮食；家无口粮，一粒也金贵啊……”原来农户因庄稼歉收，加之田赋太重，所以刚收镰就处于吃了上顿没下顿的状况。听了老翁一番话，计有功感到生计的艰难。打道回府，计有功决定再次对农村田赋问题进行查访。经过两个多月的田野私访，计有功切身感受到苛政田赋给老百姓带来的贫困，他根据查访出的数据和实情，向朝廷写了一折涉及减轻农民田赋的奏章。他举出“因循”“登带”“虚包”“重收”四大积弊，并向当时的转运使陶某力陈：“唐安四邑，土图垅确，颓沙啮堤，贫下逃亡之外，稼穑之及者十四，水旱固未保也。而岁挽漕之计，乃为锦官都会之亚，度长挈大，可谓不相侔。吾民之困，职是之由也。噫，此官吏之罪，其来远矣。”这一观点，充分表现了他为民请命的迫切心情。

据说，宋高宗御览计有功奏折后，做出“准其有功所奏，田赋立减一半”的御批。不到三个月，朝廷公文送达唐安县。当地百姓欢呼雀跃，直奔官署表示谢恩，将一把有很多老百姓签名的“万民伞”送到州府……

由此可见计有功心系民间的情怀。

计有功的社会关系又是显赫的。

他的姐姐名叫计法真，姐夫张咸。张咸，字君悦，号汉源，元丰二年（1079年）进士，官宣德郎，后为成都府节度判官。根据清嘉庆《绵竹县志·人物志》记载：张咸有子五，滪、潮、潞、滉、浚；女二，长适进士陈佾，次适进士王恂。

这样一来，计有功就是后来的宰相张浚的从舅，曾居张浚幕府。南渡后遣诣行在奏对，献上所著的《晋鉴》，恳请皇帝以东晋偏安为镜子，力图恢复中原。《仪顾堂题跋》卷十三记载了这一过程：“高宗曰：‘朕乙夜观之，且为艰难之戒。’又问《春秋》防微之渐，对曰：‘妇笑于齐，六卿分晋，此书之所为作也。’上首肯。随以母老求去，升值徽猷阁，提点潼川府刑狱公事。张浚引亲嫌力辞，疏累上，诏仍旧职。绍光二十八年（1158年）知眉州。逾年，移利州路转运判官。明年，移嘉州。”

绍兴五年（1135年）计有功以右承议郎知简州，由于颇有政声，后提举两浙常平茶盐公事。

著名的版本学家傅增湘在《宋代蜀文辑存》中有《计有功文》一卷，

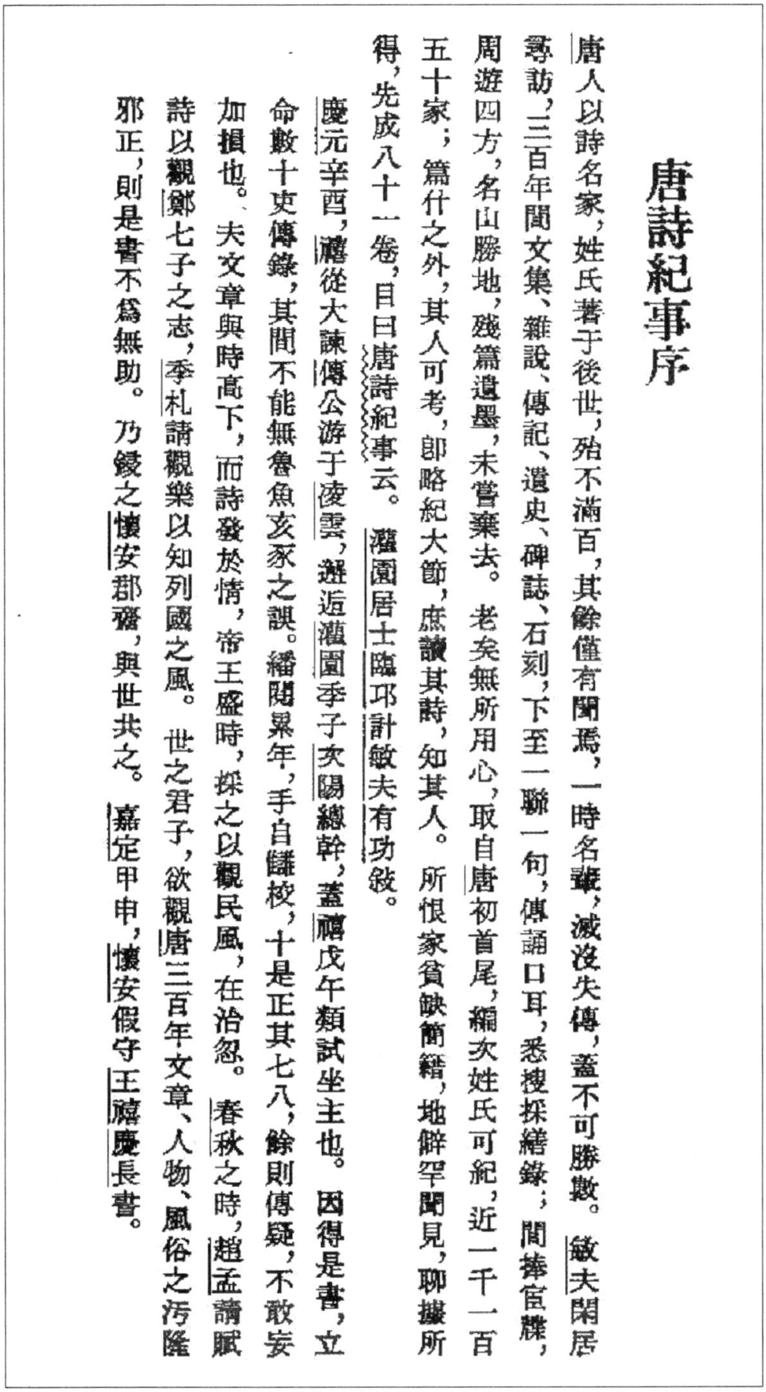

唐詩紀事序

唐人以詩名家，姓氏著于後世，殆不滿百，其餘僅有聞焉，一時名輩，滅沒失傳，蓋不可勝數。敏夫閑居尋訪，三百年間文集、雜說、傳記、遺史、碑誌、石刻，下至一聯一句，傳誦口耳，悉搜採繕錄；間捧宦牒，周遊四方，名山勝地，殘篇遺墨，未嘗棄去。老矣無所用心，取自唐初首尾，編次姓氏可紀，近一千一百五十家；篇什之外，其人可考，即略紀大節，庶讀其詩，知其人。所恨家貧缺簡籍，地僻罕聞見，聊據所得，先成八十一卷，目曰唐詩紀事云。灌園居士臨邛計敏夫有功敘。

慶元辛酉，禧從大諫傳公游于淩雲，邂逅灌園季子亥陽總幹，蓋禧戊午類試坐主也。因得是書，立命數十吏傳錄，其間不能無魯魚亥豕之誤。繙閱累年，手自讎校，十是正其七八，餘則傳疑，不敢妄加損也。夫文章與時高下，而詩發於情，帝王盛時，採之以觀民風，在治忽。春秋之時，趙孟請賦詩以觀鄭七子之志，季札請觀樂以知列國之風。世之君子，欲觀唐三百年文章、人物、風俗之汚隆邪正，則是書不爲無助。乃鋟之懷安郡齋，與世共之。嘉定甲申，懷安假守王禧慶長書。

古本《唐诗纪事》书影

存文7篇。从这些文章中，我们还知道计有功曾经在石泉军（今四川省北川县石泉镇）充当过太守赵元的幕客，文中他自称“郡士”，而名列在“版曹升商”之上，说明虽任其事，却并未受官。这在计有功的幕僚岁月里，有一件事情值得一提：清乾隆《石泉县志·艺文志》里，收录了计有功撰写的《禹庙记》，这是目前所见最早的系统论述“禹生北川”的文章。

《禹庙记》下注：“绍兴二十八年，计有功，朝请大夫、知眉州主管学事，邑人。”绍兴二十八年（1158年），是禹庙落成的时间。庙以门计，二十有八，蔚为可观。主持其事者，乃“元勋世胄”、知石泉军（太守）赵公。赵公其名，王仲镛先生在《〈唐诗纪事〉校笺前言》中认为是赵元。禹庙的位置，在“郡左四百余武”，即距衙门二百多步的地方，其位置大概在西山附近。

参与修建禹庙的，有“郡士计有功、版曹尹商彦”（“绎究数千年事”）。计有功此时可能游幕在赵公门下。尹商彦，户部左曹（因职掌版籍，故称），曾知绵州魏城县事。

此后，他“知眉州”，“移利州转运判官”，“移嘉州”，一直在四川做地方官，没有再出四川。其间于绍兴二十七年（1157年）到过成都，为昭觉寺写过一篇《昭觉僧堂无尽灯记》[①]，说明他晚年笃信佛教、精于禅理。

除了《唐诗纪事》，计有功传世的诗文极少。

我们只能在计敏夫好友郭印的诗歌里，发现其点滴踪迹。郭印是宋徽宗正和年间进士，先后担知仁寿、铜梁县事以及永康军通判等官职。从政之余，勤于笔耕，留存有近800首诗歌，收录在《四库全书》中。在其《云溪集》中，收录《和计敏夫留题云溪》等诗三首。

《送计敏夫赴阙》诗云：“衣冠半知识，喜君天下士。奥学沧溟深，高谈风雨驶。胸中富经纶，忧国心瘘痞。誓言排阊阖，开口献天子。时绌道不伸，倦怀归故里。盘礴曾几时，九天飞诏旨。春风饱征帆，一苇吴江水。见晚上应嗟，使华聊复尔。丞相君之甥，风流酷相似。彤陛看摩肩，

① 见《成都文类》卷四十，中华书局2011年版，第778—779页。

笑谈销敌垒。君家有世臣，名实耀国史。奇谋付子孙，鞭策余马棰。行增前德光，更雪中朝耻。事成岂因人，碌碌焉能比。”

《和计敏夫题云溪》云：“知君绝学谢芸编，语默行藏不碍禅。亲到云溪重说偈，天开地辟见纯全。”

《计敏夫送酒二壶有诗和之二首》云：“万象森罗总是诗，神机一动即天随。寒梅把酒真游戏，妙意纵横十二时。何须着意苦吟诗，未动毫端万景随。千载骚人还把手，谁云陶谢不同时。”①

从诗歌里可以发现，郭印对于计敏夫的渊博学识以及胸罗万象之修为评价极高，更希望计敏夫能为国出力，“更雪中朝耻”。

中国古代诗歌纪事体系的肇始

可以说，计有功主要是在安仁老家完成《唐诗纪事》的。计有功所憾的是因家贫而“缺典籍”；所处之地僻而“罕闻见”，因而内容还不够丰富。计有功为保存唐文学文献殚精竭虑，其情跃然纸间。

《唐诗纪事》由纪事和录诗两部分组成。其编辑体例“纪事”一体，肇始于史学。史学家通过对具体历史事件的条陈和连缀，进而反映历史演进轨迹。计有功为将这一史书体例顺利地引入文学中，在前人选本《本事诗》及诗话等著述基础之上，计有功根据自己的独立思考，对“纪事”一体进行了创造性扩展。

为使唐诗便于理解，计有功坚持研读有唐一代著名诗人的诗歌，潜心收集、甄别、整理唐宋诗词，对唐诗的背景、形成和成就做深入研究，力求在自己的有生之年写一部更为宏大的唐诗述评之书。基于这样的鸿愿，后来退居赋闲的计有功，遍游四方名山胜地寻觅残篇遗墨，锐意穷索，从浩瀚的上万首唐诗中筛选唐代诗人1150人的部分诗作，且参考杂说、传记、遗史、碑志、石刻及唐人文集，历时30余载写成《唐诗纪事》。时间

① 引自《宰相张浚的舅舅计有功为北川留下了〈大禹庙记〉》。

跨度为初唐至晚唐近300年。全卷按时间先后编辑，描述详略适当，既是唐代诗歌佳作总集，亦是唐宋有关诗评的汇编。其构思之妙，规模之大，材料丰赡，为前世所未有，也成了中国古代诗歌纪事体系的肇始。

两宋蜀学名满天下，加上计有功的家世与声望，尤其是他励精图治，《唐诗纪事》成书后，即引起当时学人的高度注意。但由于卷帙浩繁，很久未能刻印成书，只在学士大夫之间以稿本方式辗转传录。最早把它刻印成书的是王庆长（名禧），他是四川眉山人。据他自述：他在嘉泰元年（1201年），在计有功的小儿子计次阳之处，见到了此书的稿本，于是“立命数十吏传录”。但由于人多手杂，时间仓促，“其间不能无鲁鱼玄豕之误”。经过他“翻阅累年，手自雠校，十是正其七八”。直到嘉泰四年（1224年）他出任“怀安假守（怀安，今成都市金堂县怀口镇。假守，代理的地方官）之时，才得刊印成书”[①]。从“庆元辛酉”到“嘉定甲申”，历时达23年。这说明他校刻此书，也下过很大工夫！除了对自己有把握的地方加以校正，“东则传疑，不敢妄加损”。可见他采取的是严谨的学术态度。

“王庆长本”刻于四川，可以算是最初的“蜀本”，但看来流传不广。终宋之世，都无人加以重刻。历来认为作者有疑问的《全唐诗话》一书，据考察，则可能是由稿本产生出来的一个“节本”。[②]

《唐诗纪事》视野广阔，态度客观，不仅对大家名篇采撷众多，还注重拾遗补阙，顾及僧侣、妇女和社会处境低微的诗人佳作，使得许多难于传世的作者及诗歌得以留存后世。至于唐代李白、杜甫、韩愈、白居易、王之涣等名家的诗作、身世、逸事等，都在计有功的《唐诗纪事》中有较为详细的载述。比如，此书不仅录入了蜀中才女薛涛的诗，而且还增录了薛涛与诗人元徽之的对诗和互唱词，对于那种否定薛涛女校书称号的说法给予批驳，并以“涛好制小诗，其幅惜狭小。唐时三蜀中，号称薛涛笺”一诗为薛涛正名，让薛涛在唐代诗坛中得到了应有的地位。

---

① 见《唐诗纪事》卷首王融识语。

② 王仲镛：《计有功和〈唐诗纪事〉》，《四川师范大学学报》（社会科学版）1980年第4期，第57页。

《唐诗纪事》里的记录不仅仅是逸闻，更是诗艺的心路历程。比如，白居易当年分司东都洛阳之际，长安的好友在兴化亭为之送别，诗人李绅做了一首宝塔诗《赋月》：

月，

光辉，皎洁。

耀干坤，静空阔。

圆满中秋，玩争诗哲。

玉兔镝难穿，桂枝人共折。

万象照乃无私，琼台岂遮君谒。

抱琴对弹别鹤声，不得知音声不切。

计敏夫《唐诗纪事》中记载："白乐天分司东洛，朝贤悉会兴化池亭送别，酒酣，各请一字至七字诗，以题为韵，后遂沿为词调。"这种排列奇特的诗后来被作为一种词调收录入于《钦定词谱》，改名为"一七令"。

伴随《唐诗纪事》的广为流传，历代学人对此书高度重视。元、明、清三代，它仍然受到诗坛文人及学者的喜爱和推崇。清代的《四库全书》不仅将其收录于集部诗文评类，还作"是集，留心风雅，采摭繁复，旁征博引，兼评其爵里者，凡一千一百五十家，多赖是集以存矣"的中肯评论。特别是清代的藏书家吴骞、文学家吴修龄，以及近代文学评论家郭绍虞等人，对计有功的《唐诗纪事》褒扬有加。郭绍虞《宋诗话考》说："是书所录，即脍炙人口者，亦有足资校勘之处。"清代藏书家吴骞《论诗绝句》自注云："王之涣《凉州词》'黄河远上白云间'，然《唐诗纪事》则作'黄沙远上白云间'；对此勘校，吴修龄笃信之，以为的确不易；而此书叙述李白、杜甫、韩愈、白居易等人仕履诗事，亦较为翔实也。"正是此书为后人提供了可资效仿的样板、范例和方法论，所以续有清代厉鹗《宋诗纪事》、陆心源《宋诗纪事补遗》、陈衍《辽诗纪事》和《金诗纪事》《元诗纪事》、陈田《明诗纪事》等，薪尽火传，加上近代学者邓之诚

《清诗纪事初编》……这些诗歌纪事文献总集，前后衔接，自成体系，构成了中国诗歌史当中一道独特的风景。

清代大学者章学诚在《文史通义·文德》中说："不知古人之世，不可妄论古人之辞也。知其世矣，不知古人之身处，亦不可以遽论其文也。"有鉴于此，计有功的诗学思想其实是清晰的：竭力贯彻知人论世的古代诗学道统。孟子说："颂其诗，读其书，不知其人，可乎？是以论其世也，是尚友也。"因为只有了解作者的生活思想和写作的时代背景，才能客观正确地理解和把握其笔下作品的思想与内容。孟子的这一思想，一直为历代文学批评学者所重视。也是《唐诗纪事》的重要编辑圭臬。其实，计有功也并非"述而不作"，在书的字里行间，也闪烁着计有功的真知灼见，如卷六十六《赵牧》里，有如下论述晚唐诗歌的一段文字：

> 唐诗自咸通而下，不足观矣。乱世之音怨以怒，亡国之音哀以思，气丧而语偷，声烦而调急，甚至忿目褊吻，如戟手交骂。大抵王化习俗，上下俱丧，而心声随之，不独士子之罪也，其来有源矣。司空图辈，伤时思古，退已避祸，清音泠然，如世外道人，所谓变而不失正者也。余故尽取晚唐之作，庶知律诗末伎，初若虚文，可以知治之盛衰。[①]

《周礼》："凡有功者，铭书于王之大常，祭于大烝。"《通典》释曰："生则书于王旌，以识其人与其功，死则于烝先王祭之。"所谓"祭于大烝"，即祭祀先王，以功臣配享。而计有功祭献诗歌，焚膏继晷三十多载，所谓"宽则得众，敏则有功"，千载而下，计有功的眼力对唐诗收集以及中国诗歌的发展，的确是甚为"有功"的。

① 王仲镛校笺：《唐诗纪事校笺》（7）卷六六"赵牧"条，中华书局2007年版，第2235页。

第37章

前后蜀皇城的短暂辉煌

羊马城与“养马城”

后蜀时期，作为皇都的成都城发展处于鼎盛时期，此时的城垣规模可谓是空前绝后。由内而外，共计有四道城垣——宫城、皇城、罗城以及孟知祥所筑的羊马城，异常坚固。

925年，后蜀灭掉前蜀，唐庄宗委派与自己有郎舅之亲的孟知祥担任剑南西川节度副大使兼成都尹，入蜀镇戍。事实证明，孟知祥的确是当时镇守西川的最佳人选。

孟知祥（874—934年），邢州龙冈（今河北邢台）人，字保裔，一作保胤。后唐明宗李嗣源死后第二年，于应顺元年（934年）在成都正式称帝。建国号蜀，史称后蜀。他称帝后在其所辖地区颁布了一些对百姓有益的措施，比如废除了一些苛捐杂税，减轻了百姓的负担，为了使农业更好的发展，还组织人力物力对水利设施进行修缮。他还整顿了混乱的地方政治，派遣清廉者上任管理政务，赢取了蜀地的民心。

孟知祥入川不久，后唐发生宫廷事变，唐庄宗被杀。在混乱的时局下，孟知祥萌生割据西蜀之心。为加强成都城的防卫能力，孟知祥于后唐天成二年（927年）冬季，在罗城之外创筑了羊马城。工程自当年十二月一日动工，次年三月二日毕工。共费工约三百九十八万，钱一百二十万贯。

所谓羊马城，是修造于大城与城濠之间的辅助性城防建筑。由于筑城技术的发展与蜀地复杂的环伺军事格局，唐末五代及宋代均掀起了修筑羊马城的高潮。明清时期因爆炸性火器的大规模应用和砖城的广泛修筑，羊马城才逐渐退出历史舞台。

孟知祥建造的羊马城，与灵州、定远、河阳、濠州、滑州、并州、太原等建立的羊马城是中国最早的羊马城，但只有成都羊马城有详细史料记载，意义非同一般。当时城筑于清远江（今府河）与罗城之间，距罗城大约有一箭之遥。

羊马城修筑于大城与城壕之间，高仅8尺，规模与形制远不能与大城相比，其本质上只是一个强化大城防御的辅助工事，但可以延缓攻城者的进攻速度，并在一定程度上改变仅依靠大城的消极防守的守城之术。据记载，羊马城周回四十二里，高一丈七尺，基阔二丈二尺，上阔一丈七尺。城外凿壕一重，建门楼九所，露舍四千九百五十七间。同时在罗城四角增筑敌楼，但作为军垒的羊马城并未环绕成都，仅是扩展了罗城的东垣北头和南垣西头，从而形成一道曲尺形的城垣。从西、北两面拱卫成都城，目的明显是为防御后唐可能从两面发动的进攻。

为了加强城池的防卫能力，还引水流入护城壕。

羊马城创筑之后，与罗城形成了"旧城峥嵘而后竦，新城岌岌以前蹲"的形势。新筑的城垣，"重门开而洞深，危梯亘而翼展，掘大壕以连延，增长堤而固护"[①]。成都城的范围和城池的防卫能力都达到空前的规模。在新与旧两道城垣之间，包围了大片土地，孟知祥将其作为驻军的牧放之地，所以当时的羊马城民间称之为"养马城"。

应顺元年（934年），孟知祥第三子孟昶继位之后，一意偃武修文，

① 王徽：《创筑罗城记》，《全蜀艺文志》卷三十三。

劝课农桑，使得偏安之国异常繁荣。二十余年过去了，用土夯筑的羊马城已失去军事防卫的意义，日渐倾颓，孟昶于广政十三年（950年），在花蕊夫人请求下，下诏在城上和城墙斜坡之间广植木芙蓉。如此环城四十里，春、夏、冬三季，一片苍翠。每当深秋时节，芙蓉盛开，满目是一片灿若云霞的花海。于是，成都又得了“芙蓉城”和“蓉城”的美名。

泉州南音奉孟昶为祖师，也是乐器祖师爷

木芙蓉，也成为后蜀成都不折不扣的“市花”。

实事求是地讲，后蜀长时期的保境安民政策，使蜀中出现了三四十年的繁荣景象。全盛时期的成都城内，一斗米价仅需3钱，可谓是家家弦管、处处歌筵，足可与唐太宗开元年间京城长安相媲美。

羊马城上花团锦簇，甚至有锦幔可抵御风雨的侵袭，而蜀中百姓却无明君良将可为他们拒外侮于边境。权贵嘲风咏月、歌舞升平，使后蜀朝廷消磨了雄心壮志。宋太祖乾德二年（964年），宋军自蜀道和三峡两路伐蜀，摧枯拉朽。不过六十余天即突破“蜀道之难难于上青天”的天堑而兵临成都。此时，无论是羊马城，还是罗城，都不能帮助孟昶君臣抵御宋军直插心腹的刀锋了。孟昶不得不步王衍后尘，仓皇辞庙，被迫踏上“归为臣虏”的漫漫征途。

孟昶在位的时间长达32年之久，在整个五代十国时期，他是在位时间最长的帝王。宋代张唐英在《蜀梼杌》中指出：“观自古奸雄窃据成都者，皆因中原多故，而闭关恃险，以苟偷一时之安。”存在35年的前蜀和历经41年的后蜀，巧合在于：后唐出兵七十天而灭前蜀，北宋出兵六十六天而灭后蜀！垮台何其速也。

据《宋史·蜀世家》记载，后蜀皇帝孟昶是春联的发明者。就在投降

孟昶与花蕊夫人

前的那个春节，孟昶心血来潮，决定在桃木上题写对联以示新意。他拟取“新年纳余庆，嘉节号长春”一联，由学士辛寅逊题写，这就是中国第一幅春联。《宋史》上记，成都被宋军接收后，孟昶宫里的一应物件，都成了战利品。其中有一只马桶，上面用珠宝装饰，号称“七宝溺器”。宝贝送到了赵匡胤的手里，太祖一见大怒，命左右打碎。说道：七宝是珍贵之物，就做饮食之器也是奢侈不该的！汝却把来装饰溺器，不知又用何等的器皿去盛饮食？其侈用暴殄，一至于此。“欲家国不至败亡，岂可得乎？”

宋代《后山诗话》《诗人玉屑》等笔记指出，后蜀灭亡后，花蕊夫人随孟昶进京，满怀亡国哀愁，洒泪离别成都。一路上听到杜鹃声啼，凄切哀伤，她在驿馆墙壁上挥毫写下了一首《采桑子》。词云：

初离蜀道心将碎，离恨绵绵。春日如年，马上时时闻杜鹃。

这首词刚写出半阕，她就哀痛欲绝，神智昏迷，被军骑催逼上路。但这半阕《采桑子》，却已深刻地表达出她的亡国哀痛，可谓一字一句皆是血。

后来有人为她续了下半阕。词云：

三千宫女如花面，妾最婵娟。此去朝天，只恐君王宠爱偏。

据说，赵匡胤已经下令对花蕊夫人“单独护送”，觊觎之心已十分昭然。不久，她就被赵匡胤纳为妃子。

在京城期间，赵匡胤早闻花蕊夫人才情俱佳，召来令她作诗。花蕊夫人吟了一首《亡国诗》：“君王城上竖降旗，妾在深宫哪得知。十四万人齐解甲，更无一个是男儿。”这也是一首令长期沉溺于诗词歌赋的人们反思的佳作。

蔡絛《铁围山丛谈》卷六中说：“国朝降下西蜀，而花蕊夫人又随昶归中国。昶至且十日，则召花蕊夫人入宫后，而昶遂死。”

具体情况是，孟昶到汴京后，宋太祖先命其弟赵光义出面迎接，又在崇元殿备礼接见，赐以金银、锦绮、房第等，封为检校太师兼中书令、秦国公，给予节度使一级的最高俸禄。不料几天之后，无任何病痛的一代降主就突然暴毙，时年47岁。

孟昶暴死，母亲李太后不但不哭，反而将一杯酒洒在地上，说：“汝不用吾言，不死社稷，贪生以至今日。”自己也从此不进饮食，直至绝食而死。绝望之情，令人肝肠寸断。

孟昶墓址位于今河南省开封市祥符区万隆乡大孟昶村，墓葬外形为一

冷眉于康熙二十八年（1689年）作《孟昶画眉图》。立轴，设色绢本

圆形的大土丘，临近朱仙镇，为著名的“朱仙八景”之一。大孟昶村仍存有一块古碑，为清代咸丰七年（1857年）由通许知县所刻。碑文大意是：这里临近开封，有赵宋时蜀降主孟昶之墓。宋人紧挨着孟昶墓修建了兴国寺，以“压”其帝王之气。

花蕊夫人在丧礼完毕后，素衣缟服入朝谢恩。宋太祖慕其国色，强留宫中。亡国弱妃，怎能违抗?！传说后来宋太祖召宰相赵普密议，欲立花蕊夫人为后，赵普极力争谏，认为亡国之妃，不能母仪天下，宋太祖只好取消这个念头，但对花蕊夫人的宠爱并未稍弛。

晋王赵光义对其兄赵匡胤宠幸花蕊夫人，甚感忧虑。认为亡国之妃，应属“误国”尤物，但数谏不从。一天，宋太祖与晋王同去御苑打猎，花蕊夫人在侧。晋王赵光义调好弓矢，引满拟射。忽然间，他转身回射花蕊夫人，可怜一代美女被一箭穿胸!

赵匡胤为此痛惜不已，也无可奈何，命以贵妃之礼厚葬之。花蕊夫人原有诗集一卷，已佚。在前蜀王建小徐妃作品为主的《宫词》中，明显混杂有不少这位花蕊夫人的作品。但从不多的作品和驿馆壁上半阕《采桑子》来看，已可以想见她的文采，以及空谷足音的神韵。

……

后蜀灭亡后，羊马城名存实亡，早失去了皇都外郭的意义，更不具备任何军事防御效果。几十年风吹雨打，使它日渐倾颓。惜土如金的成都农民，重新将这座土城夷为平地，辟为良田。再经过宋初几十年风雨的洗礼，羊马城便不再见于记载，也没有留下任何痕迹。

俱往矣。只有碧绿的江水，依旧年复一年流淌于成都。而大江日夜流，涛声被杜鹃的凄苦叫声所惊醒。生命力极强的木芙蓉在颓塌的城墙内外涌起了红色的涟漪，似乎在诉说“年少有为之士，尤不必以作诗相矜尚”的古训。

泉州南音与“郎君大仙”

盛行于八闽之地的南音是东亚文化之都泉州的核心组成部分，作为“中国音乐史上的活化石”，南音融合了自两汉三国两晋五代十国隋唐南北朝宋等历史时期中原移民音乐文化和当地民间音乐，形成了独具特色的中原古乐遗韵的文化。为什么祖师爷不去找两汉或者三国时期的名人，要找一个貌似不相干的孟昶来做祖师爷？

2022年1月初，我应泉州城建集团、《香港商报》之邀来到泉州市鲤城区通政巷北侧的苏廷玉故居，就在古色古香的官厅里欣赏了一场南音表演。苏廷玉（1783—1852年）字韫山，号鳌石，又号退叟。泉州同安（今属厦门）人，宋宰相苏颂第二十六世孙。其母庄氏，泉州城内人。他15岁参加童子试，嘉庆十九年（1814年）登进士第，钦点翰林庶吉士，历任刑部主事、员外郎、郎中及江苏松江、江宁、苏州等地知府、陕西延榆绥道、江苏督粮道、苏松太道、山东按察使以及四川省按察使署、布政使、总督加兵部侍郎衔。在四川为官7载，为官正直，政声卓著，“严办匪徒，民赖以安者数十州县；赈恤饥馑，民赖以生者十余万户”。1840年到他离开四川之日，“百姓遮道，万人泣送”。今晚能够在曾经的四川总督故宅欣赏南音，真是福至心灵，因缘际会！

按目前流传下来的两种说法，南音的确与孟昶有关。一是孟昶自知被赵匡胤攻破是迟早的事情，让花蕊夫人带着上百位后蜀乐师提前逃到福建，这个说法自然没有可信度。第二个说法是，赵匡胤全盘接纳了后蜀宫廷的乐队，并随着宋朝的南迁，这批乐师及其音乐流落到了南方，最终在泉州落地生根。宋朝南迁以后，很多文人与乐师都在南方落地，而泉州作为宋朝最大的文化交流中心之一，承接了来自蜀地的音乐的可能性比较大，并且逐步地融入当地的音乐风格当中。由此可见，第二种说法比较可靠。

恰因孟昶“美丰仪，喜猎，善弹，好属文，尤工声曲”，在被俘的岁月里，花蕊夫人心生怀念，私绘孟昶像以祠，被宋太祖见到，花蕊夫人称其为“张仙”：“奉此神者，多子。”宋太祖即焚香拜祝，传闻后来果然生子，乃敕封为“郎君大仙”，特赐春秋二祭。在花蕊夫人的传世《宫词》里，其中有不少记述孟昶“御制新曲”之事，如：“御制新翻曲子成，六宫才唱未知名。尽将觱篥来抄谱，先按君王玉笛声。”或许正是因为孟昶“善弹，好属文，尤工声曲”，“御制新曲”的缘故，才使得泉州南音子弟将之奉为祖师爷。南音爱好者均自称“郎君子弟”，这是非常独特的行业祖师信仰，有异于泉州戏曲界其他戏曲如梨园戏、高甲戏、木偶戏等崇拜戏神田公元帅（雷海青）。

这样一来，造成了南音的名称十分繁多。旧时称乐、御乐（东山县古有御乐堂、御乐轩、御乐居三曲坊，现存御乐轩与御乐居，均祀孟昶）、雅乐，因孟昶主管乐，所以又称管弦，后来琵琶可弹唱，因为位重，改为弦管，但洞箫仍居主位。加之成都雅称锦城，故又称锦曲，世界保留至今最早的南音著作名为《新刻增补戏队锦曲大全满天春》（龙海海澄人刊于明朝），近现代则别称南曲、南乐、南管。

旧时，在南音馆阁都悬挂有“郎君爷”神像和南音先贤名录。祭祀分两次，春祭于农历二月十二日，秋祭于农历八月十二日，后者为孟昶祭日，这就是肃穆而隆重的“祭郎君”仪式与“祀先贤”之仪式，宜祈福沐浴，忌嫁娶开市。具体点说，传统的“祭郎君”仪式有着严格的仪规程序，通常在下午5点左右进行，摆设香案。祭器和祭品，以“上四管”形式环立于郎君爷像前，开始奏乐。完毕即开始正式的祭典仪式，由司仪唱仪，馆阁负责人或资深老乐师主祭。“郎君祭”仪式完成后，接着祭祀著名的南音乐师“五少芳贤”和本馆阁的历代南音先贤，祭典规仪和祭郎君基本近似。

根据记载，泉州南音馆阁、社团间往来有一种较为独特的习俗，称“拜馆”，当南音弦友到达另一南音馆阁时，需先行香礼拜主方馆阁内奉祀的“郎君爷”，之后才整弦演奏联谊。

从唐宋开始，成都出产的蜀锦已通过泉州港输往东南亚各国。而来自蜀地的音乐，则通过南音辐射到更为广大的太平洋沿线。南音（泉州弦管）于2009年10月正式被联合国教科文组织列入人类非物质文化遗产代表作名录，肇始于锦城的绝世之音，早已飞入寻常百姓家。

艺术大师黄筌

在故宫博物院珍藏的古画中，有一件价值连城的国宝：五代的《写生珍禽图》，绢本，纵41.5厘米，横70.8厘米。这幅名画上描绘了大大小小的各种珍禽和昆虫，有的展翅觅食，有的呱呱待哺，有的睁大眼睛观望四周……这幅画出自五代时期成都的画家黄筌。也有资料指出，台北故宫博物院藏有黄筌《芳溆春禽》和《雪竹文禽图》，未知真伪。

黄筌画有《春山图》《秋山图》《山家晚景图》《山居诗意图》《潇湘图》《八寿图》等，可惜流传下来的作品只有《写生珍禽图》一幅，现藏于故宫博物院。这幅作品上虽无黄筌名款，但有“付子居宝习”5字，推测应为一幅画稿，是用作其子黄居宝习画之用。

《写生珍禽图》里的十几种鸟类，除了蓝喉太阳鸟（就是大名鼎鼎的桐花凤）之外，中国科学院成都生物研究所蔡波博士指出：“图下部居右位置有一只黄缘闭壳龟，还有一只小龟，应是黄喉拟水龟，这很有意思，但这两种龟现在四川已经没有分布了。黄筌是一位仔细并且追求写实的画家，他这幅画里的物种，应该是根据四川盆地物种的写实之作。那就说明：黄缘闭壳龟、黄喉拟水龟以前在四川有分布。何时消失的，待考。”①

黄筌（约903—965年），字要叔，成都人。历仕前蜀、后蜀，官至检校户部尚书兼御史大夫。入宋后，任太子左赞善大夫。宋代黄休复《益州名画录》以及郭若虚《图画见闻志》记载说，黄筌17岁时就成为蜀中有名的画家了。

当时正值天下大乱，中原著名的画家刁光胤、孙位、滕昌祐、张南

① 《我很丑，也想把爱拥有》，《成都日报》2021年11月15日。

本等人相继进入蜀地避乱，这成为他师法学习的绝好机会。他尤其擅画花鸟，师法刁光胤，又取法滕昌祐，终于自成一派。所作多描绘宫廷中异卉珍禽，羽毛丰满，形象生动。画花善于着色，勾勒精细，不见生硬笔触，并染以轻色，谓之“写生”。后人将其与江南徐熙并称为“黄徐”，有“黄家富贵，徐熙野逸”之评，为五代、宋初花鸟画两大流派之代表。他的儿子黄居宷亦以画驰名，父子所作，均格调秾丽，兼工人物、花鸟、山水、草虫、墨竹、龙鹤等题材，尤其适应宫廷需要，成为宋初翰林图画院取舍作品之标准。

位于成都图书馆的黄筌塑像。（蒋蓝 摄）

后蜀后主孟昶好学能文，《全唐诗》存其诗一首。蜀地富庶，促长其风流倜傥之性。所以说，孟昶很幸运生在五代晋、汉之时，恰逢中原多事，他才得以据险于西蜀，君臣都以奢侈为乐，甚至溺器都用“七宝”装饰。他在成都创立翰林画院，设官分职，广为招募画师画手，授黄筌“翰林待诏”，服绯紫，赐佩鱼。《益州名画录》中记载，黄筌就曾授翰林待诏，权掌翰林画院事，赐紫、金鱼袋，为二品官待遇。后蜀翰林画院是中国绘画史上正式且有完整意义上的宫廷画院的肇始，也称为西蜀画院。西蜀画院的画家尤其擅长人物画和工笔重彩花鸟画。

在中国绘画史中出现的诸多画派中，世所公认的、最具代表性的有15个画派，其中由四川人创立的就有两个：一是黄筌画派，二是湖州竹派。它们是中国美术史上，五代、两宋具有里程碑意义的丰碑，迄今仍然散发着强劲的艺术魅力。

黄筌有不少逸闻流传，可以看出这位画家的卓绝。

广政七年（944年），后蜀与当时占据淮南的吴国（杨隆演之子杨溥当国）相互遣使，关系密切。吴国派遣的使者，为后蜀带来的礼物中有仙鹤数只。仙鹤就是丹顶鹤，原产于中国东北，也分布于江淮，自古被视为国鸟。

乾符六年（879年）10月，从成都辗转而出任淮南节度使的高骈，曾修筑数十丈高的迎仙楼，他与美女道服飘飘，欲与仙鹤同舞。为此，唐代诗人罗隐有《淮南高骈所造迎仙楼》一诗，其中有"鸾音鹤信杳难回，凤驾龙车早晚来。仙境是谁知处所，人间空自造楼台……"之句，足见淮南节度使高骈多么渴望仙人凌空君临！当时蜀中无鹤，蜀主孟昶遂命黄筌画鹤于偏殿之壁上。黄筌欣然命笔，他以高度的艺术概括之力，把仙鹤丰富多姿的形态，栩栩如生地展示出来。

需要注意，黄休复《茅亭客话》对此记载的是："先是，蜀人未曾得见生鹤。皆传'薛少保'画鹤为奇。筌写此鹤之后，贵族豪家竟将厚礼请画鹤图，少保自此声渐减矣。"薛稷是唐太宗宰相魏徵的外甥，世人称其为"薛少保"，其书画造诣冠盖一时，与欧阳询、虞世南、褚遂良并称为"初唐四大家"。黄筌能够在"薛少保"的强势语境下夺得自己的画鹤市场，足见其过人之处。当时有谚谣流传："黄筌画鹤，薛稷减价。"这说明黄筌在艺术造诣上超过了前代大师。五代以后，画鹤的人大都师承黄筌之鹤的画法，影响可谓深远。

在四川历代志书以及典籍里，常见的鹳、鹭、白鹇、桐花凤、杜鹃、鹧鸪、佛现鸟、画眉、鹰隼等鸟类多达二三十种，但出现有"鹤"的记载非常晚，明朝天启元年《成都府志·物产》里，首次提到了"黄鹤"，另外一些明清地方志例如清乾隆十二年《直隶达州志·物产》里，出现了"白鹤"，另外也有地方志提到了鹄。[①]鉴于"鹤"与"鹄"两字可通，情况应该是，白鹤自北而南进入西南地区大约在唐宋以后，而它们进入蜀人的视野，的确很晚了。

① 参见文榕生编著《中国古代野生动物地理分布》"四川野生动物地理分布"，山东科学技术出版社2013年版，第836页。

晚唐杜光庭在青城山隐居期间，写有《题鹤鸣山》，其中有“花拥石坛何寂寞，草平辙迹自分明。鹿裘高士如相遇，不待岩前鹤有声”的诗句，足以证明当时鹤鸣山有白鹤。这就是说，当时生活在都城里的蜀人，在后蜀朝之前从来没有见识过活着的仙鹤。仙鹤因其罕见，才能够成为堂堂国礼自淮南入蜀。但这并不等于说，蜀地荒山僻壤就没有仙鹤的踪迹。但到了晚唐、北宋前后，仙鹤飘逸的身影才频频出没于巴山蜀水之间。这应归于人口大量生殖，生产空间扩大之后搅动了白鹤的领地。

黄筌在殿壁之上一共画了6只仙鹤，有惊露者、啄苔者、理毛者、整羽者、唳天者、翘足者；陪衬于白露苍苔、蓝天清风，一派清高洁净，形神兼备，所谓“糟彩体态，更愈于生”，竟然引得飞过的白鹤停驻，走过去立在画作旁边，把画中的鹤当作了同伴，可谓达到了出神入化之境。孟昶对此大加叹赏，遂称之为“六鹤殿”。

不久，黄筌被擢升为内庭供奉、朝议大夫、检校少府少监、上柱国，孟昶给予了黄筌极高的荣誉。

后蜀广政十六年（953年），孟昶在大殿西门新建一座八卦殿[1]，竣工后，吩咐黄筌于四壁画四时花卉以及兔雉鸟雀。黄筌允诺，自秋及冬，画完了壁画。文笔精妙，形神逼真。

唐代宫廷设有雕、鹘、鹞、鹰、狗五坊，专供皇帝狩猎时用，以宦官为“五坊使”主管。五坊人员常借搜捕珍鸟名犬的名义，到处勒索。后蜀也设有“五坊使”，负责为皇室驯养狩猎用的鹰犬。这年的冬天，“五坊使”于殿前进呈刚刚从北方雄武军（在河北省蓟县，唐时设军使）送来的一只神奇的白鹰。白鹰回头，望见了墙壁上所画的野雉，误认为是活的，胃口大开，掣翅再四，意欲飞扑。孟昶大为惊异，嗟叹良久，称黄筌“昔闻其事，今见其人”。当即令翰林学士欧阳炯撰写《蜀八卦殿壁画奇异记》，记叙其事，以为传扬：“六法之内，唯形似、气韵二者为先。有气韵而无形

① 蒋蓝注：前蜀王建扩建宣华苑，广袤十里，其中的凌波殿，后蜀时予以修葺，改名为八卦殿。

似，则质胜于文；有形似而无气韵，则华而不实。筌之所作，可谓兼之。”

黄筌在绘画上的成功，与他严谨的创作态度和艺术上孜孜不倦的追求是分不开的。据北宋四川华阳籍的史学家范镇记载，他为了画活鸟雀，曾经喂养鹰鹯用来写生，体现了他“以自然为师”的价值观，强调了“夺造化而移精神遐想”的美学趣旨。梅尧臣诗《赋石昌言家五题其三白鹘屏》中称：“画师黄筌出西蜀，成都范君能自知？范云筌笔不敢恣，自养鹰鹯观所宜。”因此，时人评论说黄筌作画：“无一笔无来处”“从不妄下笔墨”。加之他在继承传统技法的基础上善于创新，“资诸家之善而兼有之”，故而能“全该六法，远过三师”。《宣和画谱》因而说：“其所笔力豪瞻，脱去格律，过诸公为多，如世称杜子美诗、韩退之文，无一字无来处。所以筌画兼有众体之妙，故前无古人，后无来者，今筌于画得之。”这样的巨赞，可谓均有来历。

由于黄筌之作，形神高妙，格调工丽，北宋初翰林图画院每以黄筌父子的美术体制，作为绘画作品优劣取舍标准。黄筌在画坛上的声望益高，影响愈大。黄筌写禽鸟，形象丰满。出身江南名族的符熙，高雅自在而不肯出仕，这样的性情也反映在其画作美学之中。徐熙所作禽鸟，形骨清秀；画花木，“未尝以敷色、晕淡、细碎为功”，但用精笔浓墨写枝叶萼蕊，略施丹粉杂彩，不掩笔迹，而神气迥出，别有生动之意，人称“落墨花”。黄筌多绘宫廷中的异卉珍禽，徐熙则多写江湖河流里的汀花与水鸟，北宋郭若虚在《图画见闻志》“论黄、徐体异”时，其耳目所习，得之于心而应之于手！由此在美术史上一锤定音。

据沈括《梦溪笔谈》记载，徐熙于宋初至京师，刚进图画院时，宋太祖命品其画格，因与黄筌父子的风格迥异，被视为粗疏不入格。徐熙之子徐崇铜以后便仿效黄家画法，画花卉时不用墨笔，直以彩色图之谓之“没骨图”。足见黄筌父子当时在画坛上的影响之大。

还有黄筌奉命改画的故事，颇能表现他的艺术个性。

西蜀后主王衍在内殿召见黄筌，一起观赏吴道子画的钟馗，王衍为政荒淫，但对于书画、诗词之道颇为内行，他对黄筌说：“吴道玄之画钟馗

黄筌《写生珍禽图》

者，以右手第二指抉鬼之目，不若以拇指为有力也。”于是命黄改画。

黄筌经过审慎思考，决定不用吴道子的原本，而是重新画一幅以进。后主一见新画后很不高兴，怪他不遵圣旨。黄筌回答：“吴道子所画钟馗，眼色意思都集中在第二指，臣所画俱在拇指，如果我按吴画仿制，仅仅改二指为拇指，眼色意思就都变了，钟馗的神态将完全失去。所以我只好重画。”后主一听觉得颇有道理，于是转怒为喜。

黄派之画多写宫廷中的珍禽瑞鸟、奇花怪石，用笔工整，设色富丽堂皇。此派画法以细挺的墨线勾出轮廓，然后填彩，即所谓“勾填法”，后人评为“勾勒填彩，旨趣浓艳”。这种“双勾填彩法”的绘画技法最终形成具有大众性，且极富生命力的黄筌画派。当时凡画花鸟无不以“黄家体制为准”。可以说，黄筌画派代表了晚唐、五代、宋初时西蜀和中原的画风，成为院体花鸟画的典型风格，从而形成了北宋黄筌画派一统天下近一个世纪的宏观局面，黄筌画派的鼎盛时代由此而立，其后继续影响历代宫廷画院，也影响画院外的文人画家，所以形成了中国古代花鸟画史上的定

论——“黄家富贵，徐熙野逸”之说。

于此可见，唐代最具代表性的作品——周昉的《簪花仕女图》，画中出现了多种花卉，不过它们或插戴于人物头发上，或生长于假山石畔，画面中还出现了白鹤及小狗等禽畜，但这些仅仅是画面点缀，不是主体。直到五代黄筌画派横空出世，花鸟才有意识地作为独立的描绘对象，花鸟画才成为绘画艺术中独立的画科。

北宋诗人、画家文同写有《题黄筌鹊雏》，针对黄筌画作里的一对母子鸟，赞美黄筌的艺术表现臻于惟妙惟肖的程度：

短羽已褵褷，弱胫方岃岌。
母也向何处，开口犹仰食。

相传黄筌有5个儿子，后来都成了画家，而且继承了黄筌的画风。北宋初期，黄筌和他的两个儿子黄居宝、黄居寀以及弟弟黄惟亮，都进入了翰林图画院。黄居宝，字辞玉，他画的松竹翎毛，深得黄筌家传。可惜不到40岁就去世了。黄居寀，字伯鸾，曾在后蜀出任翰林待诏，进入宋朝后，仍是翰林待诏，深受宋太宗重视，主要工作是为宋太宗搜集并鉴定天下名画。黄居寀深得父亲真传，擅长绘画花竹禽鸟，精于勾勒，用笔劲挺工稳，填彩浓厚华丽。他笔下的怪石嶙峋的山水图，造诣超过了父亲。

黄筌父子的画作谱系，被称为宋代“院体画”，这种风格被称为“院体”，清末的任伯年、张大千等人都认真揣摩过“院体”。

黄筌画派，既是花鸟画的宫廷院体特指，又是工笔表现画法的泛指。作为中国画的一个流派，黄筌画派的影响深远，几乎在各代都有代表人物或传承人，均在中国绘画史上赫赫有名。

第38章

辉煌的前蜀以及宴游史

王建是许州舞阳人，又说是今河南沈丘人，出身寒微。据说王建年轻时胡作非为，偷鸡摸狗、窃驴贩牛、走私盐巴，横行乡里，乡邻称他为“贼王八”。后因勾结随唐僖宗入蜀的权宦田令孜等人，得到唐僖宗的信任。

文德元年（888年），唐僖宗驾崩，昭宗即位。天下大乱时节，成都被反复割据。昭宗任命王建为行营诸军都指挥使，统兵征讨成都。历经几年成都被攻克后，王建成为了成都尹（地方最高行政长官）。天复三年（903年），朝廷正式封王建为蜀王。

天祐元年（904年）朱温派人在洛阳刺杀唐昭宗。朱温扶立昭宗第九子李柷为帝，朱温又自封为魏王……于是诸侯烽起，乱世之相纷呈。开平元年（907年），朱温篡位，建立后梁。

《十国春秋·顺圣皇太后徐氏》记载：出任过眉州刺史的徐耕，天“性仁恕，当田令孜、陈敬瑄守成都日，耕为内外都指挥使，所全活常至数千人。令孜谓之曰：‘公掌生杀而不刑一人，有异志邪？’耕不得已，夜戮俘囚数人以复命。”这充分说明徐耕是非常仁厚宽恕之人。

当时担任成都内外都指挥的徐耕，见王建日益强大，俨然有皇者之气，遂将两个女儿送入蜀府。姐妹俩都有倾国姿色，能作诗文。王建纳两人为妃，姐姐为贤妃，妹妹为淑妃。很快姐姐宠冠后宫，不久生下儿子王衍，于是进封贵妃，这便是徐花蕊。徐花蕊的妹妹不久也生下一个儿子，授封王爵。

当时王建共有11个儿子，二儿子王宗懿是太子。姐妹花串通大臣诬告太子谋反，后又串联王建亲近的宦官，说王衍（王建的小儿子，大徐所生）“方颐大口，垂手过膝，顾目见耳”，这些心术起到了作用。光天元年（918年）王建死后，王衍即位，成了前蜀后主，他尊母亲徐花蕊为皇太后，即顺圣太后，尊徐淑妃为翊圣太妃。而徐耕也“荣升”为骠骑大将军。

1950年发现的《王建坐像》石雕，高86厘米，作于五代时期，位于四川成都老四门外抚琴台前蜀皇帝王建墓中。王建坐像是将帝王塑像放于其墓中的唯一发现

当年占据成都的王建根本不承认后梁的正统地位。一切准备妥当，王建在成都南郊祭天，大赦天下，改元武成，定国号为“大蜀”，史称前蜀。据《蜀梼杌》载：“武成元年（908年）王建即位，置府城为皇城。”

称帝后的王建，将成都牙城改为皇宫宫城，将子城改为皇城。他在下诏书中，更改节署厅堂门楼系列名称的同时，还更改了罗城和子城的各道城门名称，使之符合“都城”的威仪。部分新改城门名称与唐长安城门相同，表现出王建以唐朝续统自居和对唐礼仪文化的追求和景仰。

王建在诏书中，下令改大城中“万里桥门为光复门，笮桥门为坤德门，大东门为万春门，小东门为瑞鼎门，大西门为乾正门，小西门为延秋门，北门依旧为太玄门。子城南门为崇化门，中隔为神雀门，东门为神政门，西门为兴义门，鼓角楼为大定门，北门为大安门，中隔为玄武门”。

前蜀皇城位于现在成都市中心，地势为东西走向。东面城垣在今人民南路到盐市口之间；西壁在今骡马市街到人民公园一线；北至红光路到西玉龙街一线；南至通惠门东到文庙后街一带。

前蜀的皇城周回十里左右，是前蜀政权中央官署所在地，从东、西、南、北四面紧紧拱卫宫城。占地为当时成都城总面积的三分之一左右，城墙高近五丈，门楼气势磅礴而威仪无俦，显示了前蜀开国之初的雄厚国力和欣欣向荣的气象。

当时皇城交通便利，东南西北四面皆有门与罗城相通。东为神政门，南为崇礼门，西为兴义门，北为大定门。

王建把子城改建为皇城后，进一步扩建了皇城西南方向，西南城墙拓展至靠近郫江故道，并把道教圣地玉化局收入其中。

王建也并非大字不识的武夫，他曾经在大安门城楼之上，写下了“非岁便将为肘腋，二纪何曾离一日”之句。

作为前蜀政治活动的中心，皇城与市坊隔离，这是前蜀都城的一个重要特点。因为皇城的外郭城，便是唐朝剑南西川节度使高骈所筑的罗城，各从东南西北四面围护皇城，这里是一般官宦和民众的住宅区，也是成都城的商业闹市。

一路芳踪“散幽情”

王衍也常在成都市郊名胜古迹流连忘返，就连市井里巷，乃至娼家酒楼，也无一处不是他兴之所至的地方。成都蚕市繁盛，王衍经常去光顾。《宫词》的“春早寻花入内园，竟传宣旨欲黄昏。明朝驾车游蚕市，暗使颤车笼苑门”，就记载了这一活动。王衍并不以在京城游玩为满足，又发奇想，外出远游美其名曰“散幽情”。

很显然，徐氏姐妹花也与王衍一样，并不止于偏安一隅的寻常享乐，她们比较贪婪，卖官鬻爵成为渴望暴富的捷径。另外，游玩成了姐妹花的一大嗜好，寄情山水，弄风吟月，她们在蜀地风景名胜之地四处巡游，一路芳踪，还留下不少诗词。

当时成都皇族奢侈、游乐风气异常浓郁，前后蜀的帝王及贵族们都经常外出游乐，前蜀后主王衍及其母后徐太后、后蜀后主孟昶及其宠妃花蕊夫人都经常外出到处游乐，宋新津人张唐英《蜀梼杌》就是前后蜀皇族宴游行踪的实录。徐太后的《天回驿》一诗峭拔其上，便是外出游青城山回城时路过天回驿而作。其实，对帝王外出游历路线的记载，表面上是中国古代文化的内容，实质上对这些地望的记录也是反映四川历史地理的珍贵资料，尤其是这些记载不见于其他书。

明代画家唐伯虎的名作《王蜀宫妓图》，藏于北京故宫博物院。画面描绘了几位美女梳妆打扮的模样，个个明眸皓齿，又不失恬静素雅

前蜀后主王衍与其母徐太后曾经游青城山。冯梦龙《情史》卷十七载："咸康元年（925年）九月，衍与母同祷青城山，宫人毕从，皆衣云霞之衣。衍自制《甘州》词，令宫人歌之。其词哀怨，闻者凄怆。衍至青城，在旬日设醮，祈福太妃太后。谒见铸像，及丈人观、玄都观、金华宫、景山至德寺，各有唱和诗刻于石。次至彭州、阳平、化溪州、三学山，夜看圣灯。回至天回驿，各赋诗。太后诗曰：'周游灵境散幽情，千里江山辄得行。所恨风光看不足，却驱金翠入龟城。'太妃诗曰：'翠驿江亭近帝京，梦魂犹是在青城。此来出看江山景，却被江山看出行。'吏部侍郎韩昭，字德华，长安人。衍北巡，以为文思殿学士、京城留守判官。昭以便佞出入宫掖。太妃爱其美风姿，专有辟阳之宠。衍既荒于酒色，而徐氏姊妹亦各有幸臣。不

能规正，至于失国，皆其致也。”

文中详细提到成都到青城山之间的各风景区。王衍与太后太妃同在青城山祷告，凡是游历之处，各赋诗刻于石上，共16首。勾延庆《锦里耆旧传》卷六中还提到，前蜀先主王建光天元年春三月，“西域胡僧满多三藏来游峨眉山，却归西国”。卷七又说：“广政三年春闰三月甲申，西域胡僧来朝。”《锦里耆旧传》提到的胡僧，其具体来历与所在国度自然是模糊的，但表明了唐代末年来成都的西域人相当众多。这也说明峨眉山当时已是佛教圣地，蜀地与西域的宗教、文化方面的交流频繁。

丹景山的“碧烟红雾”

徐太妃游彭州丹景山所写的《题丹景山金华宫》，后世流传甚广。

蜀地有两座丹景山，一座位于简阳市；另一座在彭州，后者因仙道文化与牡丹花而闻名遐迩。

彭州丹景山风景区位于彭州市丹景山镇，距成都西北50公里，海拔1147米，是四川著名的历史文化圣地之一，古人赞誉这里是：“上连井络，为西南巨镇。灵秀所莫过于此。”古代吴怀氏封禅泰山，蜀人将丹景山也比为泰山，丹景山的“丹岳岱宗”之称来源于此，所以丹景山也是帝王们祭天拜祖之地。前蜀主王建封丹景山为圣山，还在山顶建立阔达的“望乡台”，因他祖籍许州舞阳，每年他都要携亲眷宠妃到山顶祭祖拜天。天复七年（907年），王建举行了一次大规模的祭祖活动。他拨款修建了一条通向丹景山的官驿大道，然后带五万之众，一路幡旗逶迤、浩浩荡荡来到丹景山望乡台祭祖。所谓“千年山寺遗千古，万里蜀台祭万年”，至今吸引游人去登临。

在丹景山山巅，丛林间掩映一座雄伟壮观庙宇，蓝天衬映琉璃，地势险峻，居高临下，形如一把座椅，古人称之为宝地，这就是蜀中著名佛教圣地金华寺。每当悠扬的钟声伴着山间岚烟在丛林上回荡，声声木鱼仿佛问道者灵魂的叩问，以及低沉的诵经声在寺院里萦绕，具有一股奇妙的气场；巍峨的殿堂气势恢宏，此地终年香火不断，虔诚的信徒摩顶接踵，这里有白鹭、鹧鸪在来自岷山的大风中上下翻飞。

前蜀后主王衍于咸康元年（925年）与太后、徐太妃同游丹景山，徐太妃写了一首诗《题金华宫》：

再到金华顶，玄都访道回。云披分景象，黛锁显楼台。

雨涤前山净，风吹去路开。翠屏夹流水，何必羡蓬莱。

诗歌在于表达她再次来到了丹景山山顶的金华宫，被眼前的楼台、云层、流水、风以及山等自然景观所触及，进而深深沉醉，甚至产生了归隐的念头。寓情于景，情景交融，直抒胸臆，是一派沉浸自然的写实素描，实属一篇佳作。

2017年夏季一天上午，我来到丹景山考察，燥辣的空气被挡在森林之外。抬头就看到一个砂岩石牌坊，上书“丹景第一”4个大字。清嘉庆年间，东岳殿住持建立的这道牌坊，成为丹景山进山的一道标志性建筑。虽然历经数百年，牌坊上的浮雕已变得模糊，但是依旧具有镇山的气势。

丹景山植被覆盖极高，缓步上山，就像一个人青春时代好斗的血气逐渐平息下来，在曲径通幽的转折里，楠木撑高天际，银杏、麻柳、枫树、杉树错落而居，风景渐次敞开。陆游祠是丹景山不得不看的景点，陆游对彭州牡丹给予了极高评价：“牡丹在中州，洛阳为第一；在蜀彭州为第一。”如今，山道两侧仍然可以见到花朵不大、花色奇异的蜀地牡丹。

转过一道廊桥，矗立山巅的金华寺的大雄宝殿引人瞩目，面积逾千平方米，高近二十米，仿明代建筑风格而设计建造。大殿飞檐流丹，雄伟壮观，雕梁画栋，雕花勾栏，更显金碧辉煌与匠心细作。大殿前立有一石造八角形华表，云纹流云，造型极为少见；作为皇家象征的华表立于此，足以说明丹景山在古代的崇高地位。华表前雄踞造型古朴的石兽，雌雄各一，造型生动，线条流畅奔放。这样神秘的古代石刻艺术珍品，在四川尚属首见。

在石兽附近，还有一块巨大的石碑，驮碑的赑屃造像惟妙惟肖，昂首问天，似乎在与麒麟对峙。金华寺的石麒麟、华表、赑屃构成了丹景山的石刻三绝。

陈子庄《吾蜀牡丹图》

五代时期，富贵文化就像飞瀑一般席卷而下，蜀地自然无法幸免。其实在今川西地区原本有牡丹，到唐末便渐次绝迹。王建建立前蜀，又从北方引种牡丹到蜀宫御苑。宋朝黄休复撰的《茅亭客话》一书记载牡丹花：“西蜀，至李唐之后未有此花……至伪蜀王氏，自京、洛及梁、洋间移植。”京即唐朝京城长安（今西安），洛即洛阳，梁指梁州（今陕西汉中市），洋指洋州（今陕西洋县）。

后蜀末代皇帝孟昶的慧妃花蕊夫人，最爱牡丹和红栀子，孟昶为了讨好花蕊夫人，曾命官民广种牡丹，并说：洛阳牡丹甲天下，今后必使成都牡丹甲洛阳，还派人前往各地选购优良品种，在宫中开辟“牡丹苑”。牡丹繁盛之下，孟昶除与花蕊夫人盘桓花下，人与花相互彰显，构成了蜀国一段绮丽情史。孟昶更召集群臣，开筵大赏牡丹。

金华寺之后有一个“牡丹坪”，成为游人缅怀古意的最好去处。彭州丹景山具有独特的季候，一直就是蜀王朝的后花园。唐肃宗上元元年（760年）三月，杜甫应彭州刺史高适之邀游丹景山写下了《花底》，是历史上咏彭州牡丹的开山之作，也是中国最早的牡丹诗之一！加上陆游的《彭州牡丹花品序》，彭州牡丹由此成为与洛阳牡丹相颉颃的灵姝。

彭州牡丹里，有原产的单瓣野生牡丹，俗称“川花”，足以证明彭州是蜀地牡丹的故乡，加上北方以及“藩地”品种杂交而形成的彭州牡丹，花大、瓣多、瓣基部多有紫斑的特色。而更为重要的一个原因，在于丹景山牡丹最初由僧人看护管理，花在与时光的对望里获得了最大的慵懒，它们旁逸斜出，渐渐在岩石缝隙里顽强繁衍，一些花被遮荫后花色变异，形成了岩石、丽花、藤萝、野草酝酿而起的一种蜀地韵致，宛如一幅皴法淋漓的水墨，这与洛阳庭院中的牡丹大异其趣。

与淮橘为枳反向而行，牡丹在西蜀上山下乡，其形而上的属性必须接受再教育，其降尊纡贵，开始在蜀地方言中裙裾摇曳，辨声猎色。物性在变异中重塑，变一切不可能为可能，宛如花朵的延宕与内翻，翻出血肉之艳与骨髓之玉。时人看来，彭州牡丹的根性，并非“天鹅之舞”，而是一种峭拔于彭州巉岩之上的凌波微步。蜀地国画大师陈子庄题赞：“悬崖断壁皆生牡丹，苍干古藤夭矫寻丈，倒叶垂花，绚烂山谷。”

也许是丹景山让人流连忘返，后来，王衍带着姐妹花再到丹景山，徐太妃又写了一首《又题金华寺》。因为丹景山的山顶建有“望乡台”，成了前蜀帝王的思乡之地，一到佳节良辰，他们就会来登高望远。徐太妃的诗歌里已经把丹景山与仙境蓬莱予以了对比，足以看出那时丹景山仙气氤氲的境况。

徐氏的诗作里，古人认为尤以《三学山夜看圣灯》为最善。“磬敲金地响，僧唱梵天声。若说无心法，此光如有情”之句，将观圣灯之景有声有色地呈现于前，显得十分高妙离俗。但我以为《丹景山至德寺》也非常出彩：

周回云水游丹景，因与真妃眺上方。
晴日晓升金晃曜，寒泉夜落玉叮当。
松梢月转琴栖影，柏径风牵麝食香。
虔煠六铢宜铸祝，惟祈圣祉保遐昌。

应景之作真不好写，但徐氏反而呈现一派人与自然和谐相处之情趣。当然，皇权所拥有的奢靡、豪华，于诗里随处可见。

至德寺位于成都彭州市丹景山镇双松村茶陇山。陆羽《茶经·八之出》:“剑南以彭州上。”注:“生九陇县马鞍山至德寺、棚口，与襄州同。”清《读史方舆纪要》指出:“彭县西三十里有至德山，一名茶笼山。”相传唐代有释罗僧住茶笼山，建有至德寺。后禅师于此取沁泉水治病救人，故称其地为“三昧水”。嘉庆《彭县志》载:“自石窦中喷出，方大如斗，不竭不溢，相传即唐悟达国师洗人面疮处。”至今水池犹存。后来遂统称本地寺院为“三昧禅林”，为“上三昧”（水亭寺）、“中三昧”（至德寺）、“下三昧”（安国寺），至德寺初建于咸通十四年（873年），有殿宇七重，大雄宝殿今虽残破，壁画与吼狮图尚存。占地约3平方公里，迄今已有1100多年的历史了。

“袜子线”也是感情线

《资治通鉴》记载，前蜀后主为太子时，高祖王建为他聘兵部尚书高知言的女儿为妃，但他并不喜欢。韦妃入宫后，对高氏更加疏远，干脆把她送回了娘家。高知言为此吓得摔倒，吃不下饭而死去。韦妃是徐耕的孙女，长得很漂亮，前蜀后主到他的母亲徐氏那里，见到此女十分喜欢，因此太后就把她留在了后宫。但前蜀后主不愿意娶母亲家族的人为妻，于是假托说是韦昭度的孙女。开始封她为婕妤，后来逐渐升为正妃。

这就暗示，徐耕一脉，纯然是美女流水线。

另外，徐太妃还有不少传闻，涉及韩昭。

韩昭为五代时长安（今陕西西安）人，字德华。古书记载，此人性便佞，善窥人意。事前蜀，日夜侍后主王衍酣饮，累官礼部尚书兼成都尹。乾德二年（920年）进文思殿大学士。恃宠贪财无厌。后来唐军伐蜀，被前蜀大臣王宗弼所杀。

据说，徐太妃与韩昭的关系比较暧昧。韩昭就是当初主动提出，帮姐

前蜀皇帝王建陵墓

妹花卖官鬻爵的人。他没什么学问，爱好广泛，但都不精通，被后世一位文学家嘲讽为只有“袜子线”那样的才干。

宋代孙光宪《北梦琐言》卷五《高测启事》记载：“韩昭仕蜀……粗有文章，至于琴、棋、书、算、射法悉皆涉猎，以此承恩于后主。时有朝士李台嘏曰：‘韩八座事艺如拆袜线，无一条长。’”

拆开袜线，会发现没有一条长线。李台嘏非常瞧不起韩昭的小技艺，故以“袜线”做比喻，形容智疏才短。可就是这样一个人，因为善于揣摩主人心思，不但王衍喜欢他，徐太后、徐太妃也喜欢他。看起来，明显具备“厚黑学”的深厚功底。

日子过得太过舒坦了，徐氏姐妹花，尤其是徐太妃写的诗也越来越多。在这些吟哦歌舞中，前蜀王朝也逐渐走到了末路。咸康元年（925年），秣马厉兵的后唐，派大军攻打前蜀，很快就直逼成都城下，徐氏姐妹和蜀后主王衍只能投降。同年二月，投降的一干人行往长安，后唐庄宗诏命他们住长安，不往洛阳。三月，庄宗命令宦官向延嗣诛杀“王宗衍一行”，枢密使张居翰取旨复视，揩去“行”字，改为“家”字。这样就只杀了王衍一家，而救下了前蜀百官仆役等千余人。大徐妃临死时呼道：“我儿以一国犯降，仍被杀戮，太不讲信义了！”

司马光《资治通鉴》评价王衍：“后蜀太子衍好酒色，乐游戏。”这些嗜好与美女密不可分。但美女未必就是祸水，但是徐氏姐妹挥霍到了这个程度，就难辞其咎了。

王衍被杀时，只当了9年皇帝，年仅28岁。王建在成都建立的前蜀，可谓英明神武。王衍即位后却既不修内政，更不固边防，将一派锦绣河山拱手献给他人，心甘情愿做亡国之君以苟延残喘，最后只能是身败名裂客死他乡。

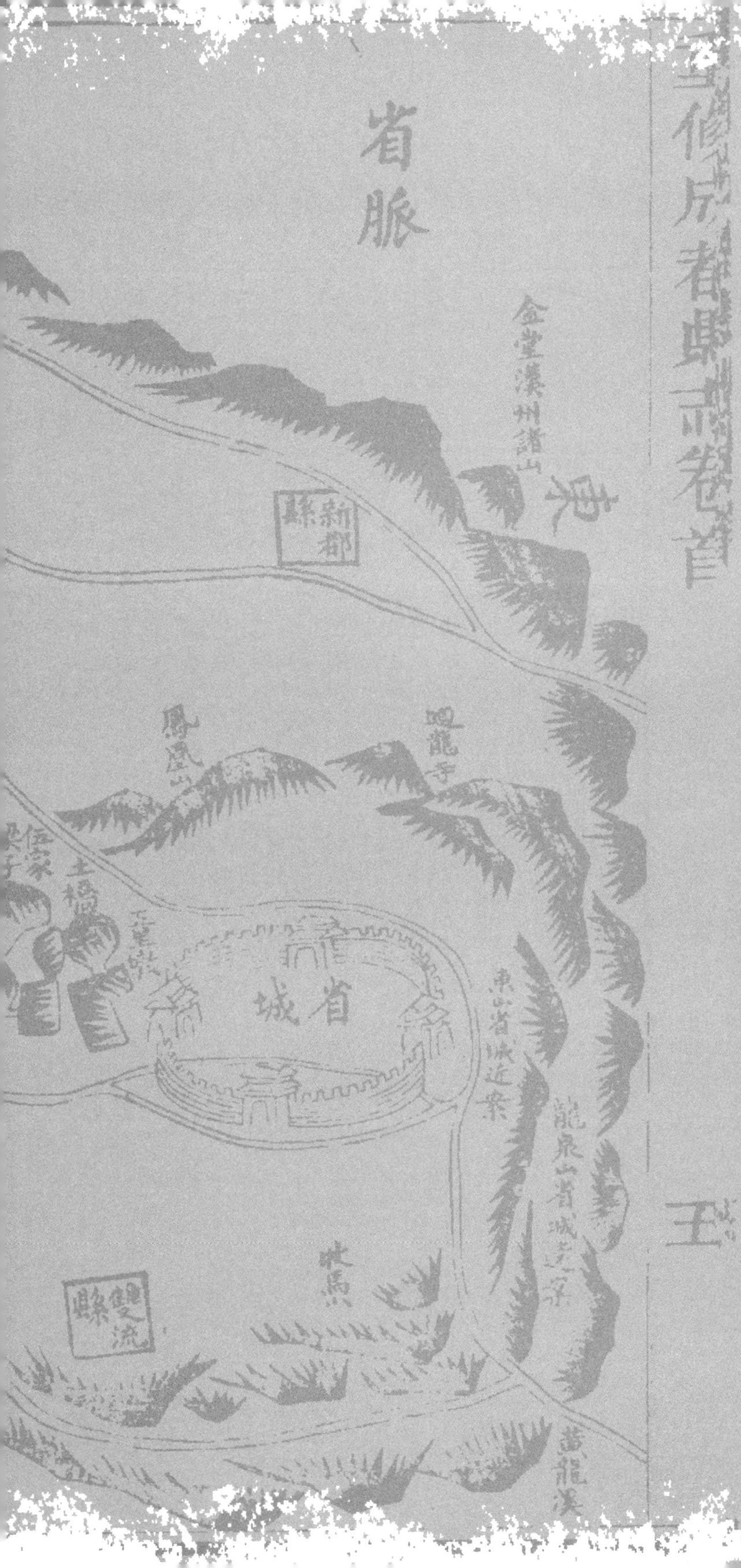

第四编

元明清风貌记

青城三十六高峰，寺在青峰第几重。飞锡曾闻经雪岭，结茅常爱住云松。传语花飘香界诸天雨，金吼霜林半夜钟。禅关休上锁，虎溪他日会相从。

——明代杨慎《送福上人还青城》

第39章

元朝时期的成都城市

设立四川省

南宋理宗端平二年（1235年）春，崛兴于北方的蒙古（1271年改国号元）贵族集团，正式发动了对宋朝的大规模战争。蒙古大汗蒙哥亲率精兵4万沿金牛道南下进攻巴蜀。

蒙古军3次攻打成都。第一次是端平二年（1235年）蒙古军入蜀，初犯成都，虽未破城，但防务已捉襟见肘，有力不能支之势。第二次是端平三年（1236年）十月，“蒙古军安笃（《元史》作刘禄）招来吐蕃诸部族，赐以银符，略定龙州，遂与库端（《元史》作阔端），合兵攻破成都。会闻皇太子库春薨，库端旋弃成都而去”。这次破城之战，成都破坏惨重，史称“郡城焚荡”。第三次是宝祐六年（1258年）六月二日，蒙古耨埒（《元史》作纽璘）率领前军攻成都，四川制置使蒲择的御敌守兵溃逃，城中乏食，乱军杀主将投降了蒙古军。成都城市遭到空前毁败。元朝统治四川后，成都城市残破、人口凋零，古迹文物荡然无存，地方官虽对城市间有兴作，亦属修葺性质，无法恢复旧貌……

但巴蜀地区毕竟幅员辽阔，民众抗击蒙古族军队的战争长达52年。在巴蜀地区的山城防御体系，先后建立了方山城堡80多座，以嘉陵江、沱江等水系相连，至今仍然能看到40余座山城遗址。巴蜀抗元城堡中有8座最为知名，号称“四川八柱”：金堂云顶城、蓬安运山城、苍溪大获城、通江得汉城、奉节白帝城、合川钓鱼城、青居淳祐城、剑阁苦竹城。虽然奋力抵抗且异常顽强，但最终孤军奋战，只得逐步退守……

矗立于金堂山巅的云顶石城，位于成都市金堂县境内龙泉山脉的中段。云顶山又名紫云山、大银顶山，古称石城山。海拔982米，为金堂山主峰。大云顶山山势挺拔，峭壁入云，如刀削斧砍，环绕数里，上有平地数十亩，状若城垣，故称“石城山”。云顶山以清幽奇丽闻名蜀中，有“云顶晴岚”胜景。在七佛岩侧镌刻有“云顶山”3个大字，古朴雄劲。其上为慈云寺，始建于南朝齐梁，历代几经兴废，现存建筑面积5494平方米，均系清代重建。

八柱守蜀体系：云顶城、运山城、大获城、得汉城、白帝城、钓鱼城、青居淳祐城、苦竹城

鉴于成都平原无险可守，又已经基本上失去了固守的价值，身兼四川安抚制置使等职的余玠，便决定将城池搬到云顶山上，建立山城防御体系。

云顶石城为宋末八大山城防御体系之一，也是著名的抗元城堡遗址。山顶上的大云顶寺，建于南北朝，名清修寺。山上有唐代摩崖石刻造像。小云顶山距大云顶山2.5公里，山峰瘦削，树木葱茏。

史载，南宋淳祐三年（1243年），余玠利用山顶陡峭石壁兴建了云顶石城防御城堡。石城布局机巧，利用峭壁作为城垣，东西宽2公里，南北长2.1公里，一共建有7座城门，皆筑于悬崖陡坎之处。余玠率兵7000余人，阻守长达15年。余玠与蒙古军大小36战，战果显著，蒙军伤亡3万多人。后又率军北攻兴元府，还击退进扰成都、嘉定的蒙古军。后来云顶石城终因城内食尽，在宝祐六年（1258年），云顶城守将姚世安出降。

宝祐元年（1253年）七月，文武双全的余玠一夜暴亡，成了巴蜀抗元壮歌中的绝响。余玠受任于南宋危难之际，竭力经营巴蜀，为支撑南宋王朝半壁河山做出了杰出贡献。

南宋宝祐六年（1258年），元军攻占成都。

宋初在今四川分置四川路和峡西路，治所分别在今成都和汉中。到宋真宗咸平四年（1001年）又分西川路为西川东路和西川西路，分峡西路为利州路和夔州路，这就成为益、梓、利、夔四路。这四路一般称为川峡四路，又略称为四川路。这样，历史上出现了“四川”这一行政区划的称呼。

元朝对于四川政区建制进行了重大变革，其最主要的方针是：建立行省；调整政区，为后世四川政区的确定确立了一个雏形。

特别值得一提的是，“省”这个称呼是从元代开始的。中国历史上，最大的一个省是陕西省。相当于如今的陕、川、甘、青、宁、疆局部区域，辖4路、5府、27州、88县。

元初在全国设立行省，大都属于中书省派驻地方主持军政事务的临时机构，因事而设，事已则罢，无固定辖区和治所。中统元年（1260年），忽必烈诏立秦蜀行省于京兆（今陕西省西安市），又称陕西四川行省、陕西五路西蜀四川行省。至元八年（1271年），置陕西四川行省，另立四川

官府大人进入成都。手绘图。选自云南美术出版社《1895—1897法国里昂商会中国西南考察纪实》

行省，为四川建省之始。“四川省”名自此问世，这也是“四川”建省之始，四川行省衙门驻地是成都府路，统成都等9路3府。同时对州县大加减并，基本形成了如今的四川省分布格局。

从元世祖中统元年到元世祖至元二十七年（1290年）的30年间，行省治地先后移驻12处，行省分合罢复8次。世祖至元二十八年（1291年）前后，作为与中央有稳定的行政关系的地方行政权力机构的行省制度正式确立。四川行省作为全国11个行省之一，正式成为一个固定的行政区域，这一重大政区变革对后世产生了深远影响。

元代的四川行省辖区，造成秦汉以来的巴蜀地区面积缩小了很多。因为陕西、云南及川西高原等地被元军征服先于四川盆地，因此一些地区被分别划属邻省管辖。比如，自秦以来一直属蜀境的汉中地区，元朝开始划归陕西行省，从此脱离四川管辖；位于蜀西的雅、黎、茂诸州及建昌等地，元朝分属吐蕃等处宣慰司和云南行省。

元代四川政区大体分为省、路、府（州）、县4级，另有部分直隶于路的府、州和属府、属州。宋末元初，四川战事惨烈，地荒民散。元初对四川政区进行了大幅度调整，涉及7个路、府，共106县。到元世祖末年，四川政区从此基本固定下来。

成都青羊宫圣旨碑

抗战期间日本飞机轰炸成都，政府为便于市民“跑警报”疏散而开辟新南门，在断砖残垣工地上出土了一块石碑。石碑宽约一米，高约半米，上面刻满了文字，著名学者冯汉骥将碑文拓片交给韩儒林辨认。韩儒林（1903—1983年）毕业于北京大学哲学系，后赴欧洲留学，师从著名汉学家伯希和，学习蒙古文、藏文、突厥文、拉丁文，研究蒙元历史。

韩儒林得到拓片，对碑文进行了研究释读。

韩儒林确认此碑是元朝成都青羊宫的圣旨碑，碑上所刻是通行于元朝的八思巴蒙古文。翻译出来是：

> 长生天底气力里，大福荫护助里，皇帝圣旨……和尚、也里可温、先生、达失蛮每，不拣甚么差发休当者，告天祝寿者么道者来。如今依着在先圣旨体例里，不拣甚么差发休着者，与咱告天祈福者么道……青羊宫里住的庙宇房院，圣旨与了也，使臣休安下者，铺马袛应休拿者，商税地税休与者。但属他每的水土、园林、碾磨、铺席，不拣甚么他每的，休依气力夺要者……

文章大意是：奉天承运，皇帝诏曰，佛教徒和尚，基督教徒也里可温，道教徒先生，伊斯兰教徒达失蛮，都是每天为皇帝祈祷求长寿的好人，受朝廷保护，不承担任何劳役，也不承担任何税负，青羊宫里的财产，都是皇帝赐予，不准来往使臣占用，山水、园林、碾磨、铺席，也不许任何人强占。

在《成都蒙文圣旨碑考释》中，他写道：“今所考元代残碑，即一九四一年拆除老南门时出土也。原石现藏四川省立博物馆，宽约一公尺，高约四十五公分。原高几何，已不可知。现存碑文，悉为至元国书，无一汉字。洗剔既竟，馆长冯汉骥先生以初拓本一纸相赠，嘱为考释。予受而读之，则元代八思巴字蒙文圣旨碑也。……碑中某某某三字，为此碑所在寺观名称，第三字为中文宫字音译，第二字得为阳或羊，第一字得为清或青。然则此碑原在老南门四里许之青羊宫，迨断碎后，始移作南门基石矣。"①

八思巴文圣旨碑曾树立于元朝各地寺院道观等，内容均重申元朝历代皇帝保护宗教场所不受侵害的旨意，至今全国各地也多有发现，均以蒙汉双语刻制。青羊宫此碑仅保存八思巴蒙古文部分。

成都城无论汉唐、两宋，都可称繁华大都会，唯有元朝时期，一般历史普及读物很少涉及。青羊宫蒙文圣旨碑的发现，揭示了一个历史事实：元朝的成都，并不是一座荒城，成都的历史并没有因为蒙古人入蜀而中断。元朝的成都，经过治理与恢复，仍是一座繁华的大都会。

至元二十五年（1288年）前后，宫廷乐师、诗人汪元量来到成都。在成都期间，汪元量写下二十多首诗，是今天了解元朝成都真实面貌的最佳材料。汪元量看到的成都很繁华，比如《成都》一诗：

锦城满目是烟花，处处红楼卖酒家。
坐看浮云横玉垒，行观流水荡金沙。
巴童栈道骑高马，蜀卒城门射老鸦。
见说近来多盗跖，夜深战鼓不停挝。

汪元量还到刘备庙、刘禅庙、武侯祠等景观游览，写下了《锦江蜀先主庙》《后主庙》《丞相祠堂》等诗；他还写到了百花潭，说明那时成都的百花潭是人们泛舟游览的好地方。诗人眼中的成都，到处是酒楼歌肆，满眼繁荣，这也符合成都千百年来的城市性格，只要是战争结束，和平重

① 《成都蒙文圣旨碑考释》，《华西大学中国文化研究所集刊》1942年第2卷第2期。

现，成都人会很快从战乱中走出来，人心思定，迅速重建起繁华的都会。[①]

人们如今在都江堰景区可以见到一个叫吉当普的官员塑像。元朝时，蒙古族官员吉当普出任四川肃政廉访司事不久，他来到都江堰视察，对都江堰予以系统整治，极大改善了水利灌溉效能，恢复了天府之国的勃勃生机。

元朝人王礼《麟原文集·送王生入蜀迎父序》指出："锦城，名藩善地也。佳丽纷华，不减于浙。"从青羊宫蒙文圣旨碑到汪元量笔下的成都风物、美女，可以发现从锦江上的繁华到大慈寺市民的游赏之盛，都揭示了一个事实：元朝的成都，并不因战争而变成一座荒芜、破败之城，成都的历史并没有因为入元而中断。元朝的成都仍然是一座繁华的大都会。

马可·波罗眼中的成都

元朝铁骑劲扫亚欧、所向披靡。但其入川时却遭到了四川军民长达五十余年的抵抗，数十座崛起于大江要津的"宋城"，诉说着这一段悲壮的历史。

蒙文通先生在《古地甄微》里指出，元军曾"五破成都；而嘉定、渝、泸各三四破"。

元末祖籍四川仁寿县的官员虞集（1272—1348年）指出："会国朝以金始亡，将并力于宋。连兵入蜀，蜀人受祸惨甚，死伤殆尽，千百不存一二，谋出峡以逃生。"[②]这虽然是一种估计，但符合连年战争后导致的直接结果：大量民众死伤与逃亡、户口数量急剧减少、经济残破、税源枯竭。当时四川行省在这方面的表现非常突出。至元十九年（1282年），四川行省人口数仅12万户，而后也未见大的增加。这一数字，仅相当于南宋宁宗川峡四路259万余户的二十分之一。而且税粮商税、酒醋茶课等收入

① 王果：《成都美女白如霜——追寻元朝诗人汪元量在成都的行迹》，《巴蜀史志》2019年第1期，总第221期。

② 虞华：《道园学古录》卷二十，史氏程夫人墓志铭，四库全书本。

也相当少，可能稍多于甘肃、辽阳、岭北行省，或居十行省之末。这比起汉魏唐宋以来天府之国的富庶情况，确实是大踏步地倒退。

另据《元史·食货志》记载，元军攻破成都城后，元朝官方公布的清点成都城中的尸体达120万具……元初成都人口户数，只及宋代的5%，四川上贡的粮食仅占当时全国的0.96%。

但经过了几十年的休养生息，成都恢复了它昔日的荣光吗？

也许，一个旁观者眼中的的成都，会告诉我们一些实情。

马可·波罗是有史料记载的最早到达成都、最早记录成都的最为著名的外国人。

马可·波罗像

关于马可·波罗到达和离开成都的时间，目前还只能就所见资料予以推测。据马可·波罗自述，他经过成都，是去云南执行忽必烈的使命。马可·波罗从元大都（今北京）出发，经西安、成都、大理南下，最远到达了缅国都城。马可·波罗在谈到西安时说："现在这座城市是在大汗的儿子忙哥剌管辖之下。"忙哥剌为忽必烈第三子，于至元九年（1272年）十月被封为"安西王"，出镇长安（西安）。至元十四年（1277年）冬季，忙哥剌奉诏北伐平乱。到至元十五年（1278年），忙哥剌凯旋返回长安，于当年十一月去世。据马可·波罗自述，他从西安到成都用了两个月左右的时间。如果马可·波罗经过西安时，忙哥剌尚在世，那么他到达成都的时间，不能晚于至元十六年正月，即1279年初。基本可以判定的是，马可·波罗到达和离开成都的时间，应大致在1279—1280年之间。

威尼斯人记载："穿山越岭，走过二十个驿站之后，来到了蛮子省境内的一片平川，那里有一个名叫成都府的地区。它的省城是一座壮丽的大城，也使用同一名称。”

此处翻译者使用“驿站”一词，十分妥帖。“驿站”一词通行，但“站”字起源的时代很晚，在汉代只有“传置”，唐宋便有“馆驿”，到了宋元之间，才有“驿站”这一个名词。“‘站’字是由突厥语蒙古语音而汉译成的，但突厥蒙古语音，却是由汉语‘传置’与‘驿’转成的。”①

马可·波罗一行经过了几十天的艰难跋涉，连绵不尽的秦岭山脉使他感到疲倦和绝望。而就在此刻奇迹出现了。他闯入了一望无际的大平原，更重要的是，在这平原的深处，静卧着一座富丽繁华的城市——成都。徜徉街头巷尾，马可·波罗看见大小的河流在街旁交汇，河中是往返穿梭的木船，桥上是川流不息的人群。

“这座城市大小河川都发源于远处的高山，河水从不同的方向围绕并穿过这座大城，供给城市必需的用水。有些河川宽达八百米。有些则宽二百米，而且都很深。大川细流和城下各条支流合成一条大江，东流入海。完成全线航行要一百天左右的时间。沿河两畔有着许多市镇和要塞，河中船舶舟楫如蚁，运载着大宗的商品，来往于这个城市。”

这是《马可·波罗游记》中最让我们熟悉的描述，这分明是对锦江的生动描述。《游记》里记录的一切：小桥、流水、人家，蜀地雾气弥散，让马可·波罗想起万里之外的家乡威尼斯。“感谢上帝！”马可·波罗大发感叹：“在走过这么多险要的路程之后，让我见到一个水城，见到几丝与故乡相似的景象。”

“内有一座大桥横跨其中的一条河上。从桥的一端到另一端，两边各有一排大理石桥柱，支撑着桥顶。桥项是木质结构，装饰着红色的图画，上面还铺有瓦片。整个桥面上排列着工整的房间和铺子，经营各种生意。其中有一幢较大的建筑物，是税官吏的住房。凡经过这座桥的人都要交纳一种通行税。”

他对锦江河道宽窄的描述，也大体符合江水涨落的实情；成都顺江而

① 《李思纯文集·已刊论著卷》，巴蜀书社2009年版，第178页。

下通达东海的路途，其描述大致准确；锦官驿就在廊桥正对的北岸口之上，纺织品税收在他眼里成为“通行税”。如今的安顺廊桥是三孔仿古石拱桥，虽没有大理石的柱子，但依稀可以想象，那一座元朝时节的雄伟“大桥”，不但是贸易往来、税收的集散地，而且是出入成都的要津之一。

这些非虚构实录，有力见证了马可·波罗目睹的成都城生机勃勃的市容。

自马可·波罗之后有更多的欧洲人，出现在天府之国的地域：致和元年（1328年），意大利传教士和德理来成都；万历四十六年（1618年），葡萄牙人傅汛际途经成都；崇祯十三年（1640年），意大利人利类思到四川成都传教；第二年，葡萄牙航海家麦哲伦的后人安文思来到成都协助利类思传教，后来这两人出任张献忠大西政权的“天学国师”；康熙四十一年（1702年），意大利传教士毕天祥、穆天池等再次入川……

洪武十一年（1378年），明太祖朱元璋封其第十一子朱椿为蜀王。成都重新以青砖、长条石筑城，周围22里，城墙有高3丈4尺，西至同仁路，北到北大街，南到新南门，东到天仙桥北街、南街。城市东西距离九里三分，南北距离七里七分，所以旧时的成都流传一句话，就叫“穿城九里三”。

第40章

巍巍皇城蜀王府

菊井牡丹蜀王府

中国古代城池是封建中央集权政治间架性设计的主要因素之一，它是皇权对地方统治的象征体现着行政等级设置与礼仪规制。明代城池的规模与等级都有较为严格的制度规定。从一开始成都城就是按照省会城市和四川第一府城来规划设计的。

明代蜀王府的建设，是朱氏皇族在成都建立藩王的显著标志，也是明太祖朱元璋防范权臣叛乱的重大措施。洪武十一年（1378年），朱元璋封其十一子朱椿为蜀王，因朱椿年幼和成都遭遇战乱，城市极端残破，无法到任。受封7年之久，朱椿仅仅是名义上的蜀王，并没有到成都。洪武十八年（1385年），朱椿长大成人，朱元璋才让他暂驻凤阳老家，同时命地方官兴建蜀王府。谕旨说：蜀地为西南邦国之首，羌戎等族众望所归，如不新建雄伟壮丽的王府，就不能显示王权威严。

“景川侯”曹震奉旨兴工，建设蜀王府。曹震曾是明朝大将蓝玉手下，后来因为“蓝玉案”被诛，当然这是后话。

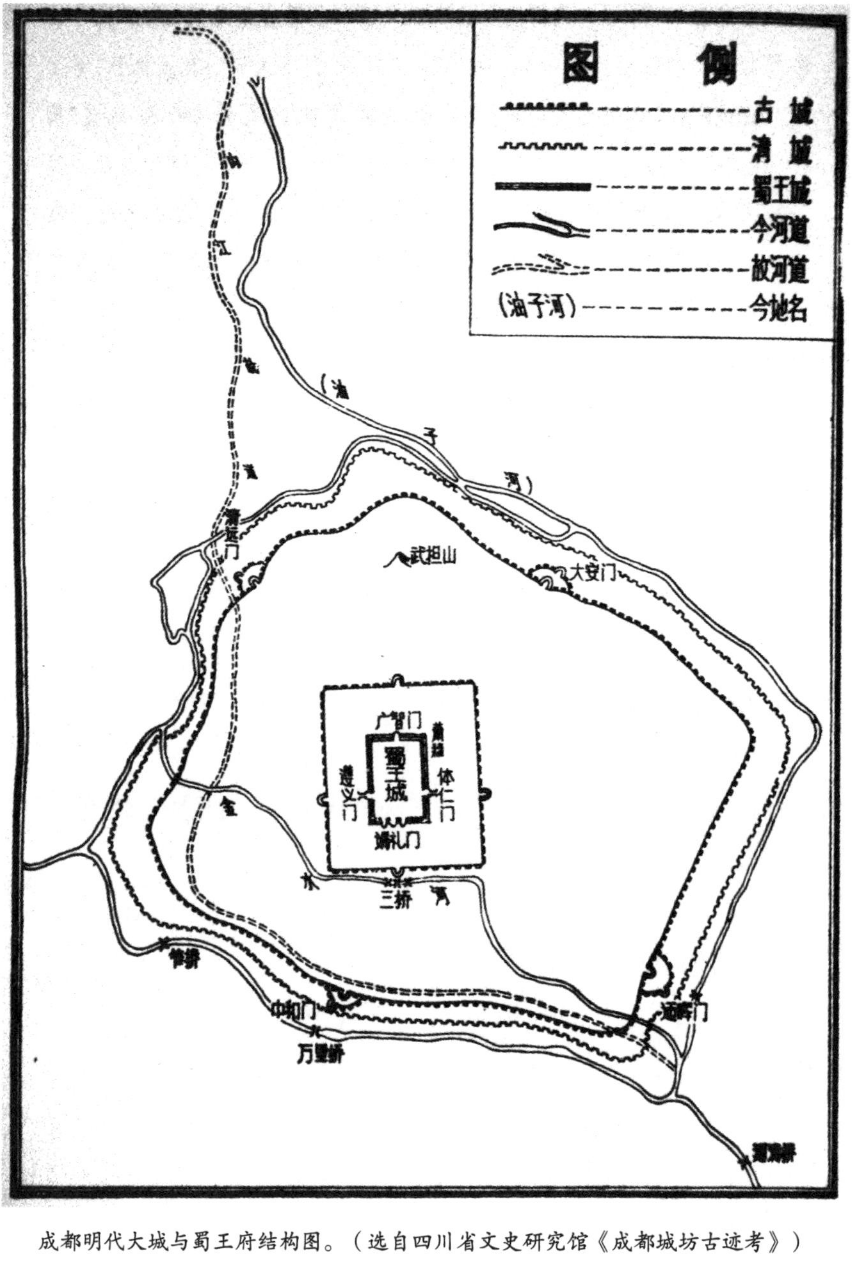

成都明代大城与蜀王府结构图。（选自四川省文史研究馆《成都城坊古迹考》）

王府基地选择在大城中央，位于五担山之南，显然仍在前代王宫废址地基之上而建。建筑方向为正南正北布局，明代蜀王府形势森严，府邸周围，环以砖城，周围五里，高三丈九尺；城下蓄水为壕，形成“御河”；外设萧墙，周围九里，高丈五尺，于是形成三道屏障：内城、护城壕和外城。真所谓宫墙万仞，咫尺天涯。民间俗呼“皇城”。到嘉靖二十年（1541年）又复增修。

曹震主持修建蜀王府建设大局，不可能具体到一砖一石。于是朝廷委派康姓太监先到成都，又特地任命国子监助教陈南宾为蜀府长史，负责监工督理蜀王府的营造。

明代蜀王府的布局规制宏大，方圆十余里，加上明末张献忠的陆续扩建，城墙“包砌以石，设四门如砖城制”。在城内中轴线上分布着棂星门、端礼门、承运门与承运殿、圆殿、存心殿。“其后为王宫门，红墙四周，内为蜀王寝宫。”“端礼门前有水横带，甃月池为洞，铺平石其上。东西列直房。西南为山川社稷坛，又西为旗纛庙，东南隅为驾库。”

蜀王府南边最远处建立有一座石砌照壁，照壁通体金字，俗称“红照壁”，朱漆描金，同样是朱姓帝王享用的皇家礼仪。后来在照壁后建有一座高大的石头牌坊，上书“忠孝贤良”四大字，是嘉靖十五年（1536年），世宗皇帝朱厚熜为嘉奖第七世朱让栩而建。穿过牌坊是一条笔直的石铺甬道，道旁植有苍松翠柏，两旁各有民居二区，其间有四条东西向的街道分隔，这四条达到临甬道一端的街口，各竖牌坊一座，东南称“盖懋厥德”，东北称“永慎终誉”，西南为“江汉干宗”，西北为“井参拱极”。甬道的北端，东西两边各蹲着一座威武生动的大石狮，石狮外侧，各有一座汉白玉华表，石狮和华表都是王权体现。在石狮身后，横陈着一曲小河自西北逶迤而来，在宫城萧墙前改为自西向东流向，成为宫城第一道护城河，即金水河，后世成为金河。嘉靖《四川总志·藩封·蜀府》载：“端礼门前外东西道有过门，南临金水河，并设三桥，桥洞各三。桥之南设石狮、石表柱各二。”

金水河为唐朝白敏中所开凿，在明朝之前一直叫“禁河”，明初蜀王

成都的季国忠先生经过多年研究，复制的蜀王府景观。（吴亦铮提供）

才改称金水河。在金水河之外，则有一道御河，为明初建蜀王城时开凿。由于蜀王府为长方形，相当于现在城正中而稍偏南，御河也是长方形，围绕王城四周而流，至王城之前西南侧方，与金水河汇合。附属于王城的街道，叫御河边街，河阔水深，清波涟漪。到了清朝日渐淤塞，横七竖八的民居越来越密集地填委两岸，优美景观就丧失了……

历史学者李思纯指出：到民国初年，御河仅剩下死气沉沉的一线生活污水了，"藩城之东，今日大红土地庙街，尚存一小桥，芜秽特甚，旧名日'虹桥亭'，其地有明藩邸所树一小石碣，文曰：'禁止放船捕鱼。'足证当时通行舟楫，河水甚阔。自成都改建市政，辟驰道后，石碣被毁，今亦无存"。①

长方形的"御河"之内是宫墙，四面各设一门，北门广智、西门遵义、东门体仁、南面宫门是宫城正门，与明代所有亲王府的正门一样，都称为端礼门。"端礼"之意，在于告诫诸王要恪遵朝廷礼制法度，不可有越礼的行为。

端礼门是一座高大的城楼，楼前"御河"上，并排架有3孔汉白玉拱桥3座，通向城楼的3座大门。端礼门就是亲王府的"天安门"，它在宫中的位置和礼仪作用，与北京紫禁城的天安门一致，规格上低了一个等级，北京为5桥5门。老成都人一致称这座留存到20世纪60年代的门楼为"小天安门"。

端礼门内的石甬道两边，是两排厢房，又叫直房或朝房。地方官吏或其他臣民拜谒蜀王，均在此等候，厢房两侧，是鼓楼和钟楼。甬道正北，是黄色琉璃瓦盖顶的承运门，门楼上有3座6扇的红漆大门，进入大门后是一座青砖铺地的宽阔院落，两边是称为左右庑的廊房，正面便是蜀王宫中的正殿——承运殿。殿前是一片东西宽约七十余米的平台，俗称"丹墀"，摆放有鎏金的香炉、仙鹤、铜鼎。

顺治元年（1644年）秋季，张献忠占领成都后，在此安置了两位洋人

① 《李思纯文集·未刊论著卷》，巴蜀书社2009年5月版，第539—540页。

“国师”铸造的浑天仪与日晷，这并非是张献忠爱好天文学，而是用来窥测大西国的命运……

明蜀王府内部属于历代蜀王的私人空间，经历了13代蜀王。蜀王府严格按照明代礼制建造，作为仅次于皇宫的亲王府邸，建筑格式、布局基本上仿照皇宫，蜀王府可以说是不折不扣的缩小版紫禁城。

蜀王府自洪武十五年（1382年）兴工，至洪武二十三年（1390年）竣工，历时8年。蜀王府在大城中心，位于唐代剑南西川节度使衙署及后蜀皇宫旧址中心之西，填摩诃池的大部分为基址。宫室苑囿总面积略逊于后蜀皇宫。宫城东为今顺城街一线，西至东城根街。宫城前面有3道门洞，门外是广场和宽约100尺的御道，与门洞正对。在600余米处，是一堵20余丈长、3丈来高的砖影墙，因为是红色的，所以名为红照壁。在门洞外250米左右的东西两侧，各有一座亭子，是王宫的鼓吹亭，“东亭名为龙吟，西亭称作虎啸”。这是蜀王府南面的最远的边界，北边以羊市街、西玉龙街为界。

在蜀王府寝宫之后有一座庞大的王府花园。花园以老摩诃池的残存水面为池，池水澄碧，楼阁玲珑，奇花异石镶嵌其间。当时的四川右参政曹学佺曾有《蜀府园中看牡丹》一诗，赞美这座锦绣名园：

> 锦城佳丽蜀王宫，春日游看别苑中。
> 水自龙池分处碧，花从鱼血染来红。

按明代制度，诸王不得过问地方军政事务，只能安享富贵尊荣。因此，诸王的绝大部分时间，是在后宫行乐。明制规定，亲王诸子除嫡长子在10岁时立为王世子之外，其余诸子皆封为郡王，以县为名。王府皆建在亲王府所在的城中。蜀王自朱椿以下，嫡传子孙共袭封八世十一王，历代蜀王之子众多，分别袭封为华阳、崇宁、崇庆、永川、黔江、内江、德阳、石泉、汶川、隆昌、富顺等郡王。这些郡王的王府皆建于成都城中，其中大部分王府都错居于蜀王府萧墙内外，群星捧月般拱卫蜀王府。

据《成都通史》载，《长春竞辰稿》里收录有第九代蜀王朱让栩的《成都十景》：

古柏森森碧叶齐，春城日暮草堂西。
岷山雪霁排银壁，浣花烟笼锁翠堤。
橘井相浮金盏注，墨池色润采毫题。
济川舟送钟鸣远，官柳桥边匹马嘶。

诗歌里提到的橘井别名菊井，高墙丽宫之下，深秋菊香越壕而出，飘洒蓉城。

关于蜀王府的建立，还有一桩逸闻。

鉴于当年康太监在督建蜀府的过程中，按照"非壮丽无以示威仪"的诏谕，花费了朝廷国库大量钱财，招致户部不满而上奏皇帝，朱元璋大怒，令其自尽。蜀王朱椿来成都后，发现历时8年修建的蜀王府，富丽雄伟，的确要花费大量钱财，康太监被父皇误判为贪污而死，是有失公道。他进行了申诉，最终康太监沉冤昭雪，为此建立了康公庙（今康庄街）以悼念康太监。

这里举一个例子，说明建造中的一件小事，足以看出康公的忠心。康公公发现成都土质疏松，为使蜀王府的两道城墙尤其是端礼门楼更为坚固，于是千里迢迢地从汉中运来基土烧砖，这与唐朝高骈修筑成都城墙时的方法近似。然后，康公再用糯米粥和以石灰，作为砌砖灰浆，由于糯米浆有极强的黏性，城楼终于筑成。成都百姓为纪念这位蒙冤的建筑师，在城内为他建祠祭祀，称"康公庙"，后世讹传为"康姑庙"。而祠堂所在的街道，也因之被称为康庄街，至今犹存。

这个传说的可靠性虽无法考证，但从中可反映出蜀王府修建工程之浩大，花费之巨，以及端礼门楼的坚固程度。

万历初年，明代地理学家、担任过四川乡试主考官的王士性在文中写道："诣蜀藩朝，宫阙、卤簿视我朝廷不啻半之，其国人多能道吾乡正学先生（方孝孺）教授时事。”意思是，蜀王府建筑的壮丽气派足有中央朝廷的一半！

神宗万历四十一年（1613年），蜀王府遭到一次毁灭性大火，大火烧毁了王府重要的门坛殿阁。当时任四川左参政按察使的曹学佺，奉命调查蜀王府损失情况和修复的可能性。一估算吓了一跳，修复工程需白银70万两，已大大超出了明王朝对宗藩的财政补贴数额。即便皇帝加恩，也无法从日益枯竭的国库中拨出这笔巨款。因此，一直到明朝终结，蜀王府再也没有得到重建。

僖王地宫

佛教意味的正觉山，是明代此地的老地名，今名大梁子。说是山，其实是一脉刚刚抵达成都平原东沿的连绵黄土岗。这在成都平原上，已经是山，而且是风水宝地。几个世纪以来，生活于此的村民不曾料到，在他们耕种的土地下，竟埋葬着明蜀藩王及其家族的王室陵墓群。

长久以来，成都东郊的这一片数千亩丘陵，在人们心中就是荒郊野岭，是打樵、渔猎、墓葬、牧放之地。据估计，张献忠退出成都后，大量居住在市区的野兽断了食物链，逐渐向城区四周山地回迁，正觉山应该是动物的栖居之所。山间劳作的老农回忆说，在20世纪50年代，大梁子上的松柏连绵成片，浓荫蔽日，时有野兽出没。后来开始大炼钢铁，林木就砍伐光了，剃成光头，山冈逐渐变成庄稼地。至于山冈之下的青龙湖，若干年来就是稻花飘香的水田，其间有荷塘、鱼塘互嵌分布。

浑圆而起伏有致的正觉山最高处海拔534米，为东面距离成都市区最近、最高的山丘，可视作锁钥。古人十分信奉墓葬风水，正觉山正是所谓的“父母山”，系为靠山；而此山又以北高东西两翼渐低，呈环抱之势，与西南方向地势稍低的青龙埂相和合，在南偏东方向形成自然的“陵口”。

明蜀王陵长眠于此而无人知晓，在于“湖广填四川”的移民是他者，他们根本不知道这片丘陵的内涵。到了清末，按照《成都通览》的记述，

"现今之成都人，原籍皆外省人"。

1979年春节前的一天，位于大梁子山麓的石灵中学扩建操场，工人往临时砌在学校西边土丘上的灰浆池里注水，发现怎么也注不满。工人刨开池底，一个埋藏地下500多年的秘密，由此展现了秘密。

这是第三代明蜀王僖王朱友壎的地宫。

和绝大多数王陵一样，僖王陵虽也曾遭盗墓贼光顾，但地宫保存完好。盗墓贼窃取的无非金银财宝之类，至于各种冥器、陶俑和陶瓷器皿等，虽有扰乱和损毁，却大多留存。通过考古发掘，僖王陵共出土陶俑、陶马、陶家具、各类明器、《圹志》碑及水晶饰件等文物680件，为迄今多座明蜀王及王妃之陵出土的文物之最。

《大明蜀僖王圹志》石碑立于进入地宫墓室甬道的正中，概括记述了这位年轻蜀王的简短一生——朱友壎系首代蜀王献王之孙、二代蜀王靖王之弟，纠正了《明史》所记名字的错误。永乐二十二年（1424年），朱友壎被封为罗江郡王。一般而言，这样的郡王基本上不可能继承大统。但在"父死子继，兄终弟及"的谱系下，朱友壎意外地被推上了蜀王的宝座。蜀靖王朱友堉无子嗣，"父死子继"无从实现，只得"兄终弟及"。鉴于二弟朱友埘过早去世，王冠就这样落在了朱友壎头上。

朱友壎于明宣德七年（1432年）九月袭封蜀王，宣德九年（1434年）六月因患"风疾"辞世，享年26岁，在位时间一年零九个月。"风疾"就是风寒症。

在成都民间则流传有朱友壎的爱情传说。他复发风寒是因王妃赵氏早逝，思妃成疾所致。

赵氏的父亲是新繁县训导赵弼。赵弼是当时的博学多识的鸿儒，尤精《周易》。赵氏出生在这样的书香世家，与朱友壎结为夫妻。

赵小姐于永乐七年（1409年）出生，宣德二年（1427年）受朝诰命为罗江王妃，宣德三年冬月二十九日离世，享年20岁。朱友壎当上蜀王，才追封赵氏为蜀王妃。朱友壎和赵氏相处时间短暂，但情深义重。朱友壎就像古蜀开明思念武都妃一般，辗转反侧，导致风寒复发而亡……蜀地衍生出关于他们的系列传说，如罗江王瞒姓、驿站试才、赵弼选婿、皇城选妃等。

朱友壎在位一年多时间，组织修缮了蜀王府城墙，并向朝廷申请将蜀藩宗室禄米部分折为现钞发放等。

朱友壎去世后，大明王朝因其“淳厚端淑，言动率礼，未尝有过”，而按礼赐谥“僖”。“僖”的意思为“小心畏忌曰僖”。“壎”字，况袁切，为古礼器，因为正体字笔画为17，所以不宜简写为“埙”。

地宫几乎就是昔日蜀王宫的缩小版，绚丽、肃穆。修复的彩釉兵马俑、舞乐俑、车马、三彩琉璃用具，在一个空荡荡的长方形玻璃橱柜里，惨白的日光灯之下，一具孤独的头骨，管理人员说：“这具头骨出土于明蜀僖王陵的棺椁之中。经过专家确认，应该是僖王朱友壎的头骨。”

打开地宫大门，还发现有一个遗骸，倒卧在门边。估计是一个盗墓者，宝物一件件吊上去，然后上面的同伙断然割断了绳索……他莫名其妙地成为僖王的陪葬者。

《龙泉驿区志》记载，造型精美的“罗江王妃赵氏墓”距离僖王地宫东南近1公里，于1978年发现时已被盗，仅存圹志及陶石器皿100余件。

大西国建都

崇祯十七年（1644年）八月二日，张献忠率领的大西军顺利翻越龙泉山到达距成都70华里的大面铺。八月五日，张献忠集中20营的兵力围定成都。他事前利用沿途缴获明军的旗帜，选派侦察部队化装混入城内，又趁新任四川巡抚龙文光率队入城之际，鱼目混珠，守城士兵也真假不辨。

末代蜀王朱至澍吝啬、好色、怕死。八月六日一早，他动用几十辆马车，拉着蜀王府宗室成员、嫔妃宫女及金银财宝，穿城而过向南逃亡。由于动静太大，一出蜀王府就有老百姓拦着蜀王的马车。守城官兵听说蜀王要逃，立即关闭城门。四川巡按御史刘之勃说：“王爷要是这么走了，有何脸面面对四川百姓？你再逃跑，休怪愚臣不忠！”蜀王悻悻然，只好打道回府。

八月初九一早，成都暴雨如注，这是成都城失守之日。

巡抚龙文光的最后一招，就是“水漫金山”。

他派人到灌县将都江堰挖开，让江水注入锦江，溢满城壕，想要以此保住成都。但他未能料定，张献忠早已经派出部队直插灌县，捕杀了执行这一谋划的县尉赵嘉炜。当时已挖掘了一半的堤堰，水量减弱，推迟了预定的放水时间。在岷江水还没有到达成都之前，大西军就里应外合夺取了成都。

清代张廷玉所著《明史》记载：黄虎“……遂进陷成都。蜀王至澍率妃、夫人以下投于井。巡抚龙文光被杀”。

崇祯十七年八月初九日（1644年9月9日），张献忠率军逼近成都城。为炸开城墙，他们一般使用棺材填埋火药炸城之法，匆忙之间一时找不到棺材，大西军砍伐了两根大圆木，像凿独木舟那样对剖凿空圆木，每根装填了几千斤火药，捆绑好树皮，冒着如雨的箭矢运到城墙根，数万斤火药点燃炸开西北城墙，打破成都城池①。沈荀蔚《蜀难叙略》使用了一句惊心动魄的话来形容爆炸的情景：“木石如飞，鸟蔽天者久之。守陴者皆走，贼遂入城。”

城池与人心，简直就像涣散的煤渣与乌鸦。

末代蜀王朱至澍眼看走投无路，带妃妾自沉于蜀王府内的“菊井”（另外的记载是，蜀王朱至澍于当日中午与周贵妃在端礼殿自缢），此井就是“菊井秋香”所在地，被誉为明代成都八大景之一；朱至澍的四弟“太平王”朱至渌也投了井；四川巡抚龙文光、巡按御史刘之渤、按察副使张继孟等明朝派驻四川的主要官员因拒不投降，均被大西军处死。张献忠分军四掠，迅速控制四川大部分地区的州县。

这一天，恰好也是一个富有深意的忌日，崇祯十六年（1643年）八月九日，清皇太极猝然病逝。

---

① 《圣教入川记》记录的张献忠进入成都城的时间为九月初五日。

崇祯十七年十一月十六日（1644年12月14日），张献忠据蜀王府宣告建立大西政权，即是大西国。改元“大顺”，称帝，以成都为西京。

年号非同小可，更不可儿戏。大西朝把年号定为“大顺”，并无渊源可查。这显然是黄虎故意以李自成的大顺国号作为自己的年号，他再次展示了“拿来主义”的勇气。对于张献忠这样的意图，姚雪垠在《李自成》第5卷第26章中，借王兆龄之口解释说：“别看李自成占了西安，破了北京，可是他兴时不会多久，真正奉天承运的皇帝是我家万岁。万岁要举国臣民都明白这个道理，不要把李自成看得有多了不起，所以把他的国号用作我们大西国的年号。这是何等胸怀，何等睿智！”以张献忠之性情度之，这一解释不无道理。

而在成都，对于“顺”字还有地缘化的民间解释。这源于另外一个历史人物：淳化五年（994年）在成都建立了“大蜀”政权的农民起义军首领李顺。当时有术士对李顺讲过一番话：“顺”字拆开来，左为“川”（古人以西为左），右为一、百、八的合字，因此李顺“一百八日有西川”，这是测字先生的“拆字法”。张献忠未必知晓，但大西朝的文胆们应该知道。

蜀人张邦伸《锦里新编》中记载：张献忠“改元大顺，以成都为西京，蜀王府为皇宫，改承运门为承天门，承运殿为承天殿，以门外屋为朝房”。因为噩梦不断，惊恐不已，张献忠后来移居位于南城之外的中园[①]。

张献忠虽以蜀王府作为大西皇宫，吃住在此，但此时的蜀王府虽加修葺，似乎并不能让他满意。主要是张献忠不断做噩梦，他认为蜀王府里死人怨鬼太多了，阴气郁结，甚为不祥。不久后张献忠移居南城之外的“中园”。

陆游《故蜀别苑》诗，自注云：“梅林在成都西南十五六里，梅至多，有两树夭矫若龙相传之梅龙。余初至蜀，为作诗，自此岁常访之。”其诗云：“昔年曾赋西郊梅，茫茫去日如飞埃……蜀王故苑梨已遍，散落尚有

① 也名梅苑。蜀汉三国时即得名中园。后因张献忠驻军操练，后来称之为御营坝，即今华西坝。

千雪堆。”又诗云：“十里温香扑马来，江头还发去年梅。”又有《月上海棠》词，自注云：“成都城南，有蜀王旧苑，多梅花，百余年古木。”词云：“伫立江皋，杳难逢陇头归骑。”《全蜀艺文志》有宋人《梅林分咏》诗，注云“绍兴庚辰十二月既望，缙云冯时行从诸旧朋，携酒具，出西梅林，林本王建梅苑，树老，其大可庇一亩，仆地上，屈盘如龙，孙枝丛生，尤怪古者凡三四”。杜谨言诗云：“去城十里南郊外，突兀老梅余百辈。”李商隐诗云：“一树知独秀，十里方出郭。江流倍清冷，雾气凝凄薄。”此地一直都是宋人吟赏之地。

梅苑在成都城外，陆游诗注云西南，其词注则云城南，杜谨言诗亦云“去城十里南郊外”，可以肯定是在城南。“旧志”云：“梅苑，故蜀别苑，今名其地为梅子巷。”梅子巷今天已不可考了。

中园是成都一处有近2000年历史的古老园囿，具体地址在今成都城南锦江南岸（现在四川大学华西幼儿园所在地），相传三国时刘备曾在此练兵。流经成都城南的郫江和检江在此地合流。自蜀汉以后，一直建有合江亭和园林，是成都文人诗酒流连的雅集之地。五代时期，此处改为两蜀皇家别苑，苑中梅花最盛。孟昶主蜀时期，有老梅树干卧地，形态矫健如龙，时人称之为“梅龙”。成都风俗每年三月三日在此走马饮酒，是春游的一大胜地。

五代时期的知名文学家王仁裕（880—956年）入蜀，他有“诗窖子”之时誉，其史料价值颇高的笔记《王氏见闻录》记载了“中园”一段离奇的传闻：

五代时期，建立前蜀国，其建立者王建为了监控属地百姓，他创造性地采取了舆论掌控，为此建立了一个“寻事团”，主持“寻事团”的人叫萧怀武。这个寻事团有点类似明朝的锦衣卫以及大西国张献忠麾下的“诇事小儿”，其职责就是打听各种坊间议论朝政的消息，根据言论危险度予以治罪。萧怀武手下有一百多人，这些人又各有十多个手下，机构颇为庞大，这些人没有特别的服装特征，成天混迹于人群之中，不容易分辨出来，老百姓都私下称呼这些人为“狗”。

这些嗅觉惊人的“狗”遍布成都大街小巷，在畜医、酒保、乞丐、皮条客、人口贩子等人群中都有“寻事团”的人，民间发生什么事情，“寻事团”都知道；勋贵、官员发生的事情，“寻事团”都一清二楚。为此人心惶惶，感觉周围都飘浮着“寻事团”觊觎的眼睛……萧怀武杀人无数，冤枉的人数不胜数，郭崇韬攻入四川以后，抓住了萧怀武，对萧怀武诛九族以泄愤。

这就是说，暗香浮动的“中园”，一度也是特务机关，所以此地在后蜀时代也叫“寻事园”。

在那些出墙的红杏之外，梅花早一个时令就逾墙而走了。当一树绿叶的梅花，看着红杏的唐突举止，叶子就变得苍翠欲滴。进而在叶片上，生出了一层绒毛，变得古朴而谦逊。读不懂梅花的底牌，自然也无从进入“中园”的堂奥。

到明蜀王时，才把此园辟为蜀王外囿，也名为“中园”。但五代时种植的梅树已经遗留不多了，于是改种梨树等植被。每逢初春，千树万树梨花齐放，宛若滔滔雪海。明末张献忠进入成都之后，以此地为军营，称之为御营坝，张献忠并不渴望梨花“雪海”的香软，他喜欢在血海里顶风破浪，搏击人生。于是苑中梨树被砍伐大半，在空地上开始建筑宫室。张献忠移居于此后，周围驻扎着大西军精锐部队，一共驻有大营10座，小营12座。

张献忠特别酷爱“香冢”，即所谓“贼斫妇女小足，叠累成峰”的特殊癖好，他技痒难耐，决定在宽阔的中园上演。彭遵泗的《蜀碧》上说：某天，“贼偶沾疟疾，对天曰：‘疾愈，当贡朝天蜡烛二盘。’众不解。比疾起，令斫妇女小足，堆积两峰；将焚之，必欲以最窄者置于上，遍斩无当意者。忽见己之妾足最窄，遂斫之，灌以油燃之。其臭达天，献以为乐。”

直至清代，这里仍被成都人称为“御营坝”。20世纪五六十年代，这里仍矗立着一座圆形大台，高一丈余，分为三级，下阔上狭，民间称为“将台”或“点将台”，相传是张献忠阅兵台。如今土台早已不存，但地名算是流传下来。

顺治三年（1646年）大西军离开成都之前，纵火焚烧成都的宫室与民居，夷平城垣垛堞，皇城和成都大城毁于一旦。

既然自己带不走这座城市，那就必须毫不留情予以毁弃。张献忠首先下令仔细拆除成都四面坚固的城墙，接着纵火，焚毁民宅和大西国宫室。

沈荀蔚《蜀难叙略》记载：蜀“王府数殿不能焚，灌以脂膏，乃就烬。盘龙石柱二，孟蜀时物也，裹纱数十层，浸油三日，一火而柱折”。如此耐心地、细致地毁弃这些前朝旧物，可见粗人也是心细如发的。2012年底，考古人员在天府广场蜀王府遗址发掘出一头石犀及大量属于官府级别的建筑构件等，重达8.5吨的石犀即是《蜀王本纪》所载李冰“作石犀五头”“二枚在府中”之一，是被人用金属凿子击打得伤痕累累后予以掀翻，呈四脚朝天状埋进土坑，这应该也是张献忠出走前大西军所为。

我相信《圣教入川记》的记录是真实的。不久后，随大部队撤出城外的两位传教士利类思、安文思亲眼所见，张献忠在“城外见隆烟腾空，火光烛地，大为狂喜”。他“下令将全城四面纵火。一时各方火起，公所私地，楼台亭阁，一片通红，有似火海。大明历代各王所居之宫殿、与及民间之房屋财产均遭焚如。转瞬间，川中首城已成焦土，人畜同化灰烬，实属可惜。欲恢复旧观，非数千万银两不可”。

现在发掘的张献忠“江口沉银”当中，最著名的文物是一个裂成4块的金印，重达16斤，95%的含金量，上有“蜀世子宝”4字，是蜀王之物。也是当今现世的世界唯一一枚。（图片由眉山市江口沉银博物馆提供）

经历明末的空前浩劫，成都城还有建筑遗存吗？

历史学家李思纯指出：“成都城中房屋，虽因三十六七年之久之不断地折毁于蔓延焚烧而几乎全部毁灭，但也有极少数烬余仅存的房屋，例如城南的江渎庙。”清康熙六年（1667年）重修江渎庙谕祭碑:“明末献乱，未大毁，尚有遗构。”

“城南江渎庙的幸免于焚毁，是由于邻近江池边地势空旷的缘故，因而不易延烧。但城东的大圣慈寺，门前为市场，逼近民居，房屋栉比。前此在历史上，已遭几度火灾。在此次毁灭成都全城的大破坏、大延烧中，自然不留寸椽片瓦，而毁灭无余了。”①

传教士古洛东整理的《圣教入川记》“注释四十三”补充了一条重要信息：那就是张献忠下令杀掉随军的妇女，包括张献忠自己的爱妃、女官。“献忠杀妇女后，狂喜欲舞，并向各官称贺，谓已脱离妇女之轭，身无挂累，前行无阻，定得天下。次日，即由成都城下拔队起行。”不少军士入川后已成夫妻家庭，并生有子女。黄虎这道军令一发，都呼天抢地大哭起来……

作家李劼人在《大波》中说：直到康熙十几年，四川省会由保宁（今阆中）迁还成都，才披荆斩棘，把这片荒场划出前面一部分，改为三年一考试的贡院，将就藩王府正殿殿基修成规模不小的致公堂；又将就前殿殿基修成一座颇为崇宏的明远楼。所以皇城坝街又称为贡院街。

康熙年间，冀应熊知府所书直径丈余的“天开文运”四个大字，并制匾于皇城前门，正好与街中三架头形式、横刻“为国求贤”的牌坊。东边有一道牌坊，正对东辕门，上刻“腾蛟”；西边牌坊，正对西辕门，上刻“起凤”，两相呼应。

门北为明远楼，明远楼是皇城中的最主要建筑之一，为三重殿宇式的建筑，规模宏大，气势巍峨具有典型的明代建筑风格，修建非常精致，楼窗皆装上了当时罕见的玻璃，极为明净，大殿堂内仍然保持着金碧辉煌的气派，正厅中央石基上摆放着紫香檀木案几和官椅和屏风，雕工精细，神圣威严。楼北的致公堂，就建在蜀王府主殿承运殿的殿基之上，这是一座工坚料实的大殿，气象雄伟，堂前楼后的空地，皆铺以青砖，其间嵌以红彩天花，可谓富丽堂皇。这是1911年11月27日大汉四川军政府成立大会

---

① 《李思纯文集·未刊论著卷》，巴蜀书社2009年5月版，第745—746页。

清代成都贡院内的明远楼，作为蜀王府最为著名的建筑，为当时成都标志性建筑，也是成都历史风貌的代表

的主集会之所。堂西为大厨房，其北为弥封所。堂北为清白堂，再北为严肃堂。最北为文昌宫，供奉“文曲星”文昌帝君塑像，宫内主神文昌帝君的两侧，立有“天聋”“地哑”两位童子像。

民国建立后，四川高等师范学校、成都大学、国立四川大学都曾选此作为校址。新中国成立后，拆除“为国求贤”牌坊，辟东西人民路，扩建人民广场，五一节、国庆节省市庆祝集会、游行、烟火晚会、联欢活动均在此举行。皇城后在1966年开始的疾风暴雨中毁坏。

值得一说的是，蜀王府虽历经战火，多次兴废，都始终维持在成都城市的正中心位置，这同样显示了封建时代国家的“权力建筑学”，是如何的深入人心！

成都平原的虎

每当发生大规模战争之后，瘟疫猖狂肆虐，潘多拉的盒子不会就此自动关闭。在西南地区，明末兵燹之灾导致的结果就是——人退虎豹进。凶相、凶险、凶恶、凶残，竟相成为生存的通行证。从张献忠大西政权在成都仓促建立，直到这批权力黑客仓促撤离成都，这一人与动物的博弈就变得尤为明显。

别的好理解，为什么明末清初的四川会出现人类历史上空前绝后的“虎患”呢？明末时期，四川省的森林覆盖率达80%，为华南虎的繁殖提供了天然条件，大量老虎生殖能力强盛，它们开始进入城市。顺治十六年（1659年），成都“城中草木蔽塞，麋鹿豺虎，纵横民舍，官署不可复识，中官栖于城楼，兵则射猎于城内，蜀王府野兽聚集，二三年捕获未尽”。“蜀中升平时无从虎患，自献贼起营后三四年间，遍地皆虎，或一二十成群，或七八只同路，逾墙上屋，浮水登船爬楼，此皆古所未闻，……大抵蜀人死于贼者十之八，死于饥者十之二，仅有者又死于虎之口。”老虎可以在成都市区安营扎寨，由此可见虎患的凶险。

顺治四年（1647年）1月3日上午，张献忠被一箭穿胸暴死于四川西充县太阳溪，一直到康熙二十年（1681年）开始向四川大规模移民，这三十多年里，横行交错在巴山蜀水间的虎痕豹迹，达到了空前绝后的程度，而兵役、瘟疫进一步激发了兽性。按一般生物情理而言，华南虎与豹子出于猛兽的自我特性，并不会轻易见面，但因为城市、乡村的一片荒芜，尸横遍野，赤地千里，反而改变了虎与豹的彼此禁忌，它们在默契之中横行无忌、纵横交叉，反而相安无事。根据记载，鉴于人尸太多了，成都平原上的虎豹已经变得挥霍成性，它们啮人，人死辄弃去，不吃尽，这为豺、狼、野狗、豹猫、猞猁、乌鸦留下了口福。在向仅存的人类发起的进攻中，老虎总是正面强攻，虎蹈人群；豹子无声逡巡，风一般奇袭弱者的咽喉。

当时成都城内，虎与豹白日可以随意出没。清军入成都城时为了防备野兽，只好夜宿城墙之上，阶梯、隘口处堆满木柴灌木加以堵塞。待到后来张献忠兵败被杀，清军渐渐收复四川，发现成都城内绝人迹已经13年：瓦砾颓垣，不识街巷，四处林木丛杂，宛如荒林。走兽野犬游走其间，城内外两万余口水井，均被尸骨、人头填满，与地齐平……《明史》提到："城内杂树成拱，狗食人肉若猛兽虎豹……民逃深山中，草衣木食，遍体皆生毛……"

一切兽性被彻底激发了，反而刺激了野兽的高速繁衍。如此毛骨悚然的记载，并非个案。吴梅村《绥寇纪略》卷十记载："蜀乱久，城中杂树皆成拱，狗食人肉，多锯牙若猛兽，聚为寨，利刃不能攻。虎豹形如魑魅饕餮，穿屋逾颠，逾重楼而下，搜其人，必重伤且毙，即弃去，又不尽食也。荒城遗民几百家，日必报为虎所暴，有经数十日而一县之民俱食尽者。其灾如此。叙州人逃入深山，草衣木食久，与麋鹿无异。见官军以为献忠复至也，惊走上山，步如飞，追者莫及，其身皆有毛云。"在凶事之秋，孑遗的活人已经成为"白毛女"，野狗吃起人肉就像虎豹那样的凶猛，看来不是奇怪的事情。

建川博物馆收藏到于1941年2月7日在仁寿县满井乡打死猛虎的照片，当时村民1死7伤。老虎200多斤。这极有可能就是成都平原最后一头野生华南虎

明末书生欧阳直的《蜀乱》记录了四川的虎豹之患："蜀中升平时从无虎患，自献贼起营后三四年间，遍地皆虎，或一二十成群，或七八只同路，逾墙上屋，浮水登船爬楼，此皆古所未闻，人所不信者。"

彭遵泗《蜀碧》卷四记载：顺治初年四川"遭乱既久，城中杂树蓊郁成林……多虎豹，形如魑魅饕餮。然穿屋顶逾城楼而下，搜其人必重伤，毙即弃去，不尽食也。白昼入城市，遗民数十家，日报为虎所害，有经数日，而一县之人俱尽残者。"顺治七年（1650年）四川地方官员向朝廷奏称，顺庆府"查报户口，业已百无二三矣！方图培养生聚渐望安康。奈频年以来，城市鞠为茂草，村疃尽变丛林，虎种滋生，日肆吞噬。……据顺

庆府附廓南充县知县黄梦卜声称：原报招徕户口人丁506名，虎噬228名，病死55名，现存223名。新招人丁74名，虎噬42名，现存32名。”[①]

沈荀蔚《蜀难叙略》记载：顺治八年春“川南虎豹大为民害，殆无虚日。乃闻川东下南尤甚。自戊子（顺治五年）已然，民数十家聚于高楼，外列大木栅，极其坚厚。而虎亦入之；或自屋顶穿重楼而下，啮人以尽为度，亦不食。若取水，则悉众持兵杖多火鼓而出，然亦终有死者。如某州县民已食尽之报，往往见之。遗民之得免于刀兵饥馑疫疠者，又尽于虎矣。虽营阵中亦不能免其一二”。乾隆版《富顺县志》卷五记载，清初“数年断绝人烟，虎豹生殖转盛，昼夜群游城郭村圩之内，不见一人驰逐之。其胆亦张，遇人即搜，甚至突墙排户，人不能御焉。残黎之多死于虎”。

这种战乱对四川尤其是成都的破坏空前绝后，康熙年间在蜀地为官的陈祥裔的《竹枝词》就写道：“芳树烟笼闻豹啼，汉家陵寝草萋萋。”反映战乱后的环境状况，他有进一步描述：“崖悬青石接猫坪，一片荒山虎豹生。”不仅仅是荒山，成都城内老虎就以此为家。

成都历史学者郑光路认为，张献忠死后大约50年内，不但是四川历史上，而且是有记载的人类历史中最为可怕的虎豹横行时期。

清初，在成都以东低矮而绵长的龙泉山脉时常有虎豹。部分人移居到龙泉山一带屯垦，晚上仍闻猛虎的长啸。成都龙泉驿区黄土镇大同村《陈氏族谱》记载其来川始祖宁相公“生于粤”之嘉应州长乐县（今梅州五华县），“雍正甲寅（1734年），置业于黄土场老鸦林。公居山时多猛虎，日入则闭户，虽畜犬不听其宿于外，不然则为所噬，其出耕也，所过皆长林丰草，时亲见猛虎卧道旁，偶一鸣声震地，疾走吓汗，其惊险如是”。较之清初新都县城的“虎迹遍街”，成都东山乡野一带的老虎无论在数量还是在破坏性上，都大为下降了。移民开始大量捕杀虎豹，龙泉山脉深处成为虎豹孑遗的所在。延宕至20世纪40年代，老虎已绝迹，但有极少的金钱豹出没，还有独狼偶尔出现，山民称之为“毛狗”。每年冬令时节，平原

① 《明清史料》甲编第六本。

周边都有几拨打猎队伍上山捕猎，名为“为民除害，支援国家建设”。到20世纪70年代，包括成都以南的二峨山一带，这些苟延残喘的野兽被捕杀殆尽。仅有金堂县山区、都江堰山区、崇州鸡冠山、大邑西岭一线，尚有少量金钱豹孑遗。

从这些多少有些言过其实的历史记载里可以发现，“虎豹”并称乃是汉语双音词语构成的普遍现象，而虎豹分布与其所嗜食物的分布有着绝大关系。野猪、牛羊生息之处，就为虎豹出没之地。但人间兵疫、瘟疫反而成为“虎豹生殖转盛”的绝佳条件，由此可见兽性的勃发，实为人间所引发的。

啸谷风生，惊心炫目。从整体上看，明代四川地区生态环境仍然比较良好。明末清初的四川战乱酷烈，人口千不存一，城市淹为草莽，“自巴间走成都至眉千余里，名都大邑鞠为茂草”，固然虎患严重，以至于欧阳直在《蜀乱》中记载四川“遍地皆虎”。据学者蓝勇的考据，清初成都平原的灌木丛和次生林的覆盖率达到50%左右，川中丘陵地区的林木覆盖率达到50%以上，四川盆地边缘地区的森林覆盖率则在80%左右。云南在明末清初，也经历了历时50年的战乱，导致清初云南人口锐减，田地荒芜，经济残破，这也客观上使得云南的生态环境有所恢复，天然植被覆盖率提高；贵州地区清初生态环境与明代相差不大，即使战火消散过后的几十年，虎豹成了西南区域一个挥之不去的梦魇。[①]

基于这些虎豹的历史，形成了巴蜀地区的言语禁忌。而这样的禁忌最早见于汉代，比如扬雄《方言》卷二：“臁，盛也，梁益之间凡人言盛，及其所爱，伟（讳）其肥谓之。”《说文·肉部》指出：“益州鄙人盛，讳其肥，谓之臁。”益州即成都，“臁”是古代蜀人指称“肥硕”的方言，看来蜀人崇尚苗条，渊源有自。

人们希望改凶为吉，通过语言上的变通、调整，来实现一种命运的变通。

---

① 蓝勇：《古代交通生态研究与实地考察》，四川人民出版社1999年8月版。

巴蜀俗语说："清早起来三道快，猴子、老虎与妖怪。"四川方言暗含了诸多历史信息，比如迷信的人特别忌讳说凶猛的动物和鬼怪，尤其是在清晨。旧时巴蜀人尤其忌讳说到老虎，主要原因与清初巴蜀地区大面积暴发的虎患有关，只要沾了与虎同音的字，往往改说成"猫儿"。比如四川方言里，表达一个人凶猛、剽悍，用的词语是"猫煞"。"猫煞"不是指猫儿冒火了，"发猫儿毛疯"，而是说老虎要发威，别以为是病猫。

四川民俗学者黄尚军教授考察多年巴蜀方言，他指出：关于老虎的称谓，在"成都称为'（花）猫猫'，金堂称为'猜猫'，崇州称为'黄猫'，大竹、石柱、涪陵、巴中称为'大猫'，夹江称为'扁担花'，云阳称为'大头猫'，巴县、开江称为'大头猫儿'。而与'虎'同音、近音或相关的事物也要改换名称，如'腐、斧、府'都不能说"[①]。

成都有关老虎的地名

吊诡的事情在于，竭力否认张献忠大西军杀人或认为其杀人甚少的学者们，都一股脑儿地肯定：虎豹在明末清初纵横西南，尤其是在巴蜀城乡，猛虎吞噬了很多生灵。我们需要注意的是，无论是张献忠屠川、"摇黄"肆意乱杀，还是猛兽食人，来源几乎是一模一样的稗官野史。也就是说，"否认屠川"的史料，与"肯定老虎吃人"的史料均是同一种。老虎能否"僭越"前者而成为"替罪虎"呢？这些学者的史识与史才，由此可见一斑。

按照《中国大百科全书》的定义，地名是指人们赋予某一特定空间位置上自然或人文地理实体的专有之名；地名学则是研究地名的由来、语词构成、含义、演变、分布规律、读写标准化和功能，以及地名与自然和社会环境之间关系的学科。

一个地名的形成，与该区域历史空间中发生的一系列重大事件具有直接关联，地名传递着认同感或者被迫认同感，地名充满了历史沧桑。在我

① 《四川人的禁忌语》，西华大学学报（哲学社会科学版）2006年第10期。

看来，一个地区的地望固然可以带来正常性的命名，但一些特殊事件，往往也是地名孕生的一个重要契机。张献忠多次进入巴蜀地区，比如成都龙泉山、青城山一度成为大西国的重要根据地之一，直至今日，龙泉驿区、青城山一带仍有许多与张献忠阵营相关的地名，如：止马村、观斗村、跑马坪、杀人槽、旗杆石、碓窝坪、撮箕窝、五匽沱等等。有关学者指出，“明清战乱地名很多，笔者统计与张献忠有关地名161个，其分布全在张献忠大西军主要活动的区域，重庆直辖市现有43个与之相关地名，成都平原及周边有40余个，南充地区7县就有35个，县均最高。”①

杀人总有森森白骨为证。老虎纵横成都平原，肯定也不会毫无踪迹。老虎在巴蜀大地上的踪迹，自然而然带来了一系列地名。

《后汉书》指出：“虎豹在山，鼋鼍在水，各有所托……今为民害，咎在残吏。”这是历史的常态。问题在于，历史往往以非常态展示它的巨大变数。

在成都市区版图上，至少有两条街道与老虎密切相关，名为“老古巷”与“存古巷”。

老古巷位于现在学道街与金河之间，是一条半边街。老古巷原名“猫猫巷”，百姓称之为“老虎巷”，因“虎”与“古”谐音，因此在清宣统元年（1909年）定名为老古巷。

原来在老古巷附近的学道街之前，还有一座老虎庙，庙中立有一座泥塑的下山猛虎，两尺多长。虽然不太大，据说却很灵验。生病的人哪里痛就摸哪里，久而久之，老虎周边的花纹都被摸掉了，只有无人摸的虎尾还有依稀可见的斑斓虎纹。在民国时，陕西街陕西会馆中有一座药王庙，内有尊黄铜铸造的虎像，铜铃大眼，血盆大口，据说也十分威风灵验，与老古巷附近的猫猫庙类似，这尊虎像也被信众摸得光溜溜的，只有尾巴锈迹斑斑。

---

① 黄权生，杨光华：《四川移民地名与“湖广填四川”——四川移民地名空间分布和移民的省籍比例探讨》，《西南师范大学学报》（人文社会科学版）2005年第31卷第3期。

成都市锦江区的“存古巷”。“存古”就是“存虎”的意思

而存古巷位于锦江边的水井街附近，以前它可以一直通到锦江边，是与大同巷东邻的一条平行小巷，弯曲度较小，宽约三四米，长约100米，北面是元明清三代的川酒老烧坊酿酒遗址。在北槐树街与金泉街交汇处，南临锦官驿街。近年改造后的水井街两侧建起了雕花的石墙，绕过围墙就能看到存古巷，以及巷子里尚未拆除的民居院落。相传过去此处曾出现过成群的老虎，故而在清代也称“猫猫巷”，1936年改为现名。

存古巷靠近锦江码头以及古廊桥，自古就是商贾云集、热闹非凡的繁华场所。巷子里12号开有一家“垃圾面”，小面馆子闻名遐迩，味道上绍子够香，棍棍面条够劲道。食客盈门。巷子里古树撑天，蜀风浓郁。

存古巷的得名也有一番传说。相传到了清朝初年，巷中有几头老虎居留过很长时间，却又不伤人，只见其天热时时常跑到河边洗澡、戏水，居民们又是敬又是恨……老虎不伤人是假话，老虎不可能吃素喝水度日吧。到了民国时期，市政方面于是将这条小巷定名为“存古巷”，就是“存虎巷”的由来。

成都满城里还有一条小巷子，本是满城中的永安胡同，也名为“猫猫巷”，自是和老虎密不可分。在巷口有一根石柱，上刻有虎头。后来军阀杨森居住在此，其人下巴稍尖，门牙突出，时人送了个称谓“老鼠精”。

老百姓逐渐在背后议论：“老鼠”住在“猫猫巷”，不大吉利呀！坊间流言渐渐传进杨森的耳朵，他心里很不痛快，怕影响了自己的仕途，更怕晦气，遂下令将“猫猫巷”更名为“将军巷”。值得一提的是，1919年著名实业家董竹君与夏之时迁居到猫猫巷里一座小独院居住过一段时光。

在成都城外东南方向的锦江南岸，致民路与十一街交会之处，曾经有一座猫猫庙，这是成都保留得最好的明代道教庙宇，鼎盛时期面积逾10亩。在明朝天启年间的成都地图上，这一区域被标注为“老鬼庙”，以后在清代成都的几种地图上，又被标为“老虎庙”“老古庙”“猫猫庙”等。

“猫猫庙”坐南向北，正对着老安顺桥南桥头。在山门前曾有两根粗大的石头桅杆，石桅杆是用花岗岩石条凿成方形、圆状石柱，柱上雕刻花卉图案，分若干层竖起，貌似船上的桅樯，故名“石桅杆”，又因像一支笔亦称“石笔”，约三四米高。石桅杆顶部为一瓜状石雕，从下到上三分之二处，有一斗形石雕，顶端还有一个小斗形石雕，民间叫作“天灯”，很远的地方都能看见，成了锦江南岸的地标。

入口处有一家成都已经不多见的露天茶馆，一排与现代建筑迥异的老房子，暗示巷子深处别有洞天。猫猫庙的后殿有一座泥塑老虎，额头还有一个王字，无比威风。明末张献忠在成都建立大西国之后，老成都差不多被战火损毁殆尽，唯独这座猫猫庙幸免于难。相传，当时张献忠居住在万里桥的“中园”一带，每次进城必要经过猫猫庙。一日黄虎经过此地，兴致忽起，走进庙中一看，发现除了老子塑像外，还供奉有文昌帝君的神位，而文昌帝君姓张。张献忠龙心大悦，吩咐左右：“有张家屋头的人在这，这庙可要保护好。”

经历四百多年的沧桑，到2016年那里残剩一株有约700年历史的皂荚树，龙曲虬枝，成为历史的见证。2016年以后，这棵皂荚树也被伐除了，成了一个住宅区。

第41章

杨慎：雄视西南五百年

滚滚长江东逝水，浪花淘尽英雄。是非成败转头空：青山依旧在，几度夕阳红。

白发渔樵江渚上，惯看秋月春风。一壶浊酒喜相逢：古今多少事，都付笑谈中。

杨慎的《二十一史弹词·临江仙》，傲岸沉雄，气逼山河，直捣历史大穴，既成为状元杨慎的代表作，也成为表述历史感最为恰切之语。初稿写于江阳（今四川省泸州市），灵感产生于泸州长江码头。

汉魏六朝以后文献中出现有“长江”一词。比如《魏志》载：魏文帝南征临江见波涛汹涌叹曰：“长江天堑，天之所以限南北也。”唐宋以后，“长江”一词日渐普遍，并多见于诗文中，李白诗“孤帆远影碧空尽，唯见长江天际流”之句，杜甫七律《登高》中也有“无边落木萧萧下，不尽长江滚滚来”。直到现在长江一名已流传1700多年之久。但杨慎的《临江仙》峭拔其上，成为历史长河中咏叹“长江”的高音部。

杨慎（1488—1559年），字用修，号升庵，别号博南山人、博南逸史、滇南戍史、洞天真逸等，四川新都（今成都市新都区）人。《明史》有传，但较为简略。

杨升庵塑像

1958年春，毛泽东主席在“成都会议”期间，亲自选编了咏四川的古诗词，结集成书，名为《诗词若干首——唐宋明朝诗人咏四川》。全书分两部分，一是唐宋人写的有关四川的诗和词47首。毛泽东主席很欣赏的一位诗人，正是在四川旅居的“诗圣”杜甫。毛泽东主席圈选了14首杜甫咏四川的诗，是所有诗人中最多的。第二部分收录了明朝人写的有关四川的诗18首，其中有6首都是明代文学巨匠杨慎的作品。在这个部分，毛泽东主席还特别圈定了两位才女的佳作，一位是杨慎的妻子黄峨，写给杨慎的一首诗《寄外》；另一位是明代末年苏州府通判黄议的女儿。[①]

百科全书式的大才

杨升庵是有明一代四川唯一的状元。他的伟大之处，在于他于春风仕途突然遭到雷霆一击的摧折之际，从未沉沦，他昂奋而起，崛立西南、雄视古今，用一颗赤忱之心去点染山河、开启蛮荒、匡护正义，对中国哲学、文化、历史、文学等做出了巨量贡献。据《明史》记载，明代记诵之博，著作之富，推杨慎为第一。他的著述达269种（据王文才《杨慎学谱》考定；四川省图书馆所编《杨升庵著述目录》，达298种），诗词曲

① 肖姗姗：《这些诗词是毛泽东亲自圈选的》，《四川日报》2018年4月13日。

杨升庵像

3132首（据倪宗新编收《杨升庵诗词》）。由此，杨慎也是西南区域有史以来著述最为宏富的大哲人、大作家。

唐朝人魏颢在为李白《李翰林集》作序中指出：“剑门上断，横江下绝，岷峨之曲，别为锦川。蜀之人无闻则已，闻则杰出。”这一蜀地人才的现象，明朝李贽在《续焚书》中进一步发现：“升庵先生固是才学卓越，人品俊伟，然得弟读之，益光彩焕发，流光百世也。岷江不出人则已，一出人则为李谪仙、苏坡仙、杨戍仙，为唐代、宋代并我朝特出，可怪也哉！”李贽恨不得“余是以窃附景仰之私……俨然如游其门，蹑而从之”。（《读〈升庵集〉》）

相比于黄河文化带的人才谱系，一直具有渐悟、渐进、渐行的扎实学风，一个巨子的出现，犹如山峰连臂推举而起的东岳泰山；而处于长江文化带的巴蜀自古出奇才，学子们在亦步亦趋之余，更有一种追求顿悟、灵动、突发而至，甚至剑走偏锋的峻急特征。这源于文翁兴学，也源于特殊地缘、季候、物产的不同，更源于通达南亚的“蜀身毒道”的异域文化的不绝输送，以及自秦朝就开始的移民入川，这些因素与本土文化“对撞生成”而出的巴蜀文明。因此，在奇才之上，更有一种伟力无俦的百科全书式的人物渐次崛起，他们“仰观天文、俯察地理、中知人事”，在三五百年的节奏里，接力完成了对中华文化的突破式贡献，成为开一代风气之先的枢纽式人物。如果说司马相如是蜀地第一位进入华夏格局而实现了一己才华的奇人，那么，扬雄、李白、苏轼、杨慎、李调元、刘咸炘、郭沫若、李劼人等大匠，联袂而起，激扬文字，他们像峨眉金顶一样，异峰突起，没有旁系，成就了蜀地百科全书式人物的辉煌谱系。

祁和晖教授认为，纵观杨慎一生72年，大体可分为四个阶段，涉及六个地域。

第一阶段。出生至23岁。求学、应举、成婚时期——此期其活动区域为北京及故乡新都、成都。杨慎出生于北京孝顺胡同，12岁丁母忧首次回乡。16岁返北京。20岁回蜀入县学准备应乡试，同时娶礼部侍郎王溥之女为妻。本年底返北京。21岁在京应会试，拟取为魁甲，因为试卷被烛花烧残，导致落榜。

第二阶段。24岁至36岁。他中状元后，入翰林院编修，任皇家经筵讲官，殿试掌卷官等。26岁时继母喻氏病故。升庵扶柩归蜀。28岁丁忧期满返京；31岁发妻王氏卒，升庵护柩归蜀礼葬王氏。光阴荏苒，到32岁时继娶工部尚书黄珂第二女黄峨为妻；33岁年末返京。其活动区域主要为北京、成都、遂宁。

杨升庵遗像

第三阶段。37岁至66岁，将近30年时光为杨慎因朝廷谏大礼（“大礼议”）而触怒明嘉靖皇帝，被两次廷杖后流放充军边远云南省永昌卫（今保山市）成边服刑，活动区域主要在云南、贵州、重庆，四川之泸州、宜宾、新都、成都等。

第四阶段。67岁至72岁。嘉靖皇帝对于杨慎是嫉恨的，在多次大赦中对于杨慎不予放行，甚至违逆明朝刑典，不准杨慎在64岁高龄时，享受“以子替役放归”的高龄流放者应享的待遇。这一阶段杨慎活动区域主要是云南、贵州，四川泸州、成都。晚年时节，杨升庵潜居于泸州。这一时期也是在朝中严嵩的默许之下，才得以在泸州潜居。杨升庵父亲杨廷和任“礼闱”考官主持会试时，严嵩是及第进士，因此在名分上是杨廷和的门生。但严嵩怕沾“大礼议”事。正是严嵩为相主宰朝政，不敢依例批准杨慎获得“以子替役放归”待遇。杨慎66岁时，严嵩终于下狱了，这时才敢在当时属于四川管辖的遵义府邻近的泸州潜居。其间不时潜归成都扫祖墓，处理家事。晚年有近十年，杨慎的生活范围主要在泸州，算是贬谪生活里一段稍微轻松的岁月。杨升庵71岁时，再遭打击。明王世贞《艺苑卮言》卷六记载：本年云南巡抚王昺（bǐng）听信谗言，为讨好嘉靖皇帝，派4名指挥至泸州“械逮”杨慎返滇归案。待白发老翁押送三千里、历时

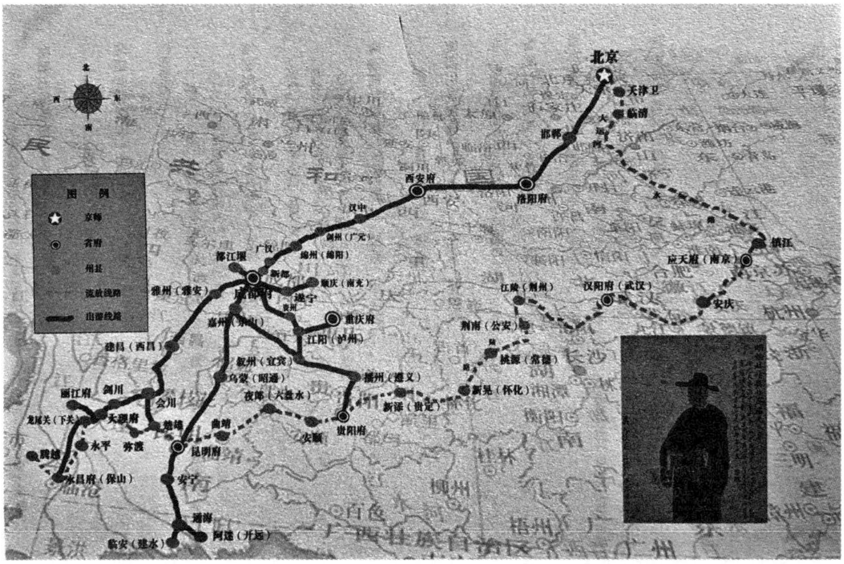

杨升庵生平行踪路线图。（选自张德全《杨慎传》，天地出版社）

40日抵达昆明西山高峣时，王昺已“墨败”而下职，但杨升庵知道，此生已丧失返回家乡的机会了。次年春，72岁的杨升庵老病交加，由昆明抵达永昌戍所。[①]

嘉靖三十八年（1559年）七月六日，杨升庵病殁于保山戍所寓舍。时任云南巡抚游居敬请旨，同意杨升庵灵柩返回故里新都祖籍安葬。

“议大礼”是一场滔天大祸

杨慎是不世之材，他在中国科举史上，创下了一个“神话”：21岁参加四川乡试，考取第三名；24岁参加全国会试，获得第二名；接着殿试，被钦点为第一名，赐进士及第，一举成名。“三、二、一”的进阶，杨慎堪称少年得志。

杨慎生于弘治元年十一月初六日（1488年12月8日），这一年也是弘治皇帝登基的一年。弘治皇帝的弟弟被封为“兴献王”。这些看起来没有任何关系的事件，但风云际会，这些事件就像一把埋伏的利刃，未来某一天会突然暴起，割断行者的脚筋……

弘治皇帝把皇位留给了他的儿子朱厚照，年号正德，世称武宗。明武宗是很有争议的皇帝，有人说他是暴君，有人说他荒淫，也有人说他追求个性……他与杨升庵有关的是两件事：一是在正德六年（1511年），杨升庵殿试进士第一，点为状元郎；二是朱厚照没有儿子。皇帝无子是一件天大的事情。而朱厚照沉溺女色，不仅不育，仅仅活了31岁就驾崩，继承问题就颇费周折。但明朝具有成熟的官僚系统，朱厚照的堂弟——弘治皇帝的侄子、兴献王的儿子朱厚璁，成为皇位继承人。杨升庵的父亲，内阁大学士、中枢首辅杨廷和在朱厚照死后实际掌握着朝政。在杨廷和的主持下，满朝文武大臣迎来了明朝的又一任新君，是为嘉靖皇帝。

明世宗朱厚熜15岁时，以藩王身份继皇帝位，登基后不顾礼制，为追

① 祁和晖：《杨慎：有明一代文化巨人》，《川观新闻》2017年7月12日。

封自己的生父兴献王朱祐杬为皇帝不惜与群臣反目。嘉靖的父亲兴献王最终被追封为睿宗，这就是史称“大礼议之争”的事件。大礼议之争实际是明代中后期争夺首辅权利的斗争。首辅杨廷和认为，继统同时要继嗣应尊孝宗为皇考，生父只能为皇叔考。官员桂萼等人为了个人仕途迎合世宗心意，上书论“继统”不同于“继嗣”，应尊兴献王为帝。

嘉靖皇帝在这件事情上和大臣们拉锯战一般僵持了近4年，从1521年到1524年。在这期间，嘉靖力量觉醒、羽翼渐丰，终于在1524年大爆发。

嘉靖皇帝看罢奏文后，非常愤怒地说：“父母可更易若是耶！”盛怒之余，经过冷静的思考，他认为此事既经廷议，改变也非易事。但如果能打通杨廷和这一关，便可有转机。于是他多次召见杨廷和，偏殿赐茶详谈，反复陈述自己的想法，希望杨廷和能体谅自己的处境，变更一下原先的决定。然而杨廷和却十分固执，不肯屈从。

嘉靖皇帝和以杨廷和为首的廷臣，为兴王朱祐杬尊号问题展开的激烈争论，震动了朝廷内外。一时众说纷纭，莫衷一是。

嘉靖三年（1524年）七月十五日当天朝罢之后，一路上有官员谈起前朝的故事，说是在成化年间，为了争持慈懿皇太后的葬仪，百官跪伏在文华门痛哭，后来终于尽如所请。听到这里，杨慎心情非常激动，他大声说：“国家养士百五十年，仗节死义，正在今日。”编修王元正等立即响应，遮留百官于金水桥之南，要求大家都去力争，声称“有不去者，当与众共击之！”一共二百多位官员，他们有的高呼太祖高皇帝，有的大呼孝宗皇帝。一臣带头，众臣齐呼，声震云天，响彻大内。

此时，嘉靖皇帝正斋居文华殿，听到外面喧哗不已，颇为吃惊。他毕竟年轻，没见过这等壮观的场面，急忙派遣司礼监宦官出去宣谕，劝说群臣赶快回去。但众臣不听，齐声回答：“必得谕旨乃敢退。”自上午七点到下午一点，宦官多次宣谕，都无效果。嘉靖皇帝勃然大怒，派遣锦衣校尉将为首的丰熙、张翀等8人逮下诏狱。嘉靖此举无异火上浇油，人们更为激愤。杨慎、王元正撼门大哭，百官皆哭，“声震阙廷”，嘉靖皇帝更加恼怒，索性一不做二不休，下令将马理等134名官员逮捕下狱，何孟春等86

名官员听候处治。“左顺门事件”被镇压下去。

七月十七日，锦衣卫上疏请示处理在押官员的办法。嘉靖皇帝余怒未消，命将丰熙等8人严加拷讯后充军边地。同时对参与此事的四品以上官员夺去俸禄，五品以下者各予廷杖。于是编修王相、杨慎等180余人受杖。因受创过重而死的有王相、王思等17人。

嘉靖三年（1528年）甲申七月二十七日，杨升庵以“议大礼”被第二次廷杖……皮开肉绽，几乎死去。

此一事件，体现出嘉靖皇帝伸张君权、唯我独尊的动机，也体现出杨廷和、杨慎父子敢于伸张正义的良知。

《明史》记载杨慎：“两上疏，复撼宫门哭谏，下狱受廷杖，二次毙而复苏，谪戍云南永昌卫（保山）。”

当杨慎被贬谪云南前，他遭受廷杖的伤势十分严重，在第二年（1525年）到达云南后，还几次因为伤势的复发而差点致死。有人认为他内心必然有一丝后悔，当然不是为了劝谏受刑而后悔。而是为了不能尽忠国家而死，却要生而忍受流放的羞辱和囚徒的名号，士可杀不可辱。离开了北京而远谪云南的杨慎，也许会终生面对平庸的命运。

为什么杨慎会如此执着于皇帝的正统问题？虽然和皇帝的对抗，几乎是蚂蚁与大象的较量，但孟子所推崇的“道之所在，虽千万人吾往矣”的沛然大义，总是成为中国历史上那些“强项者”的精神支柱，他们抛头颅洒热血，接踵而至。

正因为涉及礼仪伦理，所以朝中文武近300人，才不惜以生命和仕途为代价，来抗争和捍卫这样的礼法。

“大礼议”事件过后，权威当道，世人噤声，当时的士大夫爱国之心大减。“大礼仪”事件或许使中国古代少了一个政治家，但却使中国历史上多了一位大文学家、大诗人。到隆庆元年（1567年），赠恤前朝建言已死的诸臣，杨慎被追赠“光禄寺少卿”。这尽管不是很重要了，但至少体现了朝廷对于杨慎的名誉补偿。

真情是流放岁月的定海神针

杨慎的发配之地是云南永昌卫，即今天的保山地区，当时几乎是天高路远的蛮荒之地，紧邻缅甸，可见嘉靖皇帝对杨慎恨之入骨。虽然无论是对于杨慎还是对于云南，杨慎的这一次流放都是一次“因祸得福”的远行：云南的地理、历史文化的确需要一位大才子来厘定爬梳，而杨慎也需要一片天高皇帝远的静谧沃土来展现他的胸中才学。这一历史的契合，似乎不是命定的安排，但也恰逢其时。

一种古老的文化要么被压迫者扫除到角落里，要么受到新文化严重的威胁而难以为继。然而，以杨慎为代表的传统之士却能赋予古老的文化以异质和新意。他们的声音来自于穿越了历史痛苦的人生阅历，代表着普遍的人的价值。流放不是针对一种人生态度，或是命运颁发给那些有着坚韧责任感的人，它要褒扬的是不同寻常的艺术魅力，借助这种艺术魅力，人类经验已经在文学作品中被赋予了艺术的形式。

伟大的波兰诗人米沃什说：“诗歌，即使其题材与叙述口吻与周围现实完全分离，要是一样能够顽强存在，那是令我激赏的诗歌。有力度的诗，或是一首抒情诗，其自身的完美就有足够的力量去承受一种现实。”介入现实，承担责任，正在成为极少数诗人们从杨慎那里获得的精神资源。

正值盛年的杨慎，曾经发现明武宗朱厚照整天游玩嬉戏、亲近佞臣，不理朝政，心里压抑不住愤怒，于正德十二年（1517年）呈上《丁丑封事》，直言指责朱厚照“若轻举妄动，非事而游，则必有意外之悔”，苦苦劝皇帝停止这种率性、荒唐的行为。

但武宗根本不放在心上，碍于杨慎父亲杨廷和的面子，也没过多怪罪。《明史》记载：“武宗微行，始出居庸关，慎抗疏切谏。寻称疾归。”这是说杨慎气愤不过，便称病告假，携带妻子王氏辞官回到故里新都县。

正德十三年（1518年）七月，王氏病故。正是在杨慎这一人生变故的时间里，他认识了黄峨。杨黄两家，本就有通家之谊。名门闺秀，和杨慎可谓是门当户对，天作之合。

黄峨塑像

黄峨（1498—1569年），字秀眉，四川省遂宁县（今安居区玉丰镇）人。为尚书黄珂之次女，自幼博通经史，能诗文，擅书札。早年写作的《闺中即事》就显示出不凡的才华："金钗笑刺红窗纸，引入梅花一线香。蝼蚁也怜春色早，倒拖花瓣上东墙。"

在明朝时就刊刻了《杨升庵夫人词曲》五卷，这在古代女性作家里堪称奇迹。黄峨在《明史》里有传，后世更是将她与李易安相比较。她与卓文君、薛涛、花蕊夫人被誉为"蜀中四大才女"。黄峨没有卓文君一见钟情的爱情，也没有薛涛独然潇洒的诗酒生活，更没有花蕊夫人万千宠爱集一身的尊宠，她除了才华，就只有一颗执着之心。

正德十四年（1519年）冬季，两人顺利完婚。据说当时杨慎前往遂宁迎娶黄峨时，轰动全县，大家都要来一睹"尚书女儿知府妹，宰相媳妇状元妻"的卓越风姿。婚后他们感情融洽，在新都桂湖之滨"榴阁"过着诗情画意、相敬如宾的甜蜜生活。

婚后二人经常吟诗作对赌书饮茶，日子过得非常舒心。家中园子有不少茂盛的石榴树，一日夫妻俩逛园子时，黄峨有感而发挥笔写下《庭榴》：

移来西域种多奇，槛外绯花掩映时。
不为秋深能结实，肯于夏半烂生姿。
翻嫌桃李开何早，独秉灵根放故迟。
朵朵如霞明照眼，晚凉相对更相宜。

很显然，石榴开花晚于桃李，黄峨不是随便说的。这基本可以看作是她后来遇到郎君杨慎的过程自喻。

但这样的生活并没有持续很久。后来杨慎流放滇南，黄峨也一度相依相随，伉俪情深，传为千古美谈。

在被第二次廷杖十几天后，即嘉靖三年（1524年）八月，杨慎经京杭大运河南下入江，在前往发配地的遥远路途中，在黄峨的细心照料下，杨慎所受的杖责之伤慢慢好起来。

十二月十五日，当他们溯行至湖北江陵时，知道前途凶险，路途愈发艰险，杨慎不忍心妻子受苦，劝她回川照顾老父。站在长江边，望着滔滔江水，这对恩爱夫妻，执手泪眼相望，默咽两断肠。黄峨填了一首《斗鹌鹑》：

《蜀中名女》—黄峨。（赵蕴玉 绘）

分手东墙，送君南浦。目断行云，泪添细雨。载恨孤舟，戛愁去橹。厮看觑，两无语。

当时也割不断那样恩情，今日个打叠起这般凄楚。

语言通透而自如，万千感情宛如掌纹一般，纤毫毕露，得以清晰无碍地呈现。

嘉靖五年（1526年），杨升庵在永昌惊闻其父杨廷和病重，他等不得报告当道批准，径行"匹马间道"，沿着汉朝的五尺道，入叙州（今四川宜宾市），溯岷江上行，疾驰19日至家。这一次单枪匹马的万里独行，可以想见杨升庵的惊人意志。

到九月，见父亲的病大有起色，杨慎必须返回云南，黄峨这次随夫而行，在滇生活了三年。黄峨在此也不禁思乡，写有小令《凭栏人》等。黄峨成为杨慎的精神支柱，诗词唱和，给予了他莫大的心灵慰藉。

嘉靖八年（1529年）六月，杨廷和病逝。杨慎与黄峨一道返回新都奔丧。十一月办完丧事，杨慎返滇，黄峨留在了新都。从此以后，夫妻天各一方，难以见面……

这里特别要注意嘉靖十四年（1535年），47岁的杨升庵投荒万里，写下的《宿金沙江》一诗，此时距离他戍边云南保山已经十余年。杨升庵被谪贬戍边后，从云南回四川省亲，途经龙街渡口，在金沙江巡检司借宿。入夜听金沙江水波涛滚滚，难以入眠，金沙江风光系列中，“日灿金沙”是云南“元谋古八景”中唯一幸存至今的奇景，在金沙江龙街渡口，距元谋县城29公里。

杨慎存诗约2300首，所写的内容非常广泛。既表达对人民疾苦的关怀，也描写所到之处的壮丽山河。其中，他写得最多的，就是“思乡”“怀归”。而在这些大量的乡愁诗中，《宿金沙江》堪称最经典的一首——

往年曾向嘉陵宿，驿楼东畔阑干曲。
江声彻夜搅离愁，月色中天照幽独。
岂意飘零瘴海头，嘉陵回首转悠悠。
江声月色那堪说，肠断金沙万里楼。

在金沙江巡检司衙门借宿，入夜听金沙江水波涛滚滚，他难以入眠，遂提笔写下《宿金沙江》。在诗中，杨慎绝口不提伤痛，但字字句句都是刻骨铭心的苦楚。此时的杨慎，身在云南，心在四川，眼前是金沙江，想的却是嘉陵江。他晚上住在金沙江边上，看到的是清亮月色倒映在江面，不由想起自己曾经在嘉陵江边的美好月色下，憧憬未来，这就是前四句“往年曾向嘉陵宿，驿楼东畔阑干曲。江声彻夜搅离愁，月色中天照幽独。”那时，年轻的杨慎一路北上，去顺天府参加考试，当时的心情春风得意，踌躇满志，唯一不爽的，就是有点想家，有离愁。然而，这次再站在这片月色下，他却愁绪万千，因为此番他不仅要回乡看望病重的父亲，更令他哀伤的，是他被戴罪流放。所以在后四句中，杨慎把自己迅速拉回现实，从嘉陵江拉回金沙江。同样的月色中天，照耀的已不是鲜衣怒马的少年，而是满腔愁苦的“油腻中年”。

除了金沙江、嘉陵江，杨慎在诗中还提到了一个地方：瘴海。在第五句中，他这样写道：“岂意飘零瘴海头，嘉陵回首转悠悠。”所谓“瘴海”，就是现在的云南洱海。那时，洱海多瘴气，所以叫瘴海。见过被瘴气笼罩的洱海，就能体会杨慎的心情。那种气体迷迷蒙蒙地，遮住整个水面，看不清来路，也找不到去向。这不就是杨慎那个时候的处境吗？人生进入了一个困境地带，进退两难，回首初遇嘉陵江的情景，却已邈远转头空。最后两句，杨慎更是借江声月色把悲伤的情绪推向了高潮，“江声月色那堪说，肠断金沙万里楼”。不可说的岂止是江声月色，还有那肝肠寸断的离愁。

豁达淡泊的豪情，杨慎写得出来。而肠断金沙的哀愁，杨慎也写得出来。更可贵的是，他在诗中巧妙地将相同地点不同时空的心境通过月、江两个意象表达出来，人景合一，独树一帜！

《宿金沙江》在杨慎留下的数千首诗歌里，是非常独特的存在。独树一帜，在于杨慎通过各种修辞手法的交叉、反复使用，给人们展现了两个时空，同一个人所遭遇的人生起伏。人和景高度合一，以今昔行旅思情，衬出背井离乡的痛苦！而且在当时，明朝诗歌在反映现实生活的广度和深度方面，不如唐宋。很多诗人的作品诗意浅露，缺乏真情实感，像杨慎这样，敢于表达自己的忧伤，正是那个时期诗歌所欠缺的。

除了采用回环，杨慎在诗中将比喻也是用到了极致。金沙江、嘉陵江，都是隐喻，杨慎见到“嘉陵”、想到“嘉陵”，就仿佛回到了自己曾经的一时风光，“嘉陵”是过去的荣耀；而“金沙”是当下的落魄。在诗中杨慎还用了一个词来比喻自己，耐人寻味。那就是第四句“月色中天照幽独”中的“幽独”。什么叫“幽独”呢？文人、诗人、哲学家、思想家往往都是孤独的，思想都是高远的。在这里，杨慎以“幽独”自谓，说明他认为自己的学识是能为这个国家做出贡献的，他认为自己可以是个有作为的人。然而，如今所有的雄心壮志都成了一场空，他这个“幽独”的人生的确是幽暗的，前路是孤独的。

这一段时间，黄峨写有脍炙人口的《寄外》诗和《黄莺儿》散曲，痛写相思之苦。王世贞《艺苑卮言》云：“杨用修妇亦有才情。杨久戍滇中，妇寄一律云：‘雁飞曾不到衡阳，锦字何由寄永昌？三春花柳妾薄命，六诏风烟君断肠。曰归曰归愁岁暮，其雨其雨怨朝阳。相闻空有刀环约，何日金鸡下夜郎？’又《黄莺儿》一词：‘积雨酿春寒，看繁花树树残。泥途满眼登临倦，云山几盘，江流几湾，天涯极目空肠断。寄书难，无情征雁，飞不到滇南。’杨又别和三词，俱不能胜。”

由此可见，才华不是较量高下的唯一标准。才华之外，挚情才构成了支撑才华的斗拱。

当她逐渐意识到，杨慎被赦还的机会十分渺茫后，黄峨由盼望而失望，最后只有自我安慰。她在《寄升庵》一诗中写道：

懒把音书寄日边，别离经岁又经年。

郎君自是无归计，何处青山不杜鹃！

等待是多么残酷，残酷到让一个怀抱的希望彻底灰飞烟灭。她足足等了杨慎30年……

嘉靖三十八年（1559年）六月，杨慎卒。家人主张“礼葬”，黄峨认为慎以“罪臣”而卒，独主“藁葬”。不久，嘉靖帝遣人到新都启验，知道为“藁葬”，方免追究，这体现了黄峨政治上的远见卓识。

不仅如此，年老的她还跋山涉水去参加了丈夫的送别仪式，圆了丈夫一生的梦想。次年冬天，黄峨将杨慎附葬在新都西郊其祖父杨春墓之左。她还从泸州接回了杨慎与妾室周氏的儿子宁仁，与孤侄有仁（杨慎之弟杨惇之子）一起抚养教导。因黄峨抚教有方，杨有仁于万历五年考中进士。他在官任上清廉自持，不畏权势，致仕还乡后也保持着简朴的生活作风，

"虽出相门，无异寒士"，在当地广受赞誉和推崇。

隆庆三年（1569年），黄峨病逝，享年72岁。为了纪念黄峨，她在遂宁故乡的梳妆台和新都的"榴阁"，一直成为后人凭吊之地。黄峨故居在今遂宁市安居区西眉镇北六里之黄安桥黄榜石附近，现存遗址。前面有一青溪，溪上有梳妆台遗址，相传为黄峨梳妆的地方。

……

晚清时节，云南人杨琼（1846—1917年）的《滇中琐记》记载说："升庵在滇置妾二人，一为永昌焚夷（指傣族，内地一般称傣族人为摆夷、伯夷、焚夷等）女，一为大理白子（白族）女。"此说未见于任何明清文人著作。

关于杨慎的婚姻状况，简绍芳《杨慎年谱》记载：正德二年九月娶王氏为妻。（程封《年谱》载：正德十一年生子耕，耕殇；副室生子恩恩。弥月母亡。）十四年妻王氏卒，得黄峨为继室。嘉靖三年慎戍云南。五年七月携家（黄峨）就戍所。（《新都杨氏家谱》："嘉靖八年春黄峨返蜀，六月

新都区杨升庵家族墓园。（蒋蓝 摄）

杨慎、黄峨合葬墓。（蒋蓝 摄）

二十一廷和卒，慎奔丧返蜀，丧事毕即还戍所。”而黄峨仍留于家，以经纪家务。）十三年经临安，纳少室新喻人周氏。（张含的贺诗写道：“去年得妾临勾东，娥嫱婉丽谐琴瑟。”）十四年儿子同仁生。二十一年八月纳少室北京人曹氏，二十二年儿子宁仁出生，与杨升庵交游的士大夫俱有贺章道喜。比如在张含的贺诗里，有“天上麒麟辉蜀人，海中龙马过滇池”之句。可见，杨升庵在云南曾纳二妾，一为新喻（今江西新余市）人，一为北京人。

我们可以理解当时杨升庵的绝望心情，自知已不为当世所容，无赦还之望。他一度寄情诗酒，放浪形骸，携妓自随，则有其事。这些情况见于王世贞《艺苑卮言》及谢在杭的《滇略》。学术界认为，这些关于杨升庵的纳妾记载，基本属实。

第42章

明末清初时节的成都

大西国麾下的成都

在元军进入蜀境之前，由于成都经历平安之日时间较长，生活富庶，人们厌战，城池防务等极度空虚，也无人过问。以致当蒙古军即将深入蜀境时，成都平原的防务之松弛已经到无以复加的地步，成都城内仅有700余名士兵。

洪武四年（1371年）六月，“陇蜀王”明玉珍的大夏政权覆灭，巴蜀处于兵荒马乱状态。仅仅一个月后，“曹国公”李文忠（1339—1384年）奉明太祖之令进入蜀地抚绥军民，并着手修筑成都新城。十月，开始筑成都新城，并派兵驻守“诸郡要害”。由李文忠等新筑的“成都新城”，即明代成都府城，与省会同，故亦称省会。由于成都府城历经宋、元、明灭夏战乱，城垣官署早已倒塌焚毁，到了明朝一统天下，已经到了重新修筑的时候了。

从明初洪武年间增筑成都大城开始，成都城曾经历多次浚修：洪武二十二年（1389年）蓝玉在成都练兵时，曾“复督修城池”。宣德三年

（1428年）都督陈怀“复浚池隍至今赖焉”。嘉靖二十二年（1541年），“奏准包砌以石，设四门如砖城制”。其中以都指挥赵清“甃以砖石”、都督陈怀复浚城隍这一次修建最为关键。

应该说，李文忠极有眼光，他认为成都旧城狭小，城墙太低，于是废成都汉唐内城，依宋元城基增筑新城，他垒高墙深挖护城河，形成了明代成都的轮廓。洪武十一年（1378年），都指挥使赵清在李文忠的基础上增修内城，并在墙体上包砌砖石。“这说明，第一，赵清所筑明城为砖墙，而非宋以前的土墙；第二，砖城基础宽25丈（8米）、高34丈（11米）；第三，内江即今府河环城南流。”[①]

洪武二十二年（1389年），“梁国公”蓝玉为配合他的女婿蜀王朱椿就藩，再次督修成都城墙，他们要把成都打造为壮丽的金汤城池。蓝玉督修的成都城墙设有五道城门，东为迎晖，西为清远，南为中和，北为大安，另外在西边还辟有一座小西门。

蓝玉是安徽定远人，明朝著名大将，他与成都还有更近一层的关系，在于他的姐姐蓝氏，就是崇州人“开平王”常遇春的夫人。蓝玉在战场上英勇无敌，只要有他在就会胜利，他也因为屡立战功而受到许多称赞，权倾朝野。又因为活捉蒙古首领等人而立下卓越战功，他从此后被封为太子太傅，达到了权力的顶峰。蓝玉骄奢、自满，在朱元璋面前也不大守礼，祸根就此埋下。洪武二十六年（1393年），朱元璋以蓝玉谋反为借口，一举诛杀蓝玉以及与蓝玉有关联的大臣，蓝玉被处以剥皮实草，并且被灭了三族。当时牵连的人数达到了1.5万。剥皮之后，蓝玉的皮在全国巡览，以震慑天下。后来蜀王跟朱元璋请求将岳父的皮留在成都，最终这张人皮被供奉在蜀王府。蓝玉人皮在成都保存251年后，直到崇祯十七年（1644年）大西王张献忠攻占蜀王府，搜刮府内金银财宝，偶然搜出了一幅供像，栩栩如生，询问内监，说是蓝玉的人皮。史料出处是，清初欧阳直《蜀警录·蜀乱》载：“初，献贼入蜀王府，见端礼门楼上奉一像，

① 陈世松：《明代成都城廓营造与城市布局》，《成都大学学报》（社科版）2010年第2期。

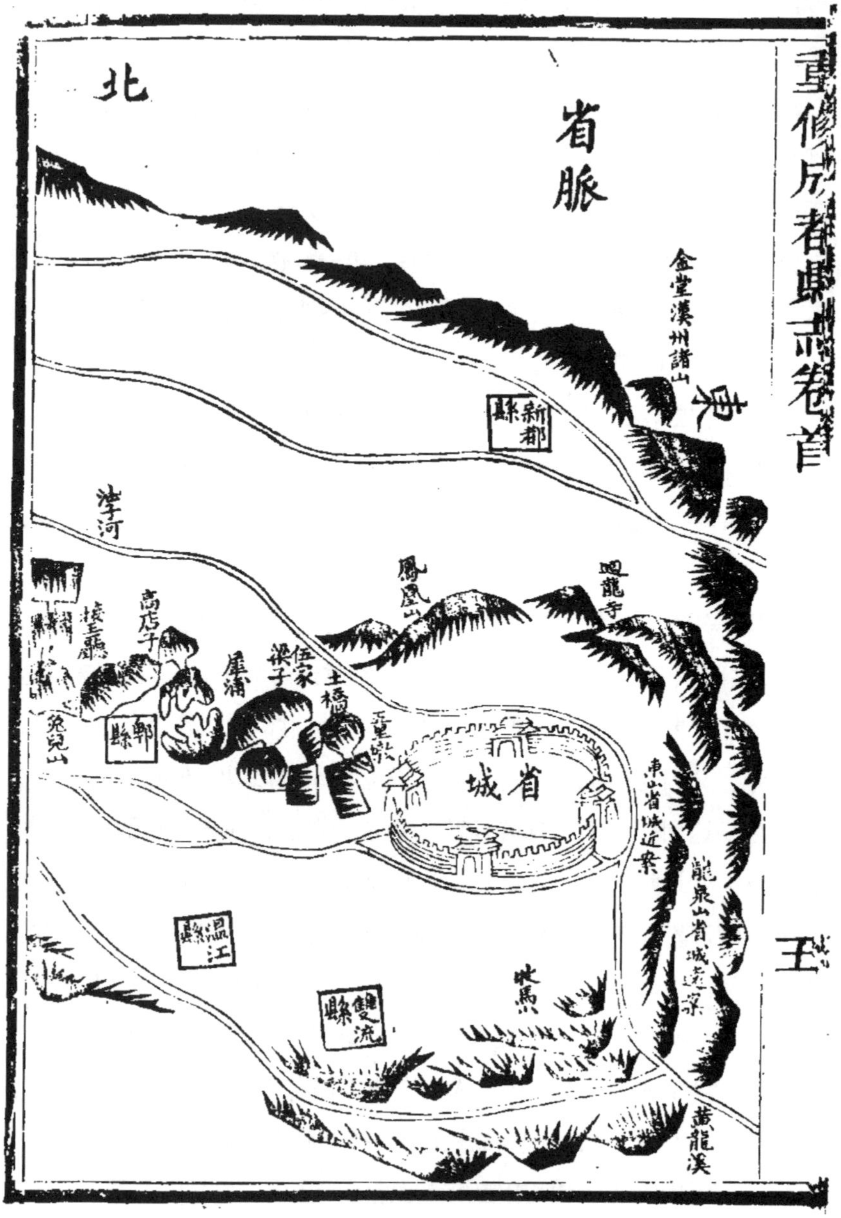

清代李玉宣等纂《重修成都县志》之“省脉”插图，同治十二年（1873年）节孝祠藏版

公侯品服，金装人皮质，头与手足俱肉身。讯内监，云国初蜀妃父凉国公蓝玉也，坐谋反，太祖高皇帝剥其皮，传示各省，自滇回，蜀王奏留端礼门楼。”

……

明朝成都城基广二丈五尺，高三丈四尺，城周建敌楼一百二十五所。至明末，成都一共修筑大城5次。

从成都城东城墙迎曦下街古城墙的考古发掘证实，成都宋代、明代、清代城墙都是在原唐代城墙的旧址上增加夯筑而成，彼此有非常清楚的叠压关系。随着时代的变迁，城墙越筑越宽，规模越来越大，唐代城墙宽7.4米，宋代城墙宽12.7米，明代城墙宽24.5米，清代城墙宽28米。[①]从实物材料上可以发现，与文献记载的“包砌砖石”相符合。学者陈世松认为，无论从结构砌法还是用料来看，明代城墙都稍显粗糙。

就是这样一座四周“甃以砖石”的城池，仍然抵挡不住张献忠大西军异常凶猛的攻城地雷。

张献忠昂首进入成都。他以蜀王府为宫，并改蜀王府承运门为承天门，承运殿为承天殿，并以门外屋为朝房。1644年冬至时节，张献忠在蜀王府大宴宾客。宴会设在“宫内正厅，此厅广阔，有七十二柱分两行对立，足壮观瞻”。这足以表明，蜀王府虽然经历了改造，但依然蔚为大观！

《中国新史》里，传教士安文思描述了在成都大西国宫廷，与张献忠等一同度过元宵节的盛况：

> 在中国人的节日中，他们感到最欢乐且隆重庆祝的是新年头一个月的第十五日。这一天，他们点上许多烛火，燃亮许多灯笼，如果当时从高山之顶去看全国，你会认为它在一片烟火的光辉之中。无论城镇还是乡村，无论海岸还是河畔，到处都装点着

① 尹建华，王正明：《成都迎曦下街的古城墙的保护》，《四川文物》2002年第3期。

各种形状的彩灯，或者鸣放烟花爆竹，在天空发出亮光，似舟、似塔、似鱼、似龙、似虎、似象，一般有上千种令人惊奇的烟火。这使我有机会谈谈我在1644年的亲眼所见。我和利类思在四川省被暴君张献忠拘留时，他邀请我们观看他命令在正月十五日那天晚上燃放的烟火，确实有无数奇异新颖和美妙的表演，但最令我惊奇的是下述的装置：这是一株覆盖着红葡萄藤的树，它的各个连接部分一直在放光，而在另一边，葡萄藤的干、枝、叶及葡萄的光亮逐渐熄灭。然而仅如此，你还可以辨别葡萄串的红色、树叶的青葱、藤干的褐色，栩栩如生，以至你会坚信那是天然的东西而非仿造。但更令我惊异的是，作为一种元素的火，非常活跃，可以吞噬一切，此时却如此徐徐行动，看来它抛弃了自身本性，服从艺术的指挥和安排，只表现树的生命力而不烧毁它。[①]

这是一段《圣教入川记》完全不载的都市生活记录。需要指出的是，安文思在成都参与的元宵节盛况，时间应该是1645年的正月，而不是1644年。也可以看出，张献忠进入成都的第一年，也渴望萧规曹随，只要当地百姓拥护新政权，俯首称臣，照章纳税，日子也就过下去了。从安文思的描述里，我们可以发现，成都的工匠以及灯作艺人仍然在新政权下继续展示着自己的手艺，不然的话，这些巧夺天工的花灯、走马灯，绝不可能出自大西士兵之手。

两年后的1646年秋季，因为成都粮食短缺与清军即将入川，张献忠被迫离开成都。既然自己带不走这座城市，那就必须毫不留情予以毁弃。张献忠首先下令拆除成都四面坚固的城墙，接着纵火，焚毁民宅和大西国宫室。沈荀蔚《蜀难叙略》记载说：蜀“王府数殿不能焚，灌以脂膏，乃就烬。盘龙石柱二，孟蜀时物也，裹纱数十层，浸油三日，一火而柱折。”

① 《中国新史》，大象出版社2016年9月第1版，第72页。

如此耐心地、细致地毁弃这些前朝旧物，可见粗人也是心细如发的。2012年年底，考古人员在天府广场蜀王府遗址发掘出一头石犀及大量属于官府级别的建筑构件等，重达8.5吨的石犀应即《蜀王本纪》所载李冰“作石犀五头”“二枚在府中”之一，是被人用金属凿子击打后掀翻，呈四脚朝天状埋进土坑，这应该也是出走前大西军的所为。

我相信《圣教入川记》的记录是真实的。不久后，随大部队撤出城外的两位传教士看见，张献忠置身成都，“城外见隆烟腾空，火光烛地，大为狂喜。复令将全城四面纵火。一时各方火起，公所私地，楼台亭阁，一片通红，有似火海。大明历代各王所居之宫殿、与及民间之房屋财产均遭焚如。转瞬间，川中首城已成焦土，人畜同化灰烬，实属可惜。欲恢复旧观，非数千万银两不可。”

号称固若金汤的成都城、富丽堂皇的蜀王府，最后只剩下部分宫城、3道门洞，以及门外横跨在御河上的3座石拱桥。一对雄踞在端礼门前的巨大石头狮子，冷眼看着这个满目疮痍的世界。

清代诗人、担任“给事中”的葛峻起一度在成都盘桓，他在《咏明蜀王宫城》中写道：“蜀王宫殿已成荒，一带修篁傍女墙。惆怅当年御沟水，蝉声犹自噪斜阳。”不但是蜀王府，成都城内外也遭到全城尽毁，可谓是天府之国，鸡犬不闻……

明末清初的成都人口

李劼人先生对张献忠有这样一段评价：“总而言之，自有成都市以来，虽曾几经兴亡，几经兵火，即如元兵之残毒，也从未能像张献忠这样破坏得一干二净。”[①]

蜀王府残存的建筑遗构，均出自地下。“从2015年至2017年，成都文

① 李劼人：《二千余年成都大城史的衍变》，《李劼人说成都》，四川文艺出版社2001年版，第78页。

物考古研究院再度对体育中心球场以及南面进行考古发掘，再次发现大面积的明代蜀王府宫城建筑群遗存以及隋唐时期摩诃池边的池苑建筑。其中的明蜀王府遗存，包括人工开凿的水道、道路、桥梁以及一个面积2000多平方米的水池等，它们属于蜀王府的后花园。此外，蜀王府的宫墙也有一段被揭露出来。”①

明末清初的四川连遭浩劫，积重难返，长期处于大规模的战争、瘟疫、虎患等灾害之中。1639年明末张献忠起事入川，先后多次入蜀大规模征战，于1644年底在成都建立大西政权后，造成千里赤地，使川人死亡过半；1647年至1650年间，明军内部争权夺利在川战火不断；1650年至1659年，张献忠余部再入川与清军对战；1660年至1664年，清军镇压巴蜀义军和明军残余数万人；1673年至1680年清军平定吴三桂叛乱攻入四川历战7年……接踵而至的长达30余年的战乱，加之大规模的战争中尸横遍野，瘟疫随战乱而蔓延，川内千里荒芜人口锐减。南宋时的大四川从1000万人下降到明中期的400多万人，而到清初最低谷时川人只剩下不足60万人，川东很多州县人口只剩下十之一二。顺治四年（1647年）清军进入成都，有“残民千家”②，到康熙三年（1664年），成都仅有残民“数百家”。到康熙末年，成都、华阳两县编户仅8里，依据每里110户计算，仅仅才880户。这无疑是成都城市人口在历史上最为稀少的时期。康熙二十年后移民政策开始推进，人口得以止损反弹。一直到康熙二十四年（1685年）平定吴三桂叛乱之后，官方户口登记数为18509丁。

也就是说，从崇祯七年到康熙二十年，这短短的47年时间里，是历史上成都人口锐减最为严重的一次。

康熙十九年（1680年），王骘（1613—1695年）除授四川松威道外任。当时平定三藩的战争摧枯拉朽，王骘奉命督运军粮。川滇水陆行程数千里，王骘亲历险阻，备受艰危，几度死里逃生，仍刻期督运，卒至军需

① 《中国文化报》2019年7月25日。
② 吴伟业：《鹿樵纪闻》，清康熙十三年（1674年）刻本，商务印书馆1937年版。

转输无误，师赖以济。鉴于朝廷还要下令四川供给数千根“皇木”的砍伐运输，他于康熙二十四年《条陈太和殿采运楠木疏》所言：“以通省之户口总计之，仍不过一万八千九十余丁，是合全蜀数千里内之人民，不及他省一县之众。就中抽拔五千入山采木，衣粮器具，盈千累百，遣发民夫，远至千里，近亦数百里，耕作全废，国赋何征？”如果以一户5口计算，包括成丁在内四川的在籍人口约10万人。王鹭所言“合全蜀数千里内之人民，不及他省一县之众”符合当时实际。后来，清王朝为解决四川劳动力和粮食生产，几十年间广泛移民一百多万人迁移填川，形成了中国历史上最大的一次移民潮。

余畲，字生生，号钝蘮，蒙古族，祖籍四川省青神县（今四川省乐山市夹江县青州乡金星村），明万历三十四年丙午（1606年）生于明朝留都南京（今江苏南京），康熙二十四年乙丑（1685年）夏卒于江苏扬州城东琼花观。明诸生，世袭锦衣卫。明亡之后，居住在鄞之西湖畔（今浙江省宁波市）。其所居名“借鉴楼”，结“七子诗社”，著有《增益轩诗草》《遣愁集》等作品传于世。

余畲在从宁波回故乡祭祖时，专程到荒芜的成都城内走了一圈，他留下了弥足珍贵的纪实之作《蜀都行》：

自我之成都，十日九日雨。
浣花草堂益萧瑟，青羊石犀但环堵。
生民百万向时尽，眼前耆旧存无几。
访问难禁泣泪流，故宫荒废连禾黍。
万里桥边阳气微，锦官城中野雉飞。
经商半是秦人集，四郊廓落农人稀。
整顿凋残岂无术？流亡安集诚可期。
但得夫耕妇织无所忧，桑麻树畜随所宜。
数十年后看生聚，庶几天命有转移。

余畲的这首凄苦哀怨的《蜀都行》，堪称成都清初的全景式记录，残破、凋零而气微。他说，自从我回到阔别已久的成都以后，天空长时间保持阴霾的状态，十天中有九天都在下连绵细雨。过去熟悉的风景名胜，自我避乱杭州以来，已经变得面目全非、惨不忍睹。成都人引以为豪的杜甫草堂已是一派萧瑟，青羊宫也只看得见坍塌，亲切的身影已经如寒风下的树叶零落无踪。曾经巍峨壮阔的皇城在残阳和衰草中沉默，万里桥边如烟的柳树现在也很少了。举目四望，繁华的锦官城上空飞过队队的野鸡。余畲怀着伤痛大声疾呼："整顿凋残岂无术？流亡安集诚可期。但得夫耕妇织无所忧，庶几天命有转移。"

我们可以从城东得胜场的变化里，感知清初成都的荒芜——

因为战争、瘟疫和四川历史上空前绝后的"虎患"，成都府东门的前沿军事重镇大田坎、观音堂、华光寺（顺治时叫五显庙）一带，因屡遭拉锯战的重创，已成一片废墟。张献忠撤离被其彻底毁灭的成都城后，清军将领李国英入成都，留张得胜守城。因为城内无法安居，还有老虎等野兽纵横，他只好在东门大田坎辟草而居。张得胜后来被裨将张士聪、王材官杀害。传说葬于林家坡，因此"得胜场"的名称与他有关，也就是现在成都东面的牛市口。

但成都民间传闻大田坎林家坡张得胜之墓，并非李国英的部将张得胜。张得胜死后埋葬何处并无人知晓，林家坡张得胜坟，乃是乾隆间武进士张得胜的墓地，因张得胜是当地人士，后因耕牛交易而新启的小镇取名"得胜场"。据嘉庆《华阳县志》选举武科中确有记载：乾隆三十八年辛卯科，新科武进士张得胜……

居住在东面的这些军垦移民，主要分布在城东点将台至沙河金井湾广大地区，以得胜场为中心向周边辐射，据考证成都牛市口周边地区有大量的移民祖籍是陕西，而且还有不少甘南的回民，历史上牛市口曾有一片很大的陕西人的墓地，证明得胜场是成都最早的移民地区，而非后来的湖广填四川民屯移民。这些入川先期原用军垦屯田的军队，在南、北、东、西的驿道得胜口设骡马養圈分发粮种与耕牛形成牛市，清代康熙七年（1668

年），传说当年成都平原牛瘟肆虐，四川巡抚张德地为了安抚民心，便在毗邻的牛市之外丛业寺修建了一座牛王庙，并铸有铁牛一只，供奉于庙内。邑令安洪德有碑记。

乾隆四十八年（1783年），得胜场又建一所庙宇，取名五显庙，嘉庆五年重修并更名为华光寺，农历二月十九是观音诞生日，农历六月十九观音漂南海之日。

……

清代对成都城的重建

城墙对于一个城市来说，不仅是地图上的一道弯弯曲曲的标记。城墙不但是国家行政的一个标志，而且是城市与乡村的分界。城墙内外，构成了政治与商业的分野、权力的中心与边缘的对立。尽管成都城墙在宋末战争和明末战争这两次重大的战事中均失守，城池陷落；但是城墙的象征意义却未因其功能的缺陷须臾或失，城墙依然是城市的象征，是城市内外的分界线，每次战事的成败均以城池失守作为标志。①

乾隆五十年（1785年），四川总督李世杰在《成都城种芙蓉碑记》中，对城池修建的意义作了充分阐述，他认为修城是国家的责任，“国家体国经野，缮隍浚池以为仓库人民之卫”，要实现“体国经野”的政治目标，就必须“缮隍浚池”，修城墙筑壕沟。而城墙恰恰是“化内”与“化外”的分割线。一道道城门的开与闭，就是文明与乡野之间的通道，甚至是唯一通道。

整个清代，成都城墙进行过3次大小不一的整修。

嘉庆《四川通志》记载：“国朝康熙初，巡抚张德地、布政司郎廷相、按察司李翀霄、知府冀应熊、成都县知县张行、华阳县知县张暄共捐资重修……雍正五年巡抚宪德增修；乾隆四十八年总督福康安请发帑银六十万

① 田凯：《清代地方城市景观的重建与变迁》，巴蜀书社2011年版，第78页。

两彻底重修。”除了这3次整修外，再无其他修筑城墙的记载。

需要注意，《四川通志》记载3次修筑城墙工程时，分别使用了“重修”“增修”“彻底重修”，就其用词可以看出，在清代3次整修城墙中，应该只有第三次即乾隆四十八年（1783年）才是真正的修建工程，这次修建是“彻底重修”，而且是政府出银60万两，耗时两年完成。而前两次修建或由官员捐资或由地方出资，时间短、用资少，所以正如《四川通志》中所言，仅为“重修和增修”，应该是对明代城墙的修修补补。

前两次修建城墙时值国家财政困难时期，不得已而为之，鼓励政府雇员自掏腰包修建城池，而且把修建城墙视为官员政绩的考核指标，建筑优良者，由督抚上奏，给予奖励。

既然国家财政困难，又不准摊派给地方，以免进一步加剧本来就艰辛的民生，官员出资恢复城市建设，成为唯一选择。

雍正《四川通志》详细记载了清初第一次修建成都城市的工程：“国朝康熙初，巡抚张德地、布政司郎廷相、按察司李翀霄、知府冀应熊、成都县知县张行、华阳县知县张暄共捐资重修，高三丈，厚一丈八尺，周二十二里三分，计4014丈，垛口5538，东西距九里三分，南北距七里七分，敌楼四，堆房十一，门四，东迎晖、南江桥、西清远、北大安，外环以池。”

而康熙《成都府志》对城墙修筑的记录为“大清康熙初，巡抚佟凤彩、张德地、藩司郎廷相、臬司李翀霄、知府冀应熊共捐赀”，可见捐资人还有佟凤彩，没有记录一共捐资多少钱，但依据工程量，推算出来估计需10万两银子。城池由“成、华两知县张行、张暄督筑完固”。

捐助的宦银不算少，这还在于四川巡抚张德地看见蜀地“民人凋耗，城郭倾颓”的情形，他竟然大恸流泪……让很多同僚动了恻隐之心。张德地为汉军镶蓝旗出身，虽是汉人，却通晓满语。从宗人府到户部再到顺天府尹，最后到四川巡抚任上。清康熙五年（1666年），在张德地主持下，将著名的万里桥改建成七孔石拱桥，且是风雨廊桥，桥额上写有“武侯饯费祎处”。成都知府冀应熊在桥头题写了“万里桥”三个大字并刻石立碑。成都东郊的牛王庙最早修建于康熙七年（1668年），当年成都发牛瘟，张德地带头捐资修建了这座牛王庙。实事求是地说，他对成都的农业恢复做了不少贡献，上书建言鼓励官吏招川民垦荒，根据官吏的政绩给予提拔……

对康熙年间成都城墙修建，可以做出三点判断：第一，清代成都城墙的最早修建时间大约是康熙六年至康熙八年。这项工程从佟凤彩四川巡抚的任期内开始筹划的，由康熙六年到任的新任巡抚张德地着手完成。从捐修者名单来看，当时所有在成都任职的地方官：省巡抚、两司、府、县各级官员都参与了捐修工程。各位捐资官员在川任职的时间大多集中在康熙六年至康熙八年之间，最晚到任的是李翀霄，康熙六年来到成都任按察使，张德地亦是康熙六年任四川巡抚。而康熙八年，布政使郎廷相离开了成都，而名单上捐修城池的每位职官只有一位，可见这些官员是同期在成都任职时捐修的城墙。因此最有可能的城墙修建时间是康熙六年至康熙八年之间。[①]

这次修筑，是在明朝城墙基础上修筑的，制形与明朝正德年间的城墙完全一致。由于这次修建成都城，东西相距九里三分，故老成都人常以“九里三分”代称成都城，时至今天，“九里三分”仍然存活在本地的方言俗语中。大城辟城门四道：东迎晖门（今东门大桥西。抗战期间曾于月城内空地立纪念川军出川抗日的无名英雄雕塑，后移万年场口，现移至成都市人民公园）；南江桥门（今南大街南口）；西清远门（今同仁路北口）；北大安门（今北大街北口）。

乾隆年间，每年一到雨季，雨水与洪水多次使得成都城墙坍塌，造成百姓死伤。特别是乾隆九年（1744年）夏季的大洪水，成都等34个县、州、府遭到空前危害。本已经岌岌可危的成都城，连贡院也坍塌多家房屋。延宕到乾隆四十八年（1783年），朝廷已从金川战役的泥潭里摆脱出来，国库逐渐充裕。这次修建成都，朝廷高调宣布：不得动用民力；一切

① 田凯：《清代地方城市景观的重建与变迁》，巴蜀书社2011年版，第83页。

费用由朝廷特颁资金开支。

乾隆四十八年（1783年），时任四川总督的福康安因成都城墙年久倾颓，“奏准发帑六十余万估修”。在清朝历史上，除了平定三藩和蒙古领袖得以加封王爵之外，异姓封王的只有福康安一人。

福康安（1754—1796年），字瑶林，号敬斋，富察氏（满洲八大姓氏之一），满洲镶黄旗人。其父是大学士、宰相傅恒，其祖父是察哈尔总管，其曾祖父是户部尚书。更显赫的则是孝贤皇后的侄子，也就是说乾隆皇帝是他的姑父。福康安从一出生就被接入宫中抚育教养，乾隆亲自赐名，深得皇帝的赏识。

乾隆四十七年（1782年），乾隆帝的心腹大臣福康安前往四川就任总督。他是为扫荡“啯噜”（当时纵横在川滇一带的民间武装组织）而来，他以犁庭扫穴之势，仅用一年就大功告成。离开成都之前，他送了成都一份大礼：奏请拨付60万两官银，重修成都城。

如此巨额费用，经他奏请，乾隆帝很快批准，是从刚刚结束的西藏战事中未用完的“军需存剩银两动用”，这不能不说是福康安在四川总督任上的一大贡献。乾隆帝还提道：“成都素称名胜，如王羲之帖内称，城池、门屋、楼观皆是秦司马错所修，现在省城是否尚系旧基，或经数次兵燹之后，遗迹渐湮。而此番兴筑，或于畚金畞之中，重获有旧碑古碣，是资考证者。着福康安留心访察，遇便覆奏。”同时，还要求福康安将“杜甫诗中浣花草堂、万里桥等处古迹，并着一并查明，绘图贴说呈览”，乾隆对于成都历史熟悉以及关注，由此可见一斑。

不巧的是，就在动工之时，四川总督福康安升任工部尚书，继任川督为李世杰。他“承其乏，乃督工员经营，朝夕两年而蒇”。

鉴于古人有“城头低运气低”的宿命论，所以新建的成都城城墙必须要高于城市内的所有建筑。此次修城新筑城垣，比康熙年间所修筑城垣长1086丈，为4122.6丈；其坚固方面远远超过康熙时期：砖高81层，压脚石条3层，大堆房12间，小堆房28间，八角楼4座，四门城楼顶高5丈7尺，修后的城墙顶宽4丈，上有宇墙，城墙下安置压脚石条3层，以及在城上建有廊庑，都是防止城墙被雨水破坏，在成都土质不佳的条件下，为延长城墙的寿命做了许多防范。

这次修建动员了全川的力量，由各州县分段包修，并在砖样、土质、制式等方面作了严格的规定："下为压脚石条三层，上砌以砖，砖迭八十一层。砖式如一，皆泐有当时州县及督工人员姓名。分版授矩，经时二年，集全川之力，始观厥成。"直到乾隆五十一年（1786年），城墙才全部竣工。

成都的4门城楼，"顶高五丈，东（名）博济，南浣溪，西江源，北涵泽"。"楼观壮丽，城堑完固，冠于西南。迎晖门博济楼不亚京师。"可惜到1932年，驻防军阀将四门城楼悉行拆毁予以鬻卖，以充军费。

此次修建是清代成都最为宏伟庞大的城建工程。嘉庆年间编撰的《华阳县志》这样称赞成都城郭："其楼观壮观，城堑完固，冠于西南。"①

清代对于成都城市的重建，尽管气象无法与秦朝、唐朝两次筑城规模相提并论，但从整个城市历史发展来看，意义深远。

这在于：

从最初的古城聚落到仙乡人居的城市形态，直到宜人宜居宜创业的成都城市，这是成都城市文明发展的经脉。具体地说，这个基本发展脉络是指成都城市街道和环境布局的变迁演变的历史，由此得到了圆成：一是从古城聚落以偏东北30度为轴线的定向，到古代成都城市的龟城走向。二是从秦汉成都城垣的二江珥市，到唐宋以后成都城的二江环抱的布局。三是从秦汉少城与大城相并列的格局，到明清以后少城、大城与皇城"三城相套"的格局。

这就是二千多年来成都城市的发展三部曲。

① 陈法驾，叶大锵等修，曾鉴，林思进等纂：《华阳县志·古迹一·锦城》，1934年刻印本。

湖广填四川

秦灭巴蜀的第一次大移民后，四川又经历了5次规模庞大的移民运动。这些移民都为四川带来了丰富的文化，最被人熟知的“湖广填四川”是近代史前四川最后一次大型移民。

早在魏景元四年（263年）的三国蜀汉末期，四川人口就已高达百万。到南宋末期，四川人口更是一度增长至近一千万。此后在蒙古人南下，战火连绵，近半个世纪的战乱，四川人口降至12万户约60万人，人口损失达95.36%。

特别是经过张献忠在成都建立大西国以及明末清初数十年战乱，可以说引起四川人口陡崖式下降的主要原因是三个：战乱、瘟疫、虎患三重天灾人祸。

清初的四川，四野残破，千里荒芜，人口锐减。南宋时四川省的人口由1000万人下降到明中期的400多万人，而到清初最低谷时四川人只剩下不足60万人，川东很多州县人口只剩下十之一二。到康熙二十四年（1685年）平定吴三桂叛乱之后，官方户口登记数为18509丁。按康熙二十四年王骘《条陈太和殿采运楠木疏》所言：“以通省之户口总计之，仍不过一万八千九十余丁，是合全蜀数千里内之人民，不及他省一县之众。”如果以一户5口计算，包括成丁在内四川的在籍人口约50万人。王骘所言“合全蜀数千里内之人民，不及他省一县之众”符合实际。清王朝为解决四川劳动力和粮食生产，几十年间强制移民一百多万人两迁填川，前后延续60余年之久，形成了中国历史上最大的一次移民潮，其中来自湖北、湖南、江西等人数超过一半之多。

这次大规模移民的数量，超过了历次移民的数量，使四川人口增到移民浪潮进入尾声的雍正二年（1724年）的204.66万人。39年间，净增154.66万人，年均增长率达到82.6‰。除去其中年均8‰的自然增长率，移民总数达到115万之多，为原有人口基数的2倍多。

到清末，成都的城市人口已达85万多人。其中城市人口只占整个郊区人口的58%。说明人口数量的增长，使城内容纳不下迅速增加的人口，从而刺激了乡镇空间的发展。

这次移民，让现在的很多四川人认为，自己是“湖广填四川”移民的后裔。由于当时湖广人讲的是江淮官话，话语带到四川就慢慢融合成了今天的西南官话四川话。所以我们应该知道，现在生命力极强的四川话，来源于湖广地区。

大量的移民进入四川“插占”土地，辛勤垦殖，使明末残破的四川经济逐步得到恢复与发展，引起经济形式的多样化，大量移民入川带来了一些经济作物及种植技术。移民不但带来了生机勃勃的劳动力，还带来了甘蔗、烟草、玉米、洋芋和甘薯等新品种，农作物的丰盛，进一步促进了经济的恢复与发展。

康熙九年（1670年），福建汀州府商人曾达一从家乡来巴蜀贩卖珠宝，发现巴蜀地区没有甘蔗。康熙十年（1671年），当他再次前来的时候，不仅带上了珠宝，还带来了甘蔗种子，并将种子播种到四川内江的龙门镇。3年后，成片的甘蔗出现在龙门镇。这种新兴作物因为对土地的要求不高，就连山地都能播种，而且还能熬制出蔗糖，远近的地主闻讯后，以高价购买种子，最终将甘蔗种遍了巴蜀大地。

继甘蔗之后，雍正七年（1729年），从江西瑞金迁到巴蜀的傅仕和，从家乡带来了烟草种子和种植的方法。随着烟草种植成功，傅仕和获得了巨大的利润。随后烟草种植遍及巴蜀，经过长期栽培种植，成为四川重要的产业。

除了甘蔗、烟草之外，玉米、洋芋和甘薯也被移民们带入了四川，并由成都、重庆逐步扩散到甘孜、阿坝、凉山等边远山区。当年入川的客家人在龙泉山脚的洛带镇燃灯寺种植了一片寄托乡愁的红豆树，成为成都最大的红豆林。现在望江楼公园有红豆树49株，马家花园路11号院内尚有13棵红豆树。这些红豆树都成为挂牌保护的名木古树。

与此同时，清代四川的手工业也得到了长足发展。纺织、染料种植、桐油加工、豆瓣酿造等成为成都、重庆农村普遍的家庭手工业，出现了以棉纺业、丝织业为主的专业乡镇。陶瓷、造纸、冶炼、煮盐等因大量外地工匠迁入而得以重新发展。

移民带来的茉莉花尤其值得一说。

晋嵇含《南方草木状》说："耶悉茗花、末利花，皆胡人自西国移置于南海，南人怜其芳香，竟植之。"又在"耶悉茗花"条引西汉陆贾《南越行纪》说："南越之境，五谷无味，百花不香。此二花特芳香者，缘自别国移至，不随水土而变。"说明茉莉花早在西汉时期已经移入我国两广地区。莉花在古籍中有多种写法，比如"抹丽""末利"和"没莉"，是作为佛教贡品献于佛前，后来它逐渐成了女性的饰物，而以香入茶的做法源于宋朝。

由于成都东山地区地势较高，自岷江而来的富含水分的风无法越过龙泉山，所以造成这一带干旱，客家人因地制宜，发展出了有特色的旱地农业生产，形成了产业带。以城市为中心，呈一个个圈层向东延伸。在最靠近市区的西河、三圣乡种植时令花卉，往东从洪河、十陵到大面铺，则种植茉莉花和蔬菜。自清乾隆初年，客家人就将茉莉花引种到成都，至今已有300多年历史。茉莉花耐旱、花期长，可种在地势较高的地方。大面铺曾是著名的茉莉花之乡，种的茉莉花非常有名，以朵大、瓣厚、层多、色白、清香为成都老茶客所青睐。大面铺的茉莉花产量几乎占据了成都市大半个市场，60%的茉莉花都供给了成都茶厂做原料。因有大面铺茉莉花做原料，成都茶厂的茶与成都烟厂的烟、全兴酒厂的酒，成为20世纪中叶成都市民日常生活离不开的"三大消费品"。

第43章

兴建贡院与满城

贡院：鲤鱼跳龙门之地

清初时节，在恢复重建成都城时，贡院与满城的新建，可谓是成都历代城垣变迁中重要的、也是最后一次大规模的城市营造。自秦张仪创筑成都大城、少城以后，长期以来，成都城一直保持大小二城并肩而峙的格局，这一直是成都城垣的一大特色。自从唐末高骈筑罗城之后，这种格局消失了若干年。而贡院尤其是满城的修建，又使二城格局得以重现。

鉴于明末清初战火对城内的严重破坏，清朝官员到成都，城内竟找不到作廨署的屋舍，四川省会不得不改设在保宁府（今阆中市）。到顺治十六年（1659年），即大西政权灭亡的14年后，才将四川省会迁回成都。

这一过程的周折是，康熙四年（1665年），四川巡抚张德地惧怕被人视作“僭越”之举，不敢将巡抚官署建在皇城旧址，而是将此地改建为贡院，作为乡试场所。他奏请朝廷在明蜀王府宫城旧址上修建贡院，作为四川乡试的试院。

当年开工，贡院很快建成。固然比较简陋，但教学用的课堂和考试用

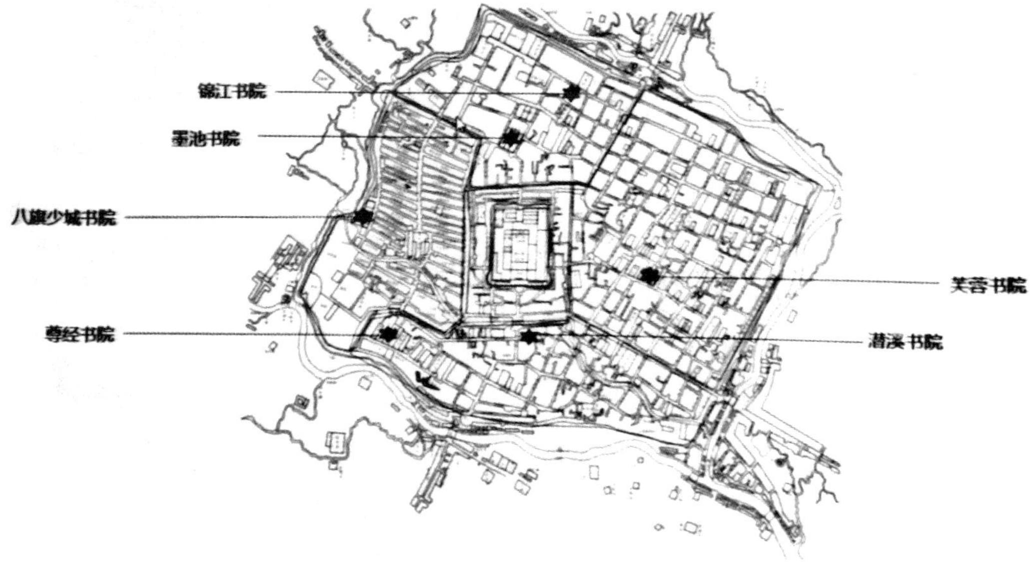

清代成都几大书院分布略图

的号舍，却也齐备。第二年即康熙五年的乡试终于从阆中迁回成都举行了。

后来贡院陆续增修。贡院内重要建筑沿南北中轴线布局，顺应了成都“龙脉”的走向。四周筑起城墙，城南开三门，正门居中，旁门居左右，俗称“城门洞子”，城东为东华门，城西为西华门，城北为后子门。城南敞地俗称“皇城坝”，即蜀王府端礼门外宗庙和山川社稷坛所在地。那里建有石牌坊3座，向南一座，题有“为国求贤”四个大字，向东和向西的两座稍小，分别刻着“腾蛟”和“起凤”几个大字。

贡院正门即明蜀王府端礼门，高悬匾额“天开文运”，左右石狮分立。正门之北为龙门，为三进，乡试时，主考、监临、提调集中此处，分三次点名北为明远楼，修建颇精，楼窗皆装玻璃，极为明净。楼北的致公堂，就建在蜀王府主殿承运殿殿基之上，这是一座工坚料实的大殿，气象雄伟，堂前楼后的空地皆铺以青砖，其间嵌以红彩天花，可谓富丽堂皇，是历来重大事件集会之所。堂前有石柱牌坊，建于乾隆四年（1739年），匾额上书“旁求俊乂”，语出《文心雕龙》，意为广泛选拔人才。堂东为誊录官厅，厅后东北角为誊录所，又东为界墙。堂西为大厨房，其北为弥封所。堂北为清白堂，再北为严肃堂，堂前西北有唐宋时摩诃池一角残迹。严肃堂北为衡文堂，最北为文昌宫，宫北为界墙，墙上有狐仙洞。致公堂前有东西号舍数千个，可供全省士子应试答卷之用。清一代地方官不断增修扩建贡院，至同治时期，贡院房舍已达13935间。中国古代最大规模科举考场、江南贡院拥有20644间房舍，两者虽有差距，但成都贡院已雄踞西南。

贡院基址仅占明代蜀王府旧基的大部分，界墙之外的小部分旧基改建了宝川局、仓库和成都府试院。宝川局铸钱时，将炉炭渣滓弃于皇城之内，后来越积越多，竟然堆积成山，被人们称为“煤山”，位置大抵在致公堂一侧后子门一带。

同治元年（1862年），使用了近两百年的贡院发生倒塌事件，四川当局筹款予以重修。此次培修因款项充足（共筹白银7万余两），共建堂院五百余间，均宽大敞阔。除建有主考、监临、提调、帘官等主考人员的住所，以及弥封所、誉录房、受卷所、劝科所等考试用房外，明远楼、致公堂也于此次建成。

成都贡院全景照片。（选自云南美术出版社《1895—1897法国里昂商会中国西南考察纪实》）

光绪三十五年（1905年），废科举，兴学堂，在贡院内创办了师范学堂、法政学堂、工业学堂等新式学堂，成为四川省的学业中心。

贡院里的号舍拆除后，龙门、明远楼和致公堂之间，露出一大片青砖铺地的空坝子。龙门和明远楼之间的坝子又扁又长，而明远楼和致公堂之间是一个四方的大坝子。

宣统三年四月（1911年5月），清政府将已归民办的川汉、粤汉铁路收归国有，并将筑路权出卖给外国银行团。广东、湖南、湖北、四川人民掀起保路运动。四川成立保路同志会，参加者达数十万人。9月，四川总督赵尔丰屠杀请愿群众，四川人民奋起反抗。

辛亥年十月初七（1911年11月27日），四川大汉军政府的成立典礼就在致公堂举行，保路运动领袖、立宪派人士蒲殿俊，陆军第十七镇统制（师长）朱庆澜分别出任正副都督；27岁的陆军小学堂总办尹昌衡出任军政部长。其后，尹昌衡任都督，张澜向尹建议：要安民心首先必须除去赵尔丰。尹昌衡采纳了张澜的建议，经过周密计划，于辛亥年冬月三日（1911年12月22日）早晨，由周骏带领士兵入督院，擒拿赵尔丰，押入军政府。军政府即在致公堂前召开群众大会，尹昌衡向群众说："民贼赵尔丰捉来了，他杀了我们很多四川无辜老百姓，血债太多，现在他还敢发命令要调任驻在巴塘的傅华封带兵来杀我们四川百姓，大家说，如何办他？"堂上堂下一片高呼："杀！杀！杀！杀死赵尔丰！"在群情激愤中，尹都督即命陶泽锟立即在明远楼侧，执行赵尔丰的死刑，并传首示众。同盟会借机在各县发动武装起义，把保路运动推向高潮，成为武昌起义的前奏。

到1949年之前，皇城坝沦落为百业繁生、龙蛇混杂之地，除了吃吃喝喝的摊子，赌博摊、算命摊、跑江湖卖打药的都杂行其间。所谓江湖八大门，门门尽有。诙谐的成都人给皇城坝取了个绰号，叫"扯谎坝"。"扯谎坝"一词一直存活在成都的口语中，指说话做事不靠谱之徒。

这一颇具历史意义的贡院，其残存的明远楼于20世纪60年代的疾风暴雨中被完全拆除，从此消失。

有笔记指出，成都贡院相传位于蜀汉王宫故址，砖瓦是当年旧物，每块上都刻着诸葛丞相大名。历经近2000年沧桑，从权力中心到“扯谎坝”，是否是一个最大的历史反讽呢？！

独立王国：成都满城

在清王朝统一中国的过程中，为镇压与防范汉族及各少数民族的反抗，或抵御外族的入侵，还不断地派遣八旗官兵驻防各地。在这一过程中，或圈占原有城池的一部分，或规划建设了新城池，以驻扎八旗官兵，与原汉人聚居的城市并存，因而被称为“满城”。到清代中期，全国共建有40多座大小不一的满城。

但据清代八旗驻防的重要文献《八旗通志》，清代满城共11座，这些满城是清前期在内地军事重地设置的永久性驻防城，主要驻扎八旗官兵及其眷属，城市管理较严格，城市形态整齐划一，泾渭分明，等级森严，一般设有有形的边界。据此看来，以往存在争议的三类“满城”——京师（北京）、东北和新疆的驻防城以及其他的一些驻防城均不满足以上条件，也就是说严格意义上的清代满城只有《钦定八旗通志》所载的11座，有西

位于成都望仙桥的清代“北斗七星柱”。（蒋蓝 摄）

安满城、江宁满城、太原满城、杭州满城、荆州满城、成都满城、宁夏满城、潼关满城、凉州满城，青州满城、开封满城等。

康熙五十七年（1718年），西藏地区发生蒙古准噶尔部入侵事件，康熙决定在成都设驻防八旗以震慑西南。《康熙皇帝实录》记载：“（五十七年八月庚寅）四川巡抚年羹尧疏言：‘川省地居边远，内有土司番人聚处，外与青海西藏接壤…… 见今驻扎成都之荆州满洲兵丁，与民甚是相安。请将此满洲兵丁酌量留于成都……’”次年战乱平息，1600多名（另一说是3000多名）旗兵奉命留驻成都，成都始有旗兵驻防。驻防的官兵中混编满族八旗和蒙古八旗两支，无汉军八旗，遂以旗人统称满人和蒙古人。

清人吴好山（吴乔）写了很多关于成都的《竹枝词》，比如他眼中的成都城市布局：“本是芙蓉城一座，蓉城以内请分明。满城又共皇城在，三座城成一座城。”而对满城的建立，他说：

满城城在府西头，
特为旗人发帑修（用国库的钱修）。
仿佛营规何日起？
康熙五十七年秋。

说的正是这一段历史。

为安置满洲旗兵以及家属，于是在成都大城西垣内新筑“满城”，由于是地处于战国秦张仪修建的少城（小城）遗址上，故成都人称为“少城”。其东垣在明代大城的西墙基上，以清代大城西墙为西垣，复增筑南北二垣，周回一共四里五分，长约2250米，城墙高4.3米。此城先后由成都八旗副都统、成都八旗将军管辖，四川总督也无权过问，成为满人特权的禁脔。满城内的街道皆依北方习俗称“胡同”，这也是四川有“胡同”的肇始。

清代满城的突出特点是：一是具有军事性质；二是经过规划设计；三是依托原有城市（东北与西北驻防城除外）而建，因而满城取名原有城市的名称，并无独立地名。

从建筑角度而言，满城具有整齐划一、泾渭分明、等级森严和有明显边界的城市形态。

满城作为驻防城，其街巷布局是为了适应部队驻扎而形成的。成都满城是利用旧有城区建筑满城，即便难以整齐划一，但依然泾渭分明、等级森严。成都满城利用旧城的少城片区，它是在少城中央设置一条主要街道：长顺街，沿着这条大街两侧均匀、整齐地排列着40余条相似的胡同。

成都满城胡同两侧，曾经是整齐地分布着相似的营房；满城内驻扎有八旗满洲和八旗蒙古，分别按不同的旗集中居住在一起，每旗之间泾渭分明；同时每旗驻地分别有1条官厅胡同和3到4条兵丁胡同，官厅胡同比兵丁胡同宽，官厅胡同北侧曾经集中设置了各级衙门和官员居所，显示出驻防八旗内部的等级制度。

成都满城的另一个形态特征是：满城都设置了有形的边界，或者是栅栏、界墙，或者干脆就是城墙。这一特征保证了军事禁地的严肃性，也方便管理，能够更有效地规避军民之间的矛盾，并保证旗人不会沾染民俗流弊①。

对于清代成都人来说，少城简直是一个独立的王国。

满城内部按照满人所属旗别分区，官兵分居。以现在长顺街为南北中轴线，所有胡同皆左右对称排列，就像一条百足大蜈蚣，与大城内的街道迥异，为清代成都城一景。满城共辟城门5道：北延康门（今长顺街北口）；东羊市门（今羊市街西口）；东受福门（今祠堂街东口）；南通阜门（今君平街西口附近），西门即清代大城清远门。这其中以大东门最为壮观，上面悬挂着“少城旧治”和“既丽且崇”两块匾额。

鉴于成都的丰润的季候，旗人爱种树、栽花，满城内一年四季景色秀美，荷花是其一大特色。同治《重修成都县志》载：“武庙，在满城军署

① 韩效，叶皓然，周至人，张毅捷：《清代满城概念研究》，《西南交通大学学报》（社会科学版）2018年第3期。

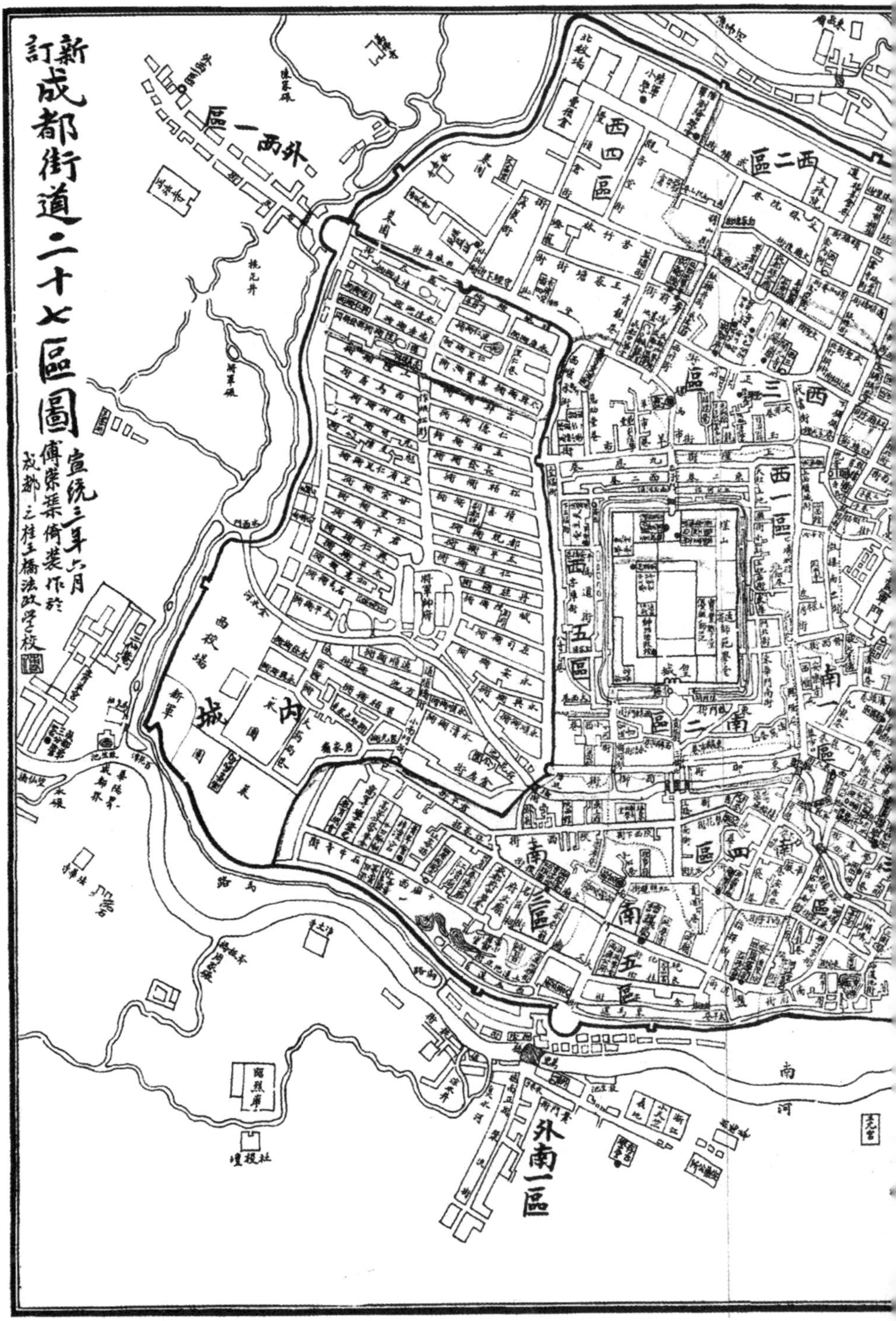

清宣统三年（1911年）《新订成都街道二十七区图》

前，国朝乾隆癸卯年（1783年）建修，名关帝庙。左有莲池，右有太极池。引金水河由正殿前横过。”傅崇矩在《成都通览》中对满城环境也有类似描述：“城内景物清幽，花木甚多空气清新，鸠声树影，令人神畅。”有一首杨燮的《锦城竹枝词》指出：“小东门与娘娘庙，安顺桥头花市分。卖尽千筐供佛少，日高齐上万乌云。”小东门是满城的一道城门。同治《重修成都县志》记载，娘娘庙“在满城内都统街。正白旗二甲建”。旗人爱花，又有固定地点的花市，进一步丰富了满城里的花卉品种。蜀人自古好辛香，黄葛兰、茉莉花、兰花、梅花等畅销不衰。

绝大部分南方城市中人，多喝绿茶或乌龙茶，只有四川人爱喝花茶（就是北方人忒喜欢的香片），这就是受旗人的影响。茉莉花随两广移民入川，在龙泉驿“东山客家”一带广为种植，茉莉花与绿茶结合，成就了茉莉花茶。300多年以来，全国只有北京、四川是喝老花茶的城市。

杨燮也写到了旗人在花与饮食之间的价值挪移：“西教场兵旗下家，一心崇俭黜浮华。马肠零截小猪肉，难等关钱贱卖花。”西校场是八旗兵专门的练武场所。而清中后期，旗人崇俭黜浮华，生活简单而朴素，很多家庭把卖花视为谋生手段之一。但是为了能够吃上“马肠零截小猪肉”，迫不及待，等不到关钱发饷了，即将花贱卖……原因是，一旦大家关钱发饷了，肉价会立即上扬……

满城内的关帝庙。（日本人山川早水 摄）

三峨樵子在其注解中指出：“小猪肉馆，汉城并无，惟‘满城’有。”[①]这说明当时的旗人尤爱吃猪肉。《满族风俗志》对此习俗也有较多描述：满族人爱吃猪肉馒头、酸菜猪肉馅、坛焖猪肉。在其祭祀时，有烤小油猪、燎毛猪、全猪席。

乾隆四十六年（1781年）清政府调满洲蒙古兵二十四旗驻防成都，开始扩建少城，供满州将士及家眷居住。城内以长顺街为主街，多条小街分列于主街东西两侧。辛亥革命后改满城为少城。

光绪九年（1883年）2月下旬，英国驻成都总领事谢立山（1853—1925年）首次进入成都城，也许是春节刚刚过去，成都街头的店招在风雨中飘荡，满城一带十分热闹：

> 成都划分为两个区域，驻防旗人占据的满城与汉人区或商业区。毫无疑问，成都是我在中国见过的最好的一座城市；北京和广州都无法与之相媲美。汉人区的街道非常宽敞，街道整洁维护完善，上面铺设石子，从道路中央向两边有缓慢的斜坡。在成都停留的两天，我在城中许多大街小巷穿行，尽管当时一直都在下

① 杨燮：《锦城竹枝词》，嘉庆甲子（1804年）刊印。

大雨，但大街上行人依然熙熙攘攘，到处都是衣着艳丽和生活富足的人群，随处都可看见坐轿或骑马出行的人。但最美丽的风景还是店铺的招牌，读者一定要在脑海中想象一下，这些招牌并不像欧洲的商店那样，水平地置于店铺门上，而是竖直悬挂在从店墙伸出来的一根铁杆上。在成都，大片金色的和其他五颜六色的招牌不仅在装饰街道，同时也在宣传店铺的品牌（而不是店主的名字）以及廉价出售的货物。也许是由于天气恶劣的原因，我没有看出旗人占据的满城有什么给人好感或吸引人的地方。这里的街道也很宽敞，但没有铺石子，路上满是泥泞；生活在这里的旗人，尤其是女人，衣着懒散、邋遢；满城里所有的一切都显示旗人们依赖政府发放的旗饷生活，而他们却没有做出任何充分的回报。满城很多土地树木茂密，被划为菜园，但我很怀疑，这些看起来衣冠不整、潦倒懒散的旗人是否有精力去种足够的蔬菜，以补充政府发放大米的不足。[①]

谢立山见多识广，光绪二年（1876年）进入驻华领事界，游走中国多地。店招反映出成都经济的兴旺，这是一座城市“最美丽的风景”。而他眼中的满城以及独立王国内衣衫褴褛的异族妇女，其实也反映出旗人生活的凋敝，与城市的发展渐行渐远……

民国二年（1913年）拆除满城城垣及各门，与大城合而为一。满城街道在进入民国以后多已改名了，不再称胡同。如今只有以八旗成都将军府命名的将军衙门街，可依稀追忆昔日的满城踪迹。成都将军府在民国间为国民政府军委会成都行辕驻地，新中国建立后改为成都军区后勤部招待所，今为金河酒店。

到达清末，八旗子弟变得游手好闲。他们住在北方风格的四合院里，

① ［英］谢立山著，韩华译：《华西三年：三入四川、贵州与云南行记》，中华书局2019年版，第69页。

成都少城将军衙门一带的街区，满蒙旗兵的居住地。（美国人路得·那爱德1910年 摄）

讲着北京官话，嘲笑着满城之外的农民与蜀地方言。

八旗的好日子江河日下，在废除“旗米”供给制度之后，没落的贵族生活陷入窘迫，开始出租房屋给汉人开餐馆、茶社，精明的山西商帮在满城附近开了多家典当铺。尽管已经是青筋冒起“面带菜色”，但贵族的面子是放不下来的，哪怕家里穷得只剩下一条裤子，也要打肿脸充胖子。有这样一天，一群没落的贵族围坐茶桌冒皮皮冲壳子，向别人吹嘘家里如何有钱有权。只见一个人摸着油光光的嘴巴，不断啧啧啧，说家里每顿都能吃肉。

这时，他儿子光着屁股跑过来说：“不好了！家门口挂着的那块擦嘴的肥肉，被猫儿叼走了。”

破落者有点窘迫，说：“还不快叫你妈去追呀！”

儿子说：“妈没有穿裤子呢，裤子不是被你穿走了呀！”

这个段子体现了川人口语的稳准狠，颤巍巍托起一个古意盎然的词语：抹嘴肉。看起来，猪肉抹嘴的发明者应该是来自皇城根的旗人后代，而这个词语是成都老百姓的总结。“抹嘴肉”的几个条件是：肉要能长期使用，且不发臭；肉一般高挂在家门后，方便主人取用，猫狗老鼠无法企及；肉上的油水要足，简直如息壤一般用之不竭。推测起来，堪当大用者，是煮熟的厚猪皮或猪头肉才能胜任。看起来，昔日抹着阔气的猪油味昂然闯荡成都江湖，与如今抹着“文化口红”“诗歌唇膏”的狼奔豸突之徒，似乎并无本质区别。而且，“抹嘴肉”用起来比“文化口红”“诗歌唇膏”肯定要方便一些。我只是想，万一他要与哪个女粉丝亲昵一番，吹出的气是“抹嘴肉”的浓郁味道，是不是很妙呢？

“宽巷子不宽、窄巷子不窄”

如果说三千年成都是一本大书，那么宽、窄巷子就是它的装订线。

无论从建筑还是文化角度，成都正处于南北影响的交汇区。宽巷子、窄巷子曾经是清代“满城”辖地，旗人千里迢迢离开干燥的北国来到潮湿多雨的蜀都，难免滋生怀乡之思，修筑家宅时，他们采取了北京四合院的形制。为适应本地气候条件，建筑兼有北京四合院气韵和成都城市民居的风味，形成独特的穿斗式房房相连四合院住宅，成为两种地域建筑文化融合的生动表现。有鉴于此，宽巷子、窄巷子虽是两条平行的巷道，却与大慈寺、文殊院一起并称成都三大历史文化保护街区。

辛亥革命后改满城为少城。少城在作家李劼人《死水微澜》中的描述，犹如一个城市的精神原乡：“一个极度幽静的绿荫地区”，“是一个极消闲而无一点尘俗气息，又到处是画境，到处富有诗情的地方”。

宽、窄巷子以前叫仁里胡同头条、仁里胡同二条。在一般人眼里，这两条巷子是差不多宽的，何以要加宽、窄区别呢？宽巷子旧时多为达官贵人居住，窄巷子聚居的是平民，显贵住的地方当然是用“宽”，平民住的地方自然就是“窄”了，于是成都民间有“宽巷子不宽、窄巷子不窄”的说法。

少城的街道很像一只摊开的大蜈蚣，而“将军衙门”就是蜈蚣头，长顺街是蜈蚣身体，两边街道就像是百足。长顺街东面为左翼，共19条街巷；西面为右翼，共23条街巷。当时，满城的住宅面积不以亩分计，而是以“甲”计。一甲地，即是一名披甲军人应分得的一片土地。地之大小并不平衡，而是以所隶之旗为等差，其中马甲又略大于步甲，面积大的每甲有七八十平方市丈。但驻防旗人的家庭人口日益增多，两万多满人拥挤在这狭窄的区域内，生存法则迫使他们设法自救。辛亥革命后，满城不再是禁区，平民百姓可以自由出入，有些外地商人乘机在满城附近开起了典当铺，大量收购旗人家产……

宽、窄巷子体现出来的建筑格局与生活方式，恰好体现出了伟大的中道精神。

一个人眼界的宽窄决定了世界的大小。一座城市胸襟的大小，决定了它的格局。事物体现出来的宽窄、高低、大小、明暗、侧正等等，不过是事物的单方面呈现。孔子的智慧来源于他对以往历史的总结，他不但看到了“允执其中”，还了悟到中道的高度。通过对此的继承与提升，孔子提出的中道精神，由此达到了中国人认识世界的最高境界。

中庸不是毫无观点，不是和稀泥，更不是骑墙派。汉代学者早已经洞悉了中庸才是构成世界和谐的大秘密。大学者郑玄指出：“名曰《中庸》者，以其记中和之为用也。庸，用也。”“庸”也就是“用”的意思。《中庸》通篇所讲都是如何把握中道，如何在实际中使用“中”。由此而观，民国初年宽、窄巷子的居民开始改造住房，同样深刻体现出了中道精神对建筑造型的潜移默化。

在成都平原，城镇民居分前店后宅、店宅两地、多店一宅诸多形式，并且以前店后宅为正宗。民居几乎每个院落都有井，供生活之需。由于是房房相连式，当要扩展时，便向纵深方向发展，呈“日”字状。两旁耳房不砌墙，作为交通联系通道，同时下面做成下水道。有的耳房侧加建为厕所，可供上下院落使用。富裕人家院子下沉，檐口落水处砖砌明沟排雨水。一般民居则利用地势自由排水，只在院角处做集水口统一由阴沟排出。这些院落皆不过分追求美轮美奂，宽敞、通风成为其建筑美学的宗旨。

有关学者也指出，宽巷子、窄巷子的四合院平面形制规整，中轴线明显对称，房房相连，檐口相对较宽，结构为穿斗式，天井面积较大，为采光演变为院落。据测量，天井与房屋面积比例约为1 ∶ 3，比北方四合院略小，但比云南的大……这些布局充分体现了成都平原民居的固有特点。

宽、窄巷子里的四合院，一改北方四合院建筑立面肃穆规整的特点，墙面朴素，台基低矮，一般为一步。屋身也较矮小，屋顶坡度平缓，坡度多为四至五分水。铺小青瓦，每开间有二至三片“亮瓦”，房屋上部梁柱间有只用竹篾片编织分隔的部分，便于通风。屋脊平直变化少，也没有屋檐装饰。柱间围护墙采用了川西平原特有竹编夹泥墙。厢房多设为单层。这可以看出，宽、窄巷子住宅既保持了北京四合院的方正严谨，又因势利导予以变通，因而别具风味。

从外部通道来看，成都宽、窄巷子保持了北方胡同的空间形态。但宽、窄巷子的长度仅为200余米，宽度3—4米，少了些北方胡同的曲径通幽、别有洞天的悠长韵味。何况民居将胡同作为公共场所，煮饭、洗衣、纳凉、小孩游玩等等都在胡同、院坝进行，街区是民居的感情交汇场，小小的街道则完全成为公共空间，比较起高大厚重的北方胡同，更具亲和力。

即使经过多年变故，宽、窄巷子里剩下的大树依然吸引着路人。著名作家叶圣陶先生在1945年3月写下《谈成都的树木》一文。他感叹“少城一带的树木真繁茂，几乎是房子藏在树丛里，不是树木栽在各家的院子里。山茶、玉兰、碧桃、海棠，各种的花显出各种的光彩，成片成片深绿和浅绿的树叶组成锦绣”。如今在水泥森林中生活太久的人们，对老成都的生活韵味有了更深切的向往。人们常常会在宽、窄巷子的茶铺、书吧里喝茶，遥想三千年成都的飞云与雾霭，以及那暖洋洋的慢时光……

2003年，两条巷子由有关单位投入数亿元着手改造。改造后的宽巷子、窄巷子，其旧有的单一居住功能明显得到了置换和丰富，向“文化＋商业＋旅游”为核心的功能转变，其间设置的一些本土文化展示区域，以及那些早已失传或将要失传的古老艺术和文化，成为宽、窄巷子留住往昔时光的明证。

汉朝成都第一位百科全书式的人物扬雄，仿《论语》而成《法言》一书，其理论基础便是中和、中道思想。他在《法言》中表达了中和、中道乃是自然万物发展之道，也是人类社会致治之道，这就是他提出的“立政鼓众、动化天下，莫尚于中和”的思想观点。

建筑蕴含历史与文化，建筑就是文化的雕塑。宽、窄巷子的变迁不仅是蜀文化的结晶，更是三千年成都“道法自然、天人合一”的建筑文化缩影。所以，宽巷子并不宽，窄巷子也并不窄，它们在中和、中道的哲学深处，在大地上予以了赋形与赋性。

2017年秋季的一个深夜，中国作家协会副主席李敬泽，在品完一盅碧潭飘雪之后，说旗人吃花茶，成都人也喜欢花茶；而在宽、窄巷子里品花茶，美不胜收。他手持烟斗在灯火阑珊的宽巷子一边缓缓散步，一边接受记者的采访。在他看来，宽、窄巷子灿烂的灯火已然照亮了周遭的黑夜，在这一刹那的通透中，已经不可能去考察墨汁与色彩的差异了，他甚至来不及去字斟句酌地营造语境。他必须说出的是，从高唐神女的云鬓到薛涛流淌着岁月黄金光芒的披发之间的共性与异性；从司马相如精骛八极的大赋，再到杜甫对成都的精微写实，这些都仿佛被天府大地间的中道所统摄着、宰制着。就如同芙蓉花、梅花突如其来地出现在一个拐角，它们之间的色泽差异，在极度纷乱的无序中逐渐回归到阶段性的有序；在极度自由中寻找有律的自在：在中道里回眸自性。恰如《入中论》所云：“净戒沃田中，能生诸功德。享用众果实，相继无断时。”

学者何怀宏在其箴言录《随感》中说：“我赞美达于两极的中道，并使这两极如大鹏之双翼。”苍茫世界的中道，就如同牛头上的一对犄角。有人曾经为宽、窄巷子写过一副对联：上联“深浅宽窄有”，下联“大小方圆具”。宽窄哲学恰恰是中道精神的灿然落地，这是步入成都深处的秘道，由此我们领略一座因水而生的大城，一座诗意叠兴的古城，一座秀美温润的丽城，一座现代时尚的宜居之城。

第44章

彭端淑与锦江书院

锦江风雨读书灯

清中叶以后，四川局势稳定，生产迅速发展，人口高速增殖。兴教兴川，成为共识。锦江书院、潜溪书院、芙蓉书院、墨池书院、元音书院等二三十所书院相继开办，极大地振兴了蜀地教育。

康熙四十三年（1704年），四川按察使刘德芳为振兴蜀学，培育人才，在“郡黉右偏”文翁石室遗址之上，成都府学明住堂后之旁重建讲堂斋舍，取名锦江书院。锦江书院大门楹联石刻“卓尔超罗山第一，豁然见云路三千”等文物至今保留。书院的青石台墀上，有“凤在上龙在下”的雕刻，见证了清代慈禧太后掌权的史实。

刘德芳的《锦江书院碑记》记载：

今建此书院，延访贤士，可为人师者主其席，定课试之约，筹膏火廪饩之资，日与诸生揖让讲习乎其中！将见蜀之士皆蹈德咏仁、追前贤懿轨，上达天子升平文治之功，以无孤我公之教，且以继石室之流风于无穷。俾后之周览学舍，自文翁以来，上下千百余年，其间之建而废、废而兴者，仅公继高公而三。政教盛衰，视乎其人，顾不重欤。送为之记，一垂永久，而告来者。

彭端淑画像

锦江书院成为四川最有声望的学府，“为通省作育人才之所”，开办时，“驰檄各庠，拔取才隽，延师教授之，其时之负笈来游者盖踵”。锦江书院师资和学生质量要求很高，“为全川书院之首，规制崇宏，它无与比，名师较多，人才辈出”。

在教学方面，锦江书院仿北宋王安石创立太学三舍之法。将院生划分为三舍，始入书院学生为外舍，以后每月、每年参加课读考试，成绩优秀者逐年升迁，经内舍、下舍而卒业。锦江书院学生名额，最初正课50人，附课50人，外课根据成绩和正附课人员名额盈亏情况而定，约20人，为候补性质正课月给米一斗五升，银一两五钱；附课生减半；外课生不给津贴，属自费性质。

“先经义而后时文，先行谊而后进取”，是锦江书院的治学方法。书院聘请了当时的经学大师和著名学者主持教学，先后担任讲席的名家有彭端淑、高白云、杨彦青、姜尔常、敬华南、张普生、侯度、易简、杨锡麟、李惺、顾汝修等。丹棱人彭端淑、垫江人李惺，均先后在书院执教20年。锦江书院在乾、嘉时期造就了许多人才。乾隆二十四年（1759年）书院诸生中乡试者十余人，著名的“锦江六杰”——绵州李调元、崇庆何希颜、成都张鹤林、内江姜尔常、中江孟鹭洲、汉州张云谷，均以文章名重一时，都是锦江书院廪生。

当然，人们更不应该忘记伍嵩生。

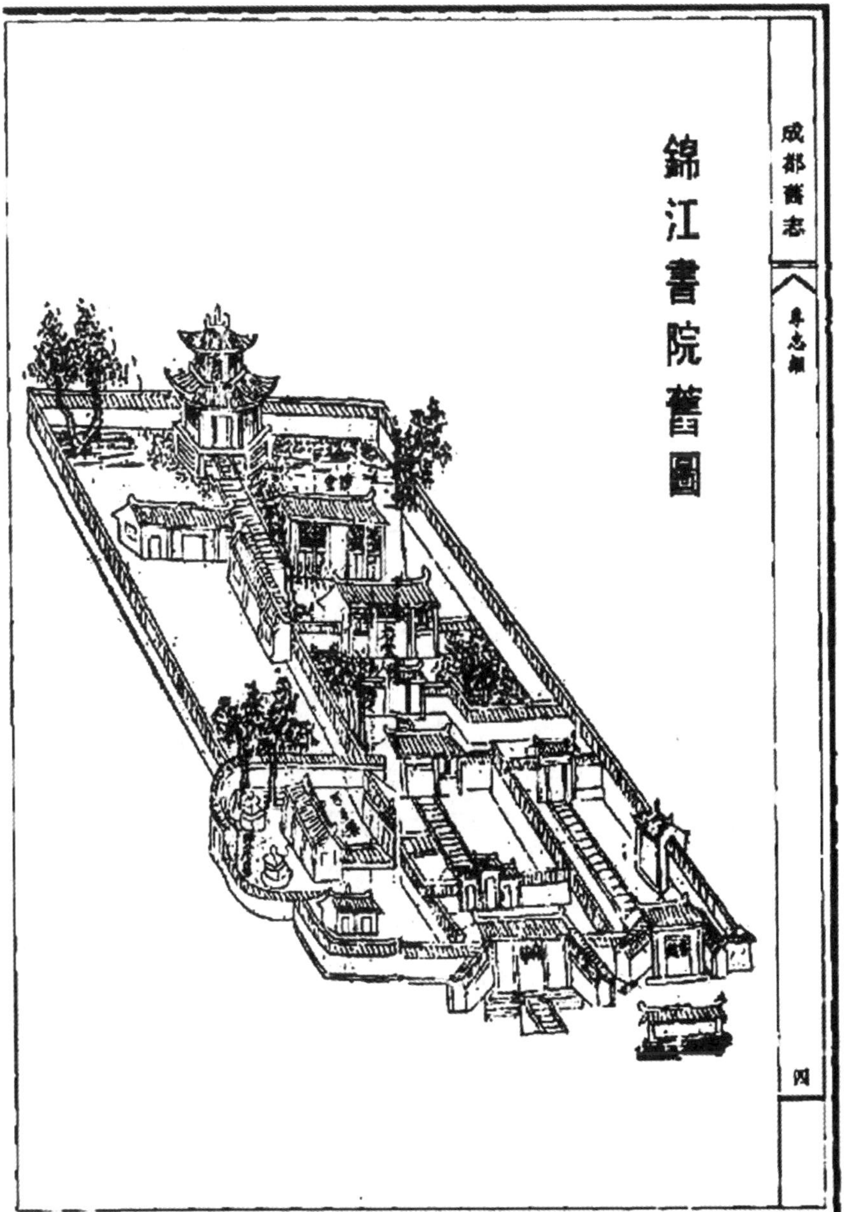

锦江书院旧图。（原载《锦江书院纪略》）

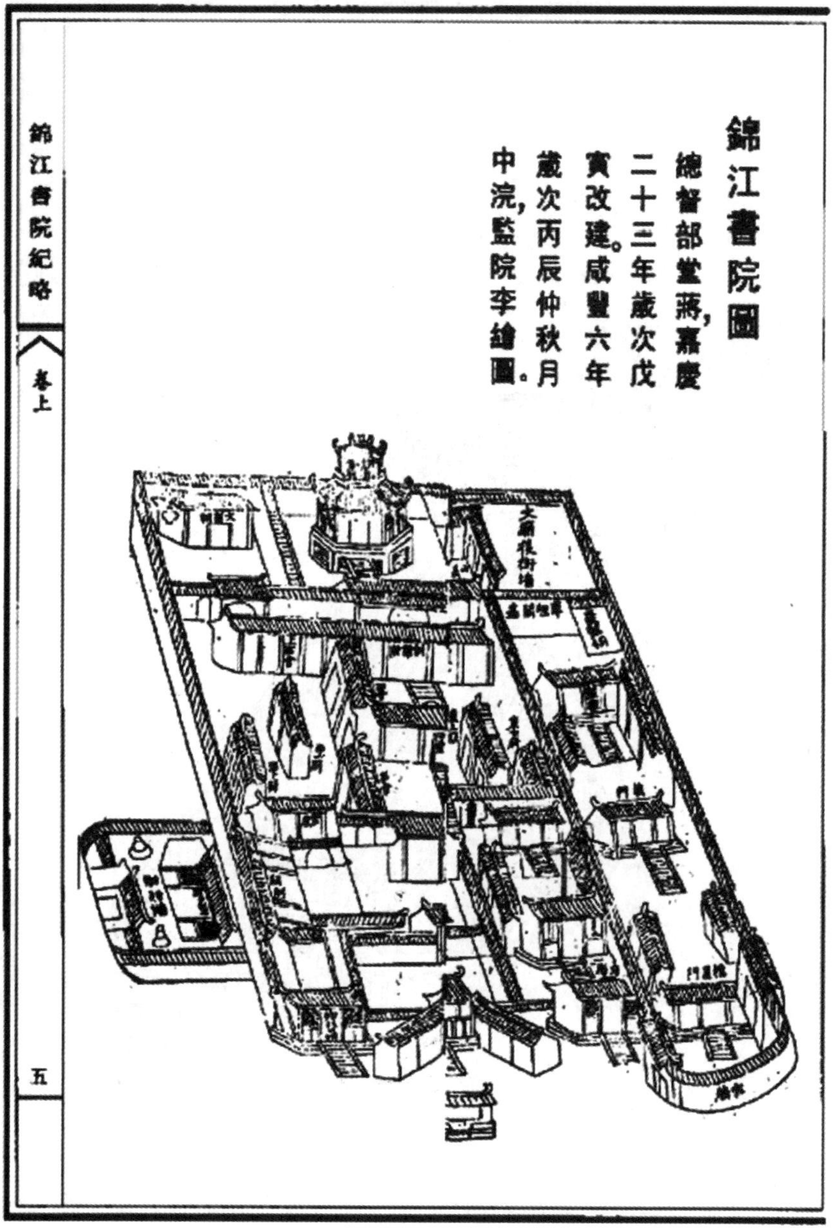

咸丰六年（1856年），锦江书院新图。（原载《锦江书院纪略》）

伍嵩生（1829—1915年），又名伍肇龄，四川省大邑县人。伍嵩生12岁考中秀才，15岁考中举人，18岁考中进士，后进入翰林院散馆任编修一职，人称“伍翰林”，因曾任光绪皇帝的老师，又得名“太师”，名满巴蜀。咸丰十一年（1861年），慈禧太后联合慈安太后、恭亲王奕䜣发动辛酉政变，诛杀顾命八大臣，实行垂帘听政。因伍嵩生在翰林院任职时，曾为八大臣之一肃顺的座上宾，故遭株连被罢黜。遣返大邑故乡后，伍嵩生被乡绅聘到邛崃书院任主讲，后又到成都锦江书院、尊经书院任山长（即校长）多年，时人尊称他为“伍山长”。

伍嵩生与清末名臣李鸿章是同榜进士，后共同在翰林院任职，交谊深厚。李鸿章曾为锦江书院书写一副门联：“天下翰林皆后进，蜀中佳士半门生。”轰动巴蜀学林。从此锦江书院与伍嵩生声名远扬。李鸿章还致电四川总督称赞伍嵩生：“老友嵩生，品高望重，齿喜家贫，诸翼垂青。”

光绪二十七年（1901年），成都锦江书院与尊经书院合并。光绪二十八年（1902年）四川总督奏准在锦江书院原址设成都府中学堂，于尊经书院原址设立四川通省大学堂，旋即改名四川省城高等学堂。

苦学六载不下山

丹棱（古作“稜”）古称齐乐郡，北周置齐乐县，隋开皇十三年（593年）建县，因城北的赤岩山丹红有棱、状若飞旗而得名。丹棱县人杰地灵，名胜极多。著名的丹棱白塔雄伟高大，造型优美，与西安小雁塔极为相似。白塔始建于隋代仁寿年间（601—604年），塔为正方四角攒尖十四层的密檐砖砌建筑，通高近30米。历史上很多名人都曾前往丹棱城西观塔、登塔、咏塔，留下许多赞美诗篇。彭端淑《白塔钟声》云：“塔势壮城西，迢迢入霄汉。钟声出上方，清越随风远。唤醒梦中人，回头思彼岸。”白塔原每级檐角之上共悬挂有72只铜铃，铃随风摇动，发出清脆悦耳之声。塔顶悬铜钟一口，每当早晚，塔内清越的钟声便会随风而扬，聆听“白塔钟声”便也成为地方一景。遗憾的是白塔虽在，但铜钟早已不存了。一句“唤醒梦中人，回头思彼岸”，就凸显出彭端淑卓尔不群的气象。

有学者认为，在丹棱县的人口构成上，比较独特的现象在于：彭姓是该县第一大姓。究其原因是多方面的，但在清朝时，以著名文学家、教育家彭端淑为代表的彭氏家族，对丹棱彭姓繁衍昌盛的贡献应该放在第一位。这个彭氏家族，在清朝可谓文武全才，显赫一时。

彭端淑（1699—1779年），字仪一，号乐斋，眉州丹棱高桥翠笼山（今眉山市丹棱县双桥镇桂香阁）人。彭端淑出生于一个富庶之家。其祖父彭万昆征战多年，在明末被封为“怀远将军”。“怀远将军”为一个武散官名，也就是说没有具体的职事，是朝廷给予的一个优渥待遇，官阶为从三品，级别不能算太低。清初为简州（今成都简阳市）判官。彭万昆以军功著称，后授四川都督佥事。都督佥事是正二品，显然彭万昆得到了明显擢升，不料他坚决不就，决意辞职归家，培养子孙，教育后代。彭端淑有8位叔父，多为举人、知县。在这样的环境熏陶下，彭端淑常受到先辈“崇实黜浮，又宜力学，毋自弃”的教诲，加上天资聪颖，自小展示出颖异的特质。

据说，彭端淑10岁就能写出漂亮的文章。他与兄端洪、弟肇洙、遵泗、端潋就读于丹棱县翠笼山上的紫云寺，得到父亲彭珣、进士出身的夹江名儒王庭诏的教益。他五六年不曾下过山，足以见得彭端淑苦学的强度。及入县学，再得合江籍进士、蜀中制义（八股文）匠手董新策点拨，学业立就，潜心于学，力追古人文心诗魂。

彭端淑诗学汉魏风骨，有陶渊明遗风；文章以《左传》《史记》为圭臬，皆诣极精微，力排空言。可见他后来的成就并不是靠先天的才气，而主要是得力于后天的踏实勤学。雍正四年（1726年），彭端淑乡试中举。雍正十一年（1733年），与弟弟彭肇洙一道荣登进士榜，端淑被授予吏部主事。四年之后捷报频传，二弟遵泗又中进士。彭家兄弟三人，俱以文章声名远播，时号“三彭”。当时与彭端淑兄弟往来赠答的，皆南北名士。其后又有族人端笏、大力、承绪先后中武进士，可谓“彭氏一门六进士，文韬武略震京师”。当然，在“三彭”中，以彭端淑最为著名，影响也最大。

乾隆十年（1745年），彭端淑擢吏部员外郎，次年升吏部文选司郎中。乾隆十二年（1747年）充任顺天（今北京市）乡试同考官。彭端淑为人正直，偶然发现一个叫纪昀的人很有文才，他便不拘一格地量才录用，拔取纪昀为解元。纪昀后来成为一代名臣、文学大家，总编纂《四库全书》，成为清代学术界执牛耳者，他就是民间耳熟能详的纪晓岚。这不能不归功于彭端淑的伯乐眼光。

断案三千件

乾隆十四年（1749年），因为母亲病逝，彭端淑回乡丁母忧，团籍服丧。十六年（1751年）服除后，返京仍任文选司郎中。十九年（1754年），彭端淑擢广东肇罗道（今肇庆市一带）署察使（巡察、考核吏治，主管刑法事务），此地为“三江要口，五州之屏藩重地”。由此开启了彭端淑担任地方官的不凡生涯。

两广总督杨应琚（1696—1766年）十分看重彭端淑的才学，凡是巡边及盘察政务，多委托端淑办理。彭端淑的官箴是“清慎”两字，他恪守于清廉、谨慎、勤勉，每次出巡，随从不过一二人，所至州县，严禁地方官员迎送。遇到处置公务，均是亲到公堂，胥吏不离左右。民间或有不便，悉为经画得宜，舆论翕然。

彭端淑发现，当时省中积案至三千余件，制府顺水推舟，让彭端淑审理。所谓积案，都是案情复杂不好判决的案件，所以一拖再拖，否则早就被前任给结案了。彭端淑不恃击断之能，而是逐一调查、请各县衙官员参与审理……不到一个月，如山的积案竟然俱清，而且僚属皆服其明决。总督杨应琚闻之大喜，引之上座，准备向朝廷推荐彭端淑。

万历元年（1573年），官员李材在肇庆府学宫西侧的鼓铸局旧址（今端州城中路167号的广东肇庆中学西北角），即分巡岭西道署的左侧，创办了端溪书院。端溪本是溪名，处在端州东郊的烂柯山中。由于唐代端溪一带所产的端砚极负盛名，深受文人墨客的喜爱，故李材以“端溪”命名书院。

彭端淑延请名宿何梦瑶执掌书院，严为月课，亲为指导讲授。三年时间里，中试者十余人，当地学风大振。

彭端淑任职广东肇罗道七年多时间里，秉公办案，为民造福，政声卓著。《广东通志 · 宦续》中评论彭端淑：“见者惊服，称神明焉……以儒吏称而又明于讯断云。”蜀人张邦伸在《锦里新编 · 彭端淑传》当中援引了两广总督杨应琚的赞美之词：“以君之简默，疑不足以集事，而所能如此，可敬之至……”①

势头看好，前景灿烂。按理说彭端淑可以继续在官场游走，但一个小小的意外，像一道大光照亮了他的灵台，由此改变了他的价值观。

乾隆二十四年（1759年），彭端淑监督粤西运大米赈济灾民，归途舟行海隅。他一不小心失足落水，幸得船工奋力营救，脱离了险境。经历这一次历险，彭端淑豁然有悟，叹气道：“人于宦途，不满意辄以咎人。此谁挤之者，今不葬鱼腹，天于我厚矣，复何望焉？”他立即做出了一个出人预料的决定：告老归乡。

锦江栖迟二十年

成都之山往往盘踞文气，有“南龙北学”之称，南指龙华山，北指学射山。龙华山在今双流区正兴镇境内，山中原有一座别业，唐朝才子段文昌曾在此苦学，俗谓之“段公读书台”。宋人郭震《题龙华山》诗云：“昔年曾到此山来，百鸟声中酒一杯。最好寺边开眼处，段文昌有读书台。”现名为“龙华山读书台”。

也许“南居”是一种逃离省城里红尘滚滚的人生趋势。更何况，彭家早与双流县有历史渊源。四川历史上唯一的武状元、清代双流县武状元彭

① 张邦伸：《锦里新编》，巴蜀书社1984年版，上编，第344页。

阳春（祖籍犍为县开远乡三溪铺，彭端淑为彭阳春后裔一支系）主编的《彭氏族谱》记载：彭阳春先祖于明太祖洪武四年（1371年）从湖北孝感乡率家迁川，沿途分流。其中：老二彭原，落户丹棱县桑黄坝，该支著名后裔有彭端淑三兄弟；老三彭彦落户在渝州（今重庆市）。老大彭兴，率三子荣卿、应祥、景和，背神像，怀抱公鸡，落籍犍为县开远乡三溪铺，耕读习武传家，后来这一支后裔迁居到了双流县。

乾隆二十六年（1761年）彭端淑毅然返川，居家于成都南郊，建立“白鹤堂”，现属于双流县地界。

据《彭端淑诗文注·附录一·彭端淑年谱》“1764年（乾隆二十九年，甲申），66岁”载：“彭端淑任锦江书院山长，拟定书院学规学约，决意振新蜀学、将家迁至锦江书院附近的一个四合院里，取名曰‘白鹤堂’。其弟彭遵泗常来家叙谈，彭遵泗广为搜集采访，意欲撰写《蜀碧》。”①

当年，时任四川学政陈荃聘彭端淑掌教锦江书院。乾隆二十八年（1763年），四川提督学政博颜额又力荐彭端淑由主讲晋秩为山长（院长）。锦江书院是康熙四十三年（1704年）由四川按察使刘德芳在成都原文翁石室遗址上建立的省立最高学府。在彭端淑的学识、声望号召下，蜀地莘莘学子投之于门下。名士李调元、李鼎元等即出其门下。当时锦江书院有在院学生200人左右，比如张翯、钟文韫等，都是川内秀才以上的人员，学员学费、生活费由清政府拨给该院的学田供给。

双流县彭镇是距离成都市区距离最近的明清大镇，俗名彭家场，地名还有一番由来。

彭镇位于杨柳河畔，始建于明末，原名永丰场，类似人工运河的杨柳河，让永丰场繁华了数百年。杨柳河为岷江支流，自温江区玉石堤分水，纵贯双流区，再从双流区桃荚渡入新津花源，沿牧马山麓流经普兴、金华复流入岷江，是源自岷江又归于岷江。这条河全长60余公里，曾是连接

① 李朝正，徐敦忠：《彭端淑诗文注》，巴蜀书社1995年版，第517页。

温江、双流、新津三县（区）的重要水上通道。清宣统元年的《新津县乡土志》云:（杨柳河）“河面不宽而终年不竭，油、麻、叶烟，舟楫往来相望。”

彭端淑在任成都府锦江书院期间，常到彭镇杨柳河畔视察，见此处风景秀丽，舟楫繁忙，实在是著诗赋文的好地方，于是就在彭镇定居下来，并从丹棱县把家小接到彭镇。后来当地人为纪念彭端淑，就把此地称为彭家场。1912年7月，彭家场开设镇会，正式定名为彭镇。1949年设彭镇乡，1985年3月定为双流县七个建制镇之一。

彭家场杨柳河畔碧水绿树，有“第一桥头”美景，为“双流八景”之一。此桥建于清朝乾隆二十八年（1763年）。时任双流知县徐樾看到杨柳河两岸过河不便，于是下令修建了这座11孔大石桥，上刻有12种动物。彭端淑为此写了《第一桥记》，并且题写“第一春波”4个大字，“第一春波”自此名扬川西。旧时杨柳河直接从金马河开口引水，河面开阔，水运方便，两岸遍种柳树、梧桐、香樟，水运发达，彭家场也成为川西商贾云集

彭琬修《双流县志》提及：“双流古八景”当中，杨柳河畔的“第一春波”

彭端淑在双流区彭镇题写的“第一桥”，在1971年改建为“人民桥”，距离在原“第一春波”30米之处。（蒋蓝 摄）

的大码头。彭端淑在《第一桥记》中有精彩描写：“去邑郭西十里许，有一永丰场，其地膏腴，产稻麦菽麻，蓝淀之属，甲于他邑。市旁曰杨柳河，其水自灌口来，迤逶至江口，汇锦水达于荆楚吴越之间，舟楫往来不绝，四方商贾蜂拥蚁聚。”“第一春波”长桥虹卧逾200年后，1967年该桥进行了重建，改名为“人民桥”。如今大桥的碑记上，注明的时间是1971年7月1日。

彭端淑工诗善文，特点是质实厚重，跨越一代，士林奉为圭臬，尊之为“乐斋先生”。他与绵州李调元、遂宁张问陶被誉为清代“四川三大才子”。但彭端淑的清廉本色一直是他毅然奉行的。他写道：“锦江栖迟二十年，每逢寒食一清然。”在锦江书院执教后，他的生活虽然清苦，但内心更趋于平静无垢。他的湛然心境，在这首《戊戌草·寒食》一诗中予以了和盘托出。

彭端淑晚年教学之余开始为诗，尤以五言见长，题材极为广泛，或忧国忧民，如“忧旱几经旬，农夫心独苦”（《七月十六日》）；或愤世嫉俗，如“深山夜月一声啼，天地有春留不得。今古世事如苍狗，王侯蚁蝼同枯朽，……胡为岁岁啼不住？似含孤愤争自诉”（《杜鹃行》）；或抚时感事，如“骨肉难无故，同怀七剩三”，“何时重聚首，一解忧心愦”（《忆弟》）。

徐世昌《晚晴簃诗汇》谓其诗“取法杜韩，涂辙甚正。盘空出硬语，不肯落当时科臼，自是雅音”。比如他的《薛涛井》一诗，可谓独出枢机：

吾慕宋若昭，才堪宫中师。
惜哉李季兰，芳心不自持。
校书闺中秀，奈何亦若斯。
遗井落江边，千载尚护之。
汲水清且洁，人愿携一卮。
花笺虽失传，想见挥毫时。
唱和来群公，风流世共推。
自古重名媛，在彼不在兹。

彭端淑的文章里遍布警语，开人茅塞。著名散文《为学一首示子侄》仅370字，以四川两个僧人去南海朝圣为喻，论为学之道，立意精警，文字清新，迄今为初学者所传颂。彭端淑在这篇文章中提到了他对“聪与敏”“昏与庸”这些先天条件的看法。他指出：“天下事有难易乎？为之，则难者亦易矣；不为，则易者亦难矣。人之为学有难易乎？学之，则难者亦易矣；不学，则易者亦难矣。”“人之立志，顾不如蜀鄙之僧哉？”这句是《为学》的点睛之笔。作者用反问的形式，道出立志的重要性和必要性。文章昭示一个硬道理：一个人只要有恒心和毅力，艰苦奋斗，就能达到自己的目标；而贪图安逸、坐等条件具备，害怕艰难，就一事无成。由此可见，《为学》也是为人之学。

彭端淑晚年曾有《赠僧》诗一首：“有僧远自蜀中至，赤足蓬头向我鸣。欲刻韦驮镇佛寺，为求巧匠到京城。一瓶一钵随缘募，万水千山背负行。志士苦行能若此，人间何事尚难成。”他在诗题下注解：“四十年前在京师，有僧自眉州至京，刻韦驮一尊背回。苦行如此，用以示警。”很显然，这个眉州和尚就是朝圣南海的穷和尚的来源。

……

乾隆三十六年（1771年），陈宏谋先生因病疏请回乡，得乾隆允准，并加封太子太傅衔，谕令所经处官员二十里内料理护行。1771年6月，船行至山东兖州韩庄时，他病逝于舟中，终年76岁，谥号“文恭”。先生辞世后，其后人第一次重印陈宏谋编辑的《五种遗规》时，乾隆三十七年（1772年），彭端淑应邀于锦江书院特意写了《藏书五种叙》。

他指出：“生其时者，日闻正言，睹正训，莫不各爱其身，而耻为不善。佥壬败类，自顾无所容。其立法之善如此，故其教之成处，则为忠信笃敬之儒而出，亦可以备天下国家之用……”意思是说，生活在那个时候的人，每天所听到的都是正面的言论，看到的是正确的示范和法则，没有谁不爱惜自身德行的，所以都以不行善事为可耻。所有的奸佞和道德败坏者，都无地自容。那时创立的教育法则是如此优良，所以那时候教育成功之处恰在于，培养出来的都是忠诚守信认真恭谨的读书人，这样的人才也可以准备为国家所用。

可是世道变了，人心不古。“自非一朝一夕之故，其所由来渐矣！故曰少成若天性习惯成自然，不易之理也……”可见，世道、人心既然不能指望严刑峻法予以惩罚与规训，那么靠几本圣贤之书，真能有扭转乾坤之力吗？！

估计彭端淑自己也不一定坚信自己说的话了。

在人生的最后20年时光里，彭端淑把心血全部奉献给了成都教育。他一生著述数十万字，诗歌六百多首。结集有《白鹤堂文稿》《雪夜诗谈》《白鹤堂晚年自订诗稿》《白鹤堂时文稿》《粤西杂草》《曹植以下八家诗选》《国朝蜀名家诗钞》等诗文行世。

尽管埋头于教学，毕竟诗人是无法隐匿的，既无法匿身，也没法匿迹，更无从匿才。作为诗人的彭端淑置身在成都的诗歌屋檐下，就像蜘蛛在铺设自己的道路。诗人多多少少对自己有所隐瞒，因为蛛网是漏光的，不是镜子。但在旁人看来，蛛网是燃烧的，它在前所未有的炫目强光下，兀自银丝毕露。

彭端淑《晚年诗序》云："乾隆辛卯四月，乐斋氏题于锦江书院，时年七十有三也。"乾隆辛卯，即乾隆三十六年（1771年），此年彭端淑73岁，由此可知，彭端淑应生于清康熙戊寅年，即清康熙三十七年（1698年）。

据李朝正、徐敦忠《彭端淑诗文注·附录一·彭端淑年谱》（巴蜀书社1995年版）记载，彭端淑卒于清乾隆四十四年（1779年）。其结论依据是清朝王昶《春融堂集·二彭集序》云："辛丑居里，乃始发箧读之，汰其稍近俗者，定乐斋诗文为《白鹤堂集》六卷，磐泉文为《求志堂集》四卷。于是，彭氏兄弟之集，秩然可以传世，而闻乐斋之殁，又以逾二年矣。"辛丑，即清乾隆辛丑年（1781年），而此时彭端淑已去世2年。可见，彭端淑于清乾隆四十四年（1779年）仙逝于白鹤堂，享年81岁。清人张邦伸《锦里新编·彭端淑》指出："（彭端淑）年八十一卒。"

彭端淑没有回到老家丹棱县，也没有在成都安葬，而是安葬在今彭山区公义镇月台村，现在归入了黄龙溪莲花公墓。这样的安排，也留给了我们很多未解之谜。

第45章

今古人思苏廷玉

苏廷玉几月须发皆白

福建泉州市，一年四季满眼苍翠，绿意盎然，街头随处可见横斜的金黄色炮仗花，宛如兀自熔化的黄金，在风中抖开了十万颗金珠。在鲤城区中山路上，火爆的人气与叫卖声似乎又把夜色稳稳托起，形成了一道曲折而灯火斑斓的拱廊。拐入一条石板铺就的老巷道，周围均是燕尾脊结构官厅为主体的五进五开间的建筑群，颇有一种历史的穿越感……这有一栋四合院老宅：苏廷玉故居。门牌标明：通政巷4号。

苏廷玉字蕴山，号鳌石，芦山三十一世，宋代丞相苏颂二十六世孙，泉州同安澳头人，生于清乾隆四十八年（1783年）五月初二。祖父苏国宸开药铺，父亲苏光彩精于医术，遍游江苏、浙江、河北、山东等省，悬壶救世，遵州运例入吏补安徽无为州泥汊河巡检。母庄氏，泉州城内人。廷玉自幼聪颖，好学求进，15岁回乡参加童子试后在同安玉屏书院就读，披吟不倦，考试均列前茅。院长郭韶溪十分器重，曾经说：“此子贫而傲、苦而坚，他日成就岂可量哉！”经他教诲，果然学识大进。

通政巷4号的苏廷玉故居

历史上苦读中举者甚多，但还要具备经世致用的韬略，那就不是读书那么单一了。嘉庆十九年（1814年）苏廷玉登进士，钦点翰林庶吉士，授刑部主事。在刑部任职，苏廷玉细研法律，勤听断，无敢懈怠，审处狱讼案件，廉明公正，得刑部器重而举外任。后判案无数，睛光缕缕，无一错案。

道光十三年（1833年），苏廷玉由山东按察使调任四川按察使署，署（代理）布政使。那时的四川，恰逢一个世事动荡、民情汹汹的大乱世。当年二月，四川越嶲等处的山匪暴起，惊扰内地……朝廷于是命那彦宝、桂涵派兵进剿。受其影响，成都周边的各种势力也蠢蠢欲动。

道光十六年（1836年），苏廷玉擢四川布政使。

布政使为从二品，主要职权有三，第一是承宣政令，就是接受朝廷的政令文件，并下达到本省各厅、府、州、县，并督促其贯彻实施。就相当于如今的省委组织部部长，执掌一省人事大权并负责约束和管辖下属府、州、县官员。同时布政使也要考察各地方官员的业绩，汇总情况，上报督抚、上报吏部及朝廷。

苏廷玉早年读书期间，泉州的郭韶溪山长对苏廷玉的评价是“贫而傲、苦而坚”，这样的性格在他的仕途生涯里，不但没有改变，反而得到了强化。鉴于蜀地匪徒横肆，目无法纪，而来自大邑县的李碑喜等团伙持刀强抢民女，罪恶罄竹难书，廷玉立即捕治正法，保护了妇女人身安全。内地治安稍安，四川边地战火一直未能熄灭。道光十五年（1835年），峨边县匪徒倾巢而出，烧杀抢掠，布政使李羲文督师进剿，苏廷玉于是兼理藩条（刺史，地方官）。眼见财政入不敷出，他慨然捐出俸禄1万两作为军饷，为此受到朝廷嘉奖，赏赐戴花翎。

道光十六年（1836年）苏廷玉升为四川布政使。第二年，四川马边、屏山、雷波等县的暴民再次大肆抢劫内地。四川总督鄂山调兵一万余人，分两路进攻。苏廷玉建议：“军队的数量超过一万人，但总督却不亲自前往，行使职权不统一，恐怕把事情搞坏。”结果呢，鄂山因为年老患病而无力约束，两路兵马最后无功而返。

道光十八年（1838年）三月，恰逢青黄不接日，野菜遍荒滩。成都米价立即暴涨，一斗米由五六百文涨至一千三四百文，人心惶惶，市民争购粮食，尽管绅士捐资平粜，有一天竟然挤死38人，伤者无数。廷玉经查，四川风调雨顺粮获丰收，沿江的湖南、湖北、江西三省近年均有储粮，那么粮丰而米价暴涨，必是奸商囤积居奇所致。他即令各州县巡察乡场囤户，责令出粜，严捕那些趁机拾价者，并打开官仓赈恤省内，速调仁寿、资阳、内江等县仓粮补济成都，平抑粮价。延玉又捐献自身俸银与同僚合捐1万两，买米入城，假为商贩，减价出售。平粜两个月，米价逐渐回落，救活川民无数。苏廷玉为稳定粮价操劳过度，仅仅几个月就须发皆白。成都百姓感谢于此，送来“青天”匾牌，均被谢绝……[①]

清中叶后，四川总督的年俸禄是2万多两。布政使俸禄在5000到9000两左右。四川财政收入属中等，大体在这个区间。那么，苏廷玉已捐出俸

① 蒋才培：《清代四川总督苏廷玉》，载《翔安文史资料·人物卷》，第2页，政协厦门市翔安区文史资料委员会2008年编印。

禄两次近2万两，足可见其人品与官品了。

道光十八年（1838年）闰四月，鄂山调任刑部尚书；七月，鄂山卒，四川总督宝兴调任刑部尚书。当年秋季，苏廷玉署（代理）四川总督，加兵部侍郎衔。布政使由刘韵坷出任。

四川总督苏廷玉官印

有一天，苏廷玉来到武侯祠，走走停停，他若有所思。

《楹联续话·胜迹》载："成都府城外有诸葛丞相祠，旁有台榭，为大僚饮饯公所。苏鳌石廷玉集杜句为楹帖，云：'诸葛大名垂宇宙；元戎小队出郊坰。'"上联出自杜甫《咏怀古迹五首》诗，下联为杜甫《严中丞枉驾见过》诗。元戎：古代的大型战车。《诗·小雅》："元戎十乘。"小队：《杜诗详注》卷十一注："小队简于骑从，足见其风趣。"郊坰：泛指城外的地方。《尔雅·释地》："邑外谓之郊，郊外谓之牧，牧外谓之野，野外谓之林，林外谓之坰。"

而存留在武侯祠的还有一联，为苏廷玉的另一集句楹联：

兴亡天定三分局，今古人思五丈原。

此联至今镌刻于成都武侯祠高标蜀汉君臣"明良千古"的二门。而对于成都人而言，"古人思苏廷玉"也许更为切实。

有人推测，他一定在蜀汉三国的兴亡里，得到了如何处置边地关系的启示。应该知道，著名的赵藩"攻心联"：能攻心则反侧自消，从古知兵非好战；不审势即宽严皆误，后来治蜀要深思，是清光绪二十八年（1902年）才撰书的。

如何予以证明？我们看看苏廷玉接下来的做法。

苏廷玉认为，边地不断骚扰祸患四川城镇，经常成百上千地结成一伙，奸淫抢掠，边区人民陷入水火之中已达十多年，而历任总督虽用“剿”和“抚”两手，但都忙于粉饰自己的政绩，因为他们并不安心彻底了结其事端，予以剿杀殆尽，而是来年合理利用这些矛盾，挥霍军费之余，这些战事又将再次成为加官晋爵的资本。

发现了这一四川官场症候，苏廷玉会同成都将军凯音布与提督张必禄，奏疏陈述详情；苏廷玉还单独具奏，认为四川的赋税很轻，请求朝廷先发放国库300万两供作军饷，四川的赋税规定每一两增加征收五钱，在十年内平均摊还国库。

事实证明，苏廷玉还是天真了。

此奏疏送达朝廷后进行了审议，最后朝廷以动摇人心、大伤元气之名义，痛责苏廷玉等人：降苏廷玉为按察使，并拔去花翎；凯音布、张必禄和桌司多欢一并交刑部严加审议。当时朝廷谨慎谈论出兵镇压之事，更加反对增加赋税，但认为苏廷玉出于忠诚，勇敢奋发，不是那些俯仰随人者所能企及，所以怜其憨厚刚直，只给予降职。

这年十月，适逢贵州仁怀县奸民穆继贤等妖言惑众，召集500人作乱。四川綦江县和仁怀县相邻，綦江知县毛辉凤、外委章泗明，带兵30名，与仁怀县王鼎彝会合捕捉奸民，章泗明恰好遭到匪徒杀害，仁怀县官员欲推诿过失，反以四川的匪徒越界滋事为词，向上级告发。巡抚贺长龄根据这些情报上奏朝廷。苏廷玉也不与之争辩，仍旧发文书派总兵张作功等，进入贵州会同剿匪，并且接济贵州军火，穆继贤终于被绳之以法。论功劳贵州不及四川，苏廷玉也不跟贵州争什么了，他遇事善于顾全大局，类似此例很多。

苏廷玉在川七年，严厉惩办不法之徒，几十个州县的老百姓依赖苏廷玉得以安生；十几万户的饥民依靠苏廷玉的赈恤救济。苏廷玉为官二十多年，政声很好，但因政见不为朝廷赏识，到道光二十年（1840年），朝廷下令“休致国籍三年”。到了苏廷玉离开成都之时，老百姓站满道路两侧，万人垂泪送行，苏廷玉见状，挥泪作别这多难的巴山蜀水……

遥想苏轼《鱼蛮子》词：“人间行路难，踏地出赋租。不如鱼蛮子，驾浪浮空虚……”尤其是前两句，苏廷玉必然感同身受。

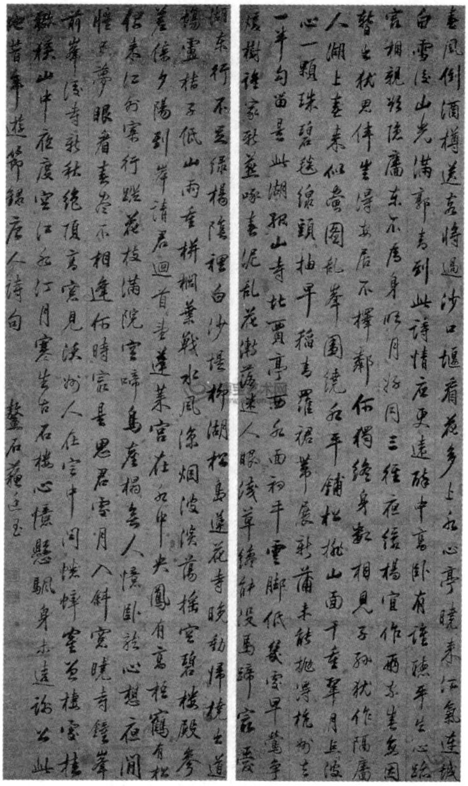

苏廷玉书法

现在，他的眼前是街道上一道道模模糊糊的墙壁。人去了，影在。

影子印在墙上，就像拓片一样，展示人的静穆，以及比时间更为坚韧的力道，楔入石头。其实这不过是旁观者的想象，以及人们想象当事人的力道进入时间的唯一方式。石壁上的那些影子，在他看来，既是对面壁者的命名，也是后世对于历史想象的一次追忆式命名。符号既立，已然有名。但，真的是“有名若有”吗？

这恰恰是想象与虚构，在博弈之间淆乱真实的迷人之处。

苏廷玉悄然而去了。

历史就是如此吊诡！只是让人感到奇怪的是，而像苏廷玉这样一位置身国事飘摇时节的“双清”之臣，除了泉州出于乡贤名人而加以宣传外，在四川出版的近代史人物传记里却没有多少记载，岂非咄咄怪事！

自撰圹志诉说得失

苏廷玉回乡居住了十年，适逢鸦片战争爆发，他毅然变卖土地再次捐资林则徐，积极投身保家卫国之战。道光二十三年（1843年），苏廷玉旅居杭州西湖圣因寺。半生埋首于公事，现在他终于闲下来，于是“乃仿古人生圹生棺之意，自为圹志，事皆纪实”。古人早有如此先例：在活着的时候就给自己写墓志铭，但苏廷玉给自己写总结，读来别有一番滋味。他知道，在自己身故之后，出于为尊者讳，子孙一定会把圹志写得浩浩荡荡充满溢美之词，因此由他自己来写，才是最为正确的表述。

一个人不想生前叙述自己、为自己辩解，而是以独对死亡的方式来坦承误解，让死去评判生的过往：为官清正、为人清白。苏廷玉晚年在泉州捐建的“双清桥”，肯定不同于成都东校场的“落魂桥”，它只会通往一个清明爽朗的地界。

一个人将游弋于世界的目光收敛回来，开始仔细观察镜中的自己，并从中发现许多从未注意到的细节，这一情况一般是中年以后才意识到的事情。而能够持续探究自己的镜像，就会彻底地承认，认命与认输，不过是与人生达成和解的另一种说法。

哲学家冯友兰说：“普通所谓努力能战胜‘命运’，我以为这个‘命运’是指环境而言。环境是努力可以战胜的，至于‘命运’，照定义讲，人力不能战胜，否则就不成其为‘命运’……努力而不能战胜的遭遇才是命运。”

苏廷玉题写的“鳌石”

直到有一天，一个人会发现镜中的自己变得极度的陌生，但他也一并照单收下。而那一天往往是一个大限之时。

苏廷玉之墓位于澳头西北面山麓，圹志有1040字，阴刻于13方石板。他在圹志中说：“人生天地间，有生即有息。”特别对自己任四川总督被降职之事，做了清晰的记叙：“未能筹划万全，忘思归真。”这是错在自己，所以没有怨恨。他将自己任按察使任内在山东、四川的办案情况也都做了说明，并说：“则听儿孙随时损益，附记于后，不能先知也。”

苏廷玉文集封面

他坦承：我这辈子做过的事情就是这些，儿孙要褒要贬，悉听尊便。

思想家李卓吾在南安县故里写有一联，移之于苏廷玉倒也适合：“不必文章称大儒，虽无钟鼓亦观音。”

现在的澳头海滨两块巨石上，还保留着苏廷玉于道光癸卯年（1843年）书写的“鳌石”和“超旷”二处摩崖石刻。字大为48厘米，苍劲有力。[1]

苏廷玉主持镌刻《御纂七经》

学术界认为，苏廷玉并没有留下什么玄奥的“官箴”，但他留下了很多文坛佳话。比如道光十九年（1839年），苏廷玉主持镌刻的《御纂七经》，分为《易》《书》《诗》《春秋》《周礼》《仪礼》《礼记》，工程浩

① 蒋承志：《苏廷玉及其故居墓葬》，载《翔安文史资料·人物卷》，第18页，政协厦门市翔安区文史资料委员会2008年编印。

大，计板片连封面共七千九百六十一块，木架共十四架，雕版存于成都石室文翁祠，由成都书局印刷。那是书院学生的第一必读书，以经科为例，学生第一年“先看《御纂七经》一遍，传、说、义、疏均须依篇点阅”。而在大邑县安仁镇刘氏公馆里，还存有苏廷玉行书八言联等墨宝。

而苏廷玉与顾文光的交际值得一说。

顾文光是成都郫县人，《嘉庆实录》载他出任过常州粮通判；曾于清朝道光六年（1826年）继李景峄之后，出任川沙（地在今上海市）同知，多年为朝廷筹措海运事务。苏廷玉在松江时期，与顾文光交往颇深，顾文光写有《与苏鳌石（廷玉）太守论诗》：

风情触境见天真，巷语途谣太史陈。
生面别开千样锦，匠心独运一家春。
山川随处皆奇迹，鱼鸟忘机岂幻因？
笔底源泉将不尽，胸罗万卷古为新。

盈眸爽气月团栾，拂拭埃尘却最难。
《三百》尽存忠厚旨，《九歌》莫作怨尤看。
能军乃贾挥戈勇，长袖何妨舞殿寒。
独有崚嶒常自笑，不依门户不狂澜。

很多人喜欢第二首，“能军乃贾挥戈勇，长袖何妨舞殿寒”的胸襟与韬略，恰恰是晚清时节民族英雄林则徐“苟利国家生死以，岂因祸福避趋之”的另一种委婉表达。我们无法得知苏廷玉是如何答复的，但在福州“三坊七巷”里，倒是有一幅苏廷玉自题的门联：“南海许垂纶，无日不思鲸浪静；西川曾建节，有怀未报主恩深。”额匾题：“晚晴。”这也可算作他的一个回答。

晚清大儒梁章钜与苏廷玉颇有往来，梁章钜在《归田琐记·卷六·读书》里记录了一段往事：鉴于世风动荡人心不古，已无人认真念书了，“癸卯（1843年）夏间，苏鳌石廷尉廷玉由苏州回闽过浦，余留在北东园中谈燕数日。廷尉寓居城外，早入晚归，尝语余曰：‘余日夕往返不下六七次，而从无一入耳之书声，何也？’余告以浦人近不务读书，同与浩叹……”

梁章钜《楹联续话》还记录了苏廷玉二桩逸闻：“苏鳌石廷尉廷玉曰：‘涿州张桓侯庙联，多状其雄纠语，究属莽夫气象，于尊崇之义未合。’惟方葆岩维甸作直藩时有联云：使君乃天下英雄，谊同骨肉；寿侯为人中神圣，美并勋名。以先主、关帝两人夹出，恰称身分。”由此可见，“持中”方是苏廷玉的仪轨。

《楹联丛话》卷五“廨宇”记载了苏廷玉另一行为：“闻阮芸台先生言，视学山东时，见臬署一对联，极切而佳，句云：‘晏婴齐仁人，一言而溥天下利；孔子鲁司寇，无讼当为百世师。’忘却作者姓名，余陈臬时，遍觅此联不得。苏鳌石廷玉继至，乃为刊榜于二堂，并跋所闻缘起云。”

“无讼当为百世师”无疑是大同世界的境界。由此可见，毕生审案的苏廷玉的理想。

第46章

“国之宝桢”是如何炼成的

蜀江水碧蜀山青，为有源头活水来。那些存留在历史深处的清廉情怀，逐渐在大地上得以赋形。清正廉明以大地的形态，唤起了蜀地别样的情怀。因为伴随唐宋入蜀诗人神驰八极、心游万仞的想象，那些清廉的激情，罡风四合，振翮而起，像白鹭一样在成都平原上空翻飞……

丁宝桢（1820—1886年），贵州织金县人，与曾国藩、李鸿章、左宗棠、张之洞、沈葆桢等人同为“中兴名臣”，做过山东按察使、山东布政使、山东巡抚、四川总督。他为官一生清廉刚正，报国爱民。

丁宝桢出任山东巡抚期间，两度治理黄河水患，创办山东首家官办工业企业机械制造局。出任四川总督期间，整饬吏治、修改盐政，治理都江堰水利工程，整治社会治安，兴办洋务运动。为官数十载，政绩彪炳、深得民心，后来慈禧还题赠他“国之宝桢”，足见朝廷对他的嘉许。

光绪三年（1877年）五月丁宝桢正式调任四川总督。其时四川早已百业破败，官场黑暗，民不聊生。成都官员惊闻丁宝桢赴任，欢迎的队伍足足排了半里之长。结果丁宝桢轻车简从，早已到了总督府。他上任后，艰苦朴素，率先垂范，四川官场由此官风大变，渐渐以俭养廉，廉俭之风日甚。他不畏权势，清正廉洁、缉捕盗匪，整顿社会秩序。

他严劾贪墨吏，澄肃官方之余，源于他疾恶如仇，力主图强御侮。他的到来为疲惫涣散的四川官场注入了一股生猛之力。他借鉴山东机器局的经验，创办了四川近代第一座机器制造工厂——四川机器局。山东、四川机器局的创办，成为两省近代工业的开端。为办洋务，保举了一批“博求通识之士”，如薛福成、张荫桓等。在抵抗外来侵略中有功的长庚、鲍超等，都经丁宝桢一手提拔。

清光绪二年（1876年）九月，57岁的丁宝桢受到慈禧太后和光绪皇帝的接见，被授头品顶戴、太子少保，挂兵部尚书、都察院右都御史衔，升任四川总督。当时四川吏治腐败、财政赤字巨大，慈禧特为丁宝桢写了一幅字“国之宝桢”

成都三官堂本来是一处道教庙宇，也称“三元宫”，供奉天官、地官、水官，庙宇早已荡然无存，只有名字流传下来。十几年前，由于位于三官堂街的碉楼成为“垃圾站”，经媒体报道后，残损破败的碉楼仿佛直身而起，进入到公众视野。碉楼无声，依然印证着四川近代工业的沧桑。

丁宝桢针对四川的闭塞与落后现状，他上折请带山东机器局总理徐建寅等人前往四川，自办机器制造局。丁宝桢曾在山东巡抚任期内，因成立山东机器局并擒杀慈禧太后宠信的安德海，而闻名天下。当时四川“勇营习用洋枪，均须购自上海洋行，且不知修理之法，稍有损坏，即成废物”。有鉴于此，丁宝桢拟将候选通判曾昭吉调至四川，查看情形，开始自办机器制造。

四川机器局于光绪四年（1878年）正式建成投产，是由中国人自行设

图为三官堂仅剩的一座机器局的碉楼。（蒋蓝 摄）

计并施工的早期工业建筑，采用的是传统抬梁式木结构。其时已可生产仿自西方的单动步枪，但其后发展颇为曲折，迟至光绪六年（1880年）后，才进入稳定生产期。其后再经波折，几度易手，但一直没有停止生产。四川机器局主要干的就是仿制国外武器，光绪八年（1882年）就能仿制英国的马梯尼步枪，其后更能仿造加特林机枪、毛瑟步枪、手枪、水冷式重机枪、轻型火炮等，从一定意义上推动四川机械工业的发展。

光绪三十一年（1905年）新建的四川机器局是由德国格兰公司邵尔茨菲力克设计的，采用的是德国建筑风格钢屋架砖墙承重混合结构。一位专家介绍说："当时建新厂（四川机械局）的砖、水泥以及机器等均是从德国进口，同样是由德国人设计的还有光绪三十二年（1906年）在城外东南的高攀桥附近修建的白药厂，不但较早地把西方建筑艺术带到内地，而且反映了洋务运动对四川的影响，具有比较高的价值。"

后来四川军政府成立四川造兵局，下属两个厂。原机器局为第一厂，兵工厂为第二厂。1913年造兵局裁撤，兵工厂定名为陆军部四川兵工厂，原机器局称为兵工分厂。兵工厂成立于1910年，设于四川成都东门外岷江之北三官堂，全厂面积共二百六十亩。

丁文诚公遗像

四川省的机器制造业也始于四川机器局。从19世纪末到20世纪初叶，四川的官办工业带动了一部分官僚、地主和商人投资于近代工业企业。据《四川近代史稿》统计，1891年至1911年间，四川共创办了119个近代工业企业，遍及矿业、制药、印刷、纺织等20多个行业。傅崇矩《成都通览》记载："成都之以机器制造物件者，自丁文诚公督川时创办之机器制造局为始。现在已大加扩充，银圆局、造币厂、劝工局、制革公司、火柴官厂、机器新厂、白药厂、官报书局等继之而起。现在又有商办之印刷公司、文伦书局、电灯公司、攻木公司、自来水公司、造纸公司、天成工厂等，均各办机器，以擅胜场。"

成都兵工厂旁有座碉楼。碉楼上的铭牌显示，碉楼修建于光绪三年（1877年）。2009年8月17日，成都市人民政府将其列为"成都市优秀近现代建筑"。据记载，成都曾经有4座碉楼。如今随着城市的飞速建设，三官堂的碉楼是成都市区内唯一的一座老碉楼。

碉楼共3层，高约5米，底层内径有8米左右，均用大块青砖砌成，墙体厚约2尺。碉楼上留有射击孔、瞭望孔等，第三层设有4个炮台，但碉楼底层的4个孔眼为红色砂岩凿成，均被人用水泥封堵。碉楼顶端长满了杂草，随风摇曳，诉说着沧海桑田的历史。

这里不说飘香全球的著名川菜“宫保鸡丁”[①]，我们看看丁宝桢如何在都江堰水利工地上过生日。

王闿运与丁宝桢是儿女亲家，他在光绪五年（1879年）四月廿六日的日记里，特意记载了一件亲历之事：丁宝桢在成都，时值他六十大寿。他在西南一带阅兵。丁宝桢为了避免幕僚的祝寿送礼，故意留在偏僻的都江堰过生日。王闿运得知后，写诗4首祝贺。他特别在题记里补了一句：“时方劾罢按察。”

这是怎么一回事呢？

丁宝桢亲自主持大修都江堰，是清朝260余年来对都江堰水利工程最大规模的修砌，共耗资10万余两白银，他前后12次来到工地巡视，使得灌溉面积由10县扩大到16州县，从而奠定了都江堰灌区的格局，这一为民造福的功绩令四川人铭记在心。

丁宝桢是恩怨分明之人，龙藏寺开山祖师大朗和尚在清顺治年间曾持钵劝募，治水于都江堰下游，分流灌溉数十万亩农田，造福于温江、双流、新津三邑，多年来在成都一带传为佳话。丁宝桢得知后上疏，为大朗和尚请赐封号，得以恩准，拟勒碑于龙藏寺，以为纪念。而另外一方面，他断然裁撤了以往从事“岁修”的官员，断了他们的“腐败油水”，这就等于坏了官场潜规则。于是一帮利益中人向朝廷告发丁宝桢：挥霍国库。慈禧拿不定主意，命令成都将军恒训予以查实。

恰好第二年岷江发大水，冲毁了部分新建工程。尽管损失不大，并且很快修复了，但恒训仍然坚持上报丁宝桢确有浪费。慈禧大怒，对丁宝桢予以降级，并勒令他与丁士彬赔偿工程超支部分。因此，丁宝桢欠下巨债，这正是他为此支付的工程费，估计有上千两银子。而谁能借得出这样一大笔银子呢？当时成都，除了总督唐友耕，大概四川无人做得到了。为什么在唐友耕病死时，丁宝桢会痛哭失声？这当中恰有天大的秘密，即丁

① 当年丁宝桢用剩下的莴笋丁、花生米、鸡丁等烹饪而成，此菜在很多地方也被誉为“清官菜”。宫保鸡丁与鱼香肉丝、回锅肉、麻婆豆腐构成了川菜里最著名的四大名菜。

《四川成都水利全图》清光绪年间，简阳樊晋锡绘制。（王国平提供）

宝桢未能偿还唐友耕代为垫付的国库银两。多年以后的20世纪60年代，唐家后人偶然在都江堰城边与一当地老人摆龙门阵，对方得知他们是唐友耕之后，老人不停地说：为了都江堰，我向你们鞠躬了！这让唐家后人惊诧莫名。现在看来，老人是知道个中原委的。

在四川努力奔走10年的一代名臣丁宝桢，就这样清风一般而去。

光绪十二年（1886年），67岁的丁宝桢死于四川总督任所。由于俸金多数用于济困助教，宦银只有400两。一代总督灵柩竟然无法归乡，川、黔、鲁百姓无不“思之辄陨涕”，四川官员捐资办理丧事，才使得扶柩回

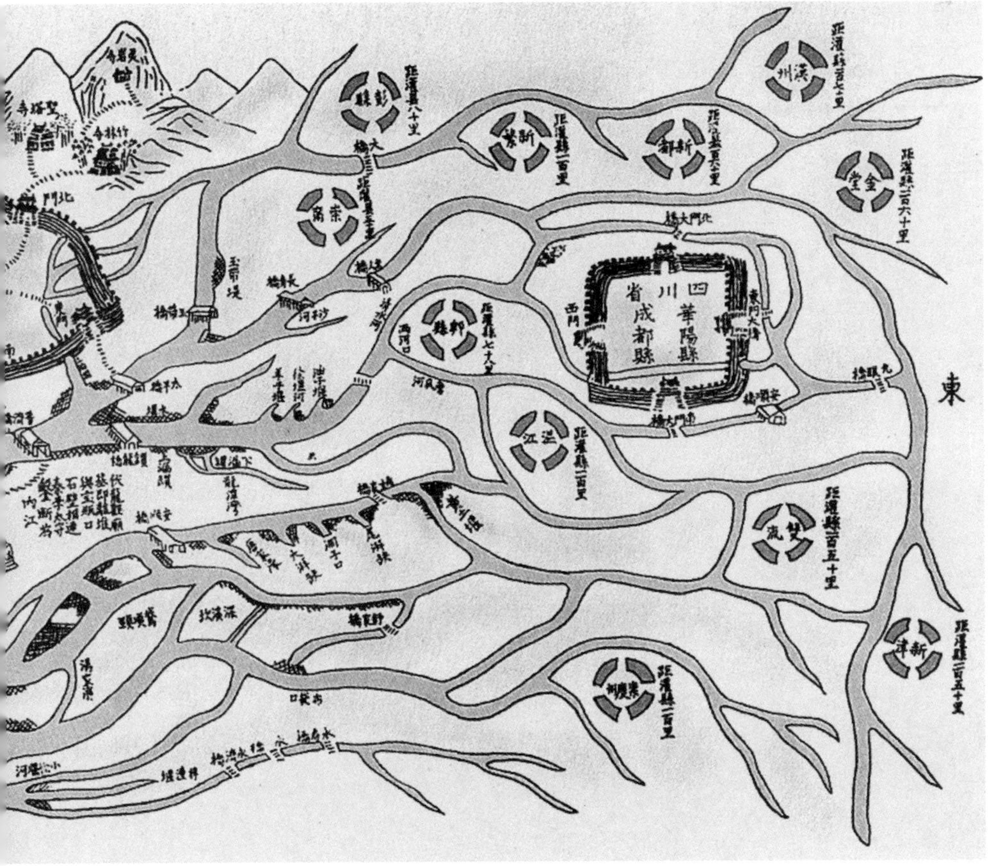

乡成行。

在游人如织的都江堰离堆公园里，挺立着一尊丁宝桢的全身塑像。雕像前总有老百姓敬献的鲜花。都江堰灌区百姓一直感铭丁宝桢的厚德，当年闻其逝世，万众奔走。挥泪集资于二王庙侧，建起一座丁公祠，朝夕焚香叩拜，祠前撰有一联发自肺腑：“东流不尽秦时水，西望长陪太守祠。”

外人不知的是，这位封疆大吏在病危之时，竟然债台高筑。他含泪上奏说：“所借之银（预支的俸禄），今生难以奉还，有待来生含环以报。”光绪帝动容而称“遽闻溘逝，悼惜殊深”。礼部尚书李端芬更是感于其功德胆识情操，把他与曾国藩、左宗棠等推为“中兴名臣”。

人们更应该铭记丁宝桢的一句格言：“读书岂为虚名误，报国须教俗念空。”与林则徐“苟利国家生死以，岂因祸福避趋之”，均属一个民族的黄钟大吕之声。

第47章

王闿运眼中的晚清成都

王闿运像。选自《中国近现代人物像传》

大儒王闿运入主成都尊经书院、开启蜀学新风，这已是学界耳熟能详之事。他睥睨世人，蜀地学人自然进不了他的法眼。在成都期间，他与李蓝农民起义军的“来归者”、后任四川提督的唐友耕（晚清时，四川边地的袍哥老大被尊为“帽顶”。唐友耕即唐帽顶为云南大关人，练武起家，后来投奔朝廷，与李永和、蓝大顺起义军血战，俘虏翼王石达开至成都凌迟）频繁往来，深情款款，这是历来未被史家注意过的一个交往之谜。我们从王闿运的蜀地交往史里，可以窥见晚清成都的诸多实情。

旷代经师廖平

廖平遗像，民国十五年秋摄，时年75岁，载1933年《学衡》杂志第79期

廖平学术曾影响康有为、梁启超等人，其思想曾是戊戌变法的理论基础，对近现代经学产生了革命性影响。其思想学说历经“平分今古”“尊今抑古”“大古小今”“人学天学”等多次转变，最后以“孔经哲学”包容天下一切学术。廖平去世后，蔡元培等人唁电称：“其能汇通百家，冠冕诸子，摧马郑之藩篱，窥周孔之堂奥，而独标新帜，扶坠起衰者，则唯近代经师廖季平氏一人焉。”冯友兰在《中国哲学史》中将其列为经学时代殿军。

2015年新春，由四川大学古籍整理研究所舒大刚、杨世文主编，杨世文、舒大刚、邱进之、郑伟、刘明琴校点的《廖平全集》由上海古籍出版社出版。这部16卷、计600万言的皇皇巨著立即引起海内外学术界强烈关注。2016年6月，在第31届全国古籍出版社社长年会暨2015年度优秀古籍图书评奖会上，《廖平全集》从众多参评作品中脱颖而出，荣获2015年度优秀古籍图书一等奖。这是继课题《宋会要辑稿》接连获得“2014年度全国优秀古籍图书奖一等奖”与“上海图书奖特等奖”之后，又一作品斩获具有全国性影响的高质量奖项。2016年11月，经200多名来自国内外专家背靠背推荐，并由3000万人网络投票评选，《廖平全集》喜获“第二届全球华人国学大典”国学成果奖。

《廖平全集》将廖平之著作分归九类：（一）群经类，收录17种；（二）周易类，收录5种；（三）尚书类，收录6种；（四）诗经类，收录2种；（五）三礼类，收录11种；（六）春秋类，收录16种；（七）杂著类，收录

廖平全集

14种；（八）医书类，收录26种，附6种；（九）术数类，收录4种。另有附录6种，系廖平年谱、传记、学术、评论等资料。《全集》共收廖平专著108种，集外单篇48种。

舒大刚先生认为，巴蜀哲学是巴蜀文化精神的体现，蜀学是巴蜀文化之高度结晶。鉴于巴蜀经学与巴蜀哲学关系密切，巴蜀哲学又往往具有经学的形式，通过对儒家经典的注解和阐释而提出各自的哲学思想。不仅“易学在蜀”，而且恰如吕陶《府学经史阁落成记》云“蜀学之盈，冠天下而垂无穷。其具有三：一曰文翁之石室，二曰周公之礼殿，三曰石壁之九经”。蜀学、巴蜀经学与巴蜀哲学相互包容，在联系和发展变化中体现出巴蜀思想追深、寻真、求变的本质特征。

正是在这样的谱系之下，在清季民初的中国思想界，廖平无疑是特立独行的人物。廖平（1852—1932年），字季平，初号四益，续改四译，晚年号六译，四川井研县盐井湾人，是我国近代著名的今文经学家。廖平去世后，国民政府为其举行国葬，同时为纪念其在经学领域取得的巨大成就，将其出生地“盐井湾”更名为“研经湾”。

一个学人能够在其有限的生涯里“六变”其说，已足让人惊叹。何况这“六变”之中，每一次“变”均充满天才的洞见和精骛八极的想象。廖平首倡以“礼制”来区分今古学的理论，被著名国学大师蒙文通誉为在经学史上具有“划分时代”的坐标意义。

“廖平作为经学家，他以儒家的变易思想为主，同时也吸收了西方的进化论思想，以形成自己的变化、进化的哲学思想。因此，在廖平的哲学思想中，其变化、变易、进化的思想是十分丰富的。廖平认为人类社会是进化发展的，绝非倒退。他主张‘法后王’，与法家的社会历史观相近，因而廖平的思想中有辩证因素。因此，廖平的经学不仅在经学史上有重大贡献，而且在整个近代思想史上都有独特地位。说他是一位百科全书式的学术大师，毫不过誉。”如果说廖平多“变”，尚不足以概括他的特异之处的话，那么廖平愈变愈恢诡奇谲，渐渐成为建构世界的天地之学，才足以显示廖平的卓尔不群与学术胸襟。在这个意义上，经学并非考据与注释，而是经营世界、直抵本源、展望未来的大哲学。

廖平年轻时苦学成癖，有很多逸闻……

廖平祖上既非书香，为人也不聪颖。他天资平平，记忆很差，每天背课之时，他总是结结巴巴，面红耳赤，十分尴尬……后来他发奋苦读，甚至把被盖搬入庙中，像苦行僧清灯伴读，四季不倦。为防懒惰，他常将自己死死捆在桌椅上，日夜不离课桌。

一次和尚馈赠玉米饼，外搭一碟红糖，廖平目不离书，边蘸边食。一会儿和尚来收拾盘碟，只见他满嘴墨污，红糖丝毫未动，而墨盘却被他醮食得干干净净！他16岁时，娶妻李氏，逢年过节，小夫妻回娘家，夫人小脚走得慢，廖平就跑到前面，拉开一段距离后，取出书籍阅读，等夫人赶到，再如法炮制。其意其专，一至于此……他数十年忘餐废寝，“须白齿落”，方成为一代宗师。

考入尊经书院，其貌不扬的廖平很快成为张之洞钟爱的五大弟子之一，与张祥龄、杨锐、毛瀚丰、彭毓嵩同号“蜀中五少年”。

奇妙的是，廖平并没有沿着乾嘉考据之学的道路走下去。他生就了凡事总要追问再三的性格，为学善思，注重独立思考，由思进而养成“好疑”的勇气。他逐渐发现考据之学有注重名物、破碎大道的缺点，考得枝叶而丢失了义理。认为：“经学自小学始，不当以小学止。”（《经学初程》）在打下小学基础后，他不甘停留于小学考据。于是取诸子百家之书读之，又觉义理繁富，别有洞天。

王闿运与廖平都是清末重要的经学大家。王闿运执教成都尊经书院时，廖平成为他最为喜爱的弟子之一。

廖平的经学建构可以概括为6个字：尊孔、弘道、经世。

廖平学术思想以戊戌（1898年）为坐标，可以划分为前后两阶段。前阶段为经学一变、二变时期，以讲今古学为中心，解决经学今古文的问题。一变“平分今古”之说认为今、古文之分的根本不在文字，而在制度；以《王制》统今学，以《周礼》统古学。二变尊今抑古、不信《周礼》，以《王制》遍说群经，主张素王改制，尊孔子、抑周公。这是廖平经学前二变的核心。到戊戌前后，廖平学术思想发生重大变化，不再立“今古”名目，不再谈今古文问题，改说大统、小统。此后虽然还有所谓四变、五变、六变，不过是大统、小统说的继续推演。促成这次重大转变的原因，固然一方面是其自身学术思想的逻辑发展，也部分接受了张之洞、宋育仁等师友的劝告，另外一方面，西学的影响也是其中一个不容忽视的原因。

作为在风云际会的时代孕生的一代思想家，鸦片战争后魏源提出“师夷之长技以制夷”的主张。以“坚船利炮”为主的所谓“夷人长技”，是对“西学”的最初表达。在甲午战争之前，“西学”主要停留在“器物”上，这是西学传播的第一时期。甲午战争后，西学在近代中国的传播进入第二阶段。这时除西学的科技继续传入，西方社会学说也渐次渗透中土。

廖平所在的尊经书院以“通经学古”为尚，教学以传统经、史、小学为主，基本不涉及西学，但廖平仍然可以通过报刊、译书了解西学；另外四川的传教士也赠阅了一些西学书籍。康有为、梁启超、谭嗣同等大事鼓吹西学，改良政治，变法图强。各地纷纷办报刊，成立学会，谈论时务。

成都也成立了《蜀学会》，发行《蜀学报》（1898年5月创刊）。宋育仁、吴之英、廖平是蜀学会的主要鼓吹者，演讲内容分三门：伦理、政事、格致。伦理以“明伦”为主，政事首重群经，参合历代制度、各省政俗利弊、外国史学、公法律例、水陆军学、政教农商，格致则是中外语言、文学、天文、地理、声光化电等自然科学。《蜀学报》内容以谈时务为主，也有相当部分是介绍西学，廖平恰恰是《蜀学报》的总纂。置身一个风云际会的时代，必然孕生思想大家。

廖平的“六变”学说里，最为奇特的是“五变”“六变”。

张之洞曾经将廖平试卷从废纸堆中拣拾出来，拔为府学第一，以优异成绩补廪，又调尊经书院受学。作为张之洞门生，廖平受《劝学编》的影响极大。在廖平看来，当时中国面临的首要问题是如何“保教”。此问题不解决，就谈不上“保种”“保国”问题。作为一位孔子的忠实信徒，他必须严守儒学疆界，站在儒家的立场上去解释世界，力图将西学纳入中国经典的知识体系，将地理知识纳入中国传统的五服、九州、九畿的天下观念之中，从而建立起基于儒家经典的世界图式和解释模式。最后，廖平更是总合天学人学，将《大学》《中庸》《黄帝内经》的“五运六气”视为由人及天的关键，是把握未来世界的枢纽。

廖平的目的是要用中学解释西学，以孔经消解西学的冲击，维护儒学与中国传统文化的主体地位。成书于民国初年的《尊孔篇》，解释“尊孔大旨”有四：一曰守中制（即保存国粹），二曰从微言，三曰尊经，四曰救世。归根结底在于救世。

学者龚西台说：“清朝二百余年，大江南北，学者如林，四川独无一人列入著作之林，可谓大耻。自尊经设立，人才辈出，廖先生龙出乎其类！”可见廖平的横空出世，绝非偶然。

廖平被誉为“最后一位经学大师”，这背后有源远流长的巴蜀文化传统。

汉代巴蜀经学兴起于文景之世，文翁奖励儒学教育，领先全国以“七经”造士（增加《孝经》《论语》），于是七经之学盛行巴蜀，经学大家辈出。两汉巴蜀经学以易学、小学最盛，《诗》《书》之学次之，而《礼》《春秋》《孝经》《论语》之学亦有可观。中原的三皇五帝为具体神灵，巴蜀却改“三皇”为天、地、人；“五帝”也改为白帝、黄帝、青帝等等，具有五行观。巴蜀学者不满当时章句之儒“碎义逃难”“违背孔真”的现象，自严遵始熔《易》《老》于一炉，扬雄创拟经新篇，扬雄仿《周易》而造《太玄》，仿《论语》造《法言》，就与太学传统很不一样，从而构成汉代巴蜀经学独辟蹊径、自成体系之特色。

自古巴蜀出异才。巴蜀文化重在文翁之石室、周公之礼殿、石壁之《九经》。在这样的学术谱系下，不恪守师法，兼容并包，复古求解放，与本土文化关系极大。也就是说，儒家学说与不同地域的文化结合后，就会出现不同的产物。第一，廖平等人的思想继承了巴蜀学人不恪守家法、师法的创新精神；第二，对诸子百家也不偏袒于任何一家，旨在“涵蕴儒释道，会通印中西”；第三，鉴于真正的儒家并不耻于言医，廖平等人甚至把医书、小说、志怪等等熔于一炉，犹如酿制“五粮液”，这也是巴蜀文化特有的治学现象。一言以蔽之，蜀学的三大创造是：地方办学、庙教合一、儒学十三经。

廖平生前写作了大量作品，包括单行本、单篇文章以及部分未发表的抄件。比如，廖平阅读薛福成的《日记》之后，大受启发，在资中的艺风书院教学期间完成了《地球新义》一书，时值“戊戌变法”波及，他怕受到牵连，立即毁掉了初版，后来他又重新予以写作出版。

再比如，当时刚刚翻译过来的美国小说《百年一梦》，廖平竟然读了，还引述过不少内容。由此可见，近代以来，学术上的怀疑经典的学术脉络，后成为影响深巨的“疑古运动”，是经过王闿运—廖平—康有为—钱玄同—顾颉刚发展而来的。“推倒一时，开拓万古；光被四表，周流六虚！”这是廖平自撰楹联，由此可见他宏伟的抱负。

成都宴游以及纵横家的心机

王闿运毕竟是诗人，教学、写作之余，已经被各地官府、文人的宴请弄得有点焦头烂额，但他也乐在其中。既是诗人，风景木头一般不动，乃是纸糊的风景，何况路上佳丽闪动，直入梦境。人一旦动起来，眼前就是内心流动的山水了。

王闿运不但游历了乐山、峨眉、五通、夹江、眉州、宜宾等地，西蜀坝子周边的青城山、都江堰、华阳县、天彭阙、彭县丹景山、新都的桂湖、宝光寺、金堂沱江风光均一一涉猎，留下了不少名篇佳作。至于成都范围内的名胜古迹，诸如洗马池、欢喜院、少城、浣花溪、锦官驿等等，自然不会错过。

王闿运曾经为杜甫草堂工部祠撰有一副对联：

自许诗成风雨惊，将平生硬语愁吟，开得宋贤两派；
莫言地僻经过少，看今日寒泉配食，远同吴郡三高。

这是一番实打实的赞美词，王闿运赞美杜甫道：一生忧怀家国，写下了多少“惊风雨，泣鬼神”的鸿篇巨制，杜甫发自肺腑的愁吟硬语，形成了独树一帜的沉郁苍凉的风格；影响到宋代诗坛，开创了江西以及剑南诗派，多少人薪尽火传，继承你的创作传统。草堂早不复当年旧貌了，如你所慨叹的那样地僻村幽，无人拜访。看看今天，追崇你的诗人黄山谷、陆放翁，已经配享在你的祠堂里，一同受到后人祭扫，远胜苏州的三高祠，声名远播，佳话流传。

这当中，溢美之余，显然暗含有王闿运奔波半生、如今置身偏僻西蜀的无限感慨。

唐友耕有权有势，自然不会放过这些陪同名人“走一遭”的绝好机会，而且他具备“分忧”的技术。

王闿运日记记述道：

> 出城赴稚公草堂之约，城外泥淖，秋色无可观，唯溪水洹洹颇有凉意，无端感触，咏“出门望佳人，佳人岂在兹”之句，正不必情事副风景也。至少陵祠，幕客至者九人，武有帽顶，文则馆师，为二客也，稚公二子均从，唯见其小者。中饭微雨，菊瘦而高，殊不及湘中。①

从这段行文可知，唐帽顶并不在王闿运邀集的人当中，而是强行加盟的“客人”。我估计唐友耕之所以执意前来，是利用这个机会来请王闿运吃饭，以便得到教益。在王闿运心目中，能够与他交谈的人甚少，“唯稚公、季怀可谈”，可惜知己并非能时时见面，他显得兴味萧索。再出成都南门，至宝云庵，访百花潭，终于在二仙庵遇到了尊经书院学生16人，院生之于老师十分尊重，他心情好转，当场赋诗：“澄潭积寒碧，修竹悦秋阴。良游多欣遇，嘉会眷云林。”不知道在这儒者云集的场合，唐友耕有什么表现。我估计应该是颇为有趣的，一方面要道貌岸然，另外一方面又须体现虚心问道的表情。这个戏，真不好演。

唐友耕长久施善，自有报答。在《湘绮楼日记》中，我发现自此以后，他们之间的往来逐渐增多，后来几乎达到隔一两天必有一晤的程度。王闿运办事路过唐府，也要进去稍坐片刻，歇息一番，喝几盏茶再走，已是十分写意的地步了。稍后，唐友耕升为四川提督，应唐友耕之请，王闿运无论如何也要为帽顶写点东西了。

他在赠诗前的“题记”里写道：“四川提督久缺实任，衙门荒芜。唐泽坡新建旗杆，因题为贺，作绝句二首云——”

① 马积高主编：《湘绮楼诗文集》“湘绮楼说诗卷二”，岳麓书社2008年11月1版，第153页。

其一：

锦城烟景静蒙蒙，
二月寒深花市东。
惟有戟门堪跂马，
旗杆吹雨识春风。

其二：

三边无事鼓声和，
五丈高牙树駊騀。
不待晴光薰翠羽，
柳旗阴处飐春多。

朝廷对唐友耕的提督任命是在光绪七年（1881年）初春下达的，唐友耕立即在提督府门前立起了壮硕的旗杆，可以想见他是何等“春风得意马蹄疾”。而在《湘绮楼诗集》里，这两首诗有了标题，叫《旗杆二首》。当年二月廿日的日记里王闿运补记：“昨见提督立旗杆，挽架甚盛，作绝句二首。”诗里均以马为喻，暗示唐友耕脚下所指示的方向有多个，也就是将面临多个岔道。这分明是一种警策，只是不知道唐友耕能否在春风得意之际，明白脚下蛰伏的危机。

王闿运离开成都尊经书院返回湘潭，时在光绪八年（1882年）。新春之际，他给四川官员写了很多感谢信，他自然不能忘怀唐友耕。他的慰问信写得情深意长：

泽坡仁兄军门节下：

三年款聚，厚爱先隆，携取如家，求施不厌。别时既承早饯，又拜多珍，琼玖投难，但歌永好耳。新春受福，四境同康。节度从容，仍开高会。坐少一客，时复相思。

闿运顺水还湘，将春入室，家庭纷冗，酬接疲劳。亡子葬地尚无期，讲舍已将起馆。命中少暇，世上多缘，遥羡清尘，堪推整暇。西云可望，良讯时传。专肃申谢，叩颂双安，并贺年喜。[1]

从内容可知，三年来唐友耕对王闿运礼数备至、尽力结交。王闿运临行，唐友耕一早为他及家人准备了丰盛宴席。推想起来，应该必有锦江码头送别一幕。

王闿运在光绪五年来蓉于年底返回湘潭时，唐友耕也来码头送别。当时王闿运向唐友耕借款“五百金”，用于支付尊经书院的公车费。其后日记里，记载了还款事项，但后来又向唐友耕借400两银子，自此王闿运飘然东还湘潭，未见还款。可见，唐友耕为尊经书院做了点儿贡献。

挥手作别。春水明媚凝脂，烟光梦田含翠。置身锦江码头，思接千载，知锦江之高义；逝者如斯，念崇丽之无尽。自此之后，他们再未谋面。

从宋育仁在陕西街失窃案看王闿运断案

老师的生活态度，不能不反映在他对弟子的看法上。尊经书院的学生众多，最突出的是廖平、宋育仁（芸子）和杨锐，才俊中有“院中八景”之称[2]。但是，有其师未必有其一成不变的弟子。

王闿运认为“富顺才子”宋育仁的文章最好，日后必有大作为。与对廖平的态度相左，他更喜欢这个纯朴而恭谨的学生，他甚至爱屋及乌地把对宋育仁的看法讲给别人听，暗示宋育仁经济情况不佳，何况遭受了一次意外变故。

宋育仁遭到了什么“意外变故”？《湘绮楼日记》没有详细记载，但从王闿运的书信中就可以得知真实情况。

宋育仁（1858—1931年），字芸子，号芸岩，晚号复庵、道复，四川

---

① 马积高主编：《湘绮楼诗文集》第二集“笺启卷第五”《致唐帽顶》，岳麓书社2008年11月1版，第194页。

② 见丁治棠《仕隐斋涉笔·卷七》。

自贡市仙市镇（原属富顺县）人。新学巨子，维新思想家、一代杰出报人。宋育仁初读尊经书院时，尚住在陕西街旅社里。某天突然被窃贼光顾，盗走了他本就菲薄的行囊衣物，这让他大受刺激。

从王闿运致宋育仁的回信来看，显然宋育仁写了一封给老师的致谢信。从礼数上，王闿运对学生的处境深表同情，但对他某些天真的想法不以为然，加之他“语多悔愤”，更鉴于“儒者处世未能坦怀而多有物累”，于是写了这封长信予以开导。开头就讨论了由小及大之“贼”，王闿运宛如老吏断案，采用了顶针回环之笔法，烘云托月：

> 今世政废久矣，尝以数大臣共守江南名都而忽然被盗，又尝以七卿四相诸司数千百人共守一京师而忽然被盗。天下之有四川，四川之有省城，省城之有陕西街，陕西街之有客店，客店之有宋孝廉，宋孝廉之有衣箱，衣箱之有衣，诚不可云太仓之一米矣。一旦被盗，而曰有司之责，何其重视有司乃至于此耶？然既告之闿运，闿运固非有司之比也。遣一能缉捕者侦之，而唐提督乃与闻其事焉，非其无因而横相干也。唐提督侦之而惧我之穷其事，则谢曰是不可治，牵涉多矣。吾适有衣可偿，则未知盗者之即为唐提督所遣耶？抑别有有力者主之而不可诘耶？[①]

王闿运明知道这区区盗窃案与唐友耕无关，但他用了一个“大胆的假设”，直问宋育仁：如果这一盗窃案是唐友耕或者另外的大人物主使的，你又该怎么办呢？

接下来，王闿运自问自答，等于告诉了学生一种处世哲学：唐友耕看在王闿运面子上，为你送来了衣物，“受其衣，答其意；不独答其意，我之所求在此也”。那么“偿于盗与偿于官、偿于友、偿于路人，有以异

---

① 马积高主编：《湘绮楼诗文集》第二集“笺启卷第一”，岳麓书社2008年11月1版，第83—84页。

乎？”既然没有什么不同之处，那么唐友耕赠送的衣物，不但是可以接受的，而且是必须接受的。王闿运干脆挑明了实质：他不是重视你宋孝廉，而是重视我对他的看法。这也体现了湘人在礼仪上的深湛觉悟。

因为唐友耕渴望结交儒者名士，你明白了他这个目的，也应该投桃报李，而不应该一味谢绝，否则这就等于辜负了对方的一片好意。

但王闿运对宋育仁退回唐友耕赠送的数千银两却大加赞许。“辞其银，示之义；不独示之义，且以杜其后日无穷之求与一时自得之一意，以为凡武人、官人而有财者，必意揣天下之儒生、文人皆好利而忘义。故凡与世人交，不可受其铢两之赠，非矫激也，受之则彼轻我而交不终，亦全交之道也。……”

王闿运语气一变，总体分析了学生的举动：“两俱受之，两俱还之，如吾弟今日之所为，亦绰绰有余。而至谓其无重士之道，与悔其往见之辱，这大谬于情，而亦不安于义。”

通篇数千字里，这是一段分量最重的训诫！

该如何安顿“情”与“义”？

因为宋育仁认为，唐友耕送礼之举是有违“重士之道”，而且他竟然认为，自己必然应该去武夫的官邸答谢，就等于让儒者受辱。王闿运毕竟清醒而豁达，又予以谆谆教诲。他认为，唐友耕的“重士之道”还是真实的，不要妄加比附，那些表面上看起来比唐友耕更为敦厚的“君子”，哪天发迹了，“一阔脸就变”了，说不定他们还不如唐友耕呢！

末了，王闿运提醒学生：“海内甚大，斗室甚宽，一日甚长，百年甚促，不求孔、颜之乐，而作窘迫之囚，盖其犹循俗情，未闻通论。”渴望学生将纸上学问与知人论世“打通”的希望，想来对宋育仁是振聋发聩的。

孟轲《孟子·万章上》就称：“一介不以与人，一介不以取诸人。”一介不取，取伤廉，这个意思很好理解；一介不与，与则伤惠。什么意思呢？“一介古来难取与，先生伤惠我伤廉”，但大人先生未必因为馈赠就伤其庞大的储备啊，那正是他们的“义”之所在。宋朝诗人虞俦在《和郁簿述怀古风》里说，“平生一介重取与，邈视不义如云浮”，显然也跟宋育仁一样，均是书生之论。

从这些情况来看，贸然送礼的唐友耕还蒙在鼓里，尚不知由此引起了师生之间的一番议论。看来，他的送礼结交文士之举，也起到了意料不及的效果。由此，书生宋育仁才开始明白何谓世事洞明皆学问了。

宋育仁与老师的友谊一直保持到王闿运逝世前夕。在王闿运保留下来的书信里，他与宋育仁的通信有十封左右，是尊经书院所有学生中最多的。

王闿运对钱的看法无疑是深得儒者中元的：“残年催迫，门无债主而囊有余金，此足傲曹国夫人，不独夸示画界钦宪也。”

可惜的是，弟子的狷介，并未扭转王闿运的交友眼界。见过大世面的他，长袖善舞，与唐帽顶依然打得火热。以至于他在日记里又感叹应酬之多，使自己不胜其累。那时王闿运的女儿们就像要给他作对一般，妻妾们生产的多为女儿，这让他的经济处境十分不妙，他有四子十女，因而有“多女累于多男也”的感叹，这个子女情况，与唐友耕很是一致。但王闿运坚持了儒者的最后底线，不接受官人的银子馈赠。他不时受邀到唐府，酒酣耳热之际纵横捭阖，纵议天下。他心雄万夫，在致宋育仁的信里曾经自谓：“青油幕看人面，未若鸦片灯前读我书。”让唐帽顶恍如刘姥姥进了大观园，渐知学术妙境。唐友耕后来做出决断，十几个子女不要习武，一律猛攻诗书，少闻窗外事，为此还聘请家庭教师辅导子女。唐友耕为每个子女准备了2000余亩的巨额田产，解除了子女治学无力治业之虞。

饱受战乱的四川在西学东渐大势波及下，蜀地学者开始注重书籍的刊布，当时校对、刊印古籍之风在成都蔚然成风。受此影响，唐帽顶逐渐涉足出版业，后来“大关寿考堂”点校出版的书籍享誉出版界。

王闿运追忆成都

当时王闿运一直在成都与湖南之间穿梭。当他首次去唐府致悼后，再次从湖南回到成都，不久收到张中丞送来的一桌“燕席”。在古语中“燕席”通“宴席”，未必是专指燕窝席，但此处的燕席却是燕窝席，因为晚清四川官场一直有赠送燕窝席的奢华传统。张中丞乃张兆栋（1821—1887年），字友山，山东潍县人，时任四川按察史。光绪十年（1884年）一月十一日的《湘绮楼日记》记载："张中丞送燕席一桌，不知何人所送，而以诒我，不可辞谢，勉强受之。方与吟梅谈宦游物候之诗，高吟欲咏，而人事相扰，有类催租也。此席拟以奠唐泽坡，盖去岁欲祭未果者，家眷既不至，故宜了此一段。梅兰香发，胧月不寒，极佳光景也。"[①]

这暗示了官场"击鼓传花"游戏。一桌燕席送来送去，终于在王闿运处无法再流传了，只好再做人情，但他也消受了其中一部分菜肴，这让他心情大好。

王闿运毕竟是甚重礼仪之人，"此席拟以奠唐泽坡"，于是第二天"辰起至唐家上香"。由此可见，个中情义远非"秀才人情纸半张"可以终结的。可惜的是祭奠场面让王闿运感到有点不妙：他是去专门祭拜唐友耕，发现闻讯而来参与祭拜者不过一二个。他于是被唐家请到别室吃饭，等候诸位祭拜者前来。来的人主要是来追随看望大儒的。既来之则安之，对那些人，大儒是一副可见可不见的神情。

唐帽顶死时，远远赶不上骆秉章死时四川"人民千余，入署一哭"的宏大阵势，但文人周询在《蜀海丛谈》里称，对唐提督之死，成都也是"人争惜之"。

唐友耕死后逾年，由于丁宝桢的奏章："朝廷追念前勋，命附祀占威烈公专祠。旋又命图像紫光阁……公殒甫廿年，宅即易主矣。"[②]就是说，唐友耕挤在前任提督占泰的专祠里分享香火。《清实录》记载，"以保障全川有滟卑大局。予故云南提督唐友耕于四川省城建立专祠。事迹宣付史馆立传。从护理四川总督赵尔丰请也。"这显然是辛亥革命前夕之事，最后到底把唐友耕的专祠建在哪里，无考，我分析是在肥猪市的唐家花园。

王闿运应唐家之邀，撰写了悼念文章。一是《唐帽顶碑》："帽顶，哥

① 马积高主编：《湘绮楼日记》"光绪十年"，岳麓书社1997年1月1版，第1298页。

② 《芙蓉话旧录》，四川人民出版社1986年第一版，第194页。

会头目之称也。唐立功名，官极品，蜀人但知唐帽顶。奸宄不敢发坟，从俗以旌之。”

帽顶之称，不但得到了唐家首肯，也迎合了官场、市井对唐友耕的默许。这让我感到，英国作家威廉·赫兹利特所言“绰号是魔鬼能够投向一个人的最重的石块”论断，对于唐友耕来说，他显然把这石块变成了垫脚石。

唐家后人对我回忆，大墓碑正面，刊刻的是王闿运的一篇具有超级马拉松一样长的标题的道德文章:《皇授建威将军提督云南全省军务节制各镇奏署四川提督额莫克伊巴图鲁唐君碑铭》，是干净利落的制式文字，就像王闿运写过的上百篇针对贵人的“墓志铭”一样，还尽力歌颂了唐帽顶的勇毅与果敢。他罗列出的传主事迹，与《唐公年谱》颇有出入，显然王闿运除了从唐友耕处得知经历，他还利用自己在川广阔人脉补入了新材料，显得较真实:

> 君讳友耕，字泽坡，昭通大关人也，故名大明。年十二，以幼丁入营。父讳仁义，道光初年功拔外委把总。
>
> 咸丰兵寇，滇回叛援。家有名马，厅酋涎焉。侍其迎妇府城，夜往劫。赠公出御，猝婴凶刀。旦归报官，官惧不捕。遂独身寻仇，斩头告墓。亡命金沙，反破其家。侍间复还，携妻负母，奔进两年，豪杰知名。
>
> 蜀寇起时，年二十三。妻黄谓曰:“丈夫当自奋功名。老母有托，毋以妾为累。”径自经死，以壮其志。于是匿母杖剑倚江东行，壮士从者十八人。途出叙州，为寇裹胁。酋首蓝、李夙闻雄武，引为同党，骤相杖任。值官军败绩，俘获守备典史，得以输诚，纵归为验。他日合战，率十八人自拔驰还，即日攻寇，克其八垒，督左营明游击拔为先锋。再战解叙州围，追寇犍为。五战先登，补蓝翎千总。迎母赎弟，安居宜宾，从川北镇占公剿寇富顺，檄署通江守备，领军五百。战马踏井，大营被围，六千人败

绩。单马还救，壁闭不开。夜还斫阵，斩馘数人，寇不敢追。乃曰："贼易与耳。请内外合击，以旗为号。"裂衣裹马蹄，溃围径出。收合散卒，立旗前山。平旦冲围，内外荡决，群寇大崩，追奔百里。蜀军敢战，自此始也。即补守备，赏换花翎。援名山、邛、雅、峨眉，八战并捷。矛伤颈髁，刀断腕筋。天全之役，卧积尸中以免。擢都司，赏额莫克伊勇号，署川北游击。四战肃清省北，解潼川围，补会、盐游击。六战绵州，免补参将，以副将用。将军崇实檄援绵州、眉州、青神，十三战，矛伤右肋，遂复青神。复原官，领九营，立振武军，加总兵衔。

土寇平定。而金陵逸寇石达开率众数十万，走湘、鄂，犯蜀，围攻涪州。急檄赴援，城围已合。诸军屯守，莫敢接战。登陴望阵，逾堞遽下，部卒拥矛推锋直前。围寇骇愕，炮不及发，应时崩摧，平其五垒，获黄纛以徇，追奔四十里。养伤涪城。舁援綦江，奔命叙南，力战江津，诏授重庆镇总兵官，军中受印。防遏屏山、雷波，扼战横江二十垒。寇所至，贪连大众，湘中名将莫敢撄锋。既识唐旗，曾不得逞。往来黔、蜀边，遂人蛮疆，兵食乏绝，乃为书约降。同治二年三月，兵渡大渡河，进紫打地。蕃、汉合势，生俘达开，槛送成都，群帅惊喜。论首功，记名提督，其年补云南提督，军中受印，年二十七。昭通游击长德赍印行营，即君十二岁时所事本统将也。士民闻见者莫不激昂。

明年，统蜀军援黔，合湘军克阶州，赴急巡防，靡有定所。母留成都，被病，将军总督亲王问疾，遣成都知府日视医药。四年冬，于江津行营闻丧，总督奏夺情领军，给假治丧，泣血固辞，乃得解任服阕。诏募新军，驻防川北。又诏援滇，进师昭通，转战恩安、威宁、鲁甸，攻硐岩洞，肃清迤西，特赏黄马褂。过家上冢，凯还筠连。滇回、黔苗钩合倮夷，复陷威宁。围郎岱，据毕节，分屯金沙、赤水，列栅四十三，战平之，兵事乃竣。

散竣闲居，六年无事。颇礼接文士，校刻异书。哀伤元妻，七年始娶。至是有子女十人，治家严整。蜀督丁公励精经武，嘉君有名将之风，特奏署四川提督。君久居蜀都，犹谙俗弊。豪猾连结，俱知踪迹。会党延蔓，未发已惊。终任三年，内无草窃，及其薨逝，奸宄矫虔。丁公诛斩数百人，然后稍静，故知威声所摄，折冲樽俎。又严核驿马，剔除饷折，至今便之。

光绪八年四月朔旦，薨于署任，年四十有六。诏依立功例从优议，恤赐祭葬，荫一子。越四年，录大渡功，图像紫光阁。越二十四年，总督奏陈功绩，诏于成都建祠，国史立传。明年，赵公督蜀，以为长行省皆视石寇为安危，君之功在天下，于是伐石树碑，表著殊勋。

乃为铭曰：于桓将军，壮勇自超。奋起一剑，羁旅奔逃。当蜀军兴，将倨兵骄。湘营善妒，不可战友。将军谦柔，贬居和调。在丑不争，明王请囚。克成大功，绶带儒衣，逡巡退休。有诏起家，江沫安流。卧虎其耽，志在法俄。胡不耆艾，俾终壮猷？峨峨天彭，阙表树楸。如闻喑呜，灵爽孔昭。[1]

在“遇上官作奴、候过客则妓”的官场，唐帽顶见上官如鸡啄米，见异端则是雷霆出击。大儒没有忘记把唐友耕的茶毒生涯拔高到爱国的高度，虚拟其准备抗击外侮，“志在法俄”。写作这篇颂德光荣榜，获得的润笔想来不菲。可惜的是，这个耸立在成都肥猪市一带的墓碑与大坟在1950年拆除时，无人想到拓下王闿运的手泽予以保存，真是可惜。

王闿运尊经书院弟子中以廖平成就最大，但廖平远非倜傥的老师所喜欢类型。廖平口讷，曾漏夜抄写宋人之作，而王闿运是不屑于此道的。某马屁精给王闿运送来一个仕女，王闿运在《日记》里就有“况氏送来一

① 马积高主编：《湘绮楼诗文集》“文卷第九”，岳麓书社2008年11月1版，第316—318页。

婢，神似井研廖生。年十五矣，高仅三尺，即挥之去”的记载，可见廖平的外形多么不符合王闿运的审美。有人推荐廖平管理尊经书院，王闿运也不同意。廖平晚年曾经这样评价王老师：“湘潭长于文学，而头脑极旧，贪财好色，常识缺乏，而自持甚高，唇吻抑扬，行藏狡狯，善钓虚誉。故其学说去国家社会最远。远则遨游公廨，不为所忌，依隐玩世，以无用自全。”[①]学生对老师有这番评价，足以看出师生都在误读对方。

① 见《吴之英评传》，四川人民出版社2011年10月版，第103—104页。

第48章

东校场两起载入近代史的大事

成都日报报业集团位于庆云南街和庆云西街构成的夹角范围之内。2008年前，报社东门正对横跨四圣祠街与庆云南街的成都市第二人民医院。《成都城坊古迹考》记载，四圣祠街的得名，是因清朝时这里的路口有一座祠庙，供奉着孔门弟子曾参、颜回、子路、子游四位圣贤之人，祠庙早已湮没，徒留名字在巷子里低飞。

光绪七年（1891年），加拿大英美会对华传教，已在中国传教多年的美籍传教士赫斐秋（1840—1904年，原属美国美以美会）、加拿大传教士何忠义夫妇、司徒芬孙夫妇、启尔德医生夫妇以及赫尔等一行9人，成为该会来华的第一批传教士。他们于1892年初到达成都，在四圣祠买下一片菜地，光绪十年（1894年）建立了存在至今的四圣祠礼拜堂。

光绪八年（1892年）二月，启尔德、斯蒂文森等外籍医生，开始租用四圣祠北街12号的民房创办西医诊所，名为四圣祠福音医院。这座诊所式医院，也是川西历史上最早的一所西医医院。1914年，这家医院成为华西协和大学医学院实习基地，后更名为仁济医院。1949年由解放军晋绥军区民众医院接管，1950年组建为川西第二医院，1952年正式更名为成都市第

成都校场上正在操练的官兵。（美国人约翰·伯奇拍摄于1900年）

二人民医院。

东校场是老成都的东南西北四个校场中占地最大的演武场，足足400余亩，除南校场修筑较晚外，其余三处都是清朝以前遗留，康熙时期又重建。如今高楼林立，街道仄逼，哪里还有半点校场的空旷影子呢？西校场成为八旗兵的禁脔，东校场则为绿营操练之用。清代四川总督定期对军队进行“大阅”，场地一般都选定这里。此地也曾为华阳县刑场，后因附近民居渐密，嫌煞气太过炽烈，到清朝中叶后，砍脑壳的制度威仪就移到了北校场。

当时武生乡试一度也在此举行。当时有“场列东西，两道文光齐射斗；帘分内外，一毫关节不通风”之句，各截取四个字，书贴演武厅云：

“场列东西，两道齐射；帘分内外，一毫不通。”天然结构，令人捧腹。[①]

在东校场正西一侧，旧有华阳县城隍庙一座，为两进小庙，历代香火不绝。绿营士兵闲暇喜欢到城隍庙去逛逛，不一定要烧香，而是讨口水喝，抽几匹叶子烟，听听那些算命打卦的术士摆“玄龙门阵”。校场规矩很严，中上级武官所带的随身仆从一律不得进场，只能在场外等候，这些人就挤在城隍庙里东说西说。很多官场秘闻、社会消息，就随城隍庙的缕缕青烟飘向了城区的几百家茶馆……后来庙宇改为成都市城隍庙街小学，直到20世纪80年代城隍庙才彻底拆除。如今，在一色仿古的青砖建筑的街面上，仅剩一个“城隍庙街”的名字是真的，抽象的名字与东校场连为一体，那是进入一个城市记忆的路口。

广场是具有意识形态的空间，带有人类的普世价值。无论是意大利的罗马，还是法国的巴黎，或者是俄罗斯的莫斯科，它们的广场一般来说都具有几百年以上的生命史，镌刻下了那个时期的历史车辙。因此，在渴望“大体量”东方人眼里，西方的广场多是街心花园，那里营销着露天咖啡，情侣耳鬓厮磨，根本容纳不了豪情壮志。在古代的中国，所谓广场往往指的是三种类型，一为刑场；二为遗留在各大城市中的“校场”（古代军队的操练场地）；三为皇家贵胄坟墓前的宽阔空地。可以发现，东西方的广场之喻完全是南辕北辙的。但到了近代，承载制度威仪的校场，也引发过真正的广场暴乱。

东校场发生过两起楔入近代史的大事。

一是清宣统三年辛亥十月十八日（1911年12月8日）的“成都兵变”，仅全省藩库银一项，乱兵们就抢走800余万两。另外一起，则是光绪二十一年端午节（1895年5月28日）震动中外的“成都教案”。1905年，日本学者山川早水来成都考察时，就发现一个落差巨大的现象：街道的一边是市民休闲自得的生活，而另外一边的校场上，士兵却在紧张地跑马射箭，彼此毫无瓜葛。当出现“满城尽带黄金甲”的时候，市民才知道，一

---

① 丁治棠：《仕隐斋涉笔》，四川人民出版社1985年12月1版，第176页。

年一度的会操要开始了。

成都有大量竹枝词浮现于庸常生活的地表，其中一首描绘道："锦城东角列营房，细柳新栽护校场。每当天光初擦粉，数声军乐最悲凉。""初擦粉"的口语韵致，唯有成都人才能在手舞足蹈里体会其莲足的通幽之趣。人们发现，除了会操和比武考试，校场一直就是市民以及脂粉飞舞的游乐场。

大清一朝，成都人到东校场举行传统"打李子"的活动，该活动起源何时无从考查了，应该算是中国城市狂欢序列里甚为奇特的风俗。"光绪五年五月五日"当日，出任尊经书院山长的王闿运恰好在成都，他显然注意到了这一特殊的本地风俗，在《湘绮楼日记》里记录道："端午节……成都俗以今日会儿童于东校场，撒新李子，相夺为戏……"

端午节前后正是李子上市季节，端午节当天，肩挑箩筐售卖李子的小贩，简直无法计数。"向例在城东南角城楼上举行，上下对掷如雨，聚观者近万人。"[①]投掷场地逐渐不局限于城楼，东校场把激情与挑逗铺排开，男人中者多福进财，远处的女人中者多生贵子，形成暴力与媚眼交相辉映的狂欢节。温柔敦厚的成都人，本属"民脆"性的群体，但此举未尝不是一种群体暴力的回光返照，曾有一次超过6万人参加东校场打李子活动的记载……富室家庭的妇女、小孩穿着鲜艳衣衫，站在东城墙上垫足观看。巨大的狂欢气场又带动小贩、算命先生、咸猪手、掮客、刷糨糊的独身主义者、土娼、卖跌打药的跑滩匠，跟着群飞的李子进入了一个旋动的天地。

成都俗语："三个菩萨烧两炷香还莫得你的希望，三个钱一十的李子哪个不晓得你的底子，三只铜眼三只铁眼还不是有三只瞎眼。"鼓起眼睛看李子，四眼相对，就出问题了。

成熟的李子上有一层粉霜，那是由水果表皮或表皮附近的细胞分泌出的一种天然保护物。当细腻如银的粉霜与"初擦粉"构成通感之际，一种发痒的冲动就让这个世风趋于绵软的城市变得情色勃勃，不可遏制。

① 徐心余：《蜀游闻见录》，四川人民出版社1985年5月版，第77页。

从南城墙上俯瞰成都南校场。（美国人约翰·伯奇拍摄于1900年）

也许小小的李子对身体的打击并不能阻止骨头里脱兔的痒意，渴望倒干骨髓的人血脉贲张，他们希望击中额头的李子演变为撞上女子胸部的水蜜桃。再后来，暴力从腰带之下挪移到脑壳，被大力烧开了锅。一个谣言开始弥散。1895年，九眼桥下有一头饮水的母牛，有天竟开口对一个道士说话："洋人留四川，四川闹天干。天干不下雨，百姓要饿死。"这种"反洋"的谣言，更反映了自甲午战争失败后国人的群体心态。如果说这个谣言没有具体所指，那么，第二个谣言伴随李子又开始了凌空低舞："洋和尚专门拐骗小孩，不仅摆人肉宴，还挖小娃娃双眼来制药！"[①]不由分说地痛恨洋人以及他们炮制的一切，成为飞舞的李子必然带出的结论。

历史上多次出现利用谣言来达到政治目的和获得经济利益的例证，有的谣言甚至改写历史进程。谣言可以要皇帝的命。古罗马诗人、先哲维吉

① 郑光路：《百年红十字运动在成都》，四川文艺出版社2011年版，第55页。

尔说:“所有的邪恶中，谣言散播最快。随着速度的加快更加激烈，随着散播面的扩展更有精力。”

洋人立即领教了谣言的杀伤力。

1895年5月28日当天，洋教士斯蒂文孙、启尔德从四圣祠街的英国福音堂医馆前往东校场看热闹。由于人多，拥挤不堪，身着挺括衣服的洋人被推得东倒西歪，衣服上沾满了娃娃们的手爪爪印，这已让洋人怒不可遏了。为了抢得一个便于观赏的位置，洋人牛高马大，发力推开混乱的蚁阵，与几个小孩子发生口角。叽里咕噜，洋人已经出离愤怒了，干脆把几个推搡他们的小孩拉进福音堂教训一番……

听到小孩啼哭，人群漫过来，准备“坐实”谣言。他们高声吼叫:“你们要干啥子?是不是要杀人?洋人算个锤子，有啥子了不起?!”斯蒂文孙、启尔德一见凶猛的口水阵，以为是暴民要伺机行凶，提起手枪冲出教堂与人群对峙。

一个比李子的威力更大的谣言立刻传遍了东校场:在东校场南侧的四圣祠美道会教堂前，一个传教士用奇异的糖果诱哄路边儿童进入教堂，拿来做实验，并把孩子吃掉了……这一幕被好事者一口咬定亲眼所见，说得钉子都要咬断，一言以蔽之，是洋人诓骗儿童并加以陷害。这一嚷嚷还得了，人们放下投桃报李的李子，拿起砖头瓦块冲向教堂。

四圣祠街旧有寺庙，供奉孔门曾参、颜回、子路、子游四位贤达。洋人占据后，本来就使得本土人士窝了一肚子火，于是，民众当晚将教堂、教士住宅及附设的诊所一并捣毁。华阳县知县黄道荣接报后，立即带兵前往弹压。迎接他的是雨点般的石块。黄道荣的轿子立即成了千疮百孔的纸盒子。

及至深夜，在高温的冲力导引下，群众又相率冲到平安桥、城南的一洞桥（今向荣桥），将天主堂和法国传教士住宅捣毁，次日又陆续捣毁了玉沙街基督教传教士住宅、内地会福音堂和陕西街美以美会教堂及诊所等，洋人们不得不跑到当地官员家里躲避这一场疯狂的暴力。而四川的绿营士兵们反洋情绪十分明显，他们或以维持秩序为名阻拦企图进入东校场的洋人，或者趁乱“力踢洋妇”[①]，中国人的宽袍大袖以及扁平的面孔让洋人无法辨认行凶者。

当时成都凡属与教会有关的建筑无一幸免，直到两天以后“教案”方告平息。事后查明，全省捣毁70余座教堂。法国公使施阿兰向清政府开列了一份攻打教堂匪徒的名单，其中有会党首领倪四帽顶、古帽顶、赵老帽顶、谭九帽顶等罪魁祸首。这些“帽顶”是干什么的？他们都是民间组织袍哥各个公口的领袖，这也暗示了四川众多的近代事件中，民间会党历来就是生力军。

“成都教案”共有王睡亭、杨仲牵等7人被判死刑，郭炳辉等17人枷杖充军，政府赔偿了百余万两白银，清廷在巨大压力下将四川总督刘秉璋以下十几名官员革职，尤其是刘秉璋“永不叙用”，由此开创了因教会事件而惩治封疆大吏的先河……从同治二年（1863年）的“重庆教案”滥觞至此，可知四川是中国近代史上反洋斗争最为激烈的省份。这反让人觉得不解：既然清初的四川基本是各地移民而组成的，移民文化落地生根，吸纳蜀地之气，烟草、海椒、蔗糖标举了一省的味蕾之舞，但为何如此反感海外舶来的文化呢？

一年之后，“教案”余波仍然没有彻底得到平息。清光绪二十二年（1896年）九月，法国里昂商会考察团从河内跋涉万里来到成都，他们明白了“教案”的原委后，认为这是上梁不正下梁歪而导致的恶果。法国人承认，成都是“总督刘秉璋的滑铁卢”；“在四川高层官僚，尤其是欧洲人的死地，在四川藩台的合谋下，刘秉璋准备悄然无声地逃出成都。之前刘早已把大部分财产放置妥当，甚至人也离开了省城。此时迪南先生听闻风声，立刻通知北京我公使团，得到公使团支持后，他随即强烈要求北京遣返逃者并通告他对教会的破坏行径……刘秉璋执政期间收敛的大部分财产

① 《光绪二十一年六月二十日总督致美国公使田贝照会》，《洋务教案档》第五册，转引自《四川文物》1992年第4期，第66页。

也被充公用来支付大笔赔款……”[1]

这一说法并不公允。

刘秉璋是安徽庐江人，生于道光六年（1826年），卒于光绪三十一年（1905年），字仲良，谥号文庄。他是进士出身，文人从军，是淮军“平粤”和“剿捻”战争中的著名将领；同时作为李鸿章的弟子和姻亲，他在淮系权力集团扩展的过程当中也起到了重要作用，对淮系集团的成长与发展均做出了积极贡献。此外，刘秉璋精明强干，具有爱国精神和反抗意识，其仕途生涯历任江西布政使、江西巡抚、浙江巡抚，光绪十二年（1886年）出任四川总督，共计9年。在不同的地域内和不同的职位上，刘秉璋针对实际情形因地、因时制宜，采取切实有效措施。

第二次鸦片战争之后，英法联军以进攻北京作为威胁，迫使清政府签订了不平等条约，清政府对英法割地赔款，并增开汉口、九江、南京等地为通商口岸。但在随后的通商和传教中，得陇望蜀的外国商人发现了内陆天府之国的富庶，欲行其利。英国商人立德乐·造固伦已经做好准备，将轮船驶入四川。为维护四川内河航行权，四川总督刘秉璋多次据理阻止，但英商我行我素，双方摩擦渐起。总署得知此事后，就令刘秉璋与英商谈判。总督刘秉璋素知唐承烈善谋略，有干才，决定让其赶赴宜昌，与英国领事就通航一事进行谈判。此时的唐承烈已调入四川任职，对外商的蛮横行径早已痛恨不已，当得知命自己去谈判后，欣然前往。谈判开始后，唐承烈以正义之辞，力驳英商谬言，唇枪舌剑，据理力争。对英商的无理刁难和野蛮行径，巧妙周旋，予以痛击，常常辩得英商瞠目结舌、无言以对。经过反复辩驳，最终迫使蛮横的英商做出让步，达成协议。协议规定英国轮船不得进入四川境内，欲行商业往来允许其雇用我民船使用，得以暂时行通……这些事端使刘秉璋成为洋人的眼中钉。

外国势力介入巴塘引起了“巴塘事端”，尚未解决又发生了“成都教

---

① ［法］里沃执笔，徐枫，张伟译注：《西南一隅——法国里昂商会中国西南考察纪实（1895—1897）》，云南美术出版社2008年8月1版，第149—150页。

案”。尽管刘秉璋左支右绌，但仍旧“我行我素”，他对攻打教堂的群众“疏于弹压，反行纵容”。在此之前，他还以总督的名义发布了告示，指责“外国人利用虚伪的手段来收买中国的土地”，并且规定“今后禁止使用土地‘永租’”两个字。这些作为，对成都同仇敌忾的集体情绪无疑起到了推动作用……

光绪二十一年（1895年），唐承烈调成都知府，上任仅10天，因传教士拘捕成都集会民众，愤怒的群众捣毁成都及府州县教堂70余处，发生了“成都教案”。在帝国诸强的“抗议”下，清政府委曲求全，将四川总督刘秉璋、候补道、周振琼、唐承烈及知县共9人，以“弹压不力”的名义革职。

这一起源于纷争、得到官员默许和纵容的极端“爱国”行动的尾声，远非强弩之末、难穿蜀锦。仿佛是口号停留在高音部的“出神”之态，戛然而止，暴喝者突然失声，销魂时分的塞壬一般，张口无声，它断然抽回了自己的利器。显然，这是“一堆李子引发的血案”，在简阳人方于彬写于民国初年的一首竹枝词里有所反映：“校场撒李翠森森，衢巷遥传笑语声。怕忆昔年仇教事，福音今日已风行。”这就是说，洋人还是洋人，手舞斯的克，头抹司丹康，欧风美雨，福音风行，唯有李子无法再成为飞去来器。

由于“教案”引发全川反洋，“打李子”活动自此被当局严厉禁止。但成都有关端午的童谣流传至今，依然吟唱着那场“李子革命”引发的历史联想：

雁鹅雁鹅扯得长，
一扯扯到东校场。
不宰鸡，不宰羊，
逮个耗儿过端阳。

蜀地方言里“雁”读作“按”，雁鹅即大雁；“扯长”是指雁阵越飞越长，方言里“扯”字动感十足，就像总是扯谎的历史书籍，堆满了扯谎坝。李劼人《死水微澜》中也描绘了东校场投李子的习俗。

由此可见，一个体制的权力空间逐渐让渡于民事，不但可以容纳法律的威仪，也可以接纳万众狂欢，还可能酝酿阴谋与暴力革命。这在某种程度上，也暗示了权力、民事、暴力革命具有相互传染、互成默契的可能。这样的时空位移与互换，在成都春熙路的孙中山广场上得到了更为完美的重叠。它们远非20世纪90年代学者们对西方“广场政治”的鹦鹉学舌，认为对广场宏大叙事的消解，始于1970年以后的坝坝电影、商品贸易与单声道喇叭鼓噪之下的露天交谊舞会。

第49章

宋育仁：四川“睁眼看世界第一人”

晚清以降，面对国困民贫、日趋恶化的国家与民族危机，不少仁人志士对救国救民之策展开艰辛的探索与思考，在灿若星辰的近代探求救国救民之策的历史人物中，宋育仁亦为其中一员。2018年正值宋育仁先生诞辰160周年，亦为戊戌变法120周年，为纪念这位在维新运动中做出杰出贡献的巴蜀先贤，2018年10月10日—10月19日，由文化学者、作家钟永新策划设计的“宋育仁先生诞辰160周年纪念北京展”在诸多友人协助下，于清华大学西门附近水磨社区“前流书店”成功举办，这是自2008年在北京豆各庄读易洞书房举办“消失者”宋育仁先生诞辰150周年首次纪念展来的第二次主题展。

宋育仁素描像。（2016年伍松乔提供）

宋育仁（1858—1931年），四川省富顺县大岩乡（今属自贡市沿滩区

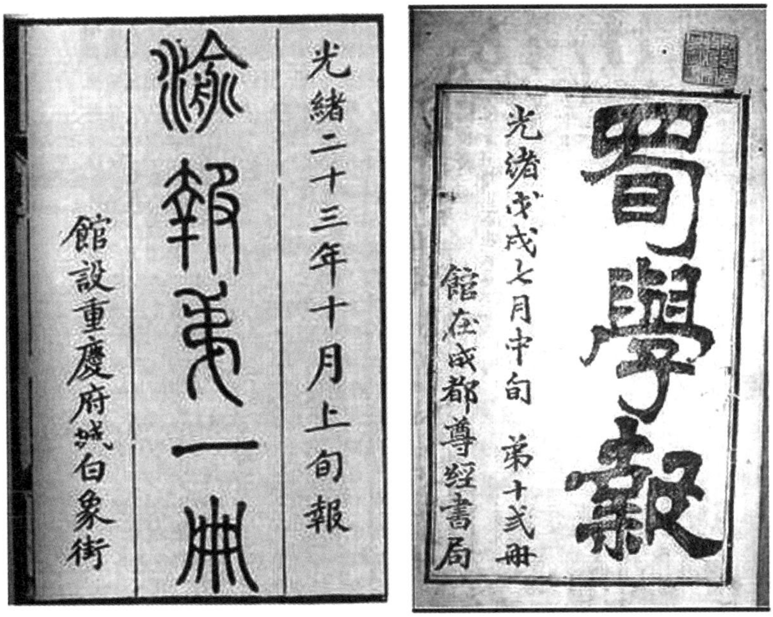

《渝报》与《蜀学报》。（钟永新提供）

仙市镇大岩村二组小地名叫“倒石桥”的地方）人，字芸子，生活于晚清民国期间，人生经历极为丰富。光绪十二年（1886年）中进士后，历任翰林院检讨、驻英法意比四国二等参赞官、四川矿务商务监督、《渝报》《蜀学报》创始人、尊经书院山长、江南南菁学堂总教习、北洋造币总长总参议、学部与民政部等五部顾问、国史馆代馆长、重修《四川通志》局总裁、四川国学院院长、《国学月刊》主编等职。他的一生涉足政界、外交界、经济界、教育界、文化界等多个领域，集爱国者、思想家、维新志士、文化使者、国学家、文学家等多种角色于一身，卓尔不凡，被誉为四川历史上“睁眼看世界第一人”。晚年，宋育仁居住成都东郊“东山草堂”潜心著述，为成都“五老七贤”之一，继续发挥着巨大社会影响力。

宋育仁思想中明显的特点主要有：其一，关注经济、追求富强。他对经济问题高度关注，撰写了大量经济方面的著述，经济思想是他思想体系中的重要组成部分。其二，忌讳空谈，关注现实。他对亟待解决的现实问题尤为关注，如对政体、吏治、边疆、币制、交通、税制、金融、理财、农业等领域存在的问题，进行了深入思考，并对症下药，开出了医治顽疾的药方。

晚年宋育仁虽主要从事学术、文化、教育工作，但他从没有放弃对时局的关注和对国家及民族命运的担忧。可以说，密切关注时局、身怀忧国忧民之心是宋育仁从青年到晚年一以贯之的高贵品质。

北京举行纪念宋育仁先生的读书活动的海报

奇人“短宋”

光绪十二年（1886年），29岁的宋育仁中进士，被授翰林院庶吉士。性格直率、思想活跃的这位四川“短宋”（矮个子），在被守旧派控制的翰林院，难以施展更大的抱负。光绪十五年（1889年），光绪帝亲政、加冠、婚庆三大礼举行，激发了维新派的政治想象与热情。宋育仁献上《三大礼赋》，文名大显。

丁治棠于光绪十五年（1889年）二月十二日日记写道：“……太史宋芸子同年，尊经肄业友也。学博思沉，华藻隽茂，为我辈白眉。闻著《大婚礼成亲裁大政赋》，七千余言，无惭画日巨手。欲先睹为快。知往潘家河源，具礼谒焉。问所写鸿篇，言：‘倩人缮写，竣事当寄观。’叩近日著作，承惠《问琴阁诗集·词集》，既钞本杂体数卷归。浣读一过，生香古艳，直追古作者。自叹望尘不及……”[①]

① 丁治棠：《丁治棠纪行四种》，四川人民出版社1984年版。

五年后他写成《时务论》，其中阐述维新变法主张，倡言向西方学习，并从政治、经济、军事等方面介绍了西方社会的运作情况，引得朝野注目，他因此被称为“新学巨子”。

光绪二十年（1894年），宋育仁以驻英、法、意、比四国二等参赞官的身份，出使英、法、意、比四国。出国期间，他深入考察欧洲各国政治、经济、文化、教育、宗教、风俗等，并与世界著名汉学家理雅各、麦克斯·穆勒多有学术交往，后来写出了在国内引起巨大反响的《泰西各国采风记》。

中日甲午战争爆发时，宋育仁正在伦敦，担任中国驻英、法、意、比四国公使参赞。因公使龚照瑗回国述职，宋育仁暂时代其职务。

有感于国运飘摇，宋育仁在《甲午感事·其一》里感慨：

万马渡辽河，三军夜枕戈。
城亡诸将在，律丧两师和。
伏阙书何用？忧时泪苦多。
节旄真脱尽，归雁望云罗。

宋育仁的塑像、坟墓曾经在三圣乡东山草堂。现在山河巨变，位于东郊高速公路之下。（蒋蓝 摄）

甲午战争一开，清军失利。唯总兵左宝贵力战殉国，而主帅叶志超等“诸将”却弃守平壤，狂奔回国。诗人对此深感愤慨，“城亡！”而“诸将”苟且偷生，依然赧颜在世，可恨亦复可悲！紧接着黄海丧师，日军攻陷威海卫，北洋舰队尽没，清廷派李鸿章赴日订立《马关条约》……最后，宋育仁以苏武自况，感叹“节旄真脱尽”，仰望茫茫天际，恨上书无路，只有“归雁望云罗”。诗歌充分表现了海外孤臣的一片拳拳爱国之心。

宋育仁不会坐以待毙。他上书清廷，指出“倭兵少财乏，持久足以困之”。在获悉清军平壤溃败、黄海海战失利后，宋育仁情急之下产生了一个大胆设想，希望能出奇兵反败为胜。他与使馆参议杨宜治、翻译王丰镐等商议，购买英国卖与阿根廷、智利两国的兵舰5艘，鱼雷快艇10艘，招募澳大利亚水兵2000人，组成水师一旅，托名澳大利亚商团，以保护商队为名，自菲律宾北上直攻日本长崎和东京。计划看似异想天开，可也具有相当程度的可行性。

丁治棠在光绪十五年（1889年）五月二十二日的日记写道：

> 阴。……夜阅《采风集》，至感事诗，因忆宋芸子前说此事，代为扼腕。当芸子使外洋时，正日本入寇，军事旁午。芸子悬心国事，在伦敦晤一水师首领，李姓，华人也。与之言日人犯顺，李为不平，抵掌曰：“此不足平。日人精锐，悉在威海接战，其东南面必孤虚。若得密旨，提我一旅之师，从长崎骤进，直捣东京，出不意，攻不备，克之必矣；即不遽克，而日人闻警，必旋军返顾，清兵乘其退势，尾缀而夹攻之，两面受敌，虽英、俄之大，亦将授首，区区三岛乎？”芸子闻之动心，立可其策。商之正使龚抚台，龚犹豫不敢决。复商于驻英副使，使大然之。合寄电信入京，质于同和翁师傅，翁惊为奇策，当回报密音，宋照办，专候旨下而已。宋、李得音大喜，李便辞英水师事，整顿所造铁甲船与随身劲旅，摩厉以需。候之有日，而旨不下。宋复寄电达翁，翁亦浮沉不答，知事中止。宋、李俱顿足捶胸，惜其坐

失机会，而咎当事者之反汗失言也。宋因此被撤，李亦失洋职，徘徊西海，落落无归，俱以忠愤抱屈不伸。权臣在内，大将无功，古与今如一丘之貉。读宋感事诗，与所闻刘永福保台湾事，今天下人同声一哭！①

宋育仁一边报请朝廷批准，一边又与两江总督刘坤一、张之洞等联系，以取得这些大臣的支持。宋育仁还与美国退役海军少将夹甫士、英国康敌克特银行经理格林密尔等商定：由中国与康敌克特银行立约借款200万英镑、另战款100万英镑，以支付兵船购买费用。经过一系列的努力，其所购舰只，备齐了枪弹武器，各级战斗人员，也已经募集妥善，组成了一支有力的海军，准备交由前北洋水师提督琅威里率领。

事情紧锣密鼓进行着，已是“炮械毕集”。清廷还未通过正式渠道获得宋育仁在欧洲的活动，而此时公使龚照瑗已经返职。龚照瑗查知此事，遂以妄为生事电告清廷。因为清廷已打定主意和日本媾和，李鸿章坚决反对“狂人”宋育仁的举措，而慈禧也认为宋育仁“妄生事端”，立即下旨将购船募兵等事一概作废，同时电召宋育仁立即回国。光绪二十一年（1895年）三月，清廷与日本签署了丧权辱国的《马关条约》，以海外募集水师奇袭日本的计划胎死腹中。宋育仁因“潜师谋废”，败局已定，只能“抚膺私泣，望洋而叹”……在回国途中，他写成《借筹记》，详细记录了事件的经过，一展壮志未酬之情。

在现在看来，宋育仁奇袭长崎之谋可谓惊天地、泣鬼神！虽未能实施，但宋育仁胸怀祖国、置生死于度外的强烈的爱国心应予充分肯定。晚年的宋育仁依然心系天下，忧国忧民，时常发表文章抨击时弊，为民请命，严厉声讨民国年间的黑暗时局和流毒社会的不正之风。

① 丁治棠：《丁治棠纪行四种》，四川人民出版社1984年版。

传播西学、汇通中西的文化使者

知晓奇袭长崎之谋的人对宋育仁深表同情，所以朝廷处理这事也有所顾虑，没再深究，只是收缴了他出使时所赏赐的二品顶戴，降回四品原职，回翰林院供职。

宋育仁出使英国任驻英、法、意、比四国参赞期间，撰写了《泰西各国采风记》，介绍了西方政治、经济、军事、宗教等情况，并与汉学名家理雅各、麦克斯·穆勒等研讨学术，多有交往，扮演了传播西学、汇通中西的中西文化交流使者的角色。之后，宋育仁热衷传播西学，维新运动期间，他亲自为孟德斯鸠名著《法意》作注，写就《法意钞案》一书。

20世纪初，他撰写《经世财政学》《宋芸子先生政法讲义》《政法研究学》等著作传播西学，其中《经世财政学》为当时中国人撰写的为数甚少的经济学专著之一。他主张发展民族工商业、整顿税制、铸造金币、设立银行、发展交通等，现在看来仍具有现实启示。他的银行思想随着经济危机的恶化而日益深化出来：一方面，他阐述了对银行及银行制度的认识；另一方面，提出创办"官银行""国家银行"等一些银行主张，梦想以此来抵御列强的经济侵略，尤其是金融侵略，夺回利权，实现富国目标。

他提出"标在政治，本在经济，故经济思想尤为当时维新运动之根本"。

总而言之，针对盲目学习"制器"的洋务风潮，宋育仁指出：对于西方国家"不师其法，惟仿其器""不揣本而齐末，故欲益而反损"，可谓一语中的。

宋育仁有"谈新政最早，治经术最深，著作等身，名满天下"的美誉。其实他更是身体力行的实干家。

这样的实干家在晚清民国非常罕见。

宋育仁不仅是重视建构思想体系的"坐而言"的思想家，而且还是反对空谈、重视实践的"起而行"的实干家。以其所从事的经济工作为例，除维新运动期间受命回川办理商务外，经济才华卓越的他从事了多种经济方面的工作，20世纪初的他受聘辗转于各地担任湖北土药税务总局督办、江西铜圆厂总办、北洋造币厂总参议等职。宋育仁扮演的角色不止上述几种，集多重角色于一身印证了他是中国近代史上芸芸众生中的少数杰出人物之一，是近代中国努力探求救国强国之路的先进人物。

甲午战争后，他便以“善办工商”之名受命回四川办理商务，于重庆设立商务局，负责全川商业公司的创办事务，并亲自制定“四川商务局招设公司章程十五条”，对拟创建的公司做了详细规划。鼓励华商积极投资兴办民族工商业，主张筹建股份制公司。在他的主持下，四川第一批近代民族工商企业得以创建，四川的民族经济得以萌生和发展，宋育仁无愧于“川渝民族工商业创始人”的称号。之后他主持兴办了一系列实业公司，先后开办洋车、洋烛、煤油、煤矿、玻璃、卷烟、药材等公司，并着手创设了由重庆、上海商人合办的“川省火油公司”，极大推进了四川民族工商业的产生和发展。

因为宋育仁发现，当时重庆的照明主要使用煤油灯，灯用煤油的消耗量非常大。而当时国内不能生产煤油，全都要靠进口。所以他下定决心，一定要生产出中国自己的煤油！

宋育仁造煤油，逸闻极多。

在吴沃尧[①]的《趼廛笔记》里，有这样一则记载：光绪二十二年（1896年），四川总督鹿传霖任命翰林院检讨出身的宋育仁为管辖招商事务的道员，创办重庆招商局。

宋育仁认为，进口煤油运到上海港，再从上海逆长江水路而上，成本非常高昂（当时重庆灯用煤油市价要卖到七十多文钱一斤，约等同于五分六厘银子，按大米的比价折合成现在的货币，大概相当于25元一斤）。

宋育仁找到重庆道的道员，请其协助解决原材料问题。宋育仁负责引进机器设备。在宋育仁的建议下，重庆道道员开始大量采购原煤，煤堆积

① 著名小说《二十年目睹之怪现状》的作者吴趼人。

如山。而重庆市场上的煤便因政府的大量采购而发生短缺，煤价暴涨，民怨鼎沸。英国驻重庆领事馆的领事对此事感到奇怪，便径直跑到衙门里询问重庆道道员："请问大人采办原煤，有何用意？"重庆道道员回答说，是宋观察（道员的尊称）要求收购的，要拿来提取煤油……

吴趼人以"文学笔法"，把这一过程写到了小说《二十年目睹之怪现状》里——

领事愕然道："甚么煤油？"重庆道道："就是点洋油灯的煤油。"领事听了稀奇得不得了，问道："不知宋观察的这个提油新法，是哪一国人哪一个发明的？用的是哪一国哪一个厂家的机器？倒要请教请教。"重庆道道："这个本道也不甚了了，贵领事既然问到这一层，本道再向宋观察问明白。或者他的机器没有买定，本道叫他向贵国厂家购买也使得。"领事摇头道："鄙国没有这种厂家，也没有这种机器，还是费心贵道台去问问宋观察是从哪一国得来的新法子，好叫本领事也长长见识。"重庆道到了此时，才有点惊讶，问道："照贵领事那么说，贵国用的煤油，不是在煤里提出来的么？"领事道："岂但鄙国，就是欧美各国，都没有提油之说。所有的煤油都是在油田里穿井数百丈，开采石油得来的。煤里哪里提得出油来？"

重庆道急了，找来宋育仁质问。宋育仁说："我是听一个宁波籍的商人说的。"

宋育仁找到了那个宁波籍的商人时春甫。时春甫说："这个要去问问看，我不过听得一个广东朋友说得这么一句话罢了，若要知道详细，除非再去找着那个广东人。"

宋育仁催他去找，找了几天才找到那个广东人。那个广东人听了事情的原委大惊失色，说："我是说过要引进榨油机的，打算在清江（在江西省）开个榨油厂。但是我是用花生榨食用油呀！"

仅从这个故事里看，宋育仁是一个“头脑冬烘”的官员。但宋育仁是当时难得的精通洋务的新式人才，而且是不折不扣的“海归”。

宋育仁早年师从洋务运动的领袖人物之一的张之洞。并且在1880—1885年，经学大师廖平写出《今古学考》时，他也写出名著《周礼十种》，其中的《周官图谱》为托古改制提供了学术蓝图。梁启超在《清代学术概论》中认为，康有为的《新学伪经考》和《孔子改制考》中的托古改制思想就渊源于廖平、宋育仁。

定居成都，文传天下

宋育仁在兴办实业的同时，又着手创办宣传变法维新的报刊。光绪二十三年（1897年）十月，他联络杨道南、潘清荫、梅际郇等，在重庆白象街创办了四川第一家报刊《渝报》（光绪二十三年十月上旬报。第一期为木版雕印）。

《渝报》是民营性质的报纸，经费来源主要靠私人募捐和报费收入。宋育仁以创办人的身份捐银1000两，黄肇青捐银1000两，陈紫钧400两，还有潘季约、陈时利、陈时政、陈际补各200两，李耀庭、邹怀西、曹淑珊、李仲壶、颜丽南、徐保森、李紫璈、梅也愚、尊经书院、夏淑轩各100两，刘仁斋、于伯山、蓬州崇、实学堂各50两等，先后共计收到4600余两。

宋育仁任报馆总理，负责报馆一切工作；杨道南任协理，协助宋育仁工作；正主笔巴县潘清荫，副主笔巴县梅际郇，还有翻译一人及编纂、缮校、司账、排字职工若干人。总理以下工作人员全部都有薪水，完全建立起了报馆工作的规模。《渝报》是旬刊，一月出3期，文字用木刻（或木活字版）印刷，纸张用土纸，用丝线装订成册，面积略大于新闻纸的十开本。每册30页（双面），编辑内容的安排次序：一、辕门钞，上谕；二、奏折；三、论文，这是《渝报》的重点文章，除自撰文章外，还转载国内外有关变法图强的著述及有关的章则规程；四、国内外和本省重要新闻；五、重要译文；六、重庆市场各种产品物价表。

光绪二十四年（1898年），宋育仁到成都兼任尊经书院院长，又同杨道南、吴之英、廖平等人组织蜀学会，并用蜀学会的名义出版《蜀学报》。《蜀学报》应是《渝报》的改版，只是报名不同。报馆就设在尊经书院，光绪二十四年（1898年）三月望日正式出版第1期。《蜀学报》总理仍然是宋育仁，协理仍然是杨道南，主笔由吴之英担任，增加廖平任总纂。到了8月初旬出版了第13期之后，发行量增加，每期达到2000册。

宋育仁和渝州同人还利用《渝报》的资源，在重庆改版出铅字印刷的通俗的小型日报——《渝州工商》，推动当时重庆矿务商务。由于宋育仁在重庆创办的《渝报》和在成都创办的《蜀学报》，影响之大，被后人誉为"四川睁眼看世界第一人"和川渝报界的鼻祖。

即便在尊经书院，宋育仁依然心系民族工业，在其倡办下，1898年2月成都仿照日本"东洋车"式样试制了几辆黄包车，在青羊宫花会期举办过"车展"……

1916年，执掌四川国学院的廖平邀同学宋育仁主讲。宋育仁后来继任国学院院长兼四川通志局总纂，在国学院主讲经学，创办"专为发皇内圣外王之道，以见国学之博大精深"文章的《国学月刊》，共出版23期，宋育仁是写稿最多的作者。

十余年间，饱经沧桑的宋育仁，在成都东郊东山由故友赠予的一片浅丘坡地（如今的三圣花乡"幸福梅林"）上，建起"东山草堂"，并陆续建立了果园、莲池。宋育仁借诗自嘲"凭将万字平戎策，换得东山种树书"。一生倔强、不甘寂寞的他从未退隐，半年居乡，半年居城，于无声处进行着文化薪火的执着传递。

在他回到四川的诸多文化举措里，最重要的是他主持修订的《四川通志》。

1911年，中华民国开始。民国三年（1914年），教育部咨令各地编纂乡土志，以作教科书，并供清史馆征用。民国四年（1915年），四川都督胡景伊及四川巡按使（代行）刘莹泽呈请重修《四川通志》，获大总统批转内政部与财政部。民国五年（1916年），教育部合同内务部咨文各地编纂地方志，给予大力推动。民国九年（1920年），四川省省长杨沧白、督军熊克武经会商拟成立重修四川通志局，立案分县派款，聘宋育仁、骆成骧、林山腴等乡贤商榷修志相关事宜。然而，直到民国十三年（1924年），重修四川通志局才于杨森督理四川军务任上设立，宋育仁任总裁。

四川省图书馆新近修订出版的《重修四川通志稿》书影。（王嘉陵供图）

由于宋育仁在政、学界的影响力，自民初启动重修《四川通志》，即成为主持修志最佳人选。民国十七年（1928年），行政院令各省县一律修志，四川省在前数年已筹备重修省志，而宋育仁则已主持编纂重修《四川通志》达4年之久，有了篇幅过半的成绩。

《重修四川通志例言》是宋育仁编纂民国《四川通志》时所拟的一些章程、条例。《例言》收录了宋育仁为编《四川通志》所拟的20篇文字，分别为:《拟修四川通志例言》《论史学方志上》《论史学方志下》《厘订长编初稿略例》《修志审定体例得失旨约》《重修四川通志功课门目》《重修四川通志功课表》《分功规约》《征集处校雠规约》《开始校补功课例略》《修志重言》《校雠程序分门旨约》《分功程序条限续言》《第二期开辑长编分功约说》《长编功课期限列目说明书》《长编功课说明书续言》《修志旨要续约》《拟选四川文征例言》《分致各道县请采访调查表式》《重修四川通志成书成绩表》。书后有龚维锜《跋重修四川通志体例》。这些规章是

《宋育仁文集》书影。（董凌锋供图）

研究民国《四川通志》编纂过程、编纂方法的重要参考资料。[①]

2017年，由四川省图书馆研究员王嘉陵主持，历经两年抢救整理的大型四川省志丛书《重修四川通志稿》，由国家图书馆出版社出版。这部全套共62册的丛书，是民国时期四川唯一一部大型通省地方志稿。尘封80多年的该志手稿首次出版，填补了清嘉庆后至民国前期百年间四川无省志的空白，意义非凡，足可告慰宋育仁之灵。

1931年12月5日宋育仁逝世，葬于“东山草堂”对面竹林之中。此前他自印《借筹记》若干册，临终时嘱托将此书赠予前来吊唁之人，以提醒后世坚持不懈治学图强。2006年，三圣乡政府在“幸福梅林”一带择地重修“东山草堂”并立宋育仁石刻像，为这一著名休闲之处增添了浓厚的历史文化氛围。伍松乔先生撰写一副对联，镌刻在新建的东山草堂门楣上，代表了成都人对宋育仁的敬仰之情：“文章留名非小我，书生入世乃大观。”

① 摘自孙彬主编《四川历代旧志提要》，四川科学技术出版社2012年版，第20页。

第50章

骆成骧与巴蜀文化

骆成骧是清朝唯一一位四川籍状元。

骆成骧，字公啸，生于清同治四年（1865年），内江资中县舒家桥七里沟人，先后就读于锦江书院、尊经书院。他成名后清廉自守，刚直不阿，爱国爱乡，毕生钟情于教书育人，为近现代四川的人才培养倾尽心血，不愧为一代社会良知。在此际回顾他波澜壮阔的一生，具有深远的现实意义。

四川的科举

科举从隋朝开始，到清朝末年废止，一共经历了约1300年的时间，产生的状元有多少呢？据学者周腊生考证历代有名有姓的有671人，仅知其姓的有3人。古代要考个状元真不是容易的事情，完全是靠实力和运气相结合。做一个读书人，走到状元这一步，就像在游戏里打怪物一样，打不过就一直困在这一关，而打过了接下来还有更变态的关卡。反正一个读书人县里考、府里考、省里考、京城考，最后可能要考到金銮殿之上，第一名才是状元。

四川产生状元的黄金时代是在唐、宋，尤其在宋代达到巅峰，有统计四川在两宋时期共出了13位状元。比如中学课本里欧阳修《卖油翁》中写的那位："陈康肃公尧咨善射……"学生一开始读课文的时候，以为陈尧咨不过是一个喜欢射箭的武人，岂知此人是咸平三年（1000年）拿的状元。他还有一个哥哥陈尧叟，在淳化元年（989年）也拿了状元。陈尧咨还有个哥哥陈尧佐，虽没拿状元，但也拿到了进士，加上他们老爹、同样拿过进士的陈省华，这陈姓一家堪称当时四川一地无出其右的学霸家族。

骆成骧60岁留影。（周嗣铨先生提供）

除陈尧咨兄弟外，四川在宋代还出了苏易简、马涓、何栗、赵逵、许奕等状元。其实宋代的四川，真是人才济济，宋仁宗时期，苏洵带儿子苏轼、苏辙到京城考试，都中了进士。本来苏轼是可以拿状元的，当年的主考官是欧阳修，策论的题目是《刑赏忠厚之至论》，苏轼的文章震动了阅卷考官，然后推荐给主考官欧阳修看，恰好当年欧阳修的弟子曾巩也参加了考试，欧阳修觉得这文章可能是曾巩写的，为了避嫌，不敢给第一，于是给了个第二，苏轼也就与状元擦肩而过了。

在宋末元初的战争中，四川大量的精英、文人遭遇灭顶之灾，盆地的这种地理特点，又使得四川文人的恢复非常艰难。结果，等到至正十一年（1351年）文允中拿状元，已经是元朝末年了。四川文人刚刚缓了一口气，就又迎来了改朝换代的战争，文允中也死于兵荒马乱之中。"滚滚长江东逝水，浪花淘尽英雄"，到明朝杨慎在正德六年（1511年）拿到状元，中间又间隔了一百多年。杨慎实至名归，不但当时淘汰众多同辈，也是少有几位至今仍常被提起的状元。至于明末清初的战乱，对四川伤害就更大了，所以这一次拿状元等的时间又更长了，经过了三百多年，到光绪二十一年（1895年）才由骆成骧中了状元，而这时清朝已在内忧外患的狂风暴雨里摇摇欲坠……

必须纠正一个以讹传讹的错误。有人说骆状元出生地不是资中县舒家桥，他也不姓骆，本姓李，生于云南会泽。这些人说，骆状元因而是云南的骆状元。这些说法是完全错误的，骆家由浙江迁至湖北，再迁至贵州，三迁至四川资中舒家桥七里沟（现资中县双龙镇状元村）。骆家迁到资中的祖先名叫骆万钟，从骆万钟到骆成骧，共计14世。

骆成骧，字公啸，生于同治四年（1865年），内江资中县舒家桥七里沟人，他幼年就在资中读书，有很多传说，当然不乏附会成分。比如他上京赴考前，他妹妹叫他采撷“状元红”戴在身上，因而灵验等等。

流传甚远的是，他的祖先骆文廷上山砍柴，看到几只猴子抬着一个死猴，后面跟着一群小猴，显出很悲痛的样子。前面有一只老猴东张西望，终于在一个山坳上选了一个地方，指手画脚，指挥猴儿们刨了个土坑，将死猴埋了，而尾巴露在外面。猴儿们的举动被骆文廷看得一清二楚，他后来请了阴阳先生前去一探究竟。阴阳先生说那是死的猴王，而老猴子有一种天生的堪舆本领，它选的这个地方是弯弯屋基嘴嘴坟，如果人埋在这里，后世儿孙必出状元。骆文廷回家便告诉儿子，他今后死了就葬在那里，后来果然应验，其孙骆成骧中了状元。

有人说光绪帝梦见“二马奔槽”，意为“骆成骧”三字中的两个马旁，“槽”也就是“朝”，此乃贤臣奔赴朝廷效劳之意。而著名画家张大千也对骆成骧中状元的事颇感兴趣，他曾绘了一组《资州八胜图》，在第六幅《三峰毓瑞》的跋语中写道：“三峰在珠江南岸，青乌家言：‘当建三塔像笔架，必出状元。’塔成明年，骆公骕大魁天下。”无论是名家还是百姓所乐道的这些怪谈，自然是子虚乌有的事情，但这未尝不是骆成骧为民所敬的绝好佐证。

骆成骧9岁时，随父亲来到成都，就读于锦江书院。骆成骧很快显露出他“初为文字，即惊宿儒”的才华。5年之后，14岁的骆成骧应州试，考为第一，成为“县案首”，被四川的名儒王闿运所看重。当时王闿运担任尊经书院山长，骆成骧随即入院读书，并拜王闿运为师。

骆成骧家境贫寒，他的日常开支全靠书院发的一点“膏火费”。他省吃俭用，每月还存点钱寄回家孝敬父母。骆成骧有个同学名叫谢泰来，来自四川射洪县，贫困状况与骆成骧差不多，两人惺惺相惜，非常投缘。一次，谢泰来与骆成骧对对联，他出了个上联：“至穷无非讨口。”“讨口”是四川方言，就是当叫花子要饭。谢泰来话音未落，骆成骧豪气地大声应对：“不死总得出头。”由此可见那时莘莘学子穷且益坚、不坠青云之志的豪情。这一对联在书院传为美谈。

谢泰来于光绪乡试后去北京参加会试，落第，担任八旗官学教习。后来应举人大挑，到陕西做知县，民国建立后才回四川。其人物传略收入《射洪县志》。

谢泰来之子，就是后来成为著名的太平天国史学家的谢兴尧先生。谢兴尧，笔名五知、老长毛、尧公等，四川省射洪县人。幼读私塾，受教于状元骆成骧，1926年考入北京大学，于2006年6月23日逝世，享年100岁。他在《堪隐斋杂著》里收有一篇《我的状元师傅骆成骧》，说民国后骆在成都讲学，青年学生很八卦，问他：“状元公是不是要打马游街（当然要了！），若然，是何情形？”又问他：为何不被招去做驸马？成骧一听，很生气，却又无可奈何……[①]

这种表现，印证了我的一个感觉：状元大都死板、没有幽默感。恰如王闿运常对之表示轻蔑的“状元宰相一路人”（他也是亲眼见过状元的）。

不过，清朝的末代状元——这四个字本应属于刘春霖，可常被破折号后面那位占用，几乎约定俗成了——张謇则似是状元中的另类。不要说他做生意赚那么多钱，只说他给人题字，就知道他心思玲珑，长袖善舞超乎侪辈。据杨绛回忆，张謇曾给钱锺书父亲钱基博题字，曰“江南才子”。钱先生兴奋了好久。后来才知道，张謇给江浙一带读书人题字，差不多都

---

① 《堪隐斋杂著》，三晋出版社2011年版，第33—34页。

是这四个字。

从尊经书院肄业后，骆成骧参加了光绪二十一年乙未（1895年）的会试，成为乙未科的进士，随后参加了殿试。殿试当天，光绪皇帝亲自策问。深受变法图强思想影响的光绪，自然不喜欢冬烘先生，强调学以致用。他当时出了有关军事、民生、道德和水利农业的四道考题，骆成骧一气呵成，很快写成文章，这篇应试之文虽然只有1700余字，但却直指时弊，批评官僚机构庞大臃肿、贪污成风，应当整顿朝政、厉行节俭、发展水利和农业。此外，骆成骧还提出皇帝必须亲政，只有拥有权力，才能“转祸为福，转败为功”，这立即应和了光绪不愿意当傀儡，要变法图强的心意。骆成骧的文章被光绪皇帝看中，钦点为状元。

我们知道，四川文脉最盛的地方之一是阆中，唐宋出了4位状元；其次就数资中，宋、清出了赵逵和骆成骧两个状元。骆状元与明代四川状元杨慎一样，都是独撑一省一朝的文脉。

骆成骧中了状元，据说当时就有人不服气。说他殿试对策，有“主忧臣辱，主辱臣死”之语，恰好说到了光绪心坎上，才被钦点。清朝前中期，状元几乎被沿海江浙人包办。贵州于光绪十二年（1886年）终于出了状元赵以炯，到光绪二十一年（1895年）四川也出了状元，读书人高兴，老百姓高兴，还能增强政府的凝聚力，可谓一举多得。

骆成骧及光绪皇帝题写的“状元及第”匾。（周嗣铨先生提供）

“射德会”的消亡

很多人可能并不知道：清代成都，在中国是除北京外最著名的制弓名城。

清代成都制弓业中，以成都西大街武氏“长新弓铺”最有名，与北京“聚元号”齐名，创始人是清朝道光年间的武正福。武正福原是农民，后来拜师于提督衙门外的“骆大兴”弓箭铺门下当学徒，出师后自己创建弓箭铺。武举时代，“长新弓铺”生意火爆。

各弓箭作坊在光绪末年武举停考后，骤然衰落。民国十四年（1925年）成立射德会后，“长新弓铺”在成都西大街复业，年造弓百张，每张弓大洋10元。此外还有老皇城西边金家坝街的“旷复兴弓铺”。

安维胜老师在1986年时采访过时已90余岁的武树森。据老人回忆：他爷爷、父亲都是造弓能手，他本人还参加了射德会的比式，并获得2枚金章及1枚特章。其女武泳华也参加过比赛。武树森当年还常与骆状元等人，在周日到邓锡侯的庆云庵公馆去射箭。

武树森老人还讲：比赛射距男子为28弓（即28个弓身之长，一个弓身长为3尺7寸）；女子为24弓，射“特章”为32弓。弓多用楠竹、核桃木和牛角制成。箭为桦木制成，重一两或一两二钱的用来射远；重一两六钱者，用以射准。其长度分别为3尺、2.8尺、2.6尺、2.4尺。弓采用传统制造法，要经374道工序历时3年才能完成，弓分为8力、10力、12力和14力等级别，一个力合9.4市斤。

20世纪30年代，“中央研究院”和“中央博物院”的学者，曾对东北、西南、台湾等地的民间艺术、手工业进行调查研究。历史学者谭旦冏1942年到成都，在论文中写道：“近年来，全中国制造弓箭的地方，是仅有北平和成都，然而也只是奄奄一息地艰难维持下去。有的有人才而无工作，有的有工作而无销路。全消灭或失传是在不久的将来。成都是一个较为古老的城市，那里聚集了不少的手艺人，它处在新旧技术都能吸引仿效，而且是一个相当能保守的地方……”

谭旦冏先生这里说的“保守”，是赞扬成都能保留传统。但谭旦冏离开不久，成都最后的弓箭铺已近倒闭。“长兴弓箭铺”武树森的后代项婷婷，曾听其外婆说：1942年后，日本飞机疯狂空袭，久享盛誉的武氏“长新弓铺”歇业了……

射德会因资金缺乏又遭乱世，临解放前几年即停止每年比赛，但月课照常。少城公园内仍有射箭摊，供游人一试。

1949年新中国成立之后，射德会活动渐少，但会中高手曾加入四川射箭队。如武树森曾任教练，其女武泳华在1957年全国锦标赛中获女子第三名。1957年“反右”运动开始，射德会解散。

岁月如水，1990年一位日本友人，专程来成都寻觅中华射箭、制箭的根源。

1999年，“亚洲传统弓箭射艺研究网络”的主持人、英国人肃素方慕名到“长兴弓铺”武氏后人家专访，看到了一张珍藏已140年的宝弓。此弓长约1米，弓身用牛骨、桦树皮、竹皮、蛇皮等好几种材料黏合而成……

肃素方深为成都曾有如此精湛制弓工艺而叹服，希望出价2万元将这张老弓买下带回英国收藏。“长兴弓铺”的第四代传人武泳华说：“你出再高的价我也不卖。它不仅是武家的传家宝，更是中国南弓的盖世宝，我们要把它留在中国！”

这篇报道还说：武家后人“希望能够将家中的那把传家老弓送到北京，让它在2008奥运会的射箭赛场上亮亮相，让更多的人了解弓箭这种有着几千年传承的工具和了解成都制造弓箭的悠久历史”。因为“它可是现在国际弓箭的老祖宗呢！”“如果可能，也愿意将它留在中国军事博物馆。”

“穷状元”与“强国强种”

在成都尊经书院苦读期间，骆成骧除了带点米去煮饭，吃的是饭馆里不要钱的“随菜”，就是免费的泡菜……这些经历深深影响了他的性格。

后来流传他的名言是："天下无如吃饭难，世上唯有读书高"，勉励一代代读书人。

骆成骧高中状元后，登门报喜的鞭炮、锣鼓声响彻山野，而他的母亲正在山上捞柴火。他的妹妹对亲戚们讲过，哥哥到18岁了也没有使用过一床蚊帐。"布衣状元"之称的骆成骧清廉自守，不求高官厚禄，至今民间还流传着他的两件事：一件是中举之后，有人建议在他老家修建一座"状元府"，被他婉言谢绝；另一件是骆成骧曾在资中重龙山"三贤祠"设馆教徒，用餐仅有二菜一汤，这让前来拜谒他的地方官员吃惊不小："状元何清苦至此？"骆成骧答："门生有此足矣！"其洁身自爱，甘于淡泊，不取不义之财，节操高雅非常人能及。

他建议在四川高等学校的基础上改立四川大学，还发动大批名流联名上书四川省长公署，呼吁"主持地方筹款""速建大学"。陈宧离开四川的时候，送了4000大洋给他，他全部转赠给四川高等学校。在四川大学的校史上，他是第一个捐赠巨款的兴学助教之士。与此同时，骆成骧还在四川法政学堂、成都高等师范学校当老师。之后，骆成骧到四川国学专门学校任校长，并开始筹办成都大学，张澜就是因为他的推荐，才当上了成都大学的第一任校长。因骆成骧德高望重，人们尊他为成都"五老七贤"之首。骆成骧似乎并不在乎，他自嘲说："什么五老七贤？依我看是五个老不死，七个讨人嫌而已！"

"五老七贤"维持社会公平，但偶有守旧之举。

自辛亥革命以后，四川历任都督、督军、省长都聘请一些前清遗老、社会名流做顾问，社会上称这些人为"五老七贤"。杨森在成都搞市政建设，有修马路、退街房、毁城墙等之举，这批名流曾联袂为街道"请命"，哪知杨森并不买他们的账。此时刘湘与杨森为争四川治权明争暗斗，杨森下台，刘湘接任川康边务督办一职。徐子休、曾奂如、陈孟孚、文海云等名流再次联名上书说，公共汽车其状巍巍，其声隆隆，"形如市虎，谈虎变色"，坐车的也多是游手好闲之徒，易引起事端，更不用说汽车出个事故就会死人。总之要求禁止汽车在城内行驶。刘湘立即同意，下令禁止公共汽车运行。

何嘉谟等人买这批汽车和开公司运营，投资达十余万元。运行不久就被叫停，如何肯甘心从命？他们遂加以变通，在成都花会期间在春熙路往南门一线开通班车，生意也还不错。“五老七贤”中有人又向刘湘反映，甚至要求武装禁止。至此，华达公司陷入“有车无路”的困境，不得不向马路局缴纳通行捐，改为在成都至新津一段跑短途客运。不久这家公共汽车公司就因亏损巨大而倒闭了。

尽管有此波折，该来的终究要来。十几年后，到抗战期间的1942年底，又一家由官商合办的公共汽车有限公司在成都成立，公司购进12辆木炭车，重新开通公交线路。

清代的状元，大多不受重用，所以有大作为、为后世所熟知的并不多。骆成骧当状元之后，干的工作主要都是与教育有关，多为虚职，考卷上展示的报国梦想无从实现。

民国九年（1920年），骆成骧之子骆凤麟从德国留学回来，谈到德国有人专门研习东方柔术。骆成骧深受启发，他想到世界列强纷纷入侵，恣意瓜分中国，要保家卫国，“临阵肉搏之术，不得不讲”，于是有意倡导武术。

他自己作为一介书生，历经甲午海战、公车上书、戊戌变法、辛亥革命、护国倒袁、五四运动、军阀混战之后，由尚文转向尚武，自己在成都家中苦练南北两派的武术，尤其喜欢射箭。据说，他在自家后院房廊下竖起红心箭靶，每天清晨活动拳脚后，便拿起弓箭全神贯注“嗖嗖嗖”地练射。他提倡“武德”，将家中箭道房廊题名为“德华馆”。他与清末翰林颜楷、方鹤斋、刘豫波等一起组织了一个“射德会”。

对此，有人这样对骆成骧说：“你是个文人，是以文章大魁天下而名显于世的，为啥要弃文从武呢？”

他说：“我不是弃文从武，而是强调文武皆备。孔子就说过‘有文事者必武备’，孔子就是一个文武皆备的圣人。他周游列国，腰间佩了一柄长剑，说明他精于剑术。《论衡·效力篇》还说孔子能举北关之门，不以力自张，可见孔子的力气之大。《礼记》也说孔子‘弋不射宿’，他的箭连静止的动物都不射，只射飞鸟，可见他的箭法之高。《礼记·射礼》又说‘孔子射于矍阳之国，观者如堵墙焉’。由于孔子能文能武，他那三千弟子、七十二贤人也全是文武之才，其中子路就勇武而精于剑术，连孔子都自愧不如，道是‘由子勇，贤于丘也’。孔子的另外两个弟子冉有和樊迟还当过鲁国的左军统领和右军先锋，屡立战功，其文韬武略都是从孔子那儿学到的。”

四川武士总会徽章

骆成骧引经据典，将文武之道的辩证关系说得精辟入微。他还将武术提升到了强国、强种的高度：“如今国贫民弱，倘不思尚武自强，强国强种，则华夏危殆甚矣！”他根据自身的体质，选择射箭一道，说这是“射以观德，岂止于御敌强身哉！”所以他倡导成立了射德会，并题了一副对联：“勉诸君体育、德育、智育；期万世国强、家强、身强。”他还为资中武庙题写了一副对联：“孔夫子、关夫子、两个夫子；著春秋、读春秋、一部春秋。”再次强调了中华文化的文武同源。

骆成骧还为推动四川武术活动出面奔走。蜀中文魁竟然成了武林盟主，一时传为佳话。1925年，骆成骧以“有文事者必有武备”，于少城公园半边桥旁募资修建四川省武士馆。制订章程，成立四川省武士总会。骆成骧为馆长，刘崇俊为副馆长。武士总会的成立有利于消除门派之见，更好地传承武术。1925年春季，按四川武术会旧例，于青羊宫花会会场，由武士总会主办武术比赛。比赛方法，改为报名拈阄配对。初赛“资格”，再较“蓝章”“银章”，最后打“金章”。故成都民间称花会比武赛为“打金章”。“金章”取一二三名，与清末武科考试中状元、榜眼、探花类似。银章取十名。蓝章约取参加人数的二分之一。夺得金章的人在比赛完毕后，由主持人发给金章，挂在胸前，并发奖状，在其住房大门或机关单位，张贴金字大喜报。得奖人骑高头大马，按第一、二、三名顺序，身挂大红绸花，簇拥游街。

骆成骧酷爱武术，身体力行，倡导“强国强种”，身为“武士会”会长，他为别人撰写碑文得到的数千元酬金，全部都捐给了“武士会”。他一再强调：“射以观德，岂止于御敌强身哉！”

“清漪楼”地望

为什么将军、富豪、名士都喜欢在成都文庙街设置宅院呢？这就造成了成都晚清时期的“北李南唐”家族之说。

汉王朝在成都创办的学校“石室”即在此地，历史上附近还有一处“尊经书院”。择学校而且是最古老的办学最好的学校为邻居，于己于子孙都是最佳选择。日日聆听那泮池传来的弦歌之声，该是一种什么境界。另外，“府文庙”“县文庙”都在此街，日日与孔圣人做伴，享受那千年文脉温馨，那更是具有文运亨通的美好憧憬了。早些年，府文庙前立有一石碑，上刻“文武百官到此下马”八个大字，威肃庄严。

“府文庙”和“石室”紧挨着，两者后面是挖池塘形成的土山，土山周围是一大片菜地，称“赖家菜地”，一姓赖的老汉搭一草屋在这儿栽种、经营着莲花白、青菜、莴笋、海椒、茄子等四季蔬菜。旧时成都，城墙内都有很多空隙地能种蔬菜，老成都人都知道这样一句俗语：“皇城坝”菜地的莲花白又大又白又紧卷，“上莲池下莲池”田头的芋儿又细又软又香甜……

清朝四川唯一的状元——骆成骧就筑屋于文庙西街一菜地旁。“骆状元巷”有史以来也一直显得很僻陋，和文庙街的深宅大院形成鲜明对比，显得寒酸寥落。

文庙街的名胜古迹也很多。周公礼殿、名宦祠、乡贤祠、范文正公祠、韩忠宪公祠、梓潼宫（祀文昌帝）、九曲池、六公祠、何公墓等皆是前人祭拜游赏之地，最著名的是四川提督唐友耕位于文庙后街的唐家花园。更不用说那人人皆知的“石室”了。

成都有两条以“状元”命名的街道，这两条街道都因状元住过而得名。状元街曾是明朝嘉靖年间新都人杨慎（杨升庵）的府第。状元巷则是骆成骧的居所所在地。文庙西街附近有一条小巷名“落酱园巷”，很多人还以为先前是卖酱油的地方，历史学者袁庭栋在《成都街巷志》里为之正名，我们才知道这里曾是骆状元居住过的地方，老地名叫“骆状元巷”。

民国初年，成都南门文庙西街莲池塘坎巷里，有一座雅致幽静的公馆，当时成都人称“状元府”或“骆公馆”。这其实是一座西蜀风格的院落，院中遍布竹树花草，两三条石板砌铺的曲径从中穿过，几张石桌石凳点缀其间，旁边还有一个小小的鱼池。院落很普通，但公馆的主人骆成骧却蜚声南北。他经常在此同诗朋文友们下棋品茗，议论国是。在靠近南城废城墙边，临池修筑了一座高约5丈的两层楼房，这里是骆成骧读书、起居之处，名曰“清漪楼”。楼外可见碧波微漾的上莲池。骆成骧曾为西湖撰有一副对联，其实何尝不是对自己居所的写照：“穿牖而来夏日清风冬日日，卷帘相见前山明月后山山。”

骆状元声名显赫，往来者多是四川军政显要、文人雅士和前清的遗老遗少，如刘禹九、杨森、刘文辉、尹昌衡、宋芸子、赵熙、颜雍耆、徐子休、吴之英等，正所谓“谈笑有鸿儒，往来无白丁”。

“状元菜”的缘起

骆状元一生崇文尚武，也特别喜好美食。他涉足川菜要从“资川帮”说起。

“资川帮”的形成可以追溯到800多年前的南宋孝宗时期，当时的资中籍宰相赵雄是个全国闻名的美食家，孝宗皇帝戏封他为“饮食菩萨”。他晚年回到家乡主持州政，将京都杭州的烹饪技艺也带回了家乡。中国菜的特点是北味偏咸，南味偏甜，川味偏辣，粤味偏腥。赵雄将苏杭风味与巴

清末成都平原水牛。（美国人西德尼·戴维·甘博 摄）

蜀风味有机地融为一体，形成了川、苏合璧的“资州菜”，主要在四川的内江、资阳、简阳各地流行，统称“资川帮”，或“川南河帮”。

迄至清末民初，资中的饮食文化在传统的基础上又有发展创新，其关键人物就是赴过琼林宴的骆成骧和寓居资州的清宫御厨太监王㲋师。在他俩的影响下，“资川帮”派生出一批川味与京味（北京）自然融合，南人与北人皆称可口的菜肴，如冬菜咸烧白、冬菜烂肉、红烧江团等。骆成骧与王㲋师还在资中的冬尖（冬笋的嫩尖）、蜜饯、冰糖三大特产上大做文章，把红萝卜、辣椒、冬瓜、樱桃、柑橘等制成了口味奇佳的蜜饯并组合成宴席中的冷盘，或用作甜味菜中的辅料，使之别具一格。在骆、王二人的影响之下，资中的小吃丰富多彩，很有特色，著名的有五香牛肉干、牛肉粉、宽心面、苏锅盔、陈泡粑等30多种。

骆成骧虽然是个穷状元，但非常推崇“食不厌精，脍不厌细”和“物无定味，适口者珍”等古训，特别痴迷烹饪之术。他任京师大学堂“提调”时，遍访各省设在京城的会馆，向各地厨师讨教。听说广西会馆有位杨姓厨师烹制狗肉韵味悠长，他便上门讨教。杨师傅开了状元一个玩笑：“你们读书人傲气，给你们五斗米都不肯弯腰。你如能向我三折腰，我就教你！”骆成骧马上恭恭敬敬地鞠了三个躬，终于学到了烹狗肉之法，为此还写了一副对联送给杨师傅：“沛县雄风樊哙刃，扬州翰墨板桥诗。”尽管骆成骧这一饮食逸闻风趣而生动，但在生态文明观念已经深入人心的21世纪，我们并不赞成吃狗肉，毕竟狗是人的朋友。

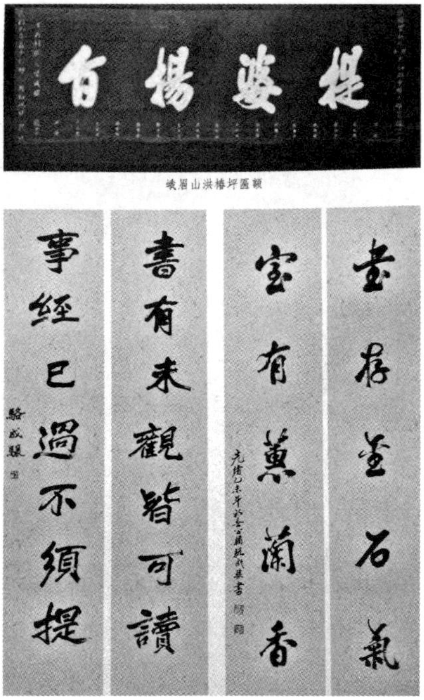

骆成骧书法。（周嗣铨先生提供）

资中冬尖系用资中特有的枇杷叶青菜（又叫冬菜）腌制窖储发酵而成，早在清代道光年间即已驰名全国，如今已成为“地理标志保护产品”。冬菜梢尖的下节菜叫“二筒子”，可切成薄片，腌制成“菜皮子”，和上调料，也是味道绝佳的小食品。资中冬尖香气浓郁，有人发现，如果在旅行袋里放两包资中冬尖乘车，在秦岭以南还不明显，一旦出了秦岭，马上就会芬芳四溢……骆成骧回乡为母亲居丧期满后，从家乡带了一担冬尖回京师，分赠同僚诸友，人们食后交口赞誉。大学士孙家鼐还题诗写道：“枇杷青菜取其尖，巧制精腌有秘传。调味佐餐冠厨膳，资州冬尖不虚传！”据说，李莲英听说后，专门到京师大学堂向骆索要。骆成骧把剩下的冬尖都给了李莲英，但提出一个请求，要到御膳房学满汉全席的制作方法。御膳房可不是随便什么人都能进的，但朝中有人好办事，李莲英打了个招呼，这个天子门生竟然真的穿着清宫御膳房专用服装混了进去。

骆成骧还根据家乡盛产蔗糖的特点，指导厨师制作出了夹沙肉，冰糖银耳、糯米甜烧白、糯米樱桃肉等一系列甜味菜。

民国后，骆成骧寓居成都，为成都“五老七贤”之首，那些老夫子们经常在一起雅聚，都是由状元公充当掌厨调羹的大厨。他还将自己的烹饪之术总结为8个字，即“南菜川味，北菜川烹”。

骆成骧的公馆菜里，没有山珍海味，更没有熊掌豹胎，而以适口怡情、新异高雅为主要特色，所用食材，都是普通的肉禽，很受那些吃惯高档菜的达官显贵、绅耆名流的赞赏。文学家、尊经书院师哥吴之英称赞说：“老弟做文章是状元，做菜也是状元！”后来，成都一些公馆遂把骆府家宴菜品称为“状元菜”。

“状元菜”中最有名的一道菜，是“红烧鲢鱼（鲶鱼）”。鲶鱼是一种淡水鱼，四川人称之“胡子鱼”或“鲢巴郎”，它味鲜且嫩，全身只有一根主骨，别无小刺。红烧鲶鱼如今是名菜，其不胫而走的名声，与骆状元有关。

资州城郊恰是沱江，那里住着一对黄姓夫妻。夫善捕鱼，妻善烹调。他们把鲜鱼放入一些香草及花椒、辣椒、资州冬尖熬制的汤锅中煮食。骆成骧考中状元之后回乡省亲，路途遥远偶感风寒、不思饮食。一日，乡党邀他到沱江之滨郊游，路过黄姓夫妻住所，突闻香气扑鼻。骆状元循香而入，见夫妻正在食用汤锅中煮食的鲜鱼。骆状元应邀品尝后顿觉神清气爽、食欲大开。据说，骆状元连食汤锅几天后，身体逐渐康复。后来骆状元返京履职，推荐夫妻至京城任其厨师。夫妻到京城后一年，思乡心切，告辞回乡。骆状元感其诚恳本分，赠其盘缠资费嘱其开食馆为业。黄姓夫妻回乡后在资州马房街板板楼经营“黄记汤锅”，每至中午和下午，汤锅鲜香四溢，满街飘香，食客盈门。骆状元与南溪书法大家包弼臣是老朋友，包弼臣到资州担任学正，品尝鲶鱼汤锅后赞其鲜味绵长，亲笔题赠“香街坊”，后刻成木牌挂于铺前……

作者明月在《龙门阵》2008年11期上刊文说：资中鲢鱼之所以广受追捧，在于精妙的烹饪技法。资料记载其制作要点有二：一是配料。辣椒选用资中龙江镇的羊马河海椒，再配以花椒、老姜、嫩姜、干姜、泡姜，通过精心制作，将各种椒、姜之味发挥到极致。二是火候。在盛火下，鲢鱼的肉质先“绵”后“嫩”，最后是“焍”。“资中鲢鱼”吃起来麻、辣、烫、鲜、嫩，南方人曰爽口，北方人呼过瘾，连外国人都称道不已。

骆成骧50岁以后，饮食风格逐渐趋于清淡。想方设法研制出了一种既有蒸菜风味，又有炖菜特色的菜品，这就是“清炖粉蒸肉”。其做法是：将粉蒸肉装碗后塞进猪肚中缝好，连同一只母鸡一起放进高脚砂罐，罐口用黄泥密封，然后放在木炭炉上煨炖一夜。第二天打开罐盖，鸡汤的鲜味、猪肚和蒸肉的香味扑面而来，满屋生香。再从罐中取出猪肚，用刀划开，取出粉蒸肉。此时的粉蒸肉，肉片上滚动着红色的油珠，片片透明而成形，既有蒸菜烂软酥糯、入口化渣的风味，又有炖鸡的香味和猪肚的鲜味，其味之美难以形容。

此菜虽然用料寻常，但因构思新奇，大有点石成金的效果。此品菜经老成都的餐馆重新发掘推出后，立即受到广大消费者的热捧。

据说有一次，重庆某五星级宾馆新的中餐厅落成，宾馆老总携厨师长专程来成都公馆菜交流学习。该厨师长在重庆小有名气，在公馆菜观摩时，从汤煲中挑起包有蒸肉的猪肚一看，说了一句：“不过如此！”回渝后，一次重大宴席，该厨师长也开了“清炖粉蒸肉”这品菜，只不过名字改成了“汤中蒸肉”。菜端上桌后，宾客们个个引颈翘首，盼望出现奇迹。谁知划开猪肚，夹出粉蒸肉碗时，里面竟是黄黑黄黑有如小儿粪便的东西。宾客们大失所望。事后，重庆老总专程来成都向公馆菜董事长请教。董事长说，此菜在缝制密封、低温煨炖上均大有文章。只知皮毛，未得真经，怎能不败？至今这品“清炖粉蒸肉”仍是成都公馆菜的主打菜，1999年还被评为国家级名菜。

据说有朋友对骆状元热心烹调不以为然：“你是孔孟之徒，孟子最讨厌厨师，说是‘君子远庖厨’。你怎能去充当庖厨呢？”骆状元正色回答：“你是只知其二，不知其一。孟子固然是圣人，但他是亚圣，孔子是至圣。我们还有个更早的圣人是商汤的相国伊尹，他的治国之道就是‘治大国若烹小鲜’。伊、孟二人皆是圣贤，吾从伊！”

……

民国十五年（1926年），当时任西康屯垦使的四川军阀刘成勋，别出心裁，举行文官考试，礼聘骆成骧为主考官，派人将他由成都迎至雅安。考试结束，骆成骧畅游蒙山之后返回成都，不久就病逝。“穷状元”奔走成疾，加上生活清苦，他病逝于成都文庙西街“清漪楼”居所，时年61岁。由于他的一生太过清寒，最后是靠地方人士资助，其子骆凤嶙才扶柩归葬故里。当时是夏季，灵柩需尽快送回原籍。灵柩一早从文庙西街出发，沿途祭拜群众不绝如缕，天黑了才走到牛市口。桐城方旭挽联云：“提学一官同，我闻三晋云山，人思教泽歌芹泮；状元千古绝，留得半塘秋水，楼对清漪似桂湖。”骆状元留给历史的财富，值得我们深切反思。

第51章

辛亥革命的导火索：四川保路运动

女杰秋瑾在《自拟檄文》里感叹：“欧风美雨，咄咄逼人，推原祸始，是谁之咎？”

置身欧风美雨之下的晚清四川，风雨飘摇，大厦倾斜，可谓一触即倒。

光绪二十九年（1903年）9月，清政府推行“新政”，允许招商局集商股成立铁路、矿务等公司。商办铁路开始兴建。新任四川总督锡良，在四川各界强烈要求下，奏请自办川汉铁路，“以辟利源而保主权”，并于次年1月成立“川汉铁路公司”，在成都岳府街挂牌。

当时“川汉铁路公司”的集股章程规定：“不招收外股，不借外债，专集中国人股份。”但是到了光绪三十年（1904年）10月，集资乏力，铁路建设无从实施，而外国列强虎视眈眈，渴望掌控大权。

1904年，四川广安蒲殿俊（1875—1935年）等273人参加殿试，这是中国历史上最后一次科举考试。蒲殿俊中进士，被授职主事，次年公派至日本海谦政法大学留学。他不会预料到，8年后自己会成为中国封建历史的终结者之一。正在留学的蒲殿俊一直鼓吹变法图强，早成为梁启超的得力干将。川汉铁路集资的消息传到日本，蒲殿俊奔走呼号，联合川籍留日学生300余人在东京举行同乡会，蒲殿俊慷慨呼吁“自度其力，先认筑路股金，以为内地率”，与会者深受感动，同乡会成员当场认股4万余两，承担募劝30余万两，并联名上书总督锡良，为集股事出谋划策。锡良得此条陈大喜，当即予以实行，于是股金源源而来……

蒲殿俊像

川汉铁路集股虽基本上得到解决，但由于是官办，股东无权。铁路公司俨然成了衙门，腐败严重，冗员充塞、账目混乱，路款被挪，前景不妙。蒲殿俊闻讯十分着急，于光绪三十二年（1906年）约集胡俊、萧湘等几百名四川同乡，组成“川汉铁路改进会”。大会推举蒲殿俊为正干事（会长），上书清廷，请将川汉铁路准归商办。同时，该会定期刊行《川汉铁路改进会报告书》。蒲殿俊奋笔疾书，连续在会刊上撰文，揭露官僚垄断公司的弊端，阐述商办铁路的诸多好处。他尤其注意到了那些觊觎四川铁路的列强：“向外国借款修路之事，断不可为。”“列强是工业社会，中国也必须实业救国……”他指出如不实行商办，“不止四川一省之不幸，且将关系中国之前途”。笔锋犀利，浩气贯通，令朝野折服。

经过蒲殿俊等人的努力，光绪三十三年（1907年）二月三十日，清廷终于发出上谕：“川汉铁路准归商办。”消息一出，全川欢腾……

亢奋不已的成都市井，民众坐在茶馆里兴奋地谈论着“铁路”“火车”“股票”“股权”“股东”这些时髦名词，左手买进右手卖出，就可以坐收渔利，口进斗金，神话似乎正在变现！商办的铁路公司发行“股票”筹措路款，老百姓纷纷入股，共募得白银1400余万两。

川汉铁路集资1400多万两白银，由此成为清末最大的集资个案。由川籍留美工程师胡栋朝、陆耀庭全程勘测定线，詹天佑监制宜（昌）夔（州）段作为川汉铁路东段，其中从湖北宜昌到四川万县的一段率先破土动工……

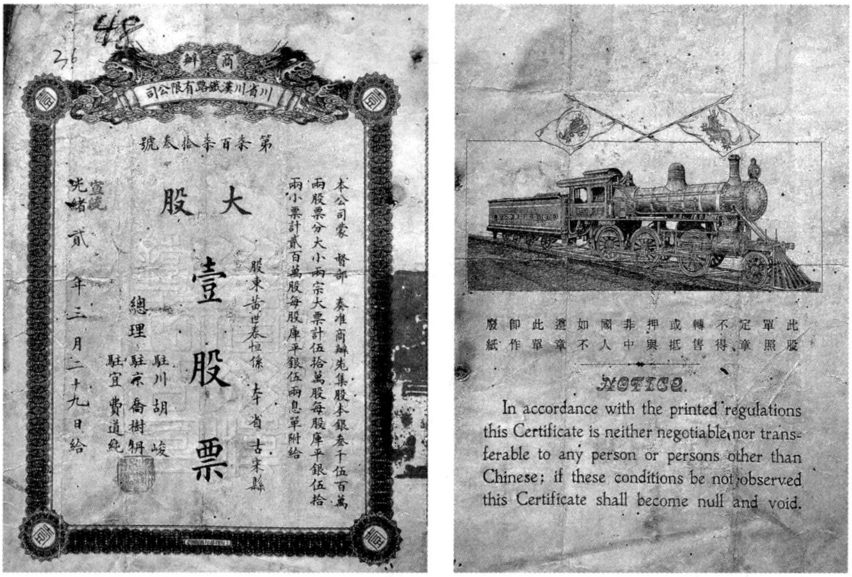

清末“川省川汉铁路有限公司股票”（正面）。叙永县档案馆的这张珍贵的股票已于2017年12月列入四川省首批档案历史文献遗产

“自修铁路”的国人梦想距离实现似乎指日可待。对于那时候出川只能依靠水路的四川人来说，对这条沟通“天堑”的铁路寄予的厚望是可想而知的。然而针对川汉铁路这条深入中国内地的铁路干线，外国列强也在百计靠近，予以渗透。

光绪三十四年（1908年）秋天，蒲殿俊学成回国，在京任法部主事兼宪政编查馆行走。这一年，蒲殿俊34岁，真可谓登高一呼，应者云集。蒲殿俊以官方身份大力鼓吹立宪，迅速成为风云一时的立宪派人物。次年四川成立省咨议局，一致选举蒲殿俊为正议长，罗纶、萧湘为副议长。此时，蒲殿俊在成都租赁了一所宽大的房子，在大门左右挂起两块大木牌，写有光绪皇帝的圣旨：“庶政公诸舆论”“铁路准归商办”。

中国的宪政运动由此一波一波推向高潮。就在此时，川汉铁路又出了问题。宣统三年（1911年）春季，清政府改良政治体制，裁撤军机处。5月8日，成立了以庆亲王奕劻为总理大臣的责任内阁。13名阁员中，满族占9人，汉族占4人，舆论称之为“皇族内阁”“亲贵内阁”。

詹天佑像

内阁成立的第二天，当局迫不及待地宣布“铁路国有”政策。5月11日，护理四川总督王人文将这一电谕转达给川汉铁路公司，全体大哗。16日，公司董事局电请维持商办成案，内阁不但置之不理，反而于18日任命端方为“督办粤汉川汉铁路大臣”，于20日与英、法、德、美四国银行代表团签订《粤汉川汉铁路借款合同》。这显然是要另立机构，借用外债，抛弃了原来民间集资的商办公司。而川人集资的1400多万两银子，在文告中没有说出一个“退”字。

大臣端方像

这是四川百姓的血汗钱，这不等于被一笔勾销么？铁路公司腾沸不已，成都全城人心惶惶。法学出身的蒲殿俊审度全局，觉得这事一定要理论出输赢。

后来和蒲殿俊同为保路运动领袖之一的奉节人邓孝可（1869—1950年），当时担任《蜀报》主编。1911年5月17日，他率先得知清政府宣布川汉铁路收归国有的信息，他一面让手下报信，一面以最快速度在报纸上刊发了“号外”。翌日一早，“路权国有”的消息就已传遍成都的大街小巷。

清政府要收回路权，同时拒绝偿还路款，川人手中的“股票”顿时成了废纸，这一变化伤害的远不止是乡绅，而且动了四川人的饭碗！所以说，保路运动才因此拥有了广泛的群众基础。

没承想，一个学习法律的留学生，自己的身家性命竟然与铁路发生了如此密切的关系，蒲殿俊这才意识到，“保路”不是“书生上书”能够解决的。

1911年6月的一天，蒲殿俊和罗纶、邓孝可一道，率领一众濒临破产的“股民”，来到成都街头，举着写有光绪圣旨的两块木牌上街示威。奔走几天，围观者众多，示威并没有起到什么作用。蒲殿俊与罗纶、颜楷、彭兰棻等连夜商议，决定成立“保路同志会”。6月17日，在保路同志会成立大会上，铁路公司门口挂起了“四川保路同志会成立大会”的横幅。成都的天气虽是闷热，只可容纳三四百人的会议厅里却一下子挤进了上千人，连厅外的走廊上、院子里也挤得水泄不通。时任四川咨议局副议长的罗纶慷慨激昂：“川汉铁路完了！四川也完了，中国也完了！”话中有无尽的悲愤。

“保路同志会”以铁路公司为根据地，以咨议局为后盾，以保路同志会为前锋，三位一体，誓死捍卫路权。

一场本是事关利益和经济的争端，逐渐转变为“保路权，争路款”的群众运动，顿时有了浓浓的火药味。翻阅百年前《申报》《大公报》等报刊的影印资料可以发现，到“8月24日，成都已一律罢课罢市，四门厘税亦停”。至9月13日，报载“成都附属十六州县、绵州属五县、资属三县、眉属三县俱同时罢市，各中小学堂一律罢课”。

罢市、罢工、罢课来势汹汹，人头攒动尘土飞扬的成都街头，空气里弥散着回旋的愤怒，比炎热的季候更为猛烈。

就在这最为危急的历史关头，四川最高权力的人事变动，再次为局势增加了不确定因素。

1911年4月，原四川总督、赵尔丰之兄赵尔巽调任东三省总督，朝廷任命赵尔丰为四川总督。8月2日，赵尔丰赴成都就任。对于民情汹涌的川汉铁路集资案，赵尔丰并无快刀斩乱麻之策。

此时，蒲殿俊等人的直接目的，依然是索回股民的路款。他们还在痴痴地等待着四川总督赵尔丰兑现承诺，便愿意将川汉铁路的路权拱手上交。

在现在成都人民公园原民众教育馆里，设立有“保路运动史料纪念馆”，保路同志会的斗争史和四川政局变化点滴都被完整保存下来。1911年出版由池汝谦主办的《西顾报》，虽然仅仅存在44天，却是记录保路风云的一份十分重要的报纸。蜀中民众阅读报纸时，经常“涕泗横流，且读且哭”。其中一篇文章即指出：“以索还用款为归宿，以反对国有为手段。”无疑，彼时的“保路”，仍属“和平请愿运动”的性质。

四川总督赵尔丰像

但是，被铁路搅乱的四川已无法平静下来了。全川142个州县的工人、农民、学生和市民纷纷投身于保路运动之中，保路同志会的会员不到10天就发展到10万人。此刻，从黄花岗起义中幸存的吴玉章等人也悄然潜回了四川，开始酝酿点燃四川这个火药桶。

1911年9月5日，在川汉铁路公司特别股东大会现场，突然出现了一份《川人自保商榷书》的传单，迅速在川汉铁路股东大会上流传。文章提出川人“共同自保”“共挽时局之危”。《川人自保商榷书》中悄然崛立的独立意识，让时任四川总督的赵尔丰惊骇不已，赵尔丰称此文“俨然共和政府之势”“逆谋日炽”。从和平请愿到武装暴动，《川人自保商榷书》起到了很大的作用。而这份《川人自保商榷书》促使赵尔丰对“保路同志会”痛下杀手。

9月7日，保路同志会代表率数万人陈请阻止川汉铁路钦差大臣端方进入四川，“赵督未允代表，众即言辞激烈，赵督当场喝令狙击”。手无寸铁的蒲殿俊、罗纶等9人当场被捕，这就是死伤众多、骇人听闻的“成都血案”。

“成都血案”当晚，成都的保路同志会为将此严峻形势通知在川的各路保路同志军（同盟会），便在合江亭向川东各路保路同志军（同盟会）发出“求救增援的紧急”信件。同盟会会员、荣县籍人龙鸣剑来到锦江合江亭，将写好“赵尔丰逮捕蒲、罗，后剿全川，各地同志速起自保自救”文字的几十块大小不一的木板，涂上桐油放入江中顺水漂流，这便是“水电报”。“水电报”也因地制宜，有的地方是把油纸封好的信件装入竹筒，封好两头，做上黄红两色的标记，放入河中……自此后，近代史上就有“合江亭水上电报救成都，成都杀赵轰动震惊全国”之说。

应该说，“水电报”在漫长的脚力时代早有运用，并非成都首创。如今在四川省博物院的“辛亥百年”纪念展中还有仿制品，但详情已无法复原。一位川籍作家用浪漫的笔法描写过当时人们奔走传阅“水电报”的经过：“蓑笠钓者，赤足挽袖，捞上水中漂木。木板长尺余，遍涂桐油，上书‘赵尔丰逮捕蒲、罗，后剿四川，各地同志速起自保自救’。雁阵声声，江流滔滔，木叶袅袅。”

在一天之内，同盟会及其影响下的哥老会立即发动了保路同志军起义，进军包围成都的武装起义已不可遏止。9月25日，吴玉章、王天杰等宣布荣县独立，到10月上旬，同志军起义的烽火已燃遍了四川全省。清政府获知消息后，调派端方从湖北带新军日夜兼程入川，造成重镇武昌防卫空虚，当地革命党人的机会悄然出现了……孙中山先生后来总结说：“若没有四川保路同志会的起义，武昌革命或者要迟一年半载的。”

四川保路同志会自6月17日成立开始，在蒲殿俊的主持下，经过114天的斗争，终于引发了10月10日的武昌起义。迫于当时全国形势，赵尔丰不得不释放蒲殿俊等人，于11月25日与蒲殿俊等签订了《四川独立条约》，承认四川独立自治。

11月27日，距离武昌起义不到50天，赵尔丰被迫交出政权。大汉四川军政府在成都宣告成立，蒲殿俊出任大汉军政府首任都督。后经张澜提名，川籍军官“公选”尹昌衡任改组大汉军政府的都督。

冬月初三日（12月22日）黎明，尹昌衡的警卫标统陶泽焜（族叔陶鸿熙清末为銮仪卫治仪正，妻赵尔丰胞妹，蒙其推介，陶泽焜四川官弁学堂毕业后，被赵尔丰留于身边做护卫，为四川巡防军巡防营管带，竟然被尹昌衡收买，升为标统），率兵勇数百人冲进督署。陶泽焜手提马刀径入赵尔丰寝室，赵尔丰尚未起床，赵尔丰有一个丫头，是在川边收的少数民族，闻警，立即开枪抵抗。陶泽焜纵步上前一马刀将她砍死，随军蜂拥而入，将赵尔丰从床上抓起来，捆到皇城内军政府。

当日上午，尹昌衡在皇城内明远楼召开全市群众大会，将赵尔丰捆绑到场，参加的群众人山人海。

尹昌衡向众宣布："这个就是杀人不眨眼的赵屠夫。他前在永宁杀的人不知有多少，在川边更肆行杀戮，在成都请愿的民众又杀死杀伤数百人。今天被俺们拿下了，请问大家该怎么办？"

群众怒吼："该杀！"

于是，尹昌衡宣布欲将赵尔丰斩首。

赵尔丰的老家人已先为其主人准备一床大红毡子铺在地下，赵尔丰即端坐在上面，打个盘脚。他须发苍白，还故作镇定，面不改色，向尹昌衡说："尹娃娃，你装了老子的桶子了。"并骂了几句。

尹昌衡急令行刑："当由陶标统泽焜亲自动手，方见大义灭亲。"

手起刀落。陶泽焜用马刀在赵尔丰的颈子上一劈，赵尔丰头颅落地。随后，陶泽焜还将赵尔丰头捧起，拿在手上叫群众看后，挂在梅花树上，游街示众三天。

赵尔丰的巡防军随即被缴械改编，尹昌衡的声威也更喧腾一时，他的政权亦由此而稳定下来。①

---

① 陈祖武：《杀赵尔丰的经过》，《文史资料选辑》第七十七辑《烜赫一时的风云人物尹昌衡》，文史资料出版社1981年版，第51—66页。

保路运动先锋人士在明远楼前集会。（美国人路得·那爱德 摄）

蜀王府明远楼之前，谁也不曾料到，那些枝干虬起的梅花树，竟然成为悬挂一代总督脑袋的道具！历史就是如此循环的。四川总督赵尔丰，由此成为辛亥革命中唯一被杀的总督。

12月8日，赵尔丰交出的巡防军发生兵变，发生了“十月十八‘打启发’事件”。清代成都人张慎仪的《蜀方言》卷下指出：“纵兵剽虏民财，曰打起发。”《成都方言词典》指出：“打启发，指旧军队劫掠民财。”为此，蒲殿俊被迫离职。后来他去往北京创办《晨报》。1921年5月，蒲殿俊再创办《戏剧》月刊，组织“民众戏剧社”；次年又在北京创办了中国第一所职业戏剧学校——人艺戏剧专门学校。蒲殿俊在戏剧理论方面注重传统戏剧面向“劳工”的改革，在创作方面主张“以民众底精神为原动力”。他写有《道义之交》《阔人的孝道》等新式剧本和一些白话小说。《道义之交》作为新文学运动10年间的代表作之一，收入《中国新文学大系·戏剧编》。1927年蒲殿俊奉母返回故里。1934年10月29日蒲殿俊病逝于京。

保路运动的股民大集会。（美国人路得·那爱德 摄）

值得一说的是，恰在这风雨飘摇的时刻，有一名美国教师的“家书”，从一个旁观者的角度，真实反映了成都的另外景况：“现在的中国形势很严峻，越来越强大的汉族人已经不堪忍受朝廷的压迫，想要建立自治政府。”“四川的保路运动持续了很长时间……电报已断，但军队很少。城市里的学校还在上课。”这些文字出自美国人路得·那爱德的“辛亥家书”。1911年四川保路运动爆发之际，正在四川高等学堂（今四川大学）任教的美籍教师那爱德就在成都城内，他见证了中国历史中最重大的一段变革时期——延续了两千多年的封建王朝覆灭和中华民国的建立。

在那爱德写给姐姐尤雯塔的书信中，他记录了自己在成都的所见所闻，尤其是保路运动的局势和社会状况：“成都已经承受了太多的沧桑。当朝廷的军队用枪射击革命军的时候，反抗者像薄纸一样倒下。但朝廷的实力始终是在衰落，难挽大局……”如今，这些朴实而又详尽的文字已经成了研究辛亥革命尤其是记录保路运动详情的珍贵史料。那爱德1913年病逝于成都，酷爱摄影的他在生命的最后时刻保留下来的“保路图片”，记录下了这段短暂却又命运攸关的重大历史。[①]

对此，民主革命家张澜在《与周善培谈撰写四川保路运动回忆录》中

① 以上书信，见［美］路德·那爱德著/摄影，王虎，毛卫东译：《华西印象：一个美国人1910—1913在西部中国》，四川人民出版社2003年版。

“辛亥秋保路死事纪念碑”，位于成都市祠堂街人民公园内

感慨万千：“闹了46年的修成渝铁路问题，四川人白白牺牲了两千几百万两银子，辛亥年还流了一场血，到头来没有修成一里路。”正所谓四川寸轨未铺，蜀道更难。铁路没修，这笔“集资款”到底去了哪里？由此成了众说纷纭的谜案……

为了纪念“成都血案”中牺牲的30余名壮士，川汉铁路公司在1913年专门铸造了“辛亥秋保路死事纪念碑”。纪念碑的选址在今天的成都人民公园，碑身高达31.86米，碑座四面的铁轨、火车头、信号灯转折器和自动连接器，虽已被岁月侵蚀，显得模糊，但那段历史对于中国近代史而言，却是一个伟大的里程碑。

第52章

铁血斑斓彭家珍

1912年1月26日傍晚，农历腊月二十八，正是北京冬季中最冷的时节。冬季天黑得早，呼呼的北风咆哮着，北京西四的一个牌楼龟缩在胡同中的朔风里显得阴森森的，它的大门缝被风吹出一阵阵呜呜怪叫，大门不时被飞扬而起的废纸和垃圾死死贴住，给人一种诡异之感。身为清廷禁卫军第一协（“协”相当于后来的旅）统领兼镶白旗都统、“宗社党”首领的爱新觉罗·良弼，乘坐的马车穿过牌楼，驶至西四罗红厂的府邸，车刚停稳，门帘卷起，良弼从车上迈下一只脚，他斜眼看见一个身着清军官服、佩刀的小个子青年挡在大门的两个石马之间，乍一看，有些像奉天陆军讲武堂的监督崇恭。仆人尚未递上来人的名刺，但良弼看到来人神色有异，觉得崇恭不应该这么晚贸然而至，他竭力在记忆里搜索，可是他不仅回忆不起崇恭找他有什么事，而且确认自己不认识眼前这个目露精光的小伙子，显然，是有人冒名顶替！良弼算是机警的，他平静地说：“有什么要紧公事，夤夜到此？明日叙谈罢。”

良弼正要抬步进门时，看见那青年右手从外套口袋里掏出了一个黑乎乎的东西，猛地掷向自己。黑乎乎的东西弹落在良弼脚旁，突然爆炸，把

彭家珍大将军像。（原载成都出版社《义烈千秋》）

良弼像

他的左足轰得一片焦黑。良弼呼痛未终，已是天旋地转。卫士回过神来，手忙脚乱地抢护，紧接着又是豁喇一声爆响，原来炸弹被台阶反激，转向后炸，火光乱迸，立即炸倒卫士数名。后来清点发现，“同时殒命者有良弼卫兵8人，马弁1人”。那个投掷炸弹的青年也不及逃避，被一块弹片击中了头部，霎时殒命。

另据彭家珍的战友、助手陈宪民《先烈彭大将军家珍奔走京津谋炸良弼详志》一文记载，烈士所租用的金台旅馆的马车也被炸裂，马夫大张和马匹受重伤，十几天后马夫大张死去。“除良弼外，共伤两马两夫死两仆。”①在爆炸事件的1个小时后，惊魂未定的良宅仆人战战抖抖地打开大门，看到了刺客早已僵卧在大门台阶上的尸体，经过搜查，在尸体衣袋里找到了一张名刺，上书“彭家珍”。

良弼左腿当场被炸断。后在抢救、截肢过程中，良弼拒绝麻醉，为此消耗了最后的元气。②两天后良弼死去，时年35岁。良弼临死前，见到彭家珍身上搜出的名片后，伸出了大拇指：“原来是廿头（当时称革命党为廿头，取义于革字的上半截）彭某，真英雄也。”“我死，清廷也随之亡也。”这些话，充分印证了彭家珍判断的准确性：“此人（良弼）不除，共和必难成立。”但同时也反映出良弼非等闲之辈，他对刺客的欣赏和赞美，远——如同庆忌之于要离；后——刺杀汪精卫之于南京晨光通

---

① 濮禾章：《义烈千秋——彭家珍大将军》，成都出版社1991年9月版，第35页。

② 李华英：《我所闻彭家珍刺良弼经过》，《义烈千秋》，成都出版社1991年9月版，第44页。

讯社的侠客记者孙凤鸣，上演了一幕幕供后人评说的戏剧。

从炸弹掷出到爆炸，这短短两三秒钟，却使历史定格了！这就是载入史册的“红罗厂事件”。炸弹投掷者为时年仅23岁的成都人彭家珍！就是这个貌不惊人的青年，以一腔热血改写了中国历史：红罗厂一声巨响，封建时代终结了，中国迈向了共和之路。后人评价道，彭家珍炸死了清禁卫军的头领良弼，断绝了大清的命脉。对这个非凡的历史时刻，彭家珍“我以我血荐轩辕”而慷慨取义的大无畏精神，深深震撼了人们的心灵！

1912年1月12日，武昌首义后，清皇室贵族分子良弼、毓朗、溥伟、载涛、载泽、铁良等召开秘密会议。19日即以“君主立宪维持会”的名义发布宣言，被称为“宗社党”。成员胸前刺有二龙图案、满文姓名为标志，在京、津等地积极活动，想夺回袁世凯的内阁总理职权，以毓朗、载泽出面组阁，铁良出任清军总司令，然后与南方革命军决一死战。并强烈要求隆裕太后坚持君主政权。良弼作为宗社党党魁，被革命党人视为共和路上最大的绊脚石。

彭家珍1887年出生于四川金堂赵镇同合村（原金堂县姚渡乡石笼三堰）的小官员家庭。其父彭世勋为家珍取字席儒，用“士者国之宝，儒为席上珍”之意。然而，渐渐长大的彭家珍完全没有成为谦谦儒者的意思，而是投笔从戎了。这个有“娃娃脸”长相的青年，有一双秀丽的丹凤眼，加上身材不高，彭的身高估计不足1.6米（资料见《义烈千秋》一书。后来，彭家珍大将军专祠管理委员会主任彭家祥特意对我指出，彭的身高约为1.65—1.70米），我们很难从照片上看出文静的外表下那一腔激烈的报国之情。

其父彭世勋为清末秀才，以塾师为业，热心于维新，主张实业救国。彭家珍8岁后，其父即授以西方近代科学，对他有重要启蒙作用。由于其父结识了宋育仁、吴之英、廖平等新派人物，1902年彭世勋被推荐到著名的成都尊经书院任教。（四川大学的校史陈列馆刊布的说明说，彭家珍于“1898—1902年就读尊经书院”。《金堂县志·第三十一篇人物》记载，“其父在城厢奎星阁教书，他少年随父就读。1900年其父到成都尊经书院任教，家珍亦随同到蓉城读书”）时年彭家珍14岁，随往读书。

在省城，视野日益扩大，直接感受到国家的衰败、官府的贪腐、人民的痛苦。同时，彭家珍深受文天祥、黄宗羲等人的思想影响，具有强烈的民族主义观念。

1903年，彭家珍考入位于北校场的成都陆军武备学堂，有两件事情很能说明他的机警和聪明。据张有仪、张祥麟先生回忆文章披露，成都陆军武备学堂的日本教官出了一个考试题：放置一个水缸，再蒙上学生的眼睛，左转，再右转，走上百十步后，命令学生蒙眼走回来用木棍打击水缸。难度相当大。但彭家珍竟然出色地完成了这个训练，让很多人感到不可思议。

有一次，教官突然发问，教学楼的楼梯一共多少级？这是谁也没有留心的“小事情”。但彭家珍立即就回答了，可见他是一个十分善于观察并处处留意的人。在四川武备学堂，彭家珍的枪法已经练得十分精准，可以随手击落飞鸟。

1906年春，彭家珍以优异的成绩毕业后被选派赴日本考察军事，同年在日本秘密加入中国同盟会。在留学日本期间，他开始有机会接触并结识大批革命党人。回国后，彭家珍被任命为奉天讲武堂教习。1911年9月，彭家珍调至天津任兵站司令部副官。在天津兵站任职期间，他又受江西都督程德全之命，担任“北方招讨使”。为响应武昌起义，彭家珍与滦州起义将官王金铭、施从云、冯玉祥等人共谋大事。清廷为了镇压武昌起义，从欧洲订购了大批武器，经西伯利亚入关内。当时清王朝的东三省总督派彭家珍押运。彭家珍利用这个机会电请新军，在滦州将这批武器扣留。他以“为天津兵站购军械”的名义，携军饷到南方，与革命党联系，将巨款交给了革命军。同时，彭家珍还亲自从上海运送炸药、手枪等武器到天津，积极组织开展暗杀清廷官员的活动。

汪精卫、黄复生出狱后，他们联络北方革命同志于1911年12月1日在天津成立“京津同盟会”，租赁天津俄国租界洋房为机关，成为当时中国革命的枢纽。彭家珍参与其事，并担任军事部部长。当时四川的旅沪党人希望他回四川主持军事，他认为：“北京为清虏根据地，四川枝叶也，拔其根本，枝叶自萎，吾愿任其难。四川之行，非吾意也。”这样的形势判断是非常正确的。

位于成都市城厢镇的彭家珍塑像。（蒋蓝 摄）

不久，革命党人再推举他作为“京津同盟会暗杀部长”，彭家珍几次谋炸袁世凯和资政院均未得手，他改变了“一网打尽”的方案，决定采取“分头出击”“择其阻碍最力者先去之”，他自告奋勇要求亲自前往刺杀良弼。事前，行动得到了京津同盟会的批准。

对于刺杀良弼行动，被理想和激情燃烧的彭家珍是抱着必死决心的。

1月25日，即刺杀行动付诸实施的前一天，彭家珍在给诸同志兄弟姐妹们的《绝命书》（被某同志在烈士的遗物皮包中偶然发现）中写道：“自入同盟会以来，不敢不稍尽责任。惜才力薄弱，未见大效，抱愧奚如。”“今除良弼之心已决，计划已备，只待事机发动。”“共和成，虽死亦荣；共和不成，虽生亦辱。与其先受辱，不如死得荣。”

彭家珍的刺杀计划完全是独自一人完成的，而且非常周密。

据北京史地民俗学会副会长兼秘书长常华在《记参与彭家珍炸良弼案的同盟会员王崇义》一文里指出：当年，王崇义与李石曾、汪精卫等人同是同盟会暗杀团的成员。在刺杀袁世凯失败后，他与李石曾、彭家珍等几次开会研究，总结经验教训。彭家珍提出要改变街头狙击的办法，因为那样投弹准确性差，极易造成敌人逃脱和反击。所以，要采取堵上门直接将敌人暗杀在室内的方法。[①]

① 见《海淀文史·北部访古》，中国人民政治协商会议北京市海淀区委员会2005年1月内部出版。

某天，他到西河沿金台旅馆去办事，一进入客厅，就发现桌子上放有一张名片，有“奉天讲武堂监督崇恭”字样，他心念一动，便把它揣入口袋。又装着拜会崇恭的样子去找茶房打听：“崇恭大人在吗？”

茶房见他穿着不俗，很恭敬地说：“已经来此住了好几天，已去保定公干，过两天就回来。”

彭家珍点点头，匆匆离开了。对于崇恭，他是熟悉的。彭家珍担任奉天讲武堂教练时，崇恭就为监督。家珍知道崇恭和良弼关系好，这不正好是一个接近目标的绝好机会吗？如同一道光，点燃了心中的全盘计划。

他身上一直带有性能优良的手枪，早年在成都陆军武备学堂，他就练得一手好枪法，可以击落飞鸟。那么，为何不用枪而要使用炸弹？这是一个没有答案的历史之谜，我以为，就在于彭家珍已经抱定了牺牲的决心。

彭家珍以崇恭代表的名义由天津赴京，农历腊月初六，他和同志陈宪民一起遍访良弼住宅位置，终于弄清楚了具体所在。为确保万无一失，彭家珍身上带有两颗炸弹，他穿好从永增军装局取回的军官制服，自称是清军标统，到前门附近的金台旅馆定下了房间。次日先到前门军咨府，这是清贵胄们聚会的地方，但未见到良弼。又驱车直奔西四红罗厂良弼的官邸，递上崇恭的名片，良弼适至摄政王府未归。彭等候良久，未见良弼回来，不愿再等。彭家珍刚刚离开良宅的时候，恰逢良弼回家，便立即折回。良弼到了家门，仆人尚来不及送上崇恭名刺，良弼见那个挡在石马间的青年，心知有异，但一切为时已晚！彭家珍扔出了二号炸弹！良弼之死，使得嚣张一时的“宗社党”销声匿迹。南方的革命军肃清了各地清廷余孽，袁世凯的北洋军也兵临清京城下，迫使隆裕太后与溥仪颁布了退位诏书。

后来，人们从彭家珍的遗体里发现，他死时，左手尚插在另一个外套口袋里，紧握另一颗用白绸手巾包裹的炸弹，此为一号炸弹。可见，其决心之坚，心思之细。

刺杀首脑人物本来并不是政治斗争的正常手段，但在当时特殊情势下，同盟会这一系列非常刺杀伟绩，确实使局面顿然改观，迫使历史拐弯。孙中山评之“我老彭收功弹丸”。也就是促进革命、缔造民国一大功，不亚于一次重大战役的胜利。

南京临时政府成立以后，临时大总统孙中山即追认彭家珍为“陆军大将军”，还亲自参加其迁葬、追悼仪式并批准为他修建专祠，择址为当时金堂县府所在地城厢（今青白江区城厢镇）。彭家珍的父亲被北洋政府聘为总统府顾问。1953年，彭家珍被新中国中央人民政府追赠为“革命牺牲军人”。

美国史学大师魏斐德在《间谍王——戴笠与中国特工》[①]里认为，关于革命志士行刺的概念既来自国际革命新世界，也是对古代富于忠义和自我牺牲精神，并发誓为其主人报仇雪恨的游侠传统的沿袭。从1907年徐锡麟刺杀安徽巡抚恩铭，1911年在广东发生的暗杀孚绮和凤山事件，到1912年1月彭家珍刺杀良弼，尽管每一事件的起因有所不同，但这些案子多少都继承了上述两个传统，而辛亥革命前夕发生的汪精卫谋刺清朝摄政王载沣（醇亲王）的著名事件，使这种潮流达到高潮。

清朝被推翻后，政治暗杀并未终止，但就像臭名昭著的袁世凯暗杀宋教仁一案那样，它已不再是革命的行动。而且，在这个政治分裂和重组的时期，个人野心无限膨胀，具有“好汉”传统的冒险者们毫不犹豫地在武装人员中挑起头来，他们或给一些人当雇佣军，或者紧跟另一些人，心甘情愿地充当争权夺势者的爪牙。这就使我们发现，发端于春秋时代的侠客精神，到了军阀混战时期，的确气数已尽，成为毫无正义感的嗜杀主义大本营了。

毫无疑问，古代侠义精神一直咆哮在彭家珍的血脉里。后来收入邹鲁编著的《中国国民党史稿·彭义烈传略》[②]中的《彭家珍遗同志赵铁桥、黄以镛书》，就充分展示了烈士的激烈情怀：

① 团结出版社2004年版。

② 中华书局1960年版，第108页。

……设不幸而荆卿剑击廷柱，子房锥中副车，则伍孚刎颈，景清剥肤，宰割凌迟之惨所不免矣。即或鲸鲵翦戮，蛇豕就诛，卫士必将攫入，重门岂能飞渡？聂政抉眼，锡麟煎心，呼吸危亡，祸至无日。况炸丸猛烈，玉石俱焚，杀我杀人，同归死路。综此三端，弟宁有生还望乎？呜呼！已矣！易水风寒，二兄不必为白衣冠之送矣！山河破碎，大陆将沉，祖逖闻鸡，刘锟击楫，楼船风利，正当努力中原。寄来相片二，异日神州光复，厘整天衢，二兄触目兴怀，当思我辈痛饮黄龙，亦犹有同心合志之故人含笑于九京乎！

这封信，写于与《绝命书》同时，字字泣血，字字见铁，弥漫着高挺于天地间的凛冽正气。志，气之帅也；气，体之充也。以敢死之气，征求革命之初志，这才是真正的侠之大者！

1938年，按照孙中山先生生前指令，当地政府在今成都市青白江区城厢镇修建了“彭大将军专祠”和“彭大将军家珍烈士纪念碑”。纪念碑坐落在一正方形的碑基之上，通高9.8米；碑身为四棱柱体。碑基为台式，刻有蟾蜍花草等纹饰。《先烈彭大将军传》，即刻于碑基。碑身分别刻有前国民党政府主席林森、考试院院长戴传贤题写的“先烈彭大将军家珍殉国纪念碑”“彭大将军家珍烈士纪念碑”。

坐落在纪念碑东面的砖木结构的老式平房为彭大将军专祠，与纪念碑同时落成，如今已扩建为家珍公园。

令人无限感伤的，是彭家珍那位毕生仅仅见过一面的妻子。

1912年1月26日，彭家珍刺杀良弼壮烈许国，其铁血斑斓之志犹如彗星袭月，突爆的火焰加速了皇权之厦的倾覆。缅怀烈士的追悼会一共开过6场。1912年2月22日，在南京临时政府的川籍党人发起追悼四川烈士的大会，以巴蜀烈士邹容、彭家珍、喻培伦等为主要被祭拜者，孙中山及各部负责人都亲临会场。1912年3月初，孙中山主持追悼全国革命死义烈士会，他屡屡提及“彭大将军”，在场人无不热泪长流。同月13日，参与北

位于成都市青白江区城厢镇的彭家珍塑像。（蒋蓝 摄）

伐的蜀军从沪返川抵达湖北宜昌，因彭家珍原是该军的筹备者，又曾被选为副总司令，就在宜昌召开了一次以彭家珍为主要缅怀人物的追悼大会。后来重庆也举行了四川死义烈士的追悼大会，彭家珍的三叔、四叔参加了大会。四川军政府正副都督尹昌衡、张培爵专门为彭家珍在成都忠烈祠开了一次隆重的追悼会。彭家后人的回忆资料指出，“彭家珍的未婚妻王清贞坚持要过门守贞，亦于此次会上举行仪式”①。

关于烈士遗孀王清贞，举行“一个人婚礼”的情况非同寻常。

在彭家珍就读于北校场成都武备学堂期间，学校军事教官张蓬山已经知道彭家珍乃“栋梁之材”，就想把自己的外甥女王清贞许配给彭家珍。王清贞父母早逝，一直跟随舅舅张蓬山生活，在彭家珍18岁那年，张蓬山向彭家珍的父母提亲。

据说，仅仅在彭家珍将要东渡日本之前，张蓬山把彭家珍请到自己家，在没向彭家珍讲穿的情况下，王清贞隔着门帘，偷偷看了心上人一眼。

岂料，这就是人生的最后一瞥。

成都的民俗史料里有一条珍贵记录，可以一窥“红白婚事”的究竟：

① 见《彭家珍玉碎清崩》，刊发于“金堂县公共信息网”。

黄兴等人在烈士彭家珍、黄之盟墓前植树

彭家珍牺牲后，其未婚妻王清贞女士立志以婚嫁形式过门守节。婚礼择于成都灯笼街122号（彭家珍之父彭世勋租赁的宅院）举办。是时，门外张灯结彩，设鼓乐以迎宾客；门内全以缟素布置，庄严肃穆。王女士过门时乘四人抬大轿，上扎黄白色绫彩，轿前一人擎白布长纛，上书“义烈士彭公大将军夫人过门守节”。轿后随送亲队列，大汉四川军政府都督尹昌衡、副都督张培爵并辔护送。军乐齐鸣，车马络绎，观者如堵，无不为之赞叹流涕。上海名报人包天笑在其《秋心阁纪事诗》中有赞咏：“素车白马缟衣裳，道是谁家新嫁娘。赢得路人齐雪涕，小姑今日嫁彭郎。”

苏东坡题《李思训画〈长江绝岛图〉》诗中结句云：“舟中贾客莫漫狂，小姑前年嫁彭郎。”“小姑”即小孤山，此山在江西彭泽县北的长江中，山形似发髻；“彭郎”即澎浪矶，在小孤山对岸。民间传说用其谐音，以“小孤”为“小姑”“澎浪”为“彭郎”，喻为夫妻。苏东坡、包天笑诗均引此传说，前者诙谐旷放，后者哀恍沉痛，真挚地表达了对王女士的敬意。[1]

时年23岁的王清贞发誓：“我愿意为家珍守节，抱养个儿子，将来延续烈士这一房。”

“王清贞在成都抚养着传栋和三个小姑子彭家芳、彭金宝、彭转转，生活费除政府发给的抚恤金（后因军阀混战而停发）外，还要靠做绢花、纸花补贴家用，极为困难。1927年，从美国留学回国的彭家元来到广州中山大学任教，他把王清贞和传栋接到广州一起生活。1929年，彭家元四子彭传直出生后不久，其生母随其三子彭传正住院半年，传直由王清贞喂养，婶侄两人建立了深厚的感情。1935年，王清贞和彭传直回到成都。1937年全面抗战爆发后，彭家元夫妇带着其他四个儿子彭传栋、彭传梁、彭传正、彭传诚回到成都，王清贞看到分别两年的嗣子传栋，自然万分高兴，从此和他生活在一起。不幸的是1938年夏，正在四川大学读书的彭传栋在游泳中溺亡，王清贞悲痛欲绝。为了安慰年迈丧子的大嫂，彭家元夫妇把9岁的传直过继给王清贞抚养。从此，母子相依为命。王清贞对传直百般疼爱。传直在温江县读小学，她就在小学附近租了一间房子，母子两人住在一起。租住房的后院有一口水井，她担心传直掉入井里，特意和房东商量把口改小了。一次，传直偷偷去河里游泳，被她发现了，她又急又吓，伤心地哭着说：‘你要是出了事，怎么得了啊！’从此，彭传直再未去游泳……”[2]

到1961年，王清贞患老年性偏瘫，儿子彭传直接她到太原市生活，直至1963年12月去世，享年76岁。“把骨灰带回去和你爹爹葬在一起”是她最后的愿望，也是她毕生的渴盼。1987年彭传直送母亲骨灰回到家乡，王清贞的骨灰葬于成都青白江区城厢镇东门外玉虹桥（清代先农坛旧址）彭家珍衣冠冢旁……

---

① 李兴辉：《蕉竹楼诗文集》，作家出版社2009年3月版，第370—371页。

② 布儒守盅：《彭家珍牺牲以后》，《文史月刊》2012年第4期，第31页。

第53章

欧洲探险家笔下的晚清成都

同治十一年（1872年），德国地理学家李希霍芬游历四川后，在《李希霍芬男爵书简（1870—1872年）》中描述他对省会成都的印象——

（成都）是中国最大的城市之一，也是最秀丽雅致的城市之一。街道宽阔，大多笔直，相互交叉成直角……所有茶铺、旅馆、商店、私人住宅的墙上都画有图画，其中许多幅的艺术笔触令人联想起日本的水墨画和水彩画……这种艺术情趣在周围郊区随处可见。而每一个小城镇在这方面都好像是成都的再现。由红砂石建成的牌坊在乡间触目皆是，所有的旅游者无不为其精湛的艺术而感到惊异。牌坊上布满了以神话或日常生活为题材的浮雕，大都具有一种幽默感，其中一些不愧是中国的艺术杰作。这种优美在人民文雅的态度和高尚的举止上表现得尤为明显。成都府的居民在这方面远远超过中国其他各地。[1]

---

① ［德］费迪南德·冯·李希霍芬著，李岩，王彦会译：《李希霍芬中国旅行日记》（下册），商务印书馆2016年版，第653页。

李希霍芬（Ferdinand rvon Richthofen，1833—1905年），德国人。历任波恩、莱比锡、柏林等大学教授，柏林大学校长，国际地理学会会长。地质学家，旅行家。曾旅行亚洲和北美各地。主要研究地貌学。在地理学方法论问题上，强调区域性原则对地理学的重大意义，认为地理学主要研究不同区域各种现象的相互联系。1868年至1872年间，在上海西商会的安排下，在中国先后作了7次旅行，调查地质、矿藏、黄土海岸性质与构造线分布等，特别注意自然资源的分布

紧接着，李希霍芬特别提到："有20多个表匠，基本都集中在唯一一条街上。每人一家店，店里有许多大大小小的钟表。这也说明了这里不寻常的奢侈——北京都找不到。"估计这条街只能是东大街。那么至少在1872年，来自西洋的钟表已经在成都形成了钟表销售、维修的产业，这的确令人艳羡。

由此可见，在18世纪以后，兴起在欧洲的关于"远东的想象"，成都作为"西部的北平"，似乎得到了某种程度的证实。光绪二十三年（1897年），法国地理学家马尼爱游历四川后，在其《游历四川成都记》一文中，对成都的真实描绘，一个远望起来显得光鲜的城市，其实也有很多不忍细看的地方：

初至中国大城，往往满目秽芜，不堪逼视，成都则亦犹是耳。惟于晓色朦胧之际，遥望其间，尚有巍峨气象……其时城闽暗淡，景色清葱，若隐若现，如龙盘，如虎踞，扼峙于旷土平原；而河道纵横，亦复绮交脉注，诸河上流迤西八十法里，有瀑布自悬崖出，凡菜畦稻田及罂粟花地俱借以灌输畅茂；但觉连陌如云，鼓风成浪，此景此情，犹宛然在目也。成都小巷"恶陋无比"，给人难以忍受的感觉："自郭外反城中，随路秽积，不可

向迩。余坐肩舆（轿），从人丛中挨擦以过，前者方开，后者又挤，加以道路窄小，迤逦前进，倍极艰难。或损墙泥，或伤门扇，方触招牌，又踏遗粪……欲觅其地，不能不息心静气，穿羊肠，越鸟道，所经房屋，秽败摧朽，如人身之患大麻风，无一块好肉。甚且误入不通之巷，时须跨过垃圾之堆。街石既不合缝，又极滑达，经行其上，跌撞不止一次。沿途臭气扑人，饱尝滋味，踟蹰前往。盖惫其也。”

成都大街市容与小巷迥然不同，显示出生气蓬勃之繁华气象，给人美好印象。

幸无意中忽至一街，甚为宽阔，夹衢另筑两途以便行人，如沪上之大马路然。各铺装饰有绸缎店、首饰铺、汇兑庄、瓷器及古董等铺，此真意外之大观。其殆十八省中，只此一处，露出中国自新之象也。然使此地不在中国，则亦不过为商贾辐辏之区，何足挂齿。惟中国到处颓唐，遍生荆棘，得此自觉分外鲜明。以实在而论，此地场面，亦甚平常，惟较之沿海一带及内地各城，为差胜耳。广州、汉口、重庆、北京皆不能与之比较。数月以来，觉目中所见，不似一丛乱草，尚有城市规模者，此为第一。[①]

而英国享誉世界的女探险家伊莎贝拉·伯德，光绪二十四年（1898年）抵达成都城，则明显以一种女性的细腻来感知成都，她反复提到了成都城的宏伟：“这是个非常吸引人的城市，气派的城墙维护得令人赞叹，这是继承了公元前3世纪的建筑，周长大约14英里，墙基宽66英尺，墙顶宽40英尺，高35英尺，而由我们也许视为有点值得敬畏的‘土方工程’——一道墙内的堤防几乎相当于城墙的全部宽度——支撑着它，差不多绕着城墙整整一周。城墙顶部是极好的步道，用非常精密而坚固的砖贴面，有8个棱堡，由4道出色的门贯通其间，严密防守着，这是为了征收当地税赋

① 转引自张学君，张莉红：《成都城市史》，四川人民出版社2020年版，第353页。

伊莎贝拉·伯德（Isabella Bird，1831—1904年），英国维多利亚时期著名的女性旅行作家，也是世界百大探险家之一。她的一生先后游历了美国、意大利、阿尔及利亚、西班牙、葡萄牙、新西兰、夏威夷、日本、朝鲜和中国等地。1898年60多岁的伊莎贝拉·伯德来到中国，独闯长江，深入川藏人迹罕至的地区，写出了数十万字的考察游记，后出版了《1898：一个英国女人眼中的中国》，向世界传达了这个古老的东方国家及其人民生活的真实情况

和厘金，很难在外国进口货上征收到的。”

从她的叙述里，可以发现清代成都城墙的建筑，并非简陋而单薄。而她在对城外星罗棋布的“林盘”的描述之后，注意到了城墙下的曲径通幽布局与浮荡而起的诗意：“在拥挤、繁忙的成都街道的周边地带是真正迷人的城墙内郊区，一片碧绿，十分安静，那里有深深的门道通往美丽的花园，繁花照眼，橘树和其他果树成荫。一些长满水生植物的池塘闪烁着金鱼的鳞光，清凉的滴水声铃朗可闻。精工的

成都南河和南门（江桥门）城楼（浣溪楼）。（美国人西德尼·甘博拍摄于1917年夏）

20世纪30年代前后，从三官堂方向打量望江楼与崇丽阁

格子架上，满是攀缘植物的新绿或红花菜、豆开花的闪光，幽深的林荫小道；茶花的芬芳气息飘浮在阳光明媚的空气中，表明享受这一幢幢舒适住宅的人是些富裕闲适的安全之家。从城墙上看平原风光，美丽富饶，遥远的雪峰非常醒目……”①

从杜甫“窗含西岭千秋雪”延宕到今，成都仍然是中国唯一的、可以目睹雪峰的一线城市。

但伊莎贝拉·伯德更感兴趣的，是成都的香气，因为成都街头已出现了很多香水商店（舶来品）。而一股更为浓郁、持续的香气，则来自香水之外：

① ［英］伊莎贝拉·伯德：《1898：一个英国女人眼中的中国》，光明出版社2007年版，第257页。

我看不出成都与北京有相似之处。如果不强调其他实质性方面的不同，成都干净、整洁却差可比拟，但其声望不可能与北京相提并论。城内麝香的气味到处弥漫！的确，茶叶与丝绸、鸦片和棉货一道，都是从省内其他地区输入，而成都的大宗交易是西藏的野生产品——大黄药材、毛皮，而最重要的是麝香。①

民国初年，从康定运到成都的麝香，每年大约在5000市斤。在这样一座混合着香水、麝香味道的城市里短暂生活，伊莎贝拉·伯德干脆换上了中国清朝的女装，她渴望像中国人那样，漫步街头。

① ［英］伊莎贝拉·伯德：《1898：一个英国女人眼中的中国》，湖北人民出版社2007年版，第254页。

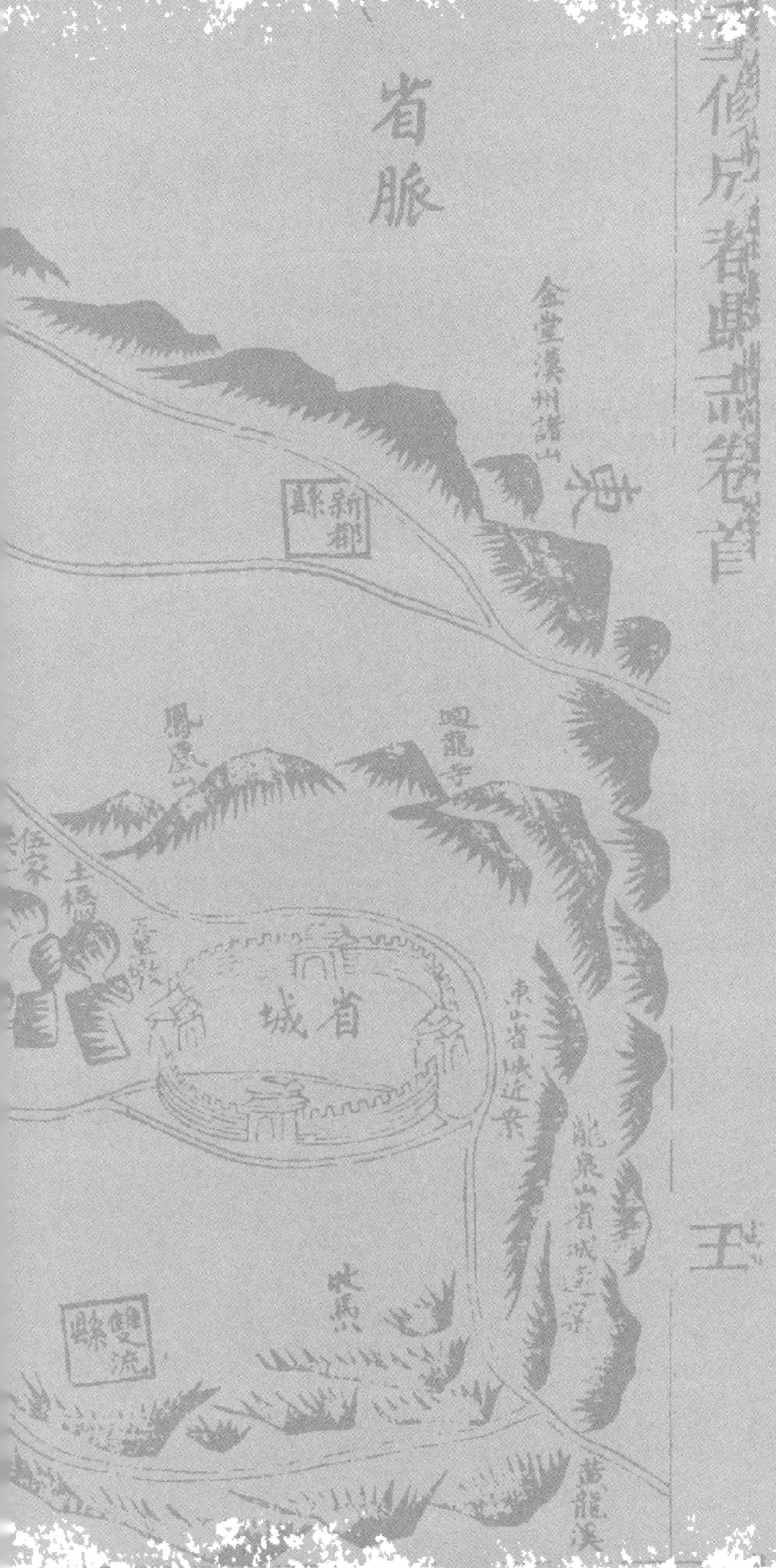

第五编

中国第四城记

金城石郭，兼匝中区，既丽且崇，实号成都。辟二九之通门，画方轨之广涂。营新宫于爽皑，拟承明而起庐。结阳城之延阁，飞观榭乎云中。开高轩以临山，列绮窗而瞰江。

——左思《蜀都赋》

第54章

建筑是城市岁月的纪丽谱

城市建筑，是一种时空经验。

自古以来，成都就是一个崇尚自然的城市。因此，成都的传统建筑在选址、用材、造型等方面，都比较好地适应了成都平原的自然环境和气候条件，体现了崇尚自然的和谐理念。会馆、寺庙错落分布；民居临水而居，依树而建，沿街而建立的民房，或走过曲曲折折的窄巷，别有洞天地出现的四合院，掩映在树荫之下，成为成都民居的诸多特色。

沿河建筑，是清代成都建筑的一大特点。府河、南河的走势几乎带动了大量建筑与河流同步，构成一条建筑长廊，因为水道穿过城市，桥梁建筑十分普遍。

临街建筑，是成都建筑的又一个特点。以老皇城为中心，蜀都大道与人民北路、南路，构成城市经纬，街面宽广，分别向四周辐射。每条街道又分出许多小街小巷，街巷相连，四通八达，像一条条血脉贯穿城市街道建筑。

背街建筑，是成都建筑的第三个特点。所谓背街，并非无街可临，而是这些建筑往往匿身在安静的小巷深处，比如宽、窄巷子里的许多庭院，少了些喧哗，而多了几分幽静。尤其一到夏季，这些庭院给人的凉爽、宽敞感受，不是空调能够比拟的。

“成都人懂得生活！”这是外地人常常挂在嘴边的话。成都人特有的生活方式对建筑具有深远的地区文化影响。平民百姓的居所通常邻街为铺、背街为院，方便做些小本生意。大户人家则住公馆，其结构和功能与这些人物的身份、地位和社会关系相适应。游人能够看到以成都为典型代表的川西平原人们生存空间的特点和时代的变迁印记。

费正清的夫人费慰梅在《梁思成与林徽因》一书中，记述了当年梁思成一行到山西应县时的情景：“当时天色已晚，营造学社的建筑师们透过暮霭，遥遥看到的拔地而起的佛宫寺释迦塔是一巨大的剪影。”如果记载无误，那么他们对木塔的第一个感性认识不是它的空间，而是它的形象，平面化了的形象，因为暮霭消解了建筑的纵深感。因此说，人们对一座城市的感性认识，不外乎两点：城市建筑和城市布局。前者是对个体建筑和关联建筑外观的感官，后者是对城市建筑、交通等的群体印象。如果说建筑外观像锦江里的帆影，那么城市建筑格局则是整条锦江壮阔的和声。

所以，与绘画、雕塑等形而上艺术相比，人们对建筑的感情总是更为直接，白云苍狗，人去楼空，建筑就是一个城市留给未来的唯一写真。成都市规划设计研究院已经清理出90多处老建筑，得到了政府的大力支持，予以全面保护。

由于多种原因，文化与建筑脱节的现象，在清末民初的成都建设中较为普遍。近年来，文化学者和建筑师已经在积极寻求切合点。城市建筑就是文化的表象，对于文化的传承，建筑是最好的演绎领域。如果说建筑语言是一棵大树，应该深浸在本土文化的滋养里得到传承，那么建筑形态、建筑色彩以及材质就是枝丫和树叶，都可以成为传递文化的形象语言。目前，传统建筑越来越少，使得城市文化建筑逐渐失去特色。因此，认真挖掘本土文化特色，融入现代建筑之中，形成成都特有的建筑风格，逐渐成为共识。

成都街道的“川味”

著名学者谭继和将城市的“龙脉”定义为地脉、文脉和水脉。地脉是一个城市的城市格局和历史街区、街道的建筑风貌；文脉是城市文化发展的脉络；而水脉就是作为城市血液的水系。因此，如果说二江（府河、南河）是成都的水脉，那么，龟城的造型成就了成都的地脉，而成都的街道，则无疑是承载城市文化的人脉。

外地人来成都，会发现一个奇怪现象：在城西会有东城根街，城中会有月城街，东西顺城街，再一查，古城区还有东城拐街、东垣街等，东城又有以西方命名街道，南北城有的街道方位又名为北、南。这其实是老城市在剧烈变革中的普遍现象。20世纪初周询、傅崇矩先生所记录的街道、房屋等等，到20世纪末就已完全改观。谭继和表示，成都的很多地方都有典故传说，地名优势明显，以前没有进行这方面的保护，导致人们对过去的历史渐渐淡忘。“一个地方名称的流传，最好是对历史信息、历史记忆的结合。”

现在成都街道可考的历史有三百余年，其主要依据是《天启图》《乾隆图》、光绪五年的“四川省城街道图”以及民国四年、二十年、二十七年、十八年的成都等“四图”，互相参证而成。①

明末清初，成都处于战乱之际，真是“回首故国与山川，满目疮痍有谁怜”。清初的四川省省府还设在阆中。康熙元年（1662年），成都知府冀应熊着手建筑成都，鉴于帝王居住北京，帝王派出使节到四川来，经川陕栈道从北门进入，所以在北门外天回镇建有“迎恩楼”；市内则先建北门入城大道。为给外人留下成都繁荣富庶景象，北门就建了出售金银饰物、珠宝玉器商店和吸引游人的寺庙道观，然后再陆续向城中发展。不过，珠市街最初确系猪市，其旁有米市（新开市街）、草市（街）、锣锅（巷）

① 见《成都城坊古迹考》。

市场等。著名作家巴金的祖父李浣云，住在通顺街，深宅大院的后门，直对着东猪市。后有人认为名字不洁，人们在此修了不少独院，连接成街，就借西猪市旁的珠宝市街之名，把东、西猪市更名为东、西珠市街，沿用至今。

成都系一城二县（成都县和华阳县）的格局，据《成都城坊古迹考》记载：旧时成都分为中城、东城、北城、西城和南城以及外东、外北、外西、外南几个地方。东城是南以东门线（由东门至盐市口）为界，西以东城线外缘（由西顺城街至上西顺城街）及北门线外缘（由北门至玉带桥街）为界，北抵大城北垣为界，东抵大城东垣为界。东城干线分为东门线（由东至西）、东一线、东二线、东三线、东四线、东五线、东六线、东七线、东八线、东九线（均由南至北，凡两线间支街皆属之）。共计10线。

据清末《四川官报》宣统二年（1910年）统计，成都共有街道438条，小巷113条，而成都的主要街道有117条，因华阳街道大抵比成都多一倍，由此可以推算出华阳面积大抵是成都的一倍。文化学者冉云飞指出，成都的街道并不是四方平整的，街道的方向多为东西向与南北向，但其间也曲里拐弯，错综复杂。《成都通览》里记载“卖物街道一览”有147种分属近300条街道，“商铺街道类览”里有玉器帮、栏干帮、绸缎帮、银号帮、药材帮、油米帮、茶叶帮、炭帮、干菜帮、木柴帮等51种行帮。人们熟悉的染靛街，就是专业性的手工作坊街道；打金街，就是打铁、金银器皿制作和交易的场所；骡马市，就是专门买卖牲口的市场。

各种帮号肯定与成都人的日常生活习俗有关，表明成都确是一个典型的消费城市，奠定了成都的商业特点及相应的生活方式、消费文化。一般说来，专业市场是在综合市场的某一行内发展起来，独立而成某一专业性市场的。而专业性市场要取得相应的规模效应，在街坊街道布局合理的情况下，必然会形成专业性的一条街。这些专业性分工很强的市场，不仅促进了成都当时的经济繁荣，也可供后人考证成都市的街道变迁，并为成都老街名的考证提供参照标准。很明显，当时的成都是以自然经济为基础，在历史的演变中才逐渐发展为大规模的商业集群城市。

街道的不同名目

成都城内，街道呈网格状分布的格局，最早形成于唐代。唐代盛行模仿都城长安的建筑格局，即把房子修成诸多小方块，这样规划就是为了便于统治管理。有学者认为，城市的发展具有阶段性，并不是谁模仿谁的问题，而是一种历史大势。北京故宫作为皇城古都，地方城市在规划发展中不可避免受其影响，其实，单就北京故宫、西安古城、成都老城而言，它们的建筑风格、城市布局确实有惊人的相似之处。

随着光绪五年（1879年）绘制的成都全图的出现，引起人们关注成都城市规划的兴趣。从地图上看，一百多年前的成都城区面积仅有现在内环线区域大小，有皇城、贡院等，皇城东西两边，小街、胡同两两相对，平行而列，非常整齐对称。难怪民国时的成都老百姓称呼自己的城市为“小北平”。

成都的街名在古蜀国时期就逐渐出现。成都的第一个街名始见于晋人常璩《华阳国志·蜀志》：“成都县本治赤里街。”

南大街，古称南街，又叫赤里街，不但是成都有史记载的最古老的一条街，而且也是官府所在地。古蜀人定居成都平原后，为方便交易，在各聚落之间的郊野地方建立了“市”，古人称为“里”。最初是“因田制里”成熟的聚落社区被叫作“邑”，所以又通常“邑”“里”并称。南大街古名赤里，可以推想这里就是古蜀人最早建立的市场。南大街为什么又要冠以“赤”的修饰？大概这与古人的五行说有关。将五行思想延伸到方位上，就以青、赤、黄、白、黑五色分别代表东、南、西、北、中，赤色象征的是南方。《说文解字》对“赤”的解释是：“南方色也，从大火。”段玉裁注：“火者南方之行，故赤为南方之色。”

在漫长的历史演变中，成都的街名种类不断增多：街、里、坊、巷、胡同、路、道等称谓不断演化，默默承载着民俗与历史的印痕。《成都街名的文化内涵》一文指出：“街”是成都街名中使用历史最长、出现频率最高、生命力最持久的一个通名。有大名鼎鼎的东大街、柳荫街、西大街、东城根街、东门街、总府街、小北街，处处都是街。据历史学家任乃强先生的研究，“街”字不是中原古语，而是“出于羌、氐、蜀、僰等民族语言，表示为氐族酋长所驻的市易集中之处……后汉时，街衢通为一义，又才使用到指京城的市街”（详见《成都城池变迁考》）。因此，西汉以前的中原典籍中是找不到“街”字的。成都的街道并不宽敞，笔直的大街几乎没有，民国时期，附近虽有官马大道，但多以黄泥修筑，一遇雨天，行走艰难。杨森督理四川时期，他提倡修建城市碎石街路，众人竟认为是断“龙脉”之举。

秦并巴蜀，在成都筑太城、少城，“修整里阓，市张列肆，与咸阳同制”。这以后成都便有了笋里、锦里；今有树德里、仁寿里、三多里、建业里等等。“里”，古代为居民区单位，后演变为“里巷”，在街名中属于小街小巷。

成都用“坊”字名街，大约起于南北朝时期，最晚不迟于萧梁。大体上，每两条直街和两条横街之间为一坊，每坊20闾、每闾20户。萧梁时李膺《益州记》云：“成都之坊百有二十，第四曰碧鸡坊。”这是成都以“坊”为街名的最早记录，比如金马坊、碧鸡坊等等。昔日的金马、碧鸡二坊合并为现在的金马街了。而“街坊”二字连用，市民将它作为“左邻右舍”的代词。

作为里中道路的“巷”，左思《蜀都赋》与常璩《华阳国志》都曾有所记述（例如“巷无居人”）。然而成都以“巷”名街，则是在晋以后。唐代杜光庭《道教灵验记》云：“范希越，成都人，初居煮胶巷。”今天成都以“巷”名街的地点不少，如石室巷、落酱园巷、曹家巷、鹦哥巷、锣锅巷、年丰巷、科甲巷、梁家巷，乃至宽巷子、窄巷子等，巷内一般铺设大青石板。在古时江南，街道上的石板有些是空心的，踩在上面吱吱有声，这是有意铺设的，可以使积水流走。这样的考虑在本土似乎没有。以前，牛车、马车和鸡公车常年从上碾过，坚硬的青石板刻下了道道痕迹。

“胡同”原是北方小型街道的通称。清康熙年间，成都增建满城作为八

这是美国“飞虎队”队员在1944—1945年间所拍摄的四川，反映了特殊年代中特殊人群眼中的中国社会。照片是由艾伦·拉森、威廉·迪柏两人用柯达相机拍摄。艾伦·拉森居住美国，2010年时已年近90。照片的另一拍摄者、他的战友威廉· 迪柏已于2004年1月31日去世。绝大部分图片并无详细拍摄说明。图为成都的水路码头。对岸有不少建筑，不像是农村，估计应该在府河。推着鸡公车的农民竟然从跳板上直接推车上船，技术高超。威廉·迪柏正与船工谈话

旗官兵以及眷属的居住地，依照旗人的风俗，开始以“胡同”作地名。《成都通览》所记“成都之内城街巷”以“胡同”命名的就有48条，如喇嘛胡同、忠孝胡同、清顺胡同、都统胡同、永庆胡同、左司胡同、清远胡同等。在辛亥革命之后，有人认为“胡同”这个称谓带有清朝印记，应当更改，在民国初年拆除满城时，就改作为“巷”了。

从民国七年（1918年）开始，成都市区以“路”命名街名，至今已是四处皆“路”，成为街道命名的主流。

民国建立初叶的成都城

民国六年（1917年），滇军罗佩金、戴戡部据皇城与川军刘存厚部发生激战，皇城附近民居多遭焚毁，残破不堪。市民为避战祸，议决拆除了皇城城墙，只留前后城门。民国二十一年（1932年）冬，川军刘文辉、田颂尧部混战于城内，田部以贡院内清代宝川局铸钱所弃炉灰积成之煤山为制高点，两军拼死相争。刘文辉以每人银圆10枚为赏格，募敢死队百余名，一举攻占之，然登顶者不及二十人，继之全城激战，市民财产损失极重。战后市民归咎于此山，乃倡议铲除，遂组成“铲高委员会”，拆售皇城后子门城砖基石为铲山费用，于是城、山、门皆无存。

民国以来，由于各种原因，成都城墙毁损严重。首先，为便利交通，陆续新辟城门三道：民国二年（1913年）于西校场侧辟通惠门（今琴台路北口），民间称为新西门；民国三年（1914年）于东校场侧增辟武城门（今武城大街东口），又称新东门，于次年建立武城大桥；民国二十八年（1939年）于城南下、中二莲池间增辟复兴门（今红星路南口），又称新南门。原清大城四门皆有月城，民国时陆续拆除，辟为街道。今西大街西月

成都贡院明远楼、致公堂和考棚（号舍）。（英国人罗贝特·陶维新摄于1900年）

成都青羊宫内八角亭。（德国人恩斯特·柏石曼 摄）

城路即是拆除清远门月城而设。

抗日战争期间，为了躲避日本飞机空袭，疏散民众，根据苏联援华军事顾问的建议，于大城墙基开挖防空掩体，于四面城墙开出了很多缺口，成都人呼之为“城墙缺缺”，成都城垣逐渐损毁。城楼、城砖为军阀及当权者拆卖私吞，城上垛口及城顶面砖、墙外包砌之砖，亦多为市民剥拆，用以自建家屋。

1949年以后，逐步拆除旧城墙基，进行大规模城市建设。20世纪60年代，城西青羊宫侧、城南锦江畔、城东府河畔、城北北校场尚有部分城墙的墙基。“文革”初期大破“四旧”，皇城南门外二石狮首被砸烂；到20世纪70年代，皇城的建筑悉被拆除，建成今四川省展览馆（现为四川科技馆）。

成都的古城基，如今只有北校场一段，存有清大城北墙一段及一门。此门为清末建立的武备学堂。为方便出入，用旧城砖所砌之城门洞便道，不是大城北门，这是成都现存的古城墙实物之一。

如今，我们在光绪三十年（1904年）完成的成都地图上可以看到，记忆中的古城清晰可认：古成都两江环抱，三城相套的城市格局清楚，除了皇城为正南正北方向外，整个城市的街道都向北偏东25度，在锦江内侧，完整的城墙清晰可见；金水河等河流穿城而过，河网纵横，水系的血脉深入城市的肌体。

为何成都会选择北偏东构筑城市呢?

其实是古人理解人与自然和谐关系的反映。成都日照偏少，北靠东的城市主轴线将两江环抱的地貌纳入城市眼界，有利于城市的空气流动和采光。这正暗合了现代广泛运用在气象、城市规划方面的“风玫瑰图”。在成都城区图上，由16条放射线组成表明风力大小的“风玫瑰图”上，北偏东的放射线最长，而由于每条放射线的长度与这个方向上风的频度成正比，说明成都东北方向的风最大也最为繁多。成都北偏东的城市轴线，可让不同方位的房屋都能吸纳光照。

经历数千年沧海桑田，成都历劫而不衰，在世界城市发展史上，不能不说是一大奇迹。

劝业场：连接劝业场与东大街的生命之脐

位于春熙路北段路口的劝业场，不但是成都最早的商业大卖场，而且是20世纪初叶中国西南地区最具现代气息的集贸市场，其今天的回廊式建筑风格，也可以让人遥想当年的盛况。可以说，春熙路是倚劝业场、“蜀中第一街”东大街而兴，但春熙路的建成，又成了连接两者的生命之脐。

周善培（1875—1958年）号孝怀，字致祥，原籍浙江诸暨，随父宦游入川。光绪二十五年（1899年）东渡日本，考察学校、警校、实业等。光绪二十七年（1901年）奉命带20名学生赴日本留学，并聘回日本教习来成都开设私立东文学堂。后赴泸州任川南经纬学堂学监。1902年任警察传习所总办。转赴粤，任督署副总文案兼广东将弁学堂监督。锡良任川省总督后，回川任警察局总办。先设巡警教练所，继在成都建幼孩教育厂、乞丐工厂、老弱废疾院，并力戒鸦片烟，改造监狱，预防火灾，破除迷信，他是成都首推“户口”建制的第一人。

1908年任川省劝业道总办，通令各属普设劝业局，培训劝业员，大力资助民族工商业的发展。任内多次举办展销商品的工商赛会、商业劝工会，还在成都设立能容纳300余家商户的劝业场，这些措施推动了四川近代工商业的发展。还倡导和督促成立川江轮船公司，参与讨袁护国运动。国民政府成立后，潜心治学，不问政事，抗战初期在天津设立电台，代表四川省主席刘湘对外联络。1949年初任民生公司董事长，新中国成立后，担任全国政协委员，著有《周易杂卦正解》以及往事回忆录等。值得一说的是，八十开外的他参加了开国大典，并在国号确定等方面提出了自己的见解。①

周善培尽管出自荣州赵熙门下，但他的经历与学养却决定了他只能是维新派，他还是最早剪掉长辫子的成都官员。由于他处事果断，雷厉风行，爽直的成都人背地里称他为“周秃子”，既含戏谑，更有敬佩意味，其思想之激进可见一斑。成都人说起他时，就会想到他在成都推行的“娼、厂、唱、场”四大革新举措。对这位“在那不生不死的新旧官场中委实是巍然地露出了一头角”的人物，郭沫若在《自传》里说得更为全面：“四川人给了他五个字的刻薄的口碑！那便是娼、场、厂、唱、察。”除了在处理“娼”现象时，被一些土娼、地痞在公馆门口钉了一块“总监视户”的大木牌、一时全城传为笑柄之外，另外的改革应该说深得民心。这里单说“场”——成都劝业场的建立。

庚子事变，八国联军侵华，清王朝已置身风雨飘摇、民怨沸腾的境地。积弱积贫的中国何以在列强觊觎之下图存？晚清重臣张之洞、刘坤一等人鼓吹“新政”，终于被朝廷采纳，推行“新政”开出的药方之一，便是“劝业”。当时有一种认识，西方国家的富强，不是以“商”而是以“工”，西洋、东洋之所以富强，关键在于近代工业的飞速发展。由此反思

① 司徒丙鹤：《司徒美堂老人的晚年》，《文史资料选辑》第一百一十辑，第30页。

中国，欲摆脱羸弱贫困，就必须“劝业”。

清末急时抱佛脚的“劝业”之举，与《史记》的“各劝其业”、《盐铁论》的“百姓劝业”相比，自不可同日而语，已被赋予特定的时代内涵，即提倡实业。日本明治维新的结果一目了然：富国强兵，殖产兴业。明治维新时期的日本曾专设“劝业寮”，为弘扬远播劝业伟力，他们举办劝业博览会，设立劝业场。驻日外交官黄遵宪在《日本国志》一书里，特意讲到劝业寮与劝业场的设置。1901年赴日的周善培，置身其间，强烈感受到了“劝业”之于一个国家的作用。

清光绪三十四年（1908年），四川劝业道台（相当于建设厅厅长）周善培把图书业帮的樊孔周提拔为成都商务总会协董，樊孔周有“智多星”之称，在其积极奔走下，筹股集资4万两白银，购买了总府街至华兴街之间（原老盐店）的地皮。经四川总督赵尔巽批准修建而成。全部工程包给成都著名的建筑营造商江建廷设计建造。当年7月动工，历时8个月建成。初名为“劝工场”，后因全国统一场名，改为“劝业场”。劝业场全长158米，分前、后两场，前场南向总府街，后场北向华兴街，中有东西两条支路，前后场口设有栅门，早启晚闭。两场口侧辟有专供停车停轿的舆马场。场内两排商业用房一楼一底，前后设置走廊楼道，整体建筑式样既承中国古代建筑传统风格，又仿埃及古造型特色，俗称“走马转角楼”。

宣统元年三月初三（1909年4月22日），成都劝业场正式开场，入场经营的商家152户，均由劝业场事务所从城区商业行业中严格挑选。据王川论文《春熙商贸文化之旅》的统计，经营有当地厂家生产的绸缎、花布、靴帽、套袍、刺绣、香粉、书画、玉器、玻璃、漆器等物品，也有官厂所出的牛皮鞍鞯、竹丝彩画挂屏、瓷胎盘碗、红绿茶、多宝架、卤漆、印刷品等，还有台湾番席、广东糖食、福建烟丝、北京戏匣、丸药、参茸燕桂、龟鹿阿胶、龙井香片、口蘑对虾、烤香云纱、广铜烟袋、纸烟洋酒等外地产品，以及巴黎香水、法国绢绸、泰西纱缎、德国自行车、西洋绒、金丝眼镜、八音钟表等外国商品，统计共2700余种，年交易额达30余万两白银。这使成都劝业场跻身于天津劝业场、北京劝业场、济南劝业场

原图标明“成都图书馆”，但此建筑其实为“华西协合大学图书馆”。民国时期的“成都市立图书馆”位于祠堂街，背靠少城公园，属市民众教育馆领导，由于经费不足，藏书不丰，因而读者甚少

和武汉劝业场之列，成为中国最著名的五大劝业场。

值得注意的是，当时语境下，“劝业”主要指的就是“劝工”。与国内最早的劝业场——武昌劝业场近似，成都劝业场大体也分为三大部分：一为内品劝业场，陈列四川省内手工制造品；二为外品劝业场，陈列外省和舶来品；三为物产内品场，陈列各种土产等非工业品。“劝工”与“劝业”密不可分。

建场初衷为“亮牌明码经营，比较工艺优劣，谋求进步改良，发展本地产品”，这些“明码实价”的文明举措，在成都是开天辟地的，对改善本地社会风气作用极大，后来走马街、东大街的商家也逐渐采取了“明码实价”的买卖方式。但开场一年本地产品营业额仅占20%～30%，实际是经营洋货为主的，显然距离振兴“实业”的初衷已有距离。鉴于劝业场开业后迅速成为四川的重要商业中心，宣统二年（1910年）三月，成都商会具文报请改名“商业场”，经北京农工商部批准，是年五月十八日正式改名。改名后，场内商家兼营洋货、广货日益增多，营业十分兴旺，当年全场交易额达银46万余两。宣统三年（1911年）四川兵变和民国六年（1917年）、民国二十二年（1933年）的两次大火，使场内商家元气大伤，生意逐渐萧条，但仍有商家经营活动。如位于商业场13号的“美琳服装店”，建于民国三十七年（1948年），为前店后厂，自产自销毛料服装、男女西装、中山服、毛呢大衣等110个品种，生意遍及西南地区。

成都的改良者利用商业场的成功，向民众鼓吹“新亦优”“旧亦劣”的思想，希望公众通过商业场的窗口而了解世界。

梁启超在《敬告国中之谈实业者》中曾描述说：“上之则政府设立农工商部，设立劝业道，纷纷派员奔走各国考察实业，日不暇给……下之则举办劝业会、共进会，各城镇乃至海外侨民悉立商会，各报馆亦极力鼓吹……今之中国，苟实业更不振兴，则不出三年，全国必破产，四万万人必饿死过半。吾既已屡言之，国中人亦多见及之。顾现在竞谈实业，而于阻碍实业之痼疾，不深探其源而思所以抉除之，则所谓振兴实业者，适以为速国家破产之一手段。”这既是对以“劝业”呼唤中国实业的功利心态的真实写照，也是对实业救国论的警醒。

民国初年警察的职责，统治者常以“保安、正俗、卫生”六字概括。既有专政职能，也有治安行政管理职能。保安，指侦捕盗匪、清查户口、巡逻警戒、防火救火、盘查可疑人员和对付一切反抗政府的活动；正俗，指端正风俗的一切措施；卫生，不仅指公共卫生、防病除疫，还包括社会救济、以工代赈等维持人民生计措施在内。光绪三十四年（1908年）戒烟总局裁撤后，其相关业务也划归警察管理。

成都商业场里，店铺、茶楼、酒肆、餐厅、戏园、旅馆等无一不备，它就不单是经商之所，而且是游玩之地，红男绿女，蜀锦苏绣的粼粼波光，使得商业场逐渐成为体验都市摩登风情的窗口。

在商业场建立之前，成都向无女人浓妆艳抹上街溜达的民风，偶有敢于亮相街头的，一旦被警察发现，必“严加申斥”，叫车护送回家。可见那时的警察，不但要维护公共秩序，还是标准的卫道士。其实，警察不过是在履行职责而已。

成都的《通俗日报》在1909年9月4日报道说，一位“天足”的劳动妇女挑着沉甸甸的一挑水进入劝业场时，她的力气引起了看客们极大的兴趣，大家议论纷纷。推行“新政”的人立即据此事件作为宣传“天足”的绝好例子，以此开启民智。正如一首本地竹枝词所描述的：“女生三五结香俦，天足徜徉最自由。”[①]

逐渐地，本地女性受时尚以及“女权”鼓吹影响，敢于冒犯“女不向外”的古训，三五成群，开始在摩肩接踵的公共场所出没，烟视媚行，顾盼生姿，构成了商业场风光绮丽的一景，这也让卫道士有些手忙脚乱。根据当时《通俗日报》的记者统计，仅1910年的正月初一当天，白天有33756名男性和11340名女性进入商业场；当天晚上，还有超过5000人在此游逛。鉴于商业场游览者太多，尤其是害怕“有伤风化”，禁止妇女夜间进场。场里有一家缝纫服装的“胜家机器公司”，店内清一色是年轻女工，最为引人瞩目。寻花问柳之辈潜行其中，表面上一本正经买东西，暗中却以“咸猪手”的方式除却“私人之痒”，众多“揩油”之举，也成为商业场中的常见伎俩。这充分表明一个事实：昔日那些下作、猥亵手段，作为流氓的“肢体语言”，往往只能在街头巷尾偶一施展，但商业场的“拥挤”为他们提供了“合理”的施展方式，公共空间竟然成为下作私欲的延伸，这无疑为本土的街头文化提供了又一个舞台。

而官家小姐不便抛头露面，只好轻揭开轿帘，目迷五色，深深陷入对时尚的畅想。那些穿着无袖旗袍的妓女，披着时髦的鬈发，三三两两嬉笑着在院门口招徕客人……少年郭沫若明察秋毫，戏题了两首竹枝词：

蝉鬓轻松刻意修，
劝业场中结队游。
无怪蜂狂蝶更浪，
牡丹开到美人头。

新藤小轿碧纱纬，
坦道行来快似飞。

---

① 林孔翼辑：《成都竹枝词》，四川人民出版社1982年版，第188页。

里面看人明了否？
何缘花貌总依稀。

不难看出，别开生面的劝业场委实是盛况空前，但“坦道行来快似飞”一句却引人联想。这似乎在暗示，在劝业场周围是宽敞无蔽的，才会有如此风风火火地乘轿“赶集”一般的场面。但劝业场周围并不如诗中描绘的那样道路宽阔，即便是民国时代闻名遐迩的拥有三百年历史的总府街，也不过400米长，而且较为狭窄。就更不用说“街道相连”的城市构想了。

在劝业场开张那天，周善培并未被热闹冲昏头脑。他似乎有些不祥之感，他对樊孔周说：“此场修得好，真可用‘栋宇堂皇、商肆罗列’来形容！但可有弊病？”樊还未开腔，属员娄仲光应声说：“在下以为，楼台虽好，但铺房稠密、街道狭窄，一旦失火则难以施救！”1917年，就在樊孔周被川军刘存厚手下的团长张鹏午派遣的暴徒枪杀后，这年的腊月十五深夜劝业场失火，繁华商场顿化灰烬，商家损失惨重。此后由江建廷重建。哪知1933年，又遭大火！其后，房主各自因陋就简修建。修来补去，所有店铺已非原样，生意渐淡，不复当年盛况。1930年，劝业场里的一家布店就挂出了这样一副对联，述说了商家对时局现状的不满——

冷淡商场，可怜几日未开张，好比猿猴空跳舞；
凄凉国事，只为频年都打仗，闹来鸡犬不安宁。

这固然体现当时没有消防意识所引起的一系列萧条，但道路狭窄，无法施救，也是商家损失惨重原因之一。商业场经火劫修复后，不用场门，一律采用串架式的门面，街道也逐渐扩展到9米，保留了街沿，便于行人避雨通行，街旁栽种洋槐遮阴[①]。

正如成都历史学者郑光路先生所言，从1912年至1923年，虽然入驻蓉

① 吴世先主编：《成都城区街名通览》，成都出版社1992年版，第321页。

城的军阀走马灯一样在换人，但街道仍然在逐渐发展：一些街巷拓宽，新辟了许多街道，一些街道改换成具有新时代色彩的街名。[①]

然而，商业场与“蜀中第一街”东大街就像两条汹涌着滚滚金沙的洪流，无数的淘金者梦想着，什么时候能够把两者连接起来，打通壁垒，里外兼得，真正让金融的血脉在成都实现良性循环、具有城市的造血功能呢？

1924年之前的春熙路，不过是一条小巷。它与走马街相连，形成一条南北直线，横贯其中的东大街是出东门下川东的必经之路。从东门上来的客商，经东大街去喧嚣鼎沸的商业场，均要经过这条“梗阻”的羊肠小道。修筑一条比较宽阔的马路，连通东大街到商业场的交通，自然成了市民客商的迫切愿望。

谁知这一等，就是17年。

百年金街春熙路

民国十三年，即1924年5月26日，四川军阀、二十军军长杨森在混战后攻入成都。杨森是个十分复杂的人物。他头脑灵活，容易接受新潮事物，投靠北洋军阀，升任陆军第二军军长，被北洋政府视为实力人物，封他当了四川省“军务督理”，寄望他统一全川，为北洋政府在西南地区撑起一片晴天。杨森在四川军阀群体中素以趋新著称。他到处喜欢提倡“新建设”，并一贯以“建设者”自居。他招揽的一批留洋学生为迎合杨森的旨意，建议其仿效欧美，改革市政。

杨森酷喜欧风美雨。自己配有英文秘书，经常与洋人合影，还喜穿西服，喜吃西餐，喜欢洋乐，要求姨太太和子女们学习西方乐器，如钢琴、梵阿铃、黑管、长短号等，恨不得像哪吒那样剔骨还父，剐肉还母，从里到外被“洋化”。他还时常在家中举办音乐会，甚至还亲自作词，请当时

① 郑光路：《成都旧事》，四川人民出版社2007年版，第28页。

名音乐家刘雪庵谱写了一首混声四部合唱曲的“家庭歌”。歌词如下：“唯我杨氏族，文治到关西，武功称无敌，发扬光大在吾辈，齐努力。重教育，薄享受，取缔浪费。不吸烟，不饮酒，不嫖、不赌是我家规。学贵专精，学贵专精，体育、音乐皆不可废。忠于国，孝于家，有益于此方方无愧。好子孙，好子孙，发奋发奋光门楣。好子孙，好子孙，努力努力扬国威。”

20世纪30年代的春熙路

从市政建设到移风易俗，杨森均予以了“全盘考虑”。他让人在街头巷尾到处张贴“杨森语录”，比如：“杨森说，禁止妇女缠脚。”“杨森说，应该勤剪指甲，蓄指甲既不卫生，又是懒惰。”“杨森说，打牌壮人会打死，打球打猎弱人会打壮。”“杨森说，穿短衣服节省布匹，又有尚武精神。”“杨森说，夏天在茶馆酒肆大街上及公共场所，打赤膊是不文明的行为。”“杨森说，吸鸦片是东亚病夫！”“杨森说，不要随地大小便！”……

成都立刻笼罩在“杨氏语录”的训诫里，让生活自由惯了的成都老百姓大感新奇和别扭。

民国之前，有人总结成都的市井特色是“三多”：“茶馆多、小吃多、厕所多。”成都厕所多，只是与其他地方相对而言，其中在成都的住户中，绝大部分其实是家无厕所的。那时有所谓的“官茅厕”，并非公家出钱修的公共厕所，而是由经营粪便的粪老板修建的。如厕免费，但挑粪要出钱。杨森他把主意打到了官府从不问津的“粪业”上，据说这是中国首开的“扒粪”纪录。有鉴于城市粪水横溢、苍蝇密集的现状，恰巧这时社会上又流传着一首对东门椒子街粪塘子进行辛辣讽刺的顺口溜：“穷椒子，臭椒子，街头一个粪塘子。粪塘子上搭棚子，侧边铺条烂席子。上面住的干鸡子，苍蝇蚊子加耗子，臭虫虱子蛆儿子，害得居民没法子，活像一群叫花子，大家都过苦日子！”杨森抓住这一社会陋习大做文章，制定了一项新的税源，叫作“卫生费”，向粪商们强行收取税费。[①]他决定开征“粪捐”，用现在的话来讲就是“城市排污费”。他派军警在城门口堵截进城挑粪的农民，按担收钱。

这种做法，似乎是“古已有之”。淳熙八年（1181年），朱熹担任提举两浙东路常平茶盐公事。时值饥荒，一些贪官污吏从中横征暴敛，致使民不聊生；有些不法商贸为了逃税，还与地方官勾结，向地方官行贿，打着官方旗号以营私。朱熹听辛弃疾说“粪向亦插德寿宫旗子”，开始不信，后来“提举浙东，亲见如此”，才知道辛弃疾所言运粪船上高扬官僚大旗，所言不虚。

成都文人刘师亮闻之，写有一个流传千古的对子：“自古未闻粪有税，于今惟有屁无捐。”横联是“民国万岁（税）”。据说杨森暴跳如雷，将刘师亮怒斥为“反动文人”（此联来历还有一说：指郭沫若少时见农民挑粪出城，门吏硬要收取两个铜板方可放出城而作）。近代著名诗人、学者庞石帚（1895—1964年）在成都1949年前夕的特殊时节里，赋有一首调寄高阳台的词《新秋感事》，讽刺时弊甚深，最后一句就是：“……怕明朝，禁到冰蟾，税到沙鸥。”[②]

其实，中国对屎尿课税的官员极可能是清末的四川总督奎俊。梁发芾在《屎税和屁捐》里考证说，天文数字一般的庚子赔款，四川每年要摊派220万两白银，使四川的“新捐输”以及原有的“捐输”“津贴”苛派比“正额”多至十倍。总督奎俊掘金无门，一天“见农民入城担粪，即抽粪税，每担取数文，每厕月取数百文，税至于粪，真无微不至”。就是说，大粪税是从清末的四川总督开始的。

① 铁波乐：《老成都的厕所》，《成都晚报》2008年11月30日。

② 朱寄尧：《两松庵杂记》，《龙门阵》1982年第5期，第78页。

而在北方，北京市市长袁良也拟增收大粪税，引起淘粪工人的强烈反对，加之当时各派政治力量的角逐，迫使袁良不得不辞职下野。[①]从南到北，甚至推及全国。到了民国时候，“粪捐”还在征收，成为定例。具有讽刺意味的是，这个时候由于行政衙门多了，对于“粪捐”的征收出现了新问题。卫生局说了：粪便有关卫生，捐该我们收；社会局也说：人如厕方便，是由于社会问题，所以该我们收；税务局更是冒火：收税本来就是我们的事，凭什么你们来打岔横插一脚！相持不下的结果是，一个厕所，卫生局收卫生捐，社会局收社会捐，税务局才收粪捐。同时，由于三家机构需要协调，所谓“三局治粪”是也，于是就有了“粪政”。学者张鸣在《粪业、粪捐与粪政》一文里进一步指出，在学习西方的道路上，我们的公共行政，在机构设置上，永远膨胀得最快，在公共政策上，在收费方面永远发育得最快。民国时有个名人，叫聂云台，写了一本小册子，名为《大粪主义》，说是要各级行政长官，带头淘粪，如果怕不安全可以派卫兵保护。当然，打死这些长官，他们也不会去淘粪，只是他们的眼睛，其实并没有放过厕所。

跃跃欲试的杨森，继续施行他一直挂在嘴边的“新政”。当时全国各地拆墙建路是市政建设之时尚，而修马路既可笼络人心，为自己树碑立传；又能借修马路为名，大量搜刮民财，为独霸四川、发动“统一四川”之战积累资金。修马路也成了杨森“新政”的要点。

杨森“智囊团”中的陈继新、穆耀枢等人为有所建树，提出数条“新政”建议，杨森欣然采纳，并立即宣布实施：

> 修建马路；
> 开辟公共体育场；
> 成立通俗教育馆；
> 提倡朝会。

---

① 铁波乐：《老成都的厕所》，《成都晚报》2008年11月30日。

其实，杨森对“新政”城市规划、修路架桥等等也并非盲人摸象，胸无点墨。1921年11月至1922年8月，杨森作为川军第二军军长并兼任重庆商埠督办时期，就推行了一系列改革重庆市政的措施，并为重庆市政的长远发展做出过规划。早在任永宁道尹时，杨森就采纳幕僚的建议，在泸州修筑马路和体育场，改革市政，使泸州景象有所更新。杨森借此着实风光了一回。任重庆商埠督办后，杨森更是满怀兴致地推行市政改革，其左右喜穿洋服的智囊团成员更是屡屡以新奇的设想为其出谋划策，以至重庆市政改革一时轰轰烈烈，颇引人注意。今天四川、重庆境内的318国道和渝巫路的石子公路，都是在其力主之下建成的。

陶亮生先生在《成都街名琐记》中说过：“蜀人好文，闾间题署，皆有考究。随着人世代谢，古今变迁，街名也有所改变。”街名是一定时空内人民生活、自然变化、城市发展、社会进步等街头文化的沉淀和结晶。生意，街名固然是一个地理符号，更是一座城市凝固的自传。但与西方城市最大的不同在于，中国人似乎太看重城市街道名字的意义表征，从而也太容易地从相关的字眼中引发许多联想和猜忌。这种对名字表征功能的扩大化，常常会扩大到所有名字的象征功能上去。

1924年，马路修建成功后，杨森请素有雅名的前清举人、双流人江子愚为马路取名。江先生名椿，字子愚，双流黄水乡人。幼读私塾，曾在清朝废科举前最末一次朝考中获一等。辛亥革命后，江子愚曾先后担任四川《国民公报》《巴蜀日报》主笔兼总编辑。江子愚擅长诗古文词，著作有《古代蜀诗评判》《冬青阁诗选》等十余卷。1949年后担任四川省文史馆馆员，于1962年病故。

江子愚先生不仅擅长“之乎者也”，而且世故极深，他来了个“太极推手”，推出了一顶特级高帽，给这新马路命名为“森威路”，因为北洋政府授予杨森以“森威将军”头衔，这令杨森十分“受用”，于是确定了马路的“初名”。不久，杨森在他发起的与川东军阀刘湘的混战中失利，被迫逃出四川。江子愚再战江湖，又向当局建议将“森威路”改为“春熙路”。出典是老子《道德经》中“众人熙熙，如享太牢，如登春台”的典故，以描述这里商业繁华、百姓熙来攘往、盛世升平的景象。

但另外有人予以了附会，认为“春”寓意春风和煦的“阳升”，与杨森谐音；“熙”表示升平气象。熙熙攘攘皆为利来寓意指在杨森治理下的成都，犹如春风和煦，百姓熙熙而来，攘攘而往，一派升平兴旺的景象。这些全赖于杨森督理的“德政”。

但有意思的是，四川大学哲学系教授黄德昌近年指出，自春秋时代有《老子》一书流传于世以来至唐，这句话一直就是“众人熙熙，若享太牢，若春登台”，而不是“若登春台”。“若登春台”首次出现在唐玄宗的《御注道德真经》一书中。由此，《老子》的各种版本中有了“若春登台”和“若登春台”两种说法。就这两句话而言，含意也大相径庭。“若登春台”里，“春”成了一个修饰词，是定语。有春台则有夏台，秋台。而“若春登台”则说是如春天来临。两者相比，“若春登台”的意思要丰富得多。那么，为什么唐玄宗要将“若春登台”改为“若登春台”呢？黄教授认为，唐玄宗之所以如此改动，一则可能是笔误，一则可能是为追求文句的对仗工稳。①

还有一种说法，是出处源于西晋文学家潘岳《秋兴赋》里的名句“登春台之熙熙兮，珥金貂之炯炯”而定名。

春熙路建成后，成了连接东大街和商业场的黄金通道，极大地便利了城市交通。来自国内的北京、浙江、广东、重庆等地客商，与来自国外的洋商们同台经营。在这个路面宽八九米、长约两千米，汽车与人力黄包车同行的商业大街上，各种商店、书店报馆、银楼、百货公司光鲜林立，商贾如云，游人如织。此外，鸦片馆、赌场、妓院等等亦应运而生，洋人挥舞“司迪克”、穿草鞋的苦力奋力拉车的景象，让这条商业街在光怪陆离、灯红酒绿中展现出街道文化的五脏六腑。

春熙路的改造为四川其他地区树立了榜样，比如资中县城里后来就有一条模仿春熙路而建的街道，为四川的古老街道的更新换代注入了新鲜血

① 转引自《春熙路碑文谬误乍现》，2002年3月27日《四川日报》。

液。一位英国外交官感叹“这时的四川具有令人惊奇的现代化程度，许多大城镇都很现代”。成都在过去的几年中经历了“一场全面的改造，它的街道宽敞平坦，房屋商店鳞次栉比，卫生设施完善齐备”。从中我们可以发现城市改革取得的显著成效。而街道的改善在城市面貌的变化中最为明显。①

春熙路分为东西南北四段，即春熙东段、春熙西段、春熙南段和春熙北段。后来逐渐拓展，还包括著名的大小科甲巷、北新街、锦华馆街、中新街等大小街道。杨森采纳了牛津大学毕业的戴顾问的建议，在春熙路4条道路交会的十字路口的中心，建造了一座街心花园。后由成都市政督办在此设立“春熙路建路纪念碑”，纪念碑的四周镌刻着修路经过图景。

综合四川省文史馆张绍诚先生《锦里街名话旧》一书的考证，再结合吴世先主编《成都城区街名通览》的记载，春熙路的指掌图如下：

春熙北路长400米，宽12.3米（包括两边街沿各宽2米），此段为春熙路主路段，初名北春熙路，后改为春熙北路，1949年后改今名。1966年曾改名反帝北路，1981年地名普查时恢复。它抵总府街，本街主要商业是匹头（绸缎、呢绒、布匹）、百货、钟表，多售舶来品，20世纪30年代有来鹤楼茶馆（屋顶塑白鹤为标记），生意特盛。其间还有一家咖啡店，名叫劳福咖啡店，取其“劳工福利”之意。店主穆耀枢，是位进步人士，他同时在金河街开设了一家草堂图书馆。他的劳福咖啡店里，经常有年轻人光顾。后来不知何故，穆先生被当局抓出来枪决在该店门口、也就是孙中山先生铜像下面，罪状是“借开咖啡店诱惑青年男女，搞苟且淫秽之事。‘劳福’者，LOVE也”云云。上演了一出莫须有的杀人丑剧。

后街中有漱泉茶楼代之，茶楼同时出售各类报刊，零售花生米、瓜子、薛涛干、灯影牛肉佐茶，颇受人众欢迎。街中有基督教青年会，民初创立，1924年设电影院（后改名大华、新闻），以后附设图书馆、会议

① 王笛：《街头文化：成都公共空间、下层民众与地方政治1870—1930》，中国人民大学出版社2006年版，第187页。

室、饭馆。西侧锦华馆内多男女中西各式服装店，沾上了洋风，所以工价颇昂。附近多银行、参茸行、银楼，西面廖广东刀剪铺，质地优良，以石质柜台为标记。亚新地学社，专售中外地图、地球仪；世界书局和商务印书馆所售中外书籍，特别是儿童读物，在成都市很受欢迎。《中兴日报》在春熙饭店南面。本街初建时，有北京同仁堂药店，因与成都同仁堂药店同名涉讼败诉，改名达仁堂，仍售名贵中药。街西北亨得利茶馆是商界人士聚会场所，亦有“高级”看相算命者混迹其间。钟表、眼镜行（设修理部）有及时、大光明、协和等，抗日战争时期最兴旺。解放战争时期，本街百货商店如聚福祥、福泰和等一年到头都在搞大减价，大型条幅，耀眼夺目；鼓号齐鸣，高音喇叭播放流行歌曲，夹杂鼓号狂鸣，震耳欲聋。总而言之，商家的促销手段，极大地影响了后来的营销模式。

按照春熙路方位定名，春熙南路长240余米，现宽12米。1966年曾改名为反帝南路，1981年地名普查时恢复。它南接走马街，街西有益智茶楼，表演曲艺；楼北为正则补习学校，有精益眼镜行和宝成银楼；街东有德仁堂销售参茸燕桂及名贵中药材，其北为春熙大舞台。1930年首聘蒋叔岩、刘云霞、娄外楼等名角演出京剧，是开先河，随后以连台剧轰动成都。抗日战争时期改放映电影，再改为百货公司、人民银行。其北五芳斋是下江口味面点铺，其北1935年前有卡尔登，是成都豪华的大烟馆，吸毒的瘾君子吞云吐雾于混沌之中。抗战时期改建银行。再北为成都市最大的《新新新闻》报社和《新中国日报》，前者所建新闻大厦是20世纪40年代成都最高的建筑物。1949年后成都市总工会在此办公。

春熙东路长85米，宽10米，1966年大科甲巷并入，曾改名为反帝路，1981年地名普查时恢复。春熙东路东接大科甲巷，清代按察使司署所在，路北监狱（后改四川省财政厅，抗日战争时期田赋改征实物，内设田赋粮食管理处），太平天国翼王石达开、残杀东乡县民的四川省提督李有恒、反帝民众领袖余栋成等先后监禁于此狱。1949年后改建为成都“市立医院”，即成都市第一人民医院，西端有福泰和百货公司和凤祥银楼。1949年后改成都市工艺制品社，展销成都市精工制作的金银制品、丝织品、漆

民国时期成都街头的烟具店。长长的竹烟杆，两头是玉石或金属（白铜）的烟斗和烟嘴。成都文史学者陈稻心先生认为，此店应该在大科甲巷

器等艺术品。

春熙西路现长170米左右，与荔枝巷相通，街北成都大楼亦20世纪成都市新型建筑物，几家银行和撷英西餐厅在此；对过西侧耀华茶点室，所售饮料、茶点、面食均享盛名，1949年后在街北增修西餐厅，1958年毛泽东主席曾来此就餐。此街是民国时期少爷小姐喜欢光顾的街道，亦多寄卖行（亦卖洋货化妆品、小衣饰、扑克、打火机等），西服制作业设店做立体剪裁。也有金石刊刻和书报代售店。西段上有“国际艺术人像”照相馆，1946年秋曾展出李公朴、闻一多两教授在昆明街头被刺杀的一组特大新闻图片，轰动蓉城。

春熙路东南西北四路交会处有独立楼房两栋，南面一栋是中华书局（多售古籍校勘新本。1949年以后改成都市古籍书店）和四明银行，北面一栋是广益书局（多卖笔记小说、通俗读物，附设金笔修理部）、茂昌眼镜行（1949年后改为瓷器商店）……

春熙路在人民公社风行全国时期，还短暂地被命名为“公社”。在同一个地段上出现如此之多的新旧街名重叠，就像历史是层垒而成一样。各种空间符号逐渐被时代荡涤而去，人们站在春熙路上，就能感到历史的脉动。

春熙路上的茶馆

唐代封演《封氏闻见记》记载：“城市多开茶铺，煮茶卖之，不问道俗，投钱取饮。”唐时茶馆已具雏形，延至清代已遍布神州。

成都老报人邓穆卿先生在《成都旧闻》中，收录了《成都茶馆》一文，堪称是一幅春熙路“茶馆指掌图”。文中提到旧时成都茶馆的招牌都很讲究，不像现在有些茶馆扯块蓝布做旗子，在旗子上贴上一个白色大“茶”字就算事。在春熙路地段，就提到了十几家茶馆，比如北段的“颐和园”“漱泉茶楼”“三益公”，孙中山铜像背后的“春熙大茶楼”及对面的“来鹤楼”，南段的“饮涛”和“益智”，以及紧邻的东大街的“华华茶厅”与“留芳”，总府街的“正娱花园”和“濯江”等。而“漱泉楼”茶馆依然在春熙路北段的二楼上，但现在我们看到的匾额，是流沙河先生写的匾额，因为口岸好，每日是高朋满座。距今20年前，“饮涛”茶客盈门，里面有一个天井。一大早就有养鸟的人把鸟挂在天井里，好鸟叫得有节奏，有的好像在“唱歌”，而以鸟为话题，天天都摆不完。如今回眸这段历史，猛然发现，“饮涛茶楼”已经消失十几年了，这颇让人追忆。

几百米的春熙路上，茶馆如此密集，彼此之间的生意是否有影响呢？这种此消彼长的影响一直是存在的，竞争也较为激烈。有鉴于此，1947年10月，成都茶社业公会会员大会就决定：“今后严格限制新茶社牌号之设立。”“不许在同一条街道开设两家茶社，除原有不计外，距离一百户以外者再酌情办理。”[①]这样的管理举措，显然是亡羊补牢之举。

---

① 转引自《川大史学（专门史二）》，四川大学出版社2006年版，第301页。

1908年的成都望江楼。（英国人亨利·威尔逊 摄）

流沙河先生说，1949年底，解放军围成都，派战士入老西门侦察动静，见大茶馆桌桌坐满，热闹拥挤，便回去报告说："几百人开大会，转入小组讨论。"当时南下大军，来自晋绥边区，哪里见过茶馆。由此可知成都人的"茶馆情结"。

位于春熙路南段的"饮涛茶楼"，客人主要是生意人，所谓"往来无白丁"恐不尽然。它卖的"芽茶"，是从一般茶叶铺买不到的，均为特制，因而特别吸引茶客。茶馆的水也颇为讲究。因为用锦江水需要额外雇人运送，成本增大，但茶馆为保证茶味醇正，再贵也要用河水。只有东门外望江楼"薛涛井"的水质，是市内唯一比府、南两河的河水还要好的井水，水井地处砂渍土之上，河水经过天然过滤渗入井内，杂质很少，格外清澈。旧时成都著名的茶馆，如少城公园的"鹤鸣"、东大街的"华华"、春熙路的"饮涛"等茶楼，都是有专人拉运"薛涛井"水，更受到茶客的称誉。成都东郊，如今位于望江公园的一口古井，原名"玉女津"，附近的人以井水仿制"薛涛笺"闻名，久而久之玉女津便被称作"薛涛井"；

一说是薛涛本人汲玉女津井水制作“薛涛笺”而得名。不管怎样，这样的井水带来的就不仅仅是清冽的问题了，显然蕴含了文化的韵味。茶客很容易联想起李绪“千古艳情一井水，许多客绪寄江楼”的历史名句。所以，茶楼自然是以女诗人薛涛的大名以广招徕。

春熙路上一般的茶楼依然使用“沙缸水”来招徕茶客。旧时茶馆里都有四方天井，一般都置放两口雕花石缸。石缸内铺有卵石、棕叶、特意洗淘过的河沙，石缸又叫“沙缸”。河里运来的水倒入沙缸，经细沙、棕叶、卵石过滤才提到瓮子上烧开供茶客饮用。个别茶馆的沙缸是陶制的，小的可装一挑水，大的可装七八挑水。缸里装了小半缸沙子和瓦片，用于滤水。在缸底处有一小眼，插上竹管，滤过的河水就从这竹管里流出。沙缸水生津润口，比井水甘甜清醇，饮茶平添一野趣。老茶馆烧开水的灶不叫灶，叫“瓮子”。两米长、一米宽，上下两台。高出的一台是真正意义的瓮子，储存着热水。冬天茶客坐久了脚冷，可以买瓮子里的热水来烫脚，茶馆备有脚盆，一盆洗脚水折算一碗茶钱。瓮子低的一台就是烧开水的灶，灶面铺着钢板，钢板上割有壶底大小的圆洞。火苗从洞内蹿出直烧壶底……

但有了自来水，沙缸就逐渐被淘汰了。这已经是抗战结束以后的事。

傅崇矩的巨著《成都通览》记载，清末成都茶馆有454家，产茶区则有彭县、什邡、灌县、汶川等60厅州县，而茶的品种则有红白茶、茶砖、香片、苦丁茶、苦田茶、毛茶及老鸦茶等十数种。茶馆里是清一色的盖碗茶，成为成都茶馆里的唯一主语。

“盖碗茶”有茶碗、茶盖、茶托子三件套，又称“三才碗”，盖为天、托为地、碗为人。船，又叫茶船，始为木托，后以漆制。据《资暇录》记载：是南齐蜀相崔宁之女所发明。它的功能，稳固茶碗，便于端饮，水不溢桌。盖碗茶具常有名人绘的山水花鸟。碗内又绘避火图。有连同茶托为十二式者；十二碗加十二托，为二十四式。备茶会之用。清代茶托花样繁多，有圆形、荷叶形、元宝形等等。盖碗茶盛行于清代京师（北京），大家贵族，宫廷皇室，以及高雅之茶馆，皆重盖碗茶。盖碗茶宜于保温，故后来各地都流行。高人以为，喝“盖碗茶”有三大好处，比如美食家车辐先生在《成都人吃茶》里说得明白："一、碗口敞大成漏斗形，敞大便于掺入开水，底小便于凝聚茶叶；二、茶盖可以滤动浮泛的茶叶、浓淡随心，盖上它可以保温；三是茶船子承受茶盖与茶碗，如载水行舟，也可平稳地托举，从茶桌上端起进嘴，茶船还在于避免烫手。"

"盖碗茶"的茶碗上，那上面的文字很有讲究，如常见的"清心明目"，在道出茶的功能同时，无论顺读倒念，或依次重组，都是一句绝不重复的"四字真言"，值得欣赏，如顺读：

清心明目
心明目清
明目清心
目清心明

如果倒念，则是：

目明心清
清目明心
心清目明
明心清目

再如"生津止渴""可以清心也"，道理亦然。重组排列后的"四字名言"还可以自上或由下而读。这样上下左右便可读出两组不同的十六句名言，看似简单的两组汉字，其实变化无穷，深藏玄机。这是否也是一种蜀人的生存智慧呢？

这让我想起流沙河先生曾戏撰的一副对联：

改革你喝拉罐水，
守旧我吃盖碗茶。

戏谑幽默之中，“守旧”未必就“旧”，而是保持了成都人的一种生活品质，从中也可见成都人被盖碗茶培育出来的性情。只有深入其间，才能深切体味到俗谚“一城居民半茶客”的持续激情。

街道眼

街道是一个城市最主要的器官，也应该是城市最有活力的公共生活场，这样的空间存在着无形的“眼”。街道上的“眼”，是街道的守望者，它关注着空间里人们的饮食起居，无形之中给人以保护和乐趣。街上的“眼”，不是专职的监视者，而是街道的自发主人，他们和众多的行人一起保障了街道的安全，抑制了犯罪和不文明举止。而一个安全的具有公共生活活力和趣味的街道，也是儿童成长的重要环境。可以说，“街道眼”正在成为如今打量街道的一个重要尺度。

几年前，法国动态城市基金会以此为主题发起了一项国际巡回展，从巴黎开始，解读城市的街道，通过视听体验、个人参与、图像、建筑和城市的设计项目，展现各个城市的街道生态。

而早在40多年前，美国女记者简·雅各布斯以一个城市规划和建筑的局外人的身份，写出了《美国大城市的死与生》一书，首次提出“街道眼”的概念，主张保持小尺度的街区和街道上的各种小店铺，增加街道生活中人们相互照面的机会，旨在唤起人们对城市多样生活的热爱和邻里之间的关怀而获得一种安全感。20世纪60年代初，正是美国大规模旧城更新计划甚嚣尘上的时期，这一理念的提出，引起当时美国社会的强烈关注。如今，传统意义上的街道——城市中最主要的公共生活场所，在现代的中国城市中也正在消失！随之而来的是，城市中每个人生活的改变。

春熙路自建立以来经历了多次变脸，近年步行街的打造使得街区建筑面貌全新。建筑风格固然新潮，但依然依稀可循“老春熙”的影子，更关键的街道格局基本未变，依然还是那么宽、那么长，进出通道依然延续了过去的方位和布局。因此，成都人会觉得虽然一切翻新但仍是熟悉的。

即使是那些偶尔才来一趟春熙路的外地人，也并没有因为春熙路的改造而“找不到北”。

如果细心一些，还会发现，和重庆那种满街高架桥横空而去的构想不同，成都新建的下穿式隧道提高了汽车通过能力，既没有破坏城市街道的布局，又为市民提供了步行空间，这在与春熙路紧密相连的红星广场上就可见一斑。

正因为春熙路保留了街道的尺度和历史格局，使得春熙路的“街道眼”成为历史的见证。“街道眼”是安全之眼，公共生活之眼，城市乐趣之眼。

2004年，为了挖掘春熙路深厚文化底蕴，从12月5日开始，春熙路街道办事处以头奖3万元的奖励，公开在全国征集春熙路“街标”。活动受到广泛关注，收到来自全国近千条建议和600多份方案。经过专家初评，11份春熙路“街标”方案脱颖而出，获得一等奖。在国务院国资委商业网点建设开发中心副主任廖伟阳的主持下，专家组最后敲定一个特别奖方案。

中标者刘国元来自杭州，让人意外的是，他并没有到过春熙路。刘国元的设计很独特，春熙金街标识是将“春熙”两字组合成一个整体，“春”字的“日”和“熙”字中的“臣”相重叠，简化为一个方形，方形内有“1924”字样。标识中的方孔代表古钱币，是财富的象征。标识下的四点则象征着熙来攘往的人群，寓意步行街上人气兴旺。标识背面则写有“春熙”来源的典故——“众人熙熙，如登春台”8个字。

春熙路街标刚一亮相，便受到市民的追捧，纷纷上前合影留念。“街标”如同一张量身定做的名片，让人过目不忘，有助于向世界推荐春熙路。在我看来，这样的“街标”与“街道眼”无疑构成了深刻的隐喻，或者说，“街标”正是“街道眼”的具象。

美国学者奥罗姆、陈向明在其合著的《城市的世界——对地点的比较分析和历史分析》中，针对人们司空见惯的“地点”予以了深刻表述，指出：“地点——空间上人们居住和工作的所在地。人们在此空间基础上建立个人的身份认同，并发展其相互之间的紧密联系。”显然，“地点”带着深刻的记忆和传奇的感情，人们将“地点”视为神圣场所，甚至当灾难降临之后，人们也选择重回“地点”。成都人大概不会反对，春熙路正是成都人建立身份认同最为经典的一个“地点”——街道眼。这个“地点”宛如城市的眼睛，吸纳了一座城市文化品格的形成与成都人的精神指认。

这是一条既不拒绝宏大叙事，也青睐小家碧玉的街道；

这是一条既容纳舶来品，又托举本土精神品质的街道；

这是一条既可以制造商界传奇，又不相信眼泪的街道；

这是一条既可以承载美女风景，又可供老人闲庭信步的街道；

这是一条既属于成都，更属于中国的街道。

齐白石与春熙路

国画大师齐白石与春熙路有着不解之缘。这要从“胡开文笔墨店”说起。

胡开文的创始人是安徽绩溪人氏胡天柱（1742—1808年），原名胡正，字柱臣，号在丰，绩溪县上庄乡人。据说有一次他从老家绩溪上庄村省亲回来，经过一座溪源山。爬到半山腰，天已黑尽，只得摸到附近一座山神庙里宿夜。睡至半夜，忽见一位白发老翁手托一墨，飘然而来。老翁在他面前站定，问道：“你就是休宁汪氏墨店的胡天柱吗？”胡天柱说：“正是。老翁怎知贱名？”老翁笑道：“我便是南唐李廷圭，知你接替汪氏墨店，店业待兴，特来转达神明旨意。”胡天柱从梦中惊醒，蒙眬间见庙堂正上方有一块斑驳的匾额，胡大喜过望，回到休宁后，当天就挂出了胡开文招牌。他根据梦中的幻境，融合徽州山水的风光，花了九九八十一天时间制作了一套墨模，用它制出的墨立刻震动了制墨界和文坛。胡开文笔墨店很快兴旺起来。胡天柱以墨业致富后，曾捐官而获从九品，被赐予奉天大夫，成为正宗绅士。胡氏后人世代制墨，1915年所制作“地球墨”获巴拿马博览会金奖，使胡开文墨业又一次大放光辉。清代徽墨业制作出现四大名家，即曹素功、汪节庵、汪近圣和胡开文，胡开文笔墨店作为后起之秀，善于把握时机，在商业竞争中逐渐领先，名列清代四大墨家之首。

翰林出身的方旭做过四川提学使，辛亥革命后退隐，此人工诗善文，书画皆精，尤其是书法，连尊经书院的山长王闿运都赞誉不已。他写字很讲究笔墨纸张，非湖笔、端砚、徽墨、宣纸不写。更奇的是他的墨水是用茶叶水磨出来的。他有一个同乡李润伯，专做笔墨生意，他便出主意叫李润伯在成都开一家“徽州胡开文”的笔墨店。李润伯贩运来许多安徽笔墨，遂于1924年在青石桥开设“徽州胡开文笔墨庄”。

1926年之后，成都市商业热点逐渐移至新开辟的春熙路，胡开文笔墨店于是在春熙路开设了分店。不久将青石桥老店停业，专心经营春熙路北段的商店。当时商店除专营“徽墨”销售外，还经营浙江吴兴（古称湖州）、湖南长沙、北京贺莲青、上海李鼎和等处有名的毛笔，人称“湖笔、徽墨”。胡开文笔墨店办回之笔，又用专人加工清理，使质量更臻完美，售出之笔如有毛病，免费修理，包掉回换，并可代顾客在笔杆上雕刻名字，以馈赠亲友或作书画留念。此外，还从北京“荣宝斋”采办各种宣纸，在苏杭等地采办各种名绢，八宝印泥，又从北京“翰元斋”采办雕刻精细誉满全国的铜墨盒，还有广东的端硕，安徽的歙砚等名特产品。这样，使文房用品件件齐全，深得金石家、书画家和知识界的赞誉，胡开文笔墨庄在蓉城亦逐渐驰名。

胡开文笔墨店为了结纳文人名士及在文化界中有影响的人物，又为金石、书画家代收润例。这对爱好并需求金石书画的社会人士，也起到一定的媒介作用。当时，与该店建立了代收润例的书法、金石、国画等艺坛人士先后有：谢无量、盛光伟、郑曼陀、林君墨、唐耕耘、施孝长、姚石倩、陈亮清、张嵩容、周申甫、木鱼等名家。

鉴于齐白石的书画影响力甚大，成都书画爱好者纷纷要求通过胡开文店求索齐白石墨迹。经该店在北京的人和白石老人反复联系沟通后，白石老人同意书字作画，这不仅方便了顾客，也因此使白石老人与成都结下了翰墨之缘。1933年齐白石让三子齐良琨到四川，并以印画交友。1936年5月，76岁的齐白石终于带着小女齐良芷来川游玩，并在“诗婢家”刻印作画，齐老来成都，求齐老书画者络绎不绝。由于胡开文笔墨店的宣纸、画料、笔墨应有尽有，为齐老挥毫提供了方便，满足了需求。之后，齐老还亲临店堂和该店人员亲切交谈，并兴致勃勃地为全店人员作画留念。

1930年，胡开文笔墨店李润伯转营瓷器，将该店牌号连同全部货品出顶与车语龙、李小臣、陈敬容、李韵南（以上四人已故）及汪梦僧等五人继续经营。抗日战争开始后，由于政府及沿海工商企业迁川，成都市场曾一度畸形发展，更由于全国各地书画界名流先后流寓成都，胡开文笔墨店因其经营独具特色，成为书画界人士经常往来的根据地，生意蒸蒸日上。

齐白石先生住在文庙后街他的学生王缵绪家中。王家大公馆本就是一座富丽的花园，小桥流水，楼台亭阁，很适合画家求静悟道的习性。他在这儿画画制印，或会见朋友学生。余中英早年为赵熙弟子，善于书法，精于绘画，后来也成为齐白石的弟子，齐白石特地为余中英画了一幅长卷《九秋图》（现藏四川省博物馆），还画了一幅《螳螂爬香图》。

这个时期，徐悲鸿、张大千、齐白石、丰子恺等与“诗婢家”来往密切。张大千、齐白石都曾依据传统薛涛笺专为“诗婢家”设计了国画套色笺，美轮美奂，可与北京荣宝斋木版水印笺媲美。比如郑伯英在“诗婢家”定造的“郑氏笺谱”，不但收入了齐白石、何海霞、关山月、赵熙、庞薰琴、郑曼陀、黄君璧等大师的书画为底纹，还有陈果夫、陈布雷、邹鲁、姚鹓雏、王新会、杨千里、张子羽、曾绍杰、刘鹏年等十数人题诗，弥足珍贵。

时任《新新新闻》记者的邓穆卿先生，为我们记录了白石老人游历成都以及春熙路的情况，时隔70余年，依然是那样清晰可感——

齐白石抵省

1936年5月29日《新新新闻》

齐氏已于昨日（廿八日）偕赴渝迎迓之王治易与夫人小姐午后五时专车抵省，因齐氏年逾古稀，长途跋涉，颇感疲劳，抵省后即下榻文庙后街王宅休憩。齐与王、余（中英）诸人素有旧，余于昨夜，亦往拜访。

昨晨踏遍春熙路　白石山翁购汽炉

1936年5月31日《新新新闻》

白石山翁到成都三天，以身体疲乏，尚未挥毫作画。昨日（三十日）午前八钟，记者刚要出街的时候，恰逢他老架着眼镜，光着头偕其姬人移步踱入本报社来，蓦然看见，高兴至极，便请他老偕其姬人，在本报客室里坐坐。饮茶后，他索本报看，当奉上一份，过目数行，他说一时看不完，便交其姬人带回寓再看。他老向记者说，他要买些零星物件，请为他做个向导，同时也来见见面。

在室里坐了一会儿，谈了些话，他便约记者出街，向春熙路北段走去。他老精神颇佳，步行甚健，只上下阶沿时，姬人恐其费力，稍用手搀扶。

在春熙路上，他老向记者说，成都饮食，他是食得惯的，不过他是在乡里住得久的人，喜欢吃“乡味”，厨师弄的菜味浓又辛辣，有时加入些“味素”更不好吃，且不合养生之道。他很喜欢吃蔬菜，只是放点盐，用水煮熟便是好食品。他说他做客异乡，弄菜殊感不便，他要买汽炉、小铁锅，好自己烹饪。

记者知道他要买汽炉等具，便同他到春熙路百货店去看。在路上，他问我病好了没有，因为记者前天（廿九日）拜访他的时候，曾着凉头痛，他问清楚后又谈了药方，叮咛珍重，令人感到他老对人的亲切。

在“万利长”百货店买汽炉，索价每个十元多，钞价较上海高一倍以上，货又不好。又看了两家后，同他老到“益大”商店，货色稍好，结果他老以六元八角钞购汽炉一个，他取中央银行十元钞券一张，嘱商店找补点角票以便坐街车，店中答无角票找补，记者也向店里人说，请找些角票以便此老零用。店里人称实无办法。他老不禁喟然而叹：“人人都说成都好，谁知道拿着钱都不好用。”店里人听他老口音是异乡人，才多方设法，找补了五角票六张，二角票一张。他的姬人看中了“益大”的檀香木折扇，想买一柄，他老看见便说，檀香木折扇上截是竹子接成，下截才是檀香木，不耐用，香味也香不多久，他老说竹子折扇要好得多。他的姬人也便未买了。

转身经“胡开文”，记者问他是否购丹青。他说从北平带有画料来。在春熙路北段口，他与记者分手回寓，他缓步街头走回去，他的姬人恐他疲劳，雇好黄包车，他们便向文庙后街回去了。

端午节闲情逸致　白石山翁徜徉春熙路

1936年6月26日《新新新闻》

他偕其姬人散步春熙路，沙白的长髯，手里摇把白纸未书画的折扇。他说他日前曾去新都一游。当天便转成都。他说灌县青城山风景秀丽，暑气稍减时，他是要去一游的。刘君（启明）当时向他介绍成都古迹，诸葛武侯观星台（在天府中学内）、外西抚琴台以及赵子龙洗马池（在和平街）、子云亭等处。他说他一定要去一游，并请做向导。齐说：当时天热，他清晨作画或雕刻。午后一热便休息，作画与治印成时，便为人取去，寓所里无余留，每天必画，从未间断。

谈到吴昌硕、黄宾虹诸氏，他未表示意见，不过在他的谈话间，对吴有大醇小疵之感。谈到一般作画的，他表示失望，他说：“作画与读书一样，要读画多，才能有得，动辄下笔实少希望。”他说他的画，一般人恐怕看不来，因为不守成法，不落昔人窠臼，不胜曲高和寡之慨。他很称赞成都余中英。他说余近来画竹甚佳，治印亦好，顶有希望。

大家谈到王湘绮先生（他的老师）清末对四川文化之功，他老极尊崇湘绮，他说湘绮真是大家，喜怒笑骂皆成文章。他说他早年湘绮在时，每有疑难，曾多请益于湘绮。

昨天25日午又到寓所文庙后街访他，并请他同摄一影，时他有事外出，摄影后片谈匆匆分别。

秋风萧瑟天气凉　白石山翁动归思

1936年8月24日《新新新闻》

记者一提到白石山翁，便有一个须发苍白、神致超逸、和蔼可亲的老人在大家脑子里。他来蓉已三月，除领略三峡、渝、万、锦城风景外，他向记者说对峨眉天下秀、青城山六峰，只有怅惘，只有抱歉，他说因为他老耄之身，这些名胜高峰峻岭实无力登临眺望，言下甚为嗟叹。

他到锦官城，一天到晚忙于雕刻作画，前月足又为蚊虫所苦，溃烂成疮。他说成都当时马路太坏，凹凸不平，乘车行走，亦颠来倒去，致头晕背痛，他极少出外，现在屡得家书，催促返平。他也以游兴已阑，兼秋风初动，倍起乡情，想买舟东下即回北平。昨天他已出洋六十元，托人为他包订汽车到渝，再换舟东去，在这几天内他要别我们而去。他嘱记下他当时北平的通讯处。谈到别情，当时心情上总放不下。

他来川作的东西极多，以这几天裱于春熙路诗婢家一丈五尺之横屏《九秋图》为入川第一杰作。一幅之上，有秋菊、残荷、丹桂、红蓼、海棠、芙蓉、秋兰、老来红、鸡冠花，有粉蝶、蟋蟀、花蛾、蝼蛄、螳螂、蜜蜂、蜻蜓等，用写意法以绘之，神态宛然。

昨天我到他寓所时，谈些话后，他很高兴，便挥毫走笔为他女弟子蔡淑慎作《白菊丹桂图》两幅，用笔着色不同凡俗，一旁观看，极有趣味。

2004年5月1日，国画大师齐白石的小女儿齐良芷和外孙女齐媛媛，重走当年齐白石的蜀游之路，并为新画作收集素材。74岁的齐良芷老人一出双流机场，就迫不及待地前往春熙路闹市等处，寻访父亲当年入蜀刻印的百年老店“诗婢家”。当晚，齐良芷还和岑学恭等四川书画界名家共同作画。聊起父亲齐白石当年的一些生活点滴，齐良芷感慨万千。

成都的美食源流

人可以任意改变自己，包括头发的样式、说话的口音，甚至观念行为等等。但是，人永远无法改变的是自己的口味。可以说，口味是人类最深的瘾癖。

李调元被誉为“川菜文化之父”，其《醒园录》是四川第一部饮食菜肴专著，从中可以看出当时长江流域饮食文化中“吴餐”和“蜀餐”传播交融的丰富信息。

李调元（1734—1802年），字羹堂，号雨村。是清代著名文学家、诗人、剧作家、藏书家。乾隆二十八年（1763年）李调元进士及第，被钦点为翰林庶吉士，授予吏部文选司主事，之后还担任过广东乡试副考官、考功员外郎、广东学政。乾隆五十年（1785年）遭诬罢职回到四川，归隐于醒园。

乡居的日子，李调元草笠布衣，做田夫野老“亲农圃之事”，在罗江县云龙山麓种花植药，将经营园艺心得，参以前人有关著述，编成《醒园花谱》，对蜀地的花、果、木、竹、水草、藤、谷、蔬、桑麻、茶、药予以条分缕析，从这部园艺学著作可以了解“天时早晚之候，人事种溉之方，地方彼此之殊，物性良苦之异”，不失为川派园艺培植的必读书。

《醒园食谱》是其父李化楠撰写、李调元编辑的，后收入《函海》，全书记载川味烹调39种、酿造24种、糕点小吃24种、食品加工25种、饮料4种、食品保藏5种，可谓琳琅满目、经济实惠，对四川饮食文化做了高度总结。由于其记载的工艺技术切实可行，此书引起了烹调学界的高度重视。

可以发现，李调元的饮食品位其实是大众化基础上的精细化。他从来不是追求山珍海味、龙肝凤髓的人。比如《醒园食谱》记载了3道蜀地炒菜：新鲜盐白菜炒鸡法、炒野味法、炒鳝鱼法，与清代中期的烹饪专著《调鼎集》所记载相比较，大同小异。这说明到李调元时代，川菜虽有“蜀餐”之名，但川菜尚未走出“吴餐”的范畴，尚未表现出地缘特色。

川菜菜系是在南食（南馔）的涵养之下，由四川原住民和外来移民广泛吸收南北菜肴的精华，逐渐融合形成，是适宜于近代四川族群生活享用的烹饪技艺和风味。在传世的42卷《童山诗集》中，李调元提到几十种菜肴食品名称，有的还谈及吃法，即使仅仅出现一个食材名称，我们也可根据与李调元同时的一些烹饪著作（如袁枚《随园食单》等），大致推测出菜肴的烹调法，由此可窥李调元的饮食嗜好，考证出当时吴餐和蜀餐传播交融的丰富信息。

但《醒园食谱》记载的菜肴，几乎都是川菜中流行至今的菜品，比如“珍珠肘子”，将整段猪前肘连皮宰下，配上各种香料，以蒸卤之法做成，呈酒红色，泛闪珠光，外肥肉瘦，肥者不腻，瘦者化渣，肥而嫩滑，微感胶质，唇齿留香。《醒园食谱》还记载“烧腊猪头”，有人吃后认为比“东坡肘子”还要略胜一筹。

其中，李调元最为津津乐道的是豆腐。

李调元《雨村诗话补遗》卷四：“贵州李世杰总督四川，素清廉，喜食豆花，人称为李豆花。豆花即豆腐之未成者。”此人到成都后下令成都遍种芙蓉，所以晚清时节成都再现芙蓉满城之景。

豆腐之名，最早见于五代时人陶穀撰《清异录》卷上“官志·小宰羊”条：“时戢为青阳丞，洁己勤民，肉味不给，日市豆腐数个，邑人呼豆腐为‘小宰羊’。”陶穀是五代时新平（今安徽省南部）人，后周时做过翰林学士。五代时期，皖南地区百姓称豆腐叫“小宰羊”，豆腐是文人释读的书面语。

李调元《雨村诗话》十六卷本卷二指出：

> 豆腐，不知起于何时。按《本草集解》：“豆腐之法，始于汉淮南王刘安。”故宋朱子有《豆腐诗》云：“种豆豆苗稀，力竭心已腐。早知淮南术，安坐获泉布。”盖世传淮南以丹药点成也。然《蔬食谱礼》记啜菽饮水，菽，豆也。今豆腐条切淡煮，蘸以

五辛，是汉以前已有之，但不名豆腐，而豆腐之名，迭见于宋元诸说部。明蒋仲舒《尧山堂外纪》云："何仲默少时，极能文，善于破冒。有出其乡谚为对者，曰：'张豆腐，李豆腐，一夜思量千万计，明朝依旧卖豆腐。'破曰：'姓虽异而业则同，心无穷而分有限。'"然未见诗。本朝海宁查他山（慎行）及尤西堂（侗）始作有《豆腐诗》，已脍炙人口。

为此，李调元也写了很多涉及豆腐的诗词。《童山诗集》有《豆腐四首》，林林总总，真可谓是"豆腐系列大全"。比如，"家用为宜客用非，合家高会命相依。石膏化后浓于酪，水沫挑成绉似衣（豆腐皮）。剁作银条垂缕滑（豆腐条），划为玉段截肪肥（豆腐块）。近来腐价高于肉，只恐贫人不救饥"。"……逐臭有时入鲍肆（臭豆腐），闻香无处辨龙涎（干者名五香豆腐干）。市中白水常成醉（白水豆腐），寺里清油不碍禅（清油豆腐）……"

王国巍认为："《豆腐四首》写于成都，可见当时成都肆市上的豆腐皮、豆腐条、豆腐块、臭豆腐、五香豆腐干、白水豆腐、清油豆腐、姑苏糟豆腐、豆腐渣等，这些豆腐品种，至今仍是川菜和成都小吃的重要组成部分。"①

李调元喜欢吃鱼，尤其是鲤鱼。他的诗歌里提到食鱼计有近10处，有红鲤、双鲤、草鱼、鲈鱼等，这些至今仍是川菜中最常见之菜品。但李调元写芋头，才有意思。

《童山诗集》卷二十六《食芋赠陈君章》："栽树多栽柳，可作析薪具。种蔬多种芋，可作凶年备。"《童山诗话》卷二十六《妙相院》（赠张三）："一湾流水小桥西，妙相禅林大字题。落叶盈阶僧不见，野花满径鸟争啼。乾坤容我聊龟息，日月催人老马蹄。独有张三能御李，蹲鸱饷客味如鸡。"

---

① 转引自《王国巍：蜀中"函海"李调元》，2021年3月15日《成都日报》。

芋头即芋艿，古叫蹲鸱，是中国原生的古老蔬菜。司马迁《史记》卷一百二十九《货殖列传》："蜀卓氏之先，赵人也，用铁冶富。秦破赵，迁卓氏。卓氏见虏略，独夫妻推辇，行诣迁处。诸迁虏少有余财，争与吏，求近处，处葭萌。唯卓氏曰：'此地狭薄。吾闻汶山之下，沃野，下有蹲鸱，至死不饥。民工于市，易贾。'乃求远迁。"这说明卓王孙颇有眼光。唐朝张守节《史记正义》曰："蹲鸱，芋也。言邛州临邛县其地肥又沃，平野有大芋等也。《华阳国志》云汶山郡都安县有大芋如蹲鸱也。"饱经忧患的李调元，哀民生之艰难，所以说"种蔬多种芋，可作凶年备"。

这就是著名的岷山芋，川南也称"品芋"。杜甫《赠别贺兰铦》："我恋岷下芋，君思千里莼。"

韭黄一直是四川著名蔬菜，彭州至今都是主产地。《童山诗集》卷十二《深州牧李五峰遣送小菜四种》："未经出土气含酥，小放筠篮似束刍。短短麦苗无可杂，不须偷问石家奴。"写的就是韭黄。他还有《自题双菘图并序》一诗："雨村先生真腐儒，春食黄韭冬食蔬。南行舟中一日无，思之不置描成图。"

"才闻香气已先贪，白楮油封四小甔（dān）。滑似流膏挑不起，可怜风味似淮南。"这是写豆腐乳。

"栽如诸葛蔓菁菜，煮比东坡玉糁（sǎn）羹。如练土酥君不识，教人长是忆金城。"这是写萝卜。

"醢人加豆列名蔬，紫蓼青葵迥不如。却忆诚斋诗句好，一生只解贮寒菹。"寒菹，就是腌菜、咸菜，至于泡菜是很晚的说法了。

看看李调元利用饮食之道提炼出来的"饮食自况"："谁谓我贫，食不但韭。谁言翁醉，意不在酒。"可谓深得川菜三昧。

常璩在《华阳国志》中称蜀人有"尚滋味""好辛香"的民俗风味。可以发现，在辣椒引入四川以前，辣得"正宗"的是长时间使用的食茱萸，它与姜、花椒合称为"三香"。川人没有吃"树椒"的传统，本地也没有沿海才生长的"树椒"。到了清中叶以后，将这些风格进一步予以落实的东西就是朝天海椒和嫩姜。而四川朝天椒的辣度与鲜香，远超过西南其他地方的朝天椒。

如果说李调元提及的菜肴较为乡野化、平民化，那么蜀地的“山珍海味”又如何呢？

不得不说，成都的美食足以让一百多年前的洋人们眼界大开。1902年光绪皇帝下诏废科举兴学堂，四川总督锡良开门办学，成都陆续兴办了一批官办、民办职业学校，聘请了不少外籍教师。中野孤山是日本广岛县立中学教师，1906年受聘于成都补习学堂，担任教习一职，直至1909年返回日本。在他眼里，成都“珍奇的美食”大致是：

> 古语云：地异物殊。当今世上不乏其例。像华人那样喜欢吃珍奇食物的人应该为数不多。把西瓜籽、南瓜籽烘干后一颗一颗地吃，还有杏仁和葵花籽也以同样的方法食用。油炸荷花、糯米莲藕、盐蛋和松花蛋都是他们喜欢的珍品。蛇汤炖乳猪、燕窝、田鸡、鱼翅、猪肠、牛羊猪血、猪耳朵、干兔、蜥蜴类的卵、鲜虾、橄榄果等都能使华人馋涎欲滴。其他的，如冰糖莲子羹也很合我们的口味。糖水橘子、火腿等虽然近年我国也在开公司生产，但还是华人最爱食之。①

中野孤山在另外一处已经提到，成都上流喜欢海参，与燕窝一样，当时的价格十分昂贵。燕窝、鱼翅、蛇羹一类上品大菜均已出现，这说明自湖广移民之后，两广一带的饮食风俗已在蜀地落地生根。四川民间尤其喜欢的田鸡、牛羊猪血等，已上了台面。至于“蜥蜴类的卵”，这倒是首次见到蜀地菜品有这样的记载，估计应该是大鲵之类的菜肴。

民国时期，就这样一首《拟成都闺女春游》的竹枝词，让无忧无虑的成都姑娘的天性得到了精妙描绘：

① ［日］中野孤山著，郭举昆译：《横跨中国大陆——游蜀杂俎》，中华书局2007年版，第125—126页。

端来凉粉两三盘，
味调宜辣复宜酸。
腮旁嘴角红犹在，
就向街前念戏单。

而在另外一首竹枝词里，描绘了与上面一首近似的场景："豆花凉粉妙调和，日日担从市上过，生小儿女偏嗜辣，红油满碗不嫌多。"末尾的那句将成都妹子酷爱麻辣的心态，刻画得惟妙惟肖。读到这样的竹枝词，不能不让人想起老成都的各色美味。

据1909年出版的《成都通览》记载，当时四川有菜肴1328种，其中多数属于成都小吃。有一种说法，成都小吃的品种多达300余种，其中一些品种据文献记载可上溯到千年以前。成都人的"好辛香"是显而易见的，否则也发明不了这么许多的吃法，同样的原料或食品，他们就能吃出不一样的方式和风格来，可见他们在吃字上下足了功夫！所以，人们吃的已经不是一般的食品，而变成了文化。2009年，成都的名小吃已经昂然进入成

20世纪30年代，江浙商人在春熙路开办的幼稚园。（美国人路得·那爱德 摄）

都市幼儿园、中小学国学经典诵读教材。

成都小吃是一个庞大的概念，它不仅包括各种糕饼、羹汤及席菜细点，另外还有一个与外地小吃不同的地方，就是小吃还包括一些肉类食品，如麻婆豆腐、夫妻肺片、棒棒鸡、怪味兔、软烧鸭子、小笼蒸牛肉等等，这又是成都小吃的一大特点。成都小吃之有名，还在于口味之丰富。成都小吃口味特别多，是其他地方小吃所不能比拟的，常用的口味就有香甜、咸甜、椒麻、红油、怪味、家常、麻辣、咸鲜、糖醋、芥末、蒜泥等十余种，而每一种口味针对不同的品种又各有不同的使用方法和变化。

民国时期，在成都卖出名的就有盐道街和东御街“蜜桂芳”的花生糖，酥脆化渣；铁箍井的米花糖，香甜油润；粪草湖的沙胡豆，颗颗酥脆，深得娃娃们的喜爱。铜井巷虽其地偏僻，但价廉物美的素面，仍然是顾客盈盈。华兴街的“煎蛋面”面丝细滑，上面是金黄金黄的煎蛋，咬一口，好脆，好香啊！满嘴都是浓浓的蛋香。会府坝街钟聋子的珍珠圆子，馅足油匀，不粘牙、不腻嘴；热腾腾的八宝饭，油嘟嘟的三合泥都是享有盛名的佳肴。但是毫无疑问，春熙路不仅是成都的时尚展示地，美女们的时尚“天桥”，也是美味小吃荟萃之所：钟水饺、赖汤圆、夫妻肺片、韩包子、龙抄手，还有街边的麻辣烧烤和烤黄粑等等，而最让我难以忘怀的还是春熙路上的一个小店——其乐锅盔，锅盔酥酥脆脆，而且还带一点韧劲，夹的红油淋漓的麻辣大头菜丝，香得美女们顾不了风度……

尽管车辐先生在《川菜杂谈》当中，认为如今成都锅盔的制作工艺与过去小摊子上的做法相去太远，“尽管是近乎草率，可是依受食客们的欢迎。恢复是一回事，进一步发掘与提高又是一回事”。因为，早年街头“打锅盔”的铿锵节奏，与川剧锣鼓构成了某种美学隐喻。由此可见，在味蕾的满足之外，对本土饮食传统精髓的传承，将是饮食勃兴过程中应该注意的问题。

但俗人管不了这些饮食的形上之道。这些小吃让人们在大快朵颐之余，双眼也没歇着，也是饱餐秀色。让很多人想起一句流传在川内的俗话“不来成都，不知结婚早”，觉得真有道理啊。真可谓是眼睛、味蕾的双丰收。很难想象：如果没有这些刺激味蕾的食品点缀春熙路，百年金街还能这样活色生香么？

在春熙路西段22—24号地址处，如今的过往行人根本不会想到，这里曾经不但是有着中华老字号声誉的耀华餐厅，而且还是成都第一家西餐厅。20世纪90年代城市改造时拆除，现在，这里一部分成了高楼大厦，一部分成了绿化用地。2001年，耀华餐厅被有港资背景的公司收购。2002年在道路改造拆迁过程中，耀华餐厅就逐渐淡出了成都人的视野。

耀华餐厅由民族企业家、重庆人赵志成创办于1943年抗日战争时期。赵志成经营的耀华食品厂是当时成都最大的食品企业，他以厂为基础，以厂名命名餐厅，给成都食客提供了一间品尝法式菜品和西式点心的西餐馆。当时叫“耀华茶点室”，集西菜、冷饮、糖果和早点的综合餐厅。创办初期，经营西洋茶点和西菜遭遇挫折后，转营豆沙包、叉烧包、鸡肉大包、鸡丝面、鲜笋肉片的口蘑面、咖喱牛肉面等面食一举成名。此后，以每天三菜一汤、三天一换的形式经营西菜、面点。民国三十六年（1947年）后，开办耀华食品作坊、精制白糖作坊、中式糕点作坊、软硬糖果作坊，生产的奶油蛋糕、夹心蛋糕、方块白糖、红白芙蓉糕、海参酥、凤尾酥、奶油花生、奶油球糖等糕点糖果供不应求，成为川西主要的生产厂家。1950年成渝铁路开工后，西南军政委员会指定耀华餐厅为苏联专家制作西点、西菜，受到苏联专家的交口称赞。这在当时是一种难得的殊荣，更加巩固了耀华餐厅的名店地位。当年，政府拨专款8000万元（旧币）扶持其扩大经营。

在成都人的心目中，“上河帮”川菜才是他们的最爱，他们如何看待西餐呢？赵志成请来制作西餐的师傅，但开始的时候生意并不好，因为吃西餐太过“洋盘”，成都人玩不来这个刀刀叉叉的“格”。顾客一般是外籍人员和少数喝过洋墨水的上层人士。看到市民不大买账，赵志成又请了一位专做俄式西餐的徐桂芳师傅主厨，口味尽量迎合四川人的喜好，就餐也不那么讲究规矩了，你用筷子吃都可以，土洋结合，西餐具有了“成都方式”，生意就逐渐好转。

当时有爱慕虚荣的成都人就羡慕耀华餐厅里的“西式生活”，专门去租了一套西装穿在身上，脚上穿着擦得油亮的甩尖子皮鞋，他走进餐厅前，还前后左右地看一番，意思是告诉别人我要到这里进餐了。这种人进去后并不点菜，跷起二郎腿坐上好一会儿就出来了，出来的时候还在嘴角叼一根牙签，好像是在告诉别人：我已经吃过了，其实他的肚子里面正在“咕咕叫”。在我看来，这个细节也深刻阐释了爱慕虚荣之人的根性，在耀华餐厅上演的这类滑稽剧，如今在春熙路也还看得到。

耀华餐厅曾多次更名，先后有耀华食品有限公司、耀华大众食堂等。20世纪50年代，更名为耀华餐厅，1950年增加了川菜业务。1958年后，餐厅更名为耀华西餐部，又恢复开业时以西菜、西点为主的经营格局。1958年3月成都会议期间，毛泽东主席曾来餐厅用餐，品尝了回锅肉、宫保鸡丁等川味名菜后大加赞扬，并摄影留念。毛泽东的就餐室被长期保留以作纪念，耀华餐厅因此名声大振。1983年，餐厅分成两部分，西餐迁到东大街，取名耀华咖啡厅，后更名为耀华西餐厅，中餐仍在原址。

罗邦本先生曾对我讲，20世纪80年代，成都人只有在“耀华”才能品尝到冰激凌。他以前喜欢在耀华餐厅读报休息。虽说餐厅处在闹市，但一门之内，却一点听不到嘈杂的市声。一楼的快餐厅和西点厅简单大方，二楼的西餐厅温馨舒适，约朋友到这儿谈天论地，在大红烛光下享受晚餐，很有点“梦回唐朝”的出尘之感。

1988年成都市饮食公司新建耀华，选址在城守东大街55号，面积达1000多平方米。

“您想吃甜咸皆备，中西结合的美味吗？那不能不去位于春熙路西段的耀华西餐。家具精致、盘盏考究，在清雅舒适的环境里，捧一杯热气腾腾的浓咖啡，真让人心旷神怡。”这是《成都掌故》一书关于耀华西餐厅的介绍，说明了耀华餐厅几十年来在成都商界举足轻重的地位，是一颗光耀四射的明珠。它的经典菜肴俄式牛尾汤、耀华沙拉、大虾布郎酒、法式牛排、红酒猪扒、水果布丁等等，成为成都人怀旧的不朽话题。

旧时，无论是在成都闹市，还是静僻的小巷子里，卖各种小吃的小贩简直是摩肩接踵。他们的生涯，不但极大丰富了成都人的口味，而且使这座文化名城，即便是在小街陋巷当中，也留存了它的款款风韵。

成都城市群众艺术馆汇编的《成都故事百家谈》[①]一书当中，收有不少忆旧风物文章，读来韵味悠长，引人遐想。《锦城无处不飘香》就记叙说，挑豆花担子的小贩，一手控制右肩或左肩的扁担，一手捏一个小碗，另用手指夹一个调羹（汤匙），边走边摇，无须卖者吆喝，只听他摇出清脆而富有节奏的悦耳之声，也就不容你不来上一碗了。时逢炎热、酷暑难耐之际，独具特色的醋豆花应时而兴。担子前端小火炉上放置一铜皮或铝皮制作的长方形煮锅，锅内放入清水、醋、八角、茴香、苹果、三柰、桂皮等原料，再加一竹编小罩，即成了加罩的小火炉，并能过滤料渣。熬制成汁后，只消沿街飘来阵阵扑鼻的醋香，即可闻醋生津，尤胜望梅止渴。如再亲口品尝，必能舌润喉舒，烦渴顿消。与此同时，凉粉、凉面、凉糍粑、凉粽子、凉黄糕、凉虾、冰粉、刨冰……更是随处可见。糖饼儿摊子也及时增添粑糖，根据买主需要，将熬好的糖汁舀在平滑的石板上，用薄刀刮平，由买主在碗内夹上两三片用糖水浸泡过的酸杏儿，放在粑糖内，然后再启刮成卷。吃起来绵扯绵扯、甜酸甜酸，那才别有一番滋味在心头。

“穿格子”（转走茶坊、酒店）的小贩所卖更是品类各异，美不胜收。一个身材魁伟却又装束文静的男子，戴一副深度近视眼镜，蓝布长袍上套一件“琵琶襟”褂子（无袖、较短），虽不显华贵，也干净合体，提篼里装着色好样匀的金钩煮花生米和用五香煮熟的胡豆，翻转的提篼盖子内分别放上几包以示顾客，穿梭在茶坊之间，边走边慢条斯理地吆喝：“五香胡豆、金钩花生，慢慢细吃，很有味道……”小贩转得累了就捡上一碗“加班茶”（别人喝过的剩茶），找个边角的空椅坐下来，再从提篼里取出一盛酒的小竹筒和已开启的花生米或煮胡豆，细嚼慢饮，还真有点味道，还可引起食客的兴致。

卖糖罗汉的掌盘里放着大大小小的，用白糖熬化在模具中铸成形的罗

---

① 四川人民出版社2008年1月版。

汉“狮子”和“财神”。除售卖外，并有一土碗装一副骰子，如买主有兴趣可以先买一个价格相对便宜的小罗汉、小狮子或小财神，然后再掷骰子拼输赢。买主赢了就可由小到大，逐步上升，直至赢得最大的罗汉、狮子或财神。但买主只要输一次，就连根烂，只付钱无糖吃。所以，提瓜子篼篼，端麻花掌盘的均附有相同的赌具。以类似方式赌轮输赢，一般都是买主输多赢少，空花糖、落花生、毛豆角、薛涛干、花生糖、米花糖也频频悠转于茶馆之中，让茶客随意择取。

《锦城无处不飘香》一文指出，春熙路北段“三益公”川戏园子侧边，靠近新街后巷子的矮墙下，有父子二人，专卖现扯现煮的甜水面。面团揉得绵软绵软，又系边煮边捞，火候适当，调味合口，故而担担儿未至，即有一些“好吃嘴”在那里翘首以待，望眼欲穿。只要开锅，就可一鼓作气卖得干干净净。尤其那些太太、小姐们更是吃得嘴角挂红，粉颊生香，意满心足，啧啧连声。这一记载，让我联想起抗战时期客居成都的作家萧军，他先是在《新民报》任副刊编辑，同时积极筹划创办了一所“印刷工人文艺补习夜校”，并自任讲师。他喜欢吃成都的甜水面，这是很多人都知道的文人典故，他对甜水面奇特的配方是这样评价的：“你们的甜水面我不大理解，你们在面中加红酱油都是甜味，这在我吃过全国的面食中，也是少见的。甜味中加上辣椒，这就更奇特了，但是吃在口里，却很受吃，好吃，有回味，别的地方没有这样的做法。”直到他在20世纪80年代再度来蓉又踏上归程，对成都甜水面蕴含的奥秘还是始终未弄明白。

春熙路西段“五洲公寓”隔壁钟幺爸的金钩豆腐干，既干且香，如不费点牙巴劲，是嚼不过瘾的。安乐寺（今红旗商场）的兔肉丝丝夹锅盔，麻辣香具备，牛市口的三合泥、艾蒿甜板馍馍，远近驰名。沟头巷口“古月胡”炸紫微饼（红苕泥与面粉揉合，包入玫瑰、芝麻心子），外酥内甜，秋冬季节供应加冰糖汁煮出的粑红苕，又红又亮，热气诱人。

笔者在《现代川菜在定型时期所取得的成就》里指出，清末的“消夜”（成都话，把“夜宵”作为动词）中的鸡丝担担面，它的买主就是那些打麻将酣战到半夜三更的太太小姐们。鸡丝担担面的担子的两端分别置炖老母鸡汤和炉灶，冬夜里一盏油灯的火苗在炉灶的雾气里忽悠忽悠地闪着，门呀一声，一个妙龄丫鬟用托盘端着几只江西青花瓷碗从公馆的大门里走出来，小贩的生意来了。每一份面条量很少（大约只有一两），面条刚下到去生时，就被挑进碗，取其有韧力。碗里的作料仅放盐、胡椒、少许资中冬菜屑、小葱末、豌豆尖，然后再在旁边炖鸡汤的锅里舀一大瓢香气袭人的汤浇进面条里泡着，面条上面再放些撕得很细的鸡肉丝，这是典型的汤面，可能《梦粱录》记载的“鸡丝面”是其祖先。

无独有偶，笔者的中学老师罗成基先生（1919—1999年），曾向我多次谈起自己在春熙路请客、赴宴的情况。1947年8月至1949年7月在他出任什邡县县长期间，经常在春熙路的锦华馆、华华茶厅宴请官场人员，为什邡县争取一些利益。罗成基先生平素从不打牌，但为了应酬，牌却打得很精。该输必须输，但又不能露出“故意”的初衷，因而每每打到凌晨。他对我说，醪糟蛋、鸡丝担担面是女眷喜欢的，官僚要到隔壁烟馆去抽一阵大烟才缓得过气来。“最妙的不是鸡丝面，而是那回荡在春熙路上的叫卖声。”他试着学给我听，有梦游一般的味道：“鸡……丝……面……吔，吔，吔……”在我听来，就仿佛招魂的仪式。

这就涉及“鬼饮食”一词。老成都所谓的“鬼饮食”，系指夜深人静，街上饮食店铺均已关门打烊之后，尚散见于街头巷尾的小食摊、小吃担。“饮食菩萨”车辐在《说说成都的“鬼饮食”》[①]一文里，深情回忆了旧时春熙路三益公门口的那段“飘香往事”：

> 过去成都有一种“鬼饮食”，在打二更时（相当于晚上10点钟）开始出现于街头巷尾，夜深了还在卖，有的一直要卖到第二天早上黎明前。这里说的“鬼”，指的是在夜深出现，指的是时间。当年最有名的“鬼饮食”要算春熙路三益公门口那个卖椒盐粽子的，每夜打二更就出来了，不论酷暑严寒，总是摆在那个固

① 《四川烹饪》1994年第4期，第5页。

定的地方——行人道边三益公戏院出来的门口上。担子上燃铁锅炉子，锅是扁平的，下燃木炭；有的炉上用铁丝网子，放上一块块的红豆椒盐糯米粽子，翻来覆去地烤于木炭上；随时注意火候，一不能焦，二不能煳，要烤成二面黄，使椒盐香味散发出来，让行人闻之馋涎欲滴。更重要而有特色的是椒盐烤味中，喷射出和在粽子里的腊肉颗子的香味，刀工尤好，切成肥瘦相连的小颗子，和在红豆、糯米中，烤到九分九厘炉火纯青时，那香味真如当时“售店”（公开卖鸦片烟的烟馆）门口挂的灯笼，上写“闻香下马，知味停车”。这种“鬼饮食”的“鬼”字，还不能专指它出来的时间，它“鬼”在精细。

除了当年春熙路上的椒盐粽子，车辐先生还对娃娃花生米，各戏院附近针对看戏女宾出售的卤鸡翅膀和鸡脑壳等等，进行了回忆，为我们呈现了一幅绮丽多姿的成都“饮食夜景”图。到了20世纪90年代春熙夜市鼎盛时期，在春熙路西段与青年路交会一带，“鬼饮食”摊点密布，我也经常啃两个兔儿脑壳喝一瓶啤酒。时至今日，“鬼饮食”依然存在，如果不是从食品卫生、税收角度而是从饮食风情角度予以打量，谁能说这不是成都文化的构成部分呢？

车辐先生感叹：深夜，在那些走街过巷的“鬼饮食”中，使人难忘的还有：卖香油卤兔的、卖卤肉夹锅盔的、卖红油肺片和油酥麻雀的……哎！实在是妙不可言……

回眸夜市

唐代诗人王建《夜看扬州市》诗云：“夜市千灯照碧云，高楼红袖客纷纷。如今不似时平日，犹自笙歌彻晓闻！”夜市灯火，高楼红袖，可以想见扬州夜市的盛况。与王建并世齐名的诗人张籍《送南客》诗云：“夜市连铜柱，巢居属象州。”这大概是“夜市”一词在唐诗中出现较早的例证。

这说明在唐朝时期的通都大邑已经出现了夜市。夜市的发展使那时的禁夜制度受到了冲击，对封闭式市场模式开始有了一些开掘，但其规模和程度还不足以破除坊市的封闭格局。到了北宋，坊市分区的封闭格局被彻底打破，民居与商业区融合为一体。这是市场制度和市场形式的一次大变革，使得城市景观较之前更为花样繁盛与世俗化，城市的文化基础因为夜市而扩大。

在我看来，成都人的生活习性里，具有一种“夜市情结”。最重要的原因，在于夜市商家卖的价格相对商铺里面要便宜很多，吸引顾客也是理所当然的。摩肩接踵的散步逛街，也成为本地人喜欢的，一种激发愉悦心情的身体方式。

在成都的历史上，大慈寺一直是游览名区与佛教圣地。根据文献记载，大慈寺在唐宋极盛时，占了成都东城之小半，每逢庙会更加热闹。大慈寺附近商业繁荣，寺前形成季节性市场，如灯市、花市、蚕市、药市、麻市、七宝市等。同时，解玉溪两岸还形成夜市，一直沿袭到近现代。《方舆胜览》卷五十一引《成都志》记：“锦江夜市连三鼓，石室书斋彻五更”，说明夜市的游乐生活在成都已是深入人心。在这个过程中，民国时代既有的东大街夜市、城隍庙夜市则是成都夜市文化的代表。每到傍晚，卖炒菜的，卖烧腊的，卖汤圆醪糟蛋的，卖担担面的，卖凉粉的，卖豆花的，卖油茶的，卖藕粉的，卖麻糖的，卖炒货的，各种小吃，琳琅满目，应有尽有。拉黄包车的车夫，做杂工的汉子，商店的店员，作坊的工友，他们也可以在这里不分彼此、不分阶级地过一次夜生活。但值得注意的是，夜市上，衣帽鞋袜、古董玩器、文房四宝、腌卤烧腊固然一应俱全，如张绍诚先生指出的那样，“可惜在蜡烛、亮油壶子和微弱的电灯光下，常常买到伪劣产品，甚至有拿吃去皮肉、只留骨架再糊以泥巴涂色冒充的腌鸭子”。

20世纪80年代改革开放后，为缓解就业压力，春熙路再现繁荣，与紧邻的青年路一起，迅速成为中外闻名的“西南第一街”。这其中很大的原因，源自夜市。

1992年9月12日，春熙路历史上的夜市首次开张。那几年，一个夜市摊位转手就可以卖4.5万元。王府井百货出现的超过1万人次的高峰客流是在夜市，春熙路步行街商家全天的营业额中，有一半是在夜晚赚到的。

我清楚记得，当时每天下午4点过，在通往春熙路的几个路口巷道，一车车用钢管做成的活动摊架早已在排队等候入市了。羊慧明以《四川成都夜市抢摊目击记》（《经济日报》1993年1月11日）记述了夜市细节：

> 执勤的大爷告诉记者，夜市要5点钟才放摊贩进场，他们每天都早早在路口排队。下午5点还差几分钟，执勤人员挥手，拉摊架的扛货的便争先恐后一路小跑去抢占位置，手忙脚乱地搭架挂货，其中肩扛钢制货架的还有纤纤女子。老百姓要下海挣几个钱，确实不容易。转眼之间，在不到500米长的地段，平地涌出460多个货摊，服装、鞋帽、工艺品、玩具等应有尽有，此起彼伏的叫卖声、录音机播放的音乐声，在一个卖衣服拖鞋的摊位前，记者问摊主生意如何，这位姓尹的大姐摇着手里的两张5元钞票说：做得走啥子？大半晚上才卖这10元钱，连摊位费税费都交不够。不管你来不来，有没有生意，夜市办公室每晚要收摊位费9元，税费3元，还有这货架，也是夜市办卖给我们的，一个500元，你看这能值500吗？这位大姐还指着旁边没有支起来的货架说，好多人做不走，都不来了，我们也想不干了，但又没有别的生计，只好坚持着，挣一分算一分，不过也有生意好的。在几个卖新颖的动物造型保暖拖鞋和保健枕腰的摊位前，挤满了顾客，摊贩手里握着收进的大把钞票，乐呵呵的。一位卖保暖鞋的大姐自报家门，她姓郑，是妇联的干部，她说：我还在上班，下午早点溜出来忙这头下海。三个月，收入早超过了我一年的工资。过去你是干部，就有人尊敬，现在你没钱，谁瞧得起你？我也在犹豫是不是不干公差，完全下海，我也知道，下海的人越多，竞争越激烈，生意就越不好做，赚钱就越难。所以，我不经营大路货，钻点新产品来卖点钱。

在夜市摆摊的，有机关干部、工人、教师、体育教练和待业人员，他们大多本钱小，挣点小钱。一位姓于的摊主对记者说：我是研究所的，那点工资不够吃穿，想做生意又租不起铺面。现在成都的好的铺面卖价抬到了上万元一平方米，比深圳还贵，租金一平方米一月就要上千元。现在东西又不好卖，做买卖的人又多，购买力就那么大，能赚点钱没准连房租税费都不够，只好小打小闹，挣几个钱添点家什。虽是苦点，但我们还是想做下去，往后钱越来越不好挣，现在练练摊也可以增强适应能力。

9点过，夜市摊位陆续撤离，生意好的高高兴兴，没赚到钱的悻悻而归，有的人夜市收场后又到街头路灯下摆起麻辣烫、削菠萝之类的饮食摊，在寒风中熬守到凌晨三四点钟。他们就这样日复一日，为了赚钱。

我曾经数十次穿行在春熙路夜市的摊点中。商家播放的震耳欲聋的通俗歌曲，此时也不觉得刺耳，反而觉得它烘托了夜市的气氛。记得米兰·昆德拉在《不能承受生命之轻》里说过，“喧嚣有一个好处，淹没了词语。音乐是对句子的否定，是一种反词语！”在夜市的语境中，人们只有满心欢喜地接受，高高兴兴地付钱，回家之后，才如梦方醒。

春熙路中山广场上的孙中山铜像。刘开渠作。（图片由甘森提供）

这样的辉煌，延续到了2001年。2001年4月24日，建市近10年、闻名川内外的春熙路夜市成了明日黄花，春熙路开始进入史无前例的改造。当晚10时30分，事前统一安排好的准时停电歇业。随着春熙路682

户夜市经营户的撤离和孙中山铜像前花木店的拆除，春熙路改造工程正式开始，这让许多夜市摊主洒泪作别。

我清楚记得，当晚春熙路口挂出“别了，夜市”的巨大横幅。这天晚上，我也赶到了春熙路夜市。大约晚上7点，春熙路东西南北四段已被迅速涌来的人流填满。有媒体报道，此时的春熙路上已聚集了至少10万人!

我站在春熙路与青年路交会的地方，我想，春熙路如同上海的南京路，停开夜市也许有一定道理。但10万市民来参与“为了告别的聚会”，可见夜市在平民心目中的重要地位以及它强大的凝聚力。这难道不是“夜市情结”的表露么?

2001年4月24日晚上，曾经盛极一时的春熙路夜市在这个城市里彻底地消失了。用主流媒体的话来说，春熙路是清爽了，不知道为何，我却有一种失落感。很久以后，我再到春熙路上散步，依然能看到街边卖小吃的，能看到熙熙攘攘的人群，但再也没有撩动一个人灵魂的夜市氛围了。这就如同一个人的命运，在列车上昏昏欲睡，清晨醒来，一切都已经成为历史。

值得庆幸的是，在阔别成都市民8年之后，春熙路夜市在2009年重新开张迎客。新的春熙路夜市位于红星路广场，仍属于传统的春熙路商业圈，与当年的春熙路夜市“主战场”中山广场相距不过200米。营业时间为每日19时—22时，一直持续到2月9日元宵节。人们能否从中以日光灯的冷光，来续接昔日的辉煌，只能说是如人饮水，冷暖自知。

第55章

华西坝往事

华西坝沉积着深厚的历史文化，飘散着成都千年梅花的幽香，饱经战争的硝烟，对于万千中西学子而言，成为一片“最中国”的土地。从此，“坝上”成为一个浓重的吸纳着万千情感的词语……

华西协合大学校徽

锦江以南，有一座南台寺，冷冷清清，兀自耸立于一大片野坟与农田之中。上溯到汉代，这里林木葱郁，溪流纵横，被称为“中园”，是蜀汉政权刘备的游乐之地。孟昶在蜀称帝时，建有别苑。南宋陆游居蜀地多年，在一首诗的序中说道：“故蜀别苑在成都西南十五六里，梅至多，有两大树，夭矫若龙，相传谓之‘梅龙’。”陆游所描绘的“梅至多”的景观，虽遭明末张献忠战乱的破坏，但梅花依然挺立，延续到20世纪抗战爆发之时。华西口腔医学院老院长王翰章回忆，当年的广益学舍是中园的一部分，广益学舍四周有好大一片梅林。冬

华西协合大学老校门

末春初，蜡梅、白梅、红梅、绿梅、朱砂梅次第开放，幽香袭人，清芬远播。时任华西协合大学中文系教授的著名学者、诗人缪钺曾有咏叹广益学舍梅花的《念奴娇》一词传世，有“月影浮香，霜华侵袂，且共殷勤语”名句流芳。这片土地，沉积着深厚的历史文化，飘散着千年梅花的幽香，又饱经战争的硝烟，真是一片“最中国”的土地！

历史学者岱峻认为，西南联合大学与华西坝5所大学，最大的不同在于生源、办学资金与办学环境。教会大学的生源多半是经济条件比较好的家庭，教会大学的教育经费有相当份额是西方差会拨付的教友捐款，较之西南联大远为稳定，而成都虽亦遭敌机轰炸，但华西协合大学的基础建筑俱在，较之西南联大要在昆明乃至蒙自新建校舍宿房，不可同日而语，所谓“联大无广厦有大师，坝上有广厦有大师”。

CS学校

1905年，华西协合大学临时管理部成立，由毕启、启尔德和陶维新等着手筹建大学，遂选中了南台寺以西这一大片土地，从1905年获得第一块170多亩的土地到1930年扩大到1000余亩，一所与国际接轨的综合性大学终于建成，成都老百姓将这块土地亲切地叫作“华西坝”……

当年在华西坝工作的黄思礼、启道真和云从龙，回加拿大休假时发起建立了CS校友会，此惯例被其后代传承，已拥有80多年历史。每年10月第三周的星期六，分布在世界各国的校友们必在多伦多的一家中餐厅聚会：谈中国，忆成都，品味川菜，唱四川的童谣……他们说“成都，是我的故乡！”有的老人逝去后，还拜托家人把骨灰悄悄撒在华西钟楼前的荷花池……华西坝，维系着他们浓浓的乡愁。

2013年6月9日至12日，由全国友协支持，四川省友协、成都市友协、大邑县委和县政府、加拿大驻华使馆、加拿大驻重庆总领事馆共同举办的“加拿大友人回家”暨“百年历史影像馆开馆仪式”活动在成都大邑县新场镇举行。加拿大驻华使馆公使唐兰女士一行3人、加拿大友人代表团一行29人来川出席活动。

昔日华西坝上的“洋娃娃”们，如今皤然已成为白发老翁或老妪。他们幼年时都曾就读于成都加拿大学校（即Canadian School，简称CS学校），因此他们自称为“CS的孩子”。1909年3月9日，CS学校在成都四圣祠北街开学，最初只有5个学生，其中4个加拿大人、1个美国人。后来学校不断壮大。1918年CS学校搬迁至华西坝的华西协合大学校园内。1939年抗战期间，为躲避日军轰炸，学校搬到了离成都一百多公里之外的仁寿县。

从1909年到1949年，CS学校招收了近千名学生，学生们的奶妈、保姆都是四川人，因此他们能说一口标准的四川话。比如，菲莉斯是现任CS孩子委员会主席，中文名叫梁玉。是冯玉祥将军当面给她取的。菲莉斯说，冯玉祥有意让她学梁红玉，奋起抗敌。她1936年出生于加拿大，在家

华西协合大学全景。1926年摄。（选自《华西医科大学校史》，四川教育出版社1990年版）

里排行老三，有两个姐姐一个妹妹。因为四姐妹只有她不是生在中国，小时候常向母亲抱怨为何对其不公。1948年，菲莉斯从重庆来到成都华西坝生活。她觉得异常惋惜的是，那时华西坝已经没有了大熊猫。但是她常听父亲、朋友讲起，学校里有大熊猫时的热闹。

1938年3月，华西协合大学收到纽约动物协会的请求："希望得到一只熊猫幼崽。"不久，华西协合大学生物教授丁克生的夫人到灌县（现都江堰市）的大山中带回了一只活泼可爱的大熊猫幼崽，并饲养在华西坝，取名为"潘多拉"（Pandora）。"潘多拉"在这里生活了3个月。CS的孩子们每天放学就会去草坪上和"潘多拉"玩耍。

黄玛丽则有幸赶上了华西坝养大熊猫的时间。5岁的黄玛丽不仅时常能见到大熊猫，还是和大熊猫合影最多的一个。黄玛丽不禁慨叹："圆滚滚的'潘多拉'很调皮，总喜欢爬到很高的地方，我们需要搬梯子爬上去才能把它抱回来，经常逗得我们哈哈大笑！"CS的孩子陆瑛惠回忆，每逢太阳好的时候，就会有人把大熊猫牵到草坪上晒太阳、放风，大熊猫也很享受这样的时光。每次大熊猫出现，都引来层层围观……

三年前的一天下午，谭楷先生邀我去参观成都市人民南路三段16号第14栋建筑，在这幢西洋风格的老建筑前，他指出，这就是原华西协合大学教务长和财务主管云从龙的故居。在华西坝，云从龙家的阁楼曾是一个红

色图书馆，收藏的书刊供进步学生随时阅读。他是当时中共地下党川康特委主要领导人张友渔和马识途的好朋友，为当时成都地下党报纸提供办报场地和设备。马识途得知谭楷要去多伦多拜访云从龙的儿子云达乐，还专门录了一段音频以表达对云从龙的感谢。录音中马识途说："你的父亲帮助我们（地下党）做了很多工作，我到现在都很感激他。"

云达乐得知谭楷来自成都华西坝，感念万分，当场拿出一双干净的草鞋给他看，说："那时CS的小孩穿的都是草编鞋。"头发雪白的云达乐一直珍藏着那占有他重要回忆的草鞋，好多CS的孩子都跟他一样，对华西坝的日子念念不忘。直到现在，CS的老小孩们都还对"仁寿芝麻糕"情有独钟。谭楷去多伦多见他们的时候都会捎带一点，给他们尝尝儿时的味道……

现在四川大学华西校区校南路7号，其原居住者是苏继贤。

苏继贤是华西协合大学建筑系主任、华西建筑的总设计师，人称"苏木匠"。2016年8月15日，一封来自加拿大的联名感谢信，远渡重洋，送达成都有关领导。联名写信人共有9位，从59岁到101岁，他们都是在成都出生并成长的"CS的孩子"及后人。因为听说位于人民南路三段16号14栋和四川大学华西校区校南路7号，这两处老辈们曾经居住过的故居依然保存至今，并有可能列入政府的保护范围，他们非常感动。而CS学校旧址已在2014年被列为成都市历史建筑，进行了修缮保护。他们在信中写道：“我们爱成都的所有人，想要问候每一个将时间与精力贡献于保护历史文化建筑的人们。”

这封信的联署者有101岁的伊莎白。她的家族有五代人在中国生活过，其中两代人出生在中国。校南路7号的老房子，就是她的童年住所。也有人称“苏木匠”苏继贤的孙女，她的父亲曾任加拿大驻中国第二任大使。他们一家也住过校南路7号。

根据谭楷的调查，从1938年到1945年，先后有15只被称作“熊猫川军”的大熊猫，从华西坝出发，历经艰险被送到当时的美国和英国动物园，成为见证抗日战争期间中国与盟军友好的天使。

广益学舍

广益学舍是华西协合大学的一部分，在大学本部之北，隔马路相对。广益学舍环境幽静，有一幢教学楼，后面是教师住宅，其中有数栋洋房。

著名文史大家缪钺回忆说：“抗战末期，燕京大学在成都复校，礼聘陈寅恪先生自昆明来成都，主持讲席。当时陈先生即寓居广益学舍后院一栋洋房之中。在近代前辈学者中，我最佩服王国维、陈寅恪两位先生，平日读其精深渊博的学术论著，深受教益。在遵义浙大时，我曾向陈先生通函请益，及1946年秋来到成都，陈先生已返回清华大学矣。竟无拜谒之缘，亲承教诲，深感怅悒。陈先生学识精博，通贯中西，富于创新精神，久为海内外学术界所推重，在魏晋南北朝隋唐史研究方向，贡献尤为卓绝，能开一代风气，国内学者多受其沾溉。”①

1943年夏天，陈寅恪与夫人唐筼带着3个女儿从桂林出发，经贵阳过重庆到达成都，已是该年的岁末，“残剩山河行旅倦，乱离骨肉病愁多”，陈寅恪的诗记录了这一国难时节的流离之旅。

---

① 转引自《忆华西大学广益学舍》，1991年12月8日《成都晚报》。

华西协合大学中国文化研究所。经“华西坝守护人”谭楷先生指认：大柏树位置，就是明朝著名的“梅龙”所在位置。照片右侧有华西协合大学文科楼。对于坝上风光，陈寅恪先生有诗赞曰：“浅草方场广陌通，小渠高柳思无穷。雷奔乍过浮香雾，电笑微闻送远风。”（蒋蓝 摄）

陈寅恪是受燕京大学之聘来蓉的，同时受聘于华西大学中国文化研究所任特约研究员。这年冬天，成都燕京大学校长梅贻宝在学校的周会上说：“我校迁徙西南，设备简陋，不意请得海内著名学者陈寅恪先生前来执教。陈先生业已到校，即可开课。这是学校之福。”不久教务处公布了陈寅恪所开课目：“魏晋南北朝史”及“元白诗”，后又开“唐史”“元白刘诗”。由于听课学生太多，授课地点改为城外华西大学广益学舍大教室。此地，恰是成都著名的“中园”所在地。

足蹬布鞋、一袭棉袍的陈先生行走在坝上，便是坝上的一道风景。在此期间，陈先生除了上课，基本上完成了《元白诗笺证稿》一书。他凭其精深的根底和史学素养，让史学和文学打成一片，以诗证史，以史证诗，融会贯通，在史学和文学研究中开创了一条新路。在华西坝一年零九个月的时间里，陈寅恪完成了12篇重要论文，这是他抗战期间最为高产的一个时期。

来成都时，因过于用功，陈寅恪右眼已坏掉，残存的左眼也在华西坝失去了光明。1944年冬的一天，正在家中的陈寅恪忽觉眼前漆黑。正好有课，他只好叫长女陈流求去通知校方，今日不能上课了。1945年8月抗战胜利，目盲的陈寅恪听着华西坝钟楼的钟声，不禁生出“破碎山河迎胜利，残余岁月送凄凉”的无限感慨。

陈寅恪女儿陈美延回忆过当“牧羊姑娘”的往事。

作家谭楷去拜访她，谭楷叫她“陈小孃”，她就像是在说昨天发生的事：“我跟黑山羊一见面，彼此都没有好印象。它拿眼睛瞪我，一副古古板板的样子，它腿上有残疾，走路一瘸一拐。我拽着绳子，让它往东，它偏往西。我个头小，拽不动它，只有顺着它，它愿走哪儿走哪儿。每天早上，两个姐上学去了，我就牵着它在广益坝吃草。其实，鲜嫩的青草不算它的最爱，最爱吃的是人家院子用来做隔离的刺篱笆……后来黑山羊生下了两只小羊羔。我妈袖子一撸，当上了接生婆。黑山羊挺凶，要踢人，只能绑在栏杆上挤奶，除了喂两只羊羔外，还能挤一碗奶。为了正常出奶，白天让它吃够了青草，晚上还给它吃点细糠碎米。它躺在门外树荫下反刍的时候，姐姐回来了，我爸回来了，它会咩咩叫上两声，算是打了个招呼。我背了个大竹篓，一边放羊，一边拾些树枝，背回家去当柴火；我妈在院子里开辟了菜地，种上蚕豆、青菜、西红柿，节省一点开支。那时看病、买药占了很大一笔开支。半个月才打一次牙祭，吃一次荤菜，冬天里主菜吃红油菜、红萝卜，总吃不厌……”

那个时代的教授生活非常简朴。不仅是中国籍教授，洋教授也是如此。副校长苏道璞博士不坐滑竿，更不坐轿子，认为“很不人道，除非有病走不动，否则我永远不会坐”。

海明威在成都与华西坝

抗战时期，来到四川省的外国记者、作家相当多。据成都历史学者郑光路先生统计，到达成都等地参观采访的共计有8批、36人。如美国《时代》周刊、《幸福》杂志总编辑卢斯，他1941年5月8日至21日访问重庆、成都，参观并出席了华西坝5所大学的欢迎宴会，国民政府外交部部长王世杰宴请了他。自由法国作家层里1942年3月到成都、重庆，采访宋美龄等人，受到四川省政府主席张群宴请。著名的汉学家费正清夫妇也曾多次出入成都。而美国著名作家斯坦贝克、汉学家贾德林等名人也先后来到成都。而作家欧内斯特·海明威夫妇的成都之行，则充满了昂扬、激烈之声。

1940年11月21日，海明威与相恋5年的玛莎·盖尔霍恩在怀俄明州首府夏延举行了婚礼。婚后，海明威夫妇准备去远东“缅甸之路”度蜜月。玛莎当时是美国《柯里尔氏》杂志记者，即将被派遣到远东采访，她希望海明威能够一起前往，新婚宴尔，海明威欣然应诺。应该说海明威为这次中国之行做了相当准备，而并非仅仅当作一次旅行来对待。他也应《午报》之邀对中国进行访问，并要去了解一系列跟美国命运密切相关的问题，包括：中日之战推进情况如何？中国内战如果爆发有怎样的危险？日苏条约签订之后有怎样的影响？美国在远东的地位如何？造成美日开战的根本原因是什么？如何能够避免与日本开战，有没有可能？等等。由于玛莎与当时美国的第一夫人艾琳娜·罗斯福关系密切，因此海明威还肩负着特殊使命：为美国政府收集情报。他作为美国政府的一位特使来远东考察抗战，自然备受中国关注。1941年1月下旬，海明威夫妇乘飞机到洛杉矶，2月初飞旧金山，然后乘船到夏威夷，2月下旬经关岛飞抵中国香港，开始了他们两个多月的中国之行。

他们对沿途的一些抗战练兵场、训练营分别作了考察和采访，了解其编制、训练、武器装备和作战行动等。前线的士兵、村民和小学生们列队伫立在雨中，挥动着手中的三角旗、高唱歌曲欢迎海明威夫妇。这种对美国人民特使的友好情景，使海明威夫妇感动不已。这是他们一生中受到的最隆重欢迎。海明威面对着承受着苦难、英勇抗击日寇的中国军民，在“热烈欢迎美国新闻记者！”“贵宾们来我国访问有助于增进中美之间更加紧密的关系！”“打倒日本鬼子，世界将更加光明！”“永远感谢国际友人的援助和慰问！”等标语的环绕中，发表了一系列慷慨激昂、鼓舞士气的演说。海明威夫妇在支持中国军民抗日的同时，也对中国军民的艰难处境表示了深切的同情。

1941年4月6日，海明威夫妇到达重庆访问。8天后夫妇俩前往成都，下榻“励志社”。

美国作家卡罗斯·贝克所著《海明威传》指出，海明威去成都北校场参观“陆军中央军校”时，他才感到曾经约翰森所讲的有一定道理，因为他在军人俱乐部里见到设备十分现代化，办事有效力，特别是那里充满着一种紧张、严格、有条不紊的军事气氛。

抗战时期，中央军校曾内迁至成都，以培养抗日将士为目的，并在成都设立了多家分校，即洛阳分校、武汉分校、南京分校、昆明分校。北校场正面是东起通往文殊院和西迄宁夏街、江汉路的白下路。建成成都分校时改名为黄埔路。在黄埔路一侧，有一条笔直的宽阔柏油马路直通大校门，两旁密植法国梧桐。有意思的是，大门两侧镌刻有一副蓝底白字的对联：“升官发财请走别路，贪生怕死莫入此门。”字体刚正，让人肃生凛然之气。大门进去之后才是二校门，上书“中央陆军军官学校”横额。两侧同样有一副对联：“研究崭新兵学，斯为吾国干城。”金体楷书，力道十足。

海明威一行行走在这些简陋而狭窄的街区，他惊讶地发现成都这个古老的有高大的围墙护卫着的城市街道上，人们仍可以看见几个世纪以来一直存在的骆驼商队。他们从西藏远道而来。那些骆驼慢悠悠地走着，迈着沉着、坚定的步伐，使人们想到这种现象的存在可以用千年为单位作计算……

但另外一幕让他又产生了几丝怀疑。海明威参观的机场，应该是成都新津机场，那是二战期间亚洲最大的轰炸机机场。当他们一行看到大约有八千名工人主要用手工建筑一个能容纳装有四个引擎的大型运输机的飞机场时，更加深了他原先认为中国人落后、办事效率低的印象。海明威的这种感觉就同他对埃及的印象所得出来的感觉一样。在埃及法老王统治时期，如果你随便在哪一天的早晨从南部的沙漠骑马出发，沿路上你就可以看到工人住的大帐篷，看到人们正在营造金字塔的场景。所不同的是中国工人用手拖着一个10吨重的石滚子在辗压飞机场跑道，而埃及的奴隶所建造的是金字塔。他听到这些中国工人一边劳动一边低声地哼着，仿佛海浪轻轻地拍打着礁石发出低沉的声音一样。海明威本人则始终小心翼翼，多观察，少说话。官方报纸《重庆中央日报》记者在采访时问他在中国的感想以及他会写些什么的时候，他回答说："太奇妙了，太奇妙了！""总不会，而且你放心……当然没有什么坏的可写吧！"甚至一次记者的专访，他也托词不见，让玛莎婉言应付。而玛莎·盖尔霍恩非常敏锐，她在《我和他的旅行》当中写道："中国是一个封建领主式的阶级和千千万万做出牺牲的奴隶组成的国家。战争，并不是造成人民触目惊心的惨状的唯一原因。"应该说相当有见地。

但这种怀疑与看法，迅速被激昂的抗战情绪改变了。

其后，他应邀到华西坝5所大学演讲。那时的华西坝，除了5所基督教会合办的华西协合大学外，还有内迁的金陵大学、金陵女子大学、燕京大学、中央大学医学院和齐鲁大学等。海明威讲演的地方，是一排大树掩映的华西坝体育馆。体育馆被热情的师生堵得水泄不通，连窗台上都坐满了人。华西坝体育馆是名人演讲的主要场所，李约瑟等人来蓉，均在此举行演讲。

他的演讲由全程陪同的夏晋熊教授承担口译。郑光路先生在一篇文章里提及，据听过海明威老人演讲的老人回忆，这位美国作家完全不像中国文人那般斯文，他身体壮实，吼叫一般讲演时长满汗毛的手臂不断挥舞，倒像一个杀猪的黑汉，不时获得暴风雨般的掌声……

当时的《大公报》就报道：如果海明威能"上前线，则吾国士兵英勇，抗战的伟大，当可扬名海外，长垂不朽"。事实证明，海明威返美后所写访华见闻在海外引起极大反响。后来在"一寸山河一寸血，十万青年十万军"的感召下，成都许多大学生报名从军，开赴前线杀敌报国，与海明威的演讲是有一定关系的。

苏光文在《抗战文学与世界文学的交往》一文中这样说："海明威和斯坦贝克的作品在1943—1944年间的中国读者界'是最出风头的'。"[①]这显

① 《中国现代文学研究丛刊》1995年第3期，第40页。

然与他们的中国、四川之行密不可分。

厦门大学杨仁敬教授的《海明威在中国》指出，在海明威转至香港和仰光之后，为履行诺言，他撰写了6篇报道发表在《午报》上，在美国引起了强烈反响。6篇报道分别是：《苏日签订条约》《日本必征服中国》《美国对中国的援助》《日本在中国的地位》《中国空军急需加强》和《中国加紧修建机场》。报道集中反映的重点问题包括：日苏条约签订后，苏联仍将继续支持中国；蒋介石是一个军人加政客，他的目标是消灭共产党。他需要美国的援助才能坚持抗日，否则他可能转而依靠德国，与日本媾和以保证自己的利益。日本正打算进攻东南亚，以夺取各种战略物资，美国如果要保护他们的利益，就必须设法阻止日本南进。这种情况下美国应支持中国各个政治派别联合抗日，拖住日本，并且明确告诉蒋介石，美国不支持中国打内战，要制止主和派的行动；日本暂时失去了与中国媾和的机会，而且决不能征服中国，因为中国拥有丰富的人力和物力，中国人民有勤劳勇敢、不怕艰苦不怕牺牲的精神，他们必将取得最后的胜利。

董衡巽先生在《海明威评传》里指出，海明威在成都时认为，中国的训练是德国式的，教官都是德国培养的中国人。他们一行从成都飞回了重庆。1941年4月16日的《大公报》以《海明威昨飞腊戍转飞新加坡》为题，结束了对海氏中国之行的跟踪报道。腊戍是缅甸北部重镇，说明海氏是从云南出境的。5月1日，该报刊登一则电讯，说海明威于4月29日抵达香港后，“拒绝发表此行的印象；惟对中国军队深致钦慕，据称：华军训练精湛，士气雄壮，感予最深云”。

曾经获得经济学博士的夏晋熊教授，从美国毕业返国后，到当时国民党政府的行政院工作，曾任孔祥熙的秘书。因海明威来访，专门从重庆飞往香港迎接海明威，他负责翻译和关照夫妇两人的生活。在陪同过程中，海明威怕夏晋熊冻坏了，便把自己身上的羊毛背心脱下来，给他穿上。历经几十年，这件背心已经有几个小洞了，但夏晋熊还细心地保存着，这不仅仅是友谊，更是一份抗战的特殊记忆。这件羊毛背心，可以说是海明威来华保存至今的唯一物证了。

夏晋熊特意提及一件小事，在重庆时的一天早晨，海明威说要夏晋熊去宾馆叫醒他。夏晋熊敲门时，通报了自己的名字，他便大声喊“请进”。夏晋熊进门一看，大作家和玛莎还没起床，两人拥抱在一起……“他是把我当为自己人，所以根本不回避，所以在我面前表示他俩亲密无间的感情。”

由于玛莎·盖尔霍恩十分怕脏，对住宿地点十分挑剔，加上她是一个“比标榜着硬汉的海明威更硬的女人”，因而安排他们的住宿颇费周折。夏晋熊没有提及他陪同海明威访问成都的进一步情况，但肯定了他们下榻于成都的“励志社”。

民国时期的成都商业街为四川省商业专科学校所在地，后来学校旧址上改建为古色古香的“励志社”，成为当时成都最高级别的民国四川省政府招待所。抗战时期此处又改为“美国援华人员招待所”，国民党在成都训练地勤人员的空军机械学校和通讯学校均驻设于此。至1947年春，派到成都空军单位的美军顾问团已达十余人。顾问团团部设在励志社，负责人是美军中校白礼门。海明威夫妇来成都，没有下榻于东胜街的沙利文饭店而是居住于此，可见礼遇也是较高的。

最早的“励志社”于1929年1月成立于南京，该社是以黄埔军人为对象，以振奋“革命精神”，培养“笃信三民主义最忠实之党员，勇敢之信

绵延的成都城墙将华西坝与成都城区分割为两部分。（此图拍摄于1925年前后）

徒”“模范军人”为目的的军事组织。抗战期间，“励志社”在全国各地都有分布，是为国民政府首脑及官员提供后勤、日常生活及娱乐励志社服务的场馆，设有多功能的礼堂、剧院、宾馆式客房以及大小高级餐厅等。

成都“励志社”大楼始建于民国二十六年（1937年），为著名建筑学家杨廷宝在成都设计的三大建筑中唯一的宾馆建筑。那时，杨廷宝在基泰公司成都办事处工作。他早年毕业于清华大学，后留学美国。成都“励志社”是按照北派宫廷的范式修建，相比屋面轻巧的南方建筑，“励志社”大气而稳重，多处绘有色泽浓郁的彩绘。所用材料既有传统的琉璃瓦，又有现代建筑材料，这反映了近代成都建筑的历史走向。

走进这幢建筑面积达2700平方米的二楼一底的大楼，清水砖墙给人以肃穆之感，辅之以钢筋混凝土梁柱以及木层架、木楼板，屋顶为歇山式，重檐翘角。楼上客房设有楠木墙裙和嵌花地板。卫生间则饰以瓷砖、马赛克，并配备了西式抽水马桶。楼上设有舞厅、宴会厅等，功能可谓齐全而华丽。该楼建成后，一时名流云集，成为成都的“洋场”。

毕业于金陵大学文史系的钱树琼先生，在抗战开始后出任成都“励志社”主任，曾经负责接待苏联航空志愿队。另据相关报道，前美国副总统华莱士曾在大楼内接见“飞虎队”成员。蒋介石也曾在此接见过美国援华飞行员、召开中外记者招待会等。需要指出的是，当时装备B-29“超级空中堡垒”驻防于成都的是第20轰炸机指挥部，但人们也以“飞虎队”相称。分析起来，这在于当时很多新闻媒体和民众一律以“飞虎队”称呼所有抗战期间驻华的美军空军作战单位。

抗战结束后，成都“励志社”便成了国民党行政院和一些中央机关的办公地。

“梅花的出走与柠檬的落地”

华西坝5所大学灿若星辰的人才谱系里，出了一个“梅花院士”陈俊愉。

华西坝拥有西南联大没有的医学院与农学院，确实是它鲜明的教育特色。在华西坝的学生中，产生了“梅花院士”陈俊愉，“园林院士”程世抚、汪菊渊等人。

陈俊愉是安徽安庆人。著名园林学家、园艺教育家，国际园艺学会梅品种国际登录权威，中国花卉协会梅花蜡梅分会会长，北京林业大学教授、博士生导师、名花研究室主任；国内主张采取“一国两花”，评选梅花、牡丹花为中国“国花”的第一人；中国工程院院士，也是目前两院院士中唯一一位园林花卉界人选，人称“梅花院士”。

1943年，陈俊愉随汪菊渊教授到成都调查梅花品种，“当年走马锦城西，曾为梅花醉如泥”，吟诵着陆游的名句，走遍了巴山蜀水。调查工作持续了5年，1947年出版了研究著作《巴山蜀水记梅花》，从此结下了他为梅花所苦、因梅花而荣的一生梅缘。

陈俊愉对成都周边的梅花进行充分调查研究，在当时的《中华农学报》上发表了自己的第一篇梅花专论:《成都梅花品种之分类》。记载成都的梅花品种共20个，之后他将研究范围扩展到整个四川。1989年，陈俊愉主编的《中国梅花品种图志》问世，这是中国也是世界上第一部全面系统介绍中国梅花的专著。陈俊愉根据他独创的二元分类法，将梅花品种分为3个系，5个类，16个型，详细记载、分析了我国323个梅花品种。其中成都的梅花品种就占了45个。

梅花之外，如果对“中国柠檬之乡”予以追根溯源，会找到华西坝。

安岳县柠檬种植面积达52万亩，柠檬鲜果产量达60万吨，产量、规模、市场占有率占全国80%以上，是当之无愧的“中国柠檬之乡”。追根溯源，柠檬何时落户安岳?

这得从林则的弟子邹海帆说起。

1907年，邹海帆生于四川省安岳县，父亲邹江亭是中医。邹海帆入校不久就发现加拿大丁克森博士（生物教授）家的院子中，长着一株从未见过的果树，翡翠般的绿叶间挂满了黄澄澄的果实。丁克森说，这是1926年，他从美国带来的尤力克柠檬，原产于马来西亚，经改良后成为欧美普遍栽培的水果，对治疗坏血病有奇效。

身高不足一米六的丁克森，是西方人中的矮个子，算是洋人中最矮的，人送绰号“丁矮子”。1888年出生的加拿大人丁克森，34岁时来到华西协合大学，担任生物系教授，此后在华西坝的25年，他改变了一些成都人的餐桌：把鲜牛奶端上普通人家的餐桌，把鸡蛋改良成原来的两倍大，还带来了西红柿、玉米和甜瓜等洋水果，后来均在华西坝试种成功，在校的农场逐步扩展到90亩，还在外管理10多亩果园。

1932年开始，丁克森把外来的29种柑橘树和苹果树，与四川的本地果树嫁接，同样收获颇丰。在1934年的成都花会上，已有6万余株苹果苗在市场上出售。如今在阿坝州和凉山州盛产的苹果、四川丘陵山地的柑橘，最早的树苗都是从华西坝培育出来的。

邹海帆感觉到这种酸中带苦的水果，肯定会成为药效极佳的一味中药，便萌生了引种的想法。他从丁克森那儿获得一株幼苗，遂将柠檬幼苗带回安岳老家，让父亲邹江亭试种和研究。柠檬长势喜人，一挂果便轰动四邻，乡亲邻里纷纷冲着邹江亭要树苗……从此安岳县柠檬成为最受国人喜爱的柠檬品种，邹江亭由此被赞誉为“安岳柠檬之父”，四川安岳县成为“中国柠檬之都”。

据《安岳县志》记载，1929年，邹海帆将第一株柠檬幼苗带回家乡种下，成为安岳1000多万株柠檬树的“老祖宗”。为此，安岳县人民政府特意在华西坝种植了2棵柠檬树，以纪念这位故乡先贤。当然，我们更应该铭记丁克森！

第56章

叠溪大地震引发洪灾经过成都

叠溪古镇处于松茂要道之中，既是汉代的军事重镇，也是当时商贸往来的驿站休息以及集散之地。1933年8月的一天，茂县县长张雪岩决定到叠溪古城去做视察工作。视察结束后，张雪岩回到了县城，他不会想到，这是他最后一次看见叠溪古镇的全貌。8月25日下午，张雪岩正在自己的办公室，突然地动山摇，他完全失去了平衡……

民国二十二年农历七月初五（1933年8月25日）15时50分30秒，在茂县叠溪发生7.5级的大地震。震中位置为北纬32°、东经103.7°，有感范围北至陕西西安，南至云南昭通，东到万县，西抵阿坝州府。该次地震的极震地区烈度为10度，极震区面积约209平方公里。

农历七月初五，当地村民正在筹备10天后的城隍庙会。很多人聚在一起，欢快而忙碌。城隍庙里有一个村民正斜靠着墙休息。但大地发出了恐怖的咆哮，那就是“地哮”，一下惊醒了他。他发现，自己的面前出现了一条深不可测的裂缝。而他所在的庙宇，竟然有半边悬在了半空。等他慌忙逃出来时，城隍庙一如拦腰折断的小船，一头栽进了地缝。正在城里一所学校读书的学生后来回忆，地震发生时，他们快速地想从楼梯上跳下

俯瞰茂县位于岷江峡谷的蚕陵重镇——叠溪。（1911年春，美国人路得·那爱德 摄）

去。不想楼下的石板居然一下蹦起来……而正在山上种地的百姓，被从河东岸山坡上直接抛到了河的西岸。有几个幸存者，一边哭一边回忆起逃生时的场景。有的在城隍庙纳凉，突然间山崩地裂，眼睁睁地看着周围的房屋开始急速往下掉，赶紧跑到没有往下陷处，才逃过一劫。

地震过了一段时间，县长张雪岩还是决定到叠溪查看情况。当他到了叠溪古镇的入口，却已山河巨变了。眼前的只有一片废墟，被水泡着。在这之后，也有许多地质学者和专家来勘测过。

“山崩镇陷，岩石横江”，“岷江断流，壅坝成湖”。这是1933年8月25日四川叠溪7.5级地震所造成灾害的直观描述。当时的中国西部科学院地质科主任常隆庆等人通过对震灾及水灾的调查，编绘叠溪震后地形图、地震烈度图，编写《四川叠溪地震调查记》一书。这是中国人第一次开展地震调查分析，第一次对地震灾情进行宏观烈度考察，在中国地震史上实现了零的突破。

极震区最突出的震害是地面破坏剧烈。以山崩、滑坡为主，地裂缝次之，最大的滑体是叠溪城和点将台之间的阶地滑坡，滑坡体长约400米，宽约1300米，滑坡体积达1.5亿立方米。叠溪城有房屋278所，人口500余人，在此次地震中毁于一旦，全被压埋，无迹可寻。

地震之后，随之而来的是暴雨如注。沿岷江及其支流松平沟、则百沟等都出现了大规模的山崩，崩塌体填塞了河谷，堆成了挡水大坝，形成十余个地震湖，俗称海子。其中最大的3个是岷江干流上的大海子、小海子和叠溪堰。

9月9日，即地震之后的15天，叠溪堰天然堤坝突然溃决，湖水倾泻而下，怒涛汹涌，吼声震天，2小时后冲出40余公里，摧枯拉朽，直冲茂县城。半夜至汶川县城，次日凌晨到达灌县。据紫坪铺洪痕推算，相应洪峰流量约10200立方米/秒，洪水冲毁沿江田地、房屋无数，各河段上的索桥、木桥、石桥全被洪水吞没，灾害触目惊心。

溃水狂奔了数百公里，到达都江堰时浪头仍有十几丈高，迅疾将都江堰渠首枢纽冲毁无遗，只剩下一个孤零零的索桥石墩，后来人们称它为“神仙墩”。

据都江堰市聚源镇的一位百岁老人追忆：“当时的水太大了，门前屋后都有水在流淌，等水退了之后，困在家里数天的人们便冲进田里捡鱼，从来没有看见那么多，那么大的鱼。同时，还有许多死人的尸体随河漂流，惨得很！”

水灾之后的灌县惨状，由当时的“灌县水灾筹赈委员会”编发的《快邮代电》可窥一斑，由于此文意义非同一般，早年钟易成先生将它全文照抄，今摘录部分如下：

……漂流之后，触目惊心。生者失其衣食住，死者尚待捞殓埋。若不将奇重灾情，约略陈词，诚恐远道传闻难知概况。查此次岷江暴涨，时为黑夜，水头数丈，汹涌而来，至合流之旋口场，扫去该场大半。经麻溪猪脑坝、沙金坝一带，冲去濒河居民数百家。至白沙场，冲去该场大半，连同紫坪铺白沙场、炭本商之木墩木条岚炭等物一扫而空，约值大银圆百万元。又至都江堰上游之白马堰，水直东驰，扫卷索桥南岸及韩家坝一带之民舍田地不少。奔流之飞沙堰，一面排其堤堰之沙石以入沱；一面横决飞沙堰人字堤直穿离堆公园（即当时的荷花池）。乱流入正南江、黑石河、沙沟河之间，于是附城之伏龙、奎光、清平、天乙、崇礼三乡两镇，冲刷居民数百户，田地约千余亩，合计银钱衣物又值百万以外。据善团红会所言，即第一区内发现死尸，大约有数百具。至五区之安顺桥河心，居民数百家，亦全被水淹。王家船河心，捞获死尸二百余具。六区之玉堂场死亡约两百余人。同区之大兴场，人畜房同归于尽，连同中兴场境内，死亡又约二千余人。七区之徐家渡数百户，存者仅十分之二。十区之旋口场死亡又约二三百人，同区之河心甲，居民百余户无一幸存。水经之地，农田淹没，屋梁冲塌，累计灌境死亡人数约三千人，冲毁农田约一万五六千亩。刻间山洪消退，官绅协办履堪，惨痛情况，目不忍睹。死尸横野，彼此相望，甚或体毁肢残。生者无家，大率哀妻泣母，唏嘘痛哭，恍若失路之婴；奔走仓皇，俨若丧家之犬……[①]

《新新新闻》1933年10月16日特别通讯中称："这次水灾、毁桥30余座，农田、民舍冲刷无数"，"灌境死亡人数计有五千名以上，现有流离失所，无家可归的男女老幼，据收容登记已达八千六百余人"。

《国民公报》1933年10月21日报道："灌县10月11日与汶川同被水灾，洪水位高10余丈，将安澜索桥、南岸街房居民百余户冲没无存。又将人字

① 王国平：《叠溪大地震都江堰溃坝影像》，原载"岁月都江堰"官网。

堤一带冲开，离堆公园成泽国，冲毁田地数万亩，溺毙人约五千名。”

《四川地震资料汇编》对叠溪湖溃决后灾情描述如下：“在地震后45天（10月9日）大坝溃决，湖水奔泻，下游造成亘古未有之奇灾。冲毁都江堰河段韩家坝、安澜索桥、新工鱼嘴、金刚堤、平水槽、飞沙堰、人字堤等一切水利设施。天乙街、塔子坝、农坛湾、安顺桥等处尽成泽国，淹死者数千人，逃生者五六十人。”

该资料还指出，崇庆、温江、双流、郫县等地均受巨灾，但灾情不详。

实事求是地说，尽管都江堰渠首枢纽工程被大洪水荡涤一空，只剩下“神仙墩”，但1933年的地震洪水流到成都时就已经被分流成了若干支流，造成的灾情大大减弱。据最后统计，叠溪海子决口共计造成了5500人死亡，除去都江堰死亡的3000余人之外，下游灌区14县共计死亡人数不到2000人，都江堰的“排涝”之功能由此可见。

事隔53年之后，1986年6月15日，大小海子再次局部溃决，又一次造成灾害：1986年6月上半月，岷江上游连日降雨，以13—15日雨量最大，松潘县过程降水是3.8毫米，黑水57.6毫米，岷江水位猛涨。6月15日12时左右，以463米/秒的流量涌入大海子，而海子出口被大量漂木堵塞，排水不畅，大海子水位上涨2.3米以上，致使大海子出口处局部溃决，小海子受此冲击，水位猛涨，比正常水位高出4.98米。至15时25分，海子出口处也局部溃决，形成2100立方米/秒流量、9米/秒流速的洪峰，向下游冲去。

当天17时左右，洪峰到达茂县县城：18时30分，洪峰到达汶川县城，当晚洪峰过灌县县城，灌县塔子坝等处居民连夜疏散，十分紧张。这次洪水造成了很大损失。据报道，茂县冲毁桥梁29座、公路57公里、堤灌站24座、小水电站17座；冲毁农田1300多亩，损失林木果树29万余株，冲走过往车辆11部，直接经济损失1460万元。死亡2人，失踪2人。汶川县城三分之一建筑物被淹，淹没房屋18.3万平方米，邮电、供电、供水、交通全部中断。不包括岷江水运局和公路在内的直接经济损失就达1089万元。

特别值得注意的是，成都市区虽然没有被淹，但由于河水含沙量剧增，自来水供应出现了严重危机。据市自来水公司和自来水一厂提供的资料，河水浊度从6月16日中午起，就由原来的320毫克/升猛升到4500毫克/升，16日夜间到17日凌晨河水浊度竟达到1280毫克/升的历史最高值，为溃决前的40倍（1981年“81.7”洪水时最高仅9000毫克/升），一直到6月18日晚，才降到1000毫克/升以下。[①]

在位于茂县较场乡东南面，还保留有部分叠溪古城遗址。叠溪古城遗址已成为世界上唯一保留完好的地震毁灭的古城遗址。

千年古城叠溪，静静躺在清澈透明的海子里，似乎沉睡在一场大梦中。每当阳光充足之时，甚至还能看到湖底的残垣断壁，以及北面山腰上的“蚕陵重镇”几个遒劲有力的大字。透过碧水，它在向人们无声地述说那段不容忘记的历史。

叠溪还有一个传说：海子里会长血色的植物，凝着数千人的血和魂，经过多少年呀，终于回到陆地，回到自己的家园。

① 《成都水旱灾害志》，成都科技大学出版社1995年版，第31页。

第57章

“远征军”前后岁月

“十万青年十万军”

四川作为抗战大后方，成为当时中国最大的兵源和物资供应基地。据统计，抗战时期，四川每年向前方输送的青壮军人，一共有350万川军出川抗战，占全国同期实征1405万余人的五分之一还强；而四川军民在同日伪军浴血拼搏的艰难抗战中，牺牲之惨烈，也居全国之首。

刘元工，1926年生于四川蒲江县农家，现年96岁。1944年独山失守，在成都协和中学读高一的刘元工实在坐不住了，他和同学跑到皇城坝报名参军。飞到印度后被编在新六军十四师山炮营担任炮兵观测员，后升为准尉观测助理。在印缅战场受训，后到湖南芷江与退守在安江的日军作战，抗战胜利后进入四川大学中文系学习，创作了大量文艺作品，毕业后在四川省作家协会工作至退休。刘元工以笔名元工、友方发表大量文学作品，著有小说《鼓师》《还乡》《松花蜜》，报告文学《油海沸腾》和报告文学集《发烫的黑土地》（合作）等，历任《西南文艺》《红岩》《峨眉》《四川文学》编辑、《现代作家》作品组组长；四川省作家协会第二、三届理事以及四川省报告文学学会副会长；于1984年加入中国作家协会。

抗战之初，感于国事沉沦的知识分子当中就有人主张以血肉和侵略者相拼。农业经济学家董时进撰文呼吁“脱开赤膊，提起铁匠铺打的大刀”，甚至“不妨利用百姓的弱点”，“利用‘无组织’和‘非现代’来与日本一拼”。也有人提倡理性，主张从长计议。比如丁文江、翁文灏、陶孟和等，他们以《独立评论》为阵地，提出知识分子既要有担当，又不要受时髦的抗战理论影响，要对抗战与建国都负起责任。

然而，随着战事的逐渐扩大，国民党军队节节溃退，河山沦陷，情况变得较为紧急。有学者认为，其中一重要原因是兵源素质低下，难以适应现代战争。大势所趋，征召知识青年从军已被提到议事日程了。

1944年底，日军曾经占领过贵州的独山。独山县城也是抗日战争中日军侵入中国内地的一个顶点，这大大震动了内地。“一寸山河一寸血，十万青年十万军”口号立即被提出，曾感动无数国人。当时国统区毕竟还拥有2.5亿左右人口，难道动员不了10万青年？此青年非彼青年，是“十万青年十万军”的青年，是具有高学历或者大学学历的“知识青年”。刘元工所在的协和中学的高中同学纷纷报名，后来发现军队不招收女学生，还让不少女学生流眼泪呢……

蒋寿昶是成都灌县蒲阳空军幼年学校第五期学生。那是一所名校，成立于1940年12月。为何选址这里？成都市文化局干部、系统研究过这段历史的冯晓枫在撰写《蒲阳，这里曾经雏鹰展翅》前，曾访问过多位空幼学员，他们告诉他：一是此地靠近龙门山区，地形多变，可较大程度隐蔽自身和增加敌机侦查难度，可尽量避免日机的轰炸；二是穷乡僻壤可与世隔绝，避免干扰。

从1939年到1945年的6年期间，空军幼年学校共招收了六期2000余名学员，学员遍布祖国各地和海外，有的成为飞虎队等名牌空军飞行员、民航飞行员和空军将领，有的当了著名科学家、教授、中国科学院院士，还有的是艺术家和企业家。

1949年，四川省面临解放，空军幼年学校也于这年夏季迁往台湾省屏

抗日战争时期，位于灌县蒲阳镇的空军幼年学校校门

东东港大鹏湾。

据报道，2010年9月16日，空军幼年学校70周年校庆在成都西门一家酒店隆重举行，两百余人从全球各地奔赴成都共叙蒲阳情。不少老人见面拥抱，讲一口流利的英语。

蒋蓝：请谈谈你当时的情况。

刘元工：我出生在蒲江县敦厚场农家，有三个哥哥两个姐姐，我是老幺。由于父亲在我出生一年后就病逝了，家境很差，属于典型的“下中农”水平，兄弟姊妹的成长、就学、生活全靠亲戚们伸出援手。舅舅家境富有，我大哥刘元祥就依靠舅舅供养读书。我呢，从小放牛，8岁读私塾，几个月后到松华镇读“官小”——松华镇小学，磕磕绊绊读了4年。我有一个嬢嬢在寿安镇，我去投靠她进入到寿安镇高小读书，很快就毕业了。当时寿安镇没有中学，我跑到新津县报考新津中学，却落榜了……

蒋蓝：你是怎么来到成都的呢？

刘元工：1934年我第一次来到成都，先是去投靠三舅周鼎铭。他是李家钰部下，上过抗日前线，后来进入到陕北“抗大”学习。三舅周鼎铭返回成都后担任李家钰公馆的副官，住在文庙前街85号，我也寄宿在那里，焦急考虑自己的出路。我发现东大街上的华阳大药房在招收学徒，急急报考，可惜英文太差，没考上；也去报考过蒲阳的“空幼校”，也未能如愿。我在表哥周润凯帮助下进入到乐山牛华溪中学读初中。我知道自己的家境不好，发奋苦读，第一年竟然考了全年级第一名，领到了一点奖学金；这样读了3年书……在清苦的岁月里我明白了世事。在三舅帮助下我转入到私立济川中学，就是后来的成都十六中，也就是现在的成都石室锦城外国语学校。在此一个学期，我终于考上了华西坝上的华西大学附中，那时叫华西协合中学校。

蒋蓝：这是成都最好的中学之一，你那时除了读书之外还参与哪些课外活动?

刘元工：1937年日本军队攻入南京，国民政府宣布迁都重庆后，作为大后方的成都尤其是“坝上”可以见到很多外国人、异乡人。加上抗日的日益紧迫，学校里经常举行集会与演讲，有领导、军方人员、学者来给学生讲解抗战；学生们受此鼓舞，我也积极参加学生会组织的爱国抗战行动，贴标语、组织集会等等。

蒋蓝：1944年10月，中国抗战进入最艰苦的时期。此前随着太平洋战场的节节退败，为打通大陆与太平洋的补给路线，日军在1944年4月发起了“一号作战”。8个月之内，日军打通平汉铁路、粤汉铁路，国民党军队一溃千里，丧失守城146座，损兵50余万。

刘元工：1944年12月，传来了独山失守的消息。日军由此威逼重庆，蒋介石几欲放弃贵阳，准备退守乌江，国内一度传言要迁都兰州。不要说大学生，连中学生也坐不住了。

自掏腰包买军服热血参军

蒋蓝：在这危急时刻，蒋介石高呼“一寸山河一寸血，十万青年十万军”，号召知识青年从军。短短数月里，大约12万青年投笔从戎，他们被编成九个师、两个团，分别在湘西、云南等地训练，其中一部分在印度受训。

刘元工：看到“坝上”的各大学学生积极报名参军，我所在的中学几乎是全校学生报名参军。我和同学伍刚发、袁辉光来到设立在皇城坝的参军报名处打听，他们征召大学生与高中生，但不收女生；这一消息既让我们兴奋，也让我们沮丧——因为女同学里还有不少想报名从军的，看来她们的愿望实现不了。

我们背着家人纷纷填写了征兵登记表。接着马上到皇城内进行体检。满以为很快就可以穿上军装，不料半路杀出了程咬金。

蒋蓝：出现了什么变故？

刘元工：一个负责招兵的排长模样的人，过来告诉我们几个学生：“不少学生报名后领走了服装和装备，但至今没有归队，估计他们也不会回来了。你们几个如果要参军，只能冒名顶替他们的名字。目前没有多余的军服了，你们要自己出钱……”我们一听，愣在了那里，不知道该怎么办。还有自己出钱购买军装的事情吗？而且我们都是穷学生，哪里来几十元服装费呢？我们立即返回学校，把自己唯一的家当——铺盖卷拿到当铺去，可这点钱也不够缴纳军服费。同学伍刚发说，他有一个亲戚在陕西街成仁医院，是口腔科医生。我们来到医院找到他亲戚说明了情况，这个医生沉默不语，劝我们不要去当兵，可我们哪里听得进去呀！她看没有办法了，终于凑了一笔钱给我们。我记得，每人几十元。

蒋蓝：这个排长所为明显是贪污行为！

刘元工：但我们当时并不知情啊。回到皇城坝我们把军服费交到那个排长手里，他把我们喊进屋，大桌子后坐着一个长官，听到排长说了一句：“连长，钱在抽屉里。”那个连长打起了官腔：“怎么回事？什么钱？怎么要收钱呢？”但排长不停做鬼脸，那个连长终于不吭声了，挥挥手，让我们去营房领军服。这就是说，我们参军了。

有意思的是，我冒名顶替的名字叫“陈光标”。排长许诺，我顶着这个假名字，一喊“陈光标”就挺胸高喊“到！”要去了部队才可以恢复真名真姓。

抗日战争时期，蒲阳空军幼年学校在太平寺机场练习滑翔机飞行

蒋蓝：你们实现了热血报国之志，应该庆贺一番。

刘元工：黄昏了，我们几个人身上还有点钱，感到即将开赴前线，以后就吃不到四川菜了，大家决定：奢侈地吃一盘回锅肉。我们来到东城根街与羊市街交会处，找个小馆子吃回锅肉，算是告别成都。桌子上我们纵论：与日本相比，那时我们的国力处于劣势。但我们抗战的意志精神非常强烈。大家都有这个观念，论人口比日本多。我们只要打死一个日本人，我们就够本，打死两个就赚一个。最后的胜利属于我们，我们有充分的信心。那时在精神生活上，可说比现在活得还要充实。大家很苦，可是不觉得苦，觉得很快乐，觉得很有希望。我甚至背诵起王翰的《凉州词》："葡萄美酒夜光杯，欲饮琵琶马上催。醉卧沙场君莫笑，古来征战几人回？"

回到营房，立即遭到军官痛斥："我同情你们，你们却不同情我。哪里去了？"我们不停认错，直到他消气……后来才知道，四川有5万多名从军的知识青年。

敢而血性的“远征军”

蒋蓝：何时出发的?

刘元工：1944年11月，我与几百名学子组成的“青年军”，从新津机场直飞云南开明。第二天再上飞机，飞越喜马拉雅山。到了哪里？军队规定是不能随便打听。后来才知道我们来到了印度阿萨姆邦的边境小镇列多。那里气候十分炎热，命令我们脱掉一切衣服烧掉，洗澡后，立即穿上了英式军服（后来不久又换发为美式军服）。我们乘车来到一个森林边搭建集体帐篷，一方面等待分配，一方面投入到军事训练。在那里听到很多振奋的消息：孙立人的新38师没有打过败仗，官兵损失虽近2000人，但击毙杀伤日寇4000人以上。以同师级编制比较，抗日战争中中国军队没有一个师达到这样辉煌的战绩比例。

有一天接到命令，全部上火车。在群山密林里走了很久，又下车换乘卡车，后来才知道我们来到了缅甸的“野人山”，我们来到远征军留守处。野人山地区位于缅甸最北方，是密支那以北一片未被开发的原始森林，再北是喜马拉雅山。这条长达400公里的狭长河谷还有一个名字是“胡康河谷”，在缅语中是“魔鬼出没的地方”。除了紧张的军训，我有时去森林里游历，发现很多战壕……

当时新六军军长是廖耀湘，下辖两个师。我们一直在军训，我被编在新六军十四师山炮营担任观测员，因为工作努力认真，被升为准尉观测助理。不久，再次接到开拔命令，因为得到日军转移的消息，新六军又赶往腾冲。

蒋蓝：就是腾冲保卫战的后续战役。

刘元工：是的。滇西反击战中，中国远征军有两个集团军：宋希濂（后为黄杰）的第一集团军，下辖第六军、第七军；霍揆章的第二十集团军，下辖第二军团以及岳子云所在的第五十三军。对于远征军，不少史料都提及装备精良，几乎是美式装备，钢盔、皮鞋、机枪一应俱全。我看到的是，我们的装备不算很好，但比国内的部队好很多。部队的伙食和武器是有保证的，经常都可吃到美式罐头。新六军第一师参加了血性十足的腾冲战役……

蒋蓝：后来呢？

刘元工：抗战胜利了，新六军承担对部分日军的缴械任务。新6军从曲靖乘火车经贵阳先到达湖南沅水旁的芷江，然后在洞庭湖坐汽艇到武汉，又顺江而下再到南京、上海。一路上，缴械中曾碰到个别负隅顽抗的日军，中国军队奉命毫不留情地将其消灭。尽管我加入远征军只有一年多时间，但远征军的经历改变了我，把一个文弱书生锤炼成了一个铁骨铮铮的战士。能够把自己的青春奉献给抗战，我引以为自豪。

蒋蓝：那你是如何进入四川大学就读的？

刘：我参军之前，政府就许诺过，待抗战胜利了，该读大学的就去读大学。鉴于当时有爆发“内战”的迹象，我就找到炮兵团团长请求：参军时国家提倡“工农兵学商，一起来救亡”，我要求当部队文书。另外，设法退伍回乡。最后部队同意了，我进入到川大中文系学习。那时我在川大的校刊上开始发表了不少文艺作品，得到著名作家沙汀的赏识，他把我调到文联，开始办《西南文艺》杂志……我与李劼人女儿李眉是老同事。值得一说的是，我最要好的一起参加远征军的两个同学，袁辉光后来成为南充市某医院的院长；20世纪六七十年代我到绵阳一家企业去采风，突然遇到伍刚发，他竟然失去了理智，成了疯子。哎呀，这一幕让我终生难忘……

第58章

罗常培笔下的成都“七二七”大轰炸

罗常培先生

罗常培（1899—1958年）是著名语言学家，历任西北大学、厦门大学、中山大学、北京大学教授，历史语言研究所研究员，北京大学文科研究所所长。1950年6月中国科学院成立后，罗常培出任语言研究所所长。按理说，语言学家拘于学理，于写作一道往往理念满纸，形象干瘪，但在罗常培先生笔下却是完全不同的一番缤纷之景。这里指的是包括《蜀道难》与《苍洱之间》两部游记构成的、近年一再重印的《苍洱之间》。这可以让我们发现，即便置身山水，罗先生也不舍精深学风，对一地的地理、名物、民俗、传说、渊源等，有颇为精彩和独到的发掘，这使得全书的内容不但丰满可读，还弥补了同类著作的缺失。

教授、学者跑空袭警报，是一个不衰的话题，在西南联大时就有很多逸闻。有个段子流传甚广：1939年至1940年日本飞机轰炸昆明，师生看到五华山上红球升起，便放下一切开始跑警报。一次刘文典看到沈从文夹在人流中，很是不屑："我跑是为了保存国粹，学生跑是为了保留下一代的希望，可是该死的，你干什么跑啊！"（黄延复《刘文典轶事》）由此可见刘文典对沈从文的顽固成见。但沈从文对此一直保持沉默，心态大可玩味。

当时傅斯年、汤用彤、罗常培等也住在靛花巷的楼房，楼有三层。每次警报一响，大家都往楼下跑，甚至跑出北门。傅斯年晃动庞大身躯，从楼下跑到三楼气喘吁吁地通知陈寅恪跑警报（陈寅恪有睡午觉的习惯）。危急之中，傅斯年把陈寅恪搀扶到防空洞，才会安心。陈寅恪曾写过一副趣联："见机而作，入土为安。""机"指来空袭的日本飞机，"入土"指进防空洞。紧急之中，他依然保持士人的风度。

1941年5月，罗常培与梅贻琦、郑天挺从昆明出发，到重庆向教育部接洽西南联大的校务工作。他们从叙永县入川，然后去宜宾李庄看望林徽因、梁思成夫妇以及在板栗坳的史语所同人，再顺岷江逆流而上到达乐山峨眉，参观武汉大学、四川大学，然后绕道成都，拜会了华西、齐鲁、金陵各所内迁大学的朋友。这次行程所接触到的学人及相关人士约200位。

成都"华西坝"地处成都城南，因华西协合大学在此办学而得名。抗战时期，大量高校及科研机构纷纷内迁，华西坝迎来金陵大学、金陵女大、齐鲁大学、燕京大学，一时聚集5所教会大学。5大学资源共享、联合办学，成为战时中国规模最大、学科设置最完整的大学联合体之一。

罗常培一行的几千里行程，就像在四川兜了一个大圈子，竟然花了3个月，坐过一次飞机，也坐过轮船、汽车、黄包车、滑竿，不时有慌乱，也伴有愤怒："行期的大部分都耗费在等车、候船、汽车抛锚、山洪冲断公路……许多意想不到的事情上面。"读他的旅行杂记，不但体会到什么叫"蜀道难"，更能体会到抗战艰难时节的一代知识分子励志笃学、心忧天下的本色。

就在他们历尽艰辛到达成都时，他们又遭遇了永生难忘的"七二七"大轰炸。

“文抗”成都分会成立大会合影。前排左起：冯玉祥、萧军；右起：刘开渠、叶石荪、李劼人、陈翔鹤、车辐、老舍、周文等

罗常培一行是1941年7月25日凌晨坐黄包车到达距离成都南门还有4公里的地方，车夫无力再走，他们只好冒雨步行进入成都市区，入住设于骡马市大川饭店的中国旅行社。

尽管甚为疲惫，罗常培还是到市区看望朋友。他毫不掩饰对成都的喜爱，原因是成都的布局很接近他的故乡北平。他对比了春熙路与王府井、玉龙街与琉璃厂、打金街与廊房头条、少城与后门里头、薛涛井与陶然亭、草堂寺与松筠庵、华西坝与清华园的趋同风格，觉得只有武侯祠的地域色彩浓郁，难以在北平找到比附的建筑。他觉得美中不足的是，在成都停留6天，其中4天就遇到了空袭。

7月27日早晨8点，罗常培一行在朱自清、沈茀斋教授陪同下游览武侯祠。参天森然古柏勾起了学者们的思古之情，似乎忘记了当局对空袭的反复提醒。当他们一行再去杜甫草堂时，看到了路边竖立起来的预行警报的黄色旗子。罗常培承认，“成都人因为最近几个月敌机并没有当真来过，所以大家的心里，简直不拿情报当一回事，没想到这一次敌机可当真来了，而且还来了一百零八架！”

9点40分，发过空袭警报后，他们还在城西四家村朋友处谈天。10点45分连续听到紧急警报，没过10分钟敌机已经轰鸣在头上！“紧跟着高射炮炮声隆隆，投弹声轰轰，几间房子动摇得像地震，屋顶上的瓦和窗子上的玻璃被激荡得上下交响着……”不愧是语言学家，他用了四种声音描绘那一时刻的地动山摇。到下午1点40分解除警报后，他们坐车进城，转了半小时，“压根儿没找到一条可以通过的路”。“举目所见不是栋折榱崩、瓦砾遍地，就是胆断肱飞、血肉模糊！”一直到下午4点，他们才到达城外朋友家吃午饭。尽管朋友准备了丰盛的菜肴，“有昆明三年看不见的鲜虾和西瓜，可是一想起刚才目睹的惨状，无论有什么珍馐美味也觉得不是滋味！回到旅行社以后，看见离开我住的房子不到两丈远就中了一个大炸弹，我的房里虽然顶棚震落，尘土满地，幸而还没有直接命中”。因为罗常培那口旅行箱里，装满了学者们的论文。

28日，7点40分警报的黄色旗子一挂出，成都立即骚动了。“成都市民再没有昨天以前那样镇静了。”他发现成都“不但没有重庆那样安全的防空设备，连昆明那种跑警报的味儿都赶不上。因为第一，城市太大，从城里跑到郊外已经得费去很长时间，走出很远的道路。第二，东南北三门外各有轰炸的目标，比较上只有西路安全一点儿。因此，一遇到警报这条路上往往拥挤不堪。第三，成都郊外到处都是水田，不像昆明郊外那样空旷，要想跑出去不远就找到一个像昆明北郊的独山……是绝对办不到的”。当天，罗常培来回奔波18里，跑得皮鞋开线……

在后来的几天里，罗常培继续东躲西藏，疲惫不堪，打消了去青城山的念头，但依然详细记录了空袭的细节。

学者娄育在《语言学家文艺作品中的史料——赘疏罗常培先生的〈蜀道难〉和〈苍洱之间〉》一文里指出，罗常培“详细记录了每一次亲历

‘空袭’的时间，有的篇章甚至详细地记录下敌机的数量及轰炸情况，这又可为研究中国抗日战争史的学人提供些许材料上的参考”。

人们在他旅行记中却看不到沮丧和抱怨。正如冰心在1942年版的《蜀道难》序文所说：“三个多月困难的旅途，拖泥带水，戴月披风，逢山开路，过水搭桥，还仓皇地逃了好几次警报，历尽了抗战期中旅行的苦楚。”一个人在自己“茅屋为秋风所破”之际，想到的是“安得广厦千万间，大庇天下寒士俱欢颜”，这恰是真学者的情怀。

位于成都市人民公园的“川军抗日阵亡将士纪念碑”

据时任西南联大总务长的郑天挺回忆，1941年7月，他与梅贻琦、罗常培在成都办完事后，准备转重庆回昆明。梅贻琦联系买好飞机票后，恰好又得到搭乘邮政汽车回昆明的机会。虽然邮车比飞机晚到一天，但可以为公家节约两百多元钱，于是梅贻琦决定退飞机票。郑天挺感慨：“俭朴正是他的廉洁的支柱。”这次入川的公务之行，花光了梅贻琦的不多的积蓄，对照罗常培的游记，可见当时学人的清廉本色。

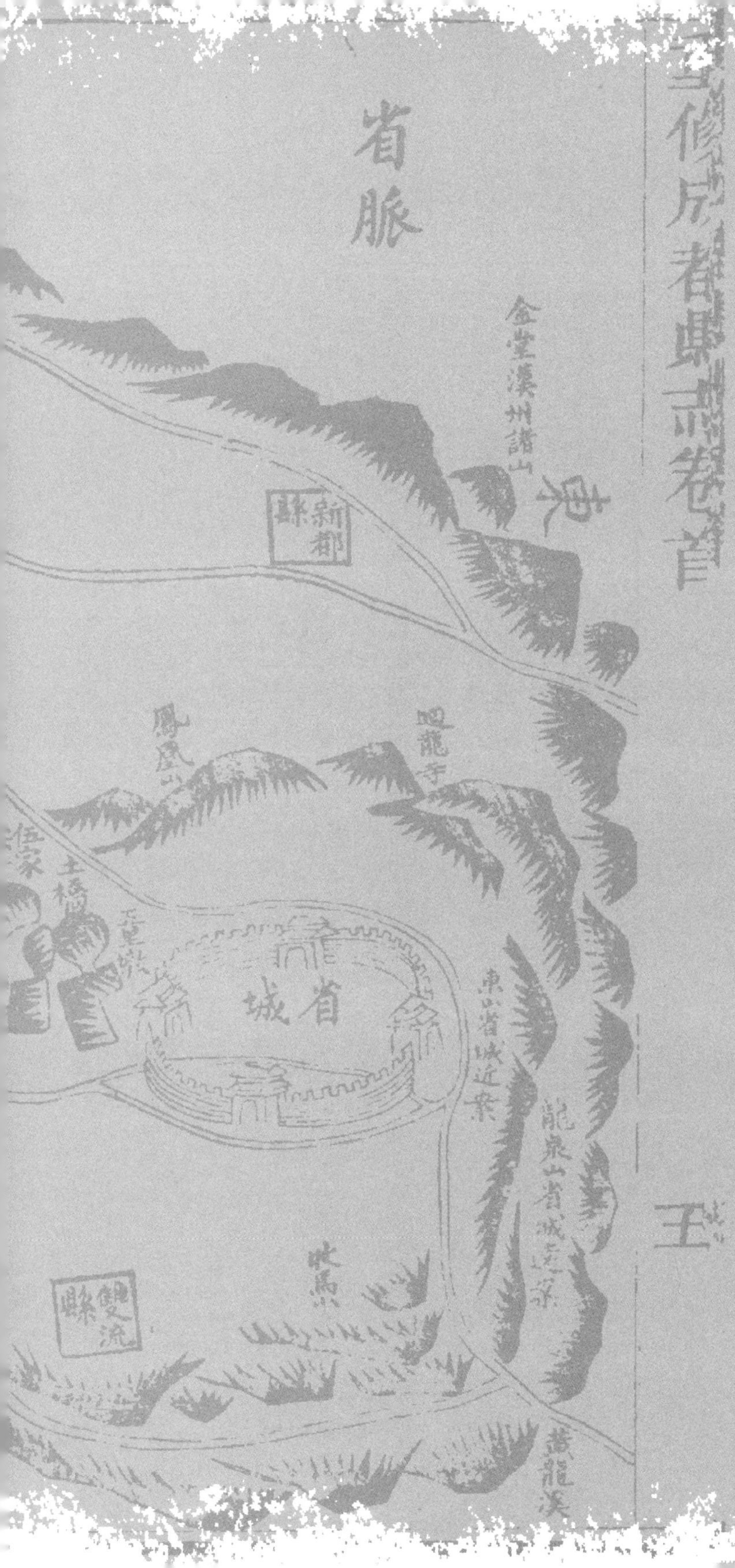

第六编

成都风物记

政治学家萧公权先生在四川前后生活了23年，自谓『漂泊西南，糊口四校』。1938年的梅花开放时节，在春熙路上一家花店里，他看中一束绿萼梅，但老板索价奇昂。还说：『花有几品，人有几等。』意思是高明之士方能赏识高贵之花。

第59章

茶的源流史

著名巴蜀学者谭继和新近提出了“茶文明”概念，认为茶文明与农耕文明、丝绸文明构成了中华文明的起源和形成的三大特色[①]。这可能是对于一种植物敬仰的最高表述。

中国是世界茶叶栽培的起源地，四川则是现在所知中国茶叶的最早栽培地与茶叶交易场所。提及茶叶的最早集市“武阳”（彭山县江口镇）出自汉王褒《僮约》。其所言“脍鱼包（炮）鳖，烹荼尽具”，后来明朝人考据此处所指的是一种苦菜；而“牵犬贩鹅，武阳买荼”才指的是真正的茗茶。常识而言，茶的发现来自原始巢居人采摘茶树叶来嚼食，用以调和腥膻野生动物食品残留于人体之味，并有替代盐的功用。

一荼、二槚、三蔎、四茗、五荈，这些字是什么意思？荼、槚、蔎、茗、荈都是指茶，是讲茶的不同名称以及不同地域对茶的叫法，而这些字词均在蜀地早已出现。总体而言，唐代以前茶的名称繁多，大体有以下区别：

---

① 谭继和：《川茶振兴与茶健康美学》，《文史杂志》2020年第1期，第20页。

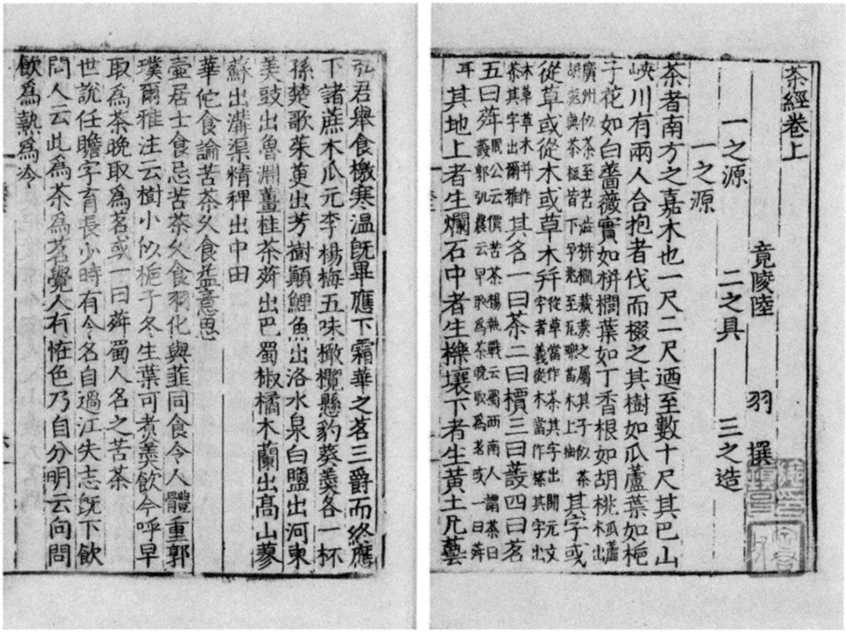
茶經卷上

竟陵陸 羽 撰

一之源 二之具 三之造

一之源

茶者南方之嘉木也一尺二尺迺至數十尺其巴山峽川有兩人合抱者伐而掇之其樹如瓜蘆葉如梔子花如白薔薇實如栟櫚葉如丁香根如胡桃瓜蘆木出廣州似茶至苦澀栟櫚蒲葵之屬其子似茶胡桃與茶根皆下孕兆至瓦礫苗木上抽其字或從草或從木或草木幷從草當作茶其字出開元文字音義從木當作梌其字出本草草木幷作荼其字出爾雅其名一曰茶二曰檟三曰蔎四曰茗五曰荈周公云檟苦荼楊執戟云蜀西南人謂茶曰蔎郭弘農云早取爲茶晚取爲茗或一曰荈耳其地上者生爛石中者生櫟壤下者生黃土凡藝

弘君舉食檄寒温既畢應下霜華之茗三爵而終應下諸蔗木瓜元李楊梅五味橄欖懸豹葵羹各一杯

孫楚歌茱萸出芳樹顛鯉魚出洛水泉白鹽出河東美豉出魯淵薑桂茶荈出巴蜀椒橘木蘭出高山蓼蘇出溝渠精稗出中田

華佗食論苦茶久食益意思

壺居士食忌苦茶久食羽化與韭同食令人體重

郭璞爾雅注云樹小似梔子冬生葉可煮羹飲今呼早取爲茶晚取爲茗或一曰荈蜀人名之苦茶

世說任瞻字育長少時有令名自過江失志既下飲問人云此爲茶爲茗覺人有怪色乃自分明云向問飲爲熱爲冷

陆羽《茶经》书影

1.《诗经》里有“荼”字，既是苦菜，也是茶。“荼”字的读音在西汉就已经得到了明确。如现在湖南省的茶茶陵，西汉时曾是刘欣的领地，俗称“荼王城”。在《汉书·地理志》中，“荼”陵的“荼”字，颜师古注为：音弋奢反，又音丈加反。尤其是第二个反切注音，恰是后世“茶”字的基本读音。从这个现象看，“茶”字读音的明确，肯定早于“茶”字字形的确立。

2.《尔雅》称茶为“槚”（jiǎ），指的是味道苦的茶。

3. 扬雄《方言》里称“蜀西南人谓茶曰蔎”。巴蜀文史学者罗开玉认为：“或指现在西昌、攀枝花市一带的邛人。当时制茶主要靠日晒，一般不用锅炒。这在四川盆地内，茶叶便易霉烂，加之茶叶上可能有虫卵，故需烹煮。外来移民很快学会了种茶和饮茶，并将其传播外地。”[1]蔎（shè）这

① 《四川通史》卷2，四川人民出版社2010年版，第320—321页。

个字只在《尔雅·释草》和扬雄的《方言》等典籍出现过，看来不是古蜀对茶的流行称呼。

4. 荈（chuǎn），指采摘时间较晚的茶。晋时郭璞认为："早采者为荼，晚取者为茗，一名荈。"郭璞《尔雅注》："荈，蜀人名之苦荼。"而四川方言里至今还用"荼"等字来表达苦涩之味。司马相如《凡将篇》中有"荈诧"一词，荈就是茶。另外《三国志·吴书·韦曜传》记载"曜饮酒不过二升，皓初礼异，密赐荼荈以代酒"，韦曜酒量不佳，用荼荈代酒，也是一个妙招。

在黄河文化谱系里，"苴"字的指向与西南蜀地似乎完全是南辕北辙。

"苴"字很早就见于古籍。比如南朝顾野王撰《玉篇·艹部》云："苴，苴麻也。"宋代编纂的《集韵·鱼韵》明确指出："苴，麻之有子者。"在北方地望里的"苴"，即是大麻的雌株，称为"牝麻"，古礼甚为重视此物，常用于丧事。

在巴蜀地缘里，"苴"的指向要丰富得多。

据常璩《华阳国志·巴志》记载，公元前1066年周武王率南方八小国伐纣，成功之后，苴国侯（苴，蜀地读音为chá，位于今四川广元一带，当地乡村至今也是作chá的读音。苴国郡设于老昭化，史称葭萌关），用当地所产的桑、蚕、丹、漆、茶等上贡周武王，这是迄今为止以茶叶作为贡品最早的汉语记载。

汉中侯杜葭萌，生卒年不详。杜姓，开明氏裔，名葭萌，字萌，也称开明萌、茶葭萌。他是蜀圣帝的次子，蜀尚王杜尚的弟弟，为苴国第一位国君。《述异记》指出，苴国有一个大石穴，每每遇到明月之夜，就有8名玉女隐隐出没，名"玉女房"。这一神异传说，也暗示了苴侯的风化史，"玉女房"应该是后宫。

分析古蜀历史，可以发现鳖灵与苴族有关。

鳖令亦作鳖灵，《后汉书·张衡传》注引扬雄的《蜀王本纪》："鳖令尸随江水上至郫，遂活，与望帝相见，望帝以鳖令为相。""尸"字在甲骨卜辞中为"尸方"，周金文中写为"东尸"，还有"荆尸"。"尸"乃是

“夷”，亦即卜辞中的“尸方”，似乎不是一个方国，不妨下一个大包围，这是由许多本来臣属于夏王朝的东夷方国组成的一个方国联盟。说鳖灵是巴人，何以又称荆人呢？这是因为巴地东部后来为楚国所据，秦人又从楚人控制下夺得这一地区。而秦讳楚，因此称之为“荆”。荆人鳖灵应是一个氏族集团（可能就是称为苴的氏族），为楚人所迫，其族人被迫溯长江而迁徙。

大约在公元前7世纪，鳖令由巴地东部溯长江而上至郫地，再由广都樊乡徙成都，他可能将巴地利用茶的方法传播到蜀地。从葭萌、苴的音义分析，以及蜀人对茶的多种称谓推论，作为开明王朝开山高祖的鳖令，威望极高。到“开明五世建立宗庙时，为纪念其先王，命名庙堂祭祀之乐为荆”[①]。至今在雅安市荥经县、眉山市洪雅县瓦屋山一带，还残留祭祀鳖灵（炳灵）的宗庙以及地名。

后来蜀王封其弟葭萌于汉中（今广元西南），号苴侯，于是命名其邑也叫葭萌。苴侯国介于汉中之南、苍溪以北之地，并将都邑建在嘉陵江与白龙江交汇处的土基坝（后来当地人称为“吐费城”，也作土费城），之所以命名为葭萌，在于他们主要靠种植、捕鱼打猎为生。这一现象，是人名、侯（国）名、地名、茶名最早的统一体，因而折射了蜀地茶的传播信息。

同时值得关注的是，“吐费”一词应是古语，但含义有争论，是否就是“吐蕃”的另外一种读音呢？因为有吐蕃多次攻打蜀地，一度占领了苴侯国一带。

天涯论坛上一篇未署名的文章指出：“当年吐费城的城墙就是由巨砖构建而成的。吐费城的‘吐’，应为（吐蕃民族）的简称。‘费’是指城墙中的石体部分是用沙石、棉麻、石灰、盐水按比配制作的‘混凝土’，与现代人将混凝土称为（砼）是同一种概念。由于此地的城墙以土为基，以石为墙，土石分明，软硬结合，是当年巴蜀境内唯一采用吐蕃技术建造的古

① 段渝：《成都通史》（古蜀时期），四川人民出版社2011年版，第233页。

城，故称‘吐费城’。并将这块方圆千亩的土坝，称之为‘土基坝’。虽然吐费城已在两千年前毁坏了，但土基坝的地名却流传至今。”①

《华阳国志》作者常璩塑像。（彭卫锋 摄）

是否如此，值得关注。战争的曲折并不复杂，转折来自一场胳膊肘向外拐的事件。《华阳国志·蜀志》载：“蜀王别封弟葭萌于汉中，号苴侯，命其邑曰葭萌焉。苴侯与巴王为好，巴与蜀仇。故蜀王怒，伐苴侯，苴侯奔巴，求救于秦。”前316年，“秦惠文王遣张仪、司马错、都尉墨救苴、巴，遂伐蜀灭之。仪贪苴、巴之富，因取巴，执王以归”②。

周慎王五年（前316年）秋季，鉴于苴侯忘祖背宗曲意逢敌，蜀王率师攻葭萌。苴侯势单力薄，忙向秦惠王救助。这年冬天，秦国应苴、巴要求遣其相张仪、名将司马错、都尉墨率虎狼之师由金牛道（亦称石牛道）伐蜀，在葭萌一举打败蜀国军队。秦军乘胜穷追，在武阳（今彭山东北）诛蜀王，在逢乡（今彭州市）白鹿山顶杀蜀太子及相、傅。另外一个蜀王子蜀泮见大势已去，带领数万残部辗转南迁，一直流亡到交趾（今越南北部）才找到一块安身之地，建立瓯雒国，自称安阳王，建都于古螺，延续开明王朝的流亡命运……

秦军灭蜀后再回师顺势灭掉苴、巴，占领了巴蜀，计算起来，苴国大概存在了56年。秦夺取原来的苴地，利用开明朝的孑遗扶持地方傀儡，并在汉中郡下置葭萌县治葭萌邑。

宋朝资州人郭允蹈《蜀鉴》的总结直走人心：“秦人取蜀以王其亲子弟

---

① 《苴国遗址（土基坝）的历史探索》。
② 任乃强校注：《〈华阳国志〉校补图注》卷三，上海古籍出版社1987年版，第126页。

三，而卒皆杀之，历三十二年而始定，其取之不亦难乎！初置守张若而定黔中，继用李冰而始平水患，蜀自是安宁。而汉高帝用之以取三秦，其所系不亦重乎！”[①]经过开明王朝末期几位蜀王子的连续反抗，司马错反复入蜀“平叛”，古蜀渴望“自雄”的气数业已殆尽。

唐朝诗人张说《再使蜀道》：“眇眇葭萌道，苍苍褒斜谷。烟壑争晦深，云山共重复……”金牛道也称为葭萌道。苴侯的都邑葭萌，就在现在以广元市林家山、云洞寺为中心的山冈。葭萌故城是一座山城，也与《华阳国志》提及蜀汉“大将军费祎葬此山”的记述相吻合。现在的林家山境即为苴国遗迹。

这段历史线索是准确的，如果与茶事相联系而观，则可以发现诸多信息。将古蜀开明王朝的族源、迁徙路线、葭萌的释义和苴的音义及巴蜀地区对茶的别称综合起来看，茶的利用由巴地到蜀地的脉络就比较清晰了。

巴国其地东至鱼腹，西至僰道，北接汉中，南及黔涪。上古时期有条件发现和利用茶的地区是巴地东部长江两岸。有“荆巴间采叶作饼”“巴山峡川有二人合抱者，伐而掇之”等茶事记载，可以得出的基本结论是：巴地利用野茶早于蜀地，但茶叶却最早在蜀地成为商品。尽管巴蜀学者贾大泉认为蜀地茶树栽培在西周时期，但郭声波先生认为，蜀地茶树人工栽培的起源时间大体在春秋战国时代更符合实际。

蜀王封葭萌号苴侯。四川地名里具有“苴”字的除此之外，还有现在攀枝花市的“苴却”。苴字在老版《中华大字典》（中华书局1978年重印版）上就有17种读音，如千余切，音居；宗苏切，音租；班交切，音包；总古切，音租，等等，但这些读音之“苴”，都与蜀地的地名无涉。

尽管《后汉书·文苑传·杜笃》里也提到了“葭萌”：“今天下新定，矢石之勒始瘳，而主上方以边陲为忧，忿葭萌之不柔，未遑于论都而遗思雝州也。”在我看来，这说明“葭萌”这一词意义已经发生流变泛化，这一现象犹如扬雄《酒箴》里提及的“鸱夷滑稽”一样，“滑稽”（滑，读

① 赵炳清：《〈蜀鉴〉校注》，国家图书馆出版社2010年版，第5页。

作gǔ）的本义逐渐由皮口袋上的分流酒器，引申为能言善辩、言辞流利。李贤注“扬子云《长扬赋》曰：‘遐萌为之不安’。案：笃此赋（杜笃写给汉光武帝的《论都赋》）每取子云《甘泉》《长扬赋》事，意‘葭’即‘遐’也”。

用葭萌一词代指茶，始于何时？

秦以前中国茶事活动主要在巴蜀地区。以茶为名的葭萌一地，应该是古蜀王朝区域里最好的产茶区，进而佐证了一个事实：茶源葭萌。而蜀王之弟杜葭萌也许是当时的“茶王”。前316年秦灭巴蜀后，天下方知有茶。陆羽《茶经》卷下“七之事”引用扬雄《方言》“蜀西南人谓茶曰葭萌”的记载（可后世《方言》无此条记载，估计是抄漏所致），是发生在古蜀开明朝灭亡后不久的西汉，而昭化称葭萌则是早在秦并巴蜀以前，而此前又只有巴蜀地区盛产茶叶，所以有学者认为，葭萌一地是秦以前中国最好的产茶区。

著名巴蜀学者陶元甘认为《茶经》里提到的茶之名荼、槚、蔎、茗、荈等字，都是借用汉字对译古代巴蜀的双音节方言。也可以说，双音节茶名“葭萌”也表明巴蜀地区是茶叶的原产地之一，“葭萌”的蜀地读音为“嘉明”。“葭萌”是现在能够见到的战国中期蜀人称茶的方言土语。①

著名茶业专家朱自振先生认为，汉字“槚”“荼”“蔎”“茗”“荈”，基本上都是古蜀国双音节茶名“葭萌”音省的一种记录。②

称呼不同，茶的释义多相类似，蜀茶的影响力逐渐波及更远区域。晚唐诗人皮日休《茶坞》诗：“闲寻尧氏山，遂入深深坞。种荈已成园，栽葭宁记亩。石洼泉似掬，岩罅云如缕。好是夏初时，白花满烟雨。”可以发现，“荈”“葭”字都在诗歌里出现了，显示到了晚唐时节，用葭萌代指茶，在巴蜀以外的文人墨客已是较为熟知。③

① 赵静：《〈华阳国志〉中的蜀语词考释》，《云南师范大学学报》（哲学社会科学版）2009年1月第41卷第1期。

② 《关于“茶”字出于中唐的匡正》，《古今农业》1996年第2期。

③ 薛德炳：《蜀王封葭萌号苴侯折射的茶事信息》，《茶业通报》2014年第1期。

最易引起争论的还是“葭萌”的读音问题。明代杨慎《郡国外夷考》云:“《汉志》:‘葭萌，蜀郡名。’萌，音芒。《方言》:‘蜀人谓之茶曰葭萌，盖以茶氏郡也’。”陶元甘先生力证杨慎指出的“萌”字读音有误，他认为就是开明之“明”的发音。杨慎记载的意义从传播而言是深远的，这至少说明早在战国时期，西南一带已盛产茶叶，茶叶南传北游的演变经历了多个阶段。

多年前，采访巴蜀文字学者钱玉趾、冯广宏先生时，曾经提及“巴蜀图语”里与茶有关的文字。冯广宏先生系列文章《巴蜀文字的期待》认为:“以植物苗为族徽的字符，在蜀地多与波浪文、锁锭文、双折线文相组合，往往出现在兵器上，以炫耀其门庭高档，如成都百花潭矛文、绵竹剑文、郫县独柏树戈文等。巴地此符略有变化，如巴县冬笋坝刀文、湖南常德蜀式戈文。此字似为‘蒲卑’所转化，可直接读为‘蒲’。众多巴地剑文中顶部还有一个字符，那是在几根(一般是3根)水平线中，长出两株蒲苇类植物的图像。从四川馆藏剑铭中此字与‘心手文’(尽忠)组合可知，这个字应该是巴蜀的老族名(或族徽)。笔者试读为‘苴’，为泽中所生之草；据《华阳国志》此字巴蜀读音为‘包’，接近于‘巴’。近年江西清江出土的陶文中亦有此字，解读者疑其为崇鸟的部族。”①

冯广宏先生犀燃烛照，这一对判读很了不起！如此重要的葭萌，不可能在巴蜀文字里毫无踪迹。尽管他对“苴”字读音的考证，使得这一字音问题再次旁逸斜出，因为这与唐代司马贞在《史记·索隐》中将“苴”读成“巴”近似。在现在发现的几百个“巴蜀图语”的字体当中，包括冯广宏先生提到的“苴”，其实还有几个字与图案(比如荆、蜀)的造型与茶树长出的茶叶就非常相似。有人不大赞同他将古蜀文字的“苴”解释为意义宽泛的“泽中所生之草”，因为这也是黄河文化谱系的一种解释法。这只能推测，这一巴蜀文字以及另外几个“巴蜀化的汉字”，极可能是古蜀人对茶的书写记录。

---

① 《巴蜀文字的期待》(九)，《文史杂志》 2005年第3期，第12页。

在中华百家姓“荼”姓的来源中，其中有一个来源是：苴国人在国灭后，不堪秦法南下逃亡者，开始以“葭萌”“苴”为姓氏，特别是在由古羌人演化而出的彝人当中，“荼”姓家族更是较多。这也反映出，茶字的读音与肇始源于古蜀一地。

到了唐代，这个“荼”字之音已经转读为“茶”音。但“茶”字则是从唐代陆羽《茶经》而来，由陆羽正式确定的。《唐韵》“荼字，自中唐始作茶”。“茶”字由此一统天下，茶的读音也伴随它的氤氲而飘香世界。

第60章

木中王者桂树

成都号芙蓉之城、龟城（具有龟甲一样的城市街巷布局），从植物着眼，老成都具有以木芙蓉为核心、“东桂西梅、南松北竹”的植物生态格局。2012年春季的一天上午，巴蜀笑星魏奉明偶然提到成都“五桂桥”地名的来历，人们如今常见金桂、银桂、丹桂，其实成都以前还有粉桂和罕见的墨桂，因此才有“五桂桥”的老地名。而袁庭栋著的《成都街巷志》，认为五桂桥得名与桂树纯然无关。民国时期，在流经此地的沙河之上建有一座三孔石拱桥，桥头以西的小地名叫乌龟坝，那里曾经有一个石刻的乌龟。久而久之，无名的石拱桥就被行人喊作乌龟桥，后来有人觉得不雅，才改为五桂桥。在1950年将石拱桥改建为木桥时，就正式命名了。

其实，成都也是一座桂树城，这有三种说法。

一是在唐代韦皋镇蜀期间，在城南锦江西岸广植桂树千亩，桂树林中有一条溪水名桂溪，桂溪上建桥名高攀桥，意为蟾宫折桂、状元及第、攀龙附凤。

二是后蜀孟昶在城南锦江的西岸营造了桂花苑。有诗云：“两岸芦苇已白头，有花怒放如锦绣。由他绚丽桂溪庄，占断城南十里秋。”

三是明太祖朱元璋的第十一子朱椿（封献王），对桂花情有独钟，蜀王宫里桂影重叠，花香四季。献王另在蜀王宫之东南建“桂王府”，府内建石拱桥名桂王桥。在城南锦江西岸营造桂林，桂林之水便命名为桂溪，溪边之屋便名桂溪庄。陈法驾、叶大锵等修，曾鉴、林思进等纂的《华阳县志》记载：“治东南城外十里，明蜀府中涓所建，蜀王常游玩于此，所谓桂溪庄也。”因此，从成都的地名里也能发现桂树的踪迹。

明蜀献王朱椿画像

东桂街的“南门二巷子”曾经是一条名气不小的街道。1958年之前，它东至桂花街（今已不存）南口，此地原是明蜀王朱椿的花园，种有很多桂花树，清代建成街道之后，即命名为桂花街。康熙二十六年（1687年）更名为东桂街。就在同年，此街北即建有文昌宫。

由于桂花在民间具有崇高的地位，民间的桂花节、桂花花会等活动也极为普遍。《成都古今记》记载，早在唐宋时期，成都一带就把每年农历八月定为桂花会会期，民间有“八月桂市”“朋有新市”等季节性贸易活动，远近闻名，卖桂、买桂、赏桂、吟桂成为一时盛风。到明朝正德年间，状元杨慎则在老家新都桂湖“沿湖遍栽桂树”，并作《桂湖曲》，“南亭”则更名为“桂湖”。桂湖园桂花品种之多，金桂、银桂、丹桂、月桂……丹桂开橘红色花，香味非常浓；金桂的花朵呈现金黄色，花香馥郁；银桂的花色纯白，花香较淡。

桂花树在成都分布广泛，变种很多，一般按花色分为金桂、银桂、丹桂、四季桂等，但的确有一种墨桂花，颜色似茄子色，也许是一种病属的变异。

王力先生在《中国语言学史》中认为，古人所谓“桂”指的是肉桂，而非后人所以为的木犀，古代医术均认可肉桂的药用价值，而木犀则难与之相比。肉桂属樟科，树皮入药可治阳痿、痛经等，树高可达12—17米（而属木犀科的桂花树则高可达7米），似更符合传说中月中桂树高五百丈的神话。

桂，从木圭声，古训为惠切。圭乃是上圆下方的礼器，这暗示了桂的得名出于一种古人对木质的敬重。宋朝范成大《桂海志》说：凡木叶心皆一纵理，独桂有两道如圭形，故字从圭。陆佃在《埤雅》里进一步细化了桂与礼仪的形象化过程：“桂犹圭也。宣导百药，为之先聘通使，如执圭之使也。”也就是说，百药当中，桂就像一个庄严的礼仪先锋。由此可见古人的美学观，他们赋予庄严肃穆之物的比附，还是宫廷与体制化的，双手执圭一心爱圣，不然就不美了。

明朝医家卢之颐耗时十八载完成《本草乘雅半偈》10卷，他注意到了木之王者桂树，指出“梵语刹帝利，此云王种，故圭有四，镇桓信躬，王公侯伯执之，从重土者，以封诸侯也。又土圭，测土深正日景，以求地中。又圭田，田之所入，以奉祭祀，为言洁也。又六十四黍为圭。又刀圭作匕，正方一寸，抄散，取不落为度”。这进一步表明圭的四种价值，那么，桂树能够负载如此之多的希望吗？

关于桂树的栽培技术，出自清朝陈淏子的《花镜》，这是中国较早的权威园艺学专著。而作为药用的“桂枝”，从目前文献来看，“桂枝”作为药名最早出自310年前后的葛洪《肘后救卒方》，其中“凡治伤寒方甚多，其有诸麻黄、葛根、桂枝、柴胡、青龙、白虎、四顺、四逆二十余方，并是至要者”一句，据学者考据应为葛洪之语。但包括454—473年陈延之《小品方》中有“桂支加乌头汤”在内，作为药名的“桂枝”在六朝之前没有记载。“桂枝”这一特殊的词在六朝之前被使用于方名，不作药名使用。显然，“桂枝”虽然见于《吕氏春秋》（“桂枝之下无杂木”）、《楚辞》（“攀桂枝兮聊淹留”）和《后汉书》（“步摇以黄金为山题，贯白珠为桂枝相缪”）等典籍，但都不是作为药物或药方的名称。

但桂枝的威力，却在巫仪当中大显身手。

桂又称木樨、岩桂和梫，梫是什么意思？梫即是木桂，郭璞指出："今南人呼桂厚皮者为木桂。叶似枇杷而大。"《尔雅》认为，梫者，能侵害他木也。《吕氏春秋》就指出桂枝之下无杂木。为什么有这样的说法？一般人就放过了，但细心的沈括来了一番"桂木考古"，他在《梦溪笔谈》里写有《桂屑除草》一节，指出杨文公《谈苑》记载南唐后主厌烦清暑阁前长草，徐锴就让后主把桂树枝的碎屑撒在地上的砖缝中，多年生的杂草就全死了。并说《吕氏春秋》上提到"桂枝之下无杂木"。大概是由于桂树的气味能杀死草木的缘故。但桂树能杀死草木，自是它本来的特性使然，它并不用气味去杀草木。《雷公炮炙论》上说："把桂木切成小丁，用以钉在其他树上，那树就会死去。"一个桂木丁是极微小的，未必能够杀死大树，自是它的特性与其他草木相克罢了。

也许着眼于桂树的"煞力"，古人专门为镇墓而制造的物品即镇墓兽之外，到清末民初时期，民间在棺中放置镇邪物，如十二精、七种香、桂枝等等，渴望死者在地下不被打扰。

问题在于，谁才是桂枝的敌人呢？

在嫦娥与后羿的故事里，我们看到了桂枝的进一步威力。树立在月宫里的唯一植物偏偏就是桂树，它才是古人的道德圭臬。而中国人的道德榜样，多与木质有关。嫦娥飞到月宫，仙女们一起出来迎接她，吴刚端来桂花酒为美女洗尘。嫦娥把自己借箭的事说了一遍，吴刚忙吩咐仙女们采流星做箭头，他从桂树间折下桂枝做成箭杆。一气造了九支神箭，交给嫦娥。后羿以此射掉九个"毒太阳"，从而完成了远古的正义植物杀鬼叙事。这桂枝的箭杆，一如夸父精血浇灌而起的邓林，成为威力巨大的桃木剑。

其实，月宫桂树的神话是有出典的，由此可以清晰发现这一神话的嬗变。

《山海经》里一共提到两次桂树，奇怪的是没有涉及花。《南山经》开篇就提到了桂树。南方的鹊山系的头一座山名叫招摇山，山间长满桂树。

与它一道构成胜景的，还有各种黄金、美玉，有叫祝余的青色花，还有怪兽狌狌，据说它能知道往事，却不能知道未来。另外在《海内南经》里，提及桂树与“桂林”“八桂”的名字渊源，“桂林八树，在贲隅东”，意思就是在一个叫番禺的地方的东面，有八株大桂树。

《海内经》里有关吴权的描述，点出了一段类似于蜀王望帝与鳖灵妻子的情史：吴权离家外出学仙道三年，吴权的妻子与炎帝的孙子伯陵通奸，这叫攀高枝，他们先后生了三个儿子，吴权得知怒不可遏，鼓足勇气把这位花花公子伯陵杀了。炎帝更为怒不可遏，把吴权放逐到月宫砍树。神话辗转，吴权就成了吴刚，他砍的树正是桂树。而且，月宫之桂应该是从招摇山里飞空移植而去……值得一说的是，权贵的腐败与“通奸”，在远古就上演了。

学者们推测，月中桂树很可能是由肉桂讹传为木犀科的桂花树的。无论如何，月中桂树的存在应基于这个理由，即它本身是一种不死树，可以制成不死之药。到晚唐杂记中又明确指出，在这棵五百丈的神树之下还有一个叫吴刚的男人奋力伐树，这个故事最值得关注的一点是：吴刚永远不可能伐倒此树，因为树的创口会随时自动愈合——这同样是不死与复活的中国隐喻，由此成为汉语版的西西弗斯神话——汉语的天惩地点是万人敬仰的月宫，西方的神罚地点却是黑暗的地狱。联系到捣药的兔子，可见不死之树与不死之药本身就是密切关联。宋代道教类书《云笈七签》明确指出：“月中树名骞树，一名药王。凡有八树，得食其叶者为玉仙。玉仙之身，洞彻如水精琉璃焉。”

晋武帝时，郄诜出任雍州刺史，晋武帝问他自我评价，郄诜道：“臣鉴贤良对策，为天下第一，犹桂林之一枝，昆山之片玉。”意谓“我就像月宫里的一段桂枝，昆仑山上的一块宝玉”。后人就以“广寒宫中一枝桂、昆仑山上一片玉”来形容特别出众的人才，这便是“蟾宫折桂”的最早出处。中国古代每年八月是科举的关键时刻，此时正逢桂花盛开，人们遂以“月中折桂”或“蟾宫折桂”来比喻科举登科和仕途顺利。唐代科举制度方兴未艾，蟾宫折桂便被比喻考中进士。某年大诗人白居易考中进士，其堂弟白敏中也中第三名，白居易写诗祝贺：“折桂一枝先许我，穿杨三叶尽惊人。”

成都人有互赠桂花的美好风俗，苏轼曾有《八月十七日天竺山送桂花分增元素》佳作一首。诗云：“月缺霜浓细蕊干，此花元属玉堂仙。鹫峰子落惊前夜，蟾窟枝空记昔年。破裓山僧怜耿介，练裙溪女斗清妍。愿公采撷纫幽佩，莫遣孤芳老涧边。”既表达了两位儒者的君子之交，又借“折桂”赞美了琼枝天香的桂花，可谓赠人桂花，手有余香。

《战国策 · 楚策》当中，出现了作为物价昂贵之谓的成语“薪桂米珠”的情况：苏秦前往楚国，住逾三月，终于拜谒了楚王。面谈既毕，便欲辞行。王曰：“吾闻先生大名，如闻古代贤人，今先生不远千里来谒我，何不盘桓数日？愿闻其详。”苏秦答曰：“楚国之粮食贵于宝玉，柴木贵于桂树，通报者如鬼魅般缘悭一面，大王似天帝般难得一见。今欲我以玉为粮，以桂为柴，经鬼魅而见天帝。”楚王曰：“请先生暂歇客栈，我遵命。”现在想想，米价昂贵于珍珠还好理解，但木柴之价贵于桂枝，就颇为费解了！这多半暗示：战国前后的楚国一地，桂树稀少，加上又由于被人们信奉，所以桂树成为木中王者。

第61章

木芙蓉简史

“花开四布”的成都

成都是中国十大古都之一。这座古老的城市文明由4500余年前的宝墩文化开启后，书写了2300余年城名未改、城址未迁的城市发展传奇，所形成的天府文化，根植于中华文化，繁茂于巴蜀文明。而伴随这个城市从远古走来，跨越千年时光的还有那个享誉世界的美称——蓉城！这个充满诗意的名字源自一朵美丽的花——芙蓉花。成都是芙蓉花的原产地之一，但对成都而言，“芙蓉”不是一朵花那么简单。

芙蓉既指水芙蓉也指木芙蓉。在春秋时代，古籍比如《楚辞》提到的芙蓉就是水芙蓉，指的是荷花。魏晋时期的诗人文士曹植、潘岳、鲍照均作过《芙蓉赋》，直至唐代，荷花还常被叫作芙蓉。如诗人李白的名句“清水出芙蓉，天然去雕饰”，诗中的芙蓉，即指荷花。锦葵科的木芙蓉则晚出，因其红艳如荷花，故借用其名。但唐人对两者还是有严格区别的，曰芙蓉，即指荷花；曰木芙蓉，即指今天所说的芙蓉花，一般不相混淆。

《尔雅》当中，把芙蓉解释为“芙蓉之含敷蒲也”，所谓敷，就是蔓延展开的意思。古人以为“辅棻丰富”，“芙之言敷也”，“蓉之言动容”，因而命名为“芙蓉”。其实，应该就是“花开四布”之意。[①]

进一步分析，词义还有些微妙。明朝李时珍《本草纲目》对木芙蓉的解释是：“莲茎上负荷叶，叶上负荷花，故名。”所以，芙蓉亦称“夫蓉”。在我看来，词源里有“附托之花”的意思。李时珍进一步说，芙蓉就是“敷布容艳之意”，难怪汉代文学家司马相如称妻子卓文君“君乃出水芙蓉也”，比作是出水芙蓉，这是首次把芙蓉花与美女予以联系的记载。

木芙蓉的生命力强，花朵硕大，叶大防尘，加上根系发达，对于固土保水作用极大；加上“芙”字音通“福”，芙蓉深植民间，深得民众喜爱。

在秦惠王时代，委派张仪、司马错主持在成都筑城墙。当时遇到的最大麻烦是选址问题，因为初来乍到，北方人对成都地质、水系与土质状况不熟悉，城墙垒起就倒塌了，屡筑不成。晋代干宝《搜神记》卷十三提到“秦惠王二十七年（前311年），使张仪筑成都城，屡颓。忽有大龟浮于江，至东子城东南隅而毙。仪以问巫。巫曰：‘依龟筑之。’便就。故名‘龟化城’”。后来又衍生出神龟指引的路线好像一朵芙蓉花的说法，因此就有了“龟画芙蓉城”的传说。

一种植物名称越是繁多，就说明这一植物根植民间的繁茂性。木芙蓉又名芙蓉花、拒霜花、木莲、地芙蓉、华木，属锦葵科、木槿属。落叶灌木或小乔木。其花或者白色或粉色、赤色，另有黄芙蓉，又名黄模，黄色花瓣，呈钟状，花蕊暗紫色，花大重瓣，酷似牡丹，为稀有品种。作为落叶灌木或小乔木，木芙蓉近缘种有10多个，品种有20多个。成都市植物园自主培育出了十多个新品种，通过持续收集国内外木芙蓉种、近缘种、品种，拟成为全世界木芙蓉资源收集最多的种子基因库。目前有很多重瓣、混色的芙蓉花，都是培育的新品种。

但是，人工种植的木芙蓉可能不是起源于成都。

唐朝苏颂著《本草图经》明确记载：“木芙蓉出自鼎州，九月采叶，治

---

① 见谭宏姣博士论文《古汉语植物命名研究》，中国社会科学出版社2008年版，第128页。

疮肿，盖即此物也”；明朝李时珍的《本草纲目》，继承了《本草图经》之说，他到湖南常德实地考察，确认鼎州出产之木芙蓉为正宗“道地药材”，记入《本草纲目·木芙蓉》篇，说其皮可为索，花叶可入药，治痈肿之功，殊有神效。

在野生木芙蓉之外，早在唐朝中国就有很多地方栽种木芙蓉了。唐代诗人张立在《咏蜀都城上芙蓉花》里提到“四十里城花发时，锦囊高下照坤维”，表明在唐代成都芙蓉花已有一定的种植规模。据赵抃的《成都古今记》载：“唐玄宗以芙蓉花汁调香粉作御墨，曰龙香剂。”这表明那时芙蓉在宫苑及庭院中栽培广泛，可见一斑。

成都平原气候温和而潮湿，植物生长茂盛。唐朝诗人薛涛久居成都西郊浣花溪，因浣花溪一带多数人从业造纸，耳濡目染之下，她对造纸有了较深印象。据《东坡志林》载：“浣花（溪）溪水清滑异常，以沤麻楮做原料，洁白可爱。故造纸者多沿溪而作。”说明成都浣花溪在唐朝时，不但是著名的丝绸产区，也是生产蜀纸的集中地。薛涛常写诗、用纸墨，且惜其纸幅较大，书写所作小诗多有不便，起初由外购大纸，改制小幅纸，并在形制、设色、图画和质量上都下了一番心思，例如笺纸尺寸要适合写诗，或许也用过“沤麻楮作笺”之法，后改用木芙蓉，成效颇佳。她用浣花溪的水、木芙蓉的皮、芙蓉花的汁，将纸染成桃红色，裁成精巧窄笺，人称“薛涛笺”。木芙蓉皮部纤维细长，木素含量低，适合制造书画纸。枝条采回后，立即进行剥皮、脱胶。将剥下的鲜木芙蓉皮，去其外边的粗皮，束成小捆，放入水中浸泡，直至纤维变软、容易分开时为止。一般约需时七八天，然后取出，洗净，备用。浸泡时应尽量少沾污泥，必要时可搭架，束捆不宜过紧，以防浸泡不透。这种造纸染色，从处理植物原料开始，蒸煮、洗浆、漂白、打浆、调制色、捞纸、晾干、裁纸等工艺，较为繁复。明朝宋应星《天工开物》中指出：“四川‘薛涛笺’以芙蓉皮（即木芙蓉）为料，煮糜，入芙蓉花末汁，或当时薛涛所指，遂留名至今。其美在色，不在质料也。”

而最早使用“木芙蓉”一词的，应是宋祁（998—1061年）的《木芙蓉》一诗。宋祁知益州（治今四川省成都市）数载，加之他性“喜游宴”，在任期间把成都游宴活动推向高潮。他对木芙蓉自然具有更深的体认：

寒圃萧萧雨气收，敛房障叶似凝愁。
情知边地霜风恶，不肯将花剩占秋。

“芙蓉保城”与芙蓉花神

后唐天成二年（927年）十二月，西川节度使孟知祥出于军事需要，在唐代剑南西川节度使高骈修筑的成都“罗城”外围，再用土夯筑了一道羊马城，“周围凡四十二里”，城垣高一丈七尺，基阔二丈二尺，上阔一丈七尺。

羊马城是筑造于大城外的低矮墙垣，也作“羊马墙”，因战时城外百姓驱赶牲畜进入城内避难，为防止城内疫病流行，将羊马等牲畜安置在城壕之间，故有此名，但其主要功能还是防御。从此成都城便有宫城、皇城、罗城、羊马城四重城，到宋以后才颓坏，最终放弃。

这道羊马城虽然军事作用不大明显，但后来所具有的历史文化意义则十分重要：它带给了成都城“蓉城”“芙蓉城”的美誉。

这些美誉还与另外一个重要人物有关，那就是后蜀主孟昶。孟昶（919—965年），在位31年。四川民间广为流传的两个与他有关的故事是“芙蓉护城”和与花蕊夫人的爱情。孟昶风雅，参加过浣花溪等处的大游活动，据说为了取悦美人，下令在成都四十里“罗城”之上“尽种芙蓉”，这更多地反映了当时偏安一隅的成都的富庶与安康。

在中国民间传说中，农历二月十五日（有些地区为二日或十二日）是百花生日，称为“花朝”，也称花神节、花王节等，是岁时八节之一，与中秋节相对称为“花朝月夕”。时代不同，地域不同，花朝的习俗也互有差异，大体上是游宴踏青、举办花会，去花神庙祭拜献乐，以祀仙诞等。

在成都，据民国时期胡天编辑《成都导游》一书载："二月十五日，为花朝，相传即老子生日，都人士女皆赴青羊宫进香，有花会之设。"① "花朝"之俗大约起源于唐代，在其后的发展过程中，与农历十二个月及其月令花结合起来，形成了十二月令的花神体系。由于中国南北方地理气候差异极大，各月的月令花也不尽相同。在南方地区，普遍认同的十月月令花就是木芙蓉。而木芙蓉的花神，则历来众说纷纭。除了石曼卿，蜀地两位花蕊夫人之外，尚有谢素秋，唐代舞女飞鸾、轻风，貂蝉，张丽华等，甚至《红楼梦》里的晴雯，都曾被尊为芙蓉花神。

更为奇妙的是，宋代的范成大（1126—1193年）与艳丽的木芙蓉关系颇深。

淳熙二年（1175年），范成大被任命为四川制置使兼知成都府。在任期间，范成大重用蜀地名士，戍守蜀地边界，为民减负，政绩卓著。范成大在蜀期间以文会友，与诗人陆游成为莫逆之交，陆游称赞其："及公之至也，定规模，信命令，弛利惠农，选将治兵，未数月，声震四境，岁复大登。"淳熙四年（1177年）五月，范成大从万里桥出发离开成都，数千百姓与蜀中杰士自发送行，回到吴郡后宋孝宗告诉他："蜀民思卿如慈亲。"

范成大题咏木芙蓉的诗词甚多，因其故乡苏州石湖以及任职的成都，皆有俏丽的芙蓉花点缀其生活。任四川制置使期间，在其寓所"羔羊斋"后院内种有许多木芙蓉，与同在成都的陆游等好友多有唱和。"君不见蜀都之城百里长，无数芙蓉遮女墙。遂令邦人记旧俗，往往空巷争新妆。"（《次韵邹德章监簿官舍芙蓉芭蕉》），生动描绘了当时成都人喜爱时尚的风气。他还写有《窗前木芙蓉》：

辛苦孤花破小寒，花心应似客心酸。
更凭青女留连得，未作愁红怨绿看。

---

① 《成都旧志丛书》第一编总说"风俗人情"，成都时代出版社2007年版。

本诗是范成大早年寓居他乡，偶见窗外木芙蓉花开即兴而作。第一句写一株孤单的木芙蓉挺身微寒的深秋而灿然盛开，花朵心中的酸楚与客居他乡的游子感同身受，一般而言拟人手法往往较为突兀，但范成大以“心”读花，人与植物的心曲相通。第二句则表达了即使被风霜连续不断地摧折，芙蓉花也绝不会像那些凋零的花草一般愁怨不已，而是坦然面对。

对于诗人而言，隐喻体现的是形象思维也就是想象力的高级特征。与此相反，拟人暴露出来的是低级特征，很多人厌恶拟人写法，但范成大却是举重若轻，他暗示：这个世界均可以原谅。

诗中“辛苦”二字，化用了黄庭坚《送曹子方福建路运判兼简运使张仲谋》当中“回波一醉嘲栲栳，山驿官梅破小寒”的句意，是他对于木芙蓉秋寒中全然绽放的观感，也寄托了自己回首宦游生涯的喟叹。“破”既显示出红艳的芙蓉花在暗淡的秋日带来的视觉和心理冲击，也含有突破风霜之阵的生命张力。范成大看到窗前的木芙蓉花孤独地开放，想到芙蓉花的内心也许就像自己，倍感凄凉。后一句却是神来之笔，木芙蓉花即便在秋霜中孤独开放，但他从柔弱的花瓣里，获得了一种柔韧的力道。范成大笔锋一转，乐观起来。

范成大曾经出使金国，所写的几十首纪游诗，其强烈的社会责任使命感，使得他的诗歌在写法上进一步趋于实录。周汝昌先生认为：“‘诗史’这个称号，自杜甫以次，无人足可承当，范成大当南渡之际，庶几仿佛其遗风。”这样的“诗史”之誉，范成大是担当得起的。

范成大还有一首《菩萨蛮·木芙蓉》写道：

冰明玉润天然色，凄凉拼作西风客。不肯嫁东风，殷勤霜露中。绿窗梳洗晚，笑把玻璃盏。斜日上妆台，酒红和困来。

清廉而正气丰沛的生活与官场的坎坷，给他带来了一连串的艰难，但它们同时也砥砺和磨炼他的意志，进一步淬就了他的人格。“西风客”就是他全部的生命旨归。这首词天籁声声，充满生命、彻悟的奥义。

天籁，是大自然界的声音，如风声、鸟声、流水声等。

蜀籁，是川人说话的声音，包含有语言、词句、方言、成语、土话、俗语以及经典川话。但是，巴山蜀水的风声、雨声、花开的声音，更是蜀籁。

四川遂宁人唐枢、林皋搜集的四川方言集子《蜀籁》，于民国十九年（1930年）石印出版。该书自序说："余居接近山林，林中多鸟雀，照例每日必嘈林一次……恰好林中百鸟接连叫唤起来，我便倾耳静听，俨如生、旦、净、丑、末合演大贺戏一般，好不快活人也。"万物均有话语，构成天籁的乐章。而蜀地芙蓉花吐出的全部话语，就是蜀籁！

人生之中，思想之光不得不被层层包裹而深藏。即便是把欲念变成诗词，曲折的修辞成为表达的唯一方法。所以，能够把思想转化为梦想是思想的安详，而把思想演化成辞章则是思想的飞翔。

范成大的思绪，宛如芙蓉花的层层涟漪，一圈圈绽放，直至最边缘的红色融化在成都高耸的筹边楼拐角。而芙蓉在一次次从拐角被风送回，花朵扩大，再到满天红霞。每次经历与芙蓉的对视，他总会听到花朵深处的蜀籁与心跳。

就是说，孤单的木芙蓉在用自己最后的力量拥抱秋日，悲悯春天。

霜天晓角，晚晴风歇。晚年范成大退居苏州石湖之后，随地就势筑亭建园，遍种木芙蓉。他沉浸在花丛里，是否想起在成都的万千情怀？而在我心目中，"乐而不淫、哀而不伤"的范成大，非常近似于文学史的契诃夫。

在成都东华门遗址发掘现场，曾经出土了两条精美的鹅卵石小径。我采访考古专家易立时他认为，这两条小径修建年代分别为唐代和宋代，其中唐代的石径长55米，宽1.2米，而另一条宋代的石径长46米，宽1.3米，图案更为精美。四川省考古研究院院长高大伦大胆推测："当年成都市内遍植芙蓉，芙蓉花也为成都市花。这种团状花纹，不就是成都市市花芙蓉花嘛！"穿过小径，便是庭院中央处的天井。天井整体呈正方形，在天井区域，一排排鹅卵石道路和青砖将天井划分为露天活动区和休闲区。这些建筑的使用下限各有不同。有的建筑至唐代中期便废弃不用，有的建筑则一直沿用至五代、宋初时期。在这一考古区域，出土有唐五代时期的生活日用器物和建筑材料，大致有唐代早、中期的瓷器、陶器，莲花纹瓦当和唐代晚期陶器、瓷器。

包括明朝修建于宣德中的僖王陵，石刻多为带有巴蜀地方特色的汉族传统风格（也有一定比例的藏式风格浮雕）。比如，厢房的门楣上，能清楚地看到雕刻的芙蓉花，修建地宫的琉璃构件也是当时的明朝官窑成都琉璃厂烧制。

这些资料，清楚表明芙蓉花已经深入人心，成为蜀地的文化象征。

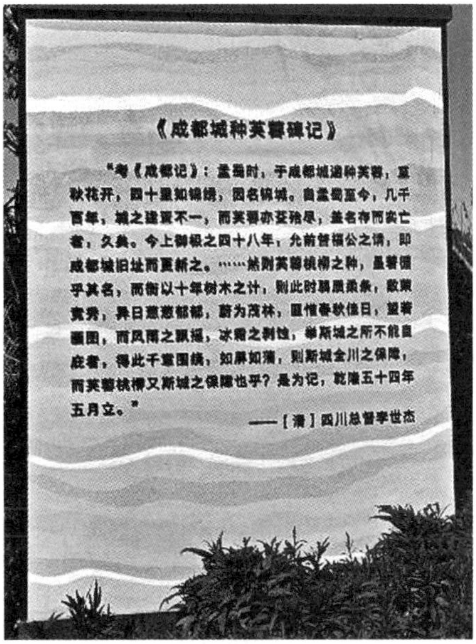

《成都城种芙蓉碑记》（成都市武侯区地方志办公室供图）

而成都与芙蓉城的关系，还有一个重要的历史文献，这就是出自四川总督李世杰的《成都城种芙蓉碑记》。

李世杰（1716—1794年），字汉三，号云岩。贵州人氏，初为基层官吏，后官拜兵部尚书。自乾隆三十六年（1771年），他两任四川总督，明法纪，倡廉政，并且身体力行做出表率，衣食住行分外俭朴，摒除烦琐礼节，惩治贪官污吏，励精图治，使饱受大小金川十数年战乱之苦，经济萧条、国库空虚的四川在几年内恢复了元气，商贸日趋繁荣，国库逐渐充盈，人民安居乐业，呈现出一派兴旺景象。

城垣在中国传统城市中占有重要地位，是军事、政治以及经济的集合体，任何朝代都十分重视。城池是稳定政权的极好的工具，也是新的统治者心理安全的保障物。城池的坚固与否，关系到统治者的政权安危，所以政府鼓励修建城垣。

乾隆四十八年（1783年），四川总督福康安奏请朝廷：“银六十万两彻底重修成都大城，周围四千一百二十二丈六尺，计二十二里八分，垛口八千一百二十二，砖高八十一层……四门城楼高五丈。”为保证质量，乃由各州县分别负责，并按照统一的标准来施工。施工过程中还要求在砖上刻上参与修建“州县及督工人姓名，分版授矩”。因考核严格，参与修建的官员以及工人不敢怠慢。又因工程浩大，继任总督李世杰继续修建，“承其乏，乃督工员经营，朝夕二年而成”。成都城垣修建完工后，李世杰还在周围“种芙蓉，且间以桃柳，用毕斯役焉”，力图重现成都城昔日芙蓉花开“四十里如锦绣”的壮丽景象。

李世杰塑像

据雍正《四川通志·城池》记载：“满城城门，东曰迎辉，南曰江桥，西曰清远，北曰大安。门外建有方形瓮城。”李世杰撰写的《成都城种芙蓉碑记》便是刊刻在这四门外的瓮城内的石碑之上。后因瓮城在民国二十二年（1933年）被拆除，这面石碑也随之消失，很是可惜。

但好在碑记的文字内容保存下来了——

考《成都记》，孟蜀时，于成都城遍种芙蓉，至秋花开，四十里如锦绣，因名锦城。自孟蜀至今，几千百年，城之建置不一，而芙蓉亦芟薙殆尽，盖名存实亡者，久矣。今上御极之四十八年，允前督福公之请，即成都城旧址而更新之，工未集，适公召为兵部尚书。余承其乏，乃督工员经营朝夕，阅二年而蒇事。方欲恢复锦城之旧观，旋奉命量移江南，亦不果就。又二年余复来制斯土，遂命有司于内外城隅，遍种芙蓉，且间以桃柳，用毕斯役焉。夫国家体国经野，缮隍浚池，以为仓库人民之卫，凡所以维持而保护之者，不厌其详；而况是城工费之繁，用币且数十余万，莅斯土者，睹此言言仡仡，宜何如慎封守、捍牧圉，以副圣天子奠定金汤之意！然则芙蓉桃柳之种，虽若循乎其名，而衡以十年树木之计，则此时弱质柔条，敷荣竞秀，异日葱葱郁郁，蔚为茂林，匪惟春秋佳日，望若画图，而风雨之飘摇，冰霜之剥蚀，举斯城之所不能自庇者，得此千章围绕，如屏如藩，则斯城全川之保障，而芙蓉桃柳又斯城之保障也乎？是为记。

乾隆五十四年五月立

不论是传说还是历史故事，都说明我们这座芙蓉城与芙蓉花有着紧密历史文化血脉关系。因而成都因芙蓉花而得名芙蓉城，简称蓉城。1983年5月26日，成都市人大通过决议，木芙蓉花正式定为成都市花。

水边无数木芙蓉

陈淏子《花镜》指出，木芙蓉应植于水边篱侧。古人吟咏芙蓉的大量诗句，也确实发现花往往是在水边玉立：小池南畔木芙蓉，雨后霜前着意红；丽影别寒水，秾芳委前轩……关于木芙蓉临水而立，《花镜》还记载一民间传说：“俗传叶能烂獭毛，故池塘有芙蓉，则獭不敢来。”看来即便没有木芙蓉，蜀地的水泽也不会有野生水獭，尽管水獭在明清时节是成都平原协助渔民的好猎手，拥有数量远远超过了鱼鹰。

据明代吴彦匡《花史》记载，四川温江的江心寺丞相祠有一株木芙蓉“其本高二丈，干围四尺”，蔚为壮观。清代汪灏《广群芳谱》记载：“丞相祠（指成都武侯祠）中有木芙蓉盛开，其本高二丈，干围四尺，花几万余，畅茂散漫。”武侯祠的这株奇特的木芙蓉花朵达到了万朵，估计有些夸张，但木芙蓉的特点还在于一朵凋谢了，同在一枝上的蓓蕾会连续盛开，凋谢的花朵萎缩成团，却不散落。这种争先恐后、渐次怒放的植物奇观，只有木芙蓉才有。

传统的芙蓉花一般花期比较短，根据成都植物园的持续拍摄跟踪，短的花期只有22个小时，但也有长达一百多天持续绽放的。成都植物园研发的新品种，可以从每年五月底持续盛开到十月份，至少可以让芙蓉花盛开半年以上。单瓣、复瓣、重瓣，姿色卓异；白色、粉色、红色、深红色、混色，粉彩纷呈。所以芙蓉花有的似碟子，有的似酒杯，有的似宝塔，有的似绣球，足以满足不同人的审美。古人在诗词里提及的“黄芙蓉”，目前尚未在自然界找到。学者们正在着手研究芙蓉花的香味问题，希望在不久的将来有所发现和突破……

木芙蓉开的花一日三变，早晨开花时为白色，中午为浅红色，下午变为深红色，故又名“三变花”。科学的解释是，木芙蓉的花瓣因光照强度不同而引起花瓣内花青素浓度的变化。

四川对于印染具有重大贡献，在于布帛丝绸之外，还可以染花。

南宋吴怿《种艺必用》一书记载：异色木芙蓉产于邛州，其花一日白，二日鹅黄，三日浅红，四日深红，至落呈微紫色，人称“文官花”。变色的奥秘是，“芙蓉隔夜以靛水蘸蕊，以纸裹，来日碧色花。五色花皆可染”。

虽然芙蓉品种较多，但其中极品要数“醉芙蓉”。“早开纯白，向午桃红，晚变深红”，陈淏子在《花镜》中如此描述醉芙蓉。一日内变换三种颜色，清晨为粉白色，中午为粉红色，到了傍晚时分则变为血红，因此也有人称为“三醉芙蓉”。屈大均在《广东新语》中也曾生动地描述道：“将红曰初醉，浅红曰二醉，暮而深红为三醉。”白居易描述为：“晚函秋雾谁相似，如玉佳人带酒容。”宋祁《益部方物略记》：“添色拒霜花，生彭汉蜀州。花常多叶，始开白色，明日稍红，又明日则若桃花然等。”都是对“醉芙蓉”神奇的变色现象的描述。宋代王安石的《木芙蓉》里赞美道：“水边无数木芙蓉，露染胭脂色未浓。正似美人初醉著，强抬青镜欲妆慵。”极大地彰显了木芙蓉的诗学。

自1984年成都市举办首届芙蓉花展以来，年年举办，到2019年已是第35届了，可谓中国最为持久的芙蓉花展。金秋成都，城区里除了植物园可赏芙蓉，还有位于武侯区环城生态区南片区金花桥街道的天府芙蓉园，这里是锦城绿道的一个重要节点。在锦城绿道30个特色园形态二级驿站中，天府芙蓉园是唯一以芙蓉花、芙蓉文化为主题的特色园区，遍种3万余株芙蓉花。

作为金秋时节最具观赏性的植物之一，苏东坡曾赋其千古名诗——“千林扫作一番黄，只有芙蓉独自芳。唤作拒霜知未称，看来却是最宜霜。”芙蓉霜天独艳，不怨萧瑟不怨秋，苏东坡道尽了金秋时节芙蓉花开的风骨，这恰恰也是蓉城的城市底蕴。

花是一座城，城是一树花。芙蓉花目前在成都拥有逾60万株，作为蓉城的历史文化符号，与武侯祠、金沙遗址、杜甫草堂一样，都是成都的城市文化名片，而芙蓉花却是唯一根在千年前、花开千年后，千百年一直和蓉城市民相依相伴，能够较为全面呈现蓉城人文和城市精神特质的代表符号。芙蓉承载了众多的文化精神文化内涵，无不是成都人不畏艰难、努力进取、热爱生活的真实写照，这恰与天府文化的内核一脉相承。

第62章

凤凰山的演变史

成都城出北门6公里，第一座真正意义的拱卫成都的山，为凤凰山。最高海拔572米、方圆5平方公里左右的葱茏山岭，高出平地近百米，山势为南北走向，由首尾相顾的两个山头组成，远观似展翅欲飞的凤凰，正回头凝视向东逶迤的尾翎，以及两侧各自延伸斜挂的山脊……

旧时成都民俗认为，成都的龙穴在凤凰山，而龙脉在东山。凤凰山与东沿的天回山，构成了古蜀风水文化的宝地。传统学者认为这里拥有“行则万物发生、聚则山川融结聚”的奇秀地望。

然而，这座山古时并不叫凤凰山。《太平寰宇记》记载：“学射山，一名斛石山，在（成都）县北十五里。”在两千多年的漫长时光中，这座山的名称屡经变更，先后名石斛山、斛石山、升仙山、学射山、凤凰山。历代不乏文字记载。李膺在《益州记》中记载：“石斛山有两女冢。”《资治通鉴·后梁记》记录了王建于此陈兵耀武的盛况。薛涛亦作《石斛山晓望寄李侍郎》《石斛山书事》两诗，载入《全蜀艺文志》卷八。

何谓“斛石山”呢？

“斛”为古代的量器，方形、口小底大，容量为五斗或十斗。而凤凰山

近邻凤凰山东沿的天回山。（徐杨供图）

怎么与计量器扯上关系的呢？

扬雄《蜀中记》说：“杜宇自天而降，号曰天隳。”隳者，古通堕，坠落也。天隳即从天降落之义。《成都县志》记载：“天隳山下有天回镇。”天回镇原名天隳镇，因附近有天隳山而得名。唐代玄宗避安史之乱来到成都，返回长安时曾驻跸此镇，故后易名为天回镇，其山也易名为天回山。镇中原有马觉寺，原前石柱上有著名的楹联一副：“星映小祠，亭妃尚明华盖；山环古寺，楼高直并天隳。”庙前有陈华池庙，后有天隳山，可证马觉寺的风光及天回镇历史。

古蜀王时代，此山即名为石斛山。晋代常璩《华阳国志》载：“有王曰杜宁，教民务农，一号杜主。时朱提有梁氏利，游江源。宇悦之，纳为妃。”这是说蜀王杜宇来到江源，在文井江一带得到美女“利”之后，生了一个女儿，取名为凤（通“风”。华夏上古的风氏家族）。因其乖巧伶俐，深得杜宇喜爱。不料凤女年幼多病，双十之年而殁。杜宇将女儿葬于天回山西南，处以王妃葬礼，墓覆一面巨大的梯形石斗为标记，其形似斛，石斛山由此得名。可见这个“斛”，与植物的“铁皮石斛”毫无关系。

成都本为道教起源地，后来附会于“斗”，也成为一时的时尚。

汉顺帝时，张道陵奉老子为道教教主，他依据《太平经》和流传在民间的巫术为内容，吸收了巴蜀地区古羌人等少数民族的陇属仙道宗教，在凤凰山开始修炼“五斗米教”。他又到大邑鹤鸣山中闭关修炼，故人们将这座古蜀既已得名的山称为“斛石山”，意思是指张道陵修炼“五斗米”得道的山。这一说法，应是为“五斗米”教附丽历史的一则说法。

到了东汉末年，刘备占据成都建立蜀汉政权，选择祭天方位，蜀汉宗主选择的是成都北向，于是在距离凤凰山以南很近的武担山封禅祭天，那是开明王安葬爱妃的一座人工堆土形成的小山，武担山到石斛山由此成为武备场所。待建立蜀汉政权后，后主刘禅曾经在石斛山游玩、射箭，就说“按学射者，以刘主禅于此学射，故名”。“射礼”本为春秋大礼，因此凤凰山又被老百姓称为“学射山”。根据《太平寰宇记》的记载，石斛山又叫斛石山，估计“斛石”与“学射”音近，也可能是后人逐渐就叫讹了，成了学射山。

南宋蜀地学者魏了翁《成都府朝真观记》提到了一则逸闻：“直（真）观之西偏，则为诸葛忠武侯祠与读书台。故老相传曰，是侯之故宅也。自天宝五载（746年），章公始更为观，奏名‘乘烟’。乘烟云者，谓侯之女于此乎轻举也。”这等于明确指出，唐宋时期武侯祠不在今天的位置。

引人遐思的“轻举”烟雾袅袅飞升，说明仙道文化在蜀地常开不谢，信者蔚然。到隋朝时期，成都人又称其为升仙山，凸显了当时流行的渴望长生的人生追求。相传隋开皇二年（582年），道教大举盛行，此山之上建成至真观（又名通真观）一座，道人张伯子在此修道。农历三月三，张伯子在道观前跨虎飞升，此山也就有了升仙山的大名。唐朝诗人卢照邻在《黎君碑》中记载，升仙山有道教庙宇，名至真观。清嘉庆《四川通志·寺观》记载：“（隋）开皇中建，或云后周（北周）建。”又有五代时入川道士杜光庭撰《录异记》，说在唐高宗时，道士黎元兴尝培修扩建，因此才有了张仙人跨虎飞升的神话。

这些往事在成都地方文史中还有不少记载，除县志文字记述外，田况、赵抃、扬甲、范镇等历代都有不少诗人描写“学射山”的诗。比如：

几年魂梦寄西川，春晚归逢学射游。
十里香风尘不动，半山晴日雨初收。
指挥武弁呈飞骑，次第红妆数胜筹。
夹道绮风瞻望处，管弦旌旆拥遨头。

这是唐代范镇的《仲元龙图见邀学射山之游》一诗所描写的凤凰山景致，他在注解中说“往来皆呈现马骑，没射棚，众宾皆射，遗宫妓记筹”，诗叙场面是多么的宏大，众人皆骑射，还有女子记录众人射击的成绩，取名时间也明明白白地说是因蜀汉后主刘禅习武起，因此到了唐时，故叫作“学射山”了。

由于蜀汉刘备在此宣示武备，因此学射山后来也成为武备之山。《蜀梼杌》记载：前蜀后主王衍在乾德“二年八月，衍北巡，以宰相王锴判六军诸卫事。旌旗戈甲，百里不绝，判六军诸卫事者，宰相王锴也。衍戎装披金甲，珠帽锦袖，执弓挟矢，百姓望之，谓如‘灌口神’。后妃饯于升仙桥。于时，是从来讲武备于斯矣”。由此可见风流帝王王衍好美食、喜华服的奢靡风采。不仅如此，在唐五代两宋时，学射山通真观一带就形成人头攒动的蚕市了。每逢三月上巳张伯子得道升仙的日子，成都士庶倾城而往，许多巫觋在此卖符于道，“游者佩之，以宜蚕辟灾”，学射山热闹非凡。

唐末，高骈由云南节度使移镇西川。时值云南六诏反叛，南诏朱率众直至成都城下，在学射山扎营，与高骈血战十三昼夜，眼见无法破城，才退至邛州，留屯不行。这也是南诏逼近成都的最近距离了。

到五代时，这学射山之名依旧存在。唐代节度使章仇兼琼在学射山南筑堤积水重整万岁池（后名白莲池），此池为秦朝张仪初建。水面广袤十里，成为游乐之所。所谓成都燕集，用一春为常，三日不修，已云远甚，然各有定处，唯学射山之会最极盛。因此早在唐代学射山及周围的万岁池区域，就成为成都士庶春游的理想场所。元代费著所著《岁华纪丽谱》中也有“成都人每年三月三登山竞射”的记载。较射之时，山上设有彩棚射场，并有伎乐女子“记射筹”，意思是宋代还在此举行射箭比赛和盛大宴会，官府为此专门修建了射棚，并“遣官妓记筹”，记录比赛结果，极大地激发了参与者、观赏者的热情。另外还备有管弦乐舞和酒食助兴，演武与游乐并行不悖，学射山成为蜀人好宴游的典型样板。

1970年在凤凰山南麓发掘出朱元璋之孙、蜀王朱悦燫之墓

延宕到明代，学射山之名开始消失。明人曹学佺在《蜀中名胜记》说：“从来讲武备于斯矣，今为蜀王坟墓，此游遂绝。”短短18个字，便清楚地宣告，昔日习武之地成为明蜀王墓葬之地了，百姓谁还敢在这山中王坟之地乱来！“此游遂绝。”

宋代的学射山既是官民习射场所，更主要是春游盛地。北宋大学士赵抃有游学射山诗：“锦川风俗喜时平，上巳家家出郡城。射圃人稠喧画鼓，龙湫波净照红旌。”可知当时春游盛况。

陆游写《三月一日府宴学射山》，还可以看出春游时节，“府宴”于此：

北出升仙路少东，据鞍自笑老从戎。
百年身世酣歌里，千古功名感慨中。
天远仅分山仿佛，雾收初见日曈昽。

横空我欲江湖去，谁借泠然御寇风。

万岁池广袤十里，春天垂柳依依、百鸟争鸣，晚上官府往往在此张灯设宴，招待宾朋，酒意陶然之后就“泛舟池中”。陆游一生在优游佚乐中度过，但区区并未确立千古功名，在夜晚和暖风吹拂下，不胜感慨系之。

朱椿的儿子朱悦燫，他孙子都封为蜀王，朱家占据了成都北门这风光秀美的学射山，不久学射山便成了埋葬明代蜀王宦官的墓地。朱悦燫是明太祖朱元璋的孙儿蜀王朱椿的幼子，二十多岁就死了，生前骄奢淫逸、锦衣玉食。死后葬在成都北部凤凰山南麓。1949年前墓多次被盗。1969年发掘，“地下宫殿”长达33米，墓室为宫殿形，四壁雕塑精巧，出土陶俑甚多。他生前爱骑马打猎，更爱坐骑“玉花骢”。病危之时，让人将马牵至病榻前，抚摩流泪，死后以马殉葬。朱家王朝从此便占山为墓，这也证明了学射山的名称应从他死后便逐渐消失了。

朱悦燫墓内有500多件彩釉陶俑，有武士俑、文官俑、乐俑、仪仗俑、侍俑等。墓内棺床四角和正中地面上，各置一素面铜镜，正照棺床，这种葬俗，在考古发掘中属首次发现。此墓的发掘，为研究明初陵墓、衣冠制度，以及我国建筑史、雕塑艺术史提供了重要资料

蜀地百姓只能远观其山形状，处处希望取个好听的名字，称其为“凤凰山”了。还有说这凤凰山不是一般凤凰，而是大凤凰！因此又称它叫“三威凤山”。因《益州记》中记载“石斛山有两女冢”，再加上山形本身像凤凰，因此才有“三威凤山”之说。

光绪二十九年（1903年），凤凰山成为军营驻地。民国二十年（1931年）四川省省政府在凤凰山东南部洼地上修建了民航机场。由此成为成都最早、最主要的民航机场。1937年冬扩建此机场为军用机场，称之为凤凰山机场。凤凰山机场旁是韦家碾赖家店，与机场隔河相望，机场外围有铁丝围栏。机场中心为跑道，两侧可停放直升机。老百姓隔河相望，当年机场旁的道路上还有部队士兵练习跑步。

1949年12月10日，蒋介石带着儿子蒋经国，从成都凤凰山机场起飞，仓皇逃往台湾，凤凰山机场成了他永别大陆的最后之地。蒋介石的专机机长衣复恩回忆说：“这是蒋介石从政生涯中最心酸的一刻。他坐在飞机上，一言不发。”

第63章

枸酱与拐枣的迷宫

我要说，拐枣恰是蜀地、蜀神、蜀人的“植物学造像”。

枸酱又作蒟酱（枸、蒟二字为同音异写），《史记》《汉书》并作枸酱，蒟字则晚出。蒟酱别称扶留，见于多种文献记载，为蜀地珍味，史籍多有记载。但历来有歧义，近世以来学者对此少有专门讨论，唯有任乃强先生对此的考据最力。

东汉人刘德注《汉书》称：“枸树如桑，其椹长二三寸，味酢。取其实以为酱，美。蜀人以为珍味。”

这一植物，古代北方称为枸树楮、南方称为枸。《诗经·小雅》有“南山有枸”之句，据《辞源》解释：“枸即枳椇，南山谓之秦岭。”《史记·西南夷列传》载：“唐蒙出使南越，食蜀枸酱，蒙问所从来，曰‘道西北牂牁’，牂牁江广数里，临牂牁江，出番禺城下，夜郎者，临牂牁江。”牂牁就在现在贵州省的遵义、仁怀一带。

西汉建元六年（前135年），汉武帝刘彻派遣番阳县县令唐蒙为使臣，出使南越国（都城在番禺，即今广州市），在南越王的宴席上，唐蒙尝到

晚清民国初成都城俯瞰。（美国人西德尼·戴维·甘博 摄）

了出自赤水河流域的枸酱酒，大为赞美。为取悦汉武帝，唐蒙绕道鳛部[①]，即现在的贵州仁怀一带，取枸酱带回献给武帝。武帝饮后，盛赞甘美。到西汉元光五年（前130年），唐蒙奉旨赴夜郎，由于枸酱酒的缘故，竟改道出符关（今四川省合江县以南），沿赤水河而上，奔鳛部而来。

但在汉武帝时代，枸酱可以酿酒这分明是一大疑问。有酒业公司的资料说唐蒙将“枸酱酒”敬献给汉武帝，汉武帝饮后情不自禁地赞道“甘美

① 鳛是一种鱼，据说龙头鱼尾，有5对翅膀，乃鳛部图腾。

之”，这是史无明载的事情啊。枸酱与“枸酱酒”是两回事。这是后人为了自己的酒品牌攀上名门高祖，一厢情愿的结果。

其实，“枸酱”是当时贵州仁怀一带被称为“枸”的植物的果实，经人工发酵酿造而成的饮料。

枸酱究竟是什么？这是一个自汉代以来一直颇有争议的话题，至今应有定论了。

《说文·木部》说：“枸，木也；可为酱，出蜀；从木，句声。”《辞海》：“枸，木名，即‘枳椇’。《诗·小雅·南山有台》：‘南山有枸，北山有椣’。枸亦称‘拐枣’‘金钩子’‘鸡距子’，属李科，落叶乔木，叶椭圆状卵形或宽卵形，夏季开花，花小，带绿色……”孩子晚上吃一把，嘴里的甜味会持续到后半夜，所以又被老人叫作“甜半夜”。据《蜀枸酱入番禺考》的记载，枸酱的酿造方法为：“取拐枣捏碎，布滤去籽，纳入瓮中，布蒙其口，加厚泥密封之，如黄酒贮藏法，贮藏之。久则所含之水分透泥逸去，而外物不犯其质，渐稠浓成甘美之酱，贮时逾久逾佳，是为蜀枸酱。”可见，“枸酱”是赤水河流域的古人，用一种名为拐枣的乔木水果制作的饮料。

晋代郭义恭说：“蒟子，蔓生依树，子似桑葚，长数寸，色黑，味辛如姜。以盐淹之，下气、消谷。生南安。”宋代宋祁晚年曾在成都做官，他所作的《益部方物略记·蒟酱赞》也说：“蔓附木生，实若葚累，或曰浮留，南人谓之，和以为酱，五味告宜。”《本草纲目》则称：“蒟子，一名土荜茇。苗名蒌藤，一粥扶留藤。”这就是说，蒟即是扶留，以其果实为酱即是蒟酱。扶留，即胡椒科胡椒属植物，在南方栽培较广，也较为寻常。可用作城市与乡村的绿化、观赏植物。以全株或茎、叶入药。[①]

枳椇属李科，为落叶乔木。在秦巴山区、成都周边的邛崃山脉尤其是龙泉山以及川南丘陵以及蜀汉时期广大的“南中”地区，均有分布。

拐枣的模样不妨称之为“疯狂的拐枣”，纠结虬起、盘桓往复，宛如一个植物的迷宫。有密集恐惧症的人一见会立即发作。一个“拐”字就能体现出这一植物的智慧，为不被吃掉，它不仅在颜色上，还在形状上无限接近树枝，这样就不容易被动物们发现。正是这种“拐来拐去”不走常路的吊诡步伐与飘拂身位，让它成功化险为夷，真是到了“钩心斗角、随心所欲”的境界。因为拐枣将自己的果实进化到不可食用，果实无食用价值，人们食用的是它的果柄。

宜宾市的兴文县一带农民认为，“枸”就是川南、黔北一带随处可见的常绿灌木“红籽树”，又称“救军粮”。也有人则认为，“枸”是生姜或辣

① 侯绍庄：《枸酱考》，夜郎学术研讨会论文集编辑委《夜郎研究》，贵州民族出版社2000年6月版。

椒，等等。

还有人认为，枸酱就是魔芋。左思在《蜀都赋》中所说的园中栽培植物蒟蒻，即《华阳国志》所记之“芳蒻”。它是天南星科草本植物，又名蛇六谷，俗称魔芋。明代姚旅在《露书》卷十“天南星”注释说：“‘蒟蒻’即蜀之蒟酱也。”田文的《黔书》、王鸿儒的《蒟酱考》中，干脆直接表述“蒟酱”就是魔芋。

枸酱不仅实实在在是西汉时产自赤水河流域的一种酒，而且是见于古代酒文献中的名酒。元朝宋伯仁所著的《酒小史》一书中，枸酱便已榜上有名。

宋伯仁撰《酒小史》一共列出历代名酒106种，其中也有“南粤食蒙枸酱”的记载，视“枸酱”为果酒之一，与《史记》互为印证。清代的“鸿儒太守”陈熙晋，则不仅指明了“枸酱”为酒，更以“尤物移人付酒杯，荔枝滩上瘴烟开，汉家枸酱知何物，赚得唐蒙习部来”的诗句，清楚地记述了这种酒在当时社会生活中留下的烙印。

据此分析，枸酱可能与荔枝有关。这与宜宾一带“荔枝绿”有没有什么渊源？则是另外一个谜了。清朝的郑珍与莫友芝，在《遵义府志》中从酒史的角度，进而指出“蒟酱，酒之始也”的观点。

丁天锡、何泽宇二人通过考证认为“浆是汁状的液体，酱与浆通假。枸酱就是蒟酱，是一种饮料。具体地说，就是川滇黔边境地区一带夜郎古国里随处可见的红籽树果实所酿成的酒浆”。换句话理解，“蒟酱”是以“红籽”为原料酿制的果酒。而且，枸酱就是蒟酱。

不论“枸酱”究竟是什么东西，有一点却可以肯定，“蒟酱”是以一类被称为“枸”的植物的果实，人工酿造而成的“果汁饮料”。这，应该就是古代蜀人酿造的一种今人所称的“果酒”。学者们还可以肯定的是，“枸酱”产于今川南黔北一带。

有趣的是，可以酿酒的拐枣，还是一味可以醒酒的药。元代《本草衍义补遗》记载：“一男子年三十余，因饮酒发热，又兼房劳虚乏。乃服补气血之药，加葛根以解酒毒。微汗出，人反懈怠，热如故。此乃气血虚，不禁葛根之散也。必须鸡距子解其毒，遂煎药中加而服之，乃愈。”

李时珍《本草纲目》也记有：“枳椇，《本草》只言木能败酒，而丹溪朱氏治酒病往往用其实，其功当亦同也。”所谓以毒攻毒，酒醉还需酒来解，看来屡试不爽。

优秀的酱香酒大都产在长江以南，浓香酒都产在长江和黄河的中间，自然环境尤其是水质是酿酒第一位要义，然后才是工艺和原料，三者相辅相成、密不可分。

苏东坡《眉山集》中记载了这样一则故事：苏东坡的同乡揭颖臣得了饮食倍增、小便频繁的宿疾，许多人说是“消渴”。这位老乡听从了一些医生的意见，服了很多治消渴的药，病非但不见好转，反而日渐加重。苏东坡向他推荐了一个郎中叫张肱，张肱认为此病不是消渴，而是酒精中毒。酒性毕竟辛热，因此病人喜饮水，饮水多，故小便亦多，症状极似消渴却不是消渴。于是张肱用醒酒药为他治疗，痼疾就此痊愈。

而张肱所用的一味主药就是枳椇子。苏东坡不仅记录了这一医案，还常以枳椇子作为醒酒良药向友人推荐。

既然如此，那么问题来了：既然拐枣具有这么多好品质，除了中药领域使用之外，为何在蜀地民众生活里反而默默无闻？

原因不外乎有二：一是在于拐枣太小，不受重视；二是吃时还要除去果实，比较麻烦。这两个对于古人不是问题的问题，在如今追逐利益的时代，似乎成为民间生活放弃它的原因。否则不管是作为水果还是酿酒，其皆大有可为。

三国吴学者陆玑《毛诗草木鸟兽虫鱼疏》记载：“南山有枸杞。枸树山木，其状如栌，一名枸骨……今官园种之，谓之木蜜。古语云枳椇来巢，言其味甘，故飞鸟慕而巢之。”不但如此，蜜蜂也闻香而来，大加采撷，杜甫因此有“树蜜蚤蜂乱，江泥轻燕斜”之句。

作为植物的迷宫构图，拐枣带给我们的还有蜀地的机巧、陌生、吊诡与繁复！而长出这般植物的区域，总是让人对三星堆文明、金沙文化等等，报以莫大的敬畏。

第64章

成都古桥春秋

2003年，在成都金沙遗址区域，发掘出一座距今2000多年的西汉木制廊桥，桥长42米，最宽处8.8米，这是中国迄今发现的最早的西汉木构建筑，并且又是桥梁这一特殊的交通建筑。由此，成都的古桥文化进一步引起了各界的关注。

据傅崇矩《成都通览》记载，清末时成都有水塘20余处，桥192座，既有拱桥，也有平桥，还有不少是廊桥。就原料来看，石桥、木桥、竹桥、绳桥、铁桥应有尽有。依水而兴的城市，与桥的缘分可谓不浅。桥的各式命名，更让人心向往之：卧龙桥、双凤桥、驷马桥、陆萧桥、莲花桥、赛锦桥、双灵桥……桥是一首凝固的诗，静静横卧水面，为风雅的成都平添了几许流韵。

在明末清初的长期战乱中，成都城内的所有建筑均被毁坏，人们所见到的成都城区的所有古建筑绝大部分为清初重修，这其中也包括所有的桥梁。加上自清末以来城市大幅度变迁，小河道、水塘逐渐被侵占和填塞，水既不存，桥就只能存在于纸上了。比如，九眼桥、万里桥、驷马桥3座老桥，是成都名气最响、文化底蕴最为深厚的历史之桥。万里桥，因传说诸葛亮站在桥头（地址在如今的老南门大桥），送蜀国大臣费祎出使吴国时说“万里之行，请自此始”而闻名于世，是当代成都古桥中位置可考的历史最悠久的一座名桥。唐代刘禹锡有诗说“万里桥边多酒家”，可见万里桥周边的繁华。如今汉、唐时代的旧万里桥早已不复存在。汉代成都文人司马相如赴长安求取功名，途经驷马桥时，书写“大丈夫不乘驷马车，不复过此桥”而得名。驷马古桥如今只是一座混凝土建筑，而且早跟河水绝缘，因为桥下流动的是滚滚而去的车辆……

好在经过大力治理，目前流经成都中心城区的大、中、小河道有70余条，河流总长度超过400公里，这在国内乃至世界各大城市中十分罕见。而与水有关的街名尚有近百个，加上近200座古桥和众多码头，人们对历史上这座家家流水、户户垂柳的“水城”萌发了无尽的眷恋。体现了“活水成都”的水脉，依然在经济大潮下清波荡漾。

“市桥”地望

明朝蜀王朱申凿（1459—1493年），蜀定王友垓庶三子。成化六年（1470年）封通江王，成华八年进封蜀王。朱申凿博览群书，通古博今，有一代贤王之称。在位22年，于弘治六年（1493年）薨，年35岁，谥号定王。他在成都时期，写有《市桥官柳》一诗：

杨柳依依拂画桥，东风来往任飘摇。
雕栏轻拂黄金缕，石柱低垂碧玉条。
翠影暖藏莺语巧，绿阴凉衬马蹄骄。
少城城外多春色，折赠行人远入朝。

朱让栩，为明太祖第十一子蜀王朱椿的五世孙，正德五年（1515年）袭封蜀王。贤明喜儒雅，不迩声伎，创义学，修水利。孝宗赐书，赞其忠勤。世宗赐敕嘉奖，署其坊曰“忠孝贤良”。卒谥成，著有《长春竞辰稿》。也许是巧合，朱让栩也写有一首标题为《市桥官柳》的七律：

二月西城扬暖风，垂杨夹道荫长虹。
黄金穗袅斜阳外，碧玉丝棼细雨中。
拾翠佳人停绣幰，踏青公子驻花骢。
殷勤莫厌频封植，千古风流仰杜公。

二诗各有特色，但我更喜欢后一首。从诗歌里可以知道，成都城内外遍布柳树，大凡有河道之处，桤树、柳树、槐树、桂花树是最为常见的。

可以发现，很多地区人们在屋前房后都不会种植柳树，因为在房屋前后种植柳树会“招鬼”，所以柳树也被称为四大“鬼树”之一。其实柳树恰恰能“辟邪”。观音菩萨手中的玉净瓶里面就插有柳枝，观世音用柳枝遍洒甘露法水，令众生了悟菩提，是代表慈悲为怀，普洒佛法。而且蜀地传说里，有“柳枝打鬼”“打一鞭矮三寸”的说法，正说明柳枝具有很强的辟邪用途。所以常常在家门口挂上柳树枝，成为一种民俗。

鱼凫城遗址位于成都市温江区万春镇报恩村，现在依稀可见城墙遗迹。柳树属落叶大乔木，别名杨柳。柳树在中国已有4000多年的栽培历史，在蜀地的柳树种植，可以追溯到古蜀鱼凫王“封树定界”。鱼凫王发现在鱼凫故都土地上种植的柳树地域最广，容易成活，也易识别，好看且独具风格的柳树作为鱼凫古城的疆界。古蜀人广植柳树，春天伊始，万树吐绿，柳丝摇曳，万柳迎春。鱼凫城遗址历代俗称之为“古柳城”，后来温江区也成了地地道道的柳城。

明朝的蜀王府内有曲折的柳堤，成为宫中一条诗意盎然的曲径，留下了不少吟诵柳树的诗篇。蜀王朱友垓在成都期间，就写有很多咏柳诗章。

而朱申凿诗歌里“折赠行人远入朝”，就是对古人折柳赠别风俗的写照。

杜甫《西郊》里，有“时出碧鸡坊，西郊向草堂。市桥官柳细，江路野梅香……”之句，可知“市桥官柳”这一景观，在唐朝就是成都的名胜了。

常璩《华阳国志》卷三《蜀志》中有这样的记载："州治大城，郡治少城。西南两江有七桥：直西门郫江上曰冲里桥；西南石牛门月市桥下，其下，石犀所潜渊也：大城南门曰江桥：南渡流江曰万里桥；西上曰夷里桥，上曰笮桥；又从冲里桥西北折，曰长升桥；郫江上西有水平桥。长老传言，李冰造七桥上应七星。"

"市桥"是如何得名的？李膺《益州记》指出："汉旧州市在桥南，因以为名。"汉朝时成都城区的集贸市场在此桥以南，所以人们就习惯性地称之为市桥了。

进一步分析：市桥到底位于何处？

南宋祝穆编撰的《方舆胜览》中，为《益州记》关于七星桥的说法注解道："冲星桥，市桥也。"蒙文通在《成都二江考——附论大城、少城、七桥、十八门》中考证说，《方舆胜览》的说法是错误的。历史学家冯汉骥认为，玑星桥才是市桥。到晚唐修筑罗城时，郫江改道，江上的5座桥包括市桥在内，均被弃置。

1984年，在同仁路南口东侧地下3到5米处，发现粗大木桩，排列如梅花桩形，又在金河街发现汉唐遗物以及系船之桩。考古人员认为，这里就是市桥遗址。

四川省文史研究馆撰《成都城坊古迹考》确证：市桥在今成都市区西胜街南。

笮桥简史

四川盛产竹，索桥就始于"笮"，就是竹绳索之意，实为古羌人笮部落的发明。最早用一根或两根竹索，渡河时将半圆形溜筒子反扣在竹索上，下吊一个竹篼，人坐其中，便顺着竹索悬空溜过河去，故又叫溜桥。都江堰的珠浦桥是中国竹索桥的杰出代表。在邛崃山麓以及成都平原的河道湍流上，曾经布满了这种最具蜀地特色的古桥。

成都最早的桥是李冰时代修筑的"二江七桥"。"二江"即郫江和检江，郫江又称内江，是府河的前身；检江又称外江，是锦江、南河的前身。在这二江之上，相传李冰建有著名的“七桥”。七桥的具体位置今天已不能完全确认，但有两座桥可以厘定，即笮桥和万里桥。

其实，笮桥即是市桥，亦即是夷星桥。至《益州记》所谓冲星桥，位置在正西，而非西南。《华阳国志》指出：“直西门郫江中冲治桥。”当即其地，冲治即冲星。此桥当时可能已有市桥之名，以市桥为近市之桥之通称，笮桥与冲治桥，都可称为市桥。李思纯认为：“故余以为西南石犀附近之笮桥与市桥，实为一桥，即古夷星桥也。自高骈徙内江改道，江流既涸，桥亦不存，然万位犹可想象焉。今城西南隅江渎池之西北，石牛寺街之西口，殆即古市桥（夷星桥，一曰笮桥）之故址也。”①

顾名思义，笮桥是竹所造成的。《后汉书·吴汉传》云：“吴汉遣轻骑，烧成都市桥。”可以佐证其为竹桥。

需要注意的是，如今出南门过武侯祠、高升桥、红牌楼、太平园，不远处有一个叫“簇桥”的地方。在明朝时，这里的确有一座竹索桥。到了明惠帝建文年间，才把它改成了5个桥洞的石拱桥。桥的跨度有三十米，桥底下还可以过船，桥面两边还有雕花石栏杆。进入民国时，又重修了一次。1972年，市政部门把石拱桥拆除，直接修成了水泥平桥。在桥边上的这个镇子，就是簇桥镇。很多人并不知道，簇桥原来的名字是叫簇锦桥，与笮桥无关。簇锦桥的簇字，字面意思是指供蚕子吐丝作茧用的工具，一般都是用农作物的秆做成。而簇锦桥的锦，指的是丝绸，这就是原来纺织丝绸的地方。

德国地理学家李希霍芬在1868年至1872年间，对中国进行了7次地质考察，足迹遍布当时18个行省中的13个，四川是他的最后一站。他对中国的山脉、气候、人口、经济、交通、矿产等进行了深入的探查。1869年3月11日，他们一行出成都南门：

① 李思纯：《李思纯文集·未刊论著卷》，巴蜀书社2009年版，第536页。

半路上经过市场簇桥（Tsu tschiau），它因是大型丝行（Hong）的驻地而著名。这儿的行建得跟客栈似的，一道带着镏金大字的高门通往作餐厅、厨房、办公室等用的厅堂，厅上又覆了一层。从这里有一道宽阔的、不封闭或局部封闭的、两边有成排房间的走廊通向后面的上房。所以，从街上看正好可以看到上房，但它中间还隔着一道画着巨幅人像的前门和一个别院。走廊一般很长，在两边向内开的房门之间放着供到餐厅用餐的客人用的桌椅。往里看感觉不错，颇为富裕。这里所说的“行”实际也是一个“店”，与客店的不同之处在于这里住的都是做丝绸买卖的客人，有的是买主，有的是卖主。——一种“丝绸业的俱乐部”。所有的在一起可以被称作一种“丝绸交易所”。簇桥出售的丝绸有产自绵州、嘉定府和其他等地的。所见的除了和丝绸有关的东西就没别的了，有纺纱的，有浣纱的，有摇纱的，有织布的，有运送的，等等。①

由此可见150年前，簇桥一带“前店后坊”的结构与街巷布局，以及丝绸商家的富庶程度。

经专家考证，中国最早及现存最早的索桥都在成都。在今天南河上的南河桥上游一百余米的地方，就是七桥之一笮桥的所在地。为秦李冰任蜀守时（前251年）建于城南。而现存最早而且是最长的竹索桥，则是都江堰二王庙前横跨岷江的安澜桥。安澜桥古名珠浦桥，宋代以前就有了，历时千余年，虽不断维修，但可贵在于它全承古制。桥长340米，宽3米，为8孔。桥索用细竹篾编成5寸竹索24根，上铺木板，布置精巧，匠心独具。

嘉庆八年（1803年）五月十五日，都江堰处渡口翻船，多人葬身。如此惨状，让当地私塾先生何先德夫妇坐卧不安，请教当地水、木工，报经官府，游说八方，募集资金，嘉庆九年（1804年）五月带领百姓建桥。桥

① 《李希霍芬中国旅行日记》（下册），商务印书馆2016年版，第670页。

灌县城外安澜索桥一景。（选自日本神田正雄所著的《四川省综览》1936年版）

尚未完工时，两个樵夫不听劝阻，顶风过桥，落水丧生。渡口“把头”买通官府，诬以草菅人命之罪。何先德先生含恨九泉。何妻强压悲愤，继承夫志，完成了索桥的修建。竹缆为栏，行走平安，故名“安栏桥”，后改安澜桥，取不畏波澜、安然过江之意。

现在的桥，距离原桥位置下移了100多米，其桥全长约500米，将竹改为钢，承托缆索的木桩桥墩改为混凝土桩。坐落于都江堰首鱼嘴上，被誉为中国古代五大桥梁之一，是都江堰最具特征的景观。

廊桥与石拱桥

没有桥屋及其他覆盖物的平梁桥和拱桥在成都有很多，主要建筑为石质。平梁桥于平淡中见神奇，多取桥墩两端作雕刻，各地都有水平不齐的妙作，文化特征充满浓郁乡土情调。它的分布，就桥长而言，川西多于川中其他地区，原因自然是土地平旷易于展开这种桥的建构。

宋代成都最有名的两座桥是廊桥，一座是清远桥（即驷马桥），另一座是万里桥。成都江河上的桥最初多为木桥，至汉代大都改为石桥。而至南宋时期，大多则以廊桥的形式出现了。在电影《廊桥遗梦》中，人们可以得到廊桥的大致印象：它是桥梁和建筑的综合体，也即在桥梁上加盖房舍建筑，外观看起来另有一番情调，但麦迪逊郡的廊桥比起南宋时期成都的廊桥来就逊色多了。而且那座被情人们记住的廊桥，其功能可能仅仅是为了保护桥体不受风雨侵袭，至多再提高其观赏价值。但成都的廊桥却具有丰富的实用性、商业性、文化性和建筑艺术性。

距离现在的新南门大桥下游数百米，即是安顺桥。安顺桥重修于清乾隆十一年（1746年），原名长虹桥。这里曾经是锦江上一处重要的水码头。巴金从成都走向世界就是在这里上船的。安顺桥还曾是一座长60多米、宽3米多的廊桥，桥上可以遮风避雨。廊桥的基本组合单元是六根杆件，纵向四根、横向两根，平面呈井字形。利用受压产生的摩擦力，构件之间越压越紧，其承重性非常好。

成都的廊桥其实并不少。在1949年前，仍有锦江桥、青石桥、卧

成都锦江上的安顺廊桥。（蒋蓝 摄）

成都万福桥。（选自上海道德书局《神州胜景：第二集》1935年版）

龙桥、一洞桥、金水桥等，既是供背桥，桥上还有楼阁[①]。通过旅行家马可·波罗的笔，真正使成都的廊桥扬名天下。《马可·波罗游记》记载了4座不同类型的中国桥，其中专门记述了成都的有顶的石桥，即廊桥，他说："市内有一座大桥横跨其中一条河上。从桥的一端到另一端，两边各有一排大理石桥柱，支撑着桥顶。桥顶是木质结构，装饰着红色的图画，上面还铺上瓦片。整个桥面上排列着工整的房间和铺子，经营各种生意。其中有一幢较大的建筑物是收税官吏的住房。凡经过这座桥的人都要交纳一种通行税……"

1949年后，廊桥只剩下一座光秃秃的石板桥。1981年被大洪水冲毁后，在原地新建了一座混凝土大桥。几年前，为了开辟城市东面的旅游区，在合江亭下游新建了一座主体长81米、宽23.6米的安顺廊桥，是沿袭老安顺廊桥而来。此桥也是成都市区唯一的桥上餐厅，夜观水色、怀古思今，让人深谙"逝者如斯夫，不舍昼夜"的悠古之情。

从美学上说，令人赏心悦目的莫如石拱桥。石拱桥又叫券桥，有单

① 成都市青羊区政协：《少城文史资料》第五辑。

成都安济桥

跨、三跨、五跨乃至更多。拱形有半圆形拱、双心拱和弧形拱。成都的拱桥多为半圆形拱。桥面有平面和曲面两类，曲面桥变化多端，设梯步，还有上下起伏，拱桥无论单跨和多跨，均为圆弧线造成山川规范形态，宛如一张大弓。深层内涵在于单跨优美之形、以规范半圆之态联系两岸自由随意的坡地市街。这种对比，展示科学与艺术的完美结合。至于多跨者就更是数不胜数了，最著名的有九眼桥、万福桥，邛崃平乐镇的乐善桥等，其拱券设计十分考究，具有稳固中的异美。

九眼桥始建于明代万历二十一年（1593年），余一尤在成都执掌四川布政史司，组织人力，历时4年完工。原名洪济桥，又名锁江桥，长120米、宽12米，下有九洞，九洞中，中孔最大，高8.4米、宽9米，其余各孔，依次递减。8个桥墩长约19米，为了减低流水的冲力，两端均筑为尖形，头部各有巨型龙头一个。桥两侧有栏，桥面中部隆起，两头略微低平。古人形容为“虹舒电驰，霞结云构”，反映了明代成都桥梁建筑的高超水平。乾隆五十三年（1788年）补修时改称九眼桥，修成以后就成为锦江上最为壮丽宏大的石拱桥。

1992年，因城市建设需要九眼桥被拆除，代之以新桥。从建成到拆除的400多年里，它一直是成都的象征。一些外地人谈到成都，首先跳出记忆的就是九眼桥。九眼桥流行着一些神奇的传说。其一是说桥的第五孔（即最大最高的中洞）下面是一个“海眼”，可通大海，深不可测，因而常引得一些好事者往桥下扔硬币或铜钱。老成都人都知道一段九眼桥的顺口溜：“石牛对石鼓，银子二万五。有人蒙得穿，买尽成都府。”据说张献忠离开成都时，在九眼桥码头上船，临走时把他抢来的金银财宝秘密埋在九眼桥之下一带的河心，这成为不少人的谈资……所谓“窖金”之事，并非向壁虚构。

第65章

成都的桤树

1940年夏季，西南联合大学放暑假，朱自清先生第一次抵达成都与家人团聚，居住于宋公桥报恩寺租赁的三间简陋房子。他对成都的印象非常好，认为成都气候温润，物产丰富，最宜居家。一年之后他从九眼桥锦江码头弃岸登舟，入锦江而行至宜宾，再转川云山道进入云南。抵达昆明后他在一封致成都友人金拾遗夫妇的信件中，这样描述自己顺锦江而下的感观："江口以上，两岸平原，鲜绿宜人。沿河多桤木林子，稀疏瘦秀，很像山水画。"可见，沿江的风致多少冲淡了他郁积在胸的生存压力。

信件里提到的桤木，又名水冬瓜树、水青冈、青木树、桤蒿，属乔木科，并不粗大，但可以长到三四十米高，具有椭圆形树叶，枝叶茂盛。此树春季发芽，秋季落叶也落子，桤树是由种子繁殖的植物，一棵老树之下，往往会有成片的树苗，几年就可以迅速追赶上父辈。古人视校雠如扫落叶，意思是扫不胜扫。陆游在《新凉书怀》里就感叹"无日桤林无坠叶，有时燕户有新雏"，是说桤木自夏至秋，日有落叶，不可胜扫也。想一想，如果天天有稿费单如树叶飞来，估计他就会喜欢桤木。

与朱自清进出成都在同一个时期，有"文史哲兼擅，诗书画三绝"之誉的文史大家苏渊雷也由重庆来到成都小住，有《望江楼茗坐》一诗：

桤林笼竹绿阴垂，
江槛奔湍系我思。
到此风情应更远，
薛涛笺写杜陵诗。

此诗可证朱自清所言不虚。由此可见，桤木、笼竹，均是锦江望江楼那时的典型地标。其实，早在1872年，德国地理学家李希霍芬来到成都后，就已经发现，“桤木在这里（成都平原）被当作经济作物广为种植”。

宋祁《益部方物记》：“桤木蜀所宜，民家莳之，不三年可为薪，疾种亟取，里人利之。”蜀人务实，从对植物的选择上也可以窥见其生活美学的指数。

晚清民国时期成都城墙上的桤木。（美国人西德尼·戴维·甘博 摄）

20世纪50年代，在武侯祠门前，就能看到左侧逶迤而动的肖家河，河岸均由成片的桤木林子构成，宛然如一只踏水而飞的鹭鸟。河堤两边广被乔木，以桤树为多，此树质地并不坚硬，树干也不广直，故农人大多砍伐用作猪圈栏，也当烧柴。树皮、果实富含单宁，可作染料和提制栲胶。木炭可制黑色火药。堤边也间有柳树、芦竹、芭茅之类。从这里直至红牌楼，川西平原秀美而典型的风光一览无余：田野里大小沟渠纵横，农田中的农作物一年四季郁郁葱葱。桤木林中，莺学唱新词新调；稻花香里，蛙仍奏古曲古琴。蜻蜓回旋，麻雀、雨燕、乌鸦、苍鹭、野鸭穿梭游动。苍穹之上，时有黑鹰那刀片似的翅膀，切割厚云。

夏秋日雨过天晴，桤木树下会生出一种黑菌，叫“桤木菌”，因其生长地多伴有芭茅，人们戏称其“好吃不好采”。此菌的煮法是用清油加热放入盐，再在锅中倒入一小盆清水，放入菌子、大蒜，待其水开加入少量豆粉水，其味鲜美异常。

桤树在成都摇曳，早已经深入到当地人的生活深处，也渗透于作家笔端。李劼人在《死水微澜》里就描述道：“坟园很大，有二三亩地。中间全是大柏树，顶大的比文庙，比武侯祠里的柏树还大。合抱大栅树也有二十几株。浓荫四合，你在下面立着，好像立在一个碧绿大幄之中似的。爹爹常说，这些大树，听说在我们买为坟地之前，就很大的了。此外便是祖父手植的银杏与梅花，都很大了。沿着活水沟的那畔，全是桤木同楝树，枝叶扶疏，极其好看。沟这畔，是一条又密又厚又绿的铁蒺藜生垣。据说这比什么墙栅还结实。不但贼爬不进来，就连狗也钻不进来。”

李劼人笔下的细节均有来历，柏树、银杏、梅花、桤木同楝树，自然是成都常见树木，它们组构起一个个错落的林盘，农舍与植被互嵌，构成了中国独一无二的川西平原景致。

林盘发源于古蜀文明时期，成型于漫长的移民时期，延续至今已有几千年历史。林盘以数个农村院落为圆心，形成直径50—200米的圆，圆圈内层是环绕院落的高大树木，外层则是耕田。院落空间以建筑实体形式和周边乔木、竹林、河流及外围耕地等自然环境的有机融合，最终构成了以林、水、宅、田为要素的川西林盘。林盘恰恰显示桤木的不可或缺性。桤木和一般树不同的地方是，一般的树的成长，会耗费地力，但它的根系发达有根瘤，固氮能力强，能固沙保土，提高土壤的肥力。因此桤木也是混交林很好的伴生树种，能促进杉木、柏木、马尾松、杨树等树种生长。

值得一说的是，一直到20世纪五六十年代，成都东郊很多林盘里桤树簇拥；锦江下游两岸绵密的桤木林此消彼长，顽强呵护蜿蜒的河道。

桤木太寻常，但也可以婆娑起舞。文人注重桤木的审美，农人钟情的，是桤木的实用价值。旧时锦江码头上，每天均有下游运送而来的油盐柴米出售，捆扎整齐的桤木木柴，是小户人家每日必须购买的物资。

古人认为，桤木能够肥田甚于粪壤；一旦得风，叶声发声如白杨，就像是穷人在热烈鼓掌。北宋严有翼在《艺苑雌黄》中也说：此树“止可充薪而已。惟蜀地最宜种。蜀人以桤为薪，三年可烧”。正因桤木具有以上特点，当年杜甫在修建草堂的时候，四处索要树苗、竹子、果树，听说桤木生长迅速，他就四处寻找。而住在成都的诗人何邕是杜甫的好友，杜甫想起何邕的宅园中有桤树，就写诗向他索要树种。《凭何十一少府邕觅桤木栽》：

草堂堑西无树木，
非子谁复见幽心。
饱闻桤木三年大，
与致溪边十亩阴。

何十一少府邕，姓何名邕，少府是唐人代指县尉的雅称，当时何邕担任利州绵谷尉。十一是排行（大排行），唐人称人习惯如此。宋时上层圈子也有这风气，是种雅称，现在这样喊就无尊重意味了，比如张三李四，很俗。

可以发现，杜甫在草堂种植的桤树，应该不在少数。诗人的草堂尽管简朴，但杜甫一定会在其中竭尽所能营造艺术氛围。草堂建好后，杜甫又细致地描绘了“桤林碍日吟风叶，笼竹和烟滴露梢”的诗意图画。试想一下：高大的桤木遮住了阳光，和风吹响树叶好像是在吟咏，修长的笼竹萦绕着烟雾，它们的梢头还滴着露珠。这，的确是让诗哲入梦的场景。

无独有偶，后来的王安石也在《偿薛肇明秀才桤木》中写道："濯锦江边木有桤，小园封植伫华滋。"而苏东坡也屡次在诗中提到桤木，如《次王介甫韵诗》中："斫竹穿花破绿苔，小诗端为觅桤栽。"他还在《送戴蒙赴成都玉局观将老诗》中云："芋魁径尺谁能尽？桤木三年已足烧。"而其《木山诗》中也说："二顷良田不难买，三年桤木可行樵。"

苏东坡是历史上唯一一位具有"桤木情结"的大诗人。

《杜甫桤木诗卷帖》乃是苏轼的行书，他是借杜诗以抒发流寓黄州的心情。桤木，成为他传递这一情愫的枢纽。跋文以及杜诗，说明桤木易长因而农家多栽植。行书结字秀润，姿态横生，笔法遒劲，墨韵生动，为东坡中年时节意韵丰厚杰作。

苏轼所书杜甫桤木诗的全文是："背郭堂成荫白茆，缘江路熟俯青郊。桤林碍日吟风叶，笼竹和烟滴露梢。暂下飞乌将数子，频来语燕定新巢。旁人错比扬雄宅，懒惰无心作《解嘲》。"全诗共8行56字。

所谓"缘江路熟"，缘由是草堂在浣花溪上，溪近锦江，故通称江。江边本无道路，因营造草堂，缘江往来，走出来一条络，故曰缘江路熟。熟有成熟之意。"俯青郊"，意思是面对郊原。草堂地势较高，故用俯字。

苏轼跋文为："蜀中多桤木，读如敧仄之敧，散材也，独中薪耳。然易长，三年乃拱，故子美诗云：'饱闻桤木三年大，与致溪边十亩阴。'凡木所芘，其地则瘠。惟桤木不然，叶落泥水中辄腐，能肥田，甚于粪壤，故田家喜种之。得风，叶声发发如白杨也。吟风之句，尤为纪实云。笼竹亦蜀中竹名也。"

这幅杰作，现存于台北故宫博物院。

"天下未乱蜀先乱，天下已治蜀未治"的著名结论，来自明末清初人欧阳直公的《蜀警录》。此书描写张献忠屠川诸多真实亲历的细节，其中提到自己"奔入资、简界，比夜憩。林皋遇四虎，相逐过其前，直困卧荒草中，侥幸脱虎口。过淙溪，遇暴水，漂汹涛间，因浪附桤树岸获免死"。

桤木竟然可以救命，由此可见，桤树在明末川中的寻常性质。崇州的桤泉镇，那里的桤木河就是一个地名学的案例。

明朝何宇度撰有《益部谈资》（三卷），其中特意指出："桤木笼竹，惟成都最多。江干村畔，蓊蔚可爱。每见，必诵杜甫碍月吟风之句，第桤字音欺，不见字书。"《山海经·北山经》记载："单狐之山多机木。"郭璞注："机木似榆，可烧以粪稻田。"汉朝成都人扬雄《蜀都赋》："春机杨柳，袅弱蝉杪"，机、桤古今字。蔡梦弼指出：《蜀中记》"玉垒以东多桤木，易成而可薪，美阴而不害。然余尝历考韵书，无桤字，询之蜀人，相传以为丘宜切。"很显然，这是何宇度寓目欠广所致。

稍微仔细一点，就可以发现大作家心细如发，笔下的诸多细节绝非偶然。与朱自清一样，"下江人"叶圣陶先生抗战时期旅居四川乐山、成都多年，他对蜀地的风物观察也堪称入味。到了1961年，他在《成都杂诗》里曾吟道："慈竹垂稍见异裁，护溪桤木两行载。成都郊景常萦想，第二家乡今再来。"他是把成都当"第二故乡"，其钟爱之情溢于言表。叶圣陶早在1945年就写过《谈成都的树木》，他是沿袭着自己的江南视野，以江南园林的美学构成来评论成都的树木，认为成都各家院子里的树木过于繁密，"如果栽得疏散些，让粉墙或者回廊作为背景，在晴朗的阳光下，在澄澈的月光中，在朦胧的朝曦暮霭中，观赏那形和影的美，趣味必然更多"。这，恐怕又是不太熟悉蜀地的民情。蜀地审美远没有江浙园林的工巧，他们注重的是人的身体感受而非眼睛的审美，这就是繁、大、多、重、密，至于疏朗美学，那必须要到一个可以矫枉过正的时候。但是，那个时候远没有到来啊。

现在桤木在成都依然随处可见，景观树早已经被各种高档树木取代了，桤树难登大雅之堂，其主要用作建材和制作家具的材料，其用剩下的边角余料、树皮和锯末，用于提取色素用。这就是蜀人的眼光，更多关注了桤木的实用价值。他们不懂利用桤木来造梦。

歌德于1782年发表了一首神秘的叙事诗《桤木王》，其中有这样一句对话："父亲，你难道没有看见桤木王，头戴王冠、长发飘飘的桤木王？"

晚清民国初期的成都城墙。（美国人西德尼·戴维·甘博 摄）

是的，我们看不见“桤木王”，只看见肥料、菌子、家具、火药、油漆……

为此，作家汪曾祺就曾表达他的某种抵触情绪。《人间草木》里，收录了他的一短文《四川杂忆》：

> （成都）我到过的城市里，成都是最安静的，最干净的。在宽平的街上走走，使人觉得很轻松，很自由。成都人的举止言谈都透着悠闲。这种悠闲似乎脱离了时代。
>
> 我不喜欢杜甫草堂，杜甫的遗迹一点也没有，为秋风所破的茅屋在哪里？老妻画张，稚子敲针在什么地方？杜甫在何处看见细雨鱼儿出，微风燕子斜？都无从想象。没有桤木，也没有大邑青瓷。
>
> 武侯祠气象森然，很能表现武侯的气度。
>
> （新都）新都有桂湖，湖不大，环湖皆植桂，开花时想必香得不得了。

汪曾祺不愧眼光独到，他明白，没有桤木的草堂，就算不得心目中的草堂。

旧时，在成都蜿蜒曲折的浣花溪上，架有几座桤木小桥。木桥简陋，桥身连铁钉也见不着一颗，均用篾绳捆扎，故百姓称为“桤木桥”。桥的架子多选用三根粗大的桤木扎成一个单边，四个单边拱卫，四条巨大的桥腿插入溪水，再堆上大石条与鹅卵石护住桥脚，然后用桤木板将四腿捆绑固定。两边的桥栏杆也是桤木，连皮也不剥。虽然捆扎得紧紧地，但有人过桥时，有些摇晃起伏。人走在桥上深一脚，浅一脚，桥也随之晃晃悠悠。水中倒影如梦，那分明是川西平原的闲适之梦。

成都的闲适，不是庭院幽深、曲径风荷、叩头如捣蒜；而是闲坐喝茶，独听雨檐琴声，白眼看鸡虫。楠木高敞，银杏肃穆，往往呵护的是高寺大宅。但寻常的、不堪做栋梁之材的桤树，俯仰之间，恰有蜀人的平常心：竹篱茅舍风光好，道院佛堂终不如。

这就难怪古人干脆把桤树直接称为：蜀木。

第66章

成都的乌鸦

鸟儿是处于形而下却可以直达形上领域的唯一动物。天鹅与乌鸦，成为彰显黑白世界的对立存在。在中国古籍里，乌鸦的最早记载见于《山海经·大荒东经》:“旸谷上有扶木，一日方至，一日方出，皆载于乌。”《淮南子·精神篇》解释为:“日中有踆乌。”高诱注:“踆，犹蹲也，谓三足。”郭璞注:“中有三足乌。”①

《楚辞·天问》王逸注引《淮南子》:“尧命羿仰射十日，中其九者，日中九乌皆死，堕其羽翼。”“则三足乌当指日之精，又或传为架日车者。”从神话描述中可以看出，乌鸦被视作居住于太阳里的神鸟。

太阳中的乌鸦为什么是三足？仅仅是神话为了“神异”而画“神”添足的吗?

《大荒东经》提到的位置，应该在极东的现在江苏连云港一带。由于夏禹以三足乌为图腾，故称帝。大禹“以鸟名官”，是用不同的鸟作各部落的图腾，故用乌鸦为图腾。

---

① 袁珂：《山海经校注》，上海古籍出版社1980年版，第354页。

晚清民国成都普通人家，屋檐上都会放一些乌鸦吃的食物。（美国人西德尼·戴维·甘博 摄）

夏禹治水辛劳过度，左足跛了，形成了特有的“禹步”。他不得已用手杖行路，故多了一足，为三足。殷墟出土的属夏后氏的原甲骨卜辞：表现高祖的字，就是三足乌的象形字。另有甲骨文，造像就是一个人左手还拄了一根拐杖。

简单点说，三足乌与出自西羌、夏朝始祖大禹有关。

近年在成都东华门遗址的发掘中，蜀王府后花园的河道、拱桥、水榭以及城墙等遗存相继被发现。在蜀王府河道填埋物中清理出近7万件动物遗存，其中鸟类遗存35048件，哺乳动物遗存30105件。研究人员认为，出土鸟类遗存数量远超哺乳动物，体现了先民对肉食来源的倾向性。相比哺乳动物而言，先民有可能更喜爱食用鸟类动物。鸟类中包括家鸡和雉在内的雉科动物和鸭科动物比其他鸟类要多，并且雉科动物要稍多于鸭科。看来鸡无论口味还是营养都更受人们欢迎。在鸭科动物中，家鹅的数量又远超家鸭和小型鸭科动物数量。这说明蜀王府人员对鸟类动物的食用量，从多到少的顺序是鸡、鹅、鸽子等。其他鸟味则很少食用。另外还发现了鹤、乌鸦等遗存，它们极可能并非食用品，而是王府豢养或者死在后花园里的禽鸟。

这一推论未必正确，在于笼养鹦鹉、八哥、画眉都大有人在，甚至连凶悍的海东青都有人豢养，但是至少在清代之前，蜀地没有养乌鸦的习俗。神鸦浑身散发着黑耀石一般的力量，无人敢豢养神灵。

从发现的飞禽遗存来看，也不排除明朝蜀地有食用乌鸦的饮食习俗。

杜甫于肃宗乾元二年（759年）年底来到成都，在百花潭北、万里桥边营建一所草堂。经过两三个月时间，到第二年春末草堂落成，杜甫写了著名的《堂成》一诗，其中有“暂止飞乌将数子，频来语燕定新巢”之句，桤木树木林长成了，就有很多鸟来做窝，诗人看到了一群乌鸦，乌鸦家庭还生出了小乌鸦，还有一对翩翩飞来的燕子。可见，乌鸦与燕子，历来是出没于成都民居的典型动物。

旧时的青羊宫一带，地域广大，而且林盘星罗棋布。作家李劼人的祖坟就在青羊宫附近，楠木成林，后成为他取木制作书柜、家具的来源。在李劼人笔下，成都的乌鸦不时跳动在字里行间，在短篇《好人家》里，他描绘说：“清晨，不依季节，不论钟点，除了老头子和春梅外，一家大小完全依照乡居的良好习惯，同乌鸦一齐起床。起床后，并不忙着梳头洗脸，扫地撣灰，而第一忙的便是弄早饭。女的全下厨房，男的则上街买菜，和打扮几个小孩子。”

青羊宫被合围于翠竹、楠木、银杏、古柏、黄葛树、桤木、槐树之间，浓荫蔽天，绿云匝地。林子一大，什么鸟都有，成群的喜鹊、老鹰、乌鸦、麻雀、杜鹃鸟飞来飞去，尤其乌鸦在数量上占绝对优势，它们生活很有规律，每天晨曦初现，淡淡晨雾中就传来它们的聒噪，声音之大，可传十里。少顷，青羊宫大殿的雄浑钟声也响起来。鸦噪于前，钟鸣于后，奏出一章古意苍茫的西蜀坝子晨曲。待旭日尽现，乌鸦们也陆陆续续飞往四面八方。

这是乌鸦出工。乌鸦飞向附近的乡村。它们仗着势众，经常超低空飞行，甚至擦头而过，翅膀扇起一阵风，“呼呼”掠过，所谓“乌云罩顶”，老百姓避之不及。乌鸦偶尔会屙屎在行人头上或肩上！有时几只、十几只乌鸦飞落田头，尾随在农民犁田的犁耙后面，追逐啄食着新翻起的良田里的各种昆虫。到了黄昏时分，有些乌鸦会停驻于耕牛背上，颇有北宋诗人张舜民《村居》描述的乡村景象：

水绕陂田竹绕篱，
榆钱落尽槿花稀。
夕阳牛背无人卧，
带得寒鸦两两归。

成都文史学者冯水木先生收集整理了清代歌谣《唱成都》，这个版本1955年以前在成都广为流传，以木刻印制成薄本线装书在街边书摊售卖，其中有“少城院子树木多，家家都有乌鸦窝”的唱词，足以看出乌鸦与城市民居之间亲和相处。有故事反映了居住在成都满城的八旗后裔视乌鸦为护主神鸟的历史。清太祖努尔哈赤，有一次在长白山被敌打败，全军覆没，只身逃到一棵柏树下躲藏，追兵搜捕，看见那柏树上栖息了一群乌鸦，便认为树下一定不会有人，努尔哈赤因而幸免于难。在这以后满人便把乌鸦当成否极泰来的象征。出于对乌鸦这种认识，成都居住的满人，每家每户都在院中立一根梭罗杆，杆顶上还特别安了一个杆斗，每遇祭祖时，都要放一些乌鸦喜吃的猪心肺和杂粮，供乌鸦享用。

位于东郊塔子山沙河一侧的坡地，旧时林子茂密，乌鸦麇集，此地被称为“乌鸦坡”，道路也被称为“乌鸦坡路”。后来有人觉得不吉，就改成了“古雅坡路”。几年前，诗人流沙河在讲座里回忆80年前的成都，“满天飞的都是乌鸦”。

在别的鸟类日益繁多的现在，成都的乌鸦却越来越罕见，市区内早无踪迹。这未必是城市整洁干净、没有垃圾的征象。

这有一个历史性原因。

“2002年12月到2004年12月，成都市园林管理局组织吴先智等专家，共609名科技人员在塔子山公园等8个市区公共绿地进行野生鸟类调查。结果发现，成都市区新增了22种野生鸟种，但有4种鸟已在成都消失。成都现在几乎已没有野生乌鸦了。消失的4种乌鸦分别是：大嘴乌鸦、秃鼻乌鸦、寒鸦和白颈鸦。早在20世纪50—60年代，人们曾对麻雀进行驱赶。‘当时一棵树上可以停几百甚至几千只的麻雀，它们叽叽喳喳，那个闹啊，现在再也看不到这样的场面了。’吴先智说，‘赶麻雀导致的直接后果就是不仅麻雀种群数量至今难以恢复，曾集群栖息于城区的大嘴乌鸦、秃鼻乌鸦、寒鸦、白颈鸦等种类也于同一时期在城区内消失。’鸟是很聪明的，稍微有风吹草动就会飞走。它们都是被吓跑的啊！至今，成都市的各观鸟站都没有再发现有关它们的记录。”①

1958年的“围剿麻雀”之战在中国和世界历史上都是空前绝后，画眉、乌鸦是暂缓死刑、有惊无险，麻雀等“害群之鸟”是在劫难逃。但是许多人并不知道，“围剿麻雀”的人民战役，居然源自四川省首创。所谓“麻雀与乌鸦齐飞，喧嚷与聒噪一色”，60多年过去，被赶尽杀绝的麻雀居然去而复还，在都市缝隙间欢欣鼓舞。古人以为“禽之制在气”，乌鸦毕竟恋旧，可一旦失去了生存的气场，自然就告别这座城市了。

目前仅在昭觉寺、牛市口渣子坝一带有少量乌鸦出没，为这座城市的鸟类点缀起了一道若有若无的黑花边。显然，乌鸦来此仅仅是为了混口饭吃，并不是对往昔的探望。

---

① 《成都晚报》2008年3月5日。

第67章

蜀地银杏逸事

每年初夏开始到深秋时节，蓉城银杏飞金。落叶簌簌，一如从我们回不去的童年故乡那里，突然捎来的封封家书。

有人说，成都街头比桂花、木芙蓉多的是银杏。成都的天府大道、滨江路、人民公园、杜甫草堂、武侯祠、建设北路、四川大学、电子科技大学校园以及众多大街小巷里，特别是2010年就建设为成都市首条银杏文化街区的锦绣街和锦绣巷，纷扬飘落的银杏叶以一地的金黄，就像为城市铺上了一层金箔，为料峭寒日带来了阵阵亮彩。

一些景观道路上，清洁工人往往要等到游客拍照之后，在天黑后才清理。成都电子科技大学自2004年起就决定不再清扫飘落在草坪上的银杏树叶。银杏叶明明是金黄的，为什么叫银杏呢？

北宋欧阳修的长诗《和圣俞李侯家鸭脚子》就写道："鸭脚生江南，名实本相符。绛囊因入贡，银杏贵中州……"这首诗描述了银杏被引种到京都时的情况，可见银杏之名，始于宋初皇帝的赐名，在此之前银杏在江南名"鸭脚"。据《本草纲目》记载，它俗名叫"鸭脚子"，宋初始入贡，改呼银杏，因其形似小杏而核色洁白，今名白果。就是说，名字是针对它的果实而命名的。北宋诗人梅尧臣有“鸭脚类绿李，其名因叶高”的诗句，就清楚表明了这一意思。

不仅如此，梅尧臣还将白果作为馈赠亲好的礼品。他在《代书寄鸭脚子于都下亲友》诗中说：“后园有佳果，远赠当鲤鱼。”至和元年（1054年），他还将银杏作为礼品送给文坛大家欧阳修，欧阳修收到银杏后有感于其中情义，写过一首酬谢诗。诗中写道：“鹅毛赠千里，所重以其人。鸭脚虽百个，得之诚可珍。问予得之谁，诗老远且贫。霜野摘林实，京师寄时新。封包虽甚微，采掇皆躬亲。物贱以人贵，人贤弃而沦。开缄重嗟惜，诗以报殷勤。”也可以说，梅尧臣是大力将银杏推举入诗的第一诗人。

历代文人描写银杏的诗词里，以南宋词人李清照的《瑞鹧鸪·双银杏》最为知名，托物言志，借物抒情，赋予银杏高贵的品格。她以双银杏比喻丈夫赵明诚。银杏典雅大方的风度韵致，加上外表朴实，果中佳品柑橘也逊色三分。

相传“白果烧鸡”为青城山天师洞的道士创制。据说，在两三百年以前，青城山一位年高的道长久病不愈，日益消瘦。青城山上有一棵银杏树已有500多年的历史，所结白果大而结实。天师洞的一位道士就多次取用该树所结的白果，同母鸡烧汤，文火炖浓后，给道长食用，使道长病情好转，不久便恢复了健康，精神焕发。从此，“白果烧鸡”便闻名蓉城和四川。

1983年，成都正式命名银杏树为成都市市树，由此拉开了保护、种植、关爱银杏的生态序幕。市区当时有1500多株名古树木，其中700余株为银杏。随着后来陆续移植，2001年据成都市园林局摸底调查，锦江、青羊、武侯、成华、龙泉驿、新津、崇州等十个区县现存银杏古树2042株。在成都十大最老古树里，有8株为银杏。

在百花潭公园北门，有一棵于20世纪80年代初由汶川县漩口百花公社胜利大队胜因寺遗址移入杏园中的唐代银杏，雅号“百果大仙”，主干需要3人才能环抱。由于那里游人如织，被误以为是成都银杏之冠。其实，比这资格老的还有不少：成都郊县靠川西山区是银杏的主要分布地，2002年崇州发现一株围达9.84米的千年银杏；大邑县白岩寺古银杏、机投镇古银杏、彭

晚清成都的锦江边，楠木、桤木、竹林构成的江边美景。（美国人西德尼·戴维·甘博 摄）

州熙林古银杏、龙泉驿石经寺的唐代银杏均为成都著名的古银杏树……

青城山有托举于烟霞之中的银杏阁。成都最古老的“银杏王”，位于青城山天师洞，树龄近2000年。树形如巨伞凌空撑开，枝丫纵横盘错，凤舞龙蟠，密如蛛网。腰身间钟乳（树笋）密集悬垂，色如碣石，粗粝凝重，形态如槌、如笋、如锥，每当山雾拂过，岩石似从容起舞，分外出奇。据道士介绍，此树为张天师手植，道家视为镇山之宝。据说天师洞门前的这株古银杏树，因张天师手植，道行极深，妖魔不敢来犯，从未遭受雷击。2004年天师洞银杏古树顺利荣膺“天府十大树王”榜首。

王士禛《池北偶谈》中，还记述了两则这样的银杏神事：其一是“辛丑、壬寅间，京口檄造战舰。江都刘氏园中有银杏一株，百余年物也，亦被伐及。工人施刀锯，则木纹理有观音大士像二，妙鬘天然，众共骇异，乃施之城南福缘庵中”（21卷）。另则是“康熙十八年，江南造战舰。凡千百年古树多被斧斤之厄。巡抚下令苏松道方参议（国栋）亲往伐之，树皆出血。方惊悸得疾，旬日卒”（25卷）。足见银杏树的道法之大，能使恶人丧命。南京栖霞山栖霞寺古银杏，太平天国时有人曾砍过一枝，见树流鲜红汁如血，砍伐人害怕而作罢。自然，这是传说而已。

晚清文学家李善济（1870—1921年）写有《青城山长联》，也曾写作闻名遐迩的《银杏歌》：

天师洞前有银杏，罗列青城百八景。
玲珑高出白云溪，苍翠横铺孤鹤顶。
我来树下久盘桓，四面荫浓夏亦寒。
石碣仙踪今已渺，班荆聊当古人看。
故国从来艳乔木，况甘隐沦绝尘俗。
状如虬怒远飞扬，势如蠖曲时起伏。
姿如凤舞云千霄，气如龙蟠栖岩谷。
盘根错节几经秋，欲考年轮空踯躅。
……

诗人对这株银杏的描写细致入微，同时又勾勒了银杏的雄姿和气势，读来令人有身临其境、与树同在之感。

民国年间，该地有别名“老鹤”的诗者，欲后来居上，也写下了一首《银杏歌》，其中称：

天师洞前多老林，中有银杏气萧森。
大逾十围高百尺，孤根下蟠九渊深。
拔地参天形古性，神物不知始何代。
道士但云已千年，苍苍独余古时黛。
奇倔直似六朝松，枝头常有白云封。

凡鸟恶禽不敢巢，夜深往往鸣天风。
独恨游人少题咏，肉眼不识孤高性。
……
年年洞口饱霜雪，生有奇骨那能折。
地老天荒不改柯，鬼神呵护皆臆说。
世人但知泰岱松，此物灵异将毋同。
歌罢绕树三太息，如此老树无人识。

似乎，天师洞银杏俨然不再是树了，而是道气氤氲，慧根所系。诗者托物咏志，也隐喻自己“有志不获骋”的深重感慨。

根据《格物粗谈》等书记载，宋人已经知道银杏的种子有雌雄之分，具有二棱的为雄，具有三棱的为雌。因为银杏的雄性种子核为圆形，具有二棱；雌性的种子核是尖头，且具有三棱。从元代开始，农书上不断出现银杏栽培的技术心得。

成都人都知道，大凡一个地方有枝繁叶茂的大银杏树，那它附近就必然有另外的异性银杏存在。道理在于银杏是风媒花，是通过风来传播花粉。其实，这恰是大自然里琴瑟和谐的象征。和谐并非大道理，要实现社区的和谐，建设包容、和谐的城市文化，需要深刻理解和把握民族和成都的独特文化魅力和历史积淀，将我国源远流长的中华民族优秀传统文化传承下来，由此成为和谐文化的重要内涵。

写过《百花齐放》的郭沫若，自然关注过巴蜀的植物，他也写过银杏：

梧桐虽有你的端直而没有你的坚牢；白杨虽有你的葱茏而没有你的庄重。熏风会妩媚你，群鸟时来为你欢歌；上帝百神——假如是有上帝百神，我相信每当皓月流空，他们会在你脚下来聚会。秋天到来，蝴蝶已经死了的时候，你的碧叶要翻成金黄，而且又会飞出满园的蝴蝶。你不是一位巧妙的魔术师吗？但你丝毫也没有令人掩鼻的那种江湖气息……

郭沫若的散文《银杏》写于1942年，他在文中提及自己不知道为什么银杏的别称叫“公孙树”。其实，这是指银杏生长慢，寿命极长，从栽种到结银杏果要二十多年，三四十年后才能大量结果，因此别名“公孙树”，有“公种而孙得食”的含义。

成都和平街四川最为著名的藏书楼“贲园”，它的藏书一度高达30万卷。在斑驳厚重的书库砖墙两侧，依偎着两棵二十余米高的银杏树。金黄萎谢，铺满了全部屋顶和地面，贲园更显沧桑。一只不知名字的黑鸟在叶间张望，就像一滴墨汁在撒金纸上漫漶，它在惊慌中穿插振翅，落叶轻飞，搅乱了一派晚霞……

第68章

最具世界知名度的成都之花

20世纪70年代，那时我在读小学。家里养了两只兔子，这是当时城市平民的一大爱好。更主要的原因是希望借此增加餐桌上的肉食，无他。我家在川南滏溪河畔，河边杂草以及水葫芦丛生，不但见识过厉害的荨麻，也见识过“一丈红”。但兔子根本不理会这种茎秆高大、花朵红艳之物，顺着壮硕的茎，由下开到上，全部是花，像是一场“游园惊梦”。我从蜀葵上托拧下拳头大小的花朵，滑如丝绸，一股味道蔓延而上，好像不是纯粹的花香，但却有一种摄人的力道。搓揉花瓣，花烂成一团，有黏腻的汁液，手心是一片黑中透紫的颜色，擦也擦不掉，如同花朵被处以死刑之前的神秘诅咒。有一个小伙伴就说了：这简直不叫花！白送也不要。

因为蜀葵能够染东西，小姑娘还用粉红的花汁来涂染指甲。因而，我很长时间来还以为一丈红也是指甲花，其实指甲花是凤仙花的俗称。这个美丽的误会，到而立之年以后才恍然大悟。看起来，还有很多类似的谬误，人们至死也奉为真理。

俏丽的一丈红，在古蜀王朝就已经红透半边天了。

清朝医学家钱塘人赵学敏撰有《凤仙谱》，指出：“一丈红种出云南，本颇高大，花大如碗，围圆三寸。能长至丈许，须支以竹方不虑风折。然江南土薄，多不易活。”看起来赵学敏见闻不广，竟然不知蜀葵来自巴蜀，显然属于谢灵运所说的“半豹”一类了。据明朝杨穆的《西墅杂记》记载，明朝成化甲午年间，日本使者来到中国，见到蜀葵就不识，问之才明白，遂题诗：“花如木槿花相似，叶比芙蓉叶一般。五尺栏杆遮不尽，尚留一半与人看。”诗歌主要是夸耀其硕大，但比较了蜀葵与木芙蓉的异同。也就是说，日本使者是谦逊的，体现出一种博物学态度。

旧时人们在家中瓶插蜀葵用以驱鬼、避邪。另外，据说取蜀葵的叶片研磨，用布将汁液揩抹在竹纸上，稍干后用石压平，便成了“葵笺”。唐代许远曾制此笺分赠白居易、元稹等文人，作诗唱和。我推测，薛涛发明“薛涛笺”，除了胭脂木、木芙蓉之外，极有可能也使用了蜀葵作为染料。

西南自古以来为中原人视作边地、戎地，一丈红最早的记载出自《尔雅》，谓之“戎葵”，因为喜光的习性，故《花镜》中称其为“阳草”。而“蜀葵”一词，最早提及者应是晋代的崔豹所撰《古今注》：“荆葵，一名戎葵，一名芘芣……茎叶不殊，但花色有异耳，一曰蜀葵。”该书特别提及蜀葵有5种花色：有红，有紫，有青，有白，有黄。由于蜀葵极强的适应性，所以造成蜀葵的名称极多，多到了难以计数的程度，成为西南地区花卉里别称最多的花。比如，立葵、舌其花、胡葵、戎葵和吴葵等等，这些名称都是侧重外形或说明其植物来源。由于蜀葵盛开于梅雨季节，梅雨初期由茎基部绽放花朵，沿着直立的茎秆逐渐往上，开到茎的顶端，梅雨正好结束，故又有“梅雨葵”雅称。而在中国北方，蜀葵通常盛开于端午节之前，因此又称为“端午锦”。

蜀葵是中国本土最早以产地命名的观赏花卉之一，已有2200年以上的栽培史，可以说全世界凡是有人居住之地就有蜀葵分布繁衍。在西方，蜀葵的拉丁学名Althaearosea，是锦葵科蜀葵属的多年生草本植物。茎长、花大、叶大，花期长，颜色繁多，生命力极强，从海拔4000米到海拔0米，从格陵兰岛到南美洲，均有蜀葵分布。

根据记载，蜀葵在8世纪被引种到日本；沿着西北丝绸之路，蜀葵在敦煌壁画里与莲花成为最为重要的佛教名花，并于15世纪被引种到欧洲，是引种到世界最早最多的中土植物之一，由此成为世界范围内分布最广泛、知名度最高、生命力最强的中国花卉。

在西方文艺复兴时期的画家笔下，比如德国伟大的艺术家丢勒（1471—1528年），他是欧洲文艺复兴时期代表画家，他绘制于1503年的一幅名为"*Madonna of the Animals*"的作品，蜀葵得到了大师浓墨重彩地彰显。除此之外，提香、鲁本斯、布歇、布格罗、德拉克洛瓦、莱顿、柯罗、毕沙罗、莫奈、雷诺阿、塞尚、凡·高、列宾等等西方著名画家们画笔下，蜀葵不断得到一种新的赋形……

成都"鲜花山谷"周小林、殷洁夫妇经过多年悉心研究，收集到了逾2000幅西方画家绘制的蜀葵美术作品；而在文学作品里，歌德、司汤达、巴尔扎克、雨果、安徒生、夏洛蒂·勃朗特、马克·吐温、劳伦斯、川端康成、海明威等经典作家，把蜀葵写入其不朽作品中。

奇怪的是，我翻遍了后蜀花蕊夫人的一百首宫词，竟然就没有查阅到一首是涉及蜀葵的，这非常奇怪。唐朝时（出生于福建莆田）诗人徐夤，一度来到成都，写有五律《蜀葵》：

剑门南面树，移向会仙亭。
锦水饶花艳，岷山带叶青。
文君惭婉娩，神女让娉婷。
烂熳红兼紫，飘香入绣扃。

这首诗早成为状写成都锦江与蜀葵的名篇。至于晚唐诗人薛能的七绝《黄蜀葵》，则由外而内，探视着蜀葵疏影下的玉人心迹：

娇黄初绽欲题诗，
尽日含毫有所思。
记得玉人春病后，

道家装束厌禳时。

这又至少告诉我们，至迟在唐朝，利用黄蜀葵以“厌禳”之能而驱邪祛病，已经是一种深入人心的民俗。

从蜀葵的历史而言，有人认为这是成都的故乡花。但从后蜀孟昶开始，名声远播的木芙蓉也许更具成都风仪。在我看来，这两者与蜀地的历史地缘均非同寻常，需要仔细考量。木芙蓉是木本，蜀葵是草本。木芙蓉高度最多几米高，蜀葵可以长到2—3米，北方移栽的蜀葵多数2米左右。木芙蓉的叶子有5道经脉，尖端很尖；蜀葵叶子较圆，关键在于着花部位不同，蜀葵成串而生，木芙蓉则分散，有点无组织无纪律，但分明是自由、自在的蜀人生活的写照啊。

这两者的特征，古代博物学者们心知肚明。更关键在于，他们看中了蜀葵具有忠义之心。

清初陈淏子《花镜》指出：“蜀葵阳草也，一名戎葵，一名卫足葵。言其倾叶向日，不令照其根也。来自西蜀，今皆有之。叶似桐，大而尖。花似木槿而大，从根至顶，次第开出，单瓣者多，若千叶、五心、重台、剪绒、锯口者，虽有而难得。若栽于向阳肥地，不时浇灌，则花生奇态，而色有大红、粉红、深紫、浅紫、纯白、墨色之异。好事者多亲种于园林，开如肃锦夺目。八月下种，十月移栽，宿根亦发。嫩苗可食。当年下子者无花。其梗沤水中一、二日，取皮作线，可以为布。枯梗烧作灰，藏火耐久不减。”一方面，蜀葵是阳草，作为火炬，可以经久不灭；另一方面，蜀葵具有“向阳”的特征。太阳照到哪里，蜀葵的硕大花朵就热烈鼓掌，一心向阳，众口合一。所以，明朝张瀚《松窗梦语》的解释就明确导向了其象征意义：“蜀葵花草干高挺，而花舒向日，有赤茎、白茎，有深红、有浅红，紫者深如墨，白者微蜜色，而丹心则一，故恒比于忠赤。”

其实，有关蜀葵彰显忠诚的历史帷幕才刚刚开启。

武则天魅力入室、荣登大宝之后，在洛阳的冬季，睨见宫廷中的蜡梅盛开了，女皇芳心乱动，古井大波，写了一首催花诗：“明朝游上苑，火速报春知。花须连夜发，莫待晓风吹。”女皇对着植物园下旨，要百花次日一齐开放。次日各种花果都承旨遵命，挤出了藏匿在根部的精血。武则天到御花园赏花，据说气候也因时而动，变得特别暖和，池中冰块都融化，变成春光轻拂，武则天明白这是天意，万分感动。她再次下令：宫人给这些花木挂以红绸，并悬以金牌表示奖励。但是，明察秋毫的女皇目光犀利，发现牡丹花迟迟未开，女皇命宫人燃炭火烧炙枝梗，敲打牡丹……

20世纪50年代中后期，深谙历史与物性的郭沫若，在《人民日报》紧锣密鼓地发表了他的《百花齐放》系列诗作。每隔数天，必发一组，或四首或五首。但在最后一组刊出时，也已到了1958年6月27日。当天发表的《蜀葵花》《栀子花》《蜡梅花》《梅花》之外，还有《其他一切的花》，这就凑成了101首。郭沫若说：“我倒有点喜欢一零一这个数字，因为它似乎象征着一元复始，万象更新。这里有‘既济’‘未济’的味道，完了又没有完。‘百尺竿头，更进一步’，这就意味着不断革命。”

郭沫若的《蜀葵花》全文如下：

箭茎条条直射，琼花朵朵相继，
由上而下，直射不依，相继有序。
我们要做多快好省的花模范，
我们要做力争上游的青云梯。
超过英国，赶上美国，不算稀奇，
不仅六亿人都有这种志气，
万花万卉也都服从党的指挥，
多么光荣啊，花开在“七一”佳期。

我从孔夫子旧书网上买到的诗集《百花齐放》堪称印装豪华。诗集用纸虽然薄了一些，但纸质不低。扉页为郭沫若毛笔题写的“百花齐放”和署名，扉页的下一页是一张名家刘岘作的郭沫若木刻像，浅黄色底，大家风范。背面则是郭的《蜀葵花》毛笔手稿，上面还有一些改动的痕迹，足见他对此诗的重视。也许，这是否也暗含了身为嘉州人的大文豪，对巴山蜀水的怀念。

因为有郭沫若的奋然开路，趋于沉寂的国画家们纷纷挥毫，大画郭沫若圈定的百花，并在画作上题诗，自然也引用郭诗。1958年2月16日和4月8日，《四川日报》发表了国画家梅鹤年两幅画作，其中有《蜀葵双鸡》，除了引用郭沫若的《蜀葵花》。

蜀葵的属名Althaea，源自希腊文的Althino一字，为“治疗”之意。其实，代表了古蜀木性的木芙蓉与蜀葵，均具有微毒，且性滑涎黏，芙蓉叶主清肺凉血。散热解毒，治一切痈疽肿毒恶疮，这才有伟人“我欲因之梦寥廓，芙蓉国里尽朝晖”的感叹。李时珍《本草纲目》引述古书《坦仙皆效方》说，利用蜀葵可以制作一剂药，名“怀忠丹”:“治内痈有败血，腥秽殊甚，脐腹冷痛，用此排脓下血；单叶红蜀葵根、白芷各一两，白枯矾、白芍药各五钱。为末，黄蜡熔化，和丸梧子大，每空心米饮下二十丸。待脓血出尽，服十宣散补之。”

唐朝刘眘虚的《蜀葵花歌》有佳句:“人生不得长少年，莫惜床头沽酒钱；请君有钱向酒家，君不见，蜀葵花。”个中有曲折，读者值得细细品味。

毫无疑问，蜀葵是最早把成都带往世界各地、具有最高世界知名度的成都之花。

写到这里，我不禁有些想念川南老家河边散乱开放的蜀葵了，估计它们在巨大的经济风潮下处境不佳，倩女离魂，但不绝迹，就是万幸。可喜的是，近年在成都的很多公园、绿道处，300万株木芙蓉之外，又可以见到蜀葵风姿绰约的倩影。

第69章

成都的桐花凤

小说《桐花凤》展现了著名作家高阳历史叙事之外的另一面，也展现了高阳触及现实情欲层面的才华。小说开篇即说：“成都多植紫桐，每当暮春，桐花盛开，有五色灵禽，来吸取桐花的朝露，称之为‘桐花凤’。他明明是桐花，却不以为能对桐花凤有任何奉献。这份因谦卑产生彼此认知的差距，造成了不必要的悲剧……”

桐花凤是一种小鸟，体形比燕子稍小，因暮春时栖聚于桐花而得名，故借桐花、桐花凤比拟男女之间的痴缠。这是用小女人的口吻说的软语，心目当中的男人就好像桐花，我呢就是桐花树招来的小鸟，小鸟依人，这是用情很深的话。

王士禛《蝶恋花·和漱玉词》：“郎似桐花，妾似桐花凤。”艳传一时，因此被戏称为“王桐花”，以后更有模仿者。近代冯干干有词《浪淘沙》云：“妾是夜来香，郎是螳螂。花花叶叶自相当。莫向秋边寻梦去，容易繁霜。”其词序说明：“蕙风翁《天春楼漫笔》有记螳螂一则言：藤本花有曰夜来香者，其叶下必有一二小螳螂栖集，纤碧与叶同色，若相依为命者。……余笑语翁：若仿王桐花句例，当云‘妾是夜来香，郎是螳螂矣’！

翁深赏是语，谓天然《浪淘沙》佳句也。”

张晓水、张二水、张伍合著的《回忆父亲张恨水先生》里提到一桩趣事：1936年，张恨水、张友鸾、卢前、左笑鸿等几位友人相聚南京“六华春”，酒过三巡，张友鸾大谈扑克牌奥秘。左笑鸿说，扑克牌最高分为“同花顺”，于是仿效王渔洋的著名情话，吟出：“又是同花，又是同花顺。”张恨水立即接过去说：“冀野（卢前字）辞藻无伦，而身体肥硕，可赠以词：‘文似东坡，人似东坡肉。’”席间恰有一盘东坡肉，一语双关，举座闻之大笑。

可以说，杜鹃与桐花凤，是蜀地文化的有翼精灵。一个阳刚一个阴柔，恰好展示了情欲意象的两个方面。

桐花是清明时节之花，托举起蜀地一派清丽。桐花凤这种乖巧的鸟儿以穿过暮春雨幕、喜栖集于桐花之间采撷花蕊而得名。庄子早就发现“桐乳致巢”，这说明“桐乳”喂养了桐花凤。宋代陈翥《桐谱》记载：（紫桐花）“自春徂夏，乃结其实，其实如乳，尖长而成穗，庄子所谓桐乳致巢是也”。

《太平广记》卷四六三：“剑南彭蜀间，有鸟大如指，五色毕具，有冠似凤。食桐花，每桐结花即来，桐花落即去。不知何之。俗谓之桐花鸟。极驯善，止于妇人钗上，客终席不飞，人爱之，无所害也。”唐朝时代，在成都担任要职的李德裕十分熟悉蜀地风物，鉴于当时出产自成都的“桐花凤扇”是川扇工艺扇的最早代表，其《李文饶集》别集之一《桐花凤扇赋序》进一步指出：“成都夹岷江，矶岸多植紫桐。每至暮春，有灵禽五色，小于玄鸟，来集桐花，以饮朝露。及华落则烟飞雨散，不知其所往。”并赞美道：“美斯鸟兮类鸳鸯，具体微兮容色丹。彼飞翔于霄汉，此藻绘于冰纨。虽清伙之已至，常爱玩而忘飧。”

到明朝曹学佺编纂《蜀中广记》108卷时，他根据张鷟的《朝野佥载》，补辑一个描述桐花凤的名物大全：

剑南彭蜀向有鸟大如指，五色华丽，有冠似凤，食桐花，每桐结花即来，花落即去，不知何之，谓之桐花凤，极驯。桐花色白，至春有小鸟，色蕉红，翠碧相间，生花中，惟食其汁，不食它物，花落遂死，性多跳，掷推触即死。东坡词所谓“绿毛么凤”又名“倒挂”，青城、峨眉往往有之，至春啼，其音若云：“无偷花果”。

最后一句，应该是“毋偷花果”才通顺。

其实，桐花凤并非仅出现在春季，秋天也可见它们玲珑的身影。清康熙年间巫山县籍诗人傅作楫《筹边楼》指出：

天府金城古益州，文饶节钺旧风流。
春秋两见桐花凤，晴雨三调柘树鸠。
梦里关山情漠漠，天边烽火路悠悠。
不堪憔悴西征日，人在筹边第几楼？

清代成都的筹边楼，位置在成都皇城以西不远之处，由此也可推演当时成都的风物。

古代典籍中的梧桐是较为宽泛的概念，主要包括梧桐（青桐）与泡桐（白桐）两种。必须指出的是，这里的“桐花”主要指的是泡桐花，而不是专指梧桐花。

桐花凤并非神话制造出来的，它是雀形目太阳鸟科亦即花蜜鸟科的雄鸟，更准确一点，即蓝喉太阳鸟。而“绿毛么凤”“罗浮凤”“倒挂子”，缘其“倒挂”的生态特征，分类上属于雀形目极乐鸟科。两者不能混为一谈。民国《郫县县志》，第一卷“物产”即指出：“么凤，又名收香倒挂，闽、广间多有之，毛纯绿，与桐花凤自另一种，周栎园（周亮工）《闽小记》辨之甚详。”[①]该书同时指出，古人所谓桐花凤好集美人钗上，是错误的。这充满科学精神的记载，强力地划破了古典美学的皮纸灯笼。

① 民国《郫县志》，方志出版社2013年12月翻印版，第一卷，第149—150页。

一般而言，太阳鸟体长8至15厘米，体重仅几克，的确轻若鸿毛。它们以细长的嘴、管状的舌吸食花蜜，同时也捕食昆虫。看来，如果仅仅喝露水，解决不了浓愁。

成都皇城独剩的大石狮。（1917年，美国人西德尼·戴维·甘博 摄）

钟叔河先生写有《桐花鸟》一文，认为蜀地桐花凤乃是虎皮鹦鹉，这是他没有注意到鸟儿的小巧轻盈，对于“钗头凤”的美学而言，虎皮鹦鹉显然太大了些。

桐花凤来去无所，独钟于蜀地，近乎灵异了。“郎似桐花，妾似桐花凤”，这喜欢停驻于美人金钗上的翠鸟，谁能料到，在风雨飘摇的四川晚清时节，竟然从情欲的粉黛闺情之间贸然出走，侧身问鼎刀戈血光，由此足见世道的诡异和深刻危机了。

第70章

龙泉山简史

东大路与北周文王碑

1930年开始，国学大师卢前在成都大学和成都师范大学任教，他从重庆沿东大路辗转来到龙泉山，挥笔写了一首散曲《中吕醉高歌·龙泉驿东望》：

到龙泉已近成都，
有万水千山间阻。
关心尽在东边路，
独想望朝朝暮暮。

《中吕醉高歌》的曲牌，多以此抒其胸中激动之情，壮怀激烈，有戛金断玉之功。卢前乘渡船渡沱江到达简阳县（阳安），开始登上龙泉山。推测起来，应该是他置身山泉铺一线东望。经历千辛万苦之后，眼看就要到达目的地成都了，卢前按捺不住内心的喜悦，云“万水千山”，并不夸

国画大师陈子庄绘制的《龙泉山》

张，凸显出他心情的急切。句末叠音词“朝朝暮暮”的妙用，似以情人相会做比喻，颇为贴切传神。

绵延200多公里的龙泉山脉狭窄而绵长，为岷江与沱江两大水系分水岭，也是成都平原与盆中丘陵的天然分界线。龙泉山脉进入成都境内称龙泉山，在唐代称“分栋山”（《北周文王碑》称“分东岭”，《简州志》称“分栋山”），宋代随灵泉县改称“灵泉山”，明代改为“龙泉山”。至迟在明代，已成为成都的主要踏春胜地和林木、花果之乡。明朝尚书金献民（1460—1541年）出生于四川绵州，其《题东山》云：“日映山城水绕村，晚烟生处树缤纷。伤春况值东山老，风卷桃花正断魂。”由此足见当时龙泉山一线的花木之盛。1934年，就读于华西大学的龙泉才子晋希天（1903—1977年）在山泉乡大桥沟的家园里培育桃树苗数百株，两年后又从浙江奉化县和山东肥澄县引进水蜜桃枝条嫁接成功。特别是1958年3月，正在成都参加中央会议的邓小平视察龙泉山，强调“要把龙泉山变成花果山”，由此逐渐形成“龙泉山中桃花园”的诗意格局。

蜀巴古道是连接成都和重庆的古驿道，全长1072华里，兴起于汉代的邮传制度，繁荣于唐宋，普及于明清，是连接西南两大城市，串联天府最富庶地区的大动脉，是人员和信息流通的大通道、物流大道。从东穿越龙泉山，进入成都地区分为北线（挑夫路）和南线东大路，北线挑夫路连接了五凤古镇沱江水码头和洛带甑子场。

龙泉山更值得铭记的，除了著名的东大路，还有“天落石”。

山泉镇大佛村八组石佛寺，又称“周文王神祠”或“周文王庙”。此地有一块巨大的“天落石”，东壁上的北周文王碑高2.44米，宽1.24米，碑首刻蟠螭、佛像莲花、米雀、扶桑叶片；额题15行，共56字，字体为魏碑体，记碑名、领衔立碑人强独乐的官爵。碑文正体楷书，40行、34格，共1348字。这处碑文建造于北周明帝元年（557年），距今已有1400余年，是国内唯一一块保存至今、以碑文形式记录北周时期史事及叙述北周政权奠基者宇文泰业绩的石刻。2013年3月，该碑被公布为第七批全国重点文物保护单位。除此以外，在碑石所在的石壁上，还有一系列古石刻，分别刊刻于唐、宋时期，共计50余龛。后人在此建庙一座，也就是现在的大佛寺。

龙泉山镌刻讴歌宇文泰的碑文，大有来历。

西魏废帝二年（553年）三月，西魏执政宇文泰派大将尉迟迥率12000多兵马伐蜀，连克剑阁、利州，各地守将望风投降。八月，魏军进攻益州（成都），益州刺史开城投降，从此，成都及巴蜀地区归于西魏统治，蜀巴大道恢复畅通。

557年，即宇文泰去世后第二年，当时驻防阳安县（今简阳市）武康郡（今简城镇）的大周使持节、车骑大将军强独乐等11位将帅，因曾经得到过宇文泰的提拔，怀着对北周文王的感恩戴德和敬重，在当时隶属简州阳安地界的东大路边的“天落石”上，为宇文泰立纪功碑，同时建造周文王庙。

在古驿道东大路上为宇文泰刻碑绝非随意。东大路所在的蜀巴古道因

龙泉山北周文王碑拓片

北周文王的强势入蜀而重新开通，有纪念之意义；另外，东大路古驿道当时非常繁华，来往的达官贵人众多，所处位置风景优美，地势平坦，选择在这样一个地方为宇文泰刊刻碑文，是想更好地宣扬宇文泰的丰功伟业。

北周文王碑最重要的贡献，具有碑刻艺术在汉字发展历史中的里程碑意义。汉字在两汉形成隶书的基础之上，至南北朝时已开始向楷书和行书方向发展，周文王碑证明那时的汉字字体在取代了魏碑体后，已经完成了成熟的楷书字形，其字体亦隶亦楷，粗朴而率真，别具装饰之美。康有为在《广艺舟双辑》中赞其为“精美之强独乐”。

龙泉山的虎踪豹迹

龙泉山在清初时节虎豹较多。当时移民入川居住在龙泉山一线的客家人对老虎并无讳称。四川的虎患最严重时是在顺治、康熙年间，其后有所缓解。如四川成都龙泉驿区黄土镇大同村《陈氏族谱》记载，其来川始祖宁相公“生于粤”之嘉应州长乐县（今广东省梅州市五华县），“雍正甲寅（1734年），置业于黄土场老鸦林，公居山时多猛虎，日入则闭户，虽畜犬不听其宿于外，不然则为所噬，其出耕也，所过皆长林丰草，时亲见猛虎卧道旁，偶一鸣声震地，疾走吓汗，其惊险如是”。

洛带镇有“虎村”的典故，源自《茅亭客话》之“好画虎”篇：洛带村民郝某，爱虎成痴，最终化作老虎，为人射杀，其家人收其虎骨，葬于村旁。

“虎村”实指洛带山村，盘踞于青山高处，亦有虎踞之气势。

到清中叶后，较之清初时节新都县城的“虎迹遍街”，成都东山乡野一带的老虎，无论在数量还是在破坏性上都大为下降了。由于有大量村落分布在山麓、山肩、山腹，村舍、耕地、经济作物迅速挤占了野生林地，栖息于山林的野生动物们，逐渐迁徙而走，剩下的留守者处境不妙。

2011年8月5日的《四川工人日报》副刊，刊发了一篇徐基坎的短文和照片，标题《五十年前的“简阳豹”》，记录了一桩往事：“1954年，有一只凶猛的豹子经常出没在本县贾家镇久隆乡大山村，这里地属龙泉山脉，森林茂密。豹子经常下山，伤害村里的大人和儿童，搞得村民们惊恐万状。当时的贾家区公所的领导得知此情后，立即派了区组织委员曾正清率领干部、民兵10多人前往追捕。一天上午，豹子出现在山岩下，一民兵用步枪射击。好险，子弹打不穿豹皮，擦身溜跑了。此时豹子怒吼一声，跳起来，张嘴正好一口含住另一干部朝下的步枪管口。干部使劲扣动扳机，‘砰’，子弹打穿豹子喉咙，鲜血从嘴涌出，豹子倒下。‘啊！豹子打死了！’人们欢呼，请人拍下这张照片。”从照片上看，豹子约有5尺长，属于雄性成年金钱豹。可见，在人口分布并不稀疏的龙泉山脉东麓，出现一只异乎寻常的荷尔蒙旺盛的大豹子，则意味着它可能是最后的孤豹，它远离生活的区域，具有一门心思寻死的气度。就在这个时期，龙泉山脉山肩一带，也被民兵打死过一只金钱豹。可见此地豹子彻底消失的时间，大体也在这个时段。到1961年，金钱豹作为本地顶级食肉兽的孑遗而彻底销匿。唯一例外的是位于成都平原南侧的二峨山上，20世纪70年代“农业学大寨”期间，出现了一位“农妇武松”，她的对手是一只比她更羸弱的、前来觅食的母豹。农妇从竹篱笆空隙抓住豹尾，足足与豹子拔河一个时

民国时期，成都龙泉驿段山上行走的马帮。（成都市图书馆提供）

辰，最后人取得了胜利。可见，西王母著名的豹尾，很可能成为别人手里性命攸关的把柄。

如果说龙泉山脉东麓的豹子急于赴死，那么位于金堂县龙泉山中段的金堂山上的豹子，也是在这个时间节点开始了亡命奔袭。一头雄性金钱豹冲下山来，在县城的沱江边伤及路人，立即陷入人民战争的汪洋大海，豹子惊吓过度、脱力，被当场打死。那是在金堂县城边出现的最后一头野生豹子。

龙泉山自古柏树众多，后来因铁路、公路建设被大量砍伐，几十年过去了，还有柏树吗？听村民说，20世纪80年代初期，这里曾有黑熊出没，尽管是个案，但也让人感到一阵惊喜……黑熊绝不会是单独一只，这暗示了龙泉山的生态链没有彻底断绝。

从2009年开始，成都启动了龙泉山生态修复工程。2015年又提出了龙泉山生态提升工程，生态系统得到了一定改善。2020年成都明确提出打造龙泉山城市森林公园，制定了《龙泉山城市森林公园规划建设思路》，龙泉山生态保护有了顶层设计。城市布局由原来的“两山夹一城”转变为“一山连两翼”，龙泉山由成都的生态屏障转变为城市绿心。占地约1000平方公里的龙泉山城市森林公园内，将建立天府植物园、天府野生动物园、天府园林博览园等大型主题公园。

2016年夏季有人到龙泉驿区茶店镇民主村8组进行生态考察，村子位于龙泉山中段的凹地，海拔700米左右。在风里，树叶的背面宛如颤动的羽毛，将树影背后的莽莽林海点染出一堆堆雪沫。如果风再大一点，它们就会把褐色的山岳硬提到空中，去堵住那个流泻阴云的缺口……这里有两棵对望的古黄葛树，不大像携手的情侣，倒更像是两位绿林好汉。

由于此地划入龙泉驿城市森林公园区域，祖祖辈辈在此居住了三四百年的二百多村民，已迁徙至几十公里之外的西河镇。村道在两棵黄葛树之间逶迤而前，右侧原有三百余米长的民居，俗称“半边街”，已全部拆除，推土机将房基下褐色的土壤深翻出来，夹有很多新鲜的树根，青筋暴起，儿臂一般粗细，更有龙蛇的造像。护林员是本地人，他说：1949年之后，本地名上游村；1980年才集资修通了连接茶店镇的小公路，那时改名为白石沟村；2007年与民主村合并后方有今名。

如今炊烟飘拂了几百年的半边街，陷入了一种奇特的静谧。斑鸠、画眉、麻雀用绿色的啼叫，渐次把错落的山野推向山腰一线的柏树、巨桉、核桃、杨柳、香樟、青冈、毛竹。山踝是密不透风的桃林，桃花怒放，嗡嗡作响，就仿佛火柴在擦皮上的舞蹈，发出花的叫声。置身其中，才发现是十万只蜜蜂振翅的大合唱……

时间会把野草还给赤裸的大地，地力在沉默中修复着生态。我想，那些迁徙到异地的村民，也许每年会回到故乡寻觅。房子没有了，古井没有了，土地退耕还林了，沟渠田坎没有了，这两棵古黄葛树屹立在村口，那是村民梦中的消息树，系得住他们的乡愁么？

1972年，国画大师陈子庄多次在龙泉山中写生。一次他在山中写生时，有人问他："龙泉山光秃秃的，有什么好景色呀？毫无嵯峨奇诡之相，如何入画？"陈子庄回答："景色并不一定是眼前的实景，而是心与现实交融之境。"他画有《龙泉山写生册》34幅山水绝作，这是他第一次把龙泉山提升到顶级艺术的殿堂。饱览巴山蜀水的陈子庄，发现龙泉山才是使自己超临苦痛的桃源仙境，他在临终前所作《命门人代买穴龙泉以为死后埋骨之地》一诗中写道："卖画积钱能买穴，百年朽骨定污天。今生能断来生苦，不到人间结世缘。"

从龙泉山遥看94座山峰

几年前，一位摄影家在龙泉山上，拍摄到了一幅360度的环绕成都市的连绵群山长图，撼人心魄，不但有94座山峰的俏丽身影，而且还标注了每一座山的名字和海拔数据。这是成都人从来没有见过的照片。这位摄影家的名字：嘉楠。

正因为成都时常能见到雪山，像嘉楠一样，成都有很多专业或业余的雪山摄影者，他们热衷于在成都拍摄一两百公里之外的雪山，他们的照片引起了《中国国家地理》等媒体的高度重视，一再刊用后，引起巨大轰动。“成都遥望雪山群”（简称成都雪山群）就是由一群雪山、户外、植物、动物的爱好者发起的、一个自然爱好者和摄影人组成的社群，人数上千人，“成都雪山群”后来分为雪山一组、二组。群里会不定期举行关于地理、植被、季候等主题的讨论会，切磋技艺、分享所见所闻。

富有深意的，是“成都雪山群”所做的年度观测统计：

2018年，在成都遥望雪山记录共计56次（即56天），比2017年的50次观山记录多出6次。除了12月无一次观山记录外，从1月到11月，每个月都有观山记录，特别是1月、2月能够看到雪山，非常难得。2017年，在成都能够看到蜀山之王——贡嘎山的次数有2次；2018年则为3次。而遥望到蜀山之后——幺妹峰的次数，两年均为22次，可以说是非常“赏脸”。

除此之外，2018年，“成都遥望雪山群”又有了新的发现：观山角度更为丰富，不再仅限于龙泉山或楼顶拍摄，普通街道、高速公路、狮子堡观景台等点位，也有了更多能够看到雪山的影像资料。同时观雪山的范围也更加广阔了，几乎涵盖了大成都全域范围，不仅有更靠近西边的温江、郫都，从绵阳、德阳以及什邡到简州新城，都能够看到壮丽的雪山。

2019年有人问嘉楠：“为什么2018年几乎从成都全域范围内都有看到雪山的拍摄记录？”

嘉楠从深圳来成都生活已经7年了，他早就是“成都遥望雪山群”中一员。他认为这也得益于“成都雪山群”的不断扩大，有更多热爱雪山的摄影爱好者加入，也就有了更多的拍摄机会和点位。同时，成都空气质量也不断改善，成都市环保局发布的数据显示，2018年成都空气质量优良天数创新高，达251天。嘉楠解释，“成都遥望雪山群”是不折不扣的“追峰人”，他们用镜头留住了雪山的大美，致力于让更多人在成都“开门见雪山”。不夸张地说，成都人微信圈里那些被刷爆的成都雪山长卷，绝大多数都是出自这些“追峰人”之手。某种程度上说，他们用镜头，多角度诠释了天府文化、世界文化名城成都的深厚底蕴与璀璨现实。

嘉楠第一次从龙泉山拍摄到远处雪山，是2016年6月14日黄昏。

那天天空明净，能见度极高。嘉楠顺登山步道来到龙泉山仰天窝，往西北方向打探，在云端之上，突然看到了一抹雪光。太阳的反光刚好从雪峰之下反射上来。啊，太美了！他去过那里，知道那是四姑娘山的幺妹峰。幺妹峰海拔6250米，位于阿坝州小金县与汶川县的交界处，是邛崃山的最高峰，山体陡峭，直指蓝天，银光照人。在距离幺妹峰170公里的成都，他拍摄到了绝美的雪峰。

第二天一早嘉楠赶在日出之前再次登山，目睹了日出时刻的幺妹峰姿容。作为一名摄影者，他知道，这是大自然对成都的恩赐。从此以后，他就起早贪黑地眺望四处的雪峰。随着绿色生态理念的大力推广，空气更为洁净，2019年一天，透过成都星汉灿烂的城市灯火，他又拍摄到了幺妹峰的瑰丽姿容，就像火焰里的一朵白芙蓉。

嘉楠拍摄的那张脍炙人口的94座雪峰照，是雪山和城市交融的成都全景图。是何时拍摄的?

拍摄成功是2017年7月15日的事，但为此他一直准备、等候了3年。那天的前一天，是大雨、大风，他预感到第二天天气会好。果然，第二天万里无云。下午他急忙来到龙泉山东山上的一户农家，那里海拔700米左右，他就在房顶上等。6点30分左右，一个一个的雪峰在眼前纷至沓来，他激动得不得了。用一台尼康D800相机连续拍摄了360度。我们看到的这样一幅长卷，是32张照片连缀而成，占内存达1.2G。这幅长卷中，近处龙泉山万木并立、郁郁葱葱，远处7000米级的贡嘎主峰、6000米级的幺妹峰以及横断山脉的众山峰都清晰可见。远近两列山脉之间，密密麻麻的城市建筑耸立在广阔的平原之上，成都“两山夹一平原”的地理格局清晰可见。多亏了成都的雪山摄影爱好者们，尤其是芈治林先生，查证了照片上每一座雪山的名字以及海拔。

这张照片为成都添光溢彩，可是也有人质疑。比如某气象单位的人就说，从事多年本地气象研究从来没有见过这样的景象，进而认为他拍摄到的是海市蜃楼。还有人说这是电脑上拼凑出来的。对此嘉楠淡淡一笑：“你们成年待在办公室里，如何知道成都能见度的变化？这么多照片都摆在这里，它们都是绝对真实的。后来有人出高价要买走这些照片，我断然拒绝了。”

由人民网、中国青藏高原研究会、星球研究所主编的中华人民共和国成立70周年的献礼制作《这里是中国》大型摄影集出版，嘉楠拍摄的成都与雪山长卷就收录其中。

龙泉山就是拍摄大本营，只要细心，山里会有很多新发现。

摄影家经常独自待在山里，看花观云。守望龙泉，也成为自己的精神向度。龙泉山的四季变化、光影流转的生活美学都在摄影家的相机里。随着生态改善，可以发现，龙泉山几个山巅有云瀑，飞湍飘洒，与霞光融为一体，尤其是黄昏时分，显得时分壮丽。从简阳方向、仁寿方向都拍摄到云瀑俯身龙泉飞流而下的镜头。有时候夏季的一早，也可以拍到玉屑般的云瀑大军……

嘉楠有一天在龙泉山里，拍到了一组奇特的云。照片发到了中国气象网、中国天文网上，有专家指出，这叫“网状云”，属于地壳变化引发的一种云。其实，龙泉山还有很多鲜为人知的秘密，比如人们都以为只有峨眉山才能看到佛光。而在龙泉山里我就拍摄到了佛光。

伴随城市森林公园的建立，龙泉山里的鸟儿很多，还有山鹰。比如百工堰，就曾经发现越洋而来的大群灰鹭在此歇息。另外像野兔、山鸡、松鼠以及比猫大一些的野生动物，经常可以在山里见到。山里还有萤火虫分布。无论是“一山带两翼”，还是摄影者所说的龙门山、龙泉山与成都的“两山夹一城”，一个巨量城市如何与大自然和谐相处？城市里林立的楼群、密如蛛网的道路，在雪山与云朵的呵护下，成都彰显出来的时代气息与历史底蕴，完全可以用镜头记录下来。

嘉楠还有一组影响很大的照片，就是反映成都城市新貌与雪山比对的。

成都的最高建筑是“468蜀峰”，位于城东驿都大道的洪河镇。嘉楠一直希望用一个镜头，容纳下“468蜀峰”与距离成都240公里之外的蜀山之王贡嘎顶峰，由此成为“双绝”构图。尝试过多次，这一愿望终于实现了。除此之外，他还拍摄过地铁线路之上的幺妹峰。你想一想，地铁与170公里之外的雪山融为一景，现代化与自然景观的互嵌，这是多么激动人心的事情……

第71章

今有蜀绣惊海内

蜀绣又称川绣，是以成都为中心的刺绣品总称。蜀绣历史悠久，其记载最早出于西汉文学家扬雄的《蜀都赋》："若挥锦布绣，望芒兮无幅。尔乃其人自造奇锦"。扬雄另作有《绣补》诗（现已遗失），表达了对蜀绣技艺的高度赞誉。古蜀王朝常用蜀绣与北方的战马进行贸易，从而成为主要的财政来源和经济支柱。西汉时期，蜀绣之名就已誉满天下，汉朝政府还在成都专门设置了"锦官"进行管理。到唐末，南诏进攻成都，掠夺的对象除了金银、蜀锦、蜀绣，还有大量蜀锦蜀绣工匠……宋代历史文献中称蜀绣"穷工极巧"。至清朝中叶以后，逐渐形成大行业，尤以成都九龙巷、科甲巷一带的蜀绣店铺最为著名。

蜀绣的针脚与韵脚

蜀绣是中国四大名绣之一，与苏绣、湘绣、粤绣齐名。比如，湘绣以国画为底蕴，辅之以相应的云山雾水、亭台楼阁、飞禽走兽，写实主义是其基调，色彩明快，优美舒适，风格豪放，别具湘楚风度；蜀绣大都采用方格、条花等传统民间图案，多以花蝶、鲤鱼、鸳鸯、熊猫等喜庆物为表达对象，严谨细腻、光亮平整、色彩鲜艳、虚实适宜、立体感强，富有装饰性，这暗合了四川民间务实的群体旨归。

国家工艺美术大师孟德芝

成都地区因其自然地理条件优越，盛产丝帛，所以蜀绣的制作生产冠于天下。2006年5月蜀绣正式列入第一批国家级非物质文化遗产名录。

蜀绣国家级大师孟德芝从事蜀绣三十余年，她熟练掌握了蜀绣的全部针法技艺，能刺绣蜀绣的各类产品，尤其擅长蜀绣双面异色绣和双面异形绣。我欣赏过她多年前创作的得意之作，这些精品只展不卖。她随和而干练，透露出一缕特有的静气。她笑称："无论遇到多么烦心的事情，只要在'绷子'前坐下来，就心静如水了。多年下来，绣花的工作逐渐成为一种心灵功课，我很知足。"

生产蜀绣的工具主要是绷子（也称绷架）、针和上千种颜色各异的丝线。绷子有竹制的和木制的，以木制为主。目前的分野在于，蜀绣的实用品以"机绣"为主，"手绣"次之。蜀绣工艺品则基本上是手工刺绣，体现出一股浓郁的手艺味儿。

民国时期，成都周边的蜀绣人多是乡间单干户，用传统工艺绣制出来的日用品，一般都送到科甲巷的店铺售卖。当时的民间刺绣品也很注意与时令结合，比如端午节来了，就会制作一些精美的丝线菱角包，很多人购买回家挂在床头；儿童节来了，又会制作一些丝线缠绕的铜钱鸡毛毽子，很受孩子欢迎；七夕节之前，绣女又会刺绣出一些"鹊桥相会"题材的面巾、被面、枕套……颇受市场青睐。

光绪二十九年（1903年），清政府在成都成立了四川省劝工总局，内设刺绣科，各县劝工局也设刺绣科。劝工总局聘请名家设计绣稿，同时钻研刺绣技法。当时一批有特色的画家如刘子兼的山水、赵鹤琴的花鸟、杨建安的荷花、张致安的虫鱼等画作入绣，既提高了蜀绣的艺术欣赏性，同时也产生了一批刺绣名家，如张洪兴、王草廷、罗文胜、陈文胜等。张洪兴等名家绣制的动物四联屏曾获巴拿马赛会金质奖章。

他们的成功之处在于，对刺绣的原有针法进行了一番筛选和改造，在此基础上创造了一些新的针法，其中特别突出的要数表现色彩的浓淡晕染效果的晕针，它是一种适应性最强而又最具特色的在近代使用最为普遍的针法，也是区分蜀绣与其他刺绣流派的主要标志之一。

我见到的蜀绣作品里，晚清、民国时期的绣品印象很深。质地优异的蜀绣可以长期保存而不朽坏；古代作品上的丝线颜色会随着时间的流逝，而出现一种淡淡的褪色，恰恰在这种时光的痕迹里，我们方能真切感受到蜀绣漫漶于时光的大美。

当时来成都的外国人，“多购买数十年外之旧绣品为玩物，能出重价”。瑞典著名汉学家马悦然的寓所，两室一厅不过70平方米，中间十来平方米的客厅就是他的书斋，屋内装饰简单，墙上几联蜀绣书法是他岳父（已故妻子陈宁祖的父亲）所赠。陈宁祖是成都人，她的父亲是化学家。无论是迷恋针脚还是迷恋韵脚，悬挂蜀绣，都寄托了他对成都深深的思念。

刺绣“百子图”

一些“老成都”至今还记得，科甲巷中的张老头为“五老七贤”之一的尹仲锡先生六十大寿，一波三折，刺绣“百子图”的传奇。

“百子图”由于含有大至无穷之意，因此把祝福、恭贺的良好愿望发挥到了一种极致的状态。图案描绘了许多天真烂漫的孩子在亭台楼阁间互相追逐嬉戏，他们手执彩旗，好像在站岗放哨，还有的在捉迷藏、打秋千、下棋……每个孩子神态形象都各不相同，他们表情天真可爱，十分有趣，刺绣者将每一个小孩的调皮可爱之处都表现得淋漓尽致，仿佛让人们也能

宋代百子图，美国克利夫兰美术馆收藏

感受到孩子们的快乐。

据说，尹仲锡先生一见张老头的杰作“百子图”大为惊叹，决定让张老头训练一批徒弟，专绣“百子图”。但全年生产不过百十来件，而订货者络绎不绝。在这之后，科甲巷绣花铺为了使“百子图”使用范围扩大，将寿幛改为了床单和被面，一时轰动蓉城，人们争相购买。到“七七”事变的时候，科甲巷的绣花铺每况愈下，纷纷关门破产……抗战胜利后，“百子图”床单、被面的生产在科甲巷开始复兴，后又遭物价暴涨，“百子图”逐渐从市面上消失……

这一故事，从一个角度展示了科甲巷蜀绣精品“百子图”的嬗变，其实也体现了科甲巷民族手工艺的兴衰。

当时来自省内各地的举子，为参加科举成为文甲之士，不少学子在这里食宿。但巷内的绣花铺女工成列，丝线与蜀绣在阳光下五彩斐然，摩肩接踵，足以让举子们目迷五色了。据说，绣花铺特意出卖一些男欢女爱题材的绣品，借物传情，因此使蜀绣在百态千姿中孕育出妙龄韶华的风情。

农历七月初七,千百年来，民间把这一天称之为乞巧节或女儿节，是姑娘最为重视的传统节日，是成都地区一个十分重要的节日。宋田况《七月七日晚登大慈寺阁观夜市》有吟:“年年巧若从人乞，未省灵恩遍得无？”当日晚上，科甲巷绣花铺的姑娘、媳妇都要洒扫庭院，设香烛、瓜果，拜织女星，以求提高其绣技，民间称之为“敬巧神”。以碗盛清水，将灯草或豆芽截成短节浮于水面，观看水中浮现之水影，以验“乞巧”。用手搅动使其旋转，如有两节相遇，即是如愿得巧，便预示来年会绣出精妙的绣品，自然得到众多女伴的艳慕。清人杨燮《锦城竹枝词》云:“豌豆芽生半尺长，家家争乞巧娘娘。天孙若认支机石，块质犹存织锦坊。”[1]

用针线“画”一幅油画

早年，作为蜀绣的王牌——成都市蜀绣厂里，集中了本地最为杰出的几双妙手，奇妙的是，并非纤纤玉手，而是粗大的汉子的手。工艺美术大师肖福兴身材高大，粗手大脚，最让人感惊奇的就是，绣花针在他手里小得几乎是看不到。太神奇了，那么小的绣花针在师傅手里应用自如，居然能刺绣出那么精美的作品。是肖师傅的谆谆教诲和倾心的指导，使郝淑萍、孟德芝等一批后来者在蜀绣之路上迈出了关键的一步。不了解蜀绣的人，总是称蜀绣艺人为“绣娘”，实际上在蜀绣历史上，大师中男性为

① 郑蓉:《瑰丽精美话蜀绣》，《文史杂志》2008年第2期。

多，比如乔子平、彭永兴、肖福兴、毛成武、胡云生、张万清、黄炳成、刘绍云等等。

蜀绣以软缎和彩丝为主要原料，针法包括12大类，共122种：有晕针、铺针、滚针、截针、掺针、盖针、切针、拉针、沙针、汕针等，讲究“针脚整齐，线片光亮，紧密柔和，车拧到家”。在很多大师看来，除了运针、切针、盖针、铺针等基础针法外，还有高难度的别针针法。最为困难的技艺，比如有双面异形绣的秘技。薄如蝉翼的纱上刺绣龙、凤，稍不注意就伤到手指，这还不说，稍一出血就弄脏了作品……蜀绣中的“双面异色异形绣”，堪称蜀绣的绝活。要掌握这项技法，必须基本功扎实，掌握针法多，手法好，要有对色彩的感悟和成竹在胸的娴熟。既要传承传统针法，又要创新现代针法；既要擅长飞禽走兽，又要擅长各类人物。最后将这些技法融会贯通，才能绣好一幅双面异色异形作品。除了须有刺绣的天赋外，就是说，没有干坐十年冷板凳的扎实积淀，如何能做到？！

2012年，孟德芝团队接手了一个富有深意的蜀绣大制作，也遇到了空前的挑战。

当年初，人民大会堂确定在人大常委会大厅的过道墙壁上镶嵌春、夏、秋、冬四季为主题的刺绣精品。在蜀绣、苏绣、湘绣和粤绣四大名绣中，挑选优秀制作团队来创作这一组作品。孟德芝带领的蜀绣团队获得了一次难得的机会。按照人民大会堂的要求，蜀绣负责“秋天”这一主题的刺绣。可是，要将一幅秋意盎然的高原雪山摄影作品《高原秋色》用蜀绣表现出来，艺术要求相当高。可以说是要用针线“画”一幅油画作品。

为了尽可能绣出同原作一样的色彩效果，他们专门到苏州去购买了1000多种色彩的蚕丝。由于作品的色彩很丰富，很多颜色杂驳在一起产生色差，配色十分困难。大家只好先做一些配色的实验，然后再绣制。最后，决定采取“乱针绣”和蜀绣传统“平针绣”相结合的创作手法。蜀绣一般不采用“乱针绣”，大量采用“乱针绣”给作品增添了诸多难度。作品于7月中旬必须送往北京，由于时间太紧，工艺要求高，从4月4日开始，34位绣女每天工作十多个小时，甚至还采取三班倒的方式……

单面巨幅蜀绣《秋色高原》

功夫不负有心人。这幅长7.5米、高3.4米的单面巨幅蜀绣，画面针脚齐平、丝线细密，色彩如油画。后来得到了国家领导人和美术界的好评，这就是蜀绣的艺术魅力，也是命运和蜀绣对成都的厚爱。

如今，成都的蜀绣生产企业主要分布在郫都区、青羊区及金牛区等地，从业人员有两千余人，显示出方兴未艾之势。20世纪90年代前后，蜀绣大部分都销往国外，近年反而大部分都在国内销售。这恰是蜀绣面临的机变。

孟德芝在北京人民大会堂的巨幅蜀绣作品前

第72章

历史上的大熊猫

作为天府文化风物最大代表的大熊猫，也是世界上最负盛名的珍稀动物。史载远在4000年前，黄帝攻打炎帝时，就曾训练了一支“猛兽大军”，其中就有大熊猫，并大战于阪泉（今河北涿鹿县）。中国古籍中主要把大熊猫称为“貘”，两千多年前，汉朝初年成书的《尔雅》中，便有“貘体色黑驳，食竹”的记载。出生于蜀地的文学大家司马相如在《上林赋》中，列举了当时咸阳“上林苑”饲养的近40种珍奇异兽，大熊猫名列首位，汉武帝刘彻把大熊猫放养于纵横超过200里的上林苑，以成功猎杀它为荣。可见大熊猫在当时就已经被人们视为珍贵的名兽了。

毫无疑问，上林苑是世界上最早具有一定规划的野生动物园。1975年，在西安市灞桥区白鹿原上汉文帝母后汉薄太后南陵附近，狄寨公社张李大队（今西安市灞桥区狄寨社区鲍旗寨）修水库的时候，发现了南陵的从葬坑，有马、羊、狗以及一些其他动物的骨头，其中就首次发现了大熊猫头骨。足以证明，司马相如所言上林苑的动物分布情况完全不虚。

熊猫在漫长的古代，因为人们难以见到，口口相传，因而名称十分繁多。比如：貔（pí）貅（xiū），见于《诗经》、郭璞注《尔雅疏》《尔雅翼》《礼记》《峨眉山志》《洪雅县志》等。白狐：见于《尔雅》。执夷：见于孔注《书经》、陆玑（吴）注《毛诗》《尔雅》、郭璞注《尔雅疏》《尔雅翼》等。挚兽：见于《礼记》。白罴（pí）：见于陆玑《毛诗广要》。文罴：见于《庄子》。皮裘：见于《峨眉山志》。角端：见于《洪雅县志》。干将（指雄兽之名）：见于《辞源》与《尔雅翼》。貅（指雌兽之名）：见于《辞源》《尔雅翼》。貘：见于《尔雅》《本草纲目》、白居易《貘屏赞》、《东周列国志》《说文解字》《南中志》《旧唐书》《雷波县志》《酉阳直柰（nài）州总志》《竹山县志》《长阳县志》等。貊：见于《新论》《兽经》《广雅》《直隶澧州志林》《后汉书》《中山经》《蜀中广记》《酉阳杂俎》《广志》《巴东县志》（湖北秭归）等。

另外尚有——

玄貘:《王会篇》。白豹：陆玑《毛诗广要》、《尔雅》。猛豹:《蜀中广记》。猛氏兽:《蜀中广记》。啮铁:《神异经》。食铁兽:《蜀中广记》、晋左思《蜀都赋》、《北川县志》《酉阳直隶州总志》等等。千奇百怪的名称，多达三十几个。

中国科学院动物学家郭郛分析历史材料后认定，貔就是雪豹；而甪端就是羚牛，并不是大熊猫。

学者孙前（2008年）在一篇文章中指出；“古汉语中，有一个值得注意的现象，就是对于在人们的社会生活中所接触的各类实物，多是以单个字来称之……于野生动物则如虎豹豺狼熊罴象犀等等，不一而足。这些名词一直沿用至今且内涵无改。同时，对于上述哺乳类动物中的绝大多数，如果不说是全部，又有古代的器物或极为形象逼真的绘画作为佐证……同时，古汉语又有一个由单字词逐渐向多字词演变和发展的过程。”

可见古语里的貘，就是大熊猫的古代名称，并非如今动物分类学当中的貘属动物，坚持把古语里的貘视为动物科学分类中貘属动物的人，显然置身于生硬的条理藩篱之中。

其实，古人对于大熊猫的看重，主要在于其凶猛的力道。最早记载大熊猫的极可能是《山海经》：“猛豹似熊而小，毛浅，有光泽，能食蛇，食铜铁，豹或作虎。”按照学者郭郛在《中国古代动物学史》当中的观点，“猛豹”即貘豹，即是现在的大熊猫。唐宋之后，文献所载的大熊猫基本就仅见于西南地区。古动物学者文榕生《中国古代野生动物地理分布》一书里，摘录历代方志记录的各地野生动物，其中大熊猫原产地就在川西，历代所记载的哺乳动物，被提及最多的是麝。按说大熊猫最集中分布于嘉定府及雅州，可是在唐宋明各朝方志中连一个字都未提及熊猫。这深刻揭示了中国人历来重视动植物的药用价值与食用、穿戴价值，功利性非常强。

2013年9月4日，学者谭继和在广元蜀道文化大讲堂中提出：“武则天首创‘熊猫外交’。”谭继和说，武则天赠送给日本国神武天皇一对“驺虞”（即大熊猫），这是大熊猫充当和平大使的最早记录。[①]

垂拱元年（685年），武则天就曾赠送给日本神武天皇2只白熊与70张毛皮。白熊登上海船，随同日本遣唐使漂洋过海前往日本。“白熊”就是大熊猫。当时在长安有汉代遗存下来的皇家上林苑，其中一直就有大熊猫生存，这也是史学界认同的迄今为止史书记载的第一次大熊猫出使记录。

雍正七年（1729年）《四川通志·物产》卷三八“直隶嘉定州”条下，并未提及大熊猫，而“雅州”条下只有麝香、鼯鼠的记载；乾隆四年（1739年）《雅州府志·物产》提及名山县有“熊”，但也没确切描述是大熊猫;《嘉庆重修一统志·嘉定府·土产》中，仍只有麝香而无大熊猫的点滴记载；咸丰十年（1860年）《邛嶲野类·方舆类·物产》当中，也没有大熊猫的片言只语。直至同治三年（1864年）编修的《嘉定府志·方舆志·物产》，才提到了神物“貔貅”，描述也很简短：“非猛兽也。”

同治八年（1869年）4月1日，正是在这一地域，雅安宝兴县的邓池沟附近，法国传教士Armand David（旧称谭卫道，即阿尔芒·戴维）发现了大熊猫。这种样貌奇异的动物被发现之后，其标本随后被运往法国，经鉴定，这是欧洲的自然历史博物学中从未记载的新物种，被定名为Ailuropoda melanoleuca（猫熊），自此渐渐为世人所知。

---

① 《成都商报》2013年9月6日。

由于大熊猫被视为一种新物种，因此如何称呼它，本身就是一个问题。

到了民国三十二年（1943年）《汶川县志》里的记载，才出现了甚为准确的描述大熊猫的特征：

> 白熊：亦称熊猫。腹胸背均白，头腿杂以黑色。胸部以金黄色者为贵，俗呼太极图，相传人寝其上，可以卜凶吉。为世界上著名之特产。

需要强调的是，2019年我得到了汶川县学者提供的最新更正——

清朝嘉庆十年（1805年）汶川县令李锡书编纂、刊刻的《汶志纪略》里，有明确记载：

> 熊有数种，有马熊、猪熊、狗熊；又有白熊，白团花毛性最痴。

《汶志纪略》是汶川县历史上第一部县志，民国时期出版的《汶川县志》是第二部。《汶志纪略》无疑是汶川县历史上有关大熊猫的最早文字记载，源于当年那位家世业儒又能遍观尽识的董敏德先生。从时间上判断，这应该是中国最早、最为准确的对于大熊猫（白熊）的记载。

当年法国神父戴维在邓池沟教堂里拥有一间舒适的卧室，铺的是厚木地板，一色的中式家具，床和桌子、椅子笨重又结实。卧室中央摆放一只火炉，炭火熊熊，驱赶着穆坪的潮气和寒冷。同治八年（1869年）2月28日，戴维在日记中写道："下午两点，我们已经安全到达了穆坪的神学院，上帝保佑！在这里我很高兴见到一位法国神父杜格里特，他在几个本地神父的帮助下，指导着50名汉族学生。"

1869年3月11日，是一个绝好的大晴天。戴维由川西神学院学生陪同，一大早从教堂出发，翻越几座大山，进入深山采集植物标本。在一个李姓山民家里，主人拿出了很多皮毛，戴维立即就分辨出是什么动物。但有一张黑白花的熊皮，难倒了见多识广的戴维，主人十分得意。主人告诉他，这种动物常年躲藏于高山密林，生性温驯胆子小，常为猛兽所伤。盖因通身黑白二色，当地人叫花熊。由于以竹子和竹笋为食，也有竹熊的说法。根据毛皮的颜色，戴维直呼其为“黑白熊”，表示渴望急于得到这种野兽。在场的一位猎人满口答应了。

这段奇遇，戴维兴奋地记入当天的日记：

> 在返回教堂的途中，本山谷最大的地主李先生，邀请我到他家喝茶，吃甜点。在这个异教徒家里，我看到一张从未见过的黑白兽皮，个体相当大，是一种非常奇怪的动物。我的猎人告诉我，他们明天就去猎杀这种动物。它将会成为科学界一个有趣的新种属。

夹金山与世隔绝，大熊猫隐身茫茫林海，觅食竹林，嬉戏溪流浅滩，平静地度过了上万年。直至戴维的到来，大熊猫宁静的日子，终于被打破，在人类世界激起层层波澜。

大约10天后，猎人们为戴维抬来一只黑白熊幼崽。见到大熊猫，戴维一点也高兴不起来，反而痛心疾首地在日记中写道：

> 遗憾的是他们为了便于携带，就把它弄死了。他们以十分高昂的索价，把这只黑白熊幼体卖给我。它的毛皮和我在李家看到的那只成体相同，除四肢、耳朵和眼圈是黑色以外，其余部分都呈白色。奇特之处不仅在于它的毛色，还有那长满毛的脚掌以及其他一些特征。因此，这一定是熊类中的一个新种。

1869年4月1日，历史永远记住了这个日子。

几经周折，猎人们终于又捕捉到一只黑白熊。他们不敢再杀掉猎物，而是将其装进竹笼，抬进教堂。戴维如获至宝，指挥工匠做了一个牢固的大木笼，将其关起观察其一举一动，详细记载其体貌特征、饮食习惯等。无拘无束、遨游山林的黑白熊，难以适应笼中生活，再加饲养不当，不久悄然离世。戴维只好放弃运回法国的计划，将黑白熊解剖，发现其胃里全是竹叶。他将其骨骼制成标本，编号登记分别装箱，并附上自己的一封信，一并寄往巴黎，交亨利·米勒·爱德华兹。

由于无法查阅相关资料和数据，仅凭体毛、脚底有毛及其他一些特征，戴维判断这是熊的一个新种。戴维为它定了学名，拉丁文叫“Ursus melanoleucusa.d”，中文即黑白熊。大熊猫的现身惊世骇俗，消息迅速传遍欧美国家，西方世界为之惊叹。巴黎自然历史博物馆人流如潮，一睹大熊猫标本成为人们追求的时髦，成为上流社会聚会的重要话题。戴维发现并亲手制作的全世界第一只大熊猫“模式标本”，至今完好，珍藏在巴黎自然历史博物馆。①

在法国传教士最初发现它的宝兴县，当地老百姓其实原本称它为“花熊”或“白熊”，“猫熊”本是一个外来的名称，而“熊猫”则据说是民国期间展出时，因有人将从右向左书写的“猫熊”二字反方向读所致，这其实是一个误传。有学者以为，英文熊猫的Panda一词，最初竟是尼泊尔语中对小熊猫的称呼，光绪二十七年（1901年）首次被移用来指与之相似、同样有条纹状毛皮的大熊猫。不论是熊猫还是Panda，它在中英文中的叫法，都是“盲人摸象”。

大体事实是：同治九年（1870年），法国自然历史博物馆馆长、生物学家米勒·爱德华兹，首次接触这一来自东方古国——中国内陆的珍稀动物标本。爱德华兹馆长着手对这件奇怪的动物标本作了深入、细致的研究，分析了随标本寄来的相关资料，最终确定了它的分类科目、种属关系，并给它定名为“猫熊”。定名的文字书写与道光七年（1827年）在喜马拉雅山南麓西藏地区发现的“猫熊”一样，通称Panda（猫熊）。为使两者有所区别，西方动物学家就把在喜马拉雅山发现的Panda称为小猫熊、

---

① 《赵良冶：与大熊猫同行》，《成都日报》2019年4月1日。

红猫熊，把在巴黎自然历史博物馆展出的这种称为大猫熊。以后由于一时笔误，大猫熊在书写汉字时，被人们误写为大熊猫，并由此而约定俗成，将错就错，一直沿用下来了。

其实，这是一个流传甚广的误传。

根据熊猫动物史学者赵良冶的考证，在20世纪30年代由中国科学社编辑、中国科学图书仪器公司出版的《科学画报》上，就首次出现了“熊猫”一词。《科学画报》于民国二十二年（1933年）八月由中国科学社创办，是一份综合性的画报，向读者传播了大量的科学知识，对当时的科学技术的传播和普及做出了突出的贡献。也就是说，大熊猫这个称呼不是来自汉字书写的左右顺序的颠倒。从名称里，我们似乎看到了这一动物命名权背后的意识形态争夺。

大熊猫文化学者赵良冶对我指出，熊猫的发现之所以引起轰动，不是因为它有多可爱，而是因为一个简单的事实：在19世纪晚期，欧洲的博物学家出于对“远东的想象”，渴望在陌生之地发现新奇物种，那都是轰动世界的事情。只是大熊猫由于格外珍稀，所引发的社会反应也自然更大。相关专家指出，1965年前后，西欧国家的动物园，购买一只西伯利亚虎、黑犀牛或大猩猩的价格，大致与一辆普通汽车相当（约10000法郎），一只黑猩猩则只值这一价格的三分之一。而一只大熊猫的价值却达到了一辆豪华汽车的价格（75000法郎）。

虽然现在大熊猫被视为国宝并代表着中国的形象，但这实际上原是肇始于西方的猎奇视角，中国人的确是在西方人“发现”之后才逐渐认识并重视大熊猫的，但迅速建立起中国的大熊猫多元文化体系。20世纪50年代初，中国政府首次将两只大熊猫作为国礼，在十月革命胜利40周年前夕，送给了苏联政府。这不仅首开70年来的大熊猫外交先河，也让不少国家热衷中国的大熊猫。

中国是世界上生物种群规模最大，生物多样性最丰富的国家之一，而独特的生物种群也多，最典型的生物就是大熊猫。大熊猫已在地球上生存了至少800万年，与可以四处移植的蜀葵、杜鹃等四川植物不同，大熊猫一直生活在邛崃山脉、岷山山脉、大小凉山及秦岭地区。成都大熊猫繁育研究基地等科研单位为保护、培育大熊猫，与43家国际保护机构和组织建立科研合作关系，取得了积极成果。截至2021年1月，中国大熊猫野生种群增至1864只。

熊猫文化的核心价值在于凸显“物竞天择、和谐共荣、友善包容”。它蕴含独有的科学、美学、文化、生态价值，最重要的特征就是善，大熊猫文化既是真善美的综合体，也是天府文化的高度体现。

第73章

珙桐翔鸽

都江堰龙池山野间，那一带拥有自成体系的气候，夏季山踝热蒸笼，一到高峻的山腰却是一派清凉世界，这得益于其呈垂直分布的茂密植物带，森林覆盖率达97%。在海拔1500米左右的水杉、柳杉林，密密合围，峭拔而上，乳色岚烟直至中午才姗姗散去，成为徘徊的低云。而在1500米以上的坡地，黑色的冷杉密林以密不透风的挺立姿态，呵护着一地的积雪，一年四季也不融化。看上去，白雪不是堆积于地面，倒像是从云层里峭拔而起的戟丛剑林。

在川西的庞大植物王国里，珙桐一枝独秀，迎风展开了它非凡的翅膀。

根据分析，四川省的天然林珙桐数量占全国的75%，成都当之无愧地成为世界上城市周边地区珙桐分布最多的特大型中心城市。“成都的5个山区县均有珙桐天然林分布，其中彭州市主要分布在白水河自然保护区，都江堰市主要分布在龙溪、虹口自然保护区，崇州市主要分布在苟家安子河林区，大邑县主要分布在西岭雪山，邛崃市主要分布在天台山风景区、南宝山、水口乡。另外近邻成都市的汶川县三江自然保护区也有大量珙桐分布。离成都市区最近的天然林珙桐当数都江堰市虹口乡联合村，距离不到

70公里；离成都平原最近的天然林珙桐要数邛崃市水口乡周家坪，距离不到10公里。”[1]

这说明珙桐并非人们印象里仅能生存于中海拔地区，其实成都平原人工移栽成活的珙桐，虽然开花需要十四五年，但在海拔500米的区域，珙桐均可成活。

珙桐，俗称水梨子、空桐、鸽子树，因其“模式标本”采自四川南部的珙县，叶片形状像桐子叶，故命名为珙桐。珙桐是珙桐科，属落叶乔木，该属仅有珙桐和光叶珙桐两种，一种叶面有绒毛，一种叶面光润，这是中国特有的第三纪孑遗植物，故而有“植物活化石”和“绿色熊猫”之称，属国家一级珍稀保护植物。都江堰的珙桐，属落叶乔木的珙桐，却不落叶，偶尔被秋风扯下几片树叶乱飞，恰如普贤降下的贝叶。

同治八年（1869年），大熊猫的发现者、法国神父戴维在雅安宝兴穆坪森林里发现了珙桐树（这种植物的科学种名，同样包含有戴维的姓氏：Davidia Involucrata），很快引起欧美植物学界的重视，纷纷来华寻找珙桐。戴维以“他者”的眼光，在四川省一共发现了33种哺乳动物新种、37种鸟类新种，另有100多种的高等植物新种，尤其是他对大熊猫、金丝猴、珙桐等物种的发现，令世界自然科学界侧目。

紧接着，光绪二十三年（1897年），法国人法戈斯将他采集到的37枚珙桐树种子送回法国栽种，但只有1枚发了芽，幸运的是于光绪三十二年（1906年）开出了奇异之花。光绪二十六年（1900年）英伦园艺公司派遣植物学家亨利·威尔逊到湖北宜昌、四川峨眉一瓦屋山搜集珙桐种子，他于1903年至1904年几次将所采集的种子寄回英国繁殖，珙桐自此在异域安居。在英国皇家植物园邱园（Kew Gardens）中，数棵一百多年前种下的珙桐树至今还挺立在园中；也许出于地缘原因，对珙桐最为倾心的是瑞士人，珙桐树甚至一度达到了“大街小巷飞白鸽”的繁多程度。

珙桐这一植物科属内仅有两个品种，即珙桐、光叶珙桐，都江堰、峨

---

① 李志祥：《让珙桐走进成都》，《中国林业》2008年第5期。

眉山都有。峨眉山野生珙桐主要分布于仙峰寺至遇仙寺一线，20世纪80年代经人工培育引种至万年寺、报国寺及周边各地。而野生的光叶珙桐，则分布在息心所、长老坪、大坪等地处海拔1400—2000米的地带，没有人工引种。

其实，雅安是“华西雨屏”生物多样性异常丰富的地区，其荥经县境内的10万亩野生珙桐，一度是中国面积最大的分布区。可惜的是在20世纪六七十年代，当地山民往往砍伐一种叫“水梨子”的大树，加工成木材，卖给木材加工厂制作家具，挣了不少钱。

珙桐花从初开到凋谢色彩多变：初开时为玉白色，盛开时为牙黄色，凋谢时为浅绛色。一树千花，次第开放，众彩纷呈，有人称赞它为一树奇花。在我看来，这是返回诺亚方舟的鸽子，举翅为旗，旗云搅动了大海。其实，单是珙桐举起的硕大绿叶，就进一步反衬出白翅的无尘。

天台山的村民说，有一年天台山久旱无雨，烈日让土地开裂，一些珙桐大树整株树叶会翻卷成圆筒状。这样的神奇造型，分明是植物为避免被光灼伤而采取的自我保护措施。

珙桐花是没有花瓣的，由多数雄花聚集成头状花序，顶端为一朵两性花，花序下有两枚大型的白色的大苞片，即是常被人们误以为的“花”。但山民不看重这些学理，他们看到了花朵上有蜜蜂麇集，这不就是花吗?!

珙桐与光叶珙桐一般在4月上旬盛开，花期40多天；9月中旬至10月上旬即可采收到成熟的果实。果实呈椭圆状或矩状卵形。果皮肉质，表面呈紫褐色，上有深灰色众多圆形斑点。当地的山民告诉我，珙桐的果实很奇特，埋在土里，要两年之后才会发芽！记得七八年前，我在洪雅县高庙镇赶集，偶然买到过一小筐像枣子一般的珙桐果，果肉可吃，味道酸涩，口感不佳。

夏季，高大的珙桐间长满了附生的藤本和草本植被。花开花谢，白云苍狗，聆听空寂中十齿花伸出洁白的牙齿，咀嚼山风而发出的阵阵花的叫喊。作为反抗重力的实践者，珙桐果已经将枝条渐渐拉弯，它在折磨姐妹的过程里渴望永葆青春，渴望自己高举的灯笼获得一个登徒子的青睐。但失踪的识货者用不到。果实已丰腴无限，直至胀破了皮肤，它在破裂的过程中，芳名播散，引来了成群的蚊子。这是果实顽强之余，最大的悲哀。

山风掀开了树林的衣裙。树林显得是那么惊慌，又暗含几分不得已的得意，美色得到了一次合理的曝光。可惜的是，山风这个登徒子已冲进了大山的腹地。鸟儿对花叶窃窃私语，让一泓绿水因嘴喙的言辞而波心荡漾。这使得一树的洁白与静穆，立即成为风的众矢之的。

阳春白雪者咏叹梅、兰、竹、菊，但国人的眼睛，更习惯于在动物、植物身上发现食用性与生活功用。旧时，珙桐木质的沉重细密，在很多地方均被视为制作细木雕刻、名贵家具的上好木材。蜜蜂追逐鸽子花，“鸽子花蜜”正在成为珍稀的纯天然食品。珙桐就像桫椤、帝王百合花一样，均是被他者的眼光发现并重视，才逐渐获得了我们的重新打量。西方人一见高大的帝王百合就感动得要下跪，而四川岷江上游的山民，只是认为可以把帝王百合花用来清炒或煮汤。这暗示了所谓的博物学和博物精神，距离我们何其遥远。

大熊猫、珙桐的发现之所以引起轰动，不是因为它们有多么可爱，而是因为一个简单的事实：在19世纪晚期，欧洲的博物学家出于对“远东的想象”，渴望在陌生之地发现新奇物种，那都是轰动世界的事情。只是大熊猫、珙桐由于格外珍稀，所引发的社会反应也更为深远。鸽子作为叼着橄榄枝返回诺亚方舟的精灵，在西方基督教文化圈内，通常被认为象征灵魂的纯洁高尚，也是精神的升华，它是上帝之国的使者。他们由此深爱鸽子花，就不难理解了。

来自日语的“博物学”一词，暗示我们的言路是，不必关心现象背后的本质，而一心关注现象本身。所以它的主要研究方法是收集、鉴别、描述、命名、分类、编目。它不想搞什么原理的普遍性，而是着眼于现象和事实的个别性、独特性。

置身于天台山的珙桐密林间，遥想这些植物精灵要经历多少劫难才能安然活到今天，它们举起的白翅，珙桐翔鸽，既有白垩的白，也有白垩纪的白，那是时光的底色。

丛林之上的天空云朵不断造像，不断挪移着历史的皮影。一尊骑象的普贤冉冉君临，万树敞开，在接触树巅的一瞬，大象坐化了。一缕缕香气从大地间蔓延而起。

20世纪70年代，蜀地国画大师陈子庄写过一首《题峨眉珙桐花诗》，风趣之余，涌起了对于人世的规劝：

春去还飘雪，
珙桐正试花。
凤鸟今未至，
不许乱栖鸦。

附录

城市美学非虚构

梁昭

2021年10月底，我为参加四川省社会科学院艺术文学所、四川大学文学与人类学研究所等单位共同举办的“成都生活美学论坛”准备发言时，计划以作家蒋蓝即将出版的《成都传》为例，谈谈城市书写的问题。徐新建教授听了我的想法，替我将发言题目命为“城市美学非虚构”。

我听着就觉得这个标题很“亮眼”。它看起来似乎有点拗口，却暗含一些“玄妙”。标题至少有三种结构和含义。第一，主谓结构，意思是“城市美学不是虚构的”；第二，并列式结构，意为“城市美学”和“非虚构”（“非虚构”是作家蒋蓝倡导并实践的一种文学体裁）；第三，上述两种意思的共在，使两个并列的短语之间生发了互有纠葛的意味：用“非虚构”的文体铸就了“城市美学”——或许可命名为“非虚构的城市美学”，或“城市的‘非虚构美学’”。

这是不是在玩弄词语的游戏？城市、美学、非、虚构，几个词语看上去有点“时髦”，正过来倒过去组合，出来的意思也比较“朦胧”。不过，若可进行游戏，说明词语及其组合有多重的、暗晦的、待引申的含义，能够用多种方式指涉、进入。

使这个标题得以诞生的，是几桩文本事件和现实事件的碰撞——已完稿的《城市传》、成都东部东安湖公园的修建、“成都生活美学论坛”的举办、文学人类学学科的参与……一个仍在积极拓展的城市，召唤着新的话语，新的话语文本与现实交织、映照，这本身就是关于城市的新型美学。这种美学形态是实践性的、多文本的和非虚构的。

城市传

“城市的历史与历史的城市，就犹如谜面与谜底的关系。”蒋蓝这么说。他接着给出关于城市、历史两个词语正反组合的解释：“谜面总是安静的，是所指，是待兔之株；而谜底却是暗流潮涌，是能指，是万千种可能最后在与谜面的反复对位过程中，展示出的独一的适应性。反过来说，城市与历史的组合的锁钥，总有其独特的质地与凸凹。”书的一开篇，就确立了一种文本的美学风格：用个性、经验和写作技术营建的城市历史，一个敷满细节、幽径万千的城市空间。“成都”不是第一次出现在蒋蓝的笔下，却是第一次作为整体被其刻画，以“传”的方式来加以连缀。

“城市传”是近年书写城市潮流中涌现的一种新命名和新文体。在《成都传》之前，已有《伦敦传》（彼得·阿克罗伊德，2008）、《东京传》（斯蒂芬·曼斯菲尔德，2016），以及《南京传》（叶兆言，2019）、《北京传》（邱华栋，2020）、《广州传》（叶曙明，2020）等。

“传”意味着一种体裁，和“史”有类似之处，二者都是关于历史的研究和写作。但“传”一般用来写作人物的生命历程。将“传”与城市相结合，就意味着把城市看成类似人物生命发展的有机体，有诞生的时刻，有婴幼年期、成年期、成熟期……像英国的传记作家彼得·阿克罗伊德，给莎士比亚、牛顿、狄更斯等一系列历史名人做传之后，把“传”从人移植到城，用“传人”的方法去“传城”。他在《伦敦传》的名为《城市如人体》的前言里说：“伦敦是一具人体，这个形象奇特又卓绝。”关于这个人体，他给出了几种形象：头颅为耶稣的城市之神的神秘身体、充满活力的年轻男子、肥硕贪婪的怪兽……无论是什么样的，“我们都必须把它看作一具人体，自有其生命和成长的法则”。阿克罗伊德把伦敦的空间铺展成人体的内部组织——“城市街巷似微细血管，公园似肺腑。”①人体组织和器官的运行为生命提供了动力，城市内部空间的延展也意味着城市生命体的生长。在城市这个躯体的内部发生的一切事件，无论是空间的变化，还是事件的发生、人物的往来，都像是身体的自运行。有趣的是，这具身体可以丑陋，却不会衰老；有其起点，却缺乏终点。无论哪一部关于当今城市的传记，都追溯、想象了城市空间的源起和无限的发展，无一例外都不谈及它的终结。因为城市的命运就是人类的命运，人无法预测自己的最终命运。只有在科幻故事里，人类的最终时刻是与城市共存亡——城市成为人类文明的最后形态，是不是说明城市的独特？

传记的主体是城市，还意味着“城市”这一空间从连绵不断的大地中超拔出来，成为一个独立自主的能动者。刘易斯·芒福德，城市研究专家，在其巨著《城市发展史：起源、演变与前景》中说，城市代表更高的生存目的，超越了乡村以饮食和生育为宗旨的生存方式，是“新维度上的新生事物”；城市“从其起源时代开始便是一种特殊构造，它专门用来贮存并流传人类文明成果”。②芒福德说的“城市”有内在的规定性，那是使城市成为城市的一种特质：整合、重组了人类血缘和地缘组织的乡村的因素，并加上外来的因素，构成了更为复杂多样的、促进文明发展的综合体。

城市的超拔性除了它拥有与乡村不同的决定性因素之外，还在于它之于文明体系的中心地位。一座辉煌的城市，既有其地域特征，又凌驾于地域网络之上，它应被视为具有世界意味的空间象征。芒福德认为，一座汇集了四面八方资源的城市，体现了人类创造力的凝聚与绽放，是复杂与多元的联系与统一。

---

① ［英］彼得·阿克罗伊德（Peter Ackroyd）：《伦敦传》（原版2008），翁海贞译，译林出版社2016年版，第5页。

② ［美］刘易斯·芒福德（Lewis Mumford）：《城市发展史：起源、演变与前景》（原版1961），宋俊岭，宋一然译，三联书店2018年版，第29—30页。

这些观点为“城市传”的书写对象奠定了理论基础。正是一个扎根自然、又仿佛拥有一个区隔着乡野的无形轮廓的共同体，成为被“传”的主体。于是，欧洲的伦敦，亚洲的北京、南京、广州、成都和东京，因其绵延的历史、演化的传统、独有的气质，成为名作家笔下的“传主”，彰显了它们之于世界独一无二的位置。“传”与“城”的空间发生了融合：城市的边界就是文本书写的边界，城市在时光中悄然点亮了文本，文本映照着城市的精魂。

回到蒋蓝的“城市的历史与历史的城市”的命题。城市、历史，即空间和时间。“城市传”携带的“独特的质地与凸凹”，即空间（城市）和时间（传）的共在与交织。城市与历史，不是在历史中发展的城市，也不是城市捧出某段静止的历史。阿克罗伊德描摹的伦敦之所以呈现不同形象，是因为他看到了城市和历史相互裹挟着，构成了“半为砖石，半为血肉”的“迷宫”——蒋蓝与之不约而同地使用了同一个音节的字：“谜”。可以想见，城市是一个不均质的躯体，时间在其不同部位镌刻上不同的记忆，这些记忆随着躯体一同生长，又敷上新的记忆。时间和空间在演进的过程中，相互缠绕，抹上一层又一层，那些痕迹像永远在生长的“谜”。

一旦厘清了“城市”和“传”的对位法，就找到了进入一个开敞的城市的新路径，也就是知道了为城市立传的新方式。

非虚构美学

成都，是一座拥有悠久根脉的城市，也是在近代转型中展现出活力的城市。它位于岷江流域，关联着长江上游的古蜀文明。自开明氏建礼制、秦张若建城、李冰治水之后，成都便成为成都平原上物质、人群与智慧的汇聚中心。在中华古代文明的发展史上，成都持续性地发挥着沟通西南与中原的枢纽作用。近代以来，成都在新与旧、中与外的多方力量的激荡下，逐渐淬炼成为现代性都市，并在改革开放和新世纪之后逐步展示其经济实力和文化魅力。

面对这座已被一写再写的古城，蒋蓝为其营建了怎样的空间美学？

蒋蓝把“传”的原有之意和挪用之意结合起来，作为进入成都的方式。“传”的原有之意即叙述人物的生命历程。蒋蓝出乎意料地“恢复”了关于“传”的传统写作——撰写人物故事：

> 我们纵目古今，成都街道的主角不是建筑、植被和气流，而是人民。所以，《成都传》并非仅仅勾勒城市建筑的演变史，其重点恰在于“因人兴城”——读城之余，才能读人心、读天地、读兴亡，找到城市可持续发展的天机：宽山、宽城、宽世界。

城市的生命力来自人的生命，这让“城市作为生命体”的比喻复原到了生命的本意。《成都传》里的“人民”包括了在成都历史上留下深深浅浅印记的人：蜀山氏、杜宇、鳖灵、开明王、李冰、文翁、司马相如、扬雄、王褒、薛涛、高骈、严武、杜甫、岑参、陆游、张咏、赵抃、黄筌……写人物的活动是为了凸显一般意义上的人文胜迹、以之为成都增色吗？非也。这些人物代表一个一个的时间节点，列出了成都历时性进程的脉络；他们也构成一个个生命的空间，楔入城市的机体。这样一来，“传”就从关于人物的叙事，部分地移用为关于城市的叙事。

在书写人物与城市的时候，蒋蓝诉诸他独创的“踪迹史”书写方式。“踪迹史”是蒋蓝撰写晚清四川提督唐友耕的生命历程及四川官场状况的方法论（蒋蓝:《踪迹史》，四川人民出版社，2016）。我曾在评论该书的文章里写道:“它（踪迹）体现了一种有意味的时空感。一是记忆的断裂。‘踪迹’意味着原初形态完全消逝，人、事不可复原、再生，历史仅以碎片的方式留下一些痕迹。二是连续性的空间。历史的痕迹保存在空间里，凭借空间——也只能凭借空间，我们才得以思考、重建历史的绵延。……三是个体的踪迹。……四是踪迹的踪迹。踪迹还是散点式、漫延式的。由于历史本相的缺失，对踪迹的考察，常常会指向其他的踪迹，因而形成一个踪迹的网络。”“踪迹”若隐若现的散漫点状，而非清晰连续的线状，提示了一种边缘的和个体的想象方法，一种复调和涟漪式的文本空间。

在《成都传》里，蒋蓝以历史人物的情感和行踪作为线索，来铺开关于成都的时空叙事："重要历史人物的情感踪迹与物理踪迹两条线路，是《成都传》的复线构成，也成为贯穿《成都传》的两大经纬之线。""物理踪迹"尚好理解，指人物的行走、游玩的空间。"情感踪迹"却需要细细体会。从书中可见，蒋蓝虽写人物故事，却并非"传人"。他撷取人物与成都相交的踪迹，就某种情态进行诗性书写。如以薛涛为切入点，蒋蓝写浣花溪与薛涛笺的流风遗韵，写锦江码头、望江楼与薛涛墓的湮灭，写晚年薛涛的诗歌与城内的"筹边楼"……这里展现的并非人物的生平，而是他们在成都某处刻下的踪迹，从这些踪迹摇漾开去，展开前后历史乃至"我"的寻踪的层层叙写。

由此，"城市传"彰显了极强的个人风格。《伦敦传》的作者敏感于"这样一部传记能否构成真正历史的一部分"的问题。如果说，城市之传不能成为"真正的历史"，那是因为它有意摒弃了规范历史的写法——依据线性时间、按照因果逻辑……前面提到的归类为"城市传"的作品，无不把文学风格置于历史书写风格之前，驾驭着个人的审美经验在历史中纵横驰骋。这样的传记不以"成为真正的历史"为圭臬，而是牵引着读者看到历史如"迷（谜）"一般的状貌。

和蒋蓝同样看重非虚构写作的作家邱华栋，在《北京传·后记》里写道："给城市立传，是一种非虚构文学的新写法、新题材。"[①]蒋蓝大概也会同意这种看法。他不止一次阐述"非虚构"标志着当下汉语文学的重大转型，其特点有：作家全副身心的在场、具有普世价值的记录、独立的文学文本、富含多学科的跨文体叙事、激情溶解理性的情绪表达。[②]

无论是在场性，还是文学性、多学科性，抑或情理交融的表达，"非虚构"都强调尊重现实，发掘现实，让多线的历史以进行时的方式发生。

2021年10月30日，"成都生活美学论坛"在成都东部龙泉驿区的东安

① 邱华栋：《北京传》，北京十月文艺出版社2020年版，第532页。
② 蒋蓝：《凸凹的非虚构文学断代史》，《唐都学刊》2016年第3期。

湖畔成功举办。东安湖位于龙泉山西麓。据说，北宋时期，被派遣于此处办理“益州交子务”的皇室画家高克明，见到山湖美景，不由喟叹“日出东安胜地”——此句中的“东安”逐渐演变为地名。今藏于美国纽约大都会博物馆的《溪山雪意图》，就是高克明描摹龙泉山和东安湖之作。高克明去世后，北宋亡于金。其子根据父亲遗愿举家南迁至今天的龙泉驿，将父亲的骸骨埋于东安湖畔。2017年8月，高克明及其后裔的墓葬在龙泉驿区被发掘，“北宋皇室画家”的故事便进入了东安湖的历史。

恰好在发掘高氏家族的墓葬几个月之前，成都提出了“东进、南拓、西控、北改、中优”的发展策略。其中，翻越龙泉山的“东进”战略，被认为“有利于推动成渝相向发展，共建世界级成渝城市群”。被地下“证据”证实的高克明的踪迹，为“东进”之后重新规划的1000多亩东安湖增添了一分色彩。

到了2021年，为了迎接受新冠肺炎疫病影响而推迟到次年的世界大学生运动会，东安湖畔已建成了包括“一场三馆”在内的“世界大运公园”、东安湖湿地公园。就像现时代的一切大都市那样，成都仍在不知疲倦地生长，要更好更快地成为世界级的城市乃至城市群落。它变化之剧烈，仿佛就像完全摆脱了过去一样——譬如，我们举办论坛的所在地，被城市建设运营商命名为“未来之城”。不过，这一个城中之城在最初走向未来的时刻，与自己的过去遭遇——发现了“东安”命名者的历史踪迹。这太像一个非虚构的城市美学隐喻：城市在生命的中途，把自己的过去召唤到了未来。

此刻，它还需要一个关于它自己的美学文本。于是，在东安湖畔的未来之城，我以“城市美学非虚构”为题，做了关于《成都传》的阅读报告。报告中援引了蒋蓝的原文——

一部《成都传》其实就是天与地、人与物的命运之书。它的基调是一部展示辉煌城市历史谱系的造物之书，它的意旨是凸显城市精神与风物对撞生成、互嵌共荣的“斑斓志”。

2021年11月11日于四川大学

参考书目

[1] 【汉】司马迁著《史记》，中华书局1959年标点本。

[2] 【唐】刘知几著《史通·本纪》，上海古籍出版社1978年版。

[3] 【宋】郑樵编纂《通志》，见四库全书版，台北商务印书馆影印本。

[4] 章培恒，安平秋等主编《古代文史名著选译丛书》（两批100种），巴蜀书社1990年6月版、1991年10月版。

[5] 《春秋》，上海人民出版社1977年版。

[6] 蒙文通著，蒙默编《蒙文通全集》（6卷），巴蜀书社2015年版。

[7] 【清】常明，杨芳灿等纂修《四川通志》（4册），巴蜀书社1984年版。

[8] 《成都通史》编纂委员会《成都通史》（7册），四川人民出版社2011年版。

[9] 四川省社会科学院主编《四川通史》（7册），四川人民出版社2010年版。

[10] 成都市地方志编纂委员会纂修，四川大学历史地理研究所整理《成都旧志》（16册），成都时代出版社2007年版。

[11] 上海师范大学古籍整理研究所编《全宋笔记》（共10编），大象出版社2003年版。

[12] 雷喻义主编《巴蜀文化与四川旅游资源开发》，四川人民出版社2000年版。

[13] 【宋】王象之著，李勇先等点校《舆地纪胜》（10册），四川大学出版社2005年版。
[14] 【清】吴见思著《史记论文》，东北师范大学出版社1985年版。
[15] 【清】刘熙载著《艺概·文概》，上海古籍出版社1978年版。
[16] 辜鸿铭，孟森等著《清代野史》（4册），巴蜀书社1998年版。
[17] 李国祥，杨昶主编《明实录类纂》（18册），武汉出版社1994年版。
[18] 【清】梁启超著《中国之武士道》，中国档案出版社2006年6月版。
[19] 张元济著《中华民族的人格》，辽宁教育出版社2003年3月版。
[20] 杨燕起等编《历代名家评史记》，北京师范大学出版社1986年版。
[21] 李景星著《四史评议》，岳麓书社1986年版。
[22] 陈桥驿主编《中国都城辞典》，江西教育出版社1999年版。
[23] 曹正文著《中国侠文化史》，上海文艺出版社1994年4月版。
[24] 陈平原著《千古文人侠客梦》，人民文学出版社1992年3月版。
[25] 戈春源著《刺客史》，上海文艺出版社1999年11月版。

[26] 郑春元著《侠客史》，上海文艺出版社1999年11月版。
[27] 汪涌豪著《中国游侠史》，上海复旦大学出版社2001年版。
[28] 邓少琴著《邓少琴西南民族史地论集》（上下卷），巴蜀书社2001年版。
[29] 王纲著《清代四川史》，成都科技大学出版社1991年版。
[30] 霍巍，王挺之主编《长江上游早期文明的探索》，巴蜀书社2002年版。
[31] 袁庭栋著《成都街巷志》（4册），四川文艺出版社2018年版。
[32] 段渝著《走出盆地：巴蜀文化与欧亚古文明》，人民出版社2019年版。
[33] 唐林著《四川美术史》（3册），巴蜀书社2015年版。
[34] 刘洪主编《成都杜甫草堂口述史》，四川辞书出版社2020年版。
[35] 施权新著《崇州简史》，中国文史出版社2018年版。
[36] 伍立杨著《铁血黄花——清末民初暗杀论》，四川人民出版社2001年7月版。
[37] 【美】魏斐德博士著《间谍王——戴笠与中国特工》，梁禾译，团结出版社2004年8月版。
[38] 【美】葛维汉著，李绍明，周蜀蓉选编《葛维汉民族学考古学论著》，巴蜀书社2004年版。

［39］ 韩云波著《中国侠文化：积淀与承传》，重庆出版社2004年12月版。
［40］ 徐新建著《黔中论道：徐新建文选》，贵州人民出版社2020年版。
［41］ 郭国庆编校整理《丁宝桢全集》（6卷），贵州人民出版社2017年版。
［42］ 车吉心主编，王熹副主编《民国野史》（20卷），泰山出版社2000年12月版。
［43］ 朱汉民主编《湖湘文化与巴蜀文化》，湖南大学出版社2013年版。
［44］ 王庆成编著《稀见清世史料并考释》，武汉出版社1998年版。
［45］ 贾大泉著《贾大泉自选文集》，四川人民出版社2013年版。
［46］ 胡道修编著《巴蜀历史政区地理研究》，重庆出版社2021年版。

后记

记得是2020年秋季的一天，散花书院总裁廖云请我去锦江宾馆，与“丝路百城传”主编刘传铭教授见面，刘老很熟悉我以《踪迹史》为代表特征的个人言路与架构，力邀我担纲《成都传》的写作。对他这一番盛意，我只能抱歉！一女不能两嫁，早在3年之前，我已经与四川人民出版社签订了《成都传》的出版合同。

迄今为止，我已经写作出版了涉及蜀地、成都题材的作品9部:《天下名城》《春熙路史记》《踪迹史：石达开与唐友耕、丁宝桢、骆秉章、王闿运等交错的晚清西南》《黄虎张献忠》《成都笔记》《蜀地笔记》《锦官城笔记》《天路叙事》《蜀人记：当代四川奇人录》，逾300万字。伴随对巴蜀题材研究的纵深，加之寓目的扩展，我越来越感到越是深入，越必须小心翼翼，颇有如履薄冰之感，深切体会到荀况所言“不登高山，不知天之高也；不临深渊，不知地之厚也；不闻先王之遗言，不知学问之大也”。但是，一部由神话、历史、考古、民俗、风化、经济、建筑、动植物等领域进入，并由文学笔法落地的《成都传》，仅仅尊重史料是不够的，这远非把《成都通史》压缩而成一部“简史”那么简单！所以，我原计划在60岁之际完成这一浩繁的写作，但因缘际会，鉴于“城市热”春风化雨，还是提前几年全力以赴完成了这一浩大工程。

城市如人。城市如人一样有喜怒哀乐，有恩怨情仇。就像路德维希的《尼罗河传》，是将人、史、地，自然和社会，过去和现在熔冶一炉，作者对材料的选择颇具匠心，呈现出光怪陆离的丰富与历史的深邃，直走人心。但最令人目眩神驰的，是他笔下古埃及的灿烂黄金，以及历代画家笔下的色彩，那被时光漫漶了起伏的色彩，以及塑造了尼罗河两岸人民的命运和性格的斑斓之彩。与彼得·阿克罗伊德的《伦敦传》一样，都是我的案头之书。

学者范存忠在《鲍斯威尔的〈约翰逊博士传〉》一文里指出：“近代的传记与传统的传记有一个显著的区别：传统的传记，目的在于颂扬某一个人或某一些事；至于近代的传记，目的不在颂扬任何人，而在表达人生，表达特定时代、特定环境里的人生。传统传记有三大讳：为尊者讳，为亲者讳，为贤者讳。近代的传记，就事叙事，实事求是，无论英雄或常人都还他一个本来面目。在传统的传记里，好像每个传主都是好人一圣人，贤人，君子，好像海棠能吐香，玫瑰花是没有刺的。在近代的传记里，每个传主是一个‘人’，不论圣贤或君子；每个人都有其缺陷，每块白壁都有一些瘢点。一般地说，传统的传记近于‘行状’‘荣哀录’，是理想的，近代的传记是写实的。鲍斯威尔的《约翰逊博士传》不是没有理想化的地方，约翰逊不是他的英雄吗？但大体上是写实的。它是欧洲近代传记的鼻祖。”[①]

在叙述语境中描绘真正存在的人或事，我采取田野调查的脚力、笔力，采用深度透视的方法，拉开距离的审视，复原真相，运用拉近推远的镜头语言，构建出一座与历史相向而行的宏大纸上建筑。这也许是《成都传》最为重要的特征。《成都传》最大的难度不仅仅在于廓清历史真相，而且在于如何演绎这一真相，并令我们成为历史的在场者。这部近160万言

① 《约翰逊博士传》，上海三联书店2006年9月1版，第7页。

的作品尽力实现这一具体目标和长久的价值。

在《成都传》里，非虚构写作固然要涵盖城市断代史、人物传记、事件，但非虚构写作并不需要对传主过于“负责”，更不需要对其一生予以烦琐的“过度阐释”，因为非虚构写作的旨归，恰在于富有深意地记录，一个时代的疾风暴雨加之于一个人的轻与重，以及一个人对此的抗拒或顺从。近代以及当代文学传记里所缺乏的跨学科的域界论、跨文体的方法论，汇聚为非虚构写作的典型特征。近代、当代传记追求的“真实”，其实并不是非虚构写作渴望抵达的彼此，因为非虚构作家一直就置身于真实的地界，他们只是尽力去呈现，一个人与时代的关系，那种写作才能复原和修补完成的真相。

我一直认为，在写作的立场上，叙事铺就的真相，高于难以企及的所谓真实。所以无所谓树碑立传与歌功颂德，非虚构写作里的人与事，不过是不同时代生活洪流中的一个个标的。

《成都传》的写作，与跑步密切有关。我的习惯是，往往写作到了黄昏，就去锦江边跑步几公里，也可以说，《成都传》是“跑”出来的。黄昏时分，是锦江水面最为恬静的时刻，从树巅倾泻而来的夕光，开始在丝绸的水面淌金。白鹭忽闪着翅膀栖息下来，水墨画一样的简净淡雅。白鹭立在水边长久冥思，成为隐士们的榜样。在它的身边，则是穿行在千年律诗里的那一叶扁舟，终于用一束渔火，放大了白鹭梦一般的体型。我们不但目睹了杜甫的白鹭，也看清了李白的白鹭，而刘禹锡的白鹭与白居易的白鹭彼此交错而飞，在历史的水面撒下了三百六十五天的樱花、红杏与细雪……

有“小东坡”之誉的宋代诗人唐庚，其诗学苏轼，遭际也与苏轼相似。贬居惠州期间写有《白鹭》一诗，他从白鹭的身影里看到的却是重重危机：“说与门前白鹭群，也宜从此断知闻。诸君有意除钩党，甲乙推求恐到君。”所谓相由心生，景由心造，果然！所以一座城市，会在不同心境中得到不同的镜像。我必须在不同的起承转合之中，在无数重叠的、挪移的成都光影里，靠近那个最真实的城市形象。

依照古人为前朝写传的历史惯例，《成都传》从古蜀先民进入成都平原开始，写到1949年为止。在这之后的内容，当在《成都传》续集中得到进一步状写。

2000多年来，成都是因山水而兴，因山水而荣，因山水而困，因山水而云蒸霞蔚、大有作为。回首天际，春水明媚凝脂，烟光梦田含翠。置身锦江码头，思接千载，知锦江之高义；逝者如斯，念崇丽之无尽。

感谢四川省作家协会将《成都传》列入2021年度重点扶持作品；感谢成都市委宣传部、成都市文联将此书列入重点文艺项目、《弘扬天府文化主题创作系列作品》项目。

感谢《收获》《作家》《时代文学》《湖南文学》《青海湖》《红豆》《四川文学》《格调》《晚霞》《青年作家》《西湖》《青岛文学》等多家刊物发表《成都传》的选章。

撰写《成都传》是一个十分庞大而繁杂的跨学科工程，也被热爱成都历史的朋友们视为“义举”，他们慨然伸出援手，他们的“义举”才让我感怀！写作期间，我得到四川人民出版社、四川省博物院、四川大学图书馆、成都市博物院、成都市图书馆、成都市档案馆、成都地图出版社、成都时代出版社、成都杜甫草堂博物馆、成都武侯祠博物馆、崇州市罨画池博物馆、成都市石室中学、成都市作家协会、成都文学院、成都市植物园、成都市望江楼公园管理处 、锦江区政协、温江区文联、大邑县文联、大邑县文管所、巴山文学院、布克书店、散花书院以及《人民网》《四川日报》《川观新闻》《中华读书报》《上海青年报》《华西都市报》《封面新闻》《四川经济日报》《川经新闻》《成都日报》《锦观新闻》《成都商报》《红星新闻》《蜀学》《天府文化》《晚霞》《读者报》《第一读者》等多家媒体的大力支持，同时得到摄影家嘉楠、甘森和古明清，著名学者谭继和、王笛、徐新建、周啸天、肖平，作家马平、庞惊涛、米瑞蓉、田旭中以及四川大学梁昭、成都市图书馆涂樱鸽、四川省文史馆李殿元、《四川文物》杂志社黄剑华等数十位学人和地图收藏者的悉心关照，在此深表谢意。

2021年11月21日